변호사 | 법무사 | 법원행시 등
각종 국가고시 대비

essential

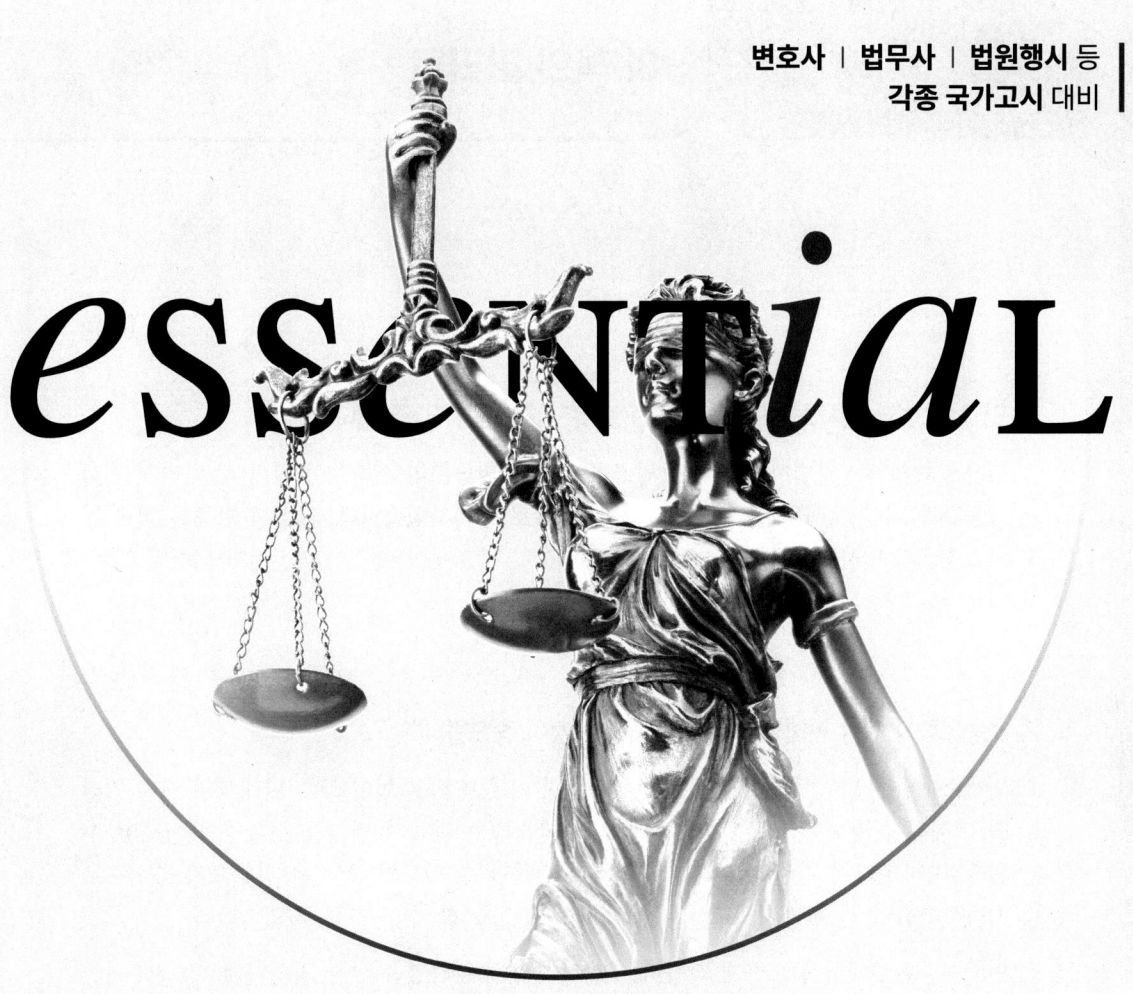

에센셜 민사소송법

제6판 | 변호사 **김남훈** 편저

절차법의 특성을 고려하여 법과 규칙을 목차 순서대로 수록

판례를 정확하게 이해할 수 있도록 판결이유와 판례평석도 수록

고득점 답안을 위해 목차를 구성하고 민사재판실무 내용까지 수록

PREFACE 이 책의 머리말

제6판

1. 민사소송법과 민사소송규칙을 이해하는 것이 첫 번째 단계입니다.

민사소송법은 절차법이기 때문에 법조문에 대한 학습부터 시작해야 합니다. 따라서 민사소송법과 민사소송규칙을 교과서 목차 순서대로 수록하였습니다. 학설과 판례는 결국 민사소송법과 민사소송규칙에 대한 해석론이므로, 법조문이 학습의 출발점이 되어야 할 것입니다.

2. 소송절차에 대한 판례의 입장을 이해하는 것이 중요합니다.

민사소송법은 법원이 소송절차를 수행하는데 기본이 되는 법이므로, 판례의 확립된 법리를 이해해야 합니다. 또한 판례 원문으로 학습해야 판례의 법리를 정확하게 이해할 수 있습니다. 따라서 판례의 법리를 정확하게 체득할 수 있도록, 본문을 판결요지 중심으로 서술하였습니다. 판례평석도 추가하여 심화학습을 할 수 있도록 하였습니다.

민사재판실무에서 중요하게 학습하는 판례까지 수록하였습니다. 최신판례는 2024. 10. 15.자 판례공보에 수록된 판례까지 정리하였습니다. 또한 판례의 입장을 정확하게 이해할 수 있는 도구로 활용할 수 있도록 학설의 입장도 정리하였습니다.

3. 사례형 시험에서 고득점 하기 위하여는 답안을 체계적으로 작성할 수 있어야 합니다.

사례형 답안에서는 목차의 누락이 없어야 합니다. 민사소송법은 절차법이므로 목차의 논리적 흐름이 중요합니다. 이를 위하여 목차를 세분화하여 민사소송법을 체계적·논리적으로 이해하고 정리하여 고득점 답안을 작성할 수 있도록 하였습니다.

4. 감사의 말씀을 드립니다.

강의내용과 교재내용에 대해 많은 조언을 주시고 항상 편안한 환경에서 강의할 수 있도록 도움을 주시는 한림법학원의 김지훈 원장님, 정문순 차장님, 박홍수 과장님, 강경민 대리님께 감사의 말씀을 드립니다.

또한 항상 강의일정에 맞추어 내용보다 좋은 형식으로 책을 꾸며주시는 윌비스 출판부의 원성일 수석님께 감사의 말씀을 드립니다.

법무사시험 강의를 할 수 있도록 배려해 주시는 합격의 법학원 이진성 원장님, 김형남 총괄팀장님께도 감사의 말씀을 드립니다.

제 교재와 강의로 공부하시는 분들이 좋은 성적으로 합격하여 원하시는 직역을 선택할 수 있도록, 교재 집필과 강의 준비에 항상 최선을 다하겠습니다.

2024년 11월
저자 김남훈 올림

제1편 총론

제01절 민사소송과 비송사건 ·· 2
- Ⅰ. 의 의 / 2
- Ⅱ. 소송과 비송의 구별 / 2
- Ⅲ. 비송사건의 특징 / 2
- Ⅳ. 소송의 비송화 경향과 한계 / 3
- Ⅴ. 이송의 가능성 : 소송의 이송 부분 참조 / 3
- Ⅵ. 관련문제 : 과거의 양육비 청구의 법적 성질 / 3

제02절 민사소송과 신의칙 ·· 4
제1관 서 설 ··· 4
제2관 적용범위 ·· 4
- Ⅰ. 주관적 범위 / 4
- Ⅱ. 객관적 범위 / 4

제3관 발현형태 ·· 5
- Ⅰ. 소송상태의 부당형성 / 5
- Ⅱ. 선행행위와 모순되는 거동 (소송상 금반언) / 5
- Ⅲ. 소송상 권능의 실효 / 6
- Ⅳ. 소권의 남용 / 6

제4관 신의칙 적용의 한계 ·· 7
제5관 신의칙 적용의 효과 ·· 7

제03절 민사소송법규의 종류와 위반의 효과 ·· 8
제1관 민사소송법규의 종류 ·· 8
- Ⅰ. 효력규정과 훈시규정 / 8
- Ⅱ. 강행규정과 임의규정 / 8

제2관 훈시규정 위반의 효과 ·· 8
제3관 강행규정 위반의 효과 ·· 8
제4관 임의규정 위반의 효과 ·· 9
- Ⅰ. 이의권의 포기·상실 / 9
- Ⅱ. 소송상 합의의 허용가능성 / 9

제2편 소송의 주체

제1장 법 원 ─────────────────────────────── 12
제01절 민사재판권 ·· 12
제1관 서 설 ··· 12
제2관 인적 범위 ··· 12
Ⅰ. 의 의 / 12
Ⅱ. 외국국가와 재판권 / 12
제3관 물적 범위 : 국제재판관할권 ······························· 14
Ⅰ. 의 의 / 14
Ⅱ. 유 형 / 14
Ⅲ. 결정의 기준 / 14
Ⅳ. 변론관할 / 20
Ⅴ. 흠결의 효과 / 21
제4관 재판권 흠결의 효과 ··· 21
Ⅰ. 소송요건 / 21
Ⅱ. 재판권이 없음이 명백한 경우 / 21
Ⅲ. 외국국가인 경우 및 재판권 면제의 포기가능성이 있는 경우 / 21
Ⅳ. 재판권이 없음을 간과한 판결의 효력 / 22

제02절 법관의 제척·기피·회피 ·· 22
제1관 법관의 제척 ·· 22
Ⅰ. 의 의 / 22
Ⅱ. 제척사유 / 22
Ⅲ. 제척의 재판 / 24
Ⅳ. 제척의 효과 / 24
제2관 법관의 기피 ·· 25
Ⅰ. 의 의 / 25
Ⅱ. 기피사유 / 25
Ⅲ. 기피절차 / 26
Ⅳ. 기피신청에 대한 재판 / 27
Ⅴ. 기피신청의 효과 / 27
제3관 법관의 회피 ·· 28

제03절 관 할 ··· 29
제1관 관할의 의의 ·· 29
제2관 관할의 종류 ·· 29
제3관 직분관할 ·· 29
    Ⅰ. 의 의 / 29
    Ⅱ. 수소법원과 집행법원의 직분관할 / 29
    Ⅲ. 지방법원 단독판사와 지방법원 합의부의 직분관할 / 29
    Ⅳ. 심급관할 / 30
제4관 사물관할 ·· 30
    Ⅰ. 서 설 / 30
    Ⅱ. 합의부의 관할 / 30
    Ⅲ. 단독판사의 관할 / 32
    Ⅳ. 특허사건의 관할 / 33
    Ⅴ. 소송목적의 값 / 34
제5관 토지관할 ·· 36
    Ⅰ. 서 설 / 36
    Ⅱ. 보통재판적 / 37
    Ⅲ. 특별재판적 / 37
    Ⅳ. 관련재판적 / 42
제6관 재정관할 (지정관할) ·· 43
제7관 합의관할 ·· 44
    Ⅰ. 서 설 / 44
    Ⅱ. 관할합의의 법적 성질 / 44
    Ⅲ. 관할합의의 요건 / 44
    Ⅳ. 합의의 모습 / 45
    Ⅴ. 합의의 효력 / 46
    Ⅵ. 합의의 취소·변경 / 48
제8관 변론관할 ·· 48
    Ⅰ. 의의 및 취지 / 48
    Ⅱ. 요 건 / 48
    Ⅲ. 효 과 / 49
제9관 전속관할 ·· 50
    Ⅰ. 서 설 / 50

　　　　Ⅱ. 종 류 / 50
　　　　Ⅲ. 전속관할의 특징 / 51
제10관 임의관할 ··· 52
제11관 관할권의 조사 ··· 52
　　　　Ⅰ. 직권조사사항 / 52
　　　　Ⅱ. 조사의 방법 / 52
　　　　Ⅲ. 조사의 한도 / 52
　　　　Ⅳ. 관할권의 증명 / 53
　　　　Ⅴ. 관할결정의 표준시기 / 53
　　　　Ⅵ. 조사의 결과 / 53
제12관 소송의 이송 ··· 54
　　　　Ⅰ. 서 설 / 54
　　　　Ⅱ. 이송의 원인 / 54
　　　　Ⅲ. 이송의 절차 / 61
　　　　Ⅳ. 이송의 효과 / 61

제2장 당사자 ──────────────────── 64

제01절 개 관 ··· 64

제02절 당사자의 확정 ·· 64

제1관 의 의 ·· 64
제2관 당사자 확정의 기준 ·· 65
　　　　Ⅰ. 학설의 대립 / 65
　　　　Ⅱ. 판례의 태도 / 65
　　　　Ⅲ. 검 토 / 65
제3관 당사자 표시의 정정 ·· 65
　　　　Ⅰ. 의의 및 구별개념 / 65
　　　　Ⅱ. 당사자 표시정정의 요건 / 66
　　　　Ⅲ. 당사자 표시정정 신청에 대한 재판 / 67
제4관 성명모용소송 ·· 68
　　　　Ⅰ. 서 설 / 68
　　　　Ⅱ. 당사자의 확정과 법원의 조치 / 68
　　　　Ⅲ. 성명모용소송을 간과한 판결의 효력 / 69
　　　　Ⅳ. 관련문제 : 송달과정에서의 피고 모용 / 69

CONTENTS 이 책의 차례

제5관 당사자의 사망이 소송에 미치는 영향 ·· 70
    Ⅰ. 소 제기 전에 사망한 경우 / 70
    Ⅱ. 소제기 후 소송계속 전에 사망한 경우 / 73
    Ⅲ. 소송계속 후 변론종결 전에 사망한 경우 : 소송절차의 중단 부분 참조 / 74
    Ⅳ. 변론종결 뒤 판결정본 송달 전에 사망한 경우 / 74
    Ⅴ. 판결정본의 송달 뒤에 사망한 경우 / 74

제6관 법인격 부인론 ·· 74
    Ⅰ. 의 의 / 74
    Ⅱ. 당사자 확정 / 74
    Ⅲ. 당사자 능력 / 75
    Ⅳ. 당사자 적격 / 75
    Ⅴ. 소송형태 / 75
    Ⅵ. 소송계속 중 당사자를 배후자로 변경하는 방법 / 75
    Ⅶ. 기판력 및 집행력이 배후자에게 미치는지 여부 / 76

제03절 당사자의 자격 ·· 77

제1관 당사자능력 ·· 77
    Ⅰ. 의 의 / 77
    Ⅱ. 당사자능력자 / 77
    Ⅲ. 조합의 당사자능력 / 80
    Ⅳ. 당사자능력의 조사방법 및 보정방법 / 82
    Ⅴ. 당사자능력 흠결의 효과 / 84

제2관 당사자적격 ·· 85
    Ⅰ. 서 설 / 85
    Ⅱ. 당사자적격을 갖는 자 / 85
    Ⅲ. 제3자의 소송담당 / 88
    Ⅳ. 당사자적격 흠결의 효과 / 94

제3관 소송능력 ·· 95
    Ⅰ. 의 의 / 95
    Ⅱ. 소송능력자 / 95
    Ⅲ. 소송무능력자 / 95
    Ⅳ. 소송능력의 소송법상의 효과 / 96

제4관 변론능력 ·· 99
    Ⅰ. 서 설 / 99
    Ⅱ. 변론무능력자 / 100
    Ⅲ. 변론능력 흠결의 효과 / 101

제04절 소송상 대리인 ·········· 102
제1관 서 설 ·········· 102
  Ⅰ. 의의 및 구별개념 / 102
  Ⅱ. 종 류 / 102
  Ⅲ. 민법상 대리인과의 차이 / 102
제2관 법정대리인 ·········· 103
  Ⅰ. 의 의 / 103
  Ⅱ. 종 류 / 103
  Ⅲ. 법정대리인의 권한과 지위 / 104
  Ⅳ. 법정대리권의 소멸 / 106
  Ⅴ. 법인 등의 대표자 / 107
제3관 임의대리인 ·········· 109
  Ⅰ. 서 설 / 109
  Ⅱ. 소송대리인의 자격 / 110
  Ⅲ. 소송대리권의 수여 / 110
  Ⅳ. 소송대리권의 범위 / 111
  Ⅴ. 소송대리인의 지위 / 115
  Ⅵ. 소송대리권의 소멸 / 115
제4관 무권대리인 ·········· 116
  Ⅰ. 의 의 / 116
  Ⅱ. 대리권 흠결의 소송상 효과 / 117
  Ⅲ. 쌍방대리의 금지 / 119
  Ⅳ. 소송행위와 표현대리 / 121

제3편 제1심의 소송절차

제1장 소송의 개시 ·········· 124
제01절 소의 종류 ·········· 124
  Ⅰ. 이행의 소 / 124
  Ⅱ. 확인의 소 / 124
  Ⅲ. 형성의 소 / 124

CONTENTS 이 책의 차례

제02절 소송요건 ·· 128
   제1관 총 설 ·· 128
      Ⅰ. 서 설 / 128
      Ⅱ. 소송요건의 종류 / 128
      Ⅲ. 소송요건의 모습 / 129
      Ⅳ. 소송요건의 조사 / 130
   제2관 소의 이익 ·· 133
      Ⅰ. 소의 이익의 개념 / 133
      Ⅱ. 각종의 소에 공통적인 소의 이익 : 권리보호의 자격 / 133
      Ⅲ. 각종의 소에 특수한 소의 이익 (청구적격 및 권리보호이익) / 136
      Ⅳ. 소의 이익의 소송상의 취급 / 160

제03절 소송물이론 ·· 160
      Ⅰ. 소송물의 개념 / 160
      Ⅱ. 소송물에 관한 견해 / 160
      Ⅲ. 판례의 태도 : 구소송물이론 / 161
      Ⅳ. 검 토 / 169

제04절 소의 제기 ·· 169
      Ⅰ. 소장의 기재사항 / 169
      Ⅱ. 청구취지 / 169
      Ⅲ. 청구원인 / 171
      Ⅳ. 소송상의 취급 / 172

제05절 재판장 등의 소장심사권 ·· 173
      Ⅰ. 서 설 / 173
      Ⅱ. 소장심사의 대상 / 173
      Ⅲ. 보정명령 / 174
      Ⅳ. 소장각하명령 / 176
      Ⅴ. 관련문제 : 상소심에서의 상소장심사권 / 179

제06절 소제기 후의 조치 ·· 179
      Ⅰ. 소장부본의 송달 / 179
      Ⅱ. 피고의 답변서제출의무와 무변론판결 / 179

제07절 소송구조 ·· 181

제08절 소제기의 효과 ·· 182

제1관 소송계속 ·· 182
  Ⅰ. 의 의 / 182
  Ⅱ. 소송계속의 발생시기 / 182
  Ⅲ. 소송계속의 소멸 / 182
  Ⅳ. 소송계속 종료의 효과를 다투는 방법 / 182

제2관 중복된 소제기의 금지 ·· 182
  Ⅰ. 서 설 / 182
  Ⅱ. 요 건 / 183
  Ⅲ. 채권자대위소송과 중복소송 / 184
  Ⅳ. 채권자취소소송과 중복소송 / 186
  Ⅴ. 상계항변과 중복소송 / 186
  Ⅵ. 일부청구와 중복소송 / 187
  Ⅶ. 추심금청구와 중복소송 / 188
  Ⅷ. 선결적 법률관계와 중복소송 / 189
  Ⅸ. 원고의 이행청구와 피고의 소극적 확인청구 / 189
  Ⅹ. 효 과 / 190
  Ⅺ. 국제적 중복제소 / 191

제3관 소제기의 실체법상의 효과 ·· 191
  Ⅰ. 소멸시효와 취득시효의 중단 / 191
  Ⅱ. 법률상의 기간준수 / 198
  Ⅲ. 효력의 발생시점 및 소멸시점 / 199
  Ⅳ. 지연손해금의 법정이율의 인상 / 199

제09절 배상명령제도 ·· 204

제2장 변 론 ─────────────────────────── 205

제01절 변론의 의의와 종류 ·· 205
  Ⅰ. 서 설 / 205
  Ⅱ. 필요적 변론의 내용 / 205
  Ⅲ. 필요적 변론의 예외 (무변론 판결을 할 수 있는 경우) / 206
  Ⅳ. 임의적 변론과 필요적 변론의 비교 / 207

CONTENTS 이 책의 차례

제02절 심리에 관한 원칙 ·· 207
  제1관 기본원칙 ·· 207
    Ⅰ. 공개심리주의 / 207
    Ⅱ. 쌍방심리주의 / 207
    Ⅲ. 구술심리주의 / 207
    Ⅳ. 직접심리주의 / 208
    Ⅴ. 집중심리주의 / 208
  제2관 처분권주의 ·· 208
    Ⅰ. 서 설 / 208
    Ⅱ. 절차의 개시 / 209
    Ⅲ. 심판의 대상과 범위 / 209
    Ⅳ. 절차의 종결 / 214
    Ⅴ. 처분권주의 위배의 효과 / 215
  제3관 변론주의 ·· 215
    Ⅰ. 서 설 / 215
    Ⅱ. 변론주의의 내용 / 216
    Ⅲ. 변론주의의 한계 / 225
    Ⅳ. 변론주의의 문제점과 보완·수정 / 225
    Ⅴ. 변론주의의 예외·제한 / 236
  제4관 적시제출주의 ·· 241
    Ⅰ. 서 설 / 241
    Ⅱ. 적시제출주의의 대상 / 241
    Ⅲ. 적시제출주의의 실효성 확보방법 / 241
    Ⅳ. 기타 공격방어방법의 제출 제한 / 246
    Ⅴ. 적시제출주의의 예외 / 246
  제5관 직권진행주의와 소송지휘권 ·· 247
    Ⅰ. 의 의 / 247
    Ⅱ. 소송지휘권 / 247
    Ⅲ. 소송절차에 대한 이의권 / 247

제03절 변론의 준비 ·· 249
  제1관 준비서면 ·· 249
    Ⅰ. 서 설 / 249
    Ⅱ. 준비서면의 기재사항 / 250

Ⅲ. 준비서면의 제출·교환 / 251
　　Ⅳ. 준비서면의 제출·부제출의 효과 / 251
 제2관 변론준비절차 ··· 253
　　Ⅰ. 서 설 / 255
　　Ⅱ. 변론준비절차의 개시 / 255
　　Ⅲ. 변론준비절차의 진행 / 256
　　Ⅳ. 변론준비절차의 종결 / 258
　　Ⅴ. 변론준비절차 뒤의 변론의 운영 / 259

제04절 변론의 내용 ··· 259

 제1관 총 설 ··· 259
　　Ⅰ. 본안의 신청 / 259
　　Ⅱ. 공격방어방법 / 259
　　Ⅲ. 항 변 / 261
　　Ⅳ. 부인과 항변의 구별 / 263
　　Ⅴ. 소송상 형성권의 행사 / 264
 제2관 소송행위 ··· 265
　　Ⅰ. 서 설 / 265
　　Ⅱ. 소송상 합의 / 266
 제3관 소송행위의 특질 ··· 270
　　Ⅰ. 서 설 / 270
　　Ⅱ. 소송행위의 철회와 취소 / 271
　　Ⅲ. 소송행위의 하자와 그 치유 / 274
　　Ⅳ. 소송행위의 해석 / 276

제05절 변론의 실시 ··· 277

　　Ⅰ. 변론의 경과 / 277
　　Ⅱ. 변론의 제한·분리·병합 / 277
　　Ⅲ. 변론의 재개 / 278
　　Ⅳ. 변론조서 / 279
　　Ⅴ. 변론기일에 당사자가 출석하지 않은 경우의 효과 : 기일의 해태 / 283

제06절 기일·기간·송달 ··· 291

 제1관 기 일 ··· 291
　　Ⅰ. 의 의 / 291
　　Ⅱ. 기일의 지정 / 291

Ⅲ. 기일의 변경 / 292
Ⅳ. 기일의 통지・실시・개시 / 292

제2관 기 간 ·· 293
Ⅰ. 기간의 의의 및 종류 / 293
Ⅱ. 기간의 계산 및 진행 / 293
Ⅲ. 기간의 신축과 부가기간 / 294
Ⅳ. 기간의 부준수와 소송행위의 추후보완 / 294

제3관 송 달 ·· 303
Ⅰ. 의 의 / 303
Ⅱ. 송달기관 / 304
Ⅲ. 송달서류 / 305
Ⅳ. 송달을 받을 수 있는 사람 / 305
Ⅴ. 송달의 실시방법 / 308
Ⅵ. 외국에서 하는 송달 / 318
Ⅶ. 송달의 하자 / 318

제07절 소송절차의 정지 ··· 319
Ⅰ. 서 설 / 319
Ⅱ. 소송절차의 중단 / 319
Ⅲ. 소송절차의 중지 / 328
Ⅳ. 소송절차 정지의 효과 / 329

제3장 증 거 ─────────────────────── 331

제01절 총 설 ··· 331
Ⅰ. 증거의 의의 / 331
Ⅱ. 증거능력・증거력 / 331
Ⅲ. 증거의 종류 / 333
Ⅳ. 증명과 소명 / 334
Ⅴ. 엄격한 증명과 자유로운 증명 / 334

제02절 증명의 대상 ··· 334
Ⅰ. 사 실 / 334
Ⅱ. 경험법칙(경험칙) / 335
Ⅲ. 법 규 / 337

제03절 불요증사실 ··· 337
제1관 서 설 ··· 337
제2관 재판상 자백 ·· 338
Ⅰ. 의의 및 법적 성질 / 338
Ⅱ. 요 건 / 338
Ⅲ. 효 력 / 342
제3관 자백간주 ·· 344
Ⅰ. 서 설 / 344
Ⅱ. 자백간주의 성립요건 / 345
Ⅲ. 자백간주의 효력 / 346
제4관 현저한 사실 ·· 346
Ⅰ. 서 설 / 346
Ⅱ. 종 류 / 347
Ⅲ. 현저한 사실에 반하는 자백의 구속력 / 348
제5관 법률상 추정되는 사실 ··· 348

제04절 증거조사의 개시와 실시 ··· 349
제1관 증거조사의 개시 ·· 349
Ⅰ. 증거신청 / 349
Ⅱ. 증거신청의 채택여부 결정 / 349
Ⅲ. 직권증거조사 / 351
제2관 증거조사의 실시 ·· 352
Ⅰ. 개 관 / 352
Ⅱ. 증인신문 / 352
Ⅲ. 감 정 / 358
Ⅳ. 서 증 / 362
Ⅴ. 검 증 / 381
Ⅵ. 당사자신문 / 382
Ⅶ. 그 밖의 증거 / 384
Ⅷ. 조사·송부의 촉탁 / 384
Ⅸ. 증거보전 / 384

제05절 자유심증주의 ··· 386
Ⅰ. 서 설 / 386
Ⅱ. 증거원인 / 387

Ⅲ. 자유의 의미와 심증의 정도 / 390
　　Ⅳ. 자유심증주의의 예외 / 391
　　Ⅴ. 사실인정의 위법과 상고가능성 / 393

제06절 증명책임 · 394
　　Ⅰ. 서 설 / 394
　　Ⅱ. 증명책임의 분배 / 394
　　Ⅲ. 증명책임의 전환 / 396
　　Ⅳ. 증명책임의 완화 / 396
　　Ⅴ. 주장책임 / 401
　　Ⅵ. 증명책임 없는 당사자의 사안해명의무 / 403

제4편 소송의 종료

제1장 총 설 · 406

제01절 소송종료사유의 개관 · 406

제02절 소송종료선언 · 406
　　Ⅰ. 서 설 / 407
　　Ⅱ. 소송종료선언의 사유 / 407
　　Ⅲ. 효 력 / 409

제2장 당사자의 행위에 의한 종료 · 410

제01절 소의 취하 · 410
　　Ⅰ. 서 설 / 410
　　Ⅱ. 소의 취하의 요건 / 411
　　Ⅲ. 소취하의 방식 / 413
　　Ⅳ. 소취하의 효과 / 413
　　Ⅴ. 소의 취하간주 / 420
　　Ⅵ. 소취하의 효력을 다투는 절차 / 420

제02절 **청구의 포기·인낙** ·· 420
    Ⅰ. 서 설 / 420
    Ⅱ. 법적 성질 / 420
    Ⅲ. 요 건 / 421
    Ⅳ. 시기와 방식 / 422
    Ⅴ. 효 과 / 423

제03절 **재판상 화해** ·· 424
    Ⅰ. 서 설 / 424
    Ⅱ. 소송상 화해 / 424
    Ⅲ. 제소전 화해 / 434

제3장 종국판결에 의한 종료 ─────────────────── 439

제01절 **총 설** ·· 439
    Ⅰ. 재판의 의의 / 439
    Ⅱ. 재판의 종류 / 439

제02절 **판 결** ·· 440
  제1관 **판결의 종류** ·· 440
    Ⅰ. 중간판결 / 440
    Ⅱ. 종국판결 / 442
  제2관 **판결의 성립** ·· 446
    Ⅰ. 판결내용의 확정 / 446
    Ⅱ. 판결서 / 446
    Ⅲ. 판결의 선고와 판결의 송달 / 448
  제3관 **판결의 일반적 효력** ·· 449
    Ⅰ. 기속력 / 449
    Ⅱ. 판결의 경정 / 450
    Ⅲ. 형식적 확정력 / 453
    Ⅳ. 집행력 / 455
    Ⅴ. 형성력 / 456
    Ⅵ. 법률요건적 효력 / 456
    Ⅶ. 반사적 효력 / 456

제4관 기판력 ··· 458
　Ⅰ. 의의 및 취지 / 458
　Ⅱ. 기판력의 본질 / 458
　Ⅲ. 기판력의 작용 / 460
　Ⅳ. 기판력 있는 재판 / 469
　Ⅴ. 기판력의 주관적 범위 / 474
　Ⅵ. 기판력의 객관적 범위 / 490
　Ⅶ. 기판력의 시적 범위 / 502

제5관 판결의 무효와 판결의 편취 ·· 515
　Ⅰ. 판결의 부존재 / 515
　Ⅱ. 판결의 무효 / 515
　Ⅲ. 판결의 편취 / 516

제6관 종국판결의 부수적 재판 ·· 521
　Ⅰ. 소송비용의 재판 / 521
　Ⅱ. 가집행선고 / 524

제5편 병합소송

제1장 병합청구소송 ─────────────────── 530

제01절 청구의 병합 ·· 530
　Ⅰ. 서 설 / 530
　Ⅱ. 병합요건 / 530
　Ⅲ. 병합의 형태 / 533
　Ⅳ. 병합청구의 절차와 심판 / 538
　Ⅴ. 목적물의 인도청구와 대상청구의 병합 / 547

제02절 청구의 변경 ·· 549
　Ⅰ. 서 설 / 549
　Ⅱ. 청구의 변경의 형태 / 551
　Ⅲ. 요 건 / 553
　Ⅳ. 절차 및 효과 / 556
　Ⅴ. 심 판 / 557

제03절 **중간확인의 소** ··· 559
　Ⅰ. 서 설 / 559
　Ⅱ. 요 건 / 559
　Ⅲ. 절차 및 효과 / 560
　Ⅳ. 심 판 / 560

제04절 **반 소** ··· 560
　Ⅰ. 서 설 / 561
　Ⅱ. 반소의 형태 / 562
　Ⅲ. 요 건 / 563
　Ⅳ. 절차와 심판 / 567

제2장 다수당사자소송 ─────────────────── 570

제01절 **공동소송** ··· 570

제1관 **총 설** ·· 570
　Ⅰ. 서 설 / 570
　Ⅱ. 발생원인과 소멸원인 / 570
　Ⅲ. 공동소송의 일반요건 / 570

제2관 **통상의 공동소송** ·· 572
　Ⅰ. 의 의 / 572
　Ⅱ. 공동소송인 독립의 원칙 / 572
　Ⅲ. 공동소송인 독립의 원칙의 수정 / 573

제3관 **필수적 공동소송** ·· 575
　Ⅰ. 의 의 / 575
　Ⅱ. 고유필수적 공동소송 / 575
　Ⅲ. 유사필수적 공동소송 / 581
　Ⅳ. 필수적 공동소송의 심판 / 582

제02절 **공동소송의 특수형태** ··· 586
　Ⅰ. 예비적·선택적 공동소송 / 586
　Ⅱ. 추가적 공동소송 / 593

제03절 **선정당사자** ··· 594
　Ⅰ. 의의 및 취지 / 594
　Ⅱ. 요 건 / 594
　Ⅲ. 선정의 방법 / 596

Ⅳ. 선정의 효과 / 597
　　　Ⅴ. 선정당사자의 자격흠결의 효과 / 600

제04절 제3자의 소송참가 ·· 600
　제1관 보조참가 ·· 600
　　　Ⅰ. 서 설 / 600
　　　Ⅱ. 요 건 / 601
　　　Ⅲ. 참가의 절차와 심판 / 603
　　　Ⅳ. 참가인의 소송상의 지위 / 605
　　　Ⅴ. 판결의 보조참가인에 대한 효력 / 608
　제2관 공동소송적 보조참가 ·· 611
　　　Ⅰ. 서 설 / 611
　　　Ⅱ. 공동소송적 보조참가가 성립되는 경우 / 612
　　　Ⅲ. 공동소송적 보조참가인의 지위 / 613
　　　Ⅳ. 공동소송적 보조참가의 판결의 효력 / 616
　제3관 소송고지 ·· 616
　　　Ⅰ. 의의 및 취지 / 616
　　　Ⅱ. 요 건 / 617
　　　Ⅲ. 소송고지의 방식 / 618
　　　Ⅳ. 소송고지의 효과 / 618
　제4관 공동소송참가 ·· 620
　　　Ⅰ. 의의 및 취지 / 621
　　　Ⅱ. 참가의 요건 / 621
　　　Ⅲ. 참가의 절차와 심판 / 623
　제5관 독립당사자참가 ·· 623
　　　Ⅰ. 서 설 / 623
　　　Ⅱ. 구 조 / 624
　　　Ⅲ. 참가요건 / 625
　　　Ⅳ. 참가절차 / 631
　　　Ⅴ. 참가소송의 심판 / 632
　　　Ⅵ. 단일소송 또는 공동소송으로 환원 / 638

제05절 당사자의 변경 ·· 642
　제1관 임의적 당사자의 변경 ·· 642
　　　Ⅰ. 서 설 / 642

  Ⅱ. 필수적 공동소송인의 추가 / 643
  Ⅲ. 피고의 경정 / 645

제2관 소송승계 ·· 648
  Ⅰ. 서 설 / 648
  Ⅱ. 당연승계 (포괄승계) / 649
  Ⅲ. 소송물의 양도에 의한 승계 (특정승계) / 651
  Ⅳ. 제3자의 소송인입이론 / 660

제6편 상소심 절차

제01절 총 설 ·· 662
  Ⅰ. 상소의 의의 및 취지 / 662
  Ⅱ. 상소의 요건 / 662
  Ⅲ. 상소의 효력 / 670

제02절 항 소 ·· 671
  Ⅰ. 항소의 의의 / 671
  Ⅱ. 항소심의 구조 / 671
  Ⅲ. 항소의 대상 / 672
  Ⅳ. 항소제기의 방식 / 673
  Ⅴ. 재판장의 항소장심사권 / 673
  Ⅵ. 항소의 취하 / 674
  Ⅶ. 부대항소 / 677
  Ⅷ. 항소심의 심리 / 681
  Ⅸ. 항소심의 종국적 재판 / 682
  Ⅹ. 불이익변경금지의 원칙 / 685

제03절 상 고 ·· 692
  Ⅰ. 상고의 의의 / 692
  Ⅱ. 상고이유 / 692
  Ⅲ. 상고심의 절차 / 694
  Ⅳ. 심리불속행제도 (심리속행사유의 심사) / 696
  Ⅴ. 상고심의 본안심리 / 696
  Ⅵ. 상고심의 종국적 재판 / 697

제04절 항 고 ··· 702
    Ⅰ. 의 의 / 702
    Ⅱ. 항고의 종류 / 702
    Ⅲ. 적용범위 / 703
    Ⅳ. 절 차 / 703
    Ⅴ. 재항고 / 705
    Ⅵ. 특별항고 / 705

제7편 재심절차

    Ⅰ. 재심의 개념 및 취지 / 708
    Ⅱ. 재심의 소송물 / 708
    Ⅲ. 재심의 적법요건 / 709
    Ⅳ. 재심사유 / 712
    Ⅴ. 재심의 절차 / 722
    Ⅵ. 준재심 / 727

제8편 간이소송 절차

제1장 독촉절차 ─────────────────────── 732
    Ⅰ. 의의 및 취지 / 732
    Ⅱ. 지급명령의 신청 / 732
    Ⅲ. 지급명령신청에 대한 재판 / 733
    Ⅳ. 채무자의 이의신청 및 소송으로의 이행 / 733
    Ⅴ. 지급명령의 확정과 효력 / 734

제2장 공시최고절차 ───────────────────── 735
    Ⅰ. 공시최고의 의의 및 허용범위 / 735
    Ⅱ. 공시최고의 절차 / 735
    Ⅲ. 제권판결 / 736
    Ⅳ. 증권 등의 무효선언을 위한 특칙 / 737

제3장 소액사건심판절차 : 소액사건심판법 ——————————— 738
    Ⅰ. 의의 및 적용범위 / 738
    Ⅱ. 이행권고제도 / 738
    Ⅲ. 소액사건의 절차상 특칙 / 739
    Ⅳ. 상고 및 재항고의 제한 / 741

제9편 판례색인

PART 01 총론

제01절 민사소송과 비송사건

I. 의의

비송사건이란 실질적으로는 법원의 관할에 속하는 민사사건 중 소송절차로 처리되지 않는 사건을 말하고, 형식적으로는 비송사건절차법에 정해진 사건과, 가사비송사건과 같이 비송사건절차법의 총칙규정의 적용·준용을 받는 사건을 말한다.

II. 소송과 비송의 구별

1. 학설의 대립

① 비송사건은 사법질서의 형성을 목적으로 하고, 소송사건은 사법질서의 유지·확정을 목적으로 한다는 목적설, ② 비송사건은 국가에 의한 사인간의 생활관계에 대한 후견적 개입을 대상으로 하는 것이나, 소송사건은 원고의 피고에 대한 법적 분쟁을 대상으로 한다는 대상설, ③ 입법자가 비송사건으로 정한 것이 비송사건이고, 그 외의 사건을 소송사건으로 본다는 실정법설 등이 대립된다.

2. 판례의 태도

판례는 회사정리사건이 비송사건이라고 하면서, "**법원의 합목적적 재량을 필요로 하고, 절차의 간이·신속성이 요구되므로 비송사건으로 봄이 상당하다.**"고 한다(1984. 10. 5. 84마카42). 이러한 판례의 입장을 절충설로 보는 견해와, 대상설로 보는 견해가 대립된다.

3. 검토

법률에 비송사건으로 규정되어 있는 경우에는 비송사건으로 보고, 불명확한 경우에는 법원의 합목적적 재량이 필요하고 절차의 간이성·신속성이 요구되는 경우에는 비송사건으로, 그 외의 경우에는 소송사건으로 보는 것이 타당하다(절충설).

III. 비송사건의 특징

1. 소송사건과 구별되는 특징

비송사건은 ㉠ 2당사자 대립구조가 아닌 편면적 구조이며, ㉡ 처분권주의가 배제되고 직권탐지주의·비공개주의·서면주의가 적용되며, ㉢ 임의적 변론에 의하며, ㉣ 대리인 자격에도 특별한 제한이 없고, ㉤ 자유로운 증명으로 족하고, ㉥ 재판의 형식은 결정에 의하며, ㉦ 기속력이 없기 때문에 사정변경에 의한 취소·변경이 가능하다.

2. 형식적 형성소송의 특징

공유물분할청구, 경계확정소송, 법원에 의한 父의 결정(민법 제845조), 법정지상권의 지료결정청구소송(민법 제366조 단서)처럼 **실질적으로는 비송이면서 형식상 소송절차에 의하여 처리되는 사건**을 '**형식적 형성소송**'이라 한다. 형식적 형성소송은 ㉠ 처분권주의가 배제되며, ㉡ 불이익변경금지의 원칙이 적용되지 않으며, ㉢ 청구기각 판결을 할 수 없으며, ㉣ 청구취지의 기재가 완화된다.

3. 판례의 태도

판례는 "**재산분할사건은 가사비송사건**에 해당하고, 가사비송절차에 관하여는 가사소송법에 특별한 규정이 없는 한 비송사건절차법 제1편의 규정을 준용하고 있으며, **비송사건절차에 있어서는 민사소송의 경우와 달리 당사자의 변론에만 의존하는 것이 아니고 법원이 자기의 권능과 책임으로 재판의 기초가 되는 자료를 수집하는 직권탐지주의에 의하고 있으므로**, 법원으로서는 당사자의 주장에 구애되지 아니하고 재산분할의 대상이 무엇인지 직권으로 사실조사를 하여 포함시키거나 제외시킬 수 있다."고 한다(1999. 11. 26. 99므1596).

따라서 "원고가 어떤 부동산을 재산분할 대상의 하나로 포함시킨 종전 주장을 철회하였더라도, 법원은 원고의 주장에 구애되지 아니하고 재산분할의 대상이 무엇인지 직권으로 사실조사를 하여 포함시킬 수 있다."고 한다(1995. 3. 28. 94므1584). 또한 "**선정당사자에 관한 민사소송법 규정은 비송사건절차법이 적용되는 비송사건에는 준용되거나 유추적용 되지 않는다.**"고 한다(1990. 12. 7. 90마674).

Ⅳ. 소송의 비송화 경향과 한계

소송의 비송화 경향이란 **기존에 소송으로 처리하던 사항을 재량에 의하여 탄력적으로 처리하는 현상**을 말한다. 민사조정법 제30조에 의한 강제조정제도, 상법 제379조의 재량기각, 행정소송법 제28조의 사정판결, 법원의 직권에 의한 과실상계 등과 같이 분쟁의 탄력적 해결에 대한 기대로 법관에게 재량을 부여하는 규정이 증가하면서 소송의 비송화 경향이 강화되고 있다. 다만 헌법 제27조가 보장하는 재판을 받을 권리를 침해할 수 있기 때문에, 소송의 비송화 경향에는 한계가 있다.

Ⅴ. 이송의 가능성 : 소송의 이송 부분 참조

Ⅵ. 관련문제 : 과거의 양육비 청구의 법적 성질

1. 문제점

가사소송법 제2조 제1항 나목 마류 제3호에 의하면 민법 제837조에 의한 장래의 양육비 청구사건은 비송사건이다. 과거의 양육비 청구사건에 대하여는 규정이 없어서 법적 성질이 문제된다.

2. 학설의 대립

① 부양의무에 관하여 적합하게 판단할 수 있는 가정법원에서 통일적으로 처리해야 하므로 가사비송사건으로 보는 견해, ② 가사비송사건 중에서 마류사건은 확대해석을 하면 안되므로 가사소송사건으로 보는 견해, ③ 양육비를 청구할 권리가 인정되는지는 소송사건으로 처리하고 금액은 비송으로 결정한다는 견해가 대립된다.

3. 판례의 태도

판례는 "이혼한 부부 각자가 분담하여야 할 과거의 양육비의 비율이나 금액을 장래에 대한 것과 함께 정하는 것도 민법 제837조 제2항에 규정된 자의 양육에 관한 처분에 해당하는 것으로 보아

가정법원이 자의 연령 및 부모의 재산상황 등 기타 사정을 참작하여 심판으로 정하여야 할 것이지 지방법원이 민사소송절차에 따라 판정할 것은 아니라고 해석함이 상당하다."고 하여 자녀에 대한 과거의 양육비 청구는 비송사건이라고 한다(1994. 5. 13. 92스21).

4. 검 토

과거의 양육비는 가정법원에서 자의 연령 및 부모의 재산상황 등을 참작하고 자의 복리를 고려하여 장래의 양육비와 통일적으로 판단하는 것이 바람직하므로, 비송사건으로 보는 판례가 타당하다.

제02절 민사소송과 신의칙

◆ 제1관 서 설

제1조(민사소송의 이상과 신의성실의 원칙) ① 법원은 소송절차가 공정하고 신속하며 경제적으로 진행되도록 노력하여야 한다.
② 당사자와 소송관계인은 신의에 따라 성실하게 소송을 수행하여야 한다.

◆ 제2관 적용범위

Ⅰ. 주관적 범위

제1조 제2항에서는 당사자와 소송관계인을 명시하고 있는데, 이는 원고·피고·보조참가인·대리인·증인·감정인 모두를 포함하는 개념이다.

Ⅱ. 객관적 범위

1. 학설의 대립

① 신의칙은 일반조항이므로 개별규정이나 이론을 적용하여 타당한 결과를 얻을 수 없는 경우에 적용되어야 한다는 보충적 적용설과, ② 개별규정이나 이론이 있더라도 신의칙을 적용하여 타당한 결과를 얻을 수 있는 경우에는 적용할 수 있다는 선택적 적용설이 대립된다.

2. 판례의 태도

판례는 "**특정한 권리나 법률관계에 관하여 분쟁이 있어도 제소하지 아니하기로 합의한 경우 이에 위반하여 제기한 소는 권리보호의 이익이 없다고 함과 동시에 신의성실의 원칙에 비추어 허용될 수 없다.**"고 하여(1993. 5. 14. 92다21760), 선택적 적용설의 입장이다. 다만 판례가 보충적 적용설이라는 견해도 있다.

3. 검토

구체적 타당성에 부합하는 해결을 위해서는 선택적 적용설이 타당하다.

◆ 제3관 **발현형태**

Ⅰ. 소송상태의 부당형성

1. 의 의

소송상태의 부당형성이란 당사자 일방이 부당한 방법으로 자기에게 유리한 소송상태나 상대방에게 불리한 소송상태를 만들어 놓고 이를 이용하는 행위를 말한다.

2. 판례의 태도

판례는 "**신의칙에 반하는 소권의 행사는 허용되지 아니한다.**"고 한다(1983. 5. 24. 82다카1919). 따라서 "주식양도인이 양수인에게 주권을 교부할 의무를 이행하지 않고 그 후의 임시주주총회결의의 부존재확인청구를 하는 것은 주권교부의무를 불이행한 자가 오히려 의무불이행상태를 권리로 주장함을 전제로 하는 것으로서 신의성실의 원칙에 반하는 소권의 행사이다."고 한다(1991. 12. 13. 90다카1158).

또한 "선박을 편의치적 시켜 소유·운영할 목적으로 설립한 형식상의 회사(Paper Company)가 선박의 실제 소유자와 외형상 별개의 회사라도, 선박의 소유권을 주장하여 선박에 대한 가압류집행의 불허를 구하는 것은 편의치적이라는 편법행위가 용인되는 한계를 넘어서 채무를 면탈하려는 불법목적을 달성하려고 함에 지나지 아니하여 신의칙상 허용될 수 없다."고 한다(1989. 9. 12. 89다카678).

Ⅱ. 선행행위와 모순되는 거동 (소송상 금반언)

1. 의 의

소송상 금반언이란 당사자 일방이 일정한 행위를 하여 상대방이 이를 신뢰한 상태에서 이와 모순되는 거동을 한 경우에, 모순되는 후행행위의 효력을 인정하면 선행행위를 신뢰한 상대방에게 불이익이 되는 때에는 모순되는 후행행위는 신의칙상 허용되지 않는다는 것을 말한다.

2. 판례의 태도

판례는 "**사용자로부터 해고된 근로자가 해고 이후에 퇴직금 등을 수령하면서 아무런 이의의 유보나 조건을 제기하지 않았다면 특별한 사정이 없는 한 해고처분의 효력을 인정하였다 할 것이고**, 따라서 그로부터 오랜 기간이 지난 후에 해고의 효력을 다투는 소를 제기하는 것은 신의칙이나 금반언의 원칙에 위배되어 허용될 수 없다."고 한다(1992. 8. 14. 91다29811).

또한 "**무효인 공정증서상에 집행채무자로 표시된 자가 공정증서를 집행권원으로 한 경매절차가 진행되고 있는 동안에 공정증서의 무효를 주장하여 경매절차를 저지할 수 있었음에도 그러한 주장을 하지 않고 방치하였을 뿐 아니라, 오히려 공정증서가 유효임을 전제로 변제를 주장하여 매각허가결정에 대한 항고절차를 취하였고 매각허가결정 확정 후에 매각대금까지 배당받았다면**, 특별한 사정이 없는 한 집행채무자로 표시된 자는 매수인에 대하여 공정증서가 유효하다는 신뢰를 부여한 것으로서 객관적으로 보아 매수인으로서는 신뢰를 갖는 것이 상당하므로, 그 후 집행채무자로 표시된 자가 매수인에 대하여 공정증서의 무효임을 이유로 강제경매도 무효라고 주장하는 것은 금반언 및 신의칙에 위반되는 것이다."고 한다(1992. 7. 28. 92다7726).

Ⅲ. 소송상 권능의 실효

1. 의 의

소권의 실효란 당사자 일방이 소권을 장기간 행사하지 않아 상대방에게 당사자 일방이 이를 행사하지 않으리라는 정당한 기대가 발생하고, 상대방이 이 기대에 따라 행동하고 있는 경우에는 신의칙상 당사자 일방의 소권은 실효되어 행사할 수 없다는 것을 말한다.

2. 판례의 태도

판례는 "실효의 원칙이란 **권리자가 장기간에 걸쳐 권리를 행사하지 아니함에 따라 의무자인 상대방이 더 이상 권리자가 권리를 행사하지 아니할 것으로 신뢰할 만한 정당한 기대를 가지게 된 경우에 새삼스럽게 권리자가 권리를 행사하는 것은 법질서 전체를 지배하는 신의성실의 원칙에 위반되어 허용되지 아니한다는 것**을 의미하고, 항소권과 같은 소송법상의 권리에 대하여도 적용될 수 있다."고 한다(1996. 7. 30. 94다51840). 따라서 父가 사위판결을 받아 소유권을 넘겨간 것을 알고도 4년간 아무런 법적 조치를 위하지 않던 子가 父의 부동산 처분사실을 듣고 항소를 제기한 경우, 子의 항소권이 실효된 것으로 본 원심판결을 파기하였다.

또한 "실효의 원칙이 적용되기 위하여 필요한 요건으로서의 실효기간(권리를 행사하지 아니한 기간)의 길이와 의무자인 상대방이 권리가 행사되지 아니하리라고 신뢰할 만한 정당한 사유가 있었는지의 여부는 일률적으로 판단할 수 있는 것이 아니라, 구체적인 경우마다 권리를 행사하지 아니한 기간의 장단과 함께 권리자 측과 상대방 측 쌍방의 사정 및 객관적으로 존재하는 사정 등을 모두 고려하여 사회통념에 따라 합리적으로 판단하여야 한다."고 한다(1992. 1. 21. 91다30118).

Ⅳ. 소권의 남용

> 제219조의2(소권 남용에 대한 제재) 원고가 소권(항소권을 포함한다)을 남용하여 청구가 이유 없음이 명백한 소를 반복적으로 제기한 경우에는 법원은 결정으로 500만원 이하의 과태료에 처한다.

1. 의 의

소권의 남용이란 소송상의 권리를 이를 인정하고 있는 법의 취지에 반하여 행사하는 것을 말한다. 따라서 소송이외의 목적의 추구를 위한 소송상의 권능행사는 소권의 남용이 된다.

2. 판례의 태도

판례는 "**재판청구권의 행사도 상대방의 보호 및 사법기능의 확보를 위하여 신의성실의 원칙에 의**

하여 규제된다고 볼 것이므로, 법원에서 수회에 걸쳐 같은 이유 등으로 재심청구를 패소당하여 확정되었음에도, 이미 배척되어 법률상 받아들여질 수 없음이 명백한 이유를 들어 같은 내용의 재심청구를 거듭하는 것은 상대방을 괴롭히는 결과가 되고, 사법인력을 불필요하게 소모시키는 결과로도 되기에 그러한 제소는 특별한 사정이 없는 한 신의성실의 원칙에 위배하여 소권을 남용하는 것으로서 허용될 수 없다."고 한다(1999. 5. 28. 98재다275).

다만, 판례는 "법에서 친족에 의한 친생자관계부존재확인의 소에 대하여는 특별히 제소기간에 제한을 두지 아니한 취지에 비추어 비록 친자관계의 직접 당사자인 호적상 부모가 사망한 때로부터 오랜 기간 경과한 후에 소를 제기하더라도 그것만으로 신의칙에 반하는 소송행위라고 볼 수 없다 할 것이므로, <u>특별한 사정이 없는 한 친생자관계부존재확인의 소가 소권의 남용이라는 명목으로 쉽게 배척되어서는 안 될 것이다.</u>"고 한다(2004. 6. 24. 2004므405).

◆ **제4관 신의칙 적용의 한계**

<u>선행행위에 모순되는 후행행위가 객관적 진실에 합치되고 선행행위를 신뢰한 상대방의 불이익의 정도가 크지 않은 경우</u>에는 금반언의 적용을 인정할 수 없으므로, 이러한 경우에는 선행행위에 모순되는 후행행위도 허용된다. 또한 <u>신의칙의 적용이 절차의 안정성·확실성을 현저히 해치는 경우</u>에도 그 적용이 제한된다.

◆ **제5관 신의칙 적용의 효과**

(i) 신의칙에 위반된 소제기와 관련하여 법원은 실체법상의 신의칙 위배에 대하여는 청구기각판결을 하고, 소송법상의 신의칙 위배에 대하여는 소 각하판결을 한다. 판례도 "신의성실의 원칙에 반한 소권의 행사이어서 허용되지 아니하므로 부적법하여 각하한다."고 한다(1983. 4. 26. 80다580).

한편, 소제기가 신의칙에 위반되었는지에 대한 판단방법과 관련하여 ① 법원의 직권조사사항이라는 견해와, ② 법원과 당사자 사이에서는 직권조사사항이지만, 당사자 사이에서는 상대방의 원용이 필요하다는 견해가 대립된다. 판례는 "<u>신의성실의 원칙에 반하는 것 또는 권리남용은 강행규정에 위배되는 것이므로 당사자의 주장이 없더라도 법원은 직권으로 판단할 수 있다.</u>"고 한다(1995. 12. 22. 94다42129). 소송법상의 신의칙 위배는 소극적 소송요건으로 보아야 하므로, 직권조사사항으로 보는 견해가 타당하다.

(ii) 신의칙에 위반된 소송행위는 무효가 된다. 이 경우에 신의칙 위반의 소송행위를 간과하고 판결한 경우에 판결이 당연무효는 아니며, 확정 전에는 상소로 취소가 가능하고 확정 후에는 재심사유가 있을 경우에 한하여 재심청구가 가능하다.

제03절 민사소송법규의 종류와 위반의 효과

◆ 제1관 민사소송법규의 종류

Ⅰ. 효력규정과 훈시규정

민사소송법규는 효력규정과 훈시규정으로 구분된다. (ⅰ) 효력규정은 그 규정을 위반하면 소송법상의 효력에 영향을 미치게 되는 규정이고, 강행규정과 임의규정으로 나뉜다. (ⅱ) 훈시규정은 그 규정을 위반하여도 소송법상의 효력에 영향을 미치지 않는 규정이다.

Ⅱ. 강행규정과 임의규정

효력규정은 강행규정과 임의규정으로 구분된다. (ⅰ) 강행규정은 그 규정을 위반한 행위·절차는 무효가 되는 규정으로, 공익을 보호할 목적으로 정해진 것이다. (ⅱ) 임의규정은 당사자에 의하여 적용이 배제·완화될 수 있는 규정으로, 당사자의 소송수행상의 편의를 보호할 목적으로 정해진 것이다. 다만 임의규정도 그 규정에 위반하는 행위·절차의 효력이 부정될 수 있다는 의미에서 효력규정이 된다.

◆ 제2관 훈시규정 위반의 효과

소송고지의 방식(제85조 제2항)이나 종국판결 선고기간(제199조), 판결의 선고기간(제207조 제1항), 판결서 송달기간(제210조 제1항), 항소기록의 송부(제400조), 상고이유서에 대한 답변서 제출기간(제428조 제1항)등의 훈시규정은 이를 준수하지 않더라도 소송법상의 효력에 영향이 없다.

판례는 "당사자는 법원 또는 상대방의 소송행위가 소송절차에 관한 규정을 위반한 경우 제151조에 의하여 소송행위의 무효를 주장하는 이의신청을 할 수 있고 법원이 당사자의 이의를 이유있다고 인정할 때에는 소송행위를 무효로 하고 이에 상응하는 조치를 취하여야 하지만, **소송절차에 관한 규정 중 훈시적 규정을 위반한 경우에는 무효를 주장할 수 없다. 제199조·제207조 등은 훈시규정이므로 법원이 종국판결 선고기간 5월을 도과하거나 변론종결일로부터 2주 이내 선고하지 아니하였더라도 무효를 주장할 수는 없다.**"고 한다(2008. 2. 1. 2007다9009).

◆ 제3관 강행규정 위반의 효과

강행규정을 위반한 소송행위는 무효가 된다. 따라서 법원은 강행규정의 위배여부를 직권으로 조사해야 한다. 강행법규에 위반한 소송행위는 판결 전에는 무효로 보아 배척할 것이지만 이를 간과한 채 판결하면 위법한 판결이 된다. 따라서 판결 확정 전이면 상소로써 다툴 수 있다. 그러나 판결이 확정되면 재심사유에 해당하는 경우 이외는 강행법규 위반을 주장할 수 없다. 예컨대 전속관할 규정은 강행규정이지만 전속관할 규정에 위배하여 판결을 하였더라도 판결이 확정되면 전속관할 규정의 위배는 재심사유에 해당되지 않기 때문에 하자는 치유된다.

◆ 제4관 **임의규정 위반의 효과**

Ⅰ. 이의권의 포기·상실

임의규정은 당사자의 편의를 목적으로 하는 사익적 규정이므로, 당사자 또는 법원의 소송행위가 임의규정에 위반되는 경우에도 불이익을 받는 당사자가 이의를 하지 않으면 이의권의 포기·상실에 의하여 하자가 치유된다.

Ⅱ. 소송상 합의의 허용가능성

소송절차의 안정성·획일성의 관점에서 당사자가 임의규정과 달리 임의로 소송절차를 변경하는 것은 허용되지 않는 것이 원칙이다. 다만 합의관할(제29조)이나 불항소의 합의(제390조 제1항 단서, 제2항)와 같이 명문으로 인정된 경우에는 허용되며, 명문규정이 없어도 부제소의 합의·소취하의 합의·부집행의 합의·증거계약 등과 같이 당사자가 자유롭게 처분할 수 있는 권리의 경우에는 강행법규 또는 공서양속에 반하지 않는 한 허용된다.

PART 02 소송의 주체

제1장 법원
제2장 당사자

CHAPTER 01 법 원

제01절 민사재판권

◆ **제1관 서 설**

재판권은 법률적 쟁송사건을 재판에 의하여 처리하는 국가의 권능을 말한다. 따라서 민사재판권은 민사분쟁을 처리하기 위하여 판결 등을 행하는 국가권력을 말한다.

◆ **제2관 인적 범위**

Ⅰ. 의 의

재판권은 국내에 거주하는 외국인에게도 미친다. 다만 치외법권자에 대해서는 원칙적으로 민사재판권이 제한된다. 그러나 치외법권자라도 원고가 되는 것은 가능하고, 증인으로 임의출석하여 증언하면 증언거부권을 포기한 것이 되므로 증언의 효력에는 영향이 없다. 또한 치외법권자라도 원고로서 제기한 소송에서의 반소·재심·청구이의의 소 등의 피고가 될 수 있고, 특권을 포기하면 피고가 될 수 있다.

판례는 "회사가 외국법인으로서 우리나라에 지점이나 대리점의 등록을 하고 있지 아니하더라도 **외국법인이 우리나라의 재판권에 복종할 의사로 우리나라 법원에 제소를 한 이상 그 소는 적법하다.**"고 하고(1978. 2. 14. 77다2310), "외국법인이 우리나라에 사업소나 영업소를 가지고 있지 않거나 토지관할에 관한 특별재판적이 국내에 없더라도, **우리나라 법원에 보전명령이나 임의경매를 신청한 이상 그러한 행위는 우리나라의 재판권에 복종할 의사로 한 것**이라고 여겨야 할 것이므로, 위와 같은 신청채권에 관계된 소송에 관하여는 우리나라 법원이 재판권을 가진다고 보는 것이 국제민사소송의 재판관할에 관한 조리에 비추어 옳다."고 한다(1989. 12. 26. 88다카3991).

Ⅱ. 외국국가와 재판권

1. 문제점

외국국가에 대한 민사재판권을 허용하는 경우에는 외국국가의 주권을 침해할 수 있다는 점에서 외국국가에 대해서도 우리나라의 민사재판권이 미치는지가 문제된다.

2. 절대적 면제주의와 상대적 면제주의

① 국가는 국제관례상 외국의 재판권에 복종하지 않으므로 조약에 의하여 예외로 된 경우나 외교상의 특권을 포기하는 경우를 제외하고는 외국국가를 피고로 하여 재판권을 행사할 수는 없다는 절대적 면제주의와, ② 외국국가의 사법적 활동은 우리나라의 민사재판권에 복종하여야 하고 외국국가의 공권적 활동은 우리나라의 민사재판권에서 면제된다는 상대적 면제주의가 대립된다.

3. 판례 : 상대적 면제주의

판례는 "국제관습법에 의하면 국가의 주권적 행위는 다른 국가의 재판권으로부터 면제되는 것이 원칙이나, 국가의 사법적 행위까지 다른 국가의 재판권으로부터 면제된다는 것이 국제법이나 국제관례라고 할 수 없다. 우리나라의 영토 내에서 행하여진 **외국의 사법적 행위가 주권적 활동에 속하는 것이거나 이와 밀접한 관련이 있어서 이에 대한 재판권의 행사가 외국의 주권적 활동에 대한 부당한 간섭이 될 우려가 있다**는 등의 특별한 사정이 없는 한, 외국의 사법적 행위에 대하여는 당해 국가를 피고로 우리나라 법원이 재판권을 행사할 수 있다."고 하여 상대적 면제주의의 입장이다(1998. 12. 17. 97다39216).

또한 "채권압류 및 추심명령은 집행법원이 일방적으로 제3채무자에게 지급금지를 명령하고 피압류채권의 추심권능을 집행채권자에게 부여하는 것으로서 제3채무자는 집행채무자에게 지급하더라도 집행채권자에게 대항할 수 없어 추심명령을 받은 집행채권자에게 채무를 지급하여야 할 의무를 부담하게 된다. 채권압류 및 추심명령은 제3채무자 소유의 재산에 대한 집행이 아니고, 제3채무자는 집행당사자가 아님에도 채권압류 및 추심명령이 있으면 지급금지명령, 추심명령 등 집행법원 강제력 행사의 직접적인 상대방이 되어 이에 복종하게 된다. 이와 같은 점을 고려하면 **제3채무자를 외국으로 하는 채권압류 및 추심명령에 대한 재판권 행사는 외국을 피고로 하는 판결절차의 재판권 행사보다 더욱 신중히 행사될 것이 요구된다.** 더구나 채권압류 및 추심명령이 제3채무자에 대한 집행권원이 아니라 집행채권자의 채무자에 대한 집행권원만으로 일방적으로 발령되는 것인 점을 고려하면 더욱 그러하다. 따라서 피압류채권이 외국의 사법적 행위를 원인으로 하여 발생한 것이고 사법적 행위에 대하여 해당 국가를 피고로 우리나라 법원이 재판권을 행사할 수 있더라도, 피압류채권의 당사자가 아닌 집행채권자가 해당 국가를 제3채무자로 한 압류 및 추심명령을 신청하는 경우, 우리나라 법원은 **해당 국가가 국제협약, 중재합의, 서면계약, 법정에서 진술 등의 방법으로 사법적 행위로 부담하는 국가의 채무에 대하여 압류 기타 우리나라 법원에 의하여 명하여지는 강제집행의 대상이 될 수 있다는 점에 대하여 명시적으로 동의하였거나, 우리나라 내에 채무의 지급을 위한 재산을 따로 할당해 두는 등 우리나라 법원의 압류 등 강제조치에 대하여 재판권 면제 주장을 포기한 것으로 볼 수 있는 경우** 등에 한하여 해당 국가를 제3채무자로 하는 채권압류 및 추심명령을 발령할 재판권을 가진다. 그리고 우리나라 법원이 외국을 제3채무자로 하는 추심명령에 대하여 재판권을 행사할 수 있는 경우에는 추심명령에 기하여 외국을 피고로 하는 추심금 소송에 대하여도 역시 재판권을 행사할 수 있고, 반면 추심명령에 대한 재판권이 인정되지 않는 경우에는 추심금 소송에 대한 재판권 역시 인정되지 않는다."고 한다(2011. 12. 13. 2009다16766).

또한 "부동산은 영토주권의 객체로, 부동산 점유 주체가 외국이라는 이유만으로 부동산 소재지 국가 법원의 재판권에서 당연히 면제된다고 보기 어렵고, 부동산을 점유하는 데에는 다양한 원인과 목적, 형태가 있을 수 있으므로, **외국이 국내 부동산을 점유하는 것을 두고 반드시 주권적 활동에 속하거나 이와 밀접한 관련이 있는 사법적 행위에 해당한다고 볼 수도 없다.** 다만 외교공관은 한 국가가 자국을 대표하여 외교 활동을 하고 자국민을 보호하며 영사 사무 등을 처리하기 위하여 다른 국가에 설치한 기관이므로, **외국이 부동산을 공관지역으로 점유하는 것은 성질과 목적에 비추어 주권적 활동과 밀접한 관련이 있다**고 볼 수 있고, 국제법상 외국의 공관지역은 원칙적으로 불가침이며 접수국은 이를 보호할 의무가 있다. 따라서 외국이 부동산을 공관지역으로 점유하는 것과 관련하여 해당 국가를 피고로 하여 제기된 소송이 외교공관의 직무 수행을 방해할 우려가 있는 때에는 그에 대한 우리나라 법원의 재판권 행사가 제한되고, 이때 그 소송이 외교공관의 직무 수행을 방해할 우려가 있는지 여부는 원고가 주장하는 청구 권원과 내용, 그에 근거한 승소판결의 효력, 그 청구나 판결과 외교공관 또는 공관직무의 관련성 정도 등을 종합적으로 고려하여 판단한다."고 한다(2023. 4. 27. 2019다247903).

4. 검 토

외국국가의 사법적 행위에 대해서까지 우리나라의 민사재판권이 미치지 않는다는 것은 우리나라의 주권행사를 포기하는 것이므로 판례의 입장인 상대적 면제주의가 타당하다.

◆ **제3관 물적 범위 : 국제재판관할권**

I. 의 의

당사자의 국적·주소·행위지·재산소재지 등 <u>당해 법률관계를 구성하는 모든 요소가 여러 법질서에 관련되어 있는, 즉 외국적 요소가 있는 법률관계</u>에 관하여 어느 나라 법원이 재판하여야 하는가를 국제재판관할권의 문제라고 한다. 이는 관할권의 문제가 아니라 재판권의 문제이다.

II. 유 형

(ⅰ) 자국의 국제재판관할권(재판국제관할권)이란 국내법원이 국제재판관할권이 있는가의 문제로서, 이를 직접적 일반관할권이라고도 한다. (ⅱ) 외국의 국제재판관할권(승인국관할권)이란 외국법원이 국제재판관할권을 가지는가, 즉 외국판결의 승인·집행의 문제(제217조)로서, 이를 간접적 일반관할권이라고도 한다.

III. 결정의 기준

1. 학설의 대립

① 민사소송법의 토지관할에 관한 규정에 비추어 국제재판관할권이 있는지를 역으로 추지하여야 한다는 **역추지설**(토지관할규정유추설), ② 민사소송법의 기본이념인 적정·공평·신속·경제 등을 고려하여 어느 나라에서 재판하는 것이 가장 합리적인가를 보아 조리에 따라 결정한다는 **관할배분설**(조리설), ③ 원칙적으로 우리나라의 토지관할 규정을 유추하여 국제재판관할권을 정하되, 이 기준에 의해 우리나라가 재판관할권을 갖는 것이 부당한 특단의 사정이 있는 경우에는 관할배분설에 의한다는 **수정역추지설**(특단의 사정설)이 대립된다.

2. 국제사법의 규정

> **국제사법 제2조(일반원칙)** ① 대한민국 법원(이하 "법원"이라 한다)은 당사자 또는 분쟁이 된 사안이 대한민국과 실질적 관련이 있는 경우에 국제재판관할권을 가진다. 이 경우 법원은 실질적 관련의 유무를 판단할 때에 당사자 간의 공평, 재판의 적정, 신속 및 경제를 꾀한다는 국제재판관할 배분의 이념에 부합하는 합리적인 원칙에 따라야 한다.

② 이 법이나 그 밖의 대한민국 법령 또는 조약에 국제재판관할에 관한 규정이 없는 경우 법원은 국내 법의 관할 규정을 참작하여 국제재판관할권의 유무를 판단하되, 제1항의 취지에 비추어 국제재판관할의 특수성을 충분히 고려하여야 한다.

3. 판례의 태도

가. 국제사법 전부개정 이전의 판례[1]

ⓐ [1] 섭외사건에 관하여 국내의 재판관할을 인정할지의 여부는 국제재판관할에 관하여 조약이나 일반적으로 승인된 국제법상의 원칙이 아직 확립되어 있지 않고 이에 관한 우리나라의 성문법규도 없는 이상 **당사자간의 공평, 재판의 적정, 신속을 기한다는 기본이념에 따라 조리에 의하여 이를 결정함이 상당**하고, 이 경우 우리나라 민사소송법의 토지관할에 관한 규정 또한 위 기본이념에 따라 제정된 것이므로 **위 규정에 의한 재판적이 국내에 있을 때에는 섭외사건에 관한 소송에 관하여도 우리나라에 재판관할권이 있다**고 인정함이 상당하다. [2] 미합중국 하와이주의 법률에 의하여 설립된 외국법인의 서울 사무소에서 근무하던 외국인 직원들이 부당해고되었음을 이유로 손해배상을 청구하는 소송에 관하여 제11조의 재판적이 인정되므로 국내에 재판관할권이 있다. [3] 섭외사건에 관하여 적용할 준거외국법의 내용을 증명하기 위한 증거방법과 절차에 관하여 우리나라의 민사소송법에 어떤 제한도 없으므로 자유로운 증명으로 충분하다(1992. 7. 28. 91다41897).

ⓑ [1] 외국인 간의 가사사건에 관하여 우리나라의 법원에 재판관할권이 있는지 여부는 **우리나라 가사소송법상의 국내토지관할에 관한 규정을 기초로 외국인 사이의 소송에서 생기는 특성을 참작하면서 당사자 간의 공평과 함께 소송절차의 적정하고 원활한 운영과 소송경제 등을 고려하여 조리와 정의관념에 의하여 이를 결정**하여야 할 것이다. [2] 외국에서 이혼 및 출생자에 대한 양육자 지정의 재판이 선고된 외국인 부부사이의 출생자에 관하여 부부 중 일방인 청구인이 상대방을 상대로 친권을 행사할 자 및 양육자의 변경심판을 청구하고 있는 사건에 있어서 우리나라의 법원이 재판권을 행사하기 위하여는 **상대방이 우리나라에 주소를 가지고 있을 것을 요하는 것이 원칙이고, 그렇지 않는 한 상대방이 행방불명 또는 이에 준하는 사정이 있거나 상대방이 적극적으로 응소하고 있는 등의 예외적인 경우를 제외하고는 우리나라의 법원에 재판관할권이 없다**고 해석하는 것이 상당하다 (1994. 2. 21. 92스26).

ⓒ [1] 섭외사건의 국제재판관할에 관하여 일반적으로 승인된 국제법상의 원칙이 아직 확립되어 있지 아니하고 이에 관한 우리나라의 성문법규도 없는 이상, **섭외사건에 관한 외국 법원의 재판관할권 유무는 당사자간의 공평, 재판의 적정, 신속을 기한다는 기본이념에 따라 조리에 의하여 결정함이 상당하고**, 이 경우 우리나라의 민사소송법의 토지관할에 관한 규정 또한 그 기본이념에 따라 제정된 것이므로, 그 규정에 의한 재판적이 외국에 있을 때에는 이에 따라 외국 법원에서 심리하는 것이 조리에 반한다는 특별한 사정이 없는 한 그 외국 법원에 재판관할권이 있다고 봄이 상당하다. [2] 물품을 제조하여 판매하는 제조자의 불법행위로 인한 손해배상 책임에 관한 **제조물책임 소송에서 손해 발생지의 외국 법원에 국제재판관할권이 있는지 여부는 제조자가 당해 손해 발생지에서 사**

---

[1] [판례평석] 판례는 조리설의 입장에 서 있으나 역추지설에 상당히 근접한 입장을 취함으로써 수정역추지설(특별사정설)로 이해할 수 있겠다. 즉 국제사법 전부개정 전의 판례의 입장은 기본적으로 "국제재판관할규칙 = 토지관할규정"이라고 전제하고, 그러한 결론이 부당할 때에는 특별한 사정을 근거로 관할권을 부인하는 입장이었다(김홍엽, 제10판. 44면).

고가 발생하여 그 지역의 외국 법원에 제소될 것임을 합리적으로 예견할 수 있을 정도로 제조자와 손해 발생지와의 사이에 **실질적 관련이 있는지 여부에 따라 결정함이 조리상 상당하고**, 실질적 관련을 판단함에 있어서는 예컨대 당해 손해 발생지의 시장을 위한 제품의 디자인, 그 지역에서의 상품광고, 그 지역 고객들을 위한 정기적인 구매상담, 그 지역 내에서의 판매대리점 개설 등과 같이 당해 손해 발생지 내에서의 거래에 따른 이익을 향유하려는 제조자의 의도적인 행위가 있었는지 여부가 고려될 수 있다(1995. 11. 21. 93다39607).

ⓓ 제5조에 의하면 외국법인 등이 대한민국 내에 사무소, 영업소 또는 업무담당자의 주소를 가지고 있는 경우에는 그 사무소 등에 보통재판적이 인정된다고 할 것이므로, 증거수집의 용이성이나 소송수행의 부담 정도 등 구체적인 제반 사정을 고려하여 응소를 강제하는 것이 민사소송의 이념에 비추어 심히 부당한 결과에 이르게 되는 특별한 사정이 없는 한, **원칙적으로 그 분쟁이 외국법인의 대한민국 지점의 영업에 관한 것이 아니라도 우리 법원의 관할권을 인정하는 것이 조리에 맞는다** (2000. 6. 9. 98다35037).

나. 국제사법 전부개정 이후의 판례[2][3]

ⓐ [1] 국제재판관할을 결정함에 있어서는 **당사자 간의 공평, 재판의 적정, 신속 및 경제를 기한다는 기본이념**에 따라야 할 것이고, 구체적으로는 소송당사자들의 공평, 편의 그리고 예측가능성과 같은 **개인적인 이익**뿐만 아니라 재판의 적정, 신속, 효율 및 판결의 실효성 등과 같은 **법원 내지 국가의 이익**도 함께 고려하여야 할 것이며, 이러한 다양한 이익 중 어떠한 이익을 보호할 필요가 있을지 여부는 **개별 사건에서 법정지와 당사자와의 실질적 관련성 및 법정지와 분쟁이 된 사안과의 실질적 관련성을 객관적인 기준으로 삼아 합리적으로 판단**하여야 할 것이다. [2] **대한민국 내에 주소를 두고 영업을 영위하는 자가 미국의 도메인 이름 등록기관에 등록·보유하고 있는 도메인 이름에 대한 미국의 국가중재위원회의 이전 판정에 불복하여 제기한 소송**에 관하여 분쟁의 내용이 대한민국과 실질적 관련성이 있다는 이유로 대한민국 법원의 국제재판관할권을 인정한 사례(2005. 1. 27. 2002다59788).

ⓑ **미합중국 미주리 주에 법률상 주소를 두고 있는 미합중국 국적의 남자(원고)가 대한민국 국적의 여자(피고)와 대한민국에서 혼인 후, 미합중국 국적을 취득한 피고와 거주기한을 정하지 아니하고 대한민국에 거주하다가 피고를 상대로 이혼, 친권자 및 양육자지정 등을 청구한 사안**에서, 원·피고 모두 대한민국에 상거소를 가지고 있고, 혼인이 대한민국에서 성립되었으며, 혼인생활의 대부분이 대한민국에서 형성된 점 등을 고려하면 위 청구는 대한민국과 실질적 관련이 있다고 볼 수 있으므로 국제사법 제2조 제1항에 의하여 대한민국 법원이 재판관할권을 가진다고 할 수 있고, 원·피고가 선택에 의한 주소(domicile of choice)를 대한민국에 형성했고, 피고가 소장부본을 적법하게 송달받고 적극적으로 응소한 점까지 고려하면 국제사법 제2조 제2항에 규정된 '국제재판관할의 특수성'을 고려하더라도 대한민국 법원의 재판관할권 행사에 문제가 없다고 한 사례(2006. 5. 26. 2005므884).

ⓒ 대한민국 회사가 일본 회사에게 러시아에서 선적한 냉동청어를 중국에서 인도하기로 하고 대금

---

[2] [판례평석] 판례는 국제사법 제2조에 따라 관할배분설의 입장을 취하고 있음을 알 수 있다(김홍엽, 제10판, 45면).
[3] [판례평석] 판례는 국제사법 전부 개정 후에는 그 이전에서와 같이 토지관할규정을 전제로 판단하지 아니하므로 그 판단방법 및 이에 따른 판시방법도 종래와 달리하고 있음에 주목할 필요가 있다. 즉 국제사법 전부 개정 후에는 ① 우선 국제사법 제2조 제1항에 따른 당사자 또는 분쟁사안과 대한민국과의 실질적 관련성 유무를 판단한 다음, ② 이어 국제사법 제2조 제2항에 따라 국내법원의 관할규정을 참작하고, 국제재판관할의 특수성을 충분히 고려하여 국제재판관할권 행사에 문제가 있는지를 검토하고 있다(김홍엽, 제10판, 46면).

은 선적 당시의 임시 검품 결과에 따라 임시로 정하여 지급하되 인도지에서 최종 검품을 하여 최종가격을 정한 후 임시가격과의 차액을 정산하기로 한 매매계약에서, 차액 정산에 관한 분쟁은 최종 검품 여부 및 그 결과가 주로 문제되므로 인도지인 중국 법원이 분쟁이 된 사안과 가장 실질적 관련이 있는 법원이나, **대한민국 법원에도 당사자 또는 분쟁이 된 사안과 실질적 관련이 있어 국제재판관할권을 인정할 수 있다**고 한 사례(2008. 5. 29. 2006다71908).

ⓓ 2002년 김해공항 인근에서 발생한 중국 항공기 추락사고로 사망한 중국인 승무원의 유가족이 중국 항공사를 상대로 대한민국 법원에 손해배상청구소송을 제기한 사안에서, 민사소송법상 토지관할권, 소송당사자들의 개인적인 이익, 법원의 이익, 다른 피해유가족들과의 형평성 등에 비추어 위 소송은 대한민국과 실질적 관련이 있다고 보기에 충분하므로, 대한민국 법원의 국제재판관할권을 인정한 사례(2010. 7. 15. 2010다18355).

ⓔ **일제강점기에 국민징용령에 의하여 강제징용되어 일본국 회사인 미쓰비시중공업 주식회사**(이하 '구 미쓰비시'라고 한다)**에서 강제노동에 종사한 대한민국 국민 갑 등이 구 미쓰비시가 해산된 후 새로이 설립된 미쓰비시중공업 주식회사**(이하 '미쓰비시'라고 한다)**를 상대로 국제법 위반 및 불법행위를 이유로 한 손해배상과 미지급 임금의 지급을 구한 사안**에서, 미쓰비시가 일본법에 의하여 설립된 일본 법인으로서 주된 사무소를 일본국 내에 두고 있으나 대한민국 내 업무 진행을 위한 연락사무소가 소 제기 당시 대한민국 내에 존재하고 있었던 점, 대한민국은 구 미쓰비시가 일본국과 함께 갑 등을 강제징용한 후 강제노동을 시킨 일련의 불법행위 중 일부가 이루어진 불법행위지인 점, 피해자인 갑 등이 모두 대한민국에 거주하고 있고 사안의 내용이 대한민국의 역사 및 정치적 변동 상황 등과 밀접한 관계가 있는 점, 갑 등의 불법행위로 인한 손해배상청구와 미지급임금 지급청구 사이에는 객관적 관련성이 인정되는 점 등에 비추어 **대한민국은 사건 당사자 및 분쟁이 된 사안과 실질적 관련성이 있다**는 이유로, 대한민국 법원의 국제재판관할권을 인정한 사례(2012. 5. 24. 2009다22549).

ⓕ 국제재판관할은 당사자 간의 공평, 재판의 적정, 신속 및 경제를 기한다는 기본이념에 따라 결정하여야 한다. 구체적으로는 소송당사자들의 공평, 편의 그리고 예측가능성과 같은 개인적인 이익뿐만 아니라 재판의 적정, 신속, 효율 및 판결의 실효성 등과 같은 법원 내지 국가의 이익도 함께 고려하여야 하고, 이러한 다양한 이익 중 어떠한 이익을 보호할 것인지는 개별 사건에서 법정지와 당사자 사이의 실질적 관련성 및 법정지와 분쟁이 된 사안 사이의 실질적 관련성을 객관적인 기준으로 삼아 합리적으로 판단하여야 한다. **특히 물품을 제조·판매하는 제조업자에 대한 제조물책임소송에서 손해발생지 법원에 국제재판관할권이 있는지를 판단하는 경우에는 제조업자가 손해발생지에서 사고가 발생하여 그 지역의 법원에 제소될 것임을 합리적으로 예견할 수 있을 정도로 제조업자와 손해발생지 사이에 실질적 관련성이 있는지를 고려**하여야 한다(2013. 7. 12. 2006다17539).

ⓖ 갑 주식회사의 을에 대한 영업방해금지청구의 선결문제로서, 을이 갑 회사와 맺은 근로계약에 따라 완성되어 대한민국에서 등록한 특허권 및 실용신안권에 관한 직무발명에 기초하여 외국에서 등록되는 특허권 또는 실용신안권에 대하여 갑 회사가 통상실시권을 취득하는지가 문제된 사안에서, 을이 직무발명을 완성한 곳이 대한민국이고, **갑 회사가 직무발명에 기초하여 외국에 등록되는 특허권이나 실용신안권에 대하여 통상실시권을 가지는지는 특허권이나 실용신안권의 성립이나 유·무효 등에 관한 것이 아니어서 그 등록국이나 등록이 청구된 국가 법원의 전속관할에 속하지도 아니하므로**, 위 당사자 및 분쟁이 된 사안은 대한민국과 실질적인 관련성이 있어 대한민국 법원이 국제재판관할권을 가진다고 본 원심판결을 수긍한 사례(2015. 1. 15. 2012다4763).

ⓗ 물품을 제조·판매하는 제조업자에 대한 제조물책임소송에서 손해발생지의 외국 법원에 국제재판관할권이 있는지를 판단하는 경우에는 **제조업자가 손해발생지에서 사고가 발생하여 그 지역의 외국 법원에 제소될 것임을 합리적으로 예견할 수 있을 정도로 제조업자와 손해발생지 사이에 실질적 관련성이 있는지를 고려**하여야 한다. 마찬가지로 제조물의 결함으로 인하여 발생한 손해를 배상한 제조물 공급자 등이 제조업자를 상대로 외국 법원에 구상금청구소송을 제기한 경우에도 제조업자가 외국 법원에 구상금 청구의 소를 제기당할 것임을 합리적으로 예견할 수 있을 정도로 제조업자와 법정지 사이에 실질적 관련성이 있는지를 고려하여야 한다(2015. 2. 12. 2012다21737).

ⓘ [1] 국제사법 제2조 제1항에서 '실질적 관련'은 **대한민국 법원이 재판관할권을 행사하는 것을 정당화할 정도로 당사자 또는 분쟁이 된 사안과 관련성이 있는 것**을 뜻한다. 이를 판단할 때에는 당사자의 공평, 재판의 적정, 신속과 경제 등 국제재판관할 배분의 이념에 부합하는 합리적인 원칙에 따라야 한다. 구체적으로는 당사자의 공평, 편의, 예측가능성과 같은 개인적인 이익뿐만 아니라, 재판의 적정, 신속, 효율, 판결의 실효성과 같은 법원이나 국가의 이익도 함께 고려하여야 한다. 이처럼 다양한 국제재판관할의 이익 중 어떠한 이익을 보호할 필요가 있을지는 개별 사건에서 실질적 관련성 유무를 합리적으로 판단하여 결정하여야 한다. [2] 국제사법 제2조 제2항은 제1항에서 정한 실질적 관련성을 판단하는 구체적 기준 또는 방법으로 국내법의 관할 규정을 제시한다. 따라서 **민사소송법 관할 규정은 국제재판관할권을 판단하는 데 가장 중요한 판단 기준**으로 작용한다. 다만 이러한 관할 규정은 국내적 관점에서 마련된 재판적에 관한 규정이므로 **국제재판관할권을 판단할 때에는 국제재판관할의 특수성을 고려하여 국제재판관할 배분의 이념에 부합하도록 수정하여 적용**해야 하는 경우도 있다. 민사소송법 제3조 본문은 "사람의 보통재판적은 그의 주소에 따라 정한다."라고 정한다. 따라서 당사자의 생활 근거가 되는 곳, 즉 생활관계의 중심적 장소가 토지관할권의 가장 일반적·보편적 발생근거라고 할 수 있다. 민사소송법 제2조는 "소는 피고의 보통재판적이 있는 곳의 법원이 관할한다."라고 정하고 있는데, 원고에게 피고의 주소지 법원에 소를 제기하도록 하는 것이 관할 배분에서 당사자의 공평에 부합하기 때문이다. **국제재판관할에서도 피고의 주소지는 생활관계의 중심적 장소로서 중요한 고려요소**이다. [3] **국제재판관할에서 특별관할을 고려하는 것은 분쟁이 된 사안과 실질적 관련이 있는 국가의 관할권을 인정하기 위한 것**이다. 민사소송법 제11조는 "대한민국에 주소가 없는 사람 또는 주소를 알 수 없는 사람에 대하여 재산권에 관한 소를 제기하는 경우에는 청구의 목적 또는 담보의 목적이나 압류할 수 있는 피고의 재산이 있는 곳의 법원에 제기할 수 있다."라고 정한다. 원고가 소를 제기할 당시 피고의 재산이 대한민국에 있는 경우 대한민국 법원에 피고를 상대로 소를 제기하여 승소판결을 얻으면 바로 집행하여 재판의 실효를 거둘 수 있다. 이와 같이 **피고의 재산이 대한민국에 있다면 당사자의 권리구제나 판결의 실효성 측면에서 대한민국 법원의 국제재판관할권을 인정**할 수 있다. 그러나 **재산이 우연히 대한민국에 있는 경우까지 무조건 국제재판관할권을 인정하는 것은 피고에게 현저한 불이익이 발생**할 수 있다. 따라서 원고의 청구가 피고의 재산과 직접적인 관련이 없는 경우에는 재산이 대한민국에 있게 된 경위, 재산의 가액, 원고의 권리구제 필요성과 판결의 실효성 등을 고려하여 국제재판관할권을 판단해야 한다. [4] 예측가능성은 피고와 법정지 사이에 상당한 관련이 있어서 법정지 법원에 소가 제기되는 것에 대하여 합리적으로 예견할 수 있었는지를 기준으로 판단해야 한다. **피고가 대한민국에서 생활 기반을 가지고 있거나 재산을 취득하여 경제활동을 할 때에는 대한민국 법원에 피고를 상대로 재산에 관한 소가 제기되리라는 점을 쉽게 예측할 수 있다.** [5] 국제재판관할권은 배타적인 것이 아니라 병존할 수도 있다.

지리, 언어, 통신의 편의 측면에서 다른 나라 법원이 대한민국 법원보다 더 편리하다는 것만으로 대한민국 법원의 재판관할권을 쉽게 부정할 수는 없다(2019. 6. 13. 2016다33752).

ⓙ [1] 국제사법 제2조 제1항은 "법원은 당사자 또는 분쟁이 된 사안이 대한민국과 실질적 관련이 있는 경우에 국제재판관할권을 가진다. 이 경우 법원은 실질적 관련의 유무를 판단함에 있어 국제재판관할 배분의 이념에 부합하는 합리적인 원칙에 따라야 한다."라고 정하고 있다. '실질적 관련'은 **대한민국 법원이 재판관할권을 행사하는 것을 정당화할 정도로 당사자 또는 분쟁이 된 사안과 관련성이 있는 것**을 뜻한다. 이를 판단할 때에는 당사자의 공평, 재판의 적정, 신속과 경제 등 국제재판관할 배분의 이념에 부합하는 합리적인 원칙에 따라야 한다. 구체적으로는 당사자의 공평, 편의, 예측가능성과 같은 개인적인 이익뿐만 아니라, 재판의 적정, 신속, 효율, 판결의 실효성과 같은 법원이나 국가의 이익도 함께 고려하여야 한다. 다양한 국제재판관할의 이익 중 어떠한 이익을 보호할 필요가 있는지는 개별 사건에서 실질적 관련성 유무를 합리적으로 판단하여 결정하여야 한다. [2] 국제사법 제2조 제2항은 "법원은 국내법의 관할 규정을 참작하여 국제재판관할권의 유무를 판단하되, 제1항의 규정의 취지에 비추어 국제재판관할의 특수성을 충분히 고려하여야 한다."라고 정하고 있다. 따라서 **국제재판관할권을 판단할 때 국내법의 관할 규정을 가장 기본적인 판단 기준으로 삼되, 해당 사건의 법적 성격이나 개별적·구체적 사정을 고려하여 국제재판관할 배분의 이념에 부합하도록 합리적으로 수정할 수 있다. 국제사법 제2조는 가사사건에도 마찬가지로 적용된다**. 따라서 가사사건에 대하여 대한민국 법원이 재판관할권을 가지려면 대한민국이 해당 사건의 당사자 또는 분쟁이 된 사안과 실질적 관련이 있어야 한다. 그런데 가사사건은 일반 민사사건과 달리 공동생활의 근간이 되는 가족과 친족이라는 신분관계에 관한 사건이거나 신분관계와 밀접하게 관련된 재산, 권리, 그 밖의 법률관계에 관한 사건으로서 사회생활의 기본토대에 중대한 영향을 미친다. **가사사건에서는 피고의 방어권 보장뿐만 아니라 해당 쟁점에 대한 재판의 적정과 능률, 당사자의 정당한 이익 보호, 가족제도와 사회질서의 유지 등 공적 가치를 가지는 요소도 고려할 필요가 있다**. 따라서 가사사건에서 '실질적 관련의 유무'는 국내법의 관할 규정뿐만 아니라 당사자의 국적이나 주소 또는 상거소, 분쟁의 원인이 되는 사실관계가 이루어진 장소(예를 들어 혼인의 취소나 이혼 사유가 발생한 장소, 자녀의 양육권이 문제 되는 경우 자녀가 생활하는 곳, 재산분할이 주요 쟁점인 경우 해당 재산의 소재지 등), 해당 사건에 적용되는 준거법, 사건 관련 자료(증인이나 물적 증거, 준거법 해석과 적용을 위한 자료, 그 밖의 소송자료 등) 수집의 용이성, 당사자들 소송 수행의 편의와 권익보호의 필요성, 판결의 실효성 등을 종합적으로 고려하여 판단하여야 한다. [3] 재판상 이혼과 같은 혼인관계를 다루는 사건에서 **대한민국에 당사자들의 국적이나 주소가 없어 대한민국 법원에 국내법의 관할 규정에 따른 관할이 인정되기 어려운 경우라도 이혼청구의 주요 원인이 된 사실관계가 대한민국에서 형성되었고**(부부의 국적이나 주소가 해외에 있더라도 부부의 한쪽이 대한민국에 상당 기간 체류함으로써 부부의 별거상태가 형성되는 경우 등) **이혼과 함께 청구된 재산분할사건에서 대한민국에 있는 재산이 재산분할대상인지 여부가 첨예하게 다투어지고 있다면**, 피고의 예측가능성, 당사자의 권리구제, 해당 쟁점의 심리 편의와 판결의 실효성 차원에서 대한민국과 해당 사안 간의 실질적 관련성을 인정할 여지가 크다. 나아가 **피고가 소장 부본을 적법하게 송달받고 실제 적극적으로 응소**하였다면 이러한 사정은 대한민국 법원에 관할권을 인정하는 데 긍정적으로 고려할 수 있다."고 한다(2021. 2. 4. 2017므12552).

ⓚ [1] 국제사법 제2조 제2항은 "법원은 국내법의 관할 규정을 참작하여 국제재판관할권의 유무를 판단하되, 제1항의 규정의 취지에 비추어 국제재판관할의 특수성을 충분히 고려하여야 한다."라고

정하여 제1항에서 정한 실질적 관련성을 판단하는 구체적 기준 또는 방법으로 국내법의 관할 규정을 제시한다. 따라서 **민사소송법 관할 규정은 국제재판관할권을 판단하는 데 가장 중요한 판단 기준으로 작용한다**. 다만 **이러한 관할 규정은 국내적 관점에서 마련된 재판적에 관한 규정이므로 국제재판관할권을 판단할 때에는 국제재판관할의 특수성을 고려하여 국제재판관할 배분의 이념에 부합하도록 수정하여 적용해야 하는 경우도 있다**. 민사소송법 제2조는 "소는 피고의 보통재판적이 있는 곳의 법원이 관할한다."라고 정하고 있고, 민사소송법 제5조 제1항 전문은 "법인, 그 밖의 사단 또는 재단의 보통재판적은 이들의 주된 사무소 또는 영업소가 있는 곳에 따라 정한다."라고 정하고 있다. 이는 원고에게 피고의 주된 사무소 또는 영업소가 있는 법원에 소를 제기하도록 하는 것이 관할 배분에서 당사자의 공평에 부합하기 때문이므로, **국제재판관할에서도 피고의 주된 사무소가 있는 곳은 영업관계의 중심적 장소로서 중요한 고려요소가 된다**. [2] 국제재판관할에서 특별관할을 고려하는 것은 분쟁이 된 사안과 실질적 관련이 있는 국가의 관할권을 인정하기 위한 것이다. 가령 민사소송법 제11조에서 재산이 있는 곳의 특별재판적을 인정하는 것과 같이 **원고가 소를 제기할 당시 피고의 재산이 대한민국에 있는 경우 대한민국 법원에 피고를 상대로 소를 제기하여 승소판결을 얻으면 바로 집행하여 재판의 실효를 거둘 수 있으므로, 당사자의 권리구제나 판결의 실효성 측면에서 대한민국 법원의 국제재판관할권을 인정할 수 있는 것이다**. [3] 예측가능성은 피고와 법정지 사이에 상당한 관련이 있어서 법정지 법원에 소가 제기되는 것에 대하여 합리적으로 예견할 수 있었는지를 기준으로 판단해야 한다. 만일 **법인인 피고가 대한민국에 주된 사무소나 영업소를 두고 영업활동을 할 때에는 대한민국 법원에 피고를 상대로 재산에 관한 소가 제기되리라는 점을 쉽게 예측할 수 있다**(2021. 3. 25. 2018다230588).

4. 검 토

국제사법 제2조에 의하여 국제재판관할권을 결정하는 것이 타당하다. 다만 (i) ㉠ 외국에 있는 부동산의 물권에 관한 소송(소재지국의 전속관할), ㉡ 외국의 특허권·상표권 등에 관한 사항이나 국적에 관한 사항과 같이 외국의 권리에만 관계되는 소송(해당국의 전속관할), ㉢ 외국인 사이의 이혼소송 등 가사소송사건(피고주소지주의), ㉣ 국제사법의 특칙 규정으로 상거소(常居所) 국가의 관할로 하는 소비자계약(국제사법 제27조 제5항)이나 근로계약(국제사법 제28조 제4항) 등은 국제재판관할의 특수성을 고려하여 **특정 국가에만 국제재판관할권이 인정**된다. (ii) 또한 **긴급·보충관할의 경우**에는 국제재판관할권의 판단기준에 따른 국제재판관할권의 유·무를 불문하고 국제재판관할권이 인정된다.

IV. 변론관할

국제재판관할의 경우에도 변론관할이 인정된다. 따라서 피고가 관할위반을 주장하지 않고 본안에 관하여 변론을 하는 경우에는 제30조를 유추적용하여 변론관할에 의하여 국제재판관할을 인정할 수 있다.

판례도 "일본국에 주소를 둔 재외동포 甲이 일본국에 주소를 둔 재외동포 乙을 상대로 3건의 대여금채무에 대한 변제를 구하는 소를 대한민국 법원에 제기한 사안에서, 3건의 대여금 청구 중 2건은 분쟁이 된 사안과 대한민국 사이에 실질적 관련성이 있어 대한민국 법원에 국제재판관할권이 인정되고, 나머지 1건도 **당사자 또는 분쟁이 된 사안과 법정지인 대한민국 사이에 실질적 관련성이 있다고**

볼 수는 없지만 변론관할에 의하여 대한민국 법원에 국제재판관할권이 생겼다고 봄이 타당하다."고 하여 국제재판관할에서 변론관할을 인정한다(2014. 4. 10. 2012다7571).

V. 흠결의 효과

국제재판관할의 존재는 **소송요건으로서 직권조사사항**이다. 국제재판관할권이 존재하지 않는 경우에는 소장각하명령 또는 소각하 판결을 한다. 즉 국제재판관할에 있어서는 소송의 이송이 허용되지 않는다. 또한 국제재판관할권의 부존재를 간과한 판결에 대해서는 확정 전에는 상소가 가능하고, 확정 후에는 재심사유는 아니므로 **무효인 판결**이 된다.

◆ 제4관 **재판권 흠결의 효과**

I. 소송요건

민사재판권의 존재는 **소송요건이므로 직권조사사항**이 된다. 한편 재판권 흠결의 항변이 제출되더라도 이는 법원의 직권발동을 촉구하는 의미 밖에 없으므로, 재판권이 흠결된 것이 아니라면 법원이 이에 대하여 판단하지 않았더라도 판단누락의 상고이유는 되지 않는다.

II. 재판권이 없음이 명백한 경우

1. 문제점

재판권의 흠결이 명백한 경우에 법원이 어떠한 재판을 하여야 하는지가 문제된다.

2. 학설의 대립

① 변론기일을 지정하지 않고 사실상 소장부본을 송달하여 알리고 재판권이 없음이 명확해지면 소각하판결을 하여야 한다는 견해와, ② 재판권 없음이 명백하면 소장부본을 송달할 수 없으므로, 재판장이 소장각하명령을 하여야 한다는 견해가 대립된다.

3. 판례의 태도

판례는 "**일본국을 상대로 한 소장을 송달할 수 없는 경우에 해당한다고 하여 소장각하명령을 한 것은 정당하다.**"고 한다(1975. 5. 23. 74마281).

4. 검 토

재판권의 흠결이 명백한 경우에는 소송경제의 측면에서 소장각하명령을 하는 것이 타당하다.

III. 외국국가인 경우 및 재판권 면제의 포기가능성이 있는 경우

재판장의 소장심사 단계에서 재판권이 면제되는 자에 대한 소제기인 것이 분명하더라도, 소장을 각하할 것이 아니라 소장부본을 송달하는 등의 방법으로 소제기 사실을 알린 다음 재판권의 존부를 판단하여야 한다. 외국국가의 경우 사법적 행위에 대하여는 우리나라 법원이 민사재판권을 행사할 수 있는 경우가 있고, 그 외의 경우라도 피고가 재판권의 면제를 포기할 여지가 있기 때문이다. 한편 변론의 결과 재판권이 없다고 판단되면 법원은 소각하 판결을 한다.

Ⅳ. 재판권이 없음을 간과한 판결의 효력

재판권이 없음을 간과한 판결에 대하여는 판결이 확정되기 전에는 상소로써 다툴 수 있으나, 판결이 확정된 후에는 재판권의 흠결을 간과한 것은 재심사유가 아니므로 재심의 소는 허용되지 않는다. 따라서 판결이 확정되더라도 당연무효의 판결이 된다.

제02절 법관의 제척·기피·회피

◆ 제1관 **법관의 제척**

> **제41조(제척의 이유)** 법관은 다음 각 호 가운데 어느 하나에 해당하면 직무집행에서 제척된다.
> 1. 법관 또는 그 배우자나 배우자이었던 사람이 사건의 당사자가 되거나, 사건의 당사자와 공동권리자·공동의무자 또는 상환의무자의 관계에 있는 때
> 2. 법관이 당사자와 친족의 관계에 있거나 그러한 관계에 있었을 때
> 3. 법관이 사건에 관하여 증언이나 감정을 하였을 때
> 4. 법관이 사건당사자의 대리인이었거나 대리인이 된 때
> 5. 법관이 불복사건의 이전심급의 재판에 관여하였을 때. 다만, 다른 법원의 촉탁에 따라 그 직무를 수행한 경우에는 그러하지 아니하다.
>
> **제42조(제척의 재판)** 법원은 제척의 이유가 있는 때에는 직권으로 또는 당사자의 신청에 따라 제척의 재판을 한다.

Ⅰ. 의 의

법관의 제척이란 법관이 구체적인 사건에 대하여 법률에서 정한 특수한 관계가 있는 때에는 법률에 의하여 당연히 그 사건에 관한 직무집행을 할 수 없게 되는 것을 말한다. 민사소송법 제41조에 제척사유로 5가지 사유가 제한적·열거적으로 규정되어 있다.

Ⅱ. 제척사유

1. 제1호 사유

제1호의 '배우자'는 법률상의 배우자를 말하고, '당사자'는 보조참가인 등을 포함하는 넓은 개념이다. 판례는 "사건의 당사자와 공동권리자·공동의무자의 관계라 함은 **소송의 목적이 된 권리관계에 관하여**

공통되는 법률상 이해관계가 있어 재판의 공정성을 의심할 만한 사정이 존재하는 지위에 있는 관계를 의미하는 것으로 해석할 것이다. 종중원들은 종중원의 재산상·신분상 권리의무 관계에 직접적인 영향을 미치는 종중 규약을 개정한 종중총회 결의의 효력 유무에 관하여 공통되는 법률상 이해관계가 있다. **재판부를 구성한 판사는 종중원인 사실을 알 수 있다.** 따라서 판사는 원고들과 공통되는 법률상 이해관계를 가진다고 볼 수 있어 제41조 제1호의 당사자와 공동권리자·공동의무자의 관계에 있는 자에 해당한다. 제척사유가 있는 판사가 재판에 관여한 원심판결은 제424조 제1항 제2호가 정한 **법률에 따라 판결에 관여할 수 없는 판사가 판결에 관여한 때**에 해당하는 위법이 있다."고 한다(2010. 5. 13. 2009다102254).

2. 제5호 사유

가. 개념 및 취지

상소법원을 구성하는 법관이 불복신청이 된 이전심급의 재판에 이미 관여한 경우에 그 법관은 당해 사건에 대하여 직무를 집행할 수 없다는 것을 전심관여 법관의 제척이라고 한다(제41조 제5호 본문). 다만 다른 법원으로부터 촉탁을 받고 전심에 관여한 때에는 제척사유가 되지 아니한다(동조 제5호 단서).

전심에 관여한 법관을 상소심에서 배제하여 예단을 방지함으로써 재판의 공정성을 유지하는 한편, 새로운 법관으로 하여금 재심사시키는 심급제도의 근본취지가 몰각되는 것을 방지하여 심급제도의 실효성을 확보하기 위하여 전심관여 법관의 제척이 인정된다.

나. '이전심급재판'의 범위

불복사건의 '이전심급의 재판'이란 **불복사건의 하급심 재판으로서 직접적으로 불복의 대상이 되어 있는 종국판결뿐만 아니라 이와 더불어 상급심의 판단을 받을 중간적 재판, 상고심에서 간접적으로 불복대상이 된 제1심 판결 등도 포함**된다.

그러나 파기환송이나 이송되기 전의 원심판결(다만 이 경우에는 제436조 제3항에 해당되어 관여할 수 없다), 재심소송에 있어서 재심의 대상이 된 확정판결, 청구이의의 소에 있어서 그 대상이 된 확정판결, 본안 소송에 대한 관계에서 가압류·가처분에 관한 재판 등은 이전심급의 재판에 해당하지 않는다. 또한 소송상 화해에 관여한 법관이 그 화해 내용에 따른 목적물의 인도의 소에 관여하는 것 등은 전심관여가 아니다. 다만 이러한 경우에 기피사유가 될 수는 있다.

판례는 "본안사건에 관여한 법관이 집행문부여이의소나 강제집행정지신청사건에 관여할 수 없는 것이 아니다."고 하고(1969. 11. 4. 69그17), "법정화해에 관여한 법관이 화해내용에 따라 목적물의 인도를 구하는 소송에 관여하였다고 해서 전심재판에 관여한 것이라고 볼 수 없다."고 하고(1969. 12. 9. 69다1232), "원심재판장이 소유권이전등기말소청구소송과 동일내용의 다른 사건에 관하여 그 사건의 피고들에게 패소판결을 하여도 법관제척이나 기피사유가 있다고 할 수 없다."고 하고(1984. 5. 15. 83다카2009), "전심재판에 관여하였던 때라 함은 **당해 사건에 관하여 하급심 재판에 관여한 경우**를 말하며, 당해 사건의 사실관계와 관련이 있는 다른 형사사건에 관여한 경우는 이에 해당하지 아니한다."고 하고(1985. 5. 6. 85두1), "전심재판이라 함은 불복사건의 하급심재판을 가리키는 것으로서 하급심의 재판이 부당하다 하여 불복상소를 하였음에도 상소심재판에 하급심재판 때 관여한 법관이 다시 관여하는 것을 막자는 데에 있으므로, **재심사건에서 재심의 대상으로 된 원재판은 전심재판**

에 해당하지 아니하는 것이며 원재판에 관여한 법관이 다시 재심사건의 재판에 관여하였다 하여 제 **척사유에 해당한다고 할 수 없다.**"고 하고(1988. 5. 10. 87다카1979), "본안사건의 재판장에 대한 기피신청 사건의 재판에 관여한 법관이 다시 본안사건에 관여하더라도 전심재판 관여에는 해당하지 아니한다."고 하고(1991. 12. 27. 91마631), "제1차 재심청구 사건에 관여한 법관이 재심대상 판결인 제2차 재심청구 사건의 상고심 판결에 관여하여도 제424조 제1항 제2호의 "법률상 그 재판에 관여하지 못할 법관이 관여한 때"에 해당하지 아니한다."고 한다(1994. 8. 9. 94재누94).

다. '관여'의 의미

전심 '관여'란 판결의 기본이 되는 최종변론, 실질적으로 사건에 관한 판단을 하는 판결의 합의나 판결의 작성 등에 관여한 경우와 같이 **재판의 내부적 성립에 관여한 것**을 말한다. 판례는 "**전심관여라 함은 최종변론과 판결의 합의에 관여하거나 종국판결과 더불어 상급심의 판단을 받는 중간적인 재판에 관여함을 말하는 것**이고, 최종변론 전의 변론이나 증거조사 또는 기일지정과 같은 소송지휘상의 재판 등에 관여한 경우는 포함되지 않는다."고 한다(1997. 6. 13. 96다56115).

또한 "전심재판에 관여한 때라 함은 **재판의 내용결정인 평의 및 재판서의 작성에 관여하는 것을 말하는 것이고, 기본되는 변론에 관여하고 혹은 성립된 판결의 선고에만 관여한 경우에는 이에 해당하지 아니한다.**"고 한다(1962. 7. 12. 62다225).

라. 배제되는 상소심의 직무집행의 범위

전심재판에 관여한 법관이 당해 사건에 대한 상소심의 모든 절차로부터 제척되는가가 문제된다. 판결의 선고는 이미 성립한 판결을 외부에 발표하는 것에 지나지 아니하고 사건의 실체에 관한 실질적인 판단을 한 것은 아니어서 심급제도의 취지가 몰각될 우려도 없기 때문에 제1심판결을 한 법관이 항소심의 판결 선고에만 관여한 경우에는 위법이 아니다.

Ⅲ. 제척의 재판

제척원인의 유무에 관하여 의문이 있을 때에는 법원은 당사자의 신청 또는 직권으로 제척의 재판을 하여야 한다. 다만 제척의 효과는 그 재판 유무에 관계없이 당연히 생기므로 제척의 재판은 확인적 성질(선언적 의미)을 갖는다.

Ⅳ. 제척의 효과

제척사유가 있는 법관은 법률상 당연히 그 사건에 관하여 직무를 집행할 수 없다. 여기의 직무는 재판뿐만 아니라 기일지정 등 일체의 소송행위를 포함한다. 그러나 제척신청이 각하된 때 또는 종국판결의 선고와 긴급을 요하는 행위는 예외적으로 허용되고 있다(제48조 단서). 제척사유가 있는 법관이 관여한 소송행위는 절차상의 하자로서 무효가 된다. **제척사유가 있는 법관이 이를 간과하고 종국판결을 선고한 경우, 판결의 확정 전이면 절대적 상고이유**(제424조 제1항 제2호)**가 되고, 판결의 확정 후이면 재심사유**(제451조 제1항 제2호)**가 된다.**

♦ 제2관 **법관의 기피**

> 제43조(당사자의 기피권) ① 당사자는 법관에게 공정한 재판을 기대하기 어려운 사정이 있는 때에는 기피신청을 할 수 있다.
> ② 당사자가 법관을 기피할 이유가 있다는 것을 알면서도 본안에 관하여 변론하거나 변론준비기일에서 진술을 한 경우에는 기피신청을 하지 못한다.
> 제44조(제척과 기피신청의 방식) ① 합의부의 법관에 대한 제척 또는 기피는 그 합의부에, 수명법관·수탁판사 또는 단독판사에 대한 제척 또는 기피는 그 법관에게 이유를 밝혀 신청하여야 한다.
> ② 제척 또는 기피하는 이유와 소명방법은 신청한 날부터 3일 이내에 서면으로 제출하여야 한다.
> 제45조(제척 또는 기피신청의 각하 등) ① 제척 또는 기피신청이 제44조의 규정에 어긋나거나 소송의 지연을 목적으로 하는 것이 분명한 경우에는 신청을 받은 법원 또는 법관은 결정으로 이를 각하한다.
> ② 제척 또는 기피를 당한 법관은 제1항의 경우를 제외하고는 바로 제척 또는 기피신청에 대한 의견서를 제출하여야 한다.
> 제46조(제척 또는 기피신청에 대한 재판) ① 제척 또는 기피신청에 대한 재판은 그 신청을 받은 법관의 소속 법원 합의부에서 결정으로 하여야 한다.
> ② 제척 또는 기피신청을 받은 법관은 제1항의 재판에 관여하지 못한다. 다만, 의견을 진술할 수 있다.
> ③ 제척 또는 기피신청을 받은 법관의 소속 법원이 합의부를 구성하지 못하는 경우에는 바로 위의 상급법원이 결정하여야 한다.
> 제47조(불복신청) ① 제척 또는 기피신청에 정당한 이유가 있다는 결정에 대하여는 불복할 수 없다.
> ② 제45조 제1항의 각하결정 또는 제척이나 기피신청이 이유 없다는 결정에 대하여는 즉시항고를 할 수 있다.
> ③ 제45조 제1항의 각하결정에 대한 즉시항고는 집행정지의 효력을 가지지 아니한다.
> 제48조(소송절차의 정지) 법원은 제척 또는 기피신청이 있는 경우에는 그 재판이 확정될 때까지 소송절차를 정지하여야 한다. 다만, 제척 또는 기피신청이 각하된 경우 또는 종국판결을 선고하거나 긴급을 요하는 행위를 하는 경우에는 그러하지 아니하다.

Ⅰ. 의 의

법관의 기피란 법률상 정해진 제척원인 이외에 법관에게 재판의 공정성을 기대하기 어려운 사정이 있는 경우에 당사자의 신청을 기다려 재판에 의하여 법관을 직무집행에서 배제시키는 것을 말한다. 기피제도는 제척제도를 보충하여 재판의 공정성을 보장하기 위한 것이다. 다만 판례는 "기피원인이 있는 법관이 재판에 관여하였더라도 **제424조 제1항 제2호의 '법률상 그 재판에 관여하지 못할 법관이 재판에 관여한 때'에 해당하지 아니한다.**"고 한다(1993. 6. 22. 93재누97).

Ⅱ. 기피사유

(ⅰ) 판례는 "법관에게 공정한 재판을 기대하기 어려운 사정이 있는 때라 함은 평균적인 일반인의 관점에서 볼 때, 법관과 사건과의 관계, 즉 법관과 당사자 사이의 특수한 사적 관계 또는 법관과 사건 사이의 특별한 이해관계 등으로 인하여 **법관이 불공정한 재판을 할 수 있다는 의심을 할 만한 객관적인 사정이 있고, 의심이 단순한 주관적 우려나 추측을 넘어 합리적인 것이라고 인정될 만한**

때를 말한다. 그러므로 **평균적 일반인으로서의 당사자의 관점에서 의심을 가질 만한 객관적인 사정이 있는 때에는 실제로 법관에게 편파성이 존재하지 아니하거나 헌법과 법률이 정한 바에 따라 공정한 재판을 할 수 있는 경우에도 기피가 인정될 수 있다.**"고 하여 기피사유를 인정하였다(2019. 1. 4. 2018스563).

(ii) 그러나, 판례는 "소송당사자 일방이 재판장의 변경에 따라 소송대리인을 교체하였더라도 재판의 공정을 기대하기 어려운 객관적인 사정이 있는 때에 해당할 수 없다."고 하고(1992. 12. 30. 92마783), "재판장이 증거신청을 철회할 것을 종용하고 결심할 뜻을 표시하여도 재판의 공정을 기대하기 어려운 사정이 있다고 할 수 없다."고 하고(1966. 4. 26. 66마167), "소송이송 신청에 대한 가부판단 없이 소송을 진행한 사실이 있더라도 재판의 공정을 기대하기 어려운 사정이 있는 때에 해당한다고 할 수 없다."고 하고(1982. 11. 5. 82마637), "재판장이 재판진행 중 소송당사자에 대하여 상기된 어조로 "이 사람아"라고 칭하였고 이로 인하여 당사자가 모욕감을 느꼈더라도 재판의 공정을 기대하기 어려운 객관적인 사정이 있는 때에 해당한다고 할 수 없다."고 하고(1987. 10. 21. 87두10), "법관이 다른 당사자 사이의 동일한 내용의 다른 사건에서 당사자에게 불리한 법률적 의견을 표시하였다는 사정은 기피원인에 해당되지 아니한다."고 하고(1993. 6. 22. 93재누97), "증거의 채부결정은 담당재판부의 전권사항으로서 담당재판부가 신청에 따른 증거채택을 일부 취소하였다는 사유만으로는 법관들에게 재판의 공정을 기대하기 어려운 사정이 있는 때에 해당한다고 할 수 없다."고 한다(1993. 8. 19. 93주21).

Ⅲ. 기피절차

1. 기피신청의 방식

기피신청에는 원인을 명시하여 합의부 법관에 대하여는 법관의 소속법원에, 수명법관·수탁판사 또는 단독판사에 대한 기피는 당해 법관에 신청한다(제44조 제1항). 다만 기피신청은 기피의 원인이 있음을 알고 있는 이상 지체 없이 하여야 한다. 기피의 원인이 있음을 알고서도 당사자가 당해 법관 앞에서 본안에 관하여 변론하거나 변론준비기일에서 진술한 때에는 기피권을 상실한다(제43조 제2항).

2. 기피신청의 이익

판례는 "기피신청제도는 당사자의 법관에 대한 불신감을 제거하고 재판의 공정을 보장하기 위하여 법관이 어떤 특정한 사건을 재판함에 있어서 공정을 기대하기 어려운 사정이 있는 경우에는 그 법관을 그 사건의 재판에 관하여 직무집행을 하지 못하게 하는 제도이므로 **어떤 이유이든 기피당한 법관이 사건에 관하여 직무를 집행할 수 없게 되었을 때에는 기피신청은 목적을 잃게 되어 이를 유지할 이익이 없게 되었다고 보아야 한다.**"고 하고(1992. 9. 28. 92두25), "기피신청을 당한 법관이 직무를 집행하지 아니하게 된 경우에는 기피신청은 목적을 잃게 되어 기피신청의 이익이 없게 된다."고 한다(1993. 8. 19. 93주21).

또한 "법관에 대한 기피신청에 불구하고 본안사건 담당법원이 제48조 단서의 규정에 의하여 본안사건에 대하여 종국판결을 선고한 경우에는 담당법관을 사건의 심리재판에서 배제하고자 하는 기피신청의 목적은 사라지는 것이므로 기피신청에 대한 재판을 할 이익이 없다."고 한다(2008. 5. 2. 2008마427).

Ⅳ. 기피신청에 대한 재판

1. 소송절차의 정지와 기피신청에 대한 재판

기피신청이 있으면 기피신청에 대한 재판이 확정될 때까지 소송절차를 정지해야 한다(제48조 본문). 다만 종국판결의 선고, 긴급을 요하는 행위 등은 가능하다(제48조 단서). 따라서 긴급을 요하는 행위를 한 뒤에 기피신청이 이유가 있다는 재판이 확정되더라도 그 행위는 유효하다.

판례는 "변론종결 후에 관여 법관에 대한 기피신청이 있는 때에는 소송절차를 정지하지 아니하고 종국판결을 선고할 수 있다고 할 것이므로(제48조 단서), **변론종결 이후에 비로소 재판장에 대한 기피신청이 있었음이 명백한 경우, 소송절차를 정지하지 아니하고 종국판결을 선고한 것은 정당하다.**"고 한다(1996. 1. 23. 94누5526).

2. 기피당한 법관 스스로의 재판 : 간이각하

기피권의 남용에 대한 대책으로 기피신청이 그 신청방식을 준수하지 않은 때, 기피신청이 소송지연을 목적으로 함이 분명한 때에는 다른 합의부로 돌리지 않고 기피 당한 법원이나 법관 스스로가 기피신청을 각하하여야 한다(제45조 제1항).

판례도 "법관기피신청이 오직 소송의 지연 내지 재판의 저해만을 목적으로 하는 기피권의 남용에 해당하는 경우에는 당해 법관이 이를 각하하는 것도 소송제도의 적정한 운영을 위해 필요하다."고 하고(1981. 2. 26. 81마14), "이미 한 기피신청과 같은 내용으로 다시 한 기피신청은 중복신청에 해당하므로 부적법한 신청으로서 각하되어야 한다."고 한다(1991. 6. 14. 90두21).

3. 다른 합의부의 재판 및 불복

신청방식의 위배가 아니고 소송지연의 목적이 아닌 경우에는 기피신청의 당부의 재판은 기피당한 법관의 소속법원의 다른 합의부에서 결정으로 재판한다. 이 경우에 기피신청을 받은 법관은 절차에 관여할 수 없으며, 그에 관한 의견서를 제출할 수 있을 뿐이다(제46조).

기피신청이 이유 있다는 결정에 대하여는 불복하지 못하지만, 이유 없다고 하여 한 기각결정, 신청방식 위배 등이라고 하여 한 각하결정에 대해서는 즉시항고를 할 수 있다. 다만 각하결정에 대한 즉시항고에는 집행정지의 효력이 없다(제47조 제3항).

한편 판례는 "**법원이 기피신청을 받았음에도 소송절차를 정지하지 아니하고 변론을 종결하여 판결 선고 기일을 지정하였다고 하더라도 종국판결에 대한 불복절차에 의하여 그 당부를 다툴 수 있을 뿐 이에 대하여 별도로 항고로써 불복할 수 없다.**"고 한다(2000. 4. 15. 2000그20).

Ⅴ. 기피신청의 효과

1. 문제점

기피신청이 있으면 기피신청이 간이각하된 경우, 종국판결을 선고하거나 긴급을 요하는 행위를 하는 경우를 제외하고, 원칙적으로 기피의 재판이 확정될 때까지 소송절차를 정지하여야 한다(제48조). 기피신청이 있어서 소송절차를 정지시켜야 함에도 소송행위를 하였을 경우에 그 뒤에 기피결정이 있으면 그 소송행위는 위법하게 된다. 따라서 기피신청이 이유 없다고 하는 재판이 확정된 경우에 소송절차 진행의 하자가 치유될 수 있는지가 문제된다.

2. 학설의 대립

① 소송경제의 입장에서 하자가 치유되어 유효로 된다는 긍정설, ② 제48조의 취지상 하자가 치유되지 않는다는 부정설, ③ 긴급을 요하지 아니하는 행위에 대하여 기피신청인이 충분한 소송활동을 통하여 소송상 불이익을 입지 아니하였다면 위법성이 치유된다는 제한적 긍정설이 대립된다.

3. 판례의 태도

판례는 "**기피신청을 당한 법관이 기피신청에 대한 재판이 확정되기 전에 한 판결의 효력은 그 후 기피신청이 이유 없는 것으로서 배척되고 그 결정이 확정되는 때에는 유효한 것으로 된다.**"고 한다(1978. 10. 31. 78다1242). 다만 "기피신청에 대한 각하결정 전에 이루어진 변론기일의 진행 및 각하결정이 당사자에게 고지되기 전에 이루어진 변론기일의 진행은 모두 제48조의 규정을 위반하여 쌍방불출석의 효과를 발생시킨 절차상 흠결이 있고, 특별한 사정이 없는 이상, **그 후 기피신청을 각하하는 결정이 확정되었다는 사정만으로 제48조의 규정을 위반하여 쌍방불출석의 효과를 발생시킨 절차위반의 흠결이 치유된다고 할 수 없다.**"고 한다(2010. 2. 11. 2009다78467).

4. 검 토

판례는 기피신청으로 소송절차를 중지하여야 함에도 긴급을 요하지 아니한 소송행위를 하였다면 그 뒤에 기피신청을 각하하거나 기각하는 결정이 확정되었다고 하여 **어떠한 경우라도 위법성이 치유된다고 보는 것이 아니라, 기피신청인이 기일진행상 소송행위를 할 수 있어서 불이익이 없는 범위 내에서 위법성이 치유된다고 보는 것으로 이해된다.** 따라서 판례의 태도는 제한적 긍정설의 입장과 다를 바 없는 것으로 본다. 즉 모든 경우가 아니라, **당사자의 소송상의 이익이 해하여지지 않은 때에 한하여 위법성이 치유된다**고 절충적으로 볼 것이다.

◆ 제3관 **법관의 회피**

> 제49조(법관의 회피) 법관은 제41조 또는 제43조의 사유가 있는 경우에는 감독권이 있는 법원의 허가를 받아 회피할 수 있다.
>
> 제50조(법원사무관등에 대한 제척·기피·회피) ① 법원사무관등에 대하여는 이 절의 규정을 준용한다.
> ② 제1항의 법원사무관등에 대한 제척 또는 기피의 재판은 그가 속한 법원이 결정으로 하여야 한다.

법관이 스스로 제척 또는 기피의 사유가 있다고 인정하여 자발적으로 직무집행을 피하는 것을 법관의 회피라고 한다. 회피의 경우에 감독권 있는 법원의 허가를 얻으면 되는데, 이 허가는 재판이 아니고 사법행정상의 행위에 불과하기 때문에 이 허가를 받은 뒤에 그 사건에 관여하였다고 하더라도 그 행위의 효력에는 영향이 없다. 제척이나 기피신청이 있더라도 그에 대한 재판이 있기 전에 그 법관이 먼저 회피해 버리면 제척이나 기피신청은 그 목적을 잃게 되므로 그에 대한 재판을 필요로 하지 아니한다.

제03절 관 할

◆ 제1관 관할의 의의

재판권을 행사하는 법원 사이에서 **재판권의 분담관계를 정해 놓은 것**을 관할이라고 한다. 따라서 관할은 재판권의 존재를 전제로 한다. 관할은 다른 법원과의 관계에서 법원의 재판권의 분담을 정해 놓은 것이기 때문에 같은 법원 안에서의 사무분담과 구별된다. 그러나 동일법원의 합의부와 단독판사 사이의 사무분담은 현행법상 관할의 문제가 된다.

◆ 제2관 관할의 종류

관할은 (ⅰ) 관할이 생기는 근거를 기준으로 하여 법정관할·재정관할·당사자의 거동에 의한 관할로 구분할 수 있다. ㉠ 법정관할에는 직분관할·사물관할·토지관할이 있고, ㉡ 재정관할에는 지정관할이 있고, ㉢ 당사자의 거동에 의한 관할에는 합의관할·변론관할이 있다. 한편 (ⅱ) 소송법상 효과를 기준으로 ㉠ 전속관할, ㉡ 임의관할로 구분할 수 있다.

◆ 제3관 직분관할

Ⅰ. 의 의

직분관할이란 **재판의 차이를 표준으로 하여 여러 법원 사이에 재판권의 분담관계를 정해 놓은 것**을 말한다. 직분관할은 공익성이 매우 강하므로 심급관할 중 비약상고(제422조 제2항·제390조 제1항 단서)의 경우를 제외하고는 전속관할이다.

Ⅱ. 수소법원과 집행법원의 직분관할

민사소송은 판결절차와 강제집행절차로 구별되기 때문에 이를 담당하는 법원도 다르다. 즉 판결절차는 수소법원의 직분에 속하고, 강제집행절차는 집행법원의 직분에 속한다. 수소법원이란 특정사건의 판결절차로서 계속될 것이거나, 현재 계속 중에 있거나 또는 과거에 계속 되었던 법원을 말한다. 당해사건의 증거보전절차도 수소법원의 직무에 속한다(제376조 제1항). 집행법원은 원칙적으로 지방법원의 단독판사이다(법원조직법 제7조 제4항).

Ⅲ. 지방법원 단독판사와 지방법원 합의부의 직분관할

간이하고 급속을 요하는 사항에 대해서 민사소송법은 외국처럼 간이법원을 설치하지 아니하고 지방법원 단독판사의 특별한 직분으로 하고 있으며, 반면에 중요하고 신중한 판단을 요하는 사항은 지방법원 합의부의 직분에 속하는 것으로 하였다. 전자에는 독촉절차(제462조), 제소전화해절차(제385조) 등이 있고 후자에는 지방법원판사에 대한 제척·기피사건(법원조직법 제32조 제1항 제5호)을 들 수 있다.

Ⅳ. 심급관할

심급관할은 재판의 적정과 법령해석의 통일을 위하여 제1심급의 법원과 상급심급의 법원사이에서 어느 심급의 법원이 재판을 분담할 것인가에 관한 관할이다. 심급관할은 비약상고(제422조 제2항·제390조 제1항 단서)의 경우를 제외하고는 원칙적으로 전속관할이다. 판결절차는 3심제를 채택하고 있는데 제1심은 소제기에 의하여, 상소심은 상소의 제기에 의하여 절차가 각 개시되며 종국판결정본이 송달됨으로써 심급이 종료된다.

◆ 제4관 사물관할

Ⅰ. 서 설

사물관할이란 **제1심 소송사건을 지방법원(지원) 단독판사와 지방법원(지원) 합의부 사이에서 사건의 경중을 표준으로 재판권의 분담관계를 정해놓은 것**을 말한다. 지방법원 단독판사와 지방법원 합의부는 조직상 별개의 기관은 아니나, 소송법상으로 별개의 법원으로 보기 때문에 지방법원(지원) 단독판사와 지방법원(지원) 합의부의 재판권의 분담관계는 사무분담의 문제가 아니라 관할의 문제가 된다.

Ⅱ. 합의부의 관할

1. 일반적 기준

> **법원조직법 제32조(합의부의 심판권)** ① 지방법원과 그 지원의 합의부는 다음의 사건을 제1심으로 심판한다.
> 1. 합의부에서 심판할 것으로 합의부가 결정한 사건
> 2. 민사사건에 관하여는 대법원규칙으로 정하는 사건
> 3. 4. [생략]
> 5. 지방법원판사에 대한 제척·기피사건
> 6. 다른 법률에 따라 지방법원 합의부의 권한에 속하는 사건
>
> ② 지방법원 본원 합의부 및 춘천지방법원 강릉지원 합의부는 지방법원단독판사의 판결·결정·명령에 대한 항소 또는 항고사건 중 제28조 제2호에 해당하지 아니하는 사건을 제2심으로 심판한다. 다만, 제28조의4 제2호에 따라 특허법원의 권한에 속하는 사건은 제외한다.
>
> **민사 및 가사소송의 사물관할에 관한 규칙 제2조(지방법원 및 그 지원 합의부의 심판범위)** 지방법원 및 지방법원지원의 합의부는 소송목적의 값이 5억 원을 초과하는 민사사건 및 민사소송등인지법 제2조 제4항의 규정에 해당하는 민사사건을 제1심으로 심판한다. 다만, 다음 각호의 1에 해당하는 사건을 제외한다.
> 1. 수표금·약속어음금 청구사건
> 2. 은행·농업협동조합·수산업협동조합·축산업협동조합·산림조합·신용협동조합·신용보증기금·기술신용보증기금·지역신용보증재단·새마을금고·상호저축은행·종합금융회사·시설대여회사·보험회사·신탁회사·증권회사·신용카드회사·할부금융회사 또는 신기술사업금융회사가 원고인 대여금·구상금·보증금 청구사건
> 3. 자동차손해배상보장법에서 정한 자동차·원동기장치자전거·철도차량의 운행 및 근로자의 업무상재해로 인한 손해배상 청구사건과 이에 관한 채무부존재확인사건
> 4. 단독판사가 심판할 것으로 합의부가 결정한 사건

> **민사소송 등 인지법 제2조(소장)** ④ 재산권에 관한 소로서 그 소송목적의 값을 계산할 수 없는 것과 비재산권을 목적으로 하는 소송의 소송목적의 값은 대법원규칙으로 정한다.
>
> **법원조직법 제40조(합의부의 심판권)** ① 가정법원 및 가정법원 지원의 합의부는 다음 각 호의 사건을 제1심으로 심판한다.
>   1. 「가사소송법」에서 정한 가사소송과 마류 가사비송사건 중 대법원규칙으로 정하는 사건
>   2. 가정법원판사에 대한 제척・기피사건
>   3. 다른 법률에 따라 가정법원 합의부의 권한에 속하는 사건
>
> ② 가정법원 본원 합의부 및 춘천가정법원 강릉지원 합의부는 가정법원단독판사의 판결・심판・결정・명령에 대한 항소 또는 항고사건 중 제28조 제2호에 해당하지 아니하는 사건을 제2심으로 심판한다.

합의부는 합의부에서 심판할 것으로 합의부가 결정한 사건(재정합의사건), 소송목적의 값이 5억 원을 초과하는 민사사건(민사 및 가사소송의 사물관할에 관한 규칙 제2조 각호의 예외가 있음) 및 재산권에 관한 소로서 그 소송목적의 값을 계산할 수 없는 것과 비재산권을 목적으로 하는 사건, 지방법원판사에 대한 제척・기피사건, 다른 법률에 따라 지방법원 합의부의 권한에 속하는 사건을 관할한다(법원조직법 제32조 제1항, 민사 및 가사소송의 사물관할에 관한 규칙 제2조, 민사소송등인지법 제2조 제4항 참조).

2. 관련적 청구

(ⅰ) 본소가 합의부의 관할에 속하는 경우에는 이에 병합하여 제기하는 반소(제269조), 중간확인의 소(제264조), 독립당사자참가(제79조) 등의 관련적 청구는 그 청구의 소송목적의 값에 관계없이 합의부 관할에 속한다. (ⅱ) 반면 소송계속 중 청구취지의 감축 등으로 소송목적의 값이 5억 원 이하로 낮아졌다고 하더라도 단독판사에게 이송할 필요가 없다. 소송목적의 값의 계산 및 사물관할은 소제기시를 표준으로 함이 원칙이고, 합의부는 언제든지 단독사건을 합의부에서 심판할 것을 스스로 결정할 수 있기 때문이다(제34조 제3항, 법원조직법 제32조 제1항 제1호). 또한 이러한 경우에 사건을 단독판사에게 이송하게 되면 소송경제에 반하게 될 뿐만 아니라 합의부에서 계속 심판하더라도 당사자에게 불리하지 않기 때문이다.

3. 합의부 사건의 항소심의 심급관할

> **법원조직법 제28조(심판권)** 고등법원은 다음의 사건을 심판한다. 다만, 제28조의4 제2호에 따라 특허법원의 권한에 속하는 사건은 제외한다.
>   1. 지방법원 합의부, 가정법원 합의부, 회생법원 합의부 또는 행정법원의 제1심 판결・심판・결정・명령에 대한 항소 또는 항고사건
>   2. 지방법원단독판사, 가정법원단독판사의 제1심 판결・심판・결정・명령에 대한 항소 또는 항고사건으로서 형사사건을 제외한 사건 중 대법원규칙으로 정하는 사건
>   3. 다른 법률에 따라 고등법원의 권한에 속하는 사건
>
> **민사 및 가사소송의 사물관할에 관한 규칙 제4조(고등법원의 심판범위)** 고등법원은 다음 각 호의 어느 하나에 해당하는 사건에 대한 지방법원 단독판사의 제1심 판결・결정・명령에 대한 항소 또는 항고사건을 심판한다. 다만, 제2조 각 호의 어느 하나에 해당하는 사건을 제외한다.
>   1. 소송목적의 값이 소제기 당시 또는 청구취지 확장(변론의 병합 포함) 당시 2억 원을 초과한 민사소송사건

> 2. 제1호의 사건을 본안으로 하는 민사신청사건 및 이에 부수하는 신청사건(가압류, 다툼의 대상에 관한 가처분 신청사건 및 이에 부수하는 신청사건은 제외)

합의부의 제1심 재판에 대한 항소 또는 항고사건의 심급관할은 고등법원이 된다(법원조직법 제28조 제1호).

Ⅲ. 단독판사의 관할

1. 일반적 기준

소송목적의 값이 5억 원 이하인 사건은 단독판사의 사물관할에 속한다. 소송목적의 값이 5억 원을 초과하는 사건이라도 **민사 및 가사소송의 사물관할에 관한 규칙 제2조 각호에 규정된 사건**은 단독판사의 사물관할에 속한다(제4호를 재정단독사건이라고 한다). 소송사건의 사물관할이 단독사건이면 그에 따른 청구이의의 소 등의 부수되는 소송의 사물관할도 단독사건이 된다.

2. 청구의 병합과 사물관할의 변동

청구의 병합의 경우에는 청구의 값을 모두 합하여 소송목적의 값을 정하므로(제27조 제1항), 각각의 청구가 단독판사의 관할사건에 속하더라도 합산한 가액이 5억 원을 초과하면 합의부 관할사건이 된다. 그러나 변론의 병합의 경우에는 소제기 당시를 기준으로 사물관할을 정하므로, 병합된 각 청구의 값을 합하여 소송목적의 값을 정하지 않는다.

3. 청구의 변경과 사물관할의 변동

가. 원 칙

합의사건의 사물관할에 해당하는 당사자참가·중간확인의 소·반소(제269조 제2항 본문) 등이 제기된 경우 또는 청구취지의 확장 등과 같은 청구의 변경으로 합의사건의 사물관할에 속하게 된 경우에 법원은 직권 또는 당사자의 신청에 따른 결정으로 사건의 전부를 합의부로 이송함이 원칙이다. 이 경우에 판례는 "**청구취지 변경으로 인한 청구확장에 따라 단독사건을 합의부 사물관할로 이송결정을 하기 전에 피고나 소송대리인에게 청구취지 변경신청서를 송달하거나 교부하지 아니한 흠**이 있더라도 이송결정은 위법하다고 할 수 없다."고 한다(1983. 6. 21. 83마214).

나. 예 외

위와 같은 경우라도 상대방이 관할위반의 항변을 하지 않고 본안에 관하여 변론하거나 변론준비기일에서 진술하면 변론관할(제269조 제2항 단서)이 발생한다. 또한 변론관할이 발생하지 않은 경우에도 합의부의 재정단독결정을 받아 단독판사가 심리를 계속할 수 있다.

4. 소액사건과 사물관할

> 소액사건심판규칙 제1조의2(소액사건의 범위) 법 제2조 제1항의 규정에 의한 소액사건은 제소한 때의 소송목적의 값이 3,000만원을 초과하지 아니하는 금전 기타 대체물이나 유가증권의 일정한 수량의 지급을 목적으로 하는 제1심의 민사사건으로 한다. 다만, 다음 각호에 해당하는 사건은 이를 제외한다.

1. 소의 변경으로 본문의 경우에 해당하지 아니하게 된 사건
2. 당사자참가, 중간확인의 소 또는 반소의 제기 및 변론의 병합으로 인하여 본문의 경우에 해당하지 않는 사건과 병합심리하게 된 사건

소액사건이란 소송목적의 값이 3천만 원 이하의 금전, 그 밖의 대체물이나 유가증권의 일정한 수량의 지급을 구하는 사건을 말한다(소액사건심판법 제2조 제1항, 소액사건심판규칙 제1조의2). 다만 소액사건이 청구의 변경으로 소액사건의 범위를 초과하게 되는 경우나, 당사자참가·중간확인의 소·반소의 제기·변론의 병합으로 소액사건의 범위를 초과하는 사건과 병합심리하게 되는 경우에는 소액사건의 범위에서 제외된다(소액사건심판규칙 제1조의2 단서). 이 경우에 합의사건으로 변경된 경우에는 변론관할이 발생하지 않는다면 합의부로 이송해야 한다.

한편 변론이 병합된 경우에 대하여, 판례는 "소액사건심판법의 적용대상인 소액사건에 해당하는지 여부는 <u>제소 당시를 기준으로 정하여지므로, 병합심리로 소가의 합산액이 소액사건의 소가를 초과하여도 소액사건임에는 변함이 없다.</u>"고 한다(1992. 7. 24. 91다43176).

5. 단독사건의 항소심의 심급관할

단독사건의 항소심은 **지방법원 합의부의 관할**이다. 즉 지방법원 본원 합의부 및 지원 합의부(춘천지방법원 강릉지원 합의부)를 말한다(법원조직법 제32조 제2항, 제40조 제2항, 강릉시·동해시·삼척시·속초시·양양군·고성군(각급 법원의 설치와 관할구역에 관한 법률 [별표 8])). 다만 2022. 3. 1. 이후 법원에 접수된 사건 중에서 **소송목적의 값이 2억 원을 초과하는 단독사건**에 대해서는 원칙적으로 고등법원이 제2심을 담당한다(민사 및 가사소송의 사물관할에 관한 규칙 제4조 참조).

판례는 "본소 피고가 항소 후 지방법원 합의부의 관할에 속하는 반소를 제기하면서 이송신청을 하였는데, 원심이 제34조·제35조를 들어 이송결정을 한 사안에서, **지방법원 합의부가 지방법원 단독판사의 판결에 대한 항소사건을 제2심으로 심판하는 도중에 지방법원 합의부의 관할에 속하는 반소가 제기되었더라도 이미 정하여진 항소심 관할에는 영향이 없고**, 제35조는 전속관할인 심급관할에는 적용되지 않아 손해나 지연을 피하기 위한 이송의 여지도 없다는 이유로 원심결정을 파기한 사례"가 있다(2011. 7. 14. 2011그65).

Ⅳ. 특허사건의 관할

법원조직법 제28조의4(심판권) 특허법원은 다음의 사건을 심판한다.
1. 「특허법」 제186조 제1항, 「실용신안법」 제33조, 「디자인보호법」 제166조 제1항 및 「상표법」 제162조에서 정하는 제1심사건
2. 「민사소송법」 제24조 제2항 및 제3항에 따른 사건의 항소사건[4]
3. 다른 법률에 따라 특허법원의 권한에 속하는 사건

---

4) 2016. 1. 1.부터 특허법원이 특허권 등의 지식재산권에 관한 민사 본안사건의 항소심을 전속관할하게 됨에 따라 특허권 등의 지식재산권에 관한 민사 본안사건은 고등법원 소재지 6개 지방법원(서울중앙지법, 수원지법, 대전지법, 대구지법, 부산지법, 광주지법) → 특허법원 → 대법원으로 이어지는 형태로 심급이 운영된다.

V. 소송목적의 값

1. 의 의

> 제26조(소송목적의 값의 산정) ① 법원조직법에서 소송목적의 값에 따라 관할을 정하는 경우 그 값은 소로 주장하는 이익을 기준으로 계산하여 정한다.
> ② 제1항의 값을 계산할 수 없는 경우 그 값은 민사소송등인지법의 규정에 따른다.
>
> 제27조(청구를 병합한 경우의 소송목적의 값) ① 하나의 소로 여러 개의 청구를 하는 경우에는 그 여러 청구의 값을 모두 합하여 소송목적의 값을 정한다.
> ② 과실·손해배상·위약금 또는 비용의 청구가 소송의 부대목적이 되는 경우에는 그 값은 소송목적의 값에 넣지 아니한다.

소송목적의 값(소가)이란 소송물 즉 원고가 소로써 보호를 구하는 권리 또는 법률관계에 관하여 가지는 경제적 이익을 금전으로 평가한 금액을 말한다. 소가의 작용은 사물관할을 정하는 기준이 되고, 또한 소장 기타의 신청서에 첨부하여 납부할 인지액을 정하는 기준이 되며, 변호사보수액의 기준이 된다.

2. 산정방법

소가는 원고가 청구취지로써 구하는 범위 내에서 원고가 전부 승소할 경우에 직접 받는 경제적 이익을 기준으로 객관적으로 평가하여 산정한다. 따라서 사건의 복잡성이나 심판의 난이도, 피고의 자력유무, 원고의 주관적인 감정 등은 고려할 필요가 없다. 또한 직접적인 이익이 고려의 기준이 되기 때문에 상환이행청구 등의 경우에도 반대급부를 공제하지 아니하고 산정하여야 하며, 일부청구의 경우에는 일부만이 소가산정의 기준이 된다.

3. 기준시기

소가의 산정은 **소제기시를 기준**으로 한다(민사소송 등 인지규칙 제7조). 즉 소제기시를 기준으로 하여 산정된 소가에 의하여 사물관할이 정해지기 때문에(제33조), 소 제기 후 가격의 변동 등 사정변경이 있어도 관할에 영향을 주지 않는다. 따라서 합의부 계속 중 소의 일부취하나 청구취지의 감축에 의하여 소가가 5억 원 이하로 떨어졌을 때, 이송하는 것이 오히려 소송경제에 반하고 합의부에서의 심리가 당사자에게 불리하지 않기 때문에 단독판사로 이송할 필요가 없다. 예외적으로 단독판사에 계속 중 청구취지의 확장에 의하여 소가가 5억 원을 초과하는 때에는 관할위반의 문제가 생기므로, 변론관할이 생기지 않는다면 합의부로 이송하여야 한다.

4. 청구병합의 경우의 소가산정 방법

가. 합산의 원칙

1개의 소로써 여러 개의 청구를 하는 때에는 가액을 합산하여 사물관할을 정한다(제27조 제1항). 합산의 원칙이 적용되는 것은 원고가 제기한 여러 개의 청구가 합쳐진 병합소송(청구의 병합)에 한한다. 다만 그 병합은 객관적이든, 주관적이든, 원시적이든, 후발적이든 상관이 없으나 여러 개의 청구의 경제적 이익이 독립한 별개일 것을 요한다(민사소송 등 인지규칙 제19조). 그러나 피고가 제기한 반소는 본소와 합산하지 않고, 변론의 병합의 경우에도 합산하지 않는다.

나. 예 외

1) 중복청구의 흡수

1개의 소로써 주장하는 수개의 청구의 경제적 이익이 동일하거나 중복되는 때에는 중복되는 범위 내에서 흡수되고, 그중 가장 다액인 청구의 가액을 소가로 한다(민사소송 등 인지규칙 제20조). (ⅰ) 소의 주관적 병합의 경우에는 ㉠ 필수적 공동소송의 경우와, ㉡ 통상의 공동소송 중에서 공동소송인에 대한 청구가 경제적 이익이 공통된 관계에 있는 경우(주채무자와 보증인을 공동피고로 하는 청구, 수인의 연대채무자를 공동피고로 하는 청구)가 있다. (ⅱ) 소의 객관적 병합의 경우에는 ㉠ 단순병합 중에서 병합된 청구가 경제적 이익이 공통된 관계에 있는 경우(인도청구와 집행불능에 대비한 대상청구, 동일한 목적물에 대한 소유권확인청구와 인도청구)와, ㉡ 선택적 병합의 경우와, ㉢ 예비적 병합의 경우가 있다.

판례는 "민사소송 등 인지규칙 제20조는 "1개의 소로써 주장하는 수 개의 청구의 경제적 이익이 동일하거나 중복되는 때에는 중복되는 범위 내에서 흡수되고, 그 중 가장 다액인 청구의 가액을 소가로 한다."고 규정하고 있다. **이러한 흡수법칙은 위와 같은 병합청구에서 원고 승소판결이 선고되고 이에 불복하여 하나의 항소장으로써 공동 명의로 항소를 제기한 피고들 사이에서도 적용된다**. 그러나 피고들 사이에 경제적 이익이 동일하거나 중복된다고 하더라도, 인지는 원칙적으로 해당 소송행위에 대한 사법수수료의 성질을 갖는 것으로서 항소장에 붙인 인지는 당해 항소장의 적식성 판단에 참작될 수 있을 뿐이므로, **피고들이 수 개의 항소장으로 나누어 항소를 제기하는 경우에는 인지규칙 제24조가 적용되어 각각 별도로 자신이 불복하는 범위의 소가를 기준으로 하여 산정한 인지를 항소장에 붙여야 한다**. 따라서 어느 피고가 먼저 단독 명의의 항소장에 인지를 붙여 항소를 제기한 경우에는 다른 피고가 항소장을 먼저 제출한 피고의 동의를 받아 그를 포함하는 공동 명의의 항소장으로 항소를 제기하더라도 먼저 제출된 항소장의 인지첩부의 효력을 원용할 수는 없고 자신의 항소에 대한 별도의 인지를 붙여야 한다. **다만 어느 피고가 인지를 붙이지 않은 채 단독 명의의 항소장을 제출한 후 다시 항소기간 내에 다른 피고와 함께 공동 명의의 항소장을 제출하면서 이에 대한 인지를 붙인 경우에는**(당초 공동 명의의 항소장에 인지를 붙이지 않았다가 인지보정명령에 따라 붙인 경우도 마찬가지이다), **실질이 당초부터 공동 명의로 하나의 항소장을 제출한 경우와 차이가 없으므로, 경제적 이익이 동일하거나 중복되는 범위 내에서는 단독 명의로 먼저 제출한 항소장에 별도로 인지를 붙일 필요가 없다.**"고 한다(2011. 1. 27. 2010마1491).

2) 수단인 청구의 흡수

1개의 청구가 다른 청구의 수단에 지나지 않을 때에는, 특별한 규정이 있는 경우를 제외하고, 그 가액은 소가에 산입하지 아니한다(민사소송 등 인지규칙 제21조 본문). 따라서 건물철거청구와 함께 토지인도청구를 구하는 경우처럼 건물철거청구가 토지인도청구의 수단에 지나지 않을 때에는 그 가액은 소가에 산입하지 않고 인도청구만이 소가산정의 기준이 된다. 다만, **수단인 청구의 가액이 주된 청구의 가액보다 다액인 경우에는 그 다액을 소가로 한다**(민사소송 등 인지규칙 제21조 단서).

한편 **1개의 소로서 비재산권을 목적으로 하는 소송과 그 소송의 원인이 된 사실로부터 발생하는 재산권에 관한 소송을 병합한 경우에는 액수가 많은 소송목적의 값에 따라 인지를 붙인다**(민사소송 등 인지법 제2조 제5항). 판례도 "해고무효확인청구와 그 해고가 무효임을 전제로 한 임금지급청구가 1개의 소로 병합된 경우에는 비재산권을 목적으로 하는 소송(민사소송 등 인지규칙 제15조 제4항)과 그 소송의 원인된 사실로부터 발생하는 재산권상의 소송을 병합한 때에 해당하여 그중 다액인 소가에 의한 인지만을 붙이면 됨(민사소송 등 인지법 제2조 제5항)에도, 해고무효확인청구의 소가와 임금지급청구의 소가를 합산한 금액을 위 소의 소가로 보고 한 제1심 재판장의 인지보정명령은 위법하고, 그 보정명령이 적법한 것임을 전제로 한 제1심 재판장의 항소장 각하명령 역시 위법하다."고 한다(1994. 8. 31. 94마1390).

3) 부대청구의 불산입

주된 청구와 그 부대목적인 법정과실(이자), 손해배상금(지연손해금), 위약금, 비용의 청구는 별개의 소송물이나, 부대청구를 주된 청구와 함께 청구하는 때에는 계산의 복잡을 피하려는 취지에서 부대청구의 가액은 소가에 산입하지 않는다(제27조 제2항).

◆ 제5관 토지관할

I. 서 설

1. 의 의

토지관할이란 소재지를 달리하는 같은 종류의 법원 사이에 재판권의 분담관계를 정해 놓은 것을 말한다. 토지관할의 발생원인이 되는 관할구역내의 사건과 인적·물적으로 관련이 있는 지점을 재판적이라고 한다.

2. 종 류

가. 보통재판적과 특별재판적

보통재판적은 소송사건에 대하여 일반적으로 적용되는 재판적이고(제2조), 특별재판적은 한정된 종류·내용의 사건에 대하여서만 적용되는 재판적이다. 특별재판적은 다른 사건과 관계없이 그 사건에 관하여 독립적으로 인정되는 독립재판적과 다른 사건과 관련되어 인정되는 관련재판적으로 구분된다. 보통재판적은 언제나 독립재판적이다.

나. 인적 재판적과 물적 재판적

인적 재판적은 당사자 특히 피고와 관계(주소 등)되어 인정되는 재판적이고, 물적 재판적은 사건의 소송물과 관계(의무이행지 등)되어 인정되는 재판적이다. 보통재판적은 언제나 인적 재판적이지만, 특별재판적은 인적 재판적인 경우도 있고 물적 재판적인 경우도 있다.

다. 재판적의 경합

재판적의 경합이란 하나의 사건에 관하여 여러 개의 재판적이 경합하는 경우를 말한다. 재판적이 경합하는 경우에 원고는 임의로 법원을 선택하여 제소할 수 있으며, 특별재판적이 보통재판적보다 우선하는 것이 아니다. 이 경우 어느 한 법원에 대한 제소로 인하여 다른 법원의 관할권이 소멸되는 것은 아니고, 만약 다른 법원에 또 제소를 하면 중복된 소제기가 될 뿐이다.

Ⅱ. 보통재판적

> **제2조(보통재판적)** 소는 피고의 보통재판적이 있는 곳의 법원이 관할한다.
>
> **제3조(사람의 보통재판적)** 사람의 보통재판적은 그의 주소에 따라 정한다. 다만, 대한민국에 주소가 없거나 주소를 알 수 없는 경우에는 거소에 따라 정하고, 거소가 일정하지 아니하거나 거소도 알 수 없으면 마지막 주소에 따라 정한다.
>
> **제4조(대사·공사 등의 보통재판적)** 대사·공사, 그 밖에 외국의 재판권 행사대상에서 제외되는 대한민국 국민이 제3조의 규정에 따른 보통재판적이 없는 경우에는 이들의 보통재판적은 대법원이 있는 곳으로 한다.
>
> **제5조(법인 등의 보통재판적)** ① 법인, 그 밖의 사단 또는 재단의 보통재판적은 이들의 주된 사무소 또는 영업소가 있는 곳에 따라 정하고, 사무소와 영업소가 없는 경우에는 주된 업무담당자의 주소에 따라 정한다.
> ② 제1항의 규정을 외국법인, 그 밖의 사단 또는 재단에 적용하는 경우 보통재판적은 대한민국에 있는 이들의 사무소·영업소 또는 업무담당자의 주소에 따라 정한다.
>
> **제6조(국가의 보통재판적)** 국가의 보통재판적은 그 소송에서 국가를 대표하는 관청 또는 대법원이 있는 곳으로 한다.

Ⅲ. 특별재판적

1. 근무지의 특별재판적

> **제7조(근무지의 특별재판적)** 사무소 또는 영업소에 계속하여 근무하는 사람에 대하여 소를 제기하는 경우에는 그 사무소 또는 영업소가 있는 곳을 관할하는 법원에 제기할 수 있다.

사무소 또는 영업소가 있는 사람이 피고가 되는 경우에 **피고의 사무소 또는 영업소의 업무와 관련이 없는 소송**이라도 사무소 또는 영업소를 관할하는 법원에 소를 제기하는 것이 원고와 피고에게 편리하기 때문에 근무지의 특별재판적이 인정된다. 따라서 피고의 사무소 또는 영업소의 업무와 관련이 있는 소송인 경우에는 제12조에 의한 특별재판적이 인정된다.

2. 거소지의 특별재판적

> **제8조(거소지 또는 의무이행지의 특별재판적)** 재산권에 관한 소를 제기하는 경우에는 거소지 또는 의무이행지의 법원에 제기할 수 있다.

3. 의무이행지의 특별재판적

(ⅰ) 재산권에 관한 소는 의무이행지의 법원에 제기할 수 있다(제8조 후단). 의무이행지에는 계약에 의한 의무이행지뿐만 아니라 사무관리·부당이득·불법행위에 의한 의무이행지도 포함된다. 채무자는 의무이행지에서 채무를 이행하여야 하므로, 의무이행지에서 소송을 수행하는 것이 채무자에게 불공평한 것이 아니기 때문에 특별재판적으로 인정된다.

(ⅱ) 특정물의 인도를 목적으로 하는 채무 이외의 채무에 대해서는 민법상 지참채무가 원칙이므로(민법 제467조), 이 경우에 의무이행지는 채권자인 원고의 주소지가 된다. 판례도 "금전반환을 구하는

소송에서는 **채권자의 주소지가 채무이행지**이다."고 하고(1969. 8. 2. 69마469), "**물품대금청구는 채무이행지인 원고 주소지 관할법원**에 소를 제기할 수 있다."고 한다(1971. 3. 31. 71마82). 또한 "민법 제467조 제2항의 '영업에 관한 채무'는 영업과 관련성이 인정되는 채무를 의미하고, '현영업소'는 변제 당시를 기준으로 채무와 관련된 채권자의 영업소로서 주된 영업소(본점)에 한정되는 것이 아니라 채권 추심 관련 업무를 실제로 담당하는 영업소까지 포함된다. 따라서 영업에 관한 채무이행을 구하는 소는 **제소 당시 채권 추심 관련 업무를 실제로 담당하는 채권자의 영업소 소재지 법원**에 제기할 수 있다."고 한다(2022. 5. 3. 2021마6868).

(iii) 한편, 채권자취소권에 관하여는 ① 계약으로부터 파생된 것에 불과하다고 보아 본래 계약의 의무이행지를 기준으로 관할을 정한다는 견해와, ② 취소에 의하여 형성되는 법률관계의 의무이행지를 기준으로 관할을 정한다는 견해가 대립된다. 판례는 "사해행위 취소의 효과는 채권자와 수익자 또는 전득자 사이에서만 생기므로, 수익자 또는 전득자가 사해행위 취소로 인한 원상회복 또는 이에 갈음하는 가액배상을 할 의무를 부담하더라도 이는 채권자에 대한 관계에서 생기는 법률효과에 불과하고 채무자와 사이에서 취소로 인한 법률관계가 형성되는 것은 아닐 뿐만 아니라, 채권자의 주된 목적은 사해행위의 취소 보다는 책임재산의 회복에 있는 것이므로, **사해행위취소의 소에서 의무이행지는 '취소의 대상인 법률행위의 의무이행지'가 아니라 '취소로 인하여 형성되는 법률관계에 있어서의 의무이행지'**라고 보아야 한다. 부동산등기의 신청에 협조할 의무의 이행지는 성질상 등기지의 특별재판적에 관한 제21조에 규정된 '등기할 공무소 소재지'라고 할 것이므로, **원고가 사해행위 취소의 소의 채권자라도 사해행위 취소에 따른 원상회복으로서의 소유권이전등기 말소등기의무의 이행지는 등기관서 소재지라고 볼 것이지 원고의 주소지를 의무이행지로 볼 수는 없다.**"고 한다(2002. 5. 10. 2002마1156).

4. 어음·수표 지급지의 특별재판적

> 제9조(어음·수표 지급지의 특별재판적) 어음·수표에 관한 소를 제기하는 경우에는 지급지의 법원에 제기할 수 있다.

판례는 "약속어음은 어음에 표시된 **지급지가 의무이행지이고 의무이행을 구하는 소송의 토지관할권은 지급지를 관할하는 법원**에 있고 채권자의 주소지를 관할하는 법원에 있는 것이 아니다."고 한다(1980. 7. 22. 80마208). 이는 어음의 주채무자와 배서인 등의 상환의무자의 재판적이 다른 경우에 원고의 제소의 편의를 도모하고 분쟁의 1회적 해결을 위한 것이다.

5. 선원·군인·군무원에 대한 특별재판적

> 제10조(선원·군인·군무원에 대한 특별재판적) ① 선원에 대하여 재산권에 관한 소를 제기하는 경우에는 선적(船籍)이 있는 곳의 법원에 제기할 수 있다.
> ② 군인·군무원에 대하여 재산권에 관한 소를 제기하는 경우에는 군사용 청사가 있는 곳 또는 군용 선박의 선적이 있는 곳의 법원에 제기할 수 있다.

6. 재산이 있는 곳의 특별재판적

> 제11조(재산이 있는 곳의 특별재판적) 대한민국에 주소가 없는 사람 또는 주소를 알 수 없는 사람에 대하여

재산권에 관한 소를 제기하는 경우에는 청구의 목적 또는 담보의 목적이나 압류할 수 있는 피고의 재산이 있는 곳의 법원에 제기할 수 있다.

판례는 "제11조의 취지는 재산권상 소의 피고가 외국인이라도 압류할 수 있는 재산이 국내에 있을 때에는 그를 상대로 승소판결을 얻으면 이를 집행하여 재판의 실효를 걸을 수 있기 때문에 국내법원에 재판관할권을 인정한 것이다."고 한다(1988. 10. 25. 87다카1728).

7. 사무소·영업소가 있는 곳의 특별재판적

제12조(사무소·영업소가 있는 곳의 특별재판적) 사무소 또는 영업소가 있는 사람에 대하여 그 사무소 또는 영업소의 업무와 관련이 있는 소를 제기하는 경우에는 그 사무소 또는 영업소가 있는 곳의 법원에 제기할 수 있다.

사무소 또는 영업소의 업무에 관한 것에 한하여, 사무소 또는 영업소가 있는 자를 피고로 하여 사무소 또는 영업소가 있는 곳의 법원에 제기할 수 있다. 따라서 **영업소가 있는 자가 원고가 되어 소를 제기할 경우에는 본조가 적용되지 않는다**. 판례도 "제12조의 규정은 농업협동조합중앙회의 영업소 업무에 관하여 중앙회를 상대로 소를 제기하는 때에 한하여 영업소 소재지 법원에 관할이 있다는 의미이므로, 중앙회가 원고가 되어 소를 제기하는 경우에는 적용되지 아니한다."고 한다(1980. 6. 12. 80마158). 한편 업무에 관한 소에는 업무경영에 부수되어 생기는 불법행위와 부당이득청구 등이 포함된다.

8. 선적·선박·해난구조에 관한 특별재판적

제13조(선적이 있는 곳의 특별재판적) 선박 또는 항해에 관한 일로 선박소유자, 그 밖의 선박이용자에 대하여 소를 제기하는 경우에는 선적이 있는 곳의 법원에 제기할 수 있다.

제14조(선박이 있는 곳의 특별재판적) 선박채권, 그 밖에 선박을 담보로 한 채권에 관한 소를 제기하는 경우에는 선박이 있는 곳의 법원에 제기할 수 있다.

제19조(해난구조에 관한 특별재판적) 해난구조에 관한 소를 제기하는 경우에는 구제된 곳 또는 구제된 선박이 맨 처음 도착한 곳의 법원에 제기할 수 있다.

9. 사원 등에 대한 특별재판적

제15조(사원 등에 대한 특별재판적) ① 회사, 그 밖의 사단이 사원에 대하여 소를 제기하거나 사원이 다른 사원에 대하여 소를 제기하는 경우에는 그 소가 사원의 자격으로 말미암은 것이면 회사, 그 밖의 사단의 보통재판적이 있는 곳의 법원에 소를 제기할 수 있다.
② 사단 또는 재단이 그 임원에 대하여 소를 제기하거나 회사가 그 발기인 또는 검사인에 대하여 소를 제기하는 경우에는 제1항의 규정을 준용한다.

제16조(사원 등에 대한 특별재판적) 회사, 그 밖의 사단의 채권자가 그 사원에 대하여 소를 제기하는 경우에는 그 소가 사원의 자격으로 말미암은 것이면 제15조에 규정된 법원에 제기할 수 있다.

제17조(사원 등에 대한 특별재판적) 회사, 그 밖의 사단, 재단, 사원 또는 사단의 채권자가 그 사원·임원·발기인 또는 검사인이었던 사람에 대하여 소를 제기하는 경우와 사원이었던 사람이 그 사원에 대하여 소를 제기하는 경우에는 제15조 및 제16조의 규정을 준용한다.

10. 불법행위지의 특별재판적

제18조(불법행위지의 특별재판적) ① 불법행위에 관한 소를 제기하는 경우에는 행위지의 법원에 제기할 수 있다.
② 선박 또는 항공기의 충돌이나 그 밖의 사고로 말미암은 손해배상에 관한 소를 제기하는 경우에는 사고선박 또는 항공기가 맨 처음 도착한 곳의 법원에 제기할 수 있다.

불법행위지 법원에서 현장검증 등의 증거조사를 하기가 편리하기 때문에 불법행위지에 특별재판적을 둔 것이다. 불법행위의 가해행위지와 손해발생지가 다르면 각각에 재판적이 생기므로 특별재판적이 경합한다. 또한 직접 불법행위를 한 자·그에 가담한 자·방조자에 대한 소송은 물론이고, 사용자책임을 부담하는 사용자에 대한 소송에도 적용된다.
판례는 "이 사건은 **불법행위로 인한 손해배상과 관련한 채무부존재확인소송**으로서 제1심법원은 제18조에 따라 불법행위지에 근거한 토지관할이 인정된다."고 한다(2011. 7. 14. 2011그65).

11. 부동산이 있는 곳의 특별재판적

제20조(부동산이 있는 곳의 특별재판적) 부동산에 관한 소를 제기하는 경우에는 부동산이 있는 곳의 법원에 제기할 수 있다.

부동산에 관한 소는 **부동산에 관한 권리를 목적으로 한 소**를 의미한다. 따라서 소유권에 기한 부동산인도의 소와 같은 부동산에 대한 물권의 소와, 계약에 기한 부동산인도의 소와 같은 부동산에 대한 채권의 소가 이에 해당한다. 그러나 부동산의 매매대금, 임대료 등과 같은 순수한 금전채권의 지급을 구하는 소는 이에 해당되지 않는다.

12. 등기·등록에 관한 특별재판적

제21조(등기·등록에 관한 특별재판적) 등기·등록에 관한 소를 제기하는 경우에는 등기 또는 등록할 공공기관이 있는 곳의 법원에 제기할 수 있다.

13. 상속·유증 등의 특별재판적

제22조(상속·유증 등의 특별재판적) 상속에 관한 소 또는 유증, 그 밖에 사망으로 효력이 생기는 행위에 관한 소를 제기하는 경우에는 상속이 시작된 당시 피상속인의 보통재판적이 있는 곳의 법원에 제기할 수 있다.
제23조(상속·유증 등의 특별재판적) 상속채권, 그 밖의 상속재산에 대한 부담에 관한 것으로 제22조의 규정에 해당되지 아니하는 소를 제기하는 경우에는 상속재산의 전부 또는 일부가 제22조의 법원관할구역 안에 있으면 그 법원에 제기할 수 있다.

14. 지식재산권 등에 관한 특별재판적

> 제24조(지식재산권 등에 관한 특별재판적) ① 특허권, 실용신안권, 디자인권, 상표권, 품종보호권(이하 "특허권 등"이라 한다)을 제외한 지식재산권과 국제거래에 관한 소를 제기하는 경우에는 제2조 내지 제23조의 규정에 따른 관할법원 소재지를 관할하는 고등법원이 있는 곳의 지방법원에 제기할 수 있다. 다만, 서울고등법원이 있는 곳의 지방법원은 서울중앙지방법원으로 한정한다.
> ② 특허권 등의 지식재산권에 관한 소를 제기하는 경우에는 제2조부터 제23조까지의 규정에 따른 관할법원 소재지를 관할하는 고등법원이 있는 곳의 지방법원의 전속관할로 한다. 다만, 서울고등법원이 있는 곳의 지방법원은 서울중앙지방법원으로 한정한다.
> ③ 제2항에도 불구하고 당사자는 서울중앙지방법원에 특허권 등의 지식재산권에 관한 소를 제기할 수 있다.[5]

가. 제도적 취지

판례는 "특허권 등에 관한 지식재산권에 관한 소의 관할에 대하여 별도의 규정을 둔 이유는 통상적으로 그 심리·판단에 전문적인 지식이나 기술 등에 대한 이해가 필요하므로, 심리에 적합한 체계와 숙련된 경험을 갖춘 전문 재판부에 사건을 집중시킴으로써 충실한 심리와 신속한 재판뿐만 아니라 지식재산권의 적정한 보호에 이바지할 수 있기 때문이다."고 한다(2019. 4. 10. 2017마6337).

나. 내용

(ⅰ) 지식재산권 등에 관한 특별재판적에서 '**관할법원 소재지를 관할하는 고등법원이 있는 곳의 지방법원**'이란, ㉠ 서울·경기북부·인천·강원은 서울고등법원이 관할이므로 서울중앙지방법원, ㉡ 경기남부는 수원고등법원이 관할이므로 수원지방법원, ㉢ 충청·대전은 대전고등법원이 관할이므로 대전지방법원, ㉣ 경북·대구는 대구고등법원이 관할이므로 대구지방법원, ㉤ 전라·광주·제주는 광주고등법원이 관할이므로 광주지방법원, ㉥ 경남·부산·울산은 부산고등법원이 관할이므로 부산지방법원을 말한다(각급 법원의 설치와 관할구역에 관한 법률 별표3 참조).

(ⅱ) 청주시에 거주하는 사람이 창원시에 사는 사람을 상대로 특허권 침해를 이유로 손해배상청구의 소를 제기하는 경우에 보통재판적은 피고주소지인 창원지방법원이고, 특별재판적은 의무이행지인 원고주소지 청주지방법원이 된다. 따라서 각 법원을 관할하는 고등법원(부산고등법원과 대전고등법원)이 있는 지방법원인 부산지방법원과 대전지방법원에 전속관할이 발생한다(제24조 제2항). 또한 서울중앙지방법원에도 선택적 전속관할이 발생한다(제24조 제3항). 따라서 원고는 부산지방법원, 대전지방법원, 서울중앙지방법원 중 1개의 법원을 선택하여 소를 제기할 수 있다.

다. 특허권 등의 지식재산권에 관한 소의 항소사건

특허권 등의 지식재산권에 관한 소(제24조 제2항·제3항)에 따른 사건의 항소사건은 특허법원의 전속관할이 된다(법원조직법 제28조, 제28조의4 제2호, 제32조 제2항).

---

[5] 특허권 등의 재식재산권에 관한 소에 대하여는 서울중앙지방법원에 선택적 중복관할을 인정한다는 취지이다.

Ⅳ. 관련재판적

1. 의의 및 취지

> 제25조(관련재판적) ① 하나의 소로 여러 개의 청구를 하는 경우에는 제2조 내지 제24조의 규정에 따라 그 여러 개 가운데 하나의 청구에 대한 관할권이 있는 법원에 소를 제기할 수 있다.
> ② 소송목적이 되는 권리나 의무가 여러 사람에게 공통되거나 사실상 또는 법률상 같은 원인으로 말미암아 그 여러 사람이 공동소송인으로서 당사자가 되는 경우에는 제1항의 규정을 준용한다.

관련재판적(병합청구의 재판적)이란 **원고가 하나의 소로써 수 개의 청구를 하는 경우에 그 중 1개의 청구에 관하여 관할권이 있으면 본래 그 법원에 법정관할권이 없는 나머지 청구에 대하여도 그 법원에 관할권이 생기는 것**을 말한다. 원고는 하나의 절차에서 여러 개 청구의 병합제기가 용이해져 편리하고 피고도 어차피 응소할 바에야 한 군데 법원에서 재판을 받는 이점이 생기며, 법원도 분쟁을 통일적으로 해결할 수 있게 되어 소송경제를 도모할 수 있다.

다만, 판례는 "일방 당사자가 다른 청구에 관하여 관할만을 발생시킬 목적으로 본래 제소할 의사 없는 청구를 병합한 것이 명백한 경우에는 관할선택권의 남용으로서 신의칙에 위배되어 허용될 수 없으므로, 그와 같은 경우에는 관련재판적에 관한 제25조의 규정을 적용할 수 없다."고 한다(2011. 9. 29. 2011마62).[6]

2. 적용요건

가. 한 개의 소로써 수 개의 청구를 하는 경우일 것

객관적 병합의 요건을 갖추고 있다면 객관적 병합의 시기(원시적·후발적 병합)나 태양(추가적·교환적 변경)에는 제한이 없다.

나. 수소법원이 적어도 한 청구에 관하여 관할권을 가질 것

관련재판적은 토지관할에 관하여 적용되고, 사물관할에 관하여는 적용이 없다. 사물관할은 합산된 소가에 의하여 정해지기 때문이다. 제25조에는 제2조 내지 제24조의 규정에 의하여 1개의 청구에 대하여 관할권을 갖는 법원에 다른 청구를 병합하여 소를 제기할 수 있다고 규정하고 있지만, 반드시 이에 한정시킬 필요가 없다. 즉 합의관할·변론관할 등에 의하여 관할권을 갖는 경우에도 관련재판적은 적용된다.

다. 다른 법원의 전속관할에 속하는 청구가 아닐 것

다른 법원의 전속관할에 속하는 청구에는 제25조의 적용이 배제된다(제31조). 다만 전속적 합의관

---

[6] 변호사 갑과 을 사찰이, 소송위임계약으로 인하여 생기는 일체 소송은 전주지방법원을 관할 법원으로 하기로 합의하였는데, 갑이 을 사찰을 상대로 소송위임계약에 따른 성공보수금 지급 청구 소송을 제기하면서 을 사찰의 대표단체인 병 재단을 공동피고로 추가하여 병 재단의 주소지를 관할하는 서울중앙지방법원에 소를 제기한 사안에서, 을 사찰은 종단에 등록을 마친 사찰로서 독자적인 권리능력과 당사자능력을 가지고, 을 사찰의 갑에 대한 소송위임약정에 따른 성공보수금 채무에 관하여 병 재단이 당연히 연대채무를 부담하게 되는 것은 아니며, 법률전문가인 갑으로서는 이러한 점을 잘 알고 있었다고 보아야 할 것인데, 갑이 위 소송을 제기하면서 병 재단을 공동피고로 추가한 것은 실제로는 병 재단을 상대로 성공보수금을 청구할 의도는 없으면서도 단지 병 재단의 주소지를 관할하는 서울중앙지방법원에 관할권을 생기게 하기 위함이라고 할 것이고, 따라서 갑의 위와 같은 행위는 관할선택권의 남용으로서 신의칙에 위반하여 허용될 수 없으므로 관련재판적에 관한 민사소송법 제25조는 적용이 배제되어 서울중앙지방법원에는 갑의 을 사찰에 대한 청구에 관하여 관할권이 인정되지 않는다고 한 사례.

할이 있는 경우에도 관련재판적이 적용될 수 있는지가 문제되는데, 이는 관련재판적을 인정하는 법의 취지인 소송경제와 당사자 사이의 전속적 합의 의사 사이에서 어느 것을 중시하는가에 의하여 개별적으로 결정될 문제이다. 다만 전속적 합의가 우선되어 관련재판적이 인정되지 아니하여 관할위반의 문제가 발생하더라도 변론관할이 인정된다면 관할위반의 문제는 생기지 않는다.

3. 공동소송에의 적용가능성

공동소송에도 관련재판적이 준용되는지에 관하여 과거에 견해대립이 있었으나, 제25조 제2항에 의하여 입법적으로 해결하였다. 이는 실질적 견련관계가 있는 공동소송은 다른 공동피고의 관할의 이익을 침해할 염려가 없고, 원고로서는 실질적 관련성이 있는 공동피고들에 대한 소를 동일한 절차에서 해결하게 되어 편리하고, 피고들도 협동하여 방어할 수 있기 때문이다.

한편, 관련재판적이 필수적 공동소송의 경우에도 적용되는가에 대하여, 판례는 "**필수적 공동소송의 경우에 어느 하나의 당사자에 대하여만 관할권이 있더라도 그 법원에 제소할 수 있다.**"고 하여 긍정한다(1994. 1. 25. 93누18655).

4. 효 과

병합된 청구 중 하나에만 관할권이 인정되면 관할권이 없던 청구에도 관할이 발생한다. 관할권이 창설되면 관할권은 당해소송이 종료할 때까지 효력을 가지게 된다. 따라서 관련재판적이 인정되어 원래 관할권이 없던 청구에 관할이 창설된 이상 그 후 관할권이 있던 청구가 취하되거나 각하되어도 관할권이 없던 청구의 관할에는 변함이 없다. 이러한 점은 공동소송의 경우에도 동일하고, 화해·청구의 포기·인낙 등에 의하여 종료된 경우에도 동일하다.

5. 특별관련재판적

독립당사자참가소송의 재판적(제79조), 중간확인의 소의 재판적(제264조), 반소의 재판적(제269조), 재심의 소의 재판적(제453조), 형사사건에 있어서의 배상명령의 재판적(소송촉진 등에 관한 특례법 제25조 이하) 등과 같이 다른 소송절차와 관련됨으로써 특별재판적이 인정되는 경우가 있다.

◆ 제6관 재정관할 (지정관할)

> 제28조(관할의 지정) ① 다음 각호 가운데 어느 하나에 해당하면 관계된 법원과 공통되는 바로 위의 상급법원이 그 관계된 법원 또는 당사자의 신청에 따라 결정으로 관할법원을 정한다.
> 1. 관할법원이 재판권을 법률상 또는 사실상 행사할 수 없는 때
> 2. 법원의 관할구역이 분명하지 아니한 때
> ② 제1항의 결정에 대하여는 불복할 수 없다.

◆ 제7관 **합의관할**

Ⅰ. 서 설

1. 의의 및 취지

> 제29조(합의관할) ① 당사자는 합의로 제1심 관할법원을 정할 수 있다.
> ② 제1항의 합의는 일정한 법률관계로 말미암은 소에 관하여 서면으로 하여야 한다.

합의관할이란 **합의에 의하여 정하여지는 관할**을 말하는데, 이는 임의관할의 일종이다. 임의관할에 관한 규정은 주로 당사자 간의 공평 및 소송수행의 편의를 위하여 인정된 것이므로, 당사자 쌍방이 법정관할과는 다른 관할을 원하는 경우에, 이를 부정할 이유가 없어서 임의관할의 경우에는 제1심에 한해 합의관할을 인정하게 된 것이다.

2. 약관에 의한 합의관할

약관의 규제에 관한 법률 제14조에서는 고객에 대하여 부당하게 불리한 재판관할의 합의조항은 무효로 규정하고 있다. 또한 관할의 합의에는 민법규정이 유추적용 되므로, 관할의 합의시에 상대방의 사기·강박, 또는 궁박상태를 이용하여 일방적으로 자기에게 유리한 관할의 합의를 강요한 경우에는 민법의 규정에 의해서 취소(민법 제110조 제1항) 또는 무효(민법 제104조)가 될 수도 있다.

판례도 "대전에 주소를 둔 계약자와 서울에 주영업소를 둔 건설회사 사이에 체결된 아파트 공급계약서상의 "본 계약에 관한 소송은 서울민사지방법원을 관할법원으로 한다."라는 관할합의 조항은 약관의 규제에 관한 법률 제2조의 약관으로서 민사소송법상의 관할법원 규정보다 고객에게 불리한 관할법원을 규정한 것이어서 사업자에게는 유리할지언정 원거리에 사는 경제적 약자인 고객에게는 제소 및 응소에 큰 불편을 초래할 우려가 있으므로 약관의 규제에 관한 법률 제14조의 '고객에 대하여 부당하게 불리한 재판관할의 합의조항'에 해당하여 무효라고 보아야 한다."고 한다(1998. 6. 29. 98마863).

Ⅱ. 관할합의의 법적 성질

관할의 합의는 소송계약의 일종으로서, 관할의 발생이라는 소송법상 효과를 생기게 하는 소송행위이므로 관할의 합의에는 소송능력이 필요하다. 다만 사법상의 행위와는 구별되는 별개의 계약이므로, **사법상의 계약이 무효·취소·해제되더라도 원칙적으로 관할합의의 효력에는 영향이 없다**. 또한 관할의 합의는 인적 유효요건(당사자능력, 소송능력, 소송대리권)을 갖추어야 한다. 다만 관할의 합의는 법원의 관여 없이 체결되기 때문에, 합의의 하자에 대하여는 민법상의 의사표시 규정을 유추적용 한다.

Ⅲ. 관할합의의 요건

1. 소송능력이 있는 당사자 사이의 합의

관할의 합의는 소송행위이고 소송능력이 있을 것을 요하므로, 미성년자가 법정대리인의 동의를 얻어 사법상 계약을 체결하면서 이와 함께 한 관할의 합의는 법정대리인의 추인이 없으면 무효이다.

2. 제1심의 임의관할에 관한 합의

관할의 합의는 제1심 토지관할과 사물관할 등 임의관할에 한하여 할 수 있고, 전속관할에 대하여는 관할의 합의를 할 수 없다.

3. 합의의 대상인 소송의 특정

합의의 대상이 되는 법률관계를 특정하여 합의하여야 하며, 모든 소송에 대한 포괄적 합의는 예측가능성이 없어 피고의 관할이익을 침해할 우려가 있으므로 무효가 된다. 다만 특정한 매매계약이나 임대차계약으로부터 생기는 일체의 분쟁이라는 것과 같이 소송의 범위가 명확하다면 무방하다.

4. 서면에 의한 합의

당사자의 의사를 명확히 하여 분쟁을 사전에 방지하기 위하여 관할의 합의는 서면에 의하여야 한다. 다만 반드시 동일서면일 필요는 없으며 별개의 서면이나 시기를 달리하여도 무방하다.

5. 합의의 시기는 불문

합의의 시기는 제약이 없으므로 제소 전후를 불문하나, 제소후의 합의에 의하여 관할이 변경되는 것은 아니므로(관할의 항정), 제소후의 합의는 소송이송(제35조)의 전제로서의 의미가 있을 뿐이다.

6. 관할법원의 특정

수 개의 법원을 관할법원으로 지정하여도 무방하나, 관할법원은 특정할 수 있어야 하므로 전국의 모든 법원을 관할법원으로 하는 것은 무효가 된다. 또한 관할지정권을 원고에게만 일임하는 합의는 피고의 관할에 대한 이익을 박탈하는 것이기 때문에 무효가 된다. 판례는 "<u>당사자 중 '일방이 지정하는 법원을 관할 법원으로 한다.'는 내용의 관할에 관한 합의는 피소자의 권리를 부당하게 침해하고 공평의 원칙에 어긋나는 결과가 되어 무효이다.</u>"고 한다(1977. 11. 9. 77마284).

Ⅳ. 합의의 모습

1. 부가적 합의와 전속적 합의

가. 문제점

법정관할 외에 1개 또는 수 개의 법원을 부가하는 부가적 합의와, 특정의 법원에만 관할권을 인정하는 전속적 합의가 있다. 관할의 합의를 함에 있어서 명시적 합의를 하지 않은 경우에 어느 합의로 볼 것인지가 문제된다.

나. 학설의 대립

① 법정관할법원 중에서 하나의 법원을 정하는 합의는 전속적 합의로, 법정관할법원 외의 다른 법원을 정하는 합의는 부가적 합의로 보는 견해(다수설), ② 약관에 의한 합의의 경우에는 부가적 합의로 해석해야 하나, 그 외는 전속적 합의로 해석해야 한다는 견해, ③ 부가적 합의로 볼 특별한 사정이 없는 한 전속적 합의로 보지만, 약관에 의한 관할합의의 경우에는 다수설과 같이 보는 견해,

④ 당사자 사이에 다툼이 있는 경우에는 법정관할을 배제할 사유가 있다고 보는 것은 무리이므로, 이러한 경우에는 부가적 합의로 보아야 한다는 견해가 대립된다.

다. 판례의 태도

판례는 "**법정관할 외에 또 관할법원을 증가하는 부가적 합의**"라고 하고(1963. 5. 15. 63다111), "**법정관할 법원 중의 하나인 법원을 관할법원으로 하기로 하는 전속적 관할합의에 해당한다.**"고 하여 (2008. 3. 13. 2006다68209), 다수설과 동일한 입장이다.

라. 검토

법정된 관할법원에서 재판을 받을 수 있는 피고의 이익까지 고려하는 다수설·판례가 타당하다.

2. 국제재판관할의 합의

가. 부가적 합의

국내법원외에 외국법원을 관할법원으로 하는 부가적 합의는 국내법원의 관할권을 배제하는 것이 아니므로 유효하다.

나. 전속적 합의

판례는 "**대한민국 법원의 관할을 배제하고 외국의 법원을 관할법원으로 하는 전속적인 국제관할의 합의**가 유효하기 위해서는 당해 사건이 대한민국 법원의 전속관할에 속하지 아니하고 지정된 외국법원이 그 외국법상 당해 사건에 대하여 관할권을 가져야 하는 외에, 당해 사건이 그 외국법원에 대하여 합리적인 관련성을 가질 것이 요구되고, 전속적인 관할합의가 현저하게 불합리하고 불공정하여 공서양속에 반하는 법률행위에 해당하지 않는 한 관할합의는 유효하다."고 한다(2010. 8. 26. 2010다28185).

또한 "**외국법원의 관할을 배제하고 대한민국 법원을 관할법원으로 하는 전속적인 국제관할의 합의**가 유효하기 위해서는 당해 사건이 외국법원의 전속관할에 속하지 아니하고, 대한민국 법원이 대한민국법상 당해 사건에 대하여 관할권을 가져야 하는 외에, 당해 사건이 대한민국 법원에 대하여 합리적인 관련성을 가질 것이 요구되며, 전속적인 관할합의가 현저하게 불합리하고 불공정하여 공서양속에 반하는 법률행위에 해당하지 않는 한 그 관할합의는 유효하다."고 한다(2011. 4. 28. 2009다19093).

V. 합의의 효력

1. 관할의 변동

합의내용에 따라 관할이 변동된다. (ⅰ) 전속적 합의관할도 임의관할이므로, 관할위반 시 피고가 변론하면 변론관할이 생기며, 변론관할이 생기지 않는 경우에는 관할위반으로 이송할 수 있으나 이를 간과하더라도 상소나 재심사유가 되는 것은 아니다. (ⅱ) 부가적 합의관할의 경우에는 현저한 손해 또는 지연을 피하기 위한 재량이송이 허용된다(제35조).

또한 전속적 합의관할이 있어도 공익적 규정인 현저한 지연을 피하기 위한 경우에는 재량이송이 허용된다. 왜냐하면 관할의 공익적 측면은 처분할 수 없기 때문에 그에 관한 관할합의는 효력을 인정할 수 없어 본래의 법정관할권은 소멸되지 않기 때문이다. 그러나 사익적 규정인 현저한 손해를 피하기 위한 경우에는 전속적 합의에 구속받겠다는 당사자의 의사를 존중하여 재량이송이 부정된다.

2. 효력의 주관적 범위

가. 원칙

관할의 합의는 원칙적으로 당사자와 당사자의 일반승계인에 대해서만 미치고 제3자에게는 미치지 않는다. 판례도 "甲회사와 '乙회사의 보증인'간에 보증채무의 이행에 관련된 분쟁에 관하여 甲회사가 제소법원을 임의로 선택할 수 있다고 한 약정의 효력은 **약정당사자가 아닌 乙회사에게까지는 미칠 수 없다.**"고 한다(1988. 10. 25. 87다카1728). 다만 주채무자에게 합의의 효력은 미치지 않지만, 공동소송이 되면 **관련재판적**으로서 관할이 생길 수 있고 **변론관할**이 발생할 수도 있다.

나. 특정승계인에도 미치는지 여부

소송물을 이루는 권리관계가 채권인 경우에는 계약자유의 원칙상 양수인도 변경된 내용의 권리를 양수받았다고 볼 수 있기 때문에 합의의 효력이 미친다고 볼 수 있으나, 물권인 경우에는 물권법정주의의 원칙상 합의의 내용을 공시할 수 없기 때문에 합의의 효력이 미친다고 볼 수 없다.

판례도 "관할의 합의는 소송법상의 행위로서 합의당사자 및 일반승계인을 제외한 제3자에게 효력이 미치지 않는 것이 원칙이지만, 관할에 관한 당사자의 합의로 관할이 변경된다는 것을 실체법적으로 보면 권리행사의 조건으로서 권리관계에 불가분적으로 부착된 실체적 이해의 변경이라 할 수 있으므로, **지명채권과 같이 권리관계의 내용을 당사자가 자유롭게 정할 수 있는 경우에는 당해 권리관계의 특정승계인은 변경된 권리관계를 승계한 것이어서 관할합의의 효력은 특정승계인에게도 미친다.**"고 한다(2006. 3. 2. 2005마902).

또한 "**관할의 합의의 효력은 부동산에 관한 물권의 특정승계인에게는 미치지 않는다**고 새겨야 할 것인바, 부동산 양수인이 근저당권 부담부의 소유권을 취득한 특정승계인에 불과하다면(근저당권 부담부의 부동산의 취득자가 근저당권의 채무자 또는 근저당권설정자의 지위를 당연히 승계한다고 볼 수는 없다), 근저당권설정자와 근저당권자 사이에 이루어진 관할합의의 효력은 부동산 양수인에게 미치지 않는다."고 한다(1994. 5. 26. 94마536).

다만 "당사자들이 법정관할법원에 속하는 관할법원 중 하나를 관할법원으로 약정한 경우, 그와 같은 약정은 약정이 이루어진 국가 내에서 재판이 이루어질 경우를 예상하여 그 국가 내에서의 전속적 관할법원을 정하는 취지의 합의라고 해석될 수 있지만, 특별한 사정이 없는 한 다른 국가의 재판관할권을 완전히 배제하거나 다른 국가에서의 전속적인 관할법원까지 정하는 합의를 한 것으로 볼 수는 없다. 따라서 **채권양도 등의 사유로 외국적 요소가 있는 법률관계에 해당하게 된 때에는 다른 국가의 재판관할권이 성립할 수 있고, 이 경우에는 위 약정의 효력이 미치지 아니하므로 관할법원은 그 국가의 소송법에 따라 정하여진다**고 봄이 상당하다. 따라서 일본국에 거주하던 채권자와 채무자가 돈을 대차하면서 채권자 주소지 법원을 제1심 관할법원으로 하는 전속적 관할합의를 하였는데, 그 후 위 채권이 국내에 주소를 둔 내국인에게 양도되어 외국적 요소가 있는 법률관계가 된 경우, 위 관할합의의 효력이 이에 미치지 아니하여 대한민국 법원에 재판관할권이 있다."고 한다(2008. 3. 13. 2006다68209).

Ⅵ. 합의의 취소·변경

관할의 합의는 주로 당사자의 편의를 위한 제도이므로 다시 새로운 합의에 의하여 취소·변경될 수 있으나, 일단 합의된 관할법원에 제소된 이후에는 새로운 합의에 의하여 취소·변경을 하여도 이미 발생한 관할에는 영향이 없고 단지 이송신청을 위한 전제가 될 뿐이다.

◆ 제8관 **변론관할**

Ⅰ. 의의 및 취지

> 제30조(변론관할) 피고가 제1심 법원에서 관할위반이라고 항변하지 아니하고 본안에 대하여 변론하거나 변론준비기일에서 진술하면 그 법원은 관할권을 가진다.

변론관할이란 **원고가 관할권이 없는 법원에 제소하였는데 피고가 관할위반의 항변을 하지 않고 본안에 관하여 변론을 하거나 변론준비기일에서 진술하는 경우에 그 법원에 생기는 관할**을 말한다. 원고가 관할권 없는 법원에 제소하여도 피고가 변론한 때에는 관할법원으로 이송할 필요는 없고, 이미 진행된 심리를 유지할 필요가 있으므로 그 법원에 관할을 인정하는 것이 당사자의 이익과 소송 경제에 도움이 되기 때문이다. 변론관할도 당사자의 거동에 의해 생긴다는 점에서는 합의관할과 동일하나, 합의관할은 제소 전후에 관계없이 인정되지만 변론관할은 제소 후에만 인정된다.

Ⅱ. 요 건

1. 소가 관할권 없는 제1심 법원에 제기되었을 것

토지관할과 사물관할 등 임의관할을 위반한 경우에 변론관할이 인정되는 것이고, 전속관할 위반의 경우에는 변론관할이 생기지 않는다. 다만, 전속적 합의관할은 임의관할이므로, 변론관할이 생길 수 있다. 또한 제소당시에는 관할권이 있었으나, 그 뒤 청구취지의 확장·반소 등의 제기에 의하여 관할위반이 된 경우라도 변론관할이 생긴다.

2. 피고가 이의 없이 본안에 관하여 변론하거나 변론준비기일에서 진술할 것

가. 본안에 관한 변론과 진술

(ⅰ) 본안에 관한 변론 또는 진술이란 피고가 원고 청구의 당부에 관하여 사실상·법률상의 진술을 하는 것을 말한다. 즉 **소송물인 권리 또는 법률관계의 존부에 관한 진술**을 말한다. 따라서 이러한 실체사항이 아닌 절차사항, 즉 기피신청·기일변경신청·소각하 판결의 신청 등은 본안에 관한 진술이 아니다. **판례도 피고가 주위적으로 소각하판결을, 예비적으로 청구기각판결을 구한 경우에는 본안에 대하여 변론이나 진술을 한 것으로 보지 않는다**(2010. 7. 22. 2009므1861).

(ⅱ) 본안에 관한 변론은 관할위반임을 알고 할 필요는 없으나, **변론기일 또는 변론준비기일에 출석하여 구술로 하여야 한다.** 따라서 피고가 변론기일 등에 불출석하거나 출석하여도 변론을 하지 않은 경우에는 변론관할이 생기지 않는다. 또한 비록 본안의 변론을 위하여 준비서면만 제출하고

불출석한 때 진술간주(제148조 제1항, 제286조)가 되어도 피고는 관할위반의 법원에 출석할 의무가 없기 때문에 변론관할이 발생하지 않는다. 판례도 "변론관할이 생기려면 **피고의 본안에 관한 변론이나 준비절차에서의 진술은 현실적인 것**이어야 하므로, **피고의 불출석에 의하여 답변서 등이 법률상 진술간주 되는 경우는 포함되지 아니한다.**"고 한다(1980. 9. 26. 80마403).

나. 청구기각의 판결만을 구하는 경우

1) 문제점

피고가 청구기각의 판결만을 구하고 청구원인에 관한 답변을 다음 기일로 미루는 경우에 변론관할이 생기는지가 문제된다.

2) 학설의 대립

① 통설은 청구기각의 신청만으로도 원고의 청구가 이유 없다 하여 청구를 배척하여 달라는 취지이므로 본안에 관한 변론에 들어간 것으로 보아 변론관할이 생긴다고 보지만, ② 형식적 기준에 의해 변론이 있었던 것으로 보는 것은 피고의 관할에 관한 이익을 보호하려는 민사소송법의 취지에 반하므로 변론관할을 인정하여서는 안 된다는 견해도 있다.

3) 판례의 태도

판례는 항소심에서의 반소제기(제412조 제2항)와 관련하여, "항소심에서 **피고가 반소장을 진술한 데 대하여 원고가 반소기각 답변을 한 것**만으로는 '이의 없이 반소의 본안에 관하여 변론을 한 때'에 해당한다고 볼 수 없다."고 한다(1991. 3. 27. 91다1783).

4) 검 토

청구기각의 판결만을 구하는 것을 본안에 대한 변론이라고 보기는 어려우므로 부정하는 견해가 타당하다. 다만 현행법상 답변서의 기재는 구체적이어야 하므로(제256조 제4항, 민사소송규칙 제65조), 이러한 문제가 발생할 여지는 적다.

3. 피고가 관할위반의 항변을 제출하지 아니하였을 것

관할위반의 항변이란 소가 제기된 법원이 관할권을 가지지 않는다는 피고의 주장을 말하는데 그 성질은 소송의 이송신청이라고 볼 수 있다. 다만 판례는 "**관할위반의 경우에 이송신청권이 없다.**"고 한다(1993. 12. 6. 93마524). 관할위반의 항변은 명시적이어야 하는 것은 아니고, 묵시적이라도 무방하다.

Ⅲ. 효 과

1. 관할권의 창설

피고가 관할위반의 항변을 하지 않고 본안에 관하여 진술하는 때에는 변론관할이 발생하므로 그 이후 피고의 관할위반의 항변은 허용되지 않는다. 따라서 피고가 이의 없이 본안에 관하여 변론이나 변론준비기일에서 진술을 한 것에 대해서 뒤에 의사의 흠결이라는 이유로 취소할 수 없다. 또한 변론관할은 피고의 의사의 진정여부에 관계없이 발생하기 때문에 이의 없이 본안에 관하여 변론이나 진술을 할 때에 피고가 당해 사건에 대해서 관할위반이 있음을 알았느냐 또는 몰랐느냐는 불문한다(관할권의 창설, 항변권의 상실).

2. 효력의 범위

변론관할은 당해 사건에 한하여 발생하므로 소의 취하 또는 각하 후에 제기하는 재소까지는 효력이 미치지 않는다. 또한 변론관할의 발생여부는 청구의 병합이 있거나 수인의 피고가 있는 경우에는 각 청구 또는 각 피고 별로 검토해야 한다. 다만, 제65조 전문의 공동소송의 경우와 청구병합의 경우는 관련재판적이 발생할 수 있다.

◆ **제9관 전속관할**

I. 서 설

1. 의 의

법정관할은 전속관할과 임의관할로 나눌 수 있는데, 전속관할은 재판의 적정·공평 등 공익적 요구에 기하여 특정법원에만 인정되는 관할을 말한다. 직분관할은 명문 규정이 없어도 심급관할 중 비약상고의 경우를 제외하고는 원칙적으로 전속관할이다.

2. 구별개념

가. 임의관할

임의관할은 주로 당사자의 편의와 공평을 위한 사익적 견지에서 정하여진 것으로, 당사자 간의 합의나 피고의 변론(응소)에 의하여 다른 법원에 관할을 발생시킬 수 있는 것을 말한다. **사물관할과 토지관할은 원칙적으로 임의관할이며, 직분관할 중 심급관할은 비약상고의 경우에 한하여 임의관할이다.**

나. 전속적 합의관할

특정의 법원에만 관할권을 인정하고 그 밖의 법원의 관할을 배제하는 합의(전속적 합의)에 의한 관할을 전속적 합의관할이라고 한다. 전속적 합의관할도 그 성질은 임의관할이다. 또한 전속관할의 규정이 있는 경우에는 전속적 합의관할은 허용되지 않는다(제31조).

II. 종 류

(ⅰ) 특정의 직분과의 관련을 중시하여 전속관할인 경우로는 재심사건(제453조), 독촉절차(제463조) 등을 들 수 있다. (ⅱ) 다수인에게 이해가 미침을 고려하여 전속관할인 경우로는 가사소송사건(가사소송법 제2조), 회사관계사건(상법 제186조, 제376조 제2항, 제380조, 제381조 제2항), 개인회생 및 파산사건(채무자 회생 및 파산에 관한 법률 제3조) 등을 들 수 있다. (ⅲ) 부당한 관할합의를 방지하기 위하여 전속관할인 경우로는 할부거래에 관한 사건(할부거래법 제16조), 방문판매에 관한 사건(방문판매법 제57조)에서 매수인 또는 소비자의 주소지를 관할하는 지방법원이 전속적으로 관할권을 갖는 경우 등을 들 수 있다.

Ⅲ. 전속관할의 특징

> 제31조(전속관할에 따른 제외) 전속관할이 정하여진 소에는 제2조, 제7조 내지 제25조, 제29조 및 제30조의 규정을 적용하지 아니한다.

1. 직권조사사항

전속관할의 규정은 강행규정임에 반하여 임의관할의 규정은 임의규정이다. 따라서 전속관할 위반 여부는 법원의 직권조사사항이나, 임의관할 위반 여부는 당사자의 항변사항이다.

2. 합의관할·변론관할의 불가능

합의관할·변론관할에 의하여 전속관할을 변경할 수 없지만, 임의관할에 대해서는 합의관할·변론관할이 발생할 수 있다.

3. 관할경합의 불가능

전속관할이 인정되어 있는 사건에 대해서는 원고는 전속관할 법원에 소를 제기하여야 관할위반을 면할 수 있기 때문에 보통재판적·특별재판적 규정의 적용이 배제되어 관할의 경합이 발생하지 않지만 임의관할의 경우에는 보통재판적·특별재판적 규정이 적용되어 관할의 경합이 발생한다.

4. 재량이송의 불가능

전속관할이 인정되면 관할의 경합이 발생하지 아니하므로 관할위반의 경우를 제외하고는 소송의 이송이 허용되지 않는다. 재량에 의한 이송도 마찬가지로 허용되지 않는다(제35조 단서). 그러나 임의관할의 경우는 관할위반이라도 변론관할이 발생하면 관할위반으로 인한 이송을 하지 아니하여도 되며 또한 관할위반이 아니더라도 재량이송이 가능하다.

5. 관련청구의 경우

중간확인의 소에 있어서 본소법원은 원칙적으로 중간확인의 청구에 대해서도 관할이 있지만 중간확인의 청구가 다른 법원의 전속관할에 속한 때에는 본소법원은 관할권이 없다(제264조 제1항 단서). 또한 반소에 있어서도 반소의 목적되는 청구가 다른 법원의 전속관할에 속하는 때에는 본소법원은 반소에 대하여 관할권이 없다(제269조 제1항 단서).

6. 관할위반을 간과하고 판결한 경우

전속관할의 위배가 있음에도 간과하고 판결을 하면 당사자는 상소가 가능하지만(제411조 단서, 제424조 제1항 제3호), 판결이 확정되면 재심사유가 아니기 때문에 하자가 치유된다. 그러나 임의관할에 위배되어도 확정의 전·후를 불문하고 일단 판결이 있으면 당사자는 항소심에서 관할위반의 주장을 할 수 없으므로 상소도 불가능하고 하자는 치유된다(제411조 본문).

◆ 제10관 **임의관할**

> 제411조(관할위반 주장의 금지) 당사자는 항소심에서 제1심 법원의 관할위반을 주장하지 못한다. 다만, 전속관할에 대하여는 그러하지 아니하다.

　임의관할은 전속관할을 제외한 관할로서 주로 당사자의 편의와 공평을 위한 사익적인 견지에서 정하여진 것으로, 당사자 간의 합의나 피고의 응소에 의하여 다른 법원에 관할을 발생시킬 수 있는 것을 말한다. 전속적 합의관할도 그 성질은 임의관할이다.
　임의관할에 위반하여 판결이 선고되어도 임의관할의 위반은 항소심에서는 주장할 수 없으므로, 상소심으로서도 이를 이유로 원심판결을 취소할 수는 없다(제411조 본문). 사물관할이나 토지관할은 임의관할임이 원칙이고, 직분관할 중 심급관할은 비약상고의 경우에 한하여 임의관할이다.

◆ 제11관 **관할권의 조사**

> 제32조(관할에 관한 직권조사) 법원은 관할에 관한 사항을 직권으로 조사할 수 있다.
> 제33조(관할의 표준이 되는 시기) 법원의 관할은 소를 제기한 때를 표준으로 정한다.

Ⅰ. 직권조사사항

　법원에 관할권이 있어야 하는 것은 소송요건이므로 법원은 직권으로 조사해야 한다(제32조). 전속관할 위반이라면 본안판결을 한 경우라도 그 흠이 치유되지 않기 때문에 상소심에서도 조사하여 이송해야 하지만(제411조 단서, 제424조 제1항 제3호), 임의관할 위반이라면 본안판결을 한 경우에는 그 흠을 상소심에서는 다툴 수가 없기 때문에 제1심에 한해서 조사하여야 한다(제411조 본문). 다만 임의관할에 위반된 소제기라도 변론관할이 생길 수 있으므로 이송의 재판을 할 것이 아니라 변론기일을 정하는 것이 타당하다.

Ⅱ. 조사의 방법

　관할권에 대하여 직권으로 조사해야 한다고 했을 때, 그 증거를 어떻게 수집해야 하는가의 문제가 있다. 보통 직권조사사항에 대해서는 직권탐지주의라는 직권증거조사가 이루어지지만, 관할의 경우에는 전속관할의 경우에는 관할의 원인사실의 유무를 법원이 적극적으로 탐지할 직책이 있으나, 임의관할의 경우에는 당사자가 임의로 변경할 수 있는 성질의 것이므로 증거의 제출을 당사자에게 맡기는 변론주의가 적용된다.

Ⅲ. 조사의 한도

　불법행위지의 재판적처럼 관할을 정하는 사실이 본안의 내용과 관련되는 경우, 즉 관할이 청구의 종류나 법적 성질에 의하여 정하여 지는 때에는 그 종류나 법적 성질은 청구취지와 청구원인에서 원고의 주장사실을 토대로 하여 관할의 유무를 판단하면 충분하고, 그 사실의 존부를 확정 짓기 위하여 본안심리까지 할 필요는 없다. 다만 관할이 청구의 법적 성질과 관계없이 법원과의 특수한 관계 때문에 발생되는 경우에는 관할의 원인이 되는 사실에 대하여 증거조사를 하여야 한다.

판례는 "관할권은 법원이 사건에 관하여 재판권을 행사할 권한으로서 청구의 당부에 관하여 본안 판결을 할 수 있는 전제요건을 이루는 것이므로, 법원은 우선 사건에 관하여 관할권의 유무를 확인한 후에 본안심리에 들어가야 하고, **관할의 원인이 동시에 본안의 내용과 관련이 있는 때에는 원고의 청구원인사실을 기초로 하여 관할권의 유무를 판단할 것이지, 본안의 심리를 한 후에 관할의 유무를 결정할 것은 아니다.**"고 한다(2004. 7. 14. 2004무20).

Ⅳ. 관할권의 증명

관할권의 존재에 대하여는 원고에게 이익이 있기 때문에 관할권의 유무에 대해서 당사자간에 다툼이 발생하면, 원고가 그 존재를 증명해야 한다. 그러나 법원도 직권증거조사를 할 수가 있다(제32조). 전속관할의 존부는 직권증거조사사항이지만, 임의관할에 대해서는 당사자간의 다툼이 없으면 증명을 요하지 않고 그대로 관할을 인정하여도 무방하다.

Ⅴ. 관할결정의 표준시기

일반적인 소송요건의 존부판정의 표준시가 사실심 변론종결시인 점과 달리, 관할권은 제소시가 존부판정의 표준시가 된다(제33조). 즉 **제소시에 관할권이 인정되는 한 그 뒤의 사정변경은 관할권에 아무런 영향이 없다**(관할의 항정). 절차의 안정을 위해 관할권을 고정할 필요가 있기 때문이다. 다만 소제기시에는 관할권이 없는 경우라도 사실심의 변론종결시까지 관할권의 원인이 발생하였으면 관할권 위반의 하자는 치유된다.

한편 단독사건에서 단독판사에 속하는 본소 사건이 계속되어 있는데 합의부 관할에 속하는 사건이 반소로 제기된 경우, 청구취지의 확장으로 합의부의 관할이 된 경우에는 **합의부로의 이송원인**이 된다. 다만 반소나 확장된 청구에 대하여 변론관할이 발생한 경우에는 관할위반이 아니므로, 이송할 필요가 없다.

Ⅵ. 조사의 결과

조사의 결과 관할권이 없을 때에는 법원은 소 각하판결을 할 것이 아니라, 관할권이 있는 법원으로 직권으로 이송한다. 만일 관할위반을 간과하고 본안판결을 하였을 때에는, 임의관할의 경우에는 하자가 치유되지만(제411조 본문), 전속관할의 경우에는 상소심에서 다툴 수 있다. 다만 재판이 확정된 후이면 재심으로 다툴 수는 없다(제411조 단서, 제424조 제1항 제3호, 제451조 제1항 참조).

◆ 제12관 **소송의 이송**

I. 서 설

1. 의의 및 취지

소송의 이송이란 **법원에 계속된 소송을 재판에 의하여 다른 법원으로 옮기는 것**을 말한다. 관할위반의 경우에는 소송을 이송함으로써 원고가 다시 소를 제기할 필요가 없고, 소제기에 의한 시효중단 및 제척기간 준수의 효력이 유지되므로 원고의 이익보호와 소송경제에 도움이 된다. 관할위반이 아닌 경우에도 사건을 심리하는데 보다 편리한 법원이 심리하게 함으로써 소송경제를 도모할 수 있다.

2. 구별개념

가. 이 부

같은 법원 내에서 사물관할을 같이 하는 단독판사 상호간, 합의부 상호간에 사건을 송부하는 것을 이부라 하는데, 이는 사무분담의 재조정이라는 사법행정의 조치에 불과하다.

나. 소송기록의 송부

이송은 재판의 형식으로 하는 것이므로, **소송기록을 다른 법원으로 보내는 사실행위로서의 소송기록의 송부**와 구별된다. 따라서 이송재판은 효력이 소급하여 기간준수의 효력이 유지되지만 소송기록의 송부는 그렇지 않다. 또한 이송결정은 구속력이 있으나 기록송부의 경우에는 구속력이 없다.

판례는 "**특별항고만 허용되는 재판의 불복에 대하여는 당사자가 특히 특별항고라는 표시와 항고법원을 대법원으로 표시하지 아니하였더라도 항고장을 접수한 법원으로서는 이를 특별항고로 보아 소송기록을 대법원에 송부하여야 하고**, 항고법원이 항고심으로서 재판하였더라도 이는 결국 권한 없는 법원의 재판에 귀착된다."고 한다(2016. 6. 21. 2016마5082).

II. 이송의 원인

1. 관할위반에 의한 이송

> 제34조(관할위반 또는 재량에 따른 이송) ① 법원은 소송의 전부 또는 일부에 대하여 관할권이 없다고 인정하는 경우에는 결정으로 이를 관할법원에 이송한다.
> ② 지방법원 단독판사는 소송에 대하여 관할권이 있는 경우라도 상당하다고 인정하면 직권 또는 당사자의 신청에 따른 결정으로 소송의 전부 또는 일부를 같은 지방법원 합의부에 이송할 수 있다.
> ③ 지방법원 합의부는 소송에 대하여 관할권이 없는 경우라도 상당하다고 인정하면 직권으로 또는 당사자의 신청에 따라 소송의 전부 또는 일부를 스스로 심리·재판할 수 있다.
> ④ 전속관할이 정하여진 소에 대하여는 제2항 및 제3항의 규정을 적용하지 아니한다.

가. 적용범위

1) 사물관할·토지관할 위반의 경우

사물관할·토지관할 위반의 경우에는 직권으로 이송함이 원칙이다(제34조 제1항). 다만 예외적으로 지방법원 합의부는 그 관할에 속하지 않는 단독판사의 관할사건이라도 상당하다고 인정하는 때에는 이를 이송하지 않고 스스로 심리·재판할 수 있다(제34조 제3항).

2) 심급관할을 위반한 경우

가) 원칙

심급관할의 문제는 공익적 사항이므로, 당사자의 의사에 관계없이 관할법원으로 이송하여야 한다. 판례도 "재심의 소가 재심제기기간 내에 제1심법원에 제기되었으나 재심사유 등에 비추어 항소심판결을 대상으로 한 것이라 인정되어 위 소를 항소심 법원에 이송한 경우에 있어서, 재심제기기간의 준수여부는 제40조 제1항의 규정에 비추어 제1심 법원에 제기된 때를 기준으로 할 것이지 항소법원에 이송된 때를 기준으로 할 것은 아니다."고 하여 이송을 긍정한다(1984. 2. 28. 83다카1981).

나) 상소제기가 잘못된 경우

(ⅰ) **상소장을 원심법원에 제출하지 않은 경우에 대하여 판례는 소송기록의 송부의 방식으로 처리하여 상소장이 원심법원에 접수된 때를 기준으로 상소기간의 준수여부를 판단한다.** 즉 "상고장이 대법원에 바로 제출되었다가 다시 **원심법원에 송부된 경우에는 상고장이 원심법원에 접수된 때를** 기준하여 상고 제기기간 준수 여부를 따져야 한다."고 하고(1981. 10. 13. 81누230), "항소제기기간의 준수 여부는 **항소장이 제1심 법원에 접수된 때를** 기준으로 하여 판단하여야 하며 비록 항소장이 항소제기기간 내에 제1심 법원 이외의 법원에 제출되었다 하더라도 항소제기의 효력이 있는 것은 아니다."고 한다(1992. 4. 15. 92마146).

다만 "상고인이 상고장에 불복대상 판결을 서울고등법원 판결로 명시하여 서울고등법원에 상고장을 제출하려는 의사를 분명히 가지고 있었으나 다만 이를 현실로 제출함에 있어서 서울고등법원이 서울지방법원과 동일한 청사 내에 위치하고 있는 관계로 서울지방법원 종합접수과를 서울고등법원 종합접수실로 혼동, 착각하여 서울지방법원에 상고장을 접수시키고 접수담당 공무원도 이를 간과하여 접수한 경우, 접수담당 공무원이 접수 당일 착오 접수를 발견하고 지체없이 상고장을 서울고등법원으로 송부하였는지 여부와 같은 우연한 사정에 의하여 상고인의 상고제기기간 도과 여부가 결정된다는 것은 불합리하므로, 이러한 경우에는 **상고인이 원심법원인 서울고등법원의 종합접수실로 혼동, 착각하고 서울지방법원 종합접수과에 상고장을 제출한 날을 기준**으로 하여 상고제기기간 준수 여부를 가려 보는 것이 상고인의 진정한 의사에도 부합하고 상고인에게 회복할 수 없는 손해도 방지할 수 있는 타당한 처리이다."고 한다(1996. 10. 25. 96마1590).

그러나 당사자가 상소장을 잘못 제출하였더라도 당사자의 상소의사가 명백하게 표현된 것이므로, 소송기록의 송부로 해결할 것이 아니라 제34조 제1항을 유추적용하여 이송을 긍정하는 것이 타당하다. 따라서 이 경우에는 상소심 법원에 상소장이 접수된 때를 기준으로 상소기간의 준수여부를 결정하여야 한다.

(ⅱ) **상소장을 원심법원에 적법하게 접수하였으나 상소장에 상소할 법원을 잘못 표시하여 상소한 경우에, 원심법원은 상소장의 기재와 무관하게 적법한 상소심 법원으로 소송기록을 송부하면 된다.** 판례도 "특별항고만이 허용되는 재판의 불복에 대하여는 당사자가 특히 특별항고라는 표시와 항고법원을 대법원으로 표시하지 아니하였다고 하더라도 그 항고장을 접수한 법원으로서는 이를 특별항고로 보아 소송기록을 대법원에 송부하여야 하고, 항고법원이 항고심으로서 재판하였더라도 이는 결국 권한 없는 법원의 재판에 귀착된다."고 한다(2008. 5. 22. 2008그90).

그러나 **원심법원이 상소장에 잘못 표시된 법원에 소송기록을 송부한 경우에는 송부받은 법원은 관할법원으로 이송하여야 한다**. 판례도 "항고인이 비록 원심법원의 항고장각하결정에 대하여 불복하면서 제출한 서면에 '재항고장'이라고 기재하였다고 하더라도 이는 즉시항고로 보아야 한다는 이유로, 대법원에 기록송부된 사건을 관할법원인 항고법원으로 이송한 사례"가 있고(1995. 1. 20. 94마1961), 또한 "항고인이 통상항고로 불복할 수 있는 사건인 원심법원의 피고경정신청 기각결정에 대하여 불복하면서 제출한 서면에 '특별항고장', '대법원 귀중'이라고 기재하였더라도 이는 통상항고로 보아야 한다는 이유로, 대법원에 기록 송부된 사건을 관할법원인 항고법원으로 이송한 사례"도 있다(1997. 3. 3. 97으1).

3) 민사소송사항으로 혼동하여 소제기한 경우

가) 가사사건과의 혼동

가정법원은 소송의 전부 또는 일부에 대하여 관할권이 없음을 인정한 경우에는 결정으로 관할법원에 이송하여야 한다(가사소송법 제13조 제3항, 35조 제2항). 따라서 **가사사건을 민사사건으로 제소한 경우에 통설·판례는 가정법원으로 이송을 긍정한다**. 즉 판례는 "서울가정법원의 전속관할인 청구이의의 소를 서울지방법원 성동지원에 제기하였다면 전속관할 위반이지만 가정법원에서도 가사심판법 제9조, 인사소송법 제13조에 의하여 성질에 반하지 아니하는 한도 내에서는 민사소송법의 규정을 준용하도록 되어 있으므로 성동지원은 소를 각하할 것이 아니라 민사소송법 제34조 제1항에 의하여 서울가정법원으로 이송하여야 한다."고 한다(1980. 11. 25. 80마445).

나) 행정사건과의 혼동

행정소송으로 제기하여야 할 사건을 민사소송으로 제기한 경우에 대하여, 판례는 "원고가 고의·중과실 없이 행정소송으로 제기하여야 할 사건을 민사소송으로 잘못 제기한 경우, **수소법원으로서는 행정소송에 대한 관할도 동시에 가지고 있다면 행정소송으로 심리·판단하여야 하고, 행정소송에 대한 관할을 가지고 있지 아니하다면 관할법원에 이송하여야 한다**. 다만 이미 행정소송으로서의 전심절차 및 제소기간을 도과하였거나 행정소송의 대상이 되는 처분 등이 존재하지도 아니한 상태에 있는 등 행정소송으로서의 소송요건을 결하고 있음이 명백하여 행정소송으로 제기되었더라도 부적법하게 되는 경우에는 이송할 것이 아니라 각하하여야 한다."고 한다(2020. 10. 15. 2020다222382).

또한 "**원고가 고의·중과실 없이 행정소송으로 제기하여야 할 사건을 민사소송으로 잘못 제기한 경우 수소법원으로서는 행정소송에 대한 관할도 동시에 가지고 있는 경우**라면, 행정소송으로서의 전심절차 및 제소기간을 도과하였거나 행정소송의 대상이 되는 처분 등이 존재하지도 아니한 상태에 있는 등 행정소송으로서의 소송요건을 결하고 있음이 명백하여 행정소송으로 제기되었더라도 부적법하게 되는 경우가 아닌 이상, **원고로 하여금 항고소송으로 소 변경을 하도록 하여 그 1심 법원으로 심리·판단하여야 한다**."고 한다(1999. 11. 26. 97다42250). 즉 이러한 경우에 "원고로 하여금 항고소송으로 소 변경을 하도록 석명권을 행사하여 행정소송법이 정하는 절차에 따라 심리·판단하여야 한다."고 한다(2020. 1. 16. 2019다264700).

또한 "행정사건 제1심판결에 대한 항소사건은 고등법원이 심판해야 하고(법원조직법 제28조 제1호), **원고가 고의나 중과실 없이 행정소송으로 제기하여야 할 사건을 민사소송으로 잘못 제기하고 단독판사가 제1심판결을 선고한 경우에도 항소사건은 고등법원의 전속관할**이다."고 한다(2022. 1. 27. 2021다219161).

다) 비송사건과의 혼동

비송사건절차법에 의해 처리할 사건을 민사소송으로 제소한 경우나 반대의 경우에 대하여, ① 다수설은 소송과 비송의 구별이 불분명하기 때문에 제34조 제1항을 유추적용하여 이송하는 것이 타당하다는 입장이고, ② 판례는 각하하여야 한다는 입장이다.

즉, 판례는 "상법 제391조의3 제4항에 의한 이사회 의사록의 열람 등 허가사건은 비송사건절차법에 규정된 비송사건이므로 **민사소송의 방법으로 이사회 회의록의 열람 또는 등사를 청구하는 것은 허용되지 않는다.**"고 하고(2013. 11. 28. 2013다50367), "임시이사 선임결정에 대하여 불복이 있다면 비송사건절차법에 의하여 불복을 하여야 함에도 임시이사 선임결정 자체가 부당하다는 이유로 **민사소송에 의하여 임시이사 선임결정의 취소를 구하는 청구는 부당하다.**"고 한다(1963. 12. 12. 63다449). 비송사건절차법에 의한 간편한 절차가 있음에도 민사소송으로 제소한 경우에는 권리보호자격이 없다고 보아야 하므로, 판례가 타당하다.

한편, 비송사건절차법이나 다른 법령에 비송사건임이 명확히 규정되어 있지 아니하여 비송사건으로 신청하여야 할 사건을 민사소송절차에 따라 소를 제기한 경우, 수소법원이 취하여야 할 조치에 대하여, 판례는 "**비송사건절차법에 규정된 비송사건을 민사소송의 방법으로 청구하는 것은 허용되지 않는다.** 그러나 소송사건과 비송사건의 구별이 항상 명확한 것은 아니고, 비송사건절차법이나 다른 법령에 비송사건임이 명확히 규정되어 있지 않은 경우 당사자는 비송사건임을 알기 어렵다. 이러한 경우 수소법원은 당사자에게 석명을 구하여 당사자의 소제기에 **사건을 소송절차로만 처리해 달라는 것이 아니라 비송사건으로 처리해 주기를 바라는 의사도 포함**되어 있음이 확인된다면, 당사자의 소제기를 **비송사건 신청으로 보아** 재배당 등을 거쳐 비송사건으로 심리·판단하여야 하고 그 **비송사건에 대한 토지관할을 가지고 있지 않을 때에는 관할법원에 이송**하는 것이 타당하다."고 한다(2023. 9. 14. 2020다238622).

나. 전부 또는 일부이송

전부 관할위반의 경우에는 소송전부를 이송할 것을 요한다(제34조 제1항). 소송의 일부이송은 청구의 단순병합의 경우에 있어서 청구의 일부가 전속관할에 위반한 경우에 한하여 행한다. 청구의 일부가 임의관할에 위반한 경우에는 관련재판적의 규정에 의하여 구제되기 때문이다.

다. 당사자의 이송신청권 인정여부

1) 학설의 대립

① 관할권 있는 법원에서 재판 받을 피고의 이익보호, 다른 원인에 의한 이송(제34조 제2항·제35조·제36조·제269조 제2항)의 경우에는 이송신청권이 인정되는 것과의 균형, 임의관할 위배는 상소이유가 되지 않는다는 점에서 이송신청권을 긍정하는 견해가 있다. 이에 의하면 이송신청에 대하여 법원이 기각결정을 하면 즉시항고로 불복할 수 있다. ② 제34조 제1항이 당사자의 이송신청권을 규정하지 않고, 관할권 유무는 법원의 직권조사사항이므로 당사자의 이송신청은 법원의 직권발동을 촉구하는 의미밖에 없고, 이송신청을 배척하는 판단을 하더라도 즉시항고로 불복할 수 없다고 하여 이송신청권을 부정하는 견해도 있다. 이에 의하면 이송신청에 대하여 법원이 기각결정을 하면 즉시항고로 불복할 수 없다.

2) 판례의 태도

판례는 이송신청권을 부정한다. 즉 판례는 "**관할위반에 기한 이송은 법원의 직권조사사항으로서 당사자에게 이송신청권이 있는 것이 아니므로, 당사자가 이송신청을 한 경우에도 법원의 직권발동을 촉구하는 의미밖에 없는 것이므로, 이송신청에 대한 재판을 할 필요가 없는데도** 원심이 이송신청을 기각하는 결정을 하였다면, 그 결정은 특별항고인에게 아무런 불이익을 주는 것이 아니며 그 결정에 대하여 특별항고를 할 이익도 없는 것이 분명하므로 특별항고는 부적법하다."고 한다(1996. 1. 12. 95그59).

또한 "**당사자가 관할위반을 이유로 한 이송신청을 한 경우에도 이는 법원의 직권발동을 촉구하는 의미밖에 없고, 법원은 이송신청에 대하여는 재판을 할 필요가 없고, 법원이 이송신청을 거부하는 재판을 하여도 항고가 허용될 수 없으므로 항고심에서는 이를 각하하여야 한다**. 항고심에서 항고를 각하하지 아니하고 항고이유의 당부에 관한 판단을 하여 기각하는 결정을 하여도 항고기각결정은 항고인에게 불이익을 주는 것이 아니므로 항고심결정에 대하여 재항고를 할 이익이 없는 것이어서 이에 대한 재항고는 부적법한 것이다."고 한다(1993. 12. 6. 93마524).

또한 "수소법원의 재판관할권 유무는 법원의 직권조사사항으로서 법원이 관할에 속하지 아니함을 인정한 때에는 제34조 제1항에 의하여 직권으로 이송결정을 하고, 소송당사자에게 관할위반을 이유로 하는 이송신청권이 있는 것은 아니다. 따라서 당사자가 관할위반을 이유로 한 이송신청을 한 경우에도 이는 법원의 직권발동을 촉구하는 의미밖에 없다. 한편 **법원이 당사자의 신청에 따른 직권발동으로 이송결정을 한 경우에는 즉시항고가 허용되지만**(제39조), **위와 같이 당사자에게 이송신청권이 인정되지 않는 이상 항고심에서 당초의 이송결정이 취소되었더라도 이에 대한 신청인의 재항고는 허용되지 않는다.**"고 한다(2018. 1. 19. 2017마1332).

3) 검 토

제34조 제1항은 피고의 관할이익을 보호하는 법원의 책무를 규정한 것으로 볼 것이지, 피고의 이송신청권을 부정하는 취지라고 해석할 것이 아니다. 당사자에게 법률상 관할위반을 이유로 하는 이송신청권이 있고 없고를 떠나서 법원이 이송신청을 기각하는 재판을 하였으면 적어도 그에 대한 불복은 허용되어야 한다(1993. 12. 6. 93마524의 반대의견). 따라서 관할위반에 의한 이송의 경우에도 당사자에게 이송신청권을 인정하는 것으로 민사소송법을 개정하는 것이 타당하다.

2. 심판의 편의에 의한 이송

가. 현저한 손해·지연을 피하기 위한 이송

> **제35조(손해나 지연을 피하기 위한 이송)** 법원은 소송에 대하여 관할권이 있는 경우라도 현저한 손해 또는 지연을 피하기 위하여 필요하면 직권 또는 당사자의 신청에 따른 결정으로 소송의 전부 또는 일부를 다른 관할법원에 이송할 수 있다. 다만, 전속관할이 정하여진 소의 경우에는 그러하지 아니하다.

1) 의 의

한 개의 소송에 관하여 관할법원이 경합하는 경우에 원고가 선택하여 소를 제기한 법원보다 다른 법원이 심판하는 것이 현저한 손해 또는 지연을 피할 수 있는 경우일 때에 관할권 있는 법원에서 다른 관할권 있는 법원으로 이송하는 제도를 말한다.

2) 현저한 손해와 지연의 의미

현저한 손해란 피고에게 응소에 있어서 소송수행상의 부담이 생겨 소송 불경제가 된다는 취지이고, 현저한 지연이란 법원이 사건을 처리함에 있어서 증거조사 등 시간과 노력이 크게 소요되어 소송촉진이 저해된다는 취지이므로, 손해가 사익적 규정이고 지연은 공익적 규정에 해당된다.

판례는 "현저한 손해라 함은 피고 측의 소송수행상의 부담을 주로 의미하는 것이기는 하나 원고 측의 손해도 도외시하여서는 아니되므로, **다른 관할법원에 이송함으로써 피고 측의 손해는 피할 수 있으나 원고 측의 부담이 반대로 현저히 늘어나는 경우에는 그 균형도 고려하여 이송여부를 결정하여야 한다.**"고 한다(1966. 5. 31. 66마337).

다만 판례가 이러한 이송을 긍정한 경우는 없다. 즉 판례는 "대한민국이 수형자의 관리주체로서 부담하는 '수형자의 민사소송을 위한 장거리 호송에 소요되는 상당한 인적·물적 비용'은 행정적인 부담이지 소송상대방으로서 부담하는 것이 아니어서, '현저한 손해 또는 지연을 피하기 위하여 이송이 필요한 사정'에 해당되지 않는다."고 하고(2010. 3. 22. 2010마215), "**소송에 관련된 증거자료가 피고의 주소지에 보관되어 있다는 사정**만으로써는 이 사건을 피고 주소지를 관할하는 법원 이외의 다른 법원에서 심리한다고 하여 현저한 손해 또는 소송의 지연을 초래할 염려가 있는 경우에 해당된다고 보기 어렵다."고 하고(1980. 6. 23. 80마242), "신청인이 **소송을 수행하는데 많은 비용과 시간이 소요된다거나, 관련사건이 다른 법원에서 따로 심리되므로 말미암아 결론을 달리하는 판결이 선고될 우려가 있다는 사정**만으로는 손해나 지연을 피하기 위한 이송사유가 있다고 볼 수 없다."고 하고(1979. 12. 22. 79마392), "**상대방 측이 소송을 수행하는 데 많은 비용과 시간이 소요된다는 사정만으로는 같은 법 제32조에서 말하는 현저한 손해 또는 소송의 지연을 가져올 사유가 된다고 단정할 수 없다.**"고 한다(1998. 8. 14. 98마1301).

3) 이송의 방법

이송은 신청 또는 직권으로 한다. 다만 전속관할이 정해져 있을 경우에는 이송할 수 없다(제35조 단서). 한편 전속적 합의관할이 있는 경우에 현저한 손해나 지연을 피하기 위한 이송이 가능한지가 문제되는데, 관할의 합의에 의하여 당사자가 처분할 수 있는 것은 관할에 관한 당사자의 이익뿐이고, **현저한 지연을 피한다는 관할의 공익적 측면**은 처분할 수 없기 때문에 전속적 합의관할이 있더라도 공익적 측면에서는 다른 법정관할이 소멸된 것이 아니어서 이송할 수 있다고 할 것이다.

나. 지방법원 단독판사로부터 지방법원 합의부로의 이송

지방법원 단독판사는 자기의 관할에 속하는 사건이라도 상당하다고 인정할 때에는 신청 또는 직권으로 지방법원 합의부로 이송할 수 있다(제34조 제2항). 상당성은 사안의 난이도·곤란성·복잡성 등을 고려하여야 단독판사가 자유재량으로 판단한다. 다만 전속관할의 경우에는 이송할 수 없다(제34조 제4항).

소액사건의 경우에도 제34조 제2항에 의하여 합의부로 이송할 수 있다. 즉 판례는 "소액사건심판법에 따라 처리되는 사건은 고유의 사물관할이 있는 것이 아니고 민사단독사건중에서 소가에 따라 특례로 처리하는 것 뿐이므로, **사안의 성질로 보아 간이한 절차로 빠르게 처리될 수 없는 사건은 통상절차에 따라 처리하여도 무방하며 따라서 단독판사가 그 사건을 지방법원 및 지원의 합의부에 이송할 수 있다.**"고 한다(1974. 7. 23. 74마71).

다. 지식재산권 등에 관한 소송의 이송

> 제36조(지식재산권 등에 관한 소송의 이송) ① 법원은 특허권 등을 제외한 지식재산권과 국제거래에 관한 소가 제기된 경우 직권 또는 당사자의 신청에 따른 결정으로 그 소송의 전부 또는 일부를 제24조 제1항에 따른 관할법원에 이송할 수 있다. 다만, 이로 인하여 소송절차를 현저하게 지연시키는 경우에는 그러하지 아니하다.
> ② 제1항은 전속관할이 정하여져 있는 소의 경우에는 적용하지 아니한다.
> ③ 제24조 제2항 또는 제3항에 따라 특허권 등의 지식재산권에 관한 소를 관할하는 법원은 현저한 손해 또는 지연을 피하기 위하여 필요한 때에는 직권 또는 당사자의 신청에 따른 결정으로 소송의 전부 또는 일부를 제2조부터 제23조까지의 규정에 따른 지방법원으로 이송할 수 있다.

1) 특허권 등을 제외한 지식재산권과 국제거래에 관한 소

법원은 특허권 등을 제외한 지식재산권과 국제거래에 관한 소가 제기된 경우 직권 또는 당사자의 신청에 따른 결정으로 그 소송의 전부 또는 일부를 제24조 제1항에 따른 관할법원(관할법원 소재지를 관할하는 고등법원이 있는 곳의 지방법원)에 이송할 수 있다(제36조 제1항). **이 경우에 제35조의 재량이송과 달리 '현저한 손해나 지연을 피하기 위한 필요'라는 요건은 필요가 없다**. 다만 이송으로 인하여 소송절차를 현저히 지연시키는 경우에는 이송을 할 수 없고(제36조 제1항 단서), 전속관할이 정하여져 있는 소의 경우에도 이송할 수 없다(제36조 제2항).

2) 특허권 등의 지식재산권의 소

특허권 등의 지식재산권의 소에 대한 관할은 전속관할이다(제24조 제2항·제3항). 그러나 전속관할임에도 불구하고, 현저한 손해 또는 지연을 피하기 위하여 필요한 때에는 직권 또는 당사자의 신청에 따른 결정으로 소송의 전부 또는 일부를 제2조부터 제23조까지의 규정에 따른 지방법원으로 이송할 수 있다(제36조 제3항).

3. 반소제기에 의한 이송

> 제269조(반소) ① 피고는 소송절차를 현저히 지연시키지 아니하는 경우에만 변론을 종결할 때까지 본소가 계속된 법원에 반소를 제기할 수 있다. 다만, 소송의 목적이 된 청구가 다른 법원의 관할에 전속되지 아니하고 본소의 청구 또는 방어의 방법과 서로 관련이 있어야 한다.
> ② 본소가 단독사건인 경우에 피고가 반소로 합의사건에 속하는 청구를 한 때에는 법원은 직권 또는 당사자의 신청에 따른 결정으로 본소와 반소를 합의부에 이송하여야 한다. 다만, 반소에 관하여 제30조의 규정에 따른 관할권이 있는 경우에는 그러하지 아니하다.

본소가 단독사건인 경우에 피고가 합의부의 사물관할에 속하는 반소청구를 한 경우에는 원고가 반소청구에 대하여 합의부에서 심판을 받을 이익을 박탈하지 않기 위해 직권 또는 신청이 있으면 본소와 반소를 전부 합의부로 이송하여야 한다. 다만 반소에 관하여 변론관할이 생기면 합의부로 이송할 필요가 없다(제269조 제2항).

4. 상소심에서 환송에 갈음하는 이송

> 제418조(필수적 환송) 소가 부적법하다고 각하한 제1심 판결을 취소하는 경우에는 항소법원은 사건을 제

1심 법원에 환송하여야 한다. 다만, 제1심에서 본안판결을 할 수 있을 정도로 심리가 된 경우, 또는 당사자의 동의가 있는 경우에는 항소법원은 스스로 본안판결을 할 수 있다.

제419조(관할위반으로 말미암은 이송) 관할위반을 이유로 제1심 판결을 취소한 때에는 항소법원은 판결로 사건을 관할법원에 이송하여야 한다.

관할위반을 이유로 제1심판결을 취소할 때에는 항소법원은 판결로 사건을 관할법원에 이송하여야 하고(제419조), 상고법원은 상고를 이유 있다고 인정할 때에는 원심판결을 파기하고 원심법원과 동등한 다른 법원에 이송할 수 있다(제436조). 또한 상급심에서 원심으로 환송하는 것도 넓은 의미에서는 이송에 속한다(제418조·제436조).

Ⅲ. 이송의 절차

1. 이송의 재판형식

이송은 직권 또는 당사자의 신청에 의하여서 하는데, 이송신청은 기일에 출석하여 말로 하는 경우가 아니면 서면으로 하여야 하고 이때 신청의 이유를 밝혀야 한다. 예외적으로 상소심에서 원판결을 취소 또는 파기하고 이송하는 때에 판결의 형식으로 하는 것(제419조·제436조)을 제외하고는 이송의 재판은 결정의 형식으로 한다.

이때 변론을 거쳐야 하는지에 대하여 논의가 있지만 이송의 재판은 결정의 형식으로 하는 이상 반드시 변론을 거칠 필요는 없다. 다만 민사소송규칙 제11조는 당사자의 이송신청이 있는 때에는 법원은 결정에 앞서 상대방에게 의견을 진술할 기회를 주어야 하며, 법원이 직권으로 이송결정을 하는 때에는 당사자의 의견을 들을 수 있도록 하였다.

2. 불복방법

이송결정과 이송신청의 기각결정에 대하여는 즉시항고를 할 수 있다(제39조). 즉 관할위반 이외의 사유에 의한 이송(제34조 제2항·제35조·제36조·제269조 제2항)의 경우에는 당사자에게 이송신청권이 인정되므로 이송신청의 기각결정에 대하여 즉시항고를 할 수 있다. 그러나 관할위반에 의한 이송(제34조 제1항)의 경우에는 앞에서 검토한 것과 같은 견해대립이 있다.

Ⅳ. 이송의 효과

제37조(이송결정이 확정된 뒤의 긴급처분) 법원은 소송의 이송결정이 확정된 뒤라도 급박한 사정이 있는 때에는 직권으로 또는 당사자의 신청에 따라 필요한 처분을 할 수 있다. 다만, 기록을 보낸 뒤에는 그러하지 아니하다.

제38조(이송결정의 효력) ① 소송을 이송받은 법원은 이송결정에 따라야 한다.
② 소송을 이송받은 법원은 사건을 다시 다른 법원에 이송하지 못한다.

제39조(즉시항고) 이송결정과 이송신청의 기각결정에 대하여는 즉시항고를 할 수 있다.

제40조(이송의 효과) ① 이송결정이 확정된 때에는 소송은 처음부터 이송받은 법원에 계속된 것으로 본다.

② 제1항의 경우에는 이송결정을 한 법원의 법원서기관·법원사무관·법원주사 또는 법원주사보(이하 "법원사무관 등"이라 한다)는 그 결정의 정본을 소송기록에 붙여 이송받을 법원에 보내야 한다.

1. 이송결정의 구속력

가. 내 용

관할에 관한 조사의 반복을 피하고 본안에 관한 심리의 지연을 방지하는 취지에서 이송결정은 이송을 받은 법원을 구속하므로(제38조 제1항), 이송을 받은 법원은 다시 사건을 반송하거나 다른 법원으로 전송하지 못한다(제38조 제2항).

나. 전속관할을 위반한 이송결정의 구속력

1) 학설의 대립

① 전속관할의 위반은 절대적 상고이유가 되므로(제424조 제1항 제3호), 전속관할을 위반하여 이송결정이 된 경우에는 구속력이 없다는 견해와, ② 이송의 반복을 피하려는 공익적 측면에서 전속관할을 위반하여 이송결정이 된 경우에도 구속력이 있다는 견해가 대립된다.

2) 판례의 태도

(ⅰ) 판례는 "이송결정에 대한 불복방법으로 즉시항고가 마련되어 있고 이송의 반복에 의한 소송지연을 피하여야 할 공익적 요청은 전속관할을 위배하여 이송한 경우라도 예외일 수 없으므로, 당사자가 이송결정에 대하여 즉시항고를 하지 않았거나 즉시항고가 기각되어 확정된 이상 **이송결정의 기속력은 원칙적으로 전속관할의 규정을 위배하여 이송한 경우에도 미친다**."고 한다(2023. 8. 31. 2021다243355).

(ⅱ) 다만 심급관할에 위반된 이송결정의 기속력에 대하여, 판례는 "심급관할을 위배하여 이송한 경우에 이송결정의 기속력이 이송받은 상급심 법원에도 미친다고 한다면 당사자의 심급의 이익을 박탈하여 부당할 뿐만 아니라, 이송을 받은 법원이 법률심인 대법원인 경우에는 직권조사사항을 제외하고는 새로운 소송자료의 수집과 사실확정이 불가능한 관계로 당사자의 사실에 관한 주장·입증의 기회가 박탈되는 불합리가 생기므로, **심급관할을 위배한 이송결정의 기속력은 이송받은 상급심 법원에는 미치지 않는다**고 보아야 하나, 기속력이 이송받은 하급심 법원에도 미치지 않는다고 한다면 사건이 하급심과 상급심 법원 간에 반복하여 전전이송되는 불합리한 결과를 초래하게 될 가능성이 있어 이송결정의 기속력을 인정한 취지에 반하는 것일 뿐더러 민사소송의 심급의 구조상 상급심의 이송결정은 특별한 사정이 없는 한 하급심을 구속하게 되는바 이와 같은 법리에도 반하게 되므로, **심급관할을 위배한 이송결정의 기속력은 이송받은 하급심 법원에는 미친다**고 보아야 한다."고 한다(1995. 5. 15. 94마1059).

3) 검 토

이송결정의 구속력에 대한 제38조에서 전속관할의 경우에도 구속력을 배제하고 있지 않으므로, 전속관할을 위반한 이송결정의 경우에도 구속력을 인정하는 것이 타당하다. 다만 심급관할을 위반한 이송결정의 구속력을 인정하게 되면 심급이 추가되거나 생략되는 결과가 발생한다. 따라서 심급관할을 위반한 이송결정의 경우에는 구속력을 부정하는 것이 타당하다.

2. 소송계속의 이전

이송결정이 확정된 때에는 소송은 처음부터 이송을 받은 법원에 계속된 것으로 된다(제40조 제1항). 따라서 소제기에 의한 시효중단 및 법률상 기간준수의 효과는 유지된다. 판례도 "**대법원은 이송결정이 확정된 때에는 소송은 처음부터 이송받은 법원에 계속된 것으로 보므로**, 소송을 이송한 경우에 법률상 기간의 준수여부는 소송이 이송된 때가 아니라 **이송한 법원에 소가 제기된 때**를 기준으로 하여야 한다고 판시한 바 있고, 한편 제265조는 소제기에 따른 시효중단 및 법률상 기간 준수의 효력 발생시기에 관하여 동일하게 규정하고 있으므로, **소송이 이송된 경우 법률상 기간 준수 여부의 판단 기준시기에 관하여 위 판결이 취하고 있는 견해는 소멸시효의 중단에 관하여도 적용되어야 할 것이다.**"고 한다(2007. 11. 30. 2007다54610).

3. 소송기록의 송부와 긴급처분

이송결정이 확정되면 이송결정을 한 법원의 사무관 등은 그 결정의 정본을 소송기록에 붙여 이송받을 법원에 보내야 한다(제40조 제2항). 이송결정이 확정된 뒤라도 소송기록을 보내기까지는 시간적 공백이 있을 수 있으므로, 급박한 사정이 있는 때에는 직권 또는 당사자의 신청에 의하여 가압류·가처분·증거보전 등의 필요한 처분을 할 수 있다(제37조).

CHAPTER 02 당사자

제01절 개관

　민사소송에서 당사자란 실체법과는 관계없는 소송법상의 개념이다. 따라서 이를 **형식적 당사자개념**이라고 한다. 소송사건에서는 당사자가 대립되어 있다. 한쪽이 이미 사망한 사람인 소송이나 회사의 본점과 지점 사이의 소송은 당사자가 대립되어 있지 않아서 부적법하므로 법원은 이러한 소를 각하하여야 한다. 판례도 "지방자체단체로서의 도는 1개의 법인이 존재할 뿐이고, 다만 사무의 영역에 따라 도지사와 교육감이 별개의 집행 및 대표기관으로 병존할 뿐이므로, **도 교육감이 도를 대표하여 도지사가 대표하는 도를 상대로 제기한 소유권 확인의 소는 자기가 자기를 상대로 제기한 것으로 권리보호의 이익이 없어 부적법하다**."고 한다(2001. 5. 8. 99다69341).

　한편 소송계속 중 당사자의 혼동이 있는 경우와 소송물인 권리관계의 성질상 승계할 사람이 없는 경우에는 소송이 종료되므로 법원은 소송종료선언을 하여야 한다. 판례도 "**재판상 이혼청구권은 부부의 일신전속의 권리**이므로, 이혼소송계속 중 배우자의 일방이 사망한 경우에는 상속인이 소송절차를 수계할 수 없음은 물론이고 그러한 경우에 검사가 수계할 수 있는 특별한 규정도 없으므로, 이 사건 소송은 청구인의 사망과 동시에 종료하였다고 해석함이 상당하다. 이혼심판청구인의 사망사실을 간과한 채 이 사건 항소가 불변기간인 항소기간 도과 후에 제기된 부적법한 것이라 하여 항소를 각하한 원심판결은 당연 무효이나, **민사소송은 두 당사자의 대립을 본질적 형태로 하는 것**이므로 사망한 자를 상대로 상고를 제기할 수 없고 피청구인이 이미 사망한 청구인을 상대로 하여 한 상고는 결국 부적법하고 흠결이 보정될 수 없는 것이어서 각하할 것이다."고 한다(1982. 10. 12. 81므53).

제02절 당사자의 확정

◆ 제1관 의의

　당사자의 확정이란 **현실적으로 계속되어 있는 소송사건에서 원고가 누구이며 피고가 누구인지를 확정하는 것**을 말한다. 판례는 "당사자가 누구인가는 기판력의 주관적 범위, 인적 재판적, 법관의 제척원인, 당사자적격, 당사자능력, 소송능력, 소송절차의 중단과 수계, 송달 등에 관한 문제와 직결되는 중요한 사항이므로 법원으로서는 **직권으로 소송당사자가 누구인가를 확정하여 심리를 진행**해야 함은 물론 판결의 표시에도 이를 분명히 하여야 한다."고 한다(1987. 4. 14. 84다카1969).

◆ 제2관 **당사자 확정의 기준**

Ⅰ. 학설의 대립

① 원고나 법원이 당사자로 삼으려는 사람이 당사자라는 의사설, ② 소송상 당사자로 취급되거나 당사자로 행동하는 사람이 당사자라는 행동설, ③ 소장에 기재된 당사자의 표시를 기준으로 판단한다는 형식적 표시설, ④ 소장에 나타난 당사자의 표시를 비롯하여 청구원인 등 소장의 전취지를 합리적으로 해석하여 당사자를 확정한다는 실질적 표시설, ⑤ 소송이 개시되는 때에는 표시설에 의하고 소송이 진행된 뒤에는 누가 분쟁주체로서 절차보장을 받았는가를 기준으로 정한다는 규범분류설이 대립된다.

Ⅱ. 판례의 태도

판례는 "당사자가 누구인가는 소장에 기재된 표시 및 청구의 내용과 원인 사실 등 소장의 전취지를 합리적으로 해석하여 확정하여야 할 것이다."고 하여 실질적 표시설의 입장이다(2001. 11. 13. 99두2017). 한편 사망한 사람을 당사자로 하는 소송에 대하여, 판례는 **"원고가 이미 사망한 당사자를 사망사실을 모르고 피고로 표시하여 소를 제기하였을 경우에 사실상의 피고는 사망자의 상속인이고 다만 표시를 그릇한 것에 불과하다."**고 하여 의사설의 입장이다(1983. 12. 27. 82다146). 다만 이 경우에 판례가 의사설을 채택하고 있다고 이해할 이유는 없다는 견해도 있다.[7]

Ⅲ. 검 토

당사자의 확정은 객관적·획일적 기준에 의하여 결정해야 하므로, 소장의 당사자란의 기재뿐만 아니라 청구취지·청구원인 그 밖의 일체의 표시사항 등을 기준으로 합리적으로 해석·판단하는 실질적 표시설이 타당하다.

◆ 제3관 **당사자 표시의 정정**

Ⅰ. 의의 및 구별개념

당사자 표시의 정정이란 **당사자의 확정 후에 당사자의 동일성을 해하지 않는 범위 내에서 당사자의 표시를 바로잡는 것을** 말한다. 당사자 표시를 잘못 적은 것이 분명한 경우, 당사자능력이 없는 사람을 당사자로 잘못 표시한 것이 분명한 경우(1999. 11. 26. 98다19950), 당사자적격이 없는 사람을 당사자로 잘못 표시한 것이 분명한 경우(2021. 6. 24. 2019다278433)에 당사자 표시정정을 한다.

그러나 피고를 잘못 지정하였다는 이유로 피고를 동일성이 없는 자로 변경하는 것은 피고의 경정(제260조)에 해당한다. 판례도 "당사자 표시정정은 당사자 표시를 잘못하였을 경우에 **동일성을 유지하는 범위** 안에서 바로 잡는 것으로서, 이는 **종전의 당사자를 교체하고 새로운 제3자를 당사자로 바꾸는 당사자 경정과는 다른 것**이므로, 당연히 허용된다."고 한다(1999. 4. 27. 99다3150).

---

[7] [판례평석] 판례는 실질적 표시설의 입장에서 소장 전체의 취지를 상당히 신축적이고 탄력적으로 해석하여 당사자표시정정제도를 운용하고 있으므로, 판례가 사망한 사람을 당사자로 하는 소송의 경우에만 의사설을 부분적으로 채택하고 있는 것으로 이해할 이유가 없다(김홍엽, 제10판, 123면).

Ⅱ. 당사자 표시정정의 요건

1. 표시정정의 요건

가. 일반적인 요건

판례는 "소장에 기재된 표시 및 청구의 내용과 원인사실 등 소장의 전 취지를 합리적으로 해석하여 당사자를 확정하여야 하고, **확정된 당사자와 동일성이 인정되는 범위 내에서라면 올바른 당사자로 표시를 정정하는 것은 허용**된다."고 한다(2011. 7. 28. 2010다97044).

나. 항소심에서의 인정가능성

판례는 "당사자는 소장에 기재된 표시 및 청구의 내용과 원인사실을 합리적으로 해석하여 확정하여야 하고, 확정된 당사자와의 동일성이 인정되는 범위 내에서라면 **항소심에서도 당사자의 표시정정을 허용하여야 한다.**"고 한다(1996. 10. 11. 96다3852).

한편 "개인이 설립 경영하는 학교시설에 불과한 영남실업고등기술학교를 피고로 표시하였다가 개인 명의로 피고표시를 정정하는 것은 당사자를 변경하는 것이 아니므로, 항소심에서 피고표시정정신청을 하였다가 환송된 뒤에 표시정정신청을 철회할 수 있다. **당사자표시를 정정하는 것은 당사자를 변경하는 것이 아니므로 항소심에서 그러한 정정이 있었다 한들 당사자에게 심급의 이익을 박탈하는 현상이 일어난다고는 말할 수 없고, 따라서 상대편의 동의가 있어야 표시정정이 가능한 것이라고 말할 수도 없다.**"고 한다(1978. 8. 22. 78다1205).

2. 동일성이 인정되지 않는 경우

(ⅰ) 판례는 "**종회의 대표자로서 소송을 제기한 자가 종회 자체로 당사자표시 변경신청을 한 경우**, 원고는 자연인인 대표자 개인이고 그와 종회 사이에 동일성이 인정된다고 할 수 없어 당사자표시정정신청은 허용될 수 없다."고 한다(1996. 3. 22. 94다61243). 또한 "권리능력 없는 사단인 부락의 구성원 중 일부가 제기한 소송에서 당사자인 원고의 표시를 부락으로 정정함은 당사자의 동일성을 해하는 것으로서 허용되지 아니한다."고 한다(1994. 5. 24. 92다50232).

또한 "당사자표시변경은 당사자로 표시된 자와 동일성이 인정되는 범위 내에서 표시만을 변경하는 경우에 한하여 허용되는 것이므로, **원고 甲을 제외한 나머지 원고들을 상고인으로 표시한 상고장을 제출하였다가 원고 甲을 상고인으로 추가하는 내용으로 한 당사자 표시정정은 종래의 당사자에 새로운 당사자를 추가하는 것으로서 허용될 수 없고, 이는 추가된 당사자에 관한 새로운 상소제기로 보아야 한다.**"고 한다(1991. 6. 14. 91다8333).

(ⅱ) 그러나 "당사자표시정정신청을 하는 경우에도 실질적으로 당사자가 변경되는 것은 허용할 수 없고 필수적 공동소송이 아닌 사건에서 소송 도중에 당사자를 추가하는 것 역시 허용될 수 없으므로, **회사의 대표이사가 개인 명의로 소를 제기한 후 회사를 당사자로 추가하고 개인 명의의 소를 취하함으로써 당사자의 변경을 가져오는 당사자추가신청은 부적법한 것이다. 제1심 법원이 부적법한 당사자추가신청을 부적법함을 간과한 채 받아들이고 피고도 그에 동의하였으며 종전 원고인 대표이사 개인이 이를 전제로 소를 취하하게 되어 제1심 제1차 변론기일부터 새로운 원고인 회사와 피고 사이에 본안에 관한 변론이 진행된 다음 제1심에서 본안판결이 선고되었다면, 이는 마치 처음부터 원고**

회사가 종전의 소와 동일한 청구취지와 청구원인으로 피고에 대하여 별도의 소를 제기하여 본안판결을 받은 것과 마찬가지라고 할 수 있으므로, 소송경제의 측면에서나 신의칙 등에 비추어 그 후에 새삼스럽게 당사자추가신청의 적법 여부를 문제 삼는 것은 허용될 수 없고, 당사자추가신청이 당초 부적법한 것이었더라도 제1심 제1차 변론기일에 원래의 소장과 함께 당사자추가신청서가 진술된 이상 원고 회사의 피고에 대한 청구취지도 진술되었다고 봄이 상당하다."고 한다(1998. 1. 23. 96다41496).

또한 "당사자표시정정은 원칙적으로 당사자의 동일성이 인정되는 범위에서만 허용되므로, **회사의 대표이사였던 사람이 개인 명의로 제기한 소송에서 개인을 회사로 당사자표시정정을 하는 것은 부적법하다. 제1심법원이 제1차 변론준비기일에서 부적법한 당사자표시정정신청을 받아들이고 피고도 이에 명시적으로 동의하여 제1심 제1차 변론기일부터 정정된 원고인 회사와 피고 사이에 본안에 관한 변론이 진행된 다음 제1심 및 원심에서 본안판결이 선고되었다면**, 당사자표시정정신청이 부적법하다고 하여 그 후에 진행된 변론과 그에 터잡은 판결을 모두 부적법하거나 무효라고 하는 것은 소송절차의 안정을 해칠 뿐만 아니라 그 후에 새삼스럽게 이를 문제삼는 것은 소송경제나 신의칙 등에 비추어 허용될 수 없다."고 한다(2008. 6. 12. 2008다11276).

Ⅲ. 당사자 표시정정 신청에 대한 재판

1. 법원의 조치

판례는 "산재보험료 부과처분 상대방이 법인이고 부과처분에 대한 행정심판 청구도 법인에 의하여 이루어졌으나 재결에 대한 취소소송을 제기함에 있어 소장의 당사자란에 원고를 대표이사 개인으로 잘못 표시한 경우, 법원으로서는 마땅히 원고에게 당해 원고가 누구인가를 분명히 하도록 명하여 원고를 명확히 확정한 연후에 확정된 **원고가 법인이라면 원고의 표시를 법인으로 정정케 하는 조치를 취하여야 하고, 이러한 조치를 취함이 없이 단지 원고에게 막연히 소장정리만 명한 후 대표이사 개인을 원고로 보아 소를 각하하였음은 심리미진으로 인하여 판결에 이유를 갖추지 못한 위법을 저지른 것**에 해당한다."고 한다(1997. 6. 27. 97누5725).

2. 표시정정의 효과

판례는 표시정정의 효과는 소제기시로 소급한다는 입장이다. 따라서 채무자 甲의 乙 은행에 대한 채무를 대위변제한 보증인 丙이 채무자 甲의 사망사실을 알면서도 그를 피고로 기재하여 소를 제기한 사안에서, "채무자 甲의 상속인이 실질적인 피고이고 소장의 표시에 잘못이 있었던 것에 불과하므로, **보증인 丙은 채무자 甲의 상속인으로 피고의 표시를 정정할 수 있고, 따라서 당초 소장을 제출한 때에 소멸시효 중단의 효력이 생긴다.**"고 한다(2011. 3. 10. 2010다99040).

3. 항소심이 임의적 당사자변경으로 잘못 판단한 경우

당사자표시정정에 해당함에도 임의적 당사자변경에 해당한다고 잘못 판단한 경우에 대하여, 판례는 "**제1심에서의 당사자 표시변경이 당사자 표시정정에 해당하는 것으로서, 제1심이 소송당사자를 제대로 확정하여 판결하였음에도, 항소심이 제1심에서의 당사자 표시변경이 임의적 당사자 변경에 해당하여 허용될 수 없는 것이라고 잘못 판단하여 소송당사자 아닌 자를 소송당사자로 취급하여 변론을 진행시키고 판결을 선고한 경우, 진정한 소송당사자에 대하여는 항소심 판결이 선고되지 않았고, 진정한 소송당사자와 사이의 사건은 항소심에서 변론도 진행되지 않은 채 계속 중이므로 **진정한 소송당사자는 상고를 제기할 것이 아니라 항소심에 그 사건에 대한 변론기일지정신청을 하여 소송을 다시 진행함이 상당하며, 항소심이 선고한 판결은 진정한 소송당사자에 대한 관계에 있어서는 적법한 상고대상이 되지 아니한다.**"고 한다(1996. 12. 20. 95다26773).

4. 당사자의 표시정정이 없이 선고된 판결의 효력

당사자표시정정이 없이 선고된 판결의 효력에 대하여, 판례는 "**소장의 당사자 표시가 착오로 잘못 기재되었음에도 소송 계속 중 당사자표시정정이 이루어지지 않아 잘못 기재된 당사자를 표시한 본안판결이 선고·확정된 경우라도 그 확정판결을 당연 무효라고 볼 수 없을뿐더러, 그 확정판결의 효력은 잘못 기재된 당사자와 동일성이 인정되는 범위 내에서 적법하게 확정된 당사자에 대하여 미친다.**"고 한다(2011. 1. 27. 2008다27615).

따라서 임야의 소유자인 甲이 매도증서에 자신의 성명을 乙로 잘못 기재함에 따라 임야에 관한 등기부 및 구 토지대장에도 소유명의자가 乙로 잘못 기재된 사안에서, 위 등기부상 소유명의자인 乙을 상대로 진정명의회복을 원인으로 한 소유권이전등기절차의 이행을 구하는 소송을 제기하여 공시송달에 의하여 받은 승소확정판결의 효력이 동일한 당사자로 인정되는 甲에게 미친다고 하였다.[8]

◆ 제4관 성명모용소송

Ⅰ. 서 설

모용이란 모용자가 피모용자의 명의를 차용 내지 도용하는 것을 말한다. 따라서 성명모용소송이란 A가 甲명의로 소를 제기하여 소송을 수행하거나(원고 측 모용), 乙에 대한 소송에 A가 乙명의로 응소하는 경우(피고 측 모용)를 말한다.

Ⅱ. 당사자의 확정과 법원의 조치

실질적 표시설에 의하면 당사자로 표시된 피모용자가 당사자가 된다. 따라서 (ⅰ) 원고 측 모용의 경우에는 피모용자가 소를 추인하지 않는 한 소를 각하하고, 소송비용은 모용자가 부담하여야 한다(제108조). (ⅱ) 피고 측 모용의 경우에는 모용자의 소송관여를 배척하고, 피모용자에게 기일통지를 하여 피모용자에 대하여 소송을 속행하여야 한다.

---

[8] [이유] 원심은, 이 사건 임야의 소유자이던 원고가 매도증서에 자신의 성명 박종선(朴鍾宣)을 박종의(朴鍾宜)로 잘못 기재하고, 이에 따라 이 사건 임야에 관한 등기부 및 구 토지대장에도 소유명의자가 박종의(朴鍾宜)로 잘못 기재된 사실, 피고의 피상속인 소외 2는 등기부상 소유명의자인 박종의(朴鍾宜)를 상대로 이 사건 임야에 관하여 진정명의회복을 원인으로 한 소유권이전등기절차의 이행을 구하는 소송을 제기하고 공시송달에 의한 승소판결을 받은 사실을 각 인정한 다음, 소외 2가 의욕하였던 소송 상대방은 그 기재 여부에 불구하고 이 사건 임야의 소유자로 보이는 외관을 갖춘 자라고 보는 것이 타당하고, 소외 2가 등기부 등의 기재를 신뢰하여 이 사건 임야의 소유명의자를 박종의(朴鍾宜)로 보고 그를 상대로 소송을 제기하여 승소판결을 받았다고 하여 그 판결을 실재하지 않는 자 또는 허무인을 상대로 한 소송을 통해 받은 판결로 보아 무효라 할 수는 없으며, 그 확정판결의 효력은 동일한 당사자로 인정되는 원고에게 미친다고 판단하였다. 위 법리에 비추어 원심판결 이유를 살펴보면 원심의 위와 같은 판단은 정당하다.

Ⅲ. 성명모용소송을 간과한 판결의 효력

1. 피모용자의 구제방법

소장 전체의 취지에 의해 확정되는 당사자와 소송을 수행하는 자가 동일한지 여부에 대해서 법원은 직권으로 조사하여야 한다. 법원이 성명모용사실을 간과하고 본안판결을 하였을 경우에, **피모용자는 판결 확정 전에는 상소를**(상고는 제424조 제1항 제4호의 절대적 상고이유), **판결 확정 후에는 재심**(제451조 제1항 제3호 유추적용)**을 제기할 수 있다**. 피고 아닌 제3자가 피고를 참칭하여 소송행위를 한 경우나 소송대리권이 없는 자가 피고의 소송대리인으로 소송행위를 한 경우 사이에 차이가 없기 때문이다.

판례도 "제3자가 피고를 참칭, 모용하여 소송을 진행한 끝에 판결이 선고되었다면 **피모용자인 피고는 적법히 대리되지 않는 타인에 의하여 소송절차가 진행됨으로 말미암아 소송관여의 기회를 얻지 못하였다** 할 것이니, 피고는 상소 또는 재심의 소를 제기하여 판결의 취소를 구할 수 있다."고 하고 (1964. 11. 17. 64다328), "**당사자의 이름을 모용하고 이루어진 결정이 확정된 경우**에는 적법하게 소송관계의 기회가 부여되지 아니한 것이 될 것으로서, 제451조 제1항 제3호에서 **소송대리권의 흠결을 사유로 하여 재심의 소를 제기할 수 있다**."고 한다(1964. 3. 31. 63다656).

2. 피모용자의 추인가능성

(ⅰ) ① 피모용자에게 유리한 판결일 경우에는 피모용자의 원용의 자유를 인정해도 좋다는 견해와, ② 유리한 판결 여부를 불문하고 피모용자의 추인의 자유가 허용된다는 견해가 대립된다. 피모용자의 의사를 존중해야 한다는 점에서 제②설이 타당하다. 한편 추인의 시기는 제한이 없으므로, 상고심·재심소송 도중에도 할 수 있다. 다만 피모용자가 추인을 한 경우에는 상소·재심을 제기할 수 없다(제424조 제2항, 제451조 제1항 제3호 단서 유추적용).

(ⅱ) 판례는 "항소장이 **타인이 당사자의 명의를 도용하여 작성·제출한 것**이라도, 당사자의 적법한 소송대리인이 항소심에서 본안에 대하여 변론하였다면, 이로써 항소제기 행위를 추인하였다고 할 것이므로, 항소는 당사자가 적법하게 제기한 것으로 된다."고 한다(1995. 7. 28. 95다18406).

Ⅳ. 관련문제 : 송달과정에서의 피고 모용

1. 허위주소 송달의 경우

원고가 제3자와 통모하여 소장에 피고의 주소를 제3자의 주소로 기재하여 그 허위주소로 판결정본이 송달되도록 하여 피고가 아닌 제3자가 수령하도록 하는 경우를 말한다. 판례는 허위주소의 경우에는 판결정본의 송달이 무효이기 때문에 항소기간이 진행되지 않으므로 피고는 항소나 별소를 제기할 수 있다고 한다.

즉 판례는 "제1심 판결정본이 적법하게 송달된 바 없으면 판결에 대한 항소기간은 진행되지 아니하므로, 판결은 형식적으로도 확정되었다고 볼 수 없고, 따라서 **소송행위 추완의 문제는 나올 수 없으며 판결에 대한 항소는 제1심 판결정본 송달 전에 제기된 것으로서 적법하다**."고 하고(1997. 5. 30. 97다10345), "**상대방의 주소를 허위로 기재하여 얻은 승소판결**에 기한 소유권이전등기가 경료된 경우에는 동 등기는 실체적 권리관계에 부합될 수 있는 사정이 없는 한 말소될 처지에 있는 것이므로, 상대방이 기판력이 없는 판결에 대하여 항소를 제기하지 않고 별소로 등기의 말소를 구할 수도 있다."고 하고(1981. 8. 25. 80다2831), **"제소자가 상대방의 주소를 허위로 기재함으로써 허위주소로 소송서류가 송달되어 상대방 아닌 다른 사람이 서류를 받아 자백간주의 형식으로 제소자 승소의 판결이 선고되고 판결정본 역시 허위의 주소로 보내어져 송달된 것으로 처리된 경우**에는 상대방에 대한 판결의 송달은 부적법하여 무효이므로, 상대방은 아직도 판결정본의 송달을 받지 않은 상태에 있어 이에 대하여 상소를 제기할 수 있을 뿐만 아니라, 사위판결에 기하여 부동산에 관한 소유권이전등기나 말소등기가 경료된 경우에는 별소로서 등기의 말소를 구할 수도 있다."고 한다(1995. 5. 9. 94다41010).

2. 공시송달의 경우

공시송달의 요건을 구비하지 못하였지만 공시송달을 신청하여 판결정본이 공시송달로 송달되도록 하는 것을 말한다. 판례는 판결정본이 공시송달 되는 경우에는 공시송달의 요건을 구비하지 못하여 위법하더라도 유효한 송달이기 때문에 항소기간이 진행되어 판결이 확정되므로, 피고는 추후보완항소나 재심을 제기할 수 있다고 한다.

즉 판례는 "당사자가 상대방의 주소 내지 거소를 알고 있음에도 불구하고 소재불명 또는 허위의 주소나 거소로 하여 소를 제기한 탓으로 공시송달의 방법에 의하여 판결이나 심판 등 정본이 송달되어 불변기간인 상소기간이 도과된 경우에는 특단의 사정이 없는 한 상소기간을 준수치 못한 것은 상대방이 책임질 수 없는 때에 해당된다고 할 것이니, **제173조에 의한 추완상소를 할 수 있으며 이런 경우 제451조 제1항 제11호에 의한 재심을 제기할 수 있다** 하여 위의 해석을 달리할 바 아니다."고 한다(1985. 10. 8. 85므40).

3. 참칭대표자에 대한 송달의 경우

단체의 진정한 대표자가 아닌 참칭대표자에게 송달된 경우를 말한다. 판례는 적법한 대표자가 아님에도 자신을 적법한 대표자로 참칭한 참칭대표자에 대한 송달은 유효라고 본다.

즉 판례는 "**법원이 참칭대표자에게 적법한 대표권이 있는 것으로 알고 그를 송달받을 자로 지정하여 소송서류 등을 송달하고 송달받을 자로 지정된 참칭대표자가 송달받은 경우**에는 송달이 무효라고 할 수는 없는 것이므로, 판결이 판결에서 종중의 대표자로 표시된 자를 송달받을 자로 하여 송달되었고 실제로 그가 보충송달의 방법에 의하여 송달을 받았다면 그때로부터 항소기간이 진행되고 판결은 항소기간이 만료된 때에 확정된다."고 한다(1994. 1. 11. 92다47632). 이 경우에 송달 자체는 송달받을 자로 지정된 자에게 송달이 된 것이므로, 유효한 송달이라고 보는 판례가 타당하다.

◆ 제5관 당사자의 사망이 소송에 미치는 영향

I. 소 제기 전에 사망한 경우

1. 당사자의 확정

가. 방 법

당사자가 소의 제기 전에 이미 사망한 경우에는 당사자의 확정이 문제된다. **당사자 확정에 있어서**

판례는 실질적 표시설을 취하면서도, 사망한 사람을 피고로 한 제소의 경우에는 의사설을 취하여 상속인이 당사자가 되므로 당사자표시정정을 할 수 있다고 한다.

즉 판례는 "원고가 사망사실을 모르고 사망자를 피고로 표시하여 소를 제기한 경우에, 청구의 내용과 원인사실, 당해 소송을 통하여 분쟁을 실질적으로 해결하려는 원고의 소제기 목적 내지는 사망사실을 안 이후의 원고의 피고 표시정정신청 등 여러 사정을 종합하여 볼 때 **사망자의 상속인이 처음부터 실질적인 피고이고 다만 그 표시를 잘못한 것으로 인정된다면, 사망자의 상속인으로 피고의 표시를 정정할 수 있다.**"고 한다(2006. 7. 4. 2005마425).

다만 판례는 실질적 표시설의 입장에서 소장 전체의 취지를 신축적·탄력적으로 해석하여 당사자표시정정을 하고 있으므로, 판례가 사망한 사람을 당사자로 하는 소송의 경우에만 의사설을 취하고 있는 것으로 이해할 필요는 없다는 견해도 있다.

나. 실질적 피고의 결정

이러한 경우에 누가 실질적인 피고로 되는지에 대하여, 판례는 "**실질적인 피고로 해석되는 사망자의 상속인은 실제로 상속을 하는 사람을 가리키고, 상속을 포기한 자는 상속 개시 시부터 상속인이 아니었던 것과 같은 지위에 놓이게 되므로 제1순위 상속인이라도 상속을 포기한 경우에는 이에 해당하지 아니하며, 후순위 상속인이라도 선순위 상속인의 상속포기 등으로 실제로 상속인이 되는 경우에는 이에 해당한다.**"고 한다(2006. 7. 4. 2005마425).

또한 판례는 위와 같은 법리는 피고의 사망사실은 알았지만 1순위 상속인의 상속포기 사실을 몰랐던 경우에도 적용된다고 한다. 즉, 판례는 "상속개시 이후 상속의 포기를 통한 상속채무의 순차적 승계 및 그에 따른 상속채무자 확정의 곤란성 등 상속제도의 특성에 비추어, **위의 법리는 채권자가 채무자의 사망 이후 1순위 상속인의 상속포기 사실을 알지 못하고 1순위 상속인을 상대로 소를 제기한 경우에도 채권자가 의도한 실질적 피고의 동일성에 관한 위 전제요건이 충족되는 한 마찬가지로 적용이 된다.**"고 한다(2009. 10. 15. 2009다49964).[9]

2. 법원의 조치

가. 당사자표시정정의 가능성

(ⅰ) 원고가 피고의 사망사실을 모르고 소장에 피고로 표시하여 소를 제기하거나 또는 피고의 사망사실을 알면서도 상속인을 제대로 확인할 수 없어서 사망한 사람을 소장에 그대로 표시하여 소를 제기한 경우에는 당사자표시정정이 허용된다. 즉 이 경우에 실질적 피고는 사망한 사람의 상속인이고 그 표시에 잘못이 있는 것이 불과하므로, 피고의 표시를 사망한 사람의 상속인으로 정정할 수 있다.

판례도 "재심원고가 재심대상판결 확정 후에 이미 사망한 당사자를 그 사망사실을 모르고 재심피고로 표시하여 재심의 소를 제기하였을 경우에 **사실상의 재심피고는 사망자의 상속인이고 다만 그 표시를 그릇한 것에 불과하다**고 해석함이 타당하므로, **사자를 재심피고로 하였다가 그 후 그 상속인들로 당사자 표시를 정정하는 소송수계신청은 적법하다.**"고 한다(1983. 12. 27. 82다146).

---

9) [이유] 변경 전후 당사자의 동일성이 인정됨을 전제로 진정한 당사자를 확정하는 표시정정의 대상으로서의 성질을 지니는 이상 비록 소송에서 피고의 표시를 바꾸면서 피고경정의 방법을 취하였다 해도 피고표시정정으로서의 법적 성질 및 효과는 잃지 않는다고 보아야 할 것이다.

또한 "소송에서 당사자가 누구인가는 당사자능력, 당사자적격 등에 관한 문제와 직결되는 중요한 사항이므로, 사건을 심리·판단하는 법원으로서는 **직권으로 소송당사자가 누구인가를 확정**하여 심리를 진행하여야 한다. 개인이나 법인이 과세처분에 대하여 심판청구 등을 제기하여 전심절차를 진행하던 중 사망하거나 흡수합병되는 등으로 당사자능력이 소멸하였으나, 전심절차에서 이를 알지 못한 채 사망하거나 합병으로 인해 소멸된 당사자를 청구인으로 표시하여 청구에 관한 결정이 이루어지고, **상속인이나 합병법인이 결정에 불복하여 소를 제기하면서 소장에 착오로 소멸한 당사자를 원고로 기재하였다면, 실제 소를 제기한 당사자는 상속인이나 합병법인이고 다만 그 표시를 잘못한 것에 불과하므로, 법원으로서는 이를 바로잡기 위한 당사자표시정정신청을 받아들인 후 본안에 관하여 심리·판단하여야 한다.**"고 한다(2016. 12. 27. 2016두50440).

(ⅱ) 다만 "민사소송에서 소송당사자의 존재나 당사자능력은 소송요건에 해당하고, **이미 사망한 자를 상대로 한 소의 제기는 소송요건을 갖추지 않은 것으로서 부적법하며, 상고심에 이르러서는 당사자표시정정의 방법으로 그 흠결을 보정할 수 없다.**"고 한다(2012. 6. 14. 2010다105310).

또한 "**사망자를 피고로 하여 제소한 제1심에서 원고가 상속인으로 당사자표시정정을 함에 있어서 일부상속인을 누락시킨 탓으로 누락된 상속인이 피고로 되지 않은 채 제1심판결이 선고된 경우에 원고는 항소심에서 누락된 상속인을 다시 피고로 정정추가 할 수 없다.** 즉 항소심에 있어서의 소송계속은 제1심 판결을 받은 당사자(그 포괄승계인 포함)로서 불복항소한 당사자와 상대방 당사자 사이에서만 발생함이 심급제도에서 오는 귀결이라 할 것으로 제1심 판결을 받지 아니한 당사자 간에 있어서는 비록 그 일방이 제1심 판결을 받았다 하여도 항소에 의하여 이심의 효력이 발생할 수 없다."고 한다 (1974. 7. 16. 73다1190).

나. 법원이 간과하고 판결을 선고한 경우

법원이 제소 당시 당사자가 이미 사망한 사실을 간과하여 선고한 판결은 당연 무효가 된다. 이에 대하여 판례는 "**원고가 소제기 이전에 이미 사망한 사실이 인정된다면 이를 간과한 채 본안판단에 나아가 원고 청구를 인용한 판결은 당연무효**이나, 민사소송이 당사자 대립을 본질적 형태로 하는 것임에 비추어 사망한 자를 상대로 한 상고는 허용될 수 없다 할 것이므로, **이미 사망한 자를 상대방으로 하여 제기한 상고는 부적법하다.**"고 하고(1994. 1. 11. 93누9606), "사망자를 당사자로 한 소 제기는 부적법하므로 1심판결의 선고가 있었다 할지라도 망인 명의의 항소나 망인의 재산상속인들의 소송수계신청은 허용될 수 없다."고 한다(1970. 3. 24. 69다929).

3. 관련문제 : 원고의 사망

판례는 "소 제기 당시 이미 사망한 당사자와 상속인이 공동원고로 표시된 손해배상청구의 소가 제기된 경우, 이미 사망한 당사자 명의로 제기된 소부분은 부적법하여 각하되어야 할 것일 뿐이고, **소의 제기로써 상속인이 자기 고유의 손해배상청구권뿐만 아니라 이미 사망한 당사자의 손해배상청구권에 대한 자신의 상속분에 대해서까지 함께 권리를 행사한 것으로 볼 수는 없다.**"고 한다(2015. 8. 13. 2015다209002).

한편, 당사자가 소송대리인에게 소송위임을 한 다음 소 제기 전 사망하였는데 소송대리인이 이를 모르고 사망한 당사자를 원고로 표시하여 소를 제기한 경우에 대하여, 판례는 "당사자가 사망하더라도 소송대리인의 소송대리권은 소멸하지 아니하므로(제95조 제1호), **당사자가 소송대리인에게 소송위**

임을 한 다음 소 제기 전에 사망하였는데 소송대리인이 당사자가 사망한 것을 모르고 당사자를 원고로 표시하여 소를 제기하였다면 소의 제기는 **적법하고**, 시효중단 등 소 제기의 효력은 상속인들에게 귀속된다. 이 경우 **제233조 제1항이 유추적용**되어 사망한 사람의 상속인들은 소송절차를 수계하여야 한다."고 한다(2016. 4. 29. 2014다210449).

Ⅱ. 소제기 후 소송계속 전에 사망한 경우

1. 피고가 사망한 경우

판례는 **피고가 소 제기 당시에는 생존하였으나 소장부본이 송달되기 전에 사망한 경우**에 대하여 소제기 전에 피고가 사망한 경우와 동일하게 취급한다. 즉 판례는 "사망자를 피고로 하는 소제기는 원고와 피고의 대립당사자 구조를 요구하는 민사소송법상의 기본원칙이 무시된 부적법한 것으로서 실질적 소송관계가 이루어질 수 없으므로, 그와 같은 상태에서 제1심 판결이 선고되었다 할지라도 판결은 당연무효이며, 판결에 대한 사망자인 피고의 상속인들에 의한 항소나 소송수계신청은 부적법하다. 이러한 법리는 **소제기 후 소장부본이 송달되기 전에 피고가 사망한 경우에도 마찬가지로 적용**된다."고 한다(2015. 1. 29. 2014다34041).

또한 "이러한 법리는 사망자를 채무자로 한 지급명령에 대해서도 적용된다. **사망자를 채무자로 하여 지급명령을 신청하거나 지급명령 신청 후 정본이 송달되기 전에 채무자가 사망한 경우에는 지급명령은 효력이 없다**. 설령 지급명령이 상속인에게 송달되는 등으로 형식적으로 확정된 것 같은 외형이 생겼다고 하더라도 사망자를 상대로 한 지급명령이 상속인에 대하여 유효하게 된다고 할 수는 없다. 그리고 회생절차폐지결정이 확정되어 효력이 발생하면 관리인의 권한은 소멸하므로, **관리인을 채무자로 한 지급명령의 발령 후 정본의 송달 전에 회생절차폐지결정이 확정된 경우에도 채무자가 사망한 경우와 마찬가지로 보아야 한다**."고 한다(2017. 5. 17. 2016다274188).

2. 원고가 사망한 경우

원고가 사망한 경우에 대하여 ① 소송계속이 발생한 이후 사망한 경우와 마찬가지로 제233조 제1항을 유추적용하여 상속인이 소송을 수계하여야 한다는 견해가 다수설이다. ② 그러나 판례는 원고의 당사자적격이 흠결된 사안에 대하여 소제기 전의 사망과 동일하게 취급한다.

즉, 판례는 "원고와 피고의 대립당사자 구조를 요구하는 민사소송법의 기본원칙상 사망한 사람을 피고로 소를 제기하는 것은 실질적 소송관계가 이루어질 수 없어 부적법하다. **소 제기 당시에는 피고가 생존하였으나 소장 부본이 송달되기 전에 사망한 경우**에도 마찬가지이다. **사망한 사람을 원고로 표시하여 소를 제기하는 것 역시 특별한 경우를 제외하고는 적법하지 않다**. 파산선고 전에 채권자가 채무자를 상대로 이행청구의 소를 제기하거나 채무자가 채권자를 상대로 채무부존재확인의 소를 제기하였더라도, **소장부본이 송달되기 전에 채권자나 채무자에 대하여 파산선고가 이루어졌다면 이러한 법리는 마찬가지로 적용**된다. 파산재단에 관한 소송에서 채무자는 당사자적격이 없으므로, 채무자가 원고가 되어 제기한 소는 부적법한 것으로서 각하되어야 하고(채무자 회생 및 파산에 관한 법률 제359조), 이 경우 파산선고 당시 법원에 소송이 계속되어 있음을 전제로 한 파산관재인의 소송수계신청 역시 적법하지 않으므로 허용되지 않는다."고 한다(2018. 6. 15. 2017다289828).[10]

Ⅲ. 소송계속 후 변론종결 전에 사망한 경우 : 소송절차의 중단 부분 참조

Ⅳ. 변론종결 뒤 판결정본 송달 전에 사망한 경우

소송대리인이 있는 경우에는 심급대리의 원칙상 판결정본의 송달 시까지는 소송절차가 중단되지 않는다. 또한 판결선고는 소송절차가 중단된 중에도 할 수 있기 때문에(제247조 제1항), 당사자가 소송대리인이 없는 상태에서 변론종결 뒤에 사망한 경우에도 법원은 판결을 선고할 수 있다. 판례도 "원심의 변론종결 후에 사망하였음에도 원심이 소송수계절차 없이 판결을 선고하였더라도 위법이라 할 수 없다."고 한다(1989. 9. 26. 87므13).

한편 판례는 "피고가 변론종결 후에 사망한 상태에서 판결이 선고된 경우, **망인에 대한 판결정본의 공시송달은 무효이고, 상속인이 소송절차를 수계하여 판결정본을 송달받기 전까지는 그에 대한 항소 제기 기간이 진행될 수도 없다.**"고 한다(2007. 12. 14. 2007다52997). 이 경우는 공시송달이 가능한 사안이 아니므로, 공시송달을 무효로 보는 판례의 입장이 타당하다.

Ⅴ. 판결정본의 송달 뒤에 사망한 경우

판결정본의 송달 뒤에 당사자가 사망한 경우에는 상속인이 수계신청을 하여 법원으로부터 수계허가결정을 통지받기 전에는 그에 대한 상소기간이 진행되지 않는다(제243조 제2항·제247조 제2항).

◆ 제6관 법인격 부인론

Ⅰ. 의 의

법인격 부인론이란 법인과 구성원 사이에 자산·구성원·업무가 혼용되어 있어서 법인격이 형해화되어 있거나, 또는 법인격이 구성원에 의하여 남용되고 있는 경우에 법인의 독립된 법인격 자체는 인정하지만 정의·형평의 요구에 기하여 특정한 법률관계에 관하여 법인의 법인격을 무시하고 배후자를 실질적인 당사자로 취급함으로써 법률관계에 구체적으로 타당한 해결을 꾀하려는 이론을 말한다.

Ⅱ. 당사자 확정

법인격 부인론은 당사자 확정의 특수한 문제이므로, 배후자와 법인 중에 누가 당사자인가를 먼저 확정하고 확정된 당사자를 기준으로 당사자능력과 당사자적격을 검토한다. 법인격 부인론과 관련한 당사자 확정도 실질적 표시설에 기초하여 당사자를 확정한다.

---

10) [판례평석] 위 판례는 사망한 사람을 원고로 표시하여 소를 제기하는 때에는 특별한 경우를 제외하고는 적법하지 않다는 판례(2014다210449)를 원용하고 있으나, 과연 원고가 소제기 후 소장부본 송달 전에 사망한 경우에도 원고가 소제기 시 이미 사망한 경우와 마찬가지로 부적법한 것으로 보아 소송수계신청을 허용하지 않는 취지(제233조 제1항의 유추적용을 허용하지 않는 취지)인지는 분명하지 않다(김홍엽, 제10판, 139면).

Ⅲ. 당사자 능력

① 실체법상 법인격이 부인된 자의 당사자 능력을 인정하는 것은 논리적으로 모순이며, 법인격이 부인되면 그 실체가 존재하지 아니하기 때문이라는 이유로 당사자 능력을 부인하는 견해가 있지만, ② 법인격 부인론은 일반적인 것이 아니고 특정한 사안에 한하여 해당법인의 법인격이 부인된다는 점, 특히 법인격 부인의 법리의 적용의 주된 목적이 특정 법인의 법인격을 특정 사항과 관련하여 부인함으로써 배후자에게 책임을 추궁하기 위한 도구라는 점에 비추어 보면 법인의 당사자 능력을 전면적으로 부정할 필요성은 없다. 따라서 **법인격이 부인되는 회사와 사원은 모두 당사자가 될 수 있으므로 상대방은 회사와 배후자 중 어느 한쪽만을 피고로 할 수 있고, 양쪽을 동시에 피고로 할 수도 있다.**

Ⅳ. 당사자 적격

법인격 부인론은 문제된 법인의 법인격을 부인함으로써 그 배후자에게 책임을 추궁하기 위한 것이고 법인격을 부인당하는 자에게 권리능력·당사자적격을 상실시켜 그 자의 책임을 면제하여 주기 위한 것이 아니다. 따라서 법인격을 부인당하는 법인은 법인격 부인과 관계없이 특정한 사안에 대하여도 당사자적격이 있다.

Ⅴ. 소송형태

(ⅰ) 법인격 부인론과 관련하여 채권자가 배후자와 문제된 회사 또는 법인에 대하여 공동으로 소를 제기할 수 있는지, 만약 그것이 가능하다면 그 소송의 형태는 무엇인지 문제된다. (ⅱ) 법인격을 부인당한 법인에게 당사자 능력, 당사자 적격이 있으므로 채권자는 법인격을 부인당한 법인 및 그 배후자를 공동으로 피고로 소를 제기할 수 있다고 보아야 한다. (ⅲ) 이 경우에 소송형태에 대하여 ① 통상공동소송설과, ② 유사필수적 공동소송설의 대립이 있으나, 법인과 배후자 사이에는 법률상 합일확정의 필요가 없기 때문에 통상공동소송설이 타당하다.

Ⅵ. 소송계속 중 당사자를 배후자로 변경하는 방법

1. 문제점

소제기시에는 법인격이 부인되는 권리주체를 피고로 하였는데 소송계속 중에 그 배후자를 피고로 하는 경우에 당사자의 변경 여부와 그 방법은 무엇인지에 대하여 견해가 대립된다.

2. 학설의 대립

① 당사자는 회사이지 배후자가 아니므로 당사자 변경에 의해 배후자를 피고로 바꾸어야 한다는 임의적 당사자변경설, ② 당사자 변경에 의해 배후자를 피고로 하는 것이 원칙이나, 오로지 상대방의 권리행사를 곤란하게 할 목적으로 영업조직·인적구성 등이 거의 같은 새로운 회사를 설립한 경우에는 신회사가 당사자로 특정되었다고 볼 것이고 이때에는 당사자 표시정정에 의할 수 있다는 수정 임의적 당사자변경설, ③ 법인격이 부인되는 경우에 당사자표시의 정정절차에 의하여 당사자를

정정할 수 있다는 당사자 표시정정설, ④ 절차의 안정성과 명확성을 추구하여야 한다는 점 등을 고려하여 회사로부터 배후자로 소송승계에 준하여 처리하는 것이 타당하다는 소송승계설이 대립된다.

3. 검 토

법률이 허용하는 임의적 당사자변경 이외에는 허용되지 않는다는 전제에서, 배후자는 법인과 실체법상 별개의 독립한 주체이므로 법인격의 동일성이 인정되지 않으므로 소송계속 중에 배후자로 변경하는 임의적 당사자변경은 허용되지 않는다는 것이 타당하다.

Ⅶ. 기판력 및 집행력이 배후자에게 미치는지 여부

1. 문제점

법인격이 부인되는 법인에 대한 이행판결의 효력이 그 배후자에게도 미칠 것인가, 즉 법인격이 부인되는 법인에 대한 판결에 기초하여 그 배후자에게 승계집행문을 받아 강제집행을 할 수 있는가가 문제된다.

2. 판례의 태도

판례는 "甲 회사와 乙 회사가 기업의 형태·내용이 실질적으로 동일하고, 甲 회사는 乙 회사의 채무를 면탈할 목적으로 설립된 것으로서 甲 회사가 乙 회사의 채권자에 대하여 乙 회사와는 별개의 법인격을 가지는 회사라는 주장을 하는 것이 신의성실의 원칙에 반하거나 법인격을 남용하는 것으로 인정되는 경우에도, **권리관계의 공권적인 확정 및 신속·확실한 실현을 도모하기 위하여 절차의 명확·안정을 중시하는 소송절차 및 강제집행절차에 있어서는 절차의 성격상 乙 회사에 대한 판결의 기판력 및 집행력의 범위를 甲 회사에까지 확장하는 것은 허용되지 아니한다.**"고 한다(1995. 5. 12. 93다44531).

따라서 "기존회사가 채무를 면탈할 목적으로 기업의 형태·내용이 실질적으로 동일한 신설회사를 설립하였다면, 신설회사의 설립은 기존회사의 채무면탈이라는 위법한 목적달성을 위하여 회사제도를 남용한 것이므로, **기존회사의 채권자에 대하여 두 회사가 별개의 법인격을 갖고 있음을 주장하는 것은 신의성실의 원칙상 허용될 수 없다 할 것이어서, 기존회사의 채권자는 두 회사 어느 쪽에 대하여서도 채무의 이행을 청구할 수 있다.**"고 한다(2004. 11. 12. 2002다66892).

3. 검 토

판결의 효력인 기판력·집행력 등을 제3자에게 확장하는 것은 명문의 특별한 규정이 있어야 된다는 점, 소송절차의 안정이라는 면에서 판결효력의 확장은 극히 신중을 기하여야 할 것이라는 점 등에서 소송절차 및 강제집행절차에는 미치지 않는다는 판례가 타당하다.

제03절 당사자의 자격

◆ 제1관 당사자능력

Ⅰ. 의 의

> 제51조(당사자능력·소송능력 등에 대한 원칙) 당사자능력, 소송능력, 소송무능력자의 법정대리와 소송행위에 필요한 권한의 수여는 이 법에 특별한 규정이 없으면 민법, 그 밖의 법률에 따른다.

당사자능력이란 **민사소송의 당사자가 될 수 있는 소송법상의 능력**을 의미한다. 민법 그 밖의 법률에 의하여 실체법상 권리능력이 있는 자는 당사자능력이 있는데 이를 **실질적(실체적) 당사자 능력자**라고 한다(제51조). 또한 법인격 없는 단체의 소송수행상의 편의를 위하여 법인격 없는 단체라도 대표자 또는 관리인이 있으면 단체의 이름으로 당사자가 될 수 있는데 이를 **형식적 당사자 능력자**라 한다(제52조).

판례는 "학교는 법인도 아니고 대표자 있는 법인격 없는 사단 또는 재단도 아닌 교육시설의 명칭에 불과하여 당사자능력을 인정할 수 없다."고 하고(2001. 6. 29. 2001다21991), "이러한 법리는 비송사건에서도 마찬가지이다."고 한다(2019. 3. 25. 2016마5908).

또한 "당사자능력은 소송요건에 관한 것으로서 청구의 당부와는 별개의 문제인 것이며, 소송요건은 사실심의 변론종결시에 갖추어져 있으면 되는 것이므로, **종중이 비법인사단으로서의 실체를 갖추고 당사자능력이 있는지 여부는 사실심인 원심의 변론종결시를 기준**으로 하여 판단하고 종중이 계쟁 임야를 신탁하였다고 주장하는 때를 기준으로 하여 판단하여서는 안 되는 것이다."고 한다(1991. 11. 26. 91다31661).

또한 "당사자능력에 관한 사항은 법원의 직권조사사항이므로, 당사자능력 판단의 전제가 되는 사실에 관하여는 법원이 당사자의 주장에 구속될 필요 없이 직권으로 조사하여야 할 것이나, 그 사실에 기하여 당사자의 능력 유무를 판단함에 있어서는 당사자가 내세우는 단체의 목적, 조직, 구성원 등 단체를 사회적 실체로서 규정짓는 요소를 갖춘 단체가 실재하는지의 여부만을 가려 그와 같은 의미의 **단체가 실재한다면 그로써 소송상 당사자능력은 충족되는 것이고, 그렇지 아니하다면 소를 부적법한 것으로서 각하하면 족하다.**"고 한다(2020. 11. 5. 2017다23776).

Ⅱ. 당사자능력자

1. 권리능력자

자연인과 법인은 권리능력자이므로 당연히 당사자능력이 있다. 다만 자연인의 실종선고와 관련하여 판례는 "실종선고의 효력이 발생하기 전에는 실종기간이 만료된 실종자라도 소송상 당사자능력을 상실하는 것은 아니므로, **실종선고 확정 전에는 실종기간이 만료된 실종자를 상대로 제기된 소도 적법하고 실종자를 당사자로 하여 선고된 판결도 유효하며 판결이 확정되면 기판력도 발생한다**고 할 것이고, 판결이 유효하게 확정되어 기판력이 발생한 경우에는 판결이 해제조건부로 선고되었다는 등의 특별한 사정이 없는 한 효력이 유지되어 당사자는 판결이 재심이나 추완항소 등에 의하여 취소되지 않는 한 기판력에 반하는 주장을 할 수 없는 것이 원칙이며, **실종자를 당사자로 한 판결이 확정**

된 후에 실종선고가 확정되어 사망간주의 시점이 소 제기 전으로 소급하는 경우에도 판결 자체가 **소급하여 당사자능력이 없는 사망한 사람을 상대로 한 판결로서 무효가 된다고는 볼 수 없다.** 따라서 실종자에 대하여 공시송달의 방법으로 소송서류가 송달된 끝에 실종자를 피고로 하는 판결이 확정된 경우에는 실종자의 상속인으로서는 실종선고 확정 후에 실종자의 소송수계인으로서 확정판결에 대하여 소송행위의 추완에 의한 상소를 하는 것이 가능하다."고 한다(1992. 7. 14. 92다2455).

2. 법인 아닌 사단·재단

제52조(법인이 아닌 사단 등의 당사자능력) 법인이 아닌 사단이나 재단은 대표자 또는 관리인이 있는 경우에는 그 사단이나 재단의 이름으로 당사자가 될 수 있다.

가. 제도적 취지

판례는 "제52조가 비법인사단의 당사자능력을 인정하는 이유는 법인이 아니라도 사단으로서의 실체를 갖추고 대표자 또는 관리인을 통하여 사회적 활동이나 거래를 하는 경우에는 그로 인하여 발생하는 분쟁은 단체가 자기 이름으로 당사자가 되어 소송을 통하여 해결하도록 하기 위한 것이므로, 여기서 말하는 사단이라 함은 **일정한 목적을 위하여 조직된 다수인의 결합체로서 대외적으로 사단을 대표할 기관에 관한 정함이 있는 단체**를 말하고, **사단법인의 하부조직의 하나라도 스스로 단체로서의 실체를 갖추고 독자적인 활동을 하고 있다면 사단법인과는 별개의 독립된 비법인사단**으로 볼 수 있다."고 한다(2022. 8. 11. 2022다227688).

나. 비법인사단에 대한 판단방법

판례는 "**종중의 법적 성격에 관한 당사자의 법적 주장이 무엇이든 실체에 관하여 당사자가 주장하는 사실관계의 기본적 동일성이 유지되고 있다면 법적 주장의 추이를 가지고 당사자변경에 해당한다고 할 것은 아니다.** 그 경우에 법원은 직권으로 조사한 사실관계에 기초하여 당사자가 주장하는 단체의 실질이 고유한 의미의 종중인지 혹은 종중 유사의 단체인지, 공동선조는 누구인지 등을 확정한 다음 법적 성격을 달리 평가할 수 있고, 이를 기초로 당사자능력 등 소의 적법 여부를 판단하여야 한다."고 한다(2016. 7. 7. 2013다76871).

또한 "**고유 의미의 종중 또는 종중 유사의 권리능력 없는 단체**(이하 '종중 유사단체'라고 한다)**가 비법인사단으로서의 실체를 갖추고 당사자능력이 있는지 여부는 사실심인 원심의 변론종결 시를 기준으로 판단**한다. 종중 유사단체는 반드시 총회를 열어 성문화된 규약을 만들고 정식의 조직체계를 갖추어야만 단체로 성립하는 것이 아니라, **실질적으로 공동 목적을 달성하기 위하여 공동 재산을 형성하고 일을 주도하는 사람을 중심으로 계속적으로 사회적인 활동을 하여 온 경우**에는 이미 그 무렵부터 단체로서의 실체가 존재하는 것이다."고 한다(2020. 10. 15. 2020다232846).

또한 "제52조가 비법인사단의 당사자능력을 인정하는 것은 사단으로서의 실체를 갖추고 대표자 또는 관리인을 통하여 사회적 활동이나 거래를 하는 경우에는, 그로 인하여 발생하는 분쟁은 **단체가 자기 이름으로 당사자가 되어 소송을 통하여 해결**하도록 하기 위한 것이다. 당사자능력의 문제는 직권조사사항에 속하므로 당사자능력 판단의 전제가 되는 사실에 관하여는 법원이 당사자 주장에 구속될 필요 없이 직권으로 조사하고, **비법인사단이 원고로 된 경우, 성립의 기초가 되는 사실에**

관하여 당사자가 다양한 주장을 하는 경우, 구체적인 주장사실에 구속될 필요 없이 직권으로 단체의 실체를 파악하여 당사자능력의 존부를 판단한다."고 한다(2021. 6. 24. 2019다278433).

다. 비법인사단의 성립요건

판례는 "어떤 단체가 고유의 목적을 가지고 사단적 성격을 가지는 규약을 만들어 이에 근거하여 의사결정기관 및 집행기관인 대표자를 두는 등의 조직을 갖추고 있고, 기관의 의결이나 업무집행방법이 다수결의 원칙에 의하여 행하여지며, 구성원의 가입·탈퇴 등으로 인한 변경에 관계없이 단체 자체가 존속되고, 조직에 의하여 대표의 방법, 총회나 이사회 등의 운영, 자본의 구성, 재산의 관리 기타 단체로서의 주요사항이 확정되어 있는 경우에는 비법인사단으로서의 실체를 가진다."고 한다(2008. 5. 29. 2007다63683).

또한 "사단이라 함은 **일정한 목적을 위하여 조직된 다수인의 결합체로서 대외적으로 사단을 대표할 기관에 관한 정함이 있는 단체**를 말하고, 어떤 단체가 비법인사단으로서 당사자능력을 가지는가 하는 것은 **소송요건에 관한 것으로서 사실심 변론종결일을 기준으로 판단**한다."고 한다(1997. 12. 9. 97다18547).

또한 "종중이란 공동선조의 후손들에 의하여 선조의 분묘수호 및 봉제사와 후손 상호간의 친목을 목적으로 형성되는 자연발생적인 종족단체로서 선조의 사망과 동시에 후손에 의하여 성립하는 것이며, **종중의 규약이나 관습에 따라 선출된 대표자 등에 의하여 대표되는 정도로 조직을 갖추고 지속적인 활동을 하고 있다면 비법인사단으로서의 단체성이 인정**된다."고 한다(2010. 3. 25. 2009다95387).

또한 "권리능력이 있는 자연인과 법인은 원칙적으로 민사소송의 주체가 될 수 있는 당사자능력이 있으나, **법인이 아닌 사단과 재단은 대표자 또는 관리인이 있는 경우에 한하여 당사자능력이 인정된다**. 노인요양원이나 노인요양센터는 일반적으로 노인성질환 등으로 도움을 필요로 하는 노인을 위하여 급식·요양과 그 밖에 일상생활에 필요한 편의를 제공함을 목적으로 하는 시설, 즉 노인의료복지시설을 가리킨다. 이는 법인이 아님이 분명하고 대표자 있는 비법인 사단 또는 재단도 아니므로, 원칙적으로 민사소송에서 당사자능력이 인정되지 않는다."고 한다(2018. 8. 1. 2018다227865).

라. 비법인사단의 법률관계

판례는 "법인 아닌 사단에 대하여는 사단법인에 관한 민법규정 가운데서 법인격을 전제로 하는 것을 제외하고는 이를 유추적용 하여야 할 것인바, 사단법인에 있어서는 사원이 없게 된다고 하더라도 이는 해산사유가 될 뿐 막바로 권리능력이 소멸하는 것이 아니므로, **법인 아닌 사단에서도 구성원이 없게 되었다 하여 막바로 그 사단이 소멸하여 당사자능력을 상실하였다고 할 수는 없고 청산사무가 완료되어야 당사자능력이 소멸하는 것이다**."고 한다(1992. 10. 9. 92다23087).

마. 비법인사단의 소송수행방법

판례는 "민법 제276조 제1항은 "총유물의 관리 및 처분은 사원총회의 결의에 의한다.", 같은 조 제2항은 "각 사원은 정관 기타의 규약에 좇아 총유물을 사용·수익할 수 있다."라고 규정하고 있을 뿐, **공유나 합유의 경우처럼 보존행위는 구성원 각자가 할 수 있다는 민법 제265조 단서 또는 민법 제272조 단서와 같은 규정을 두고 있지 아니한 바**, 이는 법인 아닌 사단의 소유형태인 총유가 공유나 합유에 비하여 단체성이 강하고 구성원 개인들의 총유재산에 대한 지분권이 인정되지 아니하는 데에서 나온 당연한 귀결이므로, **총유재산에 관한 소송은 법인 아닌 사단 명의로 사원총회의 결의를 거쳐하거**

나 또는 구성원 전원이 당사자가 되어 필수적 공동소송의 형태로 할 수 있을 뿐, 사단의 **구성원은 설령 사단의 대표자라거나 사원총회의 결의를 거쳤더라도 그 소송의 당사자가 될 수 없고,** 이러한 법리는 **총유재산의 보존행위로서 소를 제기하는 경우**에도 마찬가지이다."고 한다(2005. 9. 15. 2004다44971).

또한 "총유물의 보존에서는 공유물의 보존에 관한 민법 제265조의 규정이 적용될 수 없고, **민법 제276조 제1항에 따른 사원총회의 결의를 거치거나 정관이 정하는 바에 따른 절차를 거쳐야 하므로,** 법인 아닌 사단인 교회가 총유재산에 대한 보존행위로서 소송을 하는 경우에도 교인 총회의 결의를 거치거나 정관이 정하는 바에 따른 절차를 거쳐야 한다."고 한다(2014. 2. 13. 2012다112299).

또한 "부락민들의 총유재산인 임야에 관한 소송은 **권리능력 없는 사단인 부락 자체의 명의**로 하거나 또는 **부락민 전원이 당사자**가 되어 할 수 있을 뿐이고, 후자의 경우에는 필수적 공동소송이 된다. 총유재산에 관한 소유권이전등기청구의 소는 그 원인이 명의신탁해지이고 명의수탁자가 법인이 아닌 사단의 일부 구성원이며, 또한 구성원총회의 결의에 의하여 명의신탁해지를 한 경우라고 하더라도 이는 단순히 총유재산을 보존하는 행위라고 할 수는 없고, **채권(내부적 소유권)의 물권화를 실현시키는 행위라는 점에서 처분행위**라 할 것이다."고 한다(1994. 5. 24. 92다50232).

또한 "비법인사단이 준총유관계에 속하는 채권·채무관계에 관한 소를 제기하기 위하여서는 달리 특별한 사정이 없는 한 민법 제276조 제1항이 정하는 바에 따라 사원총회의 결의를 거쳐야 한다. **화해권고결정에 의하여 채무를 부담하게 된 비법인사단이 화해권고결정에 대하여 준재심을 제기하는 경우**에도 마찬가지이다."고 한다(2021. 5. 13. 2020다282889).

다만 "적법한 대표자 자격이 없는 비법인사단의 대표자가 한 소송행위는 후에 대표자 자격을 적법하게 취득한 대표자가 소송행위를 추인하면 행위시에 소급하여 효력을 갖게 되고, 이러한 추인은 상고심에서도 할 수 있다."고 한다(2010. 3. 25. 2009다95387).

Ⅲ. 조합의 당사자능력

1. 조합과 비법인사단의 구별

조합이란 2인 이상의 특정인이 함께 출자하여 공동사업을 경영할 목적으로 결합한 단체를 말하는데(민법 제703조), 비법인사단의 당사자능력을 인정하는 제52조와 같은 규정이 조합에는 없기 때문에 조합에 당사자능력을 인정할 것인지가 문제된다.

양자의 구별기준에 대하여 판례는 "민법상의 조합과 법인격은 없으나 사단성이 인정되는 비법인사단을 구별함에 있어서는 **단체성의 강약을 기준**으로 판단하여야 하는바, 조합은 2인 이상이 상호간에 금전 기타 재산 또는 노무를 출자하여 공동사업을 경영할 것을 약정하는 계약관계에 의하여 성립하므로(민법 제703조) 어느 정도 단체성에서 오는 제약을 받게 되지만 구성원의 개인성이 강하게 드러나는 인적 결합체인 데 비하여, 비법인사단은 구성원의 개인성과는 별개로 권리의무의 주체가 될 수 있는 독자적 존재로서의 단체적 조직을 가지는 특성이 있는데, 민법상 조합의 명칭을 가지고 있는 단체라도 **고유의 목적을 가지고 사단적 성격을 가지는 규약을 만들어 이에 근거하여 의사결정기관 및 집행기관인 대표자를 두는 등의 조직을 갖추고 있고, 기관의 의결이나 업무집행방법이 다수결의 원칙에 의하여 행해지며, 구성원의 가입, 탈퇴 등으로 인한 변경에 관계없이 단체 자체가 존속되고, 그 조직에 의하여 대표의 방법, 총회나 이사회 등의 운영, 자본의 구성, 재산의 관리 기타 단체로서의 주요사항이 확정되어 있는 경우**에는 비법인사단으로서의 실체를 가진다."고 한다(1992. 7. 10. 92다2431).

2. 조합의 당사자능력의 인정여부

가. 학설의 대립

① 조합도 사회생활상 단체로서 활동을 하고 있으며, 조합과 사단의 구별이 용이하지 않으며, 조합을 상대로 한 소제기에 있어서 당사자능력을 부인하면 불편하므로 이를 해소하기 위하여 조합의 당사자능력을 긍정하여야 한다는 긍정설과, ② 민법상 조합은 계약관계에 불과하므로, 조합은 당사자능력을 인정할 단체성이 희박하며, 민법은 비법인사단의 재산관계인 총유와 조합의 재산관계인 합유를 구별하고 있으며, 조합의 채무는 조합원이 분담하는 분할채무가 원칙이며(민법 제712조), 조합의 당사자능력을 긍정하면 조합자체에 대한 판결로서 조합원에 대한 분할책임을 추구할 수 있는가의 문제가 발생하므로 조합의 당사자능력을 부정하여야 한다는 부정설이 대립된다.

나. 판례의 태도 : 부정설

판례는 "한국보훈복지공단법에 의하여 설립된 **원호대상자광주목공조합은 민법상의 조합의 실체를 가지고 있으므로 소송상 당사자능력이 없다**."고 하고(1991. 6. 25. 88다카6358), "**부도난 회사의 채권자들이 조직한 채권단이 비법인사단으로서의 실체를 갖추지 못했다는 이유로 당사자능력이 없다**."고 한다(1999. 4. 23. 99다4504).

다. 검토

조합의 소유관계는 합유로서 비법인 사단의 총유와 구별되고 특히 지분의 존재하고 있다는 현행법의 체계상, 그리고 제52조가 당사자능력을 제한적으로 규정하고 있는 점을 고려할 때 부정설이 타당하다. 부정설에 의할 때 조합원이 공동으로 소송을 수행해야 하는 불편은 (a) 선정당사자제도, (b) 임의적 소송담당제도, (c) 법률상의 소송대리인제도를 이용하여 해결할 수 있다.

3. 민법상 조합의 소송수행방법

가. 조합원 전원이 당사자가 되는 소송수행방법

소송수행권이 조합원 전원에게 합유적으로 공동귀속되는 경우이므로, 소송형태는 고유필수적 공동소송이 된다. 판례는 "민법상 조합에서 **조합의 채권자가 조합재산에 대하여 강제집행을 하려면 조합원 전원에 대한 집행권원**을 필요로 하고, 조합재산에 대한 강제집행의 보전을 위한 가압류의 경우에도 마찬가지로 조합원 전원에 대한 가압류명령이 있어야 하므로, 조합원 중 1인만을 가압류채무자로 한 가압류명령으로써 조합재산에 가압류집행을 할 수는 없다."고 한다(2015. 10. 29. 2012다21560).

나. 간편한 소송수행방법

1) 선정당사자제도

조합의 경우 조합재산에 관한 소송은 고유필수적 공동소송으로서 공동의 이해관계가 있으므로 조합원 전원이 업무집행조합원을 선정당사자로 선정할 수 있다. 다만 선정행위를 사건에 따라 개별적으로 해야 하는 번거로움이 있으며 또한, 조합이 피고일 때에는 원고가 피고의 선정당사자의 선정을 할 수 없는 어려움이 있다.

2) 임의적 소송담당

판례는 "**임의적 소송신탁은 탈법적인 방법에 의한 것이 아닌 한 극히 제한적인 경우에 합리적인 필요가 있다고 인정될 수 있는 것**인 바, 민법상의 조합에 있어서 조합규약이나 조합결의에 의하여 자기 이름으로 조합재산을 관리하고 대외적 업무를 집행할 권한을 수여받은 업무집행 조합원은 조합재산에 관한 소송에 관하여 **조합원으로부터 임의적 소송신탁을 받아** 자기 이름으로 소송을 수행하는 것이 허용된다고 할 것이다."고 한다(1984. 2. 14. 83다카1815).

또한 "민법상 조합의 채권은 조합원 전원에게 합유적으로 귀속하는 것이어서 특별한 사정이 없는 한 조합원 중 1인에 대한 채권으로써 그 조합원 개인을 집행채무자로 하여 조합의 채권에 대하여 강제집행을 할 수 없고, **조합 업무를 집행할 권한을 수여받은 업무집행 조합원은 조합재산에 관하여 조합원으로부터 임의적 소송신탁을 받아 자기 이름으로 소송을 수행할 수 있다.**"고 한다(2001. 2. 23. 2000다68924).

3) 법률상의 소송대리인

> **상법 제11조(지배인의 대리권)** ① 지배인은 영업주에 갈음하여 그 영업에 관한 재판상 또는 재판외의 모든 행위를 할 수 있다.
>
> **민법 제709조(업무집행자의 대리권추정)** 조합의 업무를 집행하는 조합원은 그 업무집행의 대리권있는 것으로 추정한다.

가) 문제점

업무집행조합원을 조합원들에 대한 법률상 소송대리인(제87조)으로 해석할 수 있는지 문제된다.

나) 학설의 대립

① 상법 제11조와 민법 제709조는 조문의 구조가 상이할 뿐만 아니라 업무집행조합원의 대리권의 범위가 불명확하다는 이유에서 부정하는 견해와, ② 민법 제709조의 대리권은 포괄적 대리권일 수밖에 없어서 소송행위의 대리권은 당연히 포함되므로 이 규정에 근거하여 긍정하는 견해가 대립된다.

다) 검 토

이를 긍정하게 되면 변호사대리의 원칙이 적용되지 않는 실익이 있고, '甲 조합 대표자 乙'의 방식으로 업무집행조합원이 대리인으로서 본인을 현명하는 방편으로 조합자체를 표시할 수 있다면 상대방이 전조합원을 조사하는 불편이 없어지게 된다. 따라서 긍정하는 견해가 타당하다.

Ⅳ. 당사자능력의 조사방법 및 보정방법

1. 당사자능력의 조사방법

판례는 "**당사자능력 유무에 관한 사항은 법원의 직권조사사항이므로, 당사자능력 판단의 전제가 되는 사실에 관하여는 법원이 당사자의 주장에 구속될 필요 없이 직권으로 조사하여야 할 것이나**, 그 사실에 기하여 당사자의 능력유무를 판단함에 있어서는 당사자가 내세우는 단체의 목적, 조직, 구성원 등 단체를 사회적 실체로서 규정짓는 요소를 갖춘 단체가 실재하는지의 여부만을 가려 그와 같은 의미의 단체가 실재한다면 그로써 소송상 당사자능력은 충족되는 것이고, 그렇지 아니하다면 소를 부적법한 것으로서 각하하면 족한 것이며, **당사자의 주장과는 전혀 다른 단체의 실체를 인정하여 당사자능력을 인정하는 것은 소송상 무의미할 뿐 아니라 당사자를 변경하는 결과로 되어 허용될 수 없다.**"고 한다(1997. 12. 9. 94다41249).

또한 "법인 아닌 사단 또는 재단의 존재 여부, 대표자의 자격에 관한 사항은 소송당사자능력 또는 소송능력에 관한 사항으로서 직권조사사항이고 **소송당사자의 자백에 구애되지 않는다.**"고 한다(1971. 2. 23. 70다44). 다만 "종중에 당사자능력이 있는지의 여부가 법원의 직권조사사항이라 하더라도 **상대방에서 당사자능력을 부인하거나 이것이 부적법한 것이 아닌 한 법원이 적극적으로 이를 석명하거나 심리·판단할 필요는 없다.**"고 한다(1996. 3. 12. 94다56999).

2. 당사자능력의 보정방법

가. 학설의 대립

① 피고 측의 능력 흠결인 경우에는 피고의 경정(제260조)에 의하여, 원고 측의 능력 흠결인 경우에는 피고의 경정(제260조)의 유추적용에 의하여, 즉 당사자의 경정에 의한다는 견해와, ② 제59조의 유추적용에 의하여 표시정정에 의한다는 견해가 대립된다.

나. 판례의 태도

판례는 "**소장에 표시된 원고에게 당사자능력이 인정되지 않는 경우에는 소장의 전 취지를 합리적으로 해석한 결과 인정되는 올바른 당사자능력자로 표시를 정정하는 것은 허용된다.**"고 한다(1999. 11. 26. 98다19950). 또한 "원고가 당사자능력이 없는 자를 피고로 잘못 표시하였다면, 당사자 표시정정신청을 받은 법원으로서는 **당사자를 확정한 연후에 원고가 정정신청한 당사자 표시가 확정된 당사자의 올바른 표시이며 동일성이 인정되는지의 여부를 살피고, 확정된 당사자로 피고의 표시를 정정하도록 하는 조치를 취하여야 한다.**"고 한다(1996. 10. 11. 96다3852).[11]

따라서 "**소장에 표시된 당사자가 잘못된 경우에 당사자표시를 정정케 하는 조치를 취함이 없이 바로 소를 각하할 수는 없다.**"고 한다(2001. 11. 13. 99두2017). 그 결과 "지방자치단체의 하부 행정구역에 불과하여 민사소송법상 당사자능력이 없는 읍을 상대로 한 채권자대위소송에서 **정당한 당사자능력자로 당사자 표시를 정정케 하는 조치를 취함이 없이 피대위채권의 존부 또는 본안에 관하여 판단한 원심판결을 파기한 사례**"가 있다(2002. 3. 29. 2001다83258).

---

11) [이유] 당사자는 소장에 기재된 표시 및 청구의 내용과 원인사실을 합리적으로 해석하여 확정하여야 하고, 확정된 당사자와 동일성이 인정되는 범위 내라면 항소심에서도 당사자의 표시정정을 허용하여야 할 것이다. 기록에 의하면, 원고가 피고에 대한 소로써 청구하는 바는 1994. 12. 6. 순천향교 수습위원회의 관리하에 실시된 순천향교의 전교 피추천인 선거에서 원고가 피추천인으로 결정되었음을 전제로 한 절차의 이행 및 1995. 1. 23.자로 소외 3을 전교 피추천인으로 결정한 것이 무효임의 확인을 구하는 취지이고, 원심이 확정한 바와 같이 순천향교 수습위원회는 순천향교 내의 유림분규로 인하여 전교의 임명추천기관인 유림총회가 전교의 임명추천을 하지 못하므로 성균관장이 향교직제 등 관계 규정에 따라 순천향교 수습위원회를 구성하여 유림총회의 권한을 대행하게 한 것으로서 성균관 또는 순천향교의 내부기관에 불과하고 당사자능력도 없다면, 원고는 위와 같은 사실관계나 법리를 잘못 이해함으로써 피고를 정확히 표시하지 못하고 당사자능력이 없는 자를 피고로 잘못 표시한 것이라고 보아야 할 것이므로, 원심으로서는 당사자를 확정한 연후에 원고가 정정신청한 '순천향교재산'이 확정된 당사자의 올바른 표시이며(이 사건에서 '순천향교'가 올바른 표시로 보인다) 동일성이 인정되는지를 살피고, 확정된 당사자로 피고의 표시를 정정하도록 하는 조치를 취하였어야 할 것이다. 그럼에도 피고에 대한 원고의 표시정정신청이 당사자의 변경에 해당한다고 속단한 나머지 피고에 대한 소를 부적법하다고 한 원심판결에는 당사자의 확정 및 표시정정에 관한 법리오해의 위법이 있다.

다. 검 토

피고의 경정 규정(제260조)은 당사자의 동일성을 변경하는 임의적 당사자변경의 규정이므로, 이 규정을 동일성이 인정되는 경우에 적용하는 것은 타당하지 않다. 또한 소제기의 효과도 유지되지 않는 문제점이 있다. 따라서 당사자 표시정정을 인정하는 판례의 입장이 타당하다.

V. 당사자능력 흠결의 효과

1. 원 칙

당사자능력은 소송요건이므로 법원의 직권조사사항이다. 따라서 당사자능력의 흠결이 발견되면 법원은 소각하 판결을 한다. 다만 소송요건은 사실심 변론종결시를 기준으로 판단하므로, 소제기시에는 민법상 조합이었으나 사실심 변론종결시까지 법인이 된 경우는 소송요건 흠결의 하자는 치유된다. 판례도 "어떤 단체가 비법인사단으로서 당사자능력을 가지는가 하는 것은 **소송요건에 관한 것으로서 사실심의 변론종결일을 기준으로 판단**하여야 한다(1997. 12. 9. 97다18547).

2. 흠결을 간과한 판결의 효력

가. 판결확정 전인 경우

소송요건인 당사자능력이 없다면 소 각하 판결을 하여야 하는데 이를 간과하고 본안판결을 하였다면 판결이 확정되기 전에는 상소에 의하여 원 판결을 취소할 수 있다.

나. 판결확정 후인 경우

1) 문제점

당사자가 사망자이거나 존재하지 않으면 판결은 당연무효가 된다. 판례도 "단체가 존재하지 않음에도 단체가 존재하고 대표자로 표시된 자가 대표자 자격이 있는 자인 것으로 오인하여 가처분결정이 내려졌더라도, **단체가 존재하지 않는다면 가처분결정은 무효인 결정**이므로, 가처분결정에서 대표자로 표시된 자가 단체의 이름으로 가처분취소신청을 하였을지라도 법원으로서는 당사자능력에 관하여 별도로 조사 판단하여야 하는 것이지, 무효인 가처분결정이 외형상 존재한다는 사실만으로 기속을 받아 존재하지 아니한 단체를 당사자능력 있는 자로 취급하여야 하는 것은 아니다."고 한다(2008. 7. 11. 2008마520). 그런데 조합처럼 당사자능력은 없지만 법률관계를 실제로 형성하는 경우에는 당사자가 사망자이거나 부존재하는 경우와 달라서 학설이 대립된다.

2) 학설의 대립

① 조합에 대해서 승소확정 판결을 받아 조합재산에 대해서 지급 받을 수 있다고 해도 결국 각 조합원의 채무이고 따라서 조합에 대한 집행권원으로는 집행에 어려움이 있으므로 억지로 집행을 하는 폐단을 막기 위해서도 확정판결은 무효라는 무효설과, ② 조합은 어느 정도 실체를 갖춘 조직체이고 이 조직체가 소송을 수행하여 판결을 받은 경우이므로 당사자능력의 흠결을 간과하고 판결이 확정되었더라도 유효라는 유효설이 대립된다.

한편, 유효설은 재심사유가 되는가에 대하여 ⓐ 당사자능력의 흠결은 재심사유가 아니지만 조합에 대하여 본안판결이 확정된 경우에는 조합에 대한 강제집행을 저지하기 위하여 소송능력의 흠결의 경우를 유추하여 재심이 가능하다는 재심설과, ⓑ **당사자능력이 흠결된 경우는 재심사유가 아니기 때문에 조합에 대하여 판결이 확정되면 조합에 판결의 효력이 미치게 되는데, 이때 간과한 판결이 확정된 경우는 당해사건에 한하여는 당사자능력이 있는 것으로 취급될 것이어서 집행불능의 문제가 생길 수 없으므로 재심이 필요 없다**는 재심불요설이 대립된다.

3) 검 토

조합은 사회생활 단위로서 소송상 행동하여 판결을 받은 것이기 때문에 재심의 소로써 다툴 이익은 없고 또한 당사자능력의 흠결을 간과한 경우는 재심사유가 아니므로 유효설 중 재심불요설이 타당하다.

◆ 제2관 **당사자적격**

Ⅰ. 서 설

당사자적격이란 **정당한 당사자로서 소송을 수행하고 본안판결을 받기에 적합한 자격**을 말하며, '소송수행권'이라고도 한다. 따라서 당사자적격자는 자기 또는 타인의 권리에 관하여 자기의 이름으로 소송수행을 할 권능을 가지는 자를 말하며 '정당한 당사자'라고도 한다. 민사소송에서는 형식적 당사자개념을 취하고 있어 소송의 남용이 발생할 수 있는데, 이것을 방지하기 위하여 **소의 주관적 이익으로서 당사자적격**이 필요하다.

Ⅱ. 당사자적격을 갖는 자

1. 이행의 소

가. 원 칙

이행의 소에서 당사자적격은 **자기에게 이행청구권이 있음을 주장하는 자가 원고적격을 가지며, 그로부터 이행의무자로 주장된 자가 피고적격**을 갖는다. 즉 이행의 소에서는 주장 자체에 의하여 당사자적격이 결정되기 때문에, 당사자적격을 갖기 위해서는 실제로 이행청구권자이거나 이행의무자일 것을 요하지 않는다. 따라서 원고가 실제 이행청구권자이며 피고가 이행의무자인가는 본안심리에서 가릴 문제이지 당사자적격의 문제가 아니므로, 원고가 실제로 이행청구권자가 아닌 경우 또는 피고가 실제로 이행의무자가 아닌 경우에 법원은 청구기각의 본안 판결을 한다.

판례도 "급부의 소에 있어서는 **원고의 청구 자체로서 당사자적격이 판가름되고 그 판단은 청구의 당부의 판단에 흡수되는 것**이니, 자기의 급부청구권을 주장하는 자가 정당한 원고이고, 의무자라고 주장된 자가 정당한 피고이다."고 한다(1994. 6. 14. 94다14797). 이러한 이유에서 "**피고가 본안전 항변으로 채권양도사실을 내세워 당사자적격이 없다고 주장하는 경우**, 그와 같은 주장 속에는 원고가 채권을 양도하였기 때문에 채권자임을 전제로 한 청구는 이유가 없는 것이라는 취지의 **본안에 관한 항변이 포함되어 있다**고 볼 수 있다."고 한다(1992. 10. 27. 92다18597).

나. 예 외

(ⅰ) 이행의 소에서 당사자적격에 대한 판단이 본안 판단에 흡수되지 않는 경우가 있다. 즉 말소등기청구나 말소회복등기청구는 이행의 소임에도, 등기의무자가 아닌 자를 상대로 하는 청구에 대하여 법원은 피고적격의 흠결을 이유로 소각하 판결을 하게 된다.

판례는 "등기의무자, 즉 등기부상의 형식상 그 등기에 의하여 권리를 상실하거나 기타 불이익을 받을 자(등기명의인이거나 그 포괄승계인)가 아닌 자를 상대로 한 등기의 말소절차이행을 구하는 소는 당사자적격이 없는 자를 상대로 한 부적법한 소이다."고 한다(1994. 2. 25. 93다39225).

예컨대 甲 명의로 소유권보존등기가 되고 乙 명의로 소유권이전등기가 된 상태에서 丙이 甲 명의의 보존등기가 무효임을 주장하여 甲과 乙의 등기의 말소를 청구하여 승소한 후 그 판결의 집행으로 각 등기를 말소하여 등기용지가 폐쇄된 다음 丁 명의로 소유권보존등기가 되었고, 그 후 위 확정판결이 재심에 의하여 취소되자 乙이 丁을 상대로 보존등기의 말소를, 丙을 상대로 말소회복등기를 구한 사안에서, 판례는 "丙에게 乙의 위 말소된 소유권이전등기를 복구하여 줄 추상적인 의무는 있으나 그렇다고 바로 위 말소된 등기의 회복등기를 할 의무가 있는 것은 아니고, 등기의무자가 아니면 회복등기청구의 피고적격이 없다."고 하여 丙에 대한 소를 각하하였다(1979. 7. 24. 79다345).[12]

(ⅱ) 근저당권이 이전된 경우에 근저당권말소등기청구에 대하여, 판례는 "근저당권 이전의 부기등기는 주등기인 근저당권설정등기에 종속되어 주등기와 일체를 이루는 것이어서, 피담보채무가 소멸된 경우 또는 근저당권설정등기가 원인무효인 경우 **주등기인 근저당권설정등기의 말소만 구하면 되고 부기등기는 별도로 말소를 구하지 않더라도 주등기의 말소에 따라 직권으로 말소되는 것**이며, 근저당권 양도의 부기등기는 기존의 근저당권설정등기에 의한 권리의 승계를 등기부상 명시하는 것일 뿐이므로 그 등기에 의하여 새로운 권리가 생기는 것이 아닌 만큼, **근저당권설정등기의 말소등기청구는 양수인만을 상대로 하면 족하고 양도인은 말소등기청구에 있어서 피고적격이 없으며** 근저당권의 이전이 전부명령 확정에 따라 이루어졌다고 하여 이와 달리 보아야 하는 것은 아니다."고 한다(2000. 4. 11. 2000다5640). 따라서 이러한 경우에 **부기등기에 대하여 말소청구를 하게 되면 그 청구는 권리보호의 이익이 없는 부적법한 청구**라고 한다(2000. 10. 10. 2000다19526).

그러나 "**근저당권의 이전원인만이 무효로 되거나 취소 또는 해제된 경우, 즉 근저당권의 주등기 자체는 유효한 것을 전제로 이와는 별도로 근저당권이전의 부기등기에 한하여 무효사유가 있다는 이유로 부기등기만의 효력을 다투는 경우**에는 부기등기의 말소를 소구할 필요가 있으므로 예외적으로 소의 이익이 있다."고 한다(2005. 6. 10. 2002다15412).

(ⅲ) 말소회복등기청구와 관련하여, 판례는 "말소된 등기의 회복등기절차의 이행을 구하는 소에서는 **회복등기의무자**에게만 피고적격이 있는바, 가등기가 이루어진 부동산에 관하여 제3취득자 앞으로 소유권이전등기가 마쳐진 후 가등기가 말소된 경우, **말소된 가등기의 회복등기절차에서 회복등기의무자는 가등기가 말소될 당시의 소유자**인 제3취득자이므로, 가등기의 회복등기청구는 회복등기의무자인 제3취득자를 상대로 하여야 한다."고 한다(2009. 10. 15. 2006다43903).

(ⅳ) 다만 등기의무자가 허무인 또는 실체가 없는 단체인 경우에 대하여, 판례는 "등기부상 진실한 소유자의 소유권에 방해가 되는 불실등기가 존재하는 경우에 그 등기명의인이 **허무인 또는 실체**

---

12) 이 경우에 乙은 丁에 대한 승소판결에 기하여 丁의 보존등기를 말소함으로써 등기용지를 폐쇄한 다음 폐쇄된 甲 명의의 소유권보존등기와 乙 명의의 소유권이전등기가 경료되었던 등기용지의 부활을 신청하여 부활시켜야 한다.

가 없는 단체인 때에는 소유자는 **허무인 또는 실체가 없는 단체 명의로 실제 등기행위를 한 사람**에 대하여 소유권에 기한 방해배제로서 등기행위자를 표상하는 허무인 또는 실체가 없는 단체명의 등기의 말소를 구할 수 있다. 또한, 소유자는 이와 같은 말소청구권을 보전하기 위하여 실제 등기행위를 한 사람을 상대로 처분금지가처분을 할 수도 있다."고 한다(2008. 7. 11. 2008마615).

2. 확인의 소

가. 원 칙

확인의 소에서 당사자적격은 **확인의 이익을 가지는 자가 원고적격자이고, 원고의 이익과 반대 이익을 가진 자가 피고적격자**이다. 따라서 당사자적격은 확인의 이익과 표리의 관계에 있다.

나. 단체의 내부결의에 대한 확인의 소

1) 문제점

단체의 내부분쟁에 대한 확인의 소에서 피고적격자가 누구인지 문제된다.

2) 학설의 대립

① 단체의 내부분쟁에서 가장 큰 이해관계인은 결의에 의하여 선출된 대표자이기 때문에 그 사람을 피고로 해야 한다는 견해, ② 단체와 대표자를 모두 피고로 해야 한다는 견해, ③ 단체를 피고로 해야 한다는 견해(다수설)가 대립된다.

3) 판례의 태도

판례는 "학교법인 이사회의 이사선임결의는 학교법인의 의사결정으로서 법률관계의 주체는 학교법인이므로, 학교법인을 상대로 이사선임결의의 존부나 효력 유무의 확인판결을 받음으로써만 결의로 인한 원고의 권리 또는 법률상 지위에 대한 위험이나 불안을 유효적절하게 제거할 수 있고, **이사 개인을 상대로 한 확인판결은 학교법인에 효력이 미치지 아니하여 즉시확정의 이익이 없으므로 그러한 확인판결을 구하는 소송은 부적법하다**. 이와 같은 법리는 학교법인을 상대로 이사선임결의의 존부나 효력 유무의 확인판결을 구하면서 아울러 이사 개인을 피고로 이사 지위의 부존재 확인판결 등을 구하는 경우에도 동일하게 적용된다."고 한다(2010. 10. 28. 2010다30676).

또한 "법인 아닌 사단의 **대표자 또는 구성원의 지위에 관한 확인소송**에서 대표자 또는 구성원 개인을 상대로 제소하는 경우에는 청구를 인용하는 판결이 내려진다 하더라도 판결의 효력이 단체에 미친다고 할 수 없기 때문에 대표자 또는 구성원의 지위를 둘러싼 당사자들 사이의 분쟁을 근본적으로 해결하는 유효적절한 방법이 될 수 없으므로, **단체를 상대로 하지 않고 대표자 또는 구성원 개인을 상대로 한 청구는 확인의 이익이 없어 부적법하다**."고 한다(2023. 6. 1. 2020다211238).

또한 "단체의 임원 혹은 당선인 등의 지위의 적극적 확인을 구하는 단체 내부의 분쟁에서 피고가 되는 자는 청구를 인용하는 판결이 선고될 경우 승소판결의 효력이 미치는 단체 자체이므로, **특별한 사정이 없는 한 단체 아닌 자를 상대로 지위 확인을 구하는 것은 지위를 둘러싼 당사자들 사이의 분쟁을 근본적으로 해결하는 유효·적절한 방법이 될 수 없어 소의 이익을 인정하기 어렵다**."고 한다(2024. 1. 4. 2023다244499).

4) 검 토

단체 자체를 피고로 하지 않으면 승소판결을 받아도 그 효력이 단체에 미치지 못하여 분쟁을 한 번에 해결하기 어렵다는 점에서 통설·판례가 타당하다. 다만 위 소를 본안으로 하는 직무집행정지 가처분의 피신청인에 대하여, 판례는 "이사직무집행정지가처분에 있어서 **피신청인이 될 수 있는 자는 성질상 당해 이사이고** 회사에게는 피신청인의 적격이 없다."고 한다(1982. 2. 9. 80다2424).

3. 형성의 소

형성의 소는 주주총회결의 취소소송(상법 제376조)에서 원고적격자가 주주·이사·감사로 규정된 것과 같이, 법에서 원고적격자나 피고적격자를 규정한 경우가 많다. 이러한 명문규정이 없는 경우에는 형성의 소는 제3자에게 판결의 대세효가 미치므로, 당해 소송물과의 관계에서 가장 강한 이해관계를 갖고 있고 충실한 소송수행을 기대할 수 있는 자를 당사자적격자로 보아야 한다.

따라서 주주총회결의 취소소송에서 '피고적격자'는 주식회사가 된다는 것이 통설·판례이다. 즉 판례는 "**주주총회결의 취소와 결의무효확인 판결은 대세적 효력이 있으므로 그와 같은 소송의 피고가 될 수 있는 자는 성질상 회사로 한정된다.**"고 한다(1982. 9. 14. 80다2425).

Ⅲ. 제3자의 소송담당

1. 의의 및 종류

제3자의 소송담당이란 **권리관계의 주체 이외의 제3자가 타인의 권리관계에 관하여 자기이름으로 소송수행권, 즉 당사자적격을 갖는 경우**를 말한다. 민사소송법상 제3자의 소송담당이 인정되기 때문에 형식적 당사자개념이 타당하다. 소송담당자는 타인의 권리관계에 관하여 소송을 수행하지만 자기의 이름으로 소송수행을 하는 자이고, 자신도 기판력을 받는다는 점에서 소송대리인과 구별된다.

제3자의 소송담당은 발생의 원인에 따라 (ⅰ) 법률의 규정에 의한 법정소송담당, (ⅱ) 권리관계의 주체인 자의 의사에 의한 임의적 소송담당, (ⅲ) 허가에 의한 소송담당으로 구분된다.

2. 법정소송담당

가. 의 의

권리관계 주체의 의사에 관계없이 제3자가 법률의 규정에 의하여 소송수행권을 갖는 경우를 법정소송담당이라고 한다.

나. 담당자를 위한 소송담당

제3자에게 자기의 이익 또는 자기가 대표하는 자의 이익을 위하여 소송물에 관한 관리처분권이 부여된 결과, 제3자가 소송수행권을 갖게 된 경우를 말한다.

1) 제3자가 권리관계의 주체인 자와 함께 소송수행권을 갖는 경우 : 병행형

가) 채권자대위소송의 채권자

(ⅰ) 학설의 대립 : ① 통설은 채권자대위소송의 채권자는 법률에 의하여 채무자를 위하여 소송수행

권을 갖는 법정소송담당자로 본다(**법정소송담당설**). ② 소수설은 채권자는 자기 채권의 보전을 위하여 대위권의 주체로서 자신의 권리를 행사하는 것이지 채무자를 위하여 소송을 하는 자가 아니라고 한다(**독립한 대위권설**). ③ 채권자대위권의 행사사실을 채무자가 알게 된 이후에는 피대위채권에 대한 채무자의 처분행위로 채권자에게 대항할 수 없으므로(민법 제405조 제2항), 채무자가 채권자대위소송의 계속사실을 알기 전에는 채무자의 관리처분권이 상실되지 않아서 당사자적격을 갖고(병행형), 채무자가 채권자대위소송의 계속사실을 알고 난 후에는 채무자의 관리처분권이 상실되어서 당사자적격을 상실(갈음형)한다는 견해도 있다.

(ⅱ) 판례의 태도 : 판례는 "채권자대위소송에서 대위에 의하여 보전될 채권자의 채무자에 대한 권리가 인정되지 아니할 경우에는 채권자가 원고가 되어 채무자의 제3채무자에 대한 권리를 행사할 **당사자적격이 없게 되므로 대위소송은 부적법하여 각하**할 것인바, 피대위자인 채무자가 실존인물이 아니거나 사망한 사람인 경우 역시 피보전채권인 채권자의 채무자에 대한 권리를 인정할 수 없는 경우에 해당하므로 그러한 채권자대위소송은 당사자적격이 없어 부적법하다."고 하고(2021. 7. 21. 2020다300893), "채권자대위소송에서 피보전채권이 존재하는지 여부는 소송요건으로서 직권조사사항이므로, **법원으로서는 판단의 기초자료인 사실과 증거를 직권으로 탐지할 의무까지는 없더라도, 법원에 현출된 모든 소송자료를 통하여 살펴보아 피보전채권의 존부에 관하여 의심할 만한 사정이 발견되면 직권으로 추가적인 심리·조사를 통하여 존재 여부를 확인하여야 할 의무가 있다.**"고 하여(2009. 4. 23. 2009다3234), 법정소송담당설의 입장이다.

(ⅲ) 검 토 : 채권자대위소송은 민법상 채권자가 자기의 채권을 보전할 수 있도록 채권자에게 채무자의 권리에 관한 소송수행권을 부여한 것이다. 즉 채권자대위소송은 채무자가 제3채무자에 대하여 가지는 실체법상의 권리를 채권자가 권리관계의 주체가 아니라 소송담당자로서 소송수행권을 행사하는 것이므로, 법정소송담당설이 타당하다.

(ⅳ) 채권자대위소송의 요건사실 : 채권자대위소송에서 심리되어야 할 사항은 ㉠ **피보전채권의 존재**, ㉡ **피보전채권의 변제기의 도래**(보전행위의 경우에는 요건이 아니고, 법원의 허가를 받은 경우에는 변제기가 도래하지 아니하여도 가능), ㉢ **보전의 필요성**, ㉣ **대위할 채권에 대한 채무자의 권리불행사**, ㉤ **대위할 채권의 존재**이다. 법정소송담당설은 ㉠ ~ ㉣은 소송법적인 요건사실(당사자적격)로 보고, ㉤은 실체법적인 요건사실(소송물)로 보고 있다.

나) 기타의 경우

회사대표소송의 주주(상법 제403조), **채권질의 질권자**(민법 제353조), **공유자·합유자 전원을 위해 보존행위를 하는 공유자·합유자**(민법 제265조 단서·제272조 단서) 등도 병행형의 법정소송담당이 된다.

판례는 "주주대표소송의 주주와 같이 다른 사람을 위하여 원고가 된 사람이 받은 확정판결의 집행력은 확정판결의 당사자인 원고가 된 사람과 다른 사람 모두에게 미치므로, 주주대표소송의 주주는 집행채권자가 될 수 있다."고 한다(2014. 2. 19. 2013마2316).

또한 "질권의 목적이 된 채권이 금전채권인 때에는 질권자는 자기채권의 한도에서 질권의 목적이 된 채권을 직접 청구할 수 있고, 채권질권의 효력은 질권의 목적이 된 채권의 지연손해금 등과 같은 부대채권에도 미치므로 **채권질권자는 질권의 목적이 된 채권과 지연손해금채권을 피담보채권의 범위에 속하는 자기채권액에 대한 부분에 한하여 직접 추심하여 자기채권의 변제에 충당할 수 있다.**"고 한다(2005. 2. 25. 2003다40668).

다) 권리주체인 자의 보호방안

판결의 효력을 받는 권리주체인 자는 자신의 이익보호를 위하여 공동소송참가·독립당사자참가를 통해 자신의 이익을 보호할 수 있다. 그리고 권리주체인 자에 대한 소송고지가 의무인 경우가 있다. 즉 주주대표소송을 제기한 소수주주는 회사에게 의무적으로 소송고지를 하여야 한다(상법 제404조 제2항).

2) 제3자가 권리관계의 주체인 자에 갈음하여 소송수행권을 갖는 경우 : 갈음형

가) 일반론

추심명령을 받은 추심채권자, 상속재산에 대한 소송에서의 상속재산관리인, 유언소송에서의 유언집행자, 파산재단에 관한 소송에서의 파산관재인, 정리회사의 재산에 관한 소송에서의 정리회사의 관리인, 주한미군의 공무상의 불법행위에 대한 손해배상소송에서 미군 측을 위해 나서는 대한민국 등이 갈음형의 소송담당의 예이다. 판례는 "**채무자의 채권자는 사해행위의 수익자 또는 전득자에 대하여 회생절차가 개시되더라도 관리인을 상대로 사해행위취소의 소를 제기할 수 있다.**"고 한다 (2014. 9. 4. 2014다36771).

나) 추심채권자

판례는 "**채권에 대한 압류·추심명령이 있으면 제3채무자에 대한 이행의 소는 추심채권자만이 제기할 수 있고 채무자는 피압류채권에 대한 이행소송을 제기할 당사자적격을 상실한다**. 그러나 채권자는 현금화절차가 끝나기 전까지 압류명령의 신청을 취하할 수 있고, 이 경우 채권자의 추심권도 당연히 소멸하며, 추심금청구소송을 제기하여 확정판결을 받은 경우라도 집행에 의한 변제를 받기 전에 압류명령의 신청을 취하하여 추심권이 소멸하면 추심권능과 소송수행권이 모두 채무자에게 복귀한다."고 한다(2009. 11. 12. 2009다48879).

또한 "**채무자의 이행소송 계속 중에 추심채권자가 압류 및 추심명령 신청의 취하 등에 따라 추심권능을 상실하게 되면 채무자는 당사자적격을 회복한다**. 이러한 사정은 직권조사사항으로서 당사자가 주장하지 않더라도 법원이 직권으로 조사하여 판단하여야 하고, 사실심 변론종결 이후에 당사자적격 등 소송요건이 흠결되거나 흠결이 치유된 경우 상고심에서도 참작하여야 한다."고 한다(2010. 11. 25. 2010다64877).

다) 유언집행자

판례는 "유언집행을 위하여 지정 또는 선임된 유언집행자는 유증 목적인 재산의 관리 기타 유언의 집행에 필요한 행위를 할 권리·의무가 있으므로, **유언 집행에 방해가 되는 유증 목적물에 경료된 상속등기 등의 말소청구소송 또는 유언을 집행하기 위한 유증 목적물에 관한 소유권이전등기청구소송에서 유언집행자는 법정소송담당으로서 원고적격을 가진다.**"고 한다(1999. 11. 26. 97다57733).

또한 "유언집행자는 유증 목적인 재산의 관리 기타 유언 집행에 필요한 모든 행위를 할 권리·의무가 있으므로, 유증 목적물에 관하여 경료된, **유언의 집행에 방해가 되는 다른 등기의 말소를 구하는 소송에 있어서는 유언집행자가 법정소송담당으로서 원고적격을 가진다고 할 것이고, 유언집행자는 유언의 집행에 필요한 범위 내에서는 상속인과 이해 상반되는 사항에 관하여도 중립적 입장에서 직무를 수행하여야 하므로, 유언집행자가 있는 경우 유언집행에 필요한 한도에서 상속인의 상속재산에 대한 처분권은 제한되며 제한 범위 내에서 상속인은 원고적격이 없다.** 민법 제1103조 제1항은 "지정

또는 선임에 의한 유언집행자는 상속인의 대리인으로 본다."고 규정하고 있으나, 이 조항은 유언집행자의 행위의 효과가 상속인에게 귀속함을 규정한 것이지, 유언집행자의 소송수행권과 별도로 상속인 본인의 소송수행권도 언제나 병존함을 규정한 것은 아니다."고 한다(2001. 3. 27. 2000다26920).

또한 "유증 등을 위하여 유언집행자가 지정되어 있다가 유언집행자가 사망·결격 기타 사유로 자격을 상실한 때에는 상속인이 있더라도 유언집행자를 선임하여야 하는 것이므로, **유언집행자가 해임된 이후 법원에 의하여 새로운 유언집행자가 선임되지 아니하였더라도 유언집행에 필요한 한도에서 상속인의 상속재산에 대한 처분권은 여전히 제한되며 제한 범위 내에서 상속인의 원고적격 역시 인정될 수 없다.**"고 한다(2010. 10. 28. 2009다20840).

또한 "상속인이 유언집행자가 되는 경우를 포함하여 유언집행자가 수인인 경우에는, 유언집행자를 지정하거나 지정위탁한 유언자나 유언집행자를 선임한 법원에 의한 임무의 분장이 있었다는 등의 특별한 사정이 없는 한, **유증 목적물에 대한 관리처분권은 유언의 본지에 따른 유언의 집행이라는 공동의 임무를 가진 수인의 유언집행자에게 합유적으로 귀속되고,** 관리처분권 행사는 과반수의 찬성으로써 합일하여 결정하여야 하므로, **유언집행자가 수인인 경우 유언집행자에게 유증의무의 이행을 구하는 소송은 유언집행자 전원을 피고로 하는 고유필수적 공동소송**으로 봄이 상당하다."고 하여, 수인의 유언집행자 중 1인만을 피고로 하여 유증의무 이행을 구하는 소송을 제기한 사안에서, **유언집행자 지정 또는 제3자의 지정 위탁이 없는 한 상속인 전원이 유언집행자가 되고, 유증의무자인 유언집행자에 대하여 민법 제1087조 제1항 단서에 따라 유증의무의 이행을 구하는 것은 유언집행자인 상속인 전원을 피고로 삼아야 하는 고유필수적 공동소송**이라고 하였다(2011. 6. 24. 2009다8345).

라) 상속재산관리인

판례는 "재산상속인의 존재가 분명하지 아니한 상속재산에 관한 소송에 있어서 정당한 피고는 법원에서 선임된 상속재산관리인이라 할 것이다."고 한다(2007. 6. 28. 2005다55879). 다만 "**상속재산관리인의 선임을 신청한 후 그 절차에서 선임된 관리인이 법정대리인으로서 소송을 제기하여야 한다.**"고 하여 법정대리인으로 본 경우도 있다(1967. 3. 28. 67마155).

마) 권리주체인 자의 보호방안

판결의 효력을 받는 권리주체인 자는 자신의 이익보호를 위하여 공동소송적 보조참가를 통해 자신의 이익을 보호할 수 있다. 그리고 권리주체인 자에 대한 소송고지가 의무인 경우가 있다. 즉 추심금청구소송을 제기한 추심채권자는 채무자에게 의무적으로 소송고지를 하여야 한다(민사집행법 제238조).

다. 피담당자를 위한 소송담당 : 직무상의 당사자

법률이 권리·의무의 귀속주체의 이익을 위하여 일정한 직무에 있는 자에게 소송수행권을 부여하는 경우가 있는데, 이러한 자를 직무상의 당사자라고 한다. 가사소송사건에 있어서 피고 적격자가 사망한 후의 검사(민법 제864조·제849조), 피성년후견인의 친생부인의 소에서 성년후견인(민법 제848조 제1항), 해양사고구조료청구에 있어서의 선장(상법 제894조 제2항) 등이 그 예이다.

판례는 "[1] 혼인관계와 같은 신분관계는 성질상 상속될 수 없고 신분관계의 재심당사자의 지위 또한 상속될 성질의 것이 아니므로 **이혼소송의 재심소송에서 당사자 일방이 사망하였더라도 재산상속인들이 소송절차를 수계할 까닭이 없다.** [2] 신분관계소송에서는 재산상 분쟁의 경우와는 달리 위법한 신분관계가 존속함에도 상대방이 될 자가 사망하였고 법률관계는 상속되지 않아 소송의 상대방이 될 자가 존재하지 않는 경우에는 관련된 다수 이해관계인들의 이익을 위하여 공익의 대표자인 검사를 소송의 상대방으로 하여 소송을 하는 방법으로 이를 바로잡는 방안이 마련되어 있는데, 이는 위법한 신분관계가 존재하는 경우에 이를 다툴 구체적 상대방이 없다는 이유로 방치하는 것은 공익에 반하므로 공익의 대표자인 검사를 상대로 하여 소송을 제기하게 하고자 함에 있는 것이다. [3] 위 [2]항의 신분관계소송에 관한 입법취지에 비추어 보면, **이혼심판이 확정된 경우에 심판에 재심사유가 있다면 확정판결에 의하여 형성된 신분관계(정당한 부부관계의 해소)는 위법한 것으로서 재심에 의하여 확정판결을 취소하여 효력을 소멸시키는 것이 공익상 합당**하므로, 재심피청구인이 될 청구인이 사망한 경우에는 위에서 본 규정들을 유추적용하여 검사를 상대로 재심의 소를 제기할 수 있다고 해석함이 합리적이고, 같은 이치에서 **재심소송의 계속 중 본래 소송의 청구인이며 재심피청구인이었던 당사자가 사망한 경우에는 검사로 하여금 소송을 수계하게 함이 합당하다**. [4] 이혼심판에 대한 재심소송의 제1심 계속 중 이혼청구인이 사망하였다면, 제1심으로서는 청구인의 상속인들로 하여금 청구인을 수계하도록 할 것이 아니라 검사로 하여금 청구인의 지위를 수계하도록 하여 재심사유의 존재 여부를 살펴보았어야 하고 심리한 결과 재심사유가 있다고 밝혀진다면 재심대상 심판을 취소하여야 하며 이 단계에서는 이미 혼인한 부부 중 일방의 사망으로 소송이 목적물을 잃어버렸기 때문에 이를 이유로 **소송이 종료되었음을 선언하였어야 한다**."고 한다(1992. 5. 26. 90므1135).

3. 임의적 소송담당

가. 의 의

임의적 소송담당이란 본인이 그의 의사로 제3자에게 자기의 권리에 대해 소송수행권, 즉 당사자적격을 수여하는 경우이다(임의적 소송신탁). 명문의 규정이 있는 경우에는 문제가 없고, 명문의 규정이 없는 경우에 변호사대리 원칙의 잠탈·소송신탁금지 원칙의 위반 등의 우려가 있기 때문에 임의적 소송담당이 허용되는가가 문제된다.

나. 인정 여부

1) 명문의 규정이 있는 경우

법률상 임의적 소송담당을 인정하는 경우에는 선정당사자(제53조), 추심위임배서의 피배서인(어음법 제18조) 등이 있다. 다만 추심위임배서의 피배서인을 ① 임의적 소송담당의 예로 보는 것이 통설이지만, ② 추심위임배서의 피배서인은 어음으로부터 발생하는 일체의 권리를 재판상·재판외에서 행사할 수 있는 포괄적 대리권을 가지는 것에 불과하므로 포괄적 대리권을 가지는 법률상 소송대리인으로 보는 소수설도 있다.

2) 명문의 규정이 없는 경우

가) 원 칙

법률상 임의적 소송담당을 허용하는 경우 외에는 원칙적으로 임의적 소송담당은 허용되지 않는다. 이는 변호사 대리의 원칙(제87조)을 잠탈하고, 소송신탁의 금지(신탁법 제6조)를 위반할 염려가 있기 때문이다. 판례도 "소송행위를 하게 하는 것을 주목적으로 채권양도가 이루어진 경우, 채권양도가

신탁법상의 신탁에 해당하지 않는다고 하여도 신탁법 제6조가 유추적용 되므로 무효이고, **소송신탁에서의 소송행위란 민사소송법상의 소송행위에 한정되지 않고 널리 사법기관을 통하여 권리의 실현을 도모하는 행위를 말하는 것으로서 민사집행법에 의한 강제집행의 신청도 이에 포함된다.**"고 한다(2010. 1. 14. 2009다55808).

또한 "**수표의 숨은 추심위임배서가 소송행위를 하게 하는 것을 주된 목적으로 하는 경우**에는 신탁법 제6조를 위반하는 권리이전행위이므로 무효이다. **수표의 수취인이 발행인과의 분쟁으로 인한 인적 항변에 의하여 수표금을 지급받지 못하게 될 것이 예상되자 제3자를 통한 소제기로 승소판결을 받아 수표금을 지급받기 위하여 제3자를 피배서인으로 하여 수표의 배서양도를 한 경우**, 이러한 배서는 제3자로 하여금 소송행위를 하게 하는 것을 주된 목적으로 하는 소송신탁에 해당하여 무효이다."고 한다(2007. 12. 13. 2007다53464).

또한 "재산의 권리주체가 관련 소송을 제3자에게 위임하여서 하게 하는 것은 임의적 소송신탁에 해당하여 원칙적으로 허용되지 않으므로, **부부 중 한 사람은 배우자의 권리에 관하여 변호사대리원칙(제87조)의 예외가 인정되는 범위 내에서 소송대리인이 되거나 선정당사자(제53조)로서 소송수행**을 할 수 있을 뿐, 그러한 지위를 갖추지 않고 소송을 제기할 수는 없다."고 한다(2021. 12. 16. 2021다257255).

나) 예 외

임의적 소송담당을 인정할 합리적 필요가 있는 경우에는 예외적으로 허용된다. 합리적 필요의 요건으로는 ㉠ **소송담당자가 타인의 권리관계에 관한 소송에 대하여 자기의 고유한 이익**을 가지거나, ㉡ **소송수행권한을 포함한 포괄적인 관리처분권**을 수여받고, ㉢ **권리관계의 주체와 동등한 또는 그 이상으로 당해 권리관계에 대한 지식을 가지고 있는 경우**를 들 수 있다.

판례도 "재산권상의 청구에 관하여는 소송물인 권리 또는 법률관계에 관하여 관리처분권을 갖는 권리주체에게 당사자적격이 있음이 원칙이다. 다만 **제3자라도 법률이 정하는 바에 따라 일정한 권리나 법률관계에 관하여 당사자적격이 부여되거나 권리주체로부터 그의 의사에 따라 소송수행권을 수여받음으로써 당사자적격이 인정되는 경우**가 있으나, 이러한 임의적 소송신탁은 **민사소송법 제87조가 정한 변호사대리의 원칙이나 신탁법 제6조가 정한 소송신탁의 금지를 잠탈하는 등의 탈법적 방법에 의하지 않은 것으로서 이를 인정할 합리적 필요가 있다고 인정되는 경우**에 한하여 제한적으로만 허용된다."고 한다(2012. 5. 10. 2010다87474).[13]

다. 임의적 소송담당의 지위

임의적 소송담당이 유효한 경우에 임의적 소송담당자가 자기 자신에 대한 이행청구를 할 수 있는가, 아니면 본래의 권리의 귀속주체에 대한 이행만을 청구할 수 있는가는 실체법에 따라 결정된다. 따라서 채무자가 소송담당자에게 면책적으로 이행할 수 있는 경우에는 소송담당자는 자기 자신에 대한 이행을 청구할 수 있다.

---

13) 외국계 커피 전문점의 국내 지사인 갑 주식회사가, 본사와 음악 서비스 계약을 체결하고 배경음악 서비스를 제공하고 있는 을 외국회사로부터 음악저작물을 포함한 배경음악이 담긴 CD를 구매하여 국내 각지에 있는 커피숍 매장에서 배경음악으로 공연한 사안에서, 한국음악저작권협회가 위 음악저작물 일부에 관하여는 공연권 등의 저작재산권자로부터 국내에서 공연을 허락할 권리를 부여받았을 뿐 공연권까지 신탁받지는 않았고, 권리주체가 아닌 협회에 위 음악저작물 일부에 대한 소송에 관하여 임의적 소송신탁을 받아 자기의 이름으로 소송을 수행할 합리적 필요가 있다고 볼 만한 <u>특별한 사정이 없으므로</u>, 협회는 위 음악저작물 일부에 대한 침해금지청구의 소를 제기할 당사자적격이 없다고 한 사례.

4. 허가에 의한 소송담당

증권관련집단소송에 있어서 증권의 매매 등 거래에서 피해를 입은 구성원들 가운데 대표당사자가 법원의 허가를 받아 소송을 수행하도록 하고 있다(증권관련집단소송법 제21조 제2항). 한편 소비자단체소송과 개인정보단체소송에 있어서는 일정한 소비자단체 등이 법원이 허가를 받아 소송수행권을 갖는다(소비자기본법 제74조 제1항, 개인정보보호법 제57조 제1항).

5. 제3자의 소송담당과 기판력

가. 갈음형의 법정소송담당

제3자가 소송담당자로서 소송을 수행한 결과 받은 판결은 권리관계의 주체인 본인에게 당연히 미친다(제218조 제3항). 즉 파산관재인·정리회사의 관리인처럼 갈음형의 법정소송담당자, 직무상의 당사자로서 소송수행을 한 경우, 임의적 소송담당의 경우에 제218조 제3항이 적용되어 판결의 기판력이 권리주체인 자에게 미친다.

나. 병행형의 법정소송담당

판례는 "채권자가 채권자대위권을 행사하는 방법으로 제3채무자를 상대로 소송을 제기하고 판결을 받은 경우에는 **어떠한 사유로 인하였든 채무자가 채권자 대위권에 의한 소송이 제기된 사실을 알았을 경우**에는 판결의 효력은 채무자에게 미친다."고 한다(1975. 5. 13. 74다1664).

다. 임의적 소송담당

임의적 소송담당의 경우에 제3자가 소송담당자로서 소송을 수행하여 받은 판결은 제218조 제3항이 적용되어 판결의 기판력이 이익의 귀속의 주체에게 미친다. 그러나 이 판결에서 당사자적격의 존부까지 확정되는 것은 아니므로, 권리귀속의 주체는 별소에서 담당자에게 적격이 없었다는 점을 주장하여 그 판결의 효력이 자기에게 미치지 않는다고 다툴 수 있다.

Ⅳ. 당사자적격 흠결의 효과

1. 소송요건 및 직권조사사항

당사자적격은 **소송요건이며 직권조사사항**(1971. 3. 23. 70다2639)이므로, 당사자적격의 흠결이 있을 때에 법원은 소각하 판결을 한다. 판례는 "당사자적격에 관한 사항은 소송요건에 관한 것으로서 사실심 변론종결시를 기준으로 법원이 직권으로 조사하여 판단하고, 당사자가 사실심 변론종결시까지 주장하지 아니하였더라도 **상고심에서 주장·입증할 수 있다.**"고 한다(2008. 9. 25. 2007다60417).

다만, 이행의 소에서는 당사자적격의 문제는 본안 심리에 흡수되므로 권리자가 아님이 밝혀지면 법원은 청구기각 판결을 한다. 한편 당사자적격에 다툼이 있어서 법원이 심리하였는데 당사자적격이 있다고 인정되면 법원은 중간판결 또는 종국판결의 이유에서 판단한다.

판례는 "원고가 **당사자적격이 없는 자를 당사자로 잘못 표시**하였다면, 당사자 표시정정신청을 받은 법원으로서는 당사자를 확정한 후에 원고가 정정신청한 당사자 표시가 확정된 당사자의 올바른 표시이며 동일성이 인정되는지를 살피고, **확정된 당사자로 표시를 정정하도록 하는 조치**를 취하여야 한다."고 한다(2021. 6. 24. 2019다278433).

2. 흠결을 간과하고 행한 본안판결의 효력

당사자적격의 흠결을 간과하고 선고한 본안판결은 판결 확정 전에는 상소로써 취소할 수 있지만, 확정되면 재심사유는 아니므로 재심이 되지 않는다. 다만 이러한 판결은 정당한 당사자로 될 자나 권리관계의 주체에 대해서는 효력이 없어 이러한 의미에서 판결은 무효로 된다.

3. 소송수행 중에 당사자적격의 상실

당연승계의 규정에 따라 신당사자적격자가 소송승계를 하는 경우가 있고(제53조 제2항·제54조·제233조·제234조·제236조·제237조), 신당사자적격자의 소송참가 또는 그에 대한 소송인수의 방법으로 소송을 승계시키는 경우가 있다(제80조·제81조·제82조).

◆ 제3관 소송능력

Ⅰ. 의 의

소송능력이란 **당사자 또는 보조참가인으로서 소송행위를 하거나 소송행위를 받기 위하여 갖추어야 할 능력**을 말한다. 즉 소송능력은 민법상의 행위능력에 대응하는 것이다. 소송절차 내의 소송행위는 물론 소송개시 전의 행위나 소송대리권 수여와 같은 소송외의 행위도 소송능력이 필요하다. 그러나 증거방법으로서 증거조사의 대상이 되는 경우와, 법정대리인 이외의 타인의 대리인으로서 소송행위를 하는 경우에는 소송능력이 필요 없다(제87조·제88조·민법 제117조).

Ⅱ. 소송능력자

> **제57조(외국인의 소송능력에 대한 특별규정)** 외국인은 그의 본국법에 따르면 소송능력이 없는 경우라도 대한민국의 법률에 따라 소송능력이 있는 경우에는 소송능력이 있는 것으로 본다.

소송능력에 관하여는 민사소송법에 특별한 규정이 없으면 민법 기타의 법률에 의하므로(제51조), 원칙적으로 민법상의 행위능력자는 민사소송법상 소송능력자가 된다. 또한 외국인은 그의 본국법에 따르면 소송능력이 없는 경우라도 대한민국의 법률에 따라 소송능력이 있는 경우에는 소송능력이 있는 것으로 본다(제57조). 한편 **법인이나 법인 아닌 사단·재단에 대하여는 소송무능력자임을 전제로 그 대표자·관리인을 소송무능력자의 법정대리인에 준하여 취급하고 있다**(제64조).

Ⅲ. 소송무능력자

> **제55조(제한능력자의 소송능력)** ① 미성년자 또는 피성년후견인은 법정대리인에 의해서만 소송행위를 할 수 있다. 다만, 다음 각 호의 경우에는 그러하지 아니하다.
>   1. 미성년자가 독립하여 법률행위를 할 수 있는 경우
>   2. 피성년후견인이 「민법」 제10조 제2항에 따라 취소할 수 없는 법률행위를 할 수 있는 경우
> ② 피한정후견인은 한정후견인의 동의가 필요한 행위에 관하여는 대리권 있는 한정후견인에 의해서만 소송행위를 할 수 있다.

1. 미성년자

가. 원 칙

미성년자는 제한능력자이므로 원칙적으로 소송무능력자이다. 따라서 미성년자는 법정대리인(친권자 또는 후견인)에 의해서만 소송행위를 할 수 있다(제55조 제1항 본문). 한편 **민법상 미성년자는 법정대리인의 동의가 있으면 법률행위를 할 수 있고**(민법 제5조 제1항 본문), **법정대리인이 처분을 허락한 재산은 임의로 처분할 수 있지만**(민법 제6조), 이러한 경우라도 민사소송법상 미성년자는 소송무능력자이다. 동의의 유무나 처분이 허락된 재산의 범위를 조사하는 것이 소송절차의 안정을 해할 우려가 있기 때문이다.

나. 예 외

미성년자가 **혼인한 때**에는 소송능력을 가지며(민법 제826조의2), 미성년자가 **독립하여 법률행위를 할 수 있는 경우**, 예컨대 법정대리인의 허락을 얻어 영업에 관한 법률행위를 하는 경우(민법 제8조), 회사의 무한책임사원이 될 것이 허락된 경우(상법 제7조)에는 소송능력이 인정된다(제55조 제1항 제1호). 또한 미성년자는 **근로계약의 체결, 임금의 청구**를 스스로 할 수 있기 때문에(근로기준법 제65조·제66조), 그와 관련된 소송에 대해서는 소송능력이 인정된다.

2. 피성년후견인

피성년후견인은 원칙적으로 소송무능력자이므로, 법정대리인(성년후견인)에 의해서만 소송행위를 할 수 있다(제55조 제1항 본문). 따라서 법정대리인이 없거나 법정대리인이 대리권을 행사할 수 없는 경우에는 법원에 의하여 선임된 특별대리인이 소송행위를 대리하여야 한다(제62조). 그러나 민법상 가정법원은 취소할 수 없는 피성년후견인의 법률행위의 범위를 정할 수 있는데(민법 제10조 제2항), 그 범위 내에서 피성년후견인은 소송능력자가 된다(제55조 제1항 제2호).

3. 피한정후견인

피한정후견인은 한정후견인의 동의가 필요한 행위(민법 제13조 제1항)에 관하여는 대리권 있는 한정후견인에 의해서만 소송행위를 할 수 있다(제55조 제2항). 따라서 이에 대한 반대해석상 피한정후견인은 한정후견인의 동의가 필요한 행위가 아닌 한 소송능력이 인정된다. 즉 피한정후견인은 가정법원이 피한정후견인의 일정한 법률행위에 한정후견인의 동의를 받도록 정하는 심판을 한 경우에만 행위능력이 제한되므로, 그 범위 내에서만 소송능력이 제한된다.

4. 의사무능력자

의사무능력자는 소송무능력자가 된다. 따라서 의사무능력자와 관련된 소송행위에 있어서는 의사무능력자를 위한 특별대리인을 선임해야 한다(제62조의2).

Ⅳ. 소송능력의 소송법상의 효과

1. 소송행위의 유효요건

가. 직권조사사항

판례는 "**소송능력의 존재는 소송요건의 하나로서 직권조사사항**이다."고 한다(2020. 6. 11. 2020다

8586). 즉 소송능력은 소송행위의 유효요건이므로 직권조사사항이고, 소송무능력자의 소송행위나 소송무능력자에 대한 소송행위는 무효가 된다. 민법상 제한능력자의 행위에 대하여 취소를 할 수 있는 것과 달리 소송절차의 안정을 위해서 무효로 한 것이다.

나. 소송무능력자에 대한 송달

1) 문제점

소송당사자가 소송무능력자일 때에 송달은 법정대리인에게 하여야 한다(제179조). 따라서 판결정본이 법정대리인에게 송달되지 않고 소송무능력자에게만 송달된 경우의 효력이 문제된다.

2) 학설의 대립

① 법적 안정성을 위하여 송달을 유효로 보고 상소기간이 진행하므로 판결이 확정되면 기판력이 발생한다는 견해와, ② 송달받을 사람에 대한 송달이 아니어서 송달이 무효이므로 상소기간이 진행되지 않아서 판결이 확정되지 않는다는 견해가 대립된다.

3) 판례의 태도

판례는 "미성년자는 법정대리인에 의해서만 소송행위를 할 수 있으므로 미성년자가 단독으로 한 소송행위는 무효이고(제55조), 미성년자에 대한 소송행위 역시 무효이므로, **판결정본이 미성년자에게만 송달된 경우 판결이 소송무능력을 이유로 소를 각하한 것이라는 등 특별한 사정이 없는 한 송달은 부적법하여 무효이다.** 판결정본 송달이 무효인 경우 상대방은 판결정본을 송달받지 않은 상태이므로 상소기간은 진행하지 않고, 불변기간인 상소제기기간에 관한 규정은 강행규정이므로 기간 계산의 기산점이 되는 판결정본의 송달의 하자는 이의권의 포기나 상실로 인하여 치유될 수 없다."고 한다 (2020. 6. 11. 2020다8586).[14]

4) 검토

송달이 유효가 되면 기판력이 발생하므로, 소송무능력자를 보호한다는 측면에서 송달을 무효로 보는 견해가 타당하다. 따라서 송달을 소송무능력자에게 하면 송달이 무효가 된다. 다만 소송능력을 다투는 범위 내에서는 소송무능력자라도 소송능력이 인정된다는 견해가 있다. 이에 의하면 소송능력의 존부에 관한 다툼에 있어서는 소송무능력자에게만 한 송달도 유효하고 상소기간이 진행한다.

2. 추인

가. 유동적 무효행위에 대한 추인

소송무능력자의 소송행위나 그에 대한 소송행위는 유동적 무효이다. 따라서 법정대리인이나 또는 능력을 취득한 본인이 추인하면 행위 시로 소급하여 유효가 된다(제60조). 무능력자의 소송행위라도

---

14) [이유] 제1심법원이 당시 미성년자였던 피고에 대하여 실시한 송달은 부적법하여 무효이고 피고의 항소 제기기간은 진행하지 않으므로, 피고에게 항소를 제기하지 못한 데에 책임질 수 있는 사유가 있는지와 무관하게 이 사건 항소는 적법하고, 따라서 원심으로서는 피고의 항소이유에 대한 본안 판단을 하였어야 한다. 그럼에도 원심이 이를 간과한 채 제1심법원의 피고에 대한 판결정본의 송달이 적법하다는 전제에서 이 사건 항소를 부적법한 추완항소라고 보아 이를 각하한 데에는 직권조사사항인 소송능력의 존부 및 판결정본 송달의 효력과 상소 제기기간에 관한 법리를 오해하여 필요한 심리를 다하지 아니한 잘못이 있다.

본인에게 반드시 불리한 것은 아니며 소송행위를 되살릴 여지를 남기는 것이 좋고, 같은 소송행위를 반복하지 않음으로써 소송경제에도 합치되기 때문이다. 추인은 법정대리인이나 또는 능력을 취득한 본인이 법원 또는 상대방에 대하여 명시·묵시의 의사표시로 할 수 있다.

판례도 "당사자가 소송행위 당시 또는 변호사를 선임할 당시에 미성년자였더라도 **성년이 된 후에 묵시적으로 추인**하였다고 보여지는 경우에는 소송능력의 흠결은 없어졌다."고 하고(1970. 12. 22. 70다2297), "미성년자가 직접 변호인을 선임하여 제1심의 소송수행을 하게 하였으나 제2심에서는 미성년자의 친권자인 법정대리인이 소송대리인을 선임하여 소송행위를 하면서 **이의를 제기한 바 없이 제1심의 소송결과를 진술한 경우**에는 무권대리에 의한 소송행위를 묵시적으로 추인한 것으로 보아야 한다."고 한다(1980. 4. 22. 80다308).

나. 추인의 시기와 범위

추인이 가능한 시기는 제한이 없으므로, 상급심이나 재심에서도 추인이 가능하다. 다만 일부의 소송행위만을 추인하는 것은 소송의 혼란을 일으키게 할 염려가 있으므로 원칙적으로 일부추인은 허용될 수가 없다. 즉 절차의 안정을 위해서 원칙적으로 소송행위의 전체에 대하여 추인을 하여야 한다. 그러나 **소의 취하를 제외한 나머지 소송행위만을 추인하는 경우**와 같이 소송의 혼란을 야기할 염려가 없고, 소송경제상으로도 적절하다고 인정될 때에는 예외적으로 일부추인도 가능하다.

3. 소송능력의 조사와 보정

> 제59조(소송능력 등의 흠에 대한 조치) 소송능력·법정대리권 또는 소송행위에 필요한 권한의 수여에 흠이 있는 경우에는 법원은 기간을 정하여 이를 보정하도록 명하여야 하며, 만일 보정하는 것이 지연됨으로써 손해가 생길 염려가 있는 경우에는 법원은 보정하기 전의 당사자 또는 법정대리인으로 하여금 일시적으로 소송행위를 하게 할 수 있다.
>
> 제97조(법정대리인에 관한 규정의 준용) 소송대리인에게는 제58조 제2항·제59조·제60조 및 제63조의 규정을 준용한다.

4. 소송능력의 흠결이 소송에 미치는 영향

가. 제소과정에 소송능력의 흠결이 있는 경우

소송무능력자 스스로 또는 그의 위임에 의한 소송대리인의 소제기나 소송무능력자에 대한 소장부본의 송달은 소송요건을 갖추지 못한 것으로 적법하지 않기 때문에, **변론종결시까지 보정**(제59조 전단)**되지 않는 한 소를 각하하여야 한다**. 즉 조사결과 흠결이 있으면 소를 각하할 것이지만 그 능력이 긍정되는 경우에는 중간판결 또는 종국판결의 이유에서 판단하면 된다. 한편 소송능력제도의 취지가 소송무능력자 보호이므로 **소송무능력자에 의한 소취하도 유효하다**.

나. 소송계속 후의 소송능력의 상실

(ⅰ) 소송계속 후에 **개별적 소송행위를 하는 과정에서 소송능력의 흠결이 생긴 경우**에 이는 소송행위의 유효요건이 결여된 소송행위가 되므로 **그 소송행위는 무효**가 된다. (ⅱ) 소송계속 후에 **일반적인 소송능력을 상실한 경우**에 이로 인하여 소 자체가 부적법해지는 것은 아니므로 소 각하가 되는

것은 아니다. 이 경우에 소송절차는 **법정대리인이 수계할 때까지 중단**되나, 소송대리인이 있는 경우에는 중단되지 않는다(제238조).

다. 소송무능력자의 상소

(ⅰ) 소송무능력자라도 소송능력을 다투는 한도에서는, 즉 **소송능력의 존부가 기판력 있는 판결로 확정되기까지는 소송행위를 할 수 있다**. 따라서 소송능력 흠결을 이유로 각하한 판결에 대하여, 소송무능력자는 **소송능력자라고 주장하면서 항소를 제기**할 수 있다.

(ⅱ) 소송능력 흠결을 이유로 각하한 판결에 대하여 소송무능력자가 항소한 경우에 자신이 소송무능력자가 아니라고 다툴 기회를 주어야 하므로, 항소심은 항소를 소송능력 흠결을 이유로 각하할 수 없다. 다만 항소심이 심리한 결과 소송능력이 없다는 원심판결이 정당하다면 항소가 이유 없다고 하여 항소기각 판결을 해야 한다.

(ⅲ) 항소심이 항소인이 소송능력자라는 판단을 하면 항소를 인용하여야 하므로, 제1심 판결을 취소하고 항소인의 심급의 이익을 보장하기 위하여 제1심으로 필수적으로 환송한다(제418조 본문).

라. 소송무능력을 간과한 판결의 효력

1) 무능력자가 패소한 경우

무능력을 간과한 본안판결은 당연무효라고 할 수 없고, **무능력자는 상소로써 다툴 수 있다**(제424조 제1항 제4호). 패소한 무능력자가 상소하면 상급심 법원은 **원심판결을 취소하고 소를 각하**하여야 하고 항소를 각하하여서는 아니된다. 항소를 각하하면 제1심 판결이 확정되어 무능력자를 보호하려는 취지에 반하기 때문이다. **판결이 확정된 뒤에는 재심의 소**를 제기할 수 있다(제451조 제1항 제3호). 다만 판결 후에 법정대리인 또는 성년자로 된 당사자가 추인을 하면 상소나 재심의 소는 허용되지 않는다. 한편 무능력자의 상대방은 승소하였으므로 상소의 이익이 없다.

2) 무능력자가 승소한 경우

무능력자가 승소한 경우 무능력자는 상소·재심의 이익이 없다. 또한 무능력자제도는 무능력자 본인을 보호하기 위한 제도인데 무능력자의 승소판결이 무능력을 이유로 상소·재심에 의하여 취소당한다면 무능력자 제도의 취지에 반할 뿐만 아니라 소송능력자가 상대방의 무능력을 이유로 패소판결을 다투려고 하는 것은 신의칙에 반하기 때문에 **무능력자의 상대방도 소송능력의 흠결을 주장하여 상소·재심을 제기할 이익이 없다**. 다만 무능력자의 상대방은 본안판단에 대해서는 상소·재심을 제기할 수 있다.

◆ 제4관 **변론능력**

I. 서 설

> 제135조(재판장의 지휘권) ① 변론은 재판장(합의부의 재판장 또는 단독판사를 말한다. 이하 같다)이 지휘한다.
> ② 재판장은 발언을 허가하거나 그의 명령에 따르지 아니하는 사람의 발언을 금지할 수 있다.

> 제144조(변론능력이 없는 사람에 대한 조치) ① 법원은 소송관계를 분명하게 하기 위하여 필요한 진술을 할 수 없는 당사자 또는 대리인의 진술을 금지하고, 변론을 계속할 새 기일을 정할 수 있다.
> ② 제1항의 규정에 따라 진술을 금지하는 경우에 필요하다고 인정하면 법원은 변호사를 선임하도록 명할 수 있다.
> ③ 제1항 또는 제2항의 규정에 따라 대리인에게 진술을 금지하거나 변호사를 선임하도록 명하였을 때에는 본인에게 그 취지를 통지하여야 한다.
> ④ 소 또는 상소를 제기한 사람이 제2항의 규정에 따른 명령을 받고도 제1항의 새 기일까지 변호사를 선임하지 아니한 때에는 법원은 결정으로 소 또는 상소를 각하할 수 있다.
> ⑤ 제4항의 결정에 대하여는 즉시항고를 할 수 있다.

변론능력이란 **법원에 출석하여 법원에 대하여 유효한 소송행위를 하기 위해 요구되는 능력**을 말한다. 변론능력은 소송의 원활·신속을 도모하고 사법제도의 건전한 운영을 위한 공익적 필요에서 인정된 것이다. 한편 변론능력은 법률적 소양을 필요로 하므로, 소송능력자라고 하더라도 모두 변론능력을 구비한다고 할 수 없다. 따라서 변론능력은 변호사강제주의가 채택된 경우에 실질적인 의미가 있다. 그런데 민사소송법상 변호사 강제주의를 채택하지 않기 때문에 소송능력이 있으면 변론능력이 인정되므로 변론능력이 큰 의미는 없다.

판례는 "제144조에 따른 법원의 진술금지 또는 변호사선임명령은 당사자 또는 대리인(이하 '당사자 등'이라고 한다)의 변론이 애매하거나 의미가 명확하지 아니하여 법원이 제136조에 따라 소송관계를 분명하게 하기 위하여 석명을 구하더라도 당사자 등이 사안의 진상을 충분히 밝혀 필요한 진술을 할 수 있는 능력이 없는 때에 당사자 등으로 하여금 변론을 계속하게 하는 것이 당사자에게 불이익하고 또한 소송절차를 지연시키는 등 바람직하지 않은 결과를 가져오므로 이를 막기 위한 것이다. 변호사선임명령을 받은 당사자 등이 이를 이행하지 아니하여 제144조 제4항에 따라 소 또는 상소가 각하되는 경우에는 당사자의 재판받을 권리에 상당한 제약이 가해지고 경제적·시간적으로도 많은 불이익이 주어지므로, **법원은 청구의 종류와 내용, 본안소송의 진행경과, 소장 및 답변서 등을 통해 제출한 공격방어방법의 주요 내용, 증명책임 부담에 따른 증거신청 내역 및 변론기일에서의 진술내용 등을 종합하여, 재판장이 소송관계를 분명하게 하기 위하여 석명을 구하더라도 당사자 등에게 필요한 진술을 할 능력이 없어 진술금지 또는 변호사선임명령을 할 필요가 있는지 여부를 판단**하여야 한다. 특히 항소심에서 항소인이 변호사선임명령을 받고 이행하지 아니하여 항소가 각하되는 경우 그에게 불이익한 제1심판결이 확정되는 결과를 가져오므로 이러한 경우 법원은 변호사선임명령을 할 것인지 여부를 더 신중하게 판단할 필요가 있다. 또한 패소할 것이 분명하지 아니한 경우 법원은 소송비용을 지출할 자금능력이 부족한 사람에 대하여 신청 또는 직권으로 소송구조를 할 수 있으므로(제128조 제1항), **변호사선임명령을 받은 당사자에 대하여 소송구조를 통하여 소송관계를 분명하게 할 수 있는 사안인지도 아울러 살필 필요**가 있다."고 한다(2023. 12. 14. 2023마6934).

II. 변론무능력자

1. 변호사가 아닌 자

변호사가 아닌 사람은 단독판사가 심리·재판하는 사건의 경우와 법률상 소송대리인의 경우를 제외하고는 소송대리인의 자격이 없다. 따라서 변호사 아닌 자는 소송대리인으로서의 변론능력이 없다.

2. 진술금지의 재판을 받은 자

법원은 당사자 또는 대리인이 소송관계를 명료하게 하기 위해 필요한 진술을 하지 못하는 경우에 진술금지의 재판을 할 수 있다(제144조 제1항). 이러한 재판을 받은 자는 변론능력을 상실하게 되는데, **그 효력은 당해 변론기일에만 한정하는 것이 아니라 그 심급의 이후의 변론 전부에 미친다.** 진술금지의 재판의 경우에 법원은 변호사의 선임을 명할 수 있고, 대리인에게 진술을 금지하거나 변호사의 선임을 명하였을 때에는 본인에게 그 취지를 통지하여야 한다(제144조 제2항·제3항).

3. 발언금지 명령을 받은 자

변론이나 변론준비절차의 지휘에 관한 재판장의 소송지휘명령에 불응하여 발언을 금지당한 당사자나 법정대리인은 변론능력이 없다(제135조 제2항·제286조). 이러한 **발언금지명령은 해당기일에만 변론능력이 없으며 그 사유가 없어지면 곧 명령을 취소하여야 한다.** 금지명령에 불구하고 발언하여도 소송법상의 효력은 없다.

Ⅲ. 변론능력 흠결의 효과

1. 소송행위의 무효

변론능력은 소송요건이 아니고 소송행위의 유효요건이다. 따라서 변론능력이 있는지 여부는 법원이 자유재량으로 판단한다. 따라서 법원은 변론무능력자의 소송관여를 배척하고 그에 의한 소송행위를 무시할 수 있다. 한편 변론능력이 없는 자의 소송행위를 추인할 수 있는지 여부에 대하여는 견해가 대립된다.

2. 기일불출석의 불이익

진술금지의 재판을 한 경우에는 변론속행의 신기일을 정할 것이나, 그 신기일에 당사자가 거듭 출석하여도 기일에 불출석한 것으로 취급되어 기일해태의 불이익을 받게 된다(제150조·제268조·제286조).

3. 소·상소의 각하

진술금지의 재판과 함께 변호사선임명령을 받은 자가 신기일까지 변호사를 선임하지 않을 경우에는 법원은 결정으로 소 또는 상소를 각하할 수 있다(제144조 제4항·제5항).

판례는 "[1] 제144조 제1항·제2항·제4항에 의하면 당사자 또는 대리인이 법원의 변호사 선임명령을 받고도 신기일까지 변호사를 선임하지 아니한 때에는 소가 각하될 수 있고, 그러한 경우 당사자는 경제적·시간적으로 많은 불이익을 입게 되므로, 이러한 점을 고려하여 제3항에 의하면 당사자 본인이 아닌 대리인에게 진술을 금하고 변호사의 선임을 명하였을 때에는 실질적으로 변호사 선임권한을 가진 본인에게 그 취지를 통지하여 그로 하여금 변호사 선임여부를 결정할 수 있는 기회를 부여하도록 하고 있다고 보여지므로, **그러한 통지가 없는 경우에는 변호사를 선임하지 아니하여도 소를 각하할 수는 없다.** [2] 선정당사자는 소송의 당사자이지만 선정행위의 본질이 임의적 소송신탁에 불과하여 다른 선정자들과의 내부적 관계에서는 소송수행권을 위임받은 소송대리인과 유사한 측면이 있고 나아가 선정당사자가 법원의 선임명령에 따라 변호사를 선임하기 위하여는 선정자들의 의견을 고려하지 않을 수 없는 현실적 사정을 감안하면, **선정당사자에게 변론을 금함과 아울러 변호사 선임명령을 한 경우에도 제144조 제3항을 유추하여 실질적으로 변호사 선임권한을 가진 선정자들에게 법원이 그 취지를 통지하거나 다른 적당한 방법으로 이를 알려주어야 하고 그러한 조치 없이는 변호사의 선임이 이루어지지 아니하였다 하여 곧바로 소를 각하할 수는 없다.**"고 한다(2000. 10. 18. 2000마2999).

4. 변론능력을 간과한 판결의 효력

법원이 변론능력의 흠결을 간과하고 종국재판을 선고한 경우에는 이를 이유로 상소 또는 재심에 의하여 취소를 구할 수는 없다. 왜냐하면 소송의 원활·신속을 목적으로 하는 변론능력 제도의 공익적 목적에 비추어, 법원이 변론무능력자의 소송관여를 문제 삼지 않았으면 소송경제상 그 하자는 치유된 것으로 볼 수 있기 때문이다.

제04절 소송상 대리인

◆ 제1관 서 설

Ⅰ. 의의 및 구별개념

소송상 대리인이란 당사자를 대리하여 당사자의 이름으로 소송행위를 하거나 상대방 또는 법원의 소송행위를 받는 자를 말한다. 대리인은 당사자의 이름으로 소송을 수행하지만 자기 자신의 의사로 소송을 수행하기 때문에 소송행위 등을 전달하는 사자와 구별되며, 당자사의 이름으로 소송을 수행하는 점에서 자기의 이름으로 소송을 수행하는 소송담당자와도 구별된다.

Ⅱ. 종 류

대리권이 당사자의 의사에 기하여 수여되었는가에 따라 (a) 본인의 의사와 관계없이 실체법 또는 소송법에 의하여 대리인이 된 **법정대리인**과, (b) 본인의 의사에 의하여 선임된 **임의대리인**으로 구별된다. 한편 소송상 대리인은 특별한 규정이 없는 한 포괄적 대리인이지만, 개개의 특정한 소송행위에만 대리를 할 수 있는 개별적 대리인(제181조·제182조·제184조 후문)도 있다.

Ⅲ. 민법상 대리인과의 차이

소송절차의 원활한 진행과 절차의 안정을 위하여 소송상 대리는 민법상 대리와 달리 대리권의 존재와 범위를 명확히 하고 획일적으로 처리할 필요가 있다. 따라서 민사소송법은 대리권 범위를 법정하고 있으며(제56조·제90조), 대리권도 서면으로 증명하도록 하고(제58조·제89조), 대리권 소멸도 소멸사실을 통지하도록 하고 있다(제63조·제97조).

◆ 제2관 **법정대리인**

Ⅰ. 의 의

　법정대리인은 본인의 의사와는 관계없이 인정되는 대리인이다. 법정대리인은 본인의 의사에 기하지 아니하고 선임되고, 본인으로부터 간섭을 받지 않고 소송행위를 할 수 있다. 법정대리인 제도는 스스로 소송을 수행할 능력이 없는 사람의 소송상 이익을 보호하기 위한 제도이다. 법정대리인은 (a) 실체법상의 법정대리인(제51조)과, (b) 소송법상의 특별대리인(제62조·제378조)이 있다. (c) 법인의 대표자 또는 비법인 사단 또는 재단의 대표자·관리인은 법정대리인이 아니나, 민사소송법상 법정대리인에 준하여 취급된다(제64조).

Ⅱ. 종 류

1. 실체법상의 법정대리인

> **제51조(당사자능력·소송능력 등에 대한 원칙)** 당사자능력, 소송능력, 소송무능력자의 법정대리와 소송행위에 필요한 권한의 수여는 이 법에 특별한 규정이 없으면 민법, 그 밖의 법률에 따른다.

　민법상 법정대리인의 지위에 있는 사람은 소송법상으로도 법정대리인이 된다(제51조). 따라서 미성년자의 경우에는 친권자 또는 후견인이, 피성년후견인의 경우에는 성년후견인이, 피한정후견인·피특정후견인의 경우에는 한정후견인·특정후견인에게 소송대리권이 부여되었다면 한정후견인·특정후견인이 소송법상 법정대리인이 된다. 그밖에 민법상 특별대리인(민법 제64조·제921조), 법원이 선임한 부재자의 재산관리인 등도 소송법상 법정대리인이 된다.

　판례는 "제59조 전단과 제60조는 소송능력·법정대리권 또는 소송행위에 필요한 권한의 수여에 흠이 있는 경우에는 법원은 기간을 정하여 이를 보정하도록 명하여야 하고, 소송능력·법정대리권 또는 소송행위에 필요한 권한의 수여에 흠이 있는 사람이 소송행위를 한 뒤에 보정된 당사자나 법정대리인이 이를 추인한 경우에는 그 소송행위는 이를 한 때에 소급하여 효력이 생긴다고 규정하고 있다. 그러므로 **미성년자의 법정대리인에게 법정대리권이 흠결된 경우 법원은 흠을 보정할 수 없음이 명백한 때가 아닌 한 기간을 정하여 보정을 명하여야 할 의무가 있고, 법정대리권의 보정은 항소심에서도 가능하다.**"고 한다(2024. 7. 11. 2023다301941).

2. 소송법상의 특별대리인

가. 제한능력자와 의사무능력자를 위한 특별대리인

> **제62조(제한능력자를 위한 특별대리인)** ① 미성년자·피한정후견인 또는 피성년후견인이 당사자인 경우, 그 친족, 이해관계인(미성년자·피한정후견인 또는 피성년후견인을 상대로 소송행위를 하려는 사람을 포함한다), 대리권 없는 성년후견인, 대리권 없는 한정후견인, 지방자치단체의 장 또는 검사는 다음 각 호의 경우에 소송절차가 지연됨으로써 손해를 볼 염려가 있다는 것을 소명하여 수소법원에 특별대리인을 선임하여 주도록 신청할 수 있다.
> 　1. 법정대리인이 없거나 법정대리인에게 소송에 관한 대리권이 없는 경우
> 　2. 법정대리인이 사실상 또는 법률상 장애로 대리권을 행사할 수 없는 경우
> 　3. 법정대리인의 불성실하거나 미숙한 대리권 행사로 소송절차의 진행이 현저하게 방해받는 경우

② 법원은 소송계속 후 필요하다고 인정하는 경우 직권으로 특별대리인을 선임·개임하거나 해임할 수 있다.
③ 특별대리인은 대리권 있는 후견인과 같은 권한이 있다. 특별대리인의 대리권의 범위에서 법정대리인의 권한은 정지된다.
④ 특별대리인의 선임·개임 또는 해임은 법원의 결정으로 하며, 그 결정은 특별대리인에게 송달하여야 한다.
⑤ 특별대리인의 보수, 선임 비용 및 소송행위에 관한 비용은 소송비용에 포함된다.

제62조의2(의사무능력자를 위한 특별대리인의 선임 등) ① 의사능력이 없는 사람을 상대로 소송행위를 하려고 하거나 의사능력이 없는 사람이 소송행위를 하는 데 필요한 경우 특별대리인의 선임 등에 관하여는 제62조를 준용한다. 다만, 특정후견인 또는 임의후견인도 특별대리인의 선임을 신청할 수 있다.
② 제1항의 특별대리인이 소의 취하, 화해, 청구의 포기·인낙 또는 제80조에 따른 탈퇴를 하는 경우 법원은 그 행위가 본인의 이익을 명백히 침해한다고 인정할 때에는 그 행위가 있는 날부터 14일 이내에 결정으로 이를 허가하지 아니할 수 있다. 이 결정에 대해서는 불복할 수 없다.

나. 판결절차 이외의 특별대리인

판결절차 이외의 특별대리인으로는 증거보전절차(제378조 후문), 집행을 개시한 뒤에 채무자가 죽은 경우에 상속재산에 대한 집행절차(민사집행법 제52조 제2항)에서 인정되는 특별대리인이 있다.

Ⅲ. 법정대리인의 권한과 지위

1. 법정대리권의 범위

제56조(법정대리인의 소송행위에 관한 특별규정) ① 미성년후견인, 대리권 있는 성년후견인 또는 대리권 있는 한정후견인이 상대방의 소 또는 상소 제기에 관하여 소송행위를 하는 경우에는 그 후견감독인으로부터 특별한 권한을 받을 필요가 없다.
② 제1항의 법정대리인이 소의 취하, 화해, 청구의 포기·인낙 또는 제80조에 따른 탈퇴를 하기 위해서는 후견감독인으로부터 특별한 권한을 받아야 한다. 다만, 후견감독인이 없는 경우에는 가정법원으로부터 특별한 권한을 받아야 한다.

가. 친권자

민법 제920조(자의 재산에 관한 친권자의 대리권) 법정대리인인 친권자는 자의 재산에 관한 법률행위에 대하여 그 자를 대리한다. 그러나 그 자의 행위를 목적으로 하는 채무를 부담할 경우에는 본인의 동의를 얻어야 한다.

친권자는 미성년자를 대리하여 아무런 제한 없이 모든 소송행위를 할 수 있다(민법 제920조 본문 참조). 따라서 친권자는 소의 취하·화해·청구의 포기와 인낙 또는 소송탈퇴를 하는 경우에 후견감독인의 동의를 받을 필요가 없다. 즉 제56조 제2항의 법정대리인에 친권자는 포함되지 않는다.

나. 후견인

민법 제950조(후견감독인의 동의를 필요로 하는 행위) ① 후견인이 피후견인을 대리하여 다음 각 호의 어느 하나에 해당하는 행위를 하거나 미성년자의 다음 각 호의 어느 하나에 해당하는 행위에 동의를 할 때는 후견감독인이 있으면 그의 동의를 받아야 한다.

1. 영업에 관한 행위
2. 금전을 빌리는 행위
3. 의무만을 부담하는 행위
4. 부동산 또는 중요한 재산에 관한 권리의 득실변경을 목적으로 하는 행위
5. 소송행위
6. 상속의 승인, 한정승인 또는 포기 및 상속재산의 분할에 관한 협의

② 후견감독인의 동의가 필요한 행위에 대하여 후견감독인이 피후견인의 이익이 침해될 우려가 있음에도 동의를 하지 아니하는 경우에는 가정법원은 후견인의 청구에 의하여 후견감독인의 동의를 갈음하는 허가를 할 수 있다.
③ 후견감독인의 동의가 필요한 법률행위를 후견인이 후견감독인의 동의 없이 하였을 때에는 피후견인 또는 후견감독인이 그 행위를 취소할 수 있다.

후견인이 피후견인을 대리하여 소·상소의 제기 등 능동적 소송행위를 할 경우에는 후견감독인의 동의를 얻어야 한다(민법 제950조 제1항 제5호). 그러나 후견인이 상대방의 소제기 또는 상소에 대하여 응소하는 등 수동적 소송행위를 할 경우에는 후견감독인으로부터 특별한 권한을 받을 필요가 없다(제56조 제1항). 다만 후견인이 소의 취하(상소의 취하도 포함되는 것으로 해석)·화해·청구의 포기와 인낙 또는 소송탈퇴를 할 때에는 후견감독인(후견감독인이 없는 경우에는 가정법원)으로부터 특별한 권한을 받아야 한다(제56조 제2항).

다. 특별대리인

(a) 민법상 특별대리인(민법 제64조·제921조·제949조의3)은 당해 소송에 관하여 일체의 소송행위를 할 수 있다. (b) 민사소송법상 특별대리인은 대리권 있는 후견인과 같은 권한이 있다. 특별대리인의 대리권의 범위에서 법정대리인의 권한은 정지된다(제62조 제3항).

2. 공동대리의 경우

제180조(공동대리인에게 할 송달) 여러 사람이 공동으로 대리권을 행사하는 경우의 송달은 그 가운데 한 사람에게 하면 된다.

민사소송규칙 제49조(공동대리인에게 할 송달) 법 제180조의 규정에 따라 송달을 하는 경우에 그 공동대리인들이 송달을 받을 대리인 한 사람을 지정하여 신고한 때에는 지정된 대리인에게 송달하여야 한다.

가. 내 용

공동대리는 혼인 중의 부모(민법 제909조 제2항), 공동성년후견인(민법 제949조의2 제1항), 공동지배인(상법 제12조 제1항, 단 공동지배인은 임의대리인), 합명회사 및 합자회사의 공동대표사원(상법 제208조 제1항·제269조), 주식회사 및 유한회사의 공동대표이사(상법 제389조 제2항·제562조 제3항), 공동청산인(상법 제542조 제2항·제389조 제2항), 주식회사 감사위원회의 공동대표위원(상법 제415조의2 제4항 후단) 등과 같이, **실체법상 공동대리에 관한 규정이 있는 경우에만 인정된다.**

나. 수동적 소송행위

공동대리인이 있는 경우라도 상대방이 하는 소송행위의 수령은 단독으로 할 수 있다(상법 제12조 제2항·제208조 제2항·제389조 제3항·제562조 제4항). 또한 송달은 수인 중에서 1인에게 하면 된다

(제180조). 그러나 공동대리인들이 송달받을 대리인을 지정하여 신고한 경우에는 지정된 대리인에게 송달하여야 한다(민사소송규칙 제49조).

다. 능동적 소송행위

소·상소의 제기, 소·상소의 취하, 화해, 청구의 포기·인낙, 소송탈퇴 등 제56조 제2항의 소송행위는 명시적으로 공동으로 하지 않으면 무효가 된다. 그 밖의 소송행위에 대하여는 ① 제67조를 준용하여 공동대리인 한 사람의 행위가 본인에게 유리한 것은 혼자 할 수 있으나 본인에게 불리한 것은 공동대리인 전원이 해야 한다는 견해(제67조 준용설)도 있으나, ② 다수설은 단독으로 하여도 다른 공동대리인이 묵인하면 묵시적으로 공동으로 한 것으로 본다(제56조 제2항 유추적용설).

3. 법정대리권의 증명

> 제58조(법정대리권 등의 증명) ① 법정대리권이 있는 사실 또는 소송행위를 위한 권한을 받은 사실은 서면으로 증명하여야 한다. 제53조의 규정에 따라서 당사자를 선정하고 바꾸는 경우에도 또한 같다.
> ② 제1항의 서면은 소송기록에 붙여야 한다.
>
> 제97조(법정대리인에 관한 규정의 준용) 소송대리인에게는 제58조 제2항·제59조·제60조 및 제63조의 규정을 준용한다.

대리인이 소송행위를 하려면 법정대리인은 대리권의 존재 및 범위를 서면으로 증명하여야 한다(제58조 제1항 본문). 이는 소송절차의 진행과정에서 대리권의 유무에 관한 분쟁을 방지하여 소송절차를 원활하고 명확하게 처리할 필요가 있기 때문이다.

4. 법정대리인의 지위

> 제179조(소송무능력자에게 할 송달) 소송무능력자에게 할 송달은 그의 법정대리인에게 한다.
>
> 제372조(법정대리인의 신문) 소송에서 당사자를 대표하는 법정대리인에 대하여는 제367조 내지 제371조의 규정을 준용한다. 다만, 당사자 본인도 신문할 수 있다.

법정대리인은 당사자가 아니므로 법관의 제척사유나 재판적을 정하는 기준이 되지 않고, 기판력을 포함한 판결의 효력을 받지도 않는다. 다만 법정대리인은 **당사자에 준하는 지위**를 갖는다. 즉 법정대리인의 표시는 소장이나 판결의 필요적 기재사항이고(제249조 제1항·제208조 제1항 제1호), **당사자 본인이 출석하여야 하는 경우에 법정대리인이 본인에 갈음하여 출석**하며(제140조 제1항 제1호), 법정대리인이 있는 경우에 송달은 반드시 법정대리인에게 하여야 하고 본인에게 하여서는 안 되며(제179조), 법정대리인은 증인능력이 없으므로 당사자본인신문의 방식에 의하며(제372조), 또한 법정대리인은 보조참가인이 될 수 없으며, 법정대리인이 사망하거나 대리권이 상실되면 소송수행을 할 수 있는 자가 없어지므로 소송절차가 중단된다(제235조).

IV. 법정대리권의 소멸

1. 소멸원인

법정대리권의 소멸원인도 민법 기타의 법률에 의한다(제51조). 따라서 ⓐ 본인 또는 법정대리인이 사망한 경우, (b) 법정대리인이 성년후견개시심판 또는 파산선고를 받은 경우(민법 제127조), (c) 본인이 소송능력을 갖게 되거나 또는 법정대리인이 자격을 상실한 경우에 법정대리권은 소멸한다.

2. 소멸통지

> **제63조(법정대리권의 소멸통지)** ① 소송절차가 진행되는 중에 법정대리권이 소멸한 경우에는 본인 또는 대리인이 상대방에게 소멸된 사실을 통지하지 아니하면 소멸의 효력을 주장하지 못한다. 다만, 법원에 법정대리권의 소멸사실이 알려진 뒤에는 그 법정대리인은 제56조 제2항의 소송행위를 하지 못한다.[15]
> ② 제53조의 규정에 따라 당사자를 바꾸는 경우에는 제1항의 규정을 준용한다.
>
> **제97조(법정대리인에 관한 규정의 준용)** 소송대리인에게는 제58조 제2항·제59조·제60조 및 제63조의 규정을 준용한다.

법정대리권의 소멸을 본인 또는 대리인이 상대방에 통지하지 아니하면 효력이 없다(제63조 제1항 본문). 따라서 소멸통지가 도달할 때까지는 법정대리인이 한, 또는 법정대리인에 대한 소송행위는 무효로 되지 않는다. 상대방이 소멸사실에 대하여 선의인지 악의인지, 선의인 경우에 과실 유무를 불문한다. 이는 소송절차의 원활·안정을 도모하기 위해서 민법상의 대리와는 달리 대리권의 존부·범위를 획일적이고 명확하게 처리할 필요가 있기 때문에 만들어진 규정이기 때문이다.

판례는 "제64조·제63조 제1항의 취지는 법인 대표자의 대표권이 소멸하였더라도 당사자가 대표권의 소멸사실을 알았는지의 여부, 모른 데에 과실이 있었는지의 여부를 불문하고 그 사실의 통지 유무에 의하여 대표권의 소멸 여부를 획일적으로 처리함으로써 소송절차의 안정과 명확을 기하기 위함에 있으므로, **법인 대표자의 대표권이 소멸된 경우에도 통지가 있을 때까지는 특별한 사정이 없는 한 소송절차상으로는 대표권이 소멸되지 아니한 것으로 보아야 하므로, 대표권 소멸사실의 통지가 없는 상태에서 구 대표자가 한 항소취하는 유효하고, 그 후 신 대표자가 항소취하에 이의를 제기하였다고 하여 달리 볼 것은 아니다.**"고 하였다(2007. 5. 10. 2007다7256).

그런데 이와 같은 판례의 입장에 따르면 구대표자가 상대방과 통모하여 본인에게 손해를 가할 의도로 소를 취하하는 등의 소송행위를 한 경우에도 유효하게 볼 수밖에 없다. 이는 본인에게 불리하기 때문에, 제63조 제1항 단서가 신설되었다. 이 규정은 소송대리인에게도 준용된다(제97조).

3. 소송절차의 중단

소송계속 중에 법정대리인이 사망하거나 법정대리권이 상실되면 소송수행을 할 수 있는 자가 없어지므로 소송절차가 중단된다. 그러나 소송대리인이 선임되어 있으면 소송절차가 중단되지 아니한다(제238조).

V. 법인 등의 대표자

> **제64조(법인 등 단체의 대표자의 지위)** 법인의 대표자 또는 제52조의 대표자 또는 관리인에게는 이 법 가운데 법정대리와 법정대리인에 관한 규정을 준용한다.

---

[15] 법인의 경우에는 대표자가 변경된 내용이 기재된 등기사항증명서를 법원에 제출한다면 법원에 법정대리권의 소멸사실이 알려진 것으로 볼 수 있다.

(ⅰ) 법인의 대표자 또는 비법인사단・비법인재단의 대표자 또는 관리인에게는 민사소송법의 법정대리와 법정대리인에 관한 규정을 준용한다(제64조). 법인이나 비법인사단・재단은 당사자능력을 갖지만, 대표자 또는 관리인이 소송행위를 수행하기 때문에, 대표자 또는 관리인이 법정대리인에 준하는 지위를 갖는다.

따라서 판례는 "법인 또는 법인 아닌 사단의 대표자가 없거나 대표권을 행사할 수 없는 경우, 대표자가 사실상 또는 법률상 장애로 대표권을 행사할 수 없는 경우, 대표자의 불성실하거나 미숙한 대표권 행사로 소송절차의 진행이 현저하게 방해받는 경우에 **제64조에 의해 준용되는 제62조**에 따라 선임된 특별대리인, 즉 **소송법상 특별대리인은 법인 또는 법인 아닌 사단의 대표자와 동일한 권한을 가져 소송수행에 관한 일체의 소송행위를 할 수 있으므로, 소송법상 특별대리인은 법인을 대표하여 수행하는 소송에 관하여 상소를 제기하거나 이를 취하할 권리가 있다.**"고 한다(2018. 12. 13. 2016다210849).

또한 "법인이 당사자인 경우 이해관계인 등은 법인의 대표자가 없거나 대표자에게 소송에 관한 대리권이 없는 경우 또는 법인의 대표자가 사실상 또는 법률상 장애로 대표권을 행사할 수 없는 경우에, 소송절차가 지연됨으로써 손해를 볼 염려가 있다는 것을 소명하여 수소법원에 특별대리인을 선임하여 주도록 신청할 수 있다(제64조, 제62조 제1항). **특별대리인 선임을 신청해야 하는 수소법원은 본안사건이 장래에 계속될 또는 이미 계속되어 있는 법원**을 의미한다."고 한다(2024. 2. 15. 2023마7226).

(ⅱ) 판례는 "**적법한 대표자 자격이 없는 비법인 사단의 대표자가 한 소송행위는 대표자 자격을 적법하게 취득한 대표자가 소송행위를 추인하면 행위 시에 소급하여 효력을 갖고, 추인은 상고심에서도 할 수 있다.**"고 한다(2010. 6. 10. 2010다5373).

또한 "주식회사 이사가 회사에 대하여 소를 제기함에 있어서 상법 제394조에 의하여 소에 관하여 회사를 대표할 권한이 있는 감사를 대표자로 표시하지 아니하고 대표이사를 대표자로 표시한 소장을 법원에 제출하고, 법원도 이 점을 간과하여 대표이사에게 소장부본을 송달한 채, 대표이사로부터 소송대리권을 위임받은 변호사들에 의하여 소송이 수행되었다면, 그 소송에 관하여는 회사를 대표할 권한이 대표이사에게 없기 때문에, **소장이 회사에게 적법・유효하게 송달되었다고 볼 수 없음은 물론 대표이사가 회사를 대표하여 한 소송행위나 이사가 대표이사에 대하여 한 소송행위는 무효가 된다.** 그러나 민사소송법 제64조에 따라 법인의 대표자에게도 준용되는 같은 법 제59조 전단 및 제60조는, 소송능력・법정대리권 또는 소송행위에 필요한 권한의 수여에 흠이 있는 경우에는 법원은 기간을 정하여 보정하도록 명하여야 하고, 소송능력・법정대리권 또는 소송행위에 필요한 권한의 수여에 흠이 있는 사람이 소송행위를 한 뒤에 보정된 당사자나 법정대리인이 추인한 경우에는 소송행위는 소급하여 효력이 생긴다고 규정하고 있기 때문에, **법원은 민사소송법의 규정에 따라 대표권이 흠결된 경우에는 흠결을 보정할 수 없음이 명백한 때가 아닌 한 기간을 정하여 보정을 명하여야 할 의무가 있고, 대표권의 보정은 항소심에서도 가능하다.**"고 한다(2011. 7. 28. 2009다86918).

또한 "민법상의 법인이나 비법인사단을 상대로 대표자의 지위 부존재 확인을 구하는 소송에서 단체를 대표할 자는 지위 부존재 확인의 대상이 된 대표자이나, 대표자에 대하여 직무집행정지가처분 결정이 내려진 경우에는, 가처분 결정에 특별한 정함이 없는 한 그 대표자는 본안소송에서 단체를 대표할 권한을 포함한 일체의 직무집행에서 배제된다. 따라서 **원고가 단체를 상대로 직무집행정지가처분 결정이 내려진 대표자의 대표자 지위 부존재 확인의 소를 제기하면서 그 대표자를 단체의 대표**

자로 표시한 소장을 제출하고 법원도 그 대표자를 송달받을 사람으로 하여 소장부본을 송달한 후 소송절차가 진행되었다면, 그 대표자에게는 소송에 관하여 단체를 대표할 권한이 없기 때문에 소장부본이 단체에 적법·유효하게 송달되었다고 볼 수 없고 그 대표자가 단체를 대표하여 한 소송행위나 원고가 그 대표자에 대하여 한 소송행위는 모두 무효가 된다. 그러나 **제64조에 따라 법인의 대표자에게 준용되는 제59조 전단 및 제60조**는, 소송능력·법정대리권 또는 소송행위에 필요한 권한의 수여에 흠이 있는 경우에는 법원은 기간을 정하여 보정하도록 명하여야 하고, 소송능력·법정대리권 또는 소송행위에 필요한 권한의 수여에 흠이 있는 사람이 소송행위를 한 뒤에 보정된 당사자나 법정대리인이 이를 추인한 경우에는 그 소송행위는 이를 한 때에 소급하여 효력이 생긴다고 규정하고 있다. 그러므로 **법인의 대표자에게 대표권이 없는 경우 법원은 흠을 보정할 수 없음이 명백한 사정이 있지 않는 한 기간을 정하여 보정하도록 명할 의무가 있고, 대표권의 보정은 항소심에서도 가능하다.**"고 한다(2024. 4. 12. 2023다313241).

◆ 제3관 임의대리인

Ⅰ. 서 설

1. 의 의

> 제97조(법정대리인에 관한 규정의 준용) 소송대리인에게는 제58조 제2항·제59조·제60조 및 제63조의 규정을 준용한다.

임의대리인이란 본인의 의사에 의하여 대리권이 수여된 소송대리인을 말한다. 소송상의 대리인 중 **포괄적 대리권을 가진 임의대리인을 소송대리인**이라고 한다. 이러한 소송대리인에는 (a) 지배인(상법 제11조)과 같은 법률상 소송대리인(제87조·제92조)과, (b) 소송위임에 의한 소송대리인(협의의 소송대리인)이 있다.

2. 종 류

가. 법률상 소송대리인

법률에 따라 본인을 위하여 재판상의 행위를 행할 수 있는 것으로 인정된 자를 말하는데 지배인(상법 제11조), 선장(상법 제749조 제1항) 등이 그 예이다. 법률상 소송대리인도 본인의 의사로 선임하고 해임할 수 있기 때문에 성질상 임의대리인의 일종이지만, 선임이 되면 법률 규정에 의하여 재판상 행위를 할 수 있기 때문에 법정대리인과 유사한 측면이 있다.

나. 소송위임에 의한 소송대리인

특정한 소송사건의 처리를 위임받은 대리인을 소송위임에 의한 소송대리인이라고 하는데, 소송대리인은 보통 소송위임에 의한 소송대리인을 의미한다. 위임에 의한 소송대리인은 원칙적으로 변호사나 법무법인·법무법인 유한·법무조합이나, 일정한 경우에는 비변호사라도 위임에 의한 소송대리인이 될 수 있다.

Ⅱ. 소송대리인의 자격

제87조(소송대리인의 자격) 법률에 따라 재판상 행위를 할 수 있는 대리인 외에는 변호사가 아니면 소송대리인이 될 수 없다.

제88조(소송대리인의 자격의 예외) ① 단독판사가 심리·재판하는 사건 가운데 그 소송목적의 값이 일정한 금액 이하인 사건에서, 당사자와 밀접한 생활관계를 맺고 있고 일정한 범위안의 친족관계에 있는 사람 또는 당사자와 고용계약 등으로 그 사건에 관한 통상 사무를 처리·보조하여 오는 등 일정한 관계에 있는 사람이 법원의 허가를 받은 때에는 제87조를 적용하지 아니한다.
② 제1항의 규정에 따라 법원의 허가를 받을 수 있는 사건의 범위, 대리인의 자격 등에 관한 구체적인 사항은 대법원규칙으로 정한다.
③ 법원은 언제든지 제1항의 허가를 취소할 수 있다.

민사소송규칙 제15조(단독사건에서 소송대리의 허가) ① 단독판사가 심리·재판하는 사건으로서 다음 각 호의 어느 하나에 해당하는 사건에서는 변호사가 아닌 사람도 법원의 허가를 받아 소송대리인이 될 수 있다.
 1. 「민사 및 가사소송의 사물관할에 관한 규칙」 제2조 단서 각 호의 어느 하나에 해당하는 사건
 2. 제1호 사건 외의 사건으로서 다음 각 목의 어느 하나에 해당하지 아니하는 사건
  가. 소송목적의 값이 소제기 당시 또는 청구취지 확장(변론의 병합 포함) 당시 1억 원을 넘는 소송사건
  나. 가목의 사건을 본안으로 하는 신청사건 및 이에 부수하는 신청사건(다만, 가압류·다툼의 대상에 관한 가처분 신청사건 및 이에 부수하는 신청사건은 제외한다)
② 제1항과 법 제88조 제1항의 규정에 따라 법원의 허가를 받을 수 있는 사람은 다음 각호 가운데 어느 하나에 해당하여야 한다.
 1. 당사자의 배우자 또는 4촌 안의 친족으로서 당사자와의 생활관계에 비추어 상당하다고 인정되는 경우
 2. 당사자와 고용, 그밖에 이에 준하는 계약관계를 맺고 그 사건에 관한 통상사무를 처리·보조하는 사람으로서 그 사람이 담당하는 사무와 사건의 내용 등에 비추어 상당하다고 인정되는 경우
③ 제1항과 법 제88조 제1항에 규정된 허가신청은 서면으로 하여야 한다.
④ 제1항과 법 제88조 제1항의 규정에 따른 허가를 한 후 사건이 제1항 제2호 각 목의 어느 하나에 해당하는 사건(다만, 제1항 제1호에 해당하는 사건은 제외한다) 또는 민사소송등인지법 제2조 제4항에 해당하게 된 때에는 법원은 허가를 취소하고 당사자 본인에게 그 취지를 통지하여야 한다.

Ⅲ. 소송대리권의 수여

제89조(소송대리권의 증명) ① 소송대리인의 권한은 서면으로 증명하여야 한다.
② 제1항의 서면이 사문서인 경우에는 법원은 공증인, 그 밖의 공증업무를 보는 사람(이하 "공증사무소"라 한다)의 인증을 받도록 소송대리인에게 명할 수 있다.
③ 당사자가 말로 소송대리인을 선임하고, 법원사무관등이 조서에 그 진술을 적어 놓은 경우에는 제1항 및 제2항의 규정을 적용하지 아니한다.

소송대리권은 당사자 본인이 대리권을 수여함으로써 발생한다. 따라서 판례는 "**명의신탁자가 실체법상 처분권한을 가진다고 하여 그것만으로 소송법상 명의수탁자의 명의로 소송행위를 할 수 있는 것은 아니다.**"고 한다(1996. 12. 23. 95다22436). 한편 소송대리권을 수여하는 행위는 상대방 있는 단독

적 소송행위로서 소송능력이 있어야 한다. 수권의 방식은 자유이므로 말이나 서면으로 할 수 있다. 다만, 대리권의 존재와 범위는 서면으로 증명하여야 하기 때문에(제89조 제1항), 일반적으로 서면으로 한다.

Ⅳ. 소송대리권의 범위

1. 법률상 소송대리인

> **상법 제11조(지배인의 대리권)** ① 지배인은 영업주에 갈음하여 그 영업에 관한 재판상 또는 재판외의 모든 행위를 할 수 있다.
> ② 지배인은 지배인이 아닌 점원 기타 사용인을 선임 또는 해임할 수 있다.
> ③ 지배인의 대리권에 대한 제한은 선의의 제3자에게 대항하지 못한다.
>
> **제92조(법률에 의한 소송대리인의 권한)** 법률에 의하여 재판상 행위를 할 수 있는 대리인의 권한에는 제90조와 제91조의 규정을 적용하지 아니한다.

법률상 소송대리인의 대리권의 범위는 각 해당 법률(제87조·상법 제11조 제1항)에서 규정하고 있다. 법률상 소송대리인의 권한은 각 해당 법률에서 제한하는 경우를 제외하고는 별도로 제한할 수 없다(제92조).

2. 소송위임에 의한 소송대리인

가. 소송대리권의 범위

> **제90조(소송대리권의 범위)** ① 소송대리인은 위임을 받은 사건에 대하여 반소·참가·강제집행·가압류·가처분에 관한 소송행위 등 일체의 소송행위와 변제의 영수를 할 수 있다.
> ② 소송대리인은 다음 각호의 사항에 대하여는 특별한 권한을 따로 받아야 한다.
>   1. 반소의 제기
>   2. 소의 취하, 화해, 청구의 포기·인낙 또는 제80조의 규정에 따른 탈퇴
>   3. 상소의 제기 또는 취하
>   4. 대리인의 선임
>
> **제91조(소송대리권의 제한)** 소송대리권은 제한하지 못한다. 다만, 변호사가 아닌 소송대리인에 대하여는 그러하지 아니하다.

소송대리권의 범위는 포괄적으로 법정되어 있으며 이것을 제한할 수 없다. 다만 변호사가 아닌 소송대리인의 경우는 개별적 대리 등의 제한이 허용된다(제91조). 따라서 원칙적으로 소송위임에 의한 소송대리인은 위임을 받은 사건의 소송수행을 위하여 필요한 일체의 소송행위를 할 수 있다. 그리고 법문에는 사법행위에 관하여 '변제의 영수'에 대하여만 규정하고 있지만 이는 예시적인 것이기 때문에, 본인이 가진 상계권 등의 사법상의 형성권도 행사할 수 있다.

판례도 "**위임에 의한 소송대리인이 가지는 대리권의 범위에는 특별수권을 필요로 하는 사항을 제외한 소송수행에 필요한 일체의 소송행위를 할 권한뿐만 아니라 소송목적인 채권의 변제를 채무자로부터 수령하는 권한을 비롯하여 위임을 받은 사건에 관한 실체법상 사법행위를 하는 권한도 포함된**

다."고 하고(2015. 10. 29. 2015다32585), "가압류·가처분 등 보전소송사건을 수임받은 소송대리인의 소송대리권은 수임받은 사건에 관하여 포괄적으로 미친다고 할 것이므로, **가압류사건을 수임받은 변호사의 소송대리권은 가압류 신청사건에 관한 소송행위뿐만 아니라 본안의 제소명령을 신청하거나, 상대방의 신청으로 발하여진 제소명령 결정을 송달받을 권한에까지 미친다.**"고 한다(2003. 3. 31. 2003마324).

나. 특별수권사항

1) 반소의 제기

반소제기만 특별수권사항이고(제90조 제2항 제1호), 피고가 제기한 반소에 원고가 응소하는 경우에는 특별수권사항이 아니다(제90조 제1항).

2) 소의 취하, 화해, 청구의 포기·인낙, 소송탈퇴

소의 취하에는 특별수권이 요구되며, 화해 또는 청구의 포기와 인낙, 소송탈퇴도 소의 취하와 마찬가지로 소송물을 처분하는 행위이므로 특별수권사항이 된다(제90조 제2항 제2호).

판례는 "**수임당시에 인쇄된 위임장에 의해 소취하의 특별수권을 받은 경우**에도 소송대리인이 실제로 소를 취하함에는 다시 본인의 승낙을 받음이 통례이나, 이는 본인의 의사를 확인하는 신중함이며 그러한 통례가 있다 하여 인쇄된 위임장의 소취하 문구가 효력 없는 예문은 아니며 그로 인한 특별수권의 효력도 없다 할 수 없다."고 하고(1984. 2. 28. 84누4), "**소송상 화해나 청구의 포기에 관한 특별수권이 되어 있다면 그러한 소송행위에 대한 수권만이 아니라 그러한 소송행위의 전제가 되는 당해 소송물인 권리의 처분이나 포기에 대한 권한도 수여되어 있다**고 봄이 상당하다."고 한다 (2000. 1. 31. 99마6205).[16]

그러나, 소의 취하에 대한 동의는 특별수권사항이 아니다. 판례도 "**소취하에 대한 소송대리인의 동의는 제90조 제2항의 특별수권사항이 아닐 뿐 아니라 소송대리인에 대하여 특별수권사항인 소취하를 할 수 있는 대리권을 부여한 경우에도 상대방의 소취하에 대한 동의권도 포함되어 있다고 봄이 상당하므로,** 그 같은 소송대리인이 한 소취하의 동의는 소송대리권의 범위내의 사항으로서 본인에게 효력이 미친다."고 한다(1984. 3. 13. 82므40).

3) 상소의 제기 또는 취하

가) 일반론

상소의 제기란 원심법원에 상소장을 제출하는 것을 말한다. 판례는 "소송대리권의 범위는 원칙적

---

16) [23년 변호사시험 사례형 기출] 甲은 X토지를 소유하고 있는 乙과 X토지에 관한 매매계약을 체결하고 잔금까지 지급하였으나, 매도인인 乙이 이전등기를 마쳐 주지 않자 A변호사를 소송대리인으로 선임하여 乙을 상대로 소유권이전등기청구의 소를 제기하였다. 甲은 A변호사에게 소송위임을 하면서 '소의 취하, 화해, 청구의 포기·인낙'에 관한 특별수권을 하였다. 소송 중에 A변호사는 乙이 甲에게 소유권이전등기를 마쳐 주지 못한 이유가 X토지의 일부를 도로로 사용하고 있는데 甲이 소유권을 취득한 후 그 도로를 없애버리면 곤란해지기 때문이라는 점을 파악하고, 乙과 X토지 전체의 5%에 해당하는 도로 부분을 분할하여 그 부분을 제외한 나머지 부분에 대하여 甲에게 소유권이전등기를 마쳐 주는 내용으로 소송상 화해를 하였다. 이에 대하여 甲은 준재심의 소를 제기하면서 자신이 A변호사에게 화해에 관한 권한은 부여하였으나, X토지 전체의 5%를 처분할 수 있는 권한을 준 것은 아니라고 주장하였다. 〈문제〉甲의 주장이 타당한지 판단하고 근거를 서술하시오. (10점)〈해설〉甲의 주장은 타당하지 않다.

으로 당해 심급에 한정되지만, 소송대리인이 상소 제기에 관한 특별한 권한을 따로 받았다면 상소장을 제출할 권한과 의무가 있으므로, 상소장에 인지를 붙이지 아니한 흠이 있다면 소송대리인은 이를 보정할 수 있고 원심재판장도 소송대리인에게 인지의 보정을 명할 수 있다. 그러나 **소송대리인이 상소 제기에 관하여 특별한 권한을 따로 받았더라도, 당사자 본인이 상고장을 작성하여 제출한 경우에는 소송대리인에게 상소장과 관련한 보정명령을 수령할 권능이 없으므로, 원심재판장이 소송대리인에게 보정명령을 송달한 것은 부적법한 송달이어서 송달의 효력이 발생하지 아니한다.**"고 한다(2024. 1. 11. 2023마7122).

또한 "**항소의 제기에 관하여 필요한 수권이 흠결된 소송대리인의 항소장 제출이 있었더라도 당사자 또는 적법한 소송대리인이 항소심에서 본안에 관하여 변론하였다면** 이로써 항소제기 행위를 추인하였다고 할 것이어서, 항소는 당사자가 적법하게 제기한 것으로 된다."고 한다(2007. 2. 22. 2006다81653).

한편, 상소심 진행에 대한 소송대리권을 위임하지 아니하고 '상소의 제기'만을 특별수권을 하였다면 상소의 제기로, 즉 원심법원에 상소장의 제출로 소송대리권이 소멸한다. 판례도 "**제1심 소송대리인이 상소제기에 관한 특별수권이 있어 상소를 제기하였다면 상소제기 시부터 소송절차가 중단되므로 항소심에서 소송수계절차를 거치면 된다.**"고 한다(2016. 4. 2. 2014다210449).

나) 상소에 대한 응소 : 심급대리의 원칙

(i) 문제점 : 심급대리의 원칙이란 소송을 위임할 당시를 기준으로 소송계속 중이거나 장차 계속될 특정 심급에 대해서만 대리할 수 있다는 원칙을 의미한다. 민사소송법상 심급대리의 원칙을 인정할 것인지가 문제된다.

(ii) 학설의 대립 : ① 민사소송법은 상소의 제기만을 특별수권사항으로 하고 있어서 상소에 대한 응소는 특별수권이 필요하지 않으므로 심급대리의 원칙을 인정할 수 없다는 부정설과, ② 상소의 제기가 특별수권사항으로 규정되어 있음에도 해석상 상소에 응소하는 것도 특별수권사항으로 보고 심급대리의 원칙을 인정해야 한다는 긍정설(통설)이 대립된다.

(iii) 판례의 태도 : 판례는 "성공보수약정이 제1심에 대한 것으로 인정되는 이상 보수금의 지급시기에 관하여 특약이 없는 한, **심급대리의 원칙에 따라 수임한 소송사무가 종료하는 시기인 제1심 판결을 송달받은 때**로부터 소멸시효 기간이 진행된다."고 하고(1995. 12. 26. 95다24609), "소송대리권의 범위는 **당해 심급에 한정**되어 소송대리권의 범위는 수임한 소송사무가 종료하는 시기인 **당해 심급의 판결을 송달받은 때**까지이다."고 하고(2000. 1. 31. 99마6205), "소송대리권의 범위는 원칙적으로 해당 심급에 한정되지만, **소송대리인이 상소제기에 관한 특별한 권한을 따로 받았다면 상소장을 제출할 권한과 의무가 있으므로, 상소장에 인지를 붙이지 않은 흠이 있다면 소송대리인은 이를 보정할 수 있고 원심 재판장도 소송대리인에게 인지 보정을 명할 수 있다.**"고 하여(2020. 6. 25. 2019다292026), 긍정설의 입장이다.

(iv) 검 토 : 하나의 심급이 종결될 때마다 소송대리인을 평가할 수 있어야 하므로, 심급대리의 원칙을 인정하는 긍정설 타당하다.

다) 파기환송 전의 소송대리인의 대리권 부활가능성

(i) 학설의 대립 : ① 부정설은 파기환송 판결의 법적 성질이 종국판결임을 고려할 때 환송 전·후

의 항소심은 다른 심급이라고 보아야 하고, 환송 전·후에 다른 법관이 사건을 심판하기 때문에(제436조 제3항), 환송 후의 항소심 절차가 환송 전 변론의 재개인지도 의문이며, 상고심에서 다른 소송대리인에게 대리권을 수여하였으면 종전 소송대리인에 대한 신뢰관계는 소멸되었다고 보는 것이 타당하고, 심급대리의 원칙상 부활하지 않는다는 견해이다. ② 긍정설은 종전 소송대리인은 사실관계에 정통하고, 본인이 종전 소송대리인을 신뢰할 수 없다면 해임을 하면 되고, 환송판결이 종국판결이라는 것은 상급심을 이탈한다는 의미에 불과하기 때문에 환송 후 원심법원은 변론을 속행하여 심리를 계속하므로, 소송대리권이 부활해도 부당하지 않다는 견해이다.

(ⅱ) 판례의 태도 : 판례는 "사건이 상고심에서 환송되어 항소심에 계속하게 된 경우에는 **상고전 항소심에서의 소송대리인의 대리권은 사건이 항소심에 계속되면서 다시 부활**하므로, 환송받은 항소심에서 환송 전의 항소심에서의 소송대리인에게 한 송달은 소송당사자에게 한 송달과 마찬가지의 효력이 있다."고 한다(1984. 6. 14. 84다카744).

또한 "수임인은 위임사무를 완료하여야 보수를 청구할 수 있는 것이 원칙이다(민법 제686조 제2항 참조). 항소심 사건의 소송대리인 변호사 또는 법무법인, 법무법인(유한), 법무조합(이하 '변호사 등'이라 한다)의 위임사무는 특별한 약정이 없는 한 항소심판결이 송달된 때에 종료되므로, 변호사 등은 항소심판결이 송달되어 위임사무가 종료되면 원칙적으로 그에 따른 보수를 청구할 수 있다. 그러나 **항소심판결이 상고심에서 파기되고 사건이 환송되는 경우에는 사건을 환송받은 항소심법원이 환송 전의 절차를 속행하여야 하고 환송 전 항소심에서의 소송대리인인 변호사 등의 소송대리권이 부활**하므로, 환송 후 사건을 위임사무의 범위에서 제외하기로 약정하였다는 등의 특별한 사정이 없는 한 변호사 등은 환송 후 항소심 사건의 소송사무까지 처리하여야만 위임사무의 종료에 따른 보수를 청구할 수 있다."고 한다(2016. 7. 7. 2014다1447).

(ⅲ) 검 토 : 당사자는 환송판결의 취지에 따라 종전 소송대리인이 변론해 줄 것이라고 기대할 수 있고, 환송 후 원심법원에서 별도로 소송대리인을 선임해야 한다는 부담을 줄일 수 있으므로 판례가 타당하다.

(ⅳ) 관련문제 : 판례는 "소송대리권의 범위는 당해 심급에 한정되므로, **상고심에서 항소심으로 파기환송된 사건이 다시 상고되었을 경우에는 항소심의 소송대리인은 소송대리권을 상실하고, 환송 전의 상고심에서의 소송대리인의 대리권이 그 사건이 다시 상고심에 계속되면서 부활하게 되는 것은 아니어서**, 새로운 상고심은 변호사 보수의 소송비용 산입에 관한 규칙의 적용에서는 환송 전의 상고심과는 별개의 심급으로 보아야 한다."고 한다(1996. 4. 4. 96마148). 또한 "재심의 소의 절차에서의 변론은 재심 전 절차의 속행이기는 하나 재심의 소는 신소의 제기라는 형식을 취하고 재심 전의 소송과는 일응 분리되어 있는 것이며, **사전 또는 사후의 특별수권이 없는 이상 재심 전의 소송의 소송대리인이 당연히 재심소송의 소송대리인이 되는 것이 아니다.**"고 한다(1991. 3. 27. 90마970).

4) 복대리인의 선임

대리인이 복대리인을 선임할 수 있는 것을 제한 없이 허용하면 소송위임의 취지에 반하게 될 경우가 많으므로 이를 특별수권사항으로 하고 있다. 만약 특별수권을 받아 복대리인이 선임되면 복대리인도 본인의 대리인이며, 원래 소송대리인이 사임 등으로 대리권이 소멸한 경우라도 복대리인의 대리권이 당연히 소멸되는 것은 아니다. 다만, 복대리인은 대리인의 권한 범위(제90조 제1항)를 넘어설 수 없기 때문에 복대리인은 다시 복복대리인을 선임할 수는 없다.

V. 소송대리인의 지위

1. 제3자로서의 지위

소송대리인은 법정대리인과는 달리 본인이 소송수행을 할 수 있음에도 대리하는 것이므로 제3자에 불과하다. 그리하여 소송대리인은 증인능력·감정인능력이 있다. 또한 소송대리인의 소송수행의 결과로 받는 판결의 효력은 본인에게만 미치고 대리인에게는 미치지 않는다.

2. 소송수행자로서의 지위

소송대리인이 한 소송행위에 대하여는 민법이 적용된다. 따라서 소송행위의 효력이 어느 사정에 대한 선의·악의 또는 고의·과실에 영향을 받을 경우에, 그 사실은 대리인을 기준으로 결정한다(민법 제116조 제1항). 또한 당사자 본인의 악의·과실에 관하여 대리인의 부지(不知)를 주장하지 못한다(민법 제116조 제2항).

3. 본인의 지위 : 당사자의 경정권

> 제94조(당사자의 경정권) 소송대리인의 사실상 진술은 당사자가 이를 곧 취소하거나 경정한 때에는 그 효력을 잃는다.

소송대리인이 선임되어 있는 경우라도, 본인의 소송수행권이 상실당하지 않는다. 따라서 본인에게 기일통지서·판결정본 등을 송달하여도 무방하며 본인이 기일에 출석하여 변론을 하여도 무방하다. 민사소송법은 본인의 진술을 우선시키기 위해서 본인이 법정에 나와 소송대리인의 사실상의 진술을 취소하거나 경정하면 그 진술은 효력이 없다(제94조)고 규정하고 있는데, 이를 경정권이라고 한다. 경정의 대상은 자백 등의 사실상의 진술에 한하므로, 신청이나 소송물을 처분하는 행위·법률상의 진술·경험법칙은 포함되지 않는다.

4. 개별대리의 원칙

> 제93조(개별대리의 원칙) ① 여러 소송대리인이 있는 때에는 각자가 당사자를 대리한다.
> ② 당사자가 제1항의 규정에 어긋나는 약정을 한 경우 그 약정은 효력을 가지지 못한다.

수인의 소송대리인이 있는 경우에 각자 단독으로 대리할 권한이 있을 뿐이며, **공동대리의 제한을 가하더라도 상대방 및 법원에 대한 관계에서는 무효가 된다**. 이때 수인의 소송대리인이 있으면 대리인의 행위가 서로 모순·저촉될 수 있는데, 모순되는 행위가 동시에 행해진 경우에는 어느 것도 효력을 발생하지 않지만, 때를 달리하여 행해진 경우에는 앞의 행위가 철회할 수 있는 행위(주장, 증거신청)이면 뒤의 행위에 의하여 앞의 행위가 철회된 것이고, 앞의 행위가 철회할 수 없는 행위(자백, 소취하, 청구의 포기·인낙, 화해)이면 뒤의 행위가 효력이 없게 된다.

VI. 소송대리권의 소멸

> 제95조(소송대리권이 소멸되지 아니하는 경우) 다음 각호 가운데 어느 하나에 해당하더라도 소송대리권은 소멸되지 아니한다.

> 1. 당사자의 사망 또는 소송능력의 상실
> 2. 당사자인 법인의 합병에 의한 소멸
> 3. 당사자인 수탁자의 신탁임무의 종료
> 4. 법정대리인의 사망, 소송능력의 상실 또는 대리권의 소멸·변경
>
> **제96조(소송대리권이 소멸되지 아니하는 경우)** ① 일정한 자격에 의하여 자기의 이름으로 남을 위하여 소송당사자가 된 사람에게 소송대리인이 있는 경우에 그 소송대리인의 대리권은 당사자가 자격을 잃더라도 소멸되지 아니한다.
> ② 제53조의 규정에 따라 선정된 당사자가 그 자격을 잃은 경우에는 제1항의 규정을 준용한다.

1. 소멸하지 않는 경우

소송대리권은 당사자의 사망 또는 소송능력의 상실, 당사자인 법인의 합병에 의한 소멸, 당사자인 수탁자의 신탁임무 종료, 소송담당자의 자격상실 등의 경우에는 소멸하지 않는다. 소송절차의 원활한 진행과 신속의 필요성과 수임인이 일반적으로 변호사이기 때문이다. 본래 이와 같은 사유는 소송절차의 중단사유로 되지만, 소송대리인이 있으면 소송절차는 중단되지 않는다.

2. 소멸하는 경우

소송대리인의 사망, 성년후견개시 또는 파산 등의 경우에는 소송대리권이 소멸한다. 또한 소송위임계약의 해지, 본인의 파산(민법 제690조) 등에 의하여 소송대리인의 대리권은 소멸된다. 이 경우에는 그 뜻을 상대방에게 통지하여야 소멸의 효력이 발생한다. 즉 소멸통지에 대하여는 법정대리인의 규정을 준용한다(제97조·제63조 제1항 본문).

따라서 판례는 "**소송대리인이 사임서를 법원에 제출하였더라도 상대방에게 그 사실을 통지하지 않은 이상 소송절차의 안정과 명확을 기하기 위하여 그 대리인의 대리권은 존속한다.**"고 한다(1995. 2. 28. 94다49311). 다만 법원에 소송대리권의 소멸사실이 알려진 뒤에는 그 소송대리인은 소의 취하, 화해, 청구의 포기·인낙, 소송탈퇴를 하지 못한다(제97조, 제63조 제1항 단서).

◆ 제4관 무권대리인

I. 의 의

무권대리인에는 본인으로부터 대리권을 수여받지 못한 경우뿐만 아니라 법정대리인의 무자격, 특별수권이 없는 대리행위(제56조 제2항·제90조), 대리권을 서면으로 증명하지 못한 경우(제58조·제89조)가 포함된다. 또한 법인이나 법인 아닌 사단 내지 재단의 대표자가 대표권이 없는 경우에는 무권대리인에 준한다(제64조). 따라서 판례는 "**직무집행이 정지된 대표이사에 의하여 선임된 변호사**에게는 피고를 적법하게 대리할 권한이 있었다고 할 수 없으므로, 이 사건 상고는 피고를 대리할 권한이 없는 자에 의하여 제기된 것으로서 부적법하다."고 한다(2008. 8. 21. 2007다79480).

Ⅱ. 대리권 흠결의 소송상 효과

1. 소송대리권에 대한 조사방법

가. 직권조사사항

판례는 "소송대리권의 존재는 소송요건으로서 법원의 직권조사사항이다."고 한다(1994. 11. 8. 94다31549). 또한 "**소송대리권의 위임장이 사문서인 경우 법원이 소송대리권 증명에 관하여 인증명령을 할 것인지의 여부는 법원의 재량에 속한다**고 할 것이나, 상대방이 다투고 있고 또 기록상 위임장이 진정하다고 인정할 만한 뚜렷한 증거가 없는 경우에는 법원은 대리권의 증명에 관하여 인증명령을 하거나 또는 달리 진정하게 소송대리권을 위임한 것인지의 여부를 심리하는 등 대리권의 흠결 여부에 관하여 조사하여야 한다."고 한다(2009. 10. 29. 2008다37247).

다만 "법원이 직권으로 법인의 대표자에게 적법한 대표권이 있는지 여부를 조사하여야 하는 이유는 당해 소송에 있어 법인이 당사자능력 또는 소송능력이 있는지 여부를 판단하기 위한 것이므로, **직권조사의 대상은 당해 소송에 있어 법인 대표자의 적법한 대표권 유무이고, 당해 소송 이전에 법인이 행한 어떠한 법률행위에 있어 법인 대표자가 적법한 대표권에 기하여 행한 것인지 여부는 여전히 당사자가 주장·입증하여야 할 문제라고 할 것이어서 법원이 이러한 사항까지 직권으로 탐지하여 조사하여야 할 의무가 있다고는 할 수 없다.**"고 한다(2004. 5. 14. 2003다61054).

나. 직권탐지의무의 인정가능성

직권탐지의무가 있는지에 대하여, 판례는 "**소송대리권의 존부는 법원의 직권탐지사항**으로서, 이에 대하여는 **자백간주에 관한 규정이 적용될 여지가 없다.**"고 하였다(1999. 2. 24. 97다38930). 그러나 대표권에 대하여는 "법인이 당사자인 사건에 있어서 **법인의 대표자에게 적법한 대표권이 있는지** 여부는 소송요건에 관한 것으로서 직권조사사항이므로, 법원으로서는 판단의 기초자료인 사실과 증거를 **직권으로 탐지할 의무까지는 없더라도**, 이미 제출된 자료들에 의하여 대표권의 적법성에 의심이 갈 만한 사정이 엿보인다면 상대방이 이를 구체적으로 지적하여 다투지 않더라도 심리·조사할 의무가 있고, 이는 당사자가 비법인사단인 경우에도 마찬가지라 할 것이다."고 한다(2009. 12. 10. 2009다22846).

다. 흠결의 효과

조사의 결과 소송대리권의 흠결이 발견되면 무권대리인의 소송관여를 배척할 것이나, 보정이 가능하면 기간을 정하여 보정을 명하고, 보정이 지연됨으로써 손해가 생길 염려가 있는 경우에는 보정하기 전이라도 일시적으로 소송행위를 하게 할 수 있다(제59조·제97조).

2. 소제기의 단계와 소송행위의 단계에서 대리권의 흠결

가. 소제기의 단계

소제기의 단계에서 대리권의 존재는 소송요건이 된다. 따라서 변론종결시까지 대리권의 흠결이 보정되지 않으면 종국판결로써 소를 각하한다. 판례도 "[1] **제소단계에서의 소송대리인의 대리권 존부는 소송요건으로서 법원의 직권조사사항이다.** [2] 직권조사사항에 관하여도 그 사실의 존부가 불명한 경우에는 입증책임의 원칙이 적용되어야 할 것인바 본안판결을 받는다는 것 자체가 원고에게 유리하다는 점에 비추어 직권조사사항인 소송요건에 대한 입증책임은 원고에게 있다. [3] 원고가 소재가 불명인 것으로 판명된 상태에서 원고의 소송대리인에 의하여 소가 제기되었고 원고가 소송과정에서 어떠한 조치를 취한 바도 없으며 송달 또한 공시송달의 방법에 의하여 이루어졌다면 원고 명의로 소를 제기한 소송대리인이 원고로부터 적법하게 소송대리권을 수여받은 바 없었다고 할 것이므로 이와 같은 경우 당해 소는 대리권이 흠결된 소송대리인에 의하여 제기된 부적법한 소로서 각하되어야 한다."고 한다(1997. 7. 25. 96다39301).

나. 소송행위의 단계

소송행위를 하는 단계에서 대리권의 존재는 소송행위의 유효요건이 된다. 따라서 무권대리인에 의한 또는 무권대리인에 대한 소송행위는 무효가 된다. 다만 추인권자가 추인을 하게 되면 소급하여 유효가 된다(제60조·제97조).

3. 무권대리행위에 대한 추인

> 제60조(소송능력 등의 흠과 추인) 소송능력, 법정대리권 또는 소송행위에 필요한 권한의 수여에 흠이 있는 사람이 소송행위를 한 뒤에 보정된 당사자나 법정대리인이 이를 추인한 경우에는, 그 소송행위는 이를 한 때에 소급하여 효력이 생긴다.
> 제97조(법정대리인에 관한 규정의 준용) 소송대리인에게는 제58조 제2항·제59조·제60조 및 제63조의 규정을 준용한다.

가. 추인의 방법

추인은 명시적·묵시적 추인이 모두 가능하다. 판례는 "항소제기에 관하여 필요한 수권이 흠결된 소송대리인의 항소장 제출이 있었더라도 **당사자 또는 적법한 소송대리인이 항소심에서 본안에 관하여 변론**하였다면 항소제기 행위를 추인하였다고 할 것이어서, 그 항소는 당사자가 적법하게 제기한 것으로 된다."고 한다(2020. 6. 25. 2019다246399).

또한 "종중을 대표할 권한이 없는 자로부터 소송대리권을 위임받은 소송대리인이 소를 제기하여 소송을 수행하다가, 항소심에 이르러 **종중의 적법한 대표자로부터 다시 소송대리권을 위임받아 종중의 대표자를 정정하는 당사자표시정정서를 진술하고 계속하여 종중의 소송대리인으로 소송을 수행**하였다면 종전에 종중의 소송대리인으로 한 소송행위는 추인되었다."고 한다(1991. 5. 28. 91다10206).

나. 추인의 효과

무권대리인의 소송행위는 무효이나 본인이나 정당한 대리인이 추인하면 소급하여 유효가 된다(제60조·제97조). 판례도 "적법한 대표자 자격이 없는 비법인 사단의 대표자가 한 소송행위는 후에 대표자 자격을 적법하게 취득한 대표자가 소송행위를 추인하면 행위시에 소급하여 효력을 갖게 되고, **추인은 상고심에서도 할 수 있다.**"고 하고(2010. 12. 9. 2010다77583), "**종중이 적법한 대표자 아닌 자가 제기하여 수행한 소송을 추인하였다면 소송은 소급하여 유효한 것**이고, 종중의 소제기 당시에 대표자의 자격에 하자가 있다고 하더라도 소가 각하되지 아니하고 소급하여 유효한 것으로 인정되는 한 이에 의한 시효중단의 효력도 유효하다고 볼 것이지, 소송행위가 추인될 때에 시효가 중단된다고 볼 것이 아니다."고 한다(1992. 9. 8. 92다18184).

다. 추인거절의 효과와 일부추인의 가능성

판례는 "일단 추인거절의 의사표시가 있은 이상 무권대리행위는 확정적으로 무효로 귀착되므로 그 후에 다시 추인할 수는 없다."고 한다(2008. 8. 21. 2007다79480). 또한 "무권대리인이 행한 소송행위의 추인은 소송행위의 전체를 대상으로 하여야 하고, 일부의 소송행위만을 추인하는 것은 허용되지 아니한다."고 한다(2008. 8. 21. 2007다79480).

다만 소송의 혼란을 일으킬 우려가 없고, 소송경제상으로도 적절한 경우와 같은 특별한 사정이 있으면 일부추인이 가능하다. 판례도 "무권대리인이 행한 소송행위의 추인은 소송행위의 전체를 일괄하여 하여야 하는 것이나, **무권대리인이 변호사에게 위임하여 소를 제기하여서 승소하고 상대방의 항소로 소송이 2심에 계속 중 소를 취하한 일련의 소송행위 중 소취하 행위만을 제외하고 나머지 소송행위를 추인함**은 소송의 혼란을 일으킬 우려없고 소송경제상으로도 적절하여 그 추인은 유효하다."고 한다(1973. 7. 24. 69다60).

4. 대리권의 흠결을 간과한 판결의 효력

대리권의 흠을 간과하고 본안판결을 하였을 때에 그 판결은 당연무효의 판결은 아니고, **확정전이면 상소(제424조 제1항 제4호), 확정 후이면 재심(제451조 제1항 제3호)에 의하여 취소**의 대상이 된다. 따라서 취소되기 전까지는 유효인 판결이 된다. 판례도 "**소송에서 조합의 대표자로 된 자가 당시 조합의 적법한 대표자가 아니라도 판결의 효력은 조합에게 미치므로**, 판결이 재심절차에 의하여 취소되지 않는 한 조합은 이에 저촉되는 청구를 할 수 없다."고 한다(1994. 1. 11. 93다28706). 또한 추인을 한 경우에는 취소할 수 없다(제424조 제2항·제451조 제1항 제3호 단서).

한편 판례는 "사실심에서 변론종결시까지 당사자가 주장하지 않던 직권조사사항에 해당하는 사항을 상고심에서 비로소 주장하는 경우, **직권조사사항에 해당하는 사항은 상고심의 심판범위에 포함되고, 소송대리권 수여에 흠이 있는 경우는 제424조 제1항 제4호의 절대적 상고이유에 해당한다**."고 한다(2009. 10. 29. 2008다37247).

Ⅲ. 쌍방대리의 금지

1. 의 의

원·피고는 이해가 대립하는 관계에 있기 때문에 당사자 일방이 상대방을 대리하거나 1인의 대리인이 쌍방을 대리하는 쌍방대리는 허용될 수 없다. 그리고 실질적으로 쌍방대리와 같은 결과를 가져오기 때문에 제소전 화해를 위하여 대리인의 선임권을 상대방에게 위임할 수 없다(제385조 제2항). 또한 민법 제64조·제921조·상법 제199조·제394조 등 이에 위배된 경우에는 소송법상으로도 무권대리로 취급된다.

2. 변호사법 제31조를 위반한 소송행위의 효력

> **변호사법 제31조(수임제한)** ① 변호사는 다음 각 호의 어느 하나에 해당하는 사건에 관하여는 그 직무를 수행할 수 없다. 다만, 제2호 사건의 경우 수임하고 있는 사건의 위임인이 동의한 경우에는 그러하지 아니하다.
> 1. 당사자 한쪽으로부터 상의를 받아 그 수임을 승낙한 사건의 상대방이 위임하는 사건
> 2. 수임하고 있는 사건의 상대방이 위임하는 다른 사건 [이하 생략]

가. 학설의 대립

① 변호사법 제31조는 의뢰인 보호를 위한 훈시규정이므로 이에 위반한 소송행위도 유효하다는 **유효설**, ② 변호사법 제31조는 변호사의 직무의 공정과 품위 유지를 위한 강행규정이기 때문에 이에 위반한 소송행위는 추인의 여지가 없는 절대무효라고 하는 **절대무효설**, ③ 변호사법 제31조에 위반한 변호사의 소송행위는 무효이지만 절대적 무효가 아니라 유동적 무효로서 무권대리 행위가 되기 때문에 뒤에 의뢰한 당사자가 추인하면 유효라는 **추인설**, ④ 변호사법 제31조를 임의규정으로 보아 당초 의뢰자(전위임자)가 본조 위반 사실을 알면서 지체 없이 이의를 하지 아니하면 이의권 상실에 의하여 하자가 치유된다는 **이의설**이 대립된다.

나. 판례의 태도 : 이의설

판례는 "변호사법 제31조 제1항 제1호에 위반한 변호사의 소송행위에 대하여는 **상대방 당사자가 법원에 대하여 이의를 제기하는 경우 무효**이고 이의를 받은 법원으로서는 그러한 변호사의 소송관여를 더 이상 허용하여서는 아니 될 것이지만, 상대방 당사자가 그와 같은 사실을 알았거나 알 수 있었음에도 **사실심 변론종결시까지 이의를 제기하지 아니하였다면 소송행위는 소송법상 완전한 효력이 생긴다**."고 하고(2003. 5. 30. 2003다15556), "원고 소송복대리인으로서 변론기일에 출석하여 소송행위를 하였던 변호사가 피고 소송복대리인으로도 출석하여 변론한 경우라도, 당사자가 이의를 제기하지 않았다면 소송행위는 소송법상 완전한 효력이 생긴다."고 하고(1995. 7. 28. 94다44903), "변호사가 변호사법 제31조 제1항 제1호에 따른 수임제한 규정을 위반한 경우에는 민법 제124조가 적용됨에 따라 원칙적으로 허용되지 않는 무권대리행위에 해당하고, **예외적으로 본인의 허락이 있는 경우에 한하여 효력이 인정**될 수 있다. '본인의 허락'이 있는지 여부는 이익충돌의 위험을 회피하기 위한 입법 취지에 비추어 **쌍방대리행위에 관하여 유효성을 주장하는 자가 주장·증명책임을 부담**하고, 이때의 '허락'은 명시된 사전 허락 이외에도 '묵시적 허락' 또는 '사후 추인'의 방식으로도 가능하다."고 하여(2024. 1. 4. 2023다225580), 이의설의 입장이다

다. 검 토

변호사법 제31조의 취지는 전 위임자를 보호하는 것이지, 후 위임자를 보호하는 것이 아니므로, 이의설이 타당하다.

Ⅳ. 소송행위와 표현대리

1. 문제점

무권대리인의 소송행위에 대하여 대리권이 있는 것으로 믿고 행한 상대방의 소송행위에 정당한 사유가 있는 경우에, 실체법상의 표현대리의 법리가 적용될 수 있는지가 문제된다.

2. 학설의 대립

① 표현대리 제도는 거래안전을 위한 것이므로 절차안정을 중시하는 소송행위에는 적용될 수 없다는 **소극설**, ② 등기를 해태한 법인을 보호하기 위하여 상대방이 종전의 절차를 반복하는 것은 공평에 반한다는 **적극설**, ③ 진정한 대표자에 의하여 재판을 받을 권리를 존중하는 의미에서 소극설이 타당하되, 부실등기의 원인이 법인의 고의적 태만에 있는 경우에는 표현대리의 법리를 적용하여도 좋다는 **절충설**이 대립된다.

3. 판례의 태도 : 소극설

판례는 "공정증서가 집행권원으로서 집행력을 가질 수 있도록 하는 집행인낙 표시는 공증인에 대한 소송행위로서, 소송행위에는 민법상의 표현대리 규정이 적용 또는 준용될 수 없다."고 하여 소극설의 입장이다(1994. 2. 22. 93다42047). 따라서 "무권대리인의 촉탁에 의하여 작성된 공정증서는 채권자는 물론 합동법률사무소나 공증인이 대리권이 있는 것으로 믿은 여부나 믿을 만한 정당한 사유의 유무에 관계없이 집행권원으로서의 효력을 부정하여야 할 것이다."고 한다(1984. 6. 26. 82다카1758).

다만 "공정증서상의 집행인낙의 의사표시는 공증인가 합동법률사무소 또는 공증인에 대한 채무자의 단독 의사표시로서 성규의 방식에 따라 작성된 증서에 의한 소송행위이어서, **대리권 흠결이 있는 공정증서 중 집행인낙에 대한 추인의 의사표시 또한 당해 공정증서를 작성한 공증인가 합동법률사무소 또는 공증인에 대하여 그 의사표시를 공증하는 방식으로 하여야 하므로**, 그러한 방식에 의하지 아니한 추인행위가 있다 한들 그 추인행위에 의하여는 **채무자가 실체법상의 채무를 부담**하게 됨은 별론으로 하고, 무효의 집행권원이 유효하게 될 수는 없다."고 한다(2006. 3. 24. 2006다2803).

4. 검토

상법은 표현지배인에 대하여 "본점 또는 지점의 본부장, 지점장, 그 밖에 지배인으로 인정될 만한 명칭을 사용하는 자는 본점 또는 지점의 지배인과 동일한 권한이 있는 것으로 본다. 다만, 재판상 행위에 관하여는 그러하지 아니하다."고 규정하고 있다(상법 제14조 제1항). **재판상의 행위에 관하여 표현지배인의 성립을 부정하는 상법 제14조 제1항 단서의 취지상, 소극설이 타당하다.**

PART 03 제1심의 소송절차

제1장 소송의 개시
제2장 변론
제3장 증거

CHAPTER 01 소송의 개시

제01절 소의 종류

Ⅰ. 이행의 소

이행의 소는 이행청구권의 확정과 피고에 대한 이행명령을 할 것을 요구하는 소이다. 이행의 소에 대한 인용판결은 집행권원이 된다. 따라서 확정된 인용판결은 기판력과 집행력이 발생한다. 또한 가집행선고가 붙은 인용판결은 확정 전이라도 집행권원이 된다. 그러나 이행의 소에 대한 기각판결은 청구권의 부존재를 확정하는 확인판결이 된다.

Ⅱ. 확인의 소

확인의 소는 '권리 또는 법률관계'의 존재·부존재의 확정을 요구하는 소이다. 다만 예외적으로 사실관계의 확인으로서 증서의 진정여부를 확인하는 소가 인정된다(제250조). 확인의 소의 인용판결에는 기판력이 발생하나, 집행력이 인정되지는 않는다.

Ⅲ. 형성의 소

1. 일반적인 형성의 소

형성의 소는 권리관계의 변동을 요구하는 소이다. 즉 형성의 소는 소로써만 행사할 수 있는 형성권(형성소권)을 실현시키는 소로서 원칙적으로 법률상 명문의 규정이 있는 경우에만 허용된다. 판례도 "기존 법률관계의 변경·형성의 효과를 발생함을 목적으로 하는 형성의 소는 법률에 특별한 규정이 있는 경우에 한하여 허용되는데, **학교법인 이사장에 대하여 불법행위를 이유로 그 해임을 청구하는 소송은 형성의 소에 해당하는바, 이를 허용하는 법적 근거가 없으므로 이를 피보전권리로 하는 이사장에 대한 직무집행정지 및 직무집행대행자 선임의 가처분은 허용되지 않는다.**"고 한다(1997. 10. 27. 97마2269).

또한 "**조합의 이사장 및 이사가 조합업무에 관하여 위법행위 및 정관위배행위 등을 하였다는 이유로 해임을 청구하는 소송은 형성의 소에 해당하는데, 이를 제기할 수 있는 법적 근거가 없으므로, 조합의 이사장 및 이사 직무집행정지 가처분은 허용될 수 없다.**"고 한다(2001. 1. 16. 2000다45020).

또한 "민사집행법 제300조 제2항에서 정한 '임시의 지위를 정하는 가처분'은 다툼 있는 권리관계에 관하여 본안소송에 의하여 확정되기까지 가처분권리자가 현재의 현저한 손해를 피하거나 급박한 위험을 막기 위하여 또는 그 밖에 필요한 이유가 있는 경우 허용되는 응급적·잠정적인 처분이므로 다툼 있는 권리관계의 존재를 요건으로 한다. **법률관계의 변경·형성을 목적으로 하는 형성의 소는 법률에 명문의 규정이 있는 경우에 한하여 제기할 수 있다.** 단체의 대표자 등에 대하여 해임을 청구하는 소는 형성의 소에 해당하고, 이를 허용하는 법적 근거가 없는 경우 대표자 등에 대하여 직무집행정지와 직무대행자선임을 구하는 가처분 신청은 가처분에 의하여 보전될 권리관계가 존재한다고 볼 수 없어 허용되지 않는다. 조합이 해산한 때 청산은 총조합원 공동으로 또는 그들이 선임한 자가 그 사무를 집행하고 청산인의 선임은 조합원의 과반수로써 결정한다(민법 제721조 제1항, 제2항). 민법은 조합원 중에서 청산인을 정한 때 다른 조합원의 일치가 아니면 청산인인 조합원을 해임하지 못한다고 정하고 있을 뿐이고(제723조, 제708조), **조합원이 법원에 청산인의 해임을 청구할 수 있는 규정을 두고 있지 않다.** 민법상 조합의 청산인에 대하여 법원에 해임을 청구할 권리가 조합원에게 인정되지 않으므로, 특별한 사정이 없는 한 그와 같은 해임청구권을 피보전권리로 하여 청산인에 대한 직무집행정지와 직무대행자선임을 구하는 가처분은 허용되지 않는다."고 한다(2020. 4. 24. 2019마6918).

2. 형식적 형성의 소

가. 의의 및 종류

형식적 형성의 소란 형식은 소송사건이나 실질은 비송사건인 소를 말한다. 이에는 경계확정의 소, 부(父)를 정하는 소(민법 제845조), 공유물분할의 소(민법 제269조 제1항), 법정지상권의 지료결정의 소(민법 제366조 단서) 등이 있다.

나. 특 징

㉠ 법원은 당사자 주장에 구속받지 않고 재량대로 판단할 수 있어 처분권주의가 배제되며, 불이익변경금지의 원칙도 적용되지 아니한다. ㉡ 당사자의 신청은 법원을 구속할 수 없고 어떠한 형식으로라도 법률관계를 형성하여야 하므로, 원고의 청구를 기각할 수 없다. ㉢ 청구취지의 기재는 법원의 재량권 행사의 기초만 알 수 있을 정도로 완화된다.

다. 공유물 분할의 소

(ⅰ) 판례는 "공유물의 분할은 공유자 간에 협의가 이루어지는 경우에는 방법을 임의로 선택할 수 있으나, 협의가 이루어지지 아니하여 재판에 의하여 공유물을 분할하는 경우에는 법원은 현물로 분할하는 것이 원칙이고, 현물로 분할할 수 없거나 현물로 분할을 하면 현저히 가액이 감손될 염려가 있는 때에 물건의 경매를 명하여 대금분할을 할 수 있는 것이므로, 그와 같은 사정이 없는 한 법원은 각 공유자의 지분 비율에 따라 공유물을 현물 그대로 수개의 물건으로 분할하고 분할된 물건에 대하여 각 공유자의 단독소유권을 인정하는 판결을 하여야 하며, 분할의 방법은 **당사자가 구하는 방법에 구애받지 아니하고 법원의 재량에 따라 공유관계나 그 객체인 물건의 제반 상황에 따라 공유자의 지분 비율에 따른 합리적인 분할을 하면 된다.**"고 한다(1997. 9. 9. 97다18219).

다만 "재판에 의하여 공유물을 분할하는 경우에 법원은 현물로 분할하는 것이 원칙이므로, **불가피하게 대금분할을 할 수밖에 없는 요건에 관한 객관적·구체적인 심리 없이 단순히 공유자들 사이에 분할의 방법에 관하여 의사가 합치하고 있지 않다는 등의 주관적·추상적인 사정에 터잡아 함부로 대금분할을 명하는 것은 허용될 수 없다.**"고 한다(2009. 9. 10. 2009다40219).

(ⅱ) 또한 "[1] 특허권이 공유인 경우에 각 공유자는 다른 공유자의 동의를 얻지 아니하면 지분을 양도하거나 지분을 목적으로 하는 질권을 설정할 수 없고 또한 특허권에 대하여 전용실시권을 설정하거나 통상실시권을 허락할 수 없는 등[특허법(2014. 6. 11. 개정되기 전의 것) 제99조 제2항, 제4항 참조] 권리의 행사에 일정한 제약을 받아 그 범위에서는 합유와 유사한 성질을 가진다. 그러나 일반적으로는 특허권의 공유자들이 반드시 공동 목적이나 동업관계를 기초로 조합체를 형성하여 특허권을 보유

한다고 볼 수 없을 뿐만 아니라 특허법에 특허권의 공유를 합유관계로 본다는 등의 명문의 규정도 없는 이상, **특허법의 다른 규정이나 특허의 본질에 반하는 등의 특별한 사정이 없는 한 공유에 관한 민법의 일반규정이 특허권의 공유에도 적용된다.** [2] 특허법(2014. 6. 11. 개정되기 전의 것) 제99조 제2항 및 제4항의 규정 취지는, 공유자 외의 제3자가 특허권 지분을 양도받거나 그에 관한 실시권을 설정받을 경우 제3자가 투입하는 자본의 규모·기술 및 능력 등에 따라 경제적 효과가 현저하게 달라지게 되어 다른 공유자 지분의 경제적 가치에도 상당한 변동을 가져올 수 있는 특허권의 공유관계의 특수성을 고려하여, 다른 공유자의 동의 없는 지분의 양도 및 실시권 설정 등을 금지한다는 데에 있다. 그렇다면 **특허권의 공유자 상호 간에 이해관계가 대립되는 경우 등에 공유관계를 해소하기 위한 수단으로서 각 공유자에게 민법상의 공유물분할청구권을 인정하더라도 공유자 이외의 제3자에 의하여 다른 공유자 지분의 경제적 가치에 위와 같은 변동이 발생한다고 보기 어려워서 특허법 제99조 제2항 및 제4항에 반하지 아니하고, 달리 분할청구를 금지하는 특허법 규정도 없으므로, 특허권의 공유관계에 민법상 공유물분할청구에 관한 규정이 적용될 수 있다.** 다만 특허권은 발명실시에 대한 독점권으로서 그 대상은 형체가 없을 뿐만 아니라 각 공유자에게 특허권을 부여하는 방식의 현물분할을 인정하면 하나의 특허권이 사실상 내용이 동일한 복수의 특허권으로 증가하는 부당한 결과를 초래하게 되므로, **특허권의 성질상 그러한 현물분할은 허용되지 아니한다. 그리고 위와 같은 법리는 디자인권의 경우에도 마찬가지로 적용된다.**"고 한다(2014. 8. 20. 2013다41578).

(iii) 한편 "갑이 을을 상대로 제기한 공유물분할청구의 소에 관하여 선고한 원심판결의 주문에서 '1. 가. (가), (나) 부분 토지는 을의 소유로, (다) 부분 토지는 갑의 소유로 각 분할한다. 나. 갑은 을로부터 가액보상금을 지급받음과 동시에, 을에게 (가), (나) 부분 토지 중 갑의 지분에 관하여 공유물분할을 원인으로 한 소유권이전등기절차를 이행하라'고 한 사안에서, 원심판결의 주문 제1의 가항은 형성판결로서 그대로 확정될 경우, 을은 (가), (나) 부분 토지에 관한 단독소유권을 취득하고, 갑은 (다) 부분 토지에 관한 단독소유권을 취득하게 되므로, 을이 단독소유권을 취득하게 될 (가), (나) 부분 토지와 관련하여, 갑이 을에게 (가), (나) 부분 토지 중 갑의 지분에 관하여 소유권이전등기신청에 대한 의사표시를 별도로 할 필요가 없고, 반면에 원심판결의 주문 제1의 나항은 이행판결로서 그대로 확정될 경우, 을이 반대의무인 가액보상금 지급의무를 이행한 사실을 증명하여 재판장의 명령에 의하여 집행문을 받아야만 (가), (나) 부분 토지 중 갑의 지분에 관하여 갑의 소유권이전등기신청에 대한 의사표시 의제의 효과가 발생하므로, **향후 (가), (나) 부분 토지 중 갑의 지분에 관하여 갑의 소유권이전등기신청에 대한 의사표시가 필요하지 않음을 전제로 하는 원심판결의 주문 제1의 가항과 향후 (가), (나) 부분 토지 중 갑의 지분에 관하여 갑의 소유권이전등기신청에 대한 의사표시가 필요함을 전제로 하는 원심판결의 주문 제1의 나항은 효과 면에서 서로 모순되므로, 원심판결에는 이유모순 등의 잘못이 있다.**"고 한다(2020. 8. 20. 2018다241410).

라. 경계확정의 소

1) 종 류

경계확정의 소에는 (ⅰ) 단순히 토지의 경계를 형성하여 달라고 하는 것과, (ⅱ) 토지의 소유권에 기하여 경계의 확정을 구함과 동시에 경계선 내의 소유권의 범위를 확정하여 달라는 것의 두 가지가 있다. 즉 판례는 (ⅰ) "**토지경계확정의 소는 인접하는 토지의 경계확정을 구하는 소이고 토지에 관한 소유권의 범위나 실체상 권리의 확인을 목적으로 하는 것은 아니므로,** 당사자가 토지 일부를 시효취득 하였는지의 여부는 토지경계확정소송에서 심리할 대상이 되지 못한다."고 한다(1993. 10. 8. 92다44503). 또한 (ⅱ) "판결이 단순히 상린된 토지의 경계를 형성하여 달라는 것이 아니고, **소유권에 기하여 상린지간의 경계의 확정을 형성하여 달라고 함과 동시에 경계선 내의 토지소유권의 범위를 확정하여 달라는 소송**이었다면, 확정판결의 기판력은 소유권의 범위에까지 미친다."고 한다(1970. 6. 30. 70다579).

2) 특 징

판례는 "토지의 경계선에 관하여 다툼이 있어서 토지경계확정의 소가 제기되면 법원은 쌍방이 주장하는 경계선에 구속되지 않고 스스로 진실하다고 인정되는 바에 따라 경계를 확정하여야 하고, 소송 도중에 쌍방이 경계에 관하여 합의를 도출해냈더라도 원고가 소를 취하하지 않고 법원의 판결에 의하여 경계를 확정할 의사를 유지하고 있는 한 **법원은 합의에 구속되지 아니하고 진실한 경계를 확정하여야 하므로 소송 도중에 진실한 경계에 관하여 당사자의 주장이 일치하게 되었다는 사실만으로 권리보호의 이익이 없어 부적법하다고 할 수 없다.**"고 한다(1996. 4. 23. 95다54761).

또한 "토지경계확정의 소는 인접한 토지의 경계가 사실상 불분명하여 다툼이 있는 경우에 재판에 의하여 경계를 확정하여 줄 것을 구하는 소송으로서 **토지소유권의 범위의 확인을 목적으로 하는 소와는 달리 인접한 토지의 경계가 불분명하여 소유자들 사이에 다툼이 있다는 것만으로 권리보호의 필요가 인정된다.** 토지경계확정의 소에 있어서 법원으로서는 원·피고 소유의 토지들 내의 일정한 지점을 기초 점으로 선택하고 이를 기준으로 방향과 거리 등에 따라 위치를 특정하는 등의 방법으로 지적도상의 경계가 현실의 어느 부분에 해당하는지를 명확하게 표시할 필요가 있고, **당사자 쌍방이 주장하는 경계선에 기속되지 아니하고 스스로 진실하다고 인정하는 바에 따라 경계를 확정하여야 한다.**"고 한다(1993. 11. 23. 93다41792).

또한 "인접한 토지의 경계가 불분명하여 다툼이 있는 경우에는 지적도를 작성하면서 기점을 잘못 선택하는 등 기술적인 착오로 지적도상 경계가 진실한 경계선과 다르게 잘못 작성되었다고 인접토지 소유자 사이에 다툼이 있는 경우를 포함한다. 토지경계확정의 소에서는 특별한 사정이 없는 한 **원고가 주장하는 경계가 인정되지 않더라도 청구의 전부 또는 일부를 기각할 수 없다.**"고 한다(2021. 8. 19. 2018다207830).

3) 관련문제 : 건물에 대한 소유권의 확정방법

판례는 "건물은 일정한 면적·공간의 이용을 위하여 지상·지하에 건설된 구조물을 말하는 것으로서, 건물의 개수는 토지와 달리 공부상의 등록에 의하여 결정되는 것이 아니라 사회통념 또는 거래관념에 따라 물리적 구조·거래 또는 이용의 목적물로서 관찰한 건물의 상태 등 객관적 사정과 건축한 자 또는 소유자의 의사 등 주관적 사정을 참작하여 결정되는 것이고, 경계 또한 사회통념상 독립한 건물로 인정되는 건물 사이의 현실의 경계에 의하여 특정되는 것이므로, 건물의 경계는 공적으로 설정 인증된 것이 아니고 단순히 사적관계에 있어서의 소유권의 한계선에 불과함을 알 수 있고, 따라서 **사적자치의 영역에 속하는 건물 소유권의 범위를 확정하기 위하여는 소유권확인소송에 의하여야 할 것**이고, 공법상 경계를 확정하는 경계확정소송에 의할 수는 없다."고 한다(1997. 7. 8. 96다36517).

3. 형성판결의 효력

형성의 소에 대한 청구기각 판결은 형성소권의 부존재를 확정하는 확인판결이 된다. 형성의 소에 대한 청구인용 판결은 법률관계를 발생·변경·소멸시키는 형성력을 가진다. 형성력은 제3자에게도 미친다. 판례도 "법원에 의한 지료의 결정은 당사자의 지료결정청구에 의하여 형식적 형성소송인 지료결정 판결로 이루어져야 제3자에게도 그 효력이 미친다."고 한다(2001. 3. 13. 99다17142).

형성판결에 기판력을 인정할 것인지가 문제되는데, 기판력이 인정이 되어야 형성의 소에 대한 패소판결이 확정된 후에 손해배상청구 내지 부당이득반환청구를 막을 수 있으므로, **기판력을 인정하는 것이 타당하다.** 판례도 "**공유물분할청구소송의 승소확정판결은 기판력과 집행력이 있는 것이므로**, 확정판결의 원본이 멸실되어 강제집행에 필요한 집행문을 받을 수 없는 등 특별한 사정이 없는 한 동일한 소를 제기할 소의 이익이 없다."고 한다(1981. 3. 24. 80다1888).

제02절 소송요건

◆ 제1관 총 설

Ⅰ. 서 설

소송요건이란 소가 적법한 취급을 받기 위하여 구비하여야 할 적법요건으로서, 본안판결을 하기 위한 전제요건이다. 소송요건은 본안심리에 들어가기 전에 반드시 조사해야만 하는 것은 아니므로(예외 제33조), 본안심리 중에 흠결이 드러나면 법원은 원칙적으로 소를 각하하야 한다(제219조).

Ⅱ. 소송요건의 종류

1. 법원에 관한 소송요건

피고에 대하여 재판권 또는 국제재판관할권이 있어야 한다. 사건이 민사소송사항이어야 한다. 사건에 관하여 관할권이 있어야 한다. 다만 관할권의 흠결시에는 각하하지 않고 이송한다.

2. 당사자에 관한 소송요건

당사자가 실재하여야 하고, 당사자능력과 당사자적격이 있어야 한다. 또한 소송능력·법정대리권·소송대리권이 있어야 한다. 소송능력·법정대리권(대표권)·소송대리권은 소송행위의 유효요건이지만, 제소단계에서는 소송요건이 된다. 다만 변론능력은 소송요건이 아니며, 흠결이 있을 때에는 기일불출석의 불이익이 있을 뿐이다. 한편 소송진행 중 당사자능력·소송능력·법정대리권의 소멸은 소송요건의 흠으로 인한 소각하사유가 아니라 소송절차의 중단사유가 된다.

3. 소송물에 관한 소송요건

소송물은 특정되어야 한다. 판례도 "**민사소송에서 당사자가 소송물로 하는 권리 또는 법률관계의**

목적인 물건은 특정되어야 하고, 소송물이 특정되지 아니한 때에는 법원이 심리·판단할 대상과 재판의 효력범위가 특정되지 않게 되므로, 토지소유권확인소송의 소송물인 대상 토지가 특정되었는지 여부는 소송요건으로서 법원의 직권조사사항에 속한다."고 한다(2011. 3. 10. 2010다87641).

또한 권리보호의 자격 또는 이익·필요가 있어야 한다. 즉 중복된 소제기의 금지(제259조)나 재소금지(제267조 제2항)에 저촉되지 않아야 하고, 부제소특약이 존재하지 않아야 한다. 한편 기판력의 본질에 관하여 반복금지설을 취하면 소송물에 관하여 기판력 있는 재판이 존재하지 아니할 것이 소극적 소송요건이 된다.

4. 특수소송에 관한 소송요건

공동소송(제65조), 예비적·선택적 공동소송(제70조), 청구의 병합(제253조), 청구의 변경(제262조), 반소(제269조), 중간확인의 소(제264조), 당사자참가(제79조·제83조), 필수적 공동소송인의 추가(제68조), 피고의 경정(제260조) 등의 경우에는 고유한 요건을 구비하여야 한다. 또 장래이행의 소에 있어서 '미리 청구할 필요'(제251조), 확인의 소에 있어서 '확인의 이익', 상소에 있어서 '상소요건' 등을 갖추어야 한다. 또한 제소기간이 법정되어 있는 경우에는 이를 준수하여야 한다.

Ⅲ. 소송요건의 모습

1. 적극적 요건과 소극적 요건

(ⅰ) 관할권·재판권·당사자능력·적법한 대리권 등 그 존재가 소를 적법하게 하여 본안판결의 요건으로 되는 경우를 적극적 소송요건이라 하고, (ⅱ) 중복된 소제기·재소금지·기판력 등 그 부존재가 소를 적법하게 하여 본안판결의 요건으로 되는 경우를 소극적 소송요건이라고 한다.

2. 직권조사사항과 항변사항

가. 직권조사사항

직권조사사항이란 법원이 직권으로 조사하여 참작할 사항을 말한다. 따라서 직권조사사항에 속하는 소송요건의 흠결을 피고가 항변(이를 본안전 항변이라고 한다)하더라도 이는 법원의 직권발동을 촉구하는 의미만을 가질 뿐이므로, 법원이 이에 대하여 판단하지 아니하더라도 판단누락의 상소이유가 되지 않는다.

나. 항변사항

항변사항이란 변론주의에 의하여 피고의 주장(이러한 본안전 항변을 방소항변이라고 한다)을 기다려서 조사하게 되는 사항을 말하며, 직권조사사항과는 달리 이의권의 포기·상실의 대상이 된다. 예컨대 임의관할(제30조), 부제소특약, 소·상소취하계약, 중재계약, 소송비용의 담보제공(제117조)을 어겼다는 주장 등을 말한다. 다만 항변사항이라도 담보불제공의 경우(제119조)를 제외하고는 이에 의하여 피고가 응소를 거부할 권리가 생기는 것은 아니다.

Ⅳ. 소송요건의 조사

1. 직권조사사항

직권조사사항이란 법원이 피고의 항변의 유무와 관계없이 직권으로 조사하여 참작할 사항이다. 소송요건은 공익상 인정되는 것이기 때문에 피고의 주장을 기다려서 조사하게 되는 사항인 항변사항인 경우를 제외하고는 직권조사사항이 된다.

판례도 "행정소송에 있어서 쟁송의 대상이 되는 행정처분의 존부는 소송요건으로서 직권조사사항이므로, 그 존부를 당사자들이 다투지 아니하더라도 의심이 있는 경우에는 그 존부를 직권으로 살펴보아야 한다."고 하고(1993. 1. 15. 92누8712), "소의 적법요건은 법원의 직권조사사항이므로 이에 관한 당사자의 주장은 직권발동을 촉구하는 의미밖에 없어 위 주장에 대하여 판단하지 아니하였다 하더라도 판단누락의 상고이유로 삼을 수 없다."고 하고(1990. 11. 23. 90다카21589), "소송요건에 흠결 등이 있어서 본안에 들어가 판단을 할 수 없는 경우에 있어서는 그 소송은 부적법하다 하여 각하하여야 하고 본안에 대하여는 판단을 할 수 없으므로, 이러한 경우에 본안에 대한 판단이 없다 하여 이를 판결결과에 영향이 있는 판단누락이라고 할 수 없다."고 한다(1997. 6. 27. 97후235).

2. 소송요건의 증명

소송요건이나 상소요건은 실체법상의 요건 못지않게 중요하므로 엄격한 증명을 요한다. 직권조사사항인 소송요건은 본안판결을 받는 것이 원고에게 유리하기 때문에 원고가 증명책임을 부담하지만, 항변사항인 소송요건은 피고가 증명책임을 부담한다.

3. 소송요건 존재의 기준시

가. 원칙

소송요건은 본안판결의 전제요건이고 본안판결은 사실심 변론종결시까지 제출된 자료를 기준으로 권리관계의 존부를 확정하므로, **소송요건 존부의 판단시기는 사실심 변론종결시가 된다.** 판례도 "비법인사단이 당사자능력을 가지려면 일정한 정도로 조직을 갖추고 지속적인 활동을 하는 단체성이 있어야 하고 대표자가 있어야 하므로(제52조), **자연발생적으로 성립하는 고유한 의미의 종중이라도 비법인사단의 요건을 갖추어야 당사자능력이 인정된다 할 것이고 이는 소송요건에 관한 것으로서 사실심의 변론종결시를 기준으로 판단하여야 한다.**"고 한다(2013. 1. 10. 2011다64607).

따라서 사실심 변론종결시 이후의 사실을 고려하여 소송요건을 다시 판단할 수 없는 것이 원칙이다. 다만 예외적으로 관할권의 존부는 제소당시를 표준으로 하며(제33조), 당사자능력·소송능력·법정대리권이 소송 진행 중에 소멸하면 소각하의 사유가 아니고 소송절차의 중단사유가 된다.

나. 예외

판례는 예외적으로 사실심 변론종결시 이후의 사정변경을 고려하는 경우가 있다.[17] 즉 판례는

---

[17] [판례평석] 소송요건의 판단시기는 상고심 심리종결시로서, 상고심에서 통상의 경우에는 변론을 열지 않으므로(제430조), 그 경우 심리종결시는 판결선고시이며, 변론을 여는 경우에도 변론종결 뒤 판결선고시까지의 사정을 고려하여야 하므로 역시 심리종결시는 판결선고시로 보아야 한다(강용현, 소송요건에 관한 판단의 기준시, 민사재판의 제문제 제10권(2000.4), 716면).

"항소심 판결 선고 후 채권압류 및 추심명령에 대한 압류해제 및 추심포기서가 제출되어 피압류채권의 채권자가 지급을 구하는 소를 제기할 수 있게 된 경우, **소송요건은 직권조사사항으로서 상고심에서도 치유를 인정하여야 한다.**"고 하여(2007. 11. 29. 2007다63362), **항소심까지는 당사자적격이 없다가 상고심에서 당사자적격을 갖춘 경우에 당사자적격을 인정하였다.**

또한 "추심채권자의 제3채무자에 대한 추심소송 계속 중에 채권압류 및 추심명령이 취소되어 추심채권자가 추심권능을 상실하면 **추심소송을 제기할 당사자적격도 상실**한다. 이러한 사정은 직권조사사항으로서 당사자가 주장하지 않더라도 법원이 직권으로 조사하여 판단하여야 하고, **사실심 변론종결 이후에 당사자적격 등 소송요건이 흠결되거나 흠결이 치유된 경우 상고심에서도 이를 참작하여야 한다.**"고 한다(2021. 9. 15. 2020다297843).[18]

4. 소송요건 조사의 순서

여러 개의 소송요건의 존부에 관하여 의심이 있을 경우에 조사순서에 관하여는 특별한 규정이 없다. 따라서 일반적·추상적 요건에서 특수적·구체적 요건으로 조사하되, 특히 소의 이익은 본안판단과 밀접한 관련이 있으므로 마지막에 판단한다. 다만 소송요건들 사이의 심리순서를 어겼다고 하여 그 판결이 위법한 것은 아니다.

5. 소송요건 조사의 결과

가. 소송요건 심리의 선순위성

1) 문제점

소송요건은 본안판결의 요건이기 때문에 소송요건의 판단이 본안판결에 선행하여야 한다. 따라서 소송요건의 충족이 확인되어야만 청구인용판결이 가능함에 대하여는 다툼이 없다. 그러나 **소송요건의 존부가 불명하여 더 조사할 필요가 있지만, 청구가 이유 없는 것이 명백한 경우에 법원이 소송요건의 구비여부를 따질 필요 없이 청구기각판결을 할 수 있는 지가 문제된다.**

2) 학설의 대립

① 소송요건은 본안판결에 앞서 미리 조사하여야 하므로 소송요건의 존부에 관한 문제를 남겨두고 원고청구의 기각판결은 허용될 수 없다는 **요건심리선순위성긍정설**과, ② 소송요건과 실체법상의 요건은 동일 평면의 판결선고 요건이어서 실체법상 이유 없음이 판명되면 소송요건을 갖추었는가를 가릴 것 없이 청구기각의 본안판결을 할 수 있다는 **요건심리선순위성부정설**과, ③ 소송요건을 무익한 소송의 배제나 피고의 이익보호를 목적으로 삼는 것(예 : 당사자 능력, 직분관할을 제외한 일체의 관할, 소의 이익 등)과 판결의 무효사유 또는 재심에 의한 취소사유와 같이 공적 이익의 확보를 목적으로 삼는 것(예 : 재판권, 소송능력, 당사자의 실재 등)을 구별하여, 전자의 소송요건은 선순위성이 부정되나, 후자의 소송요건은 선순위성이 긍정된다는 **절충설**(공익요건·사익요건구별설)이 대립된다.

---

18) 원고(추심채권자)가 피고(제3채무자)에 대하여 추심금 청구의 소를 제기하여 제1심에서 원고 일부승소 판결이 선고된 후 피고만 항소하였고, 원심에서 항소기각 판결이 선고된 후 다시 피고만 상고한 사안에서, 상고이유서 제출기간 경과 후 채권압류 및 추심명령이 취소된 사정이 드러나자 직권으로 원고가 추심권능을 상실하였으므로 이 사건 소는 당사자적격이 없는 사람에 의하여 제기된 것으로서 부적법하다고 판단하는 한편, 제1심판결 중 항소심의 심판대상이 되지 않는 원고 패소 부분은 원심판결 선고와 동시에 이미 확정되어 소송이 종료되었으므로, 원심판결을 파기하고 자판(제1심판결 중 피고 패소 부분 취소, 이 부분 소 각하)한 사례.

3) 판례의 태도 : 요건심리 선순위성 긍정설

판례는 "중앙토지수용위원회의 수용재결은 행정소송의 대상으로 삼을 수 없다 할 것임에도, 원심이 피고의 수용재결 취소를 구하는 원고들의 청구를 적법시 하여 본안판결을 하였음은 행정소송의 대상에 관한 법리를 오해한 위법을 범하였다."고 하고(1983. 2. 8. 81누420), "채권자대위소송에서 채권자의 채무자에 대한 권리가 인정되지 아니할 경우에는 당사자 적격이 없게 되므로 대위소송은 부적법하여 각하할 수밖에 없다 할 것인바, **원고의 갑에 대한 소유권이전등기청구권이 인정되지 아니하는 이 사건에서는 원고가 갑에 대한 소유권이전등기청구권을 보전하기 위하여 갑의 피고에 대한 소유권이전등기청구권을 대위청구하는 소를 각하하여야 함에도 원심이 이를 간과하고 본안에 관하여 심리 판단한 것은 위법하므로 원심판결은 파기를 면할 수 없다.**"고 하고(1990. 12. 11. 88다카4727), "**채권자대위권행사의 요건인 피보전권리가 인정되지 아니한다면 소를 각하하였어야 할 것인데, 원심이 청구를 기각한 것은 잘못**이나, 이러한 경우에도 본안에 대한 기판력이 발생하는 것이 아니므로 판결의 위와 같은 주문의 표현을 들어 특별히 파기할 것은 아니다."고 하고(1993. 7. 13. 92다48857), "비법인사단이 사원총회 결의를 거치지 않고 소송을 제기한 사안에서, **직권으로 소제기에 관하여 총회의 결의를 거친 것인지 등에 대하여 심리·조사함으로써 소가 적법한 것인지를 밝혀보았어야 함에도 아무런 심리도 하지 아니한 채 본안에 대하여 판단한 원심판결에는 소송요건에 관한 법리를 오해함으로써 판결에 영향을 미친 위법이 있다.**"고 한다(2011. 7. 28. 2010다97044). 즉 판례는 요건심리의 선순위성을 긍정하는 입장이다.

4) 검 토

소송요건 판단에 대한 법관의 권한존중, 당사자의 절차보장 및 판결의 모순저촉 방지라는 측면에서 볼 때 소송요건은 먼저 심리해야 한다는 통설·판례가 타당하다.

나. 소송요건이 구비된 경우의 재판

소송요건의 흠이 있다고 피고가 다투는 것을 본안전 항변이라 한다. 소송요건이 갖추어져 있는 경우에는 법원은 중간판결(제201조) 또는 종국판결의 이유에서 소송요건의 흠이 없다고 판단하여야 한다.

다. 소송요건이 흠결된 경우의 재판

소송요건의 흠이 있는 경우에 보정할 수 없는 경우(예 : 출소기간의 경과, 재판권 흠결 등)이면 변론을 열지 않고 소를 각하할 수 있지만(제219조), 보정할 수 있는 것이면 법원은 상당한 기간을 정하여 보정을 명하고, 당사자가 이에 응하지 않을 때 소를 각하한다. **소 각하판결은 소송요건의 부존재를 확정한 확인판결의 일종이며 그 부존재에 기판력이 생긴다.** 다만 관할위반의 경우에는 변론관할이 생긴 경우는 별론으로 하고 소를 각하해서는 안 되고 관할권 있는 법원으로 이송하여야 하며(제34조 제1항), 병합의 소에서 병합요건에 흠결이 있을 때에도 소를 각하서는 안 되고 독립한 소로 취급하여야 한다.

라. 소송계속이 없는 것으로 판명된 경우

소 취하 등의 사유로 소송이 종료된 것으로 처리된 뒤에 그 소송종료의 효과를 다투는 기일지정신청이 있은 경우에 그 신청이 이유 없다고 인정되는 경우나, 소송종료를 간과하고 소송심리를 진행하여 온 사실이 추후에 밝혀지는 경우에는 소송종료선언을 하여야 한다.

마. 소송요건의 흠결을 간과하고 본안 판결한 경우

판결이 확정되기 전에는 상소를 제기하여 이를 취소할 수 있다(제424조 제1항 제4호). 다만 임의관할의 경우에는 예외이다(제411조 본문). 판결이 확정된 후이면 재심사유에 해당하는 경우에 한하여 재심의 소를 제기하여 이를 취소할 수 있다.

바. 소송요건이 구비되었음에도 소 각하 판결한 경우

원고는 상소를 제기할 수 있는데, 상소가 이유 있을 때에는 법원은 원심판결을 취소하고 원고의 심급의 이익을 보장하기 위하여 사건을 원심에 환송하여야 한다(필수적 환송 : 제418조·제425조·제436조 제1항).

다만 원고만 항소한 경우에 상급심에서 **소송요건은 구비되었으나 청구가 명백히 이유 없을 때**에는 ① 상급심 법원이 원심으로 환송하지 않고 청구기각의 판결을 할 수 있다는 것이 다수설이나, ② 판례는 "항소심이 청구기각 판결을 하여야 할 사건에 대하여 소각하 판결을 하였으나 원고만이 상고한 경우, **소를 각하한 항소심판결을 파기하여 원고에게 더 불리한 청구기각의 판결을 할 수는 없으므로, 항소심판결을 그대로 유지하지 않을 수 없다.**"고 한다(1999. 6. 8. 99다17401). 불이익변경금지의 원칙상 원심판결을 유지할 수밖에 없어 항소를 기각을 하여야 한다는 판례가 타당하다.

◆ 제2관 소의 이익

Ⅰ. 소의 이익의 개념

광의의 소의 이익에는 (ⅰ) 청구의 내용이 본안판결을 받기에 적합한 일반적 자격(권리보호자격 또는 청구적격)이 있을 것, (ⅱ) 원고가 청구에 대하여 판결을 구할 현실적 필요성(권리보호이익 또는 필요)이 있을 것, (ⅲ) 당사자가 제대로 소송수행을 하고 본안판결을 받기에 적합한 당사자일 것(주관적 이익인 당사자적격) 등을 포함한다. (ⅰ)·(ⅱ)는 청구의 측면에서 본 객관적 이익의 문제로서, 협의의 소의 이익이라고 할 때에는 이것만을 가리킨다. 다만 (ⅰ)·(ⅱ)를 합쳐서 권리보호의 이익이라고도 한다.

Ⅱ. 각종의 소에 공통적인 소의 이익 : 권리보호의 자격

1. 청구가 소구할 수 있는 구체적 권리 또는 법률관계일 것

가. 내용

법원의 권한에 속하는 법률적 쟁송(법원조직법 제2조 제1항)이 있어야 권리보호자격이 있다. 따라서 단순한 사실의 존부의 다툼은 소송의 대상이 되지 않는다. 또한 소권이 없는 자연채무에 대한 청구 또는 재판 외에서 일방적으로 행사할 수 있는 형성권(예 : 해제권, 취소권, 상계권 등) 자체를 청구의 내용으로 하는 경우에는 권리보호자격이 없다.

나. 판례의 태도

(ⅰ) 판례는 "토지대장상의 소유명의자의 주소를 기입하라는 청구의 소는 청구취지가 특정되어 있

다고 볼 수 없고 **구체적인 권리 또는 법률관계에 관한 쟁송**이라고 할 수 없어 민사소송으로 구할 수 있는 것이 아니므로 부적법하다."고 하고(1994. 6. 14. 93다36967), "부동산등기부의 사항란에 기재된 **근저당권설정등기의 접수일자**는 등기가 접수된 날을 나타내는 하나의 사실기재에 불과하고 권리에 관한 기재가 아니므로 접수일자의 변경을 구하는 것은 구체적인 권리 또는 법률관계에 관한 쟁송이라 할 수 없고, 또 등기의 접수일자는 실체적 권리관계와 무관한 것으로서 그 변경에 등기권리자와 등기의무자의 관념이 있을 수 없어 이행청구의 대상이 될 수도 없으므로, 소의 이익이 없어 부적법하다."고 한다(2003. 10. 24. 2003다13260).

(ⅱ) 각종 대장의 기재에 대한 청구와 관련하여 판례는 "**임야대장상의 소유명의의 말소를 구하는 청구는 소의 이익이 없다.**"고 하고(1979. 2. 27. 78다913), "무허가건물대장은 무허가건물의 정비에 관한 행정상의 사무처리의 편의를 위하여 작성 비치된 대장으로서 그 대장에의 기재에 의하여 무허가건물에 관한 권리의 변동이 초래되거나 공시되는 효과가 생기는 것이라 할 수 없으므로, 무허가건물에 관하여 무허가건물대장상의 명의변경을 구하는 소는 그 이익이 없다."고 하고(1992. 2. 14. 91다29347), "무허가건물대장은 행정관청이 무허가건물 정비에 관한 행정상 사무처리의 편의를 위하여 직권으로 무허가건물의 현황을 조사하고 필요 사항을 기재하여 비치한 대장으로서 건물의 물권 변동을 공시하는 법률상의 등록원부가 아니며 무허가건물대장에 건물주로 등재된다고 하여 소유권을 취득하는 것이 아닐 뿐만 아니라 권리자로 추정되는 효력도 없는 것이므로, **참칭상속인 또는 그로부터 무허가건물을 양수한 자가 무허가건물대장에 건물주로 기재되어 있다고 하여 이를 상속회복청구의 소에 있어 상속권이 참칭상속인에 의하여 침해된 때에 해당한다고 볼 수 없다.**"고 하여 원칙적으로 소의 이익이 없다고 한다(1998. 6. 26. 97다48937).

(ⅲ) 다만 판례는 "무허가건물대장이 건물의 물권 변동을 공시하는 법률상의 등록원부가 아니라고 하더라도 그 건물주 명의 기재의 말소를 구하는 청구가 일률적으로 법률상 소의 이익이 없다고 볼 것은 아니고 개별적 사건에 있어 구체적 사정을 고려하여 이를 판단하여야 한다. **지방자치단체의 조례가 무허가건물대장에 등재된 건물에 대하여 공익사업에 따른 철거시 철거보상금을 지급하도록 규정하고 있고 종전에도 관할 동사무소가 무허가건물에 관하여 무허가건물대장상 건물주 명의의 말소를 명하는 확정판결에 따라 업무를 처리한 경우**, 무허가건물대장상 건물주 명의의 말소를 구하는 청구가 소의 이익이 있다."고 하고(1998. 6. 26. 97다48937), "무허가건물대장이 건물의 물권변동을 공시하는 법률상의 등록원부가 아니고 권리명의자의 변경기재가 물권변동의 공시방법은 아니라 하더라도 무허가건물대장상의 명의변경을 구하는 청구가 일률적으로 법률상 소의 이익이 없다고 할 수 없고 **무허가건물이라도 철거되는 경우 일정시점 이전에 축조되어 항공촬영도면에 수록되어 있는 건물은 건물보상 및 시영아파트를 특별분양할 예정이라면 무허가건물대장상 그 소유명의자로 등재된 사람은 특별한 사정이 없는 한 건물철거에 따른 보상청구권이나 시영아파트 분양권을 받을 수 있는 지위를 가지게 될 것**이므로 소로써 그 명의변경절차의 이행을 청구할 이익이 있다."고 하여, 예외적으로 소의 이익이 있다고 한다(1992. 4. 28. 92다3847).

2. 법률상 또는 계약상 제소금지 사유가 없을 것

(ⅰ) 법률상 제소금지 사유에는 중복된 소제기의 금지(제259조), 재소금지(제267조 제2항)가 있다.
(ⅱ) 계약상 제소금지 사유에는 부제소 합의, 중재 합의가 있다. 한편 계약상 상소제기금지 사유로는 불상소 합의, 불항소 합의(비약상고의 합의 ; 제390조 제1항 단서·제422조 제2항)가 있다.

부제소 합의의 유효요건에 대하여, 판례는 "소극적 소송요건의 하나인 부제소 합의는 **합의당사자가 처분할 권리 있는 범위 내의 것으로서 특정한 법률관계에 한정될 때 허용되며 합의시에 예상할 수 있는 상황에 관한 것**이어야 유효하다."고 한다(1999. 3. 26. 98다63988). 따라서 "**최종 퇴직시 발생하는 퇴직금청구권을 사전에 포기하거나 사전에 그에 관한 민사상 소송을 제기하지 않겠다는 부제소 특약을 하는 것은 강행법규인 근로기준법에 위반되어 무효이다.**"고 한다(1998. 3. 27. 97다49732).

이러한 사유가 있음에도 이에 위반하여 제기한 소는 소의 이익이 없다. 판례도 "퇴직금 산정 및 지급에 관하여 민·형사상의 일체의 청구를 하지 아니하기로 한 약정을 부제소의 특약으로 인정하여 추가 퇴직금 청구의 소를 부적법하다."고 하고(1996. 6. 14. 95다3350), "**회사가 노동조합 등을 상대로 제기한 소 중 합의 전인 소제기 당시 이미 배상을 구한 손해액을 초과하여 배상을 구하는 부분은 부제소 합의에 반하여 소의 이익이 없다.**"고 한다(2011. 6. 24. 2009다35033).

3. 특별한 구제절차가 없을 것 (제소장애사유가 없을 것)

법률이 소 이외의 간이하고 특별한 구제절차를 마련해 놓고 있어 그에 의하여 목적을 달성할 수 있는 경우에는 그에 의하는 것이 국가제도의 능률적 운영이 되기 때문에 이러한 사유는 제소장애사유가 된다.

판례도 "소송비용으로 지출한 금액은 소송비용 확정의 절차를 거쳐 상환 받을 수 있어서 별도로 소구할 이익이 없다."고 하고(2000. 5. 12. 99다68577), "처분금지가처분등기는 집행법원의 가처분결정의 취소나 집행취소의 방법에 의해서만 말소될 수 있어서 **처분금지가처분등기의 이행을 소구할 수는 없다.**"고 하고(1982. 12. 14. 80다1872), "처분금지가처분의 기입등기는 채권자나 채무자가 직접 등기공무원에게 신청하여 행할 수는 없고 반드시 법원의 촉탁에 의하여야 하는바, **당사자가 신청할 수 없는 처분금지가처분의 기입등기가 법원의 촉탁에 의하여 말소된 경우에는 회복등기도 법원의 촉탁에 의하여 행하여져야 하므로**, 처분금지가처분 채권자가 말소된 가처분기입등기의 회복등기절차의 이행을 소구할 이익은 없다."고 한다(2000. 3. 24. 99다27149).

또한 "**등기명의인의 표시변경등기는 등기명의인의 동일성이 유지되는 범위 내에서 등기부상의 표시를 실제와 합치시키기 위하여 행하여지는 것에 불과할 뿐 권리변동을 가져오는 것이 아니므로**, 표시변경이 등기명의인의 동일성을 해치는 방법으로 행하여져 타인을 표상하는 결과에 이른 경우가 아닌 한, 등기명의인은 표시변경등기가 잘못되었더라도 다시 경정등기를 하면 되고 소로써 표시변경등기의 말소를 구하는 것은 소의 이익이 없어 허용되지 않는다."고 한다(1999. 6. 11. 98다60903).

4. 원고가 동일청구에 대하여 승소확정의 판결을 받은 경우가 아닐 것

기판력의 본질에 관한 판례의 태도인 모순금지설에 의하면 승소판결을 받은 자가 동일한 소를 제기하면 소의 이익이 없다. 즉 원고가 승소확정의 판결을 받았기 때문에 즉시 강제집행을 할 수 있을 때는 동일한 청구에 대한 신소의 제기는 원칙적으로 소의 이익이 없다. 그러나 판결원본의 멸실, 판결내용의 불특정, 시효중단의 필요 등 특별한 사정이 있을 때에는 예외적으로 소의 이익이 인정된다. 다만 이때 신소의 판결은 전소의 승소확정판결의 내용에 저촉되어서는 아니 된다.

판례도 "확정판결에 기한 채권의 소멸시효기간인 10년의 도과가 임박하여서 강제집행의 실시가 현실적으로 어렵게 되었다면, 그 이전에 강제집행의 실시가 가능하였던가의 여부에 관계없이 시효중단을 위하여는 동일내용의 재판상 청구가 불가피하다고 할 것이므로, **확정판결이 있었더라도 시효중단을 위한 동일 내용의 소에 대하여 소멸시효 완성 내지 중복제소금지 규정에 위반한 것이라고는 할 수 없다.**"고 하고(1987. 11. 10. 87다카1761), "**소송물이 동일한 경우라도 판결 내용이 특정되지 아니하여 집행을 할 수 없는 경우**에는 다시 소송을 제기할 권리보호의 이익이 있다."고 하고(1998. 5. 15. 97다57658), "**공정증서는 집행력이 있을 뿐이고 기판력이 없기 때문에**, 기판력 있는 판결을 받기 위하여 공정증서의 내용과 동일한 청구를 소로 제기할 이익이 있다."고 한다(1996. 3. 8. 95다22795).

5. 신의칙 위반의 제소가 아닐 것

민사소송에서도 신의칙이 적용되므로 신의칙에 위반하는 제소는 소의 이익이 부정된다. 판례도 "본 소송이 신의칙에 반하는 것으로서 권리보호의 이익이 없는 부적법한 것이라고 할 수 없다."고 하여(1984. 10. 23. 84다카855), 신의칙 위반 여부를 소송요건으로 보고 있다.

Ⅲ. 각종의 소에 특수한 소의 이익 (청구적격 및 권리보호이익)

1. 이행의 소

가. 현재이행의 소

1) 원 칙

현재이행의 소는 원고가 사실심 변론종결 당시에 이행기가 도래하였지만 이행되지 않은 이행청구권의 존재를 주장하는 것으로서, 원칙적으로 권리보호의 이익이 인정된다. 따라서 객관적인 이행의무의 존부는 본안에서 판단할 문제이다. 다만 다음의 경우에는 현재이행의 소에서 소의 이익이 있는지가 문제된다.

2) 강제집행의 불가능 또는 현저한 곤란

채무자가 무자력인 경우의 금전지급청구처럼 이행판결을 받아도 집행이 불가능하거나 현저하게 곤란한 사유가 있는 경우에도 소의 이익이 있는지가 문제된다. 판결절차는 '분쟁의 관념적 해결절차'이고, 강제집행절차는 '사실적인 해결방법'인 점에서 독자적인 존재의의를 갖고 있으며, 또한 집행권원의 보유는 채무자에 대한 심리적 압박이 되고, 소멸시효의 중단이라는 실익도 있기 때문에 소의 이익은 있다. 또한 성질상 강제집행을 할 수 없는 청구라도 소의 이익은 있다.

판례도 "순차 경료된 소유권이전등기의 각 말소청구소송은 보통공동소송이므로, 그 중의 어느 한 등기명의자만을 상대로 말소를 구할 수 있고, **최종 등기명의자에 대하여 등기말소를 구할 수 있는지에 관계없이 중간의 등기명의자에 대하여 등기말소를 구할 소의 이익이 있다.**"고 한다(1998. 9. 22. 98다23393). 또한 "순차적으로 소유권이전등기가 경료된 경우 후순위등기의 말소등기절차 이행청구가 패소확정됨으로써 직접적으로는 전순위등기의 말소등기의 실행이 불가능하게 되었더라도 전순위등기의 말소를 구할 소의 이익이 없다 할 수 없다."고 한다(1993. 7. 13. 93다20955). 또한 "이행의 소는 원칙적으로 원고가 이행청구권의 존재를 주장하는 것으로서 권리보호의 이익이 인정되고, **이행판결을 받아도 집행이 사실상 불가능하거나 현저히 곤란하다는 사정만으로 그 이익이 부정되는 것은 아니다.**"고 한다(2016. 8. 30. 2015다255265).

3) 소유권이전등기청구권 또는 금전채권에 대한 보전처분과 이행의 소

가) (가)압류·가처분이 된 소유권이전등기청구권에 기한 청구

(ⅰ) 판례는 "[1] **소유권이전등기청구권에 대한 압류나 가압류**는 채권에 대한 것이지 부동산에 대한 것이 아니고, 채무자와 제3채무자에게 결정을 송달하는 외에 현행법상 등기부에 공시하는 방법이 없는 것으로서 채권자와 채무자 및 제3채무자 사이에만 효력을 가지며, 압류나 가압류와 관계가 없는 제3자에 대하여는 압류나 가압류의 처분금지적 효력을 주장할 수 없으므로, **소유권이전등기청구권의 압류나 가압류는 부동산 자체의 처분을 금지하는 대물적 효력은 없고**, 제3채무자나 채무자로부터 소유권이전등기를 넘겨받은 제3자에 대하여는 취득한 등기가 원인무효라고 주장하여 말소를 청구할 수 없다. [2] 부동산소유권이전등기청구권의 가압류는 채무자 명의로 소유권을 이전하여 이에 대하여 강제집행을 할 것을 전제로 하므로, **소유권이전등기청구권을 가압류하였더라도 어떠한 경로로 제3채무자로부터 채무자 명의로 소유권이전등기가 마쳐졌다면 채권자는 부동산 자체를 가압류하거나 압류하면 될 것이지 등기를 말소할 필요는 없다.**"고 한다(1992. 11. 10. 92다4680).

또한 "소유권이전등기청구권에 대한 압류가 있으면 변제금지의 효력에 따라 제3채무자는 채무자에게 임의로 이전등기를 이행하여서는 아니 되나, 이러한 압류에는 청구권의 목적물인 부동산 자체의 처분을 금지하는 대물적 효력이 없으므로, 제3채무자나 채무자로부터 이전등기를 마친 제3자에 대하여는 취득한 등기가 원인무효라고 주장하여 말소를 청구할 수 없지만, **제3채무자가 압류결정을 무시하고 이전등기를 이행하고 채무자가 다시 제3자에게 이전등기를 마쳐준 결과 채권자에게 손해를 입힌 때에는 불법행위에 따른 배상책임을 진다.**"고 한다(2022. 12. 15. 2022다247750).

다만, 이러한 법리는 대외적으로 공시되지 않은 소유권이전등기청구권에 대하여 (가)압류가 된 경우이다. 따라서 가등기된 소유권이전등기청구권에 대하여 (가)압류가 된 경우와는 구별해야 한다. 즉, 판례는 "[1] **부동산에 관하여 전소유자로부터 채무자 명의의 소유권이전등기가 되고 같은 날 채무자로부터 제3자가 소유권이전등기를 넘겨받기 전에 이미 가압류채권자 명의의 적법한 가압류기입등기가 되어 가압류결정이 공시되어 있었던 경우**, 가압류채권자는 제3자에 대하여 가압류의 처분금지적 효력을 주장할 수 있다 할 것이어서 제3자 명의의 소유권이전등기는 등기된 가압류의 채권자와의 관계에서는 무효이다. [2] 제3자에 의하여 채무자 명의의 가등기에 기한 소유권이전의 본등기가 마쳐진 경우, **가등기된 부동산소유권이전등기청구권을 가압류한 채권자**의 신청에 의한 부동산에 대한 강제집행절차는 정당하고 강제경매절차에 의하여 적법하게 부동산을 낙찰받은 낙찰인 명의의 소유권이전등기 역시 적법·유효하다. 92다4680은 현행법상 등기부에 공시할 방법이 없는 소유권이전등기청구권에 관한 압류나 가압류에 대한 것이어서 이 사건과 사안을 달리하므로 이 사건에 원용하기에는 적절하지 아니하다."고 한다(1998. 8. 21. 96다29564).

(ⅱ) 원고의 채권자가 원고의 피고에 대한 소유권이전등기청구권에 대하여 (가)압류·가처분을 하였음에도 원고가 피고를 상대로 소유권이전등기청구의 소를 제기한 경우에 대하여, 판례는 '조건부청구인용설'의 입장이다. 즉, 이러한 경우의 청구취지(판결주문)는 "**피고는 원고에게 별지 목록 기재 건물에 관하여 원고와 소외 甲 사이의 수원지방법원 2022. 11. 2. 자 2022카합7776 소유권이전등기청구권 가압류 결정에 의한 집행이 해제되면 2021. 9. 15. 매매를 원인으로 한 소유권이전등기절차를 이행하라.**"가 된다.

즉, 판례는 "일반적으로 채권에 대한 가압류가 있더라도 이는 채무자가 제3채무자로부터 현실로 급부를 추심하는 것만을 금지하는 것이므로 채무자는 제3채무자를 상대로 이행을 구하는 소송을 제

기할 수 있고 **법원은 가압류가 되어 있음을 이유로 배척할 수 없는 것이 원칙**이나, 소유권이전등기를 명하는 판결은 의사의 진술을 명하는 판결로서 이것이 확정되면 채무자는 일방적으로 이전등기를 신청할 수 있고 제3채무자는 저지할 방법이 없으므로 이와 같은 경우에는 **가압류의 해제를 조건으로 하지 아니하는 한 법원은 인용하여서는 안되고**, 제3채무자가 임의로 이전등기의무를 이행하고자 한다면 민사집행법 제244조에 의하여 정하여진 보관인에게 권리이전을 하여야 할 것이고, 이 경우 보관인은 채무자의 법정대리인의 지위에서 이를 수령하여 채무자 명의로 소유권이전등기를 마치면 된다."고 한다(1992. 11. 10. 92다4680).

또한 "소유권이전등기청구권에 대한 압류나 가압류는 채권에 대한 것이지 부동산에 대한 것이 아니고, 채무자와 제3채무자에게 결정을 송달하는 외에 현행법상 등기부에 공시하는 방법이 없는 것으로서, 채권자와 채무자 및 제3채무자 사이에만 효력이 있을 뿐 압류나 가압류와 관계가 없는 제3자에 대하여는 압류나 가압류의 처분금지적 효력을 주장할 수 없게 되므로, 소유권이전등기청구권의 압류나 가압류는 부동산 자체의 처분을 금지하는 대물적 효력은 없고, 또한 채권에 대한 가압류가 있더라도 이는 채무자가 제3채무자로부터 현실로 급부를 추심하는 것만을 금지하는 것이므로 **채무자는 제3채무자를 상대로 이행을 구하는 소송을 제기할 수 있고 법원은 가압류가 되어 있음을 이유로 배척할 수는 없지만**, 소유권이전등기를 명하는 판결은 의사의 진술을 명하는 판결로서 이것이 확정되면 채무자는 일방적으로 이전등기를 신청할 수 있고 제3채무자는 이를 저지할 방법이 없게 되므로 위와 같이 볼 수는 없고, 이와 같은 경우에는 **가압류의 해제를 조건으로 하지 않는 한 법원은 이를 인용하여서는 안 되는 것이며, 가처분이 있는 경우도 이와 마찬가지로 가처분의 해제를 조건으로 하여야만 소유권이전등기절차의 이행을 명할 수 있다.**"고 한다(1999. 2. 9. 98다42615).

또한 "채무자가 제3채무자에 대하여 가지는 토지에 관한 분양계약에 따른 권리를 대상으로 한 처분금지가처분이 있는 경우, 그 가처분에는 채무자의 제3채무자에 대한 소유권이전등기청구권의 추심을 금지하는 효력이 포함되어 있고, 소유권이전등기를 명하는 판결은 의사의 진술을 명하는 판결로서 이것이 확정되면 채무자는 일방적으로 이전등기를 신청할 수 있고 제3채무자는 이를 저지할 방법이 없으므로, 이러한 경우에는 **가처분의 해제를 조건**으로 하지 아니하는 한 제3자가 토지를 매수하였음을 원인으로 채무자를 대위하여 구하는 채무자의 제3채무자에 대한 소유권이전등기청구를 인용하여서는 안 된다."고 한다(1998. 2. 27. 97다45532).

이러한 법리에 근거하여 판례는 "[1] 채무의 이행이 불능이라는 것은 단순히 절대적·물리적으로 불능인 경우가 아니라 **사회생활에 있어서의 경험법칙 또는 거래상의 관념에 비추어 볼 때 채권자가 채무자의 이행의 실현을 기대할 수 없는 경우**를 말하는 것인바, **매매목적물에 대하여 가압류 또는 처분금지가처분 집행이 되어 있다고 하여 매매에 따른 소유권이전등기가 불가능한 것은 아니며**, 이러한 법리는 가압류 또는 가처분집행의 대상이 매매목적물 자체가 아니라 **매도인이 매매목적물의 원소유자에 대하여 가지는 소유권이전등기청구권 또는 분양권인 경우에도 마찬가지이다. [2] 매도인의 소유권이전등기청구권이 가압류되어 있거나 처분금지가처분이 있는 경우에는 가압류 또는 가처분의 해제를 조건으로 하여서만 소유권이전등기절차의 이행을 명받을 수 있는 것**이어서, 매도인은 가압류 또는 가처분을 해제하지 아니하고서는 매도인 명의의 소유권이전등기를 마칠 수 없고, 따라서 매수인 명의의 소유권이전등기도 경료하여 줄 수 없다고 할 것이므로, **매도인이 가압류 또는 가처분집행을 모두 해제할 수 없는 무자력의 상태에 있다고 인정되는 경우에는 매수인이 매도인의 소유권이전등기의무가 이행불능임을 이유로 매매계약을 해제할 수 있다.**"고 한다(2006. 6. 16. 2005다39211).

또한 "소유권이전등기청구권이 가압류되어 있어 가압류의 해제를 조건으로 하여서만 소유권이전등기절차의 이행을 명받을 수 있는 자가 목적물을 매도한 경우, 가압류를 해제하지 아니하고서는 자신 명의로 소유권이전등기를 경료받을 수 없고, 매수인 명의로 소유권이전등기도 경료하여 줄 수가 없으므로, 그러한 경우에는 **소유권이전등기청구권의 가압류를 해제하여 완전한 소유권이전등기를 경료하여 주는 것까지 동시이행관계에 있는 것**으로 봄이 상당하고, 가압류가 해제되지 않는 이상 매수인은 매매잔대금의 지급을 거절할 수 있다."고 한다(2001. 7. 27. 2001다27784).

또한 판례는 이러한 법리를 체비지대장상 소유자명의변경을 구하는 소에 대하여도 적용한다. 즉 "**소유권이전등기청구권의 가압류 등에 의한 변제금지의 효력은 사업시행자가 가압류된 체비지에 대한 체비지대장상 소유자 명의를 양수인 앞으로 변경하는 것에도 미치므로**, 가압류 등의 해제 없이는 법원은 곧바로 체비지대장상 소유자명의변경절차의 이행을 명할 수 없다."고 한다(2011. 8. 18. 2009다60077).

나) (가)압류·가처분이 된 금전채권에 기한 청구

원고의 채권자가 원고의 피고에 대한 금전채권에 대하여 (가)압류·가처분을 하였음에도 원고가 피고를 상대로 금전지급청구의 소를 제기한 경우에 대하여 판례는 '무조건청구인용설'의 입장이다. 즉 판례는 "**채권가압류가 된 경우**, 제3채무자는 채무자에 대하여 채무의 지급을 하여서는 안되고, 채무자는 추심·양도 등의 처분행위를 하여서는 안되지만, 이는 변제나 처분행위를 하였을 때에 이를 가압류채권자에게 대항할 수 없다는 것이며, **채무자가 제3채무자를 상대로 이행의 소를 제기하여 집행권원을 얻더라도 이에 기하여 제3채무자에 대하여 강제집행을 할 수는 없다고 볼 수 있을 뿐이고 집행권원을 얻는 것까지 금하는 것은 아니다.**"고 한다(1989. 11. 24. 88다카25038).

또한 "일반적으로 채권에 대한 가압류가 있더라도 이는 가압류채무자가 제3채무자로부터 현실로 급부를 추심하는 것만을 금지하는 것이므로, **가압류채무자는 제3채무자를 상대로 이행을 구하는 소송을 제기할 수 있고, 법원은 가압류가 되어 있음을 이유로 배척할 수 없다.**"고 하고(2000. 4. 11. 99다23888), "**수표에 대한 지급금지가처분결정이 있더라도 이는 제3채무자가 가처분채무자에게 현실로 수표금을 지급하는 것만을 금지하는 것**이므로 가처분채무자나 그로부터 수표를 양수한 제3취득자가 수표발행인인 제3채무자를 상대로 이행을 구하는 소송을 제기할 수 있고, 법원은 가처분이 되어 있음을 이유로 배척할 수 없다."고 한다(2008. 5. 15. 2006다8481).

다) 제3채무자의 응소의무

(ⅰ) 소유권이전등기청구권과 관련하여, 판례는 "소유권이전등기청구권에 대한 가압류가 있으면 변제금지의 효력에 의하여 제3채무자는 채무자에게 임의로 이전등기를 이행하여서는 아니되나, 그와 같은 가압류는 채권에 대한 것이지 부동산에 대한 것이 아니고, 채무자와 제3채무자에게 결정을 송달하는 외에 현행법상 등기부에 공시하는 방법이 없는 것으로서 채권자와 채무자 및 제3채무자 사이에만 효력을 가지며, 제3자에 대하여는 가압류의 변제금지의 효력을 주장할 수 없으므로 소유권이전등기청구권의 가압류는 부동산 자체의 처분을 금지하는 대물적 효력은 없고, 제3채무자나 채무자로부터 이전등기를 경료한 제3자에 대하여는 취득한 등기가 원인무효라고 주장하여 말소를 청구할 수는 없는 것이므로, 제3채무자가 가압류결정을 무시하고 이전등기를 이행하고 채무자가 다시 제3자에게 이전등기를 경료하여 준 결과 채권자에게 손해를 입힌 때에는 불법행위를 구성하고 그에

따른 배상책임을 지게 된다고 할 것인데, **소유권이전등기를 명하는 판결은 의사의 진술을 명하는 판결로서 이것이 확정되면 채무자는 일방적으로 이전등기를 신청할 수 있고 제3채무자는 이를 저지할 방법이 없으므로, 소유권이전등기청구권이 가압류된 경우에는 변제금지의 효력이 미치고 있는 제3채무자는 일반채권이 가압류된 경우와는 달리 채무자 또는 채무자를 대위한 자로부터 제기된 소유권이전등기청구소송에 응소하여 소유권이전등기청구권이 가압류된 사실을 주장하고 자신이 송달받은 가압류결정을 제출하는 방법으로 입증하여야 할 의무가 있고**, 만일 제3채무자가 고의 또는 과실로 소유권이전등기청구소송에 응소하지 아니한 결과 의제자백에 의한 판결이 선고되어 확정됨에 따라 채무자에게 소유권이전등기가 경료되고 다시 제3자에게 처분된 결과 채권자가 손해를 입었다면, 이러한 경우는 제3채무자가 채무자에게 임의로 소유권이전등기를 경료하여 준 것과 마찬가지로 불법행위를 구성한다고 보아야 한다."고 한다(1999. 6. 11. 98다22963).

또한 "**소유권이전등기청구권을 압류한 경우 채권자가 채권을 추심하기 위하여는 우선 민사집행법 제244조에서 정한 절차에 따라 부동산에 관하여 채무자 명의로 소유권이전등기를 경료한 다음 다시 그 부동산에 대한 강제경매를 실시하여 경매절차에서 배당받아야 할 것이므로**, 제3채무자의 고의 또는 과실로 소유권이전등기청구권이 압류된 부동산에 관하여 채무자, 제3자 명의의 소유권이전등기가 순차 경료됨으로써 채권자에 대한 불법행위책임이 성립하는 경우, 그로 인한 압류채권자의 손해액은 압류채권액 범위 내에서 압류채권자가 배당받을 금액이라고 보아야 한다."고 한다(2002. 10. 25. 2002다39371).

(ⅱ) 금전채권과 관련하여, 판례는 "일반적으로 채권에 대한 가압류가 있더라도 이는 채무자가 제3채무자로부터 현실로 급부를 추심하는 것만을 금지하는 것일 뿐 채무자는 제3채무자를 상대로 이행을 구하는 소송을 제기할 수 있고 법원은 가압류가 되어 있음을 이유로 배척할 수는 없는 것이 원칙이다. 왜냐하면 **채무자로서는 제3채무자에 대한 채권이 가압류되어 있더라도 집행권원을 취득할 필요가 있고 또는 시효를 중단할 필요도 있는 경우도 있을 것이며 또한 소송 계속 중에 가압류가 행하여진 경우에 이를 이유로 청구가 배척된다면 장차 가압류가 취소된 후 다시 소를 제기하여야 하는 불편함이 있는데 반하여 제3채무자로서는 이행을 명하는 판결이 있더라도 집행단계에서 이를 저지하면 될 것이기 때문이다**."고 한다(2002. 4. 26. 2001다59033).

4) 목적이 실현되었거나 또는 청구의 실익이 없는 경우

(ⅰ) 판례는 "제1, 2순위의 근저당권설정등기 사이에 소유권이전등기청구권 보전의 가등기가 경료된 부동산에 대하여 위 제1순위 근저당권의 실행을 위한 경매절차에서 매각허가결정이 확정되고 매각대금이 완납된 경우 위 가등기 및 그에 기한 본등기상의 권리는 모두 소멸하고, 위 각 등기는 민사집행법 제144조 제1항 제2호에 규정된 매수인이 인수하지 아니한 부동산의 부담에 관한 기입에 해당하여 말소촉탁의 대상이 되며, 이와 같은 매각허가결정의 확정으로 인한 물권변동의 효력은 그에 관한 등기에 관계없이 이루어지는 것이다. 그리고 **소유권이전등기청구권 보전의 가등기 및 그에 기한 본등기의 말소등기절차의 이행을 구하는 소송 도중에 위 각 등기가 경료된 부동산에 대하여 매각허가결정이 확정되고 매각대금이 완납됨으로써 위 각 등기상의 권리가 모두 소멸하고 위 각 등기가 말소촉탁의 대상이 되어 장차 말소될 수밖에 없는 경우에는 더 이상 위 각 등기의 말소를 구할 법률상의 이익이 없다**."고 한다(2007. 12. 13. 2007다57459).

또한 "근저당권설정등기의 말소등기절차의 이행을 구하는 소송 도중에 그 근저당권설정등기가 경락을 원인으로 하여 말소된 경우에는 더 이상 근저당권설정등기의 말소를 구할 법률상 이익이 없다. 원고가 말소등기절차의 이행을 구하고 있는 근저당권설정등기는 상고심 계속 중에 낙찰을 원인으로 하여 말소되었으므로 근저당설정등기의 말소를 구할 법률상의 이익이 없게 되었고, 따라서 상고심 계속 중에 소의 이익이 없게 되어 부적법하게 되었다는 이유로 원심판결을 파기하고 소를 각하한다."고 한다(2003. 1. 10. 2002다57904).

또한 "국유지에 대한 취득시효완성을 원인으로 한 소유권이전등기절차이행 소송의 사실심 심리 도중 국가가 소 제기자에게 대상 토지에 관하여 상환완료를 원인으로 한 소유권이전등기를 마쳐 준 경우, **이미 소유권이전등기를 마친 소 제기자로서는 특별한 사정이 없는 한 더 이상 소유권이전을 구하는 소를 유지할 필요가 없게 되었고**, 임의로 소유권을 이전해 준 국가로서도 소 제기자의 소유권이전청구권의 존부에 대하여 다툴 이익을 상실하게 되었으므로, 그 소는 권리보호의 이익을 결한 것으로서 부적법하게 된다."고 한다(1996. 10. 15. 96다11785).

또한 말소등기청구의 소의 이익과 관련하여, 판례는 "건물이 멸실된 경우에 멸실된 건물에 대한 등기용지는 폐쇄될 운명에 있으므로, 건물에 관하여 경료된 소유권이전등기가 원인무효로 될 사정이 있다 하여도 건물의 종전의 소유자로서는 등기부상의 소유명의자에게 말소등기를 소구할 이익이 없다."고 한다(1994. 6. 10. 93다24810).

(ⅱ) 다만, 예외적으로 소의 이익을 인정한 판례도 있다. 즉 "[1] **소유권보존등기가 되었던 종전건물의 소유자가 이를 헐어 내고 건물을 신축한 경우에 종전건물에 대한 멸실등기를 하고 새 건물에 대한 소유권보존등기를 하기 위하여 종전건물에 대한 소유권보존등기에 터잡아 마쳐진 원인무효의 소유권이전등기 등의 말소를 청구할 소의 이익이 있다.** [2] 위 [1]항의 경우 새 건물에 대한 근저당권을 설정할 의사를 가지고 종전건물의 등기부에 근저당권설정등기를 하고, 표제부 표시를 새 건물로 변경등기 하였다고 하여 새 건물에 대한 등기로서 유효하게 된다고 할 수 없다. [3] 위 [1]항과 같이 건물을 신축한 자가 다른 소송에서 건물이 증·개축되었다고 자인한 바 있고, 종전건물에 대한 근저당권설정등기의 효력이 새 건물에 미치는 것으로 하기로 합의한 바 있으며, 근저당권설정등기에 터잡은 경매절차가 진행중이던 때에 등기의 효력을 인정하고 경매절차에서 이의를 제기하지 아니하기로 약정한 바 있었더라도, 그와 같은 사유들만으로써는 무효인 등기의 말소를 구하는 청구가 신의성실의 원칙이나 금반언의 원칙에 위배되지 않는다."고 한다(1992. 3. 31. 91다39184).

또한 "**채무자가 선순위 근저당권이 설정되어 있는 상태에서 부동산을 제3자에게 양도한 후 선순위 근저당권설정계약을 해지하고 근저당권설정등기를 말소한 경우**에, 비록 근저당권설정계약이 이미 해지되었지만 그것이 사해행위에 해당하는지에 따라 후행 양도계약 당시 부동산의 잔존가치가 피담보채무액을 초과하는지 여부가 달라지고 그 결과 후행 양도계약에 대한 사해행위취소청구가 받아들여지는지 여부 및 반환범위가 달라지는 때에는 **이미 해지된 근저당권설정계약이라도 사해행위취소청구를 할 수 있는 권리보호의 이익이 있다**고 보아야 한다. 이는 근저당권설정계약이 양도계약보다 나중에 해지된 경우뿐 아니라 근저당권설정계약의 해지를 원인으로 한 근저당권설정등기의 말소등기와 양도계약을 원인으로 한 소유권이전등기가 같은 날 접수되어 함께 처리되고 원인일자가 동일한 경우에도 마찬가지이다."고 한다(2013. 5. 9. 2011다75232).

또한 "취득시효 완성 후 제3자 앞으로 경료된 소유권이전등기가 원인무효인 경우 취득시효 완성을 원인으로 한 소유권이전등기청구권을 가진 자는 취득시효 완성 당시의 소유자를 대위하여 제3자 명의 등기의 말소를 구할 수 있다. 한편 **취득시효 완성을 원인으로 하는 소유권이전등기청구권을 피보전권리로 하는 부동산처분금지가처분 등기가 마쳐진 후에 가처분채권자가 가처분채무자를 상대로 가처분의 피보전권리에 기한 소유권이전등기를 청구함과 아울러 가처분 등기 후 가처분채무자로부터 소유권이전등기를 넘겨받은 제3자를 상대로 가처분채무자와 제3자 사이의 법률행위가 원인무효라는 사유를 들어 가처분채무자를 대위하여 제3자 명의 소유권이전등기의 말소를 청구하는 경우, 가처분채권자가 채무자를 상대로 본안의 승소판결을 받아 확정되면 가처분에 저촉되는 처분행위의 효력을 부정할 수 있다고 하여, 그러한 사정만으로 위와 같은 제3자에 대한 청구가 소의 이익이 없어 부적법하다고 볼 수는 없다.** 가처분채권자가 대위 행사하는 가처분채무자의 위 제3자에 대한 말소청구권은 가처분 자체의 효력과는 관련이 없을 뿐만 아니라, 가처분은 실체법상의 권리관계와 무관하게 효력이 상실될 수도 있어, 가처분채권자의 입장에서는 가처분의 효력을 원용하는 외에 별도로 가처분채무자를 대위하여 제3자 명의 등기의 말소를 구할 실익도 있기 때문이다."고 한다(2017. 12. 5. 2017다237339).

5) 일부청구의 경우

다액의 채권을 소액사건심판법의 적용을 받을 목적으로 분할하여 청구하는 일부청구는 신의칙에 반하는 것이므로, 법원은 이러한 청구에 대하여 소각하 판결을 하여야 한다(소액사건심판법 제5조의2). 그러나 그 밖의 경우에는 신의칙의 위반임이 뚜렷하지 않는 한 소송경제 측면에서 일부청구를 현실적으로 인정해야 할 필요성이 있기 때문에 소의 이익을 긍정하여야 한다.

나. 장래이행의 소

1) 의의 및 기능

> 제251조(장래의 이행을 청구하는 소) 장래에 이행할 것을 청구하는 소는 미리 청구할 필요가 있어야 제기할 수 있다.

장래이행의 소는 **변제기가 변론종결일 이후에 도래하는 이행청구권에 대한 이행을 청구하는 소**이므로, 미리 청구할 필요가 있는 경우에 한하여 허용된다. 따라서 소제기 당시에는 변제기가 도래하지 않은 채권이라도 사실심 변론종결 시에 변제기에 이르렀다면 현재 이행의 소가 된다.

장래이행의 소는 피고의 임의이행의 거부에 대비하기 위한 것이고 강제집행의 곤란을 대비하기 위한 것이 아니다. 따라서 강제집행이 곤란할 사유가 있을 때에는 가압류·가처분을 신청해야 한다. 즉 장래이행의 소는 채무자의 임의이행 거부에 대비하여 미리 집행권원을 받아 두었다가 변제기가 도래하면 즉시 강제집행을 할 수 있도록 하는 기능을 한다.

판례도 "미리 청구할 필요가 있는 경우라 함은 **이행기가 도래하지 않았거나 조건 미성취의 청구권에 있어서는 채무자가 미리부터 채무 존재를 다투기 때문에, 이행기가 도래되거나 조건이 성취되었을 때에 임의이행을 기대할 수 없는 경우**를 말하고, 이행기에 이르거나 조건이 성취될 때에 채무자의 무자력으로 집행이 곤란해진다던가 또는 이행불능에 빠질 사정이 있다는 것만으로는 미리 청구할 필요가 있다고 할 수 없다."고 한다(2000. 8. 22. 2000다25576).

또한 "이행의 소는 이행기가 도래한 경우에 한하여 허용되는 것이 원칙이지만, 이행기가 도래하더라도 채무자가 임의이행을 거부할 것이 명백히 예상되는 상황과 같이 예외적으로 채권자로 하여금

이행기에 이르러 소를 제기하게 하는 것보다 미리 집행권원을 확보하게 함으로써 이행기가 도래하면 곧바로 강제집행을 할 필요가 인정되는 경우를 대비하여 제251조에서 '장래이행의 소'를 정하였다. 장래이행의 소가 적법하기 위해서는 **청구권 발생의 기초가 되는 법률상·사실상 관계가 변론종결 당시 존재하여야 하고, 그 상태가 계속될 것이 확실히 예상되어야 하며, 미리 청구할 필요가 인정**되어야만 한다. 장래이행의 소는 통상적인 이행의 소의 예외에 해당하는 것일 뿐 채무자의 무자력에 따른 강제집행의 곤란에 대비하기 위해 마련된 것이 아니다. 더구나, 쌍무계약관계의 이행기가 도래하지 않은 상태임에도 당사자 일방에 대하여 선제적으로 집행권원을 확보할 수 있게 하는 것은 자칫 계약관계의 균형이 상실되어 상대방 당사자의 계약상 권리가 침해될 수 있을 뿐만 아니라 장래의 이행기에 이르기까지 발생할 수 있는 계약상 다양한 변화를 반영하지 못함으로써 이행기 당시 쌍방 당사자의 권리·의무관계와 집행권원이 모순·충돌되는 불합리한 결과를 초래할 수 있다. 따라서 장래이행의 소의 적법 여부는 엄격한 기준에 따라 신중하게 판단하여야 한다."고 한다(2023. 3. 13. 2022다286786).

2) 당사자적격

장래이행의 소도 이행의 소이므로 변론종결 후 이행기가 도래할 이행청구권을 주장하는 자가 원고적격을 가지며, 그로부터 이행의무자로 주장된 자가 피고적격을 갖는다. 따라서 원고가 실제 이행청구권자이며 피고가 이행의무자인가는 본안심리에서 판단할 문제로서, 본안심리 결과 이행청구권자나 이행의무자가 아님이 판명되면 법원은 청구기각 판결을 한다.

3) 청구적격

가) 기한부 청구권·정지조건부 청구권·장래 발생할 청구권

장래이행의 소의 청구적격이 있으려면 **청구권의 기초가 되는 사실상·법률상의 관계가 변론종결 당시에 성립**되어 있어야 한다. 즉 청구권의 성립여부 및 범위를 확실히 예측할 수 있어야 한다. 따라서 기한부 청구권, 정지조건부 청구권, 장래 발생할 청구권이라도 이미 그 기초관계가 성립되고 조건 성취에 의하여 청구권 발생의 개연성이 충분한 경우에는 청구적격이 인정된다.

판례도 "장래에 발생할 청구권 또는 조건부 청구권에 관한 장래이행의 소가 적법하려면 **청구권 발생의 기초가 되는 법률상·사실상 관계가 변론종결 당시 존재하고 그러한 상태가 계속될 것이 예상**되어야 하며 또한 미리 청구할 필요가 있어야만 한다."고 한다(1997. 11. 11. 95누4902).

따라서 "국토의 계획 및 이용에 관한 법률상 토지거래계약 허가구역 내의 토지에 관하여 관할관청의 허가를 받을 것을 전제로 한 매매계약은 허가받기 전의 상태에서는 아무런 효력이 없어, 매수인이 매도인을 상대로 하여 권리의 이전 또는 설정에 관한 어떠한 이행청구도 할 수 없고, 이행청구를 허용하지 않는 취지에 비추어 볼 때 매매계약에 기한 소유권이전등기청구권 또는 **토지거래계약에 관한 허가를 받을 것을 조건으로 한 소유권이전등기청구권을 피보전권리로 한 부동산처분금지가처분신청 또한 허용되지 않는다.**"고 한다(2010. 8. 26. 2010마818).

또한 "채권을 양수하였으나 양도인에 의한 통지 또는 채무자의 승낙이라는 대항요건을 갖추지 못하였다면 **채권양수인은 채무자와 아무런 법률관계가 없어** 채무자에 대하여 아무런 권리주장을 할 수 없기 때문에, **채무자에 대하여 채권양도인으로부터 양도통지를 받은 다음 채무를 이행하라는 청구는 장래이행의 소로서의 요건을 갖추지 못하여 부적법하다.**"고 한다(1992. 8. 18. 90다9452).[19]

그러나 예외적으로 "학교법인이 감독청의 허가 없이 기본재산인 부동산에 관한 매매계약을 체결하는 한편 그 부동산에서 운영하던 학교를 당국의 인가를 받아 신축교사로 이전하고 준공검사까지 마친 경우, 위 매매계약이 감독청의 허가 없이 체결되어 아직은 효력이 없더라도 위 매매계약에 기한 소유권이전등기절차이행청구권의 기초가 되는 법률관계는 이미 존재한다고 볼 수 있고 장차 감독청의 허가에 따라 그 청구권이 발생할 개연성 또한 충분하므로, **매수인으로서는 미리 청구를 할 필요가 있는 한, 감독청의 허가를 조건으로 그 부동산에 관한 소유권이전등기절차의 이행을 청구할 수 있다.**"고 한다(1998. 7. 24. 96다27988).

나) 선이행청구

원고가 자신의 채무를 먼저 이행하여야 피고에게 이행을 청구할 수 있는 경우에는 원칙적으로 자기의 채무를 이행하는 것을 조건으로 하는 선이행청구를 할 수 없다. 다만, 예외적으로 선이행청구를 할 수 있는 경우가 있다. 예컨대 담보목적으로 소유권이전등기가 마쳐졌음에도 피고가 매매라고 다투는 경우, 또는 피고가 피담보채무의 액수에 대하여 다투는 경우에는 원고가 피담보채무를 변제하여도 피고가 등기말소에 협력하지 않을 것이다. 따라서 이러한 경우에 원고는 피담보채무의 변제를 조건으로 등기말소를 구하는 청구를 할 수 있다.

판례도 "채무자는 자신의 채무를 먼저 변제하여야만 채무를 담보하기 위하여 경료되었던 가등기 및 가등기에 기한 본등기의 말소나 새로운 소유권이전등기를 청구할 수 있지만, 채권자가 가등기 등이 채권담보의 목적으로 경료된 것임을 다툰다든지 피담보채무의 액수를 다투기 때문에 **채무자가 채무를 변제하더라도 채권자가 소유권의 공시에 협력할 의무를 이행할 것으로 기대되지 않는 경우에는 미리 청구할 필요가 있다**고 보아, 채무의 변제를 조건으로 채권담보의 목적으로 경료된 가등기 및 가등기에 기한 본등기의 말소나 새로운 소유권이전등기를 청구하는 장래이행의 소를 허용하여야 할 것이다."고 한다(1992. 1. 21. 91다35175).

또한 "채권자와 채무자 사이에 피담보채무의 소멸여부에 관하여 다툼이 있고 전액변제가 인정되지 아니할 경우에는 피담보채무의 잔존액을 확정한 다음 이를 이행한 후 담보권이 해제되도록 심리를 할 필요가 있으므로, **피담보채무액에 다툼이 있는 사실만으로 장래이행의 소인 담보권의 소멸청구는 소의 이익이 있다**고 할 것이며 분쟁의 경위가 판결이유에 나타나 있다면, 따로 소의 이익에 관하여 판단할 필요가 없다."고 한다(1987. 4. 14. 86다카981).

또한 "원고들의 근저당권설정등기의 말소등기절차이행청구는 피담보채무중 잔존채무를 변제하는 것을 조건으로 하여 담보로 경료된 등기의 말소등기절차이행을 구하는 것이나, **청구 중에는 구체적인 잔존채무액이 원고 주장의 금액을 초과하는 경우에 확정된 잔존채무의 변제를 조건으로 등기의 말소등기절차이행을 구하는 취지가 포함되어 있는 것으로 해석하여야 할 것**이므로, 이와 같은 경우에는 법원은 원고들 청구의 일부를 배척하여 확정된 채무의 변제를 조건으로 등기의 말소절차이행을 명해야 할 것이다."고 한다(1982. 11. 23. 81다393).

---

19) **[판례평석]** 채권양도의 통지를 조건으로 한 양수금청구가 부적법한 이유는 양수인이 채무자 사이에 기초관계가 없기 때문이라기보다는, 양도인이 과연 채권양도의 통지를 할 것인지에 관하여 확실히 예측할 수 있다거나 충분한 개연성이 있다고 보기 어렵기 때문으로 보아야 한다. 결국 판례의 태도는 결론에서는 타당하나, 그 이유에서는 정당한 것으로 보이지 아니한다(김홍엽, 제10판. 297면). **[청구취지]** 피고는 소외 乙에게, 별지 목록 기재 채권을 2024. 3. 16. 원고에게 양도하였다는 취지의 통지를 하라. → 채권양수인은 채권양도인에게 이러한 내용의 소를 제기하여 승소판결을 받은 후에 판결문을 채무자에게 보내어 대항요건을 구비할 수 있다.

또한 "**피담보채무 전액을 변제하였다고 주장하면서 근저당권설정등기에 대한 말소등기절차의 이행을 청구하였으나, 원리금의 계산 등에 관한 다툼 등으로 인하여 변제액이 채무 전액을 소멸시키는 데 미치지 못하고 잔존채무가 있는 것으로 밝혀진 경우**에는 원고의 청구에 확정된 잔존채무를 변제하고 그 다음에 등기의 말소를 구한다는 취지도 포함되어 있는 것으로 해석함이 상당하고 이는 장래이행의 소로서 미리 청구할 이익도 인정되므로, 피담보채무가 전액 변제되지 않았다는 이유만으로 원고의 청구를 기각할 것이 아니라 근저당권설정등기의 피담보채무 중 잔존원금 및 지연손해금의 액수를 심리·확정한 후 변제를 조건으로 근저당권설정등기의 말소를 명하여야 한다."고 한다(2023. 11. 16. 2023다266390).

다) 단순이행청구에 대한 선이행판결의 가능성

채무자가 피담보채무 전액을 변제하였다고 주장하면서 가등기나 그에 기한 소유권이전등기에 대한 말소등기절차의 이행을 청구하였으나 잔존채무가 있는 것으로 밝혀진 경우에는 **원고의 반대의사표시가 없는 한** 원고의 청구중에는 확정된 잔존채무를 변제하고 등기의 말소를 구한다는 취지까지 포함되어 있는 것으로 해석하는 것이 타당하다. 따라서 이는 장래이행의 소로서 '미리 청구할 필요'도 인정되므로, 이러한 경우에는 원고의 잔존채무의 선이행을 조건으로 한 청구인용판결이 가능하다.

판례는 "**피담보채무전액이 소멸되었음을 이유로 하여 담보부동산에 관한 가등기 및 소유권이전등기의 말소를 구하면서 피담보채무의 일부가 잔존한다면 잔존채무의 변제를 조건으로 하여 등기의 말소를 구하고 있는 경우**, 피담보채무의 일부가 잔존하는 때에는 법원은 청구의 일부를 배척하여 잔존채무의 변제를 조건으로 등기의 말소절차의 이행을 명하여야 하므로, 법원은 잔존채무가 있다고 보는 이상 잔존채무의 수액을 심리확정한 후 청구의 일부인용 여부에 관하여 판단하여야 한다."고 한다(1983. 5. 10. 81다548).

또한 "채무자가 피담보채무 전액을 변제하였다고 하거나 피담보채무의 일부가 남아 있음을 시인하면서 변제를 조건으로 저당권설정등기의 말소등기절차 이행을 청구하였지만 피담보채무의 범위에 관한 견해 차이로 채무 전액을 소멸시키지 못하였거나 변제하겠다는 금액만으로는 소멸시키기에 부족한 경우에, 그 청구 중에는 확정된 잔존채무의 변제를 조건으로 등기의 말소를 구한다는 취지까지 포함되어 있는 것으로 해석하여야 하고, **이러한 경우에는 장래이행의 소로서 저당권설정등기의 말소를 미리 청구할 필요가 있다고 보아야 한다.**"고 한다(1996. 2. 23. 95다9310).

4) 권리보호이익 : 미리 청구할 필요

가) 내 용

이행의무의 성질이나 의무자의 태도에 비추어 장래 이행의무가 현실화될 때 이행을 하지 아니할 염려가 있다고 예상되는 경우에 미리 청구할 필요가 있다. 또한 계속적·반복적 이행청구에 대해서는 현재 이행기 도래부분에 대한 채무를 불이행한 이상, 장래부분의 것도 임의이행이 기대되지 않으므로 현재의 것과 함께 청구할 수 있다.

판례는 "**채무자가 이행기 도래 전부터 채무의 존재를 다투기 때문에 이행기가 도래하거나 조건이 성취되었을 때에 임의 이행을 기대할 수 없는 경우**에는 미리 청구할 필요가 인정되는데, 양도인측이 계약이 무효가 되었다고 주장하여 양수인으로부터 받은 매매대금을 변제공탁하였다면 양도인측이 양도 부동산에 관한 소유권이전의무의 존재를 다투고 있는 것이므로 양수인으로서는 이행기 도래 전에도 미리 청구할 필요가 있다."고 한다(1993. 11. 9. 92다43128).

또한 "채무자의 태도나 채무의 내용과 성질에 비추어 이행기가 도래하더라도 채무자의 이행을 기대할 수 없다고 판단되는 경우에는 미리 청구할 필요가 있다. **장래에 채무의 이행기가 도래할 예정인 경우에도 채무불이행 사유가 언제까지 존속할 것인지가 불확실하여 변론종결 당시에 확정적으로 채무자가 책임을 지는 기간을 예정할 수 없다면 장래의 이행을 명하는 판결을 할 수 없다.** 그러나 채무의 이행기가 장래에 도래할 예정이고 그때까지 채무불이행 사유가 계속 존속할 것이 변론종결 당시에 확정적으로 예정되어 있다면, 장래의 이행을 명하는 판결을 할 수 있다."고 한다(2018. 7. 26. 2018다227551).

나) 장래의 부당이득금을 청구하는 경우

(ⅰ) 일반적으로 점유사용으로 인한 부당이득반환의무의 종기는 **목적물의 인도완료일**이 된다. 이 경우에 변론종결시부터 인도시까지의 부분은 장래의 이행을 청구하는 소송이 되므로 미리 청구할 필요가 있어야 하지만, 이미 발생한 부분에 대해서 이행이 없는 경우에는 통상 장래 발생할 부분에 대하여도 미리 청구할 필요가 있다. 다만 **피고가 원고에게 목적물을 인도하는 날 이전에 사용·수익을 종료할 수도 있는 예외적인 경우**에는 피고의 의무불이행사유가 인도하는 날까지 존속한다는 것을 변론종결 당시에 확정적으로 예정할 수 없으므로, 이 경우에는 **목적물의 사용·수익의 종료일**을 종기로 삼아야 한다.

(ⅱ) 판례는 "**부당이득은 현재의 부당이득뿐만 아니라 장래의 부당이득도 이행기에 지급을 기대할 수 없어 미리 청구할 필요가 있으면 미리 청구할 수 있다.**"고 한다(1975. 4. 22. 74다1184). 따라서 "서울특별시가 사실심 변론종결 무렵까지 타인 소유의 토지들을 도로부지로 점유·사용하면서도 임료 상당의 부당이득금의 반환을 거부하고 있으며 그로 인한 **계속적·반복적 이행의무에 관하여 현재의 이행기 도래분에 대하여 이행을 하지 아니하고 있다면**, 토지들에 개설된 **도로의 폐쇄에 의한 서울특별시의 점유종료일 또는 토지소유자가 토지들에 대한 소유권을 상실하는 날**까지의 이행기 도래분에 대하여도 서울특별시가 채무를 자진하여 이행하지 아니할 것이 명백히 예견되므로, 토지소유자로서는 장래에 이행기가 도래할 부당이득금 부분에 대하여도 미리 청구할 필요가 있다."고 한다(1994. 9. 30. 94다32085).[20]

다만 최근 판례는 "사실심의 재판 실무에서 장래의 부당이득금의 계속적·반복적 지급을 명하는 판결의 주문에 '원고의 소유권 상실일까지'라는 표시가 광범위하게 사용되고 있다. 그러나 '**원고의 소유권 상실일까지**'라는 기재는 이행판결의 주문 표시로서 바람직하지 않다. 그 이유는 다음과 같다. ① '원고의 소유권 상실일까지'라는 기재는 집행문 부여기관, 집행문 부여 명령권자, 집행기관의 조사·판단에 맡길 수 없고, 수소법원이 판단해야 할 사항인 소유권 변동 여부를 수소법원이 아닌 다른 기관의 판단에 맡기는 형태의 주문이다. ② '원고의 소유권 상실일까지'라는 기재는 확정된 이행판결의 집행력에 영향을 미칠 수 없는 무의미한 기재이다. ③ '원고의 소유권 상실일'은 장래의 부당이득반환의무의 '임의 이행' 여부와는 직접적인 관련이 없으므로, 이를 기재하지 않더라도 장래의 이행을 명하는 판결에 관한 법리에 어긋나지 않는다. 다만 "**피고의 점유 상실일**"은 부당이득반환의무를 부담하는 피고의 임의의 이행과 관련되는 의무자 측의 사정으로서, **장래의 부당이득금의 지급을 명하는 판결의 주문에 그 의무의 종료 시점으로 기재할 수 있는 최소한의 표현에 해당**한다고 볼 수 있다

---

20) [참조조문] 도로법 제4조(사권의 제한) 도로를 구성하는 부지, 옹벽, 그 밖의 시설물에 대해서는 사권(私權)을 행사할 수 없다. 다만, 소유권을 이전하거나 저당권을 설정하는 경우에는 사권을 행사할 수 있다.

(이 점은 사실심 재판 실무에서 장래이행판결의 주문에 흔히 사용되는 '인도 완료일'도 마찬가지라고 볼 수 있다)."고 한다(2019. 2. 14. 2015다244432).

(iii) 판례는 "장래의 이행을 명하는 판결을 하기 위하여는 **채무의 이행기가 장래에 도래하는 것뿐만 아니라 의무불이행사유가 그때까지 존속한다는 것을 변론종결 당시에 확정적으로 예정할 수 있는 것**이어야 하며, 이러한 책임기간이 불확실하여 변론종결당시에 확정적으로 예정할 수 없는 경우에는 장래의 이행을 명하는 판결을 할 수 없다. **이 사건의 경우 이행을 명한 1990년까지라는 장래의 기간 한정은 의무불이행의 사유가 그때까지 계속하여 존속한다는 보장이 성립되지 않는 불확실한 시점임을 부인할 수 없다. 그 시기 이전에 피고가 이 사건 토지를 수용하거나 도로폐쇄조치를 하여 점유사용을 그칠 수도 있고 원고가 위 토지를 계속하여 소유하지 못할 수도 있기 때문이다.** 이는 가옥명도의 판결을 하면서 그 명도할 때까지 임료상당의 손해배상을 아울러 명하는 경우에 판결의 시점에서 볼 때 명도시기가 불확정하기는 하나 장차 명도라는 사실의 실현을 예정할 수 있어 장래의 이행을 명할 수 있는 것과 그 이치가 다른 것이다."고 한다(1987. 9. 22. 86다카2151).

또한 "**토지소유자가 시를 상대로 '시가 위 토지를 매수할 때까지'로 기간을 정한 장래의 차임상당 부당이득반환청구**는 장차 시가 토지를 매수하거나 수용하게 될는지 또는 그 시점이 언제 도래할지 불확실할 뿐만 아니라 시가 매수하거나 수용하지 아니하고 도로폐쇄조치를 하여 점유사용을 그칠 수도 있고 소유자가 위 토지를 계속하여 소유하지 못할 수도 있는 것이어서 위 장래의 기간한정은 의무불이행의 사유가 그 때까지 계속하여 존속한다는 보장이 성립되지 아니하는 불확실한 시점이라 아니할 수 없을 것이므로 이에 대한 장래의 이행을 명할 수는 없다."고 한다(1991. 10. 8. 91다17139).

또한 "피고의 계쟁 토지에 대한 점유는 동시이행항변권 또는 유치권의 행사에 따른 것이어서 적법한 것이기는 하나 피고가 토지를 그 본래의 목적에 따라 사용·수익함으로써 실질적인 이득을 얻고 있다는 이유로 임료 상당의 금원의 부당이득을 명하고 있는 경우, 피고가 원고에게 토지를 인도하지 아니하더라도 **원심이 이행을 명한 '인도하는 날' 이전에 토지의 사용·수익을 종료할 수도 있기 때문에 의무불이행사유가 '인도하는 날'까지 존속한다는 것을 변론종결 당시에 확정적으로 예정할 수 없는 경우에 해당한다 할 것이어서 그 때까지 이행할 것을 명하는 판결을 할 수 없다.**"고 한다(2002. 6. 14. 2000다37517).

5) 현재이행의 소와 병합하여 제기하는 장래이행의 소

원금청구와 함께 원금을 변제할 때까지의 지연손해금의 청구, 소유권에 의한 토지·건물인도청구에 병합하여 인도시까지의 임료 또는 임료상당 손해액의 지급을 구하는 청구도 주된 청구가 다투어지는 이상 이행기에 가서도 이행을 기대할 수 없으므로 미리 청구할 필요가 있다.

판례도 "양육자지정 청구를 하면서 양육자로 지정되는 경우 지급받을 양육비의 액수와 그 집행권원을 미리 확정하여 둘 필요가 있는 경우에는 양육자지정 청구와 함께 장래의 이행을 청구하는 소로서 양육비지급 청구를 동시에 할 수 있다."고 한다(1988. 5. 10. 88므92).

또한 본래 목적물에 대한 인도청구와 함께 집행불능에 대비한 대상청구의 병합은 현재이행의 소와 장래이행의 소의 단순병합의 형태로 허용이 된다. 판례도 "**채권자가 본래적 급부청구인 부동산소유권 이전등기청구에다가 이에 대신할 전보배상을 부가하여 대상청구를 병합하여 소구한 경우의 대상청구**는 본래적 급부청구의 현존함을 전제로 하여 이것이 판결확정 전에 이행불능되거나 또는 판결확정 후에 집행불능이 되는 경우에 대비하여 전보배상을 미리 청구하는 경우로서 양자의 병합은 현재의 급부청구와 장래의 급부청구와의 단순병합에 속하는 것으로 허용되고 또 부동산소유권 이전등기청구의 판결확정 후 그 소유권이전등기의무가 집행불능이 된 뒤에 별소로 그 전보배상을 구하는 것도 당연히 허용되며 이는 부동산소유권 이전등기말소청구권의 경우에도 마찬가지이다."고 한다(2006. 3. 10. 2005다55411).

그러나 "**공유물분할청구소송의 판결이 확정되기 전에는 분할물의 급부를 청구할 권리나 그 부분에 대한 소유권의 확인을 청구할 권리가 없다.** 즉 공유물 분할청구의 소는 공유자 사이의 기존의 공유관계를 폐기하고 각자의 단독 소유권을 취득하게 하는 형성의 소로서 **공유자 사이의 권리관계를 정하는 창설적 판결을 구하는 것**이므로, 판결 전에는 공유물은 아직 분할되지 않고 따라서 분할물의 급부를 청구할 권리는 발생하지 않으며 분할판결의 확정으로 각자의 취득부분에 대하여 비로소 단독소유권이 창설되는 것이므로 **미리 그 부분에 대한 소유권 확인의 청구도 할 수 없다.**"고 한다(1969. 12. 29. 68다2425).

6) 장래이행의 소의 판결

원고의 청구가 이유 있으면 장래이행판결을 하고, 이유 없으면 청구기각판결을 한다. 한편 장래이행의 소인 부당이득반환청구에서 승소확정판결을 받은 후에 사정변경에 의한 임료의 현저한 상승을 이유로 전소와의 차액을 청구하는 것이 가능한지가 문제된다. 이에 대하여 판례의 다수의견은 '유보된 일부청구의제이론'에 근거하여, 별개의견은 '기판력의 시적 범위이론'에 근거하여 인정하였다(1993. 12. 21. 92다46226). 그러나 다수의견과 소수의견이 모두 이론적으로 문제가 있으므로, 정기금판결과 변경의 소(제252조)를 신설하여 입법적으로 해결하였다.

2. 확인의 소

가. 서 설

1) 의 의

확인의 소란 특정한 권리·법률관계의 존재·부존재의 확정을 요구하는 소를 말한다. 확인의 소에서는 확인의 대상이나 주체에 관하여 제약이 없으므로, 남소의 우려를 소의 이익으로 제한하여야 하는데 이를 확인의 이익이라고 한다.

2) 확인의 소의 보충성

가) 이행의 소와의 관계

(ⅰ) **원 칙 : 확인판결에는 집행력이 없어 분쟁의 근본적 해결에 실효성이 없기 때문에 이행청구가 가능한 경우에는 이행청구권에 대한 존재확인은 불가능하다.** 판례도 "이행청구를 바로 제기할 수 있는데도 이행청구권 자체의 존재확인 청구를 허용하는 것은 불안제거에 별다른 실효성이 없고 소송경제성에 비추어도 허용할 것이 못된다."고 하고(1980. 3. 25. 80다16), "확인의 소는 분쟁의 당사자 간에 현재의 권리 또는 법률관계에 관하여 즉시 확정할 이익이 있는 경우에 허용되는 것인바, **손해배상청구를 할 수 있는 경우에 별도로 침해되는 권리의 존재확인을 구하는 것은 분쟁의 종국적인 해결방법이 아니어서 확인의 이익이 없다.**"고 한다(1995. 12. 22. 95다5622).

또한 "가장 임차인의 배당요구가 받아 들여져 제1순위로 허위의 임차보증금에 대한 배당이 이루어졌으나 이해관계인들의 배당이의가 없어 배당표가 확정된 후 그 사실을 알게 된 후순위 진정 채권자에 의해 배당금지급청구권이 가압류되어 가장 임차인이 현실적으로 배당금을 추심하지 못한 경우, 배당을 받지 못한 후순위 진정 채권자는 배당금지급청구권을 부당이득한 가장 임차인을 상대로 부당이득 채권의 반환을 구하는 것이 손실자로서의 권리 또는 지위의 불안·위험을 근본적으로 해소할 수 있는 유효·적절한 방법이므로, **후순위 진정 채권자가 가장 임차인을 상대로 배당금지급청구권 부존재확인을 구하는 것은 확인의 이익이 없다.**"고 한다(1996. 11. 22. 96다34009).

(ii) 예 외 : 그러나 **현재 손해액수가 판명되지 않은 경우, 목적물이 압류된 경우나 확인판결이 나면 피고의 임의이행을 기대할 수 있는 경우** 등에는 확인의 소가 허용된다. 그리고 기본이 되는 포괄적 권리관계로부터 파생하는 청구권을 주장하여 이행의 소가 가능한 경우라도, **기본이 되는 포괄적 권리관계 자체에 대하여 즉시 확정의 필요가 있는 경우**에는 확인의 소가 허용된다. 예컨대 건물에 대한 인도 청구가 가능한 경우에도 건물인도청구권 발생의 기본이 되는 건물소유권 확인청구는 허용된다.

판례도 "매매계약 해제의 효과로서 이미 이행한 것의 반환을 구하는 이행의 소를 제기할 수 있을지라도 그 기본되는 매매계약의 존부에 대하여 다툼이 있어 즉시 확정의 이익이 있는 때에는 계약이 해제되었음의 확인을 구할 수도 있는 것이므로 **매매계약이 해제됨으로써 현재의 법률관계가 존재하지 않는다는 취지의 소는 확인의 이익이 있다.**"고 한다(1982. 10. 26. 81다108).

나) 형성의 소와의 관계

형성의 소의 경우에는 보통 형성권의 행사방법이 제소로 국한되어 있기 때문에 형성될 권리관계의 확인을 구하는 것은 허용되지 않는다. 예컨대 이혼청구가 가능한데 이혼권 존재확인을 구하는 것은 형성의 소의 제소가능성을 탐색하는 것에 불과하고 또한 이혼권의 존재를 확인받아도 법률관계가 변동되는 것은 아니므로 이혼권 존재확인 청구는 확인의 소의 보충성에 의하여 불가능하다.

판례는 "확인의 이익은 소송물인 법률관계의 존부가 당사자 간에 불명확하여 그 관계가 즉시 확정됨으로써 원고의 권리 또는 법률적 지위에 기존하는 위험이나 불안정이 제거될 수 있는 경우에 존재한다. 그러므로 **확정판결에 종중대표권의 흠결을 간과한 잘못이 있다면 바로 그 사유를 들어 재심의 소를 제기할 수 있으니 재심사유를 확정짓기 위하여 하는 종중결의 부존재 내지 무효확인의 소에는 소의 이익이 없다.**"고 한다(1982. 6. 8. 81다636).

나. 청구적격 (확인의 대상)

1) 권리 또는 법률관계

권리 또는 법률관계이어야 하므로, 사실관계는 확인의 대상이 아니다. 판례도 "확인의 소에 있어서 **단순한 사실관계의 확인은 확인의 이익이 없다.**"고 하고(1992. 12. 8. 92다23872), "확인의 소는 권리 또는 법률관계의 존부확정을 목적으로 하는 소송이므로 **현재의 구체적인 권리나 법률관계만이 확인의 소의 대상**이 될 뿐인데, 원고 소유의 대지가 타인 소유의 건물의 부지가 아님의 확인을 구하는 소는 사실관계의 확인을 구하는 것이어서 부적법하다."고 한다(1991. 12. 24. 91누1974).

또한 손해배상청구에 있어서의 과실의 유무에 대해서 확인을 청구하는 것처럼 법률요건사실도 확인의 대상이 되지 않는다. 법률이 예외적으로 사실관계의 확인청구이지만 허용하는 것으로는 '증서진부확인의 소'가 있다.

2) '현재'의 권리 또는 법률관계

가) 원 칙

(ⅰ) 확인의 소는 현존하는 법적 분쟁의 해결을 목적으로 하는 것이므로, 확인의 대상은 원칙적으로 현재의 권리 또는 법률관계이어야 한다. 판례도 "확인의 소는 분쟁의 당사자 간에 현재의 권리 또는 법률관계에 관하여 즉시 확정할 이익이 있는 경우에 허용될 뿐, **일반적으로 과거의 법률관계는 확인의 소의 대상이 될 수 없으므로 과거의 특정시점을 기준으로 한 채무부존재 확인청구는 과거의 법률관계의 확인을 구하는 것에 불과하여 확인의 이익을 인정할 수 없다.**"고 하고(1996. 5. 10. 94다35565), "확인의 소에서 확인의 대상은 현재의 권리 또는 법률관계일 것을 요하므로 특별한 사정이 없는 한 과거의 권리 또는 법률관계의 존부확인은 인정되지 아니하는바, **근저당권의 피담보채무에 관한 부존재확인의 소는 근저당권이 말소되면 과거의 권리 또는 법률관계의 존부에 관한 것으로서 확인의 이익이 없다.**"고 한다(2013. 8. 23. 2012다17585).

또한 "이사가 임원 개임의 주주총회결의에 의하여 임기만료 전에 이사직에서 해임당하고 후임이사의 선임이 있었더라도 그 후에 적법한 절차에 의하여 후임이사가 선임되었을 경우에는 당초의 이사개임결의가 부존재이거나 무효라도 이에 대한 부존재 또는 무효확인을 구하는 것은 과거의 법률관계 또는 권리관계의 확인을 구하는 것에 불과하여 확인의 소로서의 권리보호요건을 결여한 것이다."고 한다(1993. 10. 12. 92다21692).

또한 "구 사립학교법 제53조의2 제2항에 의하여 기간을 정하여 임용된 사립학교 교원이 임용기간 만료 이전에 해임·면직·파면 등의 불이익 처분을 받은 후 임용기간이 만료된 때에는 불이익 처분이 무효라도 학교법인의 정관이나 대학교원의 인사규정상 임용기간이 만료되는 교원에 대한 재임용의무를 부여하는 근거규정이 없다면 임용기간의 만료로 당연히 교원의 신분을 상실한다고 할 것이고, 따라서 **임용기간 만료 전에 행해진 직위해제 또는 면직 처분이 무효라도 교원의 신분을 회복할 수 없는 것으로서 무효확인청구는 과거의 법률관계의 확인청구에 지나지 않는다**고 할 것이며, 한편 과거의 법률관계라도 현재의 권리 또는 법률상 지위에 영향을 미치고 현재의 권리 또는 법률상 지위에 대한 위험이나 불안을 제거하기 위하여 확인판결을 받는 것이 유효 적절한 수단이라고 인정될 때에는 확인소송은 즉시확정의 이익이 있다고 보아야 할 것이고, 또 이렇게 보는 것이 확인소송의 분쟁해결 기능과 분쟁예방 기능에도 합치하지만, **직위해제 또는 면직된 경우에는 징계에 의하여 파면 또는 해임된 경우와는 달리 공직이나 교원으로 임용되는 데에 법령상의 제약이 없을 뿐만 아니라, 현행 사립학교법과 같이 교원의 임기 만료시에 교원인사위원회의 심의를 거쳐 당해 교원에 대한 재임용 여부를 결정하도록 하는 의무규정도 없었던 구 사립학교법 관계하에서 임기가 만료된 사립학교 교원에 대하여는 위와 같은 전력이 있으면 공직 또는 교원으로 임용되는 데에 있어서 그러한 전력이 없는 사람보다 사실상 불이익한 장애사유로 작용할지라도 그것만으로는 법률상의 이익이 침해되었다고는 볼 수 없으므로 무효확인을 구할 이익이 없다.**"고 한다(2000. 5. 18. 95재다199).

그러나 "이혼으로 혼인관계가 이미 해소되었다면 기왕의 혼인관계는 과거의 법률관계가 된다. 그러나 신분관계인 혼인관계는 그것을 전제로 수많은 법률관계가 형성되고 그에 관하여 일일이 효력의 확인을 구하는 절차를 반복하는 것보다 **과거의 법률관계인 혼인관계 자체의 무효 확인을 구하는 편이 관련된 분쟁을 한꺼번에 해결하는 유효·적절한 수단**일 수 있으므로, 특별한 사정이 없는 한 **혼인관계가 이미 해소된 이후라도 혼인무효의 확인을 구할 이익이 인정된다.**[21])"고 한다(2024. 5. 23. 2020므15896).

(ⅱ) 형식적으로는 과거의 권리 또는 법률관계의 확인을 구하는 것으로 표현되어 있지만, **실질적으로는 현재의 권리 또는 법률관계의 확인을 구하는 것으로 선해(善解)하여 볼 수 있는 경우**가 있다. 예컨대 매매무효확인의 소는 현재 매매계약에 의한 채권·채무가 존재하지 않는다는 확인을 구하는 취지를 간결하게 표현한 것으로 선해하여 유효성을 인정할 수 있다.

판례도 "원고가 과거의 농지수분배 사실에 대한 확인청구를 하여도 주장사실로 보아 현재의 경작권 존재확인 청구로 못 볼 바 아닌 때에는 석명권을 행사하여 이를 밝혀보아야 한다."고 하고(1971. 5. 31. 71다674), "징계면직처분의 무효확인을 구하는 것은 과거의 법률행위인 징계면직 자체의 무효확인을 구하는 것으로 볼 것이 아니라 **징계처분의 무효임을 전제로 원고가 현재 피고의 직원인 신분관계를 계속 유지하고 있다는 확인을 내포한 청구로 이해하여야 할 것**이므로 확인의 소로서의 요건을 갖추지 못하여 부적법하다고 할 수 없다."고 한다(1990. 11. 23. 90다카21589).

나) 예 외

판례는 "확인의 소는 현재의 권리 또는 법률상 지위에 관한 위험이나 불안을 제거하기 위하여 허용되지만, **과거의 법률관계도 현재의 권리 또는 법률상 지위에 영향을 미치고 있고 현재의 권리 또는 법률상 지위에 대한 위험이나 불안을 제거하기 위하여 법률관계에 관한 확인판결을 받는 것이 유효·적절한 수단이라고 인정될 때**에는 확인의 이익이 있다."고 한다(2018. 5. 30. 2014다963).22) 또한 "일반적으로 과거의 법률관계는 확인의 소의 대상이 될 수 없지만, 그것이 이해관계인들 사이에 **현재적 또는 잠재적 분쟁의 전제가 되어 과거의 법률관계 자체의 확인을 구하는 것이 관련된 분쟁을 일거에 해결하는 유효·적절한 수단이 될 수 있는 경우**에는 예외적으로 확인의 이익이 인정된다."고 한다(2020. 8. 20. 2018다249148).23)

---

21) 상세한 이유는 다음과 같다. ① 무효인 혼인과 이혼은 법적 효과가 다르다. 무효인 혼인은 처음부터 혼인의 효력이 발생하지 않는다. 따라서 인척이거나 인척이었던 사람과의 혼인금지 규정(민법 제809조 제2항)이나 친족 사이에 발생한 재산범죄에 대하여 형을 면제하는 친족상도례 규정(형법 제328조 제1항 등) 등이 적용되지 않는다. 반면 혼인관계가 이혼으로 해소되었더라도 효력은 장래에 대해서만 발생하므로 이혼 전에 혼인을 전제로 발생한 법률관계는 여전히 유효하다. 그러므로 이혼 이후에도 혼인관계가 무효임을 확인할 실익이 존재한다. ② 가사소송법은 부부 중 어느 한쪽이 사망하여 혼인관계가 해소된 경우 혼인관계 무효 확인의 소를 제기하는 방법에 관한 규정을 두고 있다. 이러한 가사소송법 규정에 비추어 이혼한 이후 제기되는 혼인무효 확인의 소가 과거의 법률관계를 대상으로 한다는 이유로 확인의 이익이 없다고 볼 것은 아니다. ③ 대법원은 협의파양으로 양친자관계가 해소된 이후 제기된 입양무효 확인의 소에서 확인의 이익을 인정하였다. 대법원의 위와 같은 판단은 이혼으로 혼인관계가 해소된 이후 제기된 혼인무효 확인의 소에서 확인의 이익을 판단할 때에도 동일하게 적용될 수 있다. ④ 무효인 혼인 전력이 잘못 기재된 가족관계등록부의 정정 요구를 위한 객관적 증빙자료를 확보하기 위해서는 혼인관계 무효 확인의 소를 제기할 필요가 있다. ⑤ 가족관계등록부의 잘못된 기재가 단순한 불명예이거나 간접적·사실상의 불이익에 불과하다고 보아 그 기재의 정정에 필요한 자료를 확보하기 위하여 기재 내용의 무효 확인을 구하는 소에서 확인의 이익을 부정한다면, 혼인무효 사유의 존부에 대하여 법원의 판단을 구할 방법을 미리 막아버림으로써 국민이 온전히 권리구제를 받을 수 없게 되는 결과를 가져올 수 있다. [이유] 이와 달리 '단순히 여자인 청구인이 혼인하였다가 이혼한 것처럼 호적상 기재되어 있어 불명예스럽다는 사유는 청구인의 현재 법률관계에 영향을 미치는 것이 아니고, 이혼신고로써 해소된 혼인관계의 무효 확인은 과거의 법률관계에 대한 확인이어서 확인의 이익이 없다.'고 본 대법원 1984. 2. 28. 선고 82므67 판결 등은 이 판결의 견해에 배치되는 범위에서 변경하기로 한다.
22) [동지판례] 甲이 乙 주식회사가 운영하는 고등학교에서 재학 중 정학 2일의 징계를 받은 뒤 이에 불복하여 乙 회사를 상대로 징계 무효 확인을 구하는 소를 제기하였다가 소송 중 학교를 졸업한 사안에서, 학교생활기록부에 기재된 징계 내역은 준영구적으로 보존되고, 학교생활기록부 기재사항은 대상자의 교육을 받을 권리, 공무담임권, 직업의 선택 등 여러 방면에 상당한 영향을 미칠 수 있으며, 甲은 학교생활기록부에 기재된 징계 내역이 잘못된 경우 정정을 요구할 수 있고, 이를 위해서는 '객관적 증빙자료'를 확보할 필요가 있으므로, 징계 자체는 과거의 법률관계라고 하더라도 징계 무효 확인을 구하는 소는 학교생활기록부 기재사항과 밀접하게 관련된 현재의 권리 또는 법률상 지위에 대한 위험이나 불안을 제거하기 위하여 그 법률관계에 관한 확인판결을 받는 것이 유효·적절한 수단에 해당하므로, 확인을 구할 법률상 이익이 인정된다고 한 사례(2023. 2. 23. 2022다207547).

따라서 "甲이 무효확인을 구하는 징계처분은 '2개월 무급정직 및 유동대기, 징계기간 중 회사 출입금지'로서 이미 징계기간인 2개월이 경과하였음이 명백하므로 무효확인을 구하는 소는 확인의 이익이 없어 부적법하다고 판단한 원심에 대하여, 소속 회사의 취업규칙에 따라 甲이 징계처분으로 인하여 정직기간 동안 임금을 전혀 지급받지 못하는 법률상 불이익을 입게 된 이상 징계처분은 정직기간 동안의 임금 미지급 처분의 실질을 갖는 것이고, 이는 **甲의 임금청구권의 존부에 관한 현재의 권리 또는 법률상 지위에 영향을 미치고 있으므로**, 甲으로서는 비록 징계처분에서 정한 징계기간이 도과하였다 할지라도 징계처분의 무효 여부에 관한 확인 판결을 받음으로써 가장 유효·적절하게 자신의 현재의 권리 또는 법률상 지위에 대한 위험이나 불안을 제거할 수 있어 확인의 이익이 있다."고 한다(2010. 10. 14. 2010다36407).

또한 "일반적으로 과거의 법률관계는 확인의 소의 대상이 될 수 없으나 혼인, 입양과 같은 신분관계나 회사의 설립, 주주총회의 결의무효, 취소와 같은 사단적 관계, 행정처분과 같은 행정관계와 같이 그것을 전제로 하여 수많은 법률관계가 발생하고 그에 관하여 일일이 개별적으로 확인을 구하는 번잡한 절차를 반복하는 것보다 **과거의 법률관계 자체의 확인을 구하는 편이 관련된 분쟁을 일거에 해결하는 유효적절한 수단일 수 있는 경우**에는 예외적으로 확인의 이익이 인정된다. 사실혼관계에 있던 당사자 일방이 사망하였더라도 현재적 또는 잠재적 법적 분쟁을 일거에 해결하는 유효적절한 수단이 될 수 있는 한 사실혼관계존부확인청구에는 확인의 이익이 인정되고 이러한 경우 친생자관계존부확인청구에 관한 민법 제865조와 인지청구에 관한 민법 제863조의 규정을 유추적용하여 생존 당사자는 그 사망을 안 날로부터 2년 내에 검사를 상대로 과거의 사실혼관계에 대한 존부확인청구를 할 수 있다고 보아야 한다."고 한다(1995. 3. 28. 94므1447).

따라서 "협의이혼으로 혼인관계가 해소된 경우에도 과거의 혼인관계의 무효확인을 구할 정당한 법률상의 이익이 있다."고 하고(1978. 7. 11. 78므7), "사실혼 배우자의 일방이 사망한 경우 생존하는 당사자가 혼인신고를 하기 위한 목적으로서는 사망자와의 과거의 사실혼관계 존재확인을 구할 소의 이익이 있다고는 할 수 없고, **과거의 사실혼관계가 생존하는 당사자와 사망자와 제3자 사이의 현재적 또는 잠재적 분쟁의 전제가 되어있어 그 존부확인청구가 수많은 분쟁을 일거에 해결하는 유효적절한 수단일 수 있는 경우에는 확인의 이익이 인정**될 수 있지만 유효적절한 수단이라고 할 수 없는 경우에는 확인의 이익이 부정되어야 한다."고 한다(1995. 11. 14. 95므694).

3) '타인 간'의 권리 또는 법률관계

가) 원 칙

판례는 "확인의 소의 피고는 원고의 권리 또는 법률관계를 다툼으로써 원고의 법률적 지위에 불안

---

23) 갑 주식회사의 주주들이 법원의 허가를 받아 개최한 주주총회에서 을이 감사로 선임되었는데도 갑 회사가 감사 임용계약의 체결을 거부하자, 을이 갑 회사를 상대로 감사 지위의 확인을 구하는 소를 제기하여, 소를 제기할 당시는 물론 대법원이 을의 청구를 받아들이는 취지의 환송판결을 할 당시에도 을의 감사로서 임기가 남아 있었는데, 환송 후 원심의 심리 도중 을의 임기가 만료되어 후임 감사가 선임된 사안에서, 을의 임기가 만료되고 후임 감사가 선임됨으로써 을의 감사 지위 확인 청구가 과거의 법률관계에 대한 확인을 구하는 것이 되었으나, 과거의 법률관계라고 할지라도 현재의 권리 또는 법률상 지위에 영향을 미치고 이에 대한 위험이나 불안을 제거하기 위하여 그 법률관계에 관한 확인판결을 받는 것이 유효·적절한 수단이라고 인정될 때에는 확인을 구할 이익이 있으므로, 을에게 현재의 권리 또는 법률상 지위에 대한 위험이나 불안을 제거하기 위해 과거의 법률관계에 대한 확인을 구할 이익이나 필요성이 있는지를 석명하고 이에 관한 의견을 진술하게 하거나 청구취지를 변경할 수 있는 기회를 주어야 하는데도, 종전의 감사 지위 확인 청구가 과거의 법률관계에 대한 확인을 구하는 것이 되었다는 등의 이유만으로 확인의 이익이 없다고 보아 을의 청구를 부적법 각하한 원심판결에는 확인소송에서 확인의 이익 및 석명의무의 범위에 관한 법리오해의 잘못이 있다고 한 사례.

을 초래할 염려가 있는 자, 다시 말하면 원고의 보호법익과 대립 저촉되는 이익을 주장하고 있는 자이어야 하고 그와 같은 피고를 상대로 하여야 확인의 이익이 있다."고 한다(1991. 12. 10. 91다14420).

나) 예 외

판례는 "확인의 소에서 당사자 사이의 권리관계만이 확인의 대상이 될 수 있는 것은 아니다. **당사자 일방과 제3자 사이의 권리관계 또는 제3자 사이의 권리관계**에 관해서도 당사자 사이에 다툼이 있어서 당사자 일방의 권리관계에 불안이나 위험이 초래되고 있고, 다른 일방에 대한 관계에서 법률관계를 확정시키는 것이 당사자의 권리관계에 대한 불안이나 위험을 제거할 수 있는 유효·적절한 수단이 되는 경우에는 **당사자 일방과 제3자 사이의 권리관계 또는 제3자 사이의 권리관계에 관해서도 확인의 이익이 있다.**"고 한다(2021. 5. 7. 2021다201320).

즉 "**확인의 소는 원·피고 간의 법률관계에 한하지 않고 원·피고의 일방과 제3자 또는 제3자 상호간의 법률관계도 대상**이 될 수 있으나, 법률관계와 관련하여 원고의 권리 또는 법적 지위에 현존하는 위험이나 불안이 야기되어 이를 제거하기 위하여 법률관계를 확인의 대상으로 삼아 원·피고 간의 확인판결에 의하여 즉시 확정할 필요가 있고, 또한 그것이 가장 유효적절한 수단이 되어야 확인의 이익이 있다. **이러한 법리는 원·피고의 일방이 제3자와 계약이나 협약을 체결하였으나, 그 후 계약이나 협약의 해제·해지를 둘러싸고 분쟁이 생긴 경우에도 적용된다.**"고 한다(2017. 3. 15. 2014다208255).

따라서 "통상 주위토지통행권에 관한 분쟁은 통행권자와 피통행지의 소유자 사이에 발생하나, 피통행지의 소유자 이외의 제3자가 일정한 지위나 이해관계에서 통행권을 부인하고 그 행사를 방해할 때에는 그 제3자를 상대로 통행권의 확인 및 방해금지 청구를 하는 것이 통행권자의 지위나 권리를 보전하는 데에 유효·적절한 수단이 될 수 있다."고 한다(2005. 7. 14. 2003다18661).

또한 "근저당권자가 근저당권의 피담보채무의 확정을 위하여 스스로 물상보증인을 상대로 확인의 소를 제기하는 것이 부적법하다고 볼 것은 아니며, 물상보증인이 근저당권자의 채권에 대하여 다투고 있을 경우 그 분쟁을 종국적으로 종식시키는 유일한 방법은 근저당권의 피담보채권의 존부에 관한 확인의 소라고 할 것이므로, **근저당권자가 물상보증인을 상대로 제기한 확인의 소는 확인의 이익이 있어 적법하다.**"고 한다(2004. 3. 25. 2002다20742).

또한 "채권자대위의 대상이 된 채무자의 권리가 제3자로부터 방해를 받아 그에 관해서 제3자와 채무자간에 분쟁이 생긴 경우에는 채권자의 채무자에 대한 채권도 그 내용에 실질적인 영향을 받아 불안정한 상태에 놓이게 되므로 **채권자는 그의 불안정 상태를 제거하고 그를 보전하기 위하여 채무자를 대위해서 제3자에 대하여 채무자의 권리의 확인과 그 방해의 제거를 구할 수 있고 필요하다면 그 권리관계의 확인을 위하여 제3자를 상대로 소를 제기할 수 있다.**"고 한다(1976. 4. 27. 73다1306).

다. 권리보호의 이익 또는 필요 : 즉시확정의 법률상 이익

1) 법률상의 이익

가) 내 용

판례는 "확인의 소에서는 권리보호요건으로서 확인의 이익이 있어야 하고 확인의 이익은 **원고의 권리 또는 법률상의 지위에 현존하는 불안·위험이 있고 불안·위험을 제거하는 데 피고를 상대로 확인판결을 받는 것이 가장 유효적절한 수단일 때에만 인정된다**고 할 것이므로, 원고의 권리 또는 법률관계를 다툼으로써 원고의 법률상 지위에 불안·위험을 초래할 염려가 있다면 확인의 이익이 있다."고 한다(2021. 6. 17. 2018다257958).

　　　나) 긍정한 판례

　ⓐ 저가낙찰로 인해 원고의 배당액이 줄어들 위험은 경매절차에서 근저당권자인 원고의 법률상 지위를 불안정하게 하는 것이므로 위 불안을 제거하는 원고의 이익을 단순한 사실상·경제상의 이익으로 볼 수 없다. 따라서 **담보권 실행을 위한 경매절차에서 근저당권자가 유치권자로 권리신고를 한 자에 대하여 유치권부존재확인의 소를 구할 법률상의 이익이 있다**(2004. 9. 23. 2004다32848).

　ⓑ 권리관계에 대하여 당사자 사이에 다툼이 없어 법적 불안이 없으면 원칙적으로 확인의 이익이 없다고 할 것이나, **피고가 권리관계를 다투어 원고가 확인의 소를 제기하였고 당해 소송에서 피고가 권리관계를 다툰 바 있다면 특별한 사정이 없는 한 항소심에 이르러 피고가 권리관계를 다투지 않는다는 사유만으로 확인의 이익이 없다고 할 수 없다**(2009. 1. 15. 2008다74130).

　ⓒ **보험계약의 당사자 사이에 계약상 채무의 존부나 범위에 관하여 다툼이 있는 경우** 그로 인한 법적 불안을 제거하기 위하여 보험회사는 먼저 보험수익자를 상대로 소극적 확인의 소를 제기할 확인의 이익이 있다(2021. 6. 17. 2018다257958).[24]

　　　다) 부정한 판례

　ⓐ **반사적으로 받게 될 사실상 경제상의 지위의 확인을 구하는 청구**는 확인의 소의 요건을 갖추지 못한 것이다(1982. 12. 28. 80다731).

　ⓑ 주주는 상법 제403조에 의한 대표소송의 경우를 제외하고 회사의 재산관계에 대하여 당연히 확인의 이익을 갖는다고 할 수 없으므로, 구체적 또는 법률상의 이해관계가 없는 한 회사가 체결한 계약에 관한 무효확인을 구할 이익이 없다(1979. 2. 13. 78다1117).

　ⓒ 근저당권설정자가 근저당권설정계약에 기한 피담보채무가 존재하지 아니함의 확인을 구함과 함께 그 근저당권설정등기의 말소를 구하는 경우에 근저당권설정자로서는 피담보채무가 존재하지 않음을 이유로 근저당권설정등기의 말소를 구하는 것이 분쟁을 유효·적절하게 해결하는 직접적인 수단이 될 것이므로 **별도로 근저당권설정계약에 기한 피담보채무가 존재하지 아니함의 확인을 구하는 것은 확인의 이익이 있다고 할 수 없다**(2000. 4. 11. 2000다5640).[25]

---

[24] [대법관 이기택, 대법관 김선수, 대법관 노정희의 반대의견] 소극적 확인의 소에서 확인의 이익이 인정되는지 여부를 판단할 때에는 확인의 이익의 공적인 기능이나 소극적 확인의 소가 채권자에게 미치는 영향 등도 고려해야 하므로, 모든 계약 관계에서 계약 당사자들 사이에 다툼이 있다는 사정만으로 항상 채무자가 소극적 확인의 소를 제기할 수 있는 확인의 이익이 인정될 수 있는 것은 아니다. 보험의 공공성, 보험업에 대한 특별한 규제, 보험계약의 내용 및 그에 따른 당사자의 지위 등을 위 법리에 비추어 보면, 보험계약자나 피보험자, 보험수익자 등(이하 '보험계약자 등'이라 한다)이 단순히 보험회사를 상대로 보험사고 여부나 보험금의 범위에 관하여 다툰다는 사정만으로는 보험회사의 법적 지위에 현존하는 불안·위험이 있다고 볼 수 없을 뿐만 아니라, 보험회사가 이와 같은 사유만으로 보험계약자 등을 상대로 제기한 소극적 확인의 소는 특별한 사정이 없는 한 국가적·공익적 측면에서 형평에 반하는 소송제도의 이용에 해당하여 확인의 이익이 결여된 것으로 보아야 한다. 결국 보험계약자 등이 보험금 지급책임의 존부나 범위에 관하여 다툰다는 사정만으로는 확인의 이익이 인정될 수 없고, 그 외에 추가로 보험금 지급책임의 존부나 범위를 즉시 확정할 이익이 있다고 볼만한 '특별한 사정'이 있는 경우에만 비로소 확인의 이익이 인정되어 소극적 확인의 소를 제기할 수 있다. 이때 '특별한 사정'은 예를 들어 보험계약자 등이 보험계약이나 관계 법령에서 정한 범위를 벗어나 사회적으로 상당성이 없는 방법으로 보험금 지급을 요구함으로써 보험계약에서 예정하지 않았던 불안이나 위험이 보험회사에 발생하는 등의 사정이 있는 경우에 인정될 수 있다. 또한 보험계약의 체결이나 보험금 청구가 보험사기에 해당하여 보험회사가 범죄나 불법행위의 피해자가 되거나 될 우려가 있다고 볼만한 사정이 있는 경우에도 보험계약에서 예정하지 않았던 불안이나 위험이 보험회사에 발생한 경우에 해당하여 '특별한 사정'이 인정될 수 있다.

ⓓ **甲 소유의 부동산에 관하여 乙 명의의 소유권이전등기청구권가등기가 마쳐진 후 위 부동산에 관하여 가압류등기를 마친 丙 주식회사가 위 가등기가 담보목적 가등기인지 확인을 구한 사안**에서, 부동산등기법 제92조 제1항에 따라 丙 회사의 위 가압류등기가 직권으로 말소되는지가 위 가등기가 순위보전을 위한 가등기인지 담보가등기인지에 따라 결정되는 것이 아니므로, 丙 회사의 법률상 지위에 현존하는 불안·위험이 존재한다고 볼 수 없고, 만약 위 가등기가 담보가등기임에도 乙이 청산절차를 거치지 않은 채 본등기를 마친다면, 丙 회사로서는 甲을 대위하여 본등기의 말소를 구할 수 있고 그에 따라 위 가압류등기도 회복시킬 수 있을 것이므로, 담보가등기라는 확인의 판결을 받는 것 외에 달리 구제수단이 없다고 보기 어려운데도, **丙 회사의 청구가 확인의 이익이 있다고 본 원심 판단에 법리오해의 잘못이 있다**고 한 사례(2017. 6. 29. 2014다30803).

ⓔ 시장·군수·구청장 등으로부터 면허를 받아 어업권을 취득하기 전이라면 법적으로 보호되는 어촌계의 업무구역이 존재한다고 할 수 없으므로, 설사 면허를 받게 될 업무구역의 경계에 관하여 다른 어촌계와 다툼이 있을 여지가 있다고 하더라도 그러한 사정만으로 원고의 현재의 권리 또는 법률상 지위에 어떠한 구체적인 불안이나 위험이 있다고 할 수 없다. 또한 시장·군수·구청장 등이 다른 어촌계의 업무구역과 중복된다는 등의 이유로 어업면허를 거부하거나 취소하는 등의 처분을 하는 경우에는 행정처분의 효력을 다투는 항고소송의 방법으로 처분의 취소 또는 무효확인을 구하는 것이 분쟁을 해결하는 데에 직접적인 수단이 되는 것이므로, 그와 별도로 **민사상 다른 어촌계를 상대로 업무구역의 확인을 구하는 것은 원고의 법적 지위에 대한 불안·위험을 제거하는 데 가장 유효·적절한 수단이라고 보기도 어렵다**(2017. 7. 11. 2017다216271).

ⓕ [1] 근저당권자에게 담보목적물에 관하여 각 유치권의 부존재 확인을 구할 법률상 이익이 있다고 보는 것은 경매절차에서 유치권이 주장됨으로써 낮은 가격에 입찰이 이루어져 근저당권자의 배당액이 줄어들 위험이 있다는 데에 근거가 있고, 이는 소유자가 그 소유의 부동산에 관한 경매절차에서 유치권의 부존재 확인을 구하는 경우에도 마찬가지이다. 위와 같이 **경매절차에서 유치권이 주장되었으나 소유부동산 또는 담보목적물이 매각되어 그 소유권이 이전되어 소유권을 상실하거나 근저당권이 소멸하였다면, 소유자와 근저당권자는 유치권의 부존재 확인을 구할 법률상 이익이 없다.** [2] 경매절차에서 유치권이 주장되지 아니한 경우에는, 담보목적물이 매각되어 그 소유권이 이전됨으로써 근저당권이 소멸하였더라도 채권자는 유치권의 존재를 알지 못한 매수인으로부터 민법 제575조, 제578조 제1항, 제2항에 의한 담보책임을 추급당할 우려가 있고, 위와 같은 위험은 채권자의 법률상 지위를 불안정하게 하는 것이므로, **채권자인 근저당권자로서는 위 불안을 제거하기 위하여 유치권 부존재 확인을 구할 법률상 이익이 있다. 반면 채무자가 아닌 소유자[26]는 위 각 규정에 의한 담보책임을 부담하지 아니하므로, 유치권의 부존재 확인을 구할 법률상 이익이 없다**(2020. 1. 16. 2019다247385).

---

25) **[판례평석]** 원고가 피담보채무 전부가 소멸하였다고 주장하면서 근저당권 설정등기의 말소만을 청구한 경우 그 판결은 피담보채무의 존부를 확정하는 효력이 없어 그 후에 피담보채무의 존부에 대하여 다툼의 여지가 있는데, 이 경우에 피담보채무 부존재확인청구의 소를 병합 제기하여 그 판결을 받아둔다면 그 판결이 전부인용 판결이든 일부인용 판결이든 그 기판력에 의하여 확정판결과 다른 주장을 할 수 없기 때문에 채무자는 불안정한 지위에서 벗어날 수 있게 된다. 실무상으로도 근저당권설정등기말소청구의 소와 함께 피담보채무 부존재확인청구의 소를 제기하는 경우는 흔히 있을 수 있는 사안이고, 분쟁의 종국적인 해결을 위해서는 이 경우에 피담보채무부존재확인청구의 소를 허용하는 것이 타당하다고 생각한다. 이러한 점에서 위 대상판결에 찬성하기 어렵다(안철상, 근저당권 피담보채무 부존재확인청구의 소와 확인의 이익, 민사재판의 제문제(제11권), 934면).

26) **[모순판례]** 민법 제578조 제1항의 채무자에는 임의경매에 있어서의 물상보증인도 포함되는 것이므로 경락인이 그에 대하여 적법하게 계약해제권을 행사했을 때에는 물상보증인은 경락인에 대하여 원상회복의 의무를 진다(1988. 4. 12. 87다카2641).

ⓖ 금전채무에 대한 부존재확인의 소에서는 채무가 존재하는지 또는 잔존채무액이 얼마인지에 관하여 당사자 사이에 다툼이 있는 경우에 원고의 법적 지위에 불안·위험이 있는 것이고, **현재 금전채무가 없다는 점에 대하여 당사자 사이에 다툼이 없다**면 원고의 법적 지위에 어떠한 불안·위험이 있다고 할 수 없으므로 특별한 사정이 없는 한 그 채무의 부존재확인을 구할 확인의 이익이 없다고 보아야 한다(2023. 6. 29. 2021다277525).

2) 적극적 확인의 소와 소극적 확인의 소

자기의 소유권을 상대방이 다투는 경우에는 자기에게 소유권이 있다는 적극적 확인의 소를 제기하는 것이 원칙이다. 다만 예외적으로 소극적인 확인의 소가 허용되는 경우가 있는데, 예컨대 원고에게 내세울 소유권이 없고, 피고의 소유권이 부인되면 그로써 원고의 법적 지위의 불안이 제거되어 분쟁이 해결될 수 있는 경우에는 소극적인 확인의 소가 허용된다.

판례도 "토지의 일부에 대한 소유권의 귀속에 관하여 다툼이 있는 경우에 적극적으로 그 부분에 대한 자기의 소유권확인을 구하지 아니하고 **소극적으로 상대방 소유권의 부존재 확인을 구하는 것은, 원고에게 내세울 소유권이 없더라도 피고의 소유권이 부인되면 그로써 원고의 법적 지위의 불안이 제거되어 분쟁이 해결될 수 있는 경우**가 아닌 한 소유권의 귀속에 관한 분쟁을 근본적으로 해결하는 즉시확정의 방법이 되지 못하며, 또한 그러한 판결만으로는 토지의 일부에 대한 자기의 소유권이 확인되지 아니하여 소유권자로서 지적도의 경계에 대한 정정을 신청할 수도 없으므로, 확인의 이익이 없다."고 한다(2016. 5. 24. 2012다87898).

판례는 "**자기의 권리 또는 법률상의 지위가 타인으로부터 부인당하거나 또는 그와 저촉되는 주장을 당함으로써 위협을 받거나 방해를 받는 경우에는 그 타인을 상대로 자기의 권리 또는 법률관계의 확인을 구하여야 하고** 자기의 권리 또는 법률상의 지위를 부인하는 상대방이 자기 주장과는 양립할 수 없는 제3자에 대한 권리 또는 법률관계를 주장한다고 하여 상대방 주장의 그 제3자에 대한 권리 또는 법률관계가 부존재 한다는 것만의 확인을 구하는 것은 설령 그 확인의 소에서 승소판결을 받는다고 하더라도 그 판결로 인하여 상대방에 대한 관계에서 자기의 권리가 확정되는 것도 아니고 그 판결의 효력이 제3자에게 미치는 것도 아니어서 그와 같은 부존재 확인의 소는 자기의 권리 또는 법률적 지위에 현존하는 불안, 위험을 해소시키기 위한 유효적절한 수단이 될 수 없으므로 확인의 이익이 없다."고 한다(1995. 10. 12. 95다26131).

또한 "[1] 일반적으로 채권은 채무자로부터 급부를 받는 권능이기 때문에 소송상으로도 채권자는 통상 채무자에 대하여 채권의 존재를 주장하고 그 급부를 구하면 되는 것이지만 만약 하나의 채권에 관하여 2인 이상이 서로 채권자라고 주장하고 있는 경우에 있어서는 그 채권의 귀속에 관한 분쟁은 채무자와의 사이에 생기는 것이 아니라 스스로 채권자라고 주장하는 사람들 사이에 발생하는 것으로서 참칭채권자가 채무자로부터 변제를 받아버리게 되면 진정한 채권자는 그 때문에 자기의 권리가 침해될 우려가 있어 그 참칭채권자와의 사이에서 그 채권의 귀속에 관하여 즉시 확정을 받을 필요가 있고 또 그들 사이의 분쟁을 해결하기 위하여는 그 채권의 귀속에 관한 확인판결을 받는 것이 가장 유효적절한 권리구제 수단으로 용인되어야 할 것이므로, **스스로 채권자라고 주장하는 어느 한 쪽이 상대방에 대하여 그 채권이 자기에게 속한다는 채권의 귀속에 관한 확인을 구하는 청구는 그 확인의 이익이 있다.** [2] 자기의 권리 또는 법률상의 지위를 부인하는 상대방이 자기 주장과는 양립할 수 없는 제3자에 대한 권리 또는 법률관계를 주장한다고 하여 상대방 주장의 그 제3자에 대한 권리 또는 법률관계가 부존재한다는 것만의 확인을 구하는 것은 설령 그 확인의 소에서 승소판결을 받는다고 하더라도 그 판결로 인하여 상대방에 대한 관계에서 자기의 권리가 확정되는 것도 아니고 그 판결의 효력이 제3자에게 미치는 것도 아니어서 그와 같은 부존재확인의 소는 자기의 권리 또는 법률적 지위에 현존하는 불안·위험을 해소시키기 위한 유효적절한 수단이 될 수 없으므로 확인의 이익이 없다. [3] **압류 및 전부명령을 받은 양 당사자 중 어느 한 쪽이 상대방에 대하여 제3채무자의 상대방에 대한 전부금채무 부존재확인을 구하는 소는 확인의 이익이 없어 부적법하다.**"고 한다(2004. 3. 12. 2003다49092).

또한 "**하나의 채권에 관하여 2인 이상이 서로 채권자라고 주장하는 경우에 어느 한쪽이 상대방에 대하여 채권이 자기에게 속한다는 채권의 귀속에 관한 확인을 구하는 청구는 확인의 이익이 있다.** 그러나 등기청구권자라고 주장하는 자가 소유권이전등기의무의 목적 부동산이 수용되었음을 이유로 수용 당시의 소유명의자를 상대로 수용보상금청구권이 자기에게 속한다는 채권의 귀속에 관한 확인을 구하는 경우, 주장사실이 인정되더라도 수용보상금청구권 자체가 등기청구권자라고 주장하는 자에게 귀속되는 것은 아니므로 확인청구는 주장 자체로 이유 없음이 명백하여 허용될 수 없다."고 한다(1996. 10. 29. 95다56910).

3) 국가를 상대로 하는 소유권 확인의 소

가) 국가가 소유권을 부인하는 경우

판례는 "**국가가 등기부와 지적공부상의 지번·지적이 일치하지 아니함을 이유로 등기명의자의 소유권이전등기에 대하여 무효라고 주장하면서 소유권을 부인하고 있는 경우**, 등기명의자로서는 법적 불안을 제거하기 위하여 국가를 상대로 소유권확인을 구할 이익이 있다."고 한다(1992. 7. 24. 92다2202). 즉 국가가 원고의 소유권을 부인하는 경우에는 토지와 건물을 불문하고 국가를 상대로 확인의 소를 제기할 이익이 있다.

나) 토지에 대한 청구

(ⅰ) 판례는 "국가를 상대로 한 토지소유권확인청구는 **토지가 미등기이고 토지대장이나 임야대장상에 등록명의자가 없거나 등록명의자가 누구인지 알 수 없을 때**와, 그 밖에 **국가가 등기 또는 등록명의자인 제3자의 소유를 부인하면서 계속 국가소유를 주장**하는 등 특별한 사정이 있는 경우에 한하여 확인의 이익이 있다."고 한다(2019. 5. 16. 2018다242246).

따라서 "어느 토지에 관하여 등기부나 토지대장 또는 임야대장상 소유자로 등기 또는 등록되어 있는 자가 있는 경우에는 그 명의자를 상대로 한 소송에서 당해 부동산이 보존등기신청인의 소유임을 확인하는 내용의 확정판결을 받으면 소유권보존등기를 신청할 수 있는 것이므로, 그 명의자를 상대로 한 소유권확인청구에 확인의 이익이 있는 것이 원칙이지만, **토지대장 또는 임야대장의 소유자에 관한 기재의 권리추정력이 인정되지 아니하는 경우에는 국가를 상대로 소유권확인청구를 할 수 밖에 없다.**"고 한다(2010. 7. 8. 2010다21757).

또한 "대장상 소유권이전등록을 받았더라도 물권변동에 관한 형식주의를 취하고 있는 현행 민법상 소유권을 취득했다고 할 수 없고, 따라서 대장상 소유권이전등록을 받은 자는 자기 앞으로 바로 보존등기를 신청할 수는 없으며, 대장상 최초의 소유명의인 앞으로 보존등기를 한 다음 이전등기를 하여야 한다. 따라서 **미등기 토지에 관한 토지대장에 소유권을 이전받은 자는 등재되어 있으나 최초**

의 소유자는 등재되어 있지 않은 경우, 토지대장상 소유권이전등록을 받은 자에게 국가를 상대로 토지소유권확인청구를 할 확인의 이익이 있다."고 한다(2009. 10. 15. 2009다48633).

(ⅱ) 그러나 "**국가가 미등기 토지를 20년간 점유하여 취득시효가 완성된 경우**, 미등기 토지의 소유자로서는 국가에게 이를 원인으로 하여 소유권이전등기절차를 이행하여 줄 의무를 부담하고 있는 관계로 국가에 대하여 소유권을 행사할 지위에 있다고 보기 어렵고 또 그가 소유권확인판결을 받는다고 하여 이러한 지위에 변동이 생기는 것도 아니라고 할 것이므로, 이와 같은 사정하에서는 소유자가 국가를 상대로 토지에 대한 소유권의 확인을 구하는 것은 무의미하다고 볼 수밖에 없어 확인판결을 받을 법률상 이익이 있다고 할 수 없다."고 한다(1995. 6. 9. 94다13480).

또한 "**토지에 관하여 국가가 시효취득 하였다고 주장하는 경우**에, 이는 취득시효 완성을 원인으로 한 소유권이전등기청구권이 있다는 주장에 불과한 것이지 토지에 관한 임야대장상 등록명의자의 소유를 부인하면서 국가의 소유라 주장하는 것이라 볼 수 없으므로, 국가를 상대로 소유권확인을 구할 이익이 있다고 할 수 없다."고 한다(2003. 12. 12. 2002다33601).

다) 건물에 대한 청구

판례는 건물에 대한 청구와 관련하여 "확인의 소는 분쟁 당사자 사이에 현재의 권리 또는 법률관계에 관하여 즉시 확정할 이익이 있는 경우에 허용되는 것이므로 소유권을 다투고 있지 않은 국가를 상대로 소유권확인을 구하기 위하여는 그 판결을 받음으로써 원고의 법률상 지위의 불안을 제거함에 실효성이 있다고 할 수 있는 특별한 사정이 있어야 할 것인바, **건물의 경우 가옥대장이나 건축물관리대장의 비치·관리업무는 당해 지방자치단체의 고유사무로서 국가사무라고 할 수도 없는데다가 당해 건물의 소유권에 관하여 국가가 이를 특별히 다투고 있지도 아니하다면 국가는 소유권 귀속에 관한 직접 분쟁의 당사자가 아니어서 이를 확인해 주어야 할 지위에 있지 않다 할 것이고 국가를 상대로 미등기 건물의 소유권 확인을 구하는 것은 확인의 이익이 없어 부적법하다.** 미등기 건물에 관하여 국가를 상대로 한 소유권확인판결을 받는다고 하더라도 그 판결은 부동산등기법 제65조 제2호에 해당하는 판결이라고 볼 수 없어 이를 근거로 소유권보존등기를 신청할 수 없다."고 한다(1999. 5. 28. 99다2188).

라. 증서의 진정 여부를 확인하는 소

> 제250조(증서의 진정여부를 확인하는 소) 확인의 소는 법률관계를 증명하는 서면이 진정한지 아닌지를 확정하기 위하여서도 제기할 수 있다.

1) 의의 및 취지

증서의 진정 여부의 확인은 사실관계에 대한 확인이지만, 예외적으로 확인청구가 인정되는 경우이다. 진정 여부란 **서면이 작성명의자에 의하여 작성된 것인지**(성립의 진정)**의 여부**에 관한 것이고, 서면에 기재된 내용이 실질적으로 객관적 진실과 합치된 것인지(내용의 진정)의 여부에 관한 것은 아니다. 판례도 "증서진부확인의 소는 서면이 작성명의자에 의하여 작성되었는가, 위조·변조되었는가를 확정하는 소송이다."고 한다(1991. 12. 10. 91다15317).

판례는 "증서의 진정 여부를 확인하는 소를 허용하고 있는 이유는 법률관계를 증명하는 서면의 진정 여부가 확정되면 당사자가 서면의 진정 여부에 관하여 더 이상 다툴 수 없게 되는 결과, 법률관계에 관한 분쟁 자체가 해결되거나 적어도 분쟁 자체의 해결에 크게 도움이 된다는 데 있으므로, **증서의 진정 여부를 확인하는 소가 적법하기 위해서는 서면에 대한 진정 여부의 확인을 구할 이익이 있어야 한다. 따라서 어느 서면에 의하여 증명되어야 할 법률관계를 둘러싸고 이미 소가 제기되어 있는 경우에는 그 소송에서 분쟁을 해결하면 되므로 별도로 서면에 대한 진정여부를 확인하는 소를 제기하는 것은 특별한 사정이 없는 한 확인의 이익이 없다.**"고 한다(2007. 6. 14. 2005다29290).

또한 "**소로써 확인을 구하는 서면의 진부가 확정되어도 서면이 증명하려는 권리관계 내지 법률적 지위의 불안이 제거될 수 없고, 법적 불안을 제거하기 위하여서는 당해 권리 또는 법률관계 자체의 확인을 구하여야 할 필요가 있는 경우**에는 즉시확정의 이익이 없어 부적법하다."고 한다(1991. 12. 10. 91다15317).

2) 대 상

판례는 "증서진부확인의 소에 있어서 '법률관계를 증명하는 서면'은 **기재 내용으로부터 직접 일정한 현재의 법률관계의 존부 여부가 증명될 수 있는 문서**를 가리키므로, 단지 과거의 사실관계를 증명하는 서면은 여기에 해당하지 아니하며, 또한 그 소가 적법하기 위하여는 증서의 진부 확인을 구할 이익이 인정되어야 한다."고 한다(2001. 12. 14. 2001다53714).

따라서 "증서진부확인의 소의 대상이 되는 서면은 **직접 법률관계를 증명하는 서면**에 한한다 할 것이므로, **조합의 대차대조표나 회계결산보고서**는 조합의 일정한 시기의 영업재산 상태를 밝힌 장부이거나, 조합의 영업재산의 손익관계를 밝힌 보고문서에 지나지 아니하고, 직접 법률관계를 증명하는 서면이 아니므로 증서진부확인의 소의 대상이 될 수 없다."고 하고(1967. 3. 21. 66다2154), "**세금계산서의 진부 확인을 구하는 소**는 증서진부확인의 소의 대상이 되지 아니하는 문서에 관하여 제기된 것으로 확인의 이익도 없는 부적법한 소이다."고 하고(2001. 12. 14. 2001다53714), "**임대차계약금으로 일정한 금원을 받았음을 증명하기 위하여 작성된 영수증**은 특별한 사정이 없는 한 임대차 등 법률관계의 성립 내지 존부를 직접 증명하는 서면이 아니므로 증서의 진정 여부를 확인하는 소의 대상이 될 수 없다."고 한다(2007. 6. 14. 2005다29290).

마. 확인의 이익의 소송상 취급

확인의 이익을 갖는 자가 원고적격을 갖고 반대당사자가 피고적격을 갖는다. 즉 확인의 소에서 확인의 이익과 당사자적격은 표리관계에 있다. 확인의 이익은 소송요건이므로 직권조사사항이다. 만약 흠결을 간과하고 판결을 하면 확정 전에는 상소가 가능하나 확정 후에는 재심사유가 아니므로 재심은 불가능하다. 반대로 확인의 이익이 구비되었음에도 소 각하판결을 한 경우에 상소법원은 원판결을 취소하고 사건을 원심에 환송하여야 한다(제418조, 제425조).

3. 형성의 소

형성의 소는 원칙적으로 법률에 특별한 규정이 있는 경우에 한하여 제기할 수 있으며, 법률의 규정에 따라 소를 제기하였다면 원칙적으로 소의 이익이 인정된다. 판례도 "**기존 법률관계의 변동형성의 효과를 발생함을 목적으로 하는 형성의 소는 법률에 명문의 규정이 있는 경우에 한하여 인정되는 것이고, 법률상의 근거가 없는 경우에는 허용될 수 없다.**"고 한다(1993. 9. 14. 92다35462).

법률의 규정에 따라 형성의 소를 제기하였더라도, 회사해산 후에 회사설립무효의 소를 제기하는 경우와 같이, 예외적으로 소의 이익이 부정되는 경우가 있다. 또한 청구이의의 소와 같이 강제집행의 효력을 다투는 소송은 강제집행이 종료된 경우에는 소의 이익이 부정된다.

판례도 "제3자이의의 소는 강제집행의 목적물에 대하여 소유권이나 양도 또는 인도를 저지하는 권리를 가진 제3자가 그 권리를 침해하여 현실적으로 진행되고 있는 강제집행에 대하여 이의를 주장하고 집행의 배제를 구하는 소이므로, **당해 강제집행이 종료된 후에 제3자이의의 소가 제기되거나 또는 제3자이의의 소가 제기된 당시 존재하였던 강제집행이 소송계속 중 종료된 경우에는 소의 이익이 없어 부적법하다.**"고 한다(1996. 11. 22. 96다37176).

다만 예외적으로 강제집행이 종료된 후에도 소의 이익이 인정되는 경우가 있다. 판례도 "**채무자가 사해행위로 인한 근저당권 실행으로 경매절차가 진행 중인 부동산을 매각하고, 그 대금으로 근저당권자인 수익자에게 피담보채무를 변제함으로써 그 근저당권설정등기가 말소된 경우**에 위와 같은 변제는 특별한 사정이 없는 한 근저당권의 우선변제권 이행으로 일반 채권자에 우선하여 된 것이라고 봄이 타당하므로, 근저당권이 실행되어 경매절차에서 근저당권설정등기가 말소된 경우와 마찬가지로 수익자로 하여금 근저당권 말소를 위한 변제 이익을 보유하게 하는 것은 부당하다. 따라서 **이 경우에도 근저당권설정등기로 말미암아 해를 입게 되는 채권자는 원상회복을 위하여 사해행위인 근저당권설정계약의 취소를 구할 이익이 있다.**"고 한다(2012. 11. 15. 2012다65058).

Ⅳ. 소의 이익의 소송상의 취급

소의 이익은 소송요건의 하나로서 법원의 직권조사사항이다. 그러나 직권으로 탐지하여야 하는 것은 아니다. 한편 소의 이익에 흠이 있을 때에는 법원은 소각하 판결을 하여야 한다. 다만 판례는 "**부적법한 소를 각하하지 않고 주문에서 기각한 경우 본안에 관하여 기판력이 생기지 아니하므로 이 점을 들어 원심판결을 파기할 수 없다.**"고 한다(1992. 11. 24. 91다29026).

제03절 소송물이론

Ⅰ. 소송물의 개념

소송물이란 소송의 객체 내지 심판의 대상을 의미한다. 민사소송법에서는 '소송목적이 되는 권리나 의무(제25조 제2항·제65조)', '청구(제25조 제1항·제253조·제262조)'라는 용어로 표현된다. 따라서 청구의 목적물 또는 다툼의 대상인 계쟁물과는 구별된다.

Ⅱ. 소송물에 관한 견해

1. 구실체법설 (구소송물이론)

실체법상의 권리 또는 법률관계를 소송물로 본다. 그런데 실체법상의 권리는 적용되는 법조마다 달라지므로, 적용되는 실체법의 법조가 달라지면 소송물이 달라지는 결과가 된다. 다만 **확인소송에서는 청구취지만으로 소송물이 결정된다**고 본다.

2. 소송법설 (신소송물이론)

가. 일분지설 (일본설)

원고가 소로써 달성하려는 목적이 신청(청구취지)에 나타나므로 신청(청구취지)만이 소송물을 구별하는 기준이라고 보는 견해로서 소송물의 범위를 가장 넓게 보는 입장이다. 다만 예외적으로 **금전지급이나 대체물인도청구소송에 있어서는 청구원인의 사실관계를 참작**하여야 하며, 이 경우에는 청구원인의 사실관계의 보충에 의하여 소송물이 특정된다고 본다.

나. 이분지설 (이본설)

신청과 사실관계라는 두 가지 요소에 의하여 소송물이 구성된다는 견해이다. 즉 청구취지와 청구원인의 사실관계가 소송물의 요소라는 입장이다. 다만 사실관계라는 것은 실체법상의 권리의 발생원인사실보다는 넓은 개념으로서 사회적·역사적으로 볼 때 1개라고 할 일련의 사실관계를 의미한다고 한다. 다만 **확인의 소의 경우에, ① 일본설로 돌아가 소송물이 1개라는 예외설과, ② 확인의 소의 경우에도 청구취지와 청구원인의 사실관계가 소송물의 요소라고 하여 이본설을 일관하는 일관설**이 대립된다.

Ⅲ. 판례의 태도 : 구소송물이론

1. 일반론

ⓐ **두 개의 소의 소송물이 동일한 법률사실에 기하고 있더라도 청구원인이 다르다면 소송물은 서로 별개라고 할 것**이므로, 판결이 확정된 전소가 해고기간 동안의 임금을 종전임금에 따라 청구한 것인데 대하여, 후소는 복직의무 불이행 또는 복직거절로 인한 임금상승 누락분을 손해금으로 청구하는 것이라면 양자는 청구취지와 청구원인을 전혀 달리하고 있어 소송물 또한 별개이다(1989. 3. 28. 88다1936).

ⓑ **전소의 소송물은 양도계약에 기한 잔대금 지급청구권의 존부이고 후소의 소송물은 양도계약의 해제에 따른 계약금 및 중도금에 대한 원상회복청구권의 존부인 경우,** 두 소는 비록 동일한 양도계약을 근거로 한 청구들이기는 하나 소송물이 동일하다 할 수 없고 또한 전소의 소송물과 후소의 소송물이 모순관계에 있다거나 선결관계에 있다고도 할 수 없으므로 전소의 기판력은 후소에 미친다고 할 수 없다(2000. 2. 25. 97다30066).

ⓒ 불법행위를 원인으로 한 손해배상을 청구한데 대하여 채무불이행을 원인으로 한 손해배상을 인정한 것은 당사자가 신청하지 아니한 사항에 대하여 판결한 것으로서 위법이다(1963. 7. 25. 63다241).

ⓓ **채권자가 동일한 채무자에 대하여 수개의 손해배상채권을 가지고 있다고 하더라도 손해배상채권들이 발생시기와 발생원인 등을 달리하는 별개의 채권인 이상 이는 별개의 소송물에 해당하고,** 손해배상채권들은 각각 소멸시효의 기산일이나 채무자가 주장할 수 있는 항변들이 다를 수도 있으므로, 이를 소로써 구하는 채권자로서는 손해배상채권별로 청구금액을 특정하여야 하며, 법원도 이에 따라 손해배상채권별로 인용금액을 특정하여야 하고, 이러한 법리는 채권자가 수개의 손해배상채권들 중 일부만을 청구하고 있는 경우에도 마찬가지이다(2007. 9. 20. 2007다25865).

ⓔ **법률행위가 사기에 의한 것으로서 취소되는 경우에 그 법률행위가 동시에 불법행위를 구성하는 때에는 취소의 효과로 생기는 부당이득반환청구권과 불법행위로 인한 손해배상청구권은 경합하여 병존하는 것이므로**, 채권자는 어느 것이라도 선택하여 행사할 수 있지만 중첩적으로 행사할 수는 없다(1993. 4. 27. 92다56087).

ⓕ **채권자가 동일한 목적을 달성하기 위하여 복수의 채권을 가지고 행사하는 경우 각 채권이 발생시기와 발생원인 등을 달리하는 별개의 채권인 이상 별개의 소송물에 해당하므로**, 이에 대하여 채무자가 소멸시효 완성의 항변을 하는 경우에 그 항변에 의하여 어떠한 채권을 다투는 것인지 특정하여야 하고 특정된 항변에는 특별한 사정이 없는 한 청구원인을 달리하는 채권에 대한 소멸시효 완성의 항변까지 포함된 것으로 볼 수는 없다. 그러나 채권자가 동일한 목적을 달성하기 위하여 복수의 채권을 가지고 있더라도 선택에 따라 어느 하나의 채권만을 행사하는 것이 명백한 경우라면 채무자의 소멸시효 완성의 항변은 채권자가 행사하는 당해 채권에 대한 항변으로 봄이 타당하다(2013. 2. 15. 2012다68217).

ⓖ **국유재산법에 의한 변상금 부과·징수권은 민사상 부당이득반환청구권과 법적 성질을 달리하므로**, 국가는 무단점유자를 상대로 변상금 부과·징수권의 행사와 별도로 국유재산의 소유자로서 민사상 부당이득반환청구의 소를 제기할 수 있다(2014. 7. 16. 2011다76402).

ⓗ 동일한 교통사고에 의한 피해자가 여러 명이고 그중 한 사람이 피보험자를 대위하여 보험자를 상대로 자신의 손해부분에 관한 보험금청구를 하고 있는 경우, 다른 피해자가 피보험자를 대위하여 다른 피해자의 손해부분에 관하여 별도의 보험금청구를 하는 것은 중복제소에 해당한다고 할 수 없을 것이며, 이와 같은 경우 **각 피해자마다 별개의 보험사고가 성립하고 그 보험금청구권의 소송물은 동일하다고 할 수 없다**(1992. 5. 22. 91다41187).

ⓘ 채무불이행책임과 불법행위책임은 요건과 효과를 달리하는 별개의 법률관계에서 발생하는 것이므로 하나의 행위가 계약상 채무불이행의 요건을 충족함과 동시에 불법행위의 요건도 충족하는 경우에는 두 개의 손해배상청구권이 경합하여 발생하고, 권리자는 두 개의 손해배상청구권 중 어느 것이든 선택하여 행사할 수 있다. 다만 **동일한 사실관계에서 발생한 손해의 배상을 목적으로 하는 경우에도 채무불이행을 원인으로 하는 배상청구와 불법행위를 원인으로 한 배상청구는 청구원인을 달리하는 별개의 소송물**이므로, 법원은 원고가 행사하는 청구권에 관하여 다른 청구권과는 별개로 그 성립요건과 법률효과의 인정 여부를 판단하여야 한다. 계약 위반으로 인한 채무불이행이 성립한다고 하여 그것만으로 바로 불법행위가 성립하는 것은 아니다(2021. 6. 24. 2016다210474).

2. 이행의 소의 소송물

가. 말소등기청구의 소송물

(ⅰ) 판례는 소유권에 기한 말소등기청구와 진정명의회복을 위한 소유권이전등기청구는 소송물이 동일하다는 입장이다. 따라서 "진정한 등기명의의 회복을 위한 소유권이전등기청구는 이미 자기 앞으로 소유권을 표상하는 등기가 되어 있었거나 법률에 의하여 소유권을 취득한 자가 진정한 등기명의를 회복하기 위한 방법으로 현재의 등기명의인을 상대로 등기의 말소를 구하는 것에 갈음하여 허용되는 것으로서 법적 성질은 소유권에 기한 방해배제청구권이므로, **진정한 등기명의의 회복을 위한 소유권이전등기청구권을 행사하기 위하여는 상대방인 현재의 등기명의자에 대하여 진정한 소유자로서 소유권을 주장할 수 있어야 할 것이다**."고 한다(2009. 4. 9. 2006다30921).

(ⅱ) 판례는 "말소등기청구사건의 소송물은 당해 등기의 말소등기청구권이고 동일성 식별의 표준이 되는 청구원인 즉 말소등기청구권의 발생원인은 '당해 등기원인의 무효'라 할 것으로서, 등기원인의 무효를 뒷받침하는 개개의 사유는 독립된 공격방어방법에 불과하여 별개의 청구원인을 구성하는 것이 아니므로, 전소에서 원고가 주장한 사유나 후소에서 주장하는 사유들은 모두 등기의 원인무효를 뒷받침하는 공격방법에 불과할 것일 뿐 그 주장들이 자체로서 별개의 청구원인을 구성한다고 볼 수 없고 모두 전소의 변론종결 전에 발생한 사유라면 전소와 후소는 소송물이 동일하여 후소에서의 주장사유들은 전소의 확정판결의 기판력에 저촉되어 허용될 수 없는 것이다."고 한다(1993. 6. 29. 93다11050).

따라서 "**전소에서 한 사기에 의한 매매의 취소 주장과 후소에서 한 매매의 부존재 또는 불성립의 주장**은 다 같이 청구원인인 등기원인의 무효를 뒷받침하는 독립된 공격방어방법에 불과하고, 후소에서의 주장사실은 전소의 변론종결 이전에 발생한 사유이므로 전소와 후소의 소송물은 동일하다."고 한다(1981. 12. 22. 80다1548).

(ⅲ-1) 그러나 판례는 피담보채무의 변제로 인하여 말소등기를 청구하는 경우 또는 계약해제에 따른 계약상 권리에 기하여 원상회복으로서 말소등기를 청구하는 경우에는 등기원인의 무효를 들어 말소등기청구를 하는 경우와 별개의 소송물이 된다는 입장이다.

즉 "**담보목적으로 경료된 소유권이전등기의 피담보 채무를 변제하였음을 이유로 말소를 구하는 본소청구와 소유권이전등기가 원인무효임을 이유로 말소를 구하는 전소청구**는 소송물이 동일하다고 볼 수 없다."고 하고(1983. 3. 8. 82다카1203), "전소에서는 피고가 원고에 대하여 건물에 대한 소유권에 기하여 **원고 명의의 소유권이전등기가 원인무효인 소외 (갑)명의의 가등기 및 본등기를 기초로 한 무효등기임을 이유로 직접 말소등기를 청구**하였음에 대하여, 후소에서는 소외 (갑)명의의 소유권이전등기는 피고가 채권담보의 목적으로 적법히 경료한 등기이나 원고 명의의 등기는 소외 (갑)과 원고 사이의 가장매매를 원인으로 한 무효의 등기이고, 피고는 **전소의 변론종결 후에 소외 (갑)에게 피담보채무의 원리금을 모두 변제공탁하여 채무소멸 하였음을 이유로 소외 (갑)을 대위하여 등기의 말소를 구하는 것**이어서 양소는 청구원인을 달리하는 별개의 소송이라고 할 것이므로 전소의 판결의 기판력은 후소에 미치지 않는다."고 하고(1982. 12. 14. 82다카148), "**소유권에 기한 방해배제청구권의 행사로서 말소등기청구**를 한 전소의 확정판결의 기판력이 **계약해제에 따른 원상회복으로 말소등기청구**를 하는 후소에 미치지 않는다. 원고들은 후소에서, 전소와 같이 소유권에 기한 방해배제청구권의 행사로서 원고 1은 직접, 원고 2는 위 원고를 대위하여 위 소외 1 명의의 이 사건 각 등기의 말소등기청구를 하는 것이 아니라, **약정의 계약당사자로서 계약해제에 따른 계약상의 권리에 기하여 원상회복으로 담보물의 반환을 받기 위하여 직접 가등기 및 근저당등기의 말소등기청구를 하고 있는 것**이므로, 원고 1로서는 전소와 청구원인을 달리하는 것이고 원고 2로서는 청구원인 및 당사자를 전소와 달리 하는 것이어서 전소의 확정판결의 기판력이 후소에 미칠 수 없다."고 한다(1993. 9. 14. 92다1353).

(ⅲ-2) 또한 판례는 근저당권설정등기의 말소등기청구소송에서 사기에 의한 근저당권설정계약의 취소를 원인으로 하는 것과, 피담보채권의 부존재를 이유로 한 근저당권설정계약의 해지에 따른 원상회복을 원인으로 하는 것은 청구원인을 달리하는 별개의 소송물이라는 입장이다.

즉 "**원고가 제1심에서 사기에 의한 의사표시 취소를 원인으로 한 근저당권설정등기의 말소청구와 함께 피담보채무의 부존재를 원인으로 한 근저당권설정등기의 말소청구를 하였다가 청구기각의 본**

안판결을 받은 후 항소심에서 기망을 원인으로 한 말소청구 부분만을 유지하고 피담보채무의 부존재를 원인으로 한 말소청구는 철회하여 취하한 후 다시 같은 청구를 추가한 경우**, 위 청구들은 각 청구원인을 달리하는 별개의 독립된 소송물로서 선택적 병합관계에 있고 동일한 소송물로서 공격방법만을 달리하는 것은 아니므로, **피담보채무의 부존재를 원인으로 한 말소청구는 종국판결인 제1심판결의 선고 후 취하되었다가 다시 제기된 것이어서 재소금지의 원칙에 어긋나는 부적법한 소라 할 것이므로 주문에서 이 부분 소를 각하하는 판결을 하여야 한다.** 그렇다면 원심으로서는 주문에서 이 부분 소를 각하하는 판결을 하였어야 함에도 원심은 위 청구가 부적법한 소이어서 심판할 수 없다 하여 주문에서 아무런 언급을 하지 아니하였으므로, 결국 **이 부분에 대하여는 재판이 누락되어 아직 판결이 없는 상태라 할 것이고, 따라서 이 부분에 대한 원고의 상고는 그 대상이 없어 부적법하다.**"고 한다(1986. 9. 23. 85다353).[27]

나. 이전등기청구의 소송물

판례는 이전등기청구의 경우에는 등기원인별로 소송물이 다르다는 입장이다. 즉 "**소유권이전등기청구사건에 있어서 등기원인을 달리하는 경우에는 그것이 단순히 공격·방어방법의 차이에 불과한 것이 아니고 등기원인별로 별개의 소송물로 인정된다.**"고 한다(1996. 8. 23. 94다49922). 이 경우에 "등기원인이라고 함은 **등기를 하는 것 자체에 관한 합의가 아니라 등기하는 것을 정당하게 하는 실체법상의 원인**을 뜻하는 것으로서, **등기를 함으로써 일어나게 될 권리변동의 원인행위나 그의 무효, 취소, 해제 등**을 가리킨다."고 한다(1999. 2. 26. 98다50999).

따라서 "**대물변제예약에 기한 소유권이전등기청구권과 매매계약에 기한 소유권이전등기청구권은 소송물이 서로 다르므로,** 동일한 계약관계에 대하여 계약의 법적 성질을 대물변제의 예약이라고 하면서도 새로운 매매계약이 성립되었음을 인정하여 매매를 원인으로 한 소유권이전등기 절차를 이행할 의무가 있다고 하는 것은 위법하다."고 하고(1997. 4. 25. 96다32133), "**대물변제를 등기원인으로 소유권이전등기를 구하는 전소 확정판결의 기판력이 취득시효완성을 청구원인으로 소유권이전등기를 구하는 후소에 미치지는 아니한다.**"고 한다(1991. 1. 15. 88다카19002).

또한 "**원고가 매매를 원인으로 한 소유권이전등기를 청구한 데 대하여 원심이 양도담보약정을 원인으로 한 소유권이전등기를 명하였다**면 판결주문상으로는 원고가 전부 승소한 것으로 보이나, 매매를 원인으로 한 소유권이전등기청구와 양도담보약정을 원인으로 한 소유권이전등기청구와는 청구원인사실이 달라 동일한 청구라 할 수 없음에 비추어, 원심은 **원고가 주장하지도 아니한 양도담보약정**

---

[27] [이유] 사기에 의한 의사표시취소를 원인으로 한 원고의 근저당권설정등기의 말소청구는 근저당권설정계약이 기망에 의하여 체결되었음을 이유로 취소하고 이에 터잡아 경료된 근저당권설정등기의 말소를 구한다는 취지이고, 피담보채무의 부존재를 원인으로 한 원고의 근저당권설정등기의 말소청구는 피담보채무가 없으니 근저당권설정계약을 해지하고, 이에 터잡아 원상회복으로서 근저당권설정등기의 말소를 구한다는 취지임이 명백한 바, 위 청구들은 각 청구원인을 달리하는 별개의 독립된 소송물로서 선택적 병합관계에 있다고 볼 것이고, 동일한 소송물로서 공격방법을 달리하는 것에 지나지 않는 것으로 볼 것이 아니며, 또한 원고가 주장하는 피담보채무의 부존재를 원인으로 한 근저당권설정등기의 말소청구는 종국판결인 제1심 판결의 선고후 취하되었다가 다시 제기된 청구임이 기록상 명백하므로 피담보채무의 부존재를 원인으로 한 원고의 말소청구는 재소금지의 원칙에 어긋나는 부적법한 소라고 할 것이다. 그렇다면 원심으로서는 마땅히 주문에서 이 부분 소를 각하하는 판결을 하였어야 함에도 원심은 위 청구가 부적법한 소이어서 심판할 수 없다 하여 주문에서 아무런 언급을 하지 아니하였으므로 결국 이 부분에 대하여는 재판이 탈루되어 아직 판결이 없는 상태라 할 것이고, 따라서 이 부분에 대한 원고의 상고는 대상이 없어 부적법하다. 그러므로 원고의 상고 중 사기에 의한 의사표시취소를 원인으로 한 말소청구부분에 대한 상고는 기각하며, 피담보채무의 부존재를 원인으로 한 말소청구부분에 대한 상고는 각하하고, 상고 소송비용은 패소자의 부담으로 하기로 하여 관여 법관의 일치된 의견으로 주문과 같이 판결한다.

을 원인으로 한 소유권이전등기청구에 관하여 심판하였을 뿐, 원고가 주장한 매매를 원인으로 한 소유권이전등기청구에 관하여는 심판을 한 것으로 볼 수 없어 결국 원고의 청구는 실질적으로 인용한 것이 아니어서 판결의 결과가 불이익하게 되었으므로 원심판결에 처분권주의를 위반한 위법이 있고 따라서 그에 대한 원고의 상소의 이익이 인정된다."고 한다(1992. 3. 27. 91다40696).

다. 인신사고로 인한 손해배상청구의 소송물

(ⅰ) 학설은 ① 적극적 재산적 손해, 소극적 재산적 손해(일실수입), 정신적 손해(위자료)의 3개의 소송물로 보는 손해3분설, ② 재산적 손해와 정신적 손해의 2개의 소송물로 보는 손해2분설, ③ 모든 손해를 1개의 소송물로 보는 손해1개설이 대립된다.

(ⅱ) 판례는 '손해3분설'의 입장이다. 즉 "생명 또는 신체에 대한 불법행위로 인하여 입게 된 **적극적 손해와 소극적 손해 및 정신적 손해는 소송물을 달리**한다."고 한다(2002. 9. 10. 2002다34581). 또한 "**생명을 침해당한 피해자 본인의 정신적 고통에 대한 위자료청구와 피해자의 직계비속 등의 정신적 고통에 대한 위자료청구**는 별개의 소송물이다."고 한다(2008. 3. 27. 2008다1576).

다만 "불법행위로 말미암아 신체의 상해를 입었다고 하여 가해자에게 재산상 손해배상을 청구함에 있어서 소송물인 손해는 적극적 손해와 소극적 손해로 나누어지고, **그 내용이 여러 개의 손해항목으로 나누어져 있는 경우 각 항목은 청구를 이유 있게 하는 공격방법에 불과하므로**, 불이익 변경 여부는 개별 손해항목을 단순 비교하여 결정할 것이 아니라 동일한 소송물인 손해의 전체 금액을 기준으로 판단하여야 한다."고 한다(1996. 8. 23. 94다20730).

다만, 판례는 구소송물이론의 경직성에서 오는 문제점을 시정하기 위하여 이를 완화하려는 경향이 있다. 즉 판례는 "상소는 자기에게 불이익한 재판에 대하여 유리하게 취소변경을 구하기 위하여 하는 것이므로 전부 승소한 판결에 대하여는 항소가 허용되지 않는 것이 원칙이나, 하나의 소송물에 관하여 형식상 전부 승소한 당사자의 상소이익의 부정은 절대적인 것이라고 할 수도 없는바, **원고가 재산상 손해(소극적 손해)에 대하여는 형식상 전부 승소하였으나 위자료에 대하여는 일부 패소하였고, 이에 대하여 원고가 원고 패소부분에 불복하는 형식으로 항소를 제기하여 사건 전부가 확정이 차단되고 소송물 전부가 항소심에 계속되게 된 경우**에는, 더욱이 불법행위로 인한 손해배상에 있어 재산상 손해나 위자료는 단일한 원인에 근거한 것인데 편의상 이를 별개의 소송물로 분류하고 있는 것에 지나지 아니한 것이므로 이를 실질적으로 파악하여, **항소심에서 위자료는 물론이고 재산상 손해(소극적 손해)에 관하여도 청구의 확장을 허용하는 것이 상당하다.**"고 한다(1994. 6. 28. 94다3063).

(ⅲ) 각 손해를 별개의 소송물로 보아 각 소송물마다 처분권주의를 적용하는 것이 당사자의 주장·증명의 범위를 명확하게 할 수 있으므로, 손해3분설이 타당하다.

라. 금전지급청구의 소송물

판례는 "**금전채무불이행의 경우에 발생하는 원본채권과 지연손해금채권은 별개의 소송물이므로**, 불이익변경에 해당하는지 여부는 원금과 지연손해금 부분을 각각 따로 비교하여 판단하여야 하고, 별개의 소송물을 합산한 전체 금액을 기준으로 판단하여서는 아니 된다."고 한다(2009. 6. 11. 2009다12399).

마. 부당이득반환청구의 소송물

부당이득반환청구의 소송물은 '부당이득반환청구권' 자체이고, 부당이득반환청구권의 발생원인은 '법률상 원인 없음'이다. 따라서 '법률상 원인 없음'을 뒷받침하는 사유들은 독립한 공격방법에 불과하여 소송물이 동일하다.

판례도 "부당이득반환청구에서 집행채무자가 집행채권 소멸의 원인으로 주장할 수 있는 사유가 여러 가지인 경우 이들은 법률상의 원인 없는 사유에 관하여 공격방법이 다른 데 지나지 않으므로, 그 중 어느 사유를 주장하여 패소의 확정판결을 받은 경우에 다른 사유를 주장하여 다시 청구하는 것은 기판력에 저촉되어 허용될 수 없다."고 하고(2008. 2. 29. 2007다49960), "계약해제의 효과로서의 원상회복은 부당이득에 관한 특별규정의 성격을 가지는 것이고, **부당이득반환청구에서 법률상의 원인 없는 사유를 계약의 불성립·취소·무효·해제 등으로 주장하는 것은 공격방법**에 지나지 아니하므로, 그 중 어느 사유를 주장하여 패소한 경우에 다른 사유를 주장하여 청구하는 것은 기판력에 저촉되어 허용할 수 없다."고 한다(2000. 5. 12. 2000다5978).

바. 명의신탁자의 명의수탁자에 대한 반환청구의 소송물

판례는 "**명의신탁자는 명의수탁자에 대하여 신탁해지를 하고 신탁관계의 종료 그것만을 이유로 하여 소유 명의의 이전등기절차의 이행을 청구할 수 있음은 물론, 신탁해지를 원인으로 하고 소유권에 기해서도 그와 같은 청구를 할 수 있고**(이 경우 양 청구는 청구원인을 달리하는 별개의 소송이다), 위와 같은 법리는 위 상호 명의신탁의 지위를 승계한 자와의 관계에 있어서도 마찬가지로 적용된다."고 한다(1980. 12. 9. 79다634).

사. 가등기에 기한 본등기청구의 소송물

판례는 "가등기에 기하여 본등기가 된 때에는 본등기의 순위가 가등기한 때로 소급함으로써 가등기 후 본등기 전에 이루어진 중간처분이 본등기보다 후순위로 되어 실효되므로, **가등기에 기한 본등기청구와 단순한 소유권이전등기청구는 비록 등기원인이 동일하더라도 서로 다른 청구로 보아야 한다.**"고 한다(1994. 4. 26. 92다34100).

아. 일부청구의 소송물

1) 일부청구의 의의

일부청구란 금전이나 대체물과 같이 수량적으로 가분인 급부를 목적으로 하는 특정의 채권에 관하여 채권자가 임의로 이를 분할하여 일부만을 청구하는 것을 말한다.

2) 일부청구의 허용성

가) 학설의 대립

① 처분권주의에서 원고는 소송물의 일부를 특정할 권한이 있다는 일부청구긍정설, ② 일부청구는 피고에게 반복된 응소를 강요하며 반복된 청구는 법원의 심리부담을 증가시킨다는 일부청구부정설, ③ 원고의 분할청구의 이익과 피고·법원의 부담을 고려하여 원고가 일부청구임을 명시한 경우에는 가능하다는 명시적일부청구설(명시설)이 대립된다.

나) 판례의 태도 : 명시설

판례는 "불법행위의 피해자가 일부청구임을 명시하여 손해의 일부만을 청구한 경우 **일부청구에 대한 판결의 기판력은 청구의 인용 여부에 관계없이 청구의 범위에 한하여 미치는 것**이고, 잔액 부분 청구에는 미치지 아니한다."고 하여 명시설의 입장이다(2000. 2. 11. 99다10424).

한편 일부청구임을 명시하는 방법에 대하여, 판례는 "**일부청구임을 명시하는 방법으로는 반드시 전체 채권액을 특정하여 그 중 일부만을 청구하고 나머지에 대한 청구를 유보하는 취지임을 밝혀야 할 필요는 없으며, 일부청구 하는 채권의 범위를 잔부청구와 구별하여 심리의 범위를 특정할 수 있는 정도의 표시를 하여 전체 채권의 일부로서 우선 청구하고 있는 것임을 밝히는 것으로 충분하다.** 그리고 일부청구임을 명시하였는지 판단할 때에는 소장, 준비서면 등의 기재뿐만 아니라 소송의 경과 등도 함께 살펴보아야 한다."고 한다(2016. 7. 27. 2013다96165).

다) 검 토

분쟁해결의 1회성의 요청과 원고의 분할청구의 이익을 존중한다는 점에서 다수설·판례의 입장인 명시설이 타당하다.

3. 확인의 소의 소송물

가. 학설의 대립

① 청구취지로 특정된다는 견해 : ㉠ 구실체법설은 실체법상 권리 또는 법률관계의 주장을 소송물로 보므로 청구취지로 특정된다고 본다. ㉡ 일분지설은 확인의 소에서 확인을 요구하는 권리관계는 청구취지에 기재하는 것이므로 소송물은 청구취지만으로 특정된다고 본다. ㉢ 이분지설 중에서 예외설은 청구원인에 기재하는 권리관계는 소로써 확인을 받으려는 권리의 성질에 아무런 영향을 주지 않으므로 소송물은 청구취지로 특정된다고 본다.

② 청구취지와 사실관계에 의하여 특정된다는 견해 : 이분지설 중에서 일관설은 원고가 주장한 권리취득의 원인사실과 청구취지에 의하여 소송물이 특정된다고 본다.

나. 판례의 태도

판례는 구실체법설의 입장에서 "특정토지에 대한 소유권확인의 본안판결이 확정되면 그에 대한 권리 또는 법률관계가 확정되므로, **변론종결 전에 확인 원인이 되는 다른 사실이 있었더라도 확정판결의 기판력은 거기까지도 미치는 것이다.**"고 하여(1987. 3. 10. 84다카2132), 청구취지로 소송물이 특정된다고 한다.

또한 "**소유권확인청구의 소송물은 소유권 자체의 존부이므로, 전소에서 원고가 소유권을 주장하였다가 패소판결이 확정되었더라도, 전소 변론종결 후에 소유권을 새로이 취득하였다면 전소의 기판력이 소유권확인을 구하는 후소에 미칠 수 없는데, 상속재산분할협의가 전소 변론종결 후에 이루어졌다면 비록 상속재산분할의 효력이 상속이 개시된 때로 소급하더라도, 상속재산분할협의에 의한 소유권 취득은 전소 변론종결 후에 발생한 사유에 해당한다.** 따라서 전소에서 원고가 단독상속인이라고 주장하여 소유권확인을 구하였으나 공동상속인에 해당한다는 이유로 상속분에 해당하는 부분에 대해서만 원고의 청구를 인용하고 나머지 청구를 기각하는 판결이 선고되어 확정되었다면, 전소의 기판력은 전소 변론종결 후에 상속재산분할협의에 의해 원고가 소유권을 취득한 나머지 상속분에 관한 소유권확인을 구하는 후소에는 미치지 않는다."고 한다(2011. 6. 30. 2011다24340).

다. 검토

확인의 소는 권리를 확정함으로써 장래의 분쟁을 예방하기 위한 것이며 청구취지에 구체적인 실체법상의 권리가 표시되어 있다는 점에서 확인의 소의 소송물은 청구취지로 특정된다는 견해가 타당하다.

4. 형성의 소의 소송물

가. 채권자취소소송의 소송물

판례는 "채권자가 채무자의 어떤 금원지급행위가 사해행위에 해당된다고 하여 취소를 청구하면서 다만 금원지급행위의 법률적 평가와 관련하여 증여 또는 변제로 달리 주장하는 것은 사해행위취소권을 이유 있게 하는 공격방법에 관한 주장을 달리하는 것일 뿐이지 소송물 또는 청구 자체를 달리하는 것으로 볼 수 없다."고 한다(2005. 3. 25. 2004다10985).

또한 "채권자가 사해행위의 취소를 청구하면서 **보전하고자 하는 채권을 추가하거나 교환하는 것**은 사해행위취소권을 이유 있게 하는 공격방법에 관한 주장을 변경하는 것일 뿐이지 소송물 또는 청구 자체를 변경하는 것이 아니므로 소의 변경이라 할 수 없다."고 한다(2003. 5. 27. 2001다13532).

나. 재판상 이혼청구소송의 소송물

판례는 "재판상 이혼사유에 관한 민법 제840조는 동조가 규정하고 있는 **각 호 사유마다 각 별개의 독립된 이혼사유**를 구성하는 것이고, 이혼청구를 구하면서 위 각 호 소정의 수개의 사유를 주장하는 경우 법원은 그 중 어느 하나를 받아들여 청구를 인용할 수 있다."고 한다(2000. 9. 5. 99므1886).

다. 주주총회결의의 하자를 다투는 소송의 소송물

판례는 "회사의 총회결의에 대한 부존재확인청구나 무효확인청구는 모두 법률상 유효한 결의의 효과가 현재 존재하지 아니함을 확인받고자 하는 점에서 동일한 것이므로, 사원총회가 적법한 소집권자에 의하여 소집되지 않았을 뿐 아니라 정당한 사원 아닌 자들이 모여서 개최한 집회에 불과하여 **법률상 부존재로 볼 수밖에 없는 총회결의에 대하여는 결의무효확인을 청구하고 있다고 하여도 이는 부존재확인의 의미로 무효확인을 청구하는 취지라고 풀이함이 타당하므로** 적법하다."고 한다(1983. 3. 22. 82다카1810).

또한 "주주총회결의 취소의 소는 상법 제376조에 따라 결의의 날로부터 2월내에 제기하여야 할 것이나, **동일한 결의에 관하여 부존재확인의 소가 상법 제376조 소정의 제소기간 내에 제기되어 있다면, 동일한 하자를 원인으로 하여 결의의 날로부터 2월이 경과한 후 취소소송으로 소를 변경하거나 추가한 경우에도 부존재확인의 소 제기시에 제기된 것과 동일하게 취급하여 제소기간을 준수한 것**으로 보아야 한다."고 하고(2003. 7. 11. 2001다45584), 동일한 취지에서 "동일한 결의에 관하여 무효확인의 소가 상법 제376조 소정의 제소기간 내에 제기되어 있다면, 동일한 하자를 원인으로 하여 결의의 날로부터 2월이 경과한 후 취소소송으로 소를 변경하거나 추가한 경우에도 무효확인의 소 제기시에 제기된 것과 동일하게 취급하여 제소기간을 준수하였다고 보아야 한다."고 한다(2007. 9. 6. 2007다40000).

또한 "주주총회에서 여러 개의 안건이 상정되어 각기 결의가 행하여진 경우 제소기간의 준수 여부는 각 안건에 대한 결의마다 별도로 판단되어야 한다."고 한다(2010. 3. 11. 2007다51505).

Ⅳ. 검 토

신소송물이론은 법원의 법률적 관점에 관한 포괄적 심사의무 때문에 법관의 재판에 대한 부담을 가중시킬 수 있으며, 소송물의 범위를 넓혀 피고의 방어권 행사를 곤란하게 하고, 피고가 방어하지 못한 법률적 관점에 기하여 패소되는 불의의 타격을 입게 되고, 기판력의 범위가 넓어지게 되어 패소한 원고에게도 불리하므로 구소송물이론이 타당하다.

제04절 소의 제기

Ⅰ. 소장의 기재사항

> 제248조(소제기의 방식) ① 소를 제기하려는 자는 법원에 소장을 제출하여야 한다.
> ② 법원은 소장에 붙이거나 납부한 인지액이 「민사소송 등 인지법」 제13조 제2항 각 호에서 정한 금액에 미달하는 경우 소장의 접수를 보류할 수 있다.
> ③ 법원에 제출한 소장이 접수되면 소장이 제출된 때에 소가 제기된 것으로 본다.
> 제249조(소장의 기재사항) ① 소장에는 당사자와 법정대리인, 청구의 취지와 원인을 적어야 한다.
> ② 소장에는 준비서면에 관한 규정을 준용한다.
> 제161조(신청 또는 진술의 방법) ① 신청, 그 밖의 진술은 특별한 규정이 없는 한 서면 또는 말로 할 수 있다.
> ② 말로 하는 경우에는 법원사무관등의 앞에서 하여야 한다.
> ③ 제2항의 경우에 법원사무관등은 신청 또는 진술의 취지에 따라 조서 또는 그 밖의 서면을 작성한 뒤 기명날인 또는 서명하여야 한다.

소송절차는 소장을 제1심 법원에 제출함으로써 시작되고(제248조), 소장에는 소장으로서의 효력을 갖기 위해 반드시 기재하여야 할 사항이 있는데 이를 필요적 기재사항이라고 한다. 필요적 기재사항의 기재가 없으면 보정되지 않는 한 재판장은 소장각하명령을 해야 한다(제254조). 필요적 기재사항에는 당사자 및 법정대리인의 표시, 청구의 취지와 청구원인의 기재 등이 있다(제249조 제1항).

Ⅱ. 청구취지

1. 의 의

청구취지란 **원고가 소로써 구하는 심판형식과 법률효과를 적은 소의 결론부분**이다. 청구취지는 신·구소송물이론 불문하고 소송물의 동일성을 구분하는 기준이 되고, 특히 확인의 소에서는 이분지설 중 일관설을 제외하고는 청구취지만으로 소송물의 동일성을 구분한다. 그밖에도 소가의 산정, 사물관할, 소송비용의 분담비율, 상소이익 유무(형식적 불복설), 시효중단의 범위 등을 정하는 기준이 된다.

2. 청구취지의 표시정도

판례는 "청구취지는 내용 및 범위를 명확히 알아볼 수 있도록 구체적으로 특정되어야 하고, **청구취지의 특정 여부는 직권조사사항이므로, 청구취지가 특정되지 않은 경우에는 법원은 직권으로 보정을 명하고 보정명령에 응하지 않을 때에는 소를 각하하여야 한다.** 당사자가 부주의 또는 오해로 인하여 청구취지가 특정되지 아니한 것을 명백히 간과한 채 본안에 관하여 공방을 하고 있는데도 보정의 기회를 부여하지 아니한 채 당사자가 예상하지 못하였던 청구취지 불특정을 이유로 소를 각하하는 것은 **석명의무를 다하지 아니하여 심리를 제대로 하지 아니한 것으로서 위법하다.**"고 한다(2014. 3. 13. 2011다111459). 28)29)30)31)32)

---

28) [이유] 이 사건 청구취지 및 청구원인 변경신청서에 의하면, 원고는 (주소 2 생략) 토지 중 일부에 관하여 소유권이전등기절차의 이행을 구하면서 그 토지 부분을 분필할 수 있는 측량도면이 아니라 제1토지에 관한 지적도 등본의 사본을 별지 제1도면으로 첨부하고 있다. 이는 청구취지의 기재와 거기서 인용한 별지 제1도면이 서로 불일치할 뿐만 아니라, 별지 제1도면을 가지고서는 (주소 2 생략) 토지 내에서 소유권이전등기절차의 이행을 구하는 토지 부분이 어디에 위치해 있고 경계가 어디인지 특정하는 것이 불가능하여 토지 부분을 분필할 수 없음이 분명하므로, 피고 대한민국에 대한 청구는 청구취지가 특정되었다고 할 수 없다. 원심이 같은 취지에서 피고 대한민국에 대한 청구는 청구취지가 특정되지 아니하여 부적법하다고 판단한 것은 정당하다.

29) [이유] 원심판결 이유와 기록에 의하면, 원심은 원고의 청구취지 제1항을 '피고는 청산업무 완료 시까지 매월 원고의 감사를 수용하라.'는 것으로 이해하고, 제1심판결 주문 중 "피고는 청산업무완료 시 또는 원고의 감사지위 상실일 중 먼저 도래하는 날까지 원고의 업무감독(감사)을 수용하라."라는 부분은 정당하다고 보아 이에 대한 피고의 항소를 기각한 사실을 알 수 있다. 그러나 원심판결 이유에 의하더라도 원고의 청구취지 중 감사 수용을 구하는 부분은 감사의 시기, 대상, 방법 등이 전혀 특정되어 있지 않다. 또 앞서 본 제1심판결 주문 역시 감사 대상과 방법이 특정되어 있지 않고, '감사 수용'의 이행방법에 대해서도 객관적으로 명백한 기준이 없어, 그것이 원고의 직무수행에 대한 방해 금지 등 부작위만을 명한 것인지 아니면 감사에 필요한 서류 제공 등의 작위까지 명한 것인지도 분명하지 않다. 그러므로 이러한 판결 주문만으로는 피고가 이행하여야 할 감사 수용 의무의 내용이 객관적으로 특정되었다고 볼 수 없고, 그로 인한 집행의 곤란으로 인해 앞으로 당사자 간에 분쟁의 여지가 남겨져 있는 것으로 보인다. 따라서 제1심판결 주문 중 감사 수용 청구에 관한 부분은 판결 주문으로서 갖추어야 할 명확성을 갖추지 못하여 부적법하다. 그렇다면 원심으로서는 원고에게 감사 수용을 구하는 부분의 청구취지를 구체적으로 특정하도록 보정을 명하고, 원고가 이에 응하지 않을 경우 직권으로 제1심판결 중 감사 수용 청구 부분을 취소하여 그 부분 소를 각하하였어야 한다. 그런데도 원심은 이러한 조치를 취하지 아니한 채 본안 판단에 나아가 피고의 항소를 기각하였으니, 이러한 원심판단에는 청구취지 및 판결 주문 특정 등에 관한 법리를 오해하여 판결에 영향을 미친 잘못이 있다(2019. 3. 14. 2017다233849).

30) [이유] 기록에 의하면, 원고는 피고를 상대로 명예훼손 및 이혼으로 인한 손해배상채권이 있다고 주장하면서 위 각 손해배상채권의 합계 손해액 중 명시적 일부청구로 3억 원 및 이에 대한 지연손해금의 지급을 이 사건 소로써 구하면서도 손해배상채권별로 청구금액을 특정하지 아니한 사실을 알 수 있다(2014. 5. 16. 2013다101104).

31) [이유] 원고 파산자 나라종합금융 주식회사의 파산관재인 김재구, 문형오의 소송수계인 파산관재인 김재구, 예금보험공사의 소송수계인 파산관재인 예금보험공사(이하 '원고 파산자 나라종합금융 파산관재인'이라 한다)를 제외한 나머지 원고들이 각 피고 1, 2를 상대로 수개의 손해배상채권의 합계 손해액 중 일부를 청구한 점을 알 수 있는바, 원심으로서는 원고 파산자 나라종합금융 파산관재인을 제외한 나머지 원고들의 각 손해배상채권별로 청구취지를 구체적으로 특정하도록 보정을 명하고, 이에 응하지 않을 때에는 소를 각하하였어야 함에도, 원심은 이러한 조치를 취하지 아니한 채, 원고 파산자 나라종합금융 파산관재인을 제외한 나머지 원고들의 청구취지에 따라 손해배상채권별로 인용금액을 특정하지 아니한 채 인용금액을 정하였다. 따라서 위와 같은 원심의 조치에는 청구취지의 특정에 관한 법리오해로 인하여 판결에 영향을 미친 위법이 있고, 청구취지의 불특정은 본안판결을 불가능하게 하는 사유이므로, 위와 같은 사유는 당사자의 주장이 없더라도 법원이 직권으로 조사하여 판단할 수 있다(2009. 11. 12. 2007다53785).

32) [이유] 원고의 예비적 청구취지는 "피고들은 원심판결 별지목록기재 천호동굴을 보호구역 내에 있는 원고 소유토지와 인접한 토지에서 심굴하여서는 아니된다"는 것으로서 위 별지목록은 단순히 천호동굴의 보호구역 내에 편입된 토지의 지번, 지목, 지적과 편입된 면적 및 소유자들을 기재한 일람표에 불과하고, 원고 소유 토지 중 어느 부분이 편입되었는지 그 위치가 불분명하여 그 목록에 기재된 원고 토지 중 과연 어느 토지의 어느 부분이 이 사건 소송물인지 명료하지 않을 뿐만 아니라 위 청구취지의 기재만으로는 구체적으로 어느 토지에 어느 정도로 인접된 곳에서 어느 정도 심굴하는 행위를 금지하여 달라는 것인지 도저히 알 수 없게 되어있으니 청구취지가 특정되었다고 볼 수 없다고 할 것인즉, 원심이 피고의 항변을 기다리지 않고 직권으로 원고에게 5일 이내에 청구취지를 특정할 것을 명한 후 원고가 보정명령에 응하지 않는다는 이유로 예비적 청구에 관한 소를 각하한 조치는 정당하고, 여기에 청구취지 특정에 관한 법리오해나 당사자 간에 다툼 없는 사실에 관한 법리오해의 잘못이 없고, 기록을 살펴보아도 원고가 소론의 주장과 같은 청구취

다만, "제254조에 의한 소장심사의 대상이 되는 것은 소장에 필요적 기재사항, 즉 청구취지 및 원인 등이 빠짐없이 기재되어 있는지의 여부에 있고, **소장에 일응 청구의 특정이 가능한 정도로 청구취지 및 원인이 기재**되어 있다면 비록 그것이 불명확하여 파악하기 어렵더라도 그 후는 석명권 행사의 문제로서 소장심사의 대상이 되지는 않고, **석명권 행사에 의하여도 원고의 주장이 명확하게 되지 않는 경우에는 원고의 청구를 기각**할 수 있을 뿐이다."고 한다(2004. 11. 24. 2004무54).

3. 청구취지의 기재방법

(ⅰ) 이행의 소에서는 이행의 대상·내용과 함께 이행판결을 구하는 취지를 기재할 것을 요한다. 금전청구일 경우에는 청구취지에 금액을 명시하는 것이 필요하다. 청구취지는 무색투명하여야 하므로 대여금 등의 금전의 성질까지 기재할 필요는 없다. 특정물청구에 있어서 청구취지는 피고가 의무를 이행함에 지장이 없도록 또 강제집행에 의문이 없도록 목적물을 명확하게 표시해야 한다.

(ⅱ) 확인의 소에서는 확인을 구하는 권리관계의 대상 및 내용과 함께 확인판결을 구하는 취지를 표시하여야 한다.

(ⅲ) 형성의 소에서는 형성의 대상과 내용 그리고 형성판결을 구하는 취지를 명시하여야 한다. 다만 형식적 형성의 소는 실질이 비송이기 때문에 청구취지를 명확히 할 필요는 없고, 법관의 재량권 행사의 기초가 청구취지에 나타나 있으면 된다.

4. 확정적인 신청

청구에 관한 심판은 확정적으로 요구하여야 한다. 따라서 어느 때까지 판결을 해달라고 요구하는 기한부의 청구취지는 허용되지 아니한다. 또한 소송 외의 장래 발생할 사실(소송 외의 조건)을 조건으로 붙여 청구의 취지를 기재하는 것은 절차의 안정을 해치기 때문에 허용되지 않는다. 그러나 예비적 청구·예비적 반소·예비적 공동소송과 같이 소송 내에서 밝혀질 사실을 조건(소송 내의 조건)으로 하여 청구취지를 기재하는 것은 허용된다.

5. 소송비용의 부담 및 가집행선고에 관한 기재

청구취지에 청구에 관한 심판을 구하는 취지의 기재 외에 소송비용에 관한 재판과 가집행선고의 신청을 기재함이 보통이다. 다만 법원은 처분권주의의 예외로서 당사자의 신청이 없어도 직권으로 소송비용에 관한 재판과 가집행선고를 판단할 수 있다.

Ⅲ. 청구원인

1. 의 의

청구원인은 (ⅰ) 중간판결의 일종인 원인판결과 관계에서의 청구원인(제201조), (ⅱ) 소송물인 권리관계의 발생원인에 해당하는 사실관계, 즉 청구를 이유 있게 하기 위해 필요한 사실관계를 뜻하는 광의의 청구원인(청구의 이유), (ⅲ) 청구취지와 더불어 이를 보충하여 청구를 특정하기에 필요한 사실

지 특정을 위한 검증, 감정신청 등의 소송행위를 하였다는 흔적을 발견할 수 없으니 그러한 증거조사를 하지 아니하였다고 하여 채증법칙 위배나 심리미진의 위법이 있다고 할 수 없다(1981. 9. 8. 80다2904).

관계를 뜻하는 협의의 청구원인(청구의 특정)등의 의미가 있다. 소장의 필요적 기재사항으로 쓰이는 것은 협의의 청구원인을 의미한다.

2. 작 용 (소송물이론)

청구원인은 소송물을 특정하고 청구의 동일성 여부를 가리는 기준이 된다. 다만, 소송물의 특정을 위하여 청구원인의 기재가 필요한가는 소송물이론에 따라 달라진다. (ⅰ) 구소송물이론은 확인의 소를 제외하고 이행의 소와 형성의 소에서는 청구취지의 기재만으로 소송물이 특정되지 않으며, 권리의 발생근거를 청구원인에 기재하여야 소송물이 특정된 것으로 본다. (ⅱ) 신소송물이론 중에서 일분지설은 소송물의 특정에 청구원인을 고려하지 않는다. 즉 일분지설은 청구취지만으로 소송물이 특정되나 예외적으로 이행소송 가운데 금전지급 청구나 대체물 인도를 청구하는 경우는 청구원인에서 권리의 발생원인 사실까지 명백히 기재해야 특정된다고 한다. 그러나 이분지설에서는 소송물의 특정을 위하여 청구취지와 청구원인에 사실관계를 적어야 소송물이 특정된다고 본다.

3. 기재의 정도

가. 문제점

청구취지만으로 소송물이 특정될 경우에는 청구원인의 기재가 필요 없지만, 그 외의 경우에는 소송물의 특정을 위하여 청구원인에 사실관계를 적어야 하는데, 원고가 청구원인에 어느 정도의 사실을 기재하여야 하는 지가 문제된다.

나. 학설의 대립

① 협의의 청구원인, 즉 소송물인 권리관계를 다른 권리관계와 식별하기에 필요한 사실관계를 기재하면 된다고 하는 식별설과, ② 광의의 청구원인, 즉 청구를 이유 있게 하는 모든 사실관계를 기재하여야 한다는 이유기재설이 대립된다.

다. 검 토

이유기재설은 소장에 청구원인으로서 기재하여야 할 사실과 승소를 위하여 필요한 사실을 혼동하고 있어 부당하고, 구술주의와 적시제출주의를 채택하고 있는 현행법상으로는 변론준비절차나 또는 변론기일에 가서 청구를 이유 있게 할 사실관계를 보충할 수 있으므로 식별설이 타당하다.

4. 기재방법

물권과 같은 절대권의 경우에는 동일 내용의 권리가 동일인에게 경합하여 존재할 수 없으므로 원칙적으로 권리의 주체·내용만 기재하면 된다. 그러나 채권과 같은 상대권의 경우에는 발생원인이 다르면 권리가 별개가 되므로 원칙적으로 권리의 주체·내용뿐만 아니라 그 권리의 발생원인사실도 기재하여야 한다.

Ⅳ. 소송상의 취급

청구취지와 청구원인이 하자 없이 기재되어 있으면 그대로 심리하고 그 특정된 청구에 따른 효과가 발생한다. 그러나 청구취지가 불명확하거나 청구원인이 불충분할 때 그것이 소제기시에 발견이 된 경우에는 재판장은 보정을 명하고(제254조), 만약 기간 내에 보정이 없으면 소장각하명령을 하여야 할 것이다. 다만 소송계속 후에는 소 각하판결을 한다. 즉 소송계속 후에 그 흠이 발견되었을 경우에는 법원은 석명권을 행사하여 불명확한 점을 정리하여야 할 것이고 그래도 불명확하다면 소를 각하하여야 한다.

제05절 재판장 등의 소장심사권

> **제254조(재판장 등의 소장심사권)** ① 소장이 제249조 제1항의 규정에 어긋나는 경우와 소장에 법률의 규정에 따른 인지를 붙이지 아니한 경우에는 재판장은 상당한 기간을 정하고, 그 기간 이내에 흠을 보정하도록 명하여야 한다. 재판장은 법원사무관 등으로 하여금 위 보정명령을 하게 할 수 있다.
> ② 원고가 제1항의 기간 이내에 흠을 보정하지 아니한 때에는 재판장은 명령으로 소장을 각하하여야 한다.
> ③ 제2항의 명령에 대하여는 즉시항고를 할 수 있다.
> ④ 재판장은 소장을 심사하면서 필요하다고 인정하는 경우에는 원고에게 청구하는 이유에 대응하는 증거방법을 구체적으로 적어 내도록 명할 수 있으며, 원고가 소장에 인용한 서증의 등본 또는 사본을 붙이지 아니한 경우에는 이를 제출하도록 명할 수 있다.

I. 서 설

재판장 등의 소장심사권이란 원고가 제출한 소장이 법원에 접수되어 사건이 배당되면 합의부의 경우에는 재판장이, 단독사건의 경우에는 단독판사가 소장의 적식 요건으로서 소장의 필요적 기재사항의 기재여부와 인지를 붙였는지 여부를 심사하는 권한을 말한다(제254조 제1항, 제402조, 제425조).

소장심사권을 수소법원이 아닌 재판장의 전권사항으로 한 것은 소장심사는 본안심리 내용에 관한 것이 아니라 형식에 관한 것이고 그 요건도 간단하고 또한 수소법원이 변론에 들어가기 전에 소장의 명백한 하자를 재판장이 미리 시정하는 것이 소송경제상 타당하기 때문이다. 한편 소장심사는 수소법원이 하는 소송요건의 존부심사나 청구의 당부심사보다 먼저 심사한다(소장심사의 선순위성).

II. 소장심사의 대상

1. 필요적 기재사항의 기재여부 및 인지의 첨부여부

필요적 기재사항이란 소장에 반드시 기재하여야 할 사항으로서, 제249조 제1항에 규정된 당사자, 법정대리인, 청구취지와 청구원인을 말한다. 또한 원고는 인지를 붙여야 하므로 결국 필요적 기재사항의 기재여부 및 인지의 첨부여부가 소장심사의 대상이 된다. 즉 소장에 관한 형식적 기재사항이 심사대상이 되고 소송요건의 구비여부와 청구의 당부는 심사대상이 아니다(제254조 제1항).

따라서 판례는 "제254조에 의한 소장심사의 대상이 되는 것은 소장에 필요적 기재사항, 즉 청구취지 및 원인 등이 빠짐없이 기재되어 있는지의 여부에 있고, **소장에 일응 청구의 특정이 가능한 정도**

로 청구취지 및 원인이 기재되어 있다면 비록 그것이 불명확하여 파악하기 어렵더라도 그 후는 석명권 행사의 문제로서 제254조 제1항의 소장심사의 대상이 되지는 않는다고 할 것이고, 석명권 행사에 의하여도 원고의 주장이 명확하게 되지 않는 경우에는 원고의 청구를 기각할 수 있을 뿐이다."고 한다(2004. 11. 24. 2004무54).

2. 증거방법의 기재여부

제254조 제4항은 청구원인사실에 대응하는 증거방법의 기재, 소장에 인용한 서증의 등본 또는 사본을 붙였는지도 심사할 수 있도록 하여 소장심사의 대상범위를 확대하고 있는데, 만일 제대로 안 되었으면 그 제출을 명할 수 있도록 하였다. 다만 이는 임의적 기재사항이므로 제출명령에 대하여 불이행하더라도 소장각하명령을 할 수는 없다.

III. 보정명령

1. 보정명령의 방법

소장의 심사결과 소장에 흠결이 있을 때에는 재판장은 원고에게 상당한 기간을 정하여 보정을 명하여야 하는데(제254조 제1항), 그 기간은 불변기간이 아니다. 따라서 보정기간을 경과하였다 하더라도 소장각하명령이 있기 전에는 흠결을 보정할 수 있다. 또한 보정명령의 시기에 제한이 없으므로 법원은 변론이 개시된 뒤는 물론 상소심에서도 보정명령을 할 수 있다.

2. 보정명령의 대상

판례는 "제254조에 의한 재판장의 소장심사권은 소장이 제249조 제1항의 규정에 어긋나거나 소장에 법률의 규정에 따른 인지를 붙이지 아니하였을 경우에 재판장이 원고에 대하여 상당한 기간을 정하여 그 흠결의 보정을 명할 수 있고, 원고가 그 기간 내에 이를 보정하지 않을 때에 명령으로써 그 소장을 각하한다는 것일 뿐이므로, **소장에 일응 대표자의 표시가 되어 있는 이상 설령 그 표시에 잘못이 있다고 하더라도 이를 정정 표시하라는 보정명령을 하고 그에 대한 불응을 이유로 소장을 각하하는 것은 허용되지 아니한다. 이러한 경우에는 오로지 판결로써 소를 각하할 수 있을 뿐이다.**"고 한다(2013. 9. 9. 2013마1273).

3. 보정한 경우의 효력

> 제265조(소제기에 따른 시효중단의 시기) 시효의 중단 또는 법률상 기간을 지킴에 필요한 재판상 청구는 소를 제기한 때 또는 제260조 제2항·제262조 제2항 또는 제264조 제2항의 규정에 따라 서면을 법원에 제출한 때에 그 효력이 생긴다.

가. 문제점

소의 제기는 재판상 청구에 해당하므로 시효중단의 효력이 생긴다. 한편 소장부본 송달절차의 지연으로 인하여 시효가 완성하는 폐단을 방지하기 위하여 소제기 시점(소장이 법원에 접수된 시점)에서 시효중단의 효과가 발생한다(제265조). 다만, 시효중단의 효과가 발생하는 시점과 관련하여, 원고가 보정명령에 응하여 소장을 보정하였을 때 보정의 효력이 소장제출 시로 소급하는지가 문제된다.

나. 학설의 대립

① 흠결된 사항이 어느 것이든 보정한 시점에 적법한 제소가 있는 것으로 보는 **보정시설**, ② 청구의 내용이 불명확하더라도 청구의 의사는 소장제출시에 분명히 밝힌 것이므로 항상 소장제출시로 소급시키는 것이 타당하다는 **소장제출시설**, ③ 당사자 표시의 흠결에 관한 보정과 부족인지의 보정은 소장제출시로 소급하지만 심판의 대상과 관련하는 청구취지와 청구원인의 흠결에 대한 보정은 보정시에 소제기의 효과가 발생한다는 **절충설**이 대립된다.

다. 판례의 태도

판례는 "인지 등 보정명령에 따른 인지 등 상당액의 현금 납부에 관하여는 송달료규칙 제3조에 정한 **송달료 수납은행에 현금을 납부한 때에 인지 등 보정의 효과가 발생되는 것**이고, 이 납부에 따라 발부받은 영수필확인서 등을 보정서 등 소송서류에 첨부하여 접수 담당 법원사무관 등에게 제출하고 또 그 접수 담당 법원사무관 등이 이를 소장 등 소송서류에 첨부하여 소인하는 등의 행위는 소송기록상 그 납부 사실을 확인케 하기 위한 절차에 불과하다."고 한다(2007. 3. 30. 2007마80).

라. 검 토

보정시설은 원고에게 지나치게 불리하고 소장제출시설은 소송물이 특정되지 않은 경우에도 소제기의 실체법상의 효과가 소제기 시점으로 소급한다고 보므로 원고의 방만한 소제기를 초래하게 될 수 있으며 또한 피고의 방어권 행사의 곤란을 초래하게 된다는 점에서 부당하므로 절충설이 타당하다.

4. 보정명령에 대한 불복방법

판례는 "소장 또는 상소장에 관한 재판장의 인지보정명령은 민사소송법에서 일반적으로 항고의 대상으로 삼고 있는 제439조의 "소송절차에 관한 신청을 기각하는 결정이나 명령"에 해당하지 아니하고 또 이에 대하여 불복할 수 있는 특별규정도 없으므로, **인지보정명령에 대하여는 독립하여 이의신청이나 항고를 할 수 없고 다만 보정명령에 따른 인지를 보정하지 아니하여 소장이나 상소장이 각하되면 각하명령에 대하여 즉시항고로 다툴 수밖에 없다.**"고 한다(1995. 6. 30. 94다39086).

또한 "인지보정명령에 따른 인지를 보정하지 아니하여 소장이나 상소장이 각하되면 각하명령에 대하여 즉시항고로 다툴 수 있으므로, **인지보정명령은 소장 또는 상소장의 각하명령과 함께 상소심의 심판을 받는 중간적 재판의 성질을 가지는 것으로서 제449조에서 특별항고의 대상으로 정하고 있는 '불복할 수 없는 명령'에도 해당하지 않는다.** 따라서 이 사건 특별항고는 특별항고의 대상이 될 수 없는 재판에 대한 것으로서 부적법하다."고 한다(2015. 3. 3. 2014그352).

따라서 "재판장의 인지보정명령에 대하여는 이의신청, 항고 등 독립하여 불복할 수 없으므로 **인지보정명령에 대하여 이의신청 등 불복이 있더라도 이는 소송법상의 권리에 터잡은 신청으로 볼 수 없고 법원의 직권에 의한 시정을 촉구하는 것에 불과하다 할 것이어서 소장각하명령에 이에 대한 판단을 명시할 필요는 없다.**"고 한다(1993. 8. 19. 93재수13).

Ⅳ. 소장각하명령

1. 재판장의 권한

소장의 필요적 기재사항의 흠결에 대한 당사자의 주장은 본안전 항변이므로, 이는 원칙적으로 재판장의 직권발동을 촉구하는 의미가 있다. 소장에 흠결이 있을 때 재판장 또는 단독판사는 원고에게 상당한 기간을 정하여 흠결된 사유를 명시하여 보정할 것을 명하여야 한다. 재판장의 보정명령에도 불구하고 원고가 소장의 흠결을 보정하지 않으면 재판장은 소장각하명령을 한다(제254조 제2항).

2. 소장각하명령의 행사시기

가. 학설의 대립

① 부적식한 소장이라도 피고에게 송달되면 소송계속이라는 효과가 발생하여 법원 대 원고의 관계로부터 원고·피고 쌍방이 관여하는 소송절차로 발전하므로, 그 이후에는 재판장이 소장각하명령을 할 수는 없고 법원의 소각하판결에 의하여야 한다는 **소송계속시설**, ② 소장심사제도는 변론절차를 개시하기 전에 명백한 소장의 흠을 간단하게 처리해서 소송경제를 도모하는 것이므로 변론개시 전까지 재판장의 명령에 의해 소장각하명령을 할 수 있다는 **변론개시시설**이 대립된다.

나. 판례의 태도

판례는 "제402조의 취지는 항소심 재판장은 항소심변론에 들어가기 전에 먼저 항소장을 심사하여 흠결을 발견하면 보정을 명하고 이에 불응할 때 **명령으로 항소장을 각하하라는 것이니, 항소장을 송달한 후 소송의 진행 중 피고의 소재불명으로 기일소환장 송달이 불능된 때는 제402조 따라서 제254조를 적용 내지 준용할 여지가 없다.**"고 한다(1973. 10. 26. 73마641).

또한 "항소심 재판장은 항소장의 송달이 불능하여 보정을 명하였음에도 항소인이 이에 응하지 아니한 경우에 항소장 각하명령을 할 수 있을 뿐이고, **항소장이 피항소인에게 송달되어 항소심의 변론이 개시된 후에는** 피항소인에게의 변론기일 소환장 등이 송달불능된다는 이유로 보정을 명하고 항소인이 이에 응하지 않는다고 **항소장 각하명령을 할 수 없다.**"고 한다(1981. 11. 26. 81마275).

또한 "항소심 재판장이 제402조 제1항·제2항에 의하여 항소인에게 상당한 기간을 정하여 흠결을 보정할 것을 명하고 항소인이 흠결을 보정하지 않은 때에는 명령으로 항소장을 각하하는 것은, 항소장이 제397조 제2항에 위배되거나 항소장에 법률규정에 의한 인지가 붙어 있지 아니한데도 제1심 재판장이 제399조 제1항에 의한 보정명령을 하지 아니한 때 및 항소장의 부본을 송달할 수 없는 때에 한하고, **항소인에 대한 변론기일소환장이 송달불능되었더라도 피항소인에게 항소장 부본이 적법히 송달된 이상 항소인에 대한 변론기일소환장 등의 송달을 공시송달로 하여 변론기일을 실시함은 별론으로 하고, 항소심 재판장이 항소인에 대하여 항소인 자신의 주소를 보정할 것을 명하고, 이에 따른 보정이 없다고 명령으로 항소장을 각하할 수는 없다.**"고 한다(1995. 5. 3. 95마337).

또한 "항소심 재판장은 항소장 부본을 송달할 수 없는 경우 항소인에게 상당한 기간을 정하여 흠을 보정하도록 명해야 하고, 항소인이 보정하지 않으면 항소장 각하명령을 해야 한다(제402조 제1항, 제2항 참조). **항소심 재판장의 항소장 각하명령은 항소장 송달 전까지만 가능하다.** 항소장이 피항소인에게 송달되어 항소심법원과 당사자들 사이의 소송관계가 성립하면 항소심 재판장은 더 이상 단독으로 항소장 각하명령을 할 수 없다. 독립당사자참가소송은 동일한 권리관계에 관하여 원고·피고·참가인 사이의 다툼을 하나의 소송절차로 한꺼번에 모순 없이 해결하는 소송형태이므로, 세 당사자들에 대해서는 하나의 종국판결을 선고하여 합일적으로 확정될 결론을 내려야 하고, 본안판결에 대해 일방이 항소한 경우 제1심판결 전체의 확정이 차단되고 사건 전부에 관하여 이심의 효력이 생긴다. 항소심 재판장이 단독으로 하는 항소장 각하명령에는 시기적 한계가 있고 독립당사자참가소송의 세 당사자들에 대하여는 합일적으로 확정될 결론을 내려야 하므로, **독립당사자참가소송의 제1심 본안판결에 대해 일방이 항소하고 피항소인 중 1명에게 항소장이 적법하게 송달되어 항소심법원과 당사자들 사이의 소송관계가 일부라도 성립한 것으로 볼 수 있다면, 항소심 재판장은 더 이상 단독으로 항소장 각하명령을 할 수 없다.**"고 한다(2020. 1. 30. 2019마5599).[33]

다. 검토

소장부본 송달 후 변론개시 전에 소장각하명령이 가능하다고 하면 재판장의 소장각하명령으로 소송계속이 소멸하는 결과가 되므로 소송계속시설이 타당하다. 또한 법원실무제요(민사소송)에는 "피고에게 소장을 송달한 후에는 소송계속이 이루어져 당사자 쌍방 대립관계의 절차가 개시되기 때문에 명령에 의한 소장각하를 할 수 없고, 종국판결로 소를 부적법 각하하여야 한다."고 서술되어 있는데 이는 소송계속시설의 입장이다. 즉 소송실무는 소송계속시설에 의한다.

3. 소장각하명령에 대한 즉시항고

가. 문제점

재판장의 소장각하명령에 대하여 원고는 즉시항고를 할 수 있다(제254조 제3항). 이와 관련하여 **원고가 즉시항고를 하면서 보정을 하는 것이 가능한 것인지** 문제된다.

나. 견해의 대립

① 다수설은 소장각하명령의 적법 여부는 항고심 심리종결시를 기준으로 해야 하므로, 그때까지 보정하면 적법한 것으로 보아야 한다고 한다. ② 판례는 소장각하명령에 대하여 즉시항고를 제기하고 항고심 계속 중에 흠을 보정하였다고 하여 흠이 보정되는 것은 아니라는 입장이다. 즉, "**소장각하명령이 송달된 후에는 부족된 인지를 가첨하고 명령에 불복을 신청할지라도 각하명령을 취소할 수 없다.**"고 하고(1996. 1. 12. 95두61), "항소장 각하명령이 성립된 이상 명령이 고지되기 전에 인지

---

[33] 갑 등이 을을 상대로 제기한 제1심 소송계속 중 병 학교법인이 독립당사자참가를 하여 갑 등의 본소청구를 기각하고 병 법인의 청구를 인용하는 판결이 선고되자 갑 등이 항소하면서 항소장의 항소취지에 '원심판결을 취소한다'는 기재와 함께 본소의 청구취지를 기재하였으나 참가사건의 청구취지는 별도로 기재하지 않았는데, 갑 등이 제출한 항소장 부본이 병 법인에 송달되었으나 을에게는 폐문부재로 송달되지 않았고, 이에 원심재판장이 갑 등에게 을에 대한 주소를 보정하도록 하였으나, 갑 등이 보정기간 내에 이를 이행하지 않자 주소보정명령 불이행을 이유로 갑 등이 제출한 항소장 전부에 대해 항소장 각하명령을 한 사안에서, 갑 등이 제출한 항소장에는 본소와 참가사건의 사건명, 사건번호는 물론 병 법인도 당사자로 표시되어 있고, 제1심판결의 본소 및 참가사건에 대한 주문 내용이 전부 기재되어 제1심판결의 취소를 구하는 취지가 담겨 있으므로, 갑 등은 본소와 참가사건 모두에 대해 항소한 것으로 보이고, 항소장의 항소취지에 본소에 대한 부분만 기재하고 참가사건에 대한 부분을 누락하였다는 사정만으로 갑 등의 항소범위가 본소에 한정된다고 볼 수는 없으며, 나아가 제1심에서 이루어진 병 법인의 독립당사자참가로 인하여 합일적으로 확정될 결론을 내려야 하는 갑 등과 을 및 병 법인에 대하여 하나의 종국판결이 선고되었고, 갑 등이 제출한 항소장 부본이 병 법인에 적법하게 송달되어 항소심법원과 항소인인 갑 등, 피항소인 중 일부인 병 법인 사이에 소송관계가 성립한 이상, 항소심재판장은 더 이상 단독으로 항소장 각하명령을 할 수 없고, 다른 피항소인인 을에게 항소장 부본이 송달되지 않았고 갑 등이 주소보정명령을 이행하지 않았더라도 달리 볼 수 없으므로, 원심재판장의 명령에 법리오해의 잘못이 있다고 한 사례.

보정을 하더라도 재도의 고안(제446조)에 의하여 취소할 수 없다."고 하고(1969. 12. 8. 69마703), "판결과 같이 선고가 필요하지 않은 결정·명령과 같은 재판은 원본이 법원사무관 등에게 교부되었을 때 성립한 것으로 보아야 하므로, **이미 각하명령이 성립한 이상 명령정본이 당사자에게 고지되기 전에 부족한 인지를 보정하였다 하여 각하명령이 위법한 것으로 되거나 재도의 고안에 의하여 명령을 취소할 수 있는 것은 아니다.**"고 한다(2013. 7. 31. 2013마670).34)

다. 검 토

항고심은 항소심에 준하는 속심이어서 항고법원은 제1심결정의 당부만을 심사하는 것이 아니라 제1심결정 이후의 사정까지를 참작해야 하므로, 다수설이 타당하다.

4. 형식에 어긋나는 재판

가. 문제점

> 제440조(형식에 어긋나는 결정·명령에 대한 항고) 결정이나 명령으로 재판할 수 없는 사항에 대하여 결정 또는 명령을 한 때에는 항고할 수 있다.

소장각하명령에 대해서는 즉시항고로, 소 각하판결에 대해서는 항소로 불복하여야 한다. 그런데 법원이 소 각하판결을 해야 할 것을 재판장이 소장각하명령을 한 경우처럼, 형식에 어긋나는 재판에 관해 불복하는 원고는 즉시항고(제254조 제3항)에 의할 것인가 항소에 의할 것인가가 문제된다.

나. 학설의 대립

① 본래 하여야 할 재판의 형식에 따라 불복방법의 종류를 정한다는 객관설, ② 법원이 실제로 재판한 형식에 따라 불복방법의 종류를 정한다는 주관설, ③ 당사자에게 가장 유리하게 법원이 실제로 재판한 형식에 따라 상소를 하든 본래 하여야 할 재판의 형식에 따라 상소를 하든 어느 것을 선택하여 불복할 수 있다는 선택설이 대립된다.

다. 검 토 : 선택설

주관설은 법원이 잘못된 재판을 함으로써 상소가 불가능한 경우가 있을 수 있으므로 부당하고, 객관설은 당사자에게 법관보다 더 정확한 법률지식을 요구할 수는 없는 것이므로 부당하다. 따라서 당사자의 이익을 보호할 수 있는 선택설이 타당하다.

제440조는 주관설의 입장이 반영된 것이라는 견해도 있으나, 결정·명령에 대하여는 항고가 허용되는 경우에만 불복을 할 수 있기 때문에, 제440조는 판결로 해야 할 재판에 대하여 결정·명령으로 재판한 경우에 불복을 할 수 없는 경우가 발생하는 것을 막기 위한 규정이므로 선택설의 입장이 반영된 것이라고 보는 것이 타당하다.

다만 불복할 수 없는 재판에 대하여 법원이 불복할 수 있는 재판의 형식으로 판단하였더라도, 불복이 허용되는 것은 아니다. 판례도 "당사자가 관할위반을 이유로 한 이송신청을 한 경우에도 이는

---

34) [판례평석] 판례는 소장각하명령에 대한 즉시항고의 제기 이후 인지보정을 하는 것이 허용되지 않을 뿐만 아니라, 최소한 소장각하명령이 성립하는 시기를 지난 뒤에는 인지보정을 하는 것이 허용되지 않음을 명백히 하고 있다(김홍엽. 제10판. 359면).

법원의 직권발동을 촉구하는 의미밖에 없고, 따라서 법원은 이 이송신청에 대하여는 재판을 할 필요가 없고, 설사 법원이 이 이송신청을 거부하는 재판을 하여도 항고가 허용될 수 없으므로 항고심에서는 이를 각하하여야 한다. 항고심에서 항고를 각하하지 아니하고 항고이유의 당부에 관한 판단을 하여 기각하는 결정을 하여도 **이 항고기각결정은 항고인에게 불이익을 주는 것이 아니므로 이 항고심결정에 대하여 재항고를 할 이익이 없는 것이어서 이에 대한 재항고는 부적법한 것이다.**"고 한다 (1993. 12. 6. 93마524).

V. 관련문제 : 상소심에서의 상소장심사권

항소장의 적식여부는 원심재판장이 먼저 심사하고 항소기록이 항소심으로 송부된 다음 다시 항소심재판장이 심사한다. 원심재판장과 항소심재판장은 각각 보정명령을 발하고 보정기간 내에 보정이 이루어지지 아니하면 항소장각하명령을 할 수 있으며, 이에 대하여는 즉시항고를 할 수 있다. 이 규정은 상고심에서도 준용된다. 또한 항고·재항고의 경우에도 항소·상고의 규정이 준용된다(제399조~제402조, 제425조, 제443조, 제445조).

제06절 소제기 후의 조치

I. 소장부본의 송달

> **제255조(소장부본의 송달)** ① 법원은 소장의 부본을 피고에게 송달하여야 한다.
> ② 소장의 부본을 송달할 수 없는 경우에는 제254조 제1항 내지 제3항의 규정을 준용한다.

소장을 심사하여 소장이 형식에 맞는 경우, 법원은 피고에게 소장부본을 송달한다(제255조 제1항). 그러나 소장부본의 송달이 불능이 된 경우에, 원고가 송달가능한 주소로 보정하지 아니하면 재판장은 소장각하명령을 하여야 한다(제255조 제2항).

II. 피고의 답변서제출의무와 무변론판결

> **제256조(답변서의 제출의무)** ① 피고가 원고의 청구를 다투는 경우에는 소장의 부본을 송달받은 날부터 30일 이내에 답변서를 제출하여야 한다. 다만, 피고가 공시송달의 방법에 따라 소장의 부본을 송달받은 경우에는 그러하지 아니하다.
> ② 법원은 소장의 부본을 송달할 때에 제1항의 취지를 피고에게 알려야 한다.
> ③ 법원은 답변서의 부본을 원고에게 송달하여야 한다.
> ④ 답변서에는 준비서면에 관한 규정을 준용한다.
>
> **제257조(변론 없이 하는 판결)** ① 법원은 피고가 제256조 제1항의 답변서를 제출하지 아니한 때에는 청구의 원인이 된 사실을 자백한 것으로 보고 변론 없이 판결할 수 있다. 다만, 직권으로 조사할 사항이 있거나 판결이 선고되기까지 피고가 원고의 청구를 다투는 취지의 답변서를 제출한 경우에는 그러하지 아니하다.

> ② 피고가 청구의 원인이 된 사실을 모두 자백하는 취지의 답변서를 제출하고 따로 항변을 하지 아니한 때에는 제1항의 규정을 준용한다.
> ③ 법원은 피고에게 소장의 부본을 송달할 때에 제1항 및 제2항의 규정에 따라 변론 없이 판결을 선고할 기일을 함께 통지할 수 있다.

1. 무변론판결을 할 수 있는 경우 : 자백간주 참조

2. 무변론판결을 할 수 없는 경우

피고에게 공시송달로 소장부본이 송달된 경우(제256조 제1항 단서), **직권조사사항이 있는 경우**(제257조 제1항 단서), **판결선고기일까지 원고의 청구를 다투는 취지의 답변서가 제출된 경우**(제257조 제1항 단서)에 법원은 무변론판결을 할 수 없다.

판례는 "제1심법원이 피고에게 소장부본을 송달하였을 때 피고가 원고의 청구를 다투는 경우에는 소장부본을 송달받은 날부터 30일 이내에 답변서를 제출하여야 하고(제256조 제1항), 법원은 피고가 답변서를 제출하지 아니한 때에는 청구원인이 된 사실을 자백한 것으로 보고 변론 없이 판결할 수 있으나(이하 '무변론판결'이라 한다), 판결이 선고되기까지 피고가 원고의 청구를 다투는 취지의 답변서를 제출한 경우에는 무변론판결을 할 수 없다(제257조 제1항). 따라서 **제1심법원이 피고의 답변서 제출을 간과한 채 제257조 제1항에 따라 무변론판결을 선고하였다면, 제1심판결의 절차는 법률에 어긋난 경우에 해당한다.** 항소법원은 제1심판결의 절차가 법률에 어긋날 때에 제1심판결을 취소하여야 한다(제417조). 따라서 **제1심법원이 피고의 답변서 제출을 간과한 채 제257조 제1항에 따라 무변론판결을 선고함으로써 제1심판결 절차가 법률에 어긋난 경우 항소법원은 제417조에 의하여 제1심판결을 취소하여야 한다.** 다만 항소법원이 제1심판결을 취소하는 경우 반드시 사건을 제1심법원에 환송하여야 하는 것은 아니므로, 사건을 환송하지 않고 직접 다시 판결할 수 있다."고 한다(2020. 12. 10. 2020다255085).

3. 원고의 청구가 주장자체로 이유가 없는 경우

가. 문제점

소액사건의 경우에는 소장 등에 의하여 원고의 청구가 이유 없음이 명백한 경우에는 법원은 변론 없이 청구기각의 판결을 할 수 있다(소액사건심판법 제9조 제1항). 따라서 명문규정이 없음에도 원고의 주장 자체로 이유가 없다면 피고가 답변서를 제출하지 않은 경우에도 변론 없이 청구기각의 판결을 할 수 있는지 문제된다.

나. 학설의 대립

① 보정의 여지가 없으면 무변론으로 청구기각의 판결을 하여야 하고, 변론을 하여 보정의 여지가 있으면 기회를 주고 통상의 판결로 이유를 밝혀주는 것이 상당하다는 견해와, ② 무변론판결은 답변서를 제출하지 않은 피고에 대한 관계에서 소송촉진을 도모하는 데에 제도적 취지가 있으며, 변론주의에 대한 예외는 명문규정이 있어야 한다는 점에서 명문규정이 없는 한 무변론 청구기각판결은 원칙적으로 허용되지 않는다는 견해가 대립된다.

다. 판례의 태도

판례는 "**무변론판결은 원고의 청구를 인용할 경우에만 가능하고**, 원고의 청구가 이유 없음이 명백하더라도 변론 없이 하는 청구기각 판결은 인정되지 않는다."고 한다(2017. 4. 26. 2017다201033).

라. 검 토

원고의 청구가 주장 자체로 이유 없는 경우에 무변론판결로 청구를 기각하는 것은 무변론판결의 취지에 부합하지 아니하므로, 변론기일을 열어 보정의 기회를 주고 그것이 여의치 아니한 경우에 통상의 판결을 선고하는 것이 타당하다.

제07절 소송구조

제128조(구조의 요건) ① 법원은 소송비용을 지출할 자금능력이 부족한 사람의 신청에 따라 또는 직권으로 소송구조를 할 수 있다. 다만, 패소할 것이 분명한 경우에는 그러하지 아니하다.
② 제1항 단서에 해당하는 경우 같은 항 본문에 따른 소송구조 신청에 필요한 소송비용과 제133조에 따른 불복신청에 필요한 소송비용에 대하여도 소송구조를 하지 아니한다.
③ 제1항의 신청인은 구조의 사유를 소명하여야 한다.
④ 소송구조에 대한 재판은 소송기록을 보관하고 있는 법원이 한다.
⑤ 제1항에서 정한 소송구조요건의 구체적인 내용과 소송구조절차에 관하여 상세한 사항은 대법원규칙으로 정한다.

제129조(구조의 객관적 범위) ① 소송과 강제집행에 대한 소송구조의 범위는 다음 각호와 같다. 다만, 법원은 상당한 이유가 있는 때에는 다음 각호 가운데 일부에 대한 소송구조를 할 수 있다.
 1. 재판비용의 납입유예
 2. 변호사 및 집행관의 보수와 체당금(替當金)의 지급유예
 3. 소송비용의 담보면제
 4. 대법원규칙이 정하는 그 밖의 비용의 유예나 면제
② 제1항 제2호의 경우에는 변호사나 집행관이 보수를 받지 못하면 국고에서 상당한 금액을 지급한다.

제130조(구조효력의 주관적 범위) ① 소송구조는 이를 받은 사람에게만 효력이 미친다.
② 법원은 소송승계인에게 미루어 둔 비용의 납입을 명할 수 있다.

제131조(구조의 취소) 소송구조를 받은 사람이 소송비용을 납입할 자금능력이 있다는 것이 판명되거나, 자금능력이 있게 된 때에는 소송기록을 보관하고 있는 법원은 직권으로 또는 이해관계인의 신청에 따라 언제든지 구조를 취소하고, 납입을 미루어 둔 소송비용을 지급하도록 명할 수 있다.

제132조(납입유예비용의 추심) ① 소송구조를 받은 사람에게 납입을 미루어 둔 비용은 그 부담의 재판을 받은 상대방으로부터 직접 지급받을 수 있다.
② 제1항의 경우에 변호사 또는 집행관은 소송구조를 받은 사람의 집행권원으로 보수와 체당금에 관한 비용액의 확정결정신청과 강제집행을 할 수 있다.
③ 변호사 또는 집행관은 보수와 체당금에 대하여 당사자를 대위하여 제113조 또는 제114조의 결정신청을 할 수 있다.

제133조(불복신청) 이 절에 규정한 재판에 대하여는 즉시항고를 할 수 있다. 다만, 상대방은 제129조 제1항 제3호의 소송구조결정을 제외하고는 불복할 수 없다.

제08절 소제기의 효과

◆ 제1관 소송계속

I. 의 의

소송계속이란 **특정한 청구에 대하여 법원에 판결절차가 현실적으로 존재하는 상태**를 말한다. 소송상 청구, 즉 소송물에 대하여만 소송계속의 효과가 발생하며, 공격방어방법으로 주장한 권리관계에 대하여는 소송계속의 효과가 발생하지 않는다. 또한 판결절차가 아닌 강제집행절차, 가압류·가처분절차, 증거보전절차, 중재절차 등의 경우에는 소송계속이 발생하지 않는다. 한편 소송계속의 효과는 판결절차가 존재하면 발생하는 것이므로, **소송요건을 갖추지 못한 소가 제기된 경우에도 소송계속의 효과는 발생**한다.

II. 소송계속의 발생시기

소송계속은 원고·피고·법원 사이의 3면적 법률관계가 형성되는 시점인 **피고에게 소장부본이 송달된 때**에 발생한다. 판례도 "**소송계속의 발생 시기, 즉 소장이 피고에게 송달된 때**"라고 한다(1990. 4. 27. 88다카25274).

III. 소송계속의 소멸

소송계속의 효과는 소각하 결정의 확정(제144조 제4항), 판결의 확정, 이행권고결정 및 화해권고결정의 확정, 화해조서나 청구의 포기 또는 인낙조서의 작성, 조정조서의 작성, 소의 취하 또는 취하간주 등에 의하여 소멸한다.

IV. 소송계속 종료의 효과를 다투는 방법

소송계속 종료의 효과를 다투는 방법에는 기일지정신청이 있다(민사소송규칙 제67조). 기일지정신청이 있는 경우에 법원은 소송이 유효하게 종료되었는지 여부에 관하여 반드시 변론을 열어 심리하여야 하며, 심리의 결과 (ⅰ) 소송종료의 처리가 정당하지 않다고 인정되면 본안 심리를 속행하고 중간판결 또는 종국판결의 이유에서 판단을 표시하여야 하지만, (ⅱ) 소송종료의 처리가 정당하다고 인정되면 종국판결로서 소송이 종료되었음을 선언하여야 한다(민사소송규칙 제67조 제2항·제3항, 제68조).

◆ 제2관 중복된 소제기의 금지

I. 서 설

제259조(중복된 소제기의 금지) 법원에 계속되어 있는 사건에 대하여 당사자는 다시 소를 제기하지 못한다.

이미 법원에 계속된 동일한 사건에 대하여는 당사자는 다시 소를 제기하지 못한다는 원칙을 중복소송금지의 원칙이라 한다. 동일사건에 대해 이중소송을 허용하게 되면 소송경제에 반하고, 판결의 모순저촉이 발생할 우려가 크기 때문에 중복된 소제기는 금지된다.

Ⅱ. 요건

1. 당사자의 동일

당사자가 동일하면 원고와 피고가 전·후소에서 바뀌어도 동일사건이다. 당사자의 동일성 여부는 기판력이 미치는 범위를 고려하여 실질적으로 판단해야 한다. 따라서 전·후 양소의 당사자가 동일하지 아니하더라도 **후소의 당사자가 기판력의 확장으로 전소의 판결의 효력을 받게 될 경우**(제218조 제3항, 제80조 단서, 제82조 제3항)에는 동일사건으로 보아야 한다.

2. 소송물의 동일

청구취지는 동일하지만 청구원인의 실체법상 권리가 다른 경우, 구소송물이론에 의하면 동일사건이 아니므로 중복소송이 아니고, 신소송물이론에 의하면 공격방법 내지 법률적 관점만 달리하는 것에 불과하여 중복소송이 된다. 또한 소송계속은 소송물에 대하여 성립하는 것이므로, 공격방어방법을 이루는 선결적 법률관계나 항변으로 주장된 권리에는 소송계속이 생기지 아니한다. 따라서 이를 다시 후소의 소송물로 하여 제기된 경우에는 중복소송에 해당하지 않는다.

3. 전소계속 중 후소의 제기

판례는 "전·후소의 판별기준은 **소송계속의 발생시기, 즉 소장이 피고에게 송달된 때**의 선·후에 의할 것이며, 소제기에 앞서 가압류·가처분 등의 보전절차가 미리 경료되어 있더라도 이를 기준으로 가릴 것은 아니다."고 한다(1989. 4. 11. 87다카3155).

한편 전·후 양소가 동일 사건이면 양소의 심급·법원의 동일·소제기의 모습 등은 불문한다. 따라서 단일한 독립의 소이든 다른 청구와 병합되어 있든 다른 소송에서 청구의 변경·반소·중간확인의 소 또는 당사자 참가의 방법으로 제기되었든 상관없다. 판례도 "전소나 후소 중 어느 하나가 **승계참가 신청에 의하여 이루어진 경우**에도 마찬가지이다."고 하여 참가승계 신청에 의한 형태도 중복소송이 된다고 한다(2012. 7. 5. 2010다80503).

소송계속은 적법한 소제기를 전제로 하는 것이 아니므로, 전소가 소송요건을 흠결하여 부적법한 소인 경우에도 후소가 중복소송이 된다. 판례도 "**전소가 소송요건을 흠결하여 부적법할지라도 후소의 변론종결시까지 취하·각하 등에 의하여 소송계속이 소멸되지 아니하는 한 후소는 중복제소금지에 위배**하여 각하를 면치 못하게 된다."고 한다(1998. 2. 27. 97다45532).

판례는 "2006. 3. 3. 개정된 특허법 제154조 제8항은 심판에 관하여 민사소송법 제259조를 준용하고 있다. 이러한 관련 법령의 내용에 다음의 사정을 고려하면, 특허심판원에 계속 중인 심판(이하 '전심판'이라 한다)에 대하여 동일한 당사자가 동일한 심판을 다시 청구한 경우(이하 '후심판'이라 한다), **후심판의 심결 시를 기준으로 한 전심판의 심판계속 여부에 따라 후심판의 적법 여부를 판단하여야 한다. 민사소송에서 중복제소금지는 소송요건에 관한 것으로서 사실심 변론종결 시를 기준으로 판단하므로, 전소가 후소의 변론종결 시까지 취하·각하 등에 의하여 소송계속이 소멸되면 후소는 중복**

제소금지에 위반되지 않는다. 마찬가지로 특허심판에서 중복심판청구 금지는 심판청구의 적법요건으로, 심결 시를 기준으로 전심판의 심판계속이 소멸되면 후심판은 중복심판청구 금지에 위반되지 않는다고 보아야 한다."고 한다(2020. 4. 29. 2016후2317).

또한 "당사자와 소송물이 동일한 소송이 시간을 달리하여 제기된 경우 **전소가 후소의 변론종결 시까지 취하·각하 등에 의하여 소송계속이 소멸되지 않으면 후소는 중복제소금지에 위반하여 제기된 소송으로서 부적법**하다. 한편 확정된 승소판결에는 기판력이 있으므로 승소 확정판결을 받은 당사자가 전소의 상대방을 상대로 다시 승소 확정판결의 전소와 동일한 소를 제기하는 경우, 특별한 사정이 없는 한 후소는 권리보호의 이익이 없어 부적법하다."고 한다(2017. 11. 14. 2017다23066).[35]

Ⅲ. 채권자대위소송과 중복소송

1. 채권자대위소송이 전소인 경우

가. 학설의 대립

① 채무자가 채권자대위소송의 제기사실을 알고 있는지와 무관하게 채무자의 후소는 중복소송이 된다는 견해, ② 채무자가 대위소송의 계속 중임을 알았을 때에 한하여 기판력을 받는다는 판례의 입장과 일관성 있게 하려면 채무자에게 채권자대위소송의 계속 사실을 알려 그 소송에 참가의 기회를 제공하고 각하여부를 판단해야 함이 타당하다는 견해, ③ 채무자가 후소를 제기한 시점이, 채권자대위소송의 변론종결 전이면 채권자대위소송이 실체법상 채권자대위권의 행사요건이 흠결된 것이므로 채권자대위소송을 기각하여야 하고, 채권자대위소송의 변론종결 후이면 채무자의 후소는 별소로서 효력이 있다는 견해가 대립된다.

나. 판례의 태도

판례는 "채권자가 채무자를 대위하여 제3채무자를 상대로 제기한 채권자대위소송이 법원에 계속 중 채무자와 제3채무자 사이에 채권자대위소송과 소송물을 같이하는 내용의 소송이 제기된 경우, **양 소송은 동일소송이므로 후소는 중복제소금지원칙에 위배되어 제기된 부적법한 소송이다.**"고 한다(1992. 5. 22. 91다41187).

다. 검토

판결이 서로 모순·저촉될 가능성을 사전에 방지하려는 제도의 취지상, 채무자가 대위소송의 제기 여부를 아는 지와 무관하게 중복된 소제기로 보는 판례가 타당하다.

---

[35] 갑 보험회사가 을과 체결한 소액대출보증보험계약에 따라 보험금을 지급한 후 을을 상대로 구상금을 지급을 구하는 소를 제기하였고, 항소심에서 병 회사가 갑 회사로부터 채권을 양수하였다고 주장하며 승계참가신청을 하여 병 회사의 청구를 전부 인용하는 판결이 선고·확정되었는데, 병 회사가 위 판결이 선고되기 전 을을 상대로 갑 회사로부터 양수받은 채권의 지급을 구하는 소를 제기한 사안에서, 병 회사의 청구는 결과적으로 아직 미확정된 선행사건이 법원에 계속되어 있는 중임에도 다시 당사자와 소송물이 동일한 소를 제기한 셈이 되며, 원심 변론종결일에 선행사건이 아직 법원에 계속 중이었으므로 중복소송에 해당하고, 선행사건의 항소심판결이 확정되었으므로 권리보호의 이익도 없어 부적법하다고 한 사례.

2. 채권자대위소송이 후소인 경우

가. 학설의 대립

① 전소와 후소의 당사자가 판결의 효력이 미치는 관계이므로 실질적으로 동일하고 소송물이 동일하므로 후소가 중복소송이 된다는 견해, ② 채무자가 이미 자기의 권리를 행사하고 있으므로 채권자대위권 행사요건이 흠결되었으므로 후소의 청구를 기각하여야 한다는 견해가 대립된다.

나. 판례의 태도

판례는 "채권자가 채무자를 상대로 제기한 소송이 계속 중 제3자가 채권자를 대위하여 같은 채무자를 상대로 청구취지 및 원인을 같이하는 내용의 소송을 제기한 경우에는 양 소송은 동일소송이므로 후소는 중복제소금지규정에 저촉된다."고 한다(1981. 7. 7. 80다2751).

다만, 이 경우에 **중복제소금지 위배를 이유로 하지 않고 채권자대위소송의 요건 중 하나인 '대위할 채권에 대한 채무자의 권리불행사'라는 요건의 흠결을 이유로도 각하**할 수 있는데, 두 가지 사유 사이에 우열관계가 없으므로, 어느 사유를 들어 각하하더라도 무방하다. 판례도 "채권자대위권은 채무자가 제3채무자에 대한 권리를 행사하지 아니하는 경우에 한하여 채권자가 자기의 채권을 보전하기 위하여 행사할 수 있는 것이어서 **채권자가 대위권을 행사할 당시 이미 채무자가 권리를 재판상 행사하였을 때에는 설사 패소의 본안판결을 받았더라도 채권자는 채무자를 대위하여 채무자의 권리를 행사할 당사자적격이 없다.**"고 하여 당사자적격의 흠결을 이유로 각하한 경우도 있다(1992. 11. 10. 92다30016).

다. 검 토

전소와 후소는 실질적으로 동일한 소송이고, 이미 채무자가 소를 제기하여 자신의 권리를 행사하고 있는 것이므로, 후소를 중복소송으로 보면서 당사자적격의 흠결도 인정하는 판례가 타당하다.

3. 채권자대위소송의 경합

가. 학설의 대립

① 채권자들은 기판력을 받는 관계에 있으므로 당사자가 실질적으로 동일하고 소송물이 동일하므로 중복소송이 된다는 견해, ② 채무자가 채권자대위소송의 제기사실을 안 경우에만 채권자들이 기판력을 받으므로 이 경우에만 중복소송이 된다는 견해, ③ 채권자대위소송은 소송담당이 아니어서 각 채권자대위소송의 소송물이 서로 다르므로 중복소송이 아니라는 견해가 대립된다.

나. 판례의 태도

판례는 "채권자대위소송의 계속 중 다른 채권자가 같은 채무자를 대위하여 같은 제3채무자를 상대로 법원에 출소한 경우, **두 개 소송의 소송물이 같다면 후소는 중복제소금지의 원칙에 위배하여 제기된 부적법한 소송으로서 각하를 면할 수 없다.**"고 한다(1989. 4. 11. 87다카3155).

다. 검 토

판결이 서로 모순·저촉될 가능성을 사전에 방지하려는 제도의 취지상, 채무자가 대위소송의 제기 여부를 아는 지와 무관하게 중복된 소제기로 보는 판례가 타당하다.

Ⅳ. 채권자취소소송과 중복소송

1. 채권자취소소송이 경합된 경우

판례는 "채권자취소권의 요건을 갖춘 각 채권자는 고유의 권리로서 채무자의 재산처분 행위를 취소하고 원상회복을 구할 수 있는 것이므로, 여러 명의 채권자가 동시에 또는 시기를 달리하여 사해행위취소 및 원상회복청구의 소를 제기한 경우 중복제소에 해당하지 아니할 뿐만 아니라, 어느 한 채권자가 사해행위취소 및 원상회복청구를 하여 승소판결을 받아 확정되었다는 것만으로는 그 후에 제기된 다른 채권자의 동일한 청구가 권리보호의 이익이 없게 되는 것은 아니고, 그에 기하여 재산이나 가액의 회복을 마친 경우에 다른 채권자의 사해행위취소 및 원상회복청구는 그와 중첩되는 범위 내에서 권리보호의 이익이 없게 된다."고 한다(2005. 11. 25. 2005다51457).

2. 피보전채권을 달리한 채권자취소소송의 경합된 경우

판례는 "채권자가 사해행위취소 및 원상회복청구를 하면서 보전하고자 하는 채권을 추가하거나 교환하는 것은 공격방법에 관한 주장을 변경하는 것일 뿐이지 소송물 또는 청구 자체를 변경하는 것이 아니므로, **채권자가 보전하고자 하는 채권을 달리하여 동일한 법률행위의 취소 및 원상회복을 구하는 채권자취소의 소를 이중으로 제기하는 경우 전소와 후소는 소송물이 동일하다.**"고 한다(2012. 7. 5. 2010다80503). 따라서 채권자가 피보전채권을 달리하여 채권자취소소송을 이중으로 제기하는 경우에는 중복소송이 된다.

Ⅴ. 상계항변과 중복소송

1. 문제점

소송계속은 소송물에 관해서만 발생하고 공격방어방법을 이루는 선결적 법률관계나 항변으로 주장된 권리에 대하여는 소송계속이 발생하지 않는다. 즉 동시이행항변 또는 유치권항변으로 제출한 채권을 별소로 청구하여도 중복소송이 아니다.

그러나 상계항변으로 주장한 자동채권을 별소로 청구하거나, 별소로 구하고 있는 채권을 자동채권으로 하여 상계항변을 하는 것이 중복소송에 해당하는지 문제된다. 상계항변의 경우에는 상계하자고 대항한 액수에 관하여 기판력을 가지므로(제216조 제2항), 재판의 모순·저촉의 방지라는 중복소송금지의 취지와 관련되기 때문이다.

2. 학설의 대립

① 상계항변은 방어방법에 불과하여 자동채권에 대하여 소송계속의 효과가 발생하지 않으므로 중복소송을 부정하는 견해, ② 상계에 제공된 채권의 존재에 대한 판단에는 기판력이 발생하여 판결의 모순·저촉이 발생할 수 있어서 중복소송을 긍정하는 견해, ③ 상계항변의 예비적 항변의 성격상 원칙적으로 중복소송이 아니지만 소송이 사실심에 계속 중일 때에는 상계항변 제출 후에는 반소제기를 요구하여야 하며, 별소를 제기하였다면 이부·이송·변론병합을 시도하여 별소가 반소로서 병합되도록 하여야 한다는 견해, ④ 별소제기는 중복소송은 아니지만 양 소의 병합심리가 불가능할 경우에는 상계항변이 조건부로 예비적이면 후소는 적법하고 무조건적이면 후소는 중복소송이 된다는 견해가 대립된다.

3. 판례의 태도 : 중복소송부정설

판례는 "상계항변을 제출할 당시 이미 자동채권과 동일한 채권에 기한 소송을 별도로 제기하여 계속 중인 경우, 사실심 담당재판부로서는 전소와 후소를 같은 기회에 심리·판단하기 위하여 이부·이송 또는 변론 병합 등을 시도함으로써 기판력의 저촉·모순을 방지함과 아울러 소송경제를 도모함이 바람직하였다고 할 것이나, 그렇다고 하여 **특별한 사정이 없는 한 별소로 계속 중인 채권을 자동채권으로 하는 소송상 상계의 주장이 허용되지 않는다고 볼 수는 없다.**"고 하여 중복소송부정설의 입장이다(2001. 4. 27. 2000다4050). 또한 "마찬가지로 **먼저 제기된 소송에서 상계항변을 제출한 다음 소송계속 중에 자동채권과 동일한 채권에 기한 소송을 별소나 반소로 제기하는 것도 가능하다.**"고 한다(2022. 2. 17. 2021다275741).

4. 검토

상계항변은 소송상 청구가 아니라 소송상 예비적 항변에 불과하므로 상계항변이 채택될 것인지 여부가 불확실하다. 따라서 상계항변에 사용한 채권에 대하여도 집행권원을 얻기 위한 소 또는 반소의 제기를 허용하여야 할 것이므로 판례가 타당하다.

Ⅵ. 일부청구와 중복소송

1. 문제점

일부청구의 소송계속 중에 별소로 잔부청구를 하는 경우에 후소가 중복소송에 해당하는지가 문제된다.

2. 학설의 대립

① 일부청구 계속 중 잔부청구를 하는 것은 동일 소송절차에서 청구취지의 변경으로 가능하므로 일부청구의 명시여부를 불문하고 잔부청구를 하면 중복소송이 된다는 견해, ② 묵시적 일부청구의 소송계속 중에 잔부를 청구한 경우에는 중복소송이나, 명시적 일부청구의 소송계속 중에 잔부를 청구한 경우에는 중복소송이 아니라는 견해(명시설), ③ 잔부청구는 중복소송이 아니지만 잔부청구를 청구취지 확장으로 할 수 있는 경우인데 별소로 제기하는 것은 남소이므로 이부·이송·변론병합 등으로 절차의 단일화를 시도하여 보고 그것이 안 될 때 각하하여 한다는 견해가 대립된다.

3. 판례의 태도 : 명시설

판례는 "전 소송에서 불법행위를 원인으로 치료비청구를 하면서 일부만을 특정하여 청구하고 그 이외의 부분은 별도소송으로 청구하겠다는 취지를 명시적으로 유보한 때에는 전소송의 소송물은 청구한 일부의 치료비에 한정되고 전 소송에서 한 판결의 기판력은 유보한 나머지 부분의 치료비에까지는 미치지 아니한다 할 것이므로, **전 소송의 계속 중에 동일한 불법행위를 원인으로 유보한 나머지 치료비 청구를 별도소송으로 제기하더라도 중복제소에 해당하지 아니한다.**"고 한다(1985. 4. 9. 84다552).

4. 검 토

일부청구에 있어서 당사자가 일부청구임을 명시한 것은 명시한 일부청구에 한하여 권리를 행사할 의사를 명백히 한 것으로 볼 수 있으므로 명시설이 타당하다. 따라서 묵시적 일부청구의 소송계속 중에 잔부청구는 중복소송이나, 명시적 일부청구의 소송계속 중 잔부청구는 중복소송이 아니다.

Ⅶ. 추심금청구와 중복소송

채무자의 전소계속 중에 추심채권자가 후소로 추심금청구의 소를 제기한 경우에 판례의 다수의견은 중복소송이 아니라고 보고, 소수의견은 중복소송이라고 본다(2013. 12. 18. 2013다202120).

(i) 다수의견은 "㈎ 채무자가 제3채무자를 상대로 제기한 이행의 소가 법원에 계속되어 있는 상태에서 압류채권자가 제3채무자를 상대로 제기한 추심의 소의 본안에 관하여 심리·판단한다고 하여, **제3채무자에게 불합리하게 과도한 이중 응소의 부담을 지우고 본안 심리가 중복되어 당사자와 법원의 소송경제에 반한다거나 판결의 모순·저촉의 위험이 크다고 볼 수 없다.** ㈏ 압류채권자는 채무자가 제3채무자를 상대로 제기한 이행의 소에 제81조, 제79조에 따라 참가할 수도 있으나, 채무자의 이행의 소가 상고심에 계속 중인 경우에는 승계인의 소송참가가 허용되지 아니하므로 **압류채권자의 소송참가가 언제나 가능하지는 않으며, 압류채권자가 채무자가 제기한 이행의 소에 참가할 의무가 있는 것도 아니다.** ㈐ 채무자가 제3채무자를 상대로 제기한 이행의 소가 법원에 계속되어 있는 경우에도 압류채권자는 제3채무자를 상대로 압류된 채권의 이행을 청구하는 추심의 소를 제기할 수 있고, **제3채무자를 상대로 압류채권자가 제기한 추심의 소는 채무자가 제기한 이행의 소에 대한 관계에서 중복된 소제기에 해당하지 않는다고 봄이 타당하다.**"고 한다.

(ii) 소수의견은 "㈎ 중복된 소제기의 금지는 소송의 계속으로 인하여 당연히 발생하는 소제기의 효과이다. 그러므로 설령 **이미 법원에 계속되어 있는 소(전소)가 소송요건을 갖추지 못한 부적법한 소라고 하더라도 취하·각하 등에 의하여 소송 계속이 소멸하지 않는 한 소송 계속 중에 다시 제기된 소(후소)는 중복된 소제기의 금지에 저촉되는 부적법한 소로서 각하를 면할 수 없다.** ㈏ 채무자가 제3채무자를 상대로 먼저 제기한 이행의 소와 압류채권자가 제3채무자를 상대로 나중에 제기한 추심의 소는 **당사자는 다를지라도 실질적으로 동일한 사건으로서 후소는 중복된 소에 해당한다.** ㈐ 압류채권자에게는 채무자가 제3채무자를 상대로 제기한 이행의 소에 제81조, 제79조에 따라 참가할 수 있는 길이 열려 있으므로, 굳이 중복된 소제기의 금지 원칙을 깨뜨리면서까지 압류채권자에게 채무자가 제기한 이행의 소와 별도로 추심의 소를 제기하는 것을 허용할 것은 아니다. 다만 다수의견이 지적하듯이 채무자가 제3채무자를 상대로 제기한 이행의 소가 상고심에 계속 중 채권에 대한 압류 및 추심명령을 받은 경우에는 압류채권자가 상고심에서 승계인으로서 소송참가를 하는 것이 불가능하나, **상고심은 압류 및 추심명령으로 인하여 채무자가 당사자적격을 상실한 사정을 직권으로 조사하여 압류 및 추심명령이 내려진 부분의 소를 파기하여야 하므로, 압류채권자는 파기환송심에서 승계인으로서 소송참가를 하면 된다.**"고 한다.

Ⅷ. 선결적 법률관계와 중복소송

1. 문제점

소유권확인청구와 소유권에 기한 인도청구의 경우와 같이 선결문제인 경우, 즉 전소의 소송물이 후소의 선결적 법률관계에 있는 경우 또는 그 반대의 경우에도 중복된 소제기에 해당하는지가 문제된다.

2. 학설의 대립

① 전소의 소유권확인 판결은 후소의 선결문제로서 기판력이 작용하지만, 후소의 인도청구는 전소의 소송물과 상이하여 인도청구권 자체에는 기판력이 미치지 아니하므로 중복소송으로 볼 수 없다는 소극설, ② 소송물이 같은 경우뿐만 아니라 이보다 넓게 양 소의 사실관계 또는 소송자료가 동일·공통인 경우에도 중복된 소제기 금지의 원칙을 확대하여야 하므로, 이 경우는 청구취지의 확장이나 반소로써 해결하여야 한다는 적극설이 대립된다.

3. 판례의 태도 : 소극설

판례는 "<u>소유권을 원인으로 하는 이행의 소가 계속 중인 경우에도 소유권 유무 자체에 관하여 당사자 사이에 분쟁이 있어 즉시확정의 이익이 있는 경우에는 소유권확인의 소를 아울러 제기할 수 있다.</u>"고 하여 소극설의 입장이다(1967. 1. 31. 65다2371).

4. 검 토

선결적 법률관계에 대하여는 판결이유에서 판단될 뿐이고 기판력이 미치지 아니하므로, 선결적 법률관계에 관하여 별소를 제기하더라도 동일사건이 아니고 중복소송에 저촉되지 않는다는 판례가 타당하다.

Ⅸ. 원고의 이행청구와 피고의 소극적 확인청구

1. 문제점

원고가 채무이행청구소송을 제기하고, 피고가 채무부존재확인소송을 제기한 경우에 피고가 제기한 채무부존재확인소송이 적법한 것인지가 문제된다.

2. 학설의 대립

① 피고의 후소는 원고의 청구에 대하여 기각판결을 구하는 것 이상의 의미가 없으므로 동일사건에 준하여 중복소송에 해당한다는 견해와, ② 청구취지가 다르므로 중복소송에 해당하지 않는다는 견해가 대립된다.

3. 판례의 태도

판례는 "채권자가 채무인수자를 상대로 제기한 채무이행청구소송(전소)과 채무인수자가 채권자를 상대로 제기한 원래 채무자의 채권자에 대한 채무부존재확인소송(후소)은 청구취지와 청구원인이 다르므로 중복제소에 해당하지 않는다. 다만 **채무인수자를 상대로 한 채무이행청구소송이 계속 중 채무인수자가 별소로 채무의 부존재 확인을 구하는 것은 소의 이익이 없다.**"고 한다(2001. 7. 24. 2001다22246).

4. 검 토

양 소는 청구취지가 달라서 중복소송은 아니다. 또한 후소의 주장은 원고가 제기한 소에서 항변 등으로 주장할 수 있는 것이다. 따라서 판례가 타당하다.

X. 효 과

1. 소극적 소송요건

중복된 소제기의 금지는 소극적 소송요건이고 직권조사사항이기 때문에, 후소가 중복소송에 해당되면 소각하 판결을 한다. 판례도 "**소가 중복제소에 해당하지 아니한다는 것은 소극적 소송요건으로서 법원의 직권조사사항**이므로 이에 관한 당사자의 주장은 직권발동을 촉구하는 의미 밖에 없어 위 주장에 대하여 판단하지 아니하더라도 판단누락의 상고이유로 삼을 수 없다."고 한다(1990. 4. 27. 88다카25274).

2. 중복소송을 간과한 판결의 효력

가. 간과한 판결에 대한 불복방법

중복소송임을 간과한 판결은 위법하므로 판결의 확정 전에는 상소를 할 수 있다. 그러나 판결의 확정 후에는 중복소송이 재심사유가 아니기 때문에 재심의 소를 제기할 수 없다. 따라서 중복소송임을 간과한 판결은 당연 무효가 되는 것이 아니다. 판례도 "**중복제소금지의 원칙에 위배되어 제기된 소에 대한 판결이나 그 소송절차에서 이루어진 화해라도 확정된 경우에는 당연 무효라고 할 수는 없다.**"고 한다(1995. 12. 5. 94다59028).

나. 양 소가 모두 확정된 경우의 효력

전소와 후소의 판결이 모두 확정되어 양소가 서로 모순·저촉되는 경우에는 어느 것이 먼저 계속되었는지 불문하고 먼저 확정된 판결이 효력이 있고 **뒤에 확정된 판결이 재심의 소에 의하여 취소된다**(제451조 제1항 제10호).

판례도 "기판력 있는 전소판결과 저촉되는 후소판결이 확정된 경우에도 전소판결의 기판력이 실효되는 것이 아니고 **재심의 소에 의하여 후소판결이 취소될 때까지 전소판결과 후소판결은 저촉되는 상태 그대로 기판력**을 갖고 또한 후소판결의 기판력이 전소판결의 기판력을 복멸시킬 수 있는 것도 아니어서, **기판력 있는 전소판결의 변론종결 후에 이와 저촉되는 후소판결이 확정되었다는 사정은 변론종결 후에 발생한 새로운 사유에 해당되지 않으므로, 그와 같은 사유를 들어 전소판결의 기판력이 미치는 자 사이에서 전소판결의 기판력이 미치지 않게 되었다고 할 수 없다.**"고 한다(1997. 1. 24. 96다32706).

XI. 국제적 중복제소

1. 문제점

동일사건에 대하여 외국법원에 소가 제기되어 소송계속 중임에도 국내법원에 다시 제소하는 경우 중복소송에 해당하는지가 문제된다.

2. 학설의 대립

① 제259조 부적용설(규제소극설)은 외국법원의 소송계속은 제259조의 '법원'에 속하지 않으므로 국내법원에 소를 제기하여도 중복소송이 아니라는 견해이다. ② 제259조 적용설은 국제적 사건과 국내사건을 동일하게 취급하여 제259조의 '법원'에는 외국법원도 포함되므로 중복소송금지의 원칙이 적용된다는 견해이다. ③ 비교형량설은 사안별로 어느 나라의 법원이 적당한 법정지인지를 비교 형량하여 결정할 것이므로, 만일 외국법원이 보다 적절한 법정지인데도 국내법원에 제소하면 중복소송에 해당한다는 견해이다. ④ 승인예측설은 국제적으로 모순되는 판결에 의하여 당사자가 입을 피해의 방지와 사법충돌의 회피를 이유로 하여 우리나라에서 외국법원의 판결이 제217조에 의하여 승인받을 가능성이 예측되는 경우에는 중복소송에 해당한다는 견해이다.

3. 검 토

소송의 진행 중에 승인가능성을 완전히 예측하기는 곤란하다는 문제점이 있지만, 기판력의 모순·저촉을 방지한다는 중복된 소제기의 금지의 취지를 외국판결의 승인과 관련하여 적용시키는 '승인예측설'이 타당하다. 다만, '승인예측설'을 따른다고 하더라도 외국판결의 승인예측이 어려운 경우에는 기일의 추후지정으로 국내사건을 중지시킬 것이고, 다만 외국법원에 계속 중인 사건이 지연될 경우에는 외국법원의 소송계속을 무시함으로써 합리적인 소송 진행을 모색하여야 한다.

◆ 제3관 소제기의 실체법상의 효과

> 제265조(소제기에 따른 시효중단의 시기) 시효의 중단 또는 법률상 기간을 지킴에 필요한 재판상 청구는 소를 제기한 때 또는 제260조 제2항·제262조 제2항 또는 제264조 제2항의 규정에 따라 서면을 법원에 제출한 때에 그 효력이 생긴다.

I. 소멸시효와 취득시효의 중단

1. 일반론

재판상 청구에 의하여 소멸시효와 취득시효는 중단된다(민법 제168조 제1호, 제247조 제2항). 판례는 "소유권의 시효취득에 준용되는 시효중단 사유인 민법 제168조·제170조에 규정된 재판상 청구라 함은, 시효취득의 대상인 **목적물의 인도 내지는 소유권존부 확인이나 소유권에 관한 등기청구소송**은 말할 것도 없고, 소유권 침해의 경우에 **소유권을 기초로 하는 방해배제 및 손해배상 혹은 부당이득반환청구소송**도 포함된다."고 한다(1995. 10. 13. 95다33047).

그러나 "형사소송은 피고인에 대한 국가형벌권의 행사를 목적으로 하므로, 피해자가 형사소송에서 소송촉진 등에 관한 특례법에서 정한 배상명령을 신청한 경우를 제외하고는 **피해자가 가해자를 상대로 고소하거나 고소에 기하여 형사재판이 개시되어도 이를 소멸시효의 중단사유인 재판상 청구로 볼 수는 없다.**"고 한다(1999. 3. 12. 98다18124).

또한 "재판상 청구는 소송의 각하·기각·취하의 경우에는 시효중단의 효력이 없고, 다만 각하 또는 취하되었다가 6월 내에 다시 재판상 청구를 하면 시효는 중단되나, 기각판결이 확정된 경우에는 청구권의 부존재가 확정됨으로써 중단의 효력이 생길 수 없으므로, **청구기각판결의 확정 후 재심을 청구하였더라도 시효의 진행이 중단된다고 할 수 없다.**"고 한다(1992. 4. 24. 92다6983).

2. 지급명령의 신청

금전 기타 대체물이나 유가증권의 일정한 수량의 지급을 목적으로 하는 청구에 대하여 법원은 채권자의 신청에 의하여 지급명령을 할 수 있고, 채권자가 지급명령 신청서를 법원에 제출하였을 때 시효중단의 효력이 생긴다(민법 제172조). 한편 지급명령에 대하여 채무자가 이의신청을 하면 지급명령을 신청한 때 소를 제기한 것으로 보므로(제472조 제2항), 시효중단의 효력이 유지된다.

판례는 "지급명령이란 금전 그 밖에 대체물이나 유가증권의 일정한 수량의 지급을 목적으로 하는 청구에 대하여 법원이 보통의 소송절차에 의함이 없이 채권자의 신청에 의하여 간이·신속하게 발하는 이행에 관한 명령으로 지급명령에 관한 절차는 종국판결을 받기 위한 소의 제기는 아니지만, 채권자로 하여금 간이·신속하게 집행권원을 취득하도록 하기 위하여 이행의 소를 대신하여 법이 마련한 특별소송절차로 볼 수 있다. 재판상 청구에 시효중단의 효력을 인정하는 근거는 권리자가 재판상 그 권리를 주장하여 권리 위에 잠자는 것이 아님을 표명하고 이로써 시효제도의 기초인 영속되는 사실상태와 상용할 수 없는 다른 사정이 발생하였다는 점에 기인하는 것인데, 그와 같은 점에서 보면 **지급명령 신청은 권리자가 권리의 존재를 주장하면서 재판상 그 실현을 요구하는 것이므로 본질적으로 소의 제기와 다르지 않다.** 따라서 **민법 제170조 제1항에 규정하고 있는 '재판상의 청구'란 종국판결을 받기 위한 '소의 제기'에 한정되지 않고, 권리자가 이행의 소를 대신하여 재판기관의 공권적인 법률판단을 구하는 지급명령 신청도 포함된다.** 그리고 민법 제170조의 재판상 청구에 지급명령 신청이 포함되는 것으로 보는 이상 특별한 사정이 없는 한, 지급명령 신청이 각하된 경우라도 6개월 이내 다시 소를 제기한 경우라면 민법 제170조 제2항에 의하여 시효는 당초 지급명령 신청이 있었던 때에 중단되었다고 보아야 한다."고 한다(2011. 11. 10. 2011다54686).

또한 "민사소송법 제472조 제2항은 "채무자가 지급명령에 대하여 적법한 이의신청을 한 경우에는 지급명령을 신청한 때에 이의신청된 청구목적의 값에 관하여 소가 제기된 것으로 본다."라고 규정하고 있는바, 지급명령 사건이 채무자의 이의신청으로 소송으로 이행되는 경우에 지급명령에 의한 시효중단의 효과는 소송으로 이행된 때가 아니라 **지급명령을 신청한 때에 발생**한다."고 한다(2015. 2. 12. 2014다228440).

3. 사망자에 대한 소제기와 시효의 중단

판례는 "민법 제170조 제1항은 재판상 청구가 민법 제168조에 의하여 시효중단사유가 됨을 전제로 "재판상의 청구는 소송의 각하, 기각 또는 취하의 경우에는 시효중단의 효력이 없다."고 규정하고, 같은 조 제2항은 "전항의 경우에 6월내에 재판상의 청구, 파산절차참가, 압류 또는 가압류, 가처분을 한 때에는 시효는 최초의 재판상 청구로 인하여 중단된 것으로 본다."고 규정함으로써 최초의 재판상 청구에 소송요건의 결여 등의 흠이 있는 경우 일정기간 내에 새로운 재판상 청구 등이 이루어지면 최초의 제소 시로 시효중단의 소급을 인정하고 있다. 그런데 **이미 사망한 자를 피고로 하여 제기된 소는 부적법하여 이를 간과한 채 본안 판단에 나아간 판결은 당연무효로서 그 효력이 상속인에게 미치지 않고, 채권자의 이러한 제소는 권리자의 의무자에 대한 권리행사에 해당하지 않으므로, 상속인을 피고로 하는 당사자표시정정이 이루어진 경우와 같은 특별한 사정이 없는 한, 거기에는 애초부터 시효중단 효력이 없어 민법 제170조 제2항이 적용되지 않는다고 봄이 타당하고, 법원이 이를 간과하여 본안에 나아가 판결을 내린 경우에도 마찬가지라고 보아야 한다.**"고 한다(2014. 2. 27. 2013다94312).

4. 보조참가와 시효의 중단

판례는 "**甲이 자신의 차량을 운전하던 중 乙 주식회사 소유의 차량을 충돌하여 상해를 입었는데, 甲 차량의 보험자인 丙 주식회사가 甲에게 보험금을 지급한 후 乙 회사를 상대로 구상금청구의 소를 제기하였고 甲이 丙 회사 측 보조참가인으로 참가하여 乙 회사의 과실 존부 등에 관하여 적극적으로 다툰 사안**에서, 甲의 손해배상청구권의 소멸시효는 보조참가로 중단되었다."고 한다(2014. 4. 24. 2012다105314).[36]

5. 일부청구와 시효의 중단

가. 학설의 대립

일부청구의 경우에 시효중단의 효력이 미치는 범위에 관하여, ① 명시 여부를 불문하고 청구한 일부에 대하여 시효중단의 효력이 미친다는 견해(일부중단설), ② 명시 여부를 불문하고 전부에 대하여 미친다는 견해(전부중단설), ③ 일부청구임을 명시한 경우에는 그 한도 내에서, 명시하지 아니한 경우에는 채권의 동일성의 범위에서 전부에 대하여 미친다는 견해(명시설)가 대립된다.

나. 판례의 태도 : 명시설

(ⅰ) 판례는 "소멸시효제도는 권리자가 권리를 행사할 수 있는데도 일정한 기간 동안 권리를 행사하지 않는 상태, 즉 권리불행사의 상태가 계속되는 경우 권리를 소멸시키는 제도인 만큼, **청구권을 가진 권리자가 특정이 가능한 일부에 관하여만 청구를 하고 나머지 부분에 관하여는 청구를 하지 않은 경우 나머지 부분에 대하여는 시효중단의 효력이 발생하지 않는다.**"고 한다(2012. 11. 15. 2010두15469).

(ⅱ) 다만 "**청구 대상으로 삼은 채권 중 일부만을 청구한 경우에도 취지로 보아 채권 전부에 관하여 판결을 구하는 것으로 해석되는 경우에는 동일성의 범위 내에서 전부에 관하여 시효중단의 효력이 발생하고**, 이러한 법리는 불법행위로 인한 손해배상채권에 대한 지연손해금청구의 경우에도 마찬가지로 적용된다."고 하고(2001. 9. 28. 99다72521), "원고의 청구가 **장차 신체감정결과에 따라 청구금액을 확장할 것을 전제로 우선 재산상 및 정신상 손해금 중 일부를 청구한다**는 뜻이라면 채권의 일부에 대해서만 판결을 구하는 취지의 일부청구는 아님이 분명하여 소제기로 인한 시효중단의 효력은 소장

---

36) [판례평석] 소의 실질을 갖는 공동소송참가나 독립당사자참가의 경우는 당연히 시효중단의 효과를 인정하여야 할 것이지만 공동소송적 보조참가나 보조참가의 경우는 견해의 대립이 있을 수 있다. 그러나 양자의 경우 모두 권리자가 재판상 권리를 주장하여 권리 위에 잠자는 것이 아님을 표명한 것이므로 시효중단 사유에 해당한다고 봄이 타당하다(한충수, 제3판, 265면).

에서 주장한 손해배상채권의 동일성의 범위 내에서 채권 전부에 대하여 미친다."고 하고(1992. 12. 8. 92다29924), "한 개의 채권 중 일부에 관하여만 판결을 구한다는 취지를 명백히 하여 소송을 제기한 경우에는 소제기에 의한 소멸시효 중단의 효력이 일부에 관하여만 발생하고, 나머지 부분에는 발생하지 아니하지만, **비록 그중 일부만을 청구한 경우에도 취지로 보아 채권 전부에 관하여 판결을 구하는 것으로 해석된다면 청구액을 소송물인 채권의 전부로 보아야 하고, 이러한 경우에는 채권의 동일성의 범위 내에서 전부에 관하여 시효중단의 효력이 발생한다고 해석함이 상당하다.** 신체의 훼손으로 인한 손해배상을 청구하는 사건에서는 손해액을 확정하기 위하여 법원의 신체감정을 필요로 하기 때문에, 앞으로 그러한 절차를 거친 후 결과에 따라 청구금액을 확장하겠다는 뜻을 소장에 객관적으로 명백히 표시한 경우에는, 소제기에 따른 시효중단의 효력은 소장에 기재된 일부 청구액뿐만 아니라 손해배상청구권 전부에 대하여 미친다."고 한다(1992. 4. 10. 91다43695).

(iii) 한편 "[1] 하나의 채권 중 일부에 관하여만 판결을 구한다는 취지를 명백히 하여 소송을 제기한 경우에는 소제기에 의한 소멸시효중단의 효력이 일부에 관하여만 발생하고, 나머지 부분에는 발생하지 아니하나, **소장에서 청구의 대상으로 삼은 채권 중 일부만을 청구하면서 소송의 진행경과에 따라 장차 청구금액을 확장할 뜻을 표시하고 당해 소송이 종료될 때까지 실제로 청구금액을 확장한 경우**에는 소제기 당시부터 채권 전부에 관하여 판결을 구한 것으로 해석되므로, 이러한 경우에는 소제기 당시부터 채권 전부에 관하여 재판상 청구로 인한 시효중단의 효력이 발생한다. [2] **소장에서 청구의 대상으로 삼은 채권 중 일부만을 청구하면서 소송의 진행경과에 따라 장차 청구금액을 확장할 뜻을 표시하였으나 당해 소송이 종료될 때까지 실제로 청구금액을 확장하지 않은 경우**에는 소송의 경과에 비추어 볼 때 채권 전부에 관하여 판결을 구한 것으로 볼 수 없으므로, 나머지 부분에 대하여는 재판상 청구로 인한 시효중단의 효력이 발생하지 아니한다. 그러나 이와 같은 경우에도 소를 제기하면서 장차 청구금액을 확장할 뜻을 표시한 채권자로서는 장래에 나머지 부분을 청구할 의사를 가지고 있는 것이 일반적이므로, 특별한 사정이 없는 한 **당해 소송이 계속 중인 동안에는 나머지 부분에 대하여 권리를 행사하겠다는 의사가 표명되어 최고에 의해 권리를 행사하고 있는 상태가 지속되고 있는 것**으로 보아야 하고, 채권자는 당해 소송이 종료된 때부터 6월 내에 민법 제174조에서 정한 조치를 취함으로써 나머지 부분에 대한 소멸시효를 중단시킬 수 있다."고 한다(2020. 2. 6. 2019다223723).

다만 "소장에서 청구의 대상으로 삼은 채권 중 일부만을 청구하면서 소송의 진행경과에 따라 장차 청구금액을 확장할 뜻을 표시하였더라도 그 후 **채권의 특정 부분을 청구범위에서 명시적으로 제외하였다면**, 그 부분에 대하여는 애초부터 소의 제기가 없었던 것과 마찬가지이므로 재판상 청구로 인한 시효중단의 효력이 발생하지 않는다."고 한다(2021. 6. 10. 2018다44114).

다. 검토

일부청구에 있어서 당사자가 일부청구임을 명시한 것은 그 명시한 일부청구에 한하여 권리를 행사할 의사를 명백히 한 것으로 볼 수 있으므로 명시설이 타당하다.

6. 채권자대위소송과 양수금청구소송

판례는 "원고가 채권자대위권에 기해 청구를 하다가 피대위채권을 양수하여 양수금청구로 소를 변경한 사안에서, 이는 **청구원인의 교환적 변경**으로서 채권자대위권에 기한 구 청구는 취하된 것으로 보아야 하나, 채권자대위소송의 소송물은 채무자의 제3채무자에 대한 계약금반환청구권인데 양수금청구는 원고가 계약금반환청구권 자체를 양수하였다는 것이어서 **양 청구는 동일한 소송물에 관한 권리·의무의 특정승계가 있을 뿐 소송물은 동일한 점, 시효중단의 효력은 특정승계인에게도 미치는 점, 계속 중인 소송에 소송목적인 권리·의무의 전부·일부를 승계한 특정승계인이 소송참가하거나 소송인수한 경우에는 소송이 법원에 처음 계속된 때에 소급하여 시효중단의 효력이 생기는 점**, 원고는 계약금반환채권을 채권자대위권에 기해 행사하다 이를 양수받아 직접 행사한 것이어서 계약금반환채권과 관련하여 원고를 '권리 위에 잠자는 자'로 볼 수 없는 점 등에 비추어, 채권자대위소송으로 인한 시효중단의 효력이 소멸하지 않는다."고 한다(2010. 6. 24. 2010다17284).

7. 추심금청구소송

판례는 "[1] 채무자의 제3채무자에 대한 금전채권에 대하여 압류 및 추심명령이 있더라도, 이는 추심채권자에게 피압류채권을 추심할 권능만을 부여하는 것이고, 채무자가 제3채무자에게 가지는 채권이 추심채권자에게 이전되거나 귀속되는 것은 아니다. 따라서 **채무자가 제3채무자를 상대로 금전채권의 이행을 구하는 소를 제기한 후 채권자가 금전채권에 대하여 압류 및 추심명령을 받아 제3채무자를 상대로 추심의 소를 제기한 경우, 채무자가 권리주체의 지위에서 한 시효중단의 효력은 집행법원의 수권에 따라 피압류채권에 대한 추심권능을 부여받아 일종의 추심기관으로서 채권을 추심하는 추심채권자에게도 미친다.** [2] 재판상 청구는 소송의 각하, 기각 또는 취하의 경우에는 시효중단의 효력이 없지만, 6개월 내에 재판상의 청구, 파산절차참가, 압류 또는 가압류, 가처분을 한 때에는 시효는 최초의 재판상 청구로 인하여 중단된 것으로 본다(민법 제170조). 그러므로 **채무자가 제3채무자를 상대로 제기한 금전채권의 이행소송이 압류 및 추심명령으로 인한 당사자적격의 상실로 각하되더라도, 이행소송의 계속 중에 피압류채권에 대하여 채무자에 갈음하여 당사자적격을 취득한 추심채권자가 각하판결이 확정된 날로부터 6개월 내에 제3채무자를 상대로 추심의 소를 제기하였다면, 채무자가 제기한 재판상 청구로 인하여 발생한 시효중단의 효력은 추심채권자의 추심소송에서도 유지된다.**"고 한다(2019. 7. 25. 2019다212945).

8. 응소행위

가. 중단의 요건

판례는 "민법 제247조 제2항에 의하여 취득시효에 준용되는 같은 법 제168조 제1호, 제170조 제1항에서 시효중단사유의 하나로 규정하고 있는 재판상의 청구라 함은, 통상적으로는 권리자가 원고로서 시효를 주장하는 자를 피고로 하여 소송물인 권리를 소의 형식으로 주장하는 경우를 가리키지만, **시효의 이익을 받는 자가 원고가 되어 소를 제기한 데 대하여 피고로서 응소하여 소송에서 적극적으로 권리를 주장하고 그것이 받아들여진 경우도 포함되는 것으로 해석함이 타당하고, 나아가 응소행위를 한 피고에 대하여 패소판결이 확정되었더라도 판결에 재심사유가 있음을 이유로 재심청구를 하여 권리를 주장하고 그것이 받아들여진 경우도 취득시효의 중단사유가 되는 재판상의 청구**에 준하는 것으로 보아야 한다."고 한다(1997. 11. 11. 96다28196).

나. 응소행위로 인한 시효중단의 주장

응소행위를 하였더라도 시효중단을 원하는 당사자는 변론주의의 원칙상 **응소행위를 통해 시효가**

중단되거나 **다른 소송에서의 응소행위를 통해 시효가 중단**되었다는 점을 변론에서 주장하여야 한다. 판례도 "시효를 주장하는 자가 원고가 되어 소를 제기한 경우에, 피고가 응소행위를 하였다고 하여 바로 시효중단의 효과가 발생하는 것은 아니고, **변론주의 원칙상 시효중단의 효과를 원하는 피고는 당해 소송 또는 다른 소송에서의 응소행위로서 시효가 중단되었다고 주장**하지 않으면 아니되고, 피고가 변론에서 시효중단의 주장 또는 이러한 취지가 포함되었다고 볼 만한 주장을 하지 아니하는 한, 피고의 응소행위가 있었다는 사정만으로 시효중단의 효력이 발생한다고 할 수는 없다."고 한다 (1997. 2. 28. 96다26190).[37]

또한 "응소행위에 소멸시효 중단의 효력을 인정하는 것은 권리 위에 잠자는 것이 아님을 표명한 것에 다름 아닐 뿐만 아니라 계속된 사실상태와 상용할 수 없는 다른 사정이 발생한 때로 보아야 한다는 것에 기인한 것이므로, 채무자가 반드시 소멸시효완성을 원인으로 한 소송을 제기한 경우이거나 당해 소송이 아닌 전 소송 또는 다른 소송에서 그와 같은 권리주장을 한 경우이어야 할 필요는 없고, **변론주의 원칙상 피고가 응소행위를 하였다고 하여 바로 시효중단의 효과가 발생하는 것은 아니고 시효중단의 주장을 하여야 효력이 생기지만, 시효중단의 주장은 반드시 응소시에 할 필요는 없고 소멸시효기간이 만료된 후라도 사실심 변론종결 전에는 언제든지 할 수 있다.**"고 한다(2010. 8. 26. 2008다42416).

다. 시효중단의 효력발생시기

판례는 "응소행위로 인한 시효중단의 효력은 **피고가 현실적으로 권리를 행사하여 응소한 때**에 발생한다."고 한다(2005. 12. 23. 2005다59383). 응소한 때란 변론에서 응소에 해당하는 권리를 주장한 때나 그러한 주장을 기재한 준비서면을 제출한 때를 말한다.

한편 판례는 "권리자인 피고가 응소하여 권리를 주장하였으나 그 소가 각하되거나 취하되는 등의 사유로 본안에서 권리 주장에 관한 판단 없이 소송이 종료된 경우에도 민법 제170조 제2항을 유추적용하여 그때부터 6월 내에 재판상의 청구 등 다른 시효중단 조치를 취하면 **응소 시에 소급하여 시효중단의 효력이 인정**된다."고 한다(2019. 3. 14. 2018두56435).

9. 행정소송

판례는 "일반적으로 위법한 행정처분의 취소·변경을 구하는 행정소송은 사권을 행사하는 것으로 볼 수 없으므로 사권에 대한 시효중단사유가 되지 못하는 것이나, **오납한 조세에 대한 부당이득반환청구권을 실현하기 위한 수단이 되는 과세처분의 취소 또는 무효확인을 구하는 소**는 소송물이 객관적인 조세채무의 존부확인으로서 실질적으로 민사소송인 채무부존재확인의 소와 유사할 뿐 아니라, 과세처분의 유효 여부는 과세처분으로 납부한 조세에 대한 환급청구권의 존부와 표리관계에 있어 실질적으로 동일 당사자인 조세부과권자와 납세의무자 사이의 양면적 법률관계라고 볼 수 있으므로, 위와 같은 경우에는 과세처분의 취소 또는 무효확인청구의 소가 비록 행정소송이라도 **조세환급을 구하는 부당이득반환청구권의 소멸시효 중단사유인 재판상 청구에 해당한다.**"고 한다(1992. 3. 31. 91다32053).

---

[37] [판례평석] 이 판결은 다른 소송에서 응소행위를 하였으나 시효중단의 주장은 없었던 경우 당해 소송에서 그 응소행위가 시효중단의 의미를 갖는다는 주장을 하는 것이 가능하다는 취지로 해석된다. 물론 이 경우 종전 소송에서의 응소행위 시점에 시효중단의 효력이 발생한 것으로 보아야 할 것이다(한충수, 제3판, 266면).

10. 동일한 목적달성을 위한 복수의 채권

판례는 "채권자가 동일한 목적을 달성하기 위하여 복수의 채권을 갖고 있는 경우, 채권자는 선택에 따라 권리를 행사할 수 있되, 어느 하나의 청구를 한 것만으로는 다른 채권 자체를 행사한 것으로 볼 수는 없으므로, 특별한 사정이 없는 한 **다른 채권에 대한 소멸시효 중단의 효력은 없다.**"고 한다 (2020. 3. 26. 2018다221867).

11. 관련된 법률관계에 대한 청구

(ⅰ) 판례는 "[1] 시효제도의 존재이유는 영속된 사실상태를 존중하고 권리 위에 잠자는 자를 보호하지 않는다는 데에 있고 소멸시효에서는 후자의 의미가 강하므로, 권리자가 재판상 권리를 주장하여 권리 위에 잠자는 것이 아님을 표명한 때에는 시효중단 사유가 되는데, 시효중단 사유로서 재판상 청구에는 소멸시효 대상인 권리 자체의 이행청구나 확인청구를 하는 경우만이 아니라, **권리가 발생한 기본적 법률관계를 기초로 하여 소의 형식으로 주장하는 경우**에도 권리 위에 잠자는 것이 아님을 표명한 것으로 볼 수 있을 때에는 이에 포함된다고 보아야 하고, 시효중단 사유인 재판상 청구를 기판력이 미치는 범위와 일치하여 고찰할 필요는 없다."고 한다(2011. 7. 14. 2011다19737). 따라서 매매계약에 기한 소유권이전등기청구권의 소멸시효기간 만료 전에 **매매계약을 원인으로 건축주명의변경을 구하는 소**를 제기한 사안에서, "매매계약에 기한 소유권이전등기청구권의 시효중단 사유인 재판상 청구는 권리자가 소송이라는 형식을 통하여 권리를 주장하면 족하고 반드시 그 권리가 소송물이 되어 기판력이 발생할 것을 요하지 않으므로, **소유권이전등기청구권이 발생한 기본적 법률관계에 해당하는 매매계약을 기초로 하여 건축주명의변경을 구하는 소도 소멸시효를 중단시키는 재판상 청구에 포함된다.**"고 하였다.

또한 "원고의 근저당권설정등기청구권의 행사는 피담보채권이 될 금전채권의 실현을 목적으로 하는 것으로서, 근저당권설정등기청구의 소에는 피담보채권이 될 채권의 존재에 관한 주장이 포함되어 있고, 피고도 원고가 금전지급을 구하는 청구를 추가하기 전부터 피담보채권이 될 금전채권의 소멸을 항변으로 주장하여 채권의 존부에 관한 실질적 심리가 이루어져 존부가 확인된 이상, 피담보채권이 될 채권으로 주장되고 심리된 채권에 관하여는 근저당권설정등기청구의 소의 제기에 의하여 피담보채권이 될 채권에 관한 권리의 행사가 있은 것으로 볼 수 있으므로, **근저당권설정등기청구의 소의 제기는 피담보채권의 재판상 청구에 준하는 것으로서 피담보채권에 대한 소멸시효 중단의 효력을 생기게 한다.**"고 한다(2004. 2. 13. 2002다7213).

또한 "소멸시효의 중단과 관련하여 소멸 대상인 권리 자체의 이행청구나 확인청구를 하는 경우뿐 아니라 **권리가 발생한 기본적 법률관계에 관한 청구를 하는 경우** 또는 **그 권리를 기초로 하거나 그것을 포함하여 형성된 후속 법률관계에 관한 청구를 하는 경우**에도 그로써 권리 실행의 의사를 표명한 것으로 볼 수 있을 때에는 시효중단 사유인 재판상의 청구에 포함된다. 따라서 기존 채권의 존재를 전제로 이를 포함하는 새로운 약정을 하고 그에 따른 권리를 재판상 청구의 방법으로 행사한 경우에는 기존 채권을 실현하고자 하는 뜻까지 포함하여 객관적으로 표명한 것이므로, **새로운 약정이 무효로 되는 등의 사정으로 그에 근거한 권리행사가 저지됨에 따라 다시 기존 채권을 행사**하게 되었다면, 기존 채권의 소멸시효는 새로운 약정에 의한 권리를 행사한 때에 중단되었다고 보아야 한다."고 한다 (2016. 10. 27. 2016다25140).

(ⅱ) 그러나 "파면처분무효확인청구의 소는 퇴직급여금청구권의 전제가 되는 공무원신분의 소멸과는 정반대로 신분의 존속을 주장하는 것으로서 퇴직급여청구권을 행사하기 위한 전제가 되거나 이를 실현하는 수단이 될 수는 없는 것이므로, **파면처분을 받은 자가 파면처분에 대하여 무효확인청구의 소를 제기하였더라도 이는 퇴직급여청구권에 대한 소멸시효 중단사유에 해당하지 않는다.**"고 한다(1990. 8. 14. 90누2024).

Ⅱ. 법률상의 기간준수

1. 의 의

소의 제기로 인하여 제척기간이 준수된다. 제척기간 중에서 **민법상의 점유소송의 제소기간**(민법 제204조 제3항, 제205조 제2항·제3항, 제206조 제2항), **채권자취소소송의 제소기간**(민법 제406조 제2항), **상속회복청구소송의 제소기간**(민법 제999조 제2항)은 출소기간이다.

판례는 "민법 제204조 제3항과 제205조 제2항에 의하면 점유를 침탈 당하거나 방해를 받은 자의 침탈자 또는 방해자에 대한 청구권은 점유를 침탈 당한 날 또는 점유의 방해행위가 종료된 날로부터 1년 내에 행사하여야 하는 것으로 규정되어 있는데, 여기에서 제척기간의 대상이 되는 권리는 형성권이 아니라 통상의 청구권인 점과 점유의 침탈 또는 방해의 상태가 일정한 기간을 지나게 되면 그대로 사회의 평온한 상태가 되고 이를 복구하는 것이 오히려 평화질서의 교란으로 볼 수 있게 되므로 일정한 기간을 지난 후에는 원상회복을 허용하지 않는 것이 점유제도의 이상에 맞고 여기에 점유의 회수 또는 방해제거 등 청구권에 단기의 제척기간을 두는 이유가 있는 점 등에 비추어 볼 때, 위의 **제척기간은 재판외에서 권리행사하는 것으로 족한 기간이 아니라 반드시 그 기간 내에 소를 제기하여야 하는 출소기간**으로 해석함이 상당하다."고 한다(2002. 4. 26. 2001다8097).

2. 제척기간 준수에 대한 판단방법

판례는 "제척기간이 도과하였는지 여부는 **당사자의 주장에 관계없이 법원이 당연히 조사하여 고려하여야 할 사항**이다."고 하고(1996. 9. 20. 96다25371), "제척기간을 도과하였는지 여부는 법원의 **직권조사사항**이므로 당사자의 주장이 없더라도 법원이 이를 직권으로 조사하여 판단하여야 한다."고 한다(2021. 1. 14. 2018다273981). 또한 "**제척기간의 준수 여부는 청구의 상대방별로 각각 판단하여야 할 것이다.**"고 한다(2009. 10. 15. 2009다42321).

3. 제척기간 도과의 효과

판례는 "법원이 제척기간의 준수 여부에 관하여 직권으로 조사한 후 기간도과 후에 제기된 것으로 판명되면 **부적법한 소로 각하하여야 한다.**"고 한다(2010. 1. 14. 2009다41199). 즉 제척기간 중에서 출소기간인 경우에는 제척기간이 도과한 후에 제기된 소는 부적법하므로, 법원은 소를 각하하여야 한다. 그러나 제척기간 중에서 출소기간이 아닌 경우에는 제척기간이 도과하면 권리가 당연히 소멸하므로, 제척기간이 도과한 후에 소가 제기되면 법원은 청구를 기각하여야 한다.

Ⅲ. 효력의 발생시점 및 소멸시점

1. 효력발생시점

(ⅰ) 소멸시효의 경우에는 **법원에 소장을 제출한 때**에 시효중단의 효력이 발생한다(제265조). (ⅱ) 제척기간의 경우에는 **소장부본이 피고에게 도달된 때**에 기간준수의 효력이 발생한다. 판례도 "보험계약의 해지권은 형성권이고, 해지권 행사기간은 제척기간이며, 해지권은 재판상이든 재판외이든 그 기간 내에 행사하면 되나, 해지의 의사표시는 민법의 일반원칙에 따라 보험계약자 또는 대리인에 대한 일방적 의사표시에 의하며, 의사표시의 효력은 상대방에게 도달한 때에 발생하므로, **해지권자가 해지의 의사표시를 담은 소장부본을 피고에게 송달함으로써 해지권을 재판상 행사하는 경우에는 소장부본이 피고에게 도달할 때에 해지권 행사의 효력이 발생한다** 할 것이어서, 해지의 의사표시가 담긴 소장부본이 제척기간 내에 피고에게 송달되어야만 해지권자가 제척기간 내에 적법하게 해지권을 행사하였다고 할 것이고, 소장이 제척기간 내에 법원에 접수되었다고 하여 달리 볼 것은 아니다."고 한다(2000. 1. 28. 99다50712).

2. 효력소멸시점

시효중단 및 기간준수의 효력은 소송의 이송에 의하여 소멸하지 않는다(제40조 제1항). 또한 당사자표시정정 등과 같이 소송계속에 영향이 없는 경우에는 시효 중단의 효력이 유지된다. 한편 소송이 각하·기각·취하(취하간주)된 경우에는 시효 중단의 효력이 소급적으로 소멸한다(민법 제170조 제1항). 인지보정명령을 받고도 보정기간 내 보정하지 아니하여 소장각하명령을 받은 경우에도 동일하다. 다만 이러한 경우에도 소멸시효의 경우에는 6월 내에 재판상 청구 등을 하면 최초의 소제기시로 소급하여 중단된다(민법 제170조 제2항).

판례는 "소유권이전등기를 명한 확정판결의 피고가 재심의 소를 제기하여 토지에 대한 소유권이 여전히 자신에게 있다고 주장한 것은 상대방의 시효취득과 양립할 수 없는 자신의 권리를 명확히 표명한 것이므로 이는 **취득시효의 중단사유가 되는 재판상 청구에 준하는 것**이라고 볼 것이고, 위 확정판결에 의해 소유권이전등기를 경료받은 자의 토지에 대한 취득시효는 **재심의 소 제기일로부터 재심판결 확정일까지 중단**된다."고 한다(1998. 6. 12. 96다26961).

Ⅳ. 지연손해금의 법정이율의 인상

소송촉진 등에 관한 특례법 제3조(법정이율) ① 금전채무의 전부 또는 일부의 이행을 명하는 판결(심판을 포함한다. 이하 같다)을 선고할 경우, 금전채무 불이행으로 인한 손해배상액 산정의 기준이 되는 법정이율은 그 금전채무의 이행을 구하는 소장 또는 이에 준하는 서면이 채무자에게 송달된 날의 다음 날부터는 연 100분의 40 이내의 범위에서 은행법에 따른 은행이 적용하는 연체금리 등 경제 여건을 고려하여 대통령령[38]으로 정하는 이율에 따른다. 다만, 민사소송법 제251조에 규정된 소에 해당하는 경우에는 그러하지 아니하다.

---

[38] **소송촉진 등에 관한 특례법 제3조 제1항 본문의 법정이율에 관한 규정** [시행 2019. 6. 1.] 「소송촉진 등에 관한 특례법」 제3조 제1항 본문에서 "대통령령으로 정하는 이율"이란 연 100분의 12를 말한다. **부 칙 제1조(시행일)** 이 영은 2019년 6월 1일부터 시행한다. **제2조(경과조치)** ① 이 영 시행 당시 법원에 계속 중인 사건으로서 제1심의 변론이 종결된 사건에 대한 법정이율은 이 영의 개정규정에도 불구하고 종전의 규정에 따른다. ② 이 영 시행 당시 법원에 계속 중인 사건으로서 제1심의 변론이 종결되지 아니한 사건에 대한 법정이율은 2019년 5월 31일까지 발생한 분에 대해서는 종전의 규정에 따르고, 2019년 6월 1일 이후 발생하는 분에 대해서는 이 영의 개정규정에 따른다.

② 채무자에게 그 이행의무가 있음을 선언하는 사실심 판결이 선고되기 전까지 채무자가 그 이행의무의 존재 여부나 범위에 관하여 항쟁하는 것이 타당하다고 인정되는 경우에는 그 타당한 범위에서 제1항을 적용하지 아니한다.

1. 입법취지

제3조의 입법취지에 대하여 판례는 "제3조의 규정을 둔 뜻은 **금융기관의 공금리에도 훨씬 미치지 못하는 민사상의 법정이율을 현실화하여 채권자에 대하여는 소송을 제기한 이후부터 만이라도 이행연체에 따른 실 손해를 배상받을 수 있도록 하는 한편, 채무자에 대하여는 낮은 민사상의 법정이율을 이용하여 악의적으로 채무의 변제를 지체하거나 소송을 지연시키고 상소권을 남용하는 것을 막는 한편 그 법정이율을 대통령령으로 정하도록 위임함으로써 경제여건의 변동에 강력적으로 대처하려는데 있다** 할 것이므로, 결국 금전채무의 불이행에 관하여 제3조 제1항의 법정이율은 채권자의 실손해를 배상하는 이율로서의 기능과 악의적인 채무자에 대한 벌칙의 기능을 함께 가진다고 보아 원칙적으로 이를 적용하되 한편 제3조 제2항은 제1항이 위와 같은 기능을 가지고 있기 때문에 채무자가 응소하여 항쟁함이 상당하다고 인정되는 경우까지 벌칙의 뜻을 갖는 높은 이율을 전면적으로 적용하는 것이 채무자에게 가혹할 뿐더러 경우에 따라서는 높은 금리의 부담때문에 채무자의 방어권행사를 위축시킬 수도 있으므로 예외적으로 일정한 범위 안에서 제3조 제1항이 정하는 법정이율의 적용을 배제하려는데 있다."고 한다(1987. 5. 26. 86다카1876).

2. 개정에 따른 부칙의 적용범위

제3조 제1항의 법정이율에 관한 규정 **시행 전에 항소심 단계에서 제기된 원고의 새로운 청구의 추가 또는 피고의 반소가 위 규정 시행 이후에 변론이 종결된 경우**, 부칙 제2조 제2항이 적용되는지가 문제된다.

판례는 "2015. 9. 25. 개정되어 2015. 10. 1.부터 시행되는 제3조 제1항 본문의 법정이율에 관한 규정은 "제3조 제1항 본문에 따른 법정이율은 연 100분의 15로 한다."라고 규정함으로써 종전의 법정이율이었던 연 20%를 연 15%로 개정하였고, 부칙 제2조 제1항에서는 "이 영의 개정규정에도 불구하고 이 영 시행 당시 법원에 계속 중인 사건으로서 제1심의 변론이 종결된 사건에 대해서는 종전의 규정에 따른다."라고 규정하고, 제2항에서는 "이 영 시행 당시 법원에 계속 중인 사건으로서 제1심의 변론이 종결되지 아니한 사건에 대한 법정이율에 관하여는 2015. 9. 30.까지는 종전의 규정에 따른 이율에 의하고, 2015. 10. 1.부터는 이 영의 개정규정에 따른 이율에 의한다."라고 규정하고 있다. 이러한 개정규정의 개정 취지에 비추어 볼 때, **항소심 단계에 이르러 피고가 새로 반소를 제기하였고, 반소가 개정규정 시행 전에 법원에 소송계속 중이었으나 개정규정 시행 이후에 변론이 종결된 경우에는 부칙 제2조 제2항에 따라서 법정이율에 관하여 2015. 9. 30.까지는 종전의 규정에 따른 이율에 의하고, 2015. 10. 1.부터는 개정규정에 따른 이율에 의한다.**"고 한다(2016. 4. 29. 2015다77595).

또한 동일한 취지에서 "이러한 개정 규정의 개정 취지에 비추어 볼 때, 항소심 단계에 이르러 원고가 새로 청구를 추가하였고, 추가된 청구에 관한 소가 위 개정 규정 시행 전에 법원에 소송 계속 중이었으나 위 개정 규정 시행 이후에 변론이 종결된 경우에는 부칙 제2조 제2항에 따라서 법정이율에 관하여 2015. 9. 30.까지는 종전의 규정에 따른 이율에 의하고, 2015. 10. 1.부터는 개정 규정에 따른 이율에 의한다."고 한다(2017. 3. 30. 2016다253297). 이러한 판례의 법리는 2019. 5. 21. 개정법에도 동일하게 적용될 것이다.

3. 항쟁함이 상당한 경우

제3조 제2항의 의미에 대하여 판례는 "제3조 제2항의 "채무자가 그 이행의무의 존부나 범위에 관하여 항쟁함이 상당하다고 인정하는 때"란 **이행의무의 존부나 범위에 관하여 항쟁하는 채무자의 주장에 상당한 근거가 있는 때**라고 풀이되므로, 결국 항쟁함이 상당한가 아니한가의 문제는 법원의 사실인정과 평가에 관한 것이다. 동항 후단의 "상당한 범위"는 "채무자가 항쟁함이 상당한 이행의무의 범위"가 아니라 "**채무자가 항쟁함에 상당한 기간의 범위**"라 하겠으므로, 채무자가 사실심에서 항쟁할 수 있는 기간은 **사실심 판결선고시까지로 보아야 하고 선고시 이후에는 어떤 이유로든지 제3조 제1항의 적용을 배제할 수 없는 것**으로 풀이함이 상당하고, 사실심은 **당해사건의 제1심 또는 항소심**이라 할 것이므로 소장 또는 이에 준하는 서면이 채무자에게 송달된 다음날부터 그 심급의 판결선고 전이기만 하면 법원은 항쟁함에 상당한 기간의 범위를 적절히 정할 수 있고, 따라서 항소심은 제1심 판결선고시나 그 전·후를 묻지 않고 기간의 범위를 정할 수 있다 할 것이며, 객관적 병합소송에 있어서도 **각 소송물마다 위와 같은 법리가 적용**되므로 하나의 소송에서도 청구금액에 따라 제3조 제1항의 적용을 달리할 수 있다."고 한다(1987. 5. 26. 86다카1876). 또한 "**소장 또는 이에 준하는 서면이 채무자에게 송달된 다음날부터 사실심의 판결 선고 전이기만 하면 법원은 항쟁함에 상당한 기간의 범위를 적절히 정할 수 있다.**"고 한다(1995. 3. 24. 94다47728).

따라서 "금전채권자가 채무자를 상대로 채무의 이행을 청구하는 소를 제기한 후에 채무자가 자신의 채무를 이행함으로써 원래의 금전채무는 소멸하여 그 범위에서 채권자의 채무이행청구는 기각될 수밖에 없고 이제 그 채무의 이행지체로 인한 지연손해의 배상만이 남게 된 경우에 그 지연손해금 산정의 기준이 되는 법정이율에 대하여는 제3조상의 이율은 적용되지 아니한다. 우선 위 조항이 금전채권자의 소 제기 후에도 상당한 이유 없이 채무를 이행하지 아니하는 채무자에게 지연이자에 관하여 불이익을 가함으로써 채무불이행 상태의 유지 및 소송의 불필요한 지연을 막고자 하는 것을 중요한 취지로 하는 점에 비추어 보면, 비록 소가 제기된 후라고 하여도 원래의 금전채무를 스스로 이행한 채무자에게 그러한 불이익을 가할 이유는 없다. 나아가 위 법규정은 위와 같이 금전채무불이행자에 대한 '처벌'을 입법 목적의 하나로 한다고 할 것인데, 규범위반자에 대한 처벌 내지 제재는 사법에서 일반적으로 추구되지 아니하는 법목적이어서 이를 보다 신중하게 해석·적용할 필요가 있다. 또한 제3조의 문언상으로도 '금전채무의 이행을 명하는 판결을 선고할 경우'에 있어서 금전채무불이행으로 인한 손해배상액 산정의 기준이 되는 법정이율에 대하여 정하고 있으므로(또한 같은 조 제2항도 '채무자에게 그 이행의무가 있음을 선언하는 사실심판결이 선고'되는 것을 전제로 하여 규정한다), **지연손해금 발생의 연원이 되는 원본채무가 채무자의 이행으로 소멸하여 그에 관한 이행판결이 선고될 수 없는 이상 위 법규정은 적용될 수 없다고 해석할 것이다.**"고 한다(2010. 9. 30. 2010다50922).

판례는 "제1심 판결에 대하여 원·피고 쌍방이 항소를 제기하여 환송 전 원심에서는 피고의 항소가 받아들여져 원고 전부 패소판결이 선고되었다가, 이에 대하여 원고가 상고한 결과 원심판결이 파기되어 환송 후 원심에서 제1심 판결에 대한 원고의 항소를 일부 받아들인 경우에는, **피고의 주장이 환송 전 원심에 의하여 받아들여진 적이 있을 정도였으므로 적어도 그 판결이 파기되기 전까지는 피고가 이행의무의 존부나 범위에 관하여 항쟁함에 상당한 근거가 있다고 볼 수 있다.**"고 한다(1996. 2. 23. 95다51960).

또한 "채무자가 이행의무의 존부와 범위를 다투어 제1심에서 주장이 받아들여졌다면 비록 항소심에서 주장이 배척되더라도 주장은 상당한 근거가 있다고 할 수 있으므로, 그러한 경우에는 제3조 제2항에 따라 **항소심판결 선고 시까지는 같은 조 제1항의 지연손해금 이율을 적용할 수 없다**고 보아야 한다."고 한다(2010. 7. 8. 2010다21696). 또한 "**채무자의 주장이 환송판결에서 받아들여진 적이 있을 정도**였다면, 비록 환송 후 원심이 새로운 사정을 이유로 환송 전 원심판결과 같은 내용의 판결을 선고하더라도, 환송 후 원심판결이 선고되기 전까지는 채무자가 이행의무의 존재 여부나 범위에 관하여 항쟁하는 것에는 타당한 근거가 있었다고 보아야 한다."고 한다(2020. 11. 26. 2019다2049).

4. 항쟁함이 상당하지 않은 경우

판례는 "**제1심이 인용한 청구액을 항소심이 그대로 유지한 경우, 특별한 사정이 없는 한 피고가 항소심 절차에서 인용금액에 대하여 이행의무의 존부와 범위를 다툰 것은 타당하다고 볼 수 없다.**"고 한다(2020. 8. 20. 2019다14110).

한편 "제1심이 인용한 청구에 대하여 피고만이 항소하면서 불복범위를 제1심 인용금액의 일부로 한정하고, 이에 따라 항소심이 피고가 항소하지 아니한 나머지 제1심 인용금액을 그대로 유지한 경우, **피고가 항소하지 아니한 나머지 제1심 인용금액에 대하여는 이행의무의 존재 여부나 범위에 관하여 항쟁한 것이라고 볼 수 없으므로, 이에 대하여는 제1심 판결선고일 다음날부터 제3조 제1항 소정의 법정이율을 적용함이 타당하다.**"고 한다(2013. 6. 28. 2011다83110).

5. 적용범위

가. 청구의 병합

청구취지가 확장되거나 청구가 병합된 경우에 대하여 판례는 "제3조 제1항의 법정이율은 **금전채무의 이행을 구하는 소장 또는 이에 준하는 서면이 채무자에게 송달된 날의 다음날부터 적용할 수 있는 것**이므로, 만일 채권자가 청구취지를 확장하면 확장된 청구금액에 대하여는 **청구취지를 확장한 서면이 채무자에게 송달된 날의 다음날**부터 위 법조항 소정의 이율을 적용할 수 있는 것이고, **청구가 병합된 소송에서는 각 소송물마다 위와 같은 법리가 적용된다.**"고 한다(1995. 2. 17. 94다56234).

나. 계약의 해제

민법 제548조 제2항의 이자에 제3조 제1항 소정의 이율을 적용할 수 있는지에 대하여 판례는 "민법 제548조 제2항은 계약해제로 인한 원상회복의무의 이행으로 반환하는 금전에는 그 받은 날로부터 이자를 가산하여야 한다고 하고 있는바, 위 이자의 반환은 **원상회복의무의 범위에 속하는 것으로 일종의 부당이득반환의 성질을 가지는 것이지 반환의무의 이행지체로 인한 손해배상은 아니고, 소송촉진 등에 관한 특례법 제3조 제1항은 금전채무의 전부 또는 일부의 이행을 명하는 판결을 선고할 경우에 금전채무불이행으로 인한 손해배상액 산정의 기준이 되는 법정이율에 관한 특별규정이므로, 위 이자에는 소송촉진 등에 관한 특례법 제3조 제1항에 의한 이율을 적용할 수 없다.**"고 한다(2003. 7. 22. 2001다76298).

그러나 계약해제로 인한 원상회복의무의 이행으로 금전의 반환을 명하는 판결을 선고하는 경우 소장을 송달받은 다음날부터 제3조 제1항에 의한 이율을 적용하여야 하는지에 대하여 판례는 "계약

해제로 인한 원상회복의무의 이행으로 금전 반환을 구하는 소송이 제기된 경우 채무자는 소장을 송달받은 다음날부터 반환의무의 이행지체로 인한 지체책임을 지게 되므로, **원상회복의무의 이행으로 금전의 반환을 명하는 판결을 선고할 경우에는 금전채무불이행으로 인한 손해배상액 산정의 기준이 되는 법정이율에 관한 특별규정인 제3조 제1항에 의한 이율을 적용**하여야 한다."고 한다(2003. 7. 22. 2001다76298).

다. 장래이행의 소

판례는 "쌍무계약에서 쌍방의 채무가 동시이행 관계에 있는 경우 일방의 채무의 이행기가 도래하더라도 상대방 채무의 이행제공이 있을 때까지는 채무를 이행하지 않아도 이행지체의 책임을 지지 않는 것인바, **사실심 변론종결일까지 수급인이 도급인에게 건물의 인도를 위한 이행제공 또는 이행을 하였다고 볼 수 없는 경우** 건물의 인도의무와 동시이행관계에 있는 공사대금 지급의무에 관하여 도급인에게 이행지체의 책임이 있다고 할 수 없으므로, **공사대금에 대한 건물 인도일 이후의 지연손해금을 인정함에 있어서는 제3조 제1항 단서에 의하여 같은 조항 본문에 정한 이율이 적용되지 아니한다.**"고 한다(2002. 10. 25. 2002다43370).

또한 "이혼으로 인한 재산분할청구권은 이혼을 한 당사자의 일방이 다른 일방에 대하여 재산분할을 청구할 수 있는 권리로서 이혼이 성립한 때에 그 법적 효과로서 비로소 발생하는 것일 뿐만 아니라, 협의 또는 심판에 의하여 구체적 내용이 형성되기까지는 범위 및 내용이 불명확·불확정하기 때문에 구체적으로 권리가 발생하였다고 할 수 없으므로, **당사자가 이혼이 성립하기 전에 이혼소송과 병합하여 재산분할 청구를 하고 법원이 이혼과 동시에 재산분할로서 금전 지급을 명하는 판결을 하는 경우, 금전지급 채무에 관하여는 판결이 확정된 다음날부터 이행지체책임을 지게 되고, 따라서 제3조 제1항 단서에 의하여 같은 조항 본문에 정한 이율이 적용되지 아니한다.**"고 한다(2001. 9. 25. 2001므725).

한편 사해행위 취소로 가액배상을 구하는 것은 판결확정으로 사해행위가 취소됨으로써 발생하는 원상회복을 미리 청구하는 것이므로, 가집행을 붙일 수는 없으나 지연손해금 청구는 판결확정일 다음날부터 미리 청구할 수 있다. 즉 사해행위취소로 인한 가액배상 지급의무는 사해행위취소라는 형성판결이 확정될 때 발생하므로 판결이 확정되기 전에는 지체책임을 물을 수 없으므로 판결확정일까지의 지연손해금은 인정되지 않는다. 한편 제3조 제1항 단서는 장래이행의 소에 해당하는 경우는 본문의 적용을 배제하고 있는데, 사해행위취소소송에서의 가액배상청구는 장래이행을 구하는 것으로서 위 조항 단서의 적용을 받게 되므로 지연손해금의 비율은 민사법정이율에 의하여야 한다.

따라서 판례는 "가액배상의무는 사해행위의 취소를 명하는 판결이 확정된 때에 발생하므로, **판결이 확정된 다음날부터 이행지체 책임을 지게 되고, 소송촉진 등에 관한 특례법의 이율은 적용되지 않고 민법의 법정이율이 적용된다.**"고 한다(2009. 1. 15. 2007다61618).[39]

라. 약정이자 및 약정지연이자의 정함이 있는 경우

판례는 "당사자 간에 약정이자 또는 약정지연이자의 정함이 있는 경우라 할지라도, 소송상 청구하

---

39) 이 경우에 청구취지(판결주문)은 "1. 피고와 소외 甲 사이에 별지 목록 기재 부동산에 관하여 2024. 5. 15. 체결된 매매계약을 30,000,000원의 한도 내에서 취소한다. 2. 피고는 원고에게 30,000,000원 및 이에 대한 이 판결 확정일 다음날부터 다 갚는 날까지 연 5%의 비율에 의한 금원을 지급하라."가 된다.

는 경우 당사자의 일방은 제3조 제1항의 규정에 따라, **소장 등이 송달된 날 다음날부터는 연 1할 2푼의 비율에 의한 지연손해금의 지급을 구할 수 있다.**"고 한다(2002. 10. 11. 2002다39807). 따라서 약정이자 및 약정지연이자(약정지연손해금)가 제3조 제1항 본문의 법정이율 미만인 경우에 원고는 소장부본 송달일 다음날부터 제3조 제1항의 이율을 청구할 수 있다.

마. 채무부존재확인청구소송의 경우

판례는 "소송촉진 등에 관한 특례법(소송촉진법) 제3조는 금전채권자의 소 제기 후에도 상당한 이유 없이 채무를 이행하지 아니하는 채무자에게 지연이자에 관하여 불이익을 가함으로써 채무불이행 상태의 유지 및 소송의 불필요한 지연을 막고자 하는 것을 중요한 취지로 한다. 또한 소송촉진법 제3조의 문언상으로도 '금전채무의 전부 또는 일부의 이행을 명하는 판결을 선고할 경우'에 금전채무 불이행으로 인한 손해배상액 산정의 기준이 되는 법정이율에 관하여 정하고 있다(또한 같은 조 제2항도 '채무자에게 그 이행의무가 있음을 선언하는 사실심 판결이 선고'되는 것을 전제로 하여 규정한다). 따라서 **금전채무에 관하여 채무자가 채권자를 상대로 채무부존재확인소송을 제기하였을 뿐 이에 대한 채권자의 이행소송이 없는 경우에는, 사실심의 심리 결과 채무의 존재가 일부 인정되어 이에 대한 확인판결을 선고하더라도 이는 금전채무의 전부 또는 일부의 이행을 명하는 판결을 선고한 것은 아니므로, 이 경우 지연손해금 산정에 대하여 소송촉진법 제3조의 법정이율을 적용할 수 없다.**"고 한다(2021. 6. 3. 2018다276768).

제09절 배상명령제도

배상명령은 형사소송의 부대소송절차이다. 즉 배상명령은 제1심·제2심 형사소송절차에서 일정한 범죄에 한하여 유죄선고를 할 때에 법원의 직권 또는 피해자나 그 상속인의 신청에 의하여 한다. 배상명령은 피고사건의 범죄행위로 인하여 발생한 재산적 손해 및 위자료를 그 대상으로 한다(소송촉진 등에 관한 특례법 제25조 이하 참조).

CHAPTER 02 변론

제01절 변론의 의의와 종류

Ⅰ. 서 설

1. 변론의 의의와 취지

> 제134조(변론의 필요성) ① 당사자는 소송에 대하여 법원에서 변론하여야 한다. 다만, 결정으로 완결할 사건에 대하여는 법원이 변론을 열 것인지 아닌지를 정한다.
> ② 제1항 단서의 규정에 따라 변론을 열지 아니할 경우에, 법원은 당사자와 이해관계인, 그 밖의 참고인을 심문할 수 있다.
> ③ 이 법에 특별한 규정이 있는 경우에는 제1항과 제2항의 규정을 적용하지 아니한다.

변론이란 변론기일에 공개법정에서 당사자 양쪽이 구술에 의하여 판결의 기초가 될 소송자료, 즉 사실과 증거를 제출하는 방법으로 소송을 심리하는 절차를 말한다. 넓은 의미로는 법원의 소송행위도 포함되나, 좁은 의미로는 당사자의 소송행위와 증거조사를 말한다. 변론에 의하여 구술주의·직접주의·쌍방심리주의를 실현할 수 있다.

2. 변론의 종류

(ⅰ) 필요적 변론이란 재판을 함에는 그 전제로서 반드시 변론을 열지 않으면 안 되며, 변론에서 행한 구술의 진술만이 재판의 자료로서 참작되는 경우이다. 판결로 재판할 경우에는 원칙적으로 필요적 변론에 의한다. (ⅱ) 임의적 변론이란 법원의 재량에 의하여 임의적으로 열 수 있는 변론이다. 결정으로 완결할 사건에 대하여는 법원이 변론의 여부를 정한다(제134조 제1항 단서).

Ⅱ. 필요적 변론의 내용

1. 심리절차의 집중

필요적 변론에 있어서는 구술의 진술만이 재판의 기초가 되고, 서면상의 진술은 특별한 규정(제148조 제1항)이 없는 한 채택될 수 없다. 이는 변론에 의함으로써 진술의 요지, 사안의 진상을 정확하게 파악하고 직접 석명할 수 있어 사건이 가장 적정·공평하게 해결될 수 있기 때문이다.

2. 구술변론

당사자는 소송에 관하여 법원에서 구술로써 변론을 하여야 하며, 법원은 당사자가 변론에서 주장하고 입증한 사항이 아니면 이에 의하여 재판을 하지 못한다. 다만 당사자의 변론은 제149조 등에 의한 제한을 받는다.

3. 기일의 해태

필요적 변론기일에서만 당사자의 기일불출석은 일정한 불이익을 받는다. 즉 당사자일방의 불출석의 경우에는 진술간주(제148조 제1항)·자백간주(제150조 제3항)의 불이익을 받고, 쌍방불출석의 경우 소의 취하간주(제268조)의 불이익을 입는다.

4. 준비서면에의 기재

단독사건을 제외하고는 원칙적으로 당사자가 변론에서 주장하고자 하는 사항은 미리 준비서면에 기재하여 법원에 제출하여야 하고, 이에 기재하지 아니한 사항은 상대방이 출석하지 아니하면 변론에서 주장하지 못한다(제276조).

Ⅲ. 필요적 변론의 예외 (무변론 판결을 할 수 있는 경우)

1. 담보불제공

원고가 우리나라에 주소 등을 두지 아니한 때 법원은 피고의 신청에 의하여 소송비용담보의 제공을 명하고(제117조), 원고가 담보를 제공할 기간 내에 제공하지 아니하면 법원은 변론 없이 소를 각하할 수 있다(제124조).

2. 부적법한 소·상소

부적법한 소·항소 또는 상고로서 그 흠결을 보정할 수 없는 경우에는 변론 없이 판결로 소·항소 또는 상고를 각하할 수 있다(제219조, 제413조, 제425조).

3. 상고이유서 불제출

상고인이 상고이유서 제출기간 내에 상고이유서를 제출하지 아니한 때에는 직권조사사항이 있는 경우를 제외하고 상고법원은 변론 없이 판결로 상고를 기각하여야 한다(제429조).

4. 상고심판결

상고법원은 상고장, 상고이유서, 답변서 기타의 소송기록에 의하여 변론 없이 판결할 수 있다(제430조 제1항).

5. 소액사건

소액사건에 있어서 법원은 소장, 준비서면 기타의 소송기록에 의하여 청구가 이유 없음이 명백한 때 변론 없이 청구를 기각할 수 있다(소액사건심판법 제9조 제1항).

6. 답변서의 부제출

피고가 소장부본을 송달받고 30일의 답변서 제출기간 내에 답변서를 제출하지 아니할 때에는 변론 없이 원고승소판결을 할 수 있다(제256조·제257조 제1항).

Ⅳ. 임의적 변론과 필요적 변론의 비교

1. 변론을 열지 않는 경우

임의적 변론에서 변론을 열지 않는 경우는 서면심리만으로 재판할 수 있고 당사자·이해관계인 기타 참고인을 심문할 수도 있다(제134조 제2항). 심문이란 정당한 방법으로 서면 또는 구술로 진술할 기회를 주는 것으로서 공개법정에서 할 필요가 없다. 심문의 여부는 법원의 자유재량이나, 심문을 필요로 하는 경우(제317조·제82조)와 심문이 금지된 경우(제467조·민사집행법 제226조)가 있다.

2. 변론을 여는 경우

임의적 변론에서 변론을 열더라도 구술의 진술만이 아니라 서면상의 진술도 재판의 기초로 되며, 다시 서면심리나 심문절차로 환원시킬 수 있다. 임의적 변론기일에 당사자가 출석하지 않더라도 필요적 변론기일에서와 같은 불이익은 없으며, 준비서면에 기재하지 않은 사실(제276조)을 상대방이 불출석해도 변론에서 주장할 수 있다. 또 직접주의(제204조)도 적용되지 않는다.

제02절 심리에 관한 원칙

◆ 제1관 **기본원칙**

Ⅰ. 공개심리주의

공개심리주의란 재판의 심리와 판결의 선고를 공개하는 원칙을 말한다. 공개에 관한 사항은 변론조서의 필수적 기재사항이고(제153조 제6호), 위반 시 절대적 상고이유가 된다(제424조 제1항 제5호). 다만 공개심리주의는 수명법관에 의한 수소법원 밖에서의 증거조사, 변론준비절차, 민사조정절차(민사조정법 제20조), 비송사건절차(비송사건절차법 제13조) 등의 경우에는 적용되지 않는다.

Ⅱ. 쌍방심리주의

쌍방심리주의란 심리에 있어서 양쪽에 평등하게 진술의 기회를 주는 원칙을 말한다. 결정으로 완결할 사건은 임의적 변론에 의하므로 반드시 쌍방심리주의에 의하는 것은 아니다. 또한 강제집행절차에도 쌍방심리주의가 적용되지 않는다. 그러나 독촉절차에서는 지급명령에 대한 이의신청이 있으면 소로 이행되므로(제472조), 쌍방심리주의가 적용된다.

Ⅲ. 구술심리주의

구술심리주의란 당사자가 법관의 면전에서 구술변론을 해야 하는 원칙을 말한다(제134조 제1항). 판례는 "구술변론주의의 원칙상 소송당사자가 자기의 주장사실을 기재한 서면(청구취지 및 원인변경신청서)을 법원에 제출하였더라도 변론에서 이를 진술하지 아니한 이상 이를 당해 사건의 판단자료로 공할 수 없다."고 한다(1981. 6. 9. 80누391).

Ⅳ. 직접심리주의

> 제204조(직접주의) ① 판결은 기본이 되는 변론에 관여한 법관이 하여야 한다.
> ② 법관이 바뀐 경우에 당사자는 종전의 변론결과를 진술하여야 한다.
> ③ 단독사건의 판사가 바뀐 경우에 종전에 신문한 증인에 대하여 당사자가 다시 신문신청을 한 때에는 법원은 그 신문을 하여야 한다. 합의부 법관의 반수 이상이 바뀐 경우에도 또한 같다.

직접심리주의란 판결을 하는 법관이 직접 변론을 듣고 증거조사를 해야 하는 원칙을 말한다. 따라서 법관이 바뀐 경우에는 변론의 갱신절차를 거쳐야 한다(제204조 제2항). 다만 소액사건에 있어서는 판사의 경질이 있는 경우라도 변론의 갱신 없이 판결할 수 있다(소액사건심판법 제9조 제2항).

Ⅴ. 집중심리주의

> 제272조(변론의 집중과 준비) ① 변론은 집중되어야 하며, 당사자는 변론을 서면으로 준비하여야 한다.
> ② 단독사건의 변론은 서면으로 준비하지 아니할 수 있다. 다만, 상대방이 준비하지 아니하면 진술할 수 없는 사항은 그러하지 아니하다.

집중심리주의(계속심리주의)란 소송의 촉진과 충실을 도모하기 위하여 변론이 집중되어야 한다는 원칙을 말한다(제272조 제1항). 병행심리주의란 여러 사건의 기일을 동시에 지정하여 심리를 진행하는 원칙을 말한다. 병행심리주의는 수시제출주의와 결합하여 소송지연의 폐해가 크고 구술주의의 형해화를 초래하고 법관의 교체가 잦아 직접주의에 반한다는 문제점이 있다. 따라서 현행법은 집중심리주의를 채택하고 변론준비절차를 도입함과 동시에 적시제출주의와 이를 보장하기 위한 실기한 공격방어방법의 각하, 재정기간제도를 도입하였다.

◆ 제2관 처분권주의

Ⅰ. 서 설

> 제203조(처분권주의) 법원은 당사자가 신청하지 아니한 사항에 대하여는 판결하지 못한다.

처분권주의란 소송절차의 개시·심판의 대상·절차의 종결에 대하여 당사자에게 주도권을 주어 그 처분에 맡기는 입장을 말한다. 원고에게는 소송물을 한정시키고, 피고에게는 방어의 목표를 정해줌으로써 사적자치의 실현을 보장한다. 판례는 "민사소송에서 심판 대상은 원고의 의사에 따라 특정되고, **법원은 당사자가 신청한 사항에 대하여 신청 범위 내에서만 판단**하여야 한다."고 한다(2020. 1. 30. 2015다49422).

처분권주의나 직권조사(주의)**에 의하여 정해진 심판의 대상**에 대한 소송자료수집의 권능과 책임을 누구에게 지울 것인가의 문제에서, **직권탐지주의와 달리 당사자주의가 발현된 것을 변론주의**라고 한다. 따라서 처분권주의는 당사자의 소송물에 대한 처분의 자유를 의미하고, 변론주의는 당사자의 소송자료에 대한 수집·제출의 자유를 의미한다.

Ⅱ. 절차의 개시

당사자의 소제기에 의하여 민사소송절차가 개시되며 법원의 직권에 의하여 개시되지 않는다. 그러나 소송비용의 재판(제104조, 제107조 제1항), 소송구조(제128조 제1항), 판결의 경정(제211조 제1항), 추가판결(제212조 제1항), 가집행선고(제213조 제1항), 배상명령(소송촉진 등에 관한 특례법 제25조)은 당사자의 신청 없이 직권으로 재판할 수 있다.

Ⅲ. 심판의 대상과 범위

1. 일반론

법원은 당사자가 신청한 사항에 대하여 신청의 범위 내에서만 판단하여야 한다(제203조). 이는 당사자의 예측을 벗어난 재판을 방지함으로써 재판을 받을 권리를 보장하는데 취지가 있다. 동일한 취지에서, 상소제기에 의하여 사건은 전부 이심되지만 상소심에서는 당사자가 변경을 구하는 한도에서 심판하므로, 상소인은 불복신청의 범위를 넘는 불이익한 재판을 받지 않는다(불이익변경금지의 원칙 ; 제415조, 제425조). 또한 재심에 있어서는 재심청구의 이유 범위 내에서 재판을 한다(제459조 제1항).

판례는 "소송상 방어방법으로서의 상계항변은 수동채권의 존재가 확정되는 것을 전제로 하여 행하여지는 예비적 항변으로서 상대방의 동의 없이 철회할 수 있고, 그 경우 법원은 **처분권주의의 원칙상 이에 대하여 심판할 수 없다.**"고 한다(2011. 7. 14. 2011다23323).

또한 "건물의 '인도'는 건물에 대한 현실적·사실적 지배를 완전히 이전하는 것을 의미하고, 민사집행법상 인도 청구의 집행은 집행관이 채무자로부터 물건의 점유를 빼앗아 이를 채권자에게 인도하는 방법으로 한다. 한편 건물에서의 '퇴거'는 건물에 대한 채무자의 점유를 해제하는 것을 의미할 뿐, 더 나아가 채권자에게 점유를 이전할 것까지 의미하지는 않는다는 점에서 건물의 '인도'와 구별된다. 그러므로 **채권자가 소로써 채무자가 건물에서 퇴거할 것을 구하고 있는데 법원이 채무자의 건물 인도를 명하는 것은 처분권주의에 반하여 허용되지 않는다.**"고 한다(2024. 6. 13. 2024다213157).

2. 질적 동일 : 당사자가 신청한 사항

가. 소송물

(ⅰ) 구소송물이론에 의하면 청구취지가 동일하여도 원고주장과 다른 실체법상의 권리에 기한 판결은 처분권주의에 위배된다. 따라서 판례는 "**토지의 소유권 상실로 인한 손해배상을 구하는 乙의 청구에 대하여 당사자가 주장하지 아니한 소유권보존등기 말소등기절차 이행의무의 이행불능으로 인한 손해배상책임을 인정할 수 없음**에도, 이와 달리 손해배상책임을 인정한 판결에 법리오해와 처분권주의 위반의 위법이 있다."고 한다(2012. 5. 17. 2010다28604).

(ⅱ) 신소송물이론에 의하면 법원이 원고주장과 다른 실체법상의 권리에 기한 판결을 하더라도 처분권주의에 위반한 판결은 아니다. 다만 주장책임과 관련한 변론주의의 위반이 될 수 있다.

나. 소의 종류와 순서

제203조의 신청사항에는 원고가 특정한 소의 종류와 권리구제의 순서도 포함하므로, 당사자가 주장한 소의 종류와 권리구제의 순서에 법원은 구속된다. 따라서 원고가 이행청구를 하였는데 확인판

결을 하는 것은 처분권주의에 위반되며, 예비적 병합에 있어서 주위적 청구에 대하여 먼저 심판하지 않고 예비적 청구를 인용하는 판결은 처분권주의에 위반된다. 또한 예비적 공동소송에서 심판의 순서를 어겨도 처분권주의에 위반된다.

다. 처분권주의의 예외

실질은 비송이지만 형식은 소송인 '경계확정의 소'와 '공유물분할청구의 소'와 같은 형식적 형성의 소에 있어서는 처분권주의가 적용되지 않는다. 판례도 "공유물분할의 소는 형성의 소로서 공유자 상호간의 지분의 교환 또는 매매를 통하여 공유의 객체를 단독 소유권의 대상으로 하여 그 객체에 대한 공유관계를 해소하는 것을 말하므로, **법원은 공유물분할을 청구하는 자가 구하는 방법에 구애받지 아니하고 자유로운 재량에 따라 공유관계나 그 객체인 물건의 제반 상황에 따라 공유자의 지분 비율에 따른 합리적인 분할을 하면 된다.**"고 한다(2004. 10. 14. 2004다30583).

3. 양적 동일 : 신청의 범위 내

가. 양적 상한

1) 인신사고로 인한 손해배상청구

판례는 손해3분설의 입장이다. 즉 "생명 또는 신체에 대한 불법행위로 인하여 입게 된 **적극적 손해와 소극적 손해 및 정신적 손해는 서로 소송물을 달리한다.**"고 한다(2002. 9. 10. 2002다34581). 따라서 청구의 총액을 초과하지 않더라도 각 손해의 청구액을 초과하면 처분권주의를 위반한 것이다.

2) 원본채권과 지연손해금채권

판례는 "금전채무불이행의 경우에 발생하는 **원본채권과 지연손해금채권은 별개의 소송물**이므로, 불이익변경에 해당하는지 여부는 원금과 지연손해금 부분을 각각 따로 비교하여 판단하여야 하고, 별개의 소송물을 합산한 전체 금액을 기준으로 판단하여서는 아니 된다."고 한다(2009. 6. 11. 2009다12399). 따라서 청구의 총액을 초과하지 않더라도 각 채권별 청구액을 초과하면 처분권주의를 위반한 것이다.

3) 일부청구와 과실상계

가) 문제점

원고의 일부청구에 대하여 법원이 과실상계를 하는 방법이 문제된다.

나) 학설의 대립

① **외측설**은 손해전액을 산정하여 과실상계를 한 뒤에 남은 잔액이 청구액을 초과하면 청구액의 한도에서 인용하고, 잔액이 청구액에 미달하면 잔액대로 인용할 것이라고 한다. ② **안분설**은 일부청구액에서 안분적으로 과실상계를 하여야 한다고 한다. ③ **내측설**은 일부청구액에서 손해전액을 기준으로 과실상계 하여야 한다고 한다.

다) 판례의 태도 : 외측설

(ⅰ) 판례는 "손해배상청구권 중 일부가 소송상 청구되어 있는 경우에 과실상계를 함에 있어서는

손해의 전액에서 과실비율에 의한 감액을 하고 잔액이 청구액을 초과하지 않을 경우에는 잔액을 인용할 것이고 잔액이 청구액을 초과할 경우에는 청구의 전액을 인용하는 것으로 해석하여야 할 것이며, 이와 같이 풀이하는 것이 **일부청구를 하는 당사자의 통상적 의사**라고 할 것이고, 이러한 방식에 따라 원고의 청구를 인용하여도 처분권주의에 위배되는 것이라고 할 수는 없다."고 하여 외측설의 입장이다(2008. 12. 24. 2008다51649).

또한 이 경우에 "법원이 청구 기초가 되는 손해액을 원고가 피고에게 청구한 금원을 초과하는 금액으로 인정할지라도 과실비율에 의한 감액을 한 잔액만을 인용한 관계로 원고의 청구금액을 초과하여 지급을 명하지 아니한 이상 처분권주의에 위배되었다고 할 수 없다."고 한다(1994. 10. 11. 94다17710).

(ⅱ) 판례는 외측설의 입장을 다음과 같은 경우에도 적용한다. 즉 "원고가 피고에게 금전채권 중 일부를 소송상 청구하는 경우에 피고의 반대채권으로 상계함에 있어서는 **금전채권 전액에서 상계를 하고 잔액이 청구액을 초과하지 아니할 경우에는 잔액을 인용할 것이고 잔액이 청구액을 초과할 경우에는 청구의 전액을 인용하는 것으로 해석하는 것이 일부청구를 하는 당사자의 통상적인 의사**이고, 원고의 청구액을 기초로 피고의 반대채권으로 상계하여 잔액만을 인용한 원심판결은 상계에 관한 법리를 오해한 위법이 있다."고 하여 일부청구에 대한 상계의 경우에도 적용한다(1984. 3. 27. 83다323).

또한 "원고가 손해배상청구액 중 일부청구를 하는 경우에 **손해배상액을 제한함에 있어서는 손해의 전액에서 책임감경사유나 책임제한 비율을 적용하여 산정한 손해배상액**이 일부청구액을 초과하지 않을 경우에는 손해배상액을, 일부청구액을 초과할 경우에는 일부청구액을 인용하여 줄 것을 구하는 것이 당사자의 통상적인 의사라고 보아야 할 것이다."고 하여 일부청구에 대한 손해배상액의 제한의 경우에도 적용한다(2008. 12. 11. 2006다5550).

또한 "채무불이행으로 인한 손해배상의 경우 **채무자가 손해금 중 일부에 대하여는 자신이 배상책임이 있음을 인정하여 변제공탁**을 하고, 그 액수를 초과하는 손해에 대하여는 법원이 인정하는 경우에 한하여 추가로 변제하기로 의사표시를 한 바가 있더라도, **법원이 채권자측의 과실을 참작하여 손해배상의 범위를 정함에 있어서는 채권자가 입은 전체 손해액을 기준**으로 하여야 한다."고 하여 일부공탁에 대한 과실상계의 경우에도 적용한다(1991. 1. 25. 90다6491).

　　라) 검 토

청구한 금액의 전부가 인용되기를 원하는 것이 원고의 일반적인 의사인 점, 일반적으로 원고가 자신의 과실을 자인하여 일부청구를 한다는 점, 일부청구라도 채권전부에 대해서 심리하는 것이 통상적이라는 점을 고려할 때 외측설이 타당하다.

나. 일부인용

1) 원 칙

법원은 원고가 신청한 소송물의 범위 내에서 일부만 인용될 수 있는 경우에는 **청구를 전부 기각할 것이 아니라 일부 인용의 판결**을 하여야 한다. 판례도 "주위토지통행권의 확인을 구하기 위해서는 통행의 장소와 방법을 특정하여 청구취지로써 명시하여야 하고, 또한 민법 제219조에 정한 요건을 주장·입증하여야 하며, 따라서 주위토지통행권이 있음을 주장하여 확인을 구하는 특정의 통로 부분이 민법 제219조에 정한 요건을 충족한다고 인정되지 아니할 경우에는 다른 토지 부분에 주위토지통행권이 인정된다고 할지라도 원칙적으로 청구를 기각할 수밖에 없으나, 이와 달리 **통행권의 확인을 구하는 특정의 통로 부분 중 일부분이 민법 제219조에 정한 요건을 충족하여 주위토지통행권이 인정된다면, 일부분에 대해서만 통행권의 확인을 구할 의사는 없음이 명백한 경우가 아닌 한 청구를 전부 기각할 것이 아니라, 그 부분에 한정하여 청구를 인용**함이 상당하다."고 한다(2006. 6. 2. 2005다70144).

2) 채무일부부존재확인소송에서 일부인용 판결의 가능성

가) 문제점

분량적으로 가분인 채무일부부존재확인소송에서 일부인용 판결이 가능한지가 문제된다. 예컨대 甲이 乙로부터 3천만 원을 차용하였는데 乙에 대하여 '원고의 피고에 대한 차용금채무는 1천만 원을 초과해서는 존재하지 아니함을 확인한다.'라는 소를 제기하였고, 법원이 심리한 결과 甲의 채무의 잔액이 2천만 원임이 인정되었을 경우에 일부인용 판결을 할 것인지 청구기각 판결을 할 것인지가 문제된다.

나) 채무의 상한이 명시된 경우

채무의 상한이 명시된 경우에 소송물은 존재하지 않는 것으로 주장된 2천만 원이 된다. 판례도 "권리 또는 법률관계의 존부확인은 다툼 있는 범위에 대해서만 청구하면 되므로, 채무자가 채권자 주장의 채무 중 일부의 채무가 있음을 인정하고 이를 초과하는 채무는 없다고 다투는 경우, **채무자가 인정하는 채무부분에 대하여는 다툼이 없으므로 확인의 이익이 없고 이를 초과하는 부분에 대해서만 채무부존재확인의 이익이 있다.**"고 한다(1983. 6. 14. 83다카37).

이 경우에 채무가 원고의 자인부분을 넘어서 존재하는 경우에 법원은 일부인용 판결을 하여야 한다. 원고 甲은 전부기각을 당하여 3천만 원의 채무존재를 확인받는 것보다, 2천만 원의 채무존재를 확인받는 일부인용 판결이라도 받는 것을 원하는 것으로 해석하는 것이 타당하기 때문이다.

다) 채무의 상한이 명시되지 않은 경우

(ⅰ) 이러한 소송의 허용여부와 관련하여, ① 채무부존재확인소송에서 상한을 명시하지 않은 경우 이러한 소송은 청구취지가 불명확한 것이어서 각하해야 한다는 견해가 있지만, ② 채무부존재확인 소송에서 피고로 된 채권자는 특별한 사정이 없는 한 본래의 채권액을 쉽게 알 수 있으므로 상한액을 명시하지 않아도 방어방법에 불이익이 없으므로 청구취지 및 청구원인 기타 변론 전체의 취지를 참작하여 상한이 표시된 소라고 보면 된다. 따라서 기본이 되는 채무액을 명시함이 없어도 부존재확인을 청구할 수 있다는 견해가 타당하다.

판례도 "원고가 **상한을 표시하지 않고** 일정액을 초과하는 채무의 부존재의 확인을 청구하는 사건에서 일정액을 초과하는 채무의 존재가 인정되는 경우에는, 특단의 사정이 없는 한 법원은 청구의 전부를 기각할 것이 아니라 존재하는 채무부분에 대하여 일부패소의 판결을 하여야 한다."고 하여 적법성을 인정하고 있다(1994. 1. 25. 93다9422).

(ⅱ) 일부인용 판결이 가능한 지에 대하여, ① 청구기각설과, ② 일부인용설이 대립된다. 이는 채무 존부만의 확인청구인가 아니면 수액의 확인청구인가 하는 신청취지의 해석문제이다. 판례는 일부인용설의 입장이다. 즉 판례는 "채무자의 채무부존재 확인청구가 채무자가 자인하는 금액을 제외하는 나머지 채무의 부존재확인을 구하는 것이라면, 소극적 확인소송에서 부존재확인을 구하는 목적인 법

률관계가 가분하고 또 분량적으로 일부만이 존재하는 경우에는 **청구전부를 기각할 것이 아니고 존재하는 법률관계의 부분에 대하여 일부패소의 판결**을 하여야 한다."고 한다(1983. 6. 14. 83다카37).

분쟁해결의 일회성·소송경제의 요청에 비추어 볼 때 수액에 관한 다툼을 남기는 판결은 바람직하지 않기 때문에 판례가 타당하다. 다만 원고의 의사가 채권의 존부만을 다투는 경우라면 처분권주의를 위반한다는 문제점이 있을 수 있지만, 이는 석명권 행사에 의하여 방지할 수 있을 것이다.

3) 단순이행청구에 대한 상환이행의 판결

(ⅰ) 원고의 단순이행청구에 대하여 피고의 유치권 항변이나 동시이행의 항변이 인정되는 경우에, 법원은 원고가 청구취지를 변경하지 않더라도 상환이행의 판결을 할 수 있다. 판례도 "**물건의 인도를 청구하는 소송에서 피고의 유치권 항변이 인용되는 경우**에는 물건에 관하여 생긴 채권의 변제와 상환으로 물건의 인도를 명하여야 한다."고 한다(1969. 11. 25. 69다1592).

이는 원고의 단순이행청구의 의사에 상환이행청구의 의사가 포함되어 있다고 볼 수 있기 때문이다. 판례도 "**매매계약 체결과 대금완납을 청구원인으로 하여 (무조건) 소유권이전등기를 구하는 청구취지에는 대금 중 미지급금이 있을 때에는 금원의 수령과 상환으로 소유권이전등기를 구하는 취지도 포함되어 있다.**"고 한다(1979. 10. 10. 79다1508). 따라서 "**매수인이 단순히 소유권이전등기청구만을 하고 매도인이 동시이행의 항변을 한 경우** 법원이 대금수령과 상환으로 소유권이전등기절차를 이행할 것을 명하는 것은 그 청구중에 대금지급과 상환으로 소유권이전등기를 받겠다는 취지가 포함된 경우에 한하므로, **그 청구가 반대급부 의무가 없다는 취지임이 분명한 경우에는 청구를 기각하여야 한다.**"고 한다(1980. 2. 26. 80다56).

(ⅱ) 그러나 원고의 의사에 포함되어 있다고 보기 어려운 경우에는 원고가 청구취지를 변경하지 않는 한 법원은 청구기각 판결을 하여야 한다. 판례도 "**임차인이 건물매수청구권을 행사하고 심리결과 그 권리가 인정된다면 임대인의 건물철거 및 대지인도청구는 기각되어야 한다.**"고 한다(1995. 2. 3. 94다51178).

4) 현재이행의 소에 대한 장래이행의 판결

(ⅰ) 원고가 현재이행의 소를 청구하였으나, 장래이행의 소로서 미리 청구할 필요가 있고 원고의 의사에 반하는 것이 아니면 법원은 장래이행의 판결을 선고할 수 있다. 판례도 "채무자가 피담보채무 전액을 변제하였다고 하거나 피담보채무의 일부가 남아 있음을 시인하면서 변제를 조건으로 저당권설정등기의 말소등기절차 이행을 청구하였지만 피담보채무의 범위에 관한 견해 차이로 채무 전액을 소멸시키지 못하였거나 변제하겠다는 금액만으로는 소멸시키기에 부족한 경우에, **그 청구중에는 확정된 잔존채무의 변제를 조건으로 등기의 말소를 구한다는 취지까지 포함되어 있는 것으로 해석하여야 하고, 이러한 경우에는 장래이행의 소로서 저당권설정등기의 말소를 미리 청구할 필요가 있다.**"고 한다(1996. 2. 23. 95다9310).

또한 "근저당권이 담보하는 피담보채권액의 범위에 관하여 당사자 사이에 다툼이 있어 잔존 피담보채권이라고 주장하는 **금원의 수령과 상환으로 근저당권설정등기의 말소를 구하는 경우**, 소송과정에서 밝혀진 잔존 피담보채권액의 지급을 조건으로 말소를 구하는 취지도 포함되었다고 봄이 상당하고, 이는 장래이행의 소로서 미리 청구할 이익이 있다."고 하여 상환이행청구에 대하여 장래이행판결을 선고할 수 있다고 한다(1993. 4. 27. 92다5249).

(ⅱ) 그러나 판례는 "피담보채무가 발생하지 아니한 것을 전제로 한 근저당권설정등기의 말소등기 절차이행청구 중에 피담보채무의 변제를 조건으로 장래의 이행을 청구하는 취지가 포함된 것으로는 보여지지 않는다."고 한다(1991. 4. 23. 91다6009). 따라서 이 경우에는 변제를 조건으로 말소를 명하는 판결을 할 수 없다.

다. 집행불능시 대상청구와 이행불능시 전보배상청구

목적물의 인도청구와 집행불능에 대비한 대상청구에는 변론종결시까지 이행불능이 되면 전보배상판결을 받으려는 의사가 포함되어 있지 않기 때문에, 변론종결시까지 이행불능이 되면 인도청구는 물론이고 대상청구도 모두 기각하여야 한다. 판례도 "집행불능시의 대상청구 속에는 예비적으로 이행불능시의 전보배상청구도 포함된 것으로 보고 판단한 것은 원고의 청구내용을 오해하여 청구하지 않은 것을 심리판단한 잘못이 있다."고 한다(1962. 12. 16. 67다1525).

라. 일시금청구와 정기금 지급판결

판례는 "장래 정기적으로 발생되는 손해에 관하여 손해배상을 청구하는 경우에 정기금지급을 구할 것인가 일시금지급을 구할 것인가는 당사자가 임의로 선택할 수 있는 것이며, 정기금지급을 명할 것인가의 여부는 법원의 자유재량에 속하는 것이므로, 원심이 개호비 손해에 대하여 일시금지급을 명하였다고 하여 반드시 위법하다고 할 수는 없으나, 원심으로서는 원고의 여명단축에 대하여 더 심리하여 보아도 원고의 여명 예측이 불확실한 경우에는 원고가 확실히 생존하고 있으리라고 인정되는 기간 동안의 손해는 일시금의 지급을 명하고 그 이후의 기간은 원고의 생존을 조건으로 정기금의 지급을 명할 수밖에 없을 것이다."고 한다(1994. 3. 25. 93다43644).

마. 주관적 공동관계의 판단

판례는 "채권자 甲이 채무자 乙을 상대로 자신의 인수대금 채권을 행사하는 청구와 제3채무자 丙을 상대로 위 채권을 피보전채권으로 하여 乙의 채권을 대위행사하는 청구를 한 사안에서, 乙의 甲에 대한 채무와 丙의 乙에 대한 채무가 연대채무 또는 부진정연대채무의 관계가 아니지만, **甲이 두 채무가 부진정연대채무 관계에 있음을 전제로 연대하여 지급할 것을 구하였는데도 乙과 丙에게 개별적 지급책임을 인정한 원심판결에는 처분권주의에 관한 법리오해의 잘못이 있다.**"고 한다(2014. 7. 10. 2012다89832). 원고가 연대하여 지급을 구하였음에도 법원이 개별적 지급책임을 인정한 것은 원고가 청구한 금액을 초과하여 인정한 것이 되어 처분권주의를 위반한 판결이 된다. 따라서 판례가 타당하다.

Ⅳ. 절차의 종결

1. 당사자의 처분에 의한 절차의 종결

민사소송에서는 어느 때나 청구의 포기·인낙, 재판상 화해, 소 취하에 의하여 절차를 종결할 수 있다. 또한 상소의 취하(제393조, 제425조), 불상소의 합의, 불항소의 합의(제390조 제1항 단서), 상소권의 포기(제394조, 제425조)도 인정된다.

2. 처분권주의의 제한

가. 필수적 공동소송, 독립당사자참가소송

필수적 공동소송에서 청구의 포기·인낙, 소송상의 화해는 불리한 소송행위이므로 개별적으로는 허용되지 않고, 독립당사자참가소송에서는 두 당사자 사이의 소송행위는 나머지 1인에게 불이익이 되는 한 두 당사자 간에도 효력이 발생하지 않는다. 따라서 원·피고간의 소송관계에 대하여 청구의 포기·인낙, 소송상의 화해는 허용되지 않으며 참가인의 피고에 대한 청구를 피고가 인낙을 하여도 무효이다. 다만 예비적·선택적 공동소송에서는 필수적 공동소송에 관한 심판규정이 준용되지만, 청구의 포기·인낙, 화해를 단독으로 할 수 있다(제70조 제1항 단서).

나. 직권탐지주의에 의하는 소송

가사소송·행정소송 등 직권탐지주의에 의하는 절차는 당사자가 임의로 처분할 수 있는 권리관계가 아니므로, 당사자의 의사에 판결과 동일한 효력을 인정하는 청구의 포기·인낙, 재판상 화해는 할 수 없다. 다만 소의 취하는 할 수 있다.

다. 회사관계소송

회사관계소송에서 원고승소 판결의 경우에 대세효(상법 제190조 본문)가 인정되는 경우가 있다. 따라서 이러한 경우에 원고승소 판결과 동일한 효력이 있는 청구의 인낙과 재판상 화해는 인정되지 않고, 원고패소 판결과 동일한 효력이 있는 청구의 포기는 인정된다. 한편 주주의 청구에 따라 회사가 제기하는 이사의 책임을 추궁하는 소(상법 제403조 제1항) 및 주주대표소송(제403조 제3항·제4항)의 경우에는 법원의 허가를 얻지 아니하고는 소의 취하, 청구의 포기·인낙, 화해를 할 수 없다(상법 제403조 제6항).

V. 처분권주의 위배의 효과

처분권주의에 위배된 판결은 확정 전에는 상소 등으로 불복하여 취소를 구할 수 있지만, 확정 후에는 당연 무효라고는 할 수 없고 재심사유가 아니므로 판결이 확정되면 취소를 구할 수 없다. 또한 처분권주의의 위배는 판결의 내용에 관한 것이고 소송절차에 관한 것이 아니므로 이의권의 대상이 아니다. 다만 처분권주의에 위배된 경우라도 항소심에서 원고가 제1심에서 신청하지 아니한 사항에 관하여 새로 신청하면 그 하자는 치유된다.

◆ 제3관 **변론주의**

I. 서 설

변론주의는 <u>광의의 소송자료, 즉 사실과 증거의 수집·제출의 책임을 당사자에게 맡기고, 당사자가 변론에서 제출한 소송자료만을 재판의 기초로 삼아야 한다는 원칙</u>을 말한다. 직권탐지주의는 소송자료의 수집·제출책임을 법원이 부담하는 입장이라는 점에서 변론주의와 구별되고, 처분권주의는 판단대상의 결정을 당사자에 일임하는 원칙이라는 점에서 변론주의와 구별된다.

판례는 "변론주의는 <u>권리의 발생·소멸이라는 법률효과 판단의 요건이 되는 주요사실에 대한 주장·</u>

입증에 관한 것으로서, 주요사실의 존부를 확인하는데 있어 도움이 됨에 그치는 간접사실이나 그의 증빙자료에 대하여는 적용되지 아니한다."고 하고(2002. 8. 23. 2000다66133), "판결의 기초가 되는 법률효과의 존부의 판단에 직접 필요한 요건사실은 당사자가 주장하는 사실관계를 토대로 삼아야 할 것이나, 기본사실의 경위, 내용 등에 관해서는 당사자의 주장 유무 여하에 불구하고 법원이 증거에 의하여 자유로이 사실을 인정할 수 있다."고 한다(1971. 4. 20. 71다278).

또한 "행정소송의 일종인 심결취소소송에 직권주의가 가미되어 있더라도 여전히 변론주의를 기본 구조로 하는 이상, 심결의 위법을 들어 취소를 청구할 때에는 직권조사사항을 제외하고는 취소를 구하는 자가 위법사유에 해당하는 구체적 사실을 먼저 주장하여야 하고, 따라서 **법원이 당사자가 주장하지도 않은 법률요건에 관하여 판단하는 것은 변론주의 원칙에 위배되는 것**이다."고 한다(2011. 3. 24. 2010후3509).

II. 변론주의의 내용

1. 사실의 주장책임

가. 주요사실·간접사실·보조사실의 구별

1) 개 념

(ⅰ) 주요사실이란 **법률효과를 발생시키는 법규의 직접요건에 해당하는 사실**(요건사실)을 말하는데 구체적으로는 청구원인사실과 항변사실을 말한다. (ⅱ) 간접사실이란 **주요사실의 존부를 경험칙에 의하여 추인케 하는데 이바지하는 사실**을 말하는데 징빙(徵憑)이라고도 한다. 간접사실을 증명하는 증거가 간접증거 또는 정황증거이다. (ⅲ) 보조사실이란 **증거능력이나 증거력에 관한 사실**을 말하는데, 간접사실에 준해서 취급한다.

2) 구별의 기준

가) 학설의 대립

① 법률이 규정하는 구성요건에 해당하는 구체적 사실이 주요사실이고, 그 이외의 사실은 간접사실로 보는 **법규기준설**, ② 소송의 승패에 영향을 미치는 중요한 사실에 대하여는 변론주의의 적용이 있다고 보는 **중요사실주장설**, ③ 법규기준설에 입각한 주요사실과 간접사실의 구별은 유지하되, 과실·인과관계 등을 요건으로 한 일반규정의 경우에는 요건사실을 구성하는 구체적 사실을 주요사실에 준해서 변론주의의 적용을 받게 하자는 **준주요사실적용설**, ④ 판결의 기초가 되기 위해서는 주요사실이든 간접사실이든 모두 당사자의 주장을 요한다는 **전사실주장설**, ⑤ 당사자로서는 공격방어의 목표가 되고 법원으로서는 심리활동의 지침을 이루는 사실을 주요사실로 보고, 그 밖의 사실을 간접사실로 보자는 **개별판단설**이 대립된다.

나) 판례의 태도

판례는 "당사자가 변론에서 주장한 주요사실만이 심판의 대상이 되는 것으로서 주요사실이라 함은 **법률효과를 발생시키는 실체법상의 구성요건 해당사실**을 말한다."고 하여 법규기준설의 입장이다 (1983. 12. 13. 83다카1489).

다) 검 토

당사자에게 주장책임을 분배하는 타당한 기준은 법규이므로 원칙적으로 법규기준설에 의하고, 일반조항의 경우에만 일반조항을 구성하는 구체적인 사실을 준주요사실로 보는 것이 구체적 타당성이 있는 해결책이므로, 준주요사실적용설로 보충하는 것이 타당하다.40)

3) 구별의 실익

주장책임은 주요사실에 한하여 인정된다. 따라서 간접사실·보조사실은 당사자의 주장이 없어도 증거자료로 변론에 나타나기만 하면 판결의 기초로 삼을 수 있고, 법원은 당사자가 주장하는 간접사실과 다른 사실을 인정해도 된다.

판례도 "**변론주의는 주요사실에 대하여만 적용되고 경위, 내력 등 간접사실에 대하여는 적용이 없는 것**이므로, 甲이 중도금을 乙에게 **직접 지급하였느냐 또는 수령권한 수임자로 인정되는 자를 통하여 지급하였느냐는 변제사실에 대한 간접사실**에 지나지 않는 것이어서 반드시 당사자의 구체적인 주장을 요하는 것은 아니다."고 하고(1993. 9. 14. 93다28379), "**가해차량이 피해차량의 후미를 충격하게 된 경위**를 원고 주장사실과 다소 다르게 인정하더라도, 이는 원고주장의 범위 내에 속하는 사실임이 분명하므로 원고가 주장하지도 아니한 사실을 인정한 위법이 없다."고 한다(1979. 7. 24. 79다879).

또한 자백의 대상으로 되는 사실은 주요사실에 한하고, 간접사실에 관해서는 자백이 있더라도 '변론 전체의 취지'로 참작될 뿐이고 법원에 대한 구속력이 인정되지 않는다. 간접사실에 대한 자백의 구속력을 인정하지 않는 이유는 주요사실에 관하여 형성된 법관의 자유심증을 제약하지 않기 위해서이다. 한편 상고이유·재심사유에 해당하는 '판단누락이 되는 사실'은 주요사실에 대한 판단누락을 말하고, 간접사실·보조사실은 법원이 판단하지 않아도 판단누락이 되지 않는다. 또한 유일한 증거에 대한 특별한 취급은 주요사실에 대한 증거에 관해서만 적용된다(제290조 단서).

나. 주요사실 여부가 문제되는 경우

1) 대리행위

(ⅰ) 판례는 "**대리인에 의한 계약체결 사실은 법률효과를 발생시키는 실체법상 구성요건 해당사실**에 속하므로, 법원은 변론에서 당사자의 주장이 없으면 그 사실을 인정할 수가 없는 것이나, 그 주장은 반드시 명시적인 것이어야 하는 것은 아니다."고 한다(1990. 6. 26. 89다카15359). 즉 "대리행위는 법률효과를 발생시키는 실체법상 구성요건 해당사실에 속하므로 법원은 변론에서 당사자가 주장하지 않는 이상 인정할 수 없으나, 이와 같은 주장은 반드시 명시적인 것이어야 하는 것은 아니고 **당사자의 주장 취지에 비추어 이러한 주장이 포함되어 있는 것으로 볼 수 있다면 재판의 기초로 삼을 수 있다.**"고 한다(1996. 2. 9. 95다27998).

따라서 "원고는 소장 및 준비서면에서 원고가 소외인을 통하여 피고 등에게 금원을 대여하였다고 주장하고 있으나, **원고는 소외인을 증인으로 신청하여 소외인이 원고와 피고 등 사이의 금전거래를 중개하였음을 입증하고 있다면, 원고가 변론에서 소외인이 피고 등을 대리하여 원고로부터 금원을**

---

40) 준주요사실이라는 별도의 개념을 설정할 합리적 이유가 없다고 하면서, 일반조항(선량한 풍속 그 밖의 사회질서 위반, 정당한 사유, 고의, 과실)에서는 일반조항이 요건사실이나 그 자체가 주요사실이 되는 것이 아니고, 이에 해당하는 구체적인 사실이 주요사실이 된다는 견해(김홍엽)도 있다. 이 견해에서는 일반조항 외의 경우에는 요건사실과 주요사실이 같은 개념이지만, 일반조항인 경우에는 요건사실이 주요사실보다 더 넓은 개념이라고 한다.

차용한 것이라고 진술한 흔적이 없더라도 증인신청으로서 대리행위에 관한 간접적인 진술은 있었다고 보아야 할 것이므로, 법원이 소외인이 피고 등을 대리하여 원고로부터 금원을 차용한 것으로 판단하였다고 하여 변론주의에 반하는 처사라고 비난할 수 없다."고 한다(1994. 10. 11. 94다24626).

(ⅱ) 판례는 "유권대리에서는 본인이 대리인에게 수여한 대리권의 효력에 의하여 법률효과가 발생하는 반면 표현대리에서는 대리권이 없음에도 법률이 거래상대방 보호와 거래안전유지를 위하여 본래 무효인 무권대리 행위의 효과를 본인에게 미치게 한 것으로서 **표현대리가 성립된다고 하여 무권대리의 성질이 유권대리로 전환되는 것은 아니므로, 양자의 구성요건 해당사실 즉 주요사실은 다르다고 볼 수밖에 없으니 유권대리에 관한 주장 속에 무권대리에 속하는 표현대리의 주장이 포함되어 있다고 볼 수 없다.**"고 한다(1983. 12. 13. 83다카1489).[41] 즉 "대리권이 있다는 것과 표현대리가 성립한다는 것은 요건사실이 다르므로, **유권대리의 주장이 있으면 표현대리의 주장이 당연히 포함되는 것은 아니고 이 경우 법원이 표현대리의 성립여부까지 판단해야 하는 것은 아니다.**"고 한다(1990. 3. 27. 88다카181).

2) 현가산정의 방식

판례는 "노동능력상실율의 인정은 사실인정에 속하지만 일실이익의 현가산정방식은 구체적 사실에 대한 법률적 평가인 것이므로 **노동능력상실율을 인정함에 있어 국가배상법 시행령 소정의 평가를 하였다 하여 일실이익의 현가산정방식도 시행령 소정의 방식에 따라야 한다고는 할 수 없다.**"고 하고 (1988. 3. 8. 87다카1354), "불법행위로 인한 일실수익의 현가산정에 있어서 기초사실인 수입, 가동연한, 공제할 생활비 등은 사실상의 주장이지만 현가산정 방식에 관한 주장(호프만식에 의할 것이냐 또는 라이프니쯔식에 의할 것이냐에 관한 주장)은 당사자의 평가에 지나지 않는 것이므로, 당사자의 주장에 불구하고 법원은 자유로운 판단에 따라 채용할 수 있고 이를 변론주의에 반한 것이라 할 수 없다."고 한다(1983. 6. 28. 83다191).

3) 소멸시효의 기산일과 소멸시효의 기간

판례는 "**소멸시효 기산일은 채무 소멸이라고 하는 법률효과 발생의 요건에 해당하는 소멸시효 기간 계산의 시발점으로서 소멸시효 항변의 법률요건을 구성하는 구체적인 사실에 해당하므로 변론주의의 적용대상**이고, 본래의 소멸시효 기산일과 당사자가 주장하는 기산일이 다른 경우에는 변론주의의 원칙상 법원은 당사자가 주장하는 기산일을 기준으로 소멸시효를 계산하여야 하는데, 이는 당사자가 본래의 기산일보다 뒤의 날짜를 기산일로 하여 주장하는 경우는 물론이고 특별한 사정이 없는 한 반대의 경우에 있어서도 마찬가지이다."고 하여 소멸시효의 기산일을 주요사실로 보고 있다 (1995. 8. 25. 94다35886).[42)43)]

---

41) [판례평석] 주요사실의 범위를 넓히는 것은 심리의 초점을 흐리게 하고 상대방의 방어를 곤란하게 할 염려가 있으므로 이러한 판례의 태도는 타당하다(호문혁, 제14판, 408면).
42) [이유] 왜냐하면 본래의 기산일이 당사자가 주장하는 기산일보다 뒤의 날짜라 하여 법원이 본래의 기산일에 따라 소멸시효 기간을 인정하게 되면 그 기간 가운데에는 당사자가 주장한 기간 속에 들어 있지 아니한 부분이 있어 위 양자 사이에 전체가 부분을 포함하는 관계가 있다고는 할 수 없으므로 법원의 인정 사실은 당사자의 주장 사실과 전혀 별개의 것으로서 양자 사이에는 동일성이 없다 할 것이고, 나아가 당사자가 주장하는 기산일을 기준으로 심리·판단하여야만 상대방으로서도 법원이 임의의 날을 기산일로 인정하는 것에 의하여 예측하지 못한 불이익을 받음이 없이 이에 맞추어 권리를 행사할 수 있는 때에 해당하는지의 여부 및 소멸시효의 중단 사유가 있었는지의 여부 등에 관한 공격방어방법을 집중시킬 수 있을 것이기 때문이다.

그러나 "**소멸시효기간이 얼마나 되는지에 관한 주장은 단순한 '법률상의 주장'에 불과하므로, 변론주의의 적용대상이 되지 않고 법원이 직권으로 판단할 수 있다.** 이 점에 관하여 원고가 민법에 의한 10년의 소멸시효완성을 주장하였는데 원심이 국가재정법에 의한 5년의 소멸시효를 적용한 것이 변론주의를 위반한 것이라는 피고의 상고이유 주장은 받아들일 수 없다."고 하고(2008. 3. 27. 2006다70929), "10년의 소멸시효를 주장하고 있더라도 지방자치단체에 대한 금전지급을 목적으로 하는 채권의 소멸시효기간은 5년이므로 이에 따른 소멸시효 완성여부를 심리하여야 한다."고 한다(1977. 9. 13. 77다832). 당사자가 주요사실을 주장하면 변론주의는 충족된 것이고, 주요사실로 인하여 어떠한 법률효과가 발생하는지는 주장할 필요가 없기 때문에, 소멸시효기간을 법률상의 주장에 불과하다고 보는 판례가 타당하다.

4) 취득시효의 기산일과 자주점유

판례는 "**취득시효의 기산점은 법률효과의 판단에 관하여 직접 필요한 주요사실이 아니고 간접사실**에 불과하므로, 법원으로서는 이에 관한 당사자의 주장에 구속되지 아니하고 소송자료에 의하여 점유의 시기를 인정할 수 있다."고 한다(1998. 5. 12. 97다34037). 따라서 "점유기간 중에 부동산의 소유권자에 변동이 있는 경우에는 취득시효를 주장하는 자가 임의로 기산점을 선택하거나 소급하여 20년 이상 점유한 사실만 내세워 시효완성을 주장할 수 없고, **법원이 당사자의 주장에 구애됨이 없이 소송자료에 의하여 인정되는 바에 따라 진정한 점유의 개시시기를 인정**하고 이를 바탕으로 취득시효 주장의 당부를 판단하여야 한다."고 한다(1993. 10. 26. 93다7358).

한편 "시효취득에서 점유가 자주점유인지의 여부를 가리는 기준이 되는 **점유 권원은 간접사실**에 지나지 아니하므로, 법원은 당사자의 주장에 구애됨이 없이 소송자료에 의하여 인정되는 바에 따라 진정한 점유의 권원을 심리하여 취득시효 완성 여부를 판단할 수 있다."고 한다(1997. 2. 28. 96다53789).

다. 주요사실에 대한 주장책임

1) 주장책임의 의의

당사자는 자기에게 유리한 주요사실을 주장하지 아니하면 그 사실이 없는 것으로 취급되어 불이익한 판단을 받게 되는데 이를 주장책임이라고 한다. 즉 주요사실은 당사자가 변론에서 주장하여야 하며, 당사자에 의하여 주장되지 않은 주요사실은 판결의 기초로 삼을 수 없다.

판례는 "**주요사실(요건사실)은 당사자가 변론에서 주장하지 않으면 판결의 기초로 삼을 수 없다.**"고 한다(2013. 5. 9. 2011다61646). 따라서 "법률상의 요건사실에 해당하는 주요사실에 대하여 당사자가 주장하지도 아니한 사실을 인정하여 판단하는 것은 변론주의에 위반된다."고 한다(2021. 3. 25. 2020다289989).

또한 "시효를 주장하는 자가 원고가 되어 소를 제기한 경우에, 피고가 시효중단 사유가 되는 응소행위를 하였다고 하여 바로 시효중단의 효과가 발생하는 것은 아니고 **변론주의 원칙상 시효중단의 효과를 원하는 피고는 당해 소송 또는 다른 소송에서의 응소행위로서 시효가 중단되었다고 주장하지 않으면 아니 되고**, 피고가 변론에서 시효중단의 주장 또는 이러한 취지가 포함되었다고 볼 만한 주장

---

43) [**판례평석**] 여기서 주요사실 여부가 문제되는 것은 소멸시효와 취득시효의 '기산점'에 관한 것이지 각 시효의 완성에 관한 것이 아니라는 점을 주의해야 한다. 시효의 '완성'은 바로 요건사항이고 주요사실이 되기 때문에 이런 논란의 여지가 없다(호문혁, 제14판, 409면).

을 하지 아니하는 한, 피고의 응소행위가 있었다는 사정만으로 당연히 시효중단의 효력이 발생한다고 할 수는 없다."고 한다(1995. 2. 28. 94다18577).

다만 판례는 "변론주의 원칙상 당사자가 주장하지 아니한 사실을 기초로 법원이 판단할 수는 없지만, **법원은 청구의 객관적 실체가 동일하다고 보여지는 한 청구원인으로 주장된 실체적 권리관계에 대한 정당한 법률해석에 의하여 판결할 수 있다.**"고 한다(1994. 11. 25. 94므826). 또한 "피고가 부담하는 주장책임의 정도는 요건사실 즉, 피고가 이 사건 계속적 보증계약 및 근저당권설정계약을 해지하였다는 사실만 변론에 현출되면 족하고, **요건사실의 존재로 어떠한 법률효과가 발생하는지에 대해서까지 주장하여야만 하는 것은 아니다.**"고 한다(2002. 2. 26. 2000다48265).

2) 주장공통의 원칙

주요사실의 주장은 어느 당사자든 변론에서 주장하면 되고 반드시 주장책임을 지는 당사자가 변론에서 진술하여야 하는 것은 아니다. 이를 '주장공통의 원칙'이라고 한다. 판례도 "법률효과를 발생시키는 실체법상 구성요건 해당사실에 속하는 사항에 관하여는 법원은 변론에서 당사자가 주장하지 않는 이상 이를 인정할 수 없으나, 이와 같은 주장은 반드시 명시적인 것이어야 하는 것은 아니고 당사자의 주장 취지에 비추어 이러한 주장이 포함되어 있는 것으로 볼 수 있으면 충분하며, 또한 반드시 **주장책임을 지는 당사자가 진술하여야 하는 것은 아니고,** 소송에서 쌍방 당사자 간에 제출된 소송자료를 통하여 심리가 됨으로써 주장의 존재를 인정하더라도 상대방에게 불의의 타격을 줄 우려가 없는 경우에는 주장이 있는 것으로 보아 재판의 기초로 삼을 수 있다."고 한다(2009. 6. 23. 2007다26165).

라. 주장의 의제

판례는 "석명권은 당사자의 주장과 제출증거내용과의 모순이 있어 진술의 취지가 애매하고 잘 알 수 없을 때 이를 지적하고 시정을 촉구하기 위하여 행사하는 것이므로, **당사자의 주장과 제출증거내용과의 모순이 있어 보인다 하더라도 법원이 변론에 현출된 제반증거 등을 종합하여 진술의 취지를 추단할 수 있는 경우라면 굳이 이를 지적하고 시정을 촉구하기 위한 석명권을 행사하여야 할 의무는 없다.**"고 한다(1988. 3. 8. 87다카1801).44)

마. 주장의 포함(묵시적 주장)

1) 내 용

사실의 주장은 명시적이어야 하는 것은 아니다. 따라서 당사자의 주장 취지에 비추어 그러한 주장이 포함되어 있는 것으로 볼 수 있다면 재판의 기초로 삼을 수 있다. 판례도 "대리행위는 법률효과를 발생시키는 실체법상의 구성요건해당사실에 속하므로 법원은 변론에서 당사자가 주장하지 않은 이상 이를 인정할 수 없으나, **주장은 반드시 명시적인 것이어야 하는 것은 아니고 당사자의 주장 취지에 비추어 이러한 주장이 포함되어 있는 것으로 볼 수 있다면, 재판의 기초로 삼을 수 있다.**"고 한다 (1996. 2. 9. 95다27998).

---

44) [판례평석] 판례는 일정한 경우 명시적 주장이 없음에도 주장이 있는 것으로 추단하는 주장의 의제를 인정하고 있다. 그러나 당사자 주장의 해석을 통하여 쉽사리 주장을 의제하는 방법으로 주장을 확정하는 것은 변론주의의 원칙상 매우 신중해야 한다(김홍엽, 제10판, 443면).

2) 주장의 포함을 인정한 판례

ⓐ 피고가 **본안전 항변으로 채권양도사실을 내세워 당사자적격이 없다고 주장하는 경우** 그와 같은 주장 속에는 **원고가 채권을 양도하였기 때문에 채권자임을 전제로 한 청구는 이유가 없는 것이라는 취지의 본안에 관한 항변이 포함**되어 있다(1992. 10. 27. 92다18597).

ⓑ 피고가 무인한 각서에 대하여 **위조라는 용어를 사용**하면서도 각서에 동의할 수 없는 여러 사정을 들어 각서의 효력이 없다고 하고 있다면, 피고의 주장 속에는 각서에 의한 약정은 피고가 당시 궁박한 상태에서 경솔하게 행하여진 **불공정행위로서 무효라는 뜻도 포함**되어 있는 것으로 봄이 상당하다 할 것인데, 이에 대한 주장을 간과하고 피고의 주장을 각서에 대한 위조항변으로만 취급한 원심판결에 심리미진의 위법이 있다고 한 사례(1994. 10. 25. 94다29027).

ⓒ **고의에 의한 불법행위**를 원인으로 한 손해배상 책임의 주장에는 만일 고의는 없으나 과실이 인정될 경우에는 **과실에 의한 불법행위**를 원인으로 한 손해배상을 바라는 주장도 포함되어 있다고 보아야 한다(1995. 12. 22. 94다21078).

ⓓ 원고는 민법 제536조 제2항을 들거나 동시이행의 항변권 또는 불안의 항변권을 행사하였다고 명확히 주장하지는 아니하였지만, **피고가 종전의 임가공비 지급을 지체하였기 때문에 가공원단을 납품하지 아니한 것이어서 자기의 납품거부행위가 채무불이행이 되지 아니하기 때문에 손해배상책임이 없다는 취지로 주장**하였다면, 원고의 주장에는 자신의 납품거부행위가 동시이행의 항변권 또는 불안의 항변권의 행사로서 위법하지 아니하다는 주장을 포함하는 것으로 해석할 수 있어 변론주의 위반의 위법이 없다(1995. 2. 28. 93다53887).

ⓔ 甲이 乙을 **대리하여** 토지를 매도하였다는 주장에는 甲이 乙을 **대행적으로 대리**하여 자신의 명의로 토지를 매도하였다는 주장도 포함되어 있다고 본 사례(1995. 2. 28. 94다19341).

ⓕ **상인 간에서 금전소비대차가 있었음을 주장하면서 약정이자의 지급을 구하는 청구에는 약정이자율이 인정되지 않더라도 상법 소정의 법정이자의 지급을 구하는 취지가 포함되어 있다**고 보아야 한다. 대여금에 대한 약정이자의 지급 청구에는 상법 소정의 법정이자의 지급을 구하는 취지도 포함되어 있다고 보아야 하므로, 법원으로서는 이자 지급약정이 인정되지 않는다 하더라도 곧바로 청구를 배척할 것이 아니라 법정이자 청구에 대하여도 판단하여야 한다(2007. 3. 15. 2006다73072).

ⓖ 피고가 원고의 청구권이 상사채권으로서 5년의 소멸시효기간이 적용된다고 주장하다가 이를 철회하고 보험금청구권에 해당하므로 3년의 소멸시효기간이 적용된다고 주장한 사안에서, **3년의 소멸시효기간 주장 속에는 그보다 장기간인 5년의 소멸시효기간에 관한 주장이 포함되어 있다**는 이유로, 원고의 청구권에 3년의 소멸시효기간이 적용되지 않는다고 보아 곧바로 피고의 주장을 배척한 원심판결을 파기한 사례(2006. 11. 10. 2005다35516).

ⓗ 부동산 소유자가 점유자 내지 점유승계자 등을 상대로 그 동안 수없이 부동산에 대하여 명도 요구를 하였고, 점유자 내지 점유승계자들 또한 소유자에게 부동산에 대한 임대·교환·불하 등의 요구를 하였던 점 등으로 미루어 보면, **점유자와 점유승계자들의 점유는 소유의 의사가 있는 점유가 아니고 평온한 점유도 아니라는 소유자의 주장은 점유승계자들이 부동산에 관한 소유권을 승인함으로써 시효가 중단되었다는 주장으로도 볼 수 있으므로**, 석명권을 적절히 행사하여 소유자의 주장 취지를 명확히 한 다음 이에 대하여 심리 판단을 하여야 한다(1996. 6. 11. 94다55545).

3) 주장의 포함을 부정한 판례

ⓐ 원심은, 원고들 소송대리인이 "원고가 무식하고 사회적 경험이 없으며 가난한 사람이어서 합의를 하지 않으면 돈도 못 받을 것이라고 생각하여 합의를 한 것이므로 합의는 무효이다"고 주장하고 있고 이는 착오에 의한 의사표시를 취소한다는 취지로 해석된다고 하였으나, 그 내용은 **합의약정이 불공정한 법률행위로서 무효라는 주장이지, 거기에 착오에 기한 의사표시로서 취소를 구한다는 취지가 담겨있다고 보기 어려우므로**, 원심은 결국 당사자가 주장하지도 아니한 사실을 기초로 삼아 판결한 것으로서 변론주의원칙에 위배된다(1993. 7. 13. 93다19962).

ⓑ **불공정한 법률행위**로서 무효라는 주장 안에 **반사회적 법률행위**로서 무효라는 주장이 포함되어 있는지의 여부를 석명하지 않았다 하여 석명의무를 위반한 위법이 있다고 볼 수 없다(1997. 3. 25. 96다47951).

ⓒ 대물변제계약이 피고의 급박한 사정에 편승한 불공정한 법률행위로서 무효라는 주장속에 민법 제607조 위반으로서 무효라는 주장도 당연히 포함된다고는 볼 수 없다고 할 것이므로 이 사건 부동산의 시가가 채권액을 초과하는지 여부에 관하여 입증을 촉구하지 아니하였다고 하여 석명권을 행사하지 아니한 잘못이 있다고 할 수 없다(1983. 2. 8. 80다1764).

ⓓ **임대인이 임차인의 차임연체액이 2기의 차임액에 달한다는 이유로 임대차계약을 해지하고 임차목적물의 반환을 청구한다는 주장과 임대차기간의 약정이 없어서 바로 계약해지의 통고를 하고 임차목적물의 반환을 청구한다는 주장**은 양립할 수 있는 별개의 독립된 공격방어방법이므로, 임대인이 그중 어느 한쪽만을 주장한 경우 법원은 처분권주의의 원칙상 그 주장에 대하여만 판단하여야지 당사자가 주장하지도 아니한 사항에 관하여까지 주장을 촉구하거나 판단하지 못한다(1993. 4. 27. 93다1688).

ⓔ 의사표시가 강박에 의한 것이어서 당연무효라는 주장 속에, 강박에 의한 의사표시이므로 취소한다는 주장이 당연히 포함되어 있다고는 볼 수 없다(1996. 12. 23. 95다40038).

ⓕ 매매계약이 해제 또는 무효로 되었다는 매도인의 항변에 매도인의 소유권이전등기의무와 매수인의 잔대금지급의무가 동시이행관계에 있다는 항변이 포함되어 있다고 볼 수 없다(1993. 12. 28. 93다777).

ⓖ 증여를 원인으로 한 부동산소유권이전등기청구에 대하여 피고가 시효취득을 주장하였다고 하여도 그 주장 속에 원고의 이전등기청구권이 시효소멸 하였다는 주장까지 포함되었다고 할 수 없다(1982. 2. 9. 81다534).

ⓗ 채무불이행으로 인한 손해배상청구권에 대한 소멸시효 항변이 불법행위로 인한 손해배상청구권에 대한 소멸시효 항변을 포함한 것으로 볼 수는 없다(1998. 5. 29. 96다51110).

ⓘ **대여금 채권액 중 일부에 관하여 변제가 있었다는 원고의 주장**은 일부 변제된 부분을 제하고 잔액부분에 대하여 이행을 구한다는 취지이지, **대여금채권의 소멸시효가 완성하였다는 피고의 항변에 대하여 소멸시효 중단사유에 해당하는 채무의 승인이 있었다는 취지로 주장한 것으로는 볼 수 없다**(1978. 12. 26. 78다1417).

ⓙ **소유권에 기한 건물인도의 청구와 채권자대위권에 기한 건물인도의 청구**는 법률효과에 관한 요건사실이 다름에도, 건물의 소유권을 취득하였음을 전제로 건물의 인도를 구하는 청구에 건물을 원시취득한 매도인을 대위하여 건물의 인도를 구하는 취지가 포함되어 있다고 보아 원심 변론종결시

까지 주장하지도 아니한 채권자대위권에 기한 건물인도 청구에 기초하여 상대방에게 의견진술의 기회조차 부여하지 아니한 채 청구를 인용한 원심판결을 파기한 사례(2007. 7. 26. 2007다19006).

ⓚ **소유권에 기하여 미등기 무허가건물의 반환을 구하는 청구취지 속에는 점유권에 기한 반환청구권을 행사한다는 취지가 당연히 포함되어 있다고 볼 수는 없고**, 소유권에 기한 반환청구만을 하고 있음이 명백한 이상 법원에 점유권에 기한 반환청구도 구하는지의 여부를 석명할 의무가 있는 것은 아니다(1996. 6. 14. 94다53006).

바. 소송자료와 증거자료의 준별 - 간접적 주장의 인정가능성

1) 내 용

변론에서 얻은 소송자료와 증거조사의 결과인 증거자료는 준별되므로, 법원이 증거에 의하여 주요사실을 알았더라도 이에 대하여 당사자가 변론에서 주장하지 않으면 법원은 이를 기초로 심판할 수 없다. 예컨대 증인의 증언으로 당사자의 주장을 변경하거나 보충할 수 없다. 왜냐하면 증거자료를 판결의 기초로 한다면 변론주의의 취지가 몰각될 뿐만 아니라, 상대방이 방어를 못한 채 예상외의 재판을 받을 수 있기 때문이다.

다만, **판례는 변론에서 당사자가 주요사실을 직접적이고 명시적으로 주장하지 아니하여도 '서증의 제출'과 '증명취지의 진술' 등을 통하여 간접적으로 주장한 것으로 볼 수 있다고 하여 간접적 주장을 인정한다**. 간접적 주장은 변론주의의 경직성을 완화하기 위해 인정되는 것이어서 재판의 구체적 타당성 측면에서 중요한 역할을 하므로, 판례의 입장이 타당하다.

2) 간접적 주장을 인정한 판례

ⓐ 법률상의 요건사실에 해당하는 주요사실에 대하여 당사자가 주장하지도 아니한 사실을 인정하여 판단하는 것은 변론주의에 위배된다고 할 것이나, **당사자의 주요사실에 대한 주장은 직접적으로 명백히 한 경우뿐만 아니라 당사자가 법원에 서증을 제출하며 입증취지를 진술함으로써 서증에 기재된 사실을 주장하거나 당사자의 변론을 전체적으로 관찰하여 간접적으로 주장한 것으로 볼 수 있는 경우**에도 주요사실의 주장이 있는 것으로 보아야 한다(2002. 6. 28. 2000다62254).

ⓑ 변론에서 실체관계에 부합하여 유효하다는 주장을 명백히 한 바는 없지만, **증인신청으로써 이에 대한 간접적인 주장을 하였다고 볼 여지가 있음**에도 이에 대한 판단을 누락한 판결은 판단누락 또는 석명권 불행사의 위법이 있다(1993. 3. 9. 92다54517).

ⓒ 쌍무계약에서 당사자 일방이 채무를 이행하지 아니할 의사를 명백히 표시한 경우에 계약해제 주장에 필요한 주요사실은 상대방이 이행지체한 사실, 채무자가 미리 이행하지 아니할 의사를 명백히 표시한 사실 및 계약해제의 의사를 표시한 사실이므로, 당사자가 계약의 해제를 주장하면서 상당한 기간을 정하여 계약이행을 최고하였으나 그 기간 내에 채무를 불이행하였다고만 주장하는 경우에 당사자가 주장하지도 아니한 채무자가 미리 이행하지 아니할 의사를 명백히 표시하였다는 사실을 인정하여 계약해제가 적법하다고 판단하는 것은 변론주의에 위배된다고 할 것이나, **당사자의 이러한 주장은 직접적으로 명백히 한 경우뿐만 아니라 당사자의 변론을 전체적으로 관찰하여 간접적으로 주장한 것으로 볼 수 있는 경우에도 주장이 있는 것으로 보아 적법한 계약해제가 있었다고 판단하여도 무방하다**(1995. 4. 28. 94다16083).

ⓓ 금원을 변제공탁 하였다는 취지의 공탁서를 증거로 제출하면서 그 금액 상당의 변제 주장을 명시적으로 하지 않은 경우, 비록 당사자가 공탁서를 제출하였을 뿐 그에 기재된 금액 상당에 대한 변제 주장을 명시적으로 하지 않았더라도 **공탁서를 증거로 제출한 것은 그 금액에 해당하는 만큼 변제되었음을 주장하는 취지임이 명백하므로**, 법원으로서는 그와 같은 주장이 있는 것으로 보고 당부를 판단하거나 아니면 그렇게 주장하는 취지인지 석명을 구하여 당사자의 진의를 밝히고 그에 대한 판단을 하여야 한다(2002. 5. 31. 2001다42080).

ⓔ **어음금청구소송에서 피고가 원고의 주장사실을 전부 부인하면서 증거로서 제권판결 정본을 제출하였다면**, 비록 피고가 그 판결의 효력에 관하여 아무런 주장을 하지 아니하였더라도 법원은 제권판결을 기초로 하여 어음금청구를 배척할 수 있다(1980. 12. 9. 80다2432).

ⓕ 시효중단 사유의 주장·입증책임은 시효완성을 다투는 당사자가 지며, 주장책임의 정도는 취득시효가 중단되었다는 명시적인 주장을 필요로 하는 것이 아니라 **중단사유에 속하는 사실만 주장하면 주장책임을 다한 것**으로 보아야 한다(1997. 4. 25. 96다46484).

ⓖ 주요사실에 대한 주장은 당사자가 직접적으로 명백히 한 경우뿐만 아니라 변론을 전체적으로 관찰하여 주장을 한 것으로 볼 수 있는 경우에도 주요사실의 주장이 있다고 보아야 한다. 또한 **청구원인에 관한 주장이 불분명한 경우에 주장이 무엇인지에 관하여 석명을 구하면서 이에 대하여 가정적으로 항변한 경우에도 주요사실에 대한 주장이 있다**고 볼 수 있다. 이러한 경우 항변이 있다고 볼 수 있는지는 당사자들이 진술한 내용이나 취지뿐만 아니라 상대방이 당사자의 진술을 어떻게 이해하였는지도 고려해서 합리적으로 판단하여야 한다. **피고가 원고의 청구원인이 불법행위에 기한 손해배상청구라면 소멸시효가 완성되었다고 가정적으로 항변하고, 원고도 피고의 주장을 소멸시효 항변으로 이해하고 재항변까지 하였으므로, 피고는 소멸시효 항변을 한 것**으로 볼 수 있다(2017. 9. 12. 2017다865).

ⓗ 청구원인사실을 기재한 준비서면을 변론에서 진술하지 아니하였더라도 **원고가 신청한 증인에 대한 신문사항에 준비서면기재의 청구원인이 기재**되어 있다면 원고는 이러한 서면을 통하여 청구원인사실을 주장한 취지로 보지 못할 바 아니다(1969. 9. 30. 69다1326).

ⓘ 甲이 소장에서 토지를 乙로부터 매수하였다고 주장하고 있으나, 甲이 매매당시 불과 10세 남짓한 미성년이었고 **증인신문을 신청하여 甲의 조부인 丙이 甲을 대리하여 토지를 매수한 사실을 입증**하고 있다면 甲이 변론에서 대리행위에 관한 명백한 진술을 한 흔적은 없더라도 **증인신청으로서 대리행위에 관한 간접적인 진술은 있었다**고 보아야 할 것이므로, 원심이 토지를 甲의 대리인이 매수한 것으로 인정하였다 하여 변론주의에 반하는 것이라고는 할 수 없다(1987. 9. 8. 87다카982).

2. 자백의 구속력

당사자 간에 다툼이 없는 사실, 즉 **상대방이 자백한 사실과 자백한 것으로 간주되는 사실**은 증거조사를 할 필요 없이 판결의 기초로 하여야 한다. 따라서 법원이 반대심증을 얻었다고 하더라도 자백에 반하는 사실을 인정하여서는 안 된다. 변론주의에 의하는 소송절차에 있어서는 자백이 있으면 법원의 사실인정권이 배제되기 때문이다. 그러나 현저한 사실에 반하는 자백은 자백으로서의 구속력이 없다.

3. 증거신청 : 직권증거조사의 원칙적 금지

> 제292조(직권에 의한 증거조사) 법원은 당사자가 신청한 증거에 의하여 심증을 얻을 수 없거나, 그밖에 필요하다고 인정한 때에는 직권으로 증거조사를 할 수 있다.

증거자료의 수집・제출책임을 당사자에게 일임하는 변론주의에 의하는 민사소송에서는 직권증거조사는 예외적이고 보충적일 수밖에 없다. 즉 당사자가 신청한 증거에 의하여 심증을 얻을 수 없거나, 그밖에 필요하다고 인정한 때에 한하여 보충적으로 직권증거조사를 하게 된다(제292조). 다만 소액사건에서는 직권증거조사가 허용된다(소액사건심판법 제10조 제1항).

Ⅲ. 변론주의의 한계

변론주의는 사실과 증거방법에만 적용되고, 주장된 사실관계를 기초로 한 법적 판단과 제출된 증거의 가치평가는 법원의 직무에 속한다. 따라서 법률해석・적용이나 증거의 가치평가에 관한 당사자의 의견이 있더라도 법원은 이에 구속되지 않는다. 또한 사실판단의 전제가 되는 경험법칙도 변론주의가 적용되지 않는다.

Ⅳ. 변론주의의 문제점과 보완・수정

1. 변론주의의 문제점

변론주의는 소송수행 능력이 평등한 당사자의 대립을 전제하고 있지만, 특히 본인소송인 경우에는 충분한 소송자료의 수집과 제출이 곤란하므로, 이러한 경우에도 변론주의를 관철시킨다면 소송수행 능력의 불완전으로 패소를 당하는 불합리가 발생할 수 있다. 따라서 당사자 간의 실질적 평등을 보장하기 위하여 다음의 보완방법이 검토되어야 한다.

2. 석명권

가. 의의 및 취지

> 제136조(석명권・구문권 등) ① 재판장은 소송관계를 분명하게 하기 위하여 당사자에게 사실상 또는 법률상 사항에 대하여 질문할 수 있고, 증명을 하도록 촉구할 수 있다.
> ② 합의부원은 재판장에게 알리고 제1항의 행위를 할 수 있다.
> ③ 당사자는 필요한 경우 재판장에게 상대방에 대하여 설명을 요구하여 줄 것을 요청할 수 있다.
> ④ 법원은 당사자가 간과하였음이 분명하다고 인정되는 법률상 사항에 관하여 당사자에게 의견을 진술할 기회를 주어야 한다.
>
> 제137조(석명준비명령) 재판장은 제136조의 규정에 따라 당사자에게 설명 또는 증명하거나 의견을 진술할 사항을 지적하고 변론기일 이전에 이를 준비하도록 명할 수 있다.
>
> 제138조(합의부에 의한 감독) 당사자가 변론의 지휘에 관한 재판장의 명령 또는 제136조 및 제137조의 규정에 따른 재판장이나 합의부원의 조치에 대하여 이의를 신청한 때에는 법원은 결정으로 그 이의신청에 대하여 재판한다.

석명권이란 소송관계를 분명하게 하기 위하여 당사자에게 사실적·법률적 사항에 대하여 질문하고 증명을 하도록 촉구할 뿐만 아니라, 널리 당사자가 명백하게 간과한 법률상의 사항을 지적하여 의견진술의 기회를 주는 법원의 권능을 말한다.

석명권은 현행법의 해석상 법원의 권능이고 동시에 적정하고 공평한 재판을 꾀하기 위한 법원의 의무이다. 이를 석명의무라고 부른다. 종래의 통설·판례도 권능이자 의무로 보았지만 1990년에 제136조 제4항이 신설됨으로써 이제는 권능이자 의무로 봄에 의문이 없고 또한 석명의무는 강화되었다고 보는 것이 통설이다.

나. 석명권의 범위와 한계

1) 소극적 석명

소극적 석명이란 당사자가 주장한 범위 내에서 소송관계를 분명하게 하기 위하여 석명권을 행사하는 것을 말한다. 사실적·법률적 측면에서 당사자의 신청이나 주장에 불명확·불완전·모순 있는 점을 제거하는 소극적 석명이 인정된다는 점에는 다툼이 없다. 판례는 "당사자의 주장이 법률적 관점에서 보아 현저한 모순이나 불명료한 부분이 있는 경우, 법원은 적극적으로 석명권을 행사하여 당사자에게 의견 진술의 기회를 주어야 하고, 이를 게을리한 경우에는 석명 또는 지적의무를 다하지 아니한 것으로서 위법한 평가를 받을 수 있다. **청구취지나 청구원인의 법적 근거에 따라 요건사실에 대한 증명책임이 달라지는 중대한 법률적 사항에 해당되는 경우**라면 더욱 그러하다."고 한다(2023. 4. 13. 2021다271725).

2) 적극적 석명

가) 문제점

당사자가 필요한 신청이나 주장을 하지 않고 있을 경우 석명권 행사에 의하여 새로운 신청·주장·공격방어방법의 제출을 권유하는 석명을 적극적 석명이라 하는데, 이러한 석명이 허용될 것인지에 대하여 견해가 대립된다.

나) 학설의 대립

① 소극설은 적극적 석명을 인정하면 석명권의 범위가 불명확하게 되어 변론주의와 충돌될 위험이 있기 때문에 적극적 석명을 부정하는 견해이다. ② 제한적 적극설은 법률적 사항에 대하여는 지적의무의 신설로 적극적 석명이 인정되지만 사실상의 사항은 편파적 재판으로 비추어질 정도의 예기치 못한 새로운 주장·신청은 원칙적으로 시사할 수는 없고, 다만 사실상의 사항이라도 종전의 소송자료와의 합리적 관련성 즉 법률상 또는 논리상 예기되는 경우에는 제한적으로만 긍정하는 견해이다. 또한 본인소송의 경우에 있어서는 적극적 석명이 필요하다고 한다.

다) 판례의 태도

판례는 원칙적으로 적극적 석명은 석명권의 범위를 일탈한 것으로 본다. 다만 지상물매수청구권과 관련하여 적극적 석명을 인정하는 취지의 판결을 하였다. 즉 판례는 "법원의 석명권 행사는 당사자의 주장에 모순된 점이 있거나 불완전·불명료한 점이 있을 때에 이를 지적하여 정정·보충할 수 있는 기회를 주고, 계쟁사실에 대한 증거의 제출을 촉구하는 것을 내용으로 하는 것으로, **당사자가 주장하**

지도 아니한 법률효과에 관한 요건사실이나 독립된 공격방어방법을 시사하여 제출을 권유함과 같은 행위를 하는 것은 변론주의의 원칙에 위배되는 것으로 석명권 행사의 한계를 일탈하는 것이 된다."고 한다(2018. 11. 9. 2015다75308).

그러나 "**토지임대차 종료시 임대인의 건물철거와 부지인도 청구**에는 건물매수대금 지급과 동시에 건물명도를 구하는 청구가 포함되어 있다고 볼 수 없다. 이 경우에 **법원으로서는 임대인이 종전의 청구를 계속 유지할 것인지, 아니면 대금지급과 상환으로 지상물의 명도를 청구할 의사가 있는 것인지(예비적으로라도)를 석명**하고, 임대인이 석명에 응하여 소를 변경한 때에는 지상물 명도의 판결을 함으로써 분쟁의 1회적 해결을 꾀하여야 한다."고 한다(1995. 7. 11. 94다34265).

라) 검 토

변론주의의 결함을 시정하여 실질적 당사자 평등을 도모해야 한다는 점과, 지적의무에 관한 제136조 제4항의 신설 취지를 고려할 때 제한적 적극설이 타당하다. 다만 지적의무가 신설되었기 때문에 법률적 사항에 대하여는 적극적 석명이 인정된다.

3) 판례의 태도

가) 석명의무를 부정한 판례

ⓐ 법원은 **당사자가 주장할 책임이 있는 사항 자체**에 대하여 이를 주장하는지 여부를 석명하여야 할 의무가 없다(2008. 2. 1. 2007다8914).

ⓑ **원고의 주장사실은 모두 인정되나 청구취지가 이에 부합하지 않는 경우** 법원이 원고에게 청구취지를 변경할 기회를 주지 아니하였다 하여 석명의무를 다하지 아니하였다고 할 수 없다(1992. 3. 10. 91다36550).

ⓒ 피고의 구문에 의한 재판장의 석명에 대해 원고가 제대로 답변을 하지도 아니하였음에도 더 이상의 확인조치 없이 변론을 종결한 경우, **그러한 자료가 나오더라도 피고의 주장에 부합하지 않는다고 보여진다면**, 법원이 원고로 하여금 충분히 답변하도록 하지 아니하였다 하여 석명의무를 다하지 아니하였다고 할 수 없다(1996. 5. 28. 96다7120).

ⓓ 상호 모순되는 전후의 진술이 있을 때에는 종전의 진술은 나중의 진술에 의하여 정정되었다고 볼 수 있다. 법원의 석명의무는 당사자의 진술의 취지가 애매하고 잘 알 수 없을 때 이를 명확하게 하기 위하여 행사하는 것으로서, **종전의 진술과 모순되는 진술이라도 법원이 그 취지를 추단할 수 있을 때에는 이를 석명해야 할 의무는 없으므로**, 나중의 진술로써 종전의 진술을 철회하는지 여부를 석명하지 아니하였다 하여 석명의무를 위반하였다고 할 수도 없다(1993. 6. 25. 92다20330).

나) 석명의무를 긍정한 판례

ⓐ **법원이 당사자 일방에 대하여 어느 사실의 유무만을 석명하고 석명진술의 법률적 효과가 당사자에게 불이익함을 간과하여 불이익을 배제할 주장을 할 기회를 주지 않고 당사자에게 상기하지 않은 불이익한 판단으로 판결**한다면, 이와 같은 석명권의 행사는 석명권 행사의 정당한 한계를 일탈하여 위법하다(1964. 4. 28. 63다735).

ⓑ 甲이 乙의 丙에 대한 점유취득시효를 원인으로 한 소유권이전등기청구권 중 일부 지분을 상속받았다고 주장하면서 丁을 상대로 丙의 丁에 대한 소유권이전등기의 말소등기청구권을 대위하여 전부 말소를 구한 사안에서, **甲의 상속지분을 넘는 부분에 관하여는 보전의 필요성이 없다는 점을 지적**

하거나 甲이 주장한 상속지분이 증거에 의하여 인정되는 상속지분과 일치하지 아니함에도, **석명을 하지 아니한 채 甲이 주장하는 지분을 초과하는 부분에 관하여 보전의 필요성이 없다는 이유로 소를 각하한 원심판결에 석명의무를 다하지 아니하여 심리를 제대로 하지 않은 잘못이 있다**고 한 사례 (2014. 10. 27. 2013다25217).

ⓒ 대여금채권에 대하여 법원이 확정한 사실에 의한 소멸시효 완성일보다 채무자가 후일의 일자를 주장하는 경우에는 변론주의의 원칙상 채무자가 주장하는 일자를 기준으로 할 것이나, **채무자의 주장이 대여금 전부에 대한 것이라기보다 일부에 대한 것을 착오로 위와 같이 진술한 것으로 볼 여지가 있다면 법원이 이 점에 대하여 심리판단하지 아니함은 석명권 불행사와 심리미진의 위법이 있다** (1983. 7. 12. 83다카437).

ⓓ 장사 등에 관한 법률 시행일 이전에 타인의 토지에 분묘를 설치한 다음 20년간 평온·공연하게 분묘의 기지를 점유함으로써 분묘기지권을 시효로 취득한 경우에, 분묘기지권자는 토지 소유자에게 분묘기지에 관한 지료를 지급할 의무가 있다(2021. 4. 29. 2017다228007 전원합의체 판결). **원고들의 부당이득반환 주장은 이러한 지료의 지급을 구하는 것으로 볼 여지가 있다. 원심으로서는 전원합의체 판결에 기초하여 석명권을 행사하여 위 주장이 지료를 구하는 것인지를 밝혀 그에 따라 심리해야 한다**(2021. 5. 27. 2018다264420).[45]

ⓔ 외국적 요소가 있는 법률관계에 관하여 적용되는 **준거법으로서의 외국법은 사실이 아니라 법으로서 법원은 직권으로 그 내용을 조사**하여야 한다. 따라서 외국적 요소가 있는 사건이라면 준거법과 관련한 주장이 없더라도 법원으로서는 **적극적으로 석명권을 행사**하여 당사자에게 의견을 진술할 수 있는 기회를 부여하거나 필요한 자료를 제출하게 하는 등 법률관계에 적용될 국제협약 또는 국제사법에 따른 준거법에 관하여 심리, 조사할 의무가 있다(2023. 10. 31. 2023스643).

다. 석명의 대상

1) 청구취지의 석명

가) 내용

청구취지가 부정확한 경우에 법원은 이를 석명하여 원고가 소로써 달성하려는 소송의 목적이 무엇인지를 밝혀서 청구취지를 소송의 목적과 부합하도록 하여야 한다. 그러나 전혀 다른 새로운 청구로 청구취지를 변경하도록 권유하는 것은 석명권의 한계를 넘어서는 것이므로 석명할 수는 없으나 종전의 소송자료와의 합리적 관련성, 즉 법률상 또는 논리상 예기되는 것이면 청구원인과 청구취지의 변경도 시사할 수 있다.

나) 판례의 태도

판례는 "**청구취지 자체가 법률적으로 부당하거나 청구원인과 맞지 아니함이 명백한 경우**, 법원으로서는 원고가 소로써 달성하려는 진정한 목적이 무엇인가를 석명하여 청구취지를 바로잡아야 하고, 그 경우 원고가 청구원인사실을 유지하면서 청구취지만을 변경하였다면 동일한 청구원인사실을 기

---

[45] 원고가 시효취득한 분묘기지권자인 피고에 부당이득반환을 청구하자 원심이 기존 판례에 따라 이를 기각한 사안에서, 대법원이 새로 선고된 전원합의체 판결에 따라 분묘기지권자는 지료를 지급할 의무가 있고, 비록 청구원인이 지료 청구가 아닌 부당이득반환 청구라고 하더라도 석명권을 행사하여 그 주장이 지료를 구하는 것인지를 밝혀 그에 따라 심리해야 한다고 판단한 사례.

초로 청구취지만을 변경한 것에 불과하므로 이를 가리켜 청구의 기초에 변경이 있다고 할 수는 없다."고 한다(2001. 11. 13. 99두2017).

또한 "미등기 무허가건물을 매수점유 하는 자가 제3자를 상대로 건물이 자기 소유임의 확인을 구한다는 청구취지가 소유권에 준하는 사용·수익·처분의 권리가 있음의 확인을 구한다는 취지라고 보인다면 법원으로서는 석명권을 행사하여 청구취지를 바로잡게 한 후 주장하는 내용의 권리의 존부를 판단하여야 한다."고 한다(1992. 11. 10. 92다32258).

또한 "**소의 변경이 교환적인가 추가적인가 또는 선택적인가의 여부는 기본적으로 당사자의 의사해석에 의할 것이므로, 당사자가 구 청구를 취하한다는 명백한 표시 없이 새로운 청구로 변경하는 등으로 변경형태가 불분명한 경우에는 사실심법원으로서는 청구변경의 취지가 교환적인가 추가적인가 또는 선택적인가의 점을 석명할 의무가 있다.** 또한, 당사자가 부주의 또는 오해로 인하여 증명하지 아니한 것이 분명하거나 쟁점정리로 될 사항에 관하여 당사자 사이에 명시적인 다툼이 없는 경우에는 법원은 석명을 구하고 증명을 촉구하여야 하고, 만일 당사자가 전혀 의식하지 못하거나 예상하지 못하였던 법률적 관점을 이유로 법원이 청구의 당부를 판단하려는 경우에는 그 법률적 관점에 대하여 당사자에게 의견진술의 기회를 주어야 하며, 그와 같이 하지 않고 예상외의 재판으로 당사자 일방에게 불의의 타격을 가하는 것은 석명의무를 다하지 아니하여 심리를 제대로 하지 아니한 위법을 범한 것이 된다."고 한다(2009. 1. 15. 2007다51703).

또한 "**주위적 청구와 예비적 청구가 병합된 사건에서, 청구취지와 청구원인을 변경하면서 종전의 주위적 청구에 관련된 청구취지와 청구원인만을 일부 변경한 데 그친 경우**, 소의 변경으로 예비적 청구가 취하된 것인지 여부는 기본적으로 당사자의 의사해석에 의할 것이므로, 당사자가 예비적 청구를 취하한다는 명백한 표시를 하지 아니한 경우, 사실심 법원으로서는 과연 예비적 청구를 취하한 것인가의 점을 석명할 의무가 있다."고 한다(2004. 3. 26. 2003다21834).

2) 주장사실의 석명

가) 내 용

당사자가 변론에서 제출한 주장이 불분명·모순·불완전한 경우에는 석명하여야 한다. 원고의 청구원인이 불분명한 경우에는 석명을 요하는데, 만약 이를 특정시키지 아니하고 판결을 하였다면 석명의무 위반에 해당한다. 또한 청구원인이 청구취지와 모순되는 경우, 청구원인에 관해 일관성 없이 주장하는 경우, 주장과 제출증거가 모순되는 때에는 이를 지적하여 시정을 촉구할 수 있다.

한편 어떠한 법률효과를 주장하면서 요건사실을 빠뜨렸을 때에 이를 지적하여 보충시키기 위한 석명이 필요하다. 다만 종전의 소송자료에 비추어 합리적 관련성, 즉 법률상 또는 논리상 예기되는 주장을 촉구하는 석명은 무방하나, 전혀 예상할 수 없는 새로운 공격방어방법을 권유하는 석명은 변론주의 위반이기 때문에 허용되지 않는다.

나) 판례의 태도

판례는 "**소유권보존등기의 말소등기청구소송의 제1심에서 승소한 원고가 원심인 항소심에서 자기 앞으로 소유권을 표상하는 등기가 되어 있지 않았고 법률에 의하여 소유권을 취득하지도 않았다는 종전의 주장을 그대로 유지한 채 진정명의회복을 위한 소유권이전등기절차의 이행을 청구하는 새로운 청구를 제기한 경우**, 원심으로서는 원고의 소변경 신청에 법률적 모순이 있음을 지적하고 원고에게 의견을 진술할 기회를 부여함으로써 원고로 하여금 청구와 주장을 법률적으로 합당하게 정정할 수 있는 기회를 부여하여야 함에도 이러한 조치를 취하지 아니한 위법이 있다."고 한다(2003. 1. 10. 2002다41435). 진정한 등기명의의 회복을 위한 소유권이전등기청구는 이미 자기 앞으로 소유권을 표상하는 등기가 되어 있었거나 법률에 의하여 소유권을 취득한 자가 진정한 등기명의를 회복하기 위한 방법으로 현재의 등기명의인을 상대로 그 등기의 말소를 구하는 것에 갈음하여 허용되는 것이기 때문이다.

또한 "법원의 석명권 행사는 당사자의 주장에 모순된 점이 있거나 불완전, 불명료한 점이 있을 때에 이를 지적하여 정정·보충할 수 있는 기회를 주고 계쟁 사실에 대한 증거의 제출을 촉구하는 것을 내용으로 하는 것으로서, **당사자가 주장하지도 아니한 법률효과에 관한 요건사실이나 독립된 공격방어방법을 시사하여 제출을 권유함과 같은 행위를 하는 것은 변론주의의 원칙에 위배되는 것**으로서 석명권 행사의 한계를 일탈하는 것이지만, **당사자가 어떠한 법률효과를 주장하면서 미처 깨닫지 못하고 요건사실 일부를 빠뜨린 경우에는 법원은 누락사실을 지적**하고, 당사자가 이 점에 관하여 변론을 하지 아니하는 취지가 무엇인지를 밝혀 당사자에게 변론을 할 기회를 주어야 할 의무가 있다."고 한다(2005. 3. 11. 2002다60207).

3) 증명촉구

가) 내 용

다툼이 있는 사실에 대하여 입증책임이 있는 당사자의 무지·부주의·오해로 입증하지 않음이 명백한 경우에 한하여 입증촉구의 의무가 있다. 한편 법원이 입증촉구를 할 때에도 구체적으로 입증방법까지 제시할 수는 없다. 그러나 손해가 발생한 사실은 인정되나 구체적인 손해의 액수를 증명하는 것이 사안의 성질상 매우 어려운 경우에 법원은 변론 전체의 취지와 증거조사의 결과에 의하여 인정되는 모든 사정을 종합하여 상당하다고 인정되는 금액을 손해배상 액수로 정할 수 있다(제202조의2).

나) 판례의 태도

판례는 "입증촉구에 관한 석명권은 소송의 정도로 보아 당사자가 무지, 부주의 또는 오해로 인하여 입증하지 아니하는 것이 명백한 경우에 한하여 인정되는 것이고, **다툼이 있는 사실에 관하여 입증이 없는 모든 경우에 법원이 심증을 얻을 때까지 입증을 촉구하여야 하는 것은 아니고**, 또한 당사자가 입증취지로 제출하고 있는 자료가 있다고 할지라도 그 안에 특별한 내용이 담겨 있지 않거나 이미 제출된 증거를 보충하는 취지에 불과한 경우에는 변론의 전취지로서 참작될 수 있을 터이므로 법원이 이를 반드시 증거로 제출하도록 촉구할 석명의무를 부담하는 것은 아니다."고 한다(1998. 2. 27. 97다38442).

그러나 판례는 "사실심 법원의 재판장이 당사자 간에 다툼이 있는 사실에 관하여 입증이 안 된 모든 경우에 입증책임이 있는 당사자에게 입증을 촉구하여야 하는 것은 아니지만, **소송의 정도로 보아 당사자가 무지, 부주의나 오해로 인하여 입증을 하지 않는 경우, 더욱이 법률전문가가 아닌 당사자본인이 소송을 수행하는 경우라면**, 입증책임의 원칙에만 따라 입증이 없는 것으로 보아 판결할 것이 아니라, 입증을 촉구하는 등의 방법으로 석명권을 적절히 행사하여 진실을 밝혀 구체적 정의를 실현하려는 노력을 게을리 하지 않아야 할 것이므로 당사자의 주장사실에 부합하는 서증이 제출되어 있다면 당사자에게 주장사실이나 서증의 진정성립에 대한 입증을 촉구하여야 한다."고 한다 (1989. 7. 25. 89다카4045).

따라서 "불법행위로 인하여 손해가 발생한 사실이 인정되는 경우에는 법원은 손해액에 관한 당사자의 주장과 입증이 미흡하더라도 적극적으로 석명권을 행사하여 입증을 촉구하여야 하고, **경우에 따라서는 직권으로라도 손해액을 심리 판단하여야 한다.**"고 하고(1987. 12. 22. 85다카2453), "채무불이행으로 인한 손해배상책임이 인정된다면 손해액에 관한 입증이 불충분하더라도 법원은 손해배상청구를 배척할 것이 아니라 손해액에 관하여 적극적으로 석명권을 행사하고 입증을 촉구하여 이를 밝혀야 하는 것이다."고 하고(2008. 2. 14. 2006다37892), "부동산에 관한 매매계약의 해제로 인한 원상회복의무가 이행불능이 되어 이행불능 당시 가액의 반환채권이 인정되는 경우, 법원으로서는 이행불능 당시의 당해 부동산의 가액에 관한 원고의 주장·입증이 미흡하더라도 적극적으로 석명권을 행사하여 주장을 정리함과 함께 입증을 촉구하여야 하고, 경우에 따라서는 직권으로라도 가액을 심리·판단하여야 한다."고 하고(1998. 5. 12. 96다47913), "점유자의 회복자에 대한 유익비상환청구권이 인정된다면 상환액에 관한 점유자의 입증이 없더라도 법원은 이를 이유로 유익비상환청구를 배척할 것이 아니라, 석명권을 행사하여 점유자에 대하여 상환액에 관한 입증을 촉구하는 등 상환액에 관하여 심리판단하여야 한다."고 한다(1993. 12. 28. 93다30471).

다만 "**법원의 증명촉구에도 불구하고 원고가 응하지 아니하면서 손해액에 관하여 나름의 주장을 펴고 그에 관하여만 증명을 다하고 있는 경우라면, 법원이 굳이 스스로 적정하다고 생각하는 손해액 산정 기준이나 방법을 적극적으로 원고에게 제시할 필요까지는 없다.**"고 한다(2010. 3. 25. 2009다88617). 따라서 "손해배상책임은 인정되나 손해액을 입증할 자료가 없고, 법원의 입증촉구에도 불구하고 원고가 이에 응하지 아니한 경우 청구를 기각한 조치는 정당하다."고 한다(1992. 3. 31. 91다21398).

라. (법적관점)지적의무 : 법률적 사항에 관한 시사의무(법적관점시사·표명의무)

1) 의의 및 취지

지적의무란 <u>당사자가 분명히 간과한 법률적 관점에 기하여 법원이 판결하고자 할 때에는 당사자에게 지적하여 그에 관한 의견진술의 기회를 부여하여야 하는 것</u>을 말한다(제136조 제4항). 이는 당사자가 전혀 예상하지 못하던 법률적 관점에 기한 기습재판을 방지하고, 당사자의 절차적 기본권을 보장하기 위해서 인정된다. 지적의무가 조문의 체계상 석명권의 내용을 이루고 있으므로, 석명권이 권한인 동시에 의무임이 입법화가 된 것이다.

2) 소송물이론과의 관계

(ⅰ) 학설의 대립 : ① 이 규정은 법원의 법률적 관점의 자유선택이라는 신소송물이론 자체의 채택은 아니나, 당사자가 간과한 유리한 법률적 관점의 지적을 통해 신이론과 같은 성과를 낼 수 있도록 하였다는 견해와, ② 지적의무는 구소송물이론에서도 당사자가 간과하였음에 분명한 법률적 사항이면 법원이 이에 대하여 의견진술의 기회를 부여한 다음 판단해야 함을 분명히 한 것이라는 견해가 대립된다.

(ⅱ) 검 토 : 지적의무는 특정 소송물 내에서의 법률적 관점의 문제이므로 신소송물이론에서뿐만 아니라 구소송물이론에서도 의미가 있는 제도이므로, 제②설 타당하다.

3) 석명의무와 지적의무의 관계

(ⅰ) 학설의 대립 : ① 지적의무는 법적심문청구권에 기초한 것으로 사안의 실체적 해명 또는 당사

자의 실질적 평등실현을 추구하는 법원의 석명의무와는 근본적으로 성격을 달리한다는 견해와, ② 지적의무는 체계적으로 석명의무에 속하며 법률상의 사항에 관하여 석명의무를 명백히 하고 강화한 것이라는 견해가 대립된다.

(ii) 검토 : 법원이 당사자가 간과한 법률적 관점에 근거하여 당사자가 예상하지 못한 의외의 재판을 하여서는 아니된다고 하는 것은 석명의무에서도 인정되는 결론이므로, 기존의 석명의무를 법적 측면에서 확대한 것이라고 보는 제②설이 타당하다.

4) 요 건

가) 법률상 사항일 것

지적의무의 대상은 법률상 사항에 한한다. 법률상 사항이란 결과에 영향을 미치는 중요한 법률적 관점을 의미한다.

나) 재판의 결과에 영향이 있을 것

법원이 지적하려는 법률상 사항으로 인해 재판의 결과가 달라지는 것을 말한다. 즉 법원이 그 법률적 관점에 따라 재판을 하려는 경우를 말한다.

다) 당사자가 간과하였음이 분명할 것

소송목적에 비추어 변론에서 주장되어야 할 법률상 사항을 법률적 지식의 부족 등으로 간과한 경우를 말한다.

라) 당사자에게 의견진술의 기회를 줄 것

법원은 당사자가 간과한 법률적 관점을 지적하여 불이익을 배제할 수 있도록 의견진술의 기회를 주어야 한다.

5) 지적의무 위반의 효과

지적의무를 위반한 경우에는 절대적 상고이유가 되는 것은 아니고, 심리미진의 절차위배로 일반적 상고이유(제423조)가 된다.

6) 판례의 태도

판례는 "변론주의의 원칙상 당사자가 주장할 책임이 있는 사항 자체에 대하여 주장하는지를 석명할 의무는 없으나, **당사자가 부주의 또는 오해로 말미암아 명백히 간과한 법률상의 사항이 있거나 당사자의 주장이 법률상의 관점에서 보아 불명료 또는 불완전하거나 모순이 있는 경우에는 법원이 적극적으로 석명권을 행사하여 당사자에게 의견진술의 기회를 부여하여야 하고**, 만일 이를 게을리한 경우에는 석명 또는 지적의무를 다하지 아니하여 심리를 제대로 하지 아니한 위법이 있다."고 한다(2012. 5. 10. 2010다10658).

따라서 "**처분문서인 차용증에 피고는 보증인으로 기재되어 있을 뿐이고 제3자가 차용인으로 기재되어 있는 한편, 원고는 피고에 대하여 보증채무의 이행을 구하지 아니하고 주채무의 이행을 구하고 있는 경우**, 이는 당사자의 주장과 제출증거 사이에 모순이 있는 경우에 해당한다 할 것이므로, 법원이 석명권의 행사를 통하여 밝혀 보지 아니하고 원고의 주장사실을 인정하였다면 석명권 불행사로 인한 심리미진의 위법이 있다."고 한다(1994. 9. 30. 94다16700).

또한 "당사자의 주장과 제출된 증거 사이에 모순되거나 불일치하는 점이 있는 경우에는 법원이 석명권을 행사하여 밝혀 보아야 한다."고 하고(2010. 9. 30. 2009다71121), "**손해배상청구의 법률적 근거는 이를 계약책임으로 구성하느냐 불법행위책임으로 구성하느냐에 따라 요건사실에 대한 증명책임이 달라지는 중대한 법률적 사항에 해당하므로**, 당사자가 이를 명시하지 않은 경우 석명권을 행사하여 당사자에게 의견진술의 기회를 부여함으로써 당사자로 하여금 주장을 법률적으로 정리할 기회를 주어야 한다."고 한다(2009. 11. 12. 2009다42765). 즉 "**청구취지나 청구원인의 법적 근거에 따라 요건사실에 대한 증명책임이 달라지는 중대한 법률적 사항에 해당되는 경우**라면 더욱 그러하다."고 한다(2022. 4. 28. 2019다200843).

또한 "당사자가 부주의 또는 오해로 인하여 증명하지 아니한 것이 분명하거나 쟁점정리로 될 사항에 관하여 당사자 사이에 명시적인 다툼이 없는 경우에는 법원은 석명을 구하고 증명을 촉구하여야 하고, 만일 당사자가 전혀 의식하지 못하거나 예상하지 못하였던 법률적 관점을 이유로 법원이 청구의 당부를 판단하려는 경우에는 법률적 관점에 대하여 당사자에게 의견진술의 기회를 주어야 하며, 그와 같이 하지 않고 예상외의 재판으로 당사자 일방에게 불의의 타격을 가하는 것은 석명의무를 다하지 아니하여 심리를 제대로 하지 아니한 위법을 범한 것이 된다."고 하여, **사해행위 취소소송에서 제척기간의 도과여부가 당사자 사이에 쟁점정리가 된 바가 없음에도 당사자에게 의견진술의 기회를 부여하거나 석명권을 행사함이 없이 제척기간의 도과를 이유로 사해행위 취소의 소를 각하한 원심을 파기**하였다(2006. 1. 26. 2005다37185).

또한 "원심의 변론종결시까지 당사자 사이에 결정의 송달 여부만 다투어졌을 뿐 경정결정의 송달 여부에 관하여는 명시적으로 다툼이 없었던 경우, 원심이 경정결정의 송달 여부에 관하여 석명을 구하고 입증을 촉구하여야 함에도 불구하고, **이를 의식하지 못하고 간과한 원고가 제출한 증거만으로 경정결정의 송달사실이 인정되지 않는다는 이유로 청구를 기각한 것은 당사자가 전혀 예상하지 못하였던 법률적인 관점에 기한 예상외의 재판**으로 원고에게 불의의 타격을 가하였을 뿐 아니라, 경정결정이 피고에게 송달되었는지에 관하여 제대로 심리를 하지 아니하여 판결에 영향을 미친 위법이 있다."고 한다(1994. 6. 10. 94다8761).

또한 "항소심 1차 변론종결 후 재개된 변론기일에서 그 전까지 쟁점이 되어 왔던 원고의 주장과는 다른 새로운 주장을 원고가 추가하였음에도 변론을 종결한 후 원고의 종전 주장은 받아들이지 않으면서도 전혀 심리가 되지 않았던 원고의 새로운 주장을 받아들여 판결을 선고한 경우, **피고가 변론할 기회를 갖지 못한 법률적인 쟁점에 대한 예상외의 재판**으로 피고에게 불의의 타격을 가하였다는 비난을 받을 소지가 있다."고 한다(2002. 3. 29. 2001다41353).

마. 석명권의 행사

1) 주 체

석명권은 소송지휘권의 일종이므로 합의재판의 경우에 재판장이, 단독재판의 경우에 단독판사가 행사한다. 합의부원도 재판장에게 알리고 석명할 수 있다(제136조 제1항・제2항). 변론준비절차(기일)에서의 재판장도 석명권을 행사할 수 있다(제286조). 당사자는 필요한 경우에 재판장에게 상대방에 대하여 석명을 요구하여 줄 것을 요청할 수 있다(제136조 제3항).

2) 행사방법

석명권은 변론기일이나 변론준비기일에서 사실상·법률상의 사항에 관하여 당사자에게 질문을 하거나 입증을 촉구하는 형식으로 행사하거나, 변론기일이나 변론준비기일에서 당사자가 분명히 간과한 법률상의 사항을 지적하는 형식으로 행사한다. 또한 필요한 경우에는 미리 당사자에게 설명 또는 증명하거나 의견을 진술할 사항을 지적하고 변론기일 이전에 준비하도록 명할 수 있다(석명준비명령, 제137조).

3) 석명권 행사에 대한 불복 및 석명불응에 대한 조치

석명권의 행사에 대하여 당사자는 합의부에 이의를 제기할 수 있고(제138조), 재판의 공정을 기대하기 어려운 사정이 있다고 하여 법관에 대한 기피신청을 할 수도 있다(제43조). 한편 당사자가 석명에 응할 의무는 없으나, 만약 석명에 불응하면 주장·입증이 없는 것으로 취급되어 불이익한 재판을 받게 될 수 있으며, 진술취지의 불분명을 이유로 각하되는 불이익을 받을 수 있다(제149조 제2항).

바. 석명적 처분

> **제140조(법원의 석명처분)** ① 법원은 소송관계를 분명하게 하기 위하여 다음 각호의 처분을 할 수 있다.
> 1. 당사자 본인 또는 그 법정대리인에게 출석하도록 명하는 일
> 2. 소송서류 또는 소송에 인용한 문서, 그 밖의 물건으로서 당사자가 가지고 있는 것을 제출하게 하는 일
> 3. 당사자 또는 제3자가 제출한 문서, 그 밖의 물건을 법원에 유치하는 일
> 4. 검증을 하고 감정을 명하는 일
> 5. 필요한 조사를 촉탁하는 일
> ② 제1항의 검증·감정과 조사의 촉탁에는 이 법의 증거조사에 관한 규정을 준용한다.

법원은 변론 중에 석명권을 행사하는 이외에도 석명권 행사의 준비 또는 보충으로 소송관계를 분명하게 하기 위해서 적당한 처분을 명할 수 있는데 이를 석명적 처분이라고 한다. 변론준비절차에서도 석명적 처분을 할 수 있다(제286조). 법원의 석명적 처분은 변론주의의 폐해를 시정하는 것으로서의 기능을 가진다. 석명적 처분은 법원이 사건의 내용을 파악하기 위한 것이므로, 증거자료의 수집을 목적으로 하는 증거조사와는 구별된다. 따라서 법원이 석명적 처분에 의하여 얻은 자료는 증거자료로서의 효력이 없으며, 단지 변론 전체의 취지로서 참작될 수 있을 뿐이다.

사. 석명권의 불행사와 상고이유

1) 문제점

법원이 석명권을 불행사한 것을 당사자가 상고이유로 삼을 수 있는지가 문제된다.

2) 학설의 대립

① 석명권은 법원의 권능이고 행사여부는 법원의 자유재량에 속하므로 석명권의 불행사는 상고의 대상이 되지 않는다는 소극설, ② 석명권의 범위와 석명의무의 범위가 일치하는 것을 전제로 석명권의 불행사가 판결 결과에 영향을 미칠 수 있는 한 석명의무 위반으로 상고이유가 된다는 적극설, ③ 석명의무의 범위는 권능으로서의 범위보다는 좁으므로 석명권의 중대한 해태로 심리가 현저히 조잡하게 되었다고 인정되는 경우에 상고이유가 된다는 절충설이 대립된다.

3) 검 토

적극설은 상고심이 법률심으로서의 성격이 몰각될 우려가 있다는 문제가 있고, 소극설은 석명권이 가지는 변론주의에 대한 보완기능을 살릴 수 없다는 문제가 있으므로 절충설이 타당하다.

3. 직권증거조사

증거자료의 수집·제출책임을 당사자에게 일임하는 변론주의에 의하는 민사소송에는 직권증거조사는 예외적이고 보충적일 수밖에 없지만, 직권증거조사를 허용한 것은 변론주의를 형식적으로 관철할 때 생기는 변론주의의 폐해를 조정하기 위한 것이다. 따라서 현행법은 '직권증거조사 당사자가 신청한 증거에 의하여 심증을 얻을 수 없거나 기타 필요한 경우에 보충적으로 행사할 수 있다.'라고 규정하고 있다(제292조). 다만 소액사건에서는 보충성을 지양하여 법원이 필요하다고 인정할 때에는 직권으로 증거조사를 할 수 있도록 하고 있다(소액사건심판법 제10조 제1항).

4. 대리인의 선임명령

진술금지의 재판과 함께 변호사선임명령을 받은 자가 신기일까지 변호사를 선임하지 않을 경우에는 법원은 결정으로 소 또는 상소를 각하할 수 있도록 하고 있는데(제144조 제4항·제5항), 이것은 변호사선임의 간접강제방안으로 도입한 것으로 변론주의의 문제점인 당사자의 소송수행능력의 불평등을 완화하는 것으로 볼 수 있다.

5. 진실의무

진실의무란 소송에 있어서 당사자는 진실에 반하는 것으로 알고 있는 사실을 허위로 주장해서는 안 되며, 또 진실에 맞는 것으로 알고 있는 상대방의 주장을 다투어서는 아니된다는 소송법상의 의무를 말한다. 진실의무에 대한 명문규정은 없다. 다만 제363조의 문서성립의 부인에 대한 제재와 제370조의 거짓진술에 대한 제재규정과 같이 진실의무의 일반적인 존재를 전제로 한 개별규정이 있음에 비추어 다수설은 법적인 의무로서 진실의무를 인정하고 있다.

법적인 의무임에도 불구하고 위반의 효과를 규정하고 있지 아니하다. 다만 비록 승소한 경우라도 상대방에 대해서 소송비용을 부담할 수 있으며(제99조), 사실인정에 있어서 변론 전체의 취지로서 당해 당사자에게 불리한 영향을 미칠 수 있으며, 소송사기로 손해배상책임을 질 수가 있고 형법상의 소송사기죄가 성립될 수가 있다.

6. 소송구조제도

소송구조라 함은 패소할 것이 분명한 것이 아닌 한 소송비용을 지출할 자력이 부족한 사람을 위하여 국가가 구조조치(소송비용의 지급유예, 담보의 면제 등)를 취함으로써 직접적으로는 헌법 제27조가 규정한 국민의 재판청구권을 실질적으로 보장하고, 이를 통하여 헌법 제34조가 규정한 인간다운 생활을 할 권리 및 생활능력 없는 국민의 국가의 보호를 받을 권리를 보장하여 주기 위해 인정되는 소송법상의 제도이면서 또한 변론주의의 문제점인 당사자의 현실적인 불평등을 시정하는 의미도 가지고 있다(제128조, 제133조).

7. 국선변호인제도 도입 논의

민사소송에서도 국선변호인제도를 도입하게 되면 그만큼 당사자의 평등을 기할 수 있고 또한 소송자료의 수집이 원활하게 되어 변론주의의 결함을 어느 정도 시정할 수 있다.

8. 직권에 의한 화해권고

법원은 소송의 정도와 관계없이 화해를 권고하거나, 수명법관 또는 수탁판사로 하여금 권고하게 할 수 있는 데 이것도 변론주의의 결함을 보완하는 역할을 한다.

V. 변론주의의 예외·제한

1. 직권탐지주의

가. 의의 및 취지

직권탐지주의란 변론주의에 대립되는 개념으로서, 소송자료의 수집·제출 책임을 법원에 일임하여 판단에 필요한 사실을 직권으로 탐지하는 것을 말한다. 즉 **판단자료의 수집에서 법원이 원칙적으로 직권증거조사를 하여 이를 탐지할 수 있는 소송자료 수집의 원칙**을 말한다. 판례는 "**법원이 자기의 권능과 책임으로 재판의 기초가 되는 자료를 수집하는 직권탐지주의**"라고 한다(1999. 11. 26. 99므1596). 법원에 의한 진실발견의 필요성이 높고, 판결의 효력이 널리 제3자에게 미칠 때 제3자를 보호하기 위하여 직권탐지가 필요하다.

나. 구체적 내용

1) 사실의 직권탐지 : 주장책임의 배제

당사자가 주장하지 않은 사실도 직권으로 수집하여 판결의 기초로 삼아야 하며, 당사자의 변론은 법원의 직권탐지를 보완할 뿐이다. 다만 판례는 "행정소송법 제26조에 의하여 법원은 필요한 경우에 직권으로 증거조사를 할 수 있고 또 당사자가 주장하지 않은 사실에 관하여도 판단할 수 있는 것이나, 그렇다고 하여 **법원은 아무런 제한이 없이 당사자가 주장하지 않는 사실을 판단할 수 있는 것은 아니고 당사자가 명백히 주장하지 않는 사실은 일건 기록에 나타난 사실에 관하여서만 직권으로 조사하고 그를 기초로 하여 판단할 수 있는 것이다.**"고 한다(1975. 5. 27. 74누233).

2) 자백의 구속력 배제

당사자의 자백은 법원을 구속할 수 없으며 단지 증거자료에 불과하다. 그리하여 소송대리권의 존부는 법원의 직권탐지사항으로서 이에 대하여는 자백간주에 관한 규정이 적용될 여지가 없다.

3) 직권증거조사

주관적 입증책임이 배제되기 때문에 당사자의 증거신청 여부에 불구하고 법원은 원칙적으로 직권으로 증거를 조사할 책임이 있다. 이 점이 보충적 직권증거조사에 의하는 변론주의(제292조)와 다르다.

4) 공격방어방법의 제출시기의 무제한

소송자료의 제출이 적시제출주의에 위반하여 시기에 늦었다 하여 배척하여서는 안 되며, 이러한 의미에서 제147조·제149조·제285조의 적용이 배제된다.

5) 처분권주의의 제한

직권탐지주의도 처분권주의와 결합은 가능하지만 그 제한을 받는다. 즉 변론주의에 의한 소송절차와는 달리 당사자의 의사에 터잡은 분쟁해결의 내용에 법원의 판단과 동등한 효력을 주는 것은 직권탐지의 취지와 저촉되므로 청구의 포기·인낙, 화해는 허용되지 않는다.

다. 당사자의 절차권 보장

직권탐지에 의하는 절차에서도 직권으로 탐지한 사실이나 증거를 곧바로 판결의 자료로 삼는다면 상대방에게 예상 밖의 불리한 재판이 될 수 있으므로, 이를 방지하기 위해 미리 당사자에게 알려 그에 관한 의견진술의 기회를 부여해야 한다(소액사건심판법 제10조 제1항 후문 참조). 특히 지적의무는 법률적 관점에 관해 의견진술기회를 부여함으로서 당사자의 절차권의 보장에 기여한다고 할 수 있다(제136조 제4항).

라. 적용범위

판례는 **법규의 존재여부는 법원의 직권탐지사항**이라고 본다(1981. 2. 10. 80다2189). 즉 "민사소송에서 증명의 대상이 되는 것은 원칙적으로 당사자 사이에 다툼이 있는 사실관계이고, 재판에 적용되는 법령은 법원이 이미 알고 있거나 직권으로 조사하여 해석·적용하여야 하는 성질을 지니므로, **법령의 존재여부를 탐지하고 해석하는 것은 법원의 직권에 속한다.**"고 한다(2007. 10. 25. 2005다62235).

또한 "인지소송은 부와 자와의 간에 사실상의 친자관계의 존재를 확정하고 법률상의 친자관계를 창설함을 목적으로 하는 소송으로서 친족상속법상 중대한 영향을 미치는 인륜의 근본에 관한 것이고 공익에도 관련되는 중요한 것이기 때문에 당사자의 처분권주의를 제한하고 직권주의를 채용하고 있는 것이므로, **당사자의 입증이 충분하지 못할 때에는 가능한 한 직권으로 사실조사 및 필요한 증거조사를 하여야 한다.**"고 한다(1985. 11. 26. 85므8).

2. 직권조사사항

가. 의의 및 변론주의와의 관계

직권조사사항이란 **직권조사(주의)가 적용되어 당사자의 신청 또는 이의가 없거나 또는 당사자가 인정하여도 공익에 관한 것이기 때문에 법원이 반드시 직권으로 조사하여 판단하여야 할 사항**을 말한다. 직권조사(주의)는 처분권주의에 대응하는 개념으로서, 판단대상 결정의 주도권을 법원이 갖는다는 원칙이다.

한편, 변론주의는 재판자료의 수집에 관한 권능과 책임을 당사자에게 부여하는 원칙으로서, 그에 대응하는 개념은 직권탐지주의이다. 변론주의는 판단대상의 결정권의 문제인 직권조사(주의)와 다른 평면의 원칙이므로, 직권조사사항의 조사방식에 있어서는 변론주의 또는 직권탐지주의 어느 것과도 결합할 수 있다.

판례는 직권조사사항에 대하여 '직권판단사항'이라고 판시한 것도 있다. 즉 "**가집행선고는 재산권의 청구에 관한 판결의 경우 상당한 이유가 없는 한 당사자의 신청 유무와 관계없이 선고하게 되어 있는 것으로 법원의 직권판단사항**"이라고 하고(1991. 11. 8. 90다17804), "**지연손해금에 관한 소송촉진 등에 관한 특례법의 적용에 관한 당부는 직권판단사항**"이라고 한다(2006. 5. 11. 2003다8503).

나. 직권조사사항에 대한 조사방법

1) 문제점

직권조사사항인 소송요건에 대한 조사방법이 문제된다.

2) 학설의 대립

① 민사소송법의 일반원칙인 변론주의·직권탐지주의에 의한다는 견해, ② 공익성이 강한 소송요건을 조사하는 경우에도 조사 자체를 직권으로 실시하면 충분하고 자료까지 직권으로 탐지할 필요는 없다는 견해, ③ 공익성의 정도에 따라 변론주의형·직권탐지형·직권조사형으로 구분하는 견해, ④ 변론주의와 직권탐지주의의 중간에 위치하는 직권조사라는 방식에 의한다는 견해가 대립된다.

3) 검 토

소송요건의 공익성의 정도에 따라 조사방법을 변론주의·직권탐지주의에 의하는 견해가 타당하다.

다. 직권조사사항에 대한 자료수집방법

1) 직권탐지주의적 요소

재판권·전속관할·당사자의 실재와 같이 고도의 공익성을 요하는 사항은 법원이 직권으로 탐지하여 자료를 수집해야 한다. 즉 이 경우에는 법원이 조사의 개시·자료의 수집·판단까지 직권으로 하여야 한다. 따라서 피고의 항변 유무에 관계없이 법원이 직권으로 조사하여야 하며, 이의권의 포기·상실이 허용되지 않고(제151조 단서), 재판상 자백이나 자백간주의 대상이 될 수 없다. 판례도 "**직권조사사항은 자백의 대상이 될 수 없다.**"고 하고(2002. 5. 14. 2000다42908), "**소송대리권의 존부**는 법원의 **직권탐지사항**으로서, 자백간주에 관한 규정이 적용될 여지가 없다."고 한다(1999. 2. 24. 97다38930).[46]

또한 직권조사사항에 대한 피고의 항변은 법원의 직권발동을 촉구하는 의미에 그친다. 그러나 상대방이 다투지 않거나 제출된 자료로 보아 존재에 의문이 없는 한, 법원이 이를 석명하거나 심리·판단할 필요는 없다. 판례도 "비법인사단의 대표자가 적법한 대표권한을 가지는지 여부는 직권조사사항이나, **상대방에서 대표권을 부인하거나 이것이 부적법한 것이 아닌 한 법원에서 이 점을 석명하거나 심리·판단할 필요는 없다.**"고 한다(1989. 3. 14. 87다카1574).

2) 변론주의적 요소

(ⅰ) 임의관할·당사자능력·당사자적격·소송능력 등 대부분의 소송요건은 변론주의의 원칙에 따라 당사자가 자료제출의 책임을 부담한다. 즉 이 경우에는 조사개시·판단은 법원이 직권으로 하지만, 자료제출은 당사자가 해야 한다.

[46) [판례평석] 몇몇 판결례 중에 '직권탐지사항'이라는 용어를 쓴 것이 있다. '직권탐지주의가 적용되는 사항'이라는 의미로 이 말을 사용했는지 모르겠으나, 이는 소송법학에서 일반적으로 사용되는 용어는 아니다(전원열, 제3판, 275면).

판례는 "운송인의 용선자, 송하인 또는 수하인에 대한 채권·채무는 그 청구원인의 여하에 불구하고 운송인이 수하인에게 운송물을 인도한 날 또는 인도할 날부터 1년 이내에 재판상 청구가 없으면 소멸하는 것이고(상법 제814조), 위 기간은 제소기간으로서 법원은 기간의 준수 여부에 관하여 직권으로 조사하여야 하므로 기간 준수 여부에 대하여 의심이 있는 경우에는 필요한 정도에 따라 직권으로 증거조사를 할 수 있으나, 법원에 현출된 모든 소송자료를 통하여 살펴보았을 때 기간이 도과하였다고 의심할 만한 사정이 발견되지 않는 경우까지 법원이 직권으로 추가적인 증거조사를 하여 기간 준수의 여부를 확인하여야 할 의무는 없다."고 한다(2007. 6. 28. 2007다16113).

또한 "사해행위취소의 소는 법률행위 있은 날로부터 5년 내에 제기하여야 하고, 이는 제소기간이므로 법원은 기간의 준수 여부에 관하여 직권으로 조사하여 기간이 도과된 후에 제기된 사해행위취소의 소는 부적법한 것으로 각하하여야 하므로, 기간 준수 여부에 대하여 의심이 있는 경우에는 법원이 필요한 정도에 따라 직권으로 증거조사를 할 수 있으나, 법원에 현출된 모든 소송자료를 통하여 살펴보았을 때 기간이 도과되었다고 의심할 만한 사정이 발견되지 않는 경우까지 법원이 직권으로 추가적인 증거조사를 하여 기간 준수 여부를 확인하여야 할 의무는 없다."고 한다(2002. 7. 26. 2001다73138).

또한 "민사소송에서 기판력의 저촉여부와 같은 권리보호요건의 존부는 법원의 직권조사사항이나 이는 직권탐지사항과 달라서 요건 유무의 근거가 되는 구체적 사실에 관하여 사실심의 변론종결 당시까지 당사자의 주장이 없는 한 법원은 이를 고려할 수 없고, 또 다툼이 있는 사실에 관하여는 당사자의 입증을 기다려서 판단함이 원칙이다."고 한다(1981. 6. 23. 81다124).

(ⅱ) 다만 판례는 "채권자대위소송에서 피보전채권이 존재하는지는 소송요건으로서 직권조사사항이므로, 법원으로서는 판단의 기초자료인 사실과 증거를 직권으로 탐지할 의무까지는 없더라도, 법원에 현출된 모든 소송자료를 통하여 살펴보아 피보전채권의 존부에 관하여 의심할 만한 사정이 발견되면 직권으로 추가적인 심리·조사를 통하여 존재 여부를 확인할 의무가 있다."고 한다(2009. 4. 23. 2009다3234).

또한 "종중의 대표자에게 적법한 대표권이 있는지는 소송요건에 관한 것으로서 직권조사사항이므로, 법원으로서는 판단의 기초자료인 사실과 증거를 직권으로 탐지할 의무까지는 없더라도, 이미 제출된 자료들에 의하여 대표권의 적법성에 의심이 갈 만한 사정이 엿보인다면 상대방이 구체적으로 지적하여 다투지 않거나 본안전 항변으로 다투다가 철회한 경우에도 심리·조사할 의무가 있다."고 한다(2007. 3. 29. 2006다74273).

라. 직권조사사항에 대한 조사의 결과

1) 소송요건이 구비 또는 흠결된 경우

법원의 조사결과 소송요건이 구비되어 있는 경우에는 중간판결(제201조) 또는 종국판결의 이유 중에서 소송요건의 흠결이 없다고 판단하여야 한다. 그러나 법원의 조사의 결과 소송요건이 흠결되면 소 각하판결을 한다. 다만, 관할위반의 경우에는 소를 각하하지 않고 관할권 있는 법원으로 이송하여야 하며(제34조 제1항), 병합의 소에서 병합요건에 흠결이 있을 때에는 독립한 소로 취급하여야 한다.

2) 소송계속이 없는 것으로 판명된 경우

소 취하 등의 사유로 소송이 종료된 것으로 처리된 뒤에 소송종료의 효과를 다투는 기일지정신청이 있은 경우에 그 신청이 이유 없다고 인정되는 경우나, 소송종료를 간과하고 소송심리를 진행하여 온 사실이 밝혀지는 경우에는 소송종료선언을 하여야 한다.

3) 소송요건의 흠결을 간과하고 본안판결을 한 경우

판결이 확정되기 전에는 상소를 제기하여 취소할 수 있다. 다만 임의관할의 경우에는 예외이다(제411조 참조). 판결이 확정된 후이면 재심사유에 해당하는 경우에 한하여 재심의 소를 제기하여 취소할 수 있다. 예컨대 소송능력·대리권 흠결이 있음에도 본안판결을 하고 확정이 되면 재심이 가능하다(제451조 제1항 제3호). 그러나 실재하지 않는 당사자나 우리나라의 재판권에 복종하지 않는 자에 대한 판결은 확정되어도 재심사유에도 해당되지 않으며 당연 무효가 된다.

4) 소송요건이 구비되었음에도 소각하 판결을 한 경우

원고는 상소를 제기할 수 있는데, 상소가 이유 있을 때에는 원심판결을 취소하고 원고의 심급의 이익을 보장하기 위하여 사건을 원심에 환송하여야 한다(제418조, 제425조).

마. 적용범위

ⓐ **소송대리인의 대리권 존부는 직권조사사항**이고, 소송대리권의 위임장이 사문서인 경우 법원이 소송대리권 증명에 관하여 인증명령을 할 것인지의 여부는 법원의 재량이나 상대방이 다투고 있고 기록상 위임장이 진정하다고 인정할 만한 뚜렷한 증거가 없는 경우에는 법원은 대리권의 증명에 관하여 인증명령을 하거나 또는 달리 진정하게 소송대리권을 위임한 것인지의 여부를 심리하는 등 대리권의 흠결 여부에 관하여 조사하여야 한다. 또한 **사실심에서 변론종결시까지 당사자가 주장하지 않던 직권조사사항에 해당하는 사항을 상고심에서 주장하는 경우 직권조사사항에 해당하는 사항은 상고심의 심판범위에 포함**되고, 소송대리권 수여에 흠이 있는 경우는 제424조 제1항 제4호의 절대적 상고이유에 해당한다(2009. 10. 29. 2008다37247).

ⓑ **외국적 요소가 있는 법률관계에 관하여 적용되는 준거법으로서의 외국법**은 사실이 아니라 법으로서 법원은 직권으로 그 내용을 조사하고, 그러한 직권조사에도 불구하고 외국법의 내용을 확인할 수 없는 경우에 한하여 조리 등을 적용해야 한다(2019. 12. 24. 2016다222712).

ⓒ **당사자능력의 문제는 직권조사사항**에 속하므로, 당사자능력 판단의 전제가 되는 사실에 관하여는 법원이 당사자의 주장에 구속될 필요 없이 직권으로 조사하여야 하고, 따라서 종중이 원고로 된 경우에 종중의 당사자능력 여부가 고유의 의미의 종중인가 아니면 종중 유사의 단체인가 하는 점에 따라 차이를 가져오는 경우에는 법원으로서는 직권으로 종중의 실체를 파악하여 그에 따라 결정하여야 한다(1994. 5. 10. 93다53955).

ⓓ **소송대리권의 존재는 소송요건으로서 직권조사사항**이므로, 이에 관한 당사자의 주장은 직권발동을 촉구하는 의미밖에 없어 그 주장에 대하여 판단하지 아니하더라도 판단누락의 상고이유로 삼을 수 없다(1994. 11. 8. 94다31549).

ⓔ **매매예약완결권의 제척기간이 도과하였는지 여부는 직권조사사항**으로서 이에 대한 당사자의 주장이 없더라도 법원이 당연히 직권으로 조사하여 재판에 고려하여야 하므로, 상고법원은 매매예약완결권이 제척기간 도과로 소멸되었다는 주장이 적법한 상고이유서 제출기간 경과 후에 주장되었다 할지라도 이를 판단하여야 한다(2000. 10. 13. 99다18725).

ⓕ **재심의 소가 재심제기의 불변기간 내에 제기된 것인지의 여부**는 재심의 소의 적법요건에 관한 것으로서 직권조사사항에 해당한다(1989. 10. 24. 87다카1322).

ⓖ 종중이나 종중 유사단체가 **당사자능력을 가지는지 여부에 관한 사항은 법원의 직권조사사항**이므로, **당사자능력 판단의 전제가 되는 사실에 관하여는 법원이 당사자의 주장에 구속될 필요 없이 직권으로 조사하여야 하며**, 그 사실에 기하여 당사자능력의 유무를 판단함에는, 당사자가 내세우는 종중이나 단체의 목적, 조직, 구성원 등 단체를 사회적 실체로서 규정짓는 요소를 갖춘 실체가 실재하는지의 여부를 가려서, 그와 같은 의미의 단체가 실재한다면 소송상 당사자능력이 있는 것으로 볼 것이고, 그렇지 아니하다면 소를 각하하여야 할 것이다(2010. 4. 29. 2010다1166).

ⓗ 소송에서 다투어지고 있는 권리 또는 법률관계의 존부가 동일한 당사자 사이의 전소에서 이미 다루어져 확정판결이 있는 경우에 당사자는 이에 저촉되는 주장을 할 수 없고, 법원도 이에 저촉되는 판단을 할 수 없음은 물론, **확정판결의 존부는 당사자의 주장이 없더라도 법원이 직권으로 조사하여 판단**하지 않으면 안되고, 당사자가 확정판결의 존재를 사실심 변론종결시까지 주장하지 아니하였더라도 상고심에서 주장·입증할 수 있다(1989. 10. 10. 89누1308).

◆ 제4관 **적시제출주의**

Ⅰ. 서 설

> 제146조(적시제출주의) 공격 또는 방어의 방법은 소송의 정도에 따라 적절한 시기에 제출하여야 한다.

적시제출주의란 **당사자는 공격방어방법을 소송이 지연되지 않도록 소송의 진행 정도에 따라 적절한 시기에 제출하여야 한다는 원칙**을 말한다. 개정 전에는 수시제출주의에 따라 당사자는 변론종결시까지 자유롭게 공격방어방법을 제출할 수 있었다. 수시제출주의는 소송의 진행상황에 맞추어 소송자료를 제출할 수 있다는 장점이 있으나, 소송지연의 수단으로 악용되는 단점이 있다. 따라서 적시제출주의로 개정되었다.

Ⅱ. 적시제출주의의 대상

적시제출주의에서 **제출대상은 공격방어방법**이다. 공격방법이란 원고가 제출하는 소송자료를 말하고, 방어방법이란 피고가 제출하는 소송자료를 말한다. 공격방어방법을 제출하여야 할 적절한 시기는 언제인가가 문제되는데, 이는 소송의 진행 정도에 따라 개별적으로 결정된다.

Ⅲ. 적시제출주의의 실효성 확보방법

1. 재정기간제도 (제출기간의 제한)

가. 의 의

> 제147조(제출기간의 제한) ① 재판장은 당사자의 의견을 들어 한 쪽 또는 양 쪽 당사자에 대하여 특정한 사항에 관하여 주장을 제출하거나 증거를 신청할 기간을 정할 수 있다.
> ② 당사자가 제1항의 기간을 넘긴 때에는 주장을 제출하거나 증거를 신청할 수 없다. 다만, 당사자가 정당한 사유로 그 기간 이내에 제출 또는 신청하지 못하였다는 것을 소명한 경우에는 그러하지 아니하다.

재판장은 당사자의 의견을 들어 한 쪽 또는 양 쪽 당사자에 대하여 특정한 사항에 관하여 주장을 제출하거나 증거를 신청할 기간을 정할 수 있는데, 이러한 제출제한 기간을 재정기간이라고 한다. 따라서 당사자가 위 기간을 넘긴 때에는 정당한 사유로 그 기간 내에 제출 또는 신청하지 못하였다는 것을 소명한 경우 이외에는 특정한 사항에 관한 주장을 제출하거나 증거를 신청할 수 없다.

나. 취 지

실기한 공격방어방법의 각하제도는 실무상 잘 활용되지 않으므로 이 제도만으로는 신속한 재판진행을 도모하기에 부족하다. 그런데 재판장이 공격방어방법의 제출기간을 정할 수 있다면 소송절차가 신속하게 운영될 수 있다. 또한 이는 집중심리주의의 도입을 위한 전제로서도 의미가 있다.

다. 효 과

당사자가 재정기간을 넘기면 뒤에 새로운 주장을 제출하거나 증거를 신청할 수는 없는 실권효의 제재가 따른다(제147조 제2항 본문). 다만 변론준비절차에서도 재판장은 준비서면의 제출과 증거신청에 관하여 제출기간(여기의 기간도 재정기간이다)을 정할 수 있지만 당사자가 이렇게 정한 기간 내에 준비서면 등을 제출하지 아니하거나 증거의 신청을 하지 아니한 때에는 실권효가 생기는 것이 아니라 단지 변론준비절차의 종결사유가 될 뿐이다(제280조 제1항, 제284조 제1항 제2호).

물론 서면에 의한 변론준비절차에서도 실권효가 전제되는 제147조의 재정기간제도를 활용할 수 있지만(제286조, 제147조), 제147조의 재정기간은 당사자의 의견을 들어야 하므로 서면에 의한 변론준비절차에서는 제147조의 재정기간을 활용하는 데는 한계가 있고, 제147조의 실권효는 '특정한 사항'에 대해서만 발생하고 '일반적인 공격방어방법'에 대해서는 실권효가 발생하지 않는다.

2. 실기한 공격방어방법의 각하

가. 의 의

> 제149조(실기한 공격·방어방법의 각하) ① 당사자가 제146조의 규정을 어기어 고의 또는 중대한 과실로 공격 또는 방어방법을 뒤늦게 제출함으로써 소송의 완결을 지연시키게 하는 것으로 인정할 때에는 법원은 직권으로 또는 상대방의 신청에 따라 결정으로 이를 각하할 수 있다.
> ② 당사자가 제출한 공격 또는 방어방법의 취지가 분명하지 아니한 경우에, 당사자가 필요한 설명을 하지 아니하거나 설명할 기일에 출석하지 아니한 때에는 법원은 직권으로 또는 상대방의 신청에 따라 결정으로 이를 각하할 수 있다.

당사자가 적시제출주의의 규정을 어기고 고의 또는 중과실로 공격방어방법을 뒤늦게 제출함으로서 소송의 완결을 지연시키게 하는 것으로 인정될 때에는 법원은 직권으로 또는 상대방의 신청에 따라 결정으로 공격방어방법을 각하할 수 있다(제149조 제1항).

나. 취 지

수시제출주의에서 실기한 공격방어방법의 각하규정은 소송촉진의무에 대한 제재로서 당해 공격방어방법을 각하하고 받아주지 않는 권한을 법원에 준 것이어서 수시제출주의를 제한하는 규정으로 기능을 하였지만, 적시제출주의에서는 이를 어겨도 아무런 제재가 없다면 적시제출주의 규정은 훈시적 성격을 갖는데 그칠 것이므로 적시제출주의의 실효성을 확보하기 위하여 적시제출주의의 위반에 대한 제재로서의 실권효의 기능을 담당한다.

다만 현행법에서는 변론준비기일이 종결되면 실권효가 있고 실권효는 항소심에서도 유지되므로(제410조), 실기한 공격방어방법의 각하규정이 적용될 수 있는 경우는 사실상 변론준비기일이 열리지 않는 경우나, 제285조 제1항의 각호에 규정된 실권효의 예외사유가 있는 경우에 한정될 것이다.

다. 각하의 요건

1) 시기에 늦은 공격방어방법일 것

가) 의미

시기에 늦었다는 것은 소송의 진행정도로 보아 과거에 제출을 기대할 수 있었음에도 이를 하지 않은 경우, 즉 적시제출주의를 위반하여 늦게 제출한 경우를 말한다. 한편 **항소심에서 새로운 공격방어방법이 제출되었을 경우**에 이것이 시기에 뒤늦었는지에 대하여, 통설은 항소심은 속심구조이고 제149조가 총칙규정인 점과, 항소심에서 새로운 주장을 제한 없이 허용하면 제1심 경시 풍조를 조장할 우려가 있음을 고려할 때, 제1심의 경과까지 전체를 판단하여 시기에 늦었는가를 판단하여야 한다는 입장이다.

판례도 "실기한 공격·방어방법이란 **당사자가 고의·중과실로 소송 정도에 따른 적절한 시기를 넘겨 뒤늦게 제출하여 소송 완결을 지연시키는 공격·방어방법**을 말한다. 적절한 시기를 넘겨 뒤늦게 제출하였는지를 판단함에는 새로운 공격·방어방법이 소송의 진행정도에 비추어 당사자가 과거에 제출을 기대할 수 있었던 객관적 사정이 있었는데도 이를 하지 않은 것인지, 상대방과 법원에 새로운 공격·방어방법을 제출하지 않을 것이라는 신뢰를 부여하였는지 여부 등을 고려해야 한다. **항소심에서 새로운 공격·방어방법이 제출된 경우에는 항소심뿐만 아니라 제1심까지 통틀어 시기에 늦었는지를 판단해야 한다.** 나아가 당사자의 고의·중과실이 있는지를 판단함에는 당사자의 법률지식과 함께 새로운 공격·방어방법의 종류, 내용과 법률구성의 난이도, 기존의 공격·방어방법과의 관계, 소송의 진행경과 등을 종합적으로 고려한다."고 한다(2017. 5. 17. 2017다1097).

나) 유일한 증거방법의 경우

(ⅰ) 문제점 : 유일한 증거방법을 실기하였다고 각하할 수 있는가에 대해서 견해가 대립된다.

(ⅱ) 학설의 대립 : ① 유일한 증거에 대하여는 법원이 임의로 조사여부를 결정할 수 있는 것이 아니고(제290조 단서), 신속한 소송이 당사자가 제출한 유일한 증거신청까지 무시할 만한 절대적인 가치를 지닌 것은 아니므로 각하할 수 없다고 하는 견해와, ② 유일한 증거방법이라고 하여 예외를 인정하면 유일한 증거방법을 항소심의 변론종결시점에 제출하는 것을 허용하게 되어 제1심을 무의미하게 만들고, 소송촉진을 꾀하기 어려우므로 각하의 대상이 된다는 견해가 대립된다.

(ⅲ) 판례의 태도 : 판례는 "**유일한 증거가 아닌 이상 증거신청이 당사자의 고의 또는 중과실로 시기에 늦은 것이 아닌 경우라도 법원은 이를 각하할 수 있다.**"고 하여(1962. 7. 26. 62다315), 유일한 증거는 각하할 수 없다고 한다. 한편 "피고가 증인신청을 하여 채택하고 신문기일을 정하였던바 피고는 증인들의 소환비용을 예납하지 아니하였을 뿐 아니라 기일에 피고는 출석도 하지 아니하였으므로 증거채택을 취소하고 변론을 종결하였던바, 그 후 피고의 변론재개신청을 채택하여 다음 기일을 지정 고지하였음에도 불구하고 피고는 출석하지 아니하고 다음 기일에 비로소 출석하여 이미 취소된

증인의 환문을 재차 신청한바, **이 신청은 시기에 늦은 공격방어방법이라고 볼 수 있을 것이므로 원심이 이를 채택하지 아니하였다 하여 유일한 증거를 조사하지 아니하거나 심리미진의 위법이 있다고 할 수 없다.**"고 하여(1968. 1. 31. 67다2628), 유일한 증거라도 각하할 수 있다고 한다.

(ⅳ) 검 토 : 유일한 증거방법이라도 소송촉진을 위하여 각하할 수 있다는 견해가 타당하다.

2) 당사자에게 고의·중과실이 있을 것

당사자는 소송대리인도 포함하는 개념이고, 또한 고의·중과실은 시기에 늦은 점에 관하여 존재하면 족하고, 소송완결을 지연시키는 점에 대해서까지 존재할 필요는 없다. 고의·중과실의 유무를 판단함에 있어서는 '법률지식의 정도'와 '공격방어방법의 종류'를 고려하여 판단하여야 한다. 따라서 본인소송은 변호사대리소송과는 달리 판단하여야 하고, 건물매수청구권의 행사나 상계항변과 같은 것은 항변의 성질이 출혈적 항변이므로 일반적으로 고의·중과실이 있다고 보기 어렵다.

판례는 "**항소심 계속 중에 증거서류가 위조되었다는 증거를 확보하게 된 사정 등에 비추어, 제1심 이래 21개월여가 지난 뒤에 한 위조항변이 실기한 공격방어방법이 아니다.**"고 하고(1992. 2. 25. 91다490), "**제1심에서 패소한 후 항소심에서 약정해제권을 행사한 것**이 신의칙에 반하거나 실기한 공격방어방법에 해당하지 않는다."고 한다(2004. 12. 9. 2004다51054). 그러나 "**환송 전 원심 소송절차에서 상계항변을 할 기회가 있었음에도 환송 후 원심 소송절차에서 주장하는 상계항변은 실기한 공격방어방법에 해당한다.**"고 한다(2005. 10. 7. 2003다44387).

3) 심리하면 각하할 때보다 소송의 완결이 지연될 것

(ⅰ) 지연의 개념에 대해서는 ① 공격방어방법이 적시에 제출되었을 경우를 가정하여 소요되었을 기간과 공격방어방법을 각하하지 않고 허용함으로서 소요될 기간을 비교하여 소송완결의 지연여부를 가린다는 '상대설'이 있지만, ② 제149조의 기능을 강화하기 위해서는 공격방어방법이 제출된 시점을 기준으로 공격방어방법을 받아들이는 경우가 각하하는 경우보다 지연되는가를 가린다는 '절대설'이 타당하다.

따라서 별도의 증거조사가 불필요한 항변, 재정증인과 같이 당해 기일에 즉시 조사할 수 있는 증거신청, 상대방이 성립을 인정하는 서증신청, 다른 심리사항이 남아 있어 기일속행을 필요로 하고 그 속행기일 내에 심리를 마칠 수 있는 공격방어방법은 소송의 완결을 지연시킨다고 할 수 없기 때문에 각하해서는 안 된다.

(ⅱ) 판례도 "법원은 당사자의 고의·중과실로 시기에 늦게 제출한 공격·방어방법이 그로 인하여 소송완결을 지연하게 하는 것으로 인정될 때에는 각하할 수 있고, 이는 독립된 결정의 형식으로 뿐만 아니라 판결이유 중에서 판단하는 방법에 의하여 할 수도 있으나, 법원이 당사자의 공격방어방법에 대하여 각하결정을 하지 아니한 채 증거조사까지 마친 경우에는 소송의 완결을 지연할 염려는 없어졌으므로, 그러한 상황에서 새삼스럽게 판결이유에서 당사자의 공격방어방법을 각하하는 판단은 할 수 없고, **더욱이 실기한 공격방어방법이라도 어차피 기일의 속행을 필요로 하고 속행기일의 범위 내에서 공격방어방법의 심리도 마칠 수 있거나 공격방어방법의 내용이 이미 심리를 마친 소송자료의 범위 안에 포함되어 있는 때에는 소송의 완결을 지연시키는 것으로 볼 수 없으므로, 이와 같은 경우에도 각하할 수 없다**고 보아야 한다."고 한다(1999. 2. 26. 98다52469).

한편 "[1] 농지개혁법 제19조 제2항의 소재지 관서의 증명이 농지매매의 효력발생요건이라는 취지가 매매로 인한 물권변동의 효과, 즉 소유권이전의 효과를 발생할 수 없다는 것이지 농지매매 당사자 사이에 채권계약으로서의 효력까지 발생하지 않는다는 것은 아니므로 위 증명이 반드시 매매계약이 체결될 당시에 갖추어져야 되는 것은 아니지만, 소재지 관서의 증명을 얻지 아니한 채 체결된 농지의 매매계약을 원인으로 하여 매수인이 매도인을 상대로 소유권이전등기절차의 이행을 청구하는 경우에는 사실심의 변론이 종결될 때까지는 소재지관서의 증명을 얻지 않으면 안된다. [2] **피고가 대법원 환송판결 후 원심에서 비로소 원고가 농지매매증명을 얻지 못하였다는 항변을 하였더라도 이는 법률상 주장으로서 별도의 증거조사를 필요로 하지 아니하고, 이로 말미암아 소송 완결이 지연되는 것도 아니므로 실기한 방어방법이 아니다.**"고 한다(1992. 10. 27. 92다28921).

그러나 "건물철거와 대지명도의 청구사건에 있어서, **제1심에서 유치권의 항변을 주장할 수 있었을 뿐만이 아니라 제2심의 1, 2, 3차 변론기일에까지도 그 항변을 주장할 수 있었을 것**인데, 만연히 주장을 하지 않고 제4회 변론기일에 주장을 한 것은 시기에 늦어서 방어방법을 제출한 것이라 볼 것이고, 만일 항변의 제출을 허용한다면 소송의 완결에 지연을 가져올 것은 분명하다."고 한다(1962. 4. 4. 4294민상1122).

라. 각하의 대상

각하의 대상은 주장·다툼·항변·증거방법 등과 같은 공격방어방법이고, 원고의 청구변경·피고의 반소 등은 청구자체에 관한 사항이기 때문에 실기하였다는 관념이 있을 수가 없어 각하대상이 아니다. 다만, 청구변경과 반소는 소송절차를 현저히 지연시키는 경우에는 허용되지 아니한다(제262조 제1항 단서, 제269조 제1항 본문).

마. 각하의 절차

각하는 직권 또는 상대방의 신청에 의한다. 각하를 함에는 독립된 결정이나 종국판결의 이유에서 판단하면 되고, 각하당한 당사자는 독립하여 항고할 수 없고, 종국판결에 대한 상소와 함께 불복하여야 한다(제392조). 한편 각하요건이 갖추어진 경우에 법원이 반드시 각하를 하여야 하는지에 대하여, ① 제149조의 규정은 신속한 소송완결을 위한 공익적 규정이므로 각하하여야 한다는 견해도 있으나, ② 공격방어방법의 각하는 소송지휘권의 일환이기 때문에 법원의 재량으로 봄이 타당하다.

3. 변론준비기일을 거친 경우의 새로운 공격방어방법의 제한

변론준비기일에 제출하지 아니한 공격방어방법은 그 제출로 인하여 소송을 현저히 지연시키지 아니하는 때, 중과실 없이 변론준비절차에서 제출하지 못하였다는 것을 소명한 때, 법원이 직권으로 조사할 사항인 때 이외에는 변론에서 제출할 수 없다(제285조 제1항).

다만 소장 또는 변론준비절차 전에 제출한 준비서면에 적힌 사항은 비록 변론준비기일에 공격방어방법으로 제출하지 아니한 경우라도 변론준비절차에서 철회되거나 변경된 경우를 제외하고는 변론에서 주장할 수 있다(제285조 제3항). 그리고 제1심의 변론준비절차는 항소심에서도 효력이 있으므로(제410조), 무변론 판결을 제외하고 변론준비기일을 거친 사건은 제1심판결의 선고로 항소심에서도 실권효가 발생한다.

Ⅳ. 기타 공격방어방법의 제출 제한

1. 석명에 불응하는 공격방어방법 각하

취지가 분명하지 아니한 공격방어방법을 제출하고서도 당사자가 설명에 응하지 아니한 경우와 설명할 기일에 출석하지 아니한 경우에도 실기한 공격방어방법과 같은 절차로 법원은 당해 공격방어방법을 각하할 수 있다(제149조 제2항).

2. 준비서면에 기재하지 아니한 사실

어떤 사실을 준비서면에 기재하여 제출하지 않은 경우 상대방이 출석하지 아니한 경우에는 이를 변론에서 주장하지 못하게 되는 불이익이 따른다(제276조).

3. 중간판결의 내용과 저촉되는 주장의 제한

중간판결을 한 때에는 그 기속력 때문에 그 판단사항에 관한 공격방어방법은 당해 심급에서는 제출할 수 없다(제201조, 제454조).

4. 상고이유서 제출기간 도과 후의 새로운 상고이유의 제한

상고심에서는 상고이유서 제출기간 내에 이에 기재하여 제출하지 않은 상고이유는 고려하지 않는다(제427조, 제431조).

5. 답변서제출의무와 방소항변

피고는 소장을 송달받은 날로부터 30일 이내에 답변서를 제출하여야 하고(제256조) 또한 임의관할 위반(제30조), 소송비용의 담보제공(제118조) 등의 방소항변은 본안에 관한 변론 전까지 제출하여야 한다.

6. 그 밖의 경우

변론의 분리·제한의 경우, 소송상의 합의에 의한 제한, 금반언에 의한 제한, 기판력의 차단에 의한 제한 등이 있다.

Ⅴ. 적시제출주의의 예외

적시제출주의의 규정은 당사자가 공격방어방법을 제출할 책임을 부담한다는 점을 전제로 하므로 변론주의가 적용되는 영역에 한정되며, 실체적 진실발견의 요청이 절차의 촉진보다 선행되는 직권탐지주의나 직권조사사항에 관하여는 적용이 배제된다(제285조, 제434조).

◆ 제5관 **직권진행주의와 소송지휘권**

Ⅰ. 의 의

　민사소송법은 소송물의 특정과 소송자료의 제출에 대해서는 처분권주의와 변론주의의 입장이나, 소송의 진행에 대해서는 법원에 주도권을 주는 직권진행주의의 입장이다. 이러한 직권진행주의를 법원의 권능으로 파악하면 소송지휘권이 된다. 즉 변론은 법원의 지휘에 의하여 진행된다.

Ⅱ. 소송지휘권

　소송지휘권은 소송절차를 신속·원활히 진행시키고 심리를 완전하게 하여 분쟁을 신속하게 해결하기 위하여 법원에 인정된 소송의 주재권능이다. 법원이 소송지휘권을 가지므로 당사자의 신청은 법원의 직권발동을 촉구하는 의미 밖에 없다. 소송지휘권은 재판의 형식이나 사실행위로써 행하여진다.

Ⅲ. 소송절차에 대한 이의권

1. 서 설

> 제151조(소송절차에 관한 이의권) 당사자는 소송절차에 관한 규정에 어긋난 것임을 알거나, 알 수 있었을 경우에 바로 이의를 제기하지 아니하면 그 권리를 잃는다. 다만, 그 권리가 포기할 수 없는 것인 때에는 그러하지 아니하다.

　이의권이란 **법원이나 상대방 당사자의 소송행위가 소송절차에 관한 임의법규에 위배되는 경우에 이에 대하여 당사자가 이의를 하고 그 효력을 다툴 수 있는 소송상의 권능**을 말한다. 민사소송법은 이의권의 개념에 관하여 적극적으로 규정하지 아니하고 이의권의 포기·상실에 의하여 하자가 치유되게 함으로서 소극적으로 규정하고 있다.

2. 이의권의 대상

　(ⅰ) 이의권은 **소송절차에 관한 규정**에 어긋난 경우에 적용된다. 판례도 "**소송절차에 관한 사항만이 이의권 포기·상실의 대상이 될 수 있다.**"고 한다(2008. 2. 1. 2007다8914).

　(ⅱ) 이의권은 **소송절차에 관한 임의규정에 어긋난 경우**에 적용된다. 즉 훈시규정에 어긋난 행위의 효력에는 아무런 영향이 없으므로, 이의권의 대상이 되지 않는다. 판례도 "당사자는 법원 또는 상대방의 소송행위가 소송절차에 관한 규정을 위반한 경우, 제151조에 의하여 그 소송행위의 무효를 주장하는 이의신청을 할 수 있고 법원이 당사자의 이의를 이유 있다고 인정할 때에는 그 소송행위를 무효로 하고 이에 상응하는 조치를 취하여야 하지만, 소송절차에 관한 규정 중 단순한 훈시적 규정을 위반한 경우에는 무효를 주장할 수 없다. **제199조·제207조 등은 모두 훈시규정이므로, 법원이 종국판결 선고기간 5월을 도과하거나, 변론종결일로부터 2주 이내 선고하지 아니하였더라도 이를 이유로 무효를 주장할 수는 없다.**"고 한다(2008. 2. 1. 2007다9009). 또한 강행규정에 어긋난 행위는 무효가 되므로 이의권의 대상이 되지 않는다.

3. 이의권의 당사자 및 행사방법

당사자의 소송행위가 임의규정에 위반될 경우에는 이로 인하여 불이익을 받을 당사자가 이의권의 주체가 되고, 법원의 행위가 임의규정에 위반한 경우에는 당사자 쌍방이 이의권의 주체가 된다. 한편 이의권은 상대방이 아니라 법원에 대하여 이의하는 것이다. 따라서 이의하는 당사자는 단순히 절차규정에 위배된 점만을 지적하여 이의함으로서 충분하며, 법원은 당사자의 이의가 이유가 있다고 인정되면 절차규정에 위배된 그 소송행위를 무효로 하고 이에 상응하는 조치를 하여야 한다.

4. 이의권의 포기와 상실

가. 의의 및 취지

당사자가 법원이나 상대방의 소송행위가 절차규정에 위반됨을 알면서도 이에 대하여 이의를 하지 않겠다는 의사를 법원에 표시하는 것을 이의권의 포기라 한다. 한편 법원 또는 당사자의 소송행위가 절차규정에 위배되고 그 절차규정이 임의규정인 경우에 당사자가 이를 알거나 알 수 있었을 때에는 지체 없이 이의를 하지 아니하면 그 권리를 잃는 것을 이의권의 상실이라 한다.

이의권을 무제한하게 허용함은 오히려 절차의 안정을 해하고 소송경제에 반하므로 소송절차의 안정, 원활한 진행, 소송경제상 이의권의 포기·상실이 인정된다.

나. 대 상

소송절차에 관한 임의규정의 위배의 경우에만 이의권의 포기·상실의 대상이 된다. 즉 판결정본을 제외한 소송서류 송달의 하자, 청구취지 변경의 방식 등에 있어서 소송행위 방식의 하자, 당사자본인 신문에 의할 것을 증인신문을 하는 등의 증거조사 방식의 위배, 청구의 기초에 변경이 있는 청구의 변경과 반소요건인 상호관련관계의 흠결, 심리방식의 위배 등이 이의권의 포기·상실이 대상이 된다.

판례는 "이의권의 포기·상실은 <u>소송절차에 관한 임의규정의 위배에 한하여 인정되는 것이며, 항소제기의 기간은 불변기간이고 이에 관한 규정은 성질상 강행규정</u>으로서 그 기간의 기산점이 되는 판결정본의 송달에 관한 이의권의 상실로 인하여 그 하자가 치유될 수 없다."고 한다(1972. 5. 9. 72다379).

다. 포기의 방식

포기의 방식에 대하여는 특별한 규정이 없으므로 말 또는 서면으로 할 수 있다(제161조). 다만 이의권은 소송절차를 위반한 행위가 있을 때 발생하기 때문에 사전포기는 인정되지 않는다. 사전포기를 인정하게 되면 법률이 인정하지 아니하는 소송절차를 창설하는 것이 되어 '임의소송금지의 원칙'에 저촉되기 때문이다. 이의권의 포기는 절차의 안정을 위하여 확정적인 의사표시이어야 하므로 조건·기한은 붙일 수가 없다. 또한 이의권의 포기 후에 철회하는 것도 절차의 안정을 해칠 수 있기 때문에 허용되지 않는다.

라. 상실의 요건

판례는 "당사자가 소송절차에 관한 규정에 위배됨을 <u>알았거나 알 수 있었음에도 지체 없이 이의를 하지 않은 때</u>에는 이의권이 상실된다."고 하고(2011. 11. 24. 2011다74550), "**당사자가 변론기일 소환장**

의 송달을 받은 바 없다 하더라도** 변론기일에 임의출석하여 변론을 하면서 변론기일의 불소환을 이의하지 아니하면 이의권의 상실로 하자는 치유된다."고 한다(1984. 4. 24. 82므14). 소송대리인이 선임되어 있는 경우라면 소송대리인이나 당사자 본인 중 어느 일방이 알고 있으면 된다.

마. 효 과

소송절차에 관한 규정에 위배된 소송행위라도 이의권의 포기·상실이 있으면 유효하게 된다. 이러한 하자의 치유는 상급심에서도 유지된다. 다만 법원의 소송절차가 규정에 위배된 경우에는 당사자 쌍방에게 이의권이 포기·상실되어야 유효하게 된다.

제03절 변론의 준비

◆ 제1관 **준비서면**

I. 서 설

> 제272조(변론의 집중과 준비) ① 변론은 집중되어야 하며, 당사자는 변론을 서면으로 준비하여야 한다.
> ② 단독사건의 변론은 서면으로 준비하지 아니할 수 있다. 다만, 상대방이 준비하지 아니하면 진술할 수 없는 사항은 그러하지 아니하다.
> 제273조(준비서면의 제출 등) 준비서면은 그것에 적힌 사항에 대하여 상대방이 준비하는 데 필요한 기간을 두고 제출하여야 하며, 법원은 상대방에게 그 부본을 송달하여야 한다.
> 제274조(준비서면의 기재사항) ① 준비서면에는 다음 각호의 사항을 적고, 당사자 또는 대리인이 기명날인 또는 서명한다.
>   1. 당사자의 성명·명칭 또는 상호와 주소
>   2. 대리인의 성명과 주소
>   3. 사건의 표시
>   4. 공격 또는 방어의 방법
>   5. 상대방의 청구와 공격 또는 방어의 방법에 대한 진술
>   6. 덧붙인 서류의 표시
>   7. 작성한 날짜
>   8. 법원의 표시
> ② 제1항 제4호 및 제5호의 사항에 대하여는 사실상 주장을 증명하기 위한 증거방법과 상대방의 증거방법에 대한 의견을 함께 적어야 한다.
> 제275조(준비서면의 첨부서류) ① 당사자가 가지고 있는 문서로서 준비서면에 인용한 것은 그 등본 또는 사본을 붙여야 한다.
> ② 문서의 일부가 필요한 때에는 그 부분에 대한 초본을 붙이고, 문서가 많을 때에는 그 문서를 표시하면 된다.
> ③ 제1항 및 제2항의 문서는 상대방이 요구하면 그 원본을 보여주어야 한다.
> 제276조(준비서면에 적지 아니한 효과) 준비서면에 적지 아니한 사실은 상대방이 출석하지 아니한 때에는 변론에서 주장하지 못한다. 다만, 제272조 제2항 본문의 규정에 따라 준비서면을 필요로 하지 아니하는 경우에는 그러하지 아니하다.

> 제277조(번역문의 첨부) 외국어로 작성된 문서에는 번역문을 붙여야 한다.
>
> 제278조(요약준비서면) 재판장은 당사자의 공격방어방법의 요지를 파악하기 어렵다고 인정하는 때에는 변론을 종결하기에 앞서 당사자에게 쟁점정리와 증거의 정리 결과를 요약한 준비서면을 제출하도록 할 수 있다.

1. 의의 및 취지

준비서면이란 **당사자가 변론에서 말로 하려는 진술사항을 기재하여 기일 전에 법원에 제출하는 서면**을 말한다(제272조 제1항). 준비서면은 단순히 다음 기일의 변론의 예고에 그치지 않고, 법원이나 상대방 당사자가 미리 준비하여 변론에 임하도록 하여 소송을 촉진하고 변론의 집중을 도모하기 위한 것이다.

2. 성 질

준비서면은 서면의 표제와 무관하게 기재된 내용에 의해 정해진다. 따라서 소장·상소장에 임의적 기재사항이 포함되었을 때에는 준비서면의 성격도 가진다(제249조 제2항, 제398조). 다만 준비서면은 변론의 예고에 그치기 때문에 이를 제출한 것만으로 소송자료가 될 수 없으며(예외 : 제148조 제1항), 소송자료로 되기 위해서는 변론에서 진술을 해야 한다. 판례도 "**준비서면에 취득시효 완성에 관한 주장사실이 기재되어 있더라도, 준비서면이 변론기일에서 진술된 흔적이 없다면 취득시효 완성의 주장에 대한 판단누락의 위법이 없다.**"고 한다(1983. 12. 27. 80다1302).

이는 구술주의의 실효성을 확보하자는 취지이다. 따라서 당사자는 제출한 준비서면을 진술하지 않고 철회할 수도 있다. 준비서면은 본래 변론의 준비를 목적으로 하는 것이지만, 변론준비절차에서도 준비서면은 활용되며(제280조 제1항), 특히 변론준비절차의 실효성을 확보하기 위하여 요약준비서면에 관한 규정이 변론준비절차에도 준용된다(제286조, 제278조).

3. 준비서면의 종류

(ⅰ) 준비서면이란 당사자가 변론에서 하고자 하는 진술사항을 기재하여 법원에 제출하는 서면을 말한다(제272조 제1항). (ⅱ) 피고가 반대신청을 적어 최초에 제출하는 서면을 답변서라고 하는데 답변서에는 준비서면에 관한 규정이 준용된다(제256조 제4항). (ⅲ) 재판장은 당사자의 공격방어방법의 요지를 파악하기 어렵다고 인정되는 때에는 변론종결에 앞서 쟁점정리와 증거의 정리결과를 요약한 준비서면(요약준비서면)의 제출을 명할 수 있다(제278조).

Ⅱ. 준비서면의 기재사항

준비서면에 기재할 사항은 법정되어 있다(제274조 제1항). 한편 판례는 "준비서면은 성질상 **기명날인을 하더라도 무방**하며, 또 **작성자가 누구임을 알아볼 수 있으면 서명 또는 기명만이 있고 날인이 없어도 된다.**"고 한다(1978. 12. 26. 77다1362).

Ⅲ. 준비서면의 제출·교환

1. 준비서면의 제출을 요하는 경우

지방법원 합의부 이상의 절차에서는 준비서면의 제출을 필요로 하지만, 단독판사의 제1심 사건에서는 제출을 요하지 않는다(제272조 제2항 본문). 판례도 "**단독사건에서는 제276조 단서와 제272조 제2항의 규정에 의하여 미리 준비서면에 기재하지 아니한 증인을 상대방이 변론기일에 출석하지 아니한 채 재정증인으로 증거조사를 하고 증거로 채택하였을 경우 위법이 아니다.**"고 한다(1975. 1. 28. 74다1721). 다만 단독사건이라도 상대방이 준비하지 않으면 진술할 수 없는 사항은 준비서면의 제출을 필요로 한다(제272조 제2항 단서).

2. 준비서면의 교환

당사자는 집중심리를 위하여 서면에 의하여 변론을 준비하여야 하므로, 준비서면은 그것에 적힌 사항에 대하여 상대방이 준비하는데 필요한 기간을 두고 제출하여야 하며 법원은 상대방 당사자에게 그 부본을 송달하여야 한다(제273조).

3. 답변서 제출의무

준비서면의 제출기간은 법으로 규정되어 있지 아니하나, 답변서는 피고가 소장 부본을 송달받은 날부터 30일 내에 제출하여야 한다(제256조 제1항). 그러나 소액사건의 경우에는 소가 제기되면 바로 변론기일을 지정하여 변론을 거쳐 판결을 할 수 있다(소액사건심판법 제7조 제1항).

4. 요약준비서면 제출명령

재판장은 당사자의 공격방어방법의 요지를 파악하기 어렵다고 인정되는 때에는 변론종결에 앞서 쟁점정리와 증거의 정리결과를 요약한 준비서면을 제출하도록 할 수 있다. 이는 변론준비절차에서도 준용된다(제286조·제278조).

5. 준비서면의 첨부서류

당사자가 가지고 있는 문서로서 준비서면에 인용한 것은 그 등본 또는 사본을 붙여야 한다. 문서의 일부가 필요한 때에는 그 부분에 대한 초본을 붙이고, 문서가 많을 때에는 그 문서를 표시하면 된다. 위 문서는 상대방이 요구하면 원본을 보여주어야 한다(제275조). 또한 외국어 문서인 경우에는 번역문과 함께 제출하여야 한다(제277조).

Ⅳ. 준비서면의 제출·부제출의 효과

1. 제출의 효과

가. 자백간주의 이익

준비서면을 제출하였으면 상대방이 불출석한 경우라도 주장할 수 있으며, 이 경우에 기재부분에 대해서는 상대방이 명백히 다투지 않은 것으로 되어 자백간주의 이익을 얻을 수 있다(제150조 제3항·제1항).

나. 진술간주의 이익

준비서면을 제출하였으면 제출자가 불출석하여도 기재사항에 관하여 진술간주의 이익을 얻을 수 있다(제148조 제1항, 제286조). 따라서 출석한 상대방에게 변론을 명하고 심리를 진행할 수 있다.

다. 실권효의 배제

변론준비절차가 열리기 전에 준비서면을 제출하였으면 변론준비기일에서 진술을 하지 않았어도 변론준비절차에서 철회되거나 변경되지 아니한 이상 그 준비서면에 기재된 사항을 변론에서 주장할 수 있다(제285조 제3항).

라. 소취하·피고경정에 대한 동의권

피고가 본안에 관한 준비서면을 제출하면 원고는 소의 취하에 있어서 피고의 동의(제266조 제2항)를 얻어야 하고, 피고의 경정에 있어서 구피고의 동의(제260조 제1항 단서)를 얻어야 한다.

2. 부제출의 효과

가. 예고 없는 사실주장의 금지

1) 의의 및 취지

당사자가 주장하는 사실을 준비서면에 기재하지 않았다면, 상대방이 출석하지 아니한 경우에는 변론에서 주장하지 못한다(제276조 본문). 불출석한 상대방이 예기치 못한 사실에 대하여 자백간주가 성립되는 것을 방지할 필요가 있기 때문이다. 다만 이는 상대방의 절차보장을 위한 것이므로, 이의권의 포기·상실에 의하여 하자가 치유될 수 있다.

2) 사실에 증거신청도 포함되는지 여부

가) 문제점

사실에는 주요사실 뿐만 아니라 간접사실도 포함된다. 다만 사실에 증거신청도 포함되는지가 문제된다.

나) 학설의 대립

① 적극설은 증거신청은 사실의 주장과 다를 바 없고, 준비서면에 기재가 없음에도 증거신청으로 증거조사에 참여하고 그 결과에 대하여 변론하는 것은 사실인정 및 승패에 중대한 영향을 준다는 점에서 증거신청은 제276조의 '사실'에 포함된다는 견해이다. ② 소극설은 결석한 자를 보호할 필요가 없고, 증거신청은 사실과 성격을 달리하며, 제289조 제2항은 기일전 증거신청을 허용하고 있고, 제295조는 당사자가 불출석 시 증거조사를 허용하고 있으므로 증거신청은 '사실'에 포함되지 않는다는 견해이다. ③ 절충설은 예상 외의 재판을 방지하기 위하여 원칙적으로 적극설에 의하면서도 절차촉진을 위하여 상대방이 알고 있거나 충분히 예상할 수 있는 증거의 신청은 허용할 수 있으므로 이 경우만 제276조의 '사실'에 포함되지 않는다는 견해이다.

다) 검토

상대방의 불이익 방지의 요청과 소송촉진의 요청을 조화시킬 수 있는 절충설이 타당하다.

3) 금지가 되지 않는 경우

사실상 진술이라도 사건의 실체와 관계없는 소송요건의 존부에 관한 주장은 포함되지 아니하며, 법률상 진술은 사실상 진술이 아니므로 포함되지 않는다. 상대방의 주장사실에 대한 부인·부지의 진술도 상대방이 예상할 수 있는 사항이므로 포함되지 않는다. 단독사건에서 준비서면을 필요로 하지 않는 경우(제272조 제2항 본문)에는 준비서면으로 예고하지 아니한 사실도 변론에서 주장할 수 있다(제276조 단서). 또한 **제286조에서 제276조를 준용하지 않기 때문에 변론준비기일에 출석한 당사자는 상대방이 출석하지 않아도 '준비서면의 제출로서 예고하지 아니한 사항'도 진술할 수 있다.**

4) 속행기일의 지정이 필요한 경우

변론기일에 출석한 당사자가 준비서면에 기재하지 않은 사실을 주장하기 위해서는 속행기일의 지정을 구하여 그때까지 준비서면을 제출하여야 한다.

나. 무변론 패소판결의 위험

법원은 피고가 소장 부본을 송달받은 날부터 30일 내에 답변서를 제출하지 아니하면 원고의 청구원인 사실에 대하여 자백한 것으로 보고, 변론 없이 피고 패소판결을 할 수 있다(제257조 제1항).

다. 변론준비절차의 종결

서면에 의한 변론준비절차에서 재판장이 정하여준 기간 내에 준비서면을 제출하지 아니하면, 변론준비를 계속하여야 할 상당한 이유가 없는 한 변론준비절차를 종결하여야 한다(제284조 제1항 제2호).

라. 소송비용의 부담

상대방이 출석한 경우에는 준비서면에 기재되지 아니한 사실이라도 주장할 수 있지만 미리 예고하지 않았기 때문에 상대방이 즉시 답변을 할 수 없고, 그 결과 기일 속행을 필요로 하는 경우에는 그로 인하여 소송비용이 증가되게 되므로 당사자는 승소에 불구하고 증가된 소송비용을 부담할 수 있다(제100조).

◆ 제2관 변론준비절차

> **제258조(변론기일의 지정)** ① 재판장은 제257조 제1항 및 제2항에 따라 변론 없이 판결하는 경우 외에는 바로 변론기일을 정하여야 한다. 다만, 사건을 변론준비절차에 부칠 필요가 있는 경우에는 그러하지 아니하다.
> ② 재판장은 변론준비절차가 끝난 경우에는 바로 변론기일을 정하여야 한다.
>
> **제279조(변론준비절차의 실시)** ① 변론준비절차에서는 변론이 효율적이고 집중적으로 실시될 수 있도록 당사자의 주장과 증거를 정리하여야 한다.
> ② 재판장은 특별한 사정이 있는 때에는 변론기일을 연 뒤에도 사건을 변론준비절차에 부칠 수 있다.
>
> **제280조(변론준비절차의 진행)** ① 변론준비절차는 기간을 정하여, 당사자로 하여금 준비서면, 그 밖의 서류를 제출하게 하거나 당사자 사이에 이를 교환하게 하고 주장사실을 증명할 증거를 신청하게 하는 방법으로 진행한다.
> ② 변론준비절차의 진행은 재판장이 담당한다.

③ 합의사건의 경우 재판장은 합의부원을 수명법관으로 지정하여 변론준비절차를 담당하게 할 수 있다.
④ 재판장은 필요하다고 인정하는 때에는 변론준비절차의 진행을 다른 판사에게 촉탁할 수 있다.

제281조(변론준비절차에서의 증거조사) ① 변론준비절차를 진행하는 재판장, 수명법관, 제280조 제4항의 판사(이하 "재판장 등"이라 한다)는 변론의 준비를 위하여 필요하다고 인정하면 증거결정을 할 수 있다.
② 합의사건의 경우에 제1항의 증거결정에 대한 당사자의 이의신청에 관하여는 제138조의 규정을 준용한다.
③ 재판장 등은 제279조 제1항의 목적을 달성하기 위하여 필요한 범위 안에서 증거조사를 할 수 있다. 다만, 증인신문 및 당사자신문은 제313조에 해당되는 경우에만 할 수 있다.
④ 제1항 및 제3항의 경우에는 재판장 등이 이 법에서 정한 법원과 재판장의 직무를 행한다.

제282조(변론준비기일) ① 재판장 등은 변론준비절차를 진행하는 동안에 주장 및 증거를 정리하기 위하여 필요하다고 인정하는 때에는 변론준비기일을 열어 당사자를 출석하게 할 수 있다.
② 사건이 변론준비절차에 부쳐진 뒤 변론준비기일이 지정됨이 없이 4월이 지난 때에는 재판장 등은 즉시 변론준비기일을 지정하거나 변론준비절차를 끝내야 한다.
③ 당사자는 재판장 등의 허가를 얻어 변론준비기일에 제3자와 함께 출석할 수 있다.
④ 당사자는 변론준비기일이 끝날 때까지 변론의 준비에 필요한 주장과 증거를 정리하여 제출하여야 한다.
⑤ 재판장 등은 변론준비기일이 끝날 때까지 변론의 준비를 위한 모든 처분을 할 수 있다.

제283조(변론준비기일의 조서) ① 변론준비기일의 조서에는 당사자의 진술에 따라 제274조 제1항 제4호와 제5호에 규정한 사항을 적어야 한다. 이 경우 특히 증거에 관한 진술은 명확히 하여야 한다.
② 변론준비기일의 조서에는 제152조 내지 제159조의 규정을 준용한다.

제284조(변론준비절차의 종결) ① 재판장 등은 다음 각호 가운데 어느 하나에 해당하면 변론준비절차를 종결하여야 한다. 다만, 변론의 준비를 계속하여야 할 상당한 이유가 있는 때에는 그러하지 아니하다.
  1. 사건을 변론준비절차에 부친 뒤 6월이 지난 때
  2. 당사자가 제280조 제1항의 규정에 따라 정한 기간 이내에 준비서면 등을 제출하지 아니하거나 증거의 신청을 하지 아니한 때
  3. 당사자가 변론준비기일에 출석하지 아니한 때
② 변론준비절차를 종결하는 경우에 재판장 등은 변론기일을 미리 지정할 수 있다.

제285조(변론준비기일을 종결한 효과) ① 변론준비기일에 제출하지 아니한 공격방어방법은 다음 각호 가운데 어느 하나에 해당하여야만 변론에서 제출할 수 있다.
  1. 그 제출로 인하여 소송을 현저히 지연시키지 아니하는 때
  2. 중대한 과실 없이 변론준비절차에서 제출하지 못하였다는 것을 소명한 때
  3. 법원이 직권으로 조사할 사항인 때
② 제1항의 규정은 변론에 관하여 제276조의 규정을 적용하는 데에 영향을 미치지 아니한다.
③ 소장 또는 변론준비절차 전에 제출한 준비서면에 적힌 사항은 제1항의 규정에 불구하고 변론에서 주장할 수 있다. 다만, 변론준비절차에서 철회되거나 변경된 때에는 그러하지 아니하다.

제286조(준용규정) 변론준비절차에는 제135조 내지 제138조, 제140조, 제142조 내지 제151조, 제225조 내지 제232조, 제268조 및 제278조의 규정을 준용한다.

제287조(변론준비절차를 마친 뒤의 변론) ① 법원은 변론준비절차를 마친 경우에는 첫 변론기일을 거친 뒤 바로 변론을 종결할 수 있도록 하여야 하며, 당사자는 이에 협력하여야 한다.
② 당사자는 변론준비기일을 마친 뒤의 변론기일에서 변론준비기일의 결과를 진술하여야 한다.
③ 법원은 변론기일에 변론준비절차에서 정리된 결과에 따라서 바로 증거조사를 하여야 한다.

> 제287조의2(비디오 등 중계장치 등에 의한 기일) ① 재판장·수명법관 또는 수탁판사는 상당하다고 인정하는 때에는 당사자의 신청을 받거나 동의를 얻어 비디오 등 중계장치에 의한 중계시설을 통하거나 인터넷 화상장치를 이용하여 변론준비기일 또는 심문기일을 열 수 있다.
> ② 법원은 교통의 불편 또는 그 밖의 사정으로 당사자가 법정에 직접 출석하기 어렵다고 인정하는 때에는 당사자의 신청을 받거나 동의를 얻어 비디오 등 중계장치에 의한 중계시설을 통하거나 인터넷 화상장치를 이용하여 변론기일을 열 수 있다. 이 경우 법원은 심리의 공개에 필요한 조치를 취하여야 한다.
> ③ 제1항과 제2항에 따른 기일에 관하여는 제327조의2 제2항 및 제3항을 준용한다.

Ⅰ. 서 설

변론준비절차란 **변론기일을 열기에 앞서 변론이 효율적·집중적으로 실시될 수 있도록 당사자의 주장과 증거를 정리하여 소송관계를 뚜렷하게 하는 쟁점정리절차**를 말한다. 2008년 개정 법률 이전에는 변론준비절차는 원칙적으로 모든 사건에 있어서 변론에 앞서 거쳐야 할 절차였으나, 개정 법률 제258조에 의하여 예외적으로 필요한 경우에 한하여 변론에 앞서 회부하는 절차로 되었다.

또한, 제279조 제1항의 '당사자의 주장과 증거를 정리하여 소송관계를 뚜렷하게 하여야 한다.'는 부분을 '당사자의 주장과 증거를 정리하여야 한다.'로 개정하여 변론준비절차를 변론을 준비하는 절차 이상이 아닌 것으로 명확히 하여 변론기일과 구별하였다. 변론준비절차의 지나친 강조는 절차의 중심이 변론절차에서 변론준비절차로 이동한다는 문제가 있다는 점과, 변론준비절차가 본인소송에는 실효성이 없다는 점을 고려한 것이다.

Ⅱ. 변론준비절차의 개시

1. 임의적 절차

재판장은 원칙적으로 변론 없이 판결하는 경우 외에는 바로 변론기일을 정하여야 한다. 다만, 예외적으로 사건을 변론준비절차에 부칠 필요가 있는 경우에는 그러하지 아니하다(제258조 제1항). 다만 변론준비절차는 합의사건·단독사건을 가리지 않고 필요하다고 인정되면 어떠한 사건에 대해서도 회부할 수 있다.

2. 변론준비절차에 부치는 시기

변론준비절차는 원칙적으로 제1회 변론기일에 들어가기 전의 절차이다. 다만 변론절차에 들어간 뒤라도 소의 변경·반소의 제기·소송참가 또는 새로운 공격방어방법의 제출 등의 사정이 있을 때에는 변론준비절차에 부칠 수 있다(제279조 제2항). 한편 상고심에서는 사실심리를 하지 않기 때문에 변론준비절차에 부칠 수 없으나, 항소심에서는 변론준비절차에 부칠 수 있다.

3. 법원과 당사자의 책무

변론준비절차에서 효율적이고 신속한 변론 진행을 위한 준비가 완료되도록 재판장 등은 노력하여야 하며, 당사자는 이에 협력하여야 한다(민사소송규칙 제70조 제1항). 또한 당사자는 상대방과 협의를 할 수 있으며 재판장 등은 당사자에게 변론진행의 준비를 위하여 필요한 협의를 하도록 권고할 수 있다(민사소송규칙 제70조 제2항).

Ⅲ. 변론준비절차의 진행

1. 진행법관의 권한

재판장이 변론준비절차를 진행함을 원칙으로 한다(제280조 제2항). 다만 합의사건의 경우 재판장은 합의부원을 수명법관으로 지정하여 변론준비절차를 담당하게 할 수 있고, 필요하다고 인정하는 때에는 변론준비절차의 진행을 수탁판사에게 촉탁할 수 있다(제280조 제3항, 제4항). 변론준비절차를 진행하는 **재판장, 수명법관, 수탁판사**를 재판장 등이라 한다(제281조 제1항).

재판장 등은 쟁점정리를 위하여 필요한 경우 증거채부의 결정권은 물론 **증인신문·당사자본인신문 이외의 증거조사**를 할 수 있다. 다만, 합의사건의 경우에는 재판장 등의 증거결정에 대하여 당사자가 이의한 때에는 수소법원이 결정하도록 하여 재판장 등의 행위를 통제하는 수단을 마련하고 있다(제281조 제2항). 한편 재판장 등은 소송지휘에 관한 재판을 할 수는 있지만, **판결을 할 수가 없으며 또한 이송결정·참가의 허가여부의 결정·소송수계 허가여부의 결정 등 소송상의 재판도 할 수가 없다**. 이와 같은 재판사항은 수소법원의 권한에 속하는 것이기 때문이다. 따라서 변론의 제한·분리·병합 역시 할 수 없다.

2. 변론준비절차

가. 서면에 의한 변론준비절차

서면에 의한 변론준비절차란 재판장이 기간을 정하여 당사자로 하여금 준비서면, 그 밖의 서류를 제출하게 하거나 당사자 사이에 교환하게 하고 주장사실을 증명할 증거를 신청하게 하는 방법으로 변론을 준비하는 것을 말한다(제280조 제1항). 이 경우에 **재판장이 정하는 기간도 재정기간이지만 이를 어겨도 실권효의 제재가 있는 것은 아니고 변론준비절차를 종결당하게 되는 불이익이 있을 뿐이다**(제284조 제1항 제2호). 그러나 재판장은 특정한 사항에 실권효가 따르는 제147조의 재정기간제도를 활용하여 쟁점정리를 쉽게 할 수가 있다(제286조, 제147조).

서면에 의한 변론준비절차는 부쳐진 뒤에 4월을 경과해서는 안 되므로, 이 기간 안에도 쟁점정리가 되지 않았으면 재판장 등은 즉시 변론준비기일을 지정하여야 하고, 쟁점정리의 정리가 명확하게 되었다면 재판장 등은 변론준비절차를 끝내고 바로 변론기일 정하고 당사자에게 통지하여야 한다(제282조 제2항, 제258조 제2항).

나. 변론준비기일

1) 의 의

서면에 의한 변론준비절차를 거쳤어도 재판장 등은 주장 및 증거를 정리하기 위하여 필요하다고 인정하는 때에는 당사자 본인을 출석하게 할 수 있다(제282조 제1항). 또한 사건이 변론준비절차에 부쳐진 뒤 변론준비기일이 지정됨이 없이 4월이 지난 때에도 재판장 등은 즉시 변론준비기일을 지정할 수가 있다(제282조 제2항). **변론준비기일은 수소법원이 아닌 재판장 등에 의하여 진행되며**, 변론기일과 달리 직접주의와 공개주의가 적용되지 아니한다.

2) 당사자 본인의 출석의무

재판장 등은 변론준비절차를 진행하는 동안에 주장 및 증거를 정리하기 위하여 필요하다고 인정하는 때에는 변론준비기일을 열어 당사자를 출석하게 할 수 있다(제282조 제1항). 또한 당사자는 재판장 등의 허가를 얻은 때에는 변론준비기일에 제3자와 함께 출석할 수 있다(제282조 제3항).

3) 기일에서의 행위

변론준비기일이 끝나면 변론준비절차에서 제출하지 아니한 공격방어방법은 변론에서 제출할 수 없는 실권적 효과가 발생하므로, 당사자는 변론준비기일이 끝날 때까지 변론의 준비에 필요한 주장과 증거를 제출하여야 한다(제282조 제4항). 한편 재판장 등은 변론준비기일이 끝날 때까지 변론의 준비를 위한 모든 처분을 할 수 있다(제282조 제5항).

4) 진행방식과 진행장소

변론준비기일은 구술주의에 의하지만 변론기일에서와 같은 엄격한 형식에 의하는 것이 아니라 비공개로 실시하는 것을 예정하고 있다. 따라서 변론준비기일은 주로 공개법정이 아닌 '준비절차실'과 같은 법정 이외의 장소에서 진행된다.

5) 기 한

사건을 변론준비절차에 부친 뒤 6월이 지난 때에는 재판장 등은 변론준비절차를 종결하여야 하기 때문에(제284조 제1항 제1호), 변론준비기일을 열었을 때 **서면에 의한 변론준비절차를 합쳐서 6월을 넘을 수 없다.** 다만, 변론의 준비를 계속하여야 할 상당한 이유가 있는 때에는 그러하지 아니하다(제284조 제1항 단서).

6) 변론준비기일의 조서

변론준비기일의 조서에는 형식적 기재사항 외에 변론준비기일에서 행한 쟁점정리 및 증거의 정리 결과, 즉 공격방어방법, 상대방의 청구와 공격방어방법에 대한 진술을 개재하여야 한다. 특히 증거에 관한 진술은 명확히 하여야 한다(제283조 제1항). 변론준비기일의 조서에는 변론조서의 규정이 준용되므로 조서에 기재할 사항을 대법원규칙이 정하는 바에 의하여 생략할 수 있다(제283조 제2항, 제155조 제1항). 한편 재판장 등은 변론을 녹음 또는 속기하거나 기타 특별한 사정이 있는 때에는 법원사무관 등의 참여 없이 기일을 열 수 있다(제283조 제2항, 제152조 제1항).

7) 변론준비기일에 당사자의 불출석

(ⅰ) 당사자가 변론준비기일에 출석하지 아니한 때에는 재판장 등은 변론준비절차를 종결하는 것이 원칙이지만, 변론의 준비를 계속하여야 할 상당한 이유가 있는 때에는 변론준비절차를 종결함이 없이 절차를 진행할 수가 있다(제284조 제1항 단서·제3호).

(ⅱ) 절차를 진행하는 경우에, ㉠ **한쪽 당사자가 불출석하였으면 진술간주**(제286조, 제148조 제1항)**와 자백간주**(제286조, 제150조)**의 법리가 준용된다.** 다만 변론준비절차에서는 제276조가 준용되지 않기 때문에(제286조 참조), 출석한 당사자는 상대방이 출석하지 아니하여도 준비서면에 예고하지 아니한 사실을 주장할 수가 있다. ㉡ **양쪽 당사자가 불출석하였으면 다시 기일을 정하여 통지하여야 하며, 그 결과 3회 불출석 등의 요건이 갖추어지면 소의 취하간주의 법리가 준용된다**(제286조, 제268조).

(ⅲ) 판례는 "변론준비절차는 변론기일에 앞서 주장과 증거를 정리하기 위하여 진행되는 변론 전 절차에 불과할 뿐이어서 변론준비기일을 변론기일의 일부라고 볼 수 없고 변론준비기일과 변론기일

이 일체성을 갖는다고 볼 수도 없는 점, 변론준비기일이 수소법원 아닌 재판장 등에 의하여 진행되며 변론기일과 달리 비공개로 진행될 수 있어서 직접주의와 공개주의가 후퇴하는 점, 변론준비기일에서 양쪽 당사자의 불출석이 밝혀진 경우 재판장 등은 양쪽의 불출석으로 처리하여 새로운 변론준비기일을 지정하는 외에도 당사자 불출석을 이유로 변론준비절차를 종결할 수 있는 점, 양쪽 당사자 불출석으로 인한 취하간주제도는 적극적 당사자에게 불리한 제도로서 적극적 당사자의 소송유지의사 유무와 관계없이 일률적으로 법률적 효과가 발생한다는 점까지 고려할 때, **변론준비기일에서 양쪽 당사자 불출석의 효과는 변론기일에 승계되지 않는다.** 따라서 **양쪽 당사자가 변론준비기일에 한 번, 변론기일에 두 번 불출석하더라도 변론준비기일에서 불출석의 효과가 변론기일에 승계되지 아니하므로 소를 취하한 것으로 볼 수 없다.**"고 한다(2006. 10. 27. 2004다69581).

Ⅳ. 변론준비절차의 종결

1. 종결원인

(ⅰ) 변론준비절차에서 주장·증거가 정리되어 쟁점정리가 명확하게 되면 변론준비절차를 종결한다. 또한 (ⅱ) 재판장 등은 사건을 변론준비절차에 부친 뒤 6월이 지난 때, 당사자가 재판장 등이 제280조 제1항의 규정에 따라 정한 기간 내에 준비서면 등을 제출하지 아니하거나 증거의 신청을 하지 아니한 때, 당사자가 변론준비기일에 출석하지 아니한 때 등에 해당되면 변론준비절차를 종결하여야 한다. 다만 변론의 준비를 계속하여야 할 상당한 이유가 있는 때에는 종결하지 아니할 수 있다(제284조 제1항). 또한 종결하는 경우에는 재판장 등은 변론기일을 미리 지정할 수 있다(제284조 제2항).

2. 변론준비기일 종결의 효과

가. 실권효

변론준비기일을 열지 아니하고 서면에 의한 변론준비절차만 종결된 경우와 직권탐지주의가 적용되는 사항에 대하여는 실권효가 없으나, 변론준비기일을 연 경우에는 그 기일에 제출하지 못한 공격방어방법은 원칙적으로 그 뒤 변론기일에서 제출하지 못하도록 하는 실권효가 있다(제285조 제1항). 한편 제1심의 변론준비절차는 항소심에서도 그 효력을 가지기 때문에 이러한 실권효는 항소심에서도 유지된다(제410조).

나. 실권효의 예외

㉠ 제출로 인하여 소송을 현저히 지연시키지 아니하는 때, ㉡ 중대한 과실 없이 변론준비절차에서 제출하지 못하였다는 것을 소명한 때, ㉢ 법원이 직권으로 조사할 사항인 때에 해당하면 실권효가 적용되지 아니하고 변론에서 제출할 수 있다(제285조 제1항). 변론에서 새로운 주장을 하는 것을 부정하게 되면 재판의 판단자료가 충분하지 못한 경우가 있기 때문에 예외를 인정한 것이다. 다만, **이러한 예외사항도 이를 미리 준비서면에 적어 예고하지 아니하였다면 상대방이 불출석하였을 때에는 주장을 할 수가 없다**(제285조 제2항). 또한 ㉣ 소장 또는 변론준비절차 전에 제출한 준비서면에 적힌 사항도 실권되지 아니하고 변론에서 주장할 수 있지만, 변론준비절차에서 철회되거나 변경된 때에는 제출하지 못한다(제285조 제3항).

Ⅴ. 변론준비절차 뒤의 변론의 운영

1. 변론에의 상정

재판장은 변론준비절차가 끝난 경우에는 바로 변론기일을 정하여야 한다(제258조 제2항). 또한 변론준비기일을 마친 뒤의 변론기일에서는 양쪽 당사자가 변론준비기일조서를 토대로 변론준비기일의 결과를 진술하여야 한다(제287조 제2항). 이 진술을 변론에의 상정이라고 하고, 이를 통하여 소송자료가 된다. 한편 서면에 의한 변론준비절차를 마친 경우에는 제출된 소장·답변서·준비서면에 따라 변론하면 된다.

2. 1회의 변론기일주의와 계속심리주의

법원은 변론준비절차를 마친 경우에는 첫 변론기일을 거친 뒤 바로 변론을 종결할 수 있도록 하여야 하며, 당사자는 이에 협력하여야 한다(제287조 제1항). 변론준비절차를 거친 사건의 경우 그 심리에 2일 이상이 소요되는 때에는 가능한 한 종결에 이르기까지 매일 변론을 진행하여야 하며, 특별한 사정이 있는 경우에도 가능한 최단기간 안의 날로 다음 변론기일을 지정하여야 한다(민사소송규칙 제72조 제1항).

3. 집중적인 증거조사

> 제293조(증거조사의 집중) 증인신문과 당사자신문은 당사자의 주장과 증거를 정리한 뒤 집중적으로 하여야 한다.

법원은 변론준비절차에서 정리된 결과에 따라서 변론기일에 바로 증거조사를 하여야 한다(제287조 제3항). 증거조사란 증인신문과 당사자본인신문을 의미한다(제293조).

제04절 변론의 내용

◆ 제1관 총 설

Ⅰ. 본안의 신청

본안의 신청은 당사자가 본안에 관한 종국판결을 구하는 진술을 말하고, 이에 대하여 법원은 종국판결에서 판단한다(제198조). 한편 소송비용의 재판이나 가집행의 선고는 법원이 직권으로 재판한다(제104조, 제213조).

Ⅱ. 공격방어방법

1. 의 의

변론주의에서 당사자가 신청을 뒷받침하기 위해 제출하는 소송자료를 공격방어방법이라고 한다. 공격방어방법은 소송물의 존부판단의 자료가 되므로, 소송계속이나 기판력이 발생하는 것은 아니다. 이러한 공격방어방법은 주장과 증거신청으로 구분된다.

2. 주 장

가. 법률상 주장

1) 개 념

법률상 주장이란 **법규의 존부·내용 또는 그 해석적용에 관한 의견진술**(법률상 의견)을 하는 경우와, **구체적인 권리관계의 존부나 개개의 법률효과의 변동에 관한 당사자의 법률적 판단을 법원에 보고하는 진술**(권리주장)을 하는 경우를 말한다.

2) 효 과

법률상 주장은 법원에 대한 구속력이 없다. 즉 법률상 주장을 상대방이 인정하는 경우를 권리자백이라고 하는데, 이는 원칙적으로 법원에 대한 구속력이 없다.

판례도 "권리자백이 있는 경우에는 재판상 자백과 달리 법원은 소송상 인정되는 사실관계에 의하여 자백의 대상이 된 법률관계에 관한 당사자의 주장과 다른 판단을 할 수 있다."고 하고(1981. 6. 9. 79다62), "변론주의의 원칙상 당사자가 주장하지 아니한 사실을 기초로 법원이 판단할 수 없지만, **소송물의 전제가 되는 권리관계나 법률효과를 인정하는 진술은 권리자백으로서 법원을 기속하는 게 아니므로**, 청구의 객관적 실체가 동일하다고 보여지는 한 법원은 원고가 청구원인으로 주장하는 실체적 권리관계에 대한 정당한 법률해석에 의하여 판결할 수 있다."고 하고(1992. 2. 14. 91다31494), "재판상 자백은 변론기일 또는 변론준비기일에 당사자에 의하여 행하여지는 진술로서 상대방 당사자의 주장과 일치하는 자기에게 불리한 사실의 진술을 말하는 것이고, **소송물의 전제문제가 되는 권리관계나 법률효과를 인정하는 진술은 권리자백으로서 법원을 기속하는 것도 아니며, 상대방의 동의 없이 자유로이 철회할 수 있다.**"고 한다(2008. 3. 27. 2007다87061).

다만 법률상 주장이 소송물 자체인 경우에 상대방이 이를 인정하게 되면, 청구의 포기·인낙이 되어서 법원에 대한 구속력이 있다(제220조).

나. 사실상 주장

1) 개 념

사실상 주장은 **구체적 사실의 존부에 대한 당사자의 지식이나 인식의 진술**을 의미한다. 변론주의에서는 주요사실은 변론에서 주장되지 않으면 판결의 기초가 될 수 없다. 또한 당사자는 사실심 변론종결시까지 사실상 주장을 철회·정정할 수가 있다. 다만 자기에게 불리한 사실상 진술을 상대방이 원용한 때에는 재판상 자백이 되므로, 취소의 요건을 갖출 경우에만 취소를 할 수가 있다.

2) 방 식

사실상 주장은 절차의 안정성 때문에 조건이나 기한을 붙일 수 없으나, 소송내의 조건인 가정적·예비적 주장(소유권확인청구소송에서 소유권 취득원인으로 주위적으로 매매, 예비적으로 증여를 주장하는 경우)은 허용된다. 이 경우에 법원은 어느 것을 선택하여도 무방하다.

다만, 상계항변의 경우에는 기판력이 발생하고(제216조 제2항), 피고의 자동채권이 소멸되는 출혈적 항변이기 때문에 최후에 판단하여야 한다. 판례도 "상계항변은 소송상의 공격방어방법으로, 피고의 금전지급의무가 인정되는 경우 상계를 한다는 예비적 항변의 성격을 갖는다. 따라서 **상계항변이 먼**

저 이루어지고 대여금채권의 소멸을 주장하는 소멸시효 항변이 있었던 경우에, 상계항변 당시 채무자인 피고에게 수동채권인 대여금채권의 시효이익을 포기하려는 효과의사가 있었다고 단정할 수 없다. 그리고 항소심 재판이 속심적 구조인 점을 고려하면 제1심에서 공격방어방법으로 상계항변이 먼저 이루어지고 그 후 항소심에서 소멸시효 항변이 이루어진 경우를 달리 볼 것은 아니다."고 한다(2013. 2. 28. 2011다21556).

3) 사실상 주장에 대한 상대방의 태도

(ⅰ) **부인**이란 상대방에게 증명책임이 있는 사실상 주장에 대하여 부정하는 진술을 말한다. 즉 부인은 자기가 관여한 것으로 주장된 경우에 그러한 사실이 없다고 다투는 것을 말한다. (ⅱ) **부지**란 상대방의 주장사실을 알지 못한다는 진술을 말한다. 즉 부지는 자기가 관여하지 아니한 것으로 주장된 경우에 그러한 사실을 알지 못한다고 다투는 것을 말하고, 부지는 부인으로 추정된다(제150조 제2항). (ⅲ) **자백**이란 자신에게 불리한 상대방의 주장을 인정하는 진술을 말한다. (ⅳ) **침묵**이란 상대방의 주장사실을 명백히 다투지 아니하는 것을 말한다. 침묵은 변론 전체의 취지로 보아 다툰 것으로 인정되는 경우를 제외하고는 자백한 것으로 간주된다(제150조 제1항). 또한 당사자가 불출석한 경우에도 침묵에 준하여 자백으로 간주된다(제150조 제3항).

3. 증거신청

증거신청이란 다툼이 있는 사실, 즉 상대방이 부인이나 부지로 답변한 사실에 대해 법관으로 하여금 사실상 주장이 진실이라는 확신을 얻게 하기 위한 행위이다. 이러한 증거신청은 법원에 의한 증거조사가 개시되기 전까지는 임의로 철회할 수 있다. 또한 상대방은 절차의 부적법 등을 주장하여 증거신청의 각하를 구하거나, 증거조사의 결과에 대한 배척을 구하는 등의 증거항변으로 대항할 수 있다.

Ⅲ. 항 변

1. 의 의

항변이란 **피고가 원고의 청구를 배척하기 위하여 소송상 또는 실체상의 이유를 들어 적극적인 방어를 하는 것**을 말한다. 항변에는 실체법상 효과와 관계가 없는 소송절차에 관한 항변인 소송상 항변과, 실체관계에 관한 항변인 본안의 항변이 있다.

2. 소송상 항변

가. 본안전 항변

소송요건의 흠결이 있어 소가 부적법하다는 피고의 주장을 본안전 항변이라고 한다. 이는 엄밀한 의미의 항변이 아니라, 법원의 직권발동을 촉구하는 의미만 있다. 다만 임의관할 위반의 항변(제30조), 소송비용담보제공의 항변(제119조)은 피고의 주장을 기다려 고려하는 것이기 때문에 진정한 의미의 항변(방소항변)이 된다.

나. 증거항변

상대방의 증거신청에 대하여 절차의 부적법 등을 이유로 신청의 각하를 구하거나, 증거력이 없다

는 것을 이유로 증거조사의 결과를 채택하지 말아달라는 진술을 증거항변이라고 한다. 따라서 증거항변도 엄밀한 의미의 항변이 아니다.

3. 본안의 항변

가. 의 의

본안의 항변이란 **실체법상 효과와 관계있는 항변**으로, 원고의 청구를 배척하기 위하여 원고의 주장사실이 진실임을 전제로 하여 이와 양립 가능한 별개의 사항에 대하여 피고가 하는 사실상의 진술을 말한다.

나. 종 류

1) 주장의 형태에 따른 구분

(ⅰ) 대여금청구에서 대여하였지만 변제하였다고 주장하는 경우와 같이, **원고의 주장사실을 인정하면서 양립 가능한 별개의 사실을 진술하는 제한부자백**과, (ⅱ) 대여금청구에서 대여사실을 다투면서 대여하였더라도 소멸시효 완성 또는 변제 등을 주장하는 경우와 같이, **원고의 주장사실을 일응 다투면서 예비적으로 항변하는 가정항변**으로 나눌 수 있다.

2) 반대규정의 성질에 따른 구분

(ⅰ) 권리장애사실의 항변이란, 의사능력의 흠결·통정허위표시·강행법규의 위반 등과 같은 법률행위의 무효사유의 주장처럼 **원고가 주장하는 권리가 처음부터 성립될 수 없게 하는 권리장애규정의 요건사실을 주장하는 경우**를 말한다. 이러한 사실은 권리발생의 요건에 해당하는 권리발생사실이 생김과 동시에 또는 그 이전에 존재하여야 한다.

(ⅱ) 권리멸각(소멸)사실의 항변이란, 변제·면제·공탁 등의 채권의 소멸원인이나, 의사표시의 하자로 인한 취소·계약의 해제·상계 등과 같이 **원고가 주장하는 권리가 일단 성립된 뒤에 이를 소멸시키는 권리멸각규정의 요건사실을 주장하는 경우**를 말한다. 이러한 사실은 일반적으로 권리발생사실보다 후에 생긴다는 점에서 권리장애사실과 구별된다.

판례는 "원고가 피고로부터 금전을 지급받기로 하는 약정이 있다고 주장·입증한 경우, 약정금 범위 내에서 구체적인 액수 등에 대하여는 더 심리해야 할 것이라도 **원고는 일응 권리발생의 근거에 대한 주장·입증을 한 것이므로, 약정에 따른 채무가 불발생한다거나 소멸하였다는 주장은 피고의 항변사항에 속한다**."고 한다(1997. 3. 25. 96다42130).

(ⅲ) 권리저지사실의 항변이란, ㉠ 정지조건 또는 기한의 존재의 항변과 같이 **권리근거규정에 기한 권리의 발생 자체를 저지시키는 경우**와, ㉡ 유치권 항변, 보증인의 최고·검색의 항변, 동시이행의 항변과 같이 **권리근거규정에 기하여 이미 발생한 권리의 행사를 저지시키는 경우**를 말한다. 이러한 항변들은 원고의 이행청구를 일시적·잠정적으로 거절하는 연기적 항변권이 된다.

판례는 "매매를 원인으로 한 소유권이전등기청구에 있어 매수인은 매매계약 사실을 주장·입증하면 특별한 사정이 없는 한 매도인은 소유권이전등기의무가 있는 것이며, 매도인이 매매대금의 일부를 수령한 바 없다면 동시이행의 항변을 제기하여야 하는 것이고, **법원은 매도인의 이와 같은 항변이 있을 때에 비로소 대금지급 사실의 유무를 심리할 수 있는 것이다**."고 한다(1990. 11. 27. 90다카25222).

다. 재항변

재항변이란 (ⅰ) 피고의 소멸시효 항변에 대하여 원고가 소멸시효 중단의 재항변을 하는 것과 같이 **피고의 항변에 대하여 원고가 항변사실에 기한 효과의 발생에 장애가 되는 사실을 주장**하거나, (ⅱ) 피고의 임차권 항변에 대하여 원고가 임대차 해지의 재항변을 하는 것과 같이 **일단 발생한 효과를 소멸 또는 저지하는 사실을 주장**하는 것을 말한다.

판례는 "피고의 소송상 상계항변에 대하여 원고가 다시 피고의 자동채권을 소멸시키기 위하여 **소송상 상계의 재항변을 하는 경우**, 법원이 원고의 소송상 상계의 재항변과 무관한 사유로 피고의 소송상 상계항변을 배척하는 경우에는 소송상 상계의 재항변을 판단할 필요가 없고, 피고의 소송상 상계항변이 이유 있다고 판단하는 경우에는 원고의 청구채권인 수동채권과 피고의 자동채권이 상계적상 당시에 대등액에서 소멸한 것으로 보게 될 것이므로, 원고가 소송상 상계의 재항변으로써 상계할 대상인 피고의 자동채권이 그 범위에서 존재하지 아니하는 것이 되어, 이때에도 역시 원고의 소송상 상계의 재항변에 관하여 판단할 필요가 없게 된다. 또한, 원고가 소송물인 청구채권 외에 피고에 대하여 다른 채권을 가지고 있다면 소의 추가적 변경에 의하여 그 채권을 당해 소송에서 청구하거나 별소를 제기할 수 있다. 그렇다면 **원고의 소송상 상계의 재항변은 일반적으로 이를 허용할 이익이 없다. 따라서 피고의 소송상 상계항변에 대하여 원고가 소송상 상계의 재항변을 하는 것은 다른 특별한 사정이 없는 한 허용되지 않는다고 보는 것이 타당하다**."고 한다(2014. 6. 12. 2013다95964).

또한 "이러한 법리는 원고가 2개의 채권을 청구하고, 피고가 그중 1개의 채권을 수동채권으로 삼아 소송상 상계항변을 하자, 원고가 다시 청구채권 중 다른 1개의 채권을 자동채권으로 소송상 상계의 **재항변을 하는 경우에도 마찬가지로 적용된다**."고 한다(2015. 3. 20. 2012다107662).

Ⅳ. 부인과 항변의 구별

1. 부인의 종류

부인이란 **상대방이 증명책임을 지는 주장사실에 대해서 상대방의 주장사실을 부정하는 진술**을 말한다. 부인에는 (ⅰ) 원고의 대여금반환청구에 대하여 피고가 대여사실을 부인하는 경우와 같이, **원고의 주장사실이 진실이 아니라고 하는 직접부인**(소극부인·단순부인)과, (ⅱ) 원고의 대여금반환청구에 대하여 피고가 증여로 받았다고 주장하는 경우와 같이, **원고의 주장사실과 양립되지 않는 사실을 적극적으로 진술하며 원고의 주장을 부인하는 간접부인**(적극부인·이유부인)이 있다. 그런데 피고의 답변서에는 원고의 청구원인에 대한 구체적인 진술을 적어야 하므로(민사소송규칙 제65조 제1항), 단순부인은 허용되지 않는다.

2. 구별기준

상대방의 주장사실과 양립할 수 있는 것이 항변이고, 양립할 수 없는 것이 부인이다. 항변은 별개 사실의 주장을 필요로 한다. 한편 부인은 직접부인의 경우에는 별개사실의 주장이 필요 없고, 간접부인의 경우에는 별개의 주장이 필요하다.

3. 구별의 실익

가. 증명책임의 부담

피고가 부인하는 경우에는 원고가 증명책임을 진다. 그러나 항변은 피고가 증명책임을 진다. 증명책임을 어느 쪽이 부담하는가는 부인과 항변의 구별기준이기도 하고 구별실익이기도 하다.

나. 판결이유에서의 판단의 필요성

원고의 청구가 인용될 때에는 판결이유의 설시에서 피고의 항변을 배척하는 판단을 필요로 하며 그렇지 않으면 판단누락의 위법이 있게 된다(제451조 제1항 제9호). 그러나 부인의 경우에는 판결이유에서 판단할 필요가 없다.

다. 청구원인사실에 대한 구체적 주장의 필요성

원고의 청구원인이 피고로부터 부인당한 경우 원고는 청구원인사실을 구체적으로 밝혀야 한다. 그러나 항변의 경우에는 원고가 이를 구체적으로 밝힐 필요가 없다.

V. 소송상 형성권의 행사

1. 문제점

형성권을 소송 외에서 행사하고 소송에서 그에 따른 사법상 효과를 진술하는 경우에는 소송의 결과와 상관없이 형성권 행사의 사법상 효과가 발생한 것이므로 문제가 없다. 그러나 **형성권을 소송상 공격방어방법으로 행사하였는데 실기한 공격방어방법으로 각하되거나, 소의 취하·각하로 소송이 종료되는 경우에, 형성권 행사의 사법상의 효과가 발생하는지**가 문제된다.

2. 학설의 대립

① **병존설(사법행위설)**은 외관상 하나의 행위처럼 보이지만 형성권의 행사라는 사법상 의사표시(사법행위)와 그러한 의사표시가 있었다는 것의 법원에 대한 사실상 진술(소송행위)이 병존한다는 견해이다(사법행위의 존재를 인정하므로, 사법행위설이라고도 한다). 따라서 사법상 효과는 발생하여 존속한다. ② **소송행위설**은 소송상 방어방법으로 상계항변을 행사한 것이기 때문에 순수한 소송행위라는 견해이다. 따라서 사법상 효과는 발생하지 않는다. ③ **양성설**은 사법행위와 소송행위 두 가지 성질을 모두 갖춘 하나의 행위라는 견해이다. 따라서 사법상 효과는 발생하였다가 소멸한다. ④ **신병존설**은 기본적으로 병존설에 따르되 형성권에 포함된 의사표시를 형성권이 유효하게 법원의 판단을 받게 될 때에만 사법상의 효과를 발생케 하려는 조건부 의사표시로 파악하는 견해이다. 따라서 사법상 효과는 발생하지 않는다.

3. 판례의 태도

판례는 해제권과 관련하여 "**소제기로써 계약해제권을 행사한 후 그 뒤 그 소송을 취하하였다 하여도 해제권은 형성권이므로 그 행사의 효력에는 아무런 영향을 미치지 아니한다.**"고 한다(1982. 5. 11. 80다916).

한편 상계권과 관련하여 "소송상 방어방법으로서의 상계항변은 수동채권의 존재가 확정되는 것을 전제로 하여 행하여지는 일종의 예비적 항변으로서 당사자가 소송상 상계항변으로 달성하려는 목적, 상호양해에 의한 자주적 분쟁해결수단인 조정의 성격 등에 비추어 볼 때, **당해 소송절차 진행 중 당사자 사이에 조정이 성립됨으로써 수동채권의 존재에 관한 법원의 실질적인 판단이 이루어지지 아니한 경우에는 그 소송절차에서 행하여진 소송상 상계항변의 사법상 효과도 발생하지 않는다**고 봄이 타당하다."고 하고(2013. 3. 28. 2011다3329), "소송상 방어방법으로서의 상계항변은 통상 수동채권의 존재가 확정되는 것을 전제로 하여 행하여지는 일종의 예비적 항변으로서 소송상 상계의 의사표시에 의해 확정적으로 효과가 발생하는 것이 아니라 **당해 소송에서 수동채권의 존재 등 상계에 관한 법원의 실질적 판단이 이루어지는 경우에 비로소 실체법상 상계의 효과가 발생한다**."고 한다(2014. 6. 12. 2013다95964).[47]

4. 검 토

병존설에 의하면 상계항변이 실기한 방어방법이라 하여 각하된 경우에도 사법상 효과는 남아서 피고의 자동채권만 소멸하는 불합리한 결과가 생기므로 부당하고, 양성설에 의하면 가정적 상계항변은 상계의 의사표시에 조건을 붙이는 것이 되어 상계의 의사표시에 조건과 기한을 붙이지 못한다는 민법 제493조 제1항에 위배되어 부당하고, 소송행위설은 상계가 실체법상 규정된 권리임에도 요건과 효과가 소송법에 의한다는 점에서 부당하다. 신병존설도 민법 제493조 제1항에 반한다는 문제점이 있다. 그러나 소송상의 상계항변에 상계항변이 판단된 경우에만 사법상의 효과가 발생한다는 소송내의 조건이 붙어 있다고 보는 것이 상계권자의 합리적 의사에 부합하므로, 신병존설이 타당하다.

◆ 제2관 소송행위

Ⅰ. 서 설

1. 의 의

소송행위란 소송절차를 구성하고 발전시키는 소송주체인 법원의 소송행위와 당사자의 소송행위를 말한다. (ⅰ) 소송행위의 개념에 관하여, ① 소송법상의 효과를 발생시키는 행위는 모두 소송행위라고 보는 '효과설', ② 행위의 요건과 효과 양자가 소송법에 의해 규율되는 행위를 소송행위라고 보는 '요건 및 효과설', ③ 소송법상의 효과의 발생을 그 본래의 주요한 효과로 하는 행위만이 소송행위라고 보는 '주요효과설'이 대립된다. (ⅱ) 절차의 안정성 및 획일성 측면에서 소송행위의 범위가 사법행위보다 넓어지는 것은 바람직하지 않으므로, 적용범위가 명백한 '요건 및 효과설'이 타당하다.

2. 종 류

가. 소송행위의 내용에 의한 분류

(a) 신청이란 당사자가 법원에 대하여 재판 등 일정한 소송행위를 요구하는 것을 말한다. (b) 주장이

---

[47] **[판례평석]** 이러한 판례의 태도에 비추어 보면, 소취하, 부적법 각하, 실기 각하 등으로 수동채권의 존재 등 상계항변에 대하여 실질적 판단이 이루어지지 아니한 경우에도 신병존설의 입장을 취할 것으로 보인다(김홍엽, 제10판, 520면).

란 신청을 뒷받침하기 위한 공격방어방법을 말한다. (c) 증거신청이란 증거방법을 제출하는 소송행위를 말한다. (d) 소송법률행위란 단독행위와 소송상 합의(소송계약)와 같이, 소송법상의 법률효과의 발생을 목적으로 하는 의사표시를 말한다.

나. 소송행위의 목적·기능에 의한 분류

1) 내 용

(i) **취효적 소송행위**란 신청·주장·증거신청 등과 같이 법원의 재판을 통하여 소송법상 효과가 발생하는 소송행위를 말한다. (ii) **여효적 소송행위**란 (상)소의 취하·청구의 포기와 인낙·화해 등과 같이 법원의 재판을 통하지 아니하고 직접적으로 소송법상 효과가 발생하는 소송행위를 말한다.

소의 제기와 상소의 제기는 취효적 소송행위이면서 동시에 여효적 소송행위가 된다. 즉, 소의 제기와 상소의 제기는 재판을 구하는 행위이므로 취효적 소송행위이다. 또한 소의 제기는 소송계속의 효과를, 상소의 제기는 이심의 효과를 발생시키므로 여효적 소송행위이다.

2) 구별의 실익

(i) 취효적 소송행위는 재판이 있어야 효과가 발생하나, 여효적 소송행위는 재판이 없어도 효과가 발생한다. (ii) 취효적 소송행위는 재판이 있기 전에는 원칙적으로 철회할 수 있으나, 여효적 소송행위는 원칙적으로 철회할 수 없다. (iii) 취효적 소송행위는 민법상 의사표시의 하자에 관한 규정을 준용할 수 없으나, 여효적 소송행위 중에서 소송 외의 소송행위에 대하여는 민법상 의사표시의 하자에 관한 규정을 준용할 수 있다.

다. 소송행위의 시기와 장소에 의한 분류

(i) 소송전·소송외의 소송행위에는 관할의 합의(제29조), 중재합의(중재법 제9조), 소송위임 등이 있다. (ii) 변론에서의 소송행위에는 신청, 주장, 증거신청 등이 있다.

Ⅱ. 소송상 합의

1. 서 설

가. 개 념

소송상 합의란 **당사자들이 현재 계속 중이거나 또는 장래 계속될 특정의 소송에 대하여 영향을 미치는 법적 효과의 발생을 목적으로 하는 당사자 사이의 합의**를 말한다.

나. 명문의 규정이 있는 경우

소송상 합의는 관할의 합의(제29조), 담보제공방법에 관한 합의(제122조 단서), 담보물 변경의 합의(제126조 단서), 첫 변론기일(변론준비기일) 변경의 합의(제165조 제2항), 불항소의 합의(제390조 제1항 단서) 등과 같이 명문의 규정이 있는 경우에는 당연히 허용된다.

다. 명문의 규정이 없는 경우

명문의 규정이 없는 경우에 소송계약은 법원에 주도권이 인정되는 소송심리의 방식이나 진행, 절차 등 형식에 관한 것(예 : 전속관할의 합의, 증거력 계약, 소송절차 변경의 합의와 같이 공익에 직결되는 강행법규를 변경하거나 배제하려는 합의)일 때에는 무효가 되나, 처분권주의와 변론주의가 지배하는 사항에 관한 것, 즉 당사자의 의사결정의 자유가 확보된 소송행위에 관한 계약(예 : 부제소합의, 소·상소취하계약, 상소권포기합의, 불상소합의, 증거계약, 부집행합의, 강제집행신청취하합의)일 때에는 유효가 된다.

2. 법적 성질

가. 문제점

명문의 규정이 있는 소송상 합의의 법적 성질은 소송행위로 본다. 명문의 규정이 없지만 유효한 소송상 합의의 법적 성질에 관하여 견해가 대립된다.

나. 학설의 대립

① **사법계약설**은 사법상의 작위·부작위 의무를 발생케 하는 사법상 계약이라고 하는 견해이다. 상대방의 의무불이행의 경우에 구제방법에 대하여 견해가 대립된다. ⓐ **의무이행소구설**(순수한 사법계약설)은 사법상의 작위·부작위 의무의 불이행이 있는 경우에는 강제집행(민사집행법 제261조, 제263조)을 할 수 있고, 강제집행이 불가능할 때에는 손해배상을 청구할 수 있다는 견해이다. ⓑ **항변권발생설**(발전적 사법계약설)은 소송상 합의의 효력으로서 계약당사자 사이에는 계약 내용에 따라 작위·부작위의 사법상 의무가 발생하고, 한쪽 당사자가 의무를 이행하지 아니할 경우에는 상대방에게 항변권이 발생한다는 견해이다. ② **소송계약설**은 소송상 합의는 소송법상 효력을 목적으로 하는 것이므로 그 계약의 효력이 소송법상 직접 발생한다는 견해이다. ③ **발전적 소송계약설**(병존설)은 소송계약과 사법계약이 병존하는 것으로 본다. 따라서 소송상의 합의를 소송계약으로 보면서도, 그로부터 소송법상의 처분적 효과뿐만 아니라 소송법상의 의무부과적 효과(작위·부작위의무)도 아울러 발생한다는 견해이다.

다. 판례의 태도

(ⅰ) 판례는 강제집행취하계약의 경우에 취하이행의 소송상 청구는 허용되지 않는다고 하여 의무이행소구설을 배척하였다. 즉 판례는 "**강제집행 당사자 사이에 신청을 취하하기로 하는 약정**은 사법상으로는 유효할지라도 이를 위배하였다하여 직접 소송으로서 취하를 청구하는 것은 공법상의 권리의 처분을 구하는 것이어서 할 수 없다."고 한다(1966. 5. 31. 66다564).

(ⅱ) 판례는 부제소특약과 소취하계약을 어긴 경우에 권리보호이익이 없다고 한다. 즉, 판례는 "특정한 권리나 법률관계에 관하여 분쟁이 있어도 제소하지 아니하기로 합의한 경우 이에 위반하여 제기한 소는 **권리보호의 이익이 없다**."고 하고(1993. 5. 14. 92다21760 ; 2017. 6. 29. 2017다8388), "재판상 화해에서 법원에 계속 중인 다른 소송을 취하하기로 하는 내용의 화해조서가 작성되었다면 **당사자 사이에는 법원에 계속 중인 다른 소송을 취하하기로 하는 합의가 이루어졌다 할 것이므로**, 다른 소송이 계속 중인 법원에 취하서를 제출하지 않는 이상 그 소송이 취하로 종결되지는 않지만 재판상 화해가 재심의 소에 의하여 취소 또는 변경되는 등의 특별한 사정이 없는 한 그 소송의 **원고에게는 권리보호의 이익이 없게 되어 그 소는 각하되어야 한다**."고 하고(2005. 6. 10. 2005다14861), "특허권의 권리범위 확인의 심판청구를 제기한 이후에 당사자 사이에 심판을 취하하기로 한다는 내용의 합의가 이루어졌다면 취하서를 심판부(또는 기록이 있는 대법원)에 제출하지 아니한 이상 심판청구취하로

인하여 사건이 종결되지는 아니하나, **당사자 사이에 심판을 취하하기로 하는 합의를 함으로써 특별한 사정이 없는 한 심판이나 소송을 계속 유지할 법률상의 이익은 소멸되었다 할 것이어서 당해 청구는 각하**되어야 한다."고 한다(1997. 9. 5. 96후1743).

(iii) 판례는 "부집행 합의는 실체상의 청구의 실현에 관련하여 이루어지는 **사법상의 채권계약**이라고 봄이 상당하고, 이것에 위반하는 집행은 실체상 부당한 집행이라고 할 수 있으므로 **민사집행법 제44조가 유추적용 내지 준용되어 청구이의의 사유**가 된다."고 한다(1996. 7. 26. 95다19072).

라. 검 토

의무이행소구설은 소송 내에서의 구제방법으로서는 우회적·간접적이라는 한계가 있으며, 소송계약설은 소 취하계약을 소송행위인 소 취하 자체와 동일하게 취급하는데, 소송 외에서도 할 수 있고 방식상의 제약도 없는 소취하 계약에 대해 이와 같이 해석하는 것은 무리이고, 발전적 소송계약설은 소송계약에서 그러한 사법적인 권리·의무가 도출될 수 있는지 의문이 있으므로, 항변권발생설이 타당하다.

3. 소송상 합의에 대한 조사방법

가. 문제점

소송상 합의의 존재여부에 대한 조사방법이 문제된다.

나. 학설의 대립

① 명문규정이 있어서 소송행위로 보는 소송상 합의의 존재 여부는 직권조사사항이고, 명문규정이 없어서 사법계약으로 보는 소송상 합의의 존재 여부는 항변사항이 된다는 견해와, ② 소송상 합의의 존재 여부는 항변사항이고 직권조사사항은 아니라는 견해가 대립된다.

다. 판례의 태도

판례는 "**불항소 합의의 유무는 항소의 적법요건에 관한 것으로서 법원의 직권조사사항이다.**"고 한다(1980. 1. 29. 79다2066). 또한 "특정한 권리나 법률관계에 관하여 분쟁이 있어도 제소하지 아니하기로 합의(부제소 합의)한 경우, 이에 위배되어 제기된 소는 권리보호의 이익이 없고, 또한 당사자와 소송관계인은 신의에 따라 성실하게 소송을 수행하여야 한다는 신의성실의 원칙(제1조 제2항)에도 어긋나는 것이므로, **소가 부제소 합의에 위배되어 제기된 경우 법원은 직권으로 소의 적법 여부를 판단할 수 있다.**"고 한다(2013. 11. 28. 2011다80449).

라. 검 토

소송계약은 소송전 또는 소송외에서 이루어지므로, 당사자가 주장한 경우에 법원이 이를 판단할 수 있다. 따라서 항변사항으로 보는 견해가 타당하다.

4. 소송상 합의의 특질

가. 부관의 부가가능성

소송상 합의는 단독적 소송행위와 달리 조건·기한 등 부관을 붙일 수 있다. 판례도 "당사자 사이에 소를 취하하기로 하는 합의가 이루어졌다면 특별한 사정이 없는 한 소송을 계속 유지할 법률상의 이익이 없어 소는 각하되어야 하는 것이지만, **조건부 소취하의 합의를 한 경우에는 조건의 성취사실이 인정되지 않는 한 소송을 계속 유지할 법률상의 이익을 부정할 수 없다.**"고 한다(2013. 7. 12. 2013다19571).

또한 "매수인측과 매도인측 사이에 소취하합의를 하면서 작성한 합의서의 기재내용에 의하면 그 합의는 보증인이라 하여 합의당사자가 된 甲이 매수인이 되거나 매수인을 선정하여 매수인으로부터 매매대금을 교부받아 이를 당사자들의 합의에 따라 배분받을 금액을 직접 지급하기로 한 약정으로서 **甲에 의하여 새로이 선정된 매수인과 매도인 사이에 매매계약이 이루어질 것을 조건으로 한 것이므로, 원심으로서는 약정의 조건인 재매수계약이 이루어진 사실이 있는지 여부를 심리하여 소취하합의의 유효여부를 가렸어야 할 것이다.**"고 한다(1992. 9. 22. 91다44001).

나. 민법규정의 유추가능성

소송상 합의에 의사표시의 하자가 있는 때에는 민법규정을 유추적용하여 무효·취소·해제를 주장할 수 있다. 판례도 "당사자 사이에 소를 취하하기로 하는 합의가 이루어졌다면 특별한 사정이 없는 한 소송을 계속 유지할 법률상의 이익이 소멸되어 소는 각하되어야 하는 것이지만, **소취하 계약도 당사자 사이의 합의에 의하여 해제할 수 있다.**"고 한다(2007. 5. 11. 2005후1202). 또한 "소취하합의의 의사표시 역시 **민법 제109조**에 따라 법률행위의 내용의 중요 부분에 착오가 있는 때에는 취소할 수 있을 것이다."고 한다(2020. 10. 15. 2020다227523).

5. 관련문제 : 부제소 특약

가. 의 의

부제소 특약(합의)이란 **당사자 쌍방이 특정의 권리관계에 관한 분쟁에 있어서 법원에 제소하지 않겠다고 합의하는 것**을 말한다. 분쟁의 처리방식에 대한 사적자치의 원칙상 인정되는 것이다.

나. 유효요건

1) 내 용

(ⅰ) 특약이 불공정한 법률행위가 아니어야 하고, 사기·강박 등의 취소사유가 없어야 한다. (ⅱ) 당사자가 처분할 수 있는 권리·법률관계에 관한 것이어야 한다. (ⅲ) 일정한 범위의 특정한 분쟁을 대상으로 하여야 한다. 따라서 장래 야기될 일체의 분쟁에 대한 제소를 금지하는 특약은 민법 제103조에 위반되어 무효이다. (ⅳ) 당사자는 부제소 합의가 가져오는 불이익을 충분히 예측할 수 있어야 한다. 이를 무한정 허용하면 소송에서 우월적 지위를 얻기 위한 수단으로 이용될 가능성이 있기 때문이다.

2) 판례의 태도

(ⅰ) 판례는 "**소극적 소송요건의 하나인 부제소 합의**는 합의 당사자가 처분할 권리 있는 범위 내의 것으로서 특정한 법률관계에 한정될 때 허용되며, 합의시에 예상할 수 있는 상황에 관한 것이어야 유효하다."고 한다(1999. 3. 26. 98다63988).

또한 "합의의 존부 판단에 따라 당사자들 사이에 이해관계가 극명하게 갈리게 되는 소송행위에 관한 당사자의 의사를 해석할 때는 표시된 문언의 내용이 불분명하여 당사자의 의사해석에 관한 주장이 대립할 소지가 있고 당사자의 의사를 참작한 객관적·합리적 의사해석과 외부로 표시된 행위에 의하여 추단되는 당사자의 의사조차도 불분명하다면, **가급적 소극적 입장에서 합의의 존재를 부정할 수밖에 없다.** 그리고 **당사자가 처분할 수 있는 특정된 법률관계에 관한 것으로서 합의 당시 각 당사자가 예상할 수 있는 상황에 관한 것**이어야 유효하게 된다."고 한다(2019. 8. 14. 2017다217151).

(ⅱ) 그러나 "매매계약과 같은 쌍무계약이 급부와 반대급부와의 불균형으로 말미암아 민법 제104조에서 정하는 불공정한 법률행위에 해당하여 무효라고 한다면, 그 계약으로 인하여 불이익을 입는 당사자로 하여금 위와 같은 **불공정성을 소송 등 사법적 구제수단을 통하여 주장하지 못하도록 하는 부제소합의 역시 특별한 사정이 없는 한 무효이다.**"고 한다(2010. 7. 15. 2009다50308).

다. 효력

합의에 반하여 제소한 경우에 상대방 당사자가 합의의 존재를 주장하여 항변을 하면 법원은 소를 각하하여야 한다. 판례도 "**부제소특약까지 한 경우 이에 반하여 제기된 소가 권리보호의 이익이 없어 부적법하다.**"고 한다(1992. 3. 10. 92다589). 또한 합의에 반하여 한 제소는 사법상의 계약에 기한 부제소의무 위반이므로, 피고는 원고에게 손해배상청구도 할 수 있다(항변권발생설).

다만, 판례는 "부제소 합의는 소송당사자에게 헌법상 보장된 재판청구권의 포기와 같은 중대한 소송법상의 효과를 발생시키는 것으로서 합의 시에 예상할 수 있는 상황에 관한 것이어야 유효하고, 효력의 유무나 범위를 둘러싸고 이견이 있을 수 있는 경우에는 당사자 의사를 합리적으로 해석한 후 판단하여야 한다. 따라서 **당사자들이 부제소 합의의 효력이나 범위에 관하여 쟁점으로 삼아 소의 적법 여부를 다투지 아니하는데도 법원이 직권으로 부제소 합의에 위배되었다는 이유로 소가 부적법하다고 판단하기 위해서는 그와 같은 법률적 관점에 대하여 당사자에게 의견을 진술할 기회를 주어야 하고, 부제소 합의를 하게 된 동기 및 경위, 합의에 의하여 달성하려는 목적, 당사자의 진정한 의사 등에 관하여도 충분히 심리할 필요가 있다.** 법원이 그와 같이 하지 않고 직권으로 부제소 합의를 인정하여 소를 각하하는 것은 예상외의 재판으로 당사자 일방에게 불의의 타격을 가하는 것으로서 석명의무를 위반하여 필요한 심리를 제대로 하지 아니하는 것이다."고 한다(2013. 11. 28. 2011다80449).

◆ 제3관 소송행위의 특질

Ⅰ. 서 설

1. 소송행위의 요건과 방식

소송행위가 유효하기 위하여는 당사자능력·소송능력·변론능력·소송대리권·법정대리권 등의 요건이 구비되어야 한다. 또한 소송행위는 변론(준비)절차에서 말로 함이 원칙이지만, 예외적으로 소의 제기와 같이 서면에 의해야 하는 경우도 있다.

2. 소송행위의 조건과 기한

기한은 소송절차를 불안정하게 하므로 어떠한 경우라도 붙일 수 없다. 또한 소송 외의 장래 발생할 불확실한 사정에 소송행위의 효력 발생을 의존하게 하는 소송외적 조건도 붙일 수 없다. 그러나 예비적 주장(신청)과 같이 소송절차의 진행 중에 판명될 사실을 조건으로 하는 소송내적 조건은 붙일 수 있다.

Ⅱ. 소송행위의 철회와 취소

1. 소송행위의 철회

가. 소송행위의 성질과 철회가능성

（ⅰ) **취효적 소송행위**는 원칙적으로 사실심의 변론종결시까지 처분권주의·변론주의에 근거하여 자유로이 철회·정정 또는 보충할 수 있다. 다만 재판상 자백과 같이 행위를 한 당사자에게 불리한 소송행위 또는 소제기 후 피고의 응소나 증거신청 후 증거조사의 개시와 같이 상대방에게 일정한 법률상의 지위가 형성된 소송행위는 자유로이 철회할 수 없고 상대방의 동의를 받아야 한다. (ⅱ) **여효적 소송행위**는 법원의 행위가 개입되지 아니하고 직접 소송상의 효력이 발생하므로, 절차의 원활한 진행과 상대방의 절차의 이익을 고려하여 원칙적으로 임의로 철회할 수 없다.

나. 소송행위의 철회 제한의 예외

구속적 소송행위(취효적 소송행위 중 철회할 수 없는 경우와 여효적 소송행위)라도 예외적으로 철회를 할 수 있다. 즉 (ⅰ) **형사상 처벌할 수 있는 타인의 행위로 인하여 한 행위**는 제451조 제1항 제5호를 유추하여 소송절차 내에서 무효를 주장할 수 있다. 또한 (ⅱ) **상대방의 동의가 있는 경우**에는 철회할 수 있다. 즉 상대방의 동의에 의한 재판상 자백의 철회, 피고가 응소한 뒤의 피고의 동의에 의한 소의 취하(제266조 제2항), 증거조사 개시 후 상대방의 동의에 의한 증거신청의 철회가 허용된다.

2. 소송행위의 취소

가. 문제점

명문규정이 있는 경우(제288조 단서)는 문제가 없다. 따라서 명문규정이 없음에도, 소송행위에 사기·강박·착오 등의 하자가 있는 경우에 민법규정을 유추적용하여 취소할 수 있는 지가 문제된다. (ⅰ) 신청·주장·증거신청과 같이 **소송절차를 조성하는 전형적인 소송행위**에 대하여는 절차의 안정을 위하여 민법규정을 유추적용 할 수 없다. (ⅱ) 관할의 합의, 불항소의 합의, 선정당사자의 선정, 증거계약 등과 같은 **소송 전·소송 외의 소송행위**는 소송 외에서 당사자의 의사에 의하여 이루어지고 소송절차를 조성하는 행위가 아니므로 사법상의 법률행위와 유사하다. 따라서 이에 대하여는 민법규정을 유추적용 할 수 있다. (ⅲ) 소의 취하, 청구의 포기·인낙, 재판상 화해처럼 **소송을 종료하는 소송행위**에 대하여는 견해가 대립된다.

나. 학설의 대립

① 소송행위는 소송절차를 이루는 행위이므로 절차의 안정성이 요청될 뿐만 아니라, 소송행위의 명확성으로 인하여 표시주의·외관주의의 원칙이 관철되어야 하기 때문에 민법규정이 유추적용 되지 않는다는 **유추적용불고려설**(하자불고려설)과, ② 소송절차를 종료시키는 소송행위는 소송절차의 명확성 내지 안정성과 무관하므로, 의사표시의 흠에 관한 규정을 유추적용하여야 한다는 **유추적용고려설**(하자고려설)이 대립된다.

다. 판례의 태도 : 유추적용불고려설(하자불고려설)

판례는 "민법상의 법률행위에 관한 규정은 민사소송법상의 소송행위에는 특별한 규정 기타 특별한 사정이 없는 한 적용이 없는 것이므로 소송행위가 강박에 의하여 이루어진 것임을 이유로 취소할 수는 없고, 소송위임행위도 소송대리권의 발생을 목적으로 하는 소송행위이므로 달리 볼 것이 아니다."고 하고(1997. 10. 10. 96다35484), "민사소송법상의 소송행위에는 특별한 규정이나 특별한 사정이 없는 한 **민법상의 법률행위에 관한 규정이 적용될 수 없는 것이므로,** 사기·강박 또는 착오 등 의사표시의 하자를 이유로 무효나 취소를 주장할 수 없다."고 하여(1980. 8. 26. 80다76), 민법규정을 유추적용 하지 않는다.

그러나 "소송행위가 사기·강박 등 형사상 처벌을 받을 타인의 행위로 인하여 이루어졌더라도 **타인의 행위에 대하여 유죄판결이 확정되고 또 소송행위가 그에 부합되는 의사 없이 외형적으로만 존재할 때에 한하여 제451조 제1항 제5호·제2항의 규정을 유추해석** 하여 그 효력을 부인할 수 있다."고 하여(1984. 5. 29. 82다카963), 재심규정을 유추적용하고 있다. 따라서 "항소취하의 의사표시에는 조건을 붙일 수 없으며 또 그 의사표시가 제451조 제1항 제5호에 해당되는 타인의 행위로 인하여 이루어진 것이 아닌 이상, 설사 사기·강박 등 외부에서 알 수 없는 하자를 내포한 경우라도 그 하자를 이유로 취소하거나 무효를 주장할 수 없다."고 한다(1967. 10. 31. 67다204).

다만 "**형사책임이 수반되는 타인의 강요와 폭행에 의하여 이루어진 소취하의 약정과 소취하서의 제출은 무효이다**(1985. 9. 24. 82다카312)."고 하여 유죄판결이 확정될 것을 요구하지 않는 경우와, "대리인이 범한 배임죄를 재심사유로 인정하기 위해서는 **대리인이 한 소송행위 효과를 당사자 본인에게 귀속시키는 것이 절차적 정의에 반하여 도저히 수긍할 수 없다고 볼 정도로 대리권에 실질적인 흠이 발생한 경우**라야 한다(2012. 6. 14. 2010다86112)."고 하여 소송행위가 그에 부합되는 의사 없이 외형적으로만 존재할 것을 요구하지 않는 경우가 있다.

라. 검 토

소송절차의 명확성과 안정성을 기하기 위해 표시주의·외관주의가 관철되어야 하는 소송행위라는 측면에서 볼 때 유추적용불고려설(하자불고려설)이 타당하다.

마. 관련문제 : 하자 있는 소·상소의 취하에 대한 소송법상의 구제방법

1) 착오의 경우

소송행위는 사법상의 행위와 달리 표시를 기준으로 효력 유무를 판정할 수밖에 없으므로, 원고가 착오로 소 또는 상소를 취하하였더라도 무효가 아니다. 판례도 "당사자의 소송행위는 사법상의 행위와는 달리 내심의 의사보다 표시를 기준으로 하여 효력유무를 판정할 수밖에 없는 것이므로, **소의 취하가 내심의 의사에 반한 것이라고 하더라도 무효라고 볼 수는 없다.**"고 하고(1983. 4. 12. 80다3251), "소의 취하는 원고가 제기한 소를 철회하여 소송계속을 소멸시키는 원고의 법원에 대한 소송행위이며, **소송행위는 사법상의 행위와 달리 내심의 의사보다 표시를 기준으로 하여 효력 유무를 판정할 수밖에 없는 것이므로, 원고가 착오로 소의 일부를 취하하였다 하더라도 무효라고 볼 수는 없다.**"고 한다(2004. 7. 9. 2003다46758).

2) 사기·강박의 경우

가) 문제점

소 또는 상소의 취하가 형사상 처벌을 받을 다른 사람의 행위인 사기·강박에 의한 것이므로(제451조 제1항 제5호), 이러한 **재심사유를 당해 소송절차에서 고려해야 한다**는 점에서는 통설·판례가 일치한다. 다만 유죄의 확정판결 등을 요하는지에 대하여는 견해가 대립된다.

나) 통설의 태도

통설은 유죄확정판결을 요구하지 않고 소송절차 내에서 재심사유를 고려하면 된다는 견해이다. 사기·강박 등 범죄행위에 의한 소송행위로 이루어진 판결이 확정되더라도 재심에 의하여 취소되므로, 판결이 확정되기 전에 소송 내에서 하자 있는 소송행위를 제거하는 것이 소송경제에 합치하기 때문이라고 한다.

다) 판례의 태도

판례는 소취하가 형사상 처벌을 받을 다른 사람의 행위로 이루어진 경우에, 원칙적으로 유죄확정판결을 받는 등의 엄격한 요건하에 이러한 점을 소송절차 내에서 고려할 수 있다는 입장이다. 즉 판례는 "형사책임이 수반되는 타인의 강요와 폭행에 의하여 이루어진 소취하의 약정과 소취하서의 제출은 무효이다."고 하면서(1985. 9. 24. 82다카312), "[1] 소송대리인이 대리권의 범위 내에서 한 소송행위는 본인이 하는 소송행위로서의 효력을 가지는 것이므로 비록 소송행위가 상대방의 기망에 의하여 착오로 이루어졌다 하더라도 이를 상대방이 한 소송행위와 동일시하여 본인이 한 소송행위로서의 효력을 부인할 수는 없다. [2] **원고의 소송대리인이 피고의 기망에 의하여 착오로 처분금지가처분신청을 취소하고 집행해제원을 제출하여도 소송행위에는 민법 제109조·제110조의 규정이 적용될 여지가 없으므로 원고 대리인의 가처분신청취소가 사기·강박 등 형사상 처벌을 받을 타인의 행위로 인한 것이라 하더라도 유효하다.** [3] **소송행위가 사기·강박 등 형사상 처벌을 받을 타인의 행위로 인하여 이루어졌다고 하여도 타인의 행위에 대하여 유죄판결이 확정되고 또 소송행위가 그에 부합되는 의사없이 외형적으로만 존재할 때에 한하여 제451조 제1항 제5호, 제2항의 규정을 유추해석하여 효력을 부인할 수 있다**고 해석함이 상당하므로, 타인의 범죄행위가 소송행위를 하는데 착오를 일으키게 한 정도에 불과할 뿐 소송행위에 부합되는 의사가 존재할 때에는 그 소송행위의 효력을 다툴 수 없다."고 한다(1984. 5. 29. 82다카963).

또한 "[1] 제451조 제1항 제5호는 '형사상 처벌을 받을 다른 사람의 행위로 말미암아 자백을 한 경우'를 재심사유로 인정하고 있는데, 이는 다른 사람의 범죄행위를 직접적 원인으로 하여 이루어진 소송행위와 그에 기초한 확정판결은 법질서의 이념인 정의 관념상 효력을 용인할 수 없다는 취지에서 재심이라는 비상수단을 통해 확정판결의 취소를 허용하고자 한 것이므로, 형사상 처벌을 받을 다른 사람의 행위로 말미암아 상소 취하를 하여 원심판결이 확정된 경우에도 자백에 준하여 재심사유가 된다고 보아야 한다. 그리고 '형사상 처벌을 받을 다른 사람의 행위'에는 당사자의 대리인이 범한 배임죄도 포함될 수 있으나, **이를 재심사유로 인정하기 위해서는 단순히 대리인이 문제된 소송행위와 관련하여 배임죄로 유죄판결을 받았다는 것만으로는 충분하지 않고, 대리인의 배임행위에 소송상대방 또는 그 대리인이 통모하여 가담한 경우와 같이 대리인이 한 소송행위 효과를 당사자 본인에게 귀속시키는 것이 절차적 정의에 반하여 도저히 수긍할 수 없다고 볼 정도로 대리권에 실질적인 흠이 발생한 경우라야 한다.** [2] 어떠한 소송행위에 제451조 제1항 제5호의 재심사유가 있다고 인정되는 경우 그러한 소송행위에 기초한 확정판결의 효력을 배제하기 위한 재심제도 취지상 재심절차에서 해당 소송행위 효력은 당연히 부정될 수밖에 없고, 그에 따라 법원으로서는 위 소송행위가 존재하지 않은 것과 같은 상태를 전제로 재심대상사건의 본안에 나아가 심리·판단하여야 하며 달리 소송행위의 효력을 인정할 여지가 없다."고 한다(2012. 6. 14. 2010다86112).

라) 검 토

통설은 민사법원이 다른 사람의 사기·강박의 행위가 처벌을 받을 행위인지 여부를 판단할 수 있음을 전제로 하고 있다. 그러나 **민사법원은 다른 사람의 행위가 사기죄 또는 강요죄에 해당하는지 여부를 판단할 수 없으므로, 유죄의 확정판결을 요구하는 판례의 입장이 타당하다**. 다만 소송행위가 그에 부합되는 의사없이 외형적으로만 존재할 때에 한하여 무효를 주장할 수 있다는 판례의 입장은 **형사상 처벌을 받을 다른 사람의 행위로 인한 소송행위에 대하여 무효를 주장할 수 있는 범위를 부당하게 제한한다**. 따라서 유죄의 확정판결 이외에 별도로 외형에 부합하는 의사가 존재하지 않을 것이라는 요건을 구비할 필요는 없다.

3. 법원의 소송행위의 경우

가. 판결의 기속력

재판은 소송사건을 해결하기 위한 법원의 공권적 법률판단의 표시로서 법적 안정성의 요청이 강한 경우이므로 법원은 이를 자유로이 철회·취소할 수 없으며, 상급법원에 의한 원재판의 취소가능성만 남게 된다. 다만 일정한 범위에서는 판결법원에 대한 관계에서도 기속력이 배제 또는 완화된다.

나. 기속력의 배제 또는 완화

> 제446조(항고의 처리) 원심법원이 항고에 정당한 이유가 있다고 인정하는 때에는 그 재판을 경정하여야 한다.

결정·명령은 주로 소송절차의 파생적·부수적 사항에 관한 재판이므로 항고시에 원심법원이 재도의 고안(再度의 考案)에 의하여 취소·변경할 수 있으므로(제446조), 기속력이 배제된다. 소송지휘에 관한 결정·명령은 합목적성이 중시되어야 하므로 어느 때나 취소·변경을 할 수 있어(제222조) 기속력이 배제된다. 또한 판결의 경정제도(제211조)를 인정하여 기속력을 완화시키고 있다.

Ⅲ. 소송행위의 하자와 그 치유

1. 서 설

소송행위는 절차를 조성하는 행위이므로 절차의 안정이라는 요청 때문에 소송행위에 하자가 있는 한 원칙적으로 무효가 되도록 할 필요가 있는 반면에, 소송행위는 연쇄적이어서 각 소송행위는 상호 관련성이 있으므로 법적 안정과 소송경제를 도모하기 위하여 하자 있는 소송행위도 유효한 것으로 보아야 할 필요가 있다.

2. 당사자의 소송행위의 하자와 치유

가. 하자의 제거

1) 소송행위의 추인

소송행위의 추인이란 **하자 있는 소송행위를 확정적으로 유효한 것으로 하는 명시·묵시의 일방적인 의사표시**를 말한다. 판례는 "항소의 제기에 관하여 필요한 수권이 흠결된 소송대리인의 항소장 제출이 있었다고 하더라도 당사자 또는 적법한 소송대리인이 항소심에서 본안에 관하여 변론하였다면 이로써 항소제기 행위를 추인하였다고 할 것이어서, 항소는 당사자가 적법하게 제기한 것으로 된다."고 한다(2007. 2. 22. 2006다81653).

2) 소송행위의 보정

소송행위가 형식적 유효요건을 구비하고 있지 않은 경우 예컨대 소장에 첨부한 인지가 부족하다든가 또는 주소불명 등의 경우에 당사자가 자발적으로 또는 법원·재판장의 보정명령을 받고 그것을 정정·보충하면 유효하게 된다.

나. 하자의 치유

하자의 치유란 원래의 하자는 존속하지만 그 후의 사정변화에 의해 유효로 취급하는 것을 말한다. 재판이 확정되면 그 기초로 된 소송행위의 하자는 재심사유가 되지 않는 한 소송행위의 하자는 치유된다. 판결정본을 제외한 소송서류의 송달의 하자, 소송절차 중단 중의 소송행위처럼 소송절차에 관한 효력규정 중 임의규정에 위반한 경우는 이의권의 포기가 허용되고, 또한 지체 없이 이의권을 행사하지 아니하면 이의권의 상실에 의하여 그 하자는 치유된다.

다. 무효행위의 전환

1) 의의 및 취지

무효행위의 전환이란 **하자 있는 소송행위가 당사자가 의도하는 목적과 동일한 다른 소송행위의 요건을 갖춘 경우에 그 다른 소송행위의 효력을 갖게 되는 것**을 말한다. 이는 민법 제138조의 규정을 유추하여 하자 있는 소송행위의 무효를 피하는 이론이다.

2) 요 건

(ⅰ) 전환을 인정하지 않는다면 절차상의 과오로 실체상의 권리를 잃게 되어 소송행위를 한 당사자에게 가혹하고, (ⅱ) 전환을 인정하더라도 소송법의 규제의 목적에 반하지 많으며, (ⅲ) 원래의 행위가 무효로 되는 것을 알았다면 다른 행위를 의욕하였으리라고 인정되는 때에는 무효행위의 전환이 인정된다.

3) 판례의 태도

판례는 "**불복신청자가 특별항고라는 표시를 하지 않았고 대법원에 대한 것임을 표시하지 않았다 하여도 이를 특별항고로 하여 기록을 대법원에 송부함이 마땅하다.**"고 하고(1968. 11. 8. 68마1303), "당사자가 항소를 제기하면서 추완항소라는 취지의 문언을 기재하지 아니하였더라도, **증거에 의하**

여 항소기간의 도과가 책임질 수 없는 사유에 기인한 것으로 인정되는 이상 그 항소는 처음부터 소송행위의 추완에 의하여 제기된 항소라고 보아야 한다."고 하고(1980. 10. 14. 80다1795), "당사자 참가인이 참가취지 중 피고에 대한 계쟁건물의 소유권 확인청구 부분을 취하하는 결과 참가인의 피고에 대한 청구가 없게 됨에 따라 참가는 당사자참가의 성질을 상실하고 참가인이 원고의 피고에 대한 청구의 기각을 구하는 참가취지 부분만이 잔존하는 경우 **참가인의 일부 취하후의 참가의 유지에 관한 진술은 피고를 위한 보조참가의 신청이었다고 해석할 것이다.**"고 한다(1960. 5. 26. 4292민상524).

한편 헌법재판소의 경우에도 "**청구기간이 경과한 후에 이루어진 공동심판참가신청은 부적법하나**, 국민의 기본권 보호를 목적으로 하는 헌법소원제도의 취지에 비추어 위헌결정의 효력이 미치는 범위에 있는 자들은 이 사건 헌법소원심판의 결과에 법률상 이해관계를 가지므로 **보조참가인으로 보기로 한다.**"고 한다(2008. 2. 28. 2005헌마872).

3. 법원의 소송행위의 하자와 치유

재판에 하자가 있는 경우에는 당연무효인 판결을 제외하고는 상소·재심에 의하여 취소될 때까지는 유효하다. 한편 송달·증거조사 등에 하자가 있는 경우에는 무효가 되지만 당사자의 소송행위의 하자와는 차이가 있다. 즉 추인의 방법은 인정되지 않고, 새로운 행위를 다시 하는 것에 의하여 장래를 향하여 하자를 제거하여 유효로 할 수 있다. 또한 소송절차의 진행과 함께 하자가 치유되는 경우가 있다. 한편 이의권의 포기·상실이 인정될 수 있다.

IV. 소송행위의 해석

판례는 "**일반적으로 소송행위의 해석은 실체법상의 법률행위와는 달리 철저한 표시주의와 외관주의에 따르도록 되어 있고 표시된 내용과 저촉되거나 모순되는 해석을 할 수 없는 것이지만**, 표시된 어구에 지나치게 구애되어 획일적으로 형식적인 해석에만 집착한다면 도리어 당사자의 권리구제를 위한 소송제도의 목적과 소송경제에 반하는 부당한 결과를 초래할 수 있으므로, 소송행위에 관한 당사자의 주장 전체를 고찰하고 소송행위를 하는 당사자의 의사를 참작하여 객관적이고 합리적으로 소송행위를 해석할 필요가 있다."고 한다(1984. 2. 28. 83다카1981).

또한 "[1] 구체적인 사건의 소송 계속 중 소송 당사자 쌍방이 판결선고 전에 미리 **상소하지 아니하기로 합의**하였다면 그 판결은 선고와 동시에 확정되는 것이므로, 이러한 합의는 소송당사자에 대하여 상소권의 사전포기와 같은 중대한 소송법상의 효과가 발생하게 되는 것으로서 **반드시 서면에 의하여야 할 것**이며, 그 서면의 문언에 의하여 당사자 쌍방이 상소를 하지 아니한다는 취지가 명백하게 표현되어 있을 것을 요한다. [2] 당사자 쌍방이 소송 계속중 작성한 서면에 위와 같은 불상소 합의가 포함되어 있는가 여부의 해석을 둘러싸고 이견이 있어 그 서면에 나타난 당사자의 의사해석이 문제되는 경우, 이러한 불상소 합의와 같은 소송행위의 해석은 일반 실체법상의 법률행위와는 달리 내심의 의사가 아닌 **철저한 표시주의와 외관주의에 따라 그 표시를 기준으로 하여야 하고**, 표시된 내용과 저촉되거나 모순되어서는 아니 된다. 다만 당해 소송제도의 목적과 당사자의 권리구제의 필요성 등을 고려할 때 그 소송행위에 관한 당사자의 주장 전체를 고찰하고 그 소송행위를 하는 당사자의 의사를 참작하여 객관적이고 합리적으로 소송행위를 해석할 필요는 있다. 따라서 **불상소의 합의처럼 그 합의의 존부 판단에 따라 당사자들 사이에 이해관계가 극명하게 갈리게 되는 소송행위에 관한 당사자의 의사해석에 있어서는, 표시된 문언의 내용이 불분명하여 당사자의 의사해석에 관한 주장이 대립할 소지가 있고 나아가 당사자의 의사를 참작한 객관적·합리적 의사해석과 외부로 표시된 행위에 의하여 추단되는 당사자의 의사조차도 불분명하다면, 가급적 소극적 입장에서 그러한 합의의 존재를 부정할 수밖에 없다."고 한다(2007. 11. 29. 2007다52317).

제05절 변론의 실시

Ⅰ. 변론의 경과

변론은 미리 재판장이 지정하여(제165조), 양쪽 당사자에게 통지한 기일에 공개법정에서 열린다. 사건과 당사자의 이름을 부름으로써 변론기일이 개시되며(제169조), 재판장의 지휘 하에 변론이 진행된다(제135조 제1항).

변론을 여러 기일에 거쳐서 열었더라도 같은 기일에 동시에 연 것과 같다(변론의 일체성). 즉 변론의 일체성이란 변론의 모든 기일이 일체를 이루어 판단자료로서의 효력이 동일함을 의미한다. 따라서 변론종결시까지 제출된 소송자료는 마치 하나의 변론기일에 제출한 것처럼 판결의 기초가 된다.

Ⅱ. 변론의 제한·분리·병합

> **제141조(변론의 제한·분리·병합)** 법원은 변론의 제한·분리 또는 병합을 명하거나, 그 명령을 취소할 수 있다.

1. 변론의 제한

변론의 제한이란 하나의 소송절차에 여러 개의 청구가 병합되거나 여러 개의 공격방어방법이 제출되어 쟁점이 복잡한 경우에 변론의 대상을 한정하는 것을 말한다. 예컨대 손해배상청구에서 책임원인과 손해액이 쟁점이 된 경우에 책임원인에 대하여만 변론하는 것을 말한다.

2. 변론의 분리

변론의 분리란 청구가 여러 개인 경우에 법원이 일부의 청구에 대하여 별개의 소송절차로 심리하는 것을 말한다. 일부의 청구가 다른 청구와 관련성이 없는 경우에는 변론의 분리가 가능하다. 따라서 필수적 공동소송, 독립당사자소송, 예비적·선택형 병합, 예비적·선택적 공동소송의 경우에는 변론의 분리를 할 수 없다. 또한 단순병합의 경우에도 선결적 법률관계에 있는 청구의 병합과 같은 관련적 병합은 변론의 분리가 불가능한 것은 아니지만 바람직하지는 않다. 판례는 "**통상공동소송인의 1인인 피고 甲과 상대방인 원고의 쌍방불출석으로 인한 소취하 간주에 있어 그들에 대한 변론을 분리할 필요 없다.**"고 한다(1970. 11. 24. 70다1893).

3. 변론의 병합

변론의 병합이란 법원이 별도로 계속 중인 여러 개의 소송을 동일한 소송절차에서 심리하는 것을 말한다. 변론이 병합되기 위하여는 (ⅰ) 동종의 소송절차로 심판될 수 있어야 하고, (ⅱ) 각 청구 사이에 법률상 관련성(제65조)이 있어야 한다. 따라서 변론의 병합은 병합의 요건을 갖추지 못하였지만 관련성이 있는 사건에 대하여 심리를 동시에 진행하는 변론의 병행과 구별된다.

판례는 "변론병합의 신청이 있는 경우에 **변론을 병합하느냐의 여부는 법원의 재량에 속한다.**"고 한다(1987. 6. 23. 87도706). 다만 변론의 병합이 법률상 강제되는 경우도 있다(상법 제188조, 제328조 제2항, 제376조 제2항, 제380조 참조). 또한 "같은 법원에 계속 중인 여러 개의 소송을 하나의 절차에 병합하여 심판을 하는 경우라도, **관할의 유무는 원고가 청구를 확장하였거나 또는 별개의 청구를 추가한 경우와는 달리 소송제기 당시를 표준으로 하여야 할 것**이므로, 병합된 각개 청구의 소송물 가격의 합산액을 표준으로 할 것이 아니라는 원결정은 정당하다."고 한다(1966. 9. 28. 66마322).

Ⅲ. 변론의 재개

> 제142조(변론의 재개) 법원은 종결된 변론을 다시 열도록 명할 수 있다.

1. 의 의

법원은 변론을 종결한 후에도 필요한 경우에는 변론을 재개할 수 있다. 변론의 재개는 법원의 재량사항이고 당사자에게 신청권이 없기 때문에, 당사자의 변론재개 신청에 대하여 법원이 결정을 할 필요가 없다.

2. 변론재개의 요건

판례는 "당사자가 변론종결 후 항변 및 입증을 위하여 변론재개신청을 한 경우에 **입증의 여하에 따라 판결 결과가 달라질 수도 있는 관건적 요증사실**에 해당하는 등의 특별한 사정이 없는 한, **변론재개신청을 받아들이느냐의 여부는 법원의 재량에 속한 사항**이므로, 당사자가 항변을 제출할 수 있는 기회가 충분히 있었음에도 이를 하지 않다가 변론종결 후에 한 변론재개신청을 법원이 받아들이지 아니하였다 하여 이를 심리미진의 위법사유에 해당한다고 할 수는 없다."고 한다(2007. 4. 26. 2005다53866).

또한 "변론재개신청사유가 신뢰성이 있다고 보여지고, 그 사유로서 주장한 위증사실이 밝혀진다면 동 증언 이외에 다른 증거가 없는 이 사건에서는 **판결결과가 달라질 것임이 분명하므로** 법원으로서는 변론의 재개를 허용하는 등 방법으로 충분한 심리를 다하였어야 할 것이다."고 한다(1982. 6. 22. 81다911).

또한 "[1] 당사자가 변론종결 후 주장·증명을 제출하기 위하여 변론재개신청을 한 경우 당사자의 변론재개신청을 받아들일지 여부는 원칙적으로 법원의 재량에 속한다. 그러나 **변론재개신청을 한 당사자가 변론종결 전에 그에게 책임을 지우기 어려운 사정으로 주장·증명을 제출할 기회를 제대로 갖지 못하였고, 그 주장·증명의 대상이 판결의 결과를 좌우할 수 있는 관건적 요증사실에 해당하는**

경우 등과 같이, 당사자에게 변론을 재개하여 그 주장·증명을 제출할 기회를 주지 않은 채 패소의 판결을 하는 것이 민사소송법이 추구하는 절차적 정의에 반하는 경우에는 법원은 변론을 재개하고 심리를 속행할 의무가 있다. 또한 **법원이 사실상 또는 법률상 사항에 관한 석명의무나 지적의무 등을 위반한 채 변론을 종결하였는데 당사자가 그에 관한 주장·증명을 제출하기 위하여 변론재개신청을 한 경우** 등과 같이 사건의 적정하고 공정한 해결에 영향을 미칠 수 있는 소송절차상의 위법이 드러난 **경우**에는, 사건을 적정하고 공정하게 심리·판단할 책무가 있는 법원으로서는 그와 같은 소송절차상의 위법을 치유하고 그 책무를 다하기 위하여 변론을 재개하고 심리를 속행할 의무가 있다. [2] **법원이 변론을 재개할 의무가 있는 예외적 요건 등을 갖추지 못하여 법원이 변론을 재개할 의무가 없는데도 변론이 재개될 것을 가정한 다음, 그와 같이 가정적으로 재개된 변론의 기일에서 새로운 주장·증명을 제출할 경우 실기한 공격방어방법으로 각하당하지 아니할 가능성이 있다는 사정만으로 법원이 변론을 재개할 의무가 생긴다고 할 수는 없다.** 다만, 실제로 법원이 당사자의 변론재개신청을 받아들여 변론재개를 한 경우에는 소송관계는 변론재개 전의 상태로 환원되므로, 재개된 변론기일에서 제출된 주장·증명이 실기한 공격방어방법에 해당되는지 여부를 판단함에 있어서는 변론재개 자체로 인한 소송완결의 지연은 고려할 필요 없이 제149조 제1항이 규정하는 요건을 충족하는지를 기준으로 해당 여부를 판단하면 된다."고 한다(2010. 10. 28. 2010다20532).

3. 변론재개의 방법과 그에 대한 불복방법

가. 변론재개의 방법

판례는 "변론을 재개할 때에는 반드시 그 결정을 내려야 하는 것은 아니다."고 하고(1970. 12. 22. 70누123), "법원은 종결된 변론의 재개를 함에 있어서 반드시 결정서를 작성하여야 하는 것은 아니다."고 한다(1971. 2. 25. 70누125).

나. 변론재개에 대한 불복방법

판례는 "재판부의 변론재개결정이나 재판장의 기일지정명령은 민사소송법이 일반적으로 항고의 대상으로 삼고 있는 제439조의 소송절차에 관한 신청을 기각한 결정이나 명령에 해당하지 아니하고 또 이에 대하여 불복할 수 있는 특별규정도 없으므로 이에 대하여는 항고를 할 수 없고, 또한 이는 상소가 있는 경우에 종국판결과 함께 상소심의 심판을 받는 중간적 재판의 성질을 갖는 것으로서 특별항고의 대상이 되는 불복할 수 없는 결정이나 명령에도 해당되지 않아, 결국 그에 대한 항고는 부적법하다."고 한다(2008. 5. 26. 2008마368).

Ⅳ. 변론조서

1. 의 의

> 제152조(변론조서의 작성) ① 법원사무관등은 변론기일에 참여하여 기일마다 조서를 작성하여야 한다. 다만, 변론을 녹음하거나 속기하는 경우 그밖에 이에 준하는 특별한 사정이 있는 경우에는 법원사무관등을 참여시키지 아니하고 변론기일을 열 수 있다.
> ② 재판장은 필요하다고 인정하는 경우 법원사무관등을 참여시키지 아니하고 변론기일 및 변론준비기일 외의 기일을 열 수 있다.

③ 제1항 단서 및 제2항의 경우에는 법원사무관등은 그 기일이 끝난 뒤에 재판장의 설명에 따라 조서를 작성하고, 그 취지를 덧붙여 적어야 한다.

제160조(다른 조서에 준용하는 규정) 법원·수명법관 또는 수탁판사의 신문 또는 심문과 증거조사에는 제152조 내지 제159조의 규정을 준용한다.

변론조서는 변론의 경과를 기록하여 보전하기 위하여 법원사무관 등이 작성하는 문서를 말한다. 법원·수명법관 또는 수탁판사의 신문 또는 심문과 증거조사 등에 관한 조서에도 변론조서에 관한 규정이 준용되고(제160조), 변론준비기일조서에도 변론조서에 관한 규정이 준용된다(제283조 제2항).

2. 변론조서의 기재사항

제153조(형식적 기재사항) 조서에는 법원사무관등이 다음 각호의 사항을 적고, 재판장과 법원사무관등이 기명날인 또는 서명한다. 다만, 재판장이 기명날인 또는 서명할 수 없는 사유가 있는 때에는 합의부원이 그 사유를 적은 뒤에 기명날인 또는 서명하며, 법관 모두가 기명날인 또는 서명할 수 없는 사유가 있는 때에는 법원사무관등이 그 사유를 적는다.
1. 사건의 표시
2. 법관과 법원사무관등의 성명
3. 출석한 검사의 성명
4. 출석한 당사자·대리인·통역인과 출석하지 아니한 당사자의 성명
5. 변론의 날짜와 장소
6. 변론의 공개여부와 공개하지 아니한 경우에는 그 이유

제154조(실질적 기재사항) 조서에는 변론의 요지를 적되, 특히 다음 각호의 사항을 분명히 하여야 한다.
1. 화해, 청구의 포기·인낙, 소의 취하와 자백
2. 증인·감정인의 선서와 진술
3. 검증의 결과
4. 재판장이 적도록 명한 사항과 당사자의 청구에 따라 적는 것을 허락한 사항
5. 서면으로 작성되지 아니한 재판
6. 재판의 선고

제155조(조서기재의 생략 등) ① 조서에 적을 사항은 대법원규칙이 정하는 바에 따라 생략할 수 있다. 다만, 당사자의 이의가 있으면 그러하지 아니하다.
② 변론방식에 관한 규정의 준수, 화해, 청구의 포기·인낙, 소의 취하와 자백에 대하여는 제1항 본문의 규정을 적용하지 아니한다.

제156조(서면 등의 인용·첨부) 조서에는 서면, 사진, 그 밖에 법원이 적당하다고 인정한 것을 인용하고 소송기록에 붙여 이를 조서의 일부로 삼을 수 있다.

제157조(관계인의 조서낭독 등 청구권) 조서는 관계인이 신청하면 그에게 읽어 주거나 보여주어야 한다.

제159조(변론의 속기와 녹음) ① 법원은 필요하다고 인정하는 경우에는 변론의 전부 또는 일부를 녹음하거나, 속기자로 하여금 받아 적도록 명할 수 있으며, 당사자가 녹음 또는 속기를 신청하면 특별한 사유가 없는 한 이를 명하여야 한다.
② 제1항의 녹음테이프와 속기록은 조서의 일부로 삼는다.
③ 제1항 및 제2항의 규정에 따라 녹음테이프 또는 속기록으로 조서의 기재를 대신한 경우에, 소송이

완결되기 전까지 당사자가 신청하거나 그 밖에 대법원규칙이 정하는 때에는 녹음테이프나 속기록의 요지를 정리하여 조서를 작성하여야 한다.
④ 제3항의 규정에 따라 조서가 작성된 경우에는 재판이 확정되거나, 양 쪽 당사자의 동의가 있으면 법원은 녹음테이프와 속기록을 폐기할 수 있다. 이 경우 당사자가 녹음테이프와 속기록을 폐기한다는 통지를 받은 날부터 2주 이내에 이의를 제기하지 아니하면 폐기에 대하여 동의한 것으로 본다.

3. 변론조서 등 소송기록의 열람과 제한

제162조(소송기록의 열람과 증명서의 교부청구) ① 당사자나 이해관계를 소명한 제3자는 대법원규칙이 정하는 바에 따라, 소송기록의 열람·복사, 재판서·조서의 정본·등본·초본의 교부 또는 소송에 관한 사항의 증명서의 교부를 법원사무관등에게 신청할 수 있다.
② 누구든지 권리구제·학술연구 또는 공익적 목적으로 대법원 규칙으로 정하는 바에 따라 법원사무관등에게 재판이 확정된 소송기록의 열람을 신청할 수 있다. 다만, 공개를 금지한 변론에 관련된 소송기록에 대하여는 그러하지 아니하다.
③ 법원은 제2항에 따른 열람신청시 당해 소송관계인이 동의하지 아니하는 경우에는 열람하게 하여서는 아니된다. 이 경우 당해 소송관계인의 범위 및 동의 등에 관하여 필요한 사항은 대법원규칙으로 정한다.
④ 소송기록을 열람·복사한 사람은 열람·복사에 의하여 알게 된 사항을 이용하여 공공의 질서 또는 선량한 풍속을 해하거나 관계인의 명예 또는 생활의 평온을 해하는 행위를 하여서는 아니된다.
⑤ 제1항 및 제2항의 신청에 대하여는 대법원규칙이 정하는 수수료를 내야 한다.
⑥ 재판서·조서의 정본·등본·초본에는 그 취지를 적고 법원사무관등이 기명날인 또는 서명하여야 한다.

제163조(비밀보호를 위한 열람 등의 제한) ① 다음 각호 가운데 어느 하나에 해당한다는 소명이 있는 경우에는 법원은 당사자의 신청에 따라 결정으로 소송기록중 비밀이 적혀 있는 부분의 열람·복사, 재판서·조서중 비밀이 적혀 있는 부분의 정본·등본·초본의 교부(이하 "비밀 기재부분의 열람 등"이라 한다)를 신청할 수 있는 자를 당사자로 한정할 수 있다.
   1. 소송기록 중에 당사자의 사생활에 관한 중대한 비밀이 적혀 있고, 제3자에게 비밀 기재부분의 열람 등을 허용하면 당사자의 사회생활에 지장이 클 우려가 있는 때
   2. 소송기록중에 당사자가 가지는 영업비밀(부정경쟁방지및영업비밀보호에관한법률 제2조제2호에 규정된 영업비밀을 말한다)이 적혀 있는 때
② 소송관계인의 생명 또는 신체에 대한 위해의 우려가 있다는 소명이 있는 경우에는 법원은 해당 소송관계인의 신청에 따라 결정으로 소송기록의 열람·복사·송달에 앞서 주소 등 대법원규칙으로 정하는 개인정보로서 해당 소송관계인이 지정하는 부분(이하 "개인정보 기재부분"이라 한다)이 제3자(당사자를 포함한다. 이하 제3항·제4항 중 이 항과 관련된 부분에서 같다)에게 공개되지 아니하도록 보호조치를 할 수 있다.
③ 제1항 또는 제2항의 신청이 있는 경우에는 그 신청에 관한 재판이 확정될 때까지 제3자는 개인정보 기재부분 또는 비밀 기재부분의 열람 등을 신청할 수 없다.
④ 소송기록을 보관하고 있는 법원은 이해관계를 소명한 제3자의 신청에 따라 제1항 또는 제2항의 사유가 존재하지 아니하거나 소멸되었음을 이유로 제1항 또는 제2항의 결정을 취소할 수 있다.
⑤ 제1항 또는 제2항의 신청을 기각한 결정 또는 제4항의 신청에 관한 결정에 대하여는 즉시항고를 할 수 있다.
⑥ 제4항의 취소결정은 확정되어야 효력을 가진다.

> 제163조의2(판결서의 열람·복사) ① 제162조에도 불구하고 누구든지 판결이 선고된 사건의 판결서(확정되지 아니한 사건에 대한 판결서를 포함하며, 「소액사건심판법」이 적용되는 사건의 판결서와 「상고심절차에 관한 특례법」 제4조 및 이 법 제429조 본문에 따른 판결서는 제외한다. 이하 이 조에서 같다)를 인터넷, 그 밖의 전산정보처리시스템을 통한 전자적 방법 등으로 열람 및 복사할 수 있다. 다만, 변론의 공개를 금지한 사건의 판결서로서 대법원규칙으로 정하는 경우에는 열람 및 복사를 전부 또는 일부 제한할 수 있다.
> ② 제1항에 따라 열람 및 복사의 대상이 되는 판결서는 대법원규칙으로 정하는 바에 따라 판결서에 기재된 문자열 또는 숫자열이 검색어로 기능할 수 있도록 제공되어야 한다.
> ③ 법원사무관등이나 그 밖의 법원공무원은 제1항에 따른 열람 및 복사에 앞서 판결서에 기재된 성명 등 개인정보가 공개되지 아니하도록 대법원규칙으로 정하는 보호조치를 하여야 한다.
> ④ 제3항에 따라 개인정보 보호조치를 한 법원사무관등이나 그 밖의 법원공무원은 고의 또는 중대한 과실로 인한 것이 아니면 제1항에 따른 열람 및 복사와 관련하여 민사상·형사상 책임을 지지 아니한다.
> ⑤ 제1항의 열람 및 복사에는 제162조 제4항·제5항 및 제163조를 준용한다.
> ⑥ 판결서의 열람 및 복사의 방법과 절차, 개인정보 보호조치의 방법과 절차, 그 밖에 필요한 사항은 대법원규칙으로 정한다.

4. 변론조서의 정정

> 제164조(조서에 대한 이의) 조서에 적힌 사항에 대하여 관계인이 이의를 제기한 때에는 조서에 그 취지를 적어야 한다.

관계인의 이의가 이유가 없으면 그 취지를 변론조서에 기재하면 되고, 이의가 이유가 있으면 변론조서의 기재 내용을 정정하면 된다. 판례는 "변론조서에 불실의 기재가 있는 경우 정정을 구함에 있어서는 제164조에 의하여 처리할 것이지, 제223조의 이의사건으로 처리할 것은 아니다."고 한다(1989. 9. 7. 89마694).

5. 변론조서의 증명력

> 제158조(조서의 증명력) 변론방식에 관한 규정이 지켜졌다는 것은 조서로만 증명할 수 있다. 다만, 조서가 없어진 때에는 그러하지 아니하다.

가. 변론의 방식에 관한 사항

변론조서가 유효한 경우에는 변론의 방식에 관한 규정이 지켜졌다는 것은 조서가 없어진 때의 경우를 제외하고는 조서의 기재에 의해서만 증명할 수 있다(법정 증명력 ; 제158조). 즉 변론의 방식에 대하여는 자유심증주의가 아니라 법정증거주의에 의한다.

판례는 "변론이 종결된 것으로 기재되어 있는 변론조서의 내용은 변론조서의 성질상 진실하다고 추정하여야 하며, **기일에 당사자를 호명하지 아니하였다는 주장**은 변론의 방식에 관한 사항으로서 이는 조서의 기재에 의하여만 증명할 수 있다."고 하고(1991. 9. 10. 90누5153), "소송대리인이 선임된 경우에 변론기일 불출석으로 인한 불이익을 당사자에게 귀속시키려면 당사자 본인과 소송대리인 모두가 변론기일에 출석하지 아니함을 요건으로 하고 출석여부는 변론조서의 기재에 의하여 증명하여야 한다. 따라서 **변론조서에 소송대리인 불출석이라고만 기재되어 있고 당사자 본인의 출석여부에**

대하여 아무런 기재가 없다면, 당사자의 변론기일에의 불출석은 증명되지 아니한다."고 하고(1982. 6. 8. 81다817), "판결문에 기재된 선고일자가 선고조서에 기재된 선고일자와 다르다면 오기이고 **선고조서에 기재된 선고일자에 판결이 선고된 것으로 볼 것이다.**"고 한다(1972. 2. 29. 71다2770).

나. 변론의 방식이 아닌 사항

변론의 방식이 아닌 사항, 즉 제6호를 제외한 제154조의 실질적 기재사항은 법정 증명력이 인정되지 않는다. 따라서 이와 관련된 변론조서의 기재 내용은 다른 증거로 번복할 수 있다. 다만 판례는 "변론조서의 기재는 **변론의 방식에 관한 사항이 아니라도 문서의 성질상 내용이 진실하다고 추정하여야 한다.**"고 하고(1993. 1. 12. 91다8142), "변론조서에는 법원사무관 등이 변론의 요지를 기재하되 자백에 관한 사항은 특히 명확히 기재하여야 하며, 그 조서에는 재판장이 기명날인하고 이해관계인은 조서의 열람을 신청하고 이의를 제기할 수 있도록 되어 있음에 비추어(제154조 제1호, 제157조), **변론의 내용이 조서에 기재되어 있을 때에는 다른 특별한 사정이 없는 한 그 내용이 진실한 것이라는 점에 관한 강한 증명력을 갖는다.**"고 한다(2001. 4. 13. 2001다6367).

V. 변론기일에 당사자가 출석하지 않은 경우의 효과 : 기일의 해태

1. 개 관

기일의 해태란 **당사자가 적법한 기일통지를 받고도 필요적 변론기일에 출석하지 않거나 출석하였다 하더라도 변론하지 않은 경우**를 말한다. 판결은 구두변론을 거쳐서 행하는 것이 원칙인데 변론기일에 당사자가 출석하지 아니하면 소송이 지연된다. 따라서 소송지연을 방지하기 위하여 민사소송법상 (ⅰ) 당사자 일방의 결석한 경우에는 진술간주(제148조)와 자백간주(제150조 제3항·제1항), (ⅱ) 당사자 쌍방이 결석한 경우에는 소의 취하간주(제268조)가 적용된다.

2. 기일해태의 일반적 요건

가. 필요적 변론기일

(ⅰ) 기일의 해태는 필요적 변론기일에 한하여 문제가 되므로, 임의적 변론기일에는 불출석 하더라도 기일의 해태가 아니다. 또한 판결의 선고는 당사자가 출석하지 않더라도 할 수 있으므로, 판결선고기일은 필요적 변론기일에 포함되지 않는다(제207조 제2항).

(ⅱ) (a) 문제점 : 증거조사기일이 필요적 변론기일에 포함될 것인지가 문제된다.

(b) 견해의 대립 : ① 증거조사는 당사자가 불출석하여도 할 수 있으므로(제295조), 필요적 변론기일에 포함되지 않는다는 견해가 있지만, ② 판례는 "변론기일에서 당사자가 변론을 하고 증인신문 신청을 하므로 법원이 증인을 심문하기로 하여 변론을 속행할 기일을 지정고지하였을 경우에는 **증인조사를 법정 외에서 한다는 특별한 조치가 없는 한 고지된 기일은 변론기일이라 할 것**이므로, 지정고지 기일이 2회에 걸쳐 출석치 않거나 출석하고서도 변론치 않은 경우에는 제268조 제3항에 의하여 쌍불취하간주로 될 것이다."고 한다(1966. 1. 31. 65다2296).

(c) 검 토 : 증거조사기일이 필요적 변론기일과 같이 진행된다면 포함된다고 보아야 하므로, 판례의 입장이 타당하다.

나. 적법한 기일통지

당사자가 적법한 기일통지를 받고도 불출석한 경우이어야 한다. 따라서 기일통지서가 송달불능된 경우 또는 송달이 무효가 된 경우에는 기일의 해태로 될 수 없다. 기일통지서를 요건에 흠이 있는 공시송달로 한 경우에도 마찬가지이다.

판례도 "[1] 제268조 제2항 및 제4항에 의하여 소 또는 상소의 취하가 있는 것으로 보는 경우 같은 조 제2항의 **1월의 기일지정신청기간은 불변기간이 아니어서** 추완이 허용되지 않는 점을 고려한다면, 같은 조 제1항·제2항에서 '변론의 기일에 당사자 쌍방이 출석하지 아니한 때'란 당사자 쌍방이 적법한 절차에 의한 송달을 받고도 변론기일에 출석하지 않는 것을 가리키는 것이고, **변론기일의 송달절차가 적법하지 아니한 이상 비록 송달이 유효하고 변론기일에 당사자 쌍방이 출석하지 아니하였더라도 쌍방 불출석의 효과는 발생하지 않는다**. [2] 당사자의 주소, 거소 기타 송달할 장소를 알 수 없는 경우가 아님이 명백함에도 재판장이 당사자에 대한 변론기일 소환장을 공시송달에 의할 것으로 명함으로써 당사자에 대한 변론기일 소환장이 공시송달된 경우, **당사자는 각 변론기일에 적법한 절차에 의한 송달을 받았다고 볼 수 없으므로, 공시송달의 효력이 있더라도 각 변론기일에 당사자가 출석하지 아니하였다고 하여 쌍방 불출석의 효과가 발생한다고 볼 수 없다**."고 한다(1997. 7. 11. 96므1380).

다. 당사자의 불출석 또는 출석·무변론

1) 내 용

사건의 호명을 받고 변론이 끝날 때까지 당사자가 출석하지 않는 경우, 소송대리인이 있는 경우에는 소송대리인도 출석하지 않은 경우, 당사자나 소송대리인이 출석하였으나 진술금지의 재판(제144조)을 받은 경우, 퇴정명령을 받은 경우, 임의로 퇴정한 경우에도 불출석으로 된다.

당사자가 출석하였더라도 변론하지 않으면 기일의 해태로 된다. (ⅰ) **피고가 청구기각만을 구하고 사실상의 진술을 하지 아니하는 경우**에 변론이 있었다고 보아야 하는지에 대하여, ① 변론하였다고 볼 수 없다는 견해가 있으나, ② 피고는 반대신청을 함으로써 본안의 신청을 한 것이므로 변론을 한 것으로 보는 견해가 타당하다. (ⅱ) **피고가 기일변경의 신청만을 한 경우**에 변론이 있었다고 보아야 하는지에 대하여, ① 변론하였다고 볼 수 없다는 견해가 있으나, ② 피고는 법원의 직권발동을 촉구하는 사실상의 진술을 한 것이므로 변론을 한 것으로 보는 견해가 타당하다.

2) 판례의 태도

판례는 "제268조에서 규정한 **당사자가 변론기일에 출석하더라도 변론하지 아니한 때라는 것은 기일이 개시되어 변론에 들어갔으나 변론을 하지 아니한 경우를 말하는 것**이지, 변론에 들어가기도 전에 재판장이 출석한 당사자의 동의를 얻어 기일을 연기하고 출석한 당사자에게 변론의 기회를 주지 아니함으로써 변론을 하지 아니한 경우에는 출석한 당사자가 변론하지 아니한 때에 해당하지 않는다."고 한다(1990. 2. 23. 89다카19191).

또한 "[1] 변론조서에 연기라는 기재가 있더라도 그 기재는 기일을 실시할 수 없는 당사자의 관계에서만 기일을 연기한다는 것일 뿐, **기일을 해태한 당사자들에 대한 관계에 있어서는 사건 호명으로 불출석의 효과가 발생하는 것이고 연기의 기재는 무의미한 것이다**. [2] 속행기일에 당사자가 기일변경신청을 하고 출석하지 않은 경우 재판장이 기일을 변경하지 아니한 채 지정된 변론기일에서 사건과 당사자를 호명하였다면 불출석의 효과가 발생한다."고 한다(1982. 6. 22. 81다791).

또한 "개시된 변론기일에 당사자 쌍방이 불출석한 이상 쌍방 불출석의 효과는 그때 이미 발생하는 것이므로, **변론조서상에 비록 연기라고 기재되었더라도 필수적 공동소송이 아닌 한 그 기재는 변론의 분리 여부에 관계없이 출석하였거나 기일을 실시할 수 없는 당사자에게만 효력이 미치는 것이다.**"고 한다(1980. 11. 11. 80다2065).

3. 당사자 일방의 결석

가. 현행법의 태도

민사소송법은 당사자 일방이 결석하였을 때의 처리방법으로 당사자 일방이 불출석하였으되 마치 출석하여 진술하였거나 또는 자백한 것처럼 보아 절차를 진행시키는 '대석판결주의'를 취하고 있다(제148조 제1항, 제150조 제3항).

나. 진술간주

1) 의의 및 취지

> 제148조(한 쪽 당사자가 출석하지 아니한 경우) ① 원고 또는 피고가 변론기일에 출석하지 아니하거나, 출석하고서도 본안에 관하여 변론하지 아니한 때에는 그가 제출한 소장·답변서, 그 밖의 준비서면에 적혀 있는 사항을 진술한 것으로 보고 출석한 상대방에게 변론을 명할 수 있다.
> ② 제1항의 규정에 따라 당사자가 진술한 것으로 보는 답변서, 그 밖의 준비서면에 청구의 포기 또는 인낙의 의사표시가 적혀 있고 공증사무소의 인증을 받은 때에는 그 취지에 따라 청구의 포기 또는 인낙이 성립된 것으로 본다.
> ③ 제1항의 규정에 따라 당사자가 진술한 것으로 보는 답변서, 그 밖의 준비서면에 화해의 의사표시가 적혀 있고 공증사무소의 인증을 받은 경우에, 상대방 당사자가 변론기일에 출석하여 그 화해의 의사표시를 받아들인 때에는 화해가 성립된 것으로 본다.

진술간주란 **당사자 일방이 기일에 불출석하거나 또는 출석하였지만 변론을 하지 아니한 경우에 소장·답변서·준비서면 등의 서면을 제출하였으면 그가 제출한 서면에 기재한 사항을 진술한 것으로 간주하는 것**을 말한다(제148조 제1항). 이는 변론준비기일에서도 적용된다(제286조). 제도의 취지는 일방이 결석할 때에 소송이 지연되는 것을 방지하고, 기일출석의 부담을 제거하려는 것이다.

2) 요 건

가) 한 쪽 당사자의 기일의 해태

원고 또는 피고가 변론기일에 출석하지 않거나 출석하더라도 본안에 관하여 변론하지 않아야 한다. 변론기일은 최초의 변론기일뿐만 아니라 속행기일도 포함된다. 항소심의 변론도 제1심의 속행이므로, 항소심 기일은 물론 파기환송 후의 항소심 기일에서도 진술간주는 적용된다.

나) 준비서면 등의 제출

진술간주가 되는 서면은 소장·답변서 그 밖의 준비서면이다. 실질적으로 준비서면의 역할을 하는 것이면 명칭과 무관하게 진술간주의 대상이 된다.

3) 효 과

판례는 "제148조 제1항에 의하면 변론기일에 한쪽 당사자가 불출석한 경우에 변론을 진행하느냐 기일을 연기하느냐는 법원의 재량에 속한다고 할 것이나, **출석한 당사자만으로 변론을 진행할 때에는 반드시 불출석한 당사자가 그때까지 제출한 소장·답변서, 그 밖의 준비서면에 적혀 있는 사항을 진술한 것으로 보아야 한다.**"고 한다(2008. 5. 8. 2008다2890). 서면의 내용대로 진술간주가 된다는 것 이외에는 당사자 쌍방이 출석한 경우와 동일하게 취급된다. 즉 출석자의 주장사실에 대한 결석자의 인부는 결석자의 준비서면의 기재에 따라 결정한다.

따라서 (ⅰ) **진술간주 되는 서면에서 상대방의 주장사실을 자백한 경우**에, ① 진술간주의 취지는 결석자에게 유리하게 취급하고자 하는 것인데 재판상의 자백으로 보게 된다면 진술간주가 인정되는 취지에 반하므로 자백간주가 된다는 견해가 있지만, ② 준비서면의 기재는 진술한 것으로 간주될 뿐만 아니라 어차피 결석자가 변론기일에 출석하였다고 하더라도 서면에 기재한 것처럼 상대방의 주장사실을 인정하는 취지의 진술을 하였을 것이므로 재판상 자백이 된다는 견해가 타당하다. 판례도 "재판상 자백이란 **변론기일 또는 변론준비기일에서** 당사자가 하는 상대방의 주장과 일치하는 자기에게 불리한 사실의 진술을 말하는 것으로서, 법원에 제출되어 상대방에게 송달된 답변서나 준비서면에 자백에 해당하는 내용이 기재되어 있는 경우라도 그것이 변론기일이나 변론준비기일에서 **진술 또는 진술간주되어야 재판상 자백이 성립한다.**"고 한다(2015. 2. 12. 2014다229870).

한편 (ⅱ) **결석자가 준비서면에서 명백히 다투지 아니하는 경우에는 자백간주**가 성립하고, 주장을 다투는 경우에는 증거조사 때문에 특별한 사정이 없는 한 속행기일의 지정이 필요하다.

4) 진술간주의 한계

가) 청구의 포기·인낙과 재판상 화해

(ⅰ) **문제점** : 종래 피고가 청구인낙 취지의 서면을 제출하고 불출석한 경우 청구인낙의 효력이 발생하는지에 대하여 견해대립이 있었으나, 개정법은 이를 엄격한 요건 하에 허용하고 있다.

(ⅱ) **종래의 학설·판례** : ① 부정설은 청구인낙은 반드시 변론에서 구술로 진술되어 조서에 기재하여야 하므로 서면에 의한 인낙을 부정하였다. ② 긍정설은 제148조 제1항의 진술은 '법률상 진술'도 포함되고, 서면에 의한 인낙을 인정하더라도 피고에게 불이익이 되지 않는다고 하여 서면에 의한 인낙을 긍정하였다. 판례는 "피고가 원고의 청구를 인낙하는 취지를 기재한 준비서면을 제출하여 준비서면이 진술간주되었더라도 피고가 변론기일에 출석하여 구술로써 인낙하지 아니한 이상 인낙의 효력은 발생하지 않는다(1993. 7. 13. 92다23230)."고 하여 부정설의 입장이었다.

(ⅲ) **개정법의 태도** : 불출석한 당사자가 진술한 것으로 보는 답변서, 그 밖의 준비서면에 **청구의 포기 또는 인낙의 의사표시가 적혀 있고 공증사무소의 인증을 받은 경우**에, 그 취지에 따라 청구의 포기 또는 인낙이 성립된 것으로 본다(제148조 제2항). 또한 불출석한 당사자가 진술한 것으로 보는 답변서, 그 밖의 준비서면에 **화해의 의사표시가 적혀 있고 공증사무소의 인증을 받은 경우**에, 상대방 당사자가 변론기일에 출석하여 그 화해의 의사표시를 받아들인 때에는 화해가 성립된 것으로 본다(제148조 제3항). 당사자가 서면에 의하여 불리한 의사표시를 한 이상 출석을 강요하여 진술하도록 하는 것은 절차지연을 가져오고 당사자의 불편을 초래하기 때문이다.

나) 변론관할과 증거신청

판례는 "변론관할이 생기려면 **피고의 본안에 관한 변론이나 준비절차에서의 진술은 현실적인 것이어야 하므로, 피고의 불출석에 의하여 답변서 등이 법률상 진술간주 되는 경우는 이에 포함되지 아니한다.**"고 한다(1980. 9. 26. 80마403). 따라서 원고가 관할권 없는 법원에 제소한 경우에 피고가 본안에 관한 사항을 기재한 답변서만을 제출한 채 불출석하여 답변서가 진술간주가 되어도 변론관할이 생기지는 않는다.

또한 "**서증은 법원 외에서 조사하는 경우 이외에는 당사자가 변론기일 또는 준비절차기일에 출석하여 현실적으로 제출하여야 하고,** 서증이 첨부된 소장 또는 준비서면 등이 진술되는 경우에도 마찬가지라고 할 것이다."고 한다(1991. 11. 8. 91다15775). 따라서 소장 또는 준비서면 등에 증거를 첨부하여 제출하였을 때 그 서면이 진술간주 되어도 증거신청의 효과가 생기지는 않는다.

다. 자백간주

1) 의의 및 취지

> 제150조(자백간주) ① 당사자가 변론에서 상대방이 주장하는 사실을 명백히 다투지 아니한 때에는 그 사실을 자백한 것으로 본다. 다만, 변론 전체의 취지로 보아 그 사실에 대하여 다툰 것으로 인정되는 경우에는 그러하지 아니하다.
> ② 상대방이 주장한 사실에 대하여 알지 못한다고 진술한 때에는 그 사실을 다툰 것으로 추정한다.
> ③ 당사자가 변론기일에 출석하지 아니하는 경우에는 제1항의 규정을 준용한다. 다만, 공시송달의 방법으로 기일통지서를 송달받은 당사자가 출석하지 아니한 경우에는 그러하지 아니하다.

자백간주란 **공시송달의 방법에 의하지 아니하고 기일 통지를 받은 당사자의 일방이 준비서면 등을 제출하지 않은 채 기일에 불출석한 경우에 출석한 당사자의 주장사실에 대하여 결석자가 그 사실을 자백한 것으로 간주하는 것**을 말한다(제150조 제3항). 이는 변론준비기일에서도 적용된다(제286조).

자백간주가 인정되는 이유는 변론주의 하에서 당사자의 태도로 보아 다툴 의사가 없다고 인정되는 이상 증거조사를 생략하는 것이 타당하기 때문이다. 따라서 자백간주가 성립되는 것은 **변론주의에 의하는 절차**에 한하므로, 직권탐지주의에 의하는 절차·직권조사사항·재심사유·법률상의 주장에 대해서는 자백간주가 성립될 수 없다.

2) 요 건

가) 불출석한 당사자의 답변서 기타 준비서면의 부제출

당사자 한 쪽이 불출석한 경우에도 상대방이 소장, 준비서면으로 예고한 사항에 대해서, 미리 답변서 그 밖의 준비서면을 제출하여 다투는 뜻을 나타낸 바 없다면 자백한 것으로 간주된다(제150조 제3항 본문). 상대방의 주장사실을 다투는 답변서 기타 준비서면이 제출되었을 때에는 불출석한 당사자가 그 서면에 따라 진술한 것으로 간주되어 다툰 결과가 되기 때문이다(제148조 제1항).

나) 공시송달에 의하지 않은 적법한 기일소환을 받고 불출석한 경우일 것

공시송달에 의한 기일통지를 받은 경우에는 당사자가 기일통지 받았음을 현실적으로 알았다고 할 수 없기 때문에 불출석하여도 자백간주가 성립될 수 없다(제150조 제3항 단서). 이는 공시송달에 의하여 송달받은 당사자를 보호하기 위한 것이다.

3) 효 과

자백간주는 재판상 자백과 마찬가지로 법원을 구속한다. 그러나 자백간주는 당사자를 구속하지는 않기 때문에 당사자는 항소심 변론종결시까지 다툴 수 있고, 파기환송 뒤에 상대방의 주장을 다툴 수 있다. 판례도 "**환송전에 다투지 아니한 사실을 환송후 명백히 다투었을 경우에는 환송전 자백간주의 효력은 없다.**"고 한다(1968. 9. 3. 68다1147). 다만 적시제출주의를 위반하면 실권효의 제재를 받을 수 있으며(제149조), 변론준비기일 종결의 효과(제285조)에 의한 제약에서만 다툴 수 있다.

한편 판례는 "제1심에서 원고의 주장사실을 명백히 다투지 아니하여 자백간주로 패소한 피고가 항소심에서도 **원고 청구기각의 판결을 구하였을 뿐 원고가 청구원인으로 주장한 사실에 대하여는 아무런 답변도 진술하지 않았다면**, 변론 전체의 취지에 의하여 그 사실을 다툰 것으로 인정되지 않는 한 항소심에서도 자백간주가 성립한다."고 한다(1989. 7. 25. 89다카4045).

또한 "제1심에서 피고에 대하여 공시송달로 재판이 진행되어 피고에 대한 청구가 기각되었다고 하여도 피고가 원고 청구원인을 다툰 것으로 볼 수 없으므로, **원고가 항소한 항소심에서 피고가 공시송달이 아닌 방법으로 송달받고도 다투지 아니한 경우에는 제150조의 자백간주가 성립된다.**"고 한다 (2018. 7. 12. 2015다36167).

4. 당사자 쌍방의 결석 (소의 취하간주)

> **제268조(양쪽 당사자가 출석하지 아니한 경우)** ① 양쪽 당사자가 변론기일에 출석하지 아니하거나 출석하였다 하더라도 변론하지 아니한 때에는 재판장은 다시 변론기일을 정하여 양 쪽 당사자에게 통지하여야 한다.
> ② 제1항의 새 변론기일 또는 그 뒤에 열린 변론기일에 양쪽 당사자가 출석하지 아니하거나 출석하였다 하더라도 변론하지 아니한 때에는 1월 이내에 기일지정신청을 하지 아니하면 소를 취하한 것으로 본다.
> ③ 제2항의 기일지정신청에 따라 정한 변론기일 또는 그 뒤의 변론기일에 양쪽 당사자가 출석하지 아니하거나 출석하였다 하더라도 변론하지 아니한 때에는 소를 취하한 것으로 본다.
> ④ 상소심의 소송절차에는 제1항 내지 제3항의 규정을 준용한다. 다만, 상소심에서는 상소를 취하한 것으로 본다.
> **민사집행법 제158조(배당이의의 소의 취하간주)** 이의한 사람이 배당이의의 소송의 첫 변론기일에 출석하지 아니한 때에는 소를 취하한 것으로 본다.

가. 소의 취하간주의 요건

1) 당사자 쌍방의 1회 결석

당사자 쌍방이 변론준비기일 또는 변론기일에 1회 불출석하거나 출석하여도 변론하지 않았을 것을 요한다(제268조 제1항, 제286조). 기일은 최초의 기일이든 속행기일이든 불문한다. (ⅰ) 이 경우에 바로 판결을 선고할 수 있는지가 문제된다. (ⅱ) 학설은 ① **재판장은 판결하기에 성숙하였다 하더라도 소송기록에 의하여 판결을 할 수 없고 반드시 속행기일을 정하여 양쪽 당사자에게 통지하여야 한다**는 견해와, ② 일반적으로 사건이 재판을 할 만큼 성숙되지 아니하여 기일이 새로 지정되는 것이므로 사건이 재판할 만큼 성숙되었다면 소송기록에 의한 재판도 가능하다는 견해가 대립된다. (ⅲ) **변론기일에 당사자 쌍방이 불출석한 때에는 재판장은 다시 변론기일을 정하여 당사자 쌍방에게 통지하여야하기 때문에**(제268조 제1항), **제①설이 타당하다.**

한편 배당이의소송의 경우에는 이의한 사람이 배당이의소송의 첫 변론기일에 출석하지 아니하면 소를 취하한 것으로 본다(민사집행법 제158조). 이에 대하여 판례는 "민사집행법 제158조의 문언이 '첫 변론기일'이라고 명시하고 있을 뿐만 아니라, 변론준비절차는 변론이 효율적이고 집중적으로 실시될 수 있도록 당사자의 주장과 증거를 정리하여 소송관계를 뚜렷이 하기 위하여(제279조 제1항) 마련된 제도로서 당사자는 변론준비기일을 마친 뒤의 변론기일에서 변론준비기일의 결과를 진술하여야 하는 등(제287조 제2항) 변론준비기일의 제도적 취지, 그 진행방법과 효과, 규정의 형식 등에 비추어 볼 때 민사집행법 제158조에서 말하는 '첫 변론기일'에 '첫 변론준비기일'은 포함되지 않는다. 따라서 배당이의 소송에서 첫 변론준비기일에 출석한 원고라고 하더라도 첫 변론기일에 불출석하면 민사집행법 제158조에 따라서 소를 취하한 것으로 볼 수밖에 없다."고 한다(2007. 10. 25. 2007다34876).

2) 당사자 쌍방의 2회 결석

가) 문제점

당사자 쌍방의 1회 결석 후의 신기일 또는 그 뒤의 기일에 불출석하거나 출석하더라도 변론하지 않았을 것을 요한다(제268조 제2항). 이 경우에 바로 판결을 선고할 수 있는지 문제된다.

나) 학설의 대립

① 소의 취하간주는 쌍방이 2회 결석하고 1월 이내에 기일지정신청을 하지 아니하면 법률상 당연히 발생하며 당사자의 의사나 법원의 재량으로 좌우할 수 없으므로 쌍방이 2회 결석한 경우에 법원은 변론을 종결하고 소송기록에 의하여 재판할 수 없다는 견해와, ② 2회 결석의 경우에는 1회 결석의 경우와는 달리, 판결을 하기에 성숙하였다고 인정될 때에는 변론종결을 하여 소송기록에 의한 판결이 가능하다는 견해가 대립된다.

다) 판례의 태도

판례는 "당사자가 변론기일에 2회 불출석하거나 변론없이 퇴정할 때는 소취하 또는 항소취하로 간주되는 효과가 법률상 당연히 발생하고 법원의 재량이나 소송사건의 내용, 진도에 따라 임의로 처리할 수 없다."고 한다(1982. 10. 12. 81다94).

라) 검 토

소 취하 간주의 요건이 갖추어지면 소취하 간주의 효과는 당연히 발생하는 것이어서 법원이 재량으로 이를 좌우할 수 없다고 할 것이므로 제①설이 타당하다. 다만 실무상 법원은 변론의 종결도 하지 않고 신기일의 지정도 없이 당해 기일을 종료시키는 것이 일반적이다.

3) 기일지정신청이 없는 경우 또는 기일지정신청 후의 쌍방결석

(ⅰ) 당사자 쌍방의 2회 결석 후 1월내에 당사자가 기일지정신청을 하지 않으면 소의 취하가 있는 것으로 본다(제268조 제2항). 판례는 "**소송위임장을 제출한 것만으로는 기일지정신청이라고 볼 수 없다.**"고 하고(1993. 6. 25. 93다9200), "기일지정신청은 **쌍방불출석 변론기일로부터 1월내에 하여야 하는 것이지 신청인이 그 사실을 안 때로부터 그 기간을 기산할 수는 없다.** 소송의 적극당사자의 경우 자신이 구속되어 있었다는 사정은 기일지정신청 기간을 준수하지 못함에 책임질 수 없는 사유에 해당하지 않는다."고 하고(1992. 4. 14. 92다3441), "1월의 기일지정신청 기간은 **불변기간이 아니어서** 기

일지정신청의 추완이 허용되지 않는다."고 하고(1992. 4. 21. 92마175), "당사자 쌍방이 2회에 걸쳐 변론기일에 출석하지 아니한 때에는 당사자의 기일지정신청에 의하여 기일을 지정하여야 할 것이나, **법원이 직권으로 신기일을 지정한 때에는 당사자의 기일지정신청에 의한 기일지정이 있는 경우와 마찬가지로 보아야 할 것**이고, 직권으로 정한 기일 또는 그 후의 기일에 당사자 쌍방이 출석하지 아니하거나 출석하더라도 변론하지 아니한 때에는 소의 취하가 있는 것으로 보아야 한다."고 한다(2002. 7. 26. 2001다60491).

(ⅱ) 기일지정신청을 하였으면 소송은 속행되지만, 기일지정신청에 의하여 정한 기일 또는 그 후의 기일에 당사자 쌍방이 결석한 때에도 소의 취하가 있는 것으로 본다(제268조 제3항). 즉 당사자 쌍방이 3회 결석한 때에도 소 취하 간주의 효과가 생긴다.

(ⅲ) 2회 내지 3회 결석이 반드시 연속적이어야 하는 것은 아니고 단속적이어도 무방하다. 그러나 동일 심급의 동종의 기일에 2회 내지 3회 불출석일 것을 요하므로, 판례는 "**환송판결의 전·후를 통하여 당사자 쌍방의 불출석이 2회 있었다 하여도 소취하가 있는 것으로 간주할 수 없다.**"고 한다(1963. 6. 20. 63다166). 또한 변론준비절차는 변론기일의 일부가 아니므로 변론준비기일에서 1회, 변론기일에서 2회의 결석이 있다고 하더라도 소취하 간주의 효과가 생기는 것은 아니다. 또한 동일한 소가 유지되는 상태에서의 결석일 것을 요하기 때문에 소의 교환적 변경 전에 1회, 변경 후 1회 각 불출석한 경우에는 2회 결석이 아니다.

나. 소의 취하간주의 효과

1) 소의 취하간주

쌍방이 2회 결석하고 1월내에 기일지정신청이 없거나 또는 기일지정신청에 따라 정한 변론기일 또는 그 후의 변론기일에 쌍방이 불출석한 때에는 소의 취하가 있는 것으로 본다(제268조 제2항·제3항). 이는 법률상 당연히 발생하는 효과이며, 법원이나 당사자의 의사로서 좌우할 수 있는 것이 아니다. 또한 변론준비기일에서도 이 규정이 준용된다(제286조).

소의 취하간주는 원고의 의사표시에 의한 소의 취하와 효과가 같으므로 소송계속의 효과는 소급적으로 소멸하여 소송은 종료된다. 만약 소의 취하간주가 있음에도 이를 간과하여 법원이 본안판결을 한 경우에는 상급법원은 본안판결을 취소하고 소송종료선언을 하여야 한다. 한편 본래의 소의 계속 중 1회 결석한 뒤에 추가적 변경, 반소, 중간확인의 소 등 소송 중의 소가 제기된 경우에 다시 1회 결석 후에 기일지정신청이 없을 때 취하의 효과가 미치는 것은 본래의 소이므로, 이 경우에는 소의 가분적인 일부 취하간주가 된다.

2) 상소의 취하간주

소의 취하간주의 규정은 상소심 절차에서도 준용되는데, 상소심에서는 상소의 취하로 본다(제268조 제4항). 이로써 상소심 절차가 종결되고 원판결이 확정된다. 다만 상고심은 필요적 변론절차가 아니므로(제430조 제2항), 상고심의 기일을 해태하더라도 상고의 취하로 볼 것은 아니다. 따라서 이 경우에 상소심은 항소심을 의미한다.

3) 판례의 태도

판례는 "당사자가 변론기일에 2회에 걸쳐 불출석하거나 변론없이 퇴정할 때는 소취하 또는 항소취하로 간주되는 효과가 **법률상 당연히 발생하고 법원의 재량이나 소송사건의 내용, 진도에 따라 임의로 처리할 수 없다.**"고 한다(1982. 10. 12. 81다94). 또한 "제268조 제4항에서 정한 항소취하 간주는 규정상 요건의 성취로 법률에 의하여 당연히 발생하는 효과이고 법원의 재판이 아니므로, **상고의 대상이 되는 종국판결에 해당하지 아니한다.** 항소취하 간주의 효력을 다투려면 **민사소송규칙 제67조·제68조에서 정한 절차에 따라 항소심 법원에 기일지정신청**을 할 수는 있으나, 상고를 제기할 수는 없다."고 한다(2019. 8. 30. 2018다259541).

제06절 기일 · 기간 · 송달

◆ 제1관 기 일

Ⅰ. 의 의

기일이란 법원과 당사자 및 그 밖의 소송관계인이 모여서 소송행위를 하기 위해 정해진 시간(일시)을 말한다.

Ⅱ. 기일의 지정

> 제165조(기일의 지정과 변경) ① 기일은 직권으로 또는 당사자의 신청에 따라 재판장이 지정한다. 다만, 수명법관 또는 수탁판사가 신문하거나 심문하는 기일은 그 수명법관 또는 수탁판사가 지정한다.
> ② 첫 변론기일 또는 첫 변론준비기일을 바꾸는 것은 현저한 사유가 없는 경우라도 당사자들이 합의하면 이를 허가한다.
>
> 제166조(공휴일의 기일) 기일은 필요한 경우에만 공휴일로도 정할 수 있다.

기일은 미리 연월일, 개시시간, 장소를 특정하여 지정한다. 지정되지 않은 기일 또는 기일지정이 무효인 기일에 이루어진 소송행위는 무효가 된다. 기일은 직권진행주의의 원칙상 법원이 지정한다. 이는 소송지휘권의 행사이므로, 당사자의 신청은 직권발동을 촉구하는 의미만 있다.

판결선고기일과 관련하여 판례는 "소액사건심판법의 적용을 받지 아니하는 일반 민사사건에 있어서 판결로 소를 각하하기 위하여는 **법원이 변론을 연 경우에는 물론이며, 변론 없이 하는 경우에도 반드시 선고기일을 지정하여**(변론을 연 경우에는 변론을 종결하고) **당사자를 소환하고 그 지정된 선고기일에 소각하의 종국판결을 선고하여야 할 것**이므로, 위와 같은 절차를 거침이 없이 변론기일에 선고된 판결은 위법하다."고 한다(1996. 5. 28. 96누2699).

다만 "판결의 선고는 당사자가 재정하지 아니하는 경우에도 할 수 있는 것이므로 법원이 적법하게 변론을 진행한 후 이를 종결하고 판결선고기일을 고지한 때에는 재정하지 아니한 당사자에게도 효력이 있는 것이고, 당사자에 대하여 **판결선고기일 소환장을 송달하지 아니하였다 하여도 위법이라고 할 수 없다.**"고 한다(2003. 4. 25. 2002다72514).

Ⅲ. 기일의 변경

1. 의의 및 구별개념

기일의 변경이란 기일의 개시 전에 그 지정을 취소하고 이에 갈음하여 새 기일을 지정하는 것을 말한다. 따라서 기일의 개시 후에 그 기일에 아무런 소송행위를 하지 아니하고 새 기일을 지정하는 변론의 연기와 구별된다. 한편 기일의 변경, 변론의 연기 또는 속행을 하면서 다음 기일을 추후에 지정하는 것을 실무상 기일의 추후지정(추정)이라고 한다.

2. 요 건

첫 변론기일, 첫 변론준비기일은 당사자의 합의가 있으면 허가된다(제165조 제2항). 그러나 다음 기일은 현저한 사유가 있는 경우에 한하여 변경이 허용된다(제165조 제2항의 반대해석).

3. 절 차

기일변경의 허용여부는 재판장이 직권으로 결정한다. 따라서 재판장의 허부재판에 대하여 당사자는 불복할 수 없다. 판례도 "이 사건 항고가 법원이 제268조 제1항에 따른 조치를 취한 것에 대하여 항고를 제기하는 취지라면 이는 출석한 당사자가 변론하지 않음에 따라 당연히 발생하는 효과로서 항고의 대상인 결정이나 명령에 해당하지 않고, 특별항고인의 기일변경신청을 받아들이지 않고 당초 지정된 일시에 변론기일을 연 것에 관하여 항고를 제기한 것이라면 가사소송에서 **기일의 지정·변경은 오직 재판장의 권한에 속하여 당사자의 기일변경신청을 받아들이지 않더라도 이에 대하여 항고를 제기할 수는 없으므로**, 결국 이 사건 항고는 부적법하다."고 한다(2008. 11. 13. 2008으5).

Ⅳ. 기일의 통지·실시·개시

> 제167조(기일의 통지) ① 기일은 기일통지서 또는 출석요구서를 송달하여 통지한다. 다만, 그 사건으로 출석한 사람에게는 기일을 직접 고지하면 된다.
> ② 법원은 대법원규칙이 정하는 간이한 방법에 따라 기일을 통지할 수 있다. 이 경우 기일에 출석하지 아니한 당사자·증인 또는 감정인 등에 대하여 법률상의 제재, 그 밖에 기일을 게을리 함에 따른 불이익을 줄 수 없다.
>
> 제168조(출석승낙서의 효력) 소송관계인이 일정한 기일에 출석하겠다고 적은 서면을 제출한 때에는 기일통지서 또는 출석요구서를 송달한 것과 같은 효력을 가진다.
>
> 제169조(기일의 시작) 기일은 사건과 당사자의 이름을 부름으로써 시작된다.

1. 기일의 통지

기일의 통지란 지정된 기일을 당사자, 그 밖의 소송관계인에게 알려 출석을 요구하는 것을 말한다(제167조, 제168조). 기일통지는 출석의무가 없는 사람에 대하여 하는 것이고(제150조 제3항), 출석요구는 출석의무가 있는 사람에 대하여 하는 것이다(제309조, 제333조).

2. 기일의 실시

기일의 실시는 적법한 기일의 통지를 전제로 한다. 판례는 "당사자가 서울특별시 농업협동조합인데도 **변론기일을 대표자인 조합장에게 통지**하지 아니하고 당사자 아닌 농업협동조합 중앙회에 통지한 채 기일에 변론을 실시하였다면 위법이다."고 한다(1962. 9. 20. 62다380). 다만 "당사자가 변론기일 소환장의 송달을 받은 바 없더라도 **변론기일에 임의출석하여 변론을 하면서 변론기일의 불소환을 이의하지 아니하면 이의권의 상실**로 하자는 치유된다."고 한다(1984. 4. 24. 82므14). 기일을 통지받지 못하여 출석하지 못하고 그 결과 패소판결을 받은 당사자는 대리권의 흠결에 준하여 상소(제424조 제1항 제4호 유추적용) 또는 재심(제451조 제1항 제3호 유추적용)을 제기할 수 있다.

3. 기일의 개시

기일은 지정된 일시와 장소에서 재판장이 사건과 당사자의 이름을 부름으로써 시작된다(제169조). 판례는 "기일개시요건으로 규정된 당사자 호명은 당사자 본인을 호명하므로써 족한 것이고, 소송수행자까지 호명할 필요는 없다."고 한다(1970. 11. 24. 70다1893).

◆ 제2관 기 간

I. 기간의 의의 및 종류

기간이란 소송행위나 기일의 준비를 위한 일정한 시점으로부터 다른 시점까지의 시간의 경과(흐름)를 말한다. 기간에는 상소기간(제39조 제1항, 제425조)과 같이 **법률에 의하여 정해진 기간인 법정기간**과, 소장보정기간(제254조)과 같이 **재판기관이 재판으로 정하는 기간인 재정기간**이 있다. 법정기간에는 불변기간과 통상기간이 있다. **법률이 '불변기간으로 한다'라고 규정한 기간이 불변기간**이고, **불변기간이 아닌 기간을 통상기간**이라 한다.

불변기간의 예로는 상소기간(제396조 제2항, 제425조, 제444조 제2항), 재심기간(제456조 제2항), 제소전 화해에서의 소제기신청기간(제388조 제4항), 화해권고결정·지급명령에 대한 이의신청기간(제226조 제2항·제470조 제2항), 제권판결에 대한 불복기간(제491조 제2항) 등이 있다. 불변기간의 준수여부는 직권조사사항에 속하는 소송요건이다.

II. 기간의 계산 및 진행

> 제170조(기간의 계산) 기간의 계산은 민법에 따른다.
>
> 제171조(기간의 시작) 기간을 정하는 재판에 시작되는 때를 정하지 아니한 경우에 그 기간은 재판의 효력이 생긴 때부터 진행한다.

법정기간은 법에 정해진 시기가 도래하면 기간이 진행한다. 재정기간은 시기를 재판으로 정한 경우에는 그 시기가 도래한 때부터, 시기를 재판으로 정하지 않은 경우에는 재판의 효력이 생긴 때로부터 진행한다(제171조). 한편 기간의 진행은 소송절차의 중단·중지 중에는 정지가 되고, 그 해소와 동시에 다시 전체 기간이 새로이 진행된다(제247조 제2항).

Ⅲ. 기간의 신축과 부가기간

> 제172조(기간의 신축, 부가기간) ① 법원은 법정기간 또는 법원이 정한 기간을 늘이거나 줄일 수 있다. 다만, 불변기간은 그러하지 아니하다.
> ② 법원은 불변기간에 대하여 주소 또는 거소가 멀리 떨어진 곳에 있는 사람을 위하여 부가기간을 정할 수 있다.
> ③ 재판장·수명법관 또는 수탁판사는 제1항 및 제2항의 규정에 따라 법원이 정한 기간 또는 자신이 정한 기간을 늘이거나 줄일 수 있다.

기간의 신축이란 법원 또는 재판기관의 재량으로 기간을 늘리거나 줄이는 것을 말한다. 즉 법정기간 중에서 불변기간을 제외한 통상기간은 법원이, 재정기간은 이를 정한 법원 또는 재판기관이 늘이거나 줄일 수 있다(제172조 제1항·제3항).

불변기간은 법원이 그 기간을 늘이거나 줄일 수 없지만(제172조 제1항), 부가기간을 정할 수는 있다(동조 제2항). 다만 부가기간은 원래의 불변기간이 경과하기 전에 정하여야 한다. 따라서 판례는 "**제소기간의 연장을 위한 부가기간의 지정은 제소기간 내에 이루어져야만 효력이 있고**, 단순히 부가기간 지정신청이 제소기간 내에 있었다는 점만으로는 불변기간인 제소기간이 당연히 연장되는 것이라고 할 수 없다."고 한다(2008. 9. 11. 2007후4649).

(ⅰ) **기간의 늘임과 줄임이 법률상 제한되는 경우**는 불변기간(제172조 제1항 단서), 소송행위의 추후보완기간(제173조 제2항 ; 불변기간은 아니지만 늘이거나 줄일 수 없다), 공시송달기간(제196조 제3항 ; 불변기간은 아니지만 줄일 수 없고 늘일 수만 있다) 등이 있다. (ⅱ) **기간을 줄일 수 없고 늘이는 것만 허용되는 경우, 즉 불변기간은 아니지만 기간의 줄임이 성질상 제한되는 경우**는 상고이유서 제출기간(제427조), 재항고이유서 제출기간(제443조 제2항, 제427조), 민사집행법상 항고이유서·재항고이유서 제출기간(민사집행법 제15조 제3항) 등이 있다.

Ⅳ. 기간의 부준수와 소송행위의 추후보완

> 제173조(소송행위의 추후보완) ① 당사자가 책임질 수 없는 사유로 말미암아 불변기간을 지킬 수 없었던 경우에는 그 사유가 없어진 날부터 2주 이내에 게을리 한 소송행위를 보완할 수 있다. 다만, 그 사유가 없어질 당시 외국에 있던 당사자에 대하여는 이 기간을 30일로 한다.
> ② 제1항의 기간에 대하여는 제172조의 규정을 적용하지 아니한다.

1. 서 설

기간의 부준수란 **당사자 기타 소송관계인이 행위기간 중에 소송행위를 하지 않고 기간을 도과한 것**을 말한다. 그런데 불변기간은 소송의 신속한 해결을 위하여 단기간으로 정하여져 있어 당사자가 이를 도과하기 쉽고, 불변기간의 도과는 재판의 확정·소권의 상실 등 중대하고 종국적인 결과를 초래하므로, 기간의 부준수에 의한 불이익을 당사자에게 귀책사유가 없는 경우까지 인정하는 것은 가혹하다. 따라서 당사자가 책임을 질 수 없는 사유로 불변기간을 도과한 때에는 그 사유가 없어진 날로부터 2주 또는 30일 이내에 게을리 한 소송행위를 보완할 수 있다.

2. 추후보완의 대상

가. 불변기간

불변기간만 추후보완의 대상이 된다. 판례도 "**상고이유서 제출기간**은 불변기간이 아니므로 추완신청의 대상이 될 수 없다."고 하고(1981. 1. 28. 81사2), "**제268조 제2항의 1월의 기일지정신청기간**은 불변기간이 아니어서 기일지정신청의 추완이 허용되지 않는다."고 한다(1992. 4. 21. 92마175). 다만 상고이유서 제출기간·재항고이유서 제출기간은 불변기간은 아니지만, 상고기간·재항고기간의 해태와 실질적으로 같기 때문에 유추적용을 하는 것이 타당하다는 것이 다수설이다.

나. 판결정본 송달이 무효인 경우

판례는 판결정본 송달의 하자로 송달이 무효인 경우에는 불변기간인 항소기간이 진행되지 않기 때문에 추후보완의 문제는 생길 수 없고 언제든지 항소를 제기할 수 있다고 한다. 즉 "종국판결의 기판력은 판결의 형식적 확정을 전제로 발생하므로, 공시송달의 방법에 의하여 송달된 것이 아니고 **허위로 표시한 주소로 송달하여 상대방 아닌 다른 사람이 소송서류를 받아 자백간주의 형식으로 판결이 선고되고 다른 사람이 판결정본을 수령하였을 때**에는 상대방은 아직도 판결정본을 받지 않은 상태에 있는 것으로서 위 사위판결은 확정판결이 아니어서 기판력이 없다."고 한다(1978. 5. 9. 75다634).

따라서 "피고 패소의 제1심 판결이 부적법한 송달로서 송달의 효력이 발생할 수 없는 경우에는 피고가 판결에 대하여 재심청구를 하였다가 취하함으로서 재심의 소의 제기시에 판결이 선고된 사실을 알았다고 가정하더라도 **피고에게 판결의 적법한 송달이 없는 이상 항소기간은 진행할 수 없고, 불변기간인 항소기간이 진행될 수 없는 경우에는 항소기간의 추완이라는 문제는 생길 수 없고 당사자는 언제라도 항소를 제기할 수 있다.**"고 한다(1980. 12. 9. 80다1479).

또한 "원고가 피고의 주소를 허위로 기재하여 소를 제기함으로써 허위주소로 소송서류가 송달되어 피고 아닌 원고가 서류를 받아 자백간주의 형식으로 원고승소의 제1심판결이 선고되고 판결정본 역시 허위의 주소로 보내어져 송달된 것으로 처리되었다면, 제1심판결정본은 피고에게 적법하게 송달되었다고 할 수 없으므로 판결에 대한 항소기간은 진행을 개시하지 아니한다 할 것이어서 **판결은 형식적으로 확정되었다고 할 수 없고, 따라서 소송행위추완의 문제는 나올 수 없고**, 피고는 제1심판결정본의 송달을 받지 않은 상태에 있다."고 한다(1994. 12. 22. 94다45449).

3. 추후보완사유

가. 당사자가 책임질 수 없는 사유

1) 의의 및 입증책임

판례는 "당사자가 책임을 질 수 없는 사유란 **당사자가 소송행위를 하기 위하여 일반적으로 하여야 할 주의를 다하였음에도 기간을 준수할 수 없었던 사유**를 가리키고, 당사자에는 당사자 본인뿐만 아니라 소송대리인 및 대리인의 보조인도 포함된다."고 한다(1999. 6. 11. 99다9622). 또한 "판결의 선고 및 송달 사실을 알지 못하여 상소기간을 지키지 못한 데 과실이 없다는 사정은 **상소를 추후보완하고자 하는 당사자 측에서 주장·입증하여야 한다.**"고 한다(2012. 10. 11. 2012다44730).

2) 추후보완을 긍정한 판례

ⓐ **무권대리인이 소송을 수행하고 판결정본을 송달받은 경우, 당사자는 과실 없이 소송계속 사실 및 판결정본의 송달 사실을 몰랐던 것이므로**, 그 당사자의 추완항소는 적법하다(1996. 5. 31. 94다55774).

ⓑ [1] **소장부본 기타의 서류가 공시송달의 방법에 의하여 피고에게 송달되고 판결 역시 공시송달의 방법으로 송달된 경우에 피고가 이러한 사실을 그 후에야 알게 되었다면** 특별한 사정이 없는 한 피고가 상소제기의 불변기간을 준수치 못한 것이 피고에게 책임을 돌릴 수 없는 사유에 의한 것이다. [2] 피고는 소장 기재 주소지에 거주하고 있다가 사고로 제1심 소송계속중 병원에 입원하여 있었고 그의 처는 병원에서 피고를 간병하였으며 그의 자녀는 외가에 거주하여 그동안 피고의 가족은 아무도 위 주소지 소재 집에 거주하지 않았다면, **피고가 입원해 있음으로 인하여 공시송달에 의하여 송달된 이 사건 제1심판결이 선고된 사실을 모른 것이 피고의 책임질 사유라고는 할 수 없다**(1991. 5. 28. 90다20480).

ⓒ 甲에 대한 판결정본을 甲의 母가 수령하였는데 甲이 母와의 종교적 갈등 외에 父의 유산의 분배와 관리를 둘러싼 다툼도 없지 아니하였고, 母가 乙에게 甲의 상속지분을 포함한 부동산을 매각하면서, 乙에게 자신의 부담으로 乙측 변호사를 선임하여 소유권이전등기청구소송을 제기하게 하고 그 판결에 기해 소유권이전등기를 해 주겠다고 하여 소송이 제기되기에 이르렀다면, 甲이 판결정본이 송달된 사실을 모르고 이에 따라 항소기간을 준수하지 못한 데 대하여 그에게 책임을 돌릴 수 없는 사유가 있었다고 봄이 상당하므로 추완항소가 적법하다(1992. 6. 9. 92다11473).

3) 추후보완을 부정한 판례

ⓐ **소송대리인이 판결정본의 송달을 받고도 당사자에게 그 사실을 알려 주지 아니하여 당사자가 판결정본의 송달사실을 모르고 있다가 상고제기기간이 경과된 후에 비로소 그 사실을 알게 되었다 하더라도,** 이를 가리켜 당사자가 책임질 수 없는 사유로 인하여 불변기간을 준수할 수 없었던 경우에 해당한다고는 볼 수 없다(1984. 6. 14. 84다카744).

ⓑ 서울에서 수원으로 등기우편물을 발송할 경우 배달까지 4일 정도 소요되는 경우가 약 20퍼센트 정도이고 요즈음은 각종 선전인쇄물 등 우편물이 계속 증가되어 그 배달이 지연되는 경우가 많은 사실 등에 비추어 **당사자가 통상의 주의를 기울였다면 배달증명우편으로 발송한 항소장이 항소기간을 지나 배달될지도 모른다는 것을 알 수 있었을 것이고 그러한 경우 조치를 취하여 불변기간의 해태를 피할 수 있었을 것이므로 항소장이 늦게 배달됨으로써 불변기간을 준수할 수 없었다는 점은 당사자가 책임질 수 없는 사유로 인한 것이라고는 볼 수 없다**(1991. 12. 13. 91다34509).

나. 공시송달과 상소추후보완

1) 당사자 구제의 필요성

판례는 "공시송달은 송달장소가 불명한 자에 대하여 수송달자가 송달서류의 내용을 현실적으로 알 수 없더라도 법률상 안 것으로 인정하여 송달의 효력을 부여하는 제도로서, **공시송달은 법원 게시판의 게시에 의하기 때문에 수송달자가 송달사실과 내용을 아는 경우가 매우 드물어 그의 불이익이 예상되므로 소송행위의 추완을 통하여 일정한 범위 내에서 이를 구제할 필요가 있다.** 그러므로 공시송달에 의한 송달을 받았더라도 당사자가 책임질 수 없는 사유가 있는 때에 소송행위의 추완을 허용한다고 하여 공시송달 제도의 취지와 효력을 무의미하게 만든다고 할 것은 아니다."고 한다(1999. 4. 27. 99다3150).

2) 상소추후보완의 허용기준

판례는 "공시송달의 방법으로 이루어진 청구인 승소의 심판에 대하여 추완항소가 있는 경우에는 그 공시송달이 효력을 발생한 것을 전제로 하여 피청구인이 그 심판에 대하여 항소기간을 지키지 못한 것이 그의 책임으로 돌릴 수 없는 사유가 있었는가 없었는가를 따져 그 당부를 판단할 것이고 청구인이 공시송달을 신청하였을 때에 그에게 과실이 있었는지 여부를 가려 그 당부를 결정할 것은 아니다."고 한다(1987. 9. 22. 87므8).

3) 추후보완을 긍정한 판례 (귀책사유 부정)

ⓐ [1] 소장부본과 판결정본 등이 공시송달의 방법에 의하여 송달되었다면 특별한 사정이 없는 한 피고는 과실 없이 그 판결의 송달을 알지 못한 것이고, 이러한 경우 피고는 그 책임을 질 수 없는 사유로 인하여 불변기간을 준수할 수 없었던 때에 해당하여 그 사유가 없어진 후 2주일(그 사유가 없어질 당시 외국에 있었던 경우에는 30일) 내에 추완항소를 할 수 있는바, 여기에서 '사유가 없어진 후'라 함은 **당사자나 소송대리인이 단순히 판결이 있었던 사실을 안 때가 아니고 나아가 그 판결이 공시송달의 방법으로 송달된 사실을 안 때를 가리키는 것으로서, 다른 특별한 사정이 없는 한 통상의 경우에는 당사자나 소송대리인이 그 사건기록의 열람을 하거나 또는 새로이 판결정본을 영수한 때에 비로소 그 판결이 공시송달의 방법으로 송달된 사실을 알게 되었다고 보아야 한다.** [2] 해외에 거주 중인 피고에 대한 소장부본, 판결정본 등이 공시송달의 방법으로 송달된 후 피고를 대신하여 재판기록을 열람·등사한 피고의 동생이 당해 사건에 관한 소송대리인이 아닌 경우, 재판기록을 열람·등사한 때에 추완사유가 종료되었다고 볼 수 없고 피고가 재판기록을 송부받아 소송의 진행 및 결과를 알게 된 때에 추완사유가 종료되었다(2000. 9. 5. 2000므87).

ⓑ 판결정본이 공시송달의 방법으로 피고에게 송달된 경우에는 특별한 사정이 없는 한, 피고는 과실 없이 그 판결의 송달을 알지 못한 것이라고 보아야 하고, 다만 이 경우 피고가 소송이 계속된 사실을 이미 알고 있었다면 피고에게는 소송의 진행 상황을 조사할 의무가 있으므로 피고가 법원에 소송의 진행 상황을 알아보지 않았다면 과실이 없다고 할 수 없겠지만, **피고가 소송계속 사실을 처음부터 알지 못한 채 판결이 선고되었고 판결정본이 공시송달의 방법으로 피고에게 송달되어 확정된 이후에야 비로소 피고가 그러한 사실을 알게 되었다면**, 특별한 사정이 없는 한, 피고가 상소제기의 불변기간을 지키지 못한 것은 피고가 책임질 수 없는 사유로 말미암은 것이라고 보아야 한다(2005. 11. 10. 2005다27195).

ⓒ 원고가 항소장에 지번과 원고의 성명만 기재하고 아파트의 동, 호수표시를 아니하여 사실상 송달이 불가능하다면 송달가능한 주소를 기재하였다고 보기 어려우므로 그 송달불능은 위 원고의 귀책사유에 기인한 것이라고 할 것이나, **그 지번 상에 원고가 거주하는 아파트건물밖에 없고 만일 위 아파트가 소규모의 것으로 관리인에게 그 아파트 내에 거주하는 자의 성명을 문의함으로써 송달이 가능한 상황이었는데도 우편집배원이 위와 같은 방법으로 송달을 시도해 보지도 않고 동·호수가 기재되지 않았다는 이유만으로 주소불명이라 하여 반송해 버린 것**이라면 그 송달불능은 원고의 귀책사유에 기인한 것이라고 볼 수 없다(1990. 12. 11. 90다카21206).

ⓓ 소장과 판결정본 등이 공시송달의 방법에 의하여 송달되어 피고가 과실 없이 그 판결의 송달을 알지 못함으로써 그 책임을 질 수 없는 사유로 인하여 항소기간을 준수할 수 없었던 이상, **그 후 피고가 그 판결에 기하여 경료된 등기부등본에 의하여 판결이 선고된 사실을 알 수 있었던 사정이 생겼음에도 피고가 과실로 이를 알지 못하였다**고 하더라도 그러한 사정만으로는 항소기간을 준수할 수 없었던 사유가 소멸한다고 볼 수 없다(1994. 12. 13. 94다24299).

ⓔ [1] 피항소인에게 항소장의 부본 및 변론기일 소환장이 공시송달의 방법에 의하여 송달되었고, 판결정본도 공시송달의 방법으로 송달되었다면, 피항소인으로서는 항소인이 항소를 제기하여 항소심의 절차가 진행되었던 사실을 모르고 있었다고 할 것이어서, 특별한 사정이 없는 한 피항소인은 과실 없이 판결의 송달을 알지 못한 것이고, 이러한 경우 피항소인은 책임질 수 없는 사유로 불변기간을 준수할 수 없었던 때에 해당하여 그 사유가 종료된 후 2주일 내(그 사유가 종료될 당시 외국에 있었던 경우에는 30일 내) 추완상고를 할 수 있다. [2] 피항소인이 항소장 부본부터 공시송달의 방법으로 송달되어 귀책사유 없이 항소가 제기된 사실조차 모르고 있었고, 이러한 상태에서 피항소인의 출석없이 원심의 변론기일이 진행되어 제1심에서 자백간주에 의한 승소판결을 받은 피항소인이 자신의 주장에 부합하는 증거를 제출할 기회를 상실함으로써 피항소인은 당사자로서 절차상 부여된 권리를 침해당하였다고 할 것이어서, 이와 같은 경우는 당사자가 대리인에 의하여 적법하게 대리되지 않았던 경우와 마찬가지로 보아 제424조 제1항 제4호의 규정을 유추적용할 수 있다(1997. 5. 30. 95다21365).

ⓕ **피고가 제1심 법원에 제출한 답변서에 변경된 주소를 기재하였음에도 법원이 이를 간과한 채 변론준비기일 소환장 등을 변경전 주소로 등기우편에 의한 발송송달을 하고 판결정본을 공시송달하여 피고가 항소기간을 10여 일 경과한 후에 판결정본을 받아 본 사안**에서, 불변기간 미준수가 피고에게 책임을 돌릴 수 있는 사유에 해당하지 않는다고 한 사례(2007. 12. 14. 2007다54009).

ⓖ **제1심 소송절차에서 한 번도 빠짐없이 변론기일에 출석하여 소송을 수행하였는데 법원이 직권으로 선고기일을 연기하면서 당사자에게 이를 통지하는 절차를 누락하였고 판결정본에 관하여는 한여름 휴가철에 연속하여 송달하였으나 폐문부재로 송달불능되자 이를 공시송달한 사안**에서, 당사자로서는 선고기일과 멀지 않은 날짜에 법원에 가서 판결정본을 직접 수령하기 전까지는 자기가 책임을 질 수 없는 사유로 판결 선고사실을 알 수 없었다고 봄이 상당하고, 정상적으로 소송을 수행하여 오던 당사자가 원래 예정된 선고기일 직후의 재판진행상황을 그 즉시 알아보지 아니함으로써 불변기간을 준수하지 못하게 되었다 할지라도 그 책임을 당사자에게 돌릴 수 없다고 보아 추완항소를 허용한 사례(2001. 2. 23. 2000다19069).

ⓗ **원심법원이 판결 선고 후 두 차례에 걸쳐 피고에게 판결정본을 송달하려 하였으나 모두 폐문부재를 이유로 송달되지 아니하자 공시송달의 방법으로 판결정본을 송달한 사안**에서, 소송서류를 공시송달의 방법으로 송달하기 위해서는 당사자 주소 등 송달할 장소를 알 수 없는 경우이어야 하고 법원이 송달장소는 알고 있으나 단순히 폐문부재로 송달되지 아니한 경우에는 공시송달을 할 수 없으므로, 위 판결정본의 송달은 적법하다고 볼 수 없고, 공시송달이 요건을 갖추지 못하여 부적법하더라도 재판장이 공시송달을 명하여 일단 공시송달이 이루어진 이상 송달의 효력은 발생하나, 원심법원이 변론을 종결하면서 사건을 조정절차에 회부하고 조정기일만을 고지하였을 뿐 판결선고기일은 지정·고지하지 아니하였고, 조정기일에 피고가 출석하지 아니하자 조정불성립으로 조정절차를 종결하고 판결을 선고하여 **원심법원의 잘못으로 피고에게 판결선고기일이 제대로 고지되지 아니하였고**, 판결정본의 송달과 관련하여 공시송달 요건이 갖추어지지 않았던 사정을 종합하여 보면 피고가 조정기일 이후의 재판진행

상황을 즉시 알아보지 아니함으로써 불변기간을 준수하지 못하게 되었다 할지라도 이를 피고에게 책임을 돌릴 수 있는 사유에 해당한다고 할 수는 없으므로, 피고가 직접 판결정본을 수령한 후 2주 내에 상고장을 제출한 것은 적법한 상고의 추후보완에 해당한다고 한 사례(2011. 10. 27. 2011마1154).

ⓘ 소장부본 기타 소송서류가 공시송달 방법에 의하여 송달되고 판결정본 또한 공시송달 방법으로 송달된 경우 피고가 이러한 사실을 그 후에야 알게 되었다면 특별한 사정이 없는 한 피고가 상소제기의 불변기간을 지키지 못한 것은 피고에게 책임을 돌릴 수 없는 사유로 인한 것이고, **이 경우 주민등록상 주소에서의 송달불능을 이유로 공시송달이 행하여졌다고 하여 전출신고를 하지 아니한 피고에게 판결의 공시송달 후의 상소기간 도과에 대한 과실이 있다 할 수 없다**(1993. 9. 28. 93므324).

ⓙ [1] 소장부본과 판결정본 등이 공시송달의 방법에 의하여 송달되었다면 특별한 사정이 없는 한 피고는 과실 없이 판결의 송달을 알지 못한 것이고, 이러한 경우 피고는 책임질 수 없는 사유로 말미암아 불변기간을 지킬 수 없었다 하여 그 사유가 없어진 후 2주일 이내에 추후보완항소를 할 수 있다. 피고에게 과실이 있다고 할 수 있는 특별한 사정이란, 피고가 소송을 회피하거나 이를 곤란하게 할 목적으로 의도적으로 송달을 받지 아니하였다거나 피고가 소 제기 사실을 알고 주소신고까지 해 두고서도 그 주소로 송달되는 소송서류가 송달불능되도록 장기간 방치하였다는 등의 사정을 말한다. [2] 제1심법원이 소장부본과 변론기일통지서를 공시송달의 방법으로 피고에게 송달한 후 피고의 휴대전화번호로 전화하여 '소장부본을 피고의 주소지로 송달하겠다.'고 고지하고 변론기일과 장소를 알려주었는데, 이후 피고가 출석하지 않은 상태에서 소송절차를 진행하여 원고 승소판결을 선고한 다음 피고에게 판결정본을 공시송달의 방법으로 송달하였고, 그 후 피고가 판결정본을 발급받아 추후보완항소를 제기한 사안에서, 특별한 사정이 없는 한 피고는 판결정본을 발급받은 날에야 비로소 판결이 공시송달의 방법으로 송달된 사실을 알게 되었다고 보아야 하는데, 피고가 소송을 회피하거나 이를 곤란하게 할 목적으로 의도적으로 송달을 받지 아니하였다고 볼 만한 특별한 사정을 찾을 수 없고, **소장부본 등이 이미 공시송달의 방법으로 송달된 상태에서 제1심법원이 피고에게 전화로 연락하여 소장부본 송달에 관한 내용과 변론기일 등을 안내해 주었다는 정도의 사정만으로는 제1심판결이 공시송달의 방법으로 송달된 사실을 피고가 모른 데 대하여 피고에게 책임을 돌릴 수 있는 사유가 있다고 섣불리 단정하기 어려우므로, 피고는 책임질 수 없는 사유로 말미암아 불변기간인 항소기간을 지킬 수 없었다**고 볼 여지가 큰데도, 피고의 추후보완항소를 각하한 원심판단에 법리오해 등의 잘못이 있다고 한 사례(2021. 8. 19. 2021다228745).

ⓚ [1] 소장부본과 판결정본 등이 공시송달의 방법에 의하여 송달되었다면 특별한 사정이 없는 한 피고는 과실 없이 판결의 송달을 알지 못한 것이고, 이러한 경우 피고는 책임을 질 수 없는 사유로 인하여 불변기간을 준수할 수 없었던 때에 해당하여 그 사유가 없어진 후 2주일 내에 추완항소를 할 수 있다. 여기에서 '사유가 없어진 후'라고 함은 당사자나 소송대리인이 단순히 판결이 있었던 사실을 안 때가 아니고 나아가 판결이 공시송달의 방법으로 송달된 사실을 안 때를 가리키는 것이다. 그리고 특별한 사정이 없는 한 통상의 경우에는 **당사자나 소송대리인이 사건 기록을 열람하거나 또는 새로이 판결정본을 영수한 때에 비로소 판결이 공시송달의 방법으로 송달된 사실을 알게 되었다**고 보아야 한다. 다만 **피고가 당해 판결이 있었던 사실을 알았고 사회통념상 그 경위에 대하여 당연히 알아볼 만한 특별한 사정이 있었다고 인정되는 경우**에는 그 경위에 대하여 알아보는 데 통상 소요되는 시간이 경과한 때에 판결이 공시송달의 방법으로 송달된 사실을 알게 된 것으로 추인하여 책임질 수 없는 사유가 소멸하였다고 봄이 상당하다고 할 것이지만, 이 경우 '당해 판결이 있었던 사실을 알게 된 것'과 더불어 '판결의 경위에 대하여 알아볼 만한 특별한 사정'이 인정되어야 한다. **당사자가**

다른 소송의 재판절차에서 송달받은 준비서면 등에 당해 사건의 제1심 판결문과 확정증명원 등이 첨부된 경우에는 위의 특별한 사정을 인정할 수 있고, 제1심판결이 있었던 사실을 알게 된 후 대처방안에 관하여 변호사와 상담을 하거나 추완항소 제기에 필요한 해외거주증명서 등을 발급받은 경우에도 마찬가지이다. 그러나 유체동산 압류집행을 당하였다는 등의 사정만으로는 위의 특별한 사정을 인정하기 어렵고, 나아가 채권추심회사 직원과의 통화 과정에서 사건번호 등을 특정하지 않고 단지 '판결문에 기하여 채권추심을 할 것이다.'라는 이야기를 들은 경우에도 당해 제1심판결이 있었던 사실을 알았다거나 위의 특별한 사정이 인정된다고 볼 수 없다. [2] 제1심법원이 소장부본과 판결정본 등을 공시송달의 방법으로 피고 갑에게 송달하였고, 그 후 원고 을 주식회사가 제1심판결에 기하여 갑의 예금채권 등을 압류·추심하여 갑이 제3채무자인 병 신용협동조합으로부터 '법원의 요청으로 계좌가 압류되었습니다.'는 내용과 채권압류 및 추심명령의 사건번호와 채권자가 기재된 문자메시지를 받았는데, 그로부터 2달이 지나 갑이 제1심판결정본을 영수한 후 추완항소를 제기한 사안에서, **갑이 병 신용협동조합으로부터 계좌가 압류되었다는 내용과 채권압류 및 추심명령의 사건번호와 채권자만 기재되어 있을 뿐 제1심판결에 관한 내용이 전혀 언급되어 있지 않은 문자메시지를 받았다는 사정만으로는 제1심판결이 있었던 사실을 알았다거나 사회통념상 그 경위를 알아볼 만한 특별한 사정이 있었다고 보기 어려우므로, 특별한 사정이 없는 한 갑이 제1심판결정본을 영수한 날로부터 2주일 내에 제기된 추완항소는 적법**한데도, 이와 달리 본 원심판결에 대법원 판례에 상반되는 판단을 한 잘못이 있다고 한 사례(2021. 3. 25. 2020다46601).

4) 추후보완을 부정한 판례 (귀책사유 긍정)

ⓐ **소송의 진행 도중 통상의 방법으로 소송서류를 송달할 수 없게 되어 공시송달의 방법으로 송달한 경우에는 소장부본의 송달부터 공시송달의 방법으로 소송이 진행된 경우와 달라서 당사자에게 소송의 진행상황을 조사할 의무가 있으므로**, 당사자가 이러한 소송의 진행상황을 조사하지 않아 불변기간을 지키지 못하였다면 이를 당사자가 책임질 수 없는 사유로 말미암은 것이라고 할 수 없고, 또한 이러한 의무는 당사자가 변론기일에서 출석하여 변론을 하였는지 여부, 출석한 변론기일에서 다음 변론기일의 고지를 받았는지 여부나, 소송대리인을 선임한 바 있는지 여부를 불문하고 부담하는 것이다(2014. 10. 30. 2014다211886).

ⓑ **원고 스스로 항소장에 현주소가 아닌 곳을 주소로 기재한 제1차적인 잘못이 인정**되는 이상, 법원이 소송기록에 나와 있는 원고의 별개주소로 송달을 해보지 아니한 것이 부주의한 처사였고 또 우편집배원이 원고의 현주소를 추적할 수 있음에도 불구하고 이를 하지 않은 것이 불성실한 업무처리였다고 하여도 원고의 책임을 부인할 수 없다(1990. 12. 11. 90다카21206).

ⓒ **당사자가 이사를 하면서 법원에 주소이전 신고를 하지 아니한 제1차적 과실이 인정**되는 이상, 법원이 상고장각하명령을 종전의 주소지로 발송한 데 대하여 우편집배원이 당사자의 현주소를 추적할 수 있음에도 불구하고 이를 하지 않은 것이 불성실한 업무처리였다고 하더라도 당사자의 책임을 부정할 수 없다(1993. 6. 17. 92마1030).

ⓓ [1] **원심이 항고장에 기재된 주소로 원심결정을 송달하였으나 이사불명으로 송달불능이 되자 원심재판장이 직권으로 공시송달을 명하여 원심결정이 공시송달의 방법에 의하여 재항고인에게 송달된 경우**에는 공시송달의 방법에 의하여 송달된 관계로 재항고인이 불변기간인 재항고기간을 준수할 수 없었다 하더라도 이는 재항고인이 책임을 질 수 없는 사유로 인한 것이라 할 수 없다. [2] 항고인이 원심법원의 항고기각결정후에 항고이유서를 제출함에 있어 항고인의 표시중에 송달장

소를 부기하였으나 그로써 주소보정의 효과가 발생한다고 할 수는 없는 것이므로 그 후에 한 원심재판장의 공시송달명령이 위법한 것이라고 할 수 없다(1990. 9. 10. 90마446).

4. 추후보완의 절차

가. 추후보완의 기간

(ⅰ) 책임질 수 없는 사유가 없어진 날로부터 2주 또는 30일의 추후보완기간(제173조 제1항)은 불변기간이 아니다. 따라서 추후보완기간을 당사자가 책임질 수 없는 사유로 지키지 못하였더라도 추후보완신청을 다시 추후보완을 할 수 없고, 추후보완기간에 대하여 부가기간을 정할 수 없다. 또한 그 기간을 늘리거나 줄일 수 없다(제173조 제2항).

(ⅱ) 기산일과 관련하여, 판례는 "소송행위의 추후보완은 책임을 질 수 없는 사유로 불변기간을 준수할 수 없었던 경우에 그 사유가 없어진 날부터 2주 이내에 할 수 있는 것이며, '사유가 없어진 때'라 함은 공시송달로서 제1심 판결정본이 송달된 경우에는 **당사자나 소송대리인이 단순히 판결이 있었던 사실을 안 때가 아니고 판결이 공시송달의 방법으로 송달된 사실을 안 때**를 의미하고, 통상의 경우에는 **당사자나 소송대리인이 사건 기록 열람을 하거나 또는 새로이 판결정본을 영수한 때에 판결이 공시송달의 방법으로 송달된 사실을 알게 되었다**고 볼 것이나, 판결이 구 민사소송법 제139조의 **의제자백 판결인 경우에는 판결정본을 영수한 때 판결이 공시송달의 방법으로 송달된 사실을 알게 되었다고 보기는 어렵다.**"고 한다(2008. 2. 28. 2007다41560).

또한 "당사자가 다른 소송의 재판절차에서 송달받은 준비서면 등에 당해 사건의 제1심 판결문과 확정증명원 등이 첨부된 경우에는 그 시점에 제1심판결의 존재 및 공시송달의 방법으로 송달된 사실까지 알았다고 볼 것이지만, **다른 소송에서 선임된 소송대리인이 그 재판절차에서 위와 같은 준비서면 등을 송달받았다는 사정만으로 이를 당사자가 직접 송달받은 경우와 동일하게 볼 수는 없다.**"고 한다(2022. 4. 14. 2021다305796).

나. 추후보완의 신청

추후보완을 할 수 있는 자는 그 사유가 있는 자에 한하며, 별도로 추후보완신청을 하는 것이 아니라, 하지 못한 소송행위를 본래의 방식에 따라 하면 된다. 한편 판례는 "당사자가 항소를 제기하면서 **추후보완항소라는 취지의 문언을 기재하지 아니하였더라도 전체적인 취지에 비추어 그러한 주장이 있는 것으로 볼 수 있는 경우**에는 당연히 그 사유에 대하여 심리·판단하여야 하고, 증거에 의하여 항소기간의 경과가 책임질 수 없는 사유로 말미암은 것으로 인정되는 이상, 항소는 처음부터 소송행위의 추후보완에 의하여 제기된 항소라고 보아야 한다."고 한다(2008. 2. 28. 2007다41560). 다만 "항소인이 **추완항소임을 명백히 하지 아니한 이상** 법원이 항소각하판결을 하기 전에 반드시 추완사유의 유무를 심리하여야 하거나 이를 주장할 수 있는 기회를 주어야 하는 것이 아니다."고 한다(1981. 6. 23. 80다2315).

다. 법원의 재판

추후보완신청은 별도의 독립된 신청이 아니므로, 추후보완사유의 유무와 해당 소송행위의 당부를 같이 심리한다. 따라서 법원은 (ⅰ) 추후보완사유가 있으면 보완되는 소송행위의 당부에 관하여 실질적 판단을 하고, (ⅱ) 추후보완사유가 없으면 추후보완 된 소송행위는 불변기간을 도과한 부적법한 것이므로 각하하는 재판을 한다.

판례는 "추완항소의 경우 **추완사유의 유무는 소송요건으로서 법원의 직권조사사항**이므로, 이에 관한 당사자의 주장은 직권발동을 촉구하는 의미밖에 없어 이에 대하여 판단하지 아니하였다고 하더라도 판단누락의 상고이유로 삼을 수 없다."고 한다(1999. 4. 27. 99다3150).

5. 추후보완신청의 효력

가. 집행정지의 방법

> 제500조(재심 또는 상소의 추후보완신청으로 말미암은 집행정지) ① 재심 또는 제173조에 따른 상소의 추후보완신청이 있는 경우에 불복하는 이유로 내세운 사유가 법률상 정당한 이유가 있다고 인정되고, 사실에 대한 소명이 있는 때에는 법원은 당사자의 신청에 따라 담보를 제공하게 하거나 담보를 제공하지 아니하게 하고 강제집행을 일시정지 하도록 명할 수 있으며, 담보를 제공하게 하고 강제집행을 실시하도록 명하거나 실시한 강제처분을 취소하도록 명할 수 있다.
> ② 담보 없이 하는 강제집행의 정지는 그 집행으로 말미암아 보상할 수 없는 손해가 생기는 것을 소명한 때에만 한다.
> ③ 제1항 및 제2항의 재판은 변론 없이 할 수 있으며, 이 재판에 대하여는 불복할 수 없다.
> ④ 상소의 추후보완신청의 경우에 소송기록이 원심법원에 있으면 그 법원이 제1항 및 제2항의 재판을 한다.

추후보완신청이 있더라도 불변기간의 도과에 의한 확정판결의 기판력·집행력에 아무런 영향이 없으므로, 확정판결에 의한 집행을 정지시키려면 별도의 집행정지결정을 받아야 한다(제500조). 판례도 "판결정본이 **공시송달의 방법에 의하여 피고에게 송달되었다면 비록 피고의 주소가 허위이거나 그 요건에 미비가 있다 할지라도 그 송달은 유효한 것**이므로 항소기간의 도과로 위 판결은 형식적으로 확정되어 기판력이 발생한다."고 한다(2008. 2. 28. 2007다41560).

따라서 "확정판결에 대한 원고의 추완항소 제기가 있는 경우에도 **추완항소에 의하여 불복항소의 대상이 된 판결이 취소될 때까지는 확정판결로서의 효력이 배제되는 것은 아니므로**, 확정판결에 기하여 경료된 소유권이전등기가 미확정 판결에 의하여 경료된 원인무효의 것이라고 할 수 없다."고 한다(1978. 9. 12. 76다2400). 다만 "**제173조 제1항의 기간 내에 적법한 추완항소가 있는 이상 동 판결은 확정되지 아니한다.**"는 반대취지의 판례도 있다(1979. 9. 25. 79다505).

나. 추후보완항소심의 재판절차

판례는 "형식적으로 확정된 제1심 판결에 대한 피고의 항소추완신청이 적법하여 해당 사건이 항소심에 계속된 경우 **그 항소심은 다른 일반적인 항소심과 다를 바 없다**. 따라서 원고와 피고는 형식적으로 확정된 제1심 판결에도 불구하고 실기한 공격·방어방법에 해당하지 아니하는 한 자유로이 공격 또는 방어방법을 행사할 수 있고, 나아가 피고는 상대방의 심급의 이익을 해할 우려가 없는 경우 또는 상대방의 동의를 받은 경우에는 반소를 제기할 수도 있다."고 한다(2013. 1. 10. 2010다75044).

6. 추후보완상소와 재심의 소의 관계

(ⅰ) 판례는 "당사자가 상대방의 주소 또는 거소를 알고 있었음에도 소재불명 또는 허위의 주소나 거소로 하여 소를 제기한 탓으로 공시송달의 방법에 의하여 판결(심판)정본이 송달된 때에는 **제451조**

제1항 제11호에 의하여 재심을 제기할 수 있음은 물론이나 또한 제173조에 의한 소송행위 추완에 의하여도 상소를 제기할 수도 있다."고 한다(2011. 12. 22. 2011다73540). 이 경우에 재심의 소를 제기하면 확정판결이 행해진 당해 심급에서 재판을 받게 되므로 심급의 이익이 보장되지만, 제451조 제1항 제11호의 사유로 제기하는 재심의 소와 같이 재심기간의 적용을 받는 경우에는 확정판결 후 5년이 지나면 재심기간의 도과로 재심의 소를 제기할 수 없다(제456조 제1항·제3항).

(ⅱ) 그러나 확정판결 후 5년이 지났더라도 공시송달에 의하여 재판이 선고된 사실을 안 날로부터 2주 이내라면 추후보완상소가 가능하다. 판례도 "제451조 제1항 단서에 의하면 당사자가 상소에 의하여 재심사유를 주장하였거나 알고 주장하지 아니한 때에는 재심의 소를 제기할 수 없는 것으로 규정되어 있는데, 여기에서 '이를 알고도 주장하지 아니한 때'란 **재심사유가 있는 것을 알았음에도 상소를 제기하고도 상소심에서 주장하지 아니한 경우**뿐만 아니라, **상소를 제기하지 아니하여 판결이 확정된 경우**까지도 포함하는 것이라고 해석하여야 할 것이다. 그런데 위 단서 조항은 재심의 보충성에 관한 규정으로서, 당사자가 상소를 제기할 수 있는 시기에 재심사유의 존재를 안 경우에는 상소에 의하여 이를 주장하게 하고 상소로 주장할 수 없었던 경우에 한하여 재심의 소에 의한 비상구제를 인정하려는 취지인 점, 추완상소와 재심의 소는 독립된 별개의 제도이므로 추완상소의 방법을 택하는 경우에는 추완상소의 기간 내에, 재심의 방법을 택하는 경우에는 재심기간 내에 제기하여야 하는 것으로 보이는 점을 고려하면, **공시송달에 의하여 판결이 선고되고 판결정본이 송달되어 확정된 이후에 추완항소의 방법이 아닌 재심의 방법을 택한 경우에는 추완상소기간이 도과하였더라도 재심기간 내에 재심의 소를 제기할 수 있다**고 보아야 한다."고 한다(2011. 12. 22. 2011다73540).

◆ 제3관 송 달

Ⅰ. 의 의

> 제174조(직권송달의 원칙) 송달은 이 법에 특별한 규정이 없으면 법원이 직권으로 한다.

판례는 "민사소송법상의 송달은 **당사자나 그 밖의 소송관계인에게 소송상 서류의 내용을 알 기회를 주기 위하여 법정의 방식에 좇아 행하여지는 통지행위**"라고 한다(2010. 4. 15. 2010다57). 이는 재판권의 한 작용으로, 직권으로 송달하는 것이 원칙이다. 송달은 법원의 권한 내지 책임이지만, 송달사무는 법원사무관 등이 처리한다. 그리고 송달의 실시는 우편집배원 또는 집행관에 의하거나 그밖에 대법원규칙이 정하는 사람에 의하여 한다.

판례는 "송달은 송달장소와 송달을 받을 사람 등에 관하여 구체적으로 법이 정하는 바에 따라 행하여지지 아니하면 부적법하여 송달로서의 효력이 발생하지 아니한다. 한편 채권양도의 통지는 채무자에게 도달됨으로써 효력이 발생하는 것이고, 도달이라 함은 **사회통념상 상대방이 통지의 내용을 알 수 있는 객관적 상태에 놓여졌다고 인정되는 상태**를 가리킨다. 도달은 보다 탄력적인 개념으로서 송달장소나 수송달자 등의 면에서 송달에서와 같은 엄격함은 요구되지 아니하며, 송달장소 등에 관한 민사소송법의 규정을 유추적용 할 것이 아니다. 따라서 **채권양도의 통지는 민사소송법상의 송달에 관한 규정에서 송달장소로 정하는 채무자의 주소·거소·영업소 또는 사무소 등에 해당하지 아니하는 장소에서라도 채무자가 사회통념상 통지의 내용을 알 수 있는 객관적 상태에 놓여 졌다고 인정됨으로써 족하다.**"고 한다(2010. 4. 15. 2010다57).

Ⅱ. 송달기관

> 제175조(송달사무를 처리하는 사람) ① 송달에 관한 사무는 법원사무관 등이 처리한다.
> ② 법원사무관 등은 송달하는 곳의 지방법원에 속한 법원사무관 등 또는 집행관에게 제1항의 사무를 촉탁할 수 있다.
>
> 제197조(수명법관 등의 송달권한) 수명법관 및 수탁판사와 송달하는 곳의 지방법원 판사도 송달에 대한 재판장의 권한을 행사할 수 있다.
>
> 제176조(송달기관) ① 송달은 우편 또는 집행관에 의하거나, 그 밖에 대법원규칙이 정하는 방법에 따라서 하여야 한다.
> ② 우편에 의한 송달은 우편집배원이 한다.
> ③ 송달기관이 송달하는 데 필요한 때에는 경찰공무원에게 원조를 요청할 수 있다.
>
> 제177조(법원사무관 등에 의한 송달) ① 해당 사건에 출석한 사람에게는 법원사무관 등이 직접 송달할 수 있다.
> ② 법원사무관 등이 그 법원 안에서 송달받을 사람에게 서류를 교부하고 영수증을 받은 때에는 송달의 효력을 가진다.
>
> 제190조(공휴일 등의 송달) ① 당사자의 신청이 있는 때에는 공휴일 또는 해뜨기 전이나 해진 뒤에 집행관 또는 대법원규칙이 정하는 사람에 의하여 송달할 수 있다.
> ② 제1항의 규정에 따라 송달하는 때에는 법원사무관 등은 송달할 서류에 그 사유를 덧붙여 적어야 한다.
> ③ 제1항과 제2항의 규정에 어긋나는 송달은 서류를 교부받을 사람이 이를 영수한 때에만 효력을 가진다.
>
> 제193조(송달통지) 송달한 기관은 송달에 관한 사유를 대법원규칙이 정하는 방법으로 법원에 알려야 한다.

1. 송달담당기관

송달사무는 원칙적으로 법원사무관 등이 처리한다(제175조 제1항). 한편 공시송달의 경우에 과거에는 직권 또는 당사자의 신청에 의하여 재판장의 명령에 의해서 이루어졌지만, 현재는 원칙적으로 법원사무관 등의 처분으로 하는 것으로 개정되었다(제194조 제1항).

2. 송달실시기관

원칙적인 송달실시기관은 **우편집배원과 집행관**이다(제176조 제1항). 전자는 전국에서 송달을 실시할 수 있는 반면에 후자는 소속법원의 관할구역 내에서만 송달을 실시할 수 있다. 다만 재판장의 허가 없이도 공휴일 또는 해 뜨기 전이나 해 진 뒤의 송달에 있어서는 집행관 또는 대법원규칙이 정하는 사람에 의하여 송달을 할 수 있다(제190조 제1항). 예외적으로 **법원사무관 등**은 교부송달(제177조), 우편송달(제187조), 송달함 송달(제188조), 공시송달(제195조), 간이통지방법에 의한 송달(제167조 제2항), 전자소송의 전자송달을 실시하며, 또한 법원은 집행관을 사용하기 어려운 사정이 있다고 인정되는 때에는 **법정경위**로 하여금 소송서류를 송달하게 할 수 있다(법원조직법 제64조 제3항).

송달실시기관은 송달에 관한 사유를 적은 송달통지서(집행관·법원사무관·법정경위가 하는 경우는 송달보고서라고 한다)를 작성하여 법원에 제출하여야 한다(제193조). 송달통지서는 비록 작성이 필요하기는 하나 단순한 증명방법에 불과하고 조서의 증명력에 관한 규정(제158조)과 같은 명문이 없는 이상 송달통지서를 작성하지 아니하였다 하더라도 송달의 효력에는 영향이 없다. 또한 송달통지서는 송달이 적법하게 이루어졌는가에 관한 유일한 증거방법도 아니다.

판례도 "제193조의 규정에 의하여 송달한 기관이 송달에 관한 사유를 서면으로 작성하여 법원에 제출하는 **송달보고서는 송달사실에 대한 증거방법**에 지나지 않는다고 할 것이나, 송달보고서는 공문서로서 그의 진정성립이 추정되기에 송달보고서 기재상의 흠이 있다고 하여 바로 그 송달이 부적법하게 되어 무효가 되는 것은 아니고 다른 증거방법에 의하여 송달실시행위가 적법하게 이루어졌음이 증명되는 한 송달은 유효한 것으로 해석되며, **다른 증거방법에 의하여도 송달실시행위가 적법하게 이루어졌음을 증명할 수 없는 경우에만 송달을 무효**로 볼 것이다."고 한다(2000. 8. 22. 2000모42).

Ⅲ. 송달서류

특별한 규정이 없으면 원칙적으로 송달할 서류의 등본 또는 부본을 교부하여 실시한다(제178조 제1항). 다만 예외적으로 기일통지서 또는 출석요구서의 송달은 원본(제167조 제1항), 판결의 송달은 정본(제210조 제2항·제211조 제2항)을 교부하여 실시한다.

Ⅳ. 송달을 받을 수 있는 사람

1. 당사자본인

송달은 당사자 본인이 받는 것이 원칙이지만, 당사자가 소송무능력자인 경우에는 법정대리인이 받으며(제179조), 법인 기타의 단체에 대한 송달은 대표자 또는 관리인에게 송달한다(제64조). 부재자의 재산관리인으로 여러 사람이 선임된 경우에는 그 가운데 한 사람에게 송달하면 족하다. 당사자가 소송위임을 하고 있는 경우에는 소송대리인에게 송달을 하는 것이 보통이다. 그러나 당사자 본인에게 송달해도 유효하고, 여러 사람이 공동으로 대리권을 행사하고 있는 경우에는 그 가운데 한사람에게 송달하면 된다. 그러나 공동대리인이 송달받을 대리인 1인을 지정하여 신고한 때에는 그 지정된 대리인에게 송달하여야 한다(제180조). 당사자 또는 대리인이 주소 등의 외의 장소에서 송달받을 경우에는 송달영수인을 신고할 수 있다(제184조).

판례는 "사망자를 송달받을 자로 하여 행하여진 수용재결서의 송달은 상속인들에 대한 송달로서의 효력을 인정할 수 없으므로, 수용재결에 대한 이의신청기간은 사망자에 대한 수용재결서정본 송달일로부터 진행된다고 할 수 없고, **상속인들을 송달받을 자로 하여 그들에 대하여 별도의 송달이 있은 날로부터 비로소 진행**된다."고 한다(1994. 4. 26. 93누13360).

그러나 "**사망한 자에 대하여 실시된 송달은 위법하여 원칙적으로 무효이나, 사망자의 상속인이 현실적으로 송달서류를 수령한 경우에는 하자가 치유되어 송달은 그 때에 상속인에 대한 송달로서 효력을 발생하므로**, 압류 및 전부명령 정본이나 경정결정 정본의 송달이 이미 사망한 제3채무자에 대하여 실시되었다고 하더라도 상속인이 현실적으로 압류 및 전부명령 정본이나 경정결정 정본을 수령하였다면, 송달은 그 때에 상속인에 대한 송달로서 효력을 발생하고, 그 때부터 즉시항고기간이 진행한다."고 한다(1998. 2. 13. 95다15667).

2. 법정대리인

> 제179조(소송무능력자에게 할 송달) 소송무능력자에게 할 송달은 그의 법정대리인에게 한다.

당사자가 소송무능력자인 경우에는 법정대리인이 송달받을 사람이 된다(제179조). 또한 법인 그 밖의 단체에 대한 송달은 법정대리인에 준하는 대표자 또는 관리인에게 한다(제64조·제179조). 판례는 "법원에 의하여 부재자 재산관리인의 선임이 있는 경우에는 **부재자를 위하여 재산관리인 만이 또는 재산관리인에게 대하여서만 송달 등 소송행위를 할 수 있다.**"고 한다(1968. 12. 24. 68다2021).

또한 "법인인 소송당사자에게 효과가 발생할 소송행위는 법인을 대표하는 자연인의 행위거나 자연인에 대한 행위라야 할 것이므로 소송당사자인 법인에의 소장, 기일소환장 및 판결 등 서류는 대표자에게 송달하여야 하는 것이니 **대표자의 주소·거소에 하는 것이 원칙**이고, 법인의 영업소나 사무소에도 할 수 있으나, 법인의 대표자의 주소지가 아닌 소장에 기재된 법인의 주소지로 발송하였으나 이사불명으로 송달불능된 경우에는 원칙으로 되돌아가 원고가 소를 제기하면서 제출한 법인등기부등본 등에 나타나 있는 법인의 대표자의 주소지로 소장부본 등을 송달하여 보고 그 곳으로도 송달되지 않을 때에 주소보정을 명하여야 하므로, **법인의 주소지로 소장부본을 송달하였으나 송달불능 되었다는 이유만으로 주소보정을 명한 것은 잘못이므로 주소보정을 하지 아니하였다는 이유로 한 소장각하명령은 위법하다.**"고 한다(1997. 5. 19. 97마600).

3. 소송대리인

> 제180조(공동대리인에게 할 송달) 여러 사람이 공동으로 대리권을 행사하는 경우의 송달은 그 가운데 한 사람에게 하면 된다.

당사자가 소송위임을 한 경우에는 소송대리인에게 송달하는 것이 원칙이다. 다만 판례는 "**소송대리인이 있는 경우에도 당사자 본인에게 한 서류의 송달은 유효하다.**"고 한다(1970. 6. 5. 70마325). 한편 여러 사람이 공동대리를 하는 경우에는 한 사람에게 송달하면 된다(제180조). 다만 여러 소송대리인이 개별대리를 하는 경우에는 소송대리인 모두에게 송달하여야 한다.

판례도 "**당사자에게 여러 소송대리인이 있는 때에는 제93조에 의하여 각자가 당사자를 대리하게 되므로, 여러 사람이 공동으로 대리권을 행사하는 경우 그 중 한 사람에게 송달을 하도록 한 제180조가 적용될 여지가 없어 법원으로서는 판결정본을 송달함에 있어 여러 소송대리인에게 각각 송달을 하여야** 하지만, 그와 같은 경우에도 소송대리인 모두 당사자 본인을 위하여 소송서류를 송달받을 지위에 있으므로, 당사자에 대한 판결정본 송달의 효력은 결국 소송대리인 중 1인에게 최초로 판결정본이 송달되었을 때 발생한다. 따라서 당사자에게 여러 소송대리인이 있는 경우 **항소기간은 소송대리인 중 1인에게 최초로 판결정본이 송달되었을 때부터 기산된다.**"고 한다(2011. 9. 29. 2011마1335).

4. 법규상 송달영수권이 있는 사람

> 제181조(군관계인에게 할 송달) 군사용의 청사 또는 선박에 속하여 있는 사람에게 할 송달은 그 청사 또는 선박의 장에게 한다.
>
> 제182조(구속된 사람 등에게 할 송달) 교도소·구치소 또는 국가경찰관서의 유치장에 체포·구속 또는 유치된 사람에게 할 송달은 교도소·구치소 또는 국가경찰관서의 장에게 한다.

제192조(전쟁에 나간 군인 또는 외국에 주재하는 군관계인 등에게 할 송달) ① 전쟁에 나간 군대, 외국에 주둔하는 군대에 근무하는 사람 또는 군에 복무하는 선박의 승무원에게 할 송달은 재판장이 그 소속 사령관에게 촉탁한다.
② 제1항의 송달에 대하여는 제181조의 규정을 준용한다.

판례는 "교도소 또는 구치소에 구속된 자에 대한 송달은 소장에게 송달하면 **구속된 자에게 전달된 여부와 관계 없이** 효력이 생기는 것이다."고 한다(1995. 1. 12. 94도2687). 또한 "재감자에 대한 약식명령의 송달을 교도소 등의 소장에게 하지 아니하고 **수감되기 전의 종전 주·거소에다 하였다면 부적법하여 무효**이고, 수소법원이 송달을 실시함에 있어 **당사자 또는 소송관계인의 수감사실을 모르고 종전의 주·거소에 하여도 송달의 효력은 발생하지 않고**, 송달 자체가 부적법한 이상 당사자가 약식명령이 고지된 사실을 **다른 방법으로 알았더라도 송달의 효력은 발생하지 않는다**."고 한다(1995. 6. 14. 95모14).

또한 "수감된 당사자에 대한 송달을 교도소장 등에게 하지 않고 당사자의 종전 주소나 거소로 한 것은 부적법한 송달로서 무효이고, 이는 **법원이 서류를 송달받을 당사자가 수감된 사실을 몰랐거나, 수감된 당사자가 송달의 대상인 서류의 내용을 알았더라도 마찬가지이다.** 따라서 수감된 당사자에 대하여 제185조나 제187조에 따라 종전에 송달받던 장소로 발송송달을 하였더라도 적법한 송달의 효력을 인정할 수 없다."고 한다(2021. 8. 19. 2021다53).[48]

또한 "당사자가 소송 계속 중에 수감된 경우 법원이 판결정본을 제182조에 따라 교도소장 등에게 송달하지 않고 당사자 주소 등에 공시송달 방법으로 송달하였다면, **공시송달의 요건을 갖추지 못한 하자가 있더라도 재판장의 명령에 따라 공시송달을 한 이상 송달의 효력은 있다**. 수감된 당사자는 제185조에서 정한 송달장소 변경의 신고의무를 부담하지 않고 요건을 갖추지 못한 공시송달로 상소기간을 지키지 못하게 되었으므로 특별한 사정이 없는 한 과실 없이 판결의 송달을 알지 못한 것이고, 이러한 경우 책임을 질 수 없는 사유로 불변기간을 준수할 수 없었던 때에 해당하여 그 사유가 없어진 후 2주일 내에 추완상소를 할 수 있다."고 한다(2022. 1. 13. 2019다220618).

5. 신고된 송달영수인

제184조(송달받을 장소의 신고) 당사자·법정대리인 또는 소송대리인은 주소 등 외의 장소(대한민국 안의 장소로 한정한다)를 송달받을 장소로 정하여 법원에 신고할 수 있다. 이 경우에는 송달영수인을 정하여 신고할 수 있다.

판례는 "형사소송법 제65조에 의하여 준용되는 민사소송법 제183조 제1항, 제184조에 의하면, 송달은 송달받을 사람의 주소·거소·영업소 또는 사무소 등의 송달장소에서 하여야 하고, 당사자·법정대리인 또는 변호인은 주소 등 외의 장소를 송달받을 장소로 정하여 법원에 신고할 수 있으며,

---

48) 항소심 소송 계속 중 원고 갑이 구속되어 구치소에 수감되었으나 법원에 그 사실을 밝히거나 수감된 장소를 신고하지 아니하였고, 이에 법원이 갑에 대하여 종전에 송달받던 장소로 등기우편에 의한 발송송달의 방법으로 변론재개기일통지서를 송달한 사안에서, 갑이 수감된 구치소의 장에게 송달하지 않고 종전 송달장소로 한 변론재개기일통지서의 발송송달은, 갑이 원심법원에 수감사실을 신고하였는지 여부나 수감된 장소를 송달장소로 신고하였는지 여부 또는 갑이 변론재개와 함께 새로 지정된 변론기일을 알고 있었는지 여부와 무관하게 적법한 송달로서의 효력을 가질 수 없는데도, 이와 달리 본 원심판결에 법리오해의 잘못이 있다고 한 사례.

이 경우에는 송달영수인을 정하여 신고할 수 있다. **송달영수인의 신고가 있으면 송달은 신고된 장소와 영수인에게 하여야 하고, 송달영수인이 송달받은 때에 송달의 효력이 발생하나, 송달영수인 신고의 효력은 그 심급에만 미치므로, 상소 또는 이송을 받은 법원의 소송절차에서는 그 신고의 효력이 없다.**"고 한다(2024. 5. 9. 2024도3298).

V. 송달의 실시방법

1. 교부송달

가. 교부송달의 원칙

> 제178조(교부송달의 원칙) ① 송달은 특별한 규정이 없으면 송달받을 사람에게 서류의 등본 또는 부본을 교부하여야 한다.
> ② 송달할 서류의 제출에 갈음하여 조서, 그 밖의 서면을 작성한 때에는 그 등본이나 초본을 교부하여야 한다.

나. 송달할 장소

> 제183조(송달장소) ① 송달은 받을 사람의 주소·거소·영업소 또는 사무소(이하 "주소 등"이라 한다)에서 한다. 다만, 법정대리인에게 할 송달은 본인의 영업소나 사무소에서도 할 수 있다.
> ② 제1항의 장소를 알지 못하거나 그 장소에서 송달할 수 없는 때에는 송달받을 사람이 고용·위임 그 밖에 법률상 행위로 취업하고 있는 다른 사람의 주소 등(이하 "근무장소"라 한다)에서 송달할 수 있다.
> ③ 송달받을 사람의 주소 등 또는 근무장소가 국내에 없거나 알 수 없는 때에는 그를 만나는 장소에서 송달할 수 있다.
> ④ 주소 등 또는 근무장소가 있는 사람의 경우에도 송달받기를 거부하지 아니하면 만나는 장소에서 송달할 수 있다.

1) 원 칙

송달할 장소는 송달을 받을 사람의 주소 등(주소·거소·영업소·사무소)이 원칙적인 장소가 된다(제183조 제1항 본문). 영업소·사무소는 송달받을 사람이 경영하는 영업소·사무소를 말하는 것이고, 송달받을 사람의 근무장소를 말하는 것이 아니다.

판례는 "영업소 또는 사무소는 **송달받을 사람의 영업 또는 사무가 일정 기간 지속하여 행하여지는 중심적 장소**로서, 한시적 기간에만 설치되거나 운영되는 곳이라도 그곳에서 이루어지는 영업이나 사무의 내용, 기간 등에 비추어 **어느 정도 반복해서 송달이 이루어질 것이라고 객관적으로 기대할 수 있는 곳**이라면 영업소 또는 사무소에 해당한다."고 한다(2014. 10. 30. 2014다43076). 따라서 도의원 보궐선거에 출마한 甲의 선거사무소로 소장부본 등의 송달이 유효하게 이루어진 후 송달장소변경신고를 하지 않은 상태에서 변론기일통지서 등이 송달불능되자 위 사무소로 발송송달을 한 사안에서, 위 선거사무소가 선거운동이라는 한시적 목적을 위해 설치·운영된 장소라도 甲의 주된 사무가 행해지는 곳으로서 어느 정도 반복된 송달이 이루어질 것을 기대할 수 있는 곳이어서 제183조 제1항의 사무소에 해당한다고 판시하였다.

2) 법정대리인과 법인 등의 대표자에 대한 송달

법정대리인에게 할 송달은 소송무능력자 본인의 영업소나 사무소에서도 할 수 있다(제183조 제1항 단서). 또한 법인 등의 대표자에게 할 송달은 법인 등의 영업소나 사무소에서도 할 수 있다(제64조·제183조 제1항 단서).

판례는 "법인에 대한 송달은 법정대리인에 준하는 대표자에게 하여야 하므로(제64조), 대표자의 주소·거소·영업소 또는 사무소에서 함이 원칙인데(제183조 제1항 단서), '영업소 또는 사무소'라 함은 **당해 법인의 영업소 또는 사무소**를 말한다고 보아야 하므로, **대표자가 겸임하고 있는 별도의 법인격을 가진 다른 법인의 영업소 또는 사무소는 대표자의 근무처**에 불과하다."고 한다(1997. 12. 9. 97다31267).

또한 "영업소 또는 사무소라 함은 시설에 붙여진 명칭 여하에 구애됨이 없이 사실상 독립하여 주된 영업행위의 전부 또는 일부를 완결할 수 있는 장소, 즉 **어느 정도 독립하여 업무의 전부 또는 일부가 총괄적으로 경영되는 장소**이면 족하지만, 당해 법인의 영업소 또는 사무소여야 한다."고 한다(2003. 4. 11. 2002다59337). 따라서 사단법인 대한약사회에 대한 송달을 그 산하단체로서 독립된 비법인사단으로 볼 수 있는 사단법인 대한약사회 서울시지부 ○○·△△구 분회의 사무소로 한 경우 적법한 송달로 볼 수 없다고 하였다.

또한 "구 민사소송법은 송달은 받을 자의 주소·거소·영업소 또는 사무소에서 하고(제170조 제1항), 송달할 장소에서 송달을 받을 자를 만나지 못한 때에는 사무원·고용인 또는 동거자에게 서류를 교부할 수 있다(제172조 제1항)고 하여 보충송달은 송달장소에서 수령대행권이 있는 자에게만 할 수 있다고 규정하고 있는바, **사무소 또는 영업소라 함은 송달받을 사람 자신이 경영하는 사무소 또는 영업소를 의미하므로, 송달받을 사람이 회사를 경영하고 있더라도 별도의 법인격을 가지는 회사의 사무실은 송달받을 사람의 근무장소에 불과하여 송달받을 사람의 사무소나 영업소로 볼 수 없고, 수령대행권이 있는 사무원·고용인 또는 동거자라 함은 송달받을 사람의 사무원·고용인 또는 동거자를 의미하는 것**으로 보아야 한다."고 한다(2004. 11. 26. 2003다58959).

3) 근무장소에서의 송달

송달받을 사람의 **주소 등을 알지 못하거나 그 장소에서 송달할 수 없을 때**에는 송달받을 사람이 고용·위임 그 밖의 법률상 행위로 **취업하고 있는 다른 사람의 주소 등, 즉 근무장소**에서 송달할 수 있다(제183조 제2항). 이는 주소 등에서의 송달이 불가능하거나 주소 등을 알 수 없는 경우에 한하여 인정되는 보충적·부가적 송달방법이다.

판례는 "근무장소는 **현실의 근무장소로서 고용계약 등 법률상 행위로 취업하고 있는 지속적인 근무장소**이다."고 한다(2015. 12. 10. 2012다16063). 따라서 다른 주된 직업을 가지고 있으면서 비상근이사, 사외이사, 비상근감사의 직에 있는 주식회사는 지속적인 근무장소라고 할 수 없다고 하였다.

4) 만나는 장소에서의 송달 : 조우송달(출회송달)

송달받을 사람의 주소 등 또는 근무장소가 국내에 없거나 알 수 없는 때와, 주소 등 또는 근무장소가 있는 사람의 경우에도 송달받기를 거부하지 아니하면 그를 만나는 장소에서 송달할 수 있다(제183조 제3항·제4항). 법원사무관 등이 법원에 출석한 사람에게 송달하는 것도 조우송달의 일종이다.

다. 보충송달

> **제186조(보충송달·유치송달)** ① 근무장소 외의 송달할 장소에서 송달받을 사람을 만나지 못한 때에는 그 사무원, 피용자 또는 동거인으로서 사리를 분별할 지능이 있는 사람에게 서류를 교부할 수 있다.
> ② 근무장소에서 송달받을 사람을 만나지 못한 때에는 제183조 제2항의 다른 사람 또는 그 법정대리인이나 피용자 그 밖의 종업원으로서 사리를 분별할 지능이 있는 사람이 서류의 수령을 거부하지 아니하면 그에게 서류를 교부할 수 있다.
> ③ 서류를 송달받을 사람 또는 제1항의 규정에 의하여 서류를 넘겨받을 사람이 정당한 사유 없이 송달받기를 거부하는 때에는 송달할 장소에 서류를 놓아둘 수 있다.

1) 의 의

보충송달이란 송달장소에서 송달받을 사람을 만나지 못한 경우에 그와 일정한 관계에 있는 다른 사람에게 대리송달을 하는 것을 말한다. 따라서 판례는 "보충송달은 **송달장소에서 하는 경우에만 허용**되고, 송달장소가 아닌 곳에서 사무원, 고용인 또는 동거자를 만난 경우에는 그 사무원 등이 송달받기를 거부하지 아니하더라도 그 곳에서 사무원 등에게 서류를 교부하는 것은 보충송달의 방법으로서 부적법하다. 따라서 **우체국 창구에서 송달받을 자의 동거자에게 송달서류를 교부한 것은 부적법한 보충송달이다.**"고 한다(2001. 8. 31. 2001마3790).

또한 "송달은 원칙적으로 제183조 제1항에서 정하는 송달을 받을 사람의 주소·거소·영업소 또는 사무소 등의 '송달장소'에서 하여야 한다. 만일 송달장소에서 송달받을 사람을 만나지 못한 때에는 사무원, 고용인 또는 동거자로서 사리를 분별할 지능 있는 사람에게 서류를 교부하는 보충송달의 방법에 의하여 송달할 수는 있지만, 보충송달은 위 법 조항에서 정하는 '송달장소'에서 하는 경우에만 허용되고 **송달장소가 아닌 곳에서 사무원, 고용인 또는 동거자를 만난 경우에는 사무원 등이 송달받기를 거부하지 아니하더라도 그 곳에서 사무원 등에게 서류를 교부하는 것은 보충송달의 방법으로서 부적법하다.**"고 한다(2018. 5. 4. 2018무513).

또한 "보충송달제도는 본인 아닌 사무원, 피용자 또는 동거인, 즉 수령대행인이 소송서류를 수령하여도 그의 지능과 객관적인 지위, 본인과의 관계 등에 비추어 **사회통념상 본인에게 소송서류를 전달할 것이라는 합리적인 기대를 전제**로 한다. 동일한 수령대행인이 이해가 대립하는 소송당사자 쌍방을 대신하여 소송서류를 동시에 수령하는 경우가 있을 수 있다. 이런 경우 수령대행인이 원고나 피고 중 한 명과도 이해관계의 상충 없이 중립적인 지위에 있기는 쉽지 않으므로 소송당사자 쌍방 모두에게 소송서류가 제대로 전달될 것이라고 합리적으로 기대하기 어렵다. 또한 이익충돌의 위험을 회피하여 본인의 이익을 보호하려는 데 취지가 있는 민법 제124조 본문의 쌍방대리금지 원칙에도 반한다. 따라서 **소송당사자의 허락이 있다는 등의 특별한 사정이 없는 한, 동일한 수령대행인이 소송당사자 쌍방의 소송서류를 동시에 송달받을 수 없고, 그러한 보충송달은 무효**라고 봄이 타당하다."고 한다(2021. 3. 11. 2020므11658).

2) 내 용

가) 근무장소 외의 송달할 장소

(ⅰ) 송달받을 사람의 주소 등, 즉 '근무장소 외의 송달할 장소'에서 송달받을 사람을 만나지 못한 때에는 그 사무원, 피용자 또는 동거인으로서 사리를 분별할 지능이 있는 사람(수령대리인, 수령대행인)에게 서류를 교부할 수 있다(제186조 제1항).

다만 판례는 "보충송달제도는 본인 아닌 그의 사무원, 피용자 또는 동거인, 즉 수령대행인이 서류를 수령하여도 그의 지능과 객관적인 지위, 본인과의 관계 등에 비추어 사회통념상 본인에게 서류를 전달할 것이라는 합리적인 기대를 전제로 한다. 그런데 **본인과 수령대행인 사이에 당해 소송에 관하여 이해의 대립 내지 상반된 이해관계가 있는 때**에는 수령대행인이 소송서류를 본인에게 전달할 것이라고 합리적으로 기대하기 어렵고, 이해가 대립하는 수령대행인이 본인을 대신하여 소송서류를 송달받는 것은 쌍방대리 금지의 원칙에도 반하므로, **본인과 당해 소송에 관하여 이해의 대립 내지 상반된 이해관계가 있는 수령대행인에 대하여는 보충송달을 할 수 없다.**"고 한다(2016. 11. 10. 2014다54366).

(ii) 송달의 효력발생시점과 관련하여, 판례는 "법인에 대한 송달은 대표자에게 교부함이 원칙이지만, 대표자를 만나지 못한 때에는 사무원이나 고용인으로서 사물을 변식할 지능이 있는 자에게 서류를 교부할 수 있고, 이 경우 송달은 **사무원 등에게 서류를 교부한 때 완료**되어 효력이 생긴다."고 한다(1992. 2. 11. 91누5877). 또한 "**보충송달을 받을 자가 아닌 사람이 송달서류를 받았으나 그 후 서류가 전전하여 제때에 사무원의 신분을 가진 사람에게 전달되었다면 보충송달로서 유효하다.**"고 한다(1979. 1. 30. 78다2269). 따라서 이 경우에 서류가 송달받을 사람에게 전달되었는지와 무관하게 송달은 유효가 된다.

(iii) 동거인과 관련하여, 판례는 "송달할 장소가 반드시 송달을 받을 사람의 주민등록상의 주소지에 한정되는 것은 아니며, 동거인 역시 **송달을 받을 사람과 사실상 동일한 세대에 속하여 생활을 같이 하는 사람**이면 된다."고 하고(2012. 10. 11. 2012다44730), "제186조 제1항에 의하면 근무장소 외의 송달할 장소에서 송달받을 사람을 만나지 못한 때에는 동거인 등으로서 사리를 분별할 지능이 있는 사람에게 서류를 교부하는 방법으로 송달할 수 있고, **동거인이란 송달을 받을 사람과 동일한 세대에 속하여 생활을 같이하는 사람이면 되고 반드시 법률상 친족관계에 있어야 하는 것은 아니므로, 이혼한 배우자라도 사정에 의하여 사실상 동일 세대에 소속되어 생활을 같이하고 있다면 수령대행인으로서의 동거인이 될 수 있다.**"고 한다(2013. 4. 25. 2012다98423).

다만 "수송달자가 송달받을 자의 내연의 처의 조카로서 동일송달장소에 거주하더라도 **세대를 달리하는 반대당사자의 아들이라면 동거인으로 볼 수 없고**, 따라서 특별한 사정이 없는 한 그에 대한 송달은 효력이 없다."고 한다(1982. 9. 14. 81다카864). 한편 임대차의 경우에 임대인이 송달받을 자가 될 수 있는지에 대하여 "**집주인이 적법한 수송달인이 되려면 수령대리권이 있거나 사리를 변식함에 족한 생계를 같이하는 동거인이어야 하는 바**, 수송달인인 집주인이 이에 해당한다고 인정할 자료를 찾아볼 수 없다면 이에 대한 송달은 적법하다고 볼 수 없다."고 한다(1983. 12. 30. 83모53).

(iv) 사무원과 관련하여, 판례는 "사무원이란 송달받을 사람과 고용관계가 있어야 하는 것은 아니고, **평소 본인을 위하여 사무 등을 보조하는 자**이면 충분하다."고 하고(2010. 10. 14. 2010다48455), "대학교에서 문서의 접수, 발송, 분류 등의 업무를 담당하는 교직원이 대학교 내 창업보육센터에 입주한 송달받을 기업과 고용관계에 있지는 않으나 평소 그 기업을 위하여 우편물 수령사무 등을 보조해 온 자로서, 제186조 제1항에 정한 보충송달에 있어 그 기업의 수령대행인이 될 수 있는 사무원에 해당한다."고 한다(2009. 1. 30. 2008마1540).

나) 근무장소

송달받을 사람의 근무장소에서 송달받을 사람을 만나지 못한 때에는 사용자 또는 사용자의 법정대리인이나 피용자 그 밖의 종업원으로서 사리를 분별할 지능이 있는 사람이 서류의 수령을 거부하지 아니하면 그에게 서류를 교부할 수 있다(제186조 제2항). 근무장소에서의 교부송달(제183조 제2항)의 경우에 사용자 등의 수령거부가 없는 경우에는 보충송달을 할 수 있다는 의미이다.

판례는 "제186조 제2항은 본래 원칙적인 송달장소인 송달받을 사람의 주소·거소·영업소 또는 사무소(이하 '주소 등'이라 한다)에서 송달이 불가능하거나 또는 주소 등의 송달장소를 알 수 없을 때에 보충적인 송달장소인 근무장소, 즉 송달받을 사람이 고용·위임 그 밖에 법률상 행위로 취업하고 있는 다른 사람의 주소 등에서 송달하는 경우(제183조 제2항)뿐 아니라, **송달받을 사람이 자신의 근무장소를 송달받을 장소로 신고한 경우에도 마찬가지로 적용된다.**"고 한다(2005. 10. 28. 2005다25779).

3) 사리를 분별할 지능이 있는 사람

판례는 "송달받을 사람의 동거인에게 송달할 서류가 교부되고 동거인이 사리를 분별할 지능이 있는 이상 송달받을 사람이 서류의 내용을 실제로 알지 못한 경우에도 송달의 효력은 있다 할 것인바, 사리를 분별할 지능이 있다고 하려면, **사법제도 일반이나 소송행위의 효력까지 이해할 수 있는 능력이 있어야 한다고 할 수는 없지만 적어도 송달의 취지를 이해하고 그가 영수한 서류를 송달받을 사람에게 교부하는 것을 기대할 수 있는 정도의 능력은 있어야 한다.**"고 한다(2005. 12. 5. 2005마1039).

라. 유치송달

유치송달이란 서류를 송달받을 사람 또는 근무장소 외의 장소에서의 보충송달에 의하여 서류를 넘겨받을 사람(사무원·피용자 또는 동거인)이 정당한 사유 없이 송달받기를 거부하는 때에 송달할 장소에 서류를 놓아두는 송달을 말한다(제186조 제3항).

2. 우편송달 (발송송달)

> 제185조(송달장소변경의 신고의무) ① 당사자·법정대리인 또는 소송대리인이 송달받을 장소를 바꿀 때에는 바로 그 취지를 법원에 신고하여야 한다.
> ② 제1항의 신고를 하지 아니한 사람에게 송달할 서류는 달리 송달할 장소를 알 수 없는 경우 종전에 송달받던 장소에 대법원규칙이 정하는 방법으로 발송할 수 있다.
> 제187조(우편송달) 제186조의 규정에 따라 송달할 수 없는 때에는 법원사무관 등은 서류를 등기우편 등 대법원규칙이 정하는 방법으로 발송할 수 있다.
> 제189조(발신주의) 제185조 제2항 또는 제187조의 규정에 따라 서류를 발송한 경우에는 발송한 때에 송달된 것으로 본다.

가. 의 의

당사자 등이 송달장소의 변경신고 의무를 이행하지 아니하여 달리 송달할 장소를 알 수 없는 경우(제185조 제2항), 또는 **보충송달 또는 유치송달에 따라 송달할 수 없는 경우**(제187조)에는 법원사무관 등은 송달서류를 **종전에 송달받던 장소** 또는 **송달장소**에 등기우편의 방법(민사소송규칙 제51조)으로 발송할 수 있는데, 이를 우편송달이라고 한다. 이러한 우편송달은 법원사무관 등이 실시기관이라는 점에서 우편집배원이 실시기관인 '우편에 의한 송달'과 구별된다.

판례는 "등기우편에 의한 발송송달은 당해 서류에 관하여 교부송달, 또는 보충·유치송달 등이 불가능한 것임을 요건으로 하므로, **당해 서류의 송달에 한하여 할 수 있는 것**이지 그에 이은 별개의 서류의 송달은 이 요건이 따로 구비되지 않는 한 당연히 이 방법에 의한 우편송달을 할 수 있는 것이 아니다."고 한다(1994. 11. 11. 94다36278).

나. 내 용

1) 제185조 제2항의 경우

판례는 "민사소송규칙 제51조는 민사소송법 제185조 제2항에 따른 서류의 발송은 등기우편으로 하도록 규정하고 있는바, 위 규정에 의하여 등기우편에 의한 발송송달을 할 수 있는 경우는 **송달받을 장소를 바꾸었으면서도 그 취지를 신고하지 아니한 경우이거나 송달받을 장소를 바꾸었다는 취지를 신고하였는데 바뀐 장소에서의 송달이 불능되는 경우**를 말한다."고 한다(2007. 5. 11. 2004마801).

또한 "제185조 제2항은 종전에 송달받던 장소에 대법원규칙이 정하는 방법으로 발송할 수 있다고 규정하고 있을 뿐이므로, **비록 당사자가 송달장소로 신고한 바 있더라도 그 송달장소에 송달된 바가 없다면 그곳을 제185조 제2항에서 정하는 '종전에 송달받던 장소'라고 볼 수 없다.**"고 한다(2022. 3. 17. 2020다216462).

또한 "달리 송달할 장소를 알 수 없는 경우라 함은 상대방에게 주소보정을 명하거나 직권으로 주민등록표 등을 조사할 필요까지는 없지만, 적어도 **기록에 현출되어 있는 자료로 송달할 장소를 알 수 없는 경우**에 한하여 등기우편에 의한 발송송달을 할 수 있음을 뜻한다. 따라서 **항고장 기재 송달장소로 송달한 결정정본이 송달불능된 후 항고인이 다시 종전과 같은 송달장소 및 송달영수인 신고를 한 경우**에, 항고인이 신고한 송달장소 또는 주소지로 다시 결정정본을 송달해 보지 아니한 채 곧바로 등기우편에 의한 발송송달을 한 법원의 조치는 위법하다."고 한다(2009. 10. 29. 2009마1029).

또한 "가처분신청사건의 채권자인 회사가 송달장소 변경사실을 신고하지 아니하여 종전 송달장소로의 송달이 불능된 경우, 기록에 있는 법인등기부상의 본점 소재지나 대표이사의 주소지로 송달해 보지 아니한 채 막바로 발송송달을 하는 것은 잘못이다."고 한다(2001. 8. 24. 2001다31592).

2) 제187조의 경우

판례는 "민사소송규칙 제51조는 민사소송법 제187조에 따른 서류의 발송은 등기우편으로 하도록 규정하고 있는바, 위 규정에 따른 등기우편에 의한 발송송달은 **송달받을 자의 주소 등 송달하여야 할 장소는 밝혀져 있으나 송달받을 자는 물론이고 사무원, 고용인, 동거인 등 보충송달을 받을 사람도 없거나 부재하여서 원칙적 송달방법인 교부송달은 물론이고 민사소송법 제186조에 의한 보충송달과 유치송달도 할 수 없는 경우**에 할 수 있고, 송달하여야 할 장소란 **실제 송달받을 자의 생활근거지가 되는 주소·거소·영업소 또는 사무소 등 송달받을 자가 소송서류를 받아 볼 가능성이 있는 적법한 송달장소**를 말하는 것이다."고 한다(2007. 5. 11. 2004마801).

또한 "우편송달은 보충송달이나 유치송달이 불가능한 경우에 할 수 있는 것이므로, **폐문부재와 같이 송달을 받을 자는 물론 사무원, 고용인 또는 동거자 등 서류를 수령할만한 자를 만날 수 없는 경우**라면 모르거니와, **단지 송달을 받을 자만이 장기출타로 부재중이어서 동거자 등에게 보충송달이나 유치송달이 가능한 경우**에는 우편송달을 할 수 없다."고 한다(1991. 4. 15. 91마162).

다. 효력발생시기

우편송달의 경우에는 서류송달에 관한 도달주의의 예외로서 송달서류를 발송한 때에 송달된 것으로 본다(제189조). 즉 발신주의에 의하므로 도달여부는 불문한다. 판례는 **"발송한 때라 함은 법원사무관 등이 송달서류를 우체국 창구에 접수하여 우편함에 투입한 때를 말한다.**"고 한다(2006. 1. 9. 2005마1042).

라. 우편송달이 불가능한 경우

조정에 갈음하는 결정(민사조정법 제38조 제2항), 화해권고결정(제225조 제2항), 이행권고결정(소액사건심판법 제5조의3 제3항)의 송달은 우편송달에 의하여 할 수 없다. 또한 우편송달을 받은 당사자에게는 외국법원의 확정재판 등의 승인규정이 적용되지 않는다(제217조 제1항 제2호).

3. 송달함 송달

> 제188조(송달함 송달) ① 제183조 내지 제187조의 규정에 불구하고 법원 안에 송달할 서류를 넣을 함(이하 "송달함"이라 한다)을 설치하여 송달할 수 있다.
> ② 송달함을 이용하는 송달은 법원사무관등이 한다.
> ③ 송달받을 사람이 송달함에서 서류를 수령하여 가지 아니한 경우에는 송달함에 서류를 넣은 지 3일이 지나면 송달된 것으로 본다.
> ④ 송달함의 이용절차와 수수료, 송달함을 이용하는 송달방법 및 송달함으로 송달할 서류에 관한 사항은 대법원규칙으로 정한다.

4. 공시송달

> 민법 제113조(의사표시의 공시송달) 표의자가 과실없이 상대방을 알지 못하거나 상대방의 소재를 알지 못하는 경우에는 의사표시는 민사소송법 공시송달의 규정에 의하여 송달할 수 있다.
>
> 제194조(공시송달의 요건) ① 당사자의 주소 등 또는 근무장소를 알 수 없는 경우 또는 외국에서 하여야 할 송달에 관하여 제191조의 규정에 따를 수 없거나 이에 따라도 효력이 없을 것으로 인정되는 경우에는 법원사무관 등은 직권으로 또는 당사자의 신청에 따라 공시송달을 할 수 있다.
> ② 제1항의 신청에는 그 사유를 소명하여야 한다.
> ③ 재판장은 제1항의 경우에 소송의 지연을 피하기 위하여 필요하다고 인정하는 때에는 공시송달을 명할 수 있다.
> ④ 원고가 소권(항소권을 포함한다)을 남용하여 청구가 이유 없음이 명백한 소를 반복적으로 제기한 것에 대하여 법원이 변론 없이 판결로 소를 각하하는 경우에는 재판장은 직권으로 피고에 대하여 공시송달을 명할 수 있다.
> ⑤ 재판장은 직권으로 또는 신청에 따라 법원사무관 등의 공시송달처분을 취소할 수 있다.
>
> 제195조(공시송달의 방법) 공시송달은 법원사무관등이 송달할 서류를 보관하고 그 사유를 법원게시판에 게시하거나, 그 밖에 대법원규칙이 정하는 방법에 따라서 하여야 한다.
>
> 제196조(공시송달의 효력발생) ① 첫 공시송달은 제195조의 규정에 따라 실시한 날부터 2주가 지나야 효력이 생긴다. 다만, 같은 당사자에게 하는 그 뒤의 공시송달은 실시한 다음 날부터 효력이 생긴다.
> ② 외국에서 할 송달에 대한 공시송달의 경우에는 제1항 본문의 기간은 2월로 한다.
> ③ 제1항 및 제2항의 기간은 줄일 수 없다.

가. 의 의

공시송달이란 당사자에 대한 송달장소의 불명으로 통상의 송달방법에 의해서는 송달을 실시할 수가 없을 경우에 법원사무관 등이 송달서류를 보관하고 그 사유를 법원게시판에 게시하거나 그밖에 대법원규칙이 정하는 방법에 따라 송달하여 송달받은 자가 어느 때라도 송달받아 갈 수 있게 하는 것을 말한다. 공시송달은 당사자나 이에 준하는 보조참가인에 대한 송달의 경우에 한하며, 증인·감정인에 대한 송달은 공시송달에 의할 수 없다.

나. 요 건

(i) (a) **당사자의 주소 등 또는 근무 장소를 알 수 없는 경우**, 또는 (b) **외국에서 하여야 할 송달에 관하여 촉탁송달을 할 수 없거나 촉탁송달을 하여도 효력이 없을 것으로 인정되는 경우**에 공시송달이 가능하다. 또한 (c) 공시송달의 경우 송달받을 자가 송달의 내용을 현실적으로 거의 알 수 없기 때문에, **다른 송달방법에 의하는 것이 불가능한 경우**에 공시송달이 가능하다.

(ii) 판례는 "법인에 대한 송달은 **본점 소재지에서 대표이사가 수령할 수 있도록 함**이 원칙이고, 그와 같은 송달이 불능인 경우에는 **법인등기부 등을 조사하여 본점 소재지의 이전 여부 이외에도 법인등기부상의 대표이사의 주소지 등을 확인하여 송달을 실시하여 보고 그 송달이 불가능한 때**에 공시송달을 할 수 있다."고 한다(2007. 1. 25. 2004후3508).

또한 "제194조의 공시송달 요건이 갖추어지지 아니하였더라도, 재판장의 명에 의하여 공시송달이 된 이상 원칙적으로 공시송달의 효력에는 영향이 없는 것이나, 법인에 대한 송달은 제64조 및 제179조에 따라서 대표자에게 하여야 되는 것이므로, **법인의 대표자가 사망하고 달리 법인을 대표할 자도 정하여지지 아니하였기 때문에 법인에 대하여 송달을 할 수 없는 때에는 공시송달도 할 여지가 없는 것**이라고 보아야 할 것이다."고 한다(1991. 10. 22. 91다9985).

또한 "재판서류를 공시송달의 방법으로 송달하기 위해서는 당사자 주소 등 송달할 장소를 알 수 없는 경우이어야 하고, 법원이 **송달장소는 알고 있으나 단순히 폐문부재로 송달되지 아니한 경우**에는 공시송달을 할 수 없다. 그러나 송달받을 사람이 **주소나 거소를 떠나 더 이상 송달장소로 인정하기 어렵게 되었다면 이러한 경우에도 송달할 장소를 알 수 없는 경우에 해당**된다고 볼 수 있다."고 한다(2024. 5. 9. 2024마5321).[49]

다. 절 차

공시송달은 직권 또는 당사자의 신청에 따라 **법원사무관 등이 할 수 있고**, 당사자는 그 사유를

---

[49] 채권압류 및 전부명령의 결정문을 채무자의 주소지로 송달하였으나 폐문부재로 송달되지 아니하였고, 그 후 9차례에 걸쳐 야간 및 휴일 특별송달을 시도하였으나 모두 폐문부재로 송달되지 아니하자 채권자가 채무자의 주소를 알 수 없다는 이유로 공시송달을 신청한 사안에서, 채권압류 및 전부명령 송달을 실시하기 전에 채무자의 주소지로 채권자가 주장하는 집행권원의 승계집행문이 송달된 적이 있으나, 이는 다른 사건에서 실시된 것으로 위 채권압류 및 전부명령에 관하여는 채무자의 주소지로 송달된 적이 한 번도 없으며, 위 승계집행문 송달 이후 수차례에 걸쳐 특별송달까지 실시하였으나 모두 폐문부재로 송달되지 아니하였고, 제3차 특별송달부터는 채무자가 주소지에서 실제로 거주하고 있는지도 파악하기 어려운 상황이었으며 기록상 달리 채무자의 거소 등을 파악할 수 있는 자료가 없으므로, 채무자가 등록된 주소지를 떠나 더 이상 그 주소지에서 재판서류를 송달받지 못하게 된 경우에 해당할 여지가 많고 채권자가 다른 송달장소를 알 수 없는 경우라고 볼 수 있는데도, 채권압류 및 전부명령 송달을 실시하기 전에 있었던 다른 사건의 채무자 주소지에 대한 승계집행문 송달사실만으로 채권자가 채무자의 소재를 알 수 없는 경우에 해당한다고 볼 수 없다고 한 원심결정에 법리오해 등의 잘못이 있다고 한 사례.

소명하여 신청하여야 한다(제194조 제1항·제2항). 한편 재판장은 소송의 지연을 피하기 위하여 필요하다고 인정하는 때에는 공시송달을 명할 수 있고, 재판장은 직권으로 또는 신청에 따라 법원사무관 등의 공시송달처분을 취소할 수 있다(제194조 제3항·제4항·제5항). 그리고 신청이 각하된 때에는 신청인은 통상항고를 할 수 있다(제439조).

라. 효 력

1) 효력발생시기

국내에서의 최초의 공시송달은 법원게시판 게시, 관보·공보 또는 신문 게재, 전자통신매체를 이용한 공시 등을 한 날로부터 2주가 지나면 효력이 발생한다. 그러나 같은 당사자에 대한 그 뒤의 공시송달은 공시 등을 한 다음날부터 효력이 발생한다. 이러한 2주의 기간은 늘릴 수는 있으나 줄일 수는 없다(제196조 제3항).

한편, 판례는 "경매법원의 공시송달명령에 의하여 공시송달로서 절차가 진행되었다 하여도 항고심이 그 결정을 보정된 주소에 **보통송달 방법에 의하여 송달하였고 그것이 송달되었을 경우에는 공시송달명령은 당연히 효력을 잃는다.**"고 한다(1965. 8. 31. 65마636).

2) 공시송달의 하자

공시송달의 요건에 흠이 있다 하더라도 재판장이 공시송달을 명하여 절차를 취한 경우에는 송달은 유효하고, 공시송달명령에 대해 불복할 수도 없다는 것이 판례의 입장이다. 즉 "판사의 공시송달명령에 의하여 공시송달을 한 이상 공시송달의 요건을 구비하지 않은 흠결이 있다 하더라도 공시송달의 효력에는 영향이 없다."고 한다(1984. 3. 15. 84마20). 또한 "공시송달을 허가하는 명령에 대하여는 가사 그 요건에 흠결이 있다 하더라도 불복할 수 없고, 따라서 그 소명자료로 위조된 확인서 등이 첨부되었다 하더라도 그것만으로는 독립하여 재심사유가 되지 아니한다."고 한다(1992. 10. 9. 92다12131).

판례는 "판결정본이 공시송달의 방법에 의하여 피고에게 송달되었다면 비록 피고의 주소가 허위이거나 그 요건에 미비가 있다 할지라도 그 송달은 유효한 것이므로 항소기간이 지남으로써 위 판결은 형식적으로 확정되어 기판력이 발생한다."고 한다(1990. 11. 27. 90다카28559).

또한 "시효중단 등 특별한 사정이 있어 예외적으로 확정된 승소판결과 동일한 소송물에 기한 신소가 허용되는 경우라도 신소의 판결이 전소의 승소 확정판결의 내용에 저촉되어서는 아니되므로, 후소 법원으로서는 확정된 권리를 주장할 수 있는 요건이 구비되어 있는지에 관하여 다시 심리할 수 없다. 따라서 **피고가 후소에서 전소의 확정된 권리관계를 다투기 위하여는 전소의 승소 확정판결에 대하여 적법한 추완항소를 제기함으로써 기판력을 소멸시켜야 할 것인데, 이는 전소의 소장부본과 판결정본 등이 공시송달의 방법에 의하여 송달되어 피고가 책임질 수 없는 사유로 전소에 응소할 수 없었던 경우라고 하여 달리 볼 것이 아니다.**"고 한다(2013. 4. 11. 2012다111340). 따라서 잘못된 공시송달로 패소(확정)판결을 받은 자는 상소의 추후보완(제173조) 또는 재심의 소(제451조 제1항 제11호)를 제기하여 구제받을 수 있다.

마. 공시송달의 제한

1) 공시송달을 받은 당사자에게는 적용되지 아니하는 규정

가) 자백간주

출석한 상대방이 소장·준비서면 등으로 예고한 사항에 대해서 당사자가 미리 답변서 그 밖의 준비서면을 제출하여 다투는 뜻을 표시하지 않고 불출석 하였다면 자백한 것으로 간주되지만, 불출석한 당사자가 공시송달에 의한 기일통지를 받은 경우에는 자백간주가 성립될 수 없다(제150조 제3항 단서).

나) 답변서제출의무

소장부본을 송달받은 피고가 원고의 청구를 다툴 의사가 있으면 그 송달받은 날부터 30일 이내에 답변서를 제출해야 하는데, 피고가 공시송달에 의하여 소장부본을 송달받은 경우에는 답변서 제출의무가 없다(제256조 제1항 단서).

다) 외국판결의 승인

외국재판의 승인요건은 패소한 피고가 소장 또는 이에 준하는 서면 및 기일통지서나 명령을 공시송달이나 이와 비슷한 송달에 의한 경우를 제외한 적법한 방식에 따라 방어에 필요한 시간여유를 두고 송달받았거나, 송달받지 아니하였더라도 소송에 응한 경우이어야 한다는 것이다(제217조 제1항 제2호).

2) 공시송달에 의해서는 할 수 없는 경우

가) 화해권고결정

> 제225조(결정에 의한 화해권고) ① 법원·수명법관 또는 수탁판사는 소송에 계속중인 사건에 대하여 직권으로 당사자의 이익, 그 밖의 모든 사정을 참작하여 청구의 취지에 어긋나지 아니하는 범위안에서 사건의 공평한 해결을 위한 화해권고결정을 할 수 있다.
> ② 법원사무관등은 제1항의 결정내용을 적은 조서 또는 결정서의 정본을 당사자에게 송달하여야 한다. 다만, 그 송달은 제185조 제2항·제187조 또는 제194조에 규정한 방법으로는 할 수 없다.

나) 이행권고결정

> 소액사건심판법 제5조의3(결정에 의한 이행권고) ① 법원은 소가 제기된 경우에 결정으로 소장부본이나 제소조서등본을 첨부하여 피고에게 청구취지대로 이행할 것을 권고할 수 있다. 다만, 다음 각호 가운데 어느 하나에 해당하는 때에는 그러하지 아니하다.
>   1. 독촉절차 또는 조정절차에서 소송절차로 이행된 때
>   2. 청구취지나 청구원인이 불명한 때
>   3. 그 밖에 이행권고를 하기에 적절하지 아니하다고 인정하는 때
> ② 이행권고결정에는 당사자, 법정대리인, 청구의 취지와 원인, 이행조항을 기재하고, 피고가 이의신청을 할 수 있음과 이행권고결정의 효력의 취지를 부기하여야 한다.
> ③ 법원사무관등은 이행권고결정서의 등본을 피고에게 송달하여야 한다. 다만, 그 송달은 민사소송법 제187조, 제194조 내지 제196조에 규정한 방법으로는 이를 할 수 없다.
> ④ 법원은 민사소송법 제187조, 제194조 내지 제196조에 규정된 방법에 의하지 아니하고는 피고에게 이행권고결정서의 등본을 송달할 수 없는 때에는 지체없이 변론기일을 지정하여야 한다.

다) 지급명령

> **제462조(적용의 요건)** 금전, 그 밖에 대체물이나 유가증권의 일정한 수량의 지급을 목적으로 하는 청구에 대하여 법원은 채권자의 신청에 따라 지급명령을 할 수 있다. 다만, 대한민국에서 공시송달 외의 방법으로 송달할 수 있는 경우에 한한다.
>
> **제466조(지급명령을 하지 아니하는 경우)** ① 채권자는 법원으로부터 채무자의 주소를 보정하라는 명령을 받은 경우에 소제기신청을 할 수 있다.
> ② 지급명령을 공시송달에 의하지 아니하고는 송달할 수 없거나 외국으로 송달하여야 할 때에는 법원은 직권에 의한 결정으로 사건을 소송절차에 부칠 수 있다.
> ③ 제2항의 결정에 대하여는 불복할 수 없다.

라) 조정에 갈음하는 결정

> **민사조정법 제38조(「민사소송법」의 준용)** ① 조정에 관하여는 「민사소송법」 제51조, 제52조, 제55조부터 제60조까지(제58조 제1항 후단은 제외한다), 제62조, 제63조 제1항, 제64조, 제87조, 제88조, 제145조 및 제152조 제2항·제3항을 준용한다.
> ② 이 법에 따른 기일, 기간 및 서류의 송달에 관하여는 「민사소송법」을 준용한다. 다만, 「민사소송법」 제185조 제2항, 제187조, 제194조부터 제196조까지의 규정은 제28조에 따라 작성된 조서를 송달하는 경우를 제외하고는 준용하지 아니한다.

마) 환경분쟁조정법에 의한 재정의 경우

판례는 "환경분쟁조정법 제40조 제3항, 제42조 제2항, 제64조 및 민사소송법 제231조, 제225조 제2항의 내용과 재정문서의 정본을 송달받고도 당사자가 60일 이내에 재정의 대상인 환경피해를 원인으로 하는 소송을 제기하지 아니하는 등의 경우 재정문서가 재판상 화해와 동일한 효력이 있으므로 재정의 대상인 환경피해를 원인으로 한 분쟁에서 당사자의 재판청구권을 보장할 필요가 있는 점 등을 종합하면, **환경분쟁조정법에 의한 재정의 경우 재정문서의 송달은 공시송달의 방법으로는 할 수 없다.**"고 한다(2016. 4. 15. 2015다201510).

VI. 외국에서 하는 송달

> **제191조(외국에서 하는 송달의 방법)** 외국에서 하여야 하는 송달은 재판장이 그 나라에 주재하는 대한민국의 대사·공사·영사 또는 그 나라의 관할 공공기관에 촉탁한다.

VII. 송달의 하자

송달을 받아야 할 사람이 아닌 사람에게 한 송달, 보충송달과 유치송달을 해보지도 않고 한 우편송달과 같이 방식을 위배한 송달은 원칙적으로 무효이다. 다만 송달을 받아야 할 사람이 추인하면 유효하게 되며, 이의 없이 변론하거나 수령하면 이의권의 포기·상실에 의하여 하자가 치유된다. 그러나 판결정본의 송달은 이의권의 포기·상실대상이 아니다. 판례도 "불변기간인 항소제기기간에 관한 규정은 성질상 강행규정이므로 그 기간 계산의 기산점이 되는 판결정본의 송달의 하자는 이에 대한 이의권의 포기나 상실로 인하여 치유될 수 없다."고 한다(1979. 9. 25. 78다2448).

제07절 소송절차의 정지

I. 서 설

1. 의 의

소송절차의 정지란 **소송절차가 종료되기 전에 소송절차가 법률상 진행되지 않는 상태**를 말하므로, 기일의 추후지정처럼 절차가 사실상 정지된 상태와는 구별된다. 소송절차의 정지제도는 쌍방심문주의를 보장하기 위한 제도이므로, 양 당사자의 대석변론이 요구되는 판결절차와 판결절차에 준하는 절차(독촉절차, 제소전 화해절차 등)에 대해서만 인정된다.

2. 종 류

(ⅰ) 소송절차의 중단이란 당사자나 소송행위자에게 소송을 수행할 수 없는 사유가 발생한 경우에 새로운 소송수행자가 소송에 관여할 수 있을 때까지 법률상 당연히 절차의 진행이 정지되는 것을 말한다. (ⅱ) 소송절차의 중지란 법원이나 당사자에게 소송을 진행할 수 없는 장애가 생겼거나 진행에 부적당한 사유가 발생하여, 법률상 당연히 혹은 법원의 결정에 의하여 절차가 정지되는 경우를 말한다. 중단과의 구별되는 점은 중지는 새로운 소송수행자로 교체가 없고 수계가 없다는 점이다.

II. 소송절차의 중단

1. 중단사유

가. 당사자의 사망

제233조(당사자의 사망으로 말미암은 중단) ① 당사자가 죽은 때에 소송절차는 중단된다. 이 경우 상속인·상속재산관리인, 그 밖에 법률에 의하여 소송을 계속하여 수행할 사람이 소송절차를 수계하여야 한다.
② 상속인은 상속포기를 할 수 있는 동안 소송절차를 수계하지 못한다.

1) 당사자의 사망과 소송의 중단 또는 종료

(ⅰ) 소송계속 후 당사자가 죽었을 것을 요하고, 실종선고에 의한 사망간주도 포함된다. 판례도 "소송이 적법하게 계속된 후 당사자에 대하여 실종선고가 확정된 경우에는 실종자가 사망하였다고 보는 시기는 실종기간이 만료한 때라도 소송상 지위의 승계절차는 실종선고가 확정되어야만 취할 수가 있는 것이므로, **실종선고가 있기까지는 당사자능력이 없다고는 할 수 없고 소송절차가 법률상 진행을 할 수 없게 된 때, 즉 실종선고가 확정된 때에 소송절차가 중단된다.**"고 한다(1983. 2. 22. 82사18).

또한 "부재자의 생사가 분명하지 아니한 경우, 부재자는 법원의 실종선고가 없는 한 사망자로 간주되지 아니하며, **부재자의 재산관리인이 부재자의 대리인으로서 소를 제기하여 소송계속 중에 부재자에 대한 실종선고가 확정되어 소 제기 이전에 부재자가 사망한 것으로 간주되는 경우**에도, 실종선고의 효력이 발생하기 전에는 실종기간이 만료된 실종자라도 당사자능력을 상실하는 것은 아니므로,

실종선고가 확정된 때에 소송절차가 중단되어 부재자의 상속인 등이 수계할 수 있을 뿐이고, 소 제기 자체가 소급하여 당사자능력이 없는 사망한 자가 제기한 것으로 되는 것은 아니다."고 한다(2008. 6. 26. 2007다11057).

(ⅱ) 소송계속 후 당사자가 죽었어도 소송물인 권리·의무가 상속의 대상이 되는 때에 한하여 중단된다. 따라서 권리·의무가 사망에 의하여 소멸되거나, 일신전속적인 권리인 때에는 중단의 문제는 생기지 않고 소송절차는 종료한다.

판례도 "[1] **재판상 이혼청구권은 부부의 일신전속적 권리이므로 이혼소송 계속중 배우자 일방이 사망한 때에는 상속인이 수계할 수 없음은 물론 검사가 수계할 수 있는 특별한 규정도 없으므로 이혼소송은 종료된다.** [2] 이혼위자료청구권은 상대방 배우자의 유책불법한 행위에 의하여 혼인관계가 파탄상태에 이르러 이혼하게 된 경우 그로 인하여 입게 된 정신적 고통을 위자하기 위한 손해배상청구권으로서 이혼시점에서 확정, 평가되고 이혼에 의하여 비로소 창설되는 것이 아니며, 이혼위자료청구권의 양도 내지 승계의 가능 여부에 관하여 민법 제806조 제3항은 약혼해제로 인한 손해배상청구권에 관하여 정신상 고통에 대한 손해배상청구권은 양도 또는 승계하지 못하지만 당사자 간에 배상에 관한 계약이 성립되거나 소를 제기한 후에는 그러하지 아니하다고 규정하고 같은 법 제843조가 위 규정을 재판상 이혼의 경우에 준용하고 있으므로 **이혼위자료청구권은 원칙적으로 일신전속적 권리로서 양도나 상속 등 승계가 되지 아니하나 이는 행사상 일신전속권이고 귀속상 일신전속권은 아니라 할 것인바, 청구권자가 위자료 지급을 구하는 소송을 제기함으로써 청구권을 행사할 의사가 외부적 객관적으로 명백하게 된 이상 양도나 상속 등 승계가 가능하다.**"고 한다(1993. 5. 27. 92므143).

또한 "이혼소송과 재산분할청구가 병합된 경우, 배우자 일방이 사망하면 **이혼의 성립을 전제로 하여 이혼소송에 부대한 재산분할청구** 역시 유지할 이익이 상실되어 이혼소송의 종료와 동시에 종료된다."고 하고(1994. 10. 28. 94므246), "단체의 정관에 따른 의사결정기관의 구성원이 그 지위에 기하여 위 단체를 상대로 그 의사결정기관이 한 결의의 존재나 효력을 다투는 민사소송을 제기하였다가 그 소송 계속중에 사망하였거나 승소 확정판결을 받은 후 그에 대한 재심소송 계속중에 사망하였다면, **단체의 의사결정기관 구성원으로서의 지위는 일신전속권으로서 상속의 대상이 된다고 할 수 없어 소송수계의 여지가 없으므로 위 소송이나 재심소송은 본인의 사망으로 중단됨이 없이 그대로 종료된다.**"고 하고(2004. 4. 27. 2003다64381), "공무원으로서의 지위는 일신전속권으로서 상속의 대상이 되지 않으므로, 의원면직처분에 대한 무효확인을 구하는 소송은 당해 공무원이 사망함으로써 중단됨이 없이 종료된다."고 한다(2007. 7. 26. 2005두15748).

(ⅲ) 상속인이 상속포기기간 내에 포기를 한 경우와, 상대방 당사자가 한쪽 당사자의 수계인이 될 때(혼동의 경우)에는 중단의 문제는 생기지 않고 소송절차는 종료한다. 한편 필수적 공동소송에서는 소송절차가 전면적으로 중단되지만(제67조 제3항), 통상공동소송에서는 소송절차의 중단이 사망한 당사자와 그 상대방 사이에서만 발생한다.

2) 당연승계의 문제

가) 학설의 대립

① 소송계속 중 당사자 사망이라는 포괄승계원인의 발생으로 당연히 사망자의 지위가 상속인에게 당연승계되어 상속인이 새 당사자가 되며 수계절차는 단지 확인적 의미만 있다는 **당연승계긍정설**과, ② 당연승계의 개념은 형식적 당사자 개념과 부합하지 않고 상속인이 상속을 포기할 수도 있기 때문

에 당사자가 사망한 순간 당사자가 당연히 상속인으로 변경된다는 것은 실체법과도 맞지 않으므로 상속인이 수계절차를 밟아서 당사자로 표시되어야만 당사자가 변경된다는 **당연승계부정설**이 대립된다.

나) 판례의 태도 : 당연승계긍정설

판례는 소송 계속중 당사자가 사망한 사건에서 "**소송중 당사자가 사망한 때부터 소송은 그 지위를 당연히 이어받는 상속인과의 관계에서 대립당사자구조를 형성하여 존재하게 된다.**"고 하여 당연승계긍정설의 입장이다(1995. 5. 23. 94다28444).

다) 검 토

당연승계는 당사자의 소송상의 지위 측면에서 본 개념인데 실체법상의 승계원인이 그대로 소송에 반영되어 법률상 당연히 당사자의 교체가 일어나는 것으로서 승계를 위해 어떤 행위를 할 필요가 없다고 보아야 한다는 점에서 당연승계긍정설이 타당하다.

나. 법인의 합병

> 제234조(법인의 합병으로 말미암은 중단) 당사자인 법인이 합병에 의하여 소멸된 때에 소송절차는 중단된다. 이 경우 합병에 의하여 설립된 법인 또는 합병한 뒤의 존속법인이 소송절차를 수계하여야 한다.

판례는 "제234조에 따르면, 소송계속 중 당사자인 법인이 합병에 의하여 소멸된 때에는 소송절차가 중단되고 합병에 의하여 설립된 법인 또는 합병한 뒤의 존속법인이 소송절차를 수계하여야 한다. 또한 **법인의 권리·의무가 법률 규정에 의하여 새로 설립된 법인에 승계되는 경우에는 특별한 사유가 없는 한 계속 중인 소송에서 법인의 법률상 지위도 새로 설립된 법인에 승계되므로 새로 설립된 법인이 소송절차를 수계**하여야 하나, 법률에 법인의 지위를 승계하거나 법인의 권리·의무가 새로 설립된 법인에 포괄적으로 승계된다는 명문 규정이 없는 이상 새로 설립된 법인이 소송절차를 수계할 근거는 없다고 보아야 한다. 이와 같은 법리는 당사자가 법인격 없는 단체인 경우에도 마찬가지이다."고 한다(2022. 1. 27. 2020다39719).

다. 당사자의 소송능력의 상실·법정대리인의 사망·법정대리권의 소멸

> 제235조(소송능력의 상실, 법정대리권의 소멸로 말미암은 중단) 당사자가 소송능력을 잃은 때 또는 법정대리인이 죽거나 대리권을 잃은 때에 소송절차는 중단된다. 이 경우 소송능력을 회복한 당사자 또는 법정대리인이 된 사람이 소송절차를 수계하여야 한다.

당사자가 성년후견개시 심판을 받는 등으로 소송능력을 상실하거나, **법정대리인**(특별대리인·대표자·관리인)**이 사망**하거나, **법정대리권**(특별대리권·대표권·관리권)**을 상실**한 때에는 소송절차가 중단된다. 법정대리권이나 대표권의 상실에는 가처분에 의하여 직무집행이 정지된 경우도 포함된다. 판례도 "**법인의 대표자가 법원의 결정에 의하여 직무집행이 정지된 경우**에도 소송대리인이 있는 경우에는 소송절차는 중단되지 아니하지만 종국판결이 소송대리인에게 송달됨으로써 소송절차는 중단된다."고 한다(1980. 10. 14. 80다623).

한편 판례는 "소송절차의 진행 중 **법인 대표자의 대표권이 소멸된 경우**에도 이를 상대방에게 통지하지 아니하면 소송절차상으로는 대표권이 소멸되지 아니한 것으로 보아야 한다(제64조, 제63조 제1항 참조)."고 하므로(2006. 11. 23. 2006재다171), **법정대리권(특별대리권·대표권·관리권)을 상실한 경우에는 상대방에 대한 통지가 있어야 소송절차가 중단**된다.

그러나 소송대리인의 사망이나 소송대리인의 대리권의 소멸의 경우에는 본인이 소송행위를 할 수 있기 때문에, 소송절차의 중단사유가 아니다. 다만 증권관련집단소송의 원고 측 소송대리인 전원이 사망 또는 사임하거나 해임된 경우에는 소송절차는 중단된다(증권관련집단소송법 제26조 제3항).

라. 신탁재산에 관한 소송의 당사자인 수탁자의 임무종료

> 제236조(수탁자의 임무가 끝남으로 말미암은 중단) 신탁으로 말미암은 수탁자의 위탁임무가 끝난 때에 소송절차는 중단된다. 이 경우 새로운 수탁자가 소송절차를 수계하여야 한다.

마. 소송담당자의 자격상실 및 선정당사자 전원의 자격상실

> 제237조(자격상실로 말미암은 중단) ① 일정한 자격에 의하여 자기 이름으로 남을 위하여 소송당사자가 된 사람이 그 자격을 잃거나 죽은 때에 소송절차는 중단된다. 이 경우 같은 자격을 가진 사람이 소송절차를 수계하여야 한다.
> ② 제53조의 규정에 따라 당사자가 될 사람을 선정한 소송에서 선정된 당사자 모두가 자격을 잃거나 죽은 때에 소송절차는 중단된다. 이 경우 당사자를 선정한 사람 모두 또는 새로 당사자로 선정된 사람이 소송절차를 수계하여야 한다.

바. 파산재단에 관한 소송 중의 파산선고 및 파산해지

> 제239조(당사자의 파산으로 말미암은 중단) 당사자가 파산선고를 받은 때에 파산재단에 관한 소송절차는 중단된다. 이 경우「채무자 회생 및 파산에 관한 법률」에 따른 수계가 이루어지기 전에 파산절차가 해지되면 파산선고를 받은 자가 당연히 소송절차를 수계한다.
>
> 제240조(파산절차의 해지로 말미암은 중단)「채무자 회생 및 파산에 관한 법률」에 따라 파산재단에 관한 소송의 수계가 이루어진 뒤 파산절차가 해지된 때에 소송절차는 중단된다. 이 경우 파산선고를 받은 자가 소송절차를 수계하여야 한다.

당사자의 파산 또는 파산절차의 해지로 인하여 중단된 경우에는 **소송대리인이 선임되어 있더라도 소송절차는 중단**된다(제238조 참조). 판례는 "소송 계속 중 일방 당사자에 대하여 파산선고가 있었는데, 법원이 파산선고 사실을 알지 못한 채 파산관재인이나 상대방의 소송수계가 이루어지지 아니한 상태 그대로 소송절차를 진행하여 판결을 선고하였다면, 판결은 소송에 관여할 수 있는 적법한 소송수계인이 법률상 소송행위를 할 수 없는 상태에서 심리되어 선고된 것이어서, **마치 대리인에 의하여 적법하게 대리되지 아니하였던 경우와 마찬가지로 위법**하다."고 한다(2018. 4. 24. 2017다287587).

판례는 "채무자 회생 및 파산에 관한 법률 제406조 제1항·제2항, 제347조 제1항에 의하면, 파산채권자가 제기한 채권자취소소송이 파산선고 당시 법원에 계속되어 있는 때는 그 소송절차는 중단되고, 파산관재인 또는 상대방이 이를 수계할 수 있다. 그리고 채권자취소소송의 계속 중 채무자에 대하여 파산선고가 있었는데, 법원이 그 사실을 알지 못한 채 파산관재인의 소송수계가 이루어지지 아니한 상태로 소송절차를 진행하여 판결을 선고하였다면, 그 판결은 **채무자의 파산선고로 소송절차를 수계할 파산관재인이 법률상 소송행위를 할 수 없는 상태에서 사건을 심리하고 선고한 것이므로 위법하다.**"고 한다(2015. 11. 12. 2014다228587).

또한 "채무자 회생 및 파산에 관한 법률(채무자회생법)은 채권자취소소송의 계속 중에 소송의 당사자가 아닌 채무자가 파산선고를 받은 때에는 소송절차는 중단되고 파산관재인이 이를 수계할 수 있다고 규정하고 있는데(제406조, 제347조 제1항), 채권자대위소송도 그 목적이 채무자의 책임재산 보전에 있고 채무자에 대하여 파산이 선고되면 그 소송결과는 파산재단의 증감에 직결된다는 점은 채권자취소소송에서와 같다. 이와 같은 채권자대위소송의 구조, 채무자회생법의 관련 규정 취지 등에 비추어 보면, **민법 제404조에 의하여 파산채권자가 제기한 채권자대위소송이 채무자에 대한 파산선고 당시 법원에 계속되어 있는 때에는 다른 특별한 사정이 없는 한 민사소송법 제239조, 채무자회생법 제406조, 제347조 제1항을 유추 적용하여 소송절차는 중단되고 파산관재인이 수계할 수 있다.**"고 한다 (2013. 3. 28. 2012다100746).

2. 중단의 예외

> 제238조(소송대리인이 있는 경우의 제외) 소송대리인이 있는 경우에는 제233조 제1항, 제234조 내지 제237조의 규정을 적용하지 아니한다.

가. 소송대리인이 선임된 경우

파산선고 및 파산해지(제239조·제240조 참조), 회생절차개시결정 또는 회생절차의 종료(채무자회생법 제59조 참조)의 경우를 제외하고, 중단사유가 발생하여도 소송대리인이 선임되어 있으면 소송절차는 중단되지 아니한다. 이와 같은 사유가 있어도 소송대리권이 소멸하지 아니하고 소송대리인이 충분히 방어를 할 수 있기 때문이다(제95조, 제96조). 따라서 소송대리인은 수계절차를 밟지 아니하여도 신당사자의 소송대리인이 되며, 판결의 효력은 신당사자에게 미친다.

판례는 "종중 대표자가 대표권을 잃은 때에 소송절차는 중단되고, 이 경우 종중 대표자가 된 사람이 소송절차를 수계하여야 하나, 소송대리인이 있는 경우에는 소송절차가 중단되지 아니하고(제64조, 제58조, 제235조, 제238조 등 참조), **소송대리인이 있어 소송절차가 중단되지 않는 경우에도 새로운 대표자는 소송절차를 수계할 수 있다.**"고 한다(2008. 4. 10. 2007다28598).

나. 심급대리의 원칙이 적용되는 경우

당사자에게 소송대리인이 있더라도 심급대리의 원칙상 판결정본이 당사자에게 송달되면 소송절차는 중단된다. 다만 소송대리인에게 상소에 관한 특별수권이 있으면 판결정본이 송달되어도 중단되지 않는다.

판례도 "당사자가 사망하였으나 소송대리인이 있는 경우에는 소송절차가 중단되지 아니하고(제238조, 제233조 제1항), **소송대리인은 상속인들 전원을 위하여 소송을 수행하며, 판결은 상속인들 전원에 대하여 효력이 있다.** 이 경우 심급대리의 원칙상 판결정본이 소송대리인에게 송달되면 소송절차가 중단되므로, 항소는 소송수계절차를 밟은 다음에 제기하는 것이 원칙이다. 다만 **제1심 소송대리인이 상소제기에 관한 특별수권이 있어 상소를 제기하였다면 상소제기 시부터 소송절차가 중단**되므로, 항소심에서 소송수계 절차를 거치면 된다."고 한다(2016. 4. 2. 2014다210449).

또한 "**소송계속 중 법인 아닌 사단 대표자의 대표권이 소멸한 경우** 이는 소송절차 중단사유에 해당하지만(제64조·제235조), 소송대리인이 선임되어 있으면 소송절차가 곧바로 중단되지 아니하고(제238

조), 심급대리의 원칙상 그 심급의 판결정본이 소송대리인에게 송달됨으로써 소송절차가 중단된다. 이 경우 상소는 소송수계절차를 밟은 다음에 제기하는 것이 원칙이나, **소송대리인이 상소제기에 관한 특별수권이 있어 상소를 제기하였다면 상소제기 시부터 소송절차가 중단되므로 이때는 상소심에서 적법한 소송수계절차를 거쳐야 소송중단이 해소된다.**"고 한다(2016. 9. 8. 2015다39357).

다. 상소의 특별수권과 소송수계의 가능성

(ⅰ) 소송대리인에게 상소의 특별수권이 있는 경우에 상속인들의 소송수계와 관련하여, 판례는 "**당사자가 사망하였으나 소송대리인이 있어 소송절차가 중단되지 아니한 경우 원칙적으로 소송수계라는 문제가 발생하지 아니하고 소송대리인은 상속인들 전원을 위하여 소송을 수행하게 되며 판결은 상속인들 전원에 대하여 효력이 있다** 할 것이고, 상속인이 밝혀진 경우에는 상속인을 소송승계인으로 하여 신당사자로 표시50)할 것이지만 상속인이 누구인지 모를 때에는 망인을 그대로 당사자로 표시하여도 무방하며 가령 신당사자를 잘못 표시하였더라도 표시가 망인의 상속인, 상속승계인, 소송수계인 등 망인의 상속인임을 나타내는 문구로 되어 있으면 잘못 표시된 당사자에 대하여는 판결의 효력이 미치지 아니하고 여전히 **정당한 상속인에 대하여 판결의 효력이 미친다**. 이 사건 제1심 판결의 효력은 당사자 표시에서 누락되었음에도 불구하고 망 A의 정당한 상속인인 甲·乙에게도 그들의 상속지분만큼 미치는 것이고, **통상의 경우라면 심급대리의 원칙상 판결의 정본이 소송대리인에게 송달된 때에 소송절차는 중단되는 것이며 소송수계를 하지 아니한 甲·乙에 관하여는 현재까지도 중단상태에 있다**고 할 것이나, 망 A의 소송대리인이었던 변호사는 **상소제기의 특별수권을 부여받고 있었으므로**(소송대리위임장에 부동문자로 특별수권이 부여되어 있다) 항소제기 기간은 진행된다고 하지 않을 수 없어 제1심 판결 중 甲·乙의 상속지분에 해당하는 부분은 그들이나 소송대리인이 항소를 제기하지 아니한 채 항소제기 기간이 도과하여 이미 판결이 확정되었다고 하지 않을 수 없다. 그렇다면 원고로서는 이미 판결이 확정된 甲·乙에 대하여 항소심에서 소송수계신청을 할 필요도 없고 할 수도 없다 할 것이므로 이 사건 소송수계신청은 부적법하다."고 한다(1992. 11. 5. 91마342).

(ⅱ) 이와 달리 "[1] 유언자가 자신의 재산 전부 또는 전 재산의 비율적 일부가 아니라 단지 일부 재산을 특정하여 유증한 데 불과한 특정유증의 경우에는, 유증 목적인 재산은 일단 상속재산으로서 상속인에게 귀속되고 유증을 받은 자는 단지 유증의무자에 대하여 유증을 이행할 것을 청구할 수 있는 채권을 취득하게 될 뿐이므로, **유증자가 사망한 경우 그의 소송상 지위도 일단 상속인에게 당연승계되는 것이고 특정유증을 받은 자가 당연승계할 여지는 없다**. [2] 제95조 제1호·제238조에 따라 소송대리인이 있는 경우에는 당사자가 사망하더라도 소송절차가 중단되지 않고 소송대리인의 소송대리권도 소멸하지 아니하는바, 망인의 소송대리인은 당사자 지위의 당연승계로 인하여 상속인으로부터 새로이 수권을 받을 필요 없이 법률상 당연히 상속인의 소송대리인으로 취급되어 상속인들 모두를 위하여 소송을 수행하게 되는 것이고, **당사자가 사망하였으나 소송대리인이 있어 소송절차가 중단되지 않는 경우에 상속인으로 당사자의 표시를 정정하지 아니한 채 망인을 그대로 당사자로 표시하여 판결하였더라도 판결의 효력은 망인의 소송상 지위를 당연승계한 상속인들 모두에게 미치는 것이므로, 망인의 공동상속인 중 소송수계절차를 밟은 일부만을 당사자로 표시한 판결 역시 수계하지 아니한 나머지 공동상속인들에게도 효력이 미친다**. [3] 망인의 소송대리인에게 상소제기에 관한

---

50) 이 경우에 판결문에서 당사자의 표시는, 상속인의 수계신청이 있는 경우에는 '망 A의 소송수계인 B'라고 기재하고, 상속인의 수계신청이 없었지만 상속인이 정확하게 판명된 때에는 '망 A의 상속인 B'라고 기재한다.

특별수권이 부여되어 있는 경우에는, 그에게 판결이 송달되더라도 소송절차가 중단되지 아니하고 상소기간은 진행하므로 상소제기 없이 상소기간이 지나가면 그 판결은 확정되지만, 한편 망인의 소송대리인이나 상속인 또는 상대방 당사자에 의하여 적법하게 상소가 제기되면 판결이 확정되지 않는 것 또한 당연하다. 그런데 **당사자 표시가 잘못되었음에도 망인의 소송상 지위를 당연승계한 정당한 상속인들 모두에게 효력이 미치는 판결에 대하여 잘못된 당사자 표시를 신뢰한 망인의 소송대리인이나 상대방 당사자가 잘못 기재된 당사자 모두를 상소인 또는 피상소인으로 표시하여 상소를 제기한 경우에는, 상소를 제기한 자의 합리적 의사에 비추어 특별한 사정이 없는 한 정당한 상속인들 모두에게 효력이 미치는 판결 전부에 대하여 상소가 제기된 것으로 보는 것이 타당하다.** [4] 제1심 소송 계속 중 원고가 사망하자 공동상속인 중 甲만이 수계절차를 밟았을 뿐 나머지 공동상속인들은 수계신청을 하지 아니하여 甲만을 망인의 소송수계인으로 표시하여 원고 패소 판결을 선고한 제1심판결에 대하여 상소제기의 특별수권을 부여받은 망인의 소송대리인이 항소인을 제1심판결문의 원고 기재와 같이 "망인의 소송수계인 甲"으로 기재하여 항소를 제기하였고, 항소심 소송 계속 중에 망인의 공동상속인 중 乙 등이 소송수계신청을 한 사안에서, 수계적격자인 망인의 공동상속인들 전원이 아니라 제1심에서 실제로 수계절차를 밟은 甲만을 원고로 표시한 제1심판결의 효력은 당사자 표시의 잘못에도 불구하고 당연승계에 따른 수계적격자인 망인의 상속인들 모두에게 미치는 것인데, **제1심 판결의 잘못된 당사자 표시를 신뢰한 망인의 소송대리인이 판결에 표시된 소송수계인을 그대로 항소인으로 표시하여 판결에 전부 불복하는 항소를 제기한 이상, 항소 역시 소송수계인으로 표시되지 아니한 나머지 상속인들 모두에게 효력이 미치는 제1심판결 전부에 대하여 제기된 것으로 보아야 할 것**이므로, 항소로 인하여 제1심판결 전부에 대하여 확정이 차단되고 항소심 절차가 개시되었으며, 다만 제1심에서 이미 수계한 甲 외에 망인의 나머지 상속인들 모두의 청구 부분과 관련하여서는 항소제기 이후로 소송대리인의 소송대리권이 소멸함에 따라 제233조에 의하여 소송절차는 중단된 상태에 있었다고 보아야 할 것이고, 원심으로서는 망인의 정당한 상속인인 을 등의 소송수계신청을 받아들여 그 부분 청구에 대하여도 심리·판단하였어야 함에도, 乙 등이 망인의 당사자 지위를 당연승계한 부분의 제1심 판결이 이미 확정된 것으로 오인하여 소송수계신청을 기각한 원심판결을 파기한 사례"가 있다(2010. 12. 23. 2007다22859).

(iii) 두 판결의 차이에 대하여 위 판결(2010. 12. 23. 2007다22859)은 "1992. 11. 5. 91마342 결정은 제1심에서 사망한 당사자의 지위를 당연승계한 **상속인들 가운데 실제로 수계절차를 밟은 일부 상속인들이 제1심판결에 불복하여 스스로 항소를 제기**하였으나 이들이 수계인으로 표시되지 아니한 나머지 상속인들의 소송을 대리할 아무런 권한도 갖고 있지 아니하였던 사안에 관한 것으로서, **망인의 소송상 지위를 당연승계한 상속인들 전원을 위하여 소송대리권을 가지는 망인의 소송대리인이 상소를 제기한 이 사건**과는 사안을 달리한다."고 한다.

(iv) 판례는 "제95조 제1호, 제238조에 따라 소송대리인이 있는 경우에는 당사자가 사망하더라도 소송절차가 중단되지 않고 소송대리인의 소송대리권도 소멸하지 아니하는바, 망인의 소송대리인은 당사자 지위의 당연승계로 인하여 상속인으로부터 새로이 수권을 받을 필요 없이 법률상 당연히 상속인의 소송대리인으로 취급되어 상속인들 모두를 위하여 소송을 수행하게 되고, 당사자가 사망하였으나 소송대리인이 있어 소송절차가 중단되지 않는 경우에 비록 상속인으로 당사자의 표시를 정정하지 아니한 채 망인을 그대로 당사자로 표시하여 판결하더라도 판결의 효력은 망인의 소송상 지위를 당연승계한 상속인들 모두에게 미치므로, **망인의 공동상속인 중 소송수계절차를 밟은 일부만을 당사**

자로 표시한 판결 역시 수계하지 아니한 나머지 공동상속인들에게도 효력이 미친다. 심급대리의 원칙상 판결이 망인의 소송대리인에게 송달될 때 소송절차가 중단되나, 망인의 소송대리인에게 상소제기에 관한 특별수권이 부여되어 있는 경우에는, 그에게 판결이 송달되더라도 소송절차가 중단되지 아니한 채 상소기간은 진행하므로 상소제기 없이 상소기간이 지나가면 판결은 확정되고, 한편 망인의 소송대리인이나 상속인 또는 상대방 당사자에 의하여 적법하게 상소가 제기되면 판결이 확정되지 않는다. 그런데 **당사자 표시가 잘못되었음에도 망인의 소송상 지위를 당연승계한 정당한 상속인들 모두에게 효력이 미치는 판결에 대하여 잘못된 당사자 표시를 신뢰한 망인의 소송대리인이나 상대방 당사자가 잘못 기재된 당사자 모두를 상소인 또는 피상소인으로 표시하여 상소를 제기한 경우**에는, 상소를 제기한 자의 합리적 의사에 비추어 특별한 사정이 없는 한 정당한 상속인들 모두에게 효력이 미치는 판결 전부에 대하여 상소가 제기된 것으로 보는 것이 타당하다. 상소제기에 관한 특별수권이 부여되어 있는 망인의 소송대리인이 상소를 제기한 이후부터는 소송대리권이 소멸함에 따라 망인의 공동상속인 중 수계절차를 밟은 일부 상속인 외에 나머지 상속인에 대한 소송절차는 중단된 상태에 있으므로(제233조 제1항 참조), 나머지 상속인 또는 상대방이 소송절차가 중단된 상태에 있는 상소심법원에 소송절차의 수계신청을 할 수 있다."고 한다(2023. 8. 18. 2022그779).

3. 중단의 해소

가. 수계신청

> 제241조(상대방의 수계신청권) 소송절차의 수계신청은 상대방도 할 수 있다.
> 제242조(수계신청의 통지) 소송절차의 수계신청이 있는 때에는 법원은 상대방에게 이를 통지하여야 한다.
> 제243조(수계신청에 대한 재판) ① 소송절차의 수계신청은 법원이 직권으로 조사하여 이유가 없다고 인정한 때에는 결정으로 기각하여야 한다.
> ② 재판이 송달된 뒤에 중단된 소송절차의 수계에 대하여는 그 재판을 한 법원이 결정하여야 한다.

1) 수계신청권자

수계신청이란 중단된 절차의 속행을 구하는 것을 말한다. 수계신청은 승계인뿐만 아니라 상대방 당사자도 할 수 있으며, 당사자 사망의 경우에 수계신청권자는 상속인, 상속재산관리인, 유언집행자, 수증자 등이다.

판례도 "소송계속중 당사자가 사망하고 상속인의 존부가 분명하지 않은 경우, 민법 제1053조 제1항은 "상속인의 존부가 분명하지 아니한 때에는 법원은 제777조의 규정에 의한 피상속인의 친족 기타 이해관계인 또는 검사의 청구에 의하여 상속재산관리인을 선임하고 지체없이 이를 공고하여야 한다."고 규정하고 있고, **상속재산관리인은 민사소송법에 따라 소송을 수계할 수 있는 것이므로, 법원으로서는 소송절차를 중단한 채 상속재산관리인의 선임을 기다려 그로 하여금 소송을 수계하도록 하였어야 한다**."고 한다(2002. 10. 25. 2000다21802).

한편 "소송계속중 당사자인 피상속인이 사망한 경우 공동상속재산은 상속인들의 공유이므로 소송의 목적이 공동상속인들 전원에게 합일확정 되어야 할 필수적 공동소송관계라고 인정되지 아니하는 이상 반드시 공동상속인 전원이 공동으로 수계하여야 하는 것은 아니며, **수계되지 아니한 상속인들**

에 대한 소송은 중단된 상태로 그대로 피상속인이 사망한 당시의 심급법원에 계속되어 있다."고 한다 (1993. 2. 12. 92다29801).

또한 "법원이 부적법한 소송수계신청을 받아들여 소송을 진행한 후 소송수계인을 당사자로 하여 판결을 선고하였다면, 소송에 관여할 수 있는 적법한 당사자가 법률상 소송행위를 할 수 없는 상태에서 심리되어 선고된 것이어서 마치 대리인에 의하여 적법하게 대리되지 아니하였던 경우와 마찬가지로 위법하다."고 한다(2023. 9. 21. 2023므10861).

2) 수계신청을 할 법원

가) 문제점

소송절차의 진행 중에 중단이 된 때에 수계신청은 중단 당시 소송이 계속된 법원에 하여야 한다. 한편 종국판결의 송달과 동시에 또는 그 후에 상소기간이 경과하기 전에 중단이 된 때에는 원칙적으로 그 판결을 한 원심법원에 신청해야 한다(제243조 제2항). 이 경우에는 원심법원이 수계허가결정을 하여 당사자에게 송달하여야 하고, 원심법원의 수계허가결정의 송달 시부터 상소기간이 진행된다. 다만 **종국판결이 선고된 뒤에 수계신청을 하는 경우에 수계신청을 할 법원이 반드시 원심법원이어야 하는지**가 문제된다.

나) 학설의 대립

① 사건이 형식상 상소심에 이심되어 계속되어 있는 경우에는 당사자의 편의나 소송경제상 원심법원 또는 상소법원에 선택적으로 수계신청을 할 수 있다는 선택설과, ② 선택설은 제243조 제2항에 반할 뿐만 아니라, 상소장의 원심법원 제출주의(제397조・제425조)에도 부합하지 않으므로 원심법원에 신청하는 것이 타당하다는 원심법원설이 대립된다.

다) 판례의 태도 : 선택설

판례는 "**소송절차 중단 중에 제기된 상소는 부적법한 것이지만 상소심 법원에 수계신청을 하여 하자를 치유시킬 수 있다.**"고 하고(1980. 10. 14. 80다623), "**판결이 선고된 후 적법한 상속인들이 수계신청을 하여 판결을 송달받아 상고하거나 또는 사실상 송달을 받아 상고장을 제출하고 상고심에서 수계절차를 밟은 경우에도 수계와 상고는 적법한 것이라고 보아야 한다.**"고 하여 선택설의 입장이다 (2003. 11. 14. 2003다34038).

라) 검토

소송절차의 중단사유를 간과하여 수계신청을 하지 않은 채 상소를 하는 경우에도 상대방이 이의 없이 응소하는 등으로 이의권을 포기하거나 상실하면 상소가 적법하게 되고, 상소가 적법하게 된 이상 소송경제상 상소심에서 수계신청을 할 수 있다는 선택설이 타당하다.

3) 수계신청절차

수계신청은 수계의 의사를 명시하여 서면 또는 말로 할 수 있다(제161조). 수계신청은 실질적으로 판단하여야 하므로, 기일지정신청 또는 당사자표시정정신청도 수계신청으로 볼 수 있다. 수계신청 기간에는 제한이 없다. 다만 사망의 경우에 상속인은 상속포기기간인 상속개시 있음을 안 날로부터 3월 또는 그 연장된 기간(민법 제1019조 제1항) 내에는 수계신청을 하지 못한다(제233조 제2항).

이와 관련하여 판례는 "**상속포기기간 중에 한 소송수계신청을 받아들여 소송절차를 진행한 하자가 있더라도 그 후 상속 포기 없이 상속개시 있음을 안 날로부터 3월을 경과한 때에는, 그 전까지의 소송행위에 관한 하자는 치유된다**."고 한다(1995. 6. 16. 95다5905).

4) 수계에 관한 재판

(ⅰ) 수계신청이 있으면 법원은 상대방에게 통지하고(제242조), 승계인 적격을 직권으로 조사한다.

(ⅱ) 수계신청이 부적법하거나 이유 없다고 인정될 경우에는 기각결정을 한다(제243조 제1항). 판례는 "주식회사의 유한회사로의 조직변경은 주식회사가 법인격의 동일성을 유지하면서 조직을 변경하여 유한회사로 되는 것이고, 유한회사가 주식회사로 조직변경을 하는 경우에도 동일한바, **그와 같은 사유로는 소송절차가 중단되지 아니하므로 조직이 변경된 유한회사나 주식회사가 소송절차를 수계할 필요가 없다**. 따라서 **유한회사에서 주식회사로 조직변경을 하였다는 이유로 원고가 한 소송수계신청은 받아들이지 않는다**(다만 이에 따라 원고의 당사자표시를 정정하였다)."고 한다(2021. 12. 10. 2021후10855).[51]

(ⅲ) 수계신청이 이유가 있다고 인정되면 법원은 수계허가의 결정을 할 필요 없이 소송절차를 진행하면 된다. 판례도 "소송수계신청의 적법여부는 법원의 직권조사사항으로서, 조사결과 **수계가 이유 없다고 인정한 경우에는 이를 기각하여야 하나, 이유 있을 때에는 별도의 재판을 할 필요없이 그대로 소송절차를 진행**할 수 있다."고 한다(1984. 6. 12. 83다카1409). 다만 판결정본이 송달된 뒤에 중단된 소송절차에 있어서 수계신청에 대해서는 수계허가의 결정을 하여야 한다(제243조 제2항).

나. 속행명령

제244조(직권에 의한 속행명령) 법원은 당사자가 소송절차를 수계하지 아니하는 경우에 직권으로 소송절차를 계속하여 진행하도록 명할 수 있다.

당사자가 수계신청을 하지 아니하여 사건이 중단된 상태로 방치되었을 때에는 법원은 직권으로 소송절차를 계속 진행하도록 명하는 속행명령을 할 수 있다. 속행명령은 중단 당시에 소송이 계속된 법원이 발한다. 속행명령이 당사자에게 송달되면 중단은 해소된다(제247조 제1항). 한편 속행명령은 중간적 재판이므로 독립하여 불복할 수 없다(제392조 본문).

Ⅲ. 소송절차의 중지

1. 당연중지

제245조(법원의 직무집행 불가능으로 말미암은 중지) 천재지변, 그 밖의 사고로 법원이 직무를 수행할 수 없을 경우에 소송절차는 그 사고가 소멸될 때까지 중지된다.

2. 재판중지

제246조(당사자의 장애로 말미암은 중지) ① 당사자가 일정하지 아니한 기간동안 소송행위를 할 수 없는 장애사유가 생긴 경우에는 법원은 결정으로 소송절차를 중지하도록 명할 수 있다.
② 법원은 제1항의 결정을 취소할 수 있다.

---

[51] [주문] 원고의 소송수계신청을 기각한다.

Ⅳ. 소송절차 정지의 효과

> 제247조(소송절차 정지의 효과) ① 판결의 선고는 소송절차가 중단된 중에도 할 수 있다.
> ② 소송절차의 중단 또는 중지는 기간의 진행을 정지시키며, 소송절차의 수계사실을 통지한 때 또는 소송절차를 다시 진행한 때부터 전체기간이 새로이 진행된다.

1. 원 칙

소송절차의 정지 중에는 판결의 선고를 제외하고 일체의 소송행위를 할 수 없으며, 소송상의 기간은 진행을 개시하지 아니하며, 또 이미 진행 중인 기간도 그 진행이 정지된다.

2. 당사자의 소송행위

소송절차가 정지되면 당사자는 소송행위를 할 수 없으므로, 중단 중에 한 소송행위는 원칙적으로 무효가 된다. 다만 예외적으로 소송절차 외에서 행하는 소송대리인의 선임 등은 유효하게 할 수 있고, 이의권을 상실하거나 포기하면 하자는 치유된다. 한편 정지제도는 당사자를 보호하기 위한 사익적 제도이므로, 정지 중의 소송행위라도 추인하면 유효가 된다.

판례도 "소송절차 중단 중에 제기된 상소는 부적법하지만 **상소심법원에 수계신청을 하여 하자를 치유**시킬 수 있으므로, 상속인들에게서 항소심소송을 위임받은 소송대리인이 소송수계절차를 취하지 아니한 채 사망한 당사자 명의로 항소장 및 항소이유서를 제출하였더라도, **상속인들이 항소심에서 수계신청을 하고 소송대리인의 소송행위를 적법한 것으로 추인하면 하자는 치유되고**, 추인은 묵시적으로도 가능하다."고 한다(2016. 4. 2. 2014다210449).

3. 법원의 소송행위

가. 원 칙

소송절차의 정지 중에 법원은 기일지정, 기일통지나 재판·증거조사, 그 밖의 행위를 할 수 없다. 소송절차의 정지 중에 행한 법원의 소송행위 가운데 재판의 경우는 당연 무효가 아니나, 그 밖의 법원의 소송행위는 무효가 된다. 다만 당사자의 이의권의 포기·상실로 하자가 치유될 수 있다.

나. 중단사유를 간과한 판결의 효력

1) 학설의 대립

① **당연무효설**은 소송절차가 중단된 경우에도 판결의 선고만은 할 수 있다고 규정한 제247조 제1항의 반대해석상 중단사유가 있음에도 간과하고 선고한 판결은 하자있는 판결이므로 효력이 생길 수 없고, 사망으로 대립당사자구조가 소멸된 점은 소제기 시에 이미 사망한 경우와 차이가 없다는 이유에서 무효라는 견해이다. ② **위법설**은 소송계속 중 당사자의 사망으로 소송절차가 중단되었음에도 이를 간과하고 행한 판결을 당연무효라고는 할 수 없고, 당사자가 기일에 적법하게 대리되지 않았음을 이유로 한 상소·재심에 의한 취소사유일 뿐이라고 주장한다. 또한 대리권 흠결에 준하여 당사자가 판결에 대하여 추인하면 하자가 치유된다고 한다.

2) 판례의 태도 : 위법설

판례는 "소송계속 중 일방 당사자의 사망에 의한 소송절차 중단을 간과하고 변론이 종결되어 판결이 선고된 경우에는, 그 판결은 **소송에 관여할 수 있는 적법한 수계인의 권한을 배제한 결과가 되는 절차상 위법은 있지만 당연 무효라 할 수는 없고, 대리인에 의하여 적법하게 대리되지 않았던 경우와 마찬가지로 보아 대리권 흠결을 이유로 상소(제424조 제1항 제4호) 또는 재심(제451조 제1항 제3호)에 의하여 취소를 구할 수 있을 뿐이므로**, 판결이 선고된 후 적법한 상속인들이 **수계신청을 하여 판결을 송달받아 상고하거나 또는 사실상 송달을 받아 상고장을 제출하고 상고심에서 수계절차를 밟은 경우에도 수계와 상고는 적법**한 것이라고 보아야 한다. 또한 **제424조 제2항을 유추하여 볼 때 당사자가 판결 후 명시적 또는 묵시적으로 원심의 절차를 적법한 것으로 추인하면 상소사유 또는 재심사유는 소멸한다**."고 하여, 위법설의 입장이다(1995. 5. 23. 94다28444).

한편 "소송계속 중 회사인 일방 당사자의 합병에 의한 소멸로 인하여 소송절차 중단 사유가 발생하였음에도 이를 간과하고 변론이 종결되어 판결이 선고된 경우에는, 그 판결은 소송에 관여할 수 있는 적법한 수계인의 권한을 배제한 결과가 되는 절차상 위법은 있지만 당연무효라 할 수는 없고, 대리인에 의하여 적법하게 대리되지 않았던 경우와 마찬가지로 보아 대리권 흠결을 이유로 상소 또는 재심에 의하여 그 취소를 구할 수 있을 뿐이나, **소송대리인이 선임되어 있는 경우에는 제95조에 의하여 소송대리권은 당사자인 법인의 합병에 의한 소멸로 인하여 소멸되지 않고 대리인은 새로운 소송수행권자로부터 종전과 같은 내용의 위임을 받은 것과 같은 대리권을 가지는 것으로 볼 수 있으므로, 법원으로서는 당사자의 변경을 간과하여 판결에 구 당사자를 표시하여 선고한 때에는 소송수계인을 당사자로 경정하면 될 뿐, 구 당사자 명의로 선고된 판결을 대리권 흠결을 이유로 상소 또는 재심에 의하여 취소할 수는 없다**."고 한다(2002. 9. 24. 2000다49374).

3) 검토

소송계속 중에 당사자가 사망한 것은 소제기 당시부터 이미 당사자의 사망이 있었던 것과는 달리 상속인이 소송을 당연승계하므로 이당사자대립구조는 유지된다. 다만 수계절차를 밟지 않은 경우에 상속인은 절차보장을 받지 못했으므로 제424조 제1항 제4호, 제451조 제1항 제3호에 의해 구제된다고 보는 판례가 타당하다.

다. 중단을 간과한 판결의 집행

소송계속 중에 당사자가 사망하였음에도 법원이 이를 간과하여 사망한 사람 명의로 판결이 선고된 경우에, 판례는 "**사망한 자가 당사자로 표시된 판결에 기하여 사망자의 승계인을 위한 또는 사망자의 승계인에 대한 강제집행을 실시하기 위하여는 민사집행법 제31조를 준용하여 승계집행문을 부여함이 상당하다**."고 한다(1998. 5. 30. 98그7).

4. 기간의 진행

소송절차의 중단 또는 중지는 기간의 진행을 정지시킨다. 이 경우에 법원이 소송절차의 수계사실을 통지한 때 또는 소송절차를 다시 진행한 때부터 전체기간이 새로이 진행된다(제247조 제2항).

CHAPTER 03 증거

제01절 총설

Ⅰ. 증거의 의의

1. 증거방법

증거방법이란 **법원이 사실의 존부를 확정하기 위하여 조사하는 대상이 되는 유형물**을 말한다. 증거방법 중에서 증인, 감정인, 당사자본인 등은 인증이고, 문서, 검증물, 그 밖의 증거인 사진·녹음테이프 등은 물증이다.

2. 증거자료

증거자료란 증언(제303조), 감정결과(제339조), 문서의 기재 내용, 검증결과(제364조), 당사자신문결과(제367조), 조사촉탁결과(제294조), 그 밖의 증거의 조사결과(제374조) 등과 같이 **증거방법을 조사하여 얻은 내용인 증거조사의 결과**를 말한다.

3. 증거원인

증거원인은 법관의 심증형성의 원인이 된 자료나 상황, 즉 **증거조사의 결과인 증거자료나 변론 전체의 취지**를 말한다(제202조).

Ⅱ. 증거능력·증거력

1. 증거능력

증거능력이란 **유형물인 증거방법으로서 증거조사의 대상이 될 자격**을 말한다. 법정대리인이나 법인 등 단체의 대표자는 당사자신문의 대상일 뿐 증인능력이 없고(제367조, 제372조), 기피당한 감정인도 감정인능력이 없다(제336조). 이와 같은 법률상의 예외를 제외하고는 자유심증주의의 원칙상 증거능력의 제한은 없다.

판례도 "서증의 일부가 사후에 조작된 것이라고 해서 그 호증이 조작되기 전의 매도인 명의의 문서로서 증거능력이 없다고 할 수 없다."고 하고(1979. 8. 14. 78다1283), "증언의 내용이 백미를 대여하는 것을 직접 목격하였다는 것이 아니라 하여 그것으로서는 백미대여사실을 인정할 수 없다고 하였음은 **민사소송에 있어서의 전문증거의 증거력을 전적으로 부정하는 것으로서 위법이다.**"고 하고(1967. 3. 21. 67다67), "판결서 중에서 한 사실판단을 그 사실을 증명하기 위하여 이용하는 것을 불허하는 것은 아니어서 이를 이용하는 경우에 판결서도 그 한도 내에서 보고문서라고 할 것이고, **판결서가 확정되지 아니한 것이라고 하여 증거로 사용될 수 없다고 할 수 없으며 다만 신빙성이 문제될 수 있을 뿐이다.**"고 한다(1992. 11. 10. 92다22107).

다만 "**선서하지 아니한 감정인에 의한 감정 결과는 증거능력이 없으므로, 이를 사실인정의 자료로 삼을 수 없다** 할 것이나, 한편 소송법상 감정인 신문이나 감정의 촉탁방법에 의한 것이 아니고 소송 외에서 전문적인 학식 경험이 있는 자가 작성한 감정의견을 기재한 서면이라도 그 서면이 서증으로 제출되었을 때 법원이 이를 합리적이라고 인정하면 사실인정의 자료로 할 수 있다는 것인바, 법원이 감정인을 지정하고 감정을 명하면서 착오로 감정인으로부터 선서를 받는 것을 누락함으로 말미암아 그 감정인에 의한 감정 결과가 증거능력이 없게 된 경우라도, 그 감정인이 작성한 감정 결과를 기재한 서면이 당사자에 의하여 서증으로 제출되고, 법원이 그 내용을 합리적이라고 인정하는 때에는, 사실인정의 자료로 삼을 수 있다."고 한다(2006. 5. 25. 2005다77848).

2. 증거력 (증명력, 증거가치)

증거력이란 증거자료가 요증사실의 인정에 기여하는 정도를 말한다. 특히 서증의 경우에는 문서의 진정성립을 의미하는 형식적 증거력과 문서의 기재 내용의 증명력을 의미하는 실질적 증거력이 있다. 한편 법관은 증거력을 논리법칙과 경험법칙에 입각하여 자유롭게 판단한다.

3. 위법하게 수집한 증거방법의 증거능력의 문제

가. 문제점

민사소송법은 자유심증주의를 채택하고 있기 때문에, 원칙적으로 증거능력의 제한은 없다. 다만, 상대방의 동의 없는 무단녹음과 같이 위법하게 수집된 증거방법도 증거능력을 인정할 것인지가 문제된다.

나. 통신비밀보호법의 위반 여부

(ⅰ) 통신비밀보호법 제14조 제1항은 "누구든지 공개되지 아니한 타인간의 대화를 녹음하거나 전자장치 또는 기계적 수단을 이용하여 청취할 수 없다."고 규정하고 있으며, 동법 제14조 제2항, 제4조는 이를 위반한 녹음 또는 청취의 내용은 재판 또는 징계절차에서 증거로 사용할 수 없도록 규정하고 있다.

(ⅱ) 제3자가 다른 사람들 사이의 대화를 무단 녹음한 경우에는 위 법에 의하여 증거능력이 부정된다. 그러나 판례는 상대방과 대화를 하면서 동의 없이 녹음을 한 경우에는 위 법의 적용이 없다고 한다. 즉 판례는 "통신비밀보호법 제3조 제1항은 법률이 정하는 경우를 제외하고는 공개되지 아니한 타인 간의 대화를 녹음 또는 청취하지 못하도록 정하고 있고, 제16조 제1항은 제3조의 규정에 위반하여 공개되지 아니한 타인 간의 대화를 녹음 또는 청취한 자(제1호)와 제1호에 의하여 지득한 대화의 내용을 공개하거나 누설한 자(제2호)를 처벌하고 있다. 공개되지 아니한 타인 간의 대화를 녹음 또는 청취하지 못하도록 한 것은, **대화에 원래부터 참여하지 않는 제3자가 대화를 하는 타인들 간의 발언을 녹음 또는 청취해서는 아니 된다**는 취지이다. 따라서 3인 간의 대화에서 그중 한 사람이 대화를 녹음 또는 청취하는 경우에 다른 두 사람의 발언은 녹음자 또는 청취자에 대한 관계에서 통신비밀보호법 제3조 제1항에서 정한 '타인 간의 대화'라고 할 수 없으므로, 이러한 녹음 또는 청취하는 행위 및 내용을 공개하거나 누설하는 행위가 통신비밀보호법 제16조 제1항에 해당한다고 볼 수 없다."고 한다(2014. 5. 16. 2013도16404).

다. 학설의 대립

① 실체적 진실발견을 위하여 증거능력을 인정한다는 적극설, ② 증거의 수집방법이 신의성실의 원칙에 위반되므로 증거능력을 부정한다는 소극설, ③ ⓐ 원칙적으로 증거능력을 부정하고 위법성 조각사유에 해당하는 사정이 있는 경우에 증거능력을 인정한다는 절충설, ⓑ 원칙적으로 증거능력을 인정하나 증거방법에 대한 조사가 당사자의 인격권을 침해하는 경우와 범죄행위에 의하여 수집된 경우에는 증거능력을 부정하는 절충설, ⓒ 공개장소에서의 녹음이나 상대방이 녹음을 동의한 경우처럼 비밀성이 포기되어 인격권이 침해될 염려가 없는 경우 외에는 증거능력을 부정하는 절충설 등이 대립된다.

라. 판례의 태도

판례는 "자유심증주의를 채택하고 있는 민사소송법 하에서 상대방 부지 중 비밀리에 상대방과의 대화를 녹음하였다는 이유만으로 녹음테이프나 이를 속기사에 의하여 녹취한 녹취록이 증거능력이 없다고 단정할 수 없고, 채증 여부는 사실심 법원의 재량에 속하는 것이며, 당사자가 부지로서 다투는 서증에 관하여 거증자가 특히 성립을 증명하지 아니한 경우라 할지라도 법원은 다른 증거에 의하지 아니하고 변론 전체의 취지를 참작하여 자유심증으로써 성립을 인정할 수도 있다."고 한다(2009. 9. 10. 2009다37138).

다만 "초상권 및 사생활의 비밀과 자유에 대한 부당한 침해는 불법행위를 구성하는데, 침해는 공개된 장소에서 이루어졌다거나 민사소송의 증거를 수집할 목적으로 이루어졌다는 사유만으로 정당화되지 아니한다. 따라서 **보험회사 직원이 보험회사를 상대로 손해배상청구소송을 제기한 교통사고 피해자들의 장해 정도에 관한 증거자료를 수집할 목적으로 피해자들의 일상생활을 촬영한 행위가 초상권 및 사생활의 비밀과 자유를 침해하는 불법행위에 해당한다.**"고 한다(2006. 10. 13. 2004다16280).

마. 검토

위법수집증거에 대하여 일률적으로 증거능력을 부정하는 견해와 긍정하는 견해는 증거능력의 판단에서 구체적 타당성이 없으므로 절충설이 타당하다. 한편 개정 형사소송법 제308조의2에서는 위법수집증거의 배제원칙을 규정하였으며, 이에 따라 판례도 형사소송에서 종래의 입장을 변경하여 위법하게 수집한 증거의 증거능력을 부인하였다(2007. 11. 15. 2007도3061).

Ⅲ. 증거의 종류

1. 직접증거·간접증거

주요사실에 관계되는지를 기준으로 하여 직접증거와 간접증거로 구분된다. 직접증거란 **주요사실의 존부를 직접 증명하는 증거**를 말하고, 간접증거란 **간접사실이나 보조사실을 증명하기 위한 증거**를 말한다.

2. 본증·반증·반대사실의 증거

증명책임의 소재를 기준으로 본증과 반증으로 구분된다. (ⅰ) 본증이란 **당사자가 자기에게 증명책임이 있는 사실을 증명하기 위하여 제출하는 증거**를 말하는데, 본증은 법관이 요증사실의 존재가 확실하다고 확신을 가질 정도로 입증해야 한다. (ⅱ) 반증이란 **상대방이 증명책임을 지는 사실을 부정하기 위해 제출하는 증거**를 말하는데, 반증은 법관이 요증사실의 존재가 확실하지 못하다는 의심을 품게 할 정도의 심증을 형성하게 하면 된다. (ⅲ) 반대사실의 증거란 원칙적으로 **법률상 추정이 되었을 때 이를 깨뜨리기 위하여 추정을 다투는 사람이 제출하는 증거**를 말한다. 이는 본증이므로, 당사자는 추정사실을 번복할 만한 반대사실을 완벽하게 증명하여야 한다.

Ⅳ. 증명과 소명

> 제299조(소명의 방법) ① 소명은 즉시 조사할 수 있는 증거에 의하여야 한다.
> ② 법원은 당사자 또는 법정대리인으로 하여금 보증금을 공탁하게 하거나, 그 주장이 진실하다는 것을 선서하게 하여 소명에 갈음할 수 있다.
> ③ 제2항의 선서에는 제320조, 제321조 제1항·제3항·제4항 및 제322조의 규정을 준용한다.
>
> 제300조(보증금의 몰취) 제299조 제2항의 규정에 따라 보증금을 공탁한 당사자 또는 법정대리인이 거짓 진술을 한 때에 법원은 결정으로 보증금을 몰취한다.
>
> 제301조(거짓 진술에 대한 제재) 제299조 제2항의 규정에 따라 선서한 당사자 또는 법정대리인이 거짓 진술을 한 때에 법원은 결정으로 200만 원 이하의 과태료에 처한다.
>
> 제302조(불복신청) 제300조 및 제301조의 결정에 대하여는 즉시항고를 할 수 있다.

(ⅰ) 증명이란 법관이 요증사실의 존재에 대하여 고도의 개연성, 즉 확신을 얻은 상태를 의미하거나 또는 그와 같은 상태에 이르도록 증거를 제출하는 당사자의 노력을 말한다. (ⅱ) 소명이란 증명에 비하여 저도의 개연성, 즉 법관이 일응 확실할 것이라는 추측을 얻은 상태를 의미하거나 또는 그와 같은 상태에 이르도록 증거를 제출하는 당사자의 노력을 말한다. 소명은 법률에 특별한 규정이 있는 경우에 인정된다.

Ⅴ. 엄격한 증명과 자유로운 증명

(ⅰ) 엄격한 증명이란 법률에서 정한 증거방법에 대하여 법률이 정한 증거조사절차에 의하여 행하는 증명을 말한다. (ⅱ) 자유로운 증명이란 증거방법과 증거조사절차에 대해 법률의 규정에서 해방되는 증명을 말한다. 엄격한 증명이나 자유로운 증명 모두 확신의 정도에 차이는 없다. 판례는 "**섭외사건에 관하여 적용할 준거외국법의 내용을 증명하기 위한 증거방법과 절차**에 관하여 민사소송법에 어떤 제한도 없으므로 자유로운 증명으로 충분하다."고 한다(1992. 7. 28. 91다41897).

제02절 증명의 대상

Ⅰ. 사 실

주요사실은 당연히 증명의 대상이 되고, 간접사실과 보조사실도 그에 의하여 주요사실을 증명하려고 할 경우에는 증명의 대상이 된다. 다만 다툼 있는 사실이라도 재판결과에 영향을 미치는 사실이어야 증거조사의 대상이 된다. 따라서 당사자의 주장 자체로 이유가 없는 경우에 법원은 이에 대한 증거조사를 할 필요가 없이 당사자의 주장을 배척하면 된다.

Ⅱ. 경험법칙(경험칙)

1. 의 의

판례는 "경험칙이란 **각개의 경험으로부터 귀납적으로 얻어지는 사물의 성상이나 인과의 관계에 관한 사실판단의 법칙**으로서 구체적인 경험적 사실로부터 도출되는 공통인식에 바탕을 둔 판단형식이므로, 어떠한 경험칙이 존재한다고 하기 위하여서는 이를 도출해 내기 위한 기초되는 구체적인 경험적 사실의 존재가 전제되어야 하는 것이다."고 한다(1992. 7. 24. 92다10135). 경험법칙은 사실인정에 적용되는 법칙이지 법규 그 자체는 아니다.

판례는 "계약을 합의 해제할 때에 원상회복에 관하여 반드시 약정을 하여야 하는 것은 아니지만, **임대차계약을 합의 해제하는 경우에 이미 지급된 임차보증금의 반환에 관하여는 아무런 약정도 하지 아니한 채 임대차계약을 해제하기만 하는 것은 경험칙에 비추어 이례에 속하는 일**이다."고 한다(1992. 6. 23. 92다4130).

또한 "매매계약시 잔금지급 이전에 매매목적물인 부동산에 관한 소유권이전등기를 매수인에게 경료하여 준다는 특별한 약정이 없는 한 잔금지급 이전에 소유권이전등기를 경료하여 주는 것은 극히 이례에 속하므로, **어느 부동산에 관하여 잔금지급과 상환으로 소유권이전등기를 경료하여 주기로 하는 내용의 부동산 매매계약이 체결되고 매매 목적물에 관하여 매수인 명의로 소유권이전등기가 경료되었다면, 특단의 사정이 없는 한 매수인의 잔금지급의무는 이미 이행되었다고 봄이 경험칙상 상당**하고, 그와 같은 사정에도 불구하고 매매대금이 전부 지급된 것이 아니라고 판단하기 위하여는 특단의 사정에 대한 이유 설시가 선행되어야 한다."고 한다(1996. 10. 25. 96다29700).

또한 "부동산을 매수하려는 당사자는 직접 현장을 확인해 보거나, 등기부, 지적도면 등에 의하여 부동산의 위치와 부근 토지의 상황 등을 점검하여 보는 것이 경험칙상 당연하다."고 한다(1994. 10. 14. 94다22231).

그러나 "생계비는 사람이 사회생활을 영위하는 데 필요한 비용을 가리키는 것으로 이는 수입의 다과에 따라 각기 소요액이 다른 것으로 보아야 할 것이며, 구체적인 생계비 소요액은 결국 사실인정의 문제로서 증거에 의하여 인정되어야 하는 것이지 **수입의 다과에 불문하고 수입의 1/3 정도가 생계비로 소요된다고 하는 경험칙이 있다고 할 수는 없다**."고 한다(1994. 4. 12. 93다30648).

2. 종 류

경험법칙은 (ⅰ) 일반성의 정도에 따라 일상적·상식적 경험법칙, 전문적·학리적 경험법칙으로 구분할 수 있고, (ⅱ) 개연성의 정도에 따라 고도의 개연성 있는 경험법칙, 단순히 가능성 있는 경험법칙으로 구분할 수 있다.

3. 법적 성질

경험법칙은 구체적 사실이 아니라 사실판단의 전제가 되는 지식이므로 변론주의의 적용을 받지 않기 때문에 자백이나 자백간주의 대상이 되지 않고 직권조사의 대상이다. 판례도 "**경험칙은 일종의**

법칙인 것이므로 법관은 경험칙의 유무를 판단함에 있어서는 당사자의 주장이나 입증에 구애됨이 없이 스스로 직권에 의하여 판단할 수 있다."고 한다(1976. 7. 13. 76다983). 또한 법관의 자유심증에 의한 사실의 진부판단은 논리법칙과 경험법칙에 따라야 하므로, 경험법칙은 법관의 자의를 방지하는 기준이 되며 자유심증주의의 내용이 된다(제202조).

4. 증명의 필요성과 방법

경험법칙 중에서 일상적·상식적 경험법칙은 객관성이 보장되어 있으므로 증명의 대상이 되지 않는다. 그러나 전문적·학리적 경험법칙은 증명의 대상이 된다. 다만 증명이 필요한 경우에도 경험법칙은 구체적인 사건을 떠나서 객관적 지식으로서만 존재할 수 있으므로 자유로운 증명으로 족하다.

5. 경험법칙 위반과 상고가능성

> 제423조(상고이유) 상고는 판결에 영향을 미친 헌법·법률·명령 또는 규칙의 위반이 있다는 것을 이유로 드는 때에만 할 수 있다.

가. 문제점

경험법칙의 인정을 그르쳤거나 그 적용을 잘못한 경우에 사실문제로서 사실심의 전권에 속하는지(사실문제설), 또는 법령위반과 동일시하여 상고이유로 되는지(법률문제설)가 문제된다.

나. 학설의 대립

① 경험법칙은 법규에 준하므로 경험법칙의 위배는 법률문제가 되어 상고이유가 된다는 법률문제설과, ② 경험법칙은 법규와 달리 사실판단에 쓰이는 자료이므로 사실문제로서 사실심의 전권에 속한다는 사실문제설이 대립된다.

다. 판례의 태도 : 법률문제설

판례는 "원심판결에는 경험칙 위배 및 심리미진으로 사실을 오인하여 판결 결과에 영향을 미친 위법이 있다고 할 것이므로, 상고이유는 이유 있다."고 하고(2003. 1. 24. 2002다64377), "처가 남편으로부터 재산의 처분권을 위임받았다면 이를 미성년자인 아들에게 소유권이전등기를 경료한 후 제3자에게 처분하는 것은 이례에 속하는 것으로서 그렇게 하여야 할 특단의 사정에 대한 심리를 다하지 아니하고 처분권 위임사실을 확정한 것은 증거없이 경험칙에 위배하여 사실을 확정한 위법이 있다."고 한다(1971. 11. 15. 71다2070).

또한 "경험칙이란 사실판단의 '법칙', 즉 구체적 사실이 아닌 사실판단의 전제로서 기능하는 법칙이다. 경험적 사실로부터 도출되는 것이어서 경험적 사실의 변화에 따라 달라질 수 있는 것이지만, 일종의 법칙으로서 당사자의 주장이나 증명에 구애됨이 없이 직권에 의하여 판단할 수 있다. 경험칙에 반하는 사실인정은 자유심증주의의 한계를 일탈하여 위법한 것으로서 상고이유가 된다(제202조). 따라서 법률심인 대법원은 경험적 사실의 변화 및 그에 따라 달라진 경험칙이 무엇인지, 사실인정이 경험칙에 위배한 것인지에 대해 규범적 판단을 할 수 있다. 한편 경험칙을 도출하기 위한 토대가 되는 경험적 사실에는 법령 규정 내용뿐만 아니라 국제기구 및 국가기관이 공식적으로 발표한 통계자료를 비롯하여 법원에 현저한 사실도 포함된다."고 한다(2019. 2. 21. 2018다248909).

라. 검 토

통상인의 기준에서 경험법칙에 의한 사실인정이 납득되어야 하며, 경험법칙에 대해 전문적 지식을 갖지 않는 상고심 법관이라도 충분히 판정할 수 있는 것이므로 법률문제설이 타당하다.

Ⅲ. 법 규

법규의 존부확정이나 적용은 법원의 직책이므로 일반적인 법규의 존재사실은 증명의 대상이 되지 않으나, 외국법·지방자치단체의 조례·관습법 등을 법원이 알지 못하는 경우에는 증명의 대상이 된다. 판례도 "증명의 대상이 되는 것은 원칙적으로 당사자 사이에 다툼이 있는 사실관계이고, 재판에 적용되는 법령은 법원이 이미 알고 있거나 직권으로 조사하여 해석·적용하여야 하는 성질을 지니므로, **법령의 존재여부를 탐지하고 해석하는 것은 법원의 직권에 속한다.**"고 한다(2007. 10. 25. 2005다62235).

또한 "섭외적 사건에 관하여 적용될 외국법규의 내용을 확정하고 의미를 해석함에 있어서는 외국법이 본국에서 현실로 해석·적용되고 있는 의미·내용대로 해석·적용되어야 하는 것인데, 소송과정에서 적용될 외국법규에 흠결이 있거나 존재에 관한 자료가 제출되지 아니하여 내용의 확인이 불가능한 경우 법원으로서는 법원에 관한 민사상의 대원칙에 따라 외국 관습법에 의할 것이고, 외국관습법도 내용의 확인이 불가능하면 조리에 의하여 재판할 수밖에 없는바, 조리의 내용은 가능하면 원래 적용되어야 할 외국법에 의한 해결과 가장 가까운 해결 방법을 취하기 위해서 외국법의 전체계적인 질서에 의해 보충 유추되어야 하고, 그러한 의미에서 그 외국법과 가장 유사하다고 생각되는 법이 조리의 내용으로 유추될 수도 있을 것이다."고 한다(2000. 6. 9. 98다35037).

제03절 불요증사실

◆ 제1관 서 설

> 제288조(불요증사실) 법원에서 당사자가 자백한 사실과 현저한 사실은 증명을 필요로 하지 아니한다. 다만, 진실에 어긋나는 자백은 그것이 착오로 말미암은 것임을 증명한 때에는 취소할 수 있다.

당사자 사이에 소송상 다툼이 없는 사실(재판상 자백, 자백간주)과 현저한 사실(제288조 본문), 법률상 추정되는 사실 등은 증명을 요하지 않는데, 이를 불요증사실이라고 한다. 다만 법률상 추정되는 사실이 불요증사실인지에 대하여는 견해가 대립된다(후술).

재판상 자백과 자백간주의 경우에는 변론주의가 적용되는 절차에서만 인정되고 직권탐지주의가 적용되는 절차에서는 인정되지 않는다. 그러나 현저한 사실은 직권탐지주의가 적용되는 절차에서도 인정된다(가사소송법 제12조 참조).

◆ 제2관 **재판상 자백**

I. 의의 및 법적 성질

재판상 자백이란 **변론기일 또는 변론준비기일에서 상대방 주장과 일치하고 자기에게 불리한 사실의 진술**을 말한다. 재판상 자백의 법적 성질에 대하여, ① 재판상 자백은 상대방의 증명책임을 면제하고 자신의 방어권을 포기하는 의사표시로 보는 의사표시설과, ② 어떤 사실을 진실로 보는 관념 내지 경험을 보고함에 그치는 것이라는 사실보고설(통설)이 대립된다. 재판상 자백이 구속력이 발생하는 것은 의사표시의 효과가 아니라 법률규정에 의한 것이므로, 사실보고설이 타당하다.

II. 요 건

1. 자백의 대상 : 구체적인 사실을 대상으로 하였을 것

가. 권리자백

1) 개 념

권리자백이란 **상대방 주장의 법률상의 진술 또는 의견에 대하여 자백하는 진술, 즉 권리 또는 법률관계를 대상으로 하는 자백**을 말한다. 재판상 자백의 대상은 구체적 사실에 대한 진술이므로, 권리 또는 법률관계에 대한 진술은 자백의 대상이 되지 않는 것이 원칙이다. 왜냐하면 법률판단은 법원의 전권사항이기 때문이다. 따라서 권리자백에 대하여 재판상 자백으로서의 효력을 인정할 수 있는지 문제된다.

2) 권리자백의 대상 및 재판상 자백으로서의 효력인정 여부

(ⅰ) **법규의 존부・해석에 관한 진술**은 법원의 전권사항이므로, 재판상 자백의 대상이 되지 않는다. (ⅱ) 과실・정당한 사유・선량한 풍속위반 등의 진술과 같은 **사실에 대한 평가적 판단(법적 추론)** 은 재판상 자백의 대상이 되지 않으므로, 법원을 구속하지는 못한다. (ⅲ) **법률적 사실의 진술(압축진술)** 이란 법률적 개념을 사용하여 사실을 진술한 경우인데, 그 내용을 이루는 사실에 대한 압축진술로 보고 재판상 자백을 인정하여야 한다. 예컨대 매매・소비대차・임대차의 성립을 상대방이 인정한다고 진술하는 경우에 이는 상식적인 용어가 된 단순한 법률상의 용어를 압축하여 진술하여 표현한 것이고 또한 이처럼 상식적으로 알려진 것은 진술자도 이해하고 있었을 것이므로 재판상 자백으로서의 구속력을 인정하여야 한다. 판례도 "**법률용어를 사용한 당사자의 진술이 동시에 구체적인 사실관계의 표현으로서 사실상의 진술도 포함하는 경우에는 그 범위 내에서 자백이 성립하는 것이다.**"고 한다(1984. 5. 29. 84다122). (ⅳ) **소송물인 권리관계 자체에 대한 불이익한 진술**의 경우는 청구의 포기・인낙으로서 구속력이 인정된다(제220조).

3) 선결적 법률관계에 대한 진술 (협의의 권리자백)

가) 문제점

소유권에 기한 건물인도청구에서 피고가 원고 주장의 소유권을 인정하는 경우와 같이, 선결적 법률관계를 인정하는 진술을 한 경우에 재판상 자백이 성립할 것인지가 문제된다.

나) 학설의 대립

① 선결적 법률관계에 대한 자백은 법원의 전권에 속하는 법률판단에 대한 자백이므로 자백의 효력이 인정되지 않는다는 부정설, ② 선결적 법률관계는 소의 전제를 이루고 있는 점에서 사실관계와 다를 바 없으므로 자백의 효력을 인정하여야 한다는 긍정설(다수설), ③ 법률관계에 관한 것이므로 법원에 대한 구속력은 인정하지 않고, 당사자가 인정한 것이므로 당사자의 임의철회는 금지하여야 한다는 절충설이 대립된다.

다) 판례의 태도

(ⅰ) 판례는 선결적 법률관계 자체에 대하여는 자백으로서의 효력을 부정한다. 즉 "**소송물의 전제가 되는 권리관계나 법률효과를 인정하는 진술은 권리자백으로서 법원을 기속하는 것이 아니고 상대방의 동의 없이 자유로이 철회할 수 있으므로**, 피고가 매매계약이 원고에 의하여 해제되었다고 자백할지라도 이를 철회한 이상 계약해제의 효과가 생긴 것이라고 할 수 없다."고 한다(1982. 4. 27. 80다851). 또한 "피고(공사수급인)가 이 사건 점포들이 **자기에게 소유권이 귀속되었다고 진술한 사실**이 있더라도, 이는 권리자백으로서 법원이 이에 기속을 받을 이유는 없다."고 한다(1979. 6. 12. 78다1992).

(ⅱ) 그러나 판례는 선결적 법률관계의 내용을 이루는 사실에 대해서는 자백으로서의 효력을 인정한다. 즉 "**소유권을 선결문제로 하는 소송에서 피고가 원고 주장의 소유권을 인정하는 진술은 소전제가 되는 소유권의 내용을 이루는 사실에 대한 진술로 볼 수 있으므로 재판상 자백**이라 할 것이나, 이는 **사실에 대한 법적 추론의 결과에 대하여 의문의 여지가 없는 단순한 법개념에 대한 자백의 경우**에 한하여 인정되는 것이고, 추론의 결과에 대한 다툼이 있을 수 있는 경우에는 권리의 자백으로서 법원이 이에 기속을 받을 이유는 없다."고 한다(2007. 5. 11. 2006다6836).

라) 검 토

재판상 자백은 철회가 가능하므로, 기판력이 발생하는 청구의 인낙보다 당사자에게 유리하다. 따라서 선결적 법률관계에 대한 중간확인의 소가 제기되면 피고가 청구의 인낙을 할 수 있다는 점과의 균형상 자백의 효력을 인정하여 법원이 이에 구속된다고 보아야 한다. 따라서 긍정설이 타당하다.

4) 권리자백의 효과

권리자백이 재판상 자백의 대상이 되는 경우에는 상대방의 증명책임이 면제되고, 당사자를 구속하므로 임의철회가 금지되며, 법원을 구속하므로 법원은 당사자가 자백한 것을 그대로 인정하여야 한다. 다만 권리자백이 재판상 자백의 대상이 되지 않는 경우에는 법원 및 당사자를 구속하지 못하지만 법원은 변론 전체의 취지로서 참작을 할 수 있다.

나. 주요사실

(ⅰ) ① 간접사실에 대하여는 금반언과 자기책임을 근거로 당사자에 대해서만은 구속력을 인정할 것이라는 견해와, ② 주요사실과 간접사실의 구별이 쉽지 않으므로 간접사실도 자백의 대상이 된다는 견해가 있으나, ③ **자백의 대상이 되는 사실은 주요사실에 한하며, 간접사실과 보조사실에 대하여는 자백이 성립하지 않는다**는 견해가 다수설이다. 판례도 "주요사실에 대한 당사자의 불리한 진술인 자백이 성립하는 대상은 사실에 한하는 것이고, **사실에 대한 법적 판단 내지 평가는 자백의 대상**

이 되지 않는다."고 한다(2006. 6. 2. 2004다70789). 간접사실과 보조사실에 대하여 자백을 인정하면 법관의 자유심증을 제약하기 때문에, 다수설·판례의 입장이 타당하다.

(ii) 판례는 "법정변제충당의 순서를 정함에 있어 기준이 되는 이행기나 변제이익에 관한 사항 등은 구체적 사실로서 자백의 대상이 될 수 있으나, **법정변제충당의 순서 자체는 법률규정의 적용에 의하여 정하여지는 법률상의 효과여서 그에 관한 진술이 비록 진술자에게 불리하더라도 자백이라고 볼 수는 없다.**"고 하고(1998. 7. 10. 98다6763), "**이행불능에 관한 주장은 법률적 효과에 관한 진술을 한 것에 불과**하고 사실에 관한 진술을 한 것이라고는 볼 수 없으므로, 그 진술은 자유로이 철회할 수 있고 법원도 이에 구속되지 않는다고 할 것인바, 자백의 취소에 관한 규정이 적용될 여지가 없다."고 한다(1990. 12. 11. 90다7104).

(iii) 그러나 판례는 "타인의 불법행위로 인하여 피해자가 상해를 입게 되거나 사망하게 된 경우, 피해자가 입게 된 소극적 손해인 일실수입은 피해자의 사고 당시 수입을 기초로 하여 산정하게 되므로 **피해자의 사고 당시 수입은 자백의 대상이 된다.**"고 하고(1998. 5. 15. 96다24668), "인신사고로 인한 손해배상청구사건에 있어 **노동능력상실 비율이 자백의 대상이 된다**는 점에 견주어 볼 때, 그에 상응하는 구 자동차손해배상보장법 시행령 제3조 제1항 제3호 [별표 2]의 **후유장해등급 역시 자백의 대상이 된다**고 봄이 상당하다."고 하고(2006. 4. 27. 2005다5485), "인신사고로 인한 손해배상 사건에서 손해배상액을 산정하는 기초가 되는 **피해자의 기대여명은 변론주의가 적용되는 주요사실로서 재판상 자백의 대상**이 된다."고 한다(2018. 10. 4. 2016다41869).

또한 "문서의 성립에 관한 자백은 보조사실에 관한 자백이기는 하나 그 취소에 관하여는 다른 간접사실에 관한 자백취소와는 달리 **주요사실의 자백취소와 동일하게 처리하여야 할 것이므로, 문서의 진정성립을 인정한 당사자는 자유롭게 이를 철회할 수 없다**고 할 것이고, 이는 문서에 찍힌 인영의 진정함을 인정하였다가 나중에 이를 철회하는 경우에도 마찬가지이다."고 한다(2001. 4. 24. 2001다5654).

2. 자백의 내용 : 자기에게 불리한 사실상의 진술일 것

가. 문제점

자기에게 불리한지 여부를 판단하는 기준이 문제된다.

나. 학설의 대립

① 자신의 자백에 의하여 상대방의 증명책임이 면제되어 자기에게 불리하게 된다는 의미에서, 불리한 사실이란 상대방이 증명책임을 지는 사실을 의미한다는 **증명책임설**과, ② 불이익이란 그 사실을 바탕으로 판결이 나면 자기에 대하여 전부든 일부든 패소될 가능성의 의미로 보아야 하므로 자기에게 증명책임이 있는 사실도 불이익한 사실에 포함된다는 **패소가능성설**(다수설)이 대립된다.

다. 판례의 태도 : 패소가능성설

판례는 "원고들이 소유권확인을 구하고 있는 사건에서 원고들의 피상속인 명의로 소유권이전등기가 마쳐진 것이라는 점은 **원래 원고들이 입증책임을 부담할 사항이지만 위 소유권이전등기를 마치지 않았다는 사실을 원고들 스스로 자인한 바 있고 이를 피고가 원용한 이상 이 점에 관하여는 자백이 성립**한 결과가 되었다."고 하여(1993. 9. 14. 92다24899), 자신이 증명책임을 부담하는 사항에 관하여 자신에게 불리한 진술을 하는 것이 자백에 해당한다고 한다.

라. 검토
자기책임의 원칙에 비추어 패소가능성설이 타당하다.

3. 자백의 모습 : 상대방 주장사실과 일치되는 사실상의 진술일 것

가. 선행자백(자발적 자백)

(ⅰ) 어느 쪽이 먼저 진술하였는지의 시간적 선·후는 문제되지 않는다. 판례도 "**당사자가 변론에서 상대방이 주장하기도 전에 스스로 자신에게 불이익한 사실을 진술하는 경우, 상대방이 이를 명시적으로 원용하거나 그 진술과 일치되는 진술을 하면 재판상 자백이 성립되는 것**이어서, 법원도 자백에 구속되어 자백에 저촉되는 사실을 인정할 수 없다."고 한다(2005. 11. 25. 2002다59528).

다만, 자기에게 불리한 진술을 상대방이 원용하기 전에는 양 진술의 일치가 없으므로 재판상 자백이 아니다. 따라서 상대방이 원용하기 전까지는 자기에게 불리한 진술을 자유롭게 철회할 수 있다. 한편, 판례는 "**일치 여부에 관하여는 필요한 경우 석명권을 행사하여 변론 전체의 취지에서 판단하여야 한다.**"고 한다(2007. 6. 28. 2007다26424).

(ⅱ) 선행자백의 개념에 대하여, ① 다수설은 상대방이 원용하기 전의 상태를 선행자백이라고 하여 재판상 자백과 구별하고 있으나, ② 판례는 상대방이 원용하기 전의 상태를 자인진술이라고 하고 상대방이 원용하여 재판상 자백이 된 것을 선행자백이라고 한다.

즉, 판례는 "재판상 자백의 일종인 선행자백은 **당사자 일방이 자진하여 자기에게 불리한 사실상의 진술을 한 후 상대방이 원용함으로써 사실에 관하여 쌍방의 주장이 일치함**을 요하므로, **일치가 있기 전에는 전자의 진술을 선행자백이라 할 수 없고**, 따라서 일단 자기에게 불리한 사실을 진술한 당사자도 상대방의 원용이 있기 전에는 자인한 진술을 철회하고 이와 모순되는 진술을 자유로이 할 수 있으며 이 경우 **앞의 자인사실**은 소송자료에서 제거된다."고 한다(2016. 6. 9. 2014다64752).

또한 "자백은 당사자가 자기에게 불이익한 사실을 인정하는 진술로서 상대방 당사자의 진술내용과 일치하거나 상대방 당사자가 원용하는 경우에 성립하고, 상대방이 원용하지 아니하여 쌍방의 주장이 일치된 바 없다면 자백(선행자백)이라고 볼 수 없다. 그리고 **당사자 일방이 한 진술에 잘못된 계산이나 기재, 기타 이와 비슷한 표현상의 잘못이 있고, 잘못이 분명한 경우에는 상대방이 이를 원용하더라도 쌍방의 주장이 일치한다고 할 수 없으므로 자백(선행자백)이 성립할 수 없다.**"고 한다(2018. 8. 1. 2018다229564).

나. 자백의 가분성

1) 이유부 부인

상대방의 주장을 전체로서는 다투지만 일부에 있어서는 일치된 진술을 할 경우이다. 이 경우에 진술이 일치하는 부분의 한도에서 가분적으로 자백의 성립을 인정한다. 예컨대 대여금청구에 있어서 피고가 증여로 받았다는 진술을 하면 돈을 받았다는 사실의 한도 내에서는 자백이 성립된다. 진술이 일치하지 않는 나머지 부분은 부인이 된다.

2) 제한부 자백

상대방의 주장사실을 인정하면서도 이에 관련되는 방어방법을 부가하는 경우이다. 이 경우에 진술이 일치하는 부분의 한도에서 가분적으로 자백의 성립을 인정한다. 예컨대 대여금청구에 있어서 피고가 돈을 차용한 사실은 인정하지만 이를 변제하였다는 진술을 하면 돈을 차용한 사실에 대해서는 자백이 성립된다. 진술이 일치하지 않는 나머지 부분은 항변이 된다.

4. 자백의 형식 : 변론기일이나 변론준비기일에서 소송행위로서 진술하였을 것

가. 법정자백

자백은 변론기일 또는 변론준비기일에서 법원에 대한 소송행위로 하여야 한다. 따라서 준비서면에 자백의 내용이 기재되어 있더라도 변론 또는 변론준비기일에서 진술 또는 진술간주되지 않으면 재판상 자백이 될 수 없다.

판례도 "재판상 자백이란 **변론기일 또는 변론준비기일에서** 당사자가 하는 상대방의 주장과 일치하는 자기에게 불리한 사실의 진술을 말하는 것으로서, 법원에 제출되어 상대방에게 송달된 답변서나 준비서면에 자백에 해당하는 내용이 기재되어 있는 경우라도 그것이 변론기일이나 변론준비기일에서 **진술 또는 진술간주되어야 재판상 자백이 성립한다**."고 한다(2015. 2. 12. 2014다229870). 따라서 "**소송당사자가 형사사건의 법정이나 수사기관에서 상대방의 주장과 일치하는 진술을 하였고 상대방이 이 진술이 담긴 서증을 원용**하였더라도 이를 재판상 자백으로 볼 수는 없다."고 하고(1991. 12. 27. 91다3208), "다른 소송에서 한 자백은 하나의 증거원인이 될 뿐, 제288조에 의한 구속력이 없다."고 한다(1996. 12. 20. 95다37988).

나. 자백의 방법

자백은 법원에 대한 단독적 소송행위이기 때문에 상대방이 불출석하여도 가능하나, 소송행위이므로 자백에 조건·기한을 붙일 수는 없다. 또한 자백은 변론기일이나 변론준비기일에 소송행위로서 진술되어야 한다. 따라서 판례는 "증거조사방법 중의 하나인 **당사자본인신문의 결과 중에 당사자의 진술로서 상대방의 주장과 일치되는 부분**이 나왔더라도 그것은 재판상 자백이 될 수 없다."고 한다 (1978. 9. 12. 78다879).

또한 "재판상 자백은 변론기일 또는 변론준비기일에서 상대방의 주장과 일치하면서 자신에게는 불리한 사실을 진술하는 것을 말한다. 자백은 명시적인 진술이 있는 경우에 인정되는 것이 보통이지만, **자백의 의사를 추론할 수 있는 행위가 있으면 묵시적으로 자백을 한 것**으로 볼 수도 있다. 다만 상대방의 주장에 단순히 침묵하거나 불분명한 진술을 하는 것만으로는 자백이 있다고 인정하기에 충분하지 않다."고 한다(2021. 7. 29. 2018다267900).

Ⅲ. 효 력

1. 내 용

재판상 자백이 성립되면 그 내용은 증명을 요하지 않는다(제288조 본문). 따라서 법원은 자백한 사실을 판결의 기초로 하지 않으면 안 되고, 당사자는 자백한 사실에 대하여 원칙적으로 철회할 수 없다. 한편 자백의 구속력은 상급심에도 미친다(제409조).

2. 적용범위

자백의 구속력은 변론주의에 의하여 심리되는 소송절차에 한하며, 가사소송 등 직권탐지주의에 의하여 심리되는 소송절차, 소송요건 등의 직권조사사항, 재심사유 등의 경우에는 인정되지 않는다. 판례도 "원고 종중의 권리능력의 시기는 **직권조사사항으로서 자백의 대상이 되지 아니한다.**"고 한다(1982. 3. 9. 80다3290).

3. 법원에 대한 구속력

법원은 당사자가 자백한 사실이 진실인가의 여부에 관하여 판단할 필요가 없으며, 증거조사의 결과 반대의 심증을 얻었다 하더라도 이에 반하는 사실을 인정할 수 없다. 판례도 "자백은 창설적 효력이 있는 것이어서 법원도 이에 기속되는 것이므로, **당사자 사이에 다툼이 없는 사실에 관하여는 법원은 그와 배치되는 사실을 증거에 의하여 인정할 수 없다.**"고 한다(1988. 10. 24. 87다카804). 또한 "재판상 자백이 성립한 이상 자신에 불이익한 자백을 하는 진의가 무엇인지 석명하여 밝혀야 할 것은 아니다."고 한다(2000. 10. 10. 2000다19526).

다만 '현저한 사실에 반하는 자백 또는 경험법칙에 반하는 자백'에 법원에 대한 구속력을 인정하여 법원의 사실인정권이 배제된다는 것은 변론주의의 과장이며 재판의 객관성을 해하여 재판의 위신을 실추시키는 것이 되므로, 통설·판례는 '현저한 사실'에 반하는 자백을 부정한다.

4. 당사자에 대한 구속력

가. 원칙 – 취소의 제한

금반언의 원칙, 상대방의 신뢰 보호, 절차의 안정 등을 위하여 일단 자백이 성립되면 자백한 당사자는 임의로 취소할 수 없다.

나. 예외 – 취소의 허용

1) 제출시기의 제한

자백도 취소가 허용되지만, 소송의 정도에 따라 적절한 시기에 주장하여야 한다(제149조). 따라서 판례는 "법률심인 상고심에서는 원심에서 한 자백을 취소할 수 없다."고 한다(1998. 1. 23. 97다38305). 한편 판례는 "재판상 자백의 취소는 반드시 명시적으로 하여야만 하는 것은 아니고, **종전의 자백과 배치되는 사실을 주장함으로써 묵시적**으로도 할 수 있다."고 한다(1994. 9. 27. 94다22897).

2) 취소의 사유

가) 상대방의 동의가 있는 때

판례는 "자백의 취소를 상대방이 승낙한 경우에는 그 취소는 유효이다."고 하고(1967. 8. 29. 67다1216), "자백은 사적자치의 원칙에 따라 당사자의 처분이 허용되는 사항에 관하여 효력이 발생하는 것이므로, 일단 자백이 성립되었다고 하여도 자백을 한 당사자가 종전의 자백과 배치되는 내용의 주장을 하고 이에 대하여 **상대방이 이의를 제기함이 없이 주장내용을 인정한 때**에는 종전의 자백은 취소되고 새로운 자백이 성립된 것으로 보아야 한다."고 한다(1990. 11. 27. 90다카20548). 그러나 "**자백의 취소에 대하여 상대방이 아무런 이의를 제기하고 있지 않다는 점만으로는 취소에 동의하였다고 볼 수는 없다.**"고 한다(1994. 9. 27. 94다22897).

나) 자백이 제3자의 형사상 처벌할 행위에 의하여 이루어진 때(제451조 제1항 제5호 유추)

자백이 형사상 처벌을 받을 다른 사람의 행위로 인하여 이루어진 때(제451조 제1항 제5호의 유추적용)에는 자백은 무효가 된다. 이 경우에 불요증사실인 자백을 무효로 하는 것에 불과하므로 유죄확정판결(제451조 제2항)은 요건이 아니다(다수설).

다) 자백이 진실에 반하고 착오로 인한 것임을 증명한 때(제288조 단서)

자백이 진실에 반한다는 사실과 자백이 착오에 의한 것이라는 사실을 모두 입증해야 한다. 판례는 "재판상의 자백에 대하여 상대방의 동의가 없는 경우에는 자백을 한 당사자가 **자백이 진실에 부합되지 않는다는 것과 자백이 착오에 기인한다는 사실**을 증명한 경우에 한하여 이를 취소할 수 있으나, 이때 진실에 부합하지 않는다는 사실에 대한 증명은 반대되는 사실을 직접증거에 의하여 증명함으로써 할 수 있지만 자백사실이 진실에 부합하지 않음을 추인할 수 있는 간접사실의 증명에 의하여도 가능하다고 할 것이고, 또한 **자백이 진실에 반한다는 증명이 있다고 하여 자백이 착오로 인한 것이라고 추정되는 것은 아니지만, 자백이 진실과 부합되지 않는 사실이 증명된 경우라면 변론 전체의 취지에 의하여 자백이 착오로 인한 것이라는 점을 인정할 수 있다**."고 한다(2004. 6. 11. 2004다13533).

라) 소송대리인의 자백을 당사자가 취소하거나 경정한 때

소송대리인의 진술로 인하여 자백이 된 경우에도 본인이 경정권(제94조)을 행사하여 이를 취소 또는 경정을 하면 소송대리인의 자백은 무효가 된다.

마) 자백의 성립 후 청구를 교환적으로 변경하여 원래의 주장사실을 철회한 경우

판례는 "**피고가 원고의 주장사실을 인정함으로써 자백이 성립된 후, 소변경신청서에 의하여 기존의 주장사실에 배치되는 사실을 주장하면서 청구취지·청구원인을 교환적으로 변경함으로써 원래의 주장사실을 철회한 경우,** 이미 성립되었던 피고의 자백도 그 대상이 없어짐으로써 소멸되었고, 나아가 그 후 피고가 자백내용과 배치되는 주장을 함으로써 진술을 묵시적으로 철회하였다고 보여지는 경우, 원고들이 이를 다시 원용할 수도 없게 되었고, 원고들이 원래의 원인무효 주장을 예비적 청구원인 사실로 다시 추가하였다 하여 자백의 효력이 되살아난다고 볼 수도 없다."고 한다(1997. 4. 22. 95다10204).

◆ 제3관 **자백간주**

I. 서 설

1. 의의 및 취지

자백간주란 당사자가 자백을 하지 않더라도, **변론에서 상대방이 주장한 사실을 명백히 다투지 아니한 경우, 당사자가 변론기일 또는 변론준비기일에 출석하지 아니한 경우, 피고의 답변서 부제출의 경우에는 그 사실을 자백한 것으로 보는 것**을 말한다(제150조 제1항·제3항, 제257조 제1항). 이는 변론주의에서 당사자의 태도에 의하여 다툴 의사가 없다고 인정되는 이상 증거조사를 생략하는 것이 타당하기 때문에 인정된다.

2. 적용범위

자백간주가 성립되는 것은 변론주의에 의하는 절차에 한하며, 직권탐지주의에 의하는 가사소송·행정소송 절차에서는 적용되지 않는다. 그리고 직권조사사항·재심사유에 대해서도 자백간주는 적용되지 않는다. 판례는 "자백간주 역시 재판상 자백의 경우와 마찬가지로 상대방의 사실에 관한 주장에 대해서만 적용되고, **법률상의 주장에 대해서는 적용되지 않는다.**"고 한다(2022. 4. 14. 2021다280781).

Ⅱ. 자백간주의 성립요건

> **제150조(자백간주)** ① 당사자가 변론에서 상대방이 주장하는 사실을 명백히 다투지 아니한 때에는 그 사실을 자백한 것으로 본다. 다만, 변론 전체의 취지로 보아 그 사실에 대하여 다툰 것으로 인정되는 경우에는 그러하지 아니하다.
> ② 상대방이 주장한 사실에 대하여 알지 못한다고 진술한 때에는 그 사실을 다툰 것으로 추정한다.
> ③ 당사자가 변론기일에 출석하지 아니하는 경우에는 제1항의 규정을 준용한다. 다만, 공시송달의 방법으로 기일통지서를 송달받은 당사자가 출석하지 아니한 경우에는 그러하지 아니하다.
>
> **제256조(답변서의 제출의무)** ① 피고가 원고의 청구를 다투는 경우에는 소장의 부본을 송달받은 날부터 30일 이내에 답변서를 제출하여야 한다. 다만, 피고가 공시송달의 방법에 따라 소장의 부본을 송달받은 경우에는 그러하지 아니하다.
> ② 법원은 소장의 부본을 송달할 때에 제1항의 취지를 피고에게 알려야 한다.
> ③ 법원은 답변서의 부본을 원고에게 송달하여야 한다.
> ④ 답변서에는 준비서면에 관한 규정을 준용한다.
>
> **제257조(변론 없이 하는 판결)** ① 법원은 피고가 제256조 제1항의 답변서를 제출하지 아니한 때에는 청구의 원인이 된 사실을 자백한 것으로 보고 변론 없이 판결할 수 있다. 다만, 직권으로 조사할 사항이 있거나 판결이 선고되기까지 피고가 원고의 청구를 다투는 취지의 답변서를 제출한 경우에는 그러하지 아니하다.
> ② 피고가 청구의 원인이 된 사실을 모두 자백하는 취지의 답변서를 제출하고 따로 항변을 하지 아니한 때에는 제1항의 규정을 준용한다.
> ③ 법원은 피고에게 소장의 부본을 송달할 때에 제1항 및 제2항의 규정에 따라 변론 없이 판결을 선고할 기일을 함께 통지할 수 있다.

1. 상대방의 주장사실을 명백히 다투지 아니한 경우(제150조 제1항)

당사자가 변론기일에 출석하였으나 상대방의 주장사실을 명백히 다투지 않았으면 그 사실에 대해서는 자백간주가 성립한다. 그러나 변론 전체의 취지에 의하여 다투었다고 인정되면 자백간주가 성립되지 않는다(제150조 제1항). 이는 변론준비기일에도 준용된다(제286조).

이 경우에 변론 전체의 취지란 제202조의 증거원인이 되는 경우와는 달리 **변론의 일체성**을 뜻하는 것이므로, 변론종결 당시의 상태에서 변론 전체를 관찰하여 구체적으로 정하여야 한다. 따라서 자백간주가 배제되는 최종시기는 사실심 변론종결시가 된다.

한편, 판례는 "원고의 청구원인사실에 대한 주장을 부인하는 취지의 피고의 답변서가 진술되거나 진술간주된 바 없으나, **답변서가 제출된 점으로 미루어 제150조 제1항 단서의 변론 전체의 취지에 의하여 원고의 청구를 다툰 것**으로 볼 것이다."고 한다(1981. 7. 7. 80다1424).[52]

2. 당사자 일방이 기일에 불출석한 경우(제150조 제3항) : 기일의 해태 참조

3. 피고가 답변서 제출의무 기간 내 답변서를 제출하지 않은 경우(제257조 제1항)

피고가 원고의 청구를 다투는 경우에는 공시송달의 방법에 따라 소장부본을 송달받은 경우를 제외하고 소장부본을 송달받은 날부터 30일내에 답변서를 제출하여야 하는데, 법원은 피고가 답변서를 30일내에 제출하지 아니한 때에는 직권으로 조사할 사항이 있거나 판결이 선고되기까지 피고가 원고의 청구를 다투는 취지의 답변서를 제출한 경우를 제외하고 청구원인이 된 사실을 자백한 것으로 보아 **변론 없이 청구인용판결**을 할 수 있다.

Ⅲ. 자백간주의 효력

1. 법원에 대한 효력

자백간주가 성립되면 재판상의 자백과 마찬가지로 법원에 대한 구속력이 생기므로, 법원은 그 사실을 판결의 기초로 해야 한다. 따라서 판례는 "자백간주의 요건이 구비되어 **자백간주로서의 효과가 발생한 때에는 그 이후의 기일에 대한 소환장이 송달불능으로 되어 공시송달하게 되었더라도 이미 발생한 자백간주의 효과가 상실되는 것은 아니므로**, 자백한 것으로 간주하여야 할 사실을 증거 판단하여 자백간주에 배치되는 사실인정을 하는 것은 위법이다."고 한다(1988. 2. 23. 87다카961).

2. 당사자에 대한 효력

자백간주는 재판상의 자백과는 달리 당사자에 대한 구속력은 없으므로, 당사자는 자백간주가 있었더라도 사실심 변론종결시까지 그 사실을 다툼으로써 자백간주의 효과를 번복할 수 있다. 판례도 "**당사자는 변론이 종결될 때까지 어느 때라도 상대방의 주장사실을 다툼으로써 자백간주를 배제시킬 수 있고, 상대방의 주장사실을 다투었다고 인정할 것인가의 여부는 사실심 변론종결 당시의 상태에서 변론의 전체를 살펴서 구체적으로 결정하여야 할 것이다.**"고 한다(2004. 9. 24. 2004다21305). 따라서 환송 전에 다투지 아니한 사실을 환송 후 다투었을 경우에는 환송 전 자백간주는 효력이 없다. 다만 적시제출주의를 위반하면 실권효의 제재를 받을 수 있으며(제149조), 변론준비기일 종결의 효과(제285조)에 의한 제약 하에서만 다툴 수 있다.

◆ 제4관 **현저한 사실**

Ⅰ. 서 설

1. 문제점

현저한 사실이란 **법관이 명확하게 인식하고 있고, 증거에 의하여 그 존부를 인정할 필요가 없을**

---

52) [판례평석] 이 판결에서 '진술한 것으로 간주되지 않았어도'라고 표현한 것은 문제가 있다. 다투는 취지의 답변서를 제출하고 불출석하였을 경우에는 답변서 내용대로 진술한 것으로 간주되는데(제148조), 이 경우에 진술한 것으로 간주되지 않은 경우가 있을 수 있는지 의문이다(호문혁, 제14판, 511면).

정도로 객관성이 보장되어 있는 사실을 말한다(제288조). 현저한 사실은 사실의 객관성이 인정되므로 증명을 할 필요가 없다. 그러나 현저한 사실이 주요사실인 경우에 주장이 필요한 것인지가 문제된다.

2. 학설의 대립

① 변론주의에서 주요사실은 당사자가 주장하지 않으면 판결의 기초로 할 수 없고, 절차권을 보장하고 예상 밖의 불리한 재판으로부터 당사자를 보호할 필요가 있으므로 주장이 필요하다는 주장필요설과, ② 진실에 합치하는 재판에 도달하는 것이 민사소송의 이상이므로 현저한 사실은 당사자의 주장이 없더라도 법원이 직권으로 고려할 수 있다는 주장불요설이 대립된다.

3. 판례의 태도 : 주장필요설

판례는 "**당사자가 주장하지 않았음에도 원심법원의 다른 판결에서 인정한 사실관계를 원심에 현저한 사실로 인정한 것은 변론주의를 위반한 것이다.**"고 하여 '주장필요설'의 입장이다(2010. 1. 14. 2009다69531).

4. 검 토

현저한 사실이 주요사실이 되는 한 현저한 사실은 불요증사실일 뿐이므로, 당사자의 변론의 기회를 보장하기 위하여 주장필요설이 타당하다.

Ⅱ. 종 류

1. 공지의 사실

공지의 사실이란 **통상의 지식과 경험을 가진 일반인이 믿어 의심하지 않을 정도로 알려진 사실**을 말한다. 판례는 "우리나라의 부동산시세는 상승세에 있었음이 공지의 사실이다."고 하고(1990. 6. 12. 90누1090), "농촌일용노동 임금액이 계속적으로 급격한 등세에 있다는 것은 공지의 사실에 속한다고 할 수 없다."고 한다(1969. 7. 22. 69다684).

공지의 사실은 법관도 알고 있어야 되지만 어떠한 경위로 일반인에게 알려 졌는가는 문제되지 않는다. 공지의 사실이 불요증사실이 되는 이유는 불특정 다수인이 진실이라고 믿고 있으므로 필요가 있으면 언제든지 진실여부를 조사할 수 있는 보장이 있기 때문이다. 다만 공지의 사실에 대하여는 그것이 공지라는 점에 대한 반증이 가능하고, 공지의 사실이라고 하더라도 진실 여부를 당사자가 다투어서 증명할 수 있고, 법원도 의심스러울 때는 증거조사를 할 수 있다. 이 점에서는 다툼 없는 사실과는 다르다.

2. 법원에 현저한 사실

(ⅰ) 판례는 "법원에 현저한 사실이라 함은 **법관이 직무상 경험으로 알고 있는 사실로서 그 사실의 존재에 관하여 명확한 기억을 하고 있거나 또는 기록 등을 조사하여 곧바로 그 내용을 알 수 있는 사실**을 말한다. 피해자의 장래수입상실액을 인정하는 데 이용되는 직종별임금실태조사보고서와 한국직업사전의 각 존재 및 그 기재 내용을 법원에 현저한 사실로 보아, 그를 기초로 피해자의 일실수

입을 산정한 조치는 객관적이고 합리적인 방법에 의한 것이라고 보여지므로 옳다."고 한다(1996. 7. 18. 94다20051).

또한 "**통계청이 정기적으로 조사·작성하는 한국인의 생명표에 의한 남녀별 각 연령별 기대여명은 법원에 현저한 사실이므로**, 불법행위로 인한 피해자의 일실 수입 등 손해액을 산정함에 있어 기초가 되는 피해자의 기대여명은 당사자가 제출한 증거에 구애됨이 없이 그 손해 발생 시점과 가장 가까운 때에 작성된 생명표에 의하여 확정할 수 있다."고 한다(1999. 12. 7. 99다41886).

(ⅱ) 그러나 "당사자가 주장하지 않았음에도 원심법원이 **다른 판결에서 인정한 사실관계**를 원심에 현저한 사실로 인정한 것은 변론주의를 위반한 것이다."고 한다(2010. 1. 14. 2009다69531). 또한 "피고와 제3자 사이에 있었던 민사소송의 확정판결의 존재를 넘어서 **판결의 이유를 구성하는 사실관계들까지 법원에 현저한 사실로 볼 수는 없다**. 민사재판에 있어서 확정된 관련 민사사건의 판결에서 인정된 사실은 특별한 사정이 없는 한 유력한 증거가 되지만, **당해 민사재판에서 제출된 다른 증거 내용에 비추어 확정된 관련 민사사건 판결의 사실인정을 그대로 채용하기 어려운 경우에는 합리적인 이유를 설시하여 배척할 수 있다는 법리도 그와 같이 확정된 민사판결 이유 중의 사실관계가 현저한 사실에 해당하지 않음을 전제로 한 것**이다."고 한다(2019. 8. 9. 2019다222140).[53]

Ⅲ. 현저한 사실에 반하는 자백의 구속력

현저한 사실에 반하는 자백에도 구속력을 인정할 것인가에 관하여 통설은 이러한 자백을 인정한다는 것은 진실발견의 수단이라는 변론주의 본질에 반하므로 부정하여야 한다는 입장이다. 판례도 "당사자가 판결소에서 자백한 사실이라도 그것이 재판소에 있어서 **현저한 사실에 배치되는 경우에는 그 자백은 효력을 발할 수 없다**."고 한다(1959. 7. 30. 4291민상551).

◆ 제5관 법률상 추정되는 사실

① 법률에 추정규정이 있는 경우 증명책임이 있는 자는 추정되는 사실보다는 증명이 용이한 전제사실을 증명하여 이에 갈음하기 때문에 법률상 추정되는 사실(증명책임 부분 참조)은 불요증사실이 된다는 견해가 있다. ② 그러나 법률상 추정이 되기 위하여는 전제사실에 대한 증명이 필요하고, 상대방이 추정되는 사실의 반대사실을 증명하는 것이 가능하기 때문에 불요증사실이 아니라 증명책임의 경감으로 보는 것이 타당하다는 견해가 다수설이다.

---

[53] 원심이 다른 하급심판결의 이유 중 일부 사실관계에 관한 인정 사실을 그대로 인정하면서, 위 사정들이 '이 법원에 현저한 사실'이라고 본 사안에서, 당해 재판의 제1심 및 원심에서 다른 하급심판결의 판결문 등이 증거로 제출된 적이 없고, 당사자들도 이에 관하여 주장한 바가 없음에도 이를 '법원에 현저한 사실'로 본 원심판단에 법리오해의 잘못이 있다고 한 사례.

제04절 증거조사의 개시와 실시

◆ 제1관 **증거조사의 개시**

Ⅰ. 증거신청

증거조사절차는 **증거신청, 채부결정, 증거조사의 실시, 증거조사의 결과에 의한 심증형성**의 순으로 진행된다. 증거신청은 요증사실을 증명하기 위하여 증거방법을 지정하여 법원에 조사를 청구하는 소송행위이다. 증거신청은 증거조사가 개시되기 전까지는 변론주의에 의해 어느 때나 철회할 수 있다. 그러나 증거조사가 개시되면 상대방의 동의가 있는 때에 한하여 철회할 수 있다. 증거공통의 원칙에 의하여 증거조사의 결과가 증거제출자의 상대방에게 유리하게 판단될 수 있기 때문이다. 한편 증거조사가 종료된 뒤에는 증거신청의 목적이 달성되었기 때문에 철회가 허용되지 않는다.

판례는 "민사소송절차의 변론과정에서 당사자가 상대방의 프라이버시나 명예에 관한 사항을 주장하고 이에 관한 증거자료를 제출함으로써 상대방의 프라이버시가 침해되거나 명예가 훼손되었다 하더라도, 그 주장과 입증이 당사자에게 허용되는 정당한 변론활동의 범위를 일탈한 것이 아니라면 위법성이 없다."고 한다(2008. 2. 15. 2006다26243).

또한 "소장부본부터 공시송달의 방법으로 송달되어 피고가 귀책사유 없이 소나 항소가 제기된 사실조차 모르고 있었고, 이러한 상태에서 피고의 출석 없이 원심 변론기일이 진행되어 제1심에서 일부 패소판결을 받은 **피고가 자신의 주장에 부합하는 증거를 제출할 기회를 상실함으로써 당사자로서 절차상 부여된 권리를 침해당한 경우에는 당사자가 대리인에 의하여 적법하게 대리되지 않았던 경우와 마찬가지로 보아 제424조 제1항 제4호의 규정을 유추적용하여 절대적 상고이유**가 되는 것으로 보아야 한다(2011. 4. 28. 2010다98948).

Ⅱ. 증거신청의 채택여부 결정

1. 증거신청의 채부결정의 기준

> 제290조(증거신청의 채택여부) 법원은 당사자가 신청한 증거를 필요하지 아니하다고 인정한 때에는 조사하지 아니할 수 있다. 다만, 그것이 당사자가 주장하는 사실에 대한 유일한 증거인 때에는 그러하지 아니하다.
>
> 제291조(증거조사의 장애) 법원은 증거조사를 할 수 있을지, 언제 할 수 있을지 알 수 없는 경우에는 그 증거를 조사하지 아니할 수 있다.

판례는 "당사자가 신청한 증거가 당사자의 주장사실에 대한 **유일한 증거가 아닌 한 법원은 필요하지 아니하다고 인정한 것은 조사하지 아니할 수 있는 것**이다. 즉 증거신청에 대하여 판단을 하지 아니한 법원의 조치가 **묵시적으로 기각한 취지**로서 주장사실에 대한 유일한 증거가 아닌 한 적법하다."고 한다(1992. 9. 25. 92누5096).

2. 유일한 증거

가. 의의 및 취지

유일한 증거란 **당사자가 신청한 주요사실에 대한 증거방법이 유일한 것**을 말한다(제290조 단서). 즉 그 증거를 조사하지 않으면 증명할 방법이 없어 아무런 증명이 없는 것으로 되는 경우의 증거를 말한다.

헌법재판소는 유일한 증거의 취지에 대하여 "당사자의 주장에 관한 유일한 증거인 경우에는 특별한 사정이 없는 한 **증거조사의 필요성 여부와 관계없이 반드시 조사하도록 함으로써 법원이 증거조사를 아니할 수 있는 재량의 한계**를 규정하고 있다. 민사소송절차의 신속과 심리의 원활한 진행을 위하여 당사자가 신청한 증거 중 심리의 진행이나 진실발견과 무관한 증거에 대하여는 조사하지 않을 수 있도록 함으로써, 신속한 재판실현이라는 소송경제와 실체적 진실에 합치하는 공정한 재판실현이라는 헌법적 요청에 부합하는 규정으로서 입법목적의 정당성 및 방법의 적절성을 인정할 수 있다."고 한다(2004. 9. 23. 2002헌바46).

나. 판단기준

증거조사는 당사자 사이에 다툼이 있는 사실에 대한 심증확보를 통해 주요사실 전체에 대해 심증을 형성하기 때문에, **사건 전체가 기준이 되는 것이 아니고 쟁점별**로 보아야 한다. 또한 유일한가의 여부는 **전체심급을 통하여 판단**해야 한다. 한편 유일한가의 여부는 **신청한 증거 중 실제 증거조사된 증거를 기준**으로 하며, 신청한 증거의 개수를 기준으로 하는 것이 아니다. 따라서 수개의 증거를 신청했는데도 하나도 조사하지 않으면 유일한 증거를 배척한 것이 된다.

다. 적용범위

(ⅰ) 유일한 증거는 **주요사실에 대한 직접증거**를 말하며, 간접사실·보조사실에 대한 증거, 즉 간접증거는 포함되지 않는다. 구법상의 판례는 구법의 당사자본인신문의 보충성을 이유로 유일한 증거가 아니라는 입장이었다. 즉 "**당사자 본인신문은 보충적 증거방법**에 불과하여 다른 증거 없이 오로지 당사자 본인신문의 결과만으로 주장사실을 인정할 수 없다."고 하였다(1983. 12. 13. 83누492). 그런데 현행법에서 당사자본인신문의 보충성이 폐지되었으므로, 이제는 당사자본인신문도 유일한 증거가 될 수 있다.

(ⅱ) ㉠ ① 유일한 증거는 자기에게 증명책임이 있는 사항에 대한 증거이기 때문에 본증에 한한다는 견해와, ② 본증과 반증을 달리 취급하는 것은 부당하므로 반증도 유일한 증거가 된다는 견해가 대립된다. ㉡ 판례는 "유일한 증거라 함은 **당사자가 입증책임이 있는 사항에 관한 유일한 증거**를 말하는 것인바, 유언의 존재·내용이 입증사항인 이상 유서에 대한 필적·무인의 감정은 **반증에 불과하여 유일한 증거에 해당하지 않는다.**"고 하여 본증에 한한다는 입장이다(1998. 6. 12. 97다38510). ㉢ 주요사실에 대한 유일한 증거란 주요사실에 대한 증명책임을 부담하는 당사자가 본증으로서 증명할 증거를 가리키는 것이므로 본증에 한한다는 견해가 타당하다.

라. 유일한 증거라도 배척할 수 있는 경우

> 제289조(증거의 신청과 조사) ① 증거를 신청할 때에는 증명할 사실을 표시하여야 한다.
> ② 증거의 신청과 조사는 변론기일 전에도 할 수 있다.

유일한 증거이면 증거조사를 거부할 수 없다는 것이고, 법원이 그 내용을 채택해야 하는 것은 아니다. 그러나 신청 자체가 부적법한 경우(제289조 제1항·제308조·제345조), 고의 또는 중대한 과실에 의하여 재정기간을 경과하거나 시기에 늦은 경우(제147조·제149조), 신의칙 위배와 같은 신청권의 남용인 경우, 증거조사에 필요한 비용을 당사자가 예납하지 않은 경우(제116조 제2항), 증인의 질병 또는 증인에 대한 송달불능 등으로 증거조사에 부정기간의 장애가 있는 경우(제291조), 당사자가 증거방법이 더 이상 없다고 진술한 경우, 직권탐지주의에 의하는 소송의 경우 등에는 유일한 증거이지만 증거조사를 아니할 수 있다.

판례도 "증인이 주장사실에 대한 유일한 증거방법이라도 당사자가 그 비용인 증인여비를 예납하지 않을 경우에는 증거채택을 취소할 수 있다."고 하고(1969. 1. 21. 68다2188), "유일한 증거방법이라도 조사에 부정기간의 장애가 있었으면 그를 조사하지 아니하였다 하여 위법이라 할 수 없다."고 하고(1973. 12. 11. 73다711), "유일한 증인의 신청을 채택한 후 증인을 소환하였으나 기일에 출석하지 아니하여, 여러 차례 구인까지 하려 하였으나 이것 또한 실패로 돌아간 경우에 유일한 증거방법을 조사하지 아니히였다고 허물할 수는 없다."고 한다(1971. 7. 27. 71다1195).

3. 증거신청에 대한 법원의 채부결정

법원은 당사자의 증거신청에 대하여 증거조사를 할 것인지의 여부를 결정한다. 즉 법원은 **증거신청을 배척하는 각하결정** 또는 **증거신청을 받아들이는 채택결정**을 할 수 있다. 다만 증거신청에 대한 채부결정은 소송지휘에 관한 재판이므로 언제든지 취소·변경할 수 있다(제222조).

또한 판례는 "당사자가 신청한 증거로서 법원이 필요 없다고 인정한 것은 조사하지 아니할 수 있는 것이고 **이에 대하여 반드시 증거채부의 결정을 하여야 하는 것은 아니므로**, 법원이 당사자의 증거조사를 위한 속행신청에도 불구하고 변론을 종결하였더라도 종국판결에 대한 불복절차에 의하여 그 판단의 당부를 다툴 수 있는 것은 별론으로 하고 **별도로 항고로써 불복할 수는 없다.**"고 한다(1989. 9. 7. 89마694).

합의사건의 재판장 등이 한 채부결정에 대해서 당사자는 이의신청을 할 수 있고, 법원은 결정으로 이의신청에 대하여 재판을 하여야 한다(제138조, 제281조 제2항). 한편 법원은 증거조사의 결정을 한 때에는 바로 그 비용을 부담할 당사자에게 필요한 비용을 미리 내도록 명하여야 한다(예납명령 ; 제116조 제1항). 당사자가 예납명령에도 불구하고 예납을 하지 아니한 경우에는 증거조사 결정을 취소할 수 있다(제116조 제2항).

Ⅲ. 직권증거조사

> 제292조(직권에 의한 증거조사) 법원은 당사자가 신청한 증거에 의하여 심증을 얻을 수 없거나, 그밖에 필요하다고 인정한 때에는 직권으로 증거조사를 할 수 있다.

1. 의 의

직권탐지주의가 적용되는 사건에서는 원칙적으로 직권증거조사를 하나, 통상의 사건에서는 당사자가 신청한 증거조사만으로는 심증을 얻을 수 없거나, 그밖에 필요한 경우에 직권증거조사를 보충적으로 할 수 있다(제292조). 따라서 처음부터 적극적으로 직권증거조사를 할 수는 없고, 심리의 최종 단계에 이르러 당사자 신청의 증거로는 심증형성이 안 될 때에 법원이 이미 얻은 심증형성의 정도에 따라 직권증거조사를 할 수 있다.

2. 직권증거조사를 하는 경우

직권으로 증거조사를 할 것인지의 여부는 법원의 재량이다. 다만 소액사건은 필요하다고 인정할 때에는 직권으로 증거조사를 할 수 있도록 하였다(소액사건심판법 제10조 제1항). 그 외에 조사의 촉탁(제294조), 당사자신문(제367조), 감정의 촉탁(제341조) 등의 경우에 직권증거조사가 가능하다. 한편 당사자가 철회한 증거방법에 대하여도 직권으로 증거조사를 할 수 있다.

◆ 제2관 **증거조사의 실시**

I. 개 관

> 제295조(당사자가 출석하지 아니한 경우의 증거조사) 증거조사는 당사자가 기일에 출석하지 아니한 때에도 할 수 있다.
>
> 제296조(외국에서 시행하는 증거조사) ① 외국에서 시행할 증거조사는 그 나라에 주재하는 대한민국 대사·공사·영사 또는 그 나라의 관할 공공기관에 촉탁한다.
> ② 외국에서 시행한 증거조사는 그 나라의 법률에 어긋나더라도 이 법에 어긋나지 아니하면 효력을 가진다.

증거조사를 하는 경우에는 당사자의 참여권을 보호하기 위하여 증거조사의 기일 및 장소를 당사자에게 고지하고 통지하여야 한다(제167조, 제297조 제2항 후단, 제381조 본문). 다만 당사자가 기일에 출석하지 아니한 때에도 증거조사를 할 수 있다(제295조). 또한 법원은 필요하다고 인정하는 경우에는 변론기일 전에도 할 수 있다(제289조 제2항).

증거조사는 수소법원의 법정에서 하는 것이 원칙이고, 예외적으로 수명법관·수탁판사에 의한 증거조사(제297·298), 외국에서 시행하는 증거조사(제296조) 등은 법원 밖에서 증거조사를 하게 된다. 증거조사의 내용은 변론조서(제154조 제2호·제3호), 변론준비기일조서(제283조 제2항), 증거조사기일조서(제160조)에 기재해야 한다.

II. 증인신문

> 제303조(증인의 의무) 법원은 특별한 규정이 없으면 누구든지 증인으로 신문할 수 있다.
>
> 제304조(대통령·국회의장·대법원장·헌법재판소장의 신문) 대통령·국회의장·대법원장 및 헌법재판소장 또는 그 직책에 있었던 사람을 증인으로 하여 직무상 비밀에 관한 사항을 신문할 경우에 법원은 그의 동의를 받아야 한다.
>
> 제305조(국회의원·국무총리·국무위원의 신문) ① 국회의원 또는 그 직책에 있었던 사람을 증인으로 하여 직무상 비밀에 관한 사항을 신문할 경우에 법원은 국회의 동의를 받아야 한다.
> ② 국무총리·국무위원 또는 그 직책에 있었던 사람을 증인으로 하여 직무상 비밀에 관한 사항을 신문할 경우에 법원은 국무회의의 동의를 받아야 한다.

제306조(공무원의 신문) 제304조와 제305조에 규정한 사람 외의 공무원 또는 공무원이었던 사람을 증인으로 하여 직무상 비밀에 관한 사항을 신문할 경우에 법원은 그 소속 관청 또는 감독관청의 동의를 받아야 한다.

제307조(거부권의 제한) 제305조와 제306조의 경우에 국회·국무회의 또는 제306조의 관청은 국가의 중대한 이익을 해치는 경우를 제외하고는 동의를 거부하지 못한다.

제308조(증인신문의 신청) 당사자가 증인신문을 신청하고자 하는 때에는 증인을 지정하여 신청하여야 한다.

제309조(출석요구서의 기재사항) 증인에 대한 출석요구서에는 다음 각호의 사항을 적어야 한다.
 1. 당사자의 표시
 2. 신문사항의 요지
 3. 출석하지 아니하는 경우의 법률상 제재

제310조(증언에 갈음하는 서면의 제출) ① 법원은 증인과 증명할 사항의 내용 등을 고려하여 상당하다고 인정하는 때에는 출석·증언에 갈음하여 증언할 사항을 적은 서면을 제출하게 할 수 있다.
② 법원은 상대방의 이의가 있거나 필요하다고 인정하는 때에는 제1항의 증인으로 하여금 출석·증언하게 할 수 있다.

제311조(증인이 출석하지 아니한 경우의 과태료 등) ① 증인이 정당한 사유 없이 출석하지 아니한 때에 법원은 결정으로 증인에게 이로 말미암은 소송비용을 부담하도록 명하고 500만 원 이하의 과태료에 처한다.
② 법원은 증인이 제1항의 규정에 따른 과태료의 재판을 받고도 정당한 사유 없이 다시 출석하지 아니한 때에는 결정으로 증인을 7일 이내의 감치에 처한다.
③ 법원은 감치재판기일에 증인을 소환하여 제2항의 정당한 사유가 있는지 여부를 심리하여야 한다.
④ 감치에 처하는 재판은 그 재판을 한 법원의 재판장의 명령에 따라 법원공무원 또는 경찰공무원이 경찰서유치장·교도소 또는 구치소에 유치함으로써 집행한다.
⑤ 감치의 재판을 받은 증인이 제4항에 규정된 감치시설에 유치된 때에는 당해 감치시설의 장은 즉시 그 사실을 법원에 통보하여야 한다.
⑥ 법원은 제5항의 통보를 받은 때에는 바로 증인신문기일을 열어야 한다.
⑦ 감치의 재판을 받은 증인이 감치의 집행중에 증언을 한 때에는 법원은 바로 감치결정을 취소하고 그 증인을 석방하도록 명하여야 한다.
⑧ 제1항과 제2항의 결정에 대하여는 즉시항고를 할 수 있다. 다만, 제447조의 규정은 적용하지 아니한다.
⑨ 제2항 내지 제8항의 규정에 따른 재판절차 및 그 집행 그 밖에 필요한 사항은 대법원규칙으로 정한다.

제312조(출석하지 아니한 증인의 구인) ① 법원은 정당한 사유 없이 출석하지 아니한 증인을 구인하도록 명할 수 있다.
② 제1항의 구인에는 형사소송법의 구인에 관한 규정을 준용한다.

제313조(수명법관·수탁판사에 의한 증인신문) 법원은 다음 각호 가운데 어느 하나에 해당하면 수명법관 또는 수탁판사로 하여금 증인을 신문하게 할 수 있다.
 1. 증인이 정당한 사유로 수소법원에 출석하지 못하는 때
 2. 증인이 수소법원에 출석하려면 지나치게 많은 비용 또는 시간을 필요로 하는 때
 3. 그 밖의 상당한 이유가 있는 경우로서 당사자가 이의를 제기하지 아니하는 때

제314조(증언거부권) 증인은 그 증언이 자기나 다음 각호 가운데 어느 하나에 해당하는 사람이 공소제기 되거나 유죄판결을 받을 염려가 있는 사항 또는 자기나 그들에게 치욕이 될 사항에 관한 것인 때에는 이를 거부할 수 있다.
1. 증인의 친족 또는 이러한 관계에 있었던 사람
2. 증인의 후견인 또는 증인의 후견을 받는 사람

제315조(증언거부권) ① 증인은 다음 각호 가운데 어느 하나에 해당하면 증언을 거부할 수 있다.
1. 변호사·변리사·공증인·공인회계사·세무사·의료인·약사, 그밖에 법령에 따라 비밀을 지킬 의무가 있는 직책 또는 종교의 직책에 있거나 이러한 직책에 있었던 사람이 직무상 비밀에 속하는 사항에 대하여 신문을 받을 때
2. 기술 또는 직업의 비밀에 속하는 사항에 대하여 신문을 받을 때
② 증인이 비밀을 지킬 의무가 면제된 경우에는 제1항의 규정을 적용하지 아니한다.

제316조(거부이유의 소명) 증언을 거부하는 이유는 소명하여야 한다.

제317조(증언거부에 대한 재판) ① 수소법원은 당사자를 심문하여 증언거부가 옳은 지를 재판한다.
② 당사자 또는 증인은 제1항의 재판에 대하여 즉시항고를 할 수 있다.

제318조(증언거부에 대한 제재) 증언의 거부에 정당한 이유가 없다고 한 재판이 확정된 뒤에 증인이 증언을 거부한 때에는 제311조 제1항, 제8항 및 제9항의 규정을 준용한다.

제319조(선서의 의무) 재판장은 증인에게 신문에 앞서 선서를 하게 하여야 한다. 다만, 특별한 사유가 있는 때에는 신문한 뒤에 선서를 하게 할 수 있다.

제320조(위증에 대한 벌의 경고) 재판장은 선서에 앞서 증인에게 선서의 취지를 밝히고, 위증의 벌에 대하여 경고하여야 한다.

제321조(선서의 방식) ① 선서는 선서서에 따라서 하여야 한다.
② 선서서에는 "양심에 따라 숨기거나 보태지 아니하고 사실 그대로 말하며, 만일 거짓말을 하면 위증의 벌을 받기로 맹세합니다."라고 적어야 한다.
③ 재판장은 증인으로 하여금 선서서를 소리내어 읽고 기명날인 또는 서명하게 하며, 증인이 선서서를 읽지 못하거나 기명날인 또는 서명하지 못하는 경우에는 참여한 법원사무관등이나 그 밖의 법원공무원으로 하여금 이를 대신하게 한다.
④ 증인은 일어서서 엄숙하게 선서하여야 한다.

제322조(선서무능력) 다음 각호 가운데 어느 하나에 해당하는 사람을 증인으로 신문할 때에는 선서를 시키지 못한다.
1. 16세 미만인 사람
2. 선서의 취지를 이해하지 못하는 사람

제323조(선서의 면제) 제314조에 해당하는 증인으로서 증언을 거부하지 아니한 사람을 신문할 때에는 선서를 시키지 아니할 수 있다.

제324조(선서거부권) 증인이 자기 또는 제314조 각호에 규정된 어느 한 사람과 현저한 이해관계가 있는 사항에 관하여 신문을 받을 때에는 선서를 거부할 수 있다.

제325조(조서에의 기재) 선서를 시키지 아니하고 증인을 신문한 때에는 그 사유를 조서에 적어야 한다.

제326조(선서거부에 대한 제재) 증인이 선서를 거부하는 경우에는 제316조 내지 제318조의 규정을 준용한다.

제327조(증인신문의 방식) ① 증인신문은 증인을 신청한 당사자가 먼저 하고, 다음에 다른 당사자가 한다.

② 재판장은 제1항의 신문이 끝난 뒤에 신문할 수 있다.
③ 재판장은 제1항과 제2항의 규정에 불구하고 언제든지 신문할 수 있다.
④ 재판장이 알맞다고 인정하는 때에는 당사자의 의견을 들어 제1항과 제2항의 규정에 따른 신문의 순서를 바꿀 수 있다.
⑤ 당사자의 신문이 중복되거나 쟁점정리와 관계가 없는 때, 그밖에 필요한 사정이 있는 때에 재판장은 당사자의 신문을 제한할 수 있다.
⑥ 합의부원은 재판장에게 알리고 신문할 수 있다.

제327조의2(비디오 등 중계장치에 의한 증인신문) ① 법원은 다음 각 호의 어느 하나에 해당하는 사람을 증인으로 신문하는 경우 상당하다고 인정하는 때에는 당사자의 의견을 들어 비디오 등 중계장치에 의한 중계시설을 통하거나 인터넷 화상장치를 이용하여 신문할 수 있다.
  1. 증인이 멀리 떨어진 곳 또는 교통이 불편한 곳에 살고 있거나 그 밖의 사정으로 말미암아 법정에 직접 출석하기 어려운 경우
  2. 증인이 나이, 심신상태, 당사자나 법정대리인과의 관계, 신문사항의 내용, 그 밖의 사정으로 말미암아 법정에서 당사자 등과 대면하여 진술하면 심리적인 부담으로 정신의 평온을 현저하게 잃을 우려가 있는 경우
② 제1항에 따른 증인신문은 증인이 법정에 출석하여 이루어진 증인신문으로 본다.
③ 제1항에 따른 증인신문의 절차와 방법, 그밖에 필요한 사항은 대법원규칙으로 정한다.

제328조(격리신문과 그 예외) ① 증인은 따로따로 신문하여야 한다.
② 신문하지 아니한 증인이 법정안에 있을 때에는 법정에서 나가도록 명하여야 한다. 다만, 필요하다고 인정한 때에는 신문할 증인을 법정안에 머무르게 할 수 있다.

제329조(대질신문) 재판장은 필요하다고 인정한 때에는 증인 서로의 대질을 명할 수 있다.

제330조(증인의 행위의무) 재판장은 필요하다고 인정한 때에는 증인에게 문자를 손수 쓰게 하거나 그 밖의 필요한 행위를 하게 할 수 있다.

제331조(증인의 진술원칙) 증인은 서류에 의하여 진술하지 못한다. 다만, 재판장이 허가하면 그러하지 아니하다.

제332조(수명법관·수탁판사의 권한) 수명법관 또는 수탁판사가 증인을 신문하는 경우에는 법원과 재판장의 직무를 행한다.

민사소송규칙 제79조(증인진술서의 제출 등) ① 법원은 효율적인 증인신문을 위하여 필요하다고 인정하는 때에는 증인을 신청한 당사자에게 증인진술서를 제출하게 할 수 있다.
② 증인진술서에는 증언할 내용을 그 시간 순서에 따라 적고, 증인이 서명날인하여야 한다.
③ 증인진술서 제출명령을 받은 당사자는 법원이 정한 기한까지 원본과 함께 상대방의 수에 2(다만, 합의부에서는 상대방의 수에 3)를 더한 만큼의 사본을 제출하여야 한다.
④ 법원사무관등은 증인진술서 사본 1통을 증인신문기일 전에 상대방에게 송달하여야 한다.

민사소송규칙 제89조(신문의 순서) ① 법 제327조 제1항의 규정에 따른 증인의 신문은 다음 각호의 순서를 따른다. 다만, 재판장은 주신문에 앞서 증인으로 하여금 그 사건과의 관계와 쟁점에 관하여 알고 있는 사실을 개략적으로 진술하게 할 수 있다.
  1. 증인신문신청을 한 당사자의 신문(주신문)
  2. 상대방의 신문(반대신문)
  3. 증인신문신청을 한 당사자의 재신문(재주신문)
② 제1항의 순서에 따른 신문이 끝난 후에는 당사자는 재판장의 허가를 받은 때에만 다시 신문할 수 있다.
③ 재판장은 정리된 쟁점별로 제1항의 순서에 따라 신문하게 할 수 있다.

> **민사소송규칙 제90조(주신문을 할 당사자가 출석하지 아니한 경우의 신문)** 증인신문을 신청한 당사자가 신문기일에 출석하지 아니한 경우에는 재판장이 그 당사자에 갈음하여 신문을 할 수 있다.
>
> **민사소송규칙 제91조(주신문)** ① 주신문은 증명할 사항과 이에 관련된 사항에 관하여 한다.
> ② 주신문에서는 유도신문을 하여서는 아니된다. 다만, 다음 각호 가운데 어느 하나에 해당하는 경우에는 그러하지 아니하다.
>   1. 증인과 당사자의 관계, 증인의 경력, 교우관계 등 실질적인 신문에 앞서 미리 밝혀둘 필요가 있는 준비적인 사항에 관한 신문의 경우
>   2. 증인이 주신문을 하는 사람에 대하여 적의 또는 반감을 보이는 경우
>   3. 증인이 종전의 진술과 상반되는 진술을 하는 때에 그 종전 진술에 관한 신문의 경우
>   4. 그밖에 유도신문이 필요한 특별한 사정이 있는 경우
> ③ 재판장은 제2항 단서의 각호에 해당하지 아니하는 경우의 유도신문은 제지하여야 하고, 유도신문의 방법이 상당하지 아니하다고 인정하는 때에는 제한할 수 있다.
>
> **민사소송규칙 제92조(반대신문)** ① 반대신문은 주신문에 나타난 사항과 이에 관련된 사항에 관하여 한다.
> ② 반대신문에서 필요한 때에는 유도신문을 할 수 있다.
> ③ 재판장은 유도신문의 방법이 상당하지 아니하다고 인정하는 때에는 제한할 수 있다.
> ④ 반대신문의 기회에 주신문에 나타나지 아니한 새로운 사항에 관하여 신문하고자 하는 때에는 재판장의 허가를 받아야 한다.
> ⑤ 제4항의 신문은 그 사항에 관하여는 주신문으로 본다.
>
> **민사소송규칙 제93조(재주신문)** ① 재주신문은 반대신문에 나타난 사항과 이와 관련된 사항에 관하여 한다.
> ② 재주신문은 주신문의 예를 따른다.
> ③ 재주신문에 관하여는 제92조 제4항·제5항의 규정을 준용한다.

1. 의 의

증인이란 **과거에 경험한 사실을 법원에 보고할 것을 명령받은 사람**으로서 당사자 및 법정대리인(대표자) 이외의 제3자를 말한다. 한편 특별한 학식과 경험을 기초로 얻은 사실을 보고하는 감정증인(제340조)도 감정인이 아니라 증인이므로 증인신문절차에 의한다.

2. 증인능력

공동소송인은 공동의 이해관계가 있는 사항에 대하여는 제3자가 아니므로 당사자신문의 대상이 되고, 공동의 이해관계가 없는 사항에 대하여는 제3자가 되므로 증인신문의 대상이 된다. 다만 판례는 "**당사자 본인신문의 방식에 의하여야 할 종친회 대표자를 증인으로 조사**한데 대하여 지체 없이 이의의 진술이 없었다면 그 증언을 채택하여 사실인정을 하였다 하더라도 위법이라 할 수 없다."고 한다(1977. 10. 11. 77다1316).

3. 증인의 의무

가. 출석의무

증인은 출석의무가 있다(제303조). 따라서 증인이 출석하지 않는 경우에 법원은 결정으로 증인에게 소송비용을 부담하도록 명하고, 과태료를 부과할 수 있고(제311조 제1항), 과태료의 재판을 받고도 정

당한 사유 없이 출석하지 않는 경우에는 감치에 처할 수 있다(제311조 제2항). 또한 정당한 사유 없이 출석하지 아니한 증인을 구인할 수 있다(제312조).

나. 선서의무

증인은 선서의무가 있다(제319조). 다만 증인이 선서무능력자인 경우(제322조)와, 선서거부권을 행사한 경우(제324조)에는 선서를 하게 할 수 없고, 증언거부권이 있으나 증언을 하는 경우에는 선서를 면제할 수 있다(제323조). 판례는 "선서를 거부할 수 있는 증인이 선서를 거부하지 아니하고 증언을 한 경우에 재판장이 선서거부권이 있음을 고지하지 아니하였다고 하여 위법이라고 할 수 없다."고 한다(1971. 4. 30. 71다452).

다. 진술의무

증인은 진술의무가 있다. 다만 증언을 거부하는 이유를 소명하고(제316조), 증언을 거부할 수도 있다(제314조·제315조). 판례는 "형사소송법은 증언거부권에 관한 규정(제148조, 제149조)과 함께 재판장의 증언거부권 고지의무에 관하여도 규정하고 있는 반면(제160조), 민사소송법은 증언거부권 제도를 두면서도(제314조 내지 제316조) 증언거부권 고지에 관한 규정을 따로 두고 있지 않다. 그렇다면 민사소송절차에서 재판장이 증인에게 증언거부권을 고지하지 아니하였다 하여 절차위반의 위법이 있다고 할 수 없고, 따라서 적법한 선서절차를 마쳤는데도 허위진술을 한 증인에 대해서는 달리 특별한 사정이 없는 한 위증죄가 성립한다고 보아야 한다."고 한다(2011. 7. 28. 2009도14928).

4. 증인신문의 절차

가. 구술신문의 원칙

증인은 재판장의 허가가 없는 한 서류에 의하여 진술하지 못하고, 말로 진술해야 한다(제331조). 한편 증인진술서를 제출하는 경우로서 법원이 증인신문사항을 제출할 필요가 없다고 인정하는 때를 제외하고, 증인신문을 신청한 당사자는 **증인신문사항을 적은 서면**을 제출해야 한다(민사소송규칙 제80조).

나. 증인진술서의 제출

법원은 효율적인 증인신문을 위하여 필요하다고 인정할 때에는 증인을 신청한 당사자에게 증인진술서를 제출하게 할 수 있다(민사소송규칙 제79조 제1항). **증인진술서는 서증이 되고, 증인신청자가 제출하는 것이고, 증인진술서의 제출 후에도 증인이 출석하여 증언을 하게 된다.**

판례는 "증인이 법정에서 선서 후 증인진술서에 기재된 구체적인 내용에 관하여 진술함이 없이 단지 증인진술서에 기재된 내용이 사실대로라는 취지의 진술만을 한 경우에는 증인진술서에 기재된 내용 중 특정 사항을 구체적으로 진술한 것과 같이 볼 수 있는 등의 특별한 사정이 없는 한 증인이 증인진술서에 기재된 구체적인 내용을 기억하여 반복 진술한 것으로는 볼 수 없으므로, 거기에 기재된 내용에 허위가 있더라도 그 부분에 관하여 법정에서 증언한 것으로 보아 위증죄로 처벌할 수는 없다."고 한다(2010. 5. 13. 2007도1397).

다. 서면에 의한 증언

법원은 증인과 증명할 사항의 내용 등을 고려하여 상당하다고 인정하는 때에는 출석·증언에 갈음하여 증언할 사항을 적은 서면을 제출하게 할 수 있다(제310조). **서면에 의한 증언은 서증이 아니라 증언이고, 증인신청권자가 아니라 증인이 작성하는 것이고, 증인이 법정에 출석하지 않는다.**

라. 증인신문의 방법

재판장의 인정신문이 있은 후에 증인신청자가 주신문을 하고, 상대방 당사자가 반대신문을 한다. 그 후 주신문을 한 당사자가 재주신문을 할 수 있다(민사소송규칙 제89조 제1항). 재주신문이 끝난 후에는 당사자는 재판장의 허가를 받은 때에만 다시 신문할 수 있다(민사소송규칙 제89조 제2항). 재판장은 당사자에 의한 신문이 끝난 뒤에 신문할 수 있는 것이 원칙이다(보충신문 ; 제327조 제2항). 다만 재판장은 예외적으로 당사자의 신문 도중이라도 언제든지 신문할 수 있다(개입신문 ; 제327조 제2항).

Ⅲ. 감 정

> 제333조(증인신문규정의 준용) 감정에는 제2절의 규정을 준용한다. 다만, 제311조 제2항 내지 제7항, 제312조, 제321조 제2항, 제327조 및 제327조의2는 그러하지 아니하다.
>
> 제334조(감정의무) ① 감정에 필요한 학식과 경험이 있는 사람은 감정할 의무를 진다.
> ② 제314조 또는 제324조의 규정에 따라 증언 또는 선서를 거부할 수 있는 사람과 제322조에 규정된 사람은 감정인이 되지 못한다.
>
> 제335조(감정인의 지정) 감정인은 수소법원·수명법관 또는 수탁판사가 지정한다.
>
> 제335조의2(감정인의 의무) ① 감정인은 감정사항이 자신의 전문분야에 속하지 아니하는 경우 또는 그에 속하더라도 다른 감정인과 함께 감정을 하여야 하는 경우에는 곧바로 법원에 감정인의 지정 취소 또는 추가 지정을 요구하여야 한다.
> ② 감정인은 감정을 다른 사람에게 위임하여서는 아니 된다.
>
> 제336조(감정인의 기피) 감정인이 성실하게 감정할 수 없는 사정이 있는 때에 당사자는 그를 기피할 수 있다. 다만, 당사자는 감정인이 감정사항에 관한 진술을 하기 전부터 기피할 이유가 있다는 것을 알고 있었던 때에는 감정사항에 관한 진술이 이루어진 뒤에 그를 기피하지 못한다.
>
> 제337조(기피의 절차) ① 기피신청은 수소법원·수명법관 또는 수탁판사에게 하여야 한다.
> ② 기피하는 사유는 소명하여야 한다.
> ③ 기피하는 데 정당한 이유가 있다고 한 결정에 대하여는 불복할 수 없고, 이유가 없다고 한 결정에 대하여는 즉시항고를 할 수 있다.
>
> 제338조(선서의 방식) 선서서에는 "양심에 따라 성실히 감정하고, 만일 거짓이 있으면 거짓감정의 벌을 받기로 맹세합니다."라고 적어야 한다.
>
> 제339조(감정진술의 방식) ① 재판장은 감정인으로 하여금 서면이나 말로써 의견을 진술하게 할 수 있다.
> ② 재판장은 여러 감정인에게 감정을 명하는 경우에는 다 함께 또는 따로따로 의견을 진술하게 할 수 있다.
> ③ 법원은 제1항 및 제2항에 따른 감정진술에 관하여 당사자에게 서면이나 말로써 의견을 진술할 기회를 주어야 한다.

제339조의2(감정인신문의 방식) ① 감정인은 재판장이 신문한다.
② 합의부원은 재판장에게 알리고 신문할 수 있다.
③ 당사자는 재판장에게 알리고 신문할 수 있다. 다만, 당사자의 신문이 중복되거나 쟁점과 관계가 없는 때, 그 밖에 필요한 사정이 있는 때에는 재판장은 당사자의 신문을 제한할 수 있다.

제339조의3(비디오 등 중계장치 등에 의한 감정인신문) ① 법원은 다음 각 호의 어느 하나에 해당하는 사람을 감정인으로 신문하는 경우 상당하다고 인정하는 때에는 당사자의 의견을 들어 비디오 등 중계장치에 의한 중계시설을 통하여 신문하거나 인터넷 화상장치를 이용하여 신문할 수 있다.
  1. 감정인이 법정에 직접 출석하기 어려운 특별한 사정이 있는 경우
  2. 감정인이 외국에 거주하는 경우
② 제1항에 따른 감정인신문에 관하여는 제327조의2 제2항 및 제3항을 준용한다.

제340조(감정증인) 특별한 학식과 경험에 의하여 알게 된 사실에 관한 신문은 증인신문에 관한 규정을 따른다. 다만, 비디오 등 중계장치 등에 의한 감정증인신문에 관하여는 제339조의3을 준용한다.

제341조(감정의 촉탁) ① 법원이 필요하다고 인정하는 경우에는 공공기관·학교, 그 밖에 상당한 설비가 있는 단체 또는 외국의 공공기관에 감정을 촉탁할 수 있다. 이 경우에는 선서에 관한 규정을 적용하지 아니한다.
② 제1항의 경우에 법원은 필요하다고 인정하면 공공기관·학교, 그 밖의 단체 또는 외국 공공기관이 지정한 사람으로 하여금 감정서를 설명하게 할 수 있다.
③ 제2항의 경우에는 제339조의3을 준용한다.

제342조(감정에 필요한 처분) ① 감정인은 감정을 위하여 필요한 경우에는 법원의 허가를 받아 남의 토지, 주거, 관리중인 가옥, 건조물, 항공기, 선박, 차량, 그 밖의 시설물안에 들어갈 수 있다.
② 제1항의 경우 저항을 받을 때에는 감정인은 경찰공무원에게 원조를 요청할 수 있다.

제164조의2(전문심리위원의 참여) ① 법원은 소송관계를 분명하게 하거나 소송절차(증거조사·화해 등을 포함한다. 이하 이 절에서 같다)를 원활하게 진행하기 위하여 직권 또는 당사자의 신청에 따른 결정으로 제164조의4 제1항에 따라 전문심리위원을 지정하여 소송절차에 참여하게 할 수 있다.
② 전문심리위원은 전문적인 지식을 필요로 하는 소송절차에서 설명 또는 의견을 기재한 서면을 제출하거나 기일에 출석하여 설명이나 의견을 진술할 수 있다. 다만, 재판의 합의에는 참여할 수 없다.
③ 전문심리위원은 기일에 재판장의 허가를 받아 당사자, 증인 또는 감정인 등 소송관계인에게 직접 질문할 수 있다.
④ 법원은 제2항에 따라 전문심리위원이 제출한 서면이나 전문심리위원의 설명 또는 의견의 진술에 관하여 당사자에게 구술 또는 서면에 의한 의견진술의 기회를 주어야 한다.

제164조의3(전문심리위원 참여결정의 취소) ① 법원은 상당하다고 인정하는 때에는 직권이나 당사자의 신청으로 제164조의2 제1항에 따른 결정을 취소할 수 있다.
② 제1항에도 불구하고 당사자가 합의로 제164조의2 제1항에 따른 결정을 취소할 것을 신청하는 때에는 법원은 그 결정을 취소하여야 한다.

제164조의4(전문심리위원의 지정 등) ① 법원은 제164조의2 제1항에 따라 전문심리위원을 소송절차에 참여시키는 경우 당사자의 의견을 들어 각 사건마다 1인 이상의 전문심리위원을 지정하여야 한다.
② 전문심리위원에게는 대법원규칙으로 정하는 바에 따라 수당을 지급하고, 필요한 경우에는 그 밖의 여비, 일당 및 숙박료를 지급할 수 있다.
③ 전문심리위원의 지정에 관하여 그 밖에 필요한 사항은 대법원규칙으로 정한다.

> 제164조의5(전문심리위원의 제척 및 기피) ① 전문심리위원에게 제41조부터 제45조까지 및 제47조를 준용한다.
> ② 제척 또는 기피 신청을 받은 전문심리위원은 그 신청에 관한 결정이 확정될 때까지 그 신청이 있는 사건의 소송절차에 참여할 수 없다. 이 경우 전문심리위원은 당해 제척 또는 기피 신청에 대하여 의견을 진술할 수 있다.
>
> 제164조의6(수명법관 등의 권한) 수명법관 또는 수탁판사가 소송절차를 진행하는 경우에는 제164조의2 제2항부터 제4항까지의 규정에 따른 법원 및 재판장의 직무는 그 수명법관이나 수탁판사가 행한다.
>
> 제164조의7(비밀누설죄) 전문심리위원 또는 전문심리위원이었던 자가 그 직무수행 중에 알게 된 다른 사람의 비밀을 누설하는 경우에는 2년 이하의 징역이나 금고 또는 1천만원 이하의 벌금에 처한다.
>
> 제164조의8(벌칙 적용에서의 공무원 의제) 전문심리위원은 형법 제129조부터 제132조까지의 규정에 따른 벌칙의 적용에서는 공무원으로 본다.

1. 의 의

감정이란 **특별한 학식과 경험을 가진 사람에게 그 전문적 또는 그 지식을 이용한 판단을 소송상 보고시키도록 하여, 법관의 판단능력을 보충하기 위한 증거조사**를 말한다. 이러한 증거방법을 감정인이라고 한다. 따라서 증인은 대체성이 없지만, 감정인은 대체성이 있다. 반면 감정증인은 **특별한 학식과 경험을 통하여 얻은 과거의 구체적 사실을 보고하는 사람**을 말하는데, 경험을 보고하는 이상 증인이므로 법원은 증인과 마찬가지의 절차로 조사한다(제340조). 한편 전문적인 지식이 요구되는 사건에서는 전문심리위원제도를 이용할 수 있다(제164조의2~제164조의8). 다만 전문심리위원의 의견은 감정인의 감정결과와 달리 증거자료가 되는 것이 아니므로, 전문심리위원은 선서를 하지 않는다.

2. 감정의무와 감정절차

(ⅰ) 감정에 필요한 학식과 경험이 있는 사람은 제334조 제2항의 경우에 해당되지 않는 한 감정할 의무를 진다(제334조). 감정의무는 출석의무, 선서의무, 감정의견 보고의무를 말한다. 이러한 의무를 위반한 경우에는 증인의무를 위반한 경우에 대한 규정이 준용된다(제333조). (ⅱ) 감정절차는 원칙적으로 증인신문절차의 규정을 준용한다(제333조). 당사자의 신청이 없는 경우라도 법원이 직권으로 감정을 명할 수 있다(제292조). 감정인신문(제339조의2·제339조의3)을 한 후에는 감정인신문조서를 작성한다(제154조 제2호). 감정의견의 보고는 기일에서는 말로 하고, 기일 외에서는 서면으로 한다(제339조).

3. 감정결과의 채택

가. 증거자료와 자유심증주의

판례는 "감정인의 감정결과는 **당사자가 증거로 원용하지 않는 경우에도 법원으로서는 증거로 할 수 있다.**"고 한다(1994. 8. 26. 94누2718). 한편 감정결과를 증거로 채택할 것인지는 법관의 자유심증에 의한다(제202조). 판례도 "신체감정에 관한 **감정인의 감정결과는 증거방법**의 하나에 불과하고, 법관은 모든 증거를 종합하여 **자유로운 심증**에 의하여 감정결과와 다르게 노동능력 상실률을 판단할 수 있고, 당사자도 감정결과의 당부를 다툴 수 있다."고 한다(2002. 6. 28. 2001다27777). 또한 "감정인의 신체감정 결과는 증거방법의 하나로서 법원이 어떤 사항을 판단할 때 특별한 지식과 경험이 필요한 경우에 판단의 보조수단으로 이용하는 데에 지나지 않는다. 법관은 모든 증거를 종합하여 자유로운 심증으로 특정 감정 결과에 따라 후유장해의 인정 여부를 판단할 수 있고, 이러한 판단은 논리와 경험의 법칙에 반하지 않는 한 적법하다."고 한다(2019. 5. 30. 2015다8902).

나. 구체적인 판단방법

판례는 "감정인의 감정결과는 감정방법 등이 **경험칙에 반하거나 합리성이 없는 등의 현저한 잘못이 없는 한 존중하여야 할 것이나**, 그렇지 아니한 경우에는 증거로 삼을 수 없다."고 한다(1997. 2. 11. 96다1733). 따라서 "과학적인 방법이라고 할 수 있는 무인감정 결과를 배척하기 위하여는 **감정경위나 감정방법의 잘못 등 감정자체에 있어서의 배척사유**가 있어야 한다."고 한다(1999. 4. 9. 98다57198).

또한 "감정은 법원이 어떤 사항을 판단함에 있어 특별한 지식과 경험을 필요로 하는 경우 판단의 보조수단으로서 이용하는데에 지나지 않으므로 **동일한 사실에 관하여 상반되는 수개의 감정결과가 있을 때에 법원이 하나를 채용하여 사실을 인정하였다면 경험칙이나 논리법칙에 위배되지 않는 한 적법하고 나머지를 배척하는 이유를 구체적으로 명시할 필요가 없다.**"고 한다(1989. 6. 27. 88다카14076).

또한 "**선서하지 아니한 감정인에 의한 감정결과는 증거능력이 없으므로, 사실인정의 자료로 삼을 수 없다** 할 것이나, 소송법상 감정인 신문이나 감정의 촉탁방법에 의한 것이 아니고 소송 외에서 전문적인 학식·경험이 있는 자가 작성한 감정의견을 기재한 서면이라도 서면이 서증으로 제출되었을 때 법원이 합리적이라고 인정하면 사실인정의 자료로 할 수 있다는 것인바, **법원이 감정인에게 감정을 명하면서 착오로 감정인으로부터 선서를 받는 것을 누락함으로 말미암아 감정인에 의한 감정결과가 증거능력이 없게 된 경우라도, 감정인이 작성한 감정 결과를 기재한 서면이 당사자에 의하여 서증으로 제출되고, 법원이 그 내용을 합리적이라고 인정하는 때에는, 사실인정의 자료로 삼을 수 있다.**"고 한다(2006. 5. 25. 2005다77848).

다만 "동일한 감정인이 동일한 감정사항에 대하여 모순되거나 불명료한 감정의견을 내놓고 있는 경우에, 법원이 감정서를 직접 증거로 채용하여 사실인정을 하기 위하여는 특별히 다른 증거자료가 뒷받침되지 않는 한, **감정인에 대하여 감정서의 보완을 명하거나 감정증인으로의 신문방법 등을 통하여 정확한 감정의견을 밝히도록 하는 등의 적극적인 조치**를 강구하여야 마땅하다."고 한다(1994. 6. 10. 94다10955). 또한 "특정한 사항에 관하여 **상반되는 여러 개의 감정 결과가 있는 경우 각 감정결과의 감정방법이 적법한지 여부를 심리·조사하지 않은 채 하나의 감정결과가 다른 감정결과와 상이하다는 이유만으로 그 감정결과를 배척할 수는 없다.** 그리고 동일한 감정사항에 대하여 2개 이상의 감정기관이 모순되거나 불명료한 감정의견을 내놓고 있는 경우 법원이 그 감정결과를 증거로 채용하여 사실을 인정하기 위해서는 다른 증거자료가 뒷받침되지 않는 한, **각 감정기관에 대하여 감정서의 보완을 명하거나 증인신문이나 사실조회 등의 방법을 통하여 정확한 감정의견을 밝히도록 하는 등 적극적인 조치를 강구**하여야 한다. 이러한 법리는 전문적인 학식과 경험이 있는 사람이 작성한 감정의견이 기재된 서면이 서증의 방법으로 제출된 경우에 사실심 법원이 이를 채택하여 사실인정의 자료로 삼으려 할 때에도 마찬가지로 적용될 수 있다."고 한다(2023. 4. 27. 2022다303216).

Ⅳ. 서 증

1. 의 의

서증이란 문서를 열람하여 문서에 기재된 내용을 증거자료로 하기 위한 증거조사를 말한다.

2. 문서의 종류

가. 공문서·사문서

공문서란 공무원이 직무상 작성한 문서를 말한다. 공문서 중에서 공증권한을 가진 공무원이 작성한 것을 공정증서라 한다. 사문서란 공문서 이외의 문서를 말한다. 확정일자 있는 사문서 등과 같이 사문서에 공무원이 직무상 일정한 사항을 기입하여 넣은 경우에는 공문서와 사문서가 병존하게 된다(공사병존문서). 판례는 "**공문서와 사문서가 병존해 있는 문서는 공문서 부분의 성립이 인정된다고 해서 사문서 부분까지 진정성립을 추정할 수 없다.**"고 한다(1976. 5. 11. 73다616).

나. 처분문서·보고문서

처분문서란 **계약서, 차용증서, 어음·수표 등과 같이 증명하고자 하는 법률적 행위**(처분)**가 문서 자체에 의하여 이루어진 문서**를 말한다. 보고문서란 **상업장부, 가족관계증명서, 영수증, 일기 등과 같이 작성자가 듣고 보고 느끼고 판단한 바를 기재한 문서**를 말한다.

판례는 "처분문서라고 할 수 있기 위하여는 **증명하고자 하는 공법상 또는 사법상의 행위가 문서에 의하여 행하여졌음을 필요로 하고 문서의 내용이 작성자 자신의 법률행위에 관한 것이라 할지라도 법률행위를 외부적 사실로서 보고, 기술하고 있거나 그에 관한 의견이나 감상을 기재하고 있는 경우에는 처분문서가 아니라 보고문서**라고 할 것인바, 과거에 체결된 매매계약의 이행여부와 계약이 유효하게 존속하는가 여부에 관한 기억내용 및 의견을 기재한 것일 뿐 이에 의하여 증명하고자 하는 어떤 행위가 행하여진 것이 아님이 분명한 문서는 보고문서라고 할 것이다."고 한다(1987. 6. 23. 87다카400).

또한 "판결서는 처분문서이기는 하지만 그것은 **판결이 있었던가 또 어떠한 내용의 판결이 있었던가의 사실을 증명하기 위한 처분문서라는 의미**일 뿐, 판결서 중에서 한 사실판단을 그 사실을 증명하기 위하여 이용을 불허하는 것이 아니어서 이를 이용하는 경우에는 판결서도 그 한도 내에서는 보고문서이다."고 한다(1980. 9. 9. 79다1281).

다. 원본·정본·등본·초본

> **제355조**(문서제출의 방법 등) ① 법원에 문서를 제출하거나 보낼 때에는 원본, 정본 또는 인증이 있는 등본으로 하여야 한다.
> ② 법원은 필요하다고 인정하는 때에는 원본을 제출하도록 명하거나 이를 보내도록 촉탁할 수 있다.
> ③ 법원은 당사자로 하여금 그 인용한 문서의 등본 또는 초본을 제출하게 할 수 있다.
> ④ 문서가 증거로 채택되지 아니한 때에는 법원은 당사자의 의견을 들어 제출된 문서의 원본·정본·등본·초본 등을 돌려주거나 폐기할 수 있다.
>
> **민사소송규칙 제105조**(문서를 제출하는 방식에 의한 서증신청) ① 문서를 제출하여 서증의 신청을 하는 때에는 문서의 제목·작성자 및 작성일을 밝혀야 한다. 다만, 문서의 기재상 명백한 경우에는 그러하지 아니하다.

> ② 서증을 제출하는 때에는 상대방의 수에 1을 더한 수의 사본을 함께 제출하여야 한다. 다만, 상당한 이유가 있는 때에는 법원은 기간을 정하여 사본을 제출하게 할 수 있다.
> ③ 제2항의 사본은 명확한 것이어야 하며 재판장은 사본이 불명확한 때에는 사본을 다시 제출하도록 명할 수 있다.
> ④ 문서의 일부를 증거로 하는 때에도 문서의 전부를 제출하여야 한다. 다만, 그 사본은 재판장의 허가를 받아 증거로 원용할 부분의 초본만을 제출할 수 있다.
> ⑤ 법원은 서증에 대한 증거조사가 끝난 후에도 서증 원본을 다시 제출할 것을 명할 수 있다.

원본이란 문서 그 자체를 말하고, 정본이란 특히 정본이라고 표시한 문서의 등본으로서 원본과 동일한 효력이 인정되는 것을 말한다. 등본이란 원본 전부의 사본이며, 초본은 원본 일부의 사본이다. 인증기관이 공증한 등본을 인증등본이라 한다. 정본·등본·초본은 원본의 전부 또는 일부를 등사한 것이므로 모두 사본이다.

3. 문서의 증거능력과 증거력

가. 증거능력

증거능력이란 **추상적으로 증거조사의 대상이 될 수 있는 자격**을 말하는데, 민사소송에서는 형사소송과 달리 자유심증주의의 원칙상 증거능력에 제한이 없음이 원칙이다. 판례도 "소송계속 중에 그 소송에 사용키 위하여 작성된 사문서라고 하여 반드시 증거능력이 없는 것이라 할 수 없다."고 하고(1966. 9. 27. 66다1133), "소제기 이후에 작성된 사문서라는 점만으로 당연히 증거능력이 부정되는 것은 아니다."고 하고(1992. 4. 14. 91다24755), "소송에 유리한 자료로 제출하기 위하여 소송 중에 작성된 증거라 하여 배척한 조치가 채증법칙에 위반된다."고 한다(1989. 11. 10. 89다카1596).

나. 증거력

증거력이란 **문서가 요증사실의 증명에 기여하는 효과**를 말한다. 문서의 증거력에는 형식적 증거력과 실질적 증거력이 있고, 일반적으로 형식적 증거력이 있는 경우에 실질적 증거력을 판단한다. 판례도 "서증은 문서에 표현된 작성자의 의사를 증거자료로 하여 요증사실을 증명하려는 증거방법이므로, 우선 문서가 거증자에 의하여 작성자로 주장되는 자의 의사에 의하여 작성된 것임이 밝혀져야 하고, 이러한 **형식적 증거력이 인정된 다음 작성자의 의사가 요증사실의 증거로서 얼마나 유용하느냐에 관한 실질적 증명력을 판단하여야 한다.**"고 한다(1997. 4. 11. 96다50520).

다만 "문서는 존재자체가 증거로 되는 경우가 아닌 한 형식적 증거력이 있어야만 실질적 증거력이 문제가 되는 것이고, 실질적 증거력은 법관의 자유심증에 일임되는 것이므로 수소법원으로서는 먼저 문서의 형식적 증거력의 존부를 조사하는 것이 순서라 하겠으나, **당해법원이 다른 증거자료들을 통하여 당해 문서의 실질적 증거력 자체를 부정하는 심증을 이미 형성하고 있는 때에는 문서의 진부를 조사함이 없이 바로 그 증명력을 배척하여도 위법이라고 할 수는 없다.**"고 한다(1988. 4. 27. 87다카623).

한편 "서증은 형식적 증거력이 없으면 채용할 수 없으므로 법원이 어떤 서증을 채택하였다는 것은 당연히 그 서증이 형식적 증거력을 구비하였다는 것을 전제로 하는 것이라고 보아야 하고, 따라서 **상대방이 서증에 대한 위조 항변이나 부인, 또는 부지로 다툰 경우에도 서증의 진정 성립에 석연치 않은 점이 있을 경우가 아니면 진정 성립의 근거를 판결이유에서 밝힘이 없이 그 서증을 사실인정의 자료로 삼았다 하여 이유 불비의 위법이 있다고 단정지을 수 없다.**"고 한다(1993. 4. 13. 92다12070).

4. 문서의 형식적 증거력

가. 의의

문서가 위조·변조된 것이 아니라, 작성자의 의사에 기하여 작성된 것을 문서의 진정성립이라고 하고, 진정하게 성립된 문서를 형식적 증거력이 있는 문서라고 한다.

나. 문서의 진정성립에 대한 인부

> 제363조(문서성립의 부인에 대한 제재) ① 당사자 또는 그 대리인이 고의나 중대한 과실로 진실에 어긋나게 문서의 진정을 다툰 때에는 법원은 결정으로 200만 원 이하의 과태료에 처한다.
> ② 제1항의 결정에 대하여는 즉시항고를 할 수 있다.
> ③ 제1항의 경우에 문서의 진정에 대하여 다툰 당사자 또는 대리인이 소송이 법원에 계속된 중에 그 진정을 인정하는 때에는 법원은 제1항의 결정을 취소할 수 있다.

법원이 상대방에게 서증의 진정성립을 인정하는지를 물어볼 때에 상대방이 하는 답변을 성립의 인부라고 한다. 인부는 변론에서 구술로 함이 원칙이나, 변론준비과정(준비서면, 변론준비절차)에서도 할 수 있다(제274조 제2항, 제281조 제3항). 성립의 인부는 **성립의 인정·침묵·부인·부지**가 있다. 부지는 당사자의 서명·날인이 없는 문서에 대하여 할 수 있다. 따라서 당사자의 서명·날인이 있는 문서는 부지라고 할 수 없고, 성립인정 또는 부인을 할 수 있다.

문서의 진정성립을 부인하는 경우에는 그 이유를 구체적으로 밝혀야 한다(민사소송규칙 제116조). 그러나 고의·중과실로 진실에 반하여 문서의 진성성립을 다툴 때에는 과태료의 제재가 따른다(제363조 제1항). 판례는 "문서의 성립에 관한 자백은 보조사실에 관한 자백이기는 하나 그 취소에 관하여는 다른 간접사실에 관한 자백취소와는 달리 주요사실의 자백취소와 동일하게 처리하여야 할 것이므로, **문서의 진정성립을 인정한 당사자는 자유롭게 이를 철회할 수 없고, 이는 문서에 찍힌 인영의 진정함을 인정하였다가 나중에 이를 철회하는 경우에도 마찬가지이다.**"고 한다(2001. 4. 24. 2001다5654).

다. 사문서의 진정성립에 관한 증명방법

(ⅰ) 판례는 "사문서의 진정성립에 관한 증명방법에 관하여는 특별한 제한이 없으나 **증명방법은 신빙성이 있어야** 하고, 증인의 증언에 의하여 진정성립을 인정하는 경우 신빙성 여부를 판단함에 있어서는 증언 내용의 합리성, 증인의 증언 태도, 다른 증거와의 합치 여부, 증인의 사건에 대한 이해관계, 당사자와의 관계 등을 종합적으로 검토하여야 한다."고 한다(2015. 11. 26. 2014다45317).

또한 "문서에 대한 진정성립의 인정 여부는 법원이 모든 **증거자료와 변론 전체의 취지에 터잡아 자유심증**에 따라 판단한다."고 한다(2003. 4. 8. 2001다29254). 또한 "당사자가 부지라고 다투는 서증에 관하여 거증자가 성립을 증명하지 아니한 경우라도 법원은 **다른 증거에 의하지 아니하고 변론 전체의 취지를 참작하여 자유심증으로 성립을 인정할 수 있다.**"고 한다(2010. 2. 25. 2007다85980).

또한 "상대방이 문서의 진정성립을 적극적으로 다투거나 서증의 진정성립 여부가 쟁점이 된 때, 또한 서증이 당해 사건의 쟁점이 되는 주요사실을 인정하는 자료로 쓰여지는데 상대방이 증거능력을 다툴 때에는 문서가 어떠한 이유로 증거능력이 있는 것인지에 관하여 설시하는 것이 옳고, 사문서의 경우 그것이 어떠한 증거에 의하여 진정성립이 인정된 것인지 잘 알아보기 어려운 경우에도 근거를 분명히 밝혀서 설시하여야 하나, **문서의 진정성립은 필적 또는 인영·무인의 대조에 의하여서도 증**

명할 수 있고 **필적 또는 인영·무인의 대조는 사실심의 자유심증에 속하는 사항**으로서, 문서 작성자의 필적 또는 인영·무인과 증명의 대상인 문서의 필적 또는 인영·무인이 동일하다고 인정될 때에는 특별한 사정이 없는 한 문서의 진정성립을 인정할 수 있으며, 법원은 반드시 감정으로써 필적, 인영 등의 동일 여부를 판단할 필요가 없이 육안에 의한 대조로도 판단할 수 있다."고 한다(1997. 12. 12. 95다38240).

(ⅱ) 그러나 "사실인정에 있어 가장 중요한 증거인 임시주주총회의사록의 **진정성립에 관하여 당사자가 '부지'라고 하고 주주총회 개최사실 자체도 다투어 온 사건에서 변론 전체의 취지만으로 진정성립을 인정한 것은 논리칙과 경험칙상 수긍이 되지 아니한다.** 쟁점사실에 관한 중요한 증거자료인 임시주주총회의사록에 본인인 피고의 도장이 찍혀 있는 경우 당사자나 소송대리인이 서증의 인부과정에서 '부지'라고 답했다 해도 그에 그칠 것이 아니라 인영의 인정여부까지를 물어 당해 서증에 관한 보조사실을 주장할 기회까지를 부여하는 것이 사실심 법원의 책무이다."고 한다(1990. 6. 26. 88다카31095).

또한 "**작성명의자인 당사자가 '부지'라고 답변한 서증의 인영이 당사자가 진정성립을 인정한 다른 서증에 찍혀 있는 당사자 명의의 인영과 같은 것으로 보이는 경우**, 법원으로서는 서증이 진정한 것인지의 여부에 관하여 '부지'라고 답변하였다고 하여 바로 형식적 증거력을 배척할 것이 아니라, 당사자에게 서증에 찍혀 있는 당사자 명의의 인영이 본인의 인장에 의하여 찍혀진 것인지의 여부 등을 따져 보아 인영부분이 진정하게 성립한 것인지의 여부를 석명한 다음, 그 결과에 따라 상대편으로 하여금 인영의 대조 등에 의하여 서증의 진부를 증명할 수 있는 기회를 주는 등의 방법으로 심리를 더 하여 보았어야 한다."고 한다(1991. 11. 12. 91다30712).

라. 진정성립의 추정

1) 공문서의 경우

> 제356조(공문서의 진정의 추정) ① 문서의 작성방식과 취지에 의하여 공무원이 직무상 작성한 것으로 인정한 때에는 이를 진정한 공문서로 추정한다.
> ② 공문서가 진정한지 의심스러운 때에는 법원은 직권으로 해당 공공기관에 조회할 수 있다.
> ③ 외국의 공공기관이 작성한 것으로 인정한 문서에는 제1항 및 제2항의 규정을 준용한다.

(ⅰ) 문서의 작성방식과 취지에 의하여 공무원이 직무상 작성한 것으로 인정한 때에는 이를 진정한 공문서로 추정한다(제356조 제1항 ; 전면적 추정력). 추정의 범위는 공문서의 진정성에 국한된다. 판례는 "**추정을 뒤집을 만한 특단의 사정이 증거에 의하여 밝혀지지 않는 한 성립의 진정은 부인될 수 없다.**"고 하고(1985. 5. 14. 84누786), "공문서는 진정성립이 추정됨과 아울러 기재 내용의 증명력 역시 진실에 반한다는 등의 특별한 사정이 없는 한 함부로 배척할 수 없다."고 한다(2006. 6. 15. 2006다16055). 또한 "공증인이 사서증서를 인증한 경우에 공증인법에 규정된 절차를 제대로 거치지 않았다는 사실이 주장·입증되는 등의 특별한 사정이 없는 한, **공증인이 인증한 사서증서의 진정성립은 추정된다.**"고 한다(2008. 12. 24. 2008두17806).

(ⅱ) ㉠ 이러한 추정에 대하여 ① 법률상 추정으로 보는 견해와, ② **증거법칙적 추정**으로 보는 견해가 대립된다. 이는 실체법상의 요건사실에 대한 추정이 아니므로, 증거법칙적 추정으로 보는 견해가 타당하다.

㉡ 이를 다투는 상대방은 ① 본증, 즉 반대사실의 증명을 해야 한다는 견해와, ② **반증으로써 진**

정추정을 복멸할 수 있다는 견해(다수설)가 대립된다. 판례는 "제356조 제1항은 문서의 작성방식과 취지에 의하여 공무원이 직무상 작성한 것으로 인정한 때에는 진정한 공문서로 추정한다고 규정하고 있으나, **위조 또는 변조 등 특별한 사정이 있다고 볼 만한 반증이 있는 경우에는 추정은 깨어진다.**" 고 한다(2018. 4. 12. 2017다292244). 법규정에 의한 추정이지만 요건사실과는 무관한 소송법상의 추정이어서 증명책임의 전환은 일어나지 않으므로, 다수설·판례가 타당하다.

2) 사문서의 경우

> 제357조(사문서의 진정의 증명) 사문서는 그것이 진정한 것임을 증명하여야 한다.
>
> 제358조(사문서의 진정의 추정) 사문서는 본인 또는 대리인의 서명이나 날인 또는 무인이 있는 때에는 진정한 것으로 추정한다.
>
> 제359조(필적 또는 인영의 대조) 문서가 진정하게 성립된 것인지 어떤지는 필적 또는 인영을 대조하여 증명할 수 있다.

가) 성립의 진정의 증명 : 2단계의 추정

사문서는 제출자가 성립의 진정을 증명하여야 한다(제357조). 판례도 "어음에 어음채무자로 기재되어 있는 사람이 자신의 기명날인이 위조된 것이라고 주장하는 경우에는 그 사람에 대하여 **어음채무의 이행을 청구하는 어음의 소지인이 기명날인이 진정한 것임을 증명**하지 않으면 안된다."고 한다(1993. 8. 24. 93다4151). 다만 사문서에 본인 또는 대리인의 서명·날인·무인이 있는 때에는 진정한 것으로 추정한다(제358조 ; 제한적 추정력).

판례는 "**사문서에 날인된 작성명의인의 인영이 그의 인장에 의하여 현출된 것이라면**(註 ; 인영의 진정), 특단의 사정이 없는 한 '인영의 진정성립', 즉 날인행위가 작성명의인의 의사에 기한 것임이 추정되고(註 : 1단계의 추정), **인영의 진정성립이 추정되면 제358조에 의하여 '문서 전체의 진정성립'이 추정된다**(註 : 2단계의 추정)."고 한다(2003. 2. 11. 2002다59122).

또한 "매매계약서 중 일부 내용의 변조 여부가 다투어지는 경우 매도인이 성립을 부인하더라도, 법원으로서는 서증의 인부를 함에 있어서 매도인의 인영날인 사실까지 부인하는지 여부를 석명하여 **매도인이 인영의 진정을 인정한다면 진정성립이 추정**되는 것이므로, 문서의 변조가 있었는지 여부에 관하여는 매도인이 입증을 하여 밝혀야 한다."고 한다(1995. 11. 10. 95다4674).[54]

또한 "사문서의 작성명의자가 사문서의 진정성립 여부에 관하여 부지라고 답변하였으나 **사문서상의 인영이 자신의 진정한 인장에 의한 것임을 인정하는 취지로 진술**하고 작성명의자가 타인에게 위임하여 발급받은 자신의 인감증명서상의 인영과 사문서상의 인영을 육안으로 대조하여 보아도 동일한 것으로 보이는 경우, 원심으로서는 작성명의자에게 인영 부분의 진정성립 여부를 석명한 후 그에 따라 서증의 진부에 대한 심리를 더하여 보고 **사문서의 진정성립이 추정되면 작성명의자가 자신의 인장이 도용되었거나 위조되었음을 입증하지 아니하는 한 진정성립을 부정할 수 없음**에도 바로 사문서의 형식적 증거력을 배척한 원심판결은 사문서의 진정성립에 관한 법리오해가 있다."고 한다(2000. 10. 13. 2000다38602).

---

[54] [판례평석] 문서의 변조항변은 제2단계의 추정을 깨뜨리기 위한 증거항변이다(김홍엽, 제11판, 660면).

나) 1단계의 추정

(ⅰ) 인영의 진정을 인정한 작성명의인은 **인장을 도용당하였다는 사실**이나 **강박을 당하여 자신이 날인한 사실** 등의 증거항변을 하여 1단계의 추정을 깰 수 있다. 판례도 1단계의 추정은 사실상 추정이므로 반증으로 깰 수 있다고 한다.

즉 "서증에 대한 인부로서 원고는 부지라 하고 **원고의 인장이 도용 위조된 것이라고 항변하는 경우**에는 특별한 사정이 없는 한 날인행위도 원고가 한 것으로 추정되므로, **원고측에서 도용된 것이라는 점에 관하여 입증**하여야 하고 이러한 입증이 없을 때에는 서증의 진정성립이 추정된다."고 하고 (1976. 7. 27. 76다1394), "**문서가 위조된 것임을 주장하는 자는 적극적으로 인영이 명의인의 의사에 반하여 날인된 것임을 입증할 필요가 있다.**"고 하고(2002. 2. 5. 2001다72029), "행정소송에서도 문서에 날인된 인영이 작성명의인의 인장에 의하여 현출된 인영임이 인정되는 경우에는 특단의 사정이 없는 한 인영의 성립 즉 날인행위가 작성명의인의 의사에 기하여 진정하게 이루어진 것으로 추정되고 일단 인영의 진정성립이 추정되면 문서전체의 진정성립이 추정되므로, **문서가 강박의 정도가 극심하여 의사표시자의 의사결정의 자유가 완전히 박탈된 상태에서 작성된 것임을 주장하는 자가 이를 입증하여야 할 것이다.**"고 한다(1991. 1. 11. 90누6408).

한편, 입증의 방법에 대하여, "위와 같은 추정은 **날인행위가 작성명의인 이외의 자에 의하여 이루어진 것임이 밝혀지거나, 작성명의인의 의사에 반하여 혹은 작성명의인의 의사에 기하지 않고 이루어진 것임이 밝혀진 경우**에는 깨진다고 할 것이고, 위와 같은 인영의 진정성립, 즉 **날인행위가 작성명의인의 의사에 기한 것이라는 추정은 사실상의 추정**이므로, 인영의 진정성립을 다투는 자가 **반증을 들어** 인영의 진정성립, 즉 날인행위가 작성명의인의 의사에 기한 것임에 관하여 **법원으로 하여금 의심을 품게 할 수 있는 사정**을 입증하면 진정성립의 추정은 깨진다."고 한다(2010. 4. 29. 2009다38049).

다만, 판례는 "**문서가 작성명의인의 자격을 모용하여 작성한 것이라는 것은 그것을 주장하는 자가 적극적으로 입증하여야 하고 이 항변사실을 입증하는 증거의 증명력은 개연성만으로는 부족하다.**"고 하고(1987. 12. 22. 87다카707), "**문서가 작성명의인의 의사에 반하여 혹은 작성명의인의 의사에 기하지 않고 작성된 것이라는 것은 그것을 주장하는 자가 적극적으로 입증하여야 하고, 이 항변사실을 입증하는 증거의 증명력은 개연성만으로는 부족하다.**"고 한다(2008. 11. 13. 2007다82158).[55]

이러한 판결의 의미에 대하여, 판례는 "종전 대법원 판결(87다카707)은 "문서에 찍혀진 작성 명의인의 인영이 그 인장에 의하여 현출된 인영임이 밝혀진 경우에는 문서가 작성 명의인의 자격을 모용하여 작성한 것이라는 것은 그것을 주장하는 자가 적극적으로 입증하여야 한다."는 것으로, 인영의 진정성립을 다투는 자는 **반증을 들어 진정성립의 추정을 깨뜨릴 수 있는 사정 등을 적극적으로 입증**하여야 한다는 취지이고, 재심대상 판결은 그와 같은 경우에 "**반증을 들어 진정성립에 관하여 법원으로 하여금 의심을 품게 하면 진정성립의 추정은 깨어진다.**"는 원칙을 판시한 것으로, 두 개의 판결은 모두 대법원이 종전부터 취하고 있는 견해와 모순된다고 보기는 어렵다고 할 것이므로 상호 배치되는 판결이라고 할 수 없다."고 한다(1997. 6. 13. 96재다462).

---

55) [판례평석] 판례는 제2단계의 추정에서 그 문서가 작성명의인의 의사에 반하여 또는 작성명의인의 의사에 기하지 않고 작성된 것이라는 것은 그것을 주장하는 사람이 적극적으로 증명해야 하고 이 항변사실(증거항변)을 증명하는 증거의 증명력은 개연성만으로는 부족하다고 보고 있어, 반증이 아니라 반대사실에 대한 증명(본증)에 의하여 그 추정력이 깨어지는 것으로 보는 입장으로 이해된다(김홍엽, 제11판. 659면).

(ii) 1단계의 사실상 추정이 깨어진 경우에, 판례는 "사실상 추정은 날인행위가 작성명의인 이외의 자에 의하여 이루어진 것임이 밝혀진 경우에는 깨어지는 것이므로, **문서제출자는 날인행위가 작성명의인으로부터 위임받은 정당한 권원에 의한 것이라는 사실까지 입증할 책임이 있다.**"고 한다(1995. 6. 30. 94다41324). 즉 "피고 명의의 배서란에 찍힌 피고 명의의 인영이 피고의 인장에 의한 것임을 피고가 인정하고 있다면 배서부분이 진정한 것으로 추정되지만, 인영이 **작성명의인인 피고 이외의 사람이 날인한 것으로 밝혀질 때**에는 위와 같은 추정은 깨어지므로, 이와 같은 경우에는 어음을 증거로 제출한 원고가 **작성명의인인 피고로부터 날인을 할 권한을 위임받은 사람이 날인을 한 사실**까지 입증하여야만 배서부분이 진정한 것임이 증명된다."고 한다(1993. 8. 24. 93다4151).

다) 2단계의 추정

(i) 1단계의 추정에 의하여 2단계의 추정, 즉 **제358조에 의하여 문서의 진정성립이 추정**된다. (a) **제358조의 추정의 법적 성질**에 대하여는 ① 법률상 추정이라는 견해, ② 사실상 추정이라는 견해, ③ 증거법칙적 추정이라는 견해가 대립된다. (b) **2단계 추정을 번복하는 방법**에 대하여는 ① 법률상 추정이라는 견해에서는 반대사실의 증명인 본증으로 번복할 수 있다고 하고, ② 사실상 추정이라는 견해에서는 반증으로 번복할 수 있다고 하고, ③ 증거법칙적 추정이라는 견해에서는 본증으로 번복할 수 있다는 견해와 반증으로 번복할 수 있다는 견해가 대립된다.

(ii) 판례는 "사문서는 본인 또는 대리인의 서명이나 날인 또는 무인이 있는 때에는 진정한 것으로 추정되므로(제358조), 작성명의인이 서명·날인·무인하였음을 인정하는 경우, 즉 **인영부분 등의 성립을 인정하는 경우에는 반증으로 추정이 번복되는 등의 특별한 사정이 없는 한 문서 전체에 관한 진정성립이 추정**된다고 할 것이고, **인영부분 등의 진정성립이 인정된다면 특별한 사정이 없는 한 문서는 전체가 완성되어 있는 상태에서 작성명의인이 서명·날인·무인을 하였다고 추정**할 수 있을 것이며, 문서의 전부 또는 일부가 미완성된 상태에서 서명날인만을 먼저 하였다는 등의 사정은 이례에 속한다고 볼 것이므로 **완성문서로서의 진정성립의 추정력을 뒤집으려면 그럴만한 합리적인 이유와 이를 뒷받침할 간접반증 등의 증거가 필요**하다."고 한다(2008. 1. 10. 2006다41204).56)

3) 백지문서의 경우

가) 사문서의 경우

판례는 사문서에 대하여 "인영부분 등의 진정성립이 인정된다면 특별한 사정이 없는 한 문서는 전체가 완성되어 있는 상태에서 작성명의인이 서명·날인·무인을 하였다고 추정할 수 있다. **인영부분 등의 진정성립이 인정되는 경우, 문서의 전부 또는 일부가 미완성된 상태에서 서명날인만을 먼저 하였다는 등의 사정은 이례에 속한다고 볼 것이므로 완성문서로서의 진정성립의 추정력을 뒤집으려면 그럴만한 합리적인 이유와 이를 뒷받침할 간접반증 등의 증거가 필요하다**고 할 것이고, 만일 완성문서로서의 진정성립의 추정이 번복되어 백지문서 또는 미완성 부분을 작성명의자가 아닌 자가 보충하였다는 등의 사정이 밝혀진 경우라면, 백지문서 또는 미완성 부분이 정당한 권한에 기하여 보충되

---

56) [**판례평석**] 대법원 판례는 인영부분의 진정성립이 인정된 경우에는 2가지가 추정된다고 하는데, 즉 i) 문서 전체의 진정성립이 추정되고, ii) 완성문서로서의 진정성립이 추정된다고 한다. 대법원 판례는 2단계 추정의 법적 성질을 어떻게 보는지 명시하고 있지 않지만, 전자의 경우 반증으로 추정을 번복할 수 있고, 후자의 경우 완성문서로서의 진정성립의 추정력을 뒤집으려면 그럴만한 합리적인 이유와 이를 뒷받침할 간접반증 등의 증거가 필요하다고 하고 있어 결국 사실상의 추정이라는 입장으로 보인다(주석민사소송법, 제9판, 제4권, 608면).

었다는 점에 관하여는 문서의 진정성립을 주장하는 자 또는 문서제출자에게 입증책임이 있다."고 한다(2003. 4. 11. 2001다11406).

또한 "**일반적으로 문서의 일부가 미완성인 상태로 서명날인을 하여 교부한다는 것은 이례에 속하므로 문서의 교부 당시 백지상태인 공란 부분이 있었고 그것이 사후에 보충되었다는 점은 작성명의인이 증명하여야 한다.** 그러나 문서의 내용 중 일부가 사후 보충되었다는 사실이 증명이 된 다음에는 **백지부분이 정당하게 위임받은 권한에 의하여 보충되었다는 사실은 백지부분의 기재에 따른 효과를 주장하는 당사자가 증명할 책임**이 있다. 이와 관련하여 타인에게 권한을 위임하거나 대리권을 수여하는 내용의 위임장 등이 작성된 경우 그에 의하여 위임한 행위의 내용 및 권한의 범위는 위임장 등 문언의 내용뿐 아니라 작성 목적과 작성 경위 등을 두루 살펴, 신중하게 판단하여야 한다. 특히 **위임장 등에 기재된 내용 중 일부가 백지인 상태로 교부된 후 수임인이 위임사항의 내용을 보충하여 기재한 경우라면 그것이 정당하게 위임받은 권한에 의하여 보충된 것이라는 점 역시 수임인이 증명할 책임**이 있다. 따라서 채권자가 본인 겸 채무자의 대리인으로서 금전소비대차계약 공정증서의 작성을 촉탁할 경우 채무자가 촉탁에 관하여 대리권을 수여하는 위임장을 교부한 사실이 있다는 것만으로, 위임장에 기재된 채무의 금액이나 이율, 변제기 등에 대하여 사전에 그 내용대로 합의한 사실이 있다거나 채권자가 보충할 권한을 위임받았다고 쉽게 인정할 것은 아니고, 특히 백지보충된 부분이 정당한 보충권한에 의하여 기재된 것이라는 점은 채권자가 별도로 증명하여야 한다."고 한다 (2013. 8. 22. 2011다100923).

나) 백지어음의 경우

판례는 백지어음에 대하여 "백지약속어음의 경우 발행인이 수취인 또는 소지인으로 하여금 백지부분을 보충케 하려는 보충권을 줄 의사로서 발행하였는지의 여부에 관하여는 **발행인에게 보충권을 줄 의사로 발행한 것이 아니라는 점, 즉 백지어음이 아니고 불완전어음으로서 무효라는 점에 관한 입증책임**이 있다."고 하여(2001. 4. 24. 2001다6718), 백지어음추정설의 입장이다.

5. 문서의 실질적 증거력

가. 의 의

문서의 실질적 증거력(실질적 증명력)이란 **문서내용이 요증사실의 증명에 기여하는 효과로서, 문서의 형식적 증거력을 전제로 문서의 내용이 다툼 있는 사실을 입증하는데 적합한가**를 말한다. 문서의 실질적 증거력은 법관이 자유 심증으로 판단하고, 형식적 증거력과 달리 실질적 증거력에 관하여는 재판상 자백이 성립하지 않는다.

나. 공문서

판례는 "**진정성립이 추정되는 공문서는 진실에 반한다는 등의 특별한 사정이 없는 한 그 내용의 증명력을 쉽게 배척할 수는 없다**고 할 것이고, 공문서의 기재 중 붉은 선으로 그어 말소된 부분이 있는 경우에도 말소의 경위나 태양 등에 있어 비정상으로 이루어졌다는 등의 특별한 사정이 없는 한 말소된 기재 내용대로의 증명력을 가진다."고 한다(2002. 2. 22. 2001다78768).

한편 "민사재판에 있어서 이와 관련된 다른 민·형사사건 등의 확정판결에서 인정된 사실은 특별한 사정이 없는 한 유력한 증거자료가 되는 것이나, 당해 민사재판에서 제출된 다른 증거내용에 비추어 관련 민·형사사건의 확정판결에서의 사실판단을 그대로 채용하기 어렵다고 인정될 경우에는 이를 배척할 수 있고, **이 경우에 배척하는 구체적인 이유를 일일이 설시할 필요는 없다.**"고 한다(2000. 2. 25. 99다55472). 이러한 법리는 "확정된 민사판결이 외국의 민사판결인 경우에도 마찬가지이다."고 한다(2007. 8. 23. 2005다72386).

다. 사문서

1) 보고문서

보고문서에 대한 내용의 실질적 증거력은 작성자의 신분, 작성의 목적, 기재방법 등 여러 가지 사정을 고려하여 법관이 자유심증으로 판단한다. 이는 공문서인 보고문서라도 마찬가지이다. 다만 판례는 "법인의 총회 또는 이사회 등의 의사에는 의사록을 작성하여야 하고 의사록에는 의사의 경과, 요령 및 결과 등을 기재하고 이와 같은 의사의 경과요령 및 결과 등은 의사록을 작성하지 못하였다든가 또는 이를 분실하였다는 등의 특단의 사정이 없는 한 <u>의사록에 의하여서만 증명된다</u>."고 한다 (2010. 4. 29. 2008두5568).

2) 처분문서

(ⅰ) 판례는 "<u>처분문서의 진정성립이 인정되면 법원은 기재 내용을 부인할 만한 분명하고도 수긍할 수 있는 반증이 없는 한 처분문서에 기재되어 있는 문언대로 의사표시의 존재와 내용을 인정하여야 하고</u>, 당사자 사이에 계약의 해석을 둘러싸고 이견이 있어 처분문서에 나타난 당사자의 의사해석이 문제되는 경우에는 문언의 내용, 약정이 이루어진 동기와 경위, 약정에 의하여 달성하려는 목적, 당사자의 진정한 의사 등을 종합적으로 고찰하여 **논리와 경험칙에 따라 합리적으로 해석**하여야 한다."고 한다(2005. 5. 13. 2004다67264).

또한 "처분문서의 진정성립이 인정되는 이상 법원은 반증이 없는 한 문서의 기재 내용에 따른 의사표시의 존재 및 내용을 인정하여야 하고, 합리적인 이유 설시도 없이 배척하여서는 아니 되나, 처분문서라도 **기재 내용과 다른 명시적·묵시적 약정이 있는 사실이 인정될 경우**에는 기재 내용과 다른 사실을 인정할 수 있고, 작성자의 법률행위를 해석함에 있어서도 <u>경험법칙과 논리법칙에 어긋나지 않는 범위 내에서 자유로운 심증</u>으로 판단할 수 있다."고 한다(2006. 4. 13. 2005다34643).

또한 "**처분문서에 기재된 작성명의인인 당사자의 서명이 자기의 자필임을 당사자 자신도 다투지 아니하는 경우 설사 날인이 되어 있지 않더라도 문서의 진정성립이 추정되므로 납득할 만한 설명 없이 함부로 증명력을 배척할 수 없다**. 문서를 백지에 서명만을 하여 교부하여 준다는 것은 이례에 속하는 것이므로, 백지에 서명만을 한 채 교부하였는데 그 후 임의로 작성된 문서임을 인정하여 위와 같은 문서의 진정성립의 추정력을 뒤집으려면 그럴 만한 합리적인 이유와 이를 뒷받침할 증거가 필요하다."고 한다(1994. 10. 14. 94다11590).

또한 "계약당사자 사이에 계약내용을 처분문서인 서면으로 작성한 경우에 문언의 객관적인 의미가 명확하다면, 특별한 사정이 없는 한 문언대로의 의사표시의 존재와 내용을 인정하여야 하지만, 문언의 객관적인 의미가 명확하게 드러나지 않는 경우에는 문언의 내용과 계약이 이루어지게 된 동기 및 경위, 당사자가 계약에 의하여 달성하려고 하는 목적과 진정한 의사, 거래의 관행 등을 종합적으로 고찰하여 사회정의와 형평의 이념에 맞도록 논리와 경험의 법칙, 사회일반의 상식과 거래의 통념에 따라 계약내용을 합리적으로 해석하여야 하고, 특히 당사자 일방이 주장하는 계약의 내용이 **상대**

방에게 중대한 책임을 부과하게 되는 경우**에는 그 문언의 내용을 더욱 엄격하게 해석하여야 한다."고 한다(2002. 5. 24. 2000다72572). 또한 "특히 한쪽 당사자가 주장하는 약정의 내용이 **상대방에게 권리를 포기하는 것과 같은 중대한 불이익을 부과하는 경우**에는 약정의 의미를 엄격하게 해석하여야 한다."고 한다(2021. 7. 21. 2021다219116).

또한 "일반적으로 계약의 당사자가 누구인지는 계약에 관여한 당사자의 의사해석의 문제에 해당한다. 의사표시의 해석은 당사자가 표시행위에 부여한 객관적인 의미를 명백하게 확정하는 것으로서, **계약당사자 사이에 계약 내용을 처분문서인 서면으로 작성한 경우에는 서면에 사용된 문구에 구애받는 것은 아니지만 당사자의 내심적 의사의 여하에 관계없이 서면의 기재 내용에 의하여 당사자가 표시행위에 부여한 객관적 의미를 합리적으로 해석하여야 하며, 문언의 객관적인 의미가 명확하다면, 문언대로의 의사표시의 존재와 내용을 인정하여야 한다.**"고 한다(2010. 5. 13. 2009다92487).

(ⅱ) 다만 "문서에 대한 진정성립의 인정 여부는 법원이 모든 증거자료와 변론 전체의 취지에 터잡아 자유심증에 따라 판단하고, 처분문서는 진정성립이 인정되면 기재 내용을 부정할 만한 분명하고도 수긍할 수 있는 반증이 없는 이상 문서의 기재 내용에 따른 의사표시의 존재 및 내용을 인정하여야 한다는 점을 감안하면 **처분문서의 진정성립을 인정함에 있어서는 신중하여야 할 것이고, 처분문서라도 위조된 점이 입증되어 진정성립이 인정되지 아니한다면 문서의 기재 내용에 따른 의사표시의 존재 및 내용을 인정할 수 없다.**"고 한다(2008. 7. 10. 2005다74733).

또한 "처분문서인 매매계약서의 진정성립이 인정되는 경우에는 그 내용이 되는 매매계약의 존재를 인정하여야 하고, 매매목적물로 표시된 토지의 지번이 계약서에 기재된 매매일자에 존재하지 않은 지번으로 밝혀졌다면, **처분문서상의 일시·장소의 기재는 보고문서의 성질을 갖는 것에 불과하므로 당사자의 주장에 따라 매매일자가 진실한 것인지 여부를 심리하거나 당사자가 목적물의 지번에 관하여 착오를 일으켜 계약서상 목적물을 잘못 표시하였는지 여부 등을 심리하여야 한다.**"고 한다(1997. 4. 11. 96다50520).

6. 서증에 대한 증거조사의 방법

가. 개 관

서증신청의 방법에는 (ⅰ) 신청자가 소지하는 문서를 직접 제출하는 방법(제343조 전단), (ⅱ) 상대방 또는 제3자가 소지하는 것으로서 제출의무가 있는 문서에 대하여 소지자에 대한 제출명령을 법원에 신청하는 방법(제343조 후단, 제345조), (ⅲ) 소지자에게 제출의무가 없는 것은 소지자에 대한 문서송부촉탁을 법원에 신청하는 방법(제352조), (ⅳ) 제3자가 소지하는 문서에 관하여 문서송부촉탁이 어려우면 문서가 있는 장소에서 서증조사를 법원에 신청하는 방법(제297조) 등의 4가지가 있다.

나. 문서의 직접제출

제343조(서증신청의 방식) 당사자가 서증을 신청하고자 하는 때에는 문서를 제출하는 방식 또는 문서를 가진 사람에게 그것을 제출하도록 명할 것을 신청하는 방식으로 한다.

1) 방 법

신청자가 가지고 있는 문서에 대하여 서증신청을 하는 경우에는 그 문서를 법원에 직접 제출하여야 한다(제343조 전단). 판례는 "**법원에 문서를 제출하거나 보낼 때에는 원본, 정본 또는 인증이 있는**

등본으로 하여야 하는 것이므로(제355조 제1항), **원본, 정본 또는 인증이 있는 등본이 아닌 단순한 사본만에 의한 증거의 제출은 정확성의 보증이 없어 원칙적으로 부적법하다.**"고 한다(2009. 3. 12. 2007다56524).

다만 "서증사본의 신청 당사자가 문서 원본을 분실하였다든가, 선의로 훼손한 경우, 문서제출명령에 응할 의무가 없는 제3자가 해당 문서의 원본을 소지하고 있는 경우, 원본이 방대한 양의 문서인 경우 등 **원본 문서의 제출이 불가능하거나 비실제적인 상황에서는 원본의 제출이 요구되지 아니한다**고 할 것이지만, 서증의 신청당사자가 원본 부제출에 대한 정당성이 되는 구체적 사유를 주장·입증하여야 할 것이다."고 한다(2010. 2. 25. 2009다96403).

2) 사본의 제출에 의한 증거신청

가) 사본을 원본의 대용으로 제출하는 경우

판례는 "사본의 경우에도 **원본의 존재와 원본의 성립의 진정에 관하여 다툼이 없고 정확성에 문제가 없기 때문에 사본을 원본의 대용으로 하는 데 관하여 상대방으로부터 이의가 없는 경우**에는, 제355조 제1항의 위법에 관한 이의권의 포기 혹은 상실이 있다고 하여 사본만의 제출에 의한 증거의 신청도 허용된다고 할 것이나, **원본의 존재 및 원본의 성립의 진정에 관하여 다툼이 있고 사본을 원본의 대용으로 하는 데 대하여 상대방으로부터 이의가 있는 경우에는 사본으로써 원본을 대신할 수 없다.**"고 한다(1996. 3. 8. 95다48667).

나) 사본을 원본으로서 제출하는 경우

판례는 "**사본을 원본으로서 제출하는 경우에는 그 사본이 독립한 서증이 되는 것이나 그 대신 이에 의하여 원본이 제출된 것으로 되지는 아니하고, 이때에는 증거에 의하여 사본과 같은 원본이 존재하고 또 그 원본이 진정하게 성립하였음이 인정되지 않는 한 그와 같은 내용의 사본이 존재한다는 것 이상의 증거가치는 없다.**"고 한다(2002. 8. 23. 2000다66133).

다) 전자사본을 제출하는 경우

판례는 "원본이 현존하지 아니하는 문서 사본도 **과거에 존재한 적이 있는 문서를 전자복사 한 것**이라면 원본의 존재 및 진정성립을 인정하여 서증으로 채용할 수 있다."고 한다(1992. 12. 22. 91다35540).

3) 증거조사의 방식

> **민사소송규칙 제106조(증거설명서의 제출 등)** ① 재판장은 서증의 내용을 이해하기 어렵거나 서증의 수가 방대한 경우 또는 서증의 입증취지가 불명확한 경우에는 당사자에게 서증과 증명할 사실의 관계를 구체적으로 밝힌 설명서를 제출할 것을 명할 수 있다.
> ② 서증이 국어 아닌 문자 또는 부호로 되어 있는 때에는 그 문서의 번역문을 붙여야 한다. 다만, 문서의 일부를 증거로 하는 때에는 재판장의 허가를 받아 그 부분의 번역문만을 붙일 수 있다.
>
> **민사소송규칙 제107조(서증 사본의 작성 등)** ① 당사자가 제105조 제2항의 규정에 따라 서증 사본을 작성하는 때에는 서증 내용의 전부를 복사하여야 한다. 이 경우 재판장이 필요하다고 인정하는 때에는 서증 사본에 원본과 틀림이 없다는 취지를 적고 기명날인 또는 서명하여야 한다.
> ② 서증 사본에는 다음 각호의 구분에 따른 부호와 서증의 제출순서에 따른 번호를 붙여야 한다.
> 1. 원고가 제출하는 것은 "갑"

> 2. 피고가 제출하는 것은 "을"
> 3. 독립당사자참가인이 제출하는 것은 "병"
> ③ 재판장은 같은 부호를 사용할 당사자가 여러 사람인 때에는 제2항의 부호 다음에 "가" "나" "다" 등의 가지부호를 붙여서 사용하게 할 수 있다.

다. 문서제출명령

1) 의의 및 취지

문서제출명령이란 **상대방 또는 제3자가 가지고 있는 문서 중에서 제출의무 있는 문서에 대해 당사자가 법원에 제출명령을 구하는 신청을 하고 이에 대하여 법원이 문서의 제출을 명하는 것**을 말한다(제343조 후단). 민사소송법상 증거개시제도는 인정되지 않으나, 현행법에서 문서제출명령 제도를 확장·강화하여 포괄적 개시제도와 유사한 효과를 얻을 수가 있다.

즉, **제344조 제2항을 규정하여 문서제출의무를 일반의무로 확대함**으로써, '증거의 구조적 편재현상'에서 오는 당사자의 불평등을 시정하는 기능이 강화되었다. 판례도 "2002년 민사소송법의 개정을 통하여 문서제출의무의 대상 범위를 확대한 입법 취지에 비추어 보면, **제344조 제2항 각 호에서 규정하는 문서제출거부사유에 해당하지 아니하는 경우, 소지인은 원칙적으로 문서제출의무를 부담한다.**"고 한다(2008. 4. 14. 2007마725).

또한 "법원은 제344조 이하의 규정을 근거로 통신사실확인자료에 대한 문서제출명령을 할 수 있고 전기통신사업자는 특별한 사정이 없는 한 이에 응할 의무가 있으며, 전기통신사업자가 통신비밀보호법 제3조 제1항 본문을 들어 문서제출명령의 대상이 된 통신사실확인자료의 제출을 거부하는 것에는 정당한 사유가 없다."고 한다(2023. 7. 17. 2018스34).[57]

한편, 판례는 "제344조 제1항 제1호·제374조를 신청근거규정으로 기재한 동영상 파일 등과 사진의 제출명령신청에 대하여, **동영상 파일은 검증의 방법으로 증거조사를 하여야 하므로 문서제출명령의 대상이 될 수는 없고, 사진의 경우에는 형태, 담겨진 내용 등을 종합하여 감정·서증·검증의 방법 중 가장 적절한 증거조사 방법을 택하여 이를 준용하여야 함**에도, 제1심법원이 사진에 관한 구체적인 심리 없이 곧바로 문서제출명령을 하고 검증의 대상인 동영상 파일을 문서제출명령에 포함시킨 것이 정당하다고 판단한 원심의 조치에는 문서제출명령의 대상에 관한 법리를 오해한 잘못이 있다."고 한다(2010. 7. 14. 2009마2105).

---

57) 그 이유는 다음과 같다. ① 통신비밀보호법과 민사소송법은 그 입법 목적, 규정사항 및 적용 범위 등을 고려할 때 각각의 영역에서 독자적인 입법 취지를 가지는 법률이므로 각 규정의 취지에 비추어 그 적용 범위를 정할 수 있고, 통신비밀보호법에서 민사소송법이 정한 문서제출명령에 의하여 통신사실확인자료를 제공할 수 있는지에 관한 명시적인 규정을 두고 있지 않더라도 민사소송법상 증거에 관한 규정이 원천적으로 적용되지 않는다고 볼 수 없다. ② 통신비밀보호법은 이미 민사소송법 제294조에서 정한 조사의 촉탁의 방법에 따른 통신사실확인자료 제공을 허용하고 있으므로, 통신사실확인자료가 문서제출명령의 대상이 된다고 해석하는 것이 통신비밀보호법의 입법 목적에 반한다거나 법 문언의 가능한 범위를 넘는 확장해석이라고 볼 수 없다. ③ 통신비밀보호법의 입법 취지는 법원이 신중하고 엄격한 심리를 거쳐 문서제출명령 제도를 운용함으로써 충분히 구현될 수 있다. 통신비밀보호법은 개인의 사생활 및 대화의 비밀과 자유를 보호하기 위해 통신사실확인자료에 대한 제공을 원칙적으로 금지하고 있으므로, 법원은 통신사실확인자료에 대하여 문서제출명령을 심리·발령할 때에는 이러한 통신비밀보호법의 입법 취지를 고려하여 통신과 대화의 비밀 및 자유와 적정하고 신속한 재판의 필요성에 관하여 엄격한 비교형량을 거쳐 그 필요성과 관련성을 판단하여야 한다. 그러므로 법원은 문서제출명령 신청의 대상이 된 통신사실확인자료의 내용 및 기간이 신청인이 제시한 증명사항과 밀접한 관련성이 있는지, 나아가 그 문서에 대한 서증조사를 통하여 증명사항이 사실로 인정되면 그러한 사실에 기초하여 신청인이 구체적으로 특정한 주장사실을 추단할 수 있는지를 심리함으로써 문서제출명령 신청의 채택 여부 및 범위를 신중히 결정하여야 한다.

2) 제출의무의 대상

제344조(문서의 제출의무) ① 다음 각호의 경우에 문서를 가지고 있는 사람은 그 제출을 거부하지 못한다.
  1. 당사자가 소송에서 인용한 문서를 가지고 있는 때
  2. 신청자가 문서를 가지고 있는 사람에게 그것을 넘겨 달라고 하거나 보겠다고 요구할 수 있는 사법상의 권리를 가지고 있는 때
  3. 문서가 신청자의 이익을 위하여 작성되었거나, 신청자와 문서를 가지고 있는 사람 사이의 법률관계에 관하여 작성된 것인 때. 다만, 다음 각목의 사유 가운데 어느 하나에 해당하는 경우에는 그러하지 아니하다.
    가. 제304조 내지 제306조에 규정된 사항이 적혀있는 문서로서 같은 조문들에 규정된 동의를 받지 아니한 문서
    나. 문서를 가진 사람 또는 그와 제314조 각호 가운데 어느 하나의 관계에 있는 사람에 관하여 같은 조에서 규정된 사항이 적혀 있는 문서
    다. 제315조 제1항 각호에 규정된 사항 중 어느 하나에 규정된 사항이 적혀 있고 비밀을 지킬 의무가 면제되지 아니한 문서
② 제1항의 경우 외에도 문서(공무원 또는 공무원이었던 사람이 그 직무와 관련하여 보관하거나 가지고 있는 문서를 제외한다)가 다음 각호의 어느 하나에도 해당하지 아니하는 경우에는 문서를 가지고 있는 사람은 그 제출을 거부하지 못한다.
  1. 제1항 제3호 나목 및 다목에 규정된 문서
  2. 오로지 문서를 가진 사람이 이용하기 위한 문서

가) 인용문서(제344조 제1항 제1호)

인용문서란 **당사자가 소송에서 자기를 위한 증거로 사용하기 위하여 인용한 문서**로서, 당사자가 소지하고 있는 문서를 말한다. 자신이 소유하고 인용한 문서는 상대방에게도 이용하게 하는 것이 공평하다는데 규정의 취지가 있다. 인용문서는 형평의 원칙상 언제나 제출되어야 할 경우이므로, **제출거부사유가 인정되지 않는다.**

판례는 "[1] **인용문서는 당사자가 소송에서 문서 그 자체를 증거로서 인용한 경우뿐만 아니라 자기주장을 명백히 하기 위하여 적극적으로 문서의 존재와 내용을 언급하여 자기주장의 근거나 보조자료로 삼은 문서도 포함한다. 또한 인용문서에 해당하면, 제2항에서 정하고 있는 '공무원이 그 직무와 관련하여 보관하거나 가지고 있는 문서'라도 특별한 사정이 없는 한 문서제출의무를 면할 수 없다.** [2] 제344조 제1항 제1호의 문언·내용·체계와 입법 목적 등에 비추어 볼 때, **인용문서가 공무원이 직무와 관련하여 보관하거나 가지고 있는 문서로서 공공기관의 정보공개에 관한 법률 제9조에서 정하고 있는 비공개대상정보에 해당하더라도, 특별한 사정이 없는 한 문서제출의무를 면할 수 없다.** [3] 문서를 가진 사람에게 제출하도록 명할 것을 신청하는 것은 서증을 신청하는 방식 중의 하나이다(제343조). 법원은 제출명령신청의 대상이 된 문서가 서증으로 필요한지를 판단하여 제290조 본문에 따라 신청의 채택 여부를 결정할 수 있다."고 한다(2017. 12. 28. 2015무423).58)59)

---

58) [이유] 원심은 신청취지 기재 회의록의 일부에 해당하는 ① 2013. 4. 26.자 회의록 중 제3회 변호사시험의 합격률을 결정한 부분, ② 2014. 4. 8.자 회의록 중 제3회 변호사시험의 합격자 결정 기준을 정한 부분과 이때 고려한 요소를 알 수 있는 부분(이하 '이 사건 문서'라 한다)만이 제344조 제1항 제1호의 인용문서에 해당하고, 그 밖의 부분은 피신청인이 직무상 보유·관리하는 공문서이므로 제344조 제2항에 의하더라도 제출의무가 인정되지 않는다고 판단하였다. 이러한 전제에서 원심은 신청인의 신청 중 이 사건 문서에 관한 부분만을 인용하면서 이에 어긋나는 제1심 결정을 변경

또한 "[1] 제344조 제1항 제1호에서 '당사자가 소송에서 인용한 문서를 가지고 있는 때'란 **당사자가 소송에서 문서를 증거로 인용하거나 자기의 주장을 명백히 하기 위하여 적극적으로 문서의 존재와 내용을 언급하여 자기 주장의 근거 또는 보조로 삼은 경우로서, 인용한 당사자가 문서를 소지하고 있는 경우**를 말한다. [2] 제344조 제2항에서 말하는 '공무원 또는 공무원이었던 사람이 그 직무와 관련하여 보관하거나 가지고 있는 문서'란 **국가기관이 보유·관리하는 공문서를 의미하고, 이러한 공문서의 공개는 공공기관의 정보공개에 관한 법률에서 정한 절차와 방법으로 해야 한다.** [3] 금융감독원은 금융위원회나 증권선물위원회의 지도·감독을 받아 금융기관에 대한 검사·감독 업무 등을 수행하기 위하여 금융위원회의 설치 등에 관한 법률에 따라 설립된 무자본 특수법인으로 중앙행정기관인 금융위원회 등의 권한을 위탁받아 자본시장의 관리·감독 및 감시 등에 관한 사항에 대한 업무를 처리할 수 있다. 또한 공공기관의 정보공개에 관한 법률(이하 '정보공개법'이라 한다) 제2조 제3호 (마)목, 정보공개법 시행령 제2조 제4호에 따르면, 금융감독원은 특별법에 따라 설립된 특수법인으로서 정보공개법에서 정한 공공기관에 해당하고, 금융감독원이 직무상 작성 또는 취득하여 관리하고 있는 문서에 대하여는 정보공개법이 적용된다. 따라서 **금융감독원 직원이 직무와 관련하여 보관하거나 작성한 문서는 민사소송법 제344조 제2항이 적용되는 문서 중 예외적으로 제출을 거부할 수 있는 '공무원 또는 공무원이었던 사람이 그 직무와 관련하여 보관하거나 가지고 있는 문서'에 준하여 정보공개법에서 정한 절차와 방법에 의하여 공개 여부가 결정될 필요가 있고, 금융감독원으로서는 그 문서의 제출을 거부할 수 있다.**"고 한다(2024. 8. 29. 2024무677).

나) 인도·열람문서(제344조 제1항 제2호)

인도·열람문서란 채권증서반환청구권(민법 제475조), 대위변제시의 채권증서반환청구권(민법 제484조 제1항)과 같이 **신청자가 문서소지자에 대하여 사법상의 인도·열람청구권이 있는 문서**를 말한다. 이때 소지자는 제3자라도 상관이 없다. 인도·열람문서의 경우는 신청자가 청구권을 갖고 있는 것이므로, 증언거부사유를 유추적용할 사항이 아니어서 **제출거부사유가 인정되지 않는다.**

판례는 "제2호에서 문서제출의무의 원인의 하나로서 규정하고 있는 "신청자가 문서소지자에 대하여 그 인도나 열람을 구할 수 있는 때"라 함은, **신청자가 문서의 인도·열람을 청구할 수 있는 실체법상의 권리를 가지는 모든 경우**를 가리키며, 그것이 물권적이든 채권적이든, 또는 계약에 근거하는 것이든 법률규정에 근거하는 것이든 이를 묻지 않는다."고 한다(1993. 6. 18. 93마434). 다만 소송기록의 열람청구 또는 증명서의 교부청구권(제162조) 등과 같이 공법상 청구권이 있는 경우에는 신청인 자신이 '공공기관의 정보공개에 관한 법률'에 의하여 문서를 인도·열람을 받을 수 있기 때문에, 현행법은 사법상의 권리로 한정하였다.

하였다. 원심은 이 사건 문서는 인용문서이지만 피신청인의 변호사시험과 관련한 업무의 공정한 수행에 현저한 지장을 초래한다고 인정할 만한 이유가 있는 부분에 해당하지 않는다는 전제에서 그 제출을 명하였다. 원심의 판단에 재판에 영향을 미친 헌법·법률·명령·규칙 위반 등의 잘못이 없다.

59) 원심결정 이유에 의하면, 원심은, 재항고인(피신청인)이 이 사건 본안소송에 제출한 답변서를 통하여 제46회 사법시험 제2차 시험 형사소송법 과목의 문제은행 출제위원이 문제은행에 출제한 문제(이하, '원문제'라 한다)가 기재된 원심결정 별지 나항 기재 문서(이하, '이 사건 문서'라 한다)는 위 문제은행 출제위원이 2004년 3월경 성균관대학교 고시반 모의고사에 출제한 문제(이하, '모의고사문제'라 한다) 및 위 사법시험 제2차 시험 형사소송법 과목 1번 문제로 출제된 문제(이하, '실제문제'라 한다)와 그 내용이 다르다는 주장을 명백히 하기 위하여 구체적으로 이 사건 문서의 존재를 인용하였으므로 이는 제344조 제1항 제1호에 정한 인용문서에 해당하고, 이 사건 문서가 같은 조 제2항에 정한 공무원이 직무상 보관하고 있는 문서에 해당하더라도 소지자인 재항고인은 제출의무가 있다고 판단하였는바, 원심의 이러한 판단은 위와 같은 법리에 따른 것으로서 정당하다(2008. 6. 12. 2006무82).

다) 이익문서와 법률관계문서(제344조 제1항 제3호)

이익문서란 대리권 위임장 등의 수권서나 영수증 등과 같이 **증거 등으로 쓰이기 위하여 작성된 것으로, 증명하는 사람의 지위나 권리를 표시하는 문서**를 말한다. 법률관계문서란 **신청자와 문서소지자 사이의 법률관계에 관하여 작성된 문서**를 말한다. 이익문서와 법률관계문서의 문서소지자는 제3자라도 무방하다.

이익문서 및 법률관계문서라 하더라도 **문서제출을 거부할 수가 있다**. 즉 (ⅰ) 공무원의 직무상의 비밀이 적혀 있어 동의를 필요로 하는데 동의를 받지 아니한 문서(가목), (ⅱ) 문서소지자나 근친자에 관하여 형사소추, 치욕이 될 증언거부사유가 적혀있는 문서(나목), (ⅲ) 직무상·직업상 비밀이 적혀있고 비밀유지의무가 면제되지 아니한 문서(다목)의 경우에는 문서제출의무가 없다. 이들 문서는 모두 **증언거부권이 인정되는 문서**로서, 문서제출의무의 범위를 증인의무의 범위와 일치시키기 위해서이다.

라) 일반문서(제344조 제2항)

인용문서, 인도·열람문서, 이익문서, 법률관계문서가 아니라도, 문서소지자는 원칙적으로 문서를 제출할 의무가 있다. 즉 현행법은 문서소지자에 대한 문서제출의무를 확대하여 일반적 의무로 확장하였다. 다만 이 경우에도 **문서제출을 거부할 수 있다**. 즉 (ⅰ) 공무원 또는 공무원이었던 사람이 그 직무와 관련하여 보관하거나 가지고 있는 문서, (ⅱ) 문서소지자나 근친자에 관하여 형사소추, 치욕이 될 증언거부사유가 적혀있는 문서(제1항 제3호 나목)와, 직무상·직업상 비밀이 적혀있고 비밀유지의무가 면제되지 아니한 문서(제1항 제3호 다목), (ⅲ) 오로지 문서를 가진 사람이 이용하기 위한 문서는 제출을 거부할 수 있다.

(ⅰ)과 관련하여 판례는 "제344조 제2항은 제1항에서 정한 문서에 해당하지 아니한 문서라도 문서의 소지자는 원칙적으로 제출을 거부하지 못하나, 다만 '공무원 또는 공무원이었던 사람이 직무와 관련하여 보관하거나 가지고 있는 문서'는 예외적으로 제출을 거부할 수 있다고 규정하고 있는바, '공무원 또는 공무원이었던 사람이 직무와 관련하여 보관하거나 가지고 있는 문서'는 **국가기관이 보유·관리하는 공문서**를 의미하고, 이러한 공문서의 공개에 관하여는 **공공기관의 정보공개에 관한 법률**에서 정한 절차와 방법에 의하여야 할 것이다."고 한다(2010. 1. 19. 2008마546).

(ⅱ)와 관련하여 판례는 "제344조 제2항 제1호, 제1항 제3호 (다)목, 제315조 제1항 제2호는 문서를 가지고 있는 사람은 제344조 제1항에 해당하지 아니하는 경우에도 원칙적으로 문서의 제출을 거부하지 못한다고 규정하면서 **예외사유로서 기술 또는 직업의 비밀에 속하는 사항이 적혀 있고 비밀을 지킬 의무가 면제되지 아니한 문서**를 들고 있다. '직업의 비밀'은 **그 사항이 공개되면 직업에 심각한 영향을 미치고 이후 직업의 수행이 어려운 경우**를 가리키는데, 어느 정보가 직업의 비밀에 해당하는 경우에도 문서 소지자는 비밀이 보호가치 있는 비밀일 경우에만 문서의 제출을 거부할 수 있다. 나아가 어느 정보가 보호가치 있는 비밀인지를 판단할 때에는 정보의 내용과 성격, 정보가 공개됨으로써 문서 소지자에게 미치는 불이익의 내용과 정도, 민사사건의 내용과 성격, 민사사건의 증거로 문서를 필요로 하는 정도 또는 대체할 수 있는 증거의 존부 등 제반 사정을 종합하여 비밀의 공개로 발생하는 불이익과 달성되는 실체적 진실 발견 및 재판의 공정을 비교형량 하여야 한다."고 한다(2015. 12. 21. 2015마4174).

(ⅲ)의 문서는 일기장, 가계부, 사적인 편지 등과 같은 문서를 말하고, 이를 **자기이용문서(자기사용문서)**라고 한다. 판례는 "어느 문서가 문서의 작성 목적, 기재 내용, 문서의 소지 경위나 그 밖의 사정

등을 종합적으로 고려할 때 **오로지 문서를 가진 사람이 이용할 목적으로 작성되고 외부자에게 개시하는 것이 예정되어 있지 않으며 개시할 경우 문서를 가진 사람에게 간과하기 어려운 불이익이 생길 염려가 있다면**, 이러한 문서는 특별한 사정이 없는 한 제344조 제2항 제2호의 **자기이용문서**에 해당한다."고 한다(2015. 12. 21. 2015마4174).

또한 "[1] 제344조 제2항은 문서를 가지고 있는 사람은 제344조 제1항에 해당하지 아니하는 경우에도 원칙적으로 문서의 제출을 거부하지 못한다고 규정하면서 예외사유로서 '오로지 문서를 가진 사람이 이용하기 위한 문서'(이른바 '자기이용문서')를 들고 있다. 어느 문서가 오로지 문서를 가진 사람이 이용할 목적으로 작성되고 외부자에게 개시하는 것이 예정되어 있지 않으며 개시할 경우 문서를 가진 사람에게 심각한 불이익이 생길 염려가 있다면, 문서는 특별한 사정이 없는 한 위 규정의 자기이용문서에 해당한다. 여기서 어느 문서가 자기이용문서에 해당하는지는 문서의 표제나 명칭만으로 판단하여서는 아니 되고, 문서의 작성 목적, 기재 내용에 해당하는 정보, 당해 유형·종류의 문서가 일반적으로 갖는 성향, 문서의 소지 경위나 그 밖의 사정 등을 종합적으로 고려하여 객관적으로 판단하여야 하는데, 설령 **주관적으로 내부 이용을 주된 목적으로 회사 내부에서 결재를 거쳐 작성된 문서일지라도, 신청자가 열람 등을 요구할 수 있는 사법상 권리를 가지는 문서와 동일한 정보 또는 직접적 기초·근거가 되는 정보가 문서의 기재 내용에 포함되어 있는 경우, 객관적으로 외부에서의 이용이 작성 목적에 전혀 포함되어 있지 않다고는 볼 수 없는 경우, 문서 자체를 외부에 개시하는 것은 예정되어 있지 않더라도 문서에 기재된 '정보'의 외부 개시가 예정되어 있거나 정보가 공익성을 가지는 경우** 등에는 내부문서라는 이유로 자기이용문서라고 쉽게 단정할 것은 아니다. 한편 자기이용문서 등 문서제출 거부사유가 인정되지 아니하는 경우에도 **법원은 제290조에 따라 제출명령신청의 대상이 된 문서가 서증으로서 필요하지 아니하다고 인정할 때에는 제출명령신청을 받아들이지 아니할 수 있고, 제347조 제1항에 따라 문서제출신청에 정당한 이유가 있다고 인정한 때에 결정으로 문서를 가진 사람에게 제출을 명할 수 있으므로**, 문서가 쟁점 판단이나 사실의 증명에 어느 정도로 필요한지, 다른 문서로부터 자료를 얻는 것이 가능한지, 문서 제출로 얻게 될 소송상 이익과 피신청인이 문서를 제출함으로 인하여 받게 될 부담이나 재산적 피해 또는 개인의 프라이버시나 법인 내부의 자유로운 의사 형성 및 영업 비밀, 기타 권리에 대한 침해와의 비교형량 및 기타 소송에 나타난 여러 가지 사정을 고려하여 과연 문서제출이 필요한지 및 문서제출신청에 정당한 이유가 있는지를 판단하여야 한다. [2] 개인정보보호법 제18조 제2항 제2호에 따르면 개인정보처리자는 '다른 법률에 특별한 규정이 있는 경우'에는 개인정보를 목적 외의 용도로 이용하거나 이를 제3자에게 제공할 수 있고, **제344조 제2항은 각 호에서 규정하고 있는 문서제출거부사유에 해당하지 아니하는 경우 문서소지인에게 문서제출의무를 부과**하고 있으므로, 임직원의 급여 및 상여금 내역 등이 개인정보보호법상 개인정보에 해당하더라도 이를 이유로 문서소지인이 문서의 제출을 거부할 수 있는 것은 아니다."고 한다(2016. 7. 1. 2014마2239).

3) 문서제출의 신청 및 재판

> 제345조(문서제출신청의 방식) 문서제출신청에는 다음 각호의 사항을 밝혀야 한다.
> 1. 문서의 표시
> 2. 문서의 취지
> 3. 문서를 가진 사람

4. 증명할 사실
5. 문서를 제출하여야 하는 의무의 원인

제346조(문서목록의 제출) 제345조의 신청을 위하여 필요하다고 인정하는 경우에는, 법원은 신청대상이 되는 문서의 취지나 그 문서로 증명할 사실을 개괄적으로 표시한 당사자의 신청에 따라, 상대방 당사자에게 신청내용과 관련하여 가지고 있는 문서 또는 신청내용과 관련하여 서증으로 제출할 문서에 관하여 그 표시와 취지 등을 적어 내도록 명할 수 있다.

제347조(제출신청의 허가여부에 대한 재판) ① 법원은 문서제출신청에 정당한 이유가 있다고 인정한 때에는 결정으로 문서를 가진 사람에게 그 제출을 명할 수 있다.
② 문서제출의 신청이 문서의 일부에 대하여만 이유 있다고 인정한 때에는 그 부분만의 제출을 명하여야 한다.
③ 제3자에 대하여 문서의 제출을 명하는 경우에는 제3자 또는 그가 지정하는 자를 심문하여야 한다.
④ 법원은 문서가 제344조에 해당하는지를 판단하기 위하여 필요하다고 인정하는 때에는 문서를 가지고 있는 사람에게 그 문서를 제시하도록 명할 수 있다. 이 경우 법원은 그 문서를 다른 사람이 보도록 하여서는 안 된다.

제348조(불복신청) 문서제출의 신청에 관한 결정에 대하여는 즉시항고를 할 수 있다.

가) 문서제출 및 문서목록제출의 신청

문서제출명령의 신청에는 문서의 표시 등을 서면으로 명시하여야 한다(제345조·민사소송규칙 제110조 제1항). 다만 신청자는 상대방이 어떠한 문서를 소지하고 있는지 알기 어렵고, 문서의 존재를 인식하고 있다고 하더라도 문서의 표시 등을 특정하여 신청하기 곤란할 수 있기 때문에, 신청자는 문서목록제출의 신청을 할 수 있다(제346조).

판례는 "법원이 문서제출명령을 발함에 있어서는 먼저 문서의 존재와 소지가 증명되어야 하고, 입증책임은 원칙으로 신청인에게 있다."고 한다(1995. 5. 3. 95마415). 또한 "증거조사의 개시가 있기 전에는 증거신청을 자유로 철회할 수 있을 것이므로, **문서제출명령의 신청이 있고 그에 따른 제출명령이 있었다 하여도 문서가 법원에 제출되기 전에는 신청을 철회함에는 상대방의 동의를 필요로 하지 않는다.**"고 한다(1971. 3. 23. 70다3013).

나) 문서제시명령

법원은 문서가 제344조에 해당하는지를 판단하기 위하여 필요하다고 인정하는 때에는 문서를 가지고 있는 사람에게 문서를 제시하도록 명할 수 있다(제347조 제4항 전문). 이를 **문서제시명령**이라고 한다. 이 경우 법원은 그 문서를 다른 사람이 보도록 하여서는 안 된다(제347조 제4항 후문). 이는 문서제출의무의 심리과정에서 비밀이 누설되는 것을 방지하려는 취지에서, **비밀심리절차**(in camera proceedings 절차)를 규정한 것이다.

다) 문서제출명령의 신청에 대한 재판

판례는 "문서를 가진 사람에게 제출하도록 명할 것을 신청하는 것은 서증을 신청하는 방식 중의 하나이므로(제343조), **법원은 제출명령신청의 대상이 된 문서가 서증으로서 필요하지 아니하다고 인정할 때에는 제출명령신청을 받아들이지 아니할 수 있다**(제290조 본문)."고 하고(2008. 9. 26. 2007마672), "문서제출명령의 대상이 된 문서에 의하여 **증명하고자 하는 사항이 청구와 직접 관련이 없는 것**이라면 받아들이지 아니할 수 있다."고 하고(2016. 7. 1. 2014마2239), "문서제출명령신청에 대해서, **별다른 판단을 하지 아니한 채 변론을 종결하고 판결을 선고한 것**은 문서제출명령신청을 묵시적으로 기각한 취지라고 할 것이니 이를 가리켜 판단누락에 해당한다고는 볼 수 없다."고 한다(2001. 5. 8. 2000다35955).

한편 "문서제출신청의 허가 여부에 관한 재판을 할 때에는 그때까지의 소송경과와 문서제출신청의 내용에 비추어 신청 자체로 받아들일 수 없는 경우가 아닌 한 상대방에게 문서제출신청서를 송달하는 등 문서제출신청이 있음을 알림으로써 그에 관한 의견을 진술할 기회를 부여하고, 그 결과에 따라 문서의 존재와 소지 여부, 문서가 서증으로 필요한지 여부, 문서제출신청의 상대방이 제344조에 따라 문서제출의무를 부담하는지 여부 등을 심리한 후, 허가 여부를 판단하여야 한다. 따라서 **문서제출신청 후 이를 상대방에게 송달하는 등 문서제출신청에 대한 의견을 진술할 기회를 부여하는 데 필요한 조치를 취하지 않은 채 문서제출명령의 요건에 관하여 별다른 심리도 없이 문서제출신청 바로 다음날 한 문서제출명령은 위법하다.**"고 한다(2009. 4. 28. 2009무12).

한편 즉시항고(제348조)와 관련하여, 판례는 "제380조는 "증거보전의 결정에 대하여는 불복할 수 없다."고 규정하면서도 제348조는 "문서제출의 신청에 관한 결정에 대하여는 즉시항고를 할 수 있다."고 규정하고 있다. 이는 **증거보전을 허용한 결정 자체에 대하여는 불복할 수 없지만, 그에 기하여 증거조사를 실시하는 결정으로서 법원이 문서제출을 명한 경우에 이에 대하여 불복이 있는 이해관계인은 즉시항고를 제기할 수 있다**는 의미로 해석되고, 즉시항고가 허용되는 경우에는 대법원에 제449조에 규정된 특별항고를 제기할 수는 없다."고 한다(2012. 3. 20. 2012그21).

또한 "제347조 제3항은 제3자가 문서제출명령에 따르지 아니한 때에는 과태료의 제재를 받게 되는 점(제351조, 제318조, 제311조 제1항)을 고려하여 미리 진술 기회를 제공하고 이를 통하여 제3자의 문서 소지 여부 및 문서제출의무의 존부와 범위 등에 관하여 충실한 심리가 이루어지게 하려는 데에 입법취지가 있다. 따라서 제347조 제3항의 규정에 따른 심문절차를 거쳤는지 여부에 관하여는 문서제출명령을 받은 제3자만이 법률상 이해관계를 가진다고 할 것이므로, **제3자에 대한 문서제출명령에 대하여는 제3자만이 자기에 대한 심문절차의 누락을 이유로 즉시항고 할 수 있을 뿐이고, 본안소송의 당사자가 제3자에 대한 심문절차의 누락을 이유로 즉시항고 하는 것은 허용되지 아니한다.**"고 한다(2008. 9. 26. 2007마672).

4) 문서의 부제출·훼손 등에 대한 제재

제349조(당사자가 문서를 제출하지 아니한 때의 효과) 당사자가 제347조 제1항·제2항 및 제4항의 규정에 의한 명령에 따르지 아니한 때에는 법원은 문서의 기재에 대한 상대방의 주장을 진실한 것으로 인정할 수 있다.

제350조(당사자가 사용을 방해한 때의 효과) 당사자가 상대방의 사용을 방해할 목적으로 제출의무가 있는 문서를 훼손하여 버리거나 이를 사용할 수 없게 한 때에는, 법원은 그 문서의 기재에 대한 상대방의 주장을 진실한 것으로 인정할 수 있다.

제351조(제3자가 문서를 제출하지 아니한 때의 제재) 제3자가 제347조 제1항·제2항 및 제4항의 규정에 의한 명령에 따르지 아니한 때에는 제318조의 규정을 준용한다.

가) 당사자에 대한 효과

(ⅰ) **문제점** : 당사자가 문서제출명령을 받고 응하지 않는 때에 법원은 문서에 관하여 상대방의 주장을 진실한 것으로 인정할 수 있다(제349조·제350조). 여기서 "상대방의 주장을 진실한 것으로 인정할 수 있다."는 의미에 대해서 견해가 대립된다.

(ⅱ) **학설의 대립** : ① **자유심증설**은 문서의 내용·성립에 관한 상대방의 주장을 진실한 것으로 인정한다는 것이고, 요증사실에 대하여는 법관의 자유심증에 속한다는 견해이다. ② **증명책임전환설**은 문서부제출이라는 사실만으로 증명책임이 전환된다는 견해이다. ③ **법정증거설**은 자유심증주의의 예외로서 요증사실 자체가 증명되었다는 견해이다. ④ **절충설**은 행정소송·공해소송·국가상대 손해배상소송의 경우처럼 증거가 구조적으로 편재된 경우에는 제한적으로나마 요증사실이 직접 증명된 것으로 볼 수 있다는 견해이다.

(ⅲ) **판례의 태도** : 판례는 "당사자가 문서제출명령을 받았음에도 명령에 따르지 아니한 때에는 법원은 상대방의 문서에 관한 주장, 즉 **문서의 성질·내용·성립의 진정 등에 관한 주장을 진실한 것으로 인정**할 수 있음은 별론으로 하고, 문서들에 의하여 입증하려고 하는 상대방의 주장사실이 증명되었다고 볼 수는 없으며, 주장사실의 인정여부는 법원의 자유심증에 의하는 것이다."고 하고(2007. 9. 21. 2006다9446), "**원고가 문서제출명령을 위반하였더라도, 원심이 자유심증에 의하여 피고들의 주장에 배치되는 원고주장사실을 인정한 데에 문서제출명령을 준수하지 아니하는 경우의 법률효과에 관한 법리오해 등의 위법이 없다.**"고 하여 '자유심증설'의 입장이다(2008. 2. 28. 2005다60369). 다만 "**문서의 기재내용을 알 수 없는 문서제출명령**이었다면 설사 불응하였더라도 문서를 소지한 사실 외에 내용을 진실한 것으로 인정할 수는 없다."고 한다(1967. 3. 21. 65다828).

한편 훼손된 문서를 증거로 제출하는 경우에 대하여, 판례는 "**민사소송에서 당사자 일방이 일부가 훼손된 문서를 증거로 제출하였는데 상대방이 훼손된 부분에 잔존 부분의 기재와 상반된 내용이 기재되어 있다고 주장하는 경우**, 문서제출자가 **상대방의 사용을 방해할 목적으로 문서를 훼손**하였다면 법원은 훼손된 문서 부분의 기재에 대한 상대방의 주장을 진실한 것으로 인정할 수 있을 것이나(제350조), **그러한 목적 없이 문서가 훼손되었다고 하더라도 문서의 훼손된 부분에 잔존 부분과 상반되는 내용의 기재가 있을 가능성이 인정되어 문서 전체의 취지가 문서를 제출한 당사자의 주장에 부합한다는 확신을 할 수 없게 된다면 이로 인한 불이익은 훼손된 문서를 제출한 당사자에게 돌아가야 한다.**"고 한다(2015. 11. 17. 2014다81542).

(ⅳ) **검 토** : 방해의 태양이나 정도·증거의 가치·비난가능성을 고려하여 방해받은 상대방의 주장의 진실 여부를 법관이 자유재량으로 가려야 한다는 자유심증설이 타당하다.

나) 제3자에 대한 효과

제3자가 제출명령을 받고 정당한 사유 없이 불응할 때에는 원고의 주장사실이 진실한 것으로 인정할 수는 없다. 다만 제3자에 대하여 과태료를 부과할 수 있고, 이에 대하여 제3자는 즉시항고를 할 수 있다(제351조, 제318조, 제311조 제1항·제8항).

5) 문서제출명령에 의하여 제출된 문서에 대한 조치

문서제출명령에 따라 법원에 제출된 문서라도 신청자가 이를 서증으로 제출하여야 증거방법이 된다. 그 이후에는 일반적인 서증절차에 의하여 형식적 증거력 등을 판단하게 된다.

라. 문서송부촉탁

> **제352조(문서송부의 촉탁)** 서증의 신청은 제343조의 규정에 불구하고 문서를 가지고 있는 사람에게 그 문서를 보내도록 촉탁할 것을 신청함으로써도 할 수 있다. 다만, 당사자가 법령에 의하여 문서의 정본 또는 등본을 청구할 수 있는 경우에는 그러하지 아니하다.
>
> **제352조의2(협력의무)** ① 제352조에 따라 법원으로부터 문서의 송부를 촉탁받은 사람 또는 제297조에 따른 증거조사의 대상인 문서를 가지고 있는 사람은 정당한 사유가 없는 한 이에 협력하여야 한다.
> ② 문서의 송부를 촉탁받은 사람이 그 문서를 보관하고 있지 아니하거나 그밖에 송부촉탁에 따를 수 없는 사정이 있는 때에는 법원에 그 사유를 통지하여야 한다.

문서송부촉탁은 법원이 문서소지자에게 문서를 보내도록 촉탁하는 것을 말한다. 문서송부촉탁은 원칙적으로 문서소지자가 문서제출의무가 없는 경우에 이용된다. 다만 문서제출의무가 있다고 하더라도 법원의 문서송부촉탁만으로 임의로 제출할 것이 기대되는 경우도 있으므로, 반드시 문서제출의무가 없는 경우에 한하여 문서송부촉탁의 신청을 하여야 하는 것은 아니다. 송부된 문서는 당사자에게 열람하게 한 후에 필요한 부분을 서증으로 제출하도록 한다. 그 이후에는 일반적인 서증절차에 의하여 형식적 증거력 등을 판단하게 된다.

마. 문서가 있는 장소에서의 서증조사

> **제297조(법원 밖에서의 증거조사)** ① 법원은 필요하다고 인정할 때에는 법원 밖에서 증거조사를 할 수 있다. 이 경우 합의부원에게 명하거나 다른 지방법원 판사에게 촉탁할 수 있다.
> ② 수탁판사는 필요하다고 인정할 때에는 다른 지방법원 판사에게 증거조사를 다시 촉탁할 수 있다. 이 경우 그 사유를 수소법원과 당사자에게 통지하여야 한다.
>
> **제298조(수탁판사의 기록송부)** 수탁판사는 증거조사에 관한 기록을 바로 수소법원에 보내야 한다.

문서제출명령 신청의 대상도 아니고 문서송부촉탁의 신청을 하기도 어려운 사정이 있는 문서에 대하여는 법원이 그 문서가 있는 장소에 가서 서증조사를 해 줄 것을 신청할 수 있다.

V. 검 증

> **제364조(검증의 신청)** 당사자가 검증을 신청하고자 하는 때에는 검증의 목적을 표시하여 신청하여야 한다.
>
> **제365조(검증할 때의 감정 등)** 수명법관 또는 수탁판사는 검증에 필요하다고 인정할 때에는 감정을 명하거나 증인을 신문할 수 있다.
>
> **제366조(검증의 절차 등)** ① 검증할 목적물을 제출하거나 보내는 데에는 제343조, 제347조 내지 제350조, 제352조 내지 제354조의 규정을 준용한다.
> ② 제3자가 정당한 사유 없이 제1항의 규정에 의한 제출명령에 따르지 아니한 때에는 법원은 결정으로 200만 원 이하의 과태료에 처한다. 이 결정에 대하여는 즉시항고를 할 수 있다.
> ③ 법원은 검증을 위하여 필요한 경우에는 제342조 제1항에 규정된 처분을 할 수 있다. 이 경우 저항을 받은 때에는 경찰공무원에게 원조를 요청할 수 있다.

검증이란 법관이 직접 자기의 오관의 작용에 의하여 사물의 성상이나 현상을 보고, 듣고, 느낀 인식을 증거자료로 하는 증거조사이다. 이 경우에 검증의 대상이 되는 증거방법을 검증물이라고 한다.

따라서 위조문서를 증거로 제출한 경우에는 그 기재 내용을 증거로 하는 것이 아니기 때문에 검증물이 된다. 변론기일에서 검증을 한 경우에는 변론조서에 검증의 결과를 기재하고, 변론기일 이외에서 검증을 한 경우에는 검증조서를 작성하여 검증의 결과를 기재한다.

VI. 당사자신문

1. 서 설

> 제367조(당사자신문) 법원은 직권으로 또는 당사자의 신청에 따라 당사자 본인을 신문할 수 있다. 이 경우 당사자에게 선서를 하게 하여야 한다.
>
> 제368조(대질) 재판장은 필요하다고 인정한 때에 당사자 서로의 대질 또는 당사자와 증인의 대질을 명할 수 있다.
>
> 제369조(출석·선서·진술의 의무) 당사자가 정당한 사유 없이 출석하지 아니하거나 선서 또는 진술을 거부한 때에는 법원은 신문사항에 관한 상대방의 주장을 진실한 것으로 인정할 수 있다.
>
> 제370조(거짓진술에 대한 제재) ① 선서한 당사자가 거짓 진술을 한 때에는 법원은 결정으로 500만 원 이하의 과태료에 처한다.
> ② 제1항의 결정에 대하여는 즉시항고를 할 수 있다.
> ③ 제1항의 결정에는 제363조 제3항의 규정을 준용한다.
>
> 제371조(신문조서) 당사자를 신문한 때에는 선서의 유무와 진술 내용을 조서에 적어야 한다.
>
> 제372조(법정대리인의 신문) 소송에서 당사자를 대표하는 법정대리인에 대하여는 제367조 내지 제371조의 규정을 준용한다. 다만 당사자 본인도 신문할 수 있다.
>
> 제373조(증인신문 규정의 준용) 이 절의 신문에는 제309조, 제313조, 제319조 내지 제322조, 제327조, 제327조의2와 제330조 내지 제332조의 규정을 준용한다.

당사자신문은 <u>소송당사자 또는 그의 법정대리인을 증거방법으로 하여 그가 경험한 사실에 대하여 신문하고 진술하게 하여 증거자료를 얻는 증거조사</u>를 말한다. 증인신문의 경우처럼 변론준비절차에서 당사자의 주장과 증거를 정리한 뒤에 변론기일에서 집중적으로 행한다(제293조).

당사자신문을 받는 경우의 당사자는 증거조사의 객체로서 증거방법이기 때문에, 여기에서의 진술은 증인의 증언과 마찬가지로 증거자료이지 소송자료가 아니다. 따라서 당사자가 소송의 주체로서 하는 진술인 소송자료와 구별되어 당사자신문에 대한 진술에는 소송능력을 필요로 하지 않는다. 또한 당사자신문의 과정에서 상대방의 주장사실과 일치되는 부분이 있더라도 자백이라고 할 수 없고, 법원의 석명에 대하여 당사자본인이 진술하는 것은 주장의 보충이지 당사자신문은 아니다.

2. 당사자신문의 보충성 폐지

가. 종전의 보충성의 내용과 근거

구법에서는 당사자신문의 보충성을 인정하고 있었다(구법 제339조 본문). 보충성을 인정하는 이유는 당사자는 분쟁의 직접적 이해관계가 있는 자이므로 진술의 증거력이 다른 것에 비해 낮다는 점, 분쟁의 주체인 당사자에게 진술을 강요하는 것은 가혹하다는 점, 소송의 시초부터 당사자신문에 의한 심증을 얻으려 한다면 재판의 공정과 적정을 기할 수 없다는 점 등에 있었다.

나. 당사자신문과 증거력의 보충성

당사자신문의 보충성은 다른 증거방법이 없을 때에 이에 의한다는 증거방법으로서의 보충성을 의미하는 것인데도, 판례는 "다른 증거 없이 원고본인신문 결과만으로는 원고주장의 사실을 인정할 수 없다."고 하여(1983. 6. 14. 83다카95), 증거력으로서의 보충성까지도 뜻하는 것으로 확장해석을 하였다.

다. 보충성의 폐지

현행법에서 법원은 직권 또는 당사자의 신청에 따라 당사자 본인을 신문할 수 있다고 하여 당사자신문의 보충성을 폐지하였다(제367조). 따라서 보충성이 폐지된 결과 다른 곳에 증거가 있는데도 전혀 증거조사를 하지 않은 경우, 증거조사를 하여 심증을 얻지 못했으나 아직 조사할 증거가 있는 경우, 증거조사의 결과 이미 심증을 얻은 경우에도 당사자신문은 허용된다.

3. 대 상

당사자뿐만 아니라 당사자의 법정대리인, 법인 등이 당사자인 경우에는 그 대표자 등도 이 절차에 의하여 신문한다. 또한 소송자료를 제공하는 것이 아니기 때문에 소송무능력자도 당사자신문의 대상이 된다(제372조 단서).

4. 절 차

당사자신문의 절차에는 증인신문의 규정이 대부분 준용된다(제373조). 다만 증인신문과의 차이점은 신청 이외에 직권으로도 할 수 있으며(제367조), 당사자가 의무를 이행하지 않은 경우 과태료나 감치·구인 등의 제재가 없다는 점이다. 또한 선서를 하고 허위진술을 하여도 형법상 위증죄가 되지 않고 과태료의 제재만 받는다(제370조). 그리고 당사자신문의 결정이 있으면 당사자는 출석·선서·진술 의무를 지며, 정당한 사유 없이 의무를 이행하지 않으면 법원은 재량으로 신문사항에 관한 상대방의 주장사실을 진실한 것으로 인정할 수 있다(제369조).

판례는 "당사자신문절차에서 당사자가 정당한 사유 없이 출석·선서·진술의 의무를 불이행한 경우에 제369에 의하여 법원은 **재량에 따라 '신문사항에 관한 상대방의 주장'을 진실한 것으로 인정**할 수 있는바, 당사자가 출석할 수 없는 정당한 사유란 **법정에 나올 수 없는 질병, 교통기관의 두절, 관혼상제, 천재지변** 등을 말한다고 할 것이고, 정당한 사유의 존재는 **불출석 당사자가 주장·입증**하여야 한다."고 한다(2010. 11. 11. 2010다56616). 또한 "당사자본인으로 신문해야 함에도 증인으로 신문하였다 하더라도 상대방이 지체 없이 이의하지 아니하면 **이의권 포기·상실로 인하여 하자가 치유**된다."고 한다(1992. 10. 27. 92다32463).

5. 당사자신문이 유일한 증거가 될 수 있는지 여부

당사자신문을 유일한 증거로 보지 아니하면 다른 증거방법이 없을 때 증명을 차단하게 되어 부당하게 되므로 유일한 증거가 된다는 견해가 있었으나, 판례는 구법상 당사자신문의 보충성을 이유로 유일한 증거가 아니라는 입장이었다. 그러나 개정법에서 당사자본인신문의 보충성이 폐지되었으므로 이제는 당사자신문도 유일한 증거가 된다고 보아야 한다.

Ⅶ. 그 밖의 증거

> 제374조(그 밖의 증거) 도면·사진·녹음테이프·비디오테이프·컴퓨터용 자기디스크, 그 밖에 정보를 담기 위하여 만들어진 물건으로서 문서가 아닌 증거의 조사에 관한 사항은 제3절 내지 제5절의 규정에 준하여 대법원규칙으로 정한다.

그 밖의 증거에 대한 조사에 관한 사항은 민사소송규칙 제120조 내지 제122조에서 규정하고 있다. 한편 판례는 "**녹음테이프에 대한 증거조사는 검증의 방법에 의하여야 한다.** 당사자 일방이 녹음테이프를 증거로 제출하지 않고 이를 속기사에 의하여 녹취한 녹취문을 증거로 제출하고 이에 대하여 상대방이 부지로 인부한 경우, 법원은 **녹음테이프의 검증을 통하여 대화자가 진술한 대로 녹취되었는지 확인**하여야 할 것이나, **그 녹취문이 오히려 상대방에게 유리한 내용으로 되어 있다면 그 녹취 자체는 정확하게 이루어진 것으로 보이므로 녹음테이프 검증 없이 녹취문의 진정성립을 인정할 수 있다.**"고 한다(1999. 5. 25. 99다1789).

Ⅷ. 조사·송부의 촉탁

> 제294조(조사의 촉탁) 법원은 공공기관·학교, 그 밖의 단체·개인 또는 외국의 공공기관에게 그 업무에 속하는 사항에 관하여 필요한 조사 또는 보관중인 문서의 등본·사본의 송부를 촉탁할 수 있다.

조사의 촉탁을 실무에서는 사실조회라고 한다. 조사·송부촉탁의 결과를 증거자료로 하기 위해서는 법원이 변론에 현출하여 당사자에게 의견진술의 기회를 주어야 한다. 판례도 "행정소송 제기기간의 준수 여부는 직권조사사항에 속하므로, 기간연장에 관련되는 사항에 관한 원심의 직권사실조회는 적법하다 할 것이나, 사실조회는 원심변론 종결 후에 실시되어 회보가 변론에 현출되지 않았음이 뚜렷한 바, 회보가 변론에 현출되었더라면 원고에 의하여 반론과 입증이 있었을 것이 짐작되니 그에 대한 변명의 기회를 주지 아니한 원심의 조처는 위법이 있다."고 한다(1982. 8. 24. 81누270).

다만 당사자에 의한 원용이 필요한 것은 아니다. 판례도 "징발보상금청구소송에서 구청장이 한 사실조회 회답서에 토지등급이 표시된 토지대장사본이나 군수가 한 토지에 대한 과세액이 기재된 회답서가 제출되었음에도, 원심법원이 원고들에 대하여 원용여부를 확인하거나 해당 연도별 과세표준액에 관하여 더 심리·판단함이 없이 보상금 산정에 필요한 연도별 과세표준액에 관하여 아무런 입증이 없다고 하였음은 위법이다."고 한다(1981. 1. 27. 80다51).

Ⅸ. 증거보전

> 제375조(증거보전의 요건) 법원은 미리 증거조사를 하지 아니하면 그 증거를 사용하기 곤란할 사정이 있다고 인정한 때에는 당사자의 신청에 따라 이 장의 규정에 따라 증거조사를 할 수 있다.
>
> 제376조(증거보전의 관할) ① 증거보전의 신청은 소를 제기한 뒤에는 그 증거를 사용할 심급의 법원에 하여야 한다. 소를 제기하기 전에는 신문을 받을 사람이나 문서를 가진 사람의 거소 또는 검증하고자 하는 목적물이 있는 곳을 관할하는 지방법원에 하여야 한다.
> ② 급박한 경우에는 소를 제기한 뒤에도 제1항 후단에 규정된 지방법원에 증거보전의 신청을 할 수 있다.

제377조(신청의 방식) ① 증거보전의 신청에는 다음 각호의 사항을 밝혀야 한다.
  1. 상대방의 표시
  2. 증명할 사실
  3. 보전하고자 하는 증거
  4. 증거보전의 사유
② 증거보전의 사유는 소명하여야 한다.
제378조(상대방을 지정할 수 없는 경우) 증거보전의 신청은 상대방을 지정할 수 없는 경우에도 할 수 있다. 이 경우 법원은 상대방이 될 사람을 위하여 특별대리인을 선임할 수 있다.
제379조(직권에 의한 증거보전) 법원은 필요하다고 인정한 때에는 소송이 계속된 중에 직권으로 증거보전을 결정할 수 있다.
제380조(불복금지) 증거보전의 결정에 대하여는 불복할 수 없다.
제381조(당사자의 참여) 증거조사의 기일은 신청인과 상대방에게 통지하여야 한다. 다만, 긴급한 경우에는 그러하지 아니하다.
제382조(증거보전의 기록) 증거보전에 관한 기록은 본안소송의 기록이 있는 법원에 보내야 한다.
제383조(증거보전의 비용) 증거보전에 관한 비용은 소송비용의 일부로 한다.
제384조(변론에서의 재신문) 증거보전절차에서 신문한 증인을 당사자가 변론에서 다시 신문하고자 신청한 때에는 법원은 그 증인을 신문하여야 한다.

1. 의의 및 기능

증거보전절차란 소송절차 내에서 본래의 증거조사를 행할 기일까지 기다리면, 증거방법의 조사가 불가능하거나 곤란하게 될 사정이 있는 경우에 본안의 소송절차와는 별도로 미리 증거조사를 하여 장차 법원의 사실인정의 자료로 보전하기 위하여 그 결과를 확보하는 판결절차의 부수절차이다. 한편 변론 전 개시제도(disclosure, Pretrial discovery)가 인정되지 않는 민사소송법에서 증거보전절차를 소송전의 증거수집제도로 이용되도록 운영을 한다면, 증거의 구조적 편재현상을 시정할 수 있는 증거개시기능을 할 수 있다.

2. 요 건

가. 증거보전의 필요성

증거보전의 필요성이란 미리 증거조사를 하지 아니하면 장래 그 증거방법을 사용하는 것이 불가능하거나 곤란한 사정이 존재하는 것을 말한다. 또한 증거보전의 필요성에는 방치하면 증거조사가 물리적으로 곤란한 경우만이 아니라, 현저히 경비가 증가할 경우도 포함된다.

나. 증거보전의 필요성에 대한 소명

보전사유가 소명되어야 하는데(제377조 제2항), 소명의 정도에 대하여 견해가 대립된다. ① 증거보전의 증거개시기능에 대한 소극설에 의하면 증거보전의 필요성에 대한 소명을 엄격하게 요구하고 있고, ② 증거보전의 증거개시기능에 대한 적극설에 의하면 증거보전의 필요성에 대한 소명을 완화하여 해석하고 있다. pretrial discovery가 인정되지 않는 민사소송법에서는 탄력적 운용을 위하여 적극설이 타당하다.

3. 절 차

증거보전은 당사자의 신청에 의하여 시작되는데(제375조), 예외적으로 법원의 직권으로도 개시된다(제379조). 증거보전신청은 상대방을 지정할 수 없는 경우에도 할 수 있는데, 이 경우 법원은 상대방이 될 사람을 위하여 특별대리인을 선임할 수 있다(제378조). 관할법원은 소제기전이나 소제기 후라도 급박한 경우에는 증거방법의 소재지를 관할하는 지방법원이 되고, 소제기 후에는 그 증거를 사용할 법원이 된다(제376조).

당사자는 증거보전결정에는 불복할 수 없으나(제380조), 증거보전신청을 각하하는 결정에 대하여는 항고할 수 있다(제439조). 당사자의 참여권을 보장하기 위하여 증거조사기일을 신청인과 상대방에게 통지하여 증거조사기일에 출석할 수 있도록 하여야 한다(제381조 본문). 그러나 긴급을 요하는 경우에는 통지하지 아니하고 증거조사를 하여도 무방하다(제381조 단서). 증거보전에 관한 기록은 본안소송의 기록이 있는 법원에 보내야 한다(제382조).

4. 효 과

증거보전에 의한 증거조사의 결과는 변론에 제출됨으로써 본 소송에 있어서 증거조사의 결과와 동일한 효력을 갖게 된다. 다만, 별개의 사건에서 증거보전이 된 증거조사결과를 소송에 이용할 때에는 그 기록을 서증으로 제출하여야 한다. 또한 증인신문에서의 직접주의를 관철시키기 위하여 증거보전절차에서 신문한 증인이라도 당사자가 변론에서 다시 신문을 신청한 때에는 수소법원은 증인을 신문하여야 한다(제384조).

제05절 자유심증주의

> **제202조(자유심증주의)** 법원은 변론 전체의 취지와 증거조사의 결과를 참작하여 자유로운 심증으로 사회정의와 형평의 이념에 입각하여 논리와 경험의 법칙에 따라 사실주장이 진실한지 아닌지를 판단한다.

I. 서 설

1. 의 의

자유심증주의란 **사실의 진위를 판단함에 있어서 법관이 증거방법의 한정이나 증거력의 법정 등 증거법칙의 제한을 받지 않고, 변론 전체의 취지나 증거조사의 결과(증거자료)를 참작하여 형성된 자유로운 심증으로 판단할 수 있는 원칙**을 말한다. 요증사실에 대해서는 자유심증주의에 의하여 그 진위 여부를 가리며, 그 진위 여부가 판명되지 않으면 객관적 증명책임으로 문제를 해결한다(자유심증이 끝나는 곳에 증명책임이 시작된다).

2. 법정증거주의와의 구별

법정증거주의는 **증거능력이나 증거력(증거가치)을 법률로 정해 놓아 법관이 사실인정을 할 때에 반드시 이러한 **증거법칙에 구속되어야 하는 원칙**을 말한다. 법정증거주의는 사실인정에 있어서 법관의 자의적인 판단을 막을 수 있다는 장점이 있으나, 복잡한 사회의 다양한 현실을 유형화한 증거법칙으로 대처할 수 없어서 사실판단을 그르칠 위험이 있으므로, 민사소송법은 자유심증주의를 채택하고 있다.

Ⅱ. 증거원인

1. 의 의

사실인정을 위한 심증형성의 자료가 되는 증거원인에는 (ⅰ) 변론 전체의 취지와, (ⅱ) 증거조사의 결과(증거자료) 두 가지가 있다.

2. 변론 전체의 취지

가. 의의 및 구별개념

(ⅰ) 증거원인으로서의 변론 전체의 취지는 **증거조사의 결과를 제외한 일체의 소송자료**로서, 당사자의 주장내용과 태도 및 기타 변론에서 얻은 인상 등, 변론에서 나타난 일체의 적극적·소극적 사항을 말한다. (ⅱ) 한편 자백간주에 관한 제150조 제1항 단서의 '변론 전체의 취지'는 '변론의 일체성'을 의미한다. 변론의 일체성이란 변론은 전체로서 취급되며 하나의 변론기일에 변론한 것처럼 판결의 기초가 된다는 것이다. 따라서 이는 증거원인으로서의 '변론 전체의 취지'와 구별된다.

나. 내 용

당사자의 주장, 증명취지, 증거설명, 증인신문사항, 증거항변 등이 모두 변론 전체의 취지에 포함된다. 또한 보조참가인의 소송행위는 피참가인에 대하여 변론 전체의 취지가 된다. 공동소송에 있어서 필수적 공동소송, 통상공동소송을 막론하고 1인의 태도는 다른 공동소송인에 대하여 변론 전체의 취지로 참작될 수 있다.

다만 판례는 "법원은 변론 전체의 취지와 증거조사의 결과를 참작하여 자유로운 심증으로 사회정의와 형평의 이념에 입각하여 논리와 경험의 법칙에 따라 사실주장이 진실한지 아닌지를 판단하여야 하는데(제202조), **변론 전체의 취지는 변론의 과정에 현출된 모든 상황과 소송자료로서 증거조사의 결과를 제외한 것이고, 변론종결 후에 제출된 자료는 포함되지 아니한다.**"고 한다(2013. 8. 22. 2012다94728).

다. 증거원인으로서의 독립성 인정여부

1) 문제점

증거자료 없이 변론 전체의 취지만으로 다툼 있는 사실을 인정할 수 있는가가 문제된다.

2) 학설의 대립

① 자유심증주의의 원칙상 변론 전체의 취지만에 의한 사실인정을 부정할 이유는 없고, 제202조는 증거조사를 반드시 해야 한다는 의미는 아니고 증거조사를 하면 그 결과를 반드시 참작하여야

한다는 취지일 뿐이므로, 증거원인으로서의 독자성을 갖는다는 **독립적 증거원인설**과, ② 변론 전체의 취지는 기록에 반영하여 객관화시키기 힘든 것이어서 상급심의 심사가 곤란하므로, 보충적 증거원인일 뿐이라는 **보충적 증거원인설**이 대립된다.

3) 판례의 태도

판례는 원칙적으로 주요사실의 인정에 관하여 변론 전체의 취지는 증거원인으로서의 독립성이 부인된다고 한다. 즉 "변론의 취지는 변론의 과정에 현출된 모든 상황과 자료를 말하여 증거원인이 되는 것이기는 하나 <u>그것만으로는 사실인정의 자료로 할 수 없다.</u>"고 한다(1983. 9. 13. 83다카971). 다만 **문서의 진정성립**(2010. 2. 25. 2007다85980)과, **자백의 철회요건으로서의 착오**(2004. 6. 11. 2004다13533)는 변론 전체의 취지만으로 인정할 수 있다고 한다.

4) 검 토

변론 전체의 취지 만에 의한 사실인정을 허용하는 경우에는 법관의 자의에 의한 사실인정을 초래할 우려가 있으므로 보충적 증거원인설이 타당하다.

3. 증거조사의 결과

가. 의 의

증거조사의 결과란 증언·서증·감정·검증 또는 당사자신문의 결과 등과 같이 **법원이 적법한 증거조사에 의하여 얻은 일체의 증거자료**를 말한다.

나. 증거방법·증거능력의 무제한

민사소송은 자유심증주의를 채택하고 있기 때문에 증거방법이나 증거능력에 제한이 없다. 따라서 형사소송과 달리 전문증거의 증거능력이 인정된다. 판례도 "증언의 내용이 백미를 대여하는 것을 직접 목격하였다는 것이 아니라 하여 그것으로서는 백미대여사실을 인정할 수 없다고 하였음은 **민사소송에 있어서의 전문증거의 증거력을 전적으로 부정하는 것으로서 위법이다.**"고 한다(1967. 3. 21. 67다67). 한편 "전문증인의 증언을 채택하고 원진술자의 진술내용을 배척하는 등 채증칙 위배의 위법이 있다."고 한 판례도 있다(1989. 10. 13. 88다카28051).

다. 증거력의 자유평가

적법하게 실시된 증거조사에 의하여 얻은 증거자료에 대한 증거력의 평가는 법관의 자유로운 판단에 일임되어 있다. 따라서 직접증거와 간접증거 사이, 서증과 인증 사이의 증거력에 우열이 없다. 다만 판례는 "자유심증주의는 형식적·법률적인 증거규칙으로부터의 해방을 뜻할 뿐 법관의 자의적인 판단을 인용한다는 것이 아니므로, **적법한 증거조사절차를 거친 증거능력 있는 적법한 증거에 의하여 사회정의와 형평의 이념에 입각하여 논리와 경험의 법칙에 따라 사실주장의 진실여부를 판단하여야 할 것**"이며, 사실인정이 사실심의 전권에 속한다 하더라도 이 같은 제약에서 벗어날 수 없다."고 한다(1982. 8. 24. 82다카317).

또한 "처분문서라도 기재 내용과 다른 특별한 명시적, 묵시적 약정이 있는 사실이 인정될 경우에는 기재 내용의 일부를 달리 인정할 수 있고, 또 작성자의 법률행위 해석에 있어서도 경험칙과 논리법칙에 어긋나지 않는 범위 내에서 자유로운 심증으로 판단할 수 있다. 사실심 법원이 증거들을 종합하여 사실인정을 하는 경우에는 각 증거 중 서로 모순되는 부분과 불필요한 부분은 제거하고 그 중 필요하고 공통된 부분만을 모아서 판단자료에 공용하는 것이므로, **처분문서 등 특별한 증거가 아닌 한 증거내용 중 법원이 인정한 사실과 저촉되는 부분에 대하여는 특히 이를 채택하지 않는다는 명시가 없어도 그 증거가치를 부정한 것이라 봄이 상당하고, 따라서 사실심 법원이 증거 중 인정사실과 저촉되는 부분을 배척하는 취지를 명시하지 않았거나 배척 이유를 설시하지 않았다 하여 판단누락의 위법이 있다고 할 수 없다.**"고 한다(1996. 4. 12. 95다45125).

라. 증거공통의 원칙

1) 의의 및 취지

증거공통의 원칙이란 **증거력의 자유평가로 인하여 증거조사의 결과가 상대방의 원용과 무관하게 증거제출자에게 유리하게 또는 불리하게 평가될 수 있다는 원칙**을 말한다. 판례도 "사실인정의 기초가 되는 증거는 **어느 당사자에 의하여 제출되거나 또 상대방이 이를 원용하는 여부에 불구하고** 법원은 이를 당사자 어느 쪽의 유리한 사실인정의 증거로 할 수 있다."고 한다(1987. 11. 10. 87누620).

소송상 다투어지는 사실은 객관적으로 동일한 역사적 사실이고 그 진·부는 당사자에게 공통되기 때문에 증거제출자와 상대방에 따라서 증거자료가 달라질 수 있는 것은 모순된다는 점, 증거조사의 결과를 종합적으로 평가함으로써 자유로운 심증형성에 기한 진실한 사실인정이 가능하게 된다는 점에서 증거공통의 원칙이 인정된다.

2) 변론주의와의 관계

증거공통의 원칙은 변론주의와 저촉되는 것이 아니다. 변론주의는 증거의 제출책임이 당사자에게 있다는 것일 뿐이고, 당사자가 제출한 증거에 대하여 어떻게 평가하느냐 하는 문제는 변론주의 범위 밖의 문제이고 법원의 직무이기 때문이다.

3) 증거신청 철회의 한계

증거조사가 개시되면 증거공통의 원칙으로 인하여 상대방에게도 유리한 증거자료가 나타날 가능성이 있다. 따라서 증거조사 개시 전에는 증거신청을 한 당사자가 임의로 증거신청을 철회할 수 있으나, 증거조사 개시 후에는 상대방의 동의가 있어야만 철회가 가능하다. 그러나 증거조사의 종료 후에는 법관이 이미 형성한 심증을 말소한다는 것은 불가능하므로, 상대방의 동의가 있어도 증거신청의 철회는 불가능하다.

4) 공동소송인간의 증거공통의 원칙

(ⅰ) 필수적 공동소송의 경우에는 공동소송인 중에서 한 사람이 증거를 제출하면 공동소송인 모두에게 효력이 있으므로(제67조 제1항), 증거공통의 원칙이 적용된다. (ⅱ) 통상의 공동소송의 경우에는 적용 여부에 대하여 견해가 대립된다(공동소송인 독립의 원칙 부분 참조).

Ⅲ. 자유의 의미와 심증의 정도

1. 자유의 의미

판례는 "**자유심증주의는 형식적・법률적인 증거규칙으로부터의 해방**을 뜻할 뿐 법관의 자의적인 판단을 용인한다는 것이 아니므로, 적법한 증거조사절차를 거쳐 증거능력 있는 적법한 증거에 의하여 **사회정의와 형평의 이념에 입각하여 논리와 경험의 법칙에 따라 사실주장의 진실 여부를 판단**하여야 할 것이며, 비록 사실의 인정이 사실심의 전권에 속한다고 하더라도 이와 같은 제약에서 벗어날 수 없다."고 한다(2008. 2. 14. 2007다57619).

2. 심증의 정도

> 제202조의2(손해배상 액수의 산정) 손해가 발생한 사실은 인정되나 구체적인 손해의 액수를 증명하는 것이 사안의 성질상 매우 어려운 경우에 법원은 변론 전체의 취지와 증거조사의 결과에 의하여 인정되는 모든 사정을 종합하여 상당하다고 인정되는 금액을 손해배상 액수로 정할 수 있다.

손해배상 액수의 산정과 관련해서는 증명도를 완화하는 규정을 두고 있다(제202조의2). 이와 관련하여 판례는 "손해가 발생한 사실은 인정되나 구체적인 손해의 액수를 증명하는 것이 매우 어려운 경우에 법원은 손해배상청구를 쉽사리 배척해서는 안 되고, **적극적으로 석명권을 행사하여 증명을 촉구하는 등으로 구체적인 손해액에 관하여 심리**하여야 한다. 그 후에도 구체적인 손해액을 알 수 없다면 제202조의2에 따라 법원은 변론 전체의 취지와 증거조사의 결과에 의하여 인정되는 모든 사정을 종합하여 상당하다고 인정되는 금액을 손해배상 액수로 정할 수 있다."고 한다(2021. 6. 30. 2017다249219).

또한 "이때 고려할 사정에는 당사자 사이의 관계, 채무불이행이나 불법행위와 그로 인한 손해가 발생하게 된 경위, 손해의 성격, 손해가 발생한 이후의 정황 등이 포함된다. 그리고 손해배상책임이 인정되는 경우 법원은 손해액에 관한 당사자의 주장과 증명이 미흡하더라도 적극적으로 석명권을 행사하여 증명을 촉구하여야 하고, **경우에 따라서는 직권으로 손해액을 심리・판단**하여야 한다."고 한다(2021. 5. 27. 2017다230963).

한편 판례는 "민사소송에서 사실의 증명은 추호의 의혹도 있어서는 아니 되는 자연과학적 증명은 아니나, 특별한 사정이 없는 한 **경험칙**에 비추어 모든 증거를 종합 검토하여 어떠한 사실이 있었다는 점을 시인할 수 있는 **고도의 개연성**을 증명하는 것이고, 그 판정은 **통상인이라면 의심을 품지 않을 정도**일 것을 필요로 한다."고 한다(2010. 10. 28. 2008다6755).

다만 "**장래의 얻을 수 있었을 이익에 관한 입증**에서는 증명도를 과거사실에 대한 입증에 있어서의 증명도보다 경감하여 채권자가 현실적으로 얻을 수 있을 구체적이고 확실한 이익의 증명이 아니라 **합리성과 객관성을 잃지 않는 범위 내에서의 상당한 개연성**이 있는 이익의 증명으로 족하다고 보아야 할 것이다."고 하여 증명도를 완화하고 있다(1992. 4. 28. 91다29972).

Ⅳ. 자유심증주의의 예외

1. 법률상의 제한

가. 증거방법의 제한

대리권의 존재에 대한 증명은 서면으로 해야 하고(제58조 제1항·제89조 제1항), 소명방법은 즉시 조사할 수 있는 것에 한정된다(제299조 제1항).

나. 증거능력의 제한

당사자와 법정대리인의 증인능력은 부정된다(제367조·제372조).

다. 증거력에 대한 자유평가의 제한

변론의 방식에 관한 변론조서의 법정증거력(제158조), 공문서·사문서의 형식적 증거력에 관한 추정규정(제356조·제358조) 등이 증거력에 대한 자유평가의 제한이 된다.

2. 증명방해

가. 의의 및 취지

증명방해란 <u>증명책임을 부담하지 않는 당사자가 고의·과실, 작위·부작위에 의한 행위에 의하여 증명책임을 부담하는 당사자에 의한 증명을 불능케 하거나 곤란하게 하는 것</u>을 말한다. 예컨대 상대방이 신청한 증인의 출석을 방해하는 행위, 의료과오소송에서 의사 측의 진료기록 변조·훼손행위 등을 들 수 있다. 요증사실이 진위불명인 경우에 법률요건분류설에 의한 증명책임분배의 원칙을 증명방해의 경우에도 적용하면 증명책임의 부담자에게 불공평하므로 증명방해의 개념이 필요하다.

나. 증명방해가 문제되는 영역

(ⅰ) 민사소송법상 당사자의 문서불제출(제349조), 당사자의 사용방해(제350조), 대조용문서의 제출방해(제360조 제1항), 상대방의 수기의무위반(제361조 제2항), 검증목적물의 제출방해(제366조), 당사자신문에서 당사자가 출석·선서·진술을 거부한 때(제369조)에는 상대방의 주장을 진실한 것으로 인정할 수 있다. (ⅱ) 민사소송법에 규정된 것만 증명방해로 인정하자는 논의가 있지만, 신의칙·적정·공평의 이념에 비추어 자유심증주의의 예외로서 민사소송법에 규정이 없더라도 증명방해의 개념을 일반적으로 인정하는 것이 타당하다.

다. 증명방해의 효과

1) 명문규정이 있는 경우 : 문서의 부제출·훼손 등에 대한 제재 참조

2) 명문규정이 없는 경우

　　가) 학설의 대립

① 증명방해의 모습·정도, 증거의 가치, 비난가능성의 정도, 다른 증거의 유무 등을 고려하여 방해자에게 어느 정도로 불리한 판단을 할 것인가를 법관의 자유심증에 맡기는 **자유심증설**, ② 증명방해 행위가 있으면 증명책임이 방해자에게 전환되어 증명책임자가 그 증거에 관하여 주장하는 사실의

반대사실을 상대방(방해자)이 증명하여야 한다는 **증명책임전환설**, ③ 자유심증주의의 예외로서 요증사실 자체를 진실한 것으로 인정할 수 있다는 **법정증거설**, ④ 행정소송·공해소송·국가상대 손해배상소송의 경우처럼 증거가 구조적으로 편재된 경우에는 제한적으로나마 요증사실이 직접 증명된 것으로 볼 수 있다는 **절충설**이 대립된다.

　　　나) 판례의 태도 : 자유심증설

　판례는 "의사 측이 진료기록을 사후에 가필·정정한 행위는, 그 이유에 대하여 상당하고도 합리적인 이유를 제시하지 못하는 한, 당사자 간의 공평의 원칙 또는 신의칙에 어긋나는 증명방해행위에 해당하나, **당사자 일방이 증명을 방해하는 행위를 하였더라도 법원으로서는 이를 하나의 자료로 삼아 자유로운 심증에 따라 방해자 측에게 불리한 평가를 할 수 있음에 그칠 뿐 증명책임이 전환되거나 곧바로 상대방의 주장 사실이 증명된 것으로 보아야 하는 것은 아니며**, 그 내용의 허위 여부는 의료진이 진료기록을 가필·정정한 시점과 그 사유, 가필·정정 부분의 중요도와 가필·정정 전후 기재 내용의 관련성, 다른 의료진이나 병원이 작성·보유한 관련 자료의 내용, 가필·정정 시점에서의 환자와 의료진의 행태, 질병의 자연경과 등 **제반 사정을 종합하여 합리적 자유심증으로 판단하여야 한다**."고 한다(2010. 7. 8. 2007다55866).

　　　다) 검 토

　증명방해이론은 소송에 있어서의 신의칙의 발현이므로 모든 사정을 종합적으로 고려하여 방해자에게 불이익을 가하는 '자유심증설'이 타당하다.

3. 증거계약

가. 의 의

　증거계약이란 **소송에 있어서 판결의 기초를 이루는 사실확정에 관한 당사자의 합의**를 말한다. 증거계약의 효력을 인정하면 법관의 자유심증이 제한된다. 그런데 당사자의 합의에 의하여 법관의 자유심증을 제한할 수는 없으므로, 증거계약은 자유심증주의와의 관계에서 효력을 검토할 필요가 있다.

나. 증명책임계약과의 구별

　증명책임계약이란 사실이 진위불명일 경우에 누구에게 불이익을 줄 것인가에 대한 법률문제에 관한 합의를 말한다. 따라서 증명책임계약은 증거계약에는 포함되지 않는다. 한편 증명책임계약은 강행법규에 반하지 않는 한 유효하다. 판례도 "**입증책임의 소재에 관하여 당사자 간에 특약이 있으면 특별한 사정이 없는 한 그에 따라야 하므로**, 공제약관상 고지의무 위반이 공제사고의 발생에 영향을 미쳤다는 사실에 대한 입증책임이 공제자에게 있다고 규정한 경우에는 그에 따라야 한다."고 한다(1997. 10. 28. 97다33089). 또한 약관의 규제에 관한 법률은 상당한 이유 없이 고객에게 증명책임을 부담시키는 약관조항은 무효로 규정하고 있다(동법 제14조).

다. 증거계약의 종류와 허용가능성

1) 자백계약(무증거계약)

　자백계약이란 **일정한 사실을 인정하거나 또는 다투지 않기로 하는 합의**를 말한다. 변론주의의 적용을 받는 민사소송에서는 자백이 허용되므로 주요사실에 관한 자백계약도 유효하여 법원을 구속한다. 그러나 권리자백과 간접사실·보조사실에 대한 자백에 대해서는 법원을 구속하지 않기 때문에 권리자백계약과 간접사실·보조사실에 관한 자백계약은 무효가 된다.

2) 증거(방법)제한계약

증거(방법)제한계약이란 **일정한 사실의 증명은 일정한 증거방법으로 제한하는 합의**를 말한다. 증거(방법)제한계약은 이미 제출되어서 조사된 증거방법을 제한하는 것이면 법관의 자유심증을 제한하므로 무효이다. 한편 앞으로 제출될 증거방법을 제한하는 것에 대해서는 ① 계약한 증거방법의 조사로 법관이 심증형성을 하지 못할 경우에는 보충적 직권증거조사의 규정(제292조) 때문에 직권으로 다른 증거의 조사를 피할 수가 없기 때문에 이 한도에서 무효라는 견해(다수설)와, ② 민사소송법상의 대원칙이 변론주의임을 근거로 유효라는 견해가 대립된다.

변론주의 원칙상 증거의 제출책임은 원칙적으로 당사자에게 있으므로 유효라고 보아야 하지만 이로 인하여 심증형성이 안될 때에는 법원의 직권증거조사를 피할 수는 없으므로 이 한도에서는 무효라고 봄이 타당하다. 다만 소액사건에서는 원칙적으로 직권증거조사(소액사건심판법 제10조 제1항)가 가능하기 때문에, 그 한도에서 증거(방법)제한계약은 무효가 된다.

3) 중재감정계약

중재감정계약이란 **권리관계 존부판단의 전제가 되는 사실의 확정을 제3자에게 맡기기로 하는 합의**를 말한다. 처분할 수 있는 법률관계에 관하여서는 권리관계의 존부의 확정을 제3자에게 맡길 수 있으므로(중재계약, 중재법 제8조), 중재감정계약도 유효하다. 다만 중재감정계약도 그 자체는 효력이 있으나 그 결과를 법관이 믿지 않으면 직권증거조사를 할 수밖에 없을 것이므로 법관을 구속하는 효력은 없다.

4) 증거력계약

증거력계약이란 증인의 증언내용과 같은 **증거조사의 결과를 진실한 것으로 인정하기로 하는 계약**을 말한다. 증거력 계약은 증거조사의 결과에 대한 법관의 자유로운 심증형성을 제약하는 것이므로, 자유심증주의에 반하여 무효가 된다.

V. 사실인정의 위법과 상고가능성

제432조(사실심의 전권) 원심판결이 적법하게 확정한 사실은 상고법원을 기속한다.

증거의 취사와 사실인정은 사실심의 전권에 속하므로(제432조), 원심법원의 증거취사와 사실인정이 잘못되었다는 것을 상고심에서 문제를 삼을 수 없다. 그러나 위법한 변론이나 증거조사의 결과에 의한 사실의 인정, 적법한 증거조사의 결과를 간과한 사실인정, 논리법칙·경험법칙을 현저히 어긴 사실의 인정 등은 자유심증주의의 한계를 일탈한 것이므로 상고이유가 된다.

판례도 "증거 취사와 사실 인정은 사실심 전권에 속하는 것으로서 자유심증주의의 한계를 벗어나지 않는 한 적법한 상고이유로 삼을 수도 없다."고 하고(2005. 7. 15. 2003다61689), **"자유심증주의는 형식적·법률적 증거규칙에 얽매일 필요가 없다는 것을 뜻할 뿐 법관의 자의적 판단을 허용하는 것은 아니므로**, 사실의 인정은 적법한 증거조사절차를 거친 증거에 의하여 정의와 형평의 이념에 입각하여 논리와 경험의 법칙에 따라 하여야 하고, 사실인정이 사실심의 재량에 속한다고 하더라도 그 한도를 벗어나서는 아니 된다."고 한다(2017. 3. 9. 2016두55933).

제06절 증명책임

I. 서 설

1. 의 의

가. 객관적 증명책임

객관적 증명책임이란 **요증사실의 존부가 확정되지 않을 때에 해당사실이 존재하지 않는 것으로 취급되어 법률판단을 받게 되는 당사자의 위험 또는 불이익**을 말한다. 이는 법관이 요증사실이 진실인지에 대하여 확신을 갖지 못할 경우에 누구에게 불이익을 주느냐의 문제이므로, 소송의 진행에 따라 증명책임의 귀속주체가 변동되지 않는다. 또한 진위불명의 결과는 직권탐지주의에서도 발생될 수 있기 때문에, 객관적 증명책임은 변론주의뿐만 아니라 직권탐지주의에서도 문제된다.

나. 주관적 증명책임

주관적 증명책임이란 **객관적 증명책임에 의해 진위불명 시에 불이익한 판단, 즉 패소를 면하기 위하여 증명책임을 지는 사실에 대해 증거를 제출해야 할 책임**을 말하고, 증거제출책임 또는 증명의 필요라고 한다. 주관적 증명책임은 심리의 개시단계에서부터 문제되는 것으로 구체적으로 책임을 부담하는 당사자가 심리과정에서 변동될 수 있다. 또한 이는 변론주의에서 문제될 뿐, 직권탐지주의에서는 문제되지 않는다.

2. 주장책임과의 관계

변론주의가 적용되는 소송절차에서는 당사자가 유리한 판결을 얻기 위하여는 주장을 하여야 하고 상대방이 다투는 경우에는 증명을 하여야 한다. 따라서 주장책임은 증명책임에 선행한다. 주장책임의 분배는 원칙적으로 증명책임의 분배와 일치한다. 다만, 불요증사실과 같이 주장책임은 있지만 증명책임은 없는 경우도 있다.

II. 증명책임의 분배

1. 문제점

증명책임의 분배는 증명의 대상이 되는 사실이 진위불명인 경우에 누구에게 증명책임을 부담시킬 것인지의 문제이다. **증명책임의 분배에 대하여 법률에 규정을 두고 있는 경우로는** 무권대리인의 상대방에 대한 책임(민법 제135조 제1항), 보증인의 최고·검색의 항변권(민법 제437조 본문), 운송주선인의 손해배상책임(상법 제115조), 운송인의 손해배상책임(상법 제135조·제148조 제1항) 등이 있다. 증명책임의 분배에 대하여 법률에 규정을 두고 있지 않은 경우에, 어떠한 기준에 의하여 정할 것인지가 문제된다.

2. 분배의 기준

가. 학설의 대립

① 책임영역의 귀속 여부에 따라 증명책임의 귀속자를 정하는 위험영역설, ② 증거와의 거리 등 당사자의 이익을 형량하는 이익형량설(증거거리설), ③ 개별사건의 개연성을 고려하여 법관이 재량에 따라 증명책임을 부담시켜야 한다는 개연성설, ④ **증명책임의 분배를 법규의 구조·형식에서 찾아야 한다는 법률요건분류설(규범설)**, ⑤ 법률요건분류설을 원칙으로 하되, 타당성이 현저히 결여되었다고 보여질 경우나 요증사실이 권리근거규정·권리장애규정·권리소멸규정 중에서 어디에 해당하는지 불명확할 경우에 이를 보충·수정하는 원리로 위험영역설이나 이익형량설을 받아들이는 수정 법률요건분류설 등이 대립된다.

나. 판례의 태도

판례는 "법률해석의 출발점은 법률조항의 문언과 문장 구조이다. 조항의 문장 구조가 본문과 단서의 형식으로 이루어져 있으면서 특히 그 단서에서 '그러나 어떠한 때에는 그러하지 아니하다.'고 하여 본문이 정한 법률효과를 부정하는 방식으로 규정되어 있으면, **판례와 학설은 규범설 또는 법률요건분류설에 따라 본문이 정한 사항에 관한 요건사실은 법률효과를 주장하는 자가, 단서에서 정한 사항에 관한 요건사실은 법률효과를 다투는 상대방이 증명책임을 진다**고 해석하는 것이 일반적이다. 전형적인 예는 민법 제390조를 들 수 있다. 이 규정은 "채무자가 채무의 내용에 좇은 이행을 하지 아니한 때에는 채권자는 손해배상을 청구할 수 있다. 그러나 채무자의 고의나 과실 없이 이행할 수 없게 된 때에는 그러하지 아니하다."라고 정하고 있다. **판례는 채무불이행으로 인한 손해배상청구에서 불이행의 귀책사유, 즉 고의·과실에 대한 증명책임이 채무자에게 있다고 하였다. 이는 민법 제750조에 따른 불법행위로 인한 손해배상청구에서 본문에 규정되어 있는 고의·과실에 관한 증명책임이 이를 주장하는 피해자에게 있다고 본 것과 대조된다.**"고 한다(2021. 9. 9. 2017두45933).

다. 검토

법률요건분류설에 의하는 경우에도 해석에 의한 수정의 방법으로 법률요건분류설의 문제점을 해결할 수 있으므로, 기준이 명확한 법률요건분류설이 타당하다.

3. 법률요건분류설에 의한 분배의 내용

가. 일반적인 경우

법률요건분류설에 의하면 당사자는 자기에게 유리한 요건사실에 대해 증명책임을 진다. 판례는 "직권조사사항에 관하여도 사실의 존부가 불명한 경우에는 입증책임의 원칙이 적용되어야 할 것인바, **본안판결을 받는다는 것 자체가 원고에게 유리하다는 점에 비추어 직권조사사항인 소송요건에 대한 입증책임은 원고에게 있다.**"고 한다(1997. 7. 25. 96다39301).

권리주장자는 권리근거규정의 요건사실에 대하여 증명책임을 진다. 한편 권리주장자의 상대방은 반대규정의 요건사실(항변사실)에 대하여 증명책임을 진다. 항변사실에는 ㉠ **권리장애사실**(예 : 불공정한 법률행위, 선량한 풍속위반, 통정허위표시), ㉡ **권리소멸(멸각)사실**(예 : 변제, 공탁, 면제, 상계, 경개, 소멸시효완성, 계약의 해제, 사기에 의한 취소), ㉢ **권리저지사실**(예 : 기한의 유예, 정지조건의 존재, 동시이행항변권 또는 유치권)이 있다. 권리장애규정은 권리근거규정의 요건이 존재함에도 불구하고 예외적으로 권리발생을 방해하는 사유에 대하여 규정한 것이므로, **권리근거규정과 권리장애규정의 관계는 원칙(본문)규정과 예외(단서)규정의 관계로 나타난다.**

나. 소극적 확인소송의 경우

일반적으로 권리를 주장하는 자가 원고이고 이를 다투는 자가 피고이므로, 원고가 권리발생사실에 대하여, 피고가 권리장애사실·권리소멸(멸각)사실·권리저지사실에 대하여 증명책임을 부담한다.

그러나 소극적 확인소송에서는 원고와 피고의 증명책임이 바뀌게 된다. 판례도 "금전채무부존재확인소송에서는 **채무자인 원고가 먼저 청구를 특정하여 채무발생원인사실을 부정하는 주장을 하면, 채권자인 피고는 권리관계의 요건사실에 관하여 주장·입증책임을 부담한다.**"고 하고(1998. 3. 13. 97다45259), "소극적 확인소송에서는 원고가 먼저 청구를 특정하여 채무발생원인 사실을 부정하는 주장을 하면 채권자인 피고는 권리관계의 요건사실에 관하여 주장·증명책임을 부담하므로, **유치권 부존재 확인소송에서 유치권의 요건사실인 유치권의 목적물과 견련관계 있는 채권의 존재에 대해서는 피고가 주장·증명**하여야 한다."고 한다(2016. 3. 10. 2013다99409). 다만 권리자가 권리발생사실을, 의무자가 권리장애사실 등을 증명해야 한다는 점은 동일하다.

Ⅲ. 증명책임의 전환

1. 입법에 의한 전환

증명책임의 일반원칙에 대하여 입법에 의하여 예외적으로 수정을 가하는 것으로, 일반원칙과 다른 증명책임의 분배를 규정한 것이다. 예컨대 불법행위의 경우에 일반규정(민법 제750조)에서는 과실의 증명책임을 피해자에게 지우고 있지만, 특별규정(민법 제759조, 제조물책임법 제4조 제1항 등)에서는 가해자에게 무과실의 증명책임을 지우고 있다.

2. 해석에 의한 전환

증명이 곤란한 경우에 해석에 의하여 증명책임을 전환하려는 견해가 있다. 예컨대 증명방해가 있는 경우, 의료과오소송에서 설명의무 위반의 경우에 해석에 의하여 증명책임을 전환시키려고 한다. 이에 대하여 해석상으로는 증명책임의 전환을 인정할 수 없고, 증명책임의 완화만이 가능하다는 견해도 있다.

Ⅳ. 증명책임의 완화

1. 법률상 추정

가. 의의 및 구별개념

추정이란 **전제사실에서 요증사실을 추인하는 것**을 말한다. (ⅰ) 법률상 추정이란 **법규화된 경험칙, 즉 법률상 추정규정을 적용하여 행하는 추정**을 말한다. 이는 법률의 규정 또는 법률의 해석에 의하여 추정하는 것이다. (ⅱ) 사실상 추정이란 **일반적인 경험칙을 적용하여 행하는 추정**을 말한다. 이는 법관이 경험칙을 적용하여 추정하는 것이다. 따라서 사실상 추정은 추정된 사실이 진실인지에 대하여 법관으로 하여금 의심을 품게 하는 정도의 반증으로 깰 수 있다.

나. 종 류

법률상 추정에는 (ⅰ) 법률상의 사실추정(甲사실이 있으면 乙사실이 있는 것으로 추정하는 것 ; 민법 제198조·민법 제844조)과, (ⅱ) 법률상의 권리추정(甲사실이 있으면 乙권리가 있는 것으로 추정하는 것 ; 민법 제200조·민법 제830조)이 있다.

다. 효 과

1) 증명책임의 완화

법률상 추정규정이 있는 경우에 증명책임이 있는 자는 증명이 곤란한 추정된 권리의 발생원인사실을 직접 증명할 수 있지만, 증명이 용이한 전제사실을 증명할 수 있다. 즉 증명책임이 있는 당사자는 증명주제의 선택이 가능하다. 당사자가 전제사실의 증명을 선택한다면 법률상 추정규정은 증명책임을 완화하는 것이 되고, 법률상 추정규정에 의하여 추정되는 사실은 불요증사실이 된다.

2) 증명책임의 전환

법률상 추정이 된 경우에 상대방은 **법률상 추정의 전제사실을 반증**으로 깰 수 있다. 한편 **법률상 추정된 사실의 부존재를 반대사실의 증명, 즉 본증**으로 깰 수 있다. 반대사실의 증명이란 **법률상 추정된 사실이 존재하지 않는다는 증명**을 말한다. 이로 인하여 법률상 추정의 경우에는 사실상 추정의 경우와는 달리 증명책임이 전환된다.

판례도 "민법 제30조에 의하면 2인 이상이 동일한 위난으로 사망한 경우에는 동시에 사망한 것으로 추정하도록 규정하고 있는바, 이 추정은 법률상 추정으로서 이를 번복하기 위하여는 **동일한 위난으로 사망하였다는 전제사실에 대하여 법원의 확신을 흔들리게 하는 반증**을 제출하거나 또는 **각자 다른 시각에 사망하였다는 점에 대하여 법원에 확신을 줄 수 있는 본증**을 제출하여야 하는데, 사망의 선·후에 의하여 관계인들의 법적 지위에 중대한 영향을 미치는 점을 감안할 때 충분하고도 명백한 입증이 없는 한 위 추정은 깨어지지 아니한다고 보아야 한다."고 한다(1998. 8. 21. 98다8974).

라. 등기의 추정력

판례는 "**부동산에 관한 소유권이전등기는 권리의 추정력이 있으므로, 이를 다투는 측에서 무효사유를 주장·입증하지 아니하는 한, 등기원인 사실에 관한 입증이 부족하다는 이유로 등기를 무효라고 단정할 수 없다.**"고 하여(1979. 6. 26. 79다741), 등기의 추정력에 대하여 법률상 규정이 없음에도 법률상 추정으로 본다.

또한 "등기원인의 존부에 관하여 분쟁이 발생하여 당사자 사이에 소송이 벌어짐에 따라 법원이 등기원인의 존재를 인정하면서 이에 기한 등기절차의 이행을 명하는 판결을 선고하고 판결이 확정됨에 따라 소유권이전등기가 마쳐진 경우, 등기원인에 기한 등기청구권은 법원의 판단에 의하여 당사자 사이에서 확정된 것임이 분명하고, 법원이나 제3자도 당사자 사이에 기판력이 발생하였다는 사실 자체는 부정할 수 없는 것이므로, **기판력이 미치지 아니하는 타인이 등기원인의 부존재를 이유로**

확정판결에 기한 등기의 추정력을 번복하기 위해서는 일반적으로 등기의 추정력을 번복함에 있어서 요구되는 입증의 정도를 넘는 명백한 증거나 자료를 제출하여야 하고, 법원도 그러한 정도의 입증이 없는 한 확정판결에 기한 등기가 원인무효라고 단정하여서는 아니 될 것이다."고 한다(2002. 9. 24. 2002다26252).

또한 "소유권이전등기가 전 등기명의인의 직접적인 처분행위에 의한 것이 아니라 제3자가 처분행위에 개입된 경우 **현 등기명의인이 제3자가 전 등기명의인의 대리인이라고 주장하더라도 현 소유명의인의 등기가 적법히 이루어진 것으로 추정되므로**, 등기가 원인무효임을 이유로 말소를 청구하는 전 소유명의인으로서는 반대사실, 즉 제3자에게 전 소유명의인을 대리할 권한이 없었다든가 또는 제3자가 전 소유명의인의 등기서류를 위조하는 등 등기절차가 적법하게 진행되지 아니한 것으로 의심할 만한 사정이 있다는 등의 무효사실에 대한 증명책임을 진다."고 한다(2009. 9. 24. 2009다37831).

다만 "**소유권이전등기의 원인으로 주장된 계약서가 진정하지 않은 것으로 증명된 이상 등기의 적법추정은 복멸되는 것**이고, 계속 다른 적법한 등기원인이 있을 것으로 추정할 수는 없다."고 한다 (1998. 9. 22. 98다29568).

마. 유사적 추정

1) 의 의

유사적 추정이란 **법조문에는 '추정'이라는 용어가 사용되고 있지만, 엄격한 의미에서의 법률상 추정이라고 할 수 없는 경우**를 말한다. 즉 일정한 사실을 전제로 하지 아니한 경우 또는 추정되는 사실이 요건사실이 아닌 경우 등의 추정을 말한다.

2) 종 류

가) 잠정적 진실

잠정적 진실이란 **전제사실이 없는 무조건·무전제의 추정**을 말하는데, 이때 추정되는 사실을 잠정적 진실이라 한다. 이것은 요건사실의 부존재의 증명책임을 상대방에게 지우기 위한 입법기술이다. 그 예로는 "선의의 점유자라도 본권에 관한 소에 패소한 때에는 그 소가 제기된 때부터 악의의 점유자로 본다."는 민법 제197조 제2항과, "상인의 행위는 영업을 위하여 하는 것으로 추정한다."는 상법 제47조 제2항 등이 있다. 따라서 이는 법률상 사실추정에 해당한다.

판례는 민법 제197조 제1항에 대하여 법률상 추정으로 보고 있다. 즉 "점유권원의 성질이 분명하지 아니한 때에는 점유자는 소유의 의사로 점유한 것으로 추정되므로, 점유자 스스로가 점유권원의 성질에 의하여 자주점유임을 입증할 책임은 없고, **법률상 추정을 번복하여 타주점유를 주장하는 상대방에게 타주점유에 대한 입증책임이 있는 것**이며, 점유자의 상대방이 타주점유임을 입증하기 위하여는 적어도 점유자가 타인의 소유권을 배제하여 자기의 소유물처럼 배타적 지배를 행사하는 의사를 가지고 점유하는 것으로 볼 수 없는 객관적인 사정이 있음을 입증하여야 한다."고 한다(1993. 8. 27. 93다17829).

나) 의사추정

의사추정이란 구체적인 사실로부터 사람의 내심의 의사를 추정하는 것이 아니고, **법규가 의사표시의 내용·효과를 추정한 것**이다. 그 예로는 민법 제153조 제1항, 민법 제398조 제4항, 민법 제579조,

민법 제585조 등이 있다. 이러한 의사추정규정은 **법률행위를 해석하는 규정**이다. 즉 사실을 추정하는 것이 아니므로 엄격한 의미의 추정은 아니다.

다) 증거법칙적 추정

증거법칙적 추정이란 실체법의 요건사실이나 법률효과와 무관한 추정으로, **증거의 증거력이나 증거가치에 관한 사실, 즉 보조사실을 추정하는 것**이다. 그 예로는 문서의 진정성립의 추정(제356조·제358조)이 있다. 문서의 진정성립의 추정은 법률상 추정이 아니라 소송법상의 증거법칙적 추정이다. 증거법칙적 추정은 자유심증주의의 예외가 된다.

2. 일응의 추정과 표현증명

가. 의 의

일응의 추정이란 **사실상 추정의 하나로서, 고도의 개연성이 있는 경험칙을 이용하여 간접사실로부터 주요사실을 추정하는 것**을 말한다. 이 경우에 **추정된 사실은 증명된 것과 마찬가지로 보기 때문에 표현증명**이라 한다. 일응의 추정이 성립되는 경우 추정에 의문이 있게 하는 특단의 사정에 대한 증명이 없는 한, 추정된 대로 사실을 인정할 수밖에 없게 되어 일응의 추정은 증명책임을 완화하는 기능을 한다. 한편 일응의 추정은 고도의 개연성이 있는 경험칙에 의하여 심증을 형성하는 것이므로 자유심증주의에 반하는 것이 아니다.

나. 적용범위

일응의 추정은 주로 **불법행위에서 인과관계 또는 과실을 인정할 경우**에 적용되고, 또 **흔히 되풀이될 수 있는 '정형적 사상경과'가 문제되는 경우**에만 그 기능을 발휘하게 된다. 정형적 사상경과란 구체적인 사실의 증명이 없어도 일반적인 사실 자체로써 인과관계나 과실을 인정할 수 있는 경우를 말한다. 예컨대 차도를 운행하던 차량이 인도에 진입하여 사고를 낸 경우에 특별한 사정이 없는 한 인도에 진입한 사실만으로 운전자에게 과실이 있는 것으로 추정한다.

판례는 "탄광에서 천반이 붕락되어 압사하였다면 그 사고는 일응 광산 갱내의 낙반붕괴의 방지의무를 다하지 못한 시설물 하자에 기인한 것이라 추정함이 상당하다."고 하고(1969. 12. 30. 69다1604), "버스의 뒷바퀴로 16세 소녀의 허벅다리를 역과하였다면 **특단의 사정이 없는 한** 현장에서 즉사하였거나 원심이 인정한 "후부요도 파열과 치골골절상"보다는 더 중한 상해를 입었을 것이라고 **경험칙상 추정**되니 원심은 특단의 사유를 심리 판단해야 한다."고 하고(1970. 11. 24. 70다2130), "공작물의 하자의 존재에 관하여는 피해자에게 입증책임이 있으나 주위에 있는 다른 건물에는 아무 이상이 없었는데 유독 이 사건 제관실의 지붕이 바람에 날려 무너진 것이라면 **이 사건 사고는 일응 공작물의 하자에 기인한 것이라고 추정**함이 타당하다."고 한다(1974. 11. 26. 74다246).

한편 "**혈연상의 친자관계라는 주요사실의 존재를 증명**함에는, 부와 친모 사이의 정교관계의 존재 여부, 다른 남자와의 정교의 가능성이 존재하는지 여부, 부가 자를 자기의 자로 믿은 것을 추측하게 하는 언동이 존재하는지 여부, 부와 자 사이에 인류학적 검사나 혈액형검사 또는 유전자검사를 한 결과 친자관계를 배제하거나 긍정하는 요소가 있는지 여부 등 **주요사실의 존재나 부존재를 추인시키는 간접사실을 통하여 경험칙에 의한 사실상의 추정에 의하여 주요사실을 추인하는 간접증명의 방법**에 의할 수밖에 없는데, 혈액형검사나 유전자검사 등 과학적 증명방법이 전제로 하는 사실이 모두 진실임이 증명되고 추론의 방법이 과학적으로 정당하여 오류의 가능성이 전무하거나 무시할 정도로 극소한 것으로 인정되는 경우라면 그와 같은 증명방법은 가장 유력한 **간접증명의 방법**이 된다."고 한다(2002. 6. 14. 2001므1537).

3. 간접반증

가. 의의 및 성질

간접반증이란 <u>일응의 추정이 생긴 경우에, 상대방이 추정의 전제사실과 양립하는 별개의 간접사실(특단의 사정)을 증명함으로써 일응의 추정을 방해하는 증명활동</u>을 말한다. 간접반증은 주요사실에 대해서는 상대방이 증명책임을 지는 사실을 부정하기 위해 제출하는 증거이므로 반증이다. 그러나 간접반증자가 증명할 별개의 간접사실은 법관이 확신할 정도로 완전하게 증명하여야 하므로 본증이다.

나. 기 능

공해소송, 의료과오소송, 제조물 책임소송 등 인과관계의 증명이 곤란한 현대형 소송에서 피해자의 증명곤란을 완화하는 방안으로, 증명이 곤란한 주요사실의 증명을 위하여 간접사실에 대해 증명의 부담을 양 당사자에게 분담시켜 증명책임 제도의 공평한 운영을 기하게 한다.

4. 특수소송에서의 증명책임

가. 공해소송

판례는 "공해로 인한 손해배상청구소송에서는 가해행위와 손해발생 사이의 인과관계의 고리를 모두 자연과학적으로 증명하는 것은 곤란 내지 불가능한 경우가 대부분이고, 가해기업은 기술적·경제적으로 피해자보다 원인조사가 용이할 뿐 아니라 자신이 배출하는 물질이 유해하지 않다는 것을 입증할 사회적 의무를 부담한다고 할 것이므로, 가해기업이 배출한 어떤 물질이 피해 물건에 도달하여 손해가 발생하였다면 가해자 측에서 무해함을 입증하지 못하는 한 책임을 면할 수 없다고 봄이 사회형평의 관념에 적합하다."고 한다(2004. 11. 26. 2003다2123).

나. 의료과오소송

판례는 "의료사고가 발생한 경우 피해자측에서 의료행위 과정에서 저질러진 일반인의 상식에 바탕을 둔 의료상 과실이 있는 행위를 입증하고 결과와 사이에 의료행위 외에 다른 원인이 개재될 수 없다는 점, 이를테면 환자에게 의료행위 이전에 그러한 결과의 원인이 될 만한 건강상의 결함이 없었다는 사정을 증명한 경우에는, 의료행위를 한 측이 그 결과가 의료상의 과실로 인한 것이 아니라 전혀 다른 원인에 의한 것이라는 입증을 하지 아니하는 이상, 의료상 과실과 결과 사이의 인과관계를 추정하여 손해배상책임을 지울 수 있도록 입증책임을 완화하는 것이 손해의 공평·타당한 부담을 지도원리로 하는 손해배상제도의 이상에 맞는다."고 한다(2005. 9. 30. 2004다52576).

다. 제조물책임소송

판례는 "텔레비전이 정상적으로 수신하는 상태에서 발화·폭발한 경우에는, 소비자 측에서 사고가 제조업자의 배타적 지배하에 있는 영역에서 발생한 것임을 입증하고, 사고가 어떤 자의 과실 없이는 통상 발생하지 않는다고 하는 사정을 증명하면, 제조업자 측에서 사고가 제품의 결함이 아닌 다른 원인으로 말미암아 발생한 것임을 입증하지 못하는 이상, 위와 같은 제품은 이를 유통에 둔 단계에서 이미 이용시의 제품의 성상이 사회통념상 당연히 구비하리라고 기대되는 합리적 안전성을 갖추지 못한 결함이 있었고, 이러한 결함으로 사고가 발생하였다고 추정하여 손해배상책임을 지울 수 있도록 입증책임을 완화하는 것이 손해의 공평·타당한 부담을 지도원리로 하는 손해배상제도의 이상에 맞는다."고 한다(2000. 2. 25. 98다15934).

V. 주장책임

1. 의 의

객관적 주장책임이란 **법률효과의 발생 또는 불발생의 요건을 이루는 사실의 주장이 변론에 나타나지 않는 결과 자기에게 이익이 되는 법률판단을 받지 못하는 당사자의 위험 내지 불이익**을 말한다. 변론주의가 적용되는 소송절차에서 법원은 당사자가 변론에서 주장한 것에 한하여 판결의 기초로 할 수 있다. 즉 변론주의가 적용되는 소송절차에서는 소송자료와 증거자료는 엄격하게 구별되므로 증거자료로부터 당사자가 주장하지 않은 소송자료를 끌어내는 것이 허용되지 않는다.

2. 적용범위

가. 변론주의

직권탐지주의 또는 직권조사사항의 대상이 되는 영역에서는 주장책임이 문제되지 않는다. 즉, 주장책임은 변론주의의 대상이 되는 영역에서 문제된다. 따라서 변론주의가 적용되는 소송절차에서는 당사자의 주장이 없으면 법원이 증거조사의 결과로 심증을 얻은 경우라도 또는 불요증사실이라도 판결의 기초로 삼을 수 없다.

나. 주요사실

변론주의는 주요사실에 대하여 당사자의 주장을 필요로 하는 것이므로 간접사실 등에는 주장책임이 문제되지 않는다. 따라서 간접사실 등은 변론에서 당사자의 주장이 없거나 반대되는 주장이 있어도, 법원이 증거로서 이를 인정할 수 있다.

다. 주장공통의 원칙

어느 쪽 당사자가 주장할 것인지는 관계없고, 당사자 일방이 스스로 자신에게 불리한 사실을 진술한 경우라도 상대방은 그에 관한 주장책임을 다한 것이 된다.

라. 현저한 사실

공지의 사실 및 법원에 현저한 사실은 불요증사실이지만, 이러한 사실이 주요사실이 되는 한 이에 관하여 상대방 당사자의 변론의 기회를 보장하기 위하여 주장책임이 인정된다.

마. 간접적 주장

명시적 주장이 없는 경우에도 간접적 주장이 있는 것으로 볼 경우가 있다. 예컨대 증인신문사항에 기재된 사실이나 이익으로 원용한 서증에 기재된 사실은 주장한 것으로 볼 수 있다.

3. 증명책임과의 관계

변론주의가 인정되는 범위 내에서는 주요사실에 대한 주장이 있어야 소송자료가 마련되고 그에 대한 증명의 문제도 생긴다. 따라서 주장책임은 논리적·시간적으로 증명책임에 선행한다.

4. 주장책임의 분배

가. 주장책임과 증명책임 일치의 원칙

주장책임과 증명책임은 동일한 문제의 양 측면이므로, **주장책임 분배의 원칙은 증명책임 분배의 원칙에 따라 결정**된다. 따라서 법률요건분류설에 따르면 권리를 주장하는 자는 권리근거규정의 요건사실(청구원인사실)에 대하여 주장책임을 지고, 상대방은 권리장애사실·권리소멸사실·권리저지사실의 요건사실(항변사실)에 대하여 주장책임을 진다.

한편, 소극적 확인소송에 있어서는 원고가 어떤 권리·법률관계의 부존재를 소송물로 정하는지에 대하여 특정해야 하므로, 부존재로 주장된 권리관계의 주장은 채무자인 원고가 해야 한다. 그러나 그 권리관계의 요건사실에 대한 주장·증명책임은 채권자인 피고가 부담한다.

판례도 "금전채무부존재확인소송에서는 채무자인 원고가 먼저 청구를 특정하여 채무발생 원인사실을 부정하는 주장을 하면 채권자인 피고는 권리관계의 요건사실에 관하여 주장·입증책임을 부담한다."고 하고(1998. 3. 13. 97다45259), "소극적 확인소송에서는 원고가 먼저 청구를 특정하여 채무발생원인사실을 부정하는 주장을 하면 채권자인 피고는 권리관계의 요건사실에 관하여 주장·증명책임을 부담하므로, **유치권 부존재 확인소송에서 유치권의 요건사실인 유치권의 목적물과 견련관계 있는 채권의 존재에 대해서는 피고가 주장·증명**하여야 한다."고 한다(2016. 3. 10. 2013다99409).

나. 주장책임과 증명책임 일치의 원칙에 대한 예외

1) 무권대리인의 책임

다른 자의 대리인으로서 계약을 맺은 자가 그 대리권을 증명하지 못하고 또 본인의 추인을 받지 못한 경우에는 그는 상대방의 선택에 따라 계약을 이행할 책임 또는 손해를 배상할 책임이 있다(민법 제135조 제1항).

따라서 (ⅰ) 무권대리인의 상대방(원고)이 무권대리인(피고)에게 무권대리에 대한 책임을 묻기 위해서는, ㉠ **타인의 대리인으로서 계약을 체결한 사실**, ㉡ **대리권을 얻지 못한 사실**, ㉢ **본인의 추인을 얻지 못한 사실**을 주장하여야 한다. 또한 (ⅱ) ㉠ **타인의 대리인으로서 계약을 체결한 사실**과, ㉢ **본인의 추인을 얻지 못한 사실**을 증명하여야 한다. 그러나 ㉡ **대리권을 얻지 못한 사실**에 대해서는 무권대리의 책임을 면하고자 하는 무권대리인이 '대리권의 존재'에 대하여 증명하여야 한다.

한편, 판례는 "민법 제135조 제2항은 '대리인으로서 계약을 맺은 자에게 대리권이 없다는 사실을 상대방이 알았거나 알 수 있었을 때에는 제1항을 적용하지 아니한다.'고 정하고 있다. 이는 무권대리인의 무과실책임에 관한 원칙 규정인 제1항에 대한 예외 규정이므로 **상대방이 대리권이 없음을 알았다는 사실 또는 알 수 있었는데도 알지 못하였다는 사실에 관한 주장·증명책임은 무권대리인에게 있다.**"고 한다(2018. 6. 28. 2018다210775).

2) 금전채무불이행으로 인한 손해배상

채권자인 원고는 채무자인 피고가 금전채무를 불이행한 사실에 대하여는 주장·입증을 해야하지만, 손해의 발생 및 손해액에 관하여는 주장책임을 부담할 뿐, 증명책임은 부담하지 않는다(민법 제397조 제2항).

Ⅵ. 증명책임 없는 당사자의 사안해명의무

사안해명의무란 증명책임을 부담하지 않는 당사자가 예외적으로 증거제출을 하여야 할 의무를 말한다. 예컨대 자기가 가지고 있는 문서의 제출의무(제344조), 당사자신문(제367조), 가사소송법에 의한 혈액형 등의 수검명령(가사소송법 제29조) 등이 있다.

판례는 "증거자료에의 접근이 훨씬 용이한 일방 당사자가 상대방의 증명활동에 협력하지 않는다고 하여 상대방의 입증을 방해하는 것이라고 단정할 수 없으며, 제1조에서 규정한 신의성실의 원칙을 근거로 하여 대등한 사인간의 법률적 쟁송인 민사소송절차에서 일방 당사자에게 소송의 승패와 직결되는 상대방의 증명활동에 협력하여야 할 의무가 부여되어 있다고 할 수 없으므로, 일방 당사자가 요증사실의 증거자료에 훨씬 용이하게 접근할 수 있다고 하는 사정만으로는 상대방의 증명활동에 협력하지 않는다고 하여 이를 민사소송법상의 신의성실의 원칙에 위배되는 것이라고 할 수 없다."고 한다(1996. 4. 23. 95다23835).

PART 04 소송의 종료

제1장 총 설
제2장 당사자의 행위에 의한 종료
제3장 종국판결에 의한 종료

CHAPTER 01 총 설

제01절 소송종료사유의 개관

(ⅰ) 당사자의 행위에 의한 종료사유로 소·상소의 취하(제266조·제393조·제425조), 소·항소취하의 간주(제268조), 청구의 포기·인낙(제220조), 소송상 화해(제220조), 조정(민사조정법 제28조)이 있다.

(ⅱ) 법원의 재판에 의한 소송종료사유로 종국판결(제198조), 소·상소 각하결정(제144조 제4항), 소장·상소장 각하명령(제254조 제2항·제399조 제2항·제402조 제2항·제425조), 화해권고결정(제225조), 이행권고결정(소액사건심판법 제5조의3), 조정에 갈음하는 결정(민사조정법 제30조)이 있다.

(ⅲ) 원고와 피고의 지위가 혼동되거나, 일신전속적 권리관계이어서 승계가 되지 않는 경우와 같이 소송계속 중에 대립당사자 구조가 소멸됨으로써 소송이 종료되는 경우가 있다.

제02절 소송종료선언

민사소송규칙 제67조(소취하의 효력을 다투는 절차) ① 소의 취하가 부존재 또는 무효라는 것을 주장하는 당사자는 기일지정신청을 할 수 있다.
② 제1항의 신청이 있는 때에는 법원은 변론을 열어 신청사유에 관하여 심리하여야 한다.
③ 법원이 제2항의 규정에 따라 심리한 결과 신청이 이유 없다고 인정하는 경우에는 판결로 소송의 종료를 선언하여야 하고, 신청이 이유 있다고 인정하는 경우에는 취하 당시의 소송정도에 따라 필요한 절차를 계속하여 진행하고 중간판결 또는 종국판결에 그 판단을 표시하여야 한다.
④ 종국판결이 선고된 후 상소기록을 보내기 전에 이루어진 소의 취하에 관하여 제1항의 신청이 있는 때에는 다음 각호의 절차를 따른다.
  1. 상소의 이익 있는 당사자 모두가 상소를 한 경우(당사자 일부가 상소하고 나머지 당사자의 상소권이 소멸된 경우를 포함한다)에는 판결법원의 법원사무관등은 소송기록을 상소법원으로 보내야 하고, 상소법원은 제2항과 제3항에 규정된 절차를 취하여야 한다.
  2. 제1호의 경우가 아니면 판결법원은 제2항에 규정된 절차를 취한 후 신청이 이유 없다고 인정하는 때에는 판결로 소송의 종료를, 신청이 이유 있다고 인정하는 때에는 판결로 소의 취하가 무효임을 각 선언하여야 한다.
⑤ 제4항 제2호 후단의 소취하무효선언판결이 확정된 때에는 판결법원은 종국판결 후에 하였어야 할 절차를 계속하여 진행하여야 하고, 당사자는 종국판결 후에 할 수 있었던 소송행위를 할 수 있다. 이 경우 상소기간은 소취하무효선언판결이 확정된 다음날부터 전체기간이 새로이 진행된다.

민사소송규칙 제68조(준용규정) 법 제268조(법 제286조의 규정에 따라 준용되는 경우를 포함한다)의 규정에 따른 취하간주의 효력을 다투는 경우에는 제67조 제1항 내지 제3항의 규정을 준용한다.

Ⅰ. 서 설

소송종료선언이란 **법원이 소송의 종료여부가 문제되는 사건에 대하여 계속 중이던 소송이 유효하게 종료되었음을 확인·선언하는 종국판결**을 말한다. 즉 법원이 "이 사건 소송은 2024. 12. 22.자 소취하로 종료되었다."고 판결하는 것이다.

Ⅱ. 소송종료선언의 사유

1. 이유가 없는 기일지정신청

가. 의 의

기일지정신청이란 **확정판결에 의하지 않고 소송이 종료된 것으로 처리된 뒤에 소송종료의 효과가 무효라고 다투면서 당사자가 기일지정을 신청하는 것**을 말한다.

나. 기일지정신청의 사유

1) 소 또는 상소취하의 효력에 대한 다툼

소의 취하(취하간주) 또는 상소의 취하(취하간주)가 부존재 또는 무효임을 주장하는 당사자는 기일지정신청을 할 수 있다(민사소송규칙 제67조 1항·제68조·제128조·제135조). 판례도 "소의 취하가 부존재 또는 무효라는 것을 주장하는 당사자는 기일지정신청을 할 수 있고, 법원은 위와 같은 신청이 있는 때에는 변론을 열어 신청사유에 관하여 심리하여야 한다(민사소송규칙 제67조). **기일지정신청을 하기 위하여 반드시 '기일지정신청서'라는 제목 내지 형식을 갖춘 서면이 필요한 것은 아니므로 소송의 경과 등에 비추어 당사자가 제출한 서면의 내용이 소 취하의 효력을 다투면서 기일지정을 구하는 것이라면 법원은 불복신청서의 제목에 구애받지 않고 기일지정신청이 있는 것으로 볼 수 있다.** 이러한 경우 법원은 변론을 열어 신청사유에 관하여 심리하여야 한다."고 한다(2021. 11. 25. 2018다27393).

2) 재판상 화해의 효력에 대한 다툼

판례는 "재판상 화해를 조서에 기재한 때에 그 조서는 확정판결과 동일한 효력이 있고 기판력이 생기므로, **확정판결의 당연무효 사유와 같은 사유가 없는 한 재심의 소에 의해서만 다툴 수 있고 그 효력을 다투기 위하여 기일지정신청을 함은 허용되지 않는다.**"고 한다(1990. 3. 17. 90그3).

다만 "**당사자 일방이 화해조서의 당연무효사유를 주장하며 기일지정신청을 한 때에는 법원으로서는 무효사유의 존재 여부를 가리기 위하여 기일을 지정하여 심리를 한 다음 무효사유가 존재한다고 인정되지 아니한 때에는 판결로써 소송종료선언을 하고**, 이러한 이치는 재판상 화해와 동일한 효력이 있는 조정조서에 대하여도 마찬가지이다."고 한다(2001. 3. 9. 2000다58668).

3) 당사자 대립구조의 소멸에 대한 다툼

이혼소송처럼 승계가 허용되지 않는 소송에서 당사자의 사망, 원·피고 지위의 혼동이 있는 경우에는 당사자 대립구조가 소멸되므로 소송은 종료된다. 판례도 "재판상 이혼청구권은 부부의 일신전속의 권리이므로, 이혼소송 계속 중 부부 일방이 사망한 경우에는 상속인이 소송절차를 수계할 수 없음은 물론이며 검사가 수계할 수 있는 특별한 규정도 없으므로 당연히 소송이 종료된다."고 한다 (1985. 9. 10. 85므27). 이 경우에 일방 당사자가 소송의 종료를 다투면서 기일지정신청을 할 수 있다.

다. 법원의 조치

(ⅰ) 기일지정신청이 있는 경우에 법원은 소송이 유효하게 종료되었는지 여부에 관하여 반드시 변론을 열어 심리하여야 한다. 심리의 결과 ㉠ 소송종료의 처리가 정당하지 않다고 인정되면 본안 심리를 속행하고 중간판결 또는 종국판결의 이유에서 판단을 표시하여야 하지만, ㉡ 소송종료의 처리가 정당하다고 인정되면 종국판결로서 소송이 종료되었음을 선언하여야 한다(민사소송규칙 제67조 제2항·제3항, 제68조).

(ⅱ) **종국판결이 선고된 후 상소기록을 보내기 전에 이루어진 소의 취하에 관하여 기일지정신청이 있는 경우**에는 다음과 같은 절차에 의한다. ㉠ **상소의 이익 있는 당사자 모두가 상소를 한 경우**(당사자 일부가 상소하고 나머지 당사자의 상소권이 소멸된 경우를 포함)에는 판결법원은 소송기록을 상소법원으로 보내야 하고, 상소법원은 (ⅰ)에 규정된 절차를 취하여야 한다. ㉡ **상소이익이 있으면서도 아직 상소를 하지 않은 당사자가 남아있는 경우**에는 원심법원에서 당부를 심판하는데, 이때 기일지정신청이 이유 없으면 소송종료선언판결을 하나, 기일지정신청이 이유 있으면 소취하무효선언판결을 한다. 소취하무효선언 판결이란 소취하의 효력을 다투면서 기일지정신청을 했을 때 법원의 심리결과 소취하가 무효인 때에 소취하가 무효임을 중간판결이나 종국판결의 이유에서 판단하는 제도를 말한다. 이에 의해 본안 판결에 대해 상소의 이익이 있으면서도 소 취하를 믿고 상소하지 않았던 당사자가 상소를 할 수 있게 된다(민사소송규칙 제67조 제4항 제2호·제5항).

2. 소송종료를 간과한 재판의 진행

가. 소송종료를 간과한 사유

1) 소·상소의 취하(간주)의 간과

제1심에서 소·상소가 취하(간주)되었음에도 법원이 이를 간과하고 본안판결을 하였으면, 상급법원은 제1심 판결을 취소하고 소·상소의 취하(간주)로 소송이 이미 종료되었다는 취지의 소송종료선언을 판결로 하여야 한다.

2) 청구의 인낙의 간과

판례는 "청구의 인낙이 변론조서에 기재가 되면 인낙조서의 작성이 없는 경우라도 인정판결과 같은 효력이 생기고 그것으로써 소송은 종료되며, **청구의 인낙이 변론조서에 기재되었음에도 소송이 진행된 경우 법원은 인낙으로 인한 소송종료를 판결로 선고하여야 한다.**"고 한다(1962. 6. 14. 62마6).

3) 확정판결 등의 간과

판례는 "원심판결 중 환송 전 원심판결이 지급을 명한 원고들 청구부분은 이미 확정되었으므로 이 부분에 대하여 원심판결을 파기하고 소송이 종료된 바를 밝히는 바이다."고 하고(1991. 5. 24. 90다18036), "이 부분에 관한 소송은 참가인이 상고를 제기하지 않고 상고기간을 도과함으로써 종료되었음을 선언하기로 한다."고 하고(2007. 12. 14. 2007다37776), "환송 전 원심판결 중 소각하부분에 대하여 원고가 상고를 하지 아니한 채 **상고기간 만료일이 지남으로써 그 부분은 확정되었는데도 환송 후 원심이 그 부분까지 심리 판단한 잘못이 있어 상고심에서 이를 파기하고 소송종료선언을 한다.**"고 한다(1991. 9. 10. 90누5153).

또한 "화해권고결정에 대하여 원고 甲만 이의신청을 하고 나머지 원고들과 피고들은 이의신청을 하지 아니한 사안에서, 원고 甲과 피고들 사이의 화해권고결정은 이의신청으로 화해권고결정 이전의 상태로 돌아가지만, **나머지 원고들과 피고들 사이의 화해권고결정은 이의신청 제기기한을 도과함으로써 확정되어 소송이 종료되었음에도 불구하고, 나머지 원고들에 대한 부분까지 심리·판단한 원심판결을 파기하고 그 부분에 대한 소송종료선언을 한 사례**"도 있다(2010. 10. 28. 2010다53754).

4) 청구의 교환적 변경의 간과

청구의 교환적 변경을 간과하여 법원이 구청구에 대하여 심판한 경우에, 상급심은 구청구에 대한 원판결은 처분권주의 위배를 이유로 취소(파기)하고 구청구에 대해서는 소송종료선언을 하고, 누락된 신청구는 상급심으로 이심되지 않고 원심에 계속 중이므로 원심법원이 추가판결을 한다.

판례도 "**항소심에서 청구가 교환적으로 변경된 경우에는 구청구는 취하되고 신청구가 심판의 대상이 되는 것이다.** 소의 교환적 변경으로 구청구는 취하되고 신청구가 심판 대상이 되었음에도 신청구에 대하여는 아무런 판단도 하지 아니한 채 구청구에 대하여 심리·판단한 원심판결을 파기하고 **구청구에 대하여 소송종료선언**을 한 사례"가 있다(2003. 1. 24. 2002다56987).

5) 소송탈퇴의 간과

판례는 "**소송계속 중 사망한 甲에게서 소송탈퇴에 관한 특별수권을 받은 소송대리인은 승계참가인 乙이 승계참가신청을 하자 소송탈퇴를 신청하였고 상대방 측 소송대리인이 탈퇴에 동의하였는데, 乙이 소송물과 관련한 甲의 재산을 단독으로 상속하게 되었다면서 소송수계신청을 하였고 乙은 승계참가신청취하서를 제출하여 상대방 측 소송대리인이 취하에 동의한 사안**에서, 甲의 소송대리인이 한 소송탈퇴신청은 상속인들 모두에게 효력이 미치므로 甲과 상대방 사이의 소송관계, 즉 甲의 상속인들과 상대방 사이의 소송관계는 소송탈퇴로 적법하게 종료되었고 乙의 소송수계신청은 이미 종료된 소송관계에 관한 것이어서 이유 없음이 명백하고, 乙과 상대방 사이의 소송관계도 승계참가신청 취하와 상대방의 동의로 적법하게 종료되었다."고 한다(2011. 4. 28. 2010다103048).

나. 법원의 조치

판례는 "소송이 종료되었음에도 이를 간과하고 심리를 계속 진행한 사실이 발견된 경우, **법원은 직권으로 소송종료선언을 하여야 한다.**"고 한다(2011. 4. 28. 2010다103048).

Ⅲ. 효 력

소송종료선언의 판결은 당해 심급을 종료시키는 종국판결이므로 이에 대하여 상소를 할 수 있다. 한편, 재소금지는 본안의 종국판결이 선고된 뒤에 원고가 소를 취하한 경우에 적용되므로, 본안판결이 아니라 소송판결인 소송종료선언의 판결이 선고된 뒤에 원고가 소를 취하한 경우에는 재소금지가 적용되지 않는다.

CHAPTER 02 당사자의 행위에 의한 종료

제01절 소의 취하

> 제266조(소의 취하) ① 소는 판결이 확정될 때까지 그 전부나 일부를 취하할 수 있다.
> ② 소의 취하는 상대방이 본안에 관하여 준비서면을 제출하거나 변론준비기일에서 진술하거나 변론을 한 뒤에는 상대방의 동의를 받아야 효력을 가진다.
> ③ 소의 취하는 서면으로 하여야 한다. 다만, 변론 또는 변론준비기일에서 말로 할 수 있다.
> ④ 소장을 송달한 뒤에는 취하의 서면을 상대방에게 송달하여야 한다.
> ⑤ 제3항 단서의 경우에 상대방이 변론 또는 변론준비기일에 출석하지 아니한 때에는 그 기일의 조서 등본을 송달하여야 한다.
> ⑥ 소취하의 서면이 송달된 날부터 2주 이내에 상대방이 이의를 제기하지 아니한 경우에는 소취하에 동의한 것으로 본다. 제3항 단서의 경우에 있어서, 상대방이 기일에 출석한 경우에는 소를 취하한 날부터, 상대방이 기일에 출석하지 아니한 경우에는 제5항의 등본이 송달된 날부터 2주 이내에 상대방이 이의를 제기하지 아니하는 때에도 또한 같다.

I. 서 설

1. 의 의

소의 취하란 **원고가 제기한 소의 전부 또는 일부를 철회하는 법원에 대한 단독적 소송행위**를 말한다. 이에 의하여 소송계속은 소급적으로 소멸되고 소송은 종료된다. 판례는 "수량적으로 가분인 동일 청구권에 기한 청구금액의 감축은 소의 일부 취하로 해석되고, **소의 취하는 원고가 제기한 소를 철회하여 소송계속을 소멸시키는 원고의 법원에 대한 소송행위**이며, 소송행위는 일반 사법상의 행위와 달리 내심의 의사보다 표시를 기준으로 하여 효력 유무를 판정할 수밖에 없는 것이므로, **원고가 착오로 소의 일부를 취하하였더라도 이를 무효라고 볼 수는 없다.**"고 한다(2004. 7. 9. 2003다46758).

2. 구별개념

가. 청구의 포기

소의 취하가 심판의 신청을 소급적으로 철회하는 진술인데 반하여, 청구의 포기는 심판의 신청 후에 자신의 청구가 이유 없다는 진술이다. 따라서 소의 취하는 확정된 소 각하 판결에 해당하고, 청구의 포기는 확정된 청구기각 판결에 해당한다(제220조). 다만 청구의 포기와 소의 취하는 원고의 행위에 의한 소송종료사유라는 공통점이 있다.

나. 상소의 취하

상소의 취하는 원판결을 유지시키며 이에 의하여 원판결이 확정되며 피고의 동의도 필요 없지만(제393조), 상소심에서의 소의 취하는 재소금지의 제약은 있지만 이미 행한 판결을 실효케 하는 것이고 피고의 동의를 얻어야 한다.

다. 공격방법의 일부철회

공격방법의 일부철회는 심판의 신청을 이유 있게 하기 위한 소송자료를 일부 철회하는 것임에 반하여, 소의 일부취하는 소송물을 일부 철회하는 것으로, 공격방법의 일부철회에는 소의 일부취하와 달리 피고의 동의가 필요 없다. 소의 일부취하인지 또는 공격방법의 일부철회인지는 소송물 이론에 따라 결정된다.

라. 소취하계약

소의 취하는 원고의 법원에 대한 단독적 소송행위를 말하며 소 취하에 피고의 동의를 필요로 하는 경우라도 그것은 소취하의 효력발생요건에 그치고 당사자 간의 합의는 아니므로, 소송 외에서 당사자 간의 합의인 소취하계약과는 구별된다.

소취하계약은 소송상 합의이므로, 당사자의 명시적·묵시적 합의로 해제가 가능하다. 판례도 "**환송판결 전에 소취하 합의가 있었지만, 환송 후 원심의 변론기일에서 이를 주장하지 않은 채 본안에 관하여 변론하는 등 계속 응소한 피고**가 환송 후 판결에 대한 상고심에 이르러서야 소취하 합의 사실을 주장하는 경우에 소취하 합의가 묵시적으로 해제되었다."고 한다(2007. 5. 11. 2005후1202).

Ⅱ. 소의 취하의 요건

1. 소송물

소취하의 대상이 되는 소송물에는 제한이 없기 때문에 변론주의뿐만 아니라 직권탐지주의의 적용을 받는 소송물에 대하여도 취하할 수 있다. 또한 소취하는 수개의 소송물 중 일부에 대해서 할 수 있고, 하나의 소송물의 전부나 일부에 대하여도 할 수 있다.

다만 '고유필수적 공동소송'에 있어서 소의 일부취하는 당사자적격 흠결의 문제가 발생하기 때문에 무효이지만, '통상의 공동소송'이나 '유사필수적 공동소송'에서 일부의 또는 일부에 대한 소취하는 가능하다. 또한 회사의 이사책임을 추궁하는 소송과 주주의 대표소송에서 소취하는 법원의 허가를 받아야 한다(상법 제406조 제6항).

2. 시 기

소취하는 **판결이 확정되기까지는** 언제든지 할 수 있으므로(제266조 제1항), 상소심에서도 할 수 있다. 또한 소송요건 흠결 등으로 유효한 소가 아니라도 소 취하를 할 수 있다. 다만 본안판결을 선고받고 상소심에서 소를 취하한 경우에는 재소금지의 불이익을 받을 수 있다(제267조 제2항). 따라서 상소심에서 원고가 소취하서를 제출하였을 때, 소의 취하인지 상소의 취하인지가 명확하지 아니한 경우에는 석명권을 행사하여 밝혀야 하지만, 그래도 명확하지 아니한 경우에는 원고에게 불이익이 적은 소의 취하로 보아야 한다. 소 취하는 재소금지에 해당하지 않으면 다시 소를 제기할 수 있지만, 상소취하는 원심 판결이 확정되어 기판력이 발생하여 다시 소를 제기할 수 없기 때문이다.

판례는 "소는 판결이 확정될 때까지 그 전부나 일부를 취하할 수 있다(제266조 제1항). 소의 취하는 원고가 단독으로 소송계속을 소급하여 소멸시키는 소송행위이므로 **판결이 확정되어 소송계속이 소멸하면 소의 취하는 불가능하고 소송계속이 없는 상태에서 이루어진 소 취하 의사표시는 그 대상을**

결여하여 무효이다. 제1심판결에 대한 항소기간이 지나면 판결이 확정되고, 제173조가 정한 기간 내에 적법한 추후보완 항소가 제기되지 않은 이상 확정 판결의 효력이 배제되지 않는다."고 한다(2021. 11. 25. 2018다27393).

3. 피고의 동의

가. 동의의 필요성

피고에게도 청구기각의 판결을 받을 이익이 생겼기 때문에 **본안에 대하여 피고가 응소한 경우**에는 원고의 소취하에는 피고의 동의를 필요로 한다(제266조 제2항). 따라서 피고가 기일변경신청에 동의한 경우나 소송의 이송을 신청한 경우에는 피고의 동의를 얻을 필요가 없다. 판례는 "**피고가 본안전 항변으로 소각하를, 본안에 관하여 청구기각을 각 구한 경우에는 본안에 관한 것은 예비적으로 청구한 것이므로 원고는 피고의 동의 없이 소취하를 할 수 있다.**"고 한다(1968. 4. 23. 68다217).

한편 독립당사자참가에서 참가인의 취하에는 원·피고 쌍방의 동의를 요하고(쌍면참가의 경우), 본소의 취하에는 참가인의 동의도 필요하다. 고유필수적 공동소송에서는 공동피고 전원의 동의를 요한다. 또한 판례는 "소취하서 또는 소일부취하서가 상대방이 본안에 관한 준비서면을 제출하거나 변론준비기일에서 진술하거나 변론을 한 뒤에 법원에 제출된 경우에는 제266조 제2항에 의하여 상대방의 동의를 받아야 효력을 가지는 것이지만, 이 경우에 원심은 같은 조 제4항에 따라 취하서 등본을 상대방에게 송달한 다음 상대방의 동의 여부에 따라 심판범위를 확정하여 재판을 하여야 하고, **상대방의 동의 여부가 결정되지 아니한 상태에서 종전의 청구에 대하여 재판을 하여서는 아니된다.**"고 한다(2005. 7. 14. 2005다19477).

나. 동의의 적법요건

소취하에 대한 동의도 소송행위이기 때문에 소송능력을 갖추어야 하고, 조건을 붙여서는 안 되고 반드시 법원에 대한 의사표시로 하여야 한다. 판례는 "**원고의 소취하에 대하여 피고가 일단 확정적으로 동의를 거절하면 원고의 소취하도 효력을 발생할 수 없고**, 피고가 후에 소취하에 동의를 하더라도 소취하의 효력이 발생하지 않게 된 소취하의 효력을 생기게 할 수 없다."고 한다(1969. 5. 27. 69다130).

한편 ① 피고의 대리인이 소취하에 동의함에는 특별수권을 요한다는 견해가 있다. 그러나 ② 특별수권사항(제56조 제2항·제90조 제2항)은 예외규정이고 예외규정은 엄격하게 해석해야 하므로, 특별수권이 필요 없다는 견해가 타당하다. 판례도 "소취하에 대한 소송대리인의 동의는 제90조 제2항의 특별수권사항이 아닐 뿐 아니라, 소송대리인에 대하여 특별수권사항인 소취하를 할 수 있는 대리권을 부여한 경우에도 상대방의 소취하에 대한 동의권도 포함되어 있다고 봄이 상당하므로, **그 같은 소송대리인이 한 소취하의 동의는 소송대리권의 범위내의 사항으로서 본인에게 효력이 미친다.**"고 한다(1984. 3. 13. 82므40).

4. 소송행위로서의 유효요건

가. 소송행위의 유효요건

소취하는 소송행위이므로 소를 취하하는 원고에게는 소송능력이 있어야 하며, 대리인의 경우에는 특별수권이 있어야 한다(제56조 제2항·제90조 제2항 제2호). 고유필수적 공동소송에서는 공동소송인 전원이 공동으로 취하하여야 하지만, 유사필수적 공동소송에서는 단독으로 취하할 수 있다. 한편 소취하는 소송행위이어서 민법상의 법률행위 규정이 적용되지 아니하므로 조건을 붙일 수 없다. 또한 소취하가 피고의 동의에 의하여 효력이 생긴 뒤에는 원칙적으로 철회가 허용되지 않는다.

나. 소취하의 의사표시에 하자가 있을 경우 취소가능성

판례는 "소의 취하는 원고가 제기한 소를 철회하여 소송계속을 소멸시키는 원고의 법원에 대한 소송행위이고, 소송행위는 일반 사법상의 행위와는 달리 내심의 의사보다 표시를 기준으로 하여 효력 유무를 판정할 수밖에 없는 것인바, **원고들 소송대리인으로부터 원고 중 1인에 대한 소 취하를 지시받은 사무원은 원고들 소송대리인의 표시기관에 해당되어 그의 착오는 원고들 소송대리인의 착오로 보아야 하므로**, 사무원의 착오로 원고들 소송대리인의 의사에 반하여 원고들 전원의 소를 취하하였다 하더라도 이를 무효라 볼 수는 없고, **적법한 소 취하의 서면이 제출된 이상 서면이 상대방에게 송달되기 전·후를 묻지 않고 원고는 이를 임의로 철회할 수 없다.**"고 한다(1997. 6. 27. 97다6124).

또한 "원고가 자유로운 의사에 기하여 소취하서를 작성하여 소외 1과 소외 2에게 제출을 위임한 이 사건에서 소취하서에 제1심 판결 선고 전까지 한정하여 제출할 수 있다는 취지의 기재도 없고, 가사 원고로부터 소취하서 제출을 위임받은 소외 2가 그 임무에 위배하여 제1심판결 선고 후에 이를 제출하였다 하더라도 **소취하서의 표시를 기준으로 그 효력 유무를 판정할 수밖에 없는 소송행위에서 이를 무효라고 볼 수는 없어, 결국 이 사건 소는 소취하서 제출로 적법하게 종료되었다.**"고 한다 (2009. 4. 23. 2008다95151).

Ⅲ. 소취하의 방식

1. 취하의 방식

소취하는 원칙적으로 소송이 계속된 법원에 서면으로 하여야 하지만, 변론기일 또는 변론준비기일에서는 말로도 할 수 있다(제266조 제3항). 소장부본을 송달한 후에는 소취하의 서면을 상대방에 송달하여야 하고, 변론기일 또는 변론준비기일에 말로 소 취하를 하는 경우에 상대방이 기일에 출석하지 아니한 때에는 변론기일 또는 변론준비기일 조서의 등본을 송달하여야 한다(제266조 제4항·제5항).

2. 동의의 방식

소의 취하에 대한 피고의 동의도 서면 또는 말로 한다. 다만 소취하의 서면이 송달된 날로부터 2주일 내에 상대방이 이의를 하지 아니한 때에는 취하에 동의한 것으로 본다(제266조 제6항 전문).

Ⅳ. 소취하의 효과

> 제267조(소취하의 효과) ① 취하된 부분에 대하여는 소가 처음부터 계속되지 아니한 것으로 본다.
> ② 본안에 대한 종국판결이 있은 뒤에 소를 취하한 사람은 같은 소를 제기하지 못한다.

1. 소송계속의 소급적 소멸

소의 취하가 있으면 법원의 소송행위와 당사자의 소송행위는 소급적으로 소멸한다. 다만 예비적 반소가 아닌 반소·독립당사자참가·중간확인의 소·관련재판적은 본소가 취하되더라도 원칙적으로 소멸하지 않는다.

한편 소 취하로 소송이 끝난 경우, 소를 취하한 원고가 소송비용의 부담자가 되는지에 대하여, 판례는 "소 취하로 소송이 끝난 경우 당사자의 신청이 있으면 법원은 제114조 제1항에 의하여 결정으로 소송비용의 액수를 정하고 이를 부담하도록 명해야 하는데, 이때 법원은 제114조 제2항에 의하여 제98조 내지 제103조의 규정을 준용하여 소 취하의 경위, 각 당사자의 소송행위의 내용 등 여러 사정을 종합하여 재량에 의하여 소송비용을 부담할 자와 부담액을 정할 수 있으나, **소의 취하는 처음부터 소송계속이 없었던 것으로 간주되는 것이므로 그 소는 원칙적으로 원고에게 무익한 것, 즉 권리의 신장 또는 방어에 필요한 행위가 아니었던 셈이 되어 피고가 채무를 이행하였기 때문에 소를 취하한 것이라는 등의 특별한 사정이 없는 한 패소한 당사자에 준하여 소를 취하한 원고가 소송비용의 부담자가 되는 것이 원칙**이다."고 한다(2020. 7. 17. 2020카확522).

2. 재소금지

가. 의의 및 취지

소취하로 인하여 소송계속은 소급적으로 소멸하므로 원고는 다시 동일한 소를 제기할 수 있다. 그러나 종국판결이 선고된 뒤에도 소를 취하하고 아무런 제한도 없이 다시 동일한 소를 제기할 수 있다고 한다면 판결에 들인 법원의 노력이 무용화되고 종국판결이 당사자에 의하여 농락당하게 된다. 따라서 본안에 관하여 종국판결이 있은 뒤에는 이미 취하한 소와 동일한 소를 제기할 수 없다(제267조 제2항).

판례도 "제267조 제2항은 **소취하로 인하여 판결에 들인 법원의 노력이 무용화되고 종국판결이 당사자에 의하여 농락당하는 것을 방지하기 위한 제재적 취지의 규정**이므로, 본안에 대한 종국판결이 있은 후 소를 취하한 자라도 이러한 규정의 취지에 반하지 아니하고 소제기를 필요로 하는 정당한 사정이 있다면 다시 소를 제기할 수 있다."고 한다(1998. 3. 13. 95다48599).

한편, 판례는 "상대방이 본안에 관하여 준비서면을 제출하거나 변론준비기일에서 진술 또는 변론을 한 뒤에는 상대방의 동의를 받아야 효력을 가지는 소의 취하와 달리 소송상 방어방법으로서의 **상계항변은 수동채권의 존재가 확정되는 것을 전제로 하여 행하여지는 예비적 항변으로서 상대방의 동의 없이 철회할 수 있고, 그 경우 법원은 처분권주의의 원칙상 이에 대하여 심판할 수 없다.** 따라서 먼저 제기된 소송의 제1심에서 상계항변을 제출하여 제1심판결로 본안에 관한 판단을 받았다가 항소심에서 상계항변을 철회하였더라도 이는 소송상 방어방법의 철회에 불과하여 재소금지 원칙이 적용되지 않으므로, 자동채권과 동일한 채권에 기한 소송을 별도로 제기할 수 있다."고 한다(2022. 2. 17. 2021다275741).

나. 재소금지의 요건

1) 당사자의 동일

가) 일반론

재소를 제기할 수 없는 것은 전소의 원고와 원고의 변론종결 뒤의 일반(포괄)승계인이다. 판례는

"본안에 대한 종국판결이 있은 후 소를 취하한 자라 함은 그 소송의 당사자만을 의미하는 것이고, **보조참가인은 이에 해당되지 않는다**."고 한다(1984. 9. 25. 80다1501).

나) 특정승계인에게도 재소금지의 효력이 미치는지 여부

(ⅰ) 문제점 : 변론종결 뒤의 특정승계인에게도 재소금지의 효력이 미치는지가 문제된다.

(ⅱ) 학설의 대립 : ① 긍정설은 특정승계인의 재소를 허용하게 되면 재소금지의 취지에 반하므로, 특정승계인도 재소금지의 효력을 받는다고 한다. 다만 특정승계인이 소취하에 대한 책임이 없고 다시 소를 제기할 필요성이 있어서 전소와 소의 이익을 달리 하는 경우에는 허용된다고 한다. ② 부정설은 재소금지는 기판력처럼 법적 안정성을 위한 것이 아니고 소권의 남용에 대한 제재이므로, 특정승계인이 원고와 소취하를 공모하거나 전소의 취하를 알면서 받아들이는 사정 등이 없는 한 특정승계인은 재소금지의 효력을 받지 않는다고 한다.

(ⅲ) 판례의 태도 : 판례는 "제267조 제2항의 소를 취하한 자에는 **변론종결 후의 특정승계인을 포함**하나 동일한 소라 함은 권리보호의 이익도 같아야 하므로, 토지의 전소유자가 피고를 상대로 한 전소와 본건 소는 소송물인 권리관계는 동일할지라도 **전소의 취하 후에 토지를 양수한 원고는 소유권을 침해하고 있는 피고에 대하여 배제를 구할 새로운 권리보호의 이익이 있다**고 할 것이니 전소와 본건 소는 동일한 소라고 할 수 없다."고 하고(1981. 7. 14. 81다64), "**부동산 공유자들이 제기한 명도청구소송에서 제1심 종국판결 선고 후 항소심 계속중 소송당사자 상호간의 지분 양도·양수에 따라 소취하 및 재소가 이루어진 경우**, 그로 인하여 법원의 노력이 무효화된다든가 당사자에 의하여 법원이 농락당한 것이라 할 수 없고, 소송계속중 부동산의 공유지분을 양도함으로써 권리를 상실한 공유자가 소를 유지할 필요가 없다고 생각하고 소를 취하한 것이라면 지분을 양도받은 자에게 소취하에 대한 책임이 있다고 할 수 없을 뿐만 아니라, 공유지분 양수인으로서는 자신의 권리를 보호하기 위하여 양도받은 공유지분에 기하여 다시 소를 제기할 필요도 있어 양수인의 추가된 점포명도청구는 공유지분의 양도인이 취하한 전소와는 권리보호의 이익을 달리하여 재소금지의 원칙에 위배되지 아니한다."고 한다(1998. 3. 13. 95다48599).

(ⅳ) 검 토 : 재소금지의 취지를 유지시켜야 할 필요성과, 특정승계인의 권리를 보호할 필요성을 조화시킬 수 있는 판례의 입장이 타당하다.

다) 제3자의 소송담당의 경우

(ⅰ) 문제점 : 채권자대위소송에서 채권자가 본안의 종국판결 후에 소를 취하하면 채무자도 재소금지의 효과를 받는지가 문제된다.

(ⅱ) 학설의 대립 : ① 채권자대위소송은 소송담당이 아니므로 재소금지의 효과가 채무자에게 미치지 않는다는 견해와, ② 채무자가 채권자대위소송이 제기된 사실을 안 경우에는 재소금지의 효과가 채무자에게 미친다는 견해(다수설)가 대립된다.

(ⅲ) 판례의 태도 : 판례는 "채권자대위권에 의한 소송이 제기된 사실을 **피대위자가 알게 된 이상**, 대위소송에 관한 종국판결이 있은 후 소가 취하된 때에는 피대위자도 재소금지 규정의 적용을 받아 대위소송과 동일한 소를 제기하지 못한다."고 한다(1996. 9. 20. 93다20177).

(ⅳ) 검 토 : 채권자대위소송이 제기된 사실을 채무자가 안 경우에는 채무자가 자신의 권리를 보호하기 위한 조치를 취할 수 있었으므로, 재소금지의 효력이 채무자에게 미쳐도 채무자에게 불리하지

않다. 따라서 다수설·판례의 입장이 타당하다. 한편 다수설은 **본안의 종국판결 후에 소를 취하한 자가 선정당사자일 경우에 선정자도 재소금지의 효력을 받는다**고 한다.

2) 소송물의 동일

가) 일반론

구소송물이론에 의하면 같은 목적의 소송이라도 실체법상의 권리를 달리하여 주장하면 동일한 소라고 할 수 없기 때문에 재소금지의 효과를 받지 않지만, 신소송물이론에 의하면 같은 목적의 소송이라면 실체법상의 권리를 달리하여 주장하더라도 동일한 소라고 할 수 있기 때문에 재소금지의 효과를 받게 된다.

구소송물이론의 입장인 판례는 "**전소가 소유권에 기한 명도청구소송이고 후소가 약정에 의한 명도청구소송인 경우**, 소송물을 달리하여 재소금지의 원칙에 저촉되지 않는다."고 한다(1991. 1. 15. 90다카25970). 또한 "아버지 소유 부동산을 **증여받았음을 전제로 소유권의 확인을 구하는 소**와 아버지가 사망함에 따라 **지분소유권을 상속받았음을 전제로 지분소유권의 확인을 구하는 소**는 제267조 제2항의 "동일한 소"라고 볼 수 없다."고 한다(1991. 5. 28. 91다5730).

또한 "제1심에서 부정경쟁방지 및 영업비밀보호에 관한 법률에 기하여 침해금지청구와 **2004. 1. 1.부터 2007. 6. 30.까지의 부정경쟁행위로 인한 손해배상청구를 하였다가 패소한 후 항소심에서 위 청구를 철회**하고 상표법에 기한 침해금지청구 및 손해배상청구를 하는 것으로 청구원인을 변경하는 준비서면을 제출한 자가, 다시 부정경쟁방지 및 영업비밀보호에 관한 법률에 기하여 **2007. 7. 1.부터 2008. 3. 3.까지의 부정경쟁행위로 인한 침해금지청구 및 손해배상청구를 추가하는 준비서면을 제출**한 사안에서, 항소심에서 추가한 청구는 제1심 변론종결 이후에도 계속하여 부정경쟁행위를 하고 있음을 전제로 침해행위의 금지를 청구함과 아울러 제1심에서 청구하지 않았던 기간에 해당하는 손해배상청구를 한 것이므로 **제1심에서 청구하였던 침해금지청구 및 손해배상청구와 소송물이 동일하다고 보기 어렵고 다시 청구할 필요도 있어, 청구의 추가가 재소금지의 원칙에 저촉되지 않는다.**"고 한다(2009. 6. 25. 2009다22037).

나) 선결적 법률관계와 재소금지

(ⅰ) 문제점 : 전소의 소송물이 원본채권이고 후소의 소송물이 이자채권인 경우와 같이, **후소가 전소의 소송물을 선결적 법률관계로 하는 경우**에, 전소의 항소심에서 소를 취하한 후에 후소를 제기하는 것이 재소금지에 해당하는지가 문제된다.

(ⅱ) 학설의 대립 : ① 재소금지에서 동일한 소를 반드시 기판력의 객관적 범위나 중복된 소제기의 금지에서의 소송물의 동일과 동일하게 해석할 필요가 없으므로, 이 경우에 후소는 재소금지에 해당한다는 긍정설과, ② 전소가 확정되어 기판력이 후소에 선결관계로 미치는 경우에도 후소가 전소의 판단에 구속될 뿐이고 후소의 제기가 불가능한 것이 아니므로, 이 경우에 재소금지에 해당하여 후소의 제기가 불가능하다는 것은 타당하지 않다는 부정설이 대립된다.

(ⅲ) 판례의 태도 : 판례는 "제267조 제2항은 임의의 소취하에 의하여 그때까지의 국가의 노력을 헛수고로 돌아가게 한 자에 대한 제재적 취지에서 그가 다시 동일한 분쟁을 문제삼아 소송제도를 농락하는 것과 같은 부당한 사태의 발생을 방지할 목적에서 나온 것이므로, **동일한 소라 함은 반드시 기판력의 범위나 중복제소금지의 경우의 그것과 같이 풀이할 것은 아니고, 당사자와 소송물이 동일하더라도 재소의 이익이 다른 경우에는 동일한 소라고 할 수 없는 반면, 후소가 전소의 소송물을**

선결적 법률관계 내지 전제로 하는 것일 때에는 소송물은 다르지만 본안의 종국판결 후에 전소를 취하한 자는 전소의 목적이었던 권리 내지 법률관계의 존부에 대하여는 다시 법원의 판단을 구할 수 없는 관계상 제도의 취지와 목적에 비추어 후소에 대하여도 동일한 소로서 판결을 구할 수 없다고 풀이함이 상당하다."고 하여 긍정설의 입장이다(1989. 10. 10. 88다카18023).

(iv) 검 토 : 종국판결이 당사자에 의하여 농락당하는 것을 방지하기 위한 재소금지의 취지상 긍정설이 타당하다. 다만 재소금지로 인하여 발생하는 원고의 불이익은 권리보호이익의 동일성의 문제로 해결하면 된다.

3) 권리보호이익의 동일

재소금지의 취지에 반하지 않고 권리보호이익, 즉 소제기를 필요로 하는 사정이 다른 경우에는 재소가 가능하다. 이는 정당하게 소를 취하한 원고의 소권이 부당하게 박탈되지 않도록 하기 위함이다.

판례도 "제267조 제2항은 소취하로 인하여 법원의 노력이 무용화되고 종국판결이 당사자에 의하여 농락당하는 것을 방지하기 위한 제재적 취지의 규정이므로, 본안에 대한 종국판결이 있은 후 소를 취하한 자라도 규정의 취지에 반하지 아니하고 **소제기를 필요로 하는 정당한 사정**이 있다면 다시 소를 제기할 수 있다."고 한다(2009. 6. 25. 2009다22037). 또한 "여기에서 '같은 소'는 기판력의 범위나 중복제소금지에서 말하는 것과 같은 것은 아니고, **당사자와 소송물이 같더라도** 이러한 규정의 취지에 반하지 않고 **소제기를 필요로 하는 정당한 사정**이 있다면 다시 소를 제기할 수 있다."고 한다(2021. 5. 7. 2018다259213).[60]

따라서 "종국판결 후 소를 취하하였다가 피고가 **소 취하의 전제조건인 약정을 위반하여 약정이 해제 또는 실효되는 사정변경이 생겼음을 이유로 다시 동일한 소를 제기하는 것**은 재소금지의 원칙에 위배되지 않는다."고 한다(2000. 12. 22. 2000다46399).

또한 "**갑 주식회사가 을 등에 대하여 가지는 정산금 채권에 대하여 갑 회사의 채권자 병이 채권압류 및 추심명령을 받아 을 등을 상대로 추심금 청구의 소를 제기하였다가 항소심에서 소를 취하하였는데, 그 후 갑 회사의 다른 채권자 정 등이 위 정산금 채권에 대하여 다시 채권압류 및 추심명령을 받아 을 등을 상대로 추심금 청구의 소를 제기한 사안**에서, 병이 선행 추심소송에서 패소판결을 회피할 목적 등으로 종국판결 후 소를 취하하였다거나 정 등이 소송제도를 남용할 의도로 소를 제기하였다고 보기 어려운 사정 등을 감안할 때, 정 등은 선행 추심소송과 별도로 자신의 갑 회사에 대한 채권의 집행을 위하여 소를 제기한 것이므로 새로운 권리보호이익이 발생한 것으로 볼 수 있어 재소금지 규정에 반하지 않는다."고 한다(2021. 5. 7. 2018다259213).

---

60) [동지판례] 甲 등이 운영하는 병원에서 부당한 방법으로 보험자 등에게 요양급여비용을 부담하게 하였다는 이유로 보건복지부장관이 甲 등에 대하여 구 국민건강보험법에 따라 40일의 요양기관 업무정지 처분을 하자, 甲 등이 업무정지 처분의 취소를 구하는 소송(전소)을 제기하였다가 패소한 뒤 항소하였는데, 보건복지부장관이 항소심 계속 중 업무정지 처분을 과징금 부과처분으로 직권 변경하자, 甲 등이 과징금 부과처분의 취소를 구하는 소송(후소)을 제기한 후 업무정지 처분의 취소를 구하는 소를 취하한 사안에서, 전소는 처분의 변경으로 인해 효력이 소멸된 '업무정지 처분'의 취소를 구하는 것이고, 후소는 후행처분인 '과징금 부과처분'의 취소를 구하는 것이므로 전소와 후소의 소송물이 같다고 볼 수 없고, 전소의 소송물인 '업무정지 처분의 위법성'이 과징금 부과처분의 위법성을 소송물로 하는 후소와의 관계에서 항상 선결적 법률관계 또는 전제에 있다고 보기도 어려워, 甲 등에게 업무정지 처분과는 별도로 과징금 부과처분의 위법성을 소송절차를 통하여 다툴 기회를 부여할 필요가 있으므로, 과징금 부과처분의 취소를 구하는 소의 제기는 재소금지 원칙에 위반된다고 할 수 없음에도 이와 달리 본 원심판결에 법리오해의 잘못이 있다고 한 사례(2023. 3. 16. 2022두58599).

4) 본안에 대한 종국판결 선고 후의 소취하

가) 본안판결 선고 후의 소취하

본안판결 선고 후의 소취하이어야 하므로, **소송판결이 있은 뒤의 소취하에는 재소금지가 적용되지 아니한다.** 또한 종국판결 선고 후의 소취하이어야 하므로, 종국판결 선고 전에 소를 취하한 경우이면 비록 법원이 이를 간과하고 종국판결을 선고하더라도 뒤에 동일한 소를 제기할 수 있다. 또한 판례는 "사망자를 상대로 한 판결에 대하여 망인의 상속인인 피고가 항소를 제기하여 원고가 항소심변론에서 소를 취하하였더라도 **위 판결은 당연무효의 판결이므로 원고는 재소금지의 제한을 받지 않는다.**"고 한다(1968. 1. 23. 67다2494).

나) 항소심에서 청구의 교환적 변경의 경우

청구의 교환적 변경의 법적 성질을 신청구 추가·구청구 취하의 결합으로 보는 결합설에 의하면 구청구에 대해서는 소취하가 되므로, 항소심에서 교환적 변경을 하면 구청구에 대해서는 본안에 대한 종국판결 선고 후에 소를 취하한 것이 된다. 그 후 소의 변경에 의하여 다시 구청구를 청구하게 되면 재소금지의 효과를 받게 된다.

판례도 "교환적 변경은 신청구의 추가적 병합과 구청구의 취하의 결합형태로 볼 것이므로, 본안에 관한 종국판결이 있은 후에 구청구를 신청구로 교환적 변경을 한 다음 다시 구청구로 교환적 변경을 한 경우에는 종국판결이 있은 후 소를 취하하였다가 동일한 소를 다시 제기한 경우에 해당하여 부적법하다."고 한다(1987. 6. 9. 86다카2600). 이로 인하여 원고가 예상하지 못한 손해를 입게 될 수 있다.

따라서 판례는 "소의 변경이 교환적인가 추가적인가 선택적인가의 여부는 당사자의 의사해석에 의할 것이므로, 당사자가 구청구를 취하한다는 명백한 표시 없이 새로운 청구로 변경하는 등으로 변경형태가 불분명한 경우에 사실심 법원으로서는 **청구변경의 취지가 교환적인가 추가적인가 또는 선택적인가의 점을 석명할 의무가 있다.** 따라서 원고가 항소심에서 당초의 청구를 취하한다는 명백한 표시 없이 제1차 청구변경을 하였다가 당초의 청구와 동일하게 제2차 청구변경을 한 사안에서, 청구변경의 형태에 대하여 석명권을 행사하는 등의 조치를 취함이 없이 원고가 제1심판결을 선고받은 후 당초의 청구를 제1차 변경청구로 교환적으로 변경함으로써 이를 취하한 것으로 단정한 끝에 당초의 청구와 동일한 제2차 변경청구에 관한 소는 제1심 종국판결 후 소를 취하하고 다시 동일한 소를 제기한 경우에 해당하여 허용될 수 없다고 판단한 원심판결에는 소의 변경에 관한 법리오해 및 석명권의 불행사로 인한 심리미진의 위법이 있다."고 한다(1994. 10. 14. 94다10153).

다) 중복소송의 경우

판례는 "중복소송의 경우 본안에 대한 종국판결이 있은 후 소를 취하한 자는 동일한 소를 제기할 수 없다는 법리에 의하여 **후소의 본안에 대한 판결이 있은 후 후소를 취하한 자는 전소를 유지할 수 없다.**"고 한다(1967. 7. 18. 67다1042).[61]

---

61) [판례평석] 이는 타당하지 않다. 중복소제기의 경우 부적법한 것은 후소이지 전소가 아니다. 부적법한 후소를 취하하면 전소는 아무런 영향을 받지 않고 그대로 적법한 상태로 남아 있다고 보아야지, 부적법한 후소를 취하하고 나니 적법한 전소를 유지하는 것도 부적법하게 된다고 하는 것은 부당한 소권 박탈이다(호문혁, 제14판, 814면).

라) 소취하의 화해조항이 있는 화해권고결정

판례는 "화해권고결정에 '**원고는 소를 취하하고, 피고는 이에 동의한다.**'는 화해조항이 있고, 이러한 화해권고결정에 대하여 양 당사자가 이의하지 않아 확정되었다면, **화해권고결정의 확정으로 당사자 사이에 소를 취하한다는 내용의 소송상 합의를 하였다**고 볼 수 있다. 따라서 본안에 대한 종국판결이 있은 뒤에 화해권고결정이 확정되어 소송이 종결된 경우에는 **소취하한 경우와 마찬가지로 제267조 제2항의 규정에 따라 같은 소를 제기하지 못한다.**"고 한다(2021. 7. 29. 2018다230229).[62]

다. 재소금지의 효과

1) 법원의 직권조사사항

재소금지 규정에 저촉되지 않아야 하는 것은 소극적 소송요건이므로 법원의 직권조사사항이며, 비록 피고의 동의가 있어도 재소금지 규정에 해당되는 재소임이 발견되면 법원은 판결로 소를 각하해야 한다.

2) 실체법상 효과

재소금지는 실체법상의 권리관계에는 영향이 없다. 따라서 재소금지의 효과를 받는 권리관계라도 실체법상으로는 소멸되는 것은 아니므로 자연채무가 된다.

판례도 "소의 취하는 원고가 제기한 소를 철회하는 법원에 대한 단독적 소송행위로서 소송물을 이루는 실체법상의 권리를 포기하는 것과 같은 처분행위와는 다르고, **재소금지의 효과는 소송법상의 효과임에 그치고 실체법상의 권리관계에 영향을 주는 것은 아니므로 재소금지의 효과를 받는 권리관계라고 하여 실체법상으로도 권리가 소멸하는 것은 아니다.**"고 한다(1989. 7. 11. 87다카2406).

또한 "본안에 대한 종국판결이 있은 후 소를 취하한 자는 동일한 소를 제기하지 못할 것이지만, 실체법상의 권리가 소멸하는 것이 아니고 단지 상대방에 대하여 의무의 이행을 소구할 수 없게 된 것이므로, **상대방이 실체법상의 의무를 면하게 되었음을 전제로 하는 부당이득반환청구는 부당하다.**"고 한다(1969. 4. 22. 68다1722).

3) 재소금지의 배제

청구를 포기할 수 없는 소송, 예컨대 가사소송사건에 있어서도 처분권주의의 원칙상 상소심에서의 소의 취하는 가능하지만, 실질적으로 청구를 포기한 효과와 같은 결과가 생기는 재소금지의 효과는 생기지 않는다. 따라서 가사소송사건에 있어서는 본안의 종국판결 선고 후에 소를 취하하더라도 재소가 가능하다.

---

62) 갑 주식회사가 을을 상대로 대여금청구 소송을 제기하여 공시송달에 의한 승소판결을 선고받았고, 그 후 갑 회사로부터 대여금 채권을 양수한 병 유한회사가 을을 상대로 양수금청구 소송을 제기하여 공시송달에 의한 승소판결을 선고받았으며, 을이 위 판결들에 대하여 각 추완항소를 제기하였는데, 양수금청구 소송의 항소심법원이 '병 회사는 소를 취하하고, 을은 소취하에 동의한다.'는 내용의 화해권고결정을 하였고, 화해권고결정이 확정되기 전 병 회사가 대여금청구 소송의 항소심에서 승계참가신청을 한 사안에서, 화해권고결정의 확정으로 양수금청구 소송이 취하된 것과 같은 효과가 발생하였는데, 이는 병 회사가 을의 추완항소로 인하여 생긴 소송계속의 중복상태를 해소하고 먼저 소가 제기된 대여금청구 소송을 승계하는 방법으로 소송관계를 간명하게 정리한 것일 뿐이므로, 종국판결 선고 후 양수금청구 소송을 취하하는 소송상 합의를 한 동기와 경위에 비추어 보면 병 회사의 승계참가신청이 화해권고결정의 확정으로 종결된 양수금청구 소송과 당사자와 소송물이 동일하더라도 이는 재소금지에 관한 제267조 제2항의 취지에 반하지 아니하고, 승계참가신청을 통해 대여금청구 소송을 승계할 정당한 사정이 있는 등 양수금청구 소송과 권리보호이익이 동일하지 않아 위 승계참가신청이 재소금지 원칙에 위반된다고 보기 어렵다고 한 사례.

V. 소의 취하간주

(i) 당사자 쌍방이 기일에 2회 불출석 또는 출석·무변론이고, 1월내에 기일지정신청을 하지 않거나 또는 기일지정신청에 의하여 정한 새 기일에 당사자 쌍방이 다시 불출석 또는 출석·무변론인 경우(제268조·제286조), (ii) 배당이의의 소에서 원고가 첫 변론기일에 출석하지 아니한 경우(민사집행법 제158조), (iii) 공시최고절차에서 신청인이 새 기일에 출석하지 아니한 경우(제484조), (iv) 피고경정의 신청을 허가하는 결정이 있는 경우에 종전 피고에 대한 소의 경우(제261조 제3항·제4항) 등에는 소의 취하가 있는 것으로 간주된다.

VI. 소취하의 효력을 다투는 절차

소취하의 존부 또는 유·무효에 대하여 당사자 간에 다툼이 있을 때에는 당해 소송절차 내에서 해결하여야 한다. 따라서 소취하의 부존재나 무효임을 다투는 당사자는 별소로써 소취하의 무효확인청구를 할 수는 없고, 당해 소송에서 기일지정신청을 하여야 한다(민사소송규칙 제67조 제1항).

기일지정신청이 있을 때에는 법원은 반드시 변론을 열어 신청이유를 심리하고, 소취하가 유효하다고 인정되면 종국판결로써 소송종료선언을 하여야 한다. 소취하가 무효라는 것이 판명되면 본안에 관한 변론을 속행하고, 이를 중간판결 또는 종국판결의 이유에서 판단한다(민사소송규칙 제67조 제2항·제3항).

제02절 청구의 포기·인낙

> 제220조(화해, 청구의 포기·인낙조서의 효력) 화해, 청구의 포기·인낙을 변론조서·변론준비기일조서에 적은 때에는 그 조서는 확정판결과 같은 효력을 가진다.

I. 서 설

청구의 포기란 **변론 또는 변론준비기일에서 원고가 자기의 소송상의 청구가 이유 없음을 자인하는 법원에 대한 일방적 의사표시를**, 청구의 인낙이란 **피고가 원고의 소송상의 청구가 이유 있음을 자인하는 법원에 대한 일방적 의사표시**를 말한다. 청구의 포기·인낙은 법원에 대한 소송행위이므로 소송 외에서 상대방에 대하여 동일내용의 진술을 하더라도 이는 채무의 승인 또는 권리의 포기와 같은 실체법상의 행위가 될 뿐이다.

II. 법적 성질

1. 문제점

청구의 포기·인낙에 착오나 하자있는 의사표시, 강행법규 위반 등과 같은 사법상의 무효·취소사유의 하자가 있는 경우에 어떠한 영향을 받는가와 관련하여 법적 성질이 문제된다.

2. 학설의 대립

① **사법행위설**은 청구의 포기·인낙을 권리의 포기·채무의 승인과 같이 실체법상 권리관계의 처분을 목적으로 하는 사법상 법률행위로 본다. ② **양행위경합설**(양성설)은 청구의 포기·인낙은 소송의 종료라는 소송상의 효과를 목적으로 하는 소송행위의 성질과, 원고 또는 피고의 의사에 의해 소송물인 권리관계를 실체법상 처분한 것과 같은 결과를 발생시키는 사법행위의 성질을 같이 가지고 있다는 견해이다. ③ **소송행위설**은 청구의 포기·인낙은 당사자의 법원에 대한 소송의 종료를 목적으로 하는 소송행위라는 입장이다.

3. 판례의 태도 : 소송행위설

판례는 "청구의 포기·인낙은 **당사자가 상대방 주장을 승인하는 관념의 표시에 불과한 소송상 행위**로서 조서에 기재할 때에는 확정판결과 동일한 효력이 발생되어 소송을 종료시키는 효력이 있을 뿐이고, 실체법상 채권·채무의 발생원인이 되는 법률행위라 볼 수 없으므로 그의 불이행 또는 이행불능의 이유로써 손해배상청구권이 발생되는 것이 아니다."고 하고(1957. 3. 14. 4289민상439), "청구의 인낙은 피고가 원고의 주장을 승인하는 관념의 표시에 불과한 소송상 행위로서 조서에 기재한 때에는 확정판결과 동일한 효력이 발생되어 소송을 종료시키는 효력이 있을 뿐이고, **실체법상 채권·채무의 발생 또는 소멸의 원인이 되는 법률행위라 볼 수 없다.**"고 하여(2022. 3. 31. 2020다271919), 소송행위설의 입장이다.

4. 검 토

청구의 포기·인낙에 사법상의 무효 또는 취소사유가 있는 경우에 사법행위설과 양성설은 청구의 포기·인낙은 무효이므로 소송종료의 효과도 발생하지 않기 때문에 당사자는 준재심의 방법에 의하지 아니하고 기일지정신청으로 다툴 수 있다고 하나, 소송행위설은 청구의 포기·인낙이 확정판결과 동일한 효력이 있으므로 준재심으로만 다툴 수 있다고 한다. 그런데 제220조는 포기조서·인낙조서에 확정판결과 동일한 효력을 인정하고 있고, 제461조는 청구의 포기조서·인낙조서에 대한 불복의 방법을 준재심에 한정시키고 있으므로 소송행위설이 타당하다.

Ⅲ. 요 건

1. 당사자에 대한 요건

청구의 포기·인낙은 소송행위이므로 소송행위의 유효요건인 당사자능력·소송능력을 갖추어야 하며, 대리인에 의한 경우에는 특별수권이 필요하다(제56조 제2항·제90조 제2항). 또한 필수적 공동소송의 경우에는 전원이 일치하여 청구의 포기·인낙을 하여야 하고(제67조 제1항), 독립당사자참가의 경우에는 원고나 피고가 청구의 포기·인낙을 하여도 참가인이 다투는 한 청구의 포기·인낙은 효력이 없다(제79조 제1항·제67조 제1항).

2. 소송물에 관한 요건

가. 변론주의가 적용되는 청구일 것

청구의 포기·인낙의 대상은 당사자가 처분할 수 있는 법률관계이어야 한다. 따라서 직권탐지주의에 의하는 절차에서는 원칙적으로 청구의 포기·인낙이 불가능하다. 한편 가류·나류 가사소송절차에서는 제220조 중 청구의 인낙의 적용만이 배제되고 있으므로(가사소송법 제12조 단서), 인낙은 허용되지 않으나 포기는 허용된다고 해석된다.

한편 회사관계소송은 청구인용판결은 대세효가 있으므로(상법 제190조 본문), 청구인용판결에 해당하는 청구의 인낙은 허용되지 않지만, 청구의 포기는 허용된다. 다만 회사대표소송에서 청구의 포기·인낙을 함에 있어서는 법원의 허가를 얻어야 한다(상법 제403조).

판례는 "청구인낙은 당사자의 자유로운 처분이 허용되는 권리에 관하여만 허용되는 것으로서 **회사법상 주주총회결의의 하자를 다투는 소나 회사합병무효의 소 등에 있어서는 인정되지 아니하므로, 법률상 인정되지 아니하는 권리관계를 대상으로 하는 청구인낙은 효력이 없다.**"고 하고(1993. 5. 27. 92누14908), "주주총회결의의 부존재·무효를 확인하거나 결의를 취소하는 판결이 확정되면 당사자 이외의 제3자에게도 효력이 미쳐 제3자도 다툴 수 없게 되므로, **주주총회결의의 하자를 다투는 소에 있어서 청구의 인낙이나 결의의 부존재·무효를 확인하는 내용의 화해·조정은 할 수 없고, 이러한 내용의 청구인낙 또는 화해·조정이 이루어졌다 하여도 인낙조서나 화해·조정조서는 효력이 없다.**"고 한다(2004. 9. 24. 2004다28047).

나. 선량한 풍속 기타 사회질서에 반하는 것이 아닐 것

(ⅰ) 청구취지가 강행법규나 선량한 풍속 기타 사회질서에 반하여 원고의 주장 자체로 보아 이유 없는 청구는 인낙의 대상이 될 수 없고, 피고가 인낙하더라도 법원은 청구기각판결을 하여야 한다.

(ⅱ) 청구원인이 강행법규나 선량한 풍속 기타 사회질서에 반하는 경우에 청구의 인낙이 허용되는지에 대하여는 견해가 대립된다. 판례는 "**농지개혁법상의 농지소재지관서의 증명이 없더라도 농지의 소유권이전등기청구의 인낙을 기재한 조서는 무효가 아니다.**"고 하여 긍정하는 입장이다(1969. 3. 25. 68다2024). 청구가 이유가 있는지 여부에 대한 법원의 판단권을 배제하는 것이 청구의 인낙의 취지이므로, 판례의 입장이 타당하다.

다. 소송요건의 흠결이 없을 것

소송요건이란 소가 적법한 판단을 받기 위하여 갖추어야 할 본안판단의 전제요건이므로, 소송요건이 흠결된 경우에도 청구의 포기·인낙이 가능한지가 문제된다. 청구의 포기·인낙은 본안의 확정판결과 동일한 효력을 가지므로, **소송요건이 구비되지 않은 청구에 대하여 청구의 포기·인낙은 허용될 수 없다.** 따라서 청구의 포기·인낙에도 불구하고 법원은 소를 각하 또는 이송(전속관할을 위반한 경우)하여야 한다는 부정설(다수설)이 타당하다.

Ⅳ. 시기와 방식

(ⅰ) 청구의 포기·인낙은 소송계속 중에는 어느 시점에서도 할 수 있다. 즉 청구의 포기·인낙은 사실에 관한 진술이 아니라 법적 효과에 관한 진술이므로 상고심에서도 할 수 있다. (ⅱ) 청구의 포기·인낙은 변론기일(화해기일, 증거조사기일 포함)이나 변론준비기일에 출석하여 말로 하는 것이 원칙이다. 청구의 포기·인낙의 의사표시는 법원에 대한 일방적 진술이기 때문에 상대방이 출석하지 아니하여도 할 수 있다. 청구의 포기·인낙은 일방적 의사표시이므로 상대방의 승낙을 요하지도 않는

다. 서면에 의한 청구의 포기·인낙이 가능하다(제148조 제2항·제286조). 다만 당사자의 불출석, 준비서면의 불제출 등과 같은 당사자의 태도로 보아 청구의 포기·인낙을 한 것으로 보아서는 안 된다.

V. 효과

1. 확정판결과 동일한 효력

청구의 포기·인낙의 진술이 있는 경우에는 변론조서나 변론준비기일조서에 기재하여야 한다(제154조 제1항·제155조 제2항·제160조). 이러한 조서가 성립되면 포기조서는 원고청구기각, 인낙조서는 원고청구인용의 확정판결과 동일한 효력이 있다(제220조). 따라서 당연무효사유가 없는 한 기판력이 발생한다. 또한 인낙조서의 경우에는 이행청구에 관한 것이면 집행력, 형성청구에 관한 것이면 형성력이 발생한다.

2. 소송의 종료효

청구의 포기·인낙이 조서에 작성되었음에도 이를 간과한 채 심리가 속행된 때에 법원은 판결로써 소송종료선언을 하여야 한다. 판례도 "청구의 인낙이 변론조서에 기재가 되면 따로 인낙조서의 작성이 없는 경우라도 확정판결과 같은 효력이 생기고 그것으로써 소송은 종료되며, 만약 **청구의 인낙이 변론조서에 기재되었음에도 소송이 진행된 경우 법원은 인낙으로 인한 소송종료를 판결로 선고하여야 한다.**"고 한다(1962. 6. 14. 62마6).

3. 하자를 다투는 방법

가. 조서작성 전의 경우

조서의 작성 전에는 자백의 철회에 준하여 상대방의 동의를 얻어서 철회하거나, 착오를 이유로 철회할 수 있다.

나. 조서작성 후의 경우

조서의 작성 후에는 (ⅰ) 조서에 **당연무효사유가 없는 경우**에는 준재심의 소에 의하여만 효력을 다툴 수 있다(제461조). 따라서 실체법상의 무효·취소사유를 주장하거나, 무효확인소송이나 기일지정신청으로 전소의 속행을 주장하는 것은 허용되지 않는다. 판례는 "제451조 제1항 제5호의 형사상 처벌받을 타인의 행위로 인한 사유가 인낙에 대한 준재심사유가 되기 위하여는 그것이 당사자가 **인낙의 의사표시를 하게 된 직접적인 원인이 된 경우**만이고, 간접적인 원인밖에 되지 않았다고 보이는 경우까지 준재심사유가 된다고 볼 수는 없다."고 한다(1995. 4. 28. 95다3077). (ⅱ) 조서에 **당연무효사유가 있는 경우**에는 기일지정신청을 하여 전소의 속행을 구할 수 있다.

4. 청구의 인낙과 해제

청구의 인낙은 실체법상 채권·채무를 발생시키는 법률행위가 아니고 소송행위이므로, 청구의 인낙에 계약 해제의 법리가 적용될 여지는 없다. 따라서 인낙조서상의 채무불이행을 원인으로 하여 인낙 자체를 해제하고 구소를 부활시킬 수 없고, 손해배상청구를 할 수도 없다.

제03절 재판상 화해

I. 서 설

재판상 화해에는 **소송계속 전에 지방법원 단독판사 앞에서 하는 제소전 화해**와, **소송계속 후에 변론기일 또는 변론준비기일에서 하는 소송상 화해**가 있다. 제소전 화해의 경우에는 제소전 화해조서에, 소송상 화해의 경우에는 변론조서나 변론준비기일조서에 화해의 내용이 기재되면 그 조서는 확정판결과 동일한 효력이 있다(제220조).

판례는 "법률관계의 변경·형성을 목적으로 하는 형성의 소는 법률에 명문의 규정이 있어야 제기할 수 있고 판결이 확정됨에 따라 효력이 생긴다. **형성판결의 효력을 개인 사이의 합의로 창설할 수는 없으므로, 형성소송의 판결과 같은 내용으로 재판상 화해를 하더라도 판결을 받은 것과 같은 효력은 생기지 않는다**."고 한다(2022. 6. 7. 2022그534).

II. 소송상 화해

1. 의 의

소송상 화해란 소송계속 중 당사자 쌍방이 소송물인 권리관계의 주장을 서로 양보하여 소송을 종료시키기로 하는 기일에 있어서의 합의를 말한다.

2. 법적 성질

가. 문제점

소송상 화해의 법적 성질에 대한 학설의 대립은 소송상 화해의 효력과 이를 다투는 방법과 관련하여 문제된다.

나. 학설의 대립

① **사법행위설**은 소송상 화해를 민법상 화해계약과 동일한 것으로 보는 견해이다. 다만 소송상 화해는 소송계속 중 법관의 면전에서 행하여지고 화해가 성립되었을 때에 법원사무관 등이 서면에 기입하여 민법상의 화해계약을 확인·공증한다는 점에 차이가 있다고 한다. ② **소송행위설**은 소송상 화해는 민법상 화해와는 무관한 소송행위로서 요건과 효과가 소송법에 의하여만 규율되고 민법상의 화해계약에 관한 규정의 적용은 배제된다는 견해이다. 여기에는 그 성질에 대하여 소송을 종료시키는 합의(소송계약)로 보는 설과 합동행위로 보는 설이 있고, 기판력에 관하여서는 긍정설과 부정설의 대립이 있다. ③ **양행위병존설**은 민법상 화해계약과 소송종료 목적의 소송행위가 병존하며 각각 요건과 효과는 독립·개별적으로 실체법과 소송법의 원칙의 지배를 받는다는 견해이다. 이 견해는 한 면이 무효라도 다른 면은 유효하다고 한다. ④ **양행위경합설**(양성설)은 소송상 화해는 하나의 행위이지만, 당사자에 대한 관계에서는 민법상의 화해계약이고 법원에 대한 관계에서는 소송행위라는 견해이다. 이 견해는 한 면이 무효이면 소송상 화해는 전체로서 무효가 된다고 한다.

다. 판례의 태도

판례는 원칙적으로 소송행위설의 입장이다.63) 즉 "재판상의 화해를 조서에 기재한 때에는 그 조서는 확정판결과 동일한 효력이 있고 당사자간에 기판력이 생기는 것이므로, 재심의 소에 의하여 취소 또는 변경이 없는 한, 당사자는 그 화해의 취지에 반하는 주장을 할 수 없다."고 하고(1962. 2. 15. 4294민상914), "재판상의 화해를 조서에 기재한 때에는 그 조서는 확정판결과 동일한 효력이 있고 당사자간에 기판력이 생기는 것이므로 **확정판결의 당연무효 사유와 같은 사유가 없는 한 재심의 소에 의하여만 효력을 다툴 수 있는 것**이나, 당사자 일방이 화해조서의 당연무효사유를 주장하며 기일지정신청을 한 때에는 법원으로서는 그 무효사유의 존재 여부를 가리기 위하여 기일을 지정하여 심리를 한 다음 무효사유가 존재한다고 인정되지 아니한 때에는 판결로써 소송종료선언을 하여야 한다."고 한다(2000. 3. 10. 99다67703).

또한 "대법원은 재판상 화해와 관련하여, 1961년경까지는 법적 성질을 사법상 규약인 동시에 소송법상 합의라고 보아, 화해조항이 조서에 기재되면 소송법상 확정판결과 동일한 효력이 있다 하여도 사법상 무효 또는 취소의 사유가 있을 때에는 확정판결과 달라서 소송법상 효력도 당연무효이거나 효력을 상실하는 것이고, 이 경우 화해가 성립하여 종료된 소송사건에 대하여 기일지정신청으로 심리판단을 받을 수도 있고 별소로써 무효의 확인 또는 무효 내지 실효를 원인으로 하는 급부소송을 할 수 있다고 보았다. 그러다가 1961. 9. 1. 제431조(현재 제461조)가 개정되어 화해조서에 대하여도 준재심의 제기가 가능하게 됨에 따라 대법원 1962. 2. 15. 선고 4294민상914 전원합의체 판결로 판결을 변경하면서 준재심에 의하여 취소 또는 변경되지 아니하는 한 화해의 취지에 반하는 주장을 할 수 없다고 판시한 이래, **재판상 화해는 순수한 소송행위로서 사법상의 화해와는 달리 사기나 착오를 이유로 취소할 수 없다는 등으로 법적 성질이 소송행위임을 분명히 하고 있다.**"고 한다(2013. 11. 21. 2011두1917). 다만 판례는 **실효조건부 화해를 인정**하고, **창설적 효력을 인정**함으로써 소송행위설을 일관하지 못하고 있다(후술).

라. 검 토

소송상 화해에는 기판력이 무제한으로 인정되므로(제220조・제461조), 원칙적으로 소송행위설이 타당하다. 즉 소송상 화해는 확정판결과 같은 효력을 가지는 화해조서의 작성을 위하여 당사자가 법원에 대하여 하는 진술인 소송행위이다. 다만 특별한 사정이 있는 경우에는 예외적으로 소송행위에 민법상의 법률행위에 관한 규정이 유추적용 될 수 있다. 따라서 소송행위설을 관철할 때 발생하는 문제점을 해결하기 위하여 제한된 범위 내에서 소송행위설의 입장을 수정하는 판례가 타당하다.

3. 요 건

가. 당사자에 관한 요건

당사자는 소송능력이 있어야 하고, 대리인은 특별수권이 있어야 한다(제56조 제2항・제90조 제2항 제2호). 필수적 공동소송의 경우에는 공동소송인 전원이 일치하여 화해를 해야 한다. 독립당사자참가와

---

63) 대법원의 입장에 대하여 소송행위설로 보는 것이 다수설의 견해이다. 다만 소송행위설로 일관하지 못하고 동요하고 있다는 견해(이시윤), 순수한 소송행위설로 보기 어렵고 실체법상의 소송행위설로 보는 견해(강현중), 수정된 양성설로 보는 견해(정영환) 등도 있다.

관련하여, 판례는 "제79조에 의한 소송은 동일한 권리관계에 관하여 원고·피고 및 참가인 상호간의 다툼을 하나의 소송절차로 한꺼번에 모순 없이 해결하려는 소송형태로서 두 당사자 사이의 소송행위는 나머지 1인에게 불이익이 되는 한 두 당사자 간에도 효력이 발생하지 않는다고 할 것이므로, **원·피고 사이에만 재판상 화해를 하는 것은 3자간의 합일확정의 목적에 반하기 때문에 허용되지 않는다**."고 한다(2005. 5. 26. 2004다25901).

판례는 "**재판상 화해의 당사자는 소송당사자 아닌 보조참가인이나 제3자도 될 수 있고, 재판상 화해를 위하여 필요한 경우에는 소송물 아닌 권리 내지 법률관계를 첨가할 수도 있으므로, 재판상 화해의 효력이 반드시 원래의 소송당사자 사이의 소송물에만 국한되어 미치는 것이라고 할 수 없고, 그 효력은 화해조서에 기재된 화해의 내용에 따라 조서에 기재된 당사자에게 미치는 것**이다. 따라서 원고 甲과 피고 乙·丙의 3인이 당사자로 되어 이루어진 재판상 화해가 계쟁 토지는 甲·乙·丙의 각 3분의 1 지분의 공유임을 확인한다는 내용이라면 乙이 丙과 함께 같은 피고의 지위에 있었다 하더라도 재판상 화해의 효력은 乙·丙사이에서도 발생된다."고 한다(1981. 12. 22. 78다2278).

따라서 제3자도 소송절차에 참가하여 화해를 할 수 있는데, 제3자와의 관계에서는 제소전 화해가 된다. 판례도 "소송당사자 아닌 **제3자도 재판상 화해의 당사자가 될 수 있고**, 이 경우 그 화해의 효력은 화해조서에 기재된 내용에 따라 제3자에게도 미친다."고 한다(1985. 11. 26. 84다카1880).

나. 소송물에 관한 요건

1) 변론주의가 적용되는 소송물일 것

화해의 대상인 소송물은 원칙적으로 당사자가 처분할 수 있는 것이어야 한다. 따라서 직권탐지주의에 의하는 절차에서는 화해가 허용될 수 없다. 다만 가사소송사건 중 이혼사건·파양사건은 협의이혼이나 협의파양이 인정되므로, 예외적으로 화해를 할 수 있다. 한편 소송물 이외의 권리관계도 추가하여 화해를 할 수 있는데, 이 부분은 제소전 화해가 된다.

판례는 "친생자관계의 존부확인과 같이 가사소송법상의 가류 가사소송사건에 해당하는 청구는 **성질상 당사자가 임의로 처분할 수 없는 사항을 대상으로 하는 것으로, 이에 관하여 조정이나 재판상 화해가 성립하더라도 효력이 없다**. 혼인외의 자가 친생자관계의 부존재를 확인하는 대가로 금원 등을 지급받으면서 추가적인 금전적 청구를 포기하기로 합의하였더라도 이러한 합의는 당사자가 임의로 **처분할 수 없는 사항에 관한 처분을 전제로 한 것**이므로, 이에 반하여 인지청구를 하고 그 확정판결에 따라 상속분상당가액지급청구를 하더라도 신의칙 위반으로 보기 어렵다."고 하고(2007. 7. 26. 2006므2757), "**인지청구권은 본인의 일신전속적인 신분관계상의 권리**로서 포기할 수 없고 포기하였다 하더라도 그 효력이 발생할 수 없는 것이므로, 비록 인지청구권을 포기하기로 하는 화해가 재판상 이루어지고 그것이 화해조항에 표시되었다 할지라도 동 화해는 그 효력이 없다."고 한다(1987. 1. 20. 85므70).

한편 회사관계소송은 원고승소판결의 경우에 대세효가 있으므로(상법 제190조 본문), 원고의 청구를 포기하는 내용의 화해는 허용되지만, 원고의 청구를 인용하는 내용의 화해는 허용되지 않는다. 한편 주주대표소송에서 재판상 화해를 함에 있어서는 법원의 허가를 얻어야 한다(상법 제403조 제6항).

2) 선량한 풍속 기타 사회질서 또는 강행법규에 반하지 아니할 것

화해의 내용이 강행법규에 반하거나 사회질서에 위반되어서는 안 된다는 것이 다수설이다. 그러나 판례는 소송행위설의 입장에서 "제220조의 화해조서는 확정판결과 동일한 효력이 있으므로, **한번 재판상의 화해가 성립한 경우에는 가령 그 내용이 강행법규에 위배된 경우라도 그것은 단지 재판상 화해에 하자가 있음에 불과하고 재심절차에 의한 구제를 받는 것은 별문제로 하고 그 화해조서의 무효를 주장할 수 없으며** 이 법리는 제소전 화해에 관하여도 같다."고 하고(1975. 11. 11. 74다634), "재판상 화해가 성립되면 그 내용이 강행법규에 위배된다 할지라도 재심절차에 의하여 취소되지 아니하는 한 그 화해조서를 무효라고 주장할 수 없는 터이므로, **화해에 대하여 민법 제607조 · 제608조에 반한다든가 통정한 허위표시로서 무효라는 취지의 주장을 할 수 없다.**"고 하고(1991. 4. 12. 90다9872), "중복제소금지의 원칙에 위배되어 제기된 소에 대한 판결이나 그 소송절차에서 이루어진 화해라도 확정된 경우에는 당연무효라고 할 수는 없다."고 한다(1995. 12. 5. 94다59028).

3) 소송요건의 흠이 있는 경우 화해의 가능성

청구의 포기 · 인낙의 경우와 달리 제소전 화해가 인정되기 때문에 소송요건이 흠결된 소송이라도 소송상 화해가 허용된다. 다만 당사자의 실재 등의 필수적인 소송요건은 갖추어야 한다.

4) 조건부 화해의 허용가능성

가) 문제점

소송상 화해에서 약정한 이행의무의 발생에 조건을 붙이는 것, 예컨대 피고가 일정시기까지 돈을 지급하지 아니하면 원고에게 부동산을 인도한다는 것은 가능하다. 이는 실체법상의 의무이기 때문에 소송상 화해의 효력에는 영향이 없기 때문이다. 따라서 **소송상 화해 자체의 성립이나 그 효력발생에 조건, 특히 실효조건부 화해를 붙일 수 있는가**가 문제된다.

나) 학설의 대립

① 소송행위설은 소송절차의 명확성 · 안정성을 근거로 하여 조건부 화해는 허용되지 않는다고 한다. ② 사법행위설, 병존설, 양성설은 조건부 화해는 사적 자치의 원칙상 당연히 허용되며, 기한부 화해나 해제권유보부 화해도 가능하다고 한다.

다) 판례의 태도

판례는 실효조건부 화해가 가능하다고 한다. 즉 "화해조서에 기재된 효력을 취소 · 변경하려면 재심의 소에 의하여서만 할 수 있는 것이나, 화해조항 자체로서 실효조건을 정한 경우에도 조건성취로서 화해의 효력은 당연히 소멸된다 할 것이고, **실효의 효력은 언제나 소송 외에서도 주장할 수 있다.**"고 하고(1965. 3. 2. 64다1514), "재판상 화해가 성립되면 확정판결과 같은 효력이 있는 것이므로 취소 · 변경하려면 재심의 소에 의해서만 가능하나, **재판상 화해의 내용은 당사자 합의에 따라 자유로 정할 수 있는 것이므로 화해조항 자체로서 제3자의 이의가 있을 때에는 화해의 효력을 실효시키기로 하는 내용의 재판상 화해가 성립되었다면 조건의 성취로써 화해의 효력은 당연히 소멸된다** 할 것이고, 실효의 효력은 언제라도 주장할 수 있다."고 하고(1988. 8. 9. 88다카2332), "재판상 화해가 실효조건의 성취로 실효되거나 준재심에 의하여 취소된 경우에는 화해가 없었던 상태로 돌아가므로, **화해 성립 전의 법률관계를 다시 주장할 수 있다.**"고 한다(1996. 11. 15. 94다35343).

라) 검 토

판례가 소송행위설을 취하면서도 실효조건부 화해를 허용하는데, 법적 안정성의 측면에서 판례가 소송행위설을 취하면서 조건을 붙일 수 있다는 것은 모순이라는 비판이 있지만, 소송상 화해의 성질을 소송행위설로 보더라도 소송상 화해는 소송절차를 종료시키는 것이므로 조건을 붙여도 절차의 안정을 해칠 염려가 없다. 따라서 판례와 같이 조건부 화해를 허용하는 것이 타당하다.

다. 절차에 관한 요건

소송상 화해는 소송계속 중 어느 때나 할 수 있다. 한편 소송상 화해는 기일에 양쪽 당사자가 출석하여 말로 진술하는 것이 원칙이다. 다만 예외적으로 서면화해가 가능하다(제148조 제3항·제286조).

4. 소송상 화해의 효력

가. 개 관

당사자 양쪽의 화해에 대한 진술이 있는 경우에 법원 또는 법관이 요건을 심사하여 유효하다고 인정하면 그 내용을 조서에 기재시킨다(제154조 제1항). 다만 변론조서에는 화해가 있었다는 기재만 하고, 별도의 화해조서를 작성하여야 한다(민사소송규칙 제31조). 이렇게 조서가 작성되면 확정판결과 동일한 효력(제220조)이 있으므로, 다음과 같은 효력이 발생하게 된다.

나. 소송종료효

소송상 화해조서가 적법하게 작성되면 그 범위 내에서 소송은 당연히 종료된다. 이를 간과한 채 소송이 진행되었으면 법원은 소송종료선언을 하여야 한다. 상급심에서 적법하게 소송상 화해가 된 경우에는 하급심의 미확정 판결은 당연히 실효된다.

다. 기속력

화해조서가 작성되면 당해 법원을 기속한다. 따라서 화해조서에 부당 또는 오류가 발견되더라도 제211조에 의한 경정결정 이외에는 함부로 취소·변경을 할 수 없다.

라. 기판력

1) 문제점

민사소송법상 화해조서에 확정판결과 동일한 효력이 인정되고(제220조), 화해조서에 재심사유의 하자가 있는 경우에는 준재심을 제기할 수 있다(제461조). 따라서 현행법상 **소송상 화해에 확정판결의 당연무효사유와 같은 사유가 없다면, 실체법상 무효·취소사유가 있는 경우라도 재심사유가 있는 경우에 한하여 화해조서의 효력을 재심절차에 의하여서만 다툴 수 있는 것**으로 되는데, 이것이 타당한지 문제된다.

2) 학설의 대립

① 제220조에서 화해조서에 확정판결과 같은 효력을 인정한 것은 소송종료효와 집행력을 인정한 것이고 기판력까지 인정한 것으로 볼 수는 없다는 **기판력부정설**, ② 소송상 화해에 실체법상 하자가

없는 경우에만 기판력이 발생한다는 **제한적 기판력설**, ③ 화해조서에 실체법상 하자가 있는 경우에도 기판력이 발생한다는 **무제한 기판력설**이 대립된다.

3) 판례의 태도 : 무제한 기판력설

판례는 "소송상 화해는 소송행위로서 사법상 화해와는 달리 사기나 착오를 이유로 취소할 수는 없다."고 하고(1979. 5. 15. 78다1094), "재판상 화해를 조서에 기재한 때에는 조서는 확정판결과 동일한 효력이 있고 기판력이 생기므로 확정판결의 당연무효 사유와 같은 사유가 없는 한 **재심의 소에 의해서만 다툴 수 있고 그 효력을 다투기 위하여 기일지정신청을 함은 허용되지 않는다.**"고 하고 (1990. 3. 17. 90그3), "재판상 화해가 준재심의 소에 의하여 취소되고 준재심 재판이 확정되면 재판상 화해의 효력은 소멸되고, 재판상 화해로 인하여 생긴 모든 법률효과는 당연히 실효된다."고 하고 (1981. 12. 22. 78다2278), "특별항고인이 주장하는 기일지정신청사유는 **화해조서의 내용대로 이행이 되지 아니하여 화해조서는 실효되었다**는 것이고 화해조서의 당연무효사유를 주장하고 있는 것은 아니므로, 원심이 기일지정신청을 부적법하다하여 각하한 조치는 정당하다."고 하고(1990. 3. 17. 90그3), "甲・乙・丙 사이에 제1화해가 성립한 후에 甲・乙 사이에 제1화해와 모순・저촉되는 제2화해가 성립하여도, **제1화해가 조서에 기재되어 확정판결과 동일하게 기판력이 발생한 이상 제2화해에 의하여 제1화해가 실효되거나 변경되고 제1화해조서의 집행으로 마쳐진 乙 명의의 소유권이전등기 및 이에 기한 제3자 명의의 각 소유권이전등기가 무효로 된다고 볼 수는 없다.**"고 하여(1995. 12. 5. 94다59028), 무제한 기판력설의 입장이다.

4) 검 토

소송상 화해에 기판력을 인정한다는 것은 소송상 화해의 내용에 관하여 유・무효를 묻지 아니하고 당사자나 법원이 구속된다는 것을 의미한다. 또한 제461조는 소송상 화해에 실체법상 하자가 있더라도 기판력이 발생한다는 점을 전제로 하는 규정으로 보아야 한다. 따라서 법적 안정성의 도모 및 제461조의 취지상 무제한 기판력설이 타당하다.

마. 집행력과 형성력

화해조서의 기재가 구체적인 이행의무를 내용으로 할 때에는 집행력을 갖는다(민사집행법 제57조). 판례는 "**화해조서에 기재된 내용이 특정되지 아니하여 강제집행을 할 수 없는 경우에는 동일한 청구를 제기할 소의 이익이 있다.**"고 한다(1995. 5. 12. 94다25216). 또한 화해조서가 일정한 법률관계의 변동을 내용으로 하는 경우에는 형성력이 생긴다.

그러나 판례는 화해와 유사한 조정에 대하여 형성력을 부정하였다. 즉 "**공유물분할의 소송절차 또는 조정절차에서 공유자 사이에 공유토지에 관한 현물분할의 협의가 성립하여 그 합의사항을 조서에 기재함으로써 조정이 성립**하였다고 하더라도, 그와 같은 사정만으로 재판에 의한 공유물분할의 경우와 마찬가지로 그 즉시 공유관계가 소멸하고 각 공유자에게 그 협의에 따른 새로운 법률관계가 창설되는 것은 아니고, **공유자들이 협의한 바에 따라 토지의 분필절차를 마친 후 각 단독소유로 하기로 한 부분에 관하여 다른 공유자의 공유지분을 이전받아 등기를 마침으로써 비로소 그 부분에 대한 대세적 권리로서의 소유권을 취득하게 된다**고 보아야 한다."고 한다(2013. 11. 21. 2011두1917).

바. 창설적 효력

판례는 재판상 화해의 창설적 효력을 인정한다. 즉 "재판상 화해는 창설적 효력을 가지는 것이어서 화해가 이루어지면 종전의 법률관계를 바탕으로 한 권리·의무 관계는 소멸함과 동시에 재판상 화해에 따른 새로운 법률관계가 형성된다."고 하고(2008. 2. 1. 2005다42880), "제소전 화해는 재판상 화해로서 확정판결과 동일한 효력이 있고 창설적 효력을 가지는 것이므로, 화해가 이루어지면 종전의 법률관계를 바탕으로 한 권리·의무 관계는 소멸한다."고 한다(1988. 1. 19. 85다카1792).

다만 창설적 효력의 범위에 대하여, 판례는 "재판상 화해 또는 제소전 화해는 확정판결과 동일한 효력이 있으며 당사자 간의 사법상의 화해계약이 그 내용을 이루는 것이면 화해는 창설적 효력을 가져 화해가 이루어지면 종전의 법률관계를 바탕으로 한 권리·의무관계는 소멸하나, **재판상 화해 등의 창설적 효력이 미치는 범위는 당사자가 서로 양보를 하여 확정하기로 합의한 사항에 한하며, 당사자가 다툰 사실이 없었던 사항은 물론 화해의 전제로서 서로 양해하고 있는데 지나지 않은 사항에 관하여는 그러한 효력이 생기지 않는다.**"고 한다(2001. 4. 27. 99다17319). 따라서 "제소전 화해가 있더라도 화해의 대상이 되지 않은 종전의 다른 법률관계까지 소멸하는 것은 아니다."고 한다(2017. 4. 7. 2016다251727).

5. 소송상 화해의 효력을 다투는 방법

가. 기속력을 다투는 방법

판례는 "**화해조서의 기재에 위산, 오기 기타 이에 유사한 오류가 있는 것이 명백한 때에는 법원은 직권 또는 당사자의 신청에 의하여 경정결정을 할 수 있는 것**이나, 경정신청을 이유 없다 하여 기각한 결정에 대하여는 항고할 수 없다고 해석하여야 할 것이다."고 한다(1960. 8. 12. 4293민재항200).

나. 당연무효사유의 하자가 있는 경우

화해조서에 **확정판결의 당연무효사유와 같은 사유가 있는 경우**에, 당사자는 화해조서의 당연무효사유를 주장하며 기일지정신청을 할 수 있다. 이 경우에 법원은 변론기일에서 심리를 한 후에 당연무효사유가 존재한다고 판단하면 재판절차를 속행하면 되고, 당연무효사유가 존재하지 않는다고 판단하면 소송종료선언의 종국판결을 한다.

판례도 "재판상의 화해를 조서에 기재한 때에는 그 조서는 확정판결과 동일한 효력이 있고 당사자 간에 기판력이 생기는 것이므로, **확정판결의 당연무효사유와 같은 사유가 없는 한 재심의 소에 의하여만 효력을 다툴 수 있는 것**이나, 당사자 일방이 화해조서의 당연무효사유를 주장하며 기일지정신청을 한 때에는 법원으로서는 그 무효사유의 존재 여부를 가리기 위하여 기일을 지정하여 심리를 한 다음 무효사유가 존재한다고 인정되지 아니한 때에는 판결로써 소송종료선언을 하여야 한다."고 한다(2000. 3. 10. 99다67703).

다. 당연무효사유 이외의 하자가 있는 경우

화해조서에 확정판결의 당연무효사유 이외의 실체법상 하자가 있는 경우에, 그 하자를 다투는 방법에 대하여, ① 기판력부정설과 제한적 기판력설은 기일지정신청이나 화해무효확인의 소가 가능하다고 본다. ② 무제한 기판력설은 준재심의 소가 가능하다고 본다.

라. 화해에 대한 해제가능성

판례는 "재판상 화해를 한 당사자는 재심의 소송에 의하지 아니하고서 그 화해를 **사법상의 화해계약임을 전제로 하여 그 화해의 해제를 주장하는 것과 같은 화해조서의 취지에 반하는 주장을 할 수 없다.**"고 한다(1962. 2. 15. 4294민상914).

6. 화해권고결정

제225조(결정에 의한 화해권고) ① 법원·수명법관 또는 수탁판사는 소송에 계속 중인 사건에 대하여 직권으로 당사자의 이익, 그 밖의 모든 사정을 참작하여 청구의 취지에 어긋나지 아니하는 범위 안에서 사건의 공평한 해결을 위한 화해권고결정을 할 수 있다.
② 법원사무관등은 제1항의 결정내용을 적은 조서 또는 결정서의 정본을 당사자에게 송달하여야 한다. 다만, 그 송달은 제185조 제2항·제187조 또는 제194조에 규정한 방법으로는 할 수 없다.

제226조(결정에 대한 이의신청) ① 당사자는 제225조의 결정에 대하여 그 조서 또는 결정서의 정본을 송달받은 날부터 2주 이내에 이의를 신청할 수 있다. 다만, 그 정본이 송달되기 전에도 이의를 신청할 수 있다.
② 제1항의 기간은 불변기간으로 한다.

제227조(이의신청의 방식) ① 이의신청은 이의신청서를 화해권고결정을 한 법원에 제출함으로써 한다.
② 이의신청서에는 다음 각호의 사항을 적어야 한다.
  1. 당사자와 법정대리인
  2. 화해권고결정의 표시와 그에 대한 이의신청의 취지
③ 이의신청서에는 준비서면에 관한 규정을 준용한다.
④ 제226조 제1항의 규정에 따라 이의를 신청한 때에는 이의신청의 상대방에게 이의신청서의 부본을 송달하여야 한다.

제228조(이의신청의 취하) ① 이의신청을 한 당사자는 그 심급의 판결이 선고될 때까지 상대방의 동의를 얻어 이의신청을 취하할 수 있다.
② 제1항의 취하에는 제266조 제3항 내지 제6항을 준용한다. 이 경우 "소"는 "이의신청"으로 본다.

제229조(이의신청권의 포기) ① 이의신청권은 그 신청전까지 포기할 수 있다.
② 이의신청권의 포기는 서면으로 하여야 한다.
③ 제2항의 서면은 상대방에게 송달하여야 한다.

제230조(이의신청의 각하) ① 법원·수명법관 또는 수탁판사는 이의신청이 법령상의 방식에 어긋나거나 신청권이 소멸된 뒤의 것임이 명백한 경우에는 그 흠을 보정할 수 없으면 결정으로 이를 각하하여야 하며, 수명법관 또는 수탁판사가 각하하지 아니한 때에는 수소법원이 결정으로 각하한다.
② 제1항의 결정에 대하여는 즉시항고를 할 수 있다.

제231조(화해권고결정의 효력) 화해권고결정은 다음 각호 가운데 어느 하나에 해당하면 재판상 화해와 같은 효력을 가진다.
  1. 제226조 제1항의 기간 이내에 이의신청이 없는 때
  2. 이의신청에 대한 각하결정이 확정된 때
  3. 당사자가 이의신청을 취하하거나 이의신청권을 포기한 때

제232조(이의신청에 의한 소송복귀 등) ① 이의신청이 적법한 때에는 소송은 화해권고결정 이전의 상태로 돌아간다. 이 경우 그 이전에 행한 소송행위는 그대로 효력을 가진다.
② 화해권고결정은 그 심급에서 판결이 선고된 때에는 그 효력을 잃는다.

가. 의의 및 취지

수소법원・수명법관 또는 수탁판사는 소송계속 중인 사건에 대하여 변론절차・변론준비절차에서 당사자에 대하여 화해권고결정을 할 수 있고, 쌍방 당사자가 화해권고결정이 기재된 조서 또는 결정서의 정본을 송달받은 날부터 2주일 내에 이의를 신청하지 않으면 재판상 화해가 성립된 것으로 본다(제225조・제286조).

법원이 단순히 구술로 화해를 권고하는 것보다는 권고안을 서면화하여 그것이 법원의 명시적인 판단임을 표시하고 불복이 있으면 법정 절차에 따르도록 함으로써, 권고안의 공정성에 대한 믿음을 주고 화해권고절차가 소송절차와 연관되어 신속하고 융통성 있게 이루어지는 효과가 있다.

나. 내용

화해권고결정은 변론준비절차에서도 할 수 있으며, 상고심 법원도 결정을 할 수 있다. 다만 직권에 의한 결정이므로 당사자에게는 화해권고결정에 대한 신청권이 없다. 따라서 판례는 "민사소송절차에서 법원이 화해를 권고하거나 화해권고결정을 할 것인지 여부는 당사자의 이익, 그 밖의 모든 사정을 참작하여 직권으로 행하는 것이므로, **청구권의 발생 자체는 명백하지만 신의칙에 의하여 이를 배척하는 경우에 판결에 앞서 화해적 해결을 시도하지 않았다고 하여 위법이라고 할 수 없다.**"고 한다(2009. 12. 10. 2008다78279).

판례는 "화해권고결정에 대하여 소정의 기간 내에 이의신청이 없으면 화해권고결정은 재판상 화해와 같은 효력을 가지고(제231조), **화해권고를 위하여 필요한 경우에는 소송물 아닌 권리 내지 법률관계를 그 대상에 포함시킬 수 있으며, 이 경우 화해권고결정의 효력은 그 내용에 따라 그 결정에 기재된 당사자에게 미친다.**"고 한다(2008. 2. 1. 2005다42880).

판례는 "[1] 금전채권에 대해 압류・추심명령이 이루어지면 채권자는 민사집행법 제229조 제2항에 따라 대위절차 없이 압류채권을 직접 추심할 수 있는 권능을 취득한다. 추심채권자는 추심권을 포기할 수 있으나(민사집행법 제240조 제1항), 그 경우 집행채권이나 피압류채권에는 아무런 영향이 없다. 한편 추심채권자는 추심 목적을 넘는 행위, 예를 들어 피압류채권의 면제, 포기, 기한 유예, 채권양도 등의 행위는 할 수 없다. **추심금소송에서 추심채권자가 제3채무자와 '피압류채권 중 일부 금액을 지급하고 나머지 청구를 포기한다.'는 내용의 재판상 화해를 한 경우 '나머지 청구 포기 부분'은 추심채권자가 적법하게 포기할 수 있는 자신의 '추심권'에 관한 것으로서 제3채무자에게 더 이상 추심권을 행사하지 않고 소송을 종료하겠다는 의미로 보아야 한다.** 이와 달리 추심채권자가 나머지 청구를 포기한다는 표현을 사용하였더라도 이를 애초에 자신에게 처분 권한이 없는 '피압류채권' 자체를 포기한 것으로 볼 수는 없다. 따라서 위와 같은 재판상 화해의 효력은 별도의 추심명령을 기초로 추심권을 행사하는 다른 채권자에게 미치지 않는다. [2] **동일한 채권에 대해 복수의 채권자들이 압류・추심명령을 받은 경우 어느 한 채권자가 제기한 추심금소송에서 확정된 판결의 기판력은 그 소송의 변론종결일 이전에 압류・추심명령을 받았던 다른 추심채권자에게 미치지 않는다.**[64] 확정된 화해권

---

[64] 그 이유는 다음과 같다. ① 확정판결의 기판력이 미치는 주관적 범위는 신분관계소송이나 회사관계소송과 같이 법률에 특별한 규정이 있는 경우를 제외하고는 원칙적으로 당사자, 변론을 종결한 뒤의 승계인 또는 그를 위하여 청구의 목적물을 소지한 사람과 다른 사람을 위하여 원고나 피고가 된 사람이 확정판결을 받은 경우의 그 다른 사람에 국한되고(민사소송법 제218조 제1항, 제3항) 그 밖의 제3자에게는 미치지 않는다. 따라서 추심채권자들이 제기하는 추심금소송의 소송물이 채무자의 제3채무자에 대한 피압류채권의 존부로서 서로 같더라도 소송당사자가 다른 이상 그 확정판결의

고결정에는 재판상 화해와 같은 효력이 있다(제231조). 위에서 본 추심금소송의 확정판결에 관한 법리는 추심채권자가 제3채무자를 상대로 제기한 추심금소송에서 화해권고결정이 확정된 경우에도 마찬가지로 적용된다. 따라서 **어느 한 채권자가 제기한 추심금소송에서 화해권고결정이 확정되었더라도 화해권고결정의 기판력은 화해권고결정 확정일 전에 압류·추심명령을 받았던 다른 추심채권자에게 미치지 않는다.**"고 한다(2020. 10. 29. 2016다35390).

다. 절차

1) 당사자에게 결정서 송달·고지

화해권고결정 내용을 적은 조서 또는 결정서의 정본을 송달하는 때에는 그 조서 또는 결정서의 정본을 송달받은 날부터 2주안에 이의를 신청하지 아니하면 화해권고결정이 재판상 화해와 같은 효력을 가지게 된다는 취지를 당사자에게 고지하여야 한다(민사소송규칙 제58조).

송달을 할 때에는 우편송달(제185조 제2항·제187조)·공시송달(제194조)의 방법으로 할 수는 없고(제225조 제2항 단서), 만약 우편송달·공시송달 외의 방법으로 양 쪽 또는 한 쪽 당사자에게 제225조 제2항의 조서 또는 결정서의 정본을 송달할 수 없는 때에는 법원은 직권 또는 당사자의 신청에 따라 화해권고결정을 취소하여야 한다(민사소송규칙 제59조).

2) 당사자의 이의신청

쌍방 당사자는 화해권고결정이 기재된 조서 또는 결정서의 정본을 송달받은 날부터 2주일 내에 이의를 신청을 할 수 있다. 2주의 기간은 불변기간이다(제226조 제2항). 이의신청은 이의신청서를 화해권고결정을 한 법원에 제출함으로써 하고 또한 이의신청을 한 당사자는 그 심급의 판결이 선고될 때까지 상대방의 동의를 얻어 이의신청을 취하할 수 있다.

그리고 이의신청권은 그 신청 전까지 포기할 수 있지만, 이의신청권의 포기는 서면으로 하여야 한다(제226조 내지 제229조). 이의신청이 적법한 때에는 소송은 화해권고결정 이전의 상태로 돌아간다. 따라서 소송절차를 속행할 것이고 이 경우 그 이전에 행한 소송행위는 그대로 효력을 가진다. 그리하여 그 심급에서 판결이 선고되면 화해권고 결정은 그 효력을 잃는다(제232조).

판례는 "제227조 제2항 제2호가 화해권고결정에 대한 이의신청서에 기재하도록 요구하고 있는 화해권고결정의 표시와 그에 대한 이의신청의 취지는 제출된 서면을 전체적으로 보아 어떠한 화해권고결정에 대하여 이의를 한다는 취지가 나타나면 족하고, 그 서면의 표제가 준비서면 등 다른 명칭을 사용하고 있다고 하여 달리 볼 것은 아니다."고 한다(2011. 4. 14. 2010다5694). 따라서 **화해권고결정을 송달받은 항소인이 화해권고결정에 대한 이의신청기간 내에 '제1심판결 중 패소 부분은 받아들일 수 없다'는 취지의 준비서면과 종래 제출한 적 있던 항소장을 제출하고, '준비서면 자체가 화해권고**

기판력이 서로에게 미친다고 할 수 없다. ② 민사집행법 제249조 제3항·제4항은 추심의 소에서 소를 제기당한 제3채무자는 집행력 있는 정본을 가진 채권자를 공동소송인으로 원고 쪽에 참가하도록 명할 것을 첫 변론기일까지 신청할 수 있고, 그러한 참가명령을 받은 채권자가 소송에 참가하지 않더라도 그 소에 대한 재판의 효력이 미친다고 정한다. 위 규정 역시 참가명령을 받지 않은 채권자에게는 추심금소송의 확정판결의 효력이 미치지 않음을 전제로 참가명령을 통해 판결의 효력이 미치는 범위를 확장할 수 있도록 한 것이다. ③ 제3채무자는 추심의 소에서 다른 압류채권자에게 위와 같이 참가명령신청을 하거나 패소한 부분에 대해 변제 또는 집행공탁을 함으로써, 다른 채권자가 계속 자신을 상대로 소를 제기하는 것을 피할 수 있다. 따라서 어느 한 채권자가 제기한 추심금소송에서 확정된 판결의 효력이 다른 채권자에게 미치지 않는다고 해도 제3채무자에게 부당하지 않다.

이의신청'이라는 내용의 화해권고결정에 대한 이의신청서를 우편으로 발송하여 그것이 이의신청기간 종료일 다음날 법원에 도착한 사안에서, 준비서면과 항소장은 전체적인 취지에서 화해권고결정에 대한 이의신청에 해당한다고 보아야 하므로, 소송종료선언을 하지 않고 소송에 복귀하여 심리에 나아간 원심판단은 정당하다고 판시하였다.

또한 "제79조에 의한 소송은 동일한 권리관계에 관하여 원고, 피고 및 참가인 상호간의 다툼을 하나의 소송절차로 한꺼번에 모순 없이 해결하려는 소송형태로서 두 당사자 사이의 소송행위는 나머지 1인에게 불이익이 되는 한 두 당사자 간에도 효력이 발생하지 않는다고 할 것이므로, **원·피고 사이에만 재판상 화해를 하는 것은 3자 간의 합일확정의 목적에 반하기 때문에 허용되지 않는다.** 따라서 **독립당사자참가인이 화해권고결정에 대하여 이의한 경우, 이의의 효력이 원·피고 사이에도 미친다.**"고 한다(2005. 5. 26. 2004다25901).

라. 효 력

판례는 "화해권고결정에 대하여 이의신청이 없으면 재판상 화해와 같은 효력을 가지며(제231조), **재판상 화해는 확정판결과 동일한 효력이 있고 창설적 효력을 가지는 것**이어서 화해가 이루어지면 종전의 법률관계를 바탕으로 한 권리·의무관계는 소멸함과 동시에 재판상 화해에 따른 새로운 법률관계가 형성된다. **소송에서 다투어지고 있는 권리 또는 법률관계의 존부에 관하여 동일한 당사자 사이의 전소에서 확정된 화해권고결정이 있는 경우 당사자는 이에 반하는 주장을 할 수 없고 법원도 이에 저촉되는 판단을 할 수 없다.**"고 한다(2014. 4. 10. 2012다29557).

또한 "[1] 제231조는 "화해권고결정은 결정에 대한 이의신청 기간 이내에 이의신청이 없는 때, 이의신청에 대한 각하결정이 확정된 때, 당사자가 이의신청을 취하하거나 이의신청권을 포기한 때에 재판상 화해와 같은 효력을 가진다."라고 정하고 있으므로, **확정된 화해권고결정은 당사자 사이에 기판력을 가진다.** 그리고 화해권고결정에 대한 이의신청이 적법한 때에는 소송은 화해권고결정 이전의 상태로 돌아가므로(제232조 제1항), 당사자는 화해권고결정이 송달된 후에 생긴 사유에 대하여도 이의신청을 하여 새로운 주장을 할 수 있고, 화해권고결정이 송달된 후의 승계인도 이의신청과 동시에 승계참가신청을 할 수 있다. 이러한 점 등에 비추어 보면, **화해권고결정의 기판력은 확정 시를 기준으로 하여 발생한다**고 해석함이 상당하다. [2] 소유권에 기한 물권적 방해배제청구로서 소유권등기의 말소를 구하는 소송이나 진정명의 회복을 원인으로 한 소유권이전등기절차의 이행을 구하는 소송 중에 그 소송물에 대하여 화해권고결정이 확정되면 상대방은 물권적인 방해배제의무를 지는 것이고, **화해권고결정에 창설적 효력이 있다고 하여 청구권의 법적 성질이 채권적 청구권으로 바뀌지 아니한다.**"고 한다(2012. 5. 10. 2010다2558).

Ⅲ. 제소전 화해

> 제385조(화해신청의 방식) ① 민사상 다툼에 관하여 당사자는 청구의 취지·원인과 다투는 사정을 밝혀 상대방의 보통재판적이 있는 곳의 지방법원에 화해를 신청할 수 있다.
> ② 당사자는 제1항의 화해를 위하여 대리인을 선임하는 권리를 상대방에게 위임할 수 없다.
> ③ 법원은 필요한 경우 대리권의 유무를 조사하기 위하여 당사자본인 또는 법정대리인의 출석을 명할 수 있다.
> ④ 화해신청에는 그 성질에 어긋나지 아니하면 소에 관한 규정을 준용한다.

> **제386조(화해가 성립된 경우)** 화해가 성립된 때에는 법원사무관등은 조서에 당사자, 법정대리인, 청구의 취지와 원인, 화해조항, 날짜와 법원을 표시하고 판사와 법원사무관등이 기명날인 또는 서명한다.
>
> **제387조(화해가 성립되지 아니한 경우)** ① 화해가 성립되지 아니한 때에는 법원사무관등은 그 사유를 조서에 적어야 한다.
> ② 신청인 또는 상대방이 기일에 출석하지 아니한 때에는 법원은 이들의 화해가 성립되지 아니한 것으로 볼 수 있다.
> ③ 법원사무관등은 제1항의 조서등본을 당사자에게 송달하여야 한다.
>
> **제388조(소제기신청)** ① 제387조의 경우에 당사자는 소제기신청을 할 수 있다.
> ② 적법한 소제기신청이 있으면 화해신청을 한 때에 소가 제기된 것으로 본다. 이 경우 법원사무관등은 바로 소송기록을 관할법원에 보내야 한다.
> ③ 제1항의 신청은 제387조 제3항의 조서등본이 송달된 날부터 2주 이내에 하여야 한다. 다만, 조서등본이 송달되기 전에도 신청할 수 있다.
> ④ 제3항의 기간은 불변기간으로 한다.
>
> **제389조(화해비용)** 화해비용은 화해가 성립된 경우에는 특별한 합의가 없으면 당사자들이 각자 부담하고, 화해가 성립되지 아니한 경우에는 신청인이 부담한다. 다만, 소제기신청이 있는 경우에는 화해비용을 소송비용의 일부로 한다.

1. 의의 및 구별개념

제소전 화해란 **소제기 전에 화해를 원하는 당사자의 신청에 의하여 지방법원 단독판사 앞에서 행하는 화해**를 말한다(제385조). 이는 소송계속 전에 소송을 예방하기 위해 이용된다는 점에서, 소송계속 후에 소송을 종료시키기 위하여 행하여지는 소송상 화해와 구별되지만, 법적 성질·방식·효과 등에서는 차이가 없다. 다만 제소전 화해는 소송계속이 없기 때문에 그 하자를 다투는 방법으로서 기일지정신청을 할 수가 없고, 또 당사자로부터 화해의 신청이 있어야 한다는 점에서 소송상 화해와 구별된다.

2. 문제점

제소전 화해는 분쟁을 상호 양보하여 해결하는 제도인데, 실제로는 당사자 간에 다툼 없는 계약내용을 조서에 기재하여 재판상 화해를 성립시키기 위해서 이용된다. 이렇게 되면 법원은 화해의 알선을 통하여 분쟁을 해결하는 것이 아니라 공증행위를 하는 것에 불과하다.

또한 임대인이나 채권자가 경제적 지위를 이용하여 부당하게 유리한 집행권원을 얻는 수단으로 악용되고 있으며, 판례가 '무제한 기판력설'의 입장이므로, 이를 통하여 강행법규의 탈법을 합법화시키고 재판상 다투는 길을 봉쇄하는 방법으로 이용되는 문제점이 있다.

다만 공증인법의 개정으로 금전 지급 또는 유가증권 등의 일정한 수량의 급여를 목적으로 하는 경우 이외에도, 건물·토지·동산의 인도를 구하는 경우에도 집행증서를 작성할 수 있게 되었다(공증인법 제56조의3). 따라서 이를 통하여 제소전 화해의 문제점을 일정 부분 해결할 수 있다.

3. 화해의 요건

소송상 화해와 마찬가지로 화해의 대상은 당사자가 처분할 수 있는 권리관계이어야 한다. 다만 그 권리관계에 관하여 분쟁이 있어야 하는데(제385조 제1항), 민사상의 분쟁의 의미와 관련하여 ① 현실의 분쟁이 있을 것을 뜻하는가(현실분쟁설), ② 장래 분쟁발생의 가능성이 있는 경우까지 신청할 수 있다고 할 것인가(장래분쟁설)에 대해서 견해가 대립된다.

장래분쟁설에 의하면 분쟁 없는 곳에 화해가 있게 되며, 공정증서의 대용화, 강행법규의 탈법, 재판상 다투는 길의 봉쇄 등으로 민사사법제도가 남용되는 폐단을 시정할 길이 없게 될 뿐만 아니라, 현행법이 화해의 신청시에 '다투는 사정'을 명시할 것을 요구하고 있으므로 '현실분쟁설'이 타당하다.

4. 화해의 신청

화해를 원하는 당사자는 상대방의 보통재판적 소재지 지방법원에 화해를 신청할 수 있다(제385조 제1항). 이는 청구의 종류나 금액의 다과에 불문하고 지방법원 단독판사의 직분관할에 속한다. 신청은 서면 또는 말로(제161조), 청구의 취지 및 원인 이외에 '다투는 사정'을 표시하여야 한다. 또한 화해를 위하여 대리인의 선임권을 상대방에게 위임하는 것은 금지된다(제385조 제2항).

화해의 신청에는 그 성질에 반하지 않는 한 소에 관한 규정이 준용되므로(제385조 제4항), **신청서의 제출시에 다툼의 대상인 권리관계에 관하여 시효중단의 효력이 발생**한다(제388조 제2항·민법 제168조). 즉 제소전 화해를 신청하면 시효가 중단된다. 다만 화해를 위한 소환은 상대방이 출석하지 아니하거나 화해가 성립되지 아니한 때에는 1월 내에 소를 제기하지 아니하면 시효중단의 효력이 없다(민법 제173조). 소를 제기하면 화해를 신청한 때로 소급하여 시효중단의 효력이 생긴다.

5. 절차와 방식

화해신청의 요건 및 방식에 흠결이 있을 때에는 결정으로 화해신청을 각하한다. 이에 대하여 신청인은 항고를 할 수가 있다(제439조). 채권자가 우월한 경제적 지위를 이용하여 채무자로부터 대리인 선임용 백지위임장을 받고 이에 기하여 선임된 대리인과 제소전 화해가 이루어지는 경우가 많으므로 이를 막고자 쌍방대리금지의 원칙에 입각하여 자기 대리인의 선임권을 상대방(특히 채권자)에게 위임하는 것을 금지시켰다(제385조 제2항).

화해신청이 적법한 때에 법원은 화해기일을 정하여 신청인 및 상대방을 소환하여야 하며 화해기일은 변론기일이 아니므로 공개할 필요가 없다. 화해가 성립한 때에는 법원사무관 등은 화해조서를 작성한다. 이때 화해비용은 특별한 합의가 없으면 당사자의 각자의 부담으로 한다(제389조 본문).

6. 제소전 화해조서의 효력

가. 소송상 화해와 동일한 효력

제소전 화해조서는 소송상 화해조서와 같이 확정판결과 동일한 효력을 가지므로(제220조), 집행력·형성력·기판력이 발생한다. 기판력에 대하여, 판례는 "제소전 화해조서는 확정판결과 동일한 효력이 있어 당사자 사이에 기판력이 생기므로, 확정판결의 당연무효 사유와 같은 사유가 없는 한 **내용이 강행법규에 위반된다 할지라도 그것은 단지 제소전 화해에 하자가 있음에 지나지 아니하여 준재심절차에 의하여 구제받는 것은 별문제로 하고 화해조서를 무효라고 주장할 수는 없다.**"고 하고(2002.

12. 6. 2002다44014), "제소전화해조서는 확정판결과 같은 효력이 있어 당사자 사이에 기판력이 생기므로 내용이 강행법규에 위반된다 할지라도 **준재심절차에 의하여 취소되지 아니하는 한 화해가 통정허위표시로서 무효라는 취지의 주장은 할 수 없다.**"고 하고(1992. 10. 27. 92다19033), "소유권이전등기가 제소전화해조서에 의하여 이루어진 경우 제소전화해가 준재심에 의하여 취소되지 않는 한 기판력에 모순·저촉되는 주장을 할 수 없다."고 한다(1992. 11. 27. 92다8521).

또한 "소유권이전등기가 제소전 화해조서의 집행으로 이루어진 것이라면 제소전 화해가 이루어지기 전에 제출할 수 있었던 사유에 기한 주장이나 항변은 기판력에 의하여 차단되므로 그와 같은 사유를 원인으로 제소전 화해의 내용에 반하는 주장을 하는 것은 허용되지 않는다 할 것이나, **제소전 화해가 이루어진 이후에 새로 발생한 사실을 주장하여 제소전 화해에 반하는 청구를 하여도 이는 제소전 화해의 기판력에 저촉되는 것은 아니다.**"고 한다(1994. 12. 9. 94다17680).[65]

나. 창설적 효력

판례는 제소전 화해의 창설적 효력을 인정한다. 즉 "제소전 화해는 확정판결과 동일한 효력이 있고 당사자 사이의 사법상 화해계약이 내용을 이루는 것이면 화해는 창설적 효력을 가져 화해가 이루어지면 종전의 법률관계를 바탕으로 한 권리·의무관계는 소멸한다. 그러나 **제소전 화해의 창설적 효력은 다투어졌던 권리관계에만 미치는 것이지 다툰 사실이 없었던 사항은 물론 화해의 전제로서 서로 양해하고 있는 사항에 관하여는 미치지 않는다. 따라서 제소전 화해가 있더라도 화해의 대상이 되지 않은 종전의 다른 법률관계까지 소멸하는 것은 아니다.** 법률행위의 해석은 당사자가 표시행위에 부여한 객관적 의미를 명백하게 확정하는 것으로서, 서면에 사용된 문구에 구애받는 것은 아니지만 당사자의 내심적 의사의 여하에 관계없이 서면의 기재 내용에 의하여 당사자가 표시행위에 부여한 객관적 의미를 합리적으로 해석하는 것이고, 당사자가 표시한 문언에 의하여 객관적인 의미가 명확하게 드러나지 않는 경우에는 문언의 내용과 법률행위가 이루어진 동기 및 경위, 당사자가 법률행위에 의하여 달성하려는 목적과 진정한 의사, 거래의 관행 등을 종합적으로 고려하여 사회정의와 형평의 이념에 맞도록 논리와 경험의 법칙, 사회 일반의 상식과 거래의 통념에 따라 합리적으로 해석하여야 할 것인데, 이러한 법리는 제소전 화해가 성립한 후 화해조항의 해석에 관하여 다툼이 있는 경우에도 마찬가지로 적용되어야 한다."고 한다(2022. 1. 27. 2019다299058).[66]

---

65) 갑과 을 사이에 갑이 병으로부터 부동산을 매수하였으나 소유권이전등기를 마치지 않는 상태에서 부동산을 을에게 매도하기로 하되 등기명의를 병에서 직접 을 앞으로 제소전 화해절차를 통하여 소유권이전등기를 마침과 동시에 을이 갑에게 잔대금을 지급하기로 약정하였는데, 을이 약정과 달리 잔대금을 지급하지 아니한 상태에서 병을 상대로 제소전 화해신청을 하여 화해조서에 기하여 소유권이전등기를 마친 경우, 을 명의의 소유권이전등기가 병과 을 사이에 제소전 화해에 의하여 이루어진 것이라도 이는 갑과 을 사이에 체결된 매매계약과 당사자들 사이에 이루어진 중간등기생략에 관한 합의에 의한 것이라면 그 매매계약상의 갑의 채무는 을이 부동산에 관하여 소유권이전등기를 마침으로써 전부 이행되었다고 할 것이니 을이 당초의 약정과는 달리 소유권이전등기를 마친 후에도 갑에게 잔대금을 지급하지 아니한 경우에는 갑은 최고절차를 거쳐 매매계약을 해제하고 계약 당사자로서 을에게 직접 매매계약 해제를 원인으로 한 원상회복으로서 소유권이전등기의 말소등기절차의 이행을 구할 수 있다.
66) 갑과 을 등이 점포에 관하여 임대차계약을 체결한 후 "갑(임차인)은 임대차기간 만료일에 을 등(임대인)으로부터 임대차보증금을 반환받음과 동시에 점포를 을 등에게 인도한다."라는 내용의 제소전 화해를 하였는데, 갑이 임대차기간 만료 전 임대차계약의 갱신을 요구한 사안에서, 임대차계약에 갑의 계약갱신요구권을 배제하는 내용이 없고, 오히려 계약을 갱신할 경우에 상호 협의한다고 정한 점, 화해조서에 임대차계약이 기간 만료로 종료하는 경우 갑이 임대차보증금을 반환받음과 동시에 을 등에게 점포를 인도한다고 기재되어 있을 뿐, 갑의 계약갱신요구권이나 이에 관한 권리관계에 대하여는 아무런 기재가 없으며, 그 내용이 갑의 계약갱신요구권 행사와 양립할 수 없는 것이라고 보기도 어려운 점, 갑이 계약갱신요구권을 미리 포기할 이유가 있었다고 볼 만한 사정을 찾기 어렵고, 화해조서에서 점포의 반환일을 임대차기간 만료일로 기재한 점이나 화해의 신청원인으로 '합의된 사항의 이행을 보장하고 장래에 발생할 분쟁을

다. 제소전 화해조서에 대한 취소의 효과

준재심의 소에 의하여 제소전 화해가 취소되더라도, 제소전 화해는 부활할 소송이 없으므로 소송상 화해와 달리 기일지정신청의 방법으로 다툴 수는 없고, 화해의 불성립이 될 뿐이다.

방지하고자' 함에 있다고 기재한 사정만으로 갑이 계약갱신요구권을 포기하는 의사를 표시한 것이라고 단정하기 어려운 점에 비추어, 갑의 계약갱신요구권은 화해 당시 분쟁의 대상으로 삼지 않은 사항으로서 화해에서 달리 정하거나 포기 등으로 소멸시킨다는 조항을 두지 않은 이상 화해의 창설적 효력이 미치지 않고, 갑은 화해조서 작성 이후에도 여전히 법이 보장하는 계약갱신요구권을 행사할 수 있다고 보아야 하는데도, 이와 달리 본 원심판단에 법리오해 등의 잘못이 있다고 한 사례.

CHAPTER 03 종국판결에 의한 종료

제1절 총설

Ⅰ. 재판의 의의

재판이란 소송사건에 관하여 법원 또는 법관이 하는 판단으로서 소송법상 일정한 효과를 발생시키는 소송행위를 말한다.

Ⅱ. 재판의 종류

1. 판결·결정·명령

가. 재판의 주체

판결과 결정은 법원의 재판이고, 명령은 재판장·수명법관·수탁판사 등 법관의 재판이다. 다만 문서제출명령·압류명령·추심명령·전부명령 등과 같이 법원의 재판이어서 성질은 결정인데, 명칭은 명령인 것이 있다. 판결은 원칙적으로 필수적 변론에 의하며, 결정과 명령은 임의적 변론에 의한다(제134조 제1항 단서).

나. 고지방법

판결의 경우에는 판결서를 작성하여 원칙적으로 선고에 의하는 반면, 결정·명령의 경우에는 결정서 내지 명령서를 작성하지 않고 조서의 기재로 대용할 수 있고(제154조 제5호), 원칙적으로 상당한 방법으로 고지하면 된다(제221조 제1항). 판결서의 경우에는 원칙적으로 이유기재를 생략할 수 없으며, 법관의 서명날인을 요함에 대하여(제208조 제1항), 결정과 명령의 경우에는 이유기재를 생략할 수 있으며(제224조 제1항 단서), 기명날인으로 족하다(제224조 제1항 단서).

다. 불복방법

판결에 대한 불복은 항소·상고이며, 결정·명령에 대한 불복은 이의신청 또는 항고·재항고이다. 법원은 자신의 판결에 기속되지만, 결정과 명령에는 기속되지 않고 취소 또는 변경을 할 수 있다(재도의 고안, 제446조).

라. 재판의 효력

판결은 확정되어야 효력이 발생하는데, 결정과 명령은 고지함으로써 효력이 발생한다(제221조 제1항).

2. 종국적 재판·중간적 재판

종국적 재판이란 종국판결, 소·상소각하결정(제144조 제4항), 소장·상소장각하명령(제254조 제2항, 제399조 제2항, 제402조 제2항)과 같이 사건에 대하여 종국적 판단을 하고 그 심급을 완결하는 재판을 말한다. 중간적 재판이란 중간판결(제201조), 실기한 공격방어방법의 각하결정(제149조), 청구의 변경의 허부결정(제263조), 소송절차의 수계결정(제243조), 소장보정명령(제254조) 등과 같이 심리도중에 문제가 된 사항에 관하여 판단하는 재판을 말한다.

제02절 판 결

◆ 제1관 판결의 종류

Ⅰ. 중간판결

> 제201조(중간판결) ① 법원은 독립된 공격 또는 방어의 방법, 그 밖의 중간의 다툼에 대하여 필요한 때에는 중간판결을 할 수 있다.
> ② 청구의 원인과 액수에 대하여 다툼이 있는 경우에 그 원인에 대하여도 중간판결을 할 수 있다.

1. 서 설

판례는 "중간판결이란 **그 심급에서 사건의 전부 또는 일부를 완결하는 재판인 종국판결을 하기에 앞서 종국판결의 전제가 되는 개개의 쟁점을 미리 정리·판단하여 종국판결을 준비하는 재판**이다."고 한다(1994. 12. 27. 94다38366).

민사소송법은 중간판결을 할 수 있다고 규정하고 있다. 따라서 중간판결사항을 중간판결로 하는지, 종국판결의 이유 속에서 판단하는지는 법원의 자유재량에 속한다. 한편 중간확인의 소에 대한 중간확인판결은 그 성질이 종국판결이므로 중간판결이 아니다. 또한 중간판결은 소송자료의 일부에 대한 판단이기 때문에 소송물의 가분적 일부에 대한 판단인 일부판결과도 구별된다.

2. 중간판결사항

가. 독립한 공격방어방법

독립한 공격방어방법이란 **본안에 관한 주장이나 항변 중에서 다른 것과 독립하여 그에 관한 판단만으로 청구를 유지·배척하기에 충분한 것**을 말한다. 예컨대 소유권확인의 소에서 소유권의 취득원인으로 매매·시효취득을 주장할 경우 또는 원고의 대여금청구소송에서 피고가 채무의 소멸사유로서 변제·상계를 주장하는 경우에 그 중 어느 하나가 인정되면 원고의 청구가 인용되거나 배척되는 것이기 때문에, 매매와 시효취득 또는 변제와 상계는 독립한 공격방어방법이 된다.

그러나 손해배상청구소송에서 고의·과실의 유무와 같이 개개의 요건사실은 그 하나가 이유가 있어 인정되더라도 그것만으로는 손해배상청구권이 발생하는 것은 아니기 때문에 독립한 공격방어방법이 아니다. 다만 독립한 공격방어방법을 판단한 결과, 이유가 있어 곧바로 청구를 인용·기각할 수 있으면 바로 종국판결(제198조)을 하기 때문에 그렇지 아니한 경우에 중간판결을 할 수 있다.

나. 중간의 다툼

중간의 다툼이란 독립한 공격방어방법에 속하지 않으면서 본안판단에 앞서서 판단하여야 할 소송절차상의 사항에 관한 다툼으로서, 이를 해결하지 않으면 청구에 대한 판단을 할 수 없는 것을 말한다. 예컨대 소송요건의 존부, 소 취하에 의한 소송종료의 유·무, 재심의 소의 적법여부와 재심사유의 존부 등에 관한 다툼을 말한다. 만약 소가 적법하거나 소의 취하가 무효일 때에는 중간판결을 할 수가 있으나, 소가 부적법하거나 소의 취하가 유효한 것일 때에는 소각하 판결이나 소송종료선언의 종국판결을 선고한다.

다. 원인판결

청구의 원인과 액수 두 가지 모두에 대하여 다툼이 있는 경우에, 청구원인에 대하여 이를 긍정하는 때에는 먼저 이를 정리하는 중간판결을 할 수가 있는데, 이를 원인판결이라고 한다(제201조 제2항). 그러나 청구의 원인을 부정하게 되면 청구 자체를 부정할 수밖에 없기 때문에, 이 경우의 판결은 종국판결이다. 여기서 말하는 청구원인이란 소장의 필요적 기재사항으로서 문제되는 협의·광의의 청구원인이 아니라, 액수를 제외한 소송의 목적인 실체법상의 청구권의 존부를 둘러싼 일체의 사정을 말한다. 따라서 불법행위 사건에서 과실·인과관계 등의 권리발생사실만이 아니라 변제·면제 등의 권리소멸사실도 포함된다.

3. 중간판결의 효력

가. 기속력

중간판결이 선고되면 판결을 한 법원도 이에 구속되어 철회·변경을 할 수 없고(기속력), 종국판결을 할 때에는 중간판결의 주문에 표시된 판단을 기초로 해야 한다. 당사자도 중간판결의 최종변론 전에 제출할 수 있었던 공격방어방법을 그 뒤의 변론에서 제출할 수가 없다. 그러나 중간판결 이후에 새로 발생한 사실에 기하여 중간판결의 변경을 구하는 것은 허용된다. 또한 중간판결의 판결이유 중의 판단에는 구속되지 아니한다.

한편 중간판결의 기속력은 당해 심급에만 미치기 때문에 상급심에서는 시기에 늦은 것이 아니면(제149조) 중간판결을 뒤집기 위한 청구의 원인에 관한 공격방어방법의 제출을 할 수 있다. 그러나 중간판결에는 기속력 이외에는 기판력·집행력·형성력은 인정되지 않는다.

나. 소송비용에 대한 재판·상소·재심

중간판결은 종국판결이 아니기 때문에 원칙적으로 소송비용에 대한 재판을 하여서는 안 된다(제104조). 중간판결에 대하여는 독립하여 상소할 수 없고, 종국판결에 대한 상소를 하여야 하며, 종국판결과 함께 상소심의 판단을 받을 수 있다(제392조·제425조). 중간판결은 확정이라는 것이 없기 때문에 재심의 대상이 되지 아니한다.

판례도 "중간판결이 선고되면 판결을 한 법원은 이에 구속되므로, 종국판결을 할 때에도 주문의 판단을 전제로 하여야 하며, 중간판결의 판단이 그릇된 것이라도 이에 저촉되는 판단을 할 수 없다. **중간판결은 종국판결 이전의 재판으로서 종국판결과 함께 상소심의 판단을 받는다**(제392조·제425조)."고 한다(2011. 9. 29. 2010다65818).

Ⅱ. 종국판결

> 제198조(종국판결) 법원은 소송의 심리를 마치고 나면 종국판결을 한다.
>
> 제199조(종국판결 선고기간) 판결은 소가 제기된 날부터 5월 이내에 선고한다. 다만, 항소심 및 상고심에서는 기록을 받은 날부터 5월 이내에 선고한다.

1. 의 의

종국판결이란 **소 또는 상소에 의하여 계속된 사건의 전부나 일부에 관하여 당해 심급에서 완결하는 판결**을 말한다. 종국판결은 (a) 사건을 완결시키는 범위에 따라 전부판결·일부판결·추가판결로 구분되고, (b) 소의 적법요건에 관한 판단인지, 청구의 당부에 관한 판단인지에 따라 소송판결과 본안판결로 구분된다.

당해 심급이 완결되는 경우라면 판결이 확정되지 않은 경우라도 종국판결이 된다. 따라서 항소법원의 환송판결(제418조 본문), 대법원의 환송판결(제436조 제1항 전단), 상급심법원이 원심판결을 취소·파기하고 하는 이송판결(제419조·제436조 제1항 후단)도 종국판결이 된다.

판례는 "**항소심의 환송판결은 종국판결**이므로, 고등법원의 환송판결에 대하여는 대법원에 상고할 수 있다."고 하고(1981. 9. 8. 80다3271), "[1] 종국판결이라 함은 소 또는 상소에 의하여 계속중인 사건의 전부 또는 일부에 대하여 심판을 마치고 그 심급을 이탈시키는 판결이라고 이해하여야 할 것이다. **대법원의 환송판결도 당해 사건에 대하여 재판을 마치고 그 심급을 이탈시키는 판결인 점에서 당연히 제2심의 환송판결과 같이 종국판결로 보아야 할 것이다.** [2] 재심제도의 본래의 목적에 비추어 볼 때 재심의 대상이 되는 "확정된 종국판결"이란 당해 사건에 대한 소송절차를 최종적으로 종결시켜 그것에 하자가 있다고 하더라도 다시 통상의 절차로는 더 이상 다툴 수 없는 기판력이나 형성력, 집행력을 갖는 판결을 뜻하는 것이라고 이해하여야 할 것이다. 대법원의 환송판결은 형식적으로 보면 "확정된 종국판결"에 해당하지만, 여기서 종국판결이라고 하는 의미는 당해 심급의 심리를 완결하여 사건을 당해 심급에서 이탈시킨다는 것을 의미하는 것일 뿐이고 실제로는 환송받은 하급심에서 다시 심리를 계속하게 되므로 소송절차를 최종적으로 종료시키는 판결은 아니며, 또한 환송판결도 동일절차 내에서는 철회, 취소될 수 없다는 의미에서 기속력이 인정됨은 물론 법원조직법 제8조, 민사소송법 제436조 제2항 후문의 규정에 의하여 하급심에 대한 특수한 기속력은 인정되지만 소송물에 관하여 직접적으로 재판하지 아니하고 원심의 재판을 파기하여 다시 심리판단하여 보라는 종국적 판단을 유보한 재판의 성질상 직접적으로 기판력이나 실체법상 형성력, 집행력이 생기지 아니한다고 하겠으므로 이는 중간판결의 특성을 갖는 판결로서 "실질적으로 확정된 종국판결"이라 할 수 없다. 종국판결은 당해 심급의 심리를 완결하여 심급을 이탈시킨다는 측면에서 상소의 대상이 되는 판결인지 여부를 결정하는 기준이 됨은 분명하지만 종국판결에 해당하는 모든 판결이 바로 재심의 대상이 된다고 이해할 아무런 이유가 없다. 통상의 불복방법인 상소제도와 비상의 불복방법인 재심제도의 본래의 목적상 차이에 비추어 보더라도 당연하다. 따라서 **환송판결은 재심의 대상을 규정한 제451조 제1항의 "확정된 종국판결"에는 해당하지 아니하는 것으로 보아야 할 것이어서, 환송판결을 대상으로 하여 제기한 이 사건 재심의 소는 부적법하므로 이를 각하하여야 한다.**"고 한다(1995. 2. 14. 93재다27).

2. 전부판결

전부판결이란 **같은 소송절차로 심리되는 사건의 전부를 동시에 완결시키는 종국판결**을 말한다. 전부판결은 하나의 판결이므로, 청구 가운데 일부에 대하여 한 상소는 나머지 청구에 대하여도 그 효력이 미쳐 판결 전체의 확정을 차단하는 효과와 상급심으로 이심되는 효과가 생긴다. 다만 상소를 하지 아니한 부분은 상소심의 심판 범위에 속하지 않는다.

3. 일부판결

> **제200조(일부판결)** ① 법원은 소송의 일부에 대한 심리를 마친 경우 그 일부에 대한 종국판결을 할 수 있다.
> ② 변론을 병합한 여러 개의 소송 가운데 한 개의 심리를 마친 경우와, 본소나 반소의 심리를 마친 경우에는 제1항의 규정을 준용한다.

가. 의의 및 구별개념

일부판결이란 **동일소송절차에서 심판되는 사건의 일부를 다른 부분으로부터 분리하여 먼저 완결시키는 종국판결**을 말한다. 판결하지 않은 나머지 부분은 그 심급에서 심리가 속행되는데, 추후에 이를 완결하는 판결을 **잔부판결 또는 결말판결**이라고 한다.

일부판결제도는 소송의 심리를 간략하게 하는 동시에 당사자에게 일부분이라도 조속한 확정판결을 얻게 하여 주는 실익이 있으나, 일부판결은 독립하여 상소의 대상이 되기 때문에 사건의 일부는 상소심에, 나머지는 원심에 계속하는 결과가 되어 재판의 모순을 초래할 수 있다.

일부판결은 소의 일부에 관하여 그 심급에서 심리를 완결시키는 종국판결이라는 점에서 중간판결과 구별된다. 또한 일부판결이 가능한 경우이지만 실수로 재판의 일부를 누락하는 재판의 누락과도 구별된다.

나. 일부판결의 가능성

1) 문제점

소송의 일부의 심리를 완료한 때 또는 변론을 병합한 수 개의 소송 중 1개 또는 본소·반소 중 어느 하나의 심리를 완료한 때에는 일부판결이 허용되지만, 일부판결 후 잔부판결을 허용하면 내용상 모순이 생길 염려가 있는 경우나 일부판결을 한 뒤 잔부판결이 법률상 허용될 수 없는 경우에는 일부판결이 허용될 수 없다. 일부판결의 가능성이 문제되는 경우는 다음과 같다.

2) 하나의 청구의 일부에 대한 경우

토지인도청구 중 특정부분의 인도, 금전지급청구 중 다툼이 없는 확정된 액의 지급 등과 같이, 청구의 내용이 가분적인데 그 일부가 확정되면 일부판결을 할 수 있다.

3) 객관적 병합의 경우

(a) 단순병합의 경우에는 병합된 청구사이에 관련성이 없으므로 일부판결이 허용된다. 그러나 기본적 법률관계를 공통으로 하는 관련적 병합의 경우에는 재판의 모순·저촉을 피하기 위하여 일부판결

을 피해야 할 필요가 있다. (b) 선택적 병합의 경우에는 병합된 청구사이에 관련성을 필요로 하므로 일부판결을 할 수 없다. (c) 예비적 병합의 경우에는 주위적 청구를 기각하는 경우에 일부판결을 허용한다면 잔부판결이 일부판결과 모순될 수 있기 때문에 예비적 병합의 성질상 일부판결은 허용될 수 없다.

4) 공동소송의 경우

(a) 통상의 공동소송의 경우에는 공동소송인 독립의 원칙이 적용되므로, 공동소송인 중의 1인의 또는 1인에 대한 청구에 관하여 일부판결을 할 수 있다. (b) 필수적 공동소송의 경우에는 합일확정의 필요성 때문에 고유필수적 공동소송과 유사필수적 공동소송 모두 일부판결은 허용되지 않는다. (c) 예비적·선택적 공동소송의 경우에는 제67조 제3항의 준용으로 인하여 변론·증거조사·판결은 같은 기일에 함께 하여야 하기 때문에 일부판결을 할 수 없다. (d) 독립당사자참가의 경우에는 필수적 공동소송의 특칙을 준용하기 때문에 합일확정의 필요성이 있으므로 일부판결을 할 수 없다.

5) 변론의 병합의 경우

원칙적으로 변론을 병합한 수 개의 소송 중 1개의 심리를 완결한 경우에 일부판결이 가능하나, 변론을 병합한 결과 소송이 필수적 공동소송이 되는 경우라든가, 법률상 병합이 요구되어 병합된 경우에는 일부판결이 허용되지 않는다.

6) 반소제기의 경우

본소와 반소는 재판의 불통일을 피하기 위하여 원칙적으로 병합심리를 하고 1개의 전부판결을 하는 것이 원칙이다. 다만 병합심리로 인하여 소송이 지연되는 등과 같은 특별한 사정이 있는 경우에는 일부판결을 할 수 있다. 그러나 동일채권에 관한 부존재 확인의 본소와 이행청구의 반소, 동일부동산에 관한 소유권확인의 본소와 소유권확인의 반소 등의 경우와 같이 **본소와 반소가 동일한 권리·법률관계를 목적으로 한 경우**나, 동일한 혼인에 관한 이혼을 구하는 본소와 반소의 경우처럼 **본소와 반소가 동일목적의 형성청구인 경우**에는 일부판결을 할 수 없다.

다. 일부판결의 절차

일부판결을 할 때에는 그 부분에 관해서 특히 변론을 집중할 필요가 있기 때문에 변론의 제한(제141조) 등 소송지휘가 필요하나 일부러 변론을 분리할 필요는 없다. 한편 소송비용의 재판은 사건을 완결하는 잔부(결말)판결에서 하는 것이 일반적이나, 일부판결에서도 그 부분에 대한 소송비용의 재판을 할 수 있다(제104조).

라. 적법한 일부판결의 효과

일부판결이 허용되는 경우에 의도적으로 일부판결을 한 경우에 일부판결도 종국판결이므로 독립하여 상소의 대상이 된다. 따라서 상소에 의한 이심의 효력은 일부에만 발생한다. 또한 상소기간도 일부판결의 정본이 송달된 때로부터 진행되므로 일부판결 부분이 독립하여 확정된다. 한편 나머지 청구에 대하여는 원심법원이 **잔부판결 또는 결말판결**로서 정리하는데, 잔부판결을 할 때에는 일부판결의 주문판단을 토대로 하여야 한다.

마. 위법한 일부판결의 효과

1) 일부판결이 허용되는 경우

일부판결이 허용되는 경우에 청구의 전부에 대하여 판결을 할 의사로 재판을 하였지만, 실수로 청구의 일부에 대하여 재판을 빠뜨렸을 경우 이를 **재판의 누락**이라고 한다. 이 경우에 빠뜨린 나머지 부분은 원심법원이 **추가판결**로서 정리하여야 한다.

2) 일부판결이 허용되지 않는 경우

일부판결이 허용되지 않는 경우에 일부판결이 선고되었다면 의도적인지, 실수인지를 불문하고 위법한 전부판결이 된다. 따라서 재판의 누락은 아니어서 추가판결을 할 수는 없고, 하자 있는 전부판결이므로 **판단누락을 이유로 상소(제424조 제1항 제6호) 또는 재심(제451조 제1항 제9호)**에 의하여 다툴 수 있다.

4. 재판의 누락과 추가판결

> 제212조(재판의 누락) ① 법원이 청구의 일부에 대하여 재판을 누락한 경우에 그 청구부분에 대하여는 그 법원이 계속하여 재판한다.
> ② 소송비용의 재판을 누락한 경우에는 법원은 직권으로 또는 당사자의 신청에 따라 그 소송비용에 대한 재판을 한다. 이 경우 제114조의 규정을 준용한다.
> ③ 제2항의 규정에 따른 소송비용의 재판은 본안판결에 대하여 적법한 항소가 있는 때에는 그 효력을 잃는다. 이 경우 항소법원은 소송의 총비용에 대하여 재판을 한다.

가. 의 의

재판의 누락이란 일부판결이 가능한 재판에서 청구의 전부에 대하여 재판할 의도이었으나, 실수로 청구의 일부에 대하여만 재판을 한 경우를 말한다. 이 경우에 재판이 누락된 부분에 대하여 하는 종국판결을 추가판결이라고 한다.

나. 판단기준

판례는 "판결에는 법원의 판단을 분명하게 하기 위하여 결론을 주문에 기재하도록 되어 있으므로 재판의 누락이 있는지 여부는 주문의 기재에 의하여 판정하고, **주문에 청구의 전부에 대한 판단이 기재되어 있으나 이유 중에 청구의 일부에 대한 판단이 빠져 있는 경우에는 주문에는 청구의 전부에 대한 판시가 있다고 할 수 있으므로, 이유를 붙이지 아니한 위법이 있다고 볼 수 있을지언정 재판의 누락이 있다고 볼 수는 없다.**"고 한다(2002. 5. 14. 2001다73572). 반면 "판결이유에서 청구가 이유 없다고 설시하고 있더라도 **주문에서 설시가 없으면 재판의 누락이 있다고 보아야 한다.**"고 한다 (2004. 8. 30. 2004다24083).

다. 추가판결

추가판결은 법원이 직권으로 하는 것이므로, 당사자는 기일지정신청을 하여 법원의 직권발동을 촉구할 수 있다. 재판이 누락된 부분은 이를 누락한 원심법원이 계속하여 재판한다(제212조 제1항). 따라서 판례는 "재판의 누락이 있는 경우, 그 부분 소송은 아직 원심에 계속 중이라고 보아야 할 것이어서 **적법한 상고의 대상이 되지 아니하므로 그 부분에 대한 상고는 부적법하다.**"고 한다(2004. 8. 30. 2004다24083).

5. 소송판결

소송판결이란 **소 또는 상소가 부적법하다고 하여 각하하는 종국판결**이다. 부적법한 소 또는 상소로서 그 흠을 보정할 수 없는 경우에는 변론 없이 소·상소각하 판결을 한다(제219조·제413조·제425조). 한편 소송판결을 할 것이 아닌데도 소송판결을 한 경우에는 상소심의 필수적 환송사유가 된다(제418조·제436조 제1항). 그러나 소송판결이 확정되어 기판력이 생긴 후에도 그 하자를 보정하면 재소가 허용되고, 소각하 판결이 있은 후에 소를 취하한 경우에도 재소금지(제267조 제2항)가 적용되지 않는다.

6. 본안판결

본안판결이란 **청구가 이유 있는지 여부에 따라 청구를 인용 또는 기각하는 종국판결**을 말한다. 따라서 상소심에서 상소가 이유 있는지 여부를 재판하는 것도 본안판결에 해당한다. 판례는 "제1심판결이 당사자 및 소송물이 동일한 전소송의 판결의 기판력에 저촉된다는 이유로 원고의 청구를 부당하다고 하여 기각하였다면, 제1심판결의 취지는 전 소송에서 한 원고 청구기각판결의 기판력에 의하여 그 내용과 모순되는 판단을 하여서는 안되는 구속력 때문에 전소판결의 판단을 채용하여 원고청구기각의 판결을 한다는 것으로서, 이는 **소송물의 존부에 대한 실체적 판단을 한 본안판결**이다."고 한다(1989. 6. 27. 87다카2478).

◆ 제2관 판결의 성립

I. 판결내용의 확정

> 제204조(직접주의) ① 판결은 기본이 되는 변론에 관여한 법관이 하여야 한다.
> ② 법관이 바뀐 경우에 당사자는 종전의 변론결과를 진술하여야 한다.
> ③ 단독사건의 판사가 바뀐 경우에 종전에 신문한 증인에 대하여 당사자가 다시 신문신청을 한 때에는 법원은 그 신문을 하여야 한다. 합의부 법관의 반수 이상이 바뀐 경우에도 또한 같다.

법원은 심리를 마친 후에는 변론을 종결하고 판결의 내용을 확정하여야 한다. 판결의 내용은 직접심리주의의 원칙상 기본이 되는 변론에 관여한 법관이 하여야 한다(제204조 제1항). 변론종결 뒤에 판결의 내용이 확정되지 아니한 상태에서 법관이 바뀐 경우에는 변론을 재개하여 당사자에게 종전의 변론결과를 진술시키고 판결을 해야 한다(제204조 제2항). 다만 판결의 내용이 확정된 뒤에는 변론에 관여한 법관이 판결원본에 서명날인을 할 수 없더라도 판결은 유효하게 성립된다. 이 경우에 다른 법관이 서명날인을 하는 것이 가능하기 때문이다(제208조 제4항).

II. 판결서

1. 판결서의 기재사항

> 제208조(판결서의 기재사항 등) ① 판결서에는 다음 각호의 사항을 적고, 판결한 법관이 서명날인하여야 한다.
>   1. 당사자와 법정대리인
>   2. 주문

3. 청구의 취지 및 상소의 취지
4. 이유
5. 변론을 종결한 날짜. 다만, 변론 없이 판결하는 경우에는 판결을 선고하는 날짜
6. 법원

② 판결서의 이유에는 주문이 정당하다는 것을 인정할 수 있을 정도로 당사자의 주장, 그 밖의 공격·방어방법에 관한 판단을 표시한다.

③ 제2항의 규정에 불구하고 제1심 판결로서 다음 각호 가운데 어느 하나에 해당하는 경우에는 청구를 특정함에 필요한 사항과 제216조 제2항의 판단에 관한 사항만을 간략하게 표시할 수 있다.
  1. 제257조의 규정에 의한 무변론 판결
  2. 제150조 제3항이 적용되는 경우의 판결
  3. 피고가 제194조 내지 제196조의 규정에 의한 공시송달로 기일통지를 받고 변론기일에 출석하지 아니한 경우의 판결

④ 법관이 판결서에 서명날인 함에 지장이 있는 때에는 다른 법관이 판결에 그 사유를 적고 서명날인 하여야 한다.

제420조(판결서를 적는 방법) 판결이유를 적을 때에는 제1심 판결을 인용할 수 있다. 다만, 제1심 판결이 제208조 제3항에 따라 작성된 경우에는 그러하지 아니하다.

판례는 "소송대리인의 표시는 필요적 기재사항으로 되어 있지 아니하므로 기재가 없어도 판결에 위법이 없다."고 한다(1963. 5. 9. 63다127). 또한 "판결서의 이유에는 주문이 정당하다는 것을 인정할 수 있을 정도로 당사자의 주장, 공격·방어방법에 관한 판단을 표시하면 되고 모든 주장이나 공격·방어방법에 관하여 판단할 필요가 없다(제208조). 따라서 법원의 판결에 당사자가 주장한 사항에 대한 구체적·직접적인 판단이 표시되어 있지 않더라도 판결 이유의 전반적인 취지에 비추어 주장을 인용하거나 배척하였음을 알 수 있는 정도라면 판단누락이라고 할 수 없다."고 한다(2024. 8. 1. 2024다227699).

2. 판결주문 기재의 명확성

판례는 "판결주문의 내용이 모호하면 기판력의 객관적 범위가 불분명해질 뿐만 아니라 집행력·형성력 등의 내용도 불확실하게 되어 새로운 분쟁을 일으킬 위험이 있으므로 판결주문에서는 청구를 인용하고 배척하는 범위를 명확하게 특정하여야 한다."고 하고(2006. 9. 28. 2006두8334), "판결의 주문은 간결하고 명확하여야 하며 주문 자체로서 내용이 특정될 수 있어야 하나, 일체의 관계가 명료하게 되어야 하는 것은 아니고 **판결의 주문이 어떠한 범위에서 당사자의 청구를 인용하고 배척한 것인가를 이유와 대조하여 짐작할 수 있는 정도로 표시되고 집행에 의문이 없을 정도로 명확히 특정**하면 된다."고 한다(1995. 6. 30. 94다55118).

한편 별지와 관련하여, 판례는 "판결주문 기재의 부동산을 별지로서 특정하면서 별지 첨부하지 아니하였음에 불과함이 명백한 경우, 판결경정사유가 될지언정 판결을 파기할 만한 사유가 되지 아니한다."고 하고(1970. 4. 28. 70다322), "판결주문과 이유에 별지목록기재 물건이라고 하면서 판결서 말미에 별지가 첨부되어 있지 않더라도 목록이 소장에 첨부된 목록과 동일한 것임이 분명하고 법원이 판결서를 작성함에 있어 부주의로 누락한 것이 명백하다면 위와 같은 잘못은 판결경정사유로 삼을 수 있으므로 판결을 파기하여야 할 사유라고 할 수 없다."고 한다(1989. 10. 13. 88다카19415).

3. 판결이유 기재의 정도

판례는 "제208조 제2항은 판결이유의 기재에서는 주문이 정당함을 인정할 수 있는 한도에서 당사자의 주장과 기타 공격 또는 방어방법의 전부에 관하여 판단을 표시하도록 규정하고 있는바, 이는 당사자에게 판결의 주문이 어떠한 이유와 근거에 의하여 나온 것인지 그 내용을 알려 주어 당사자로 하여금 판결에 승복할 것인지에 관한 결단을 내릴 수 있게 하고, 상소법원으로 하여금 원심법원이 어떠한 사실상 및 법률상의 이유에 의하여 재판하였는가를 알 수 있게 하며, 또 판결의 기판력이나 형성력에서 주관적 범위와 객관적 범위를 명확하게 특정하려는 데 의의가 있다고 할 것이므로, **민사판결의 이유는 이에 필요한 범위 안에서는 빠짐없이 그 판단을 기재하여야 하나 이와 같은 요건이 충족되는 한 이를 간략하게 기재하였다고 하여 위 법조에 위반되었다고 할 수는 없다.**"고 한다(1992. 10. 27. 92다23780).

또한 "판결서의 이유에는 주문이 정당하다는 것을 인정할 수 있을 정도로 당사자의 주장, 공격방어방법에 관한 판단을 표시하면 되고 당사자의 모든 주장이나 공격방어방법에 관하여 판단할 필요가 없다(제208조). 따라서 상고법원의 **판결에 당사자가 상고이유로 주장한 사항에 대한 구체적·직접적인 판단이 표시되어 있지 않았더라도 판결 이유의 전반적인 취지에 비추어 주장을 인용하거나 배척하였음을 알 수 있는 정도라면 판단누락이라고 할 수 없고, 설령 실제로 판단을 하지 아니하였더라도 주장이 배척될 경우임이 분명한 때에는 판결 결과에 영향이 없어 판단누락의 위법이 있다고 할 수 없다.**"고 한다(2008. 7. 10. 2006재다218).

또한 "제208조 제2항에도 불구하고 제1심판결로서 '피고가 제194조 내지 제196조의 규정에 의한 공시송달로 기일통지를 받고 변론기일에 출석하지 아니한 경우의 판결'(이하 '공시송달 판결'이라 한다)에 해당하는 경우에는 판결서의 이유에 청구를 특정함에 필요한 사항과 제216조 제2항의 판단에 관한 사항만을 간략하게 표시할 수 있다(제208조 제3항 제3호). 한편 항소심의 소송절차에는 특별한 규정이 없으면 제2편 제1장 내지 제3장에서 정한 제1심의 소송절차에 관한 규정을 준용하지만(제408조), 제208조 제3항 제3호를 준용하는 규정은 별도로 두고 있지 않다. 오히려 항소심이 판결이유를 적을 때에는 제1심판결을 인용할 수 있지만, 제1심판결이 제208조 제3항 제3호에 따라 작성된 경우에는 이를 인용할 수 없다(제420조). 위와 같은 규정들의 내용과 취지를 종합하면, **공시송달 판결을 하는 경우 제1심은 제208조 제3항 제3호에 따라 판결서의 이유에 청구를 특정함에 필요한 사항과 제216조 제2항의 판단에 관한 사항만을 간략하게 표시할 수 있지만, 당사자의 불복신청 범위에서 제1심판결의 당부를 판단하는 항소심은 그와 같이 간략하게 표시할 수 없고, 제208조 제2항에 따라 주문이 정당하다는 것을 인정할 수 있을 정도로 당사자의 주장과 공격·방어방법에 관한 판단을 표시하여야 한다.**"고 한다(2021. 2. 4. 2020다259506).

Ⅲ. 판결의 선고와 판결의 송달

> 제199조(종국판결 선고기간) 판결은 소가 제기된 날부터 5월 이내에 선고한다. 다만, 항소심 및 상고심에서는 기록을 받은 날부터 5월 이내에 선고한다.
>
> 제205조(판결의 효력발생) 판결은 선고로 효력이 생긴다.
>
> 제206조(선고의 방식) 판결은 재판장이 판결원본에 따라 주문을 읽어 선고하며, 필요한 때에는 이유를 간략히 설명할 수 있다.

> 제207조(선고기일) ① 판결은 변론이 종결된 날부터 2주 이내에 선고하여야 하며, 복잡한 사건이나 그 밖의 특별한 사정이 있는 때에도 변론이 종결된 날부터 4주를 넘겨서는 아니 된다.
> ② 판결은 당사자가 출석하지 아니하여도 선고할 수 있다.
>
> 제209조(법원사무관등에 대한 교부) 판결서는 선고한 뒤에 바로 법원사무관등에게 교부하여야 한다.
>
> 제210조(판결서의 송달) ① 법원사무관등은 판결서를 받은 날부터 2주 이내에 당사자에게 송달하여야 한다.
> ② 판결서는 정본으로 송달한다.

판례는 "**민사소송 등에서의 전자문서 이용 등에 관한 법률** 제11조는 전자적 송달은 법원사무관등이 송달할 전자문서를 전산정보처리시스템에 등재하고 그 사실을 송달받을 자에게 전자적으로 통지하는 방법으로 하며(제3항), 이 경우 송달받을 자가 등재된 전자문서를 확인한 때에 송달된 것으로 보되, 그 등재사실을 통지한 날부터 1주 이내에 확인하지 아니한 때에는 등재사실을 통지한 날부터 1주가 지난날에 송달된 것으로 본다(제4항)고 규정하고, 민법 제157조는 기간을 일, 주, 월 또는 연으로 정한 때에는 기간의 초일은 산입하지 아니하되, 그 기간이 오전 영시로부터 시작하는 때에는 초일을 산입한다고 규정하며, 민사소송법 제170조는 기간의 계산은 민법에 따르도록 규정하고 있다. 따라서 **판결 선고 후 판결문을 전자문서로 전산정보처리시스템에 등재하고 그 사실을 전자적으로 통지하였지만 등록사용자가 판결문을 1주 이내에 확인하지 아니한 경우 판결문 송달의 효력이 발생하는 시기는 등재사실을 등록사용자에게 통지한 날의 다음 날부터 기산하여 7일이 지난 날의 오전 영시가 되고, 상소기간은 민법 제157조 단서에 따라 송달의 효력이 발생한 당일부터 초일을 산입해 기산하여 2주가 되는 날에 만료한다.**"고 한다(2014. 12. 22. 2014다229016).

◆ 제3관 판결의 일반적 효력

Ⅰ. 기속력

1. 의의 및 취지

기속력이란 **판결이 선고되어 성립되면 판결을 한 법원 자신도 이에 구속되며 스스로 판결을 철회하거나 변경하는 것이 허용되지 않는다**는 것을 말한다(판결의 자기구속력). 재판으로서 외부에 표현된 이상 자유롭게 변경하는 것을 인정하면 법적 안정성을 해치고, 재판의 신용에도 악영향을 미치기 때문이다.

2. 다른 법원에 대한 구속력

기속력이 **다른 법원에 대한 구속력을 의미하는 경우**가 있다. 상고법원은 법률심이기 때문에 원심법원의 사실판단에 기속되고(제432조), 상급심 법원의 사실판단 및 법률판단은 하급심 법원을 기속하고(제436조 제2항 후문·법원조직법 제8조), 이송결정은 이송받은 법원을 구속하며(제38조), 헌법재판소의 위헌결정은 법원, 그 밖의 국가기관 및 지방자치단체를 기속한다(헌법재판소법 제47조 제1항).

3. 기속력의 배제

기속력이 배제되는 경우도 있다. 즉 결정·명령은 주로 소송절차의 파생적·부수적 사항에 관한 재판이므로 항고시에 원심법원이 재도의 고안에 의하여 취소·변경할 수 있으며(제446조 제1항), 소송지휘에 관한 결정·명령은 어느 때나 취소·변경할 수 있다(제222조).

Ⅱ. 판결의 경정

> 제211조(판결의 경정) ① 판결에 잘못된 계산이나 기재, 그밖에 이와 비슷한 잘못이 있음이 분명한 때에 법원은 직권으로 또는 당사자의 신청에 따라 경정결정을 할 수 있다.
> ② 경정결정은 판결의 원본과 정본에 덧붙여 적어야 한다. 다만, 정본에 덧붙여 적을 수 없을 때에는 결정의 정본을 작성하여 당사자에게 송달하여야 한다.
> ③ 경정결정에 대하여는 즉시항고를 할 수 있다. 다만, 판결에 대하여 적법한 항소가 있는 때에는 그러하지 아니하다.

1. 의의 및 취지

판결의 경정이란 **판결서에 표현상의 오류가 생겼을 때에 판결법원 스스로 판결내용을 실질적으로 변경하지 않는 범위 내에서 고치는 것**을 말한다. 판결이 성립되면 판결을 한 법원도 판결을 철회하거나 변경할 수 없는 기속력이 발생한다(제205조). 그러나 단순하고 명백한 오기, 계산착오 등의 경우에 상소로 시정을 구할 것이 아니라, 판결법원 스스로 간이하게 경정할 수 있는 것을 허용하는 것이 소송경제에 합치하므로 기속력을 완화하는 방편으로서 판결의 경정제도를 두고 있다. 판결의 경정은 확정판결과 동일한 효력이 있는 청구의 포기·인낙조서 및 화해조서(제220조)와 결정·명령(제224조)에도 준용된다.

판례는 "판결에 잘못된 계산이나 기재 그 밖에 이와 비슷한 잘못이 있음이 분명한 경우에 하는 판결의 경정은, **일단 선고된 판결에 대하여 내용을 실질적으로 변경하지 않는 범위 내에서 판결의 표현상의 기재 잘못이나 계산의 착오 또는 이와 유사한 오류를 법원 스스로가 결정으로써 정정 또는 보충하여 강제집행이나 가족관계등록부의 정정 또는 등기의 기재 등 광의의 집행에 지장이 없도록 하자**는 데 취지가 있다. 이러한 법리는 이행권고결정에 오류가 있는 경우에도 마찬가지로 적용된다."고 하고(2022. 12. 1. 2022그18), "이는 화해조서의 경정에 있어서도 마찬가지이다."고 한다(2001. 12. 4. 2001그112).

2. 경정의 요건

(ⅰ) **판결에 잘못된 계산, 오기 기타 이에 유사한 표현상의 오류가 있는 경우**라야 한다. 따라서 표현상의 오류가 아니고, 판단 내용의 오류나 판단누락은 경정사유로 되지 않는다. 다만 표현상의 오류이면 오류의 발생원인은 묻지 않는다. 판례는 "판결경정이 가능한 오류에는 그것이 **법원의 과실로 인하여 생긴 경우뿐만 아니라 당사자의 청구에 잘못이 있어 생긴 경우도 포함된다**고 할 것이며, 경정결정을 함에는 소송 전 과정에 나타난 자료는 물론 경정대상인 판결 선고 후에 제출된 자료도 다른 당사자에게 아무런 불이익이 없는 경우나 이를 다툴 수 있는 기회가 있었던 경우에는 소송경제상 이를 참작하여 오류가 명백한지 여부를 판단할 수 있다."고 한다(2000. 5. 24. 99그82).

(ⅱ) 판결의 경정에 의해 판결내용이 변경되는 것을 막기 위하여 **오류가 분명한 경우**일 것이 요구된다. 분명한 오류인가의 여부는 판결서의 기재 자체뿐만 아니라, 소송기록과 대비하여 판단하여야 한다.

3. 경정절차

가. 시기 및 방법

(ⅰ) 경정의 시기에는 제한이 없으므로, 당사자의 신청 또는 직권에 의하여 어느 때라도 할 수 있다(제211조 제1항). 즉 판결의 경정은 판결 선고 후에만 문제되므로, 상소제기 후는 물론 판결 확정 후에도 가능하다. 경정은 결정으로 함이 원칙이나 판결로써 경정하였다 하여 위법이라 할 수 없다.

(ⅱ) 경정결정은 판결의 원본과 정본에 부기하여야 한다. 다만, 정본이 이미 당사자에게 송달되어 정본에 부기할 수 없는 때에는 결정정본을 작성하여 당사자에게 송달하여야 한다(제211조 제2항). 경정은 실질적인 판결내용의 변경이 아니므로, 판결에 관여하지 않은 법관도 경정에 관여할 수 있다. 판례는 "**당사자의 신청에 따라 판결의 경정을 하는 경우에는 우선 신청 당사자가 판결에 위와 같은 잘못이 있음이 분명하다는 점을 소명하여야 한다.**"고 한다(2018. 11. 21. 2018그636).

나. 경정법원

판례는 "판결경정 결정은 원칙적으로 당해 판결을 한 법원이 하는 것이고, **상소의 제기로 본안사건이 상소심에 계속된 경우에는 판결의 원본이 상소기록에 편철되어 상소심법원으로 송부되므로 판결 원본과 소송기록이 있는 상소심 법원도 경정결정을 할 수 있지만**, 판결에 대하여 상소를 하지 아니하여 사건이 상소심에 계속되지 아니한 부분은 상소심의 심판대상이 되지 않는 것이므로, **통상의 공동소송이었던 다른 당사자 간의 소송사건이 상소 제기로 상소심에 계속된 결과, 상소를 하지 아니한 당사자 간의 원심판결의 원본과 소송기록이 우연히 상소심법원에 있더라도, 상소심법원이 심판의 대상이 되지도 않은 부분에 관한 판결을 경정할 권한을 가지는 것은 아니라고 할 것**인바, 이와 같은 법리는 **통상의 공동소송에서 일부 당사자 간의 소송사건이 조정에 의하여 확정된 후 나머지 당사자 간의 소송사건이 상소의 제기로 상소심에 계속된 경우**에도 마찬가지이다."고 하고(2007. 5. 10. 2007카기35), "이와 같은 법리는 통상공동소송에서 상소제기로 소송사건이 상소심에 계속된 후에 일부 당사자 간의 소송사건이 상소 취하로 확정된 경우에도 마찬가지이다."고 한다(2008. 10. 21. 2008카기172).

4. 경정결정의 효력

경정결정은 판결의 한 부분이 되므로 법원이 경정결정을 하면 이는 원판결과 하나가 되어 판결을 선고한 때에 소급하여 효력이 생긴다. 그러나 판결에 대한 상소기간은 경정에 의하여 영향을 받지 않고 판결이 송달된 날로부터 진행한다. 경정의 결과 상소이유가 발생한 경우에는 상소기간이 경과한 후에도 추후보완상소(제173조)를 할 수 있다. 다만 판례는 "**상소기간 경과 후에 이루어진 판결경정 내용이 경정 이전에 비하여 불리하다는 사정만으로는 추완상소가 적법한 것으로 볼 수 없다.**"고 한다(1997. 1. 24. 95므1413).

5. 불복신청

가. 경정결정의 경우

경정결정으로 불이익을 받을 당사자는 즉시항고를 할 수 있다. 다만, 판결에 대하여 적법한 항소가 있는 때에는 경정결정은 항소심의 판단을 받을 수 있으므로 즉시항고는 허용되지 않는다(제211조 제3항).

나. 기각결정의 경우

경정신청을 기각한 결정에 대해서는 불복할 수 없다. 판결을 한 법원이 명백한 오류가 없다고 본 것을 다른 법원이 오류가 분명하다고 하여 경정을 명하는 것은 경정결정에 대해서만 즉시항고를 할 수 있게 한 제211조 제3항 본문의 반대해석상 허용되지 않고 조리에 반하기 때문이다. 따라서 경정신청을 기각한 결정에 대하여는 통상항고(제439조)를 할 수 없고, 특별항고(제449조)가 허용될 뿐이다.

판례도 "**판결경정 신청을 이유 없다 하여 기각한 결정**에 대하여는 제211조 제3항 본문의 반대해석상 항고제기의 방법으로 불복을 신청할 수는 없고 제449조의 **특별항고가 허용될 뿐**이라 해석되며, 이러한 결정에 대한 불복은 당사자가 특별항고라는 표시와 항고법원을 대법원이라고 표시하지 아니하였다 하더라도 항고장을 접수한 법원으로서는 이를 특별항고로 취급하여 소송기록을 대법원에 송부함이 마땅하다."고 한다(1995. 7. 12. 95마531).

또한 "[1] 제449조 제1항은 불복할 수 없는 결정이나 명령에 대하여는 재판에 영향을 미친 헌법 위반이 있거나, 재판의 전제가 된 명령·규칙·처분의 헌법 또는 법률의 위반 여부에 대한 판단이 부당하다는 것을 이유로 하는 때에만 대법원에 특별항고를 할 수 있도록 하고 있다. 결정이나 명령에 대하여 재판에 영향을 미친 헌법 위반이 있다고 함은 결정이나 명령의 절차에서 헌법 제27조 등이 정하고 있는 적법한 절차에 따라 공정한 재판을 받을 권리가 침해된 경우를 포함한다. **판결경정신청을 기각한 결정에 헌법 위반이 있다고 하려면 신청인이 재판에 필요한 자료를 제출할 기회를 전혀 부여받지 못한 상태에서 결정이 있었다든지, 판결과 소송의 모든 과정에 나타난 자료와 판결 선고 후에 제출된 자료에 의하여 판결에 잘못이 있음이 분명하여 판결을 경정해야 하는 사안임이 명백한데도 법원이 이를 간과함으로써 기각결정을 하였다는 등의 사정이 있어야 한다**.[67] [2] 판결에 잘못된 계산이나 기재 그 밖에 이와 비슷한 잘못이 있는 것이 명백한 때 하는 경정결정은, 일단 선고된 판결에 대하여 내용을 실질적으로 변경하지 않는 범위에서 표현상의 기재 잘못이나 계산의 착오 또는 이와 유사한 잘못을 법원 스스로 결정으로써 정정 또는 보충하여 강제집행이나 등기의 기재 등 광의의 집행에 지장이 없도록 하자는 데 취지가 있다. **경정이 가능한 잘못에는 법원의 과실로 생긴 경우뿐만 아니라 당사자의 청구에 잘못이 있어 생긴 경우도 포함된다**. 경정결정을 할 때에는 소송의 모든 과정에 나타난 자료는 물론 경정대상인 판결 이후에 제출된 자료도 다른 당사자에게 아무런 불이익이 없는 경우나 이를 다툴 수 있는 기회가 있었던 경우에는 소송경제상 이를 참작하여 그 잘못이 명백한지 여부를 판단할 수 있다. [3] **토지에 관한 소유권이전등기절차의 이행을 구하는 소송 중 사실심 변론종결 전에 토지가 분할되었는데도 그 내용이 변론에 드러나지 않은 채 토지에 관한 원고 청구가 인용된 경우**에 판결에 표시된 토지에 관한 표시를 분할된 토지에 관한 표시로 경정해 달라는 신청은 특별한 사정이 없는 한 받아들여야 한다."고 한다(2020. 3. 16. 2020그507).

---

67) [동지판례] 민사소송법 제449조 제1항의 특별항고 사유인 '결정이나 명령에 대하여 재판에 영향을 미친 헌법 위반'은 결정이나 명령 절차에 있어서 헌법 제27조 등에서 규정하고 있는 적법한 절차에 따라 공정한 재판을 받을 권리가 침해된 경우를 포함하고, 판결경정신청을 기각한 결정에 대하여 위와 같은 헌법 위반이 있다고 볼 수 있는 경우로는, 판결과 그 소송의 전 과정에 나타난 자료 및 판결 선고 후에 제출된 자료에 의하여 판결에 오류가 있음이 분명하여 판결이 경정되어야 하는 사안임이 명백함에도 불구하고 법원이 이를 간과함으로써 기각 결정을 한 경우 등이 이에 해당된다. 오류에는 법원의 과실로 인하여 생긴 경우뿐만 아니라 당사자의 청구에 잘못이 있어 생긴 경우도 포함되며, 경정대상인 판결 이후에 제출되어진 자료도 소송경제상 이를 참작하여 그 오류가 명백한지 여부를 판단할 수 있다(2023. 6. 15. 2023그590).

Ⅲ. 형식적 확정력

1. 의 의

　형식적 확정력이란 당사자가 일정한 기간 내에 불복신청을 하지 않거나 또는 당사자가 법률상 인정된 통상의 불복신청 방법으로는 판결을 다툴 수 없게 된 경우처럼, **종국판결이 그 절차 내에서 취소·변경될 가능성이 없게 된 상태에 이른 것**을 말한다. 형식적 확정력은 판결정본이 적법하게 송달되었을 것을 전제로 한다. 다만 형식적 확정력은 추후보완상소나 재심에 의하여 배제될 수 있다.

2. 판결의 확정시기

> 제498조(판결의 확정시기) 판결은 상소를 제기할 수 있는 기간 또는 그 기간 이내에 적법한 상소제기가 있을 때에는 확정되지 아니한다.

가. 상소가 허용되지 않는 판결

　상소할 수 없는 판결, 즉 상고심판결과 제권판결(제490조 제1항) 등은 선고시에 판결이 확정된다. 대법원의 판결에 대한 상소는 존재하지 않고, 제권판결은 제권판결 불복의 소에 의하여야 하기 때문이다.

나. 상소에 관한 합의가 있는 경우

　1) 불상소합의

　불상소의 합의란 **상소를 하지 않기로 하는 소송상 계약으로 사건의 심급을 제1심에 한정하기로 하는 당사자의 합의**를 말한다. 판결 선고 전에 한 불상소의 합의는 상소권을 발생시키지 않으려는 소송상 합의이기 때문에 불상소의 합의가 판결 선고 전에 있으면 판결은 선고시에 확정된다. 그러나 판결 선고 후에 불상소 합의를 하면 이는 이미 발생한 상소권 내지 부대상소권의 포기에 관한 합의이므로 판결은 합의의 성립과 동시에 확정된다.

　2) 비약상고의 합의 : 불항소의 합의

　상고할 권리를 유보하고 항소만 하지 않기로 합의하는 경우(제390조 제1항 단서)에 제1심 판결은 상고기간이 도과하여야 확정된다(제422조 제2항·제425조).

다. 상소가 가능한 경우

　1) 상소기간의 도과

　(ⅰ) 당사자 쌍방이 상소를 하지 않고 상소기간이 도과된 때에는 상소기간의 만료 시에 판결이 확정된다. (ⅱ) 상소가 제기된 경우에는 상소심에서 상소기각판결이 있고 그 판결이 확정되면 원심판결도 확정된다. 다만 상소가 각하되고 그것이 확정되거나 또는 상소장각하명령이 있고 그것이 확정되면 원심판결은 상소기간 만료시로 소급하여 확정된다. (ⅲ) 상소취하가 상소제기기간 도과 전에 있는 경우에는 다시 불복할 수 있으므로 상소기간 만료시에 판결이 확정된다. 상소취하가 상소제기기간 도과 후에 있는 경우에는 소급하여 불복신청이 없었던 것이 되므로 상소기간 만료시로 소급하여 판결이 확정된다.

판례는 "항소취하가 있으면 소송은 처음부터 항소심에 계속되지 아니한 것으로 보게 되나(제393조 제2항, 제267조 제1항), 항소취하는 소의 취하나 항소권 포기와 달리 제1심 종국판결이 유효하게 존재하므로, **항소기간 경과 후에 항소취하가 있는 경우에는 항소기간 만료 시로 소급하여 제1심판결이 확정된다.**"고 한다(2017. 9. 21. 2017다233931). 다만 "판결선고 후 판결정본이 당사자에게 송달되지 않았다면 불변기간인 상소제기기간은 진행될 수 없으므로, **당사자가 판결정본을 송달받기 전에 상소를 제기하였다가 취하하여도 판결이 확정되지 않는다.**"고 한다(1991. 4. 23. 90다14997). 한편 "판결은 상소를 제기할 수 있는 기간 또는 그 기간 이내에 적법한 상소제기가 있을 때에는 확정되지 아니하며(제498조), **부적법한 상소가 제기된 경우에는 부적법한 상소를 각하하는 재판이 확정되면 상소기간이 지난 때에 소급하여 확정된다.**"고 한다(2014. 10. 15. 2013다25781).

 2) 상소권의 포기

상소권의 포기가 당사자 쌍방에 의해 불복신청기간 내에 동시에 된 경우 그 포기시점에, 다른 시점에 이루어진 경우에는 최후의 포기시점에 확정된다. 또한 당사자의 일방은 상소를 포기하고 타방은 상소기간을 도과한 경우 상소기간 만료시에 확정된다. 한편 판례는 "**상대방이 전부 승소하여 항소의 이익이 없는 경우에는 항소권을 가진 패소자만 항소포기를 하면 비록 상대방의 항소기간이 만료하지 않았더라도 제1심 판결은 확정된다.**"고 한다(2006. 5. 2. 2005마933).

라. 일부불복의 경우

 1) 문제점

원고가 금전청구에서 일부승소를 하여 패소된 금원 부분에 대하여만 상소를 제기하고, 피고는 상소 또는 부대상소를 하지 않은 경우에 원고의 승소부분은 언제 확정되는지가 문제된다. 즉 상소불가분의 원칙에 의하여 원심판결의 전부가 확정이 차단되고 상소심으로 이심이 되지만, **불복신청이 없는 부분의 판결이 언제 확정되는지**가 문제된다.

 2) 학설의 대립

① 상대방에 의한 부대상소의 가능성이 남아 있으므로 상대방의 부대상소가 허용될 수 없는 시기, 즉 항소심에서는 항소심변론종결시, 상고심에서는 상고이유서제출기간 도과시에 확정된다고 하는 **상소심변론종결시설**, ② 항소심에서는 변론이 종결된 후라도 변론이 재개될 수 있으므로 항소심 판결선고시에, 상고심에서는 상고심이 직권조사사항에 관하여 판단할 수 있으므로(제434조) 상고심 판결선고시에 불복하지 않은 부분이 확정된다는 **상소심판결선고시설**이 대립된다.

 3) 판례의 태도 : 상소심판결선고시설

판례는 "[1] 1개의 청구 일부를 기각하는 제1심판결에 대하여 일방 당사자만이 항소한 경우 제1심판결의 심판대상이었던 청구 전부가 불가분적으로 항소심에 이심되나, 항소심의 심판범위는 이심된 부분 가운데 항소인이 불복한 한도로 제한되고, **항소심의 심판대상이 되지 아니한 부분은 항소심판결 선고와 동시에 확정되어 소송이 종료된다.** [2] 원고의 청구가 일부 인용된 환송 전 원심판결에 대하여 피고만이 상고하고 상고심이 상고를 받아들여 원심판결 중 피고 패소 부분을 파기·환송하였다면 피고 패소 부분만이 상고되었으므로 상고심에서의 심리대상은 이 부분에 국한되었으며, 환송 후 원심의 심판범위도 환송 전 원심에서 피고가 패소한 부분에 한정되는 것이 원칙이고, **환송 전**

원심판결 중 원고 패소 부분은 확정되었다 할 것이므로 환송 후 원심으로서는 이에 대하여 심리할 수 없다."고 한다(2020. 3. 26. 2018다221867).

4) 검 토

판결이 형식적으로 확정되었다는 의미는 당해 절차에서 더 이상 불복할 수 없다는 것을 의미한다. 따라서 판결은 상소나 부대상소에 의하여 심판의 대상이 될 수 있는 최후의 시점, 즉 불복이 가능한 최종시점의 도과로 확정된다. 따라서 판결은 항소심에서는 더 이상 변론이 재개될 수 없는 시점(제142조)인 항소심판결 선고시에, 상고심에는 상고심판결 선고시에 확정된다고 보아야 하므로 판례가 타당하다.

3. 판결확정증명

> 제421조(소송기록의 반송) 소송이 완결된 뒤 상고가 제기되지 아니하고 상고기간이 끝난 때에는 법원사무관등은 판결서, 제402조에 따른 명령 또는 제402조의3에 따른 결정의 정본을 소송기록에 붙여 제1심 법원에 보내야 한다.
>
> 제499조(판결확정증명서의 부여자) ① 원고 또는 피고가 판결확정증명서를 신청한 때에는 제1심 법원의 법원사무관등이 기록에 따라 내어 준다.
> ② 소송기록이 상급심에 있는 때에는 상급법원의 법원사무관등이 그 확정부분에 대하여만 증명서를 내어 준다.

Ⅳ. 집행력

> 제500조(재심 또는 상소의 추후보완신청으로 말미암은 집행정지) ① 재심 또는 제173조에 따른 상소의 추후보완신청이 있는 경우에 불복하는 이유로 내세운 사유가 법률상 정당한 이유가 있다고 인정되고, 사실에 대한 소명이 있는 때에는 법원은 당사자의 신청에 따라 담보를 제공하게 하거나 담보를 제공하지 아니하게 하고 강제집행을 일시정지하도록 명할 수 있으며, 담보를 제공하게 하고 강제집행을 실시하도록 명하거나 실시한 강제처분을 취소하도록 명할 수 있다.
> ② 담보없이 하는 강제집행의 정지는 그 집행으로 말미암아 보상할 수 없는 손해가 생기는 것을 소명한 때에만 한다.
> ③ 제1항 및 제2항의 재판은 변론없이 할 수 있으며, 이 재판에 대하여는 불복할 수 없다.
> ④ 상소의 추후보완신청의 경우에 소송기록이 원심법원에 있으면 그 법원이 제1항 및 제2항의 재판을 한다.
>
> 제501조(상소제기 또는 변경의 소제기로 말미암은 집행정지) 가집행의 선고가 붙은 판결에 대하여 상소를 한 경우 또는 정기금의 지급을 명한 확정판결에 대하여 제252조 제1항의 규정에 따른 소를 제기한 경우에는 제500조의 규정을 준용한다.

1. 의 의

(ⅰ) 협의의 집행력이란 판결로 명한 이행의무를 강제집행절차에 의하여 실현할 수 있는 효력을 말한다. 이러한 집행력은 원칙적으로 확정된 이행판결에 인정되는 것이나 가집행선고에 의하여 판결확정 전에도 인정된다. (ⅱ) 광의의 집행력이란 확정판결에 의하여 가족관계등록부나 등기기록에 기

재하는 것과 같이 강제집행 이외의 방법에 의하여 판결의 내용에 적합한 상태를 실현할 수 있는 효력을 포함한다. 광의의 집행력은 이행판결 뿐만 아니라 확인판결과 형성판결의 경우에도 인정된다.

2. 집행력을 갖는 재판

집행권원이란 강제집행의 기초가 되는 집행력을 갖는 증서를 말한다. 판결 중에서 집행권원이 되는 것은 이행판결이고(민사집행법 제24조), 확인판결과 형성판결은 소송비용의 재판부분에 집행력이 생길뿐이다.

3. 집행력의 범위와 확장

집행력의 범위는 기판력의 범위와 동일하다. 한편 판례는 "**채권자대위권에 기한 확정판결의 기판력이 소외인인 채무자에게도 미치는 경우가 있더라도 확정판결의 집행력만은 원·피고 간에 생기는 것이고 원고와 소외인 사이에는 생기지 아니한다.**"고 한다(1979. 8. 10. 79마232). 다만 이 판례에서 채무자와 피고 사이의 집행력까지 부인한 것은 아니다. 즉 채무자가 채권자대위소송의 제기사실을 알면 기판력이 채무자에게 미치므로, 그 범위 내에서 집행력도 채무자에게 미친다. 따라서 채무자는 승계집행문을 받아서 피고의 책임재산에 대하여 강제집행을 할 수 있다.

V. 형성력

형성력이란 **형성의 소를 인용하는 형성판결이 확정됨으로써 판결의 내용대로 새로운 법률관계가 발생하거나 종래의 법률관계를 변경·소멸시키는 효력**을 말한다. 형성력은 형성판결의 확정과 동시에 발생한다. 그 결과 형성소송의 대상인 소송물에 관하여 형성력이 생긴다. 또한 확정된 형성력에 의한 법률관계의 변동의 효과는 누구나 인정하여야 하기 때문에 형성력은 제3자에게도 확장된다.

VI. 법률요건적 효력

법률요건적 효력이란 **실체법규에 의하여 확정판결의 존재가 요건사실로 되고 여기에 일정한 법률효과가 발생하는 것**을 말한다. 예컨대 판결이 확정되면 중단된 소멸시효가 다시 진행하는 것(민법 제178조 제2항), 단기소멸시효라도 판결이 확정되면 10년의 소멸시효로 되는 것(민법 제165조 제1항), 보증채무의 지급을 명한 판결을 받은 수탁보증인이 사전구상권을 행사할 수 있는 것(민법 제442조 제1항 제1호), 공탁유효의 판결이 확정되면 변제자가 공탁물을 회수할 수 없는 것(민법 제489조 제1항) 등이다. 이러한 법률요건적 효력은 명문의 규정에 의하여 인정되며, 실체법상 효력이 된다.

VII. 반사적 효력

1. 의 의

반사적 효력이란 제3자가 판결의 기판력을 받는 것은 아니지만 당사자가 기판력을 받는 결과 당사자와 실체법상 특수한 의존관계에 있는 제3자가 이를 승인하지 않을 수 없어서 제3자가 반사적으로 이익 또는 불이익을 받는 경우를 말한다.

2. 인정여부

　반사적 효력을 인정하는 것이 다수설이다. 이러한 입장에서는 반사적 효력을 일반적으로 법률요건적 효력의 일종으로 본다. 그러나 법률요건적 효력은 명문 규정에 의하여 인정되므로 법률효과가 명확하지만, 반사적 효력은 실체법상의 의존관계라고 하는 이론에 의하여 인정되므로 법률효과가 명확하지 못하다. 즉 반사적 효력은 개념 및 범위가 불명확하고, 주로 실체법적 영역에서 작용하는 효과에 불과하므로 민사소송법상 판결의 효력으로 인정하는 것은 타당하지 않다. 판례도 반사적 효력을 인정한 사례는 없다.

　또한 판례는 "**채권자와 주채무자 사이의 소송에서 주채무의 존부나 범위에 관하여 주채무자가 전부 또는 일부 승소하는 판결이 확정된 경우에도 그 판결의 기판력이 보증인에게는 미치지 아니하므로, 보증채무의 부종성 원칙에도 불구하고 보증인이 주채무자 승소판결을 원용하여 자신의 보증채무의 이행을 거절할 수는 없다.**"고 한다(2015. 7. 23. 2014다228099). 다만 아래에서는 다수설에 따라 반사적 효력의 내용을 검토해 본다.

3. 구체적 사례

가. 인정되는 사례

　(ⅰ) 채권자와 주채무자간의 소송에서 주채무가 존재하지 않는다는 이유로 주채무자 승소확정판결이 있으면 보증채무의 부종성으로 인하여 보증인도 주채무자 승소확정판결을 원용하여 자기의 보증채무의 이행을 거절할 수 있다. (ⅱ) 공유자는 다른 공유자가 공유물반환 또는 방해배제청구를 하여 제3자에 대해 승소한 경우에는, 이를 보존행위라 하여 제3자에 대해 그 판결을 원용할 수 있다. (ⅲ) 합명회사와 그 채권자 사이의 소송에서 회사채무의 존부에 대한 판결이 행해진 경우에 그 사원은 회사패소의 판결을 승인하여야 하는 한편 회사승소의 판결을 자기에게 유리하게 원용할 수 있다(상법 제214조 제1항). (ⅳ) 어느 연대채무자가 채권자에 대하여 상계항변을 하여 승소판결을 얻은 때에는 다른 연대채무자에게 유리하게 반사적 효력이 미쳐서 그들도 채권자에 대하여 이 판결을 원용하여 상계에 의한 채무소멸을 주장할 수 있게 된다(민법 제418조 제1항). (ⅴ) 채무자와 제3자 사이에 채무자의 재산에 관한 소송에서 받은 판결은 그 채무자를 대위하여 채무자의 지위에서 제3자를 상대로 소 제기하는 채권자에게도 미친다.

나. 부정되는 사례

　(ⅰ) 저당권을 설정하고 그 등기를 마친 저당권자는 저당권설정자가 그 부동산을 처분하여도 저당권의 효력에 영향이 없으므로 저당권설정자와 의존관계에 있지 아니하고, 따라서 저당권설정자가 저당목적물의 소유권을 양도하는 판결을 받더라도 그 반사적 효력은 저당권자에게 미치지 않는다. (ⅱ) 주채무청구소송에서 주채무가 존재한다는 이유로 주채무자가 패소의 확정판결을 받더라도 그 반사적 효력은 보증인에게 미치지 않는다(민법 제430조 유추).

4. 기판력과 반사적 효력의 차이점

　(a) 기판력은 소송법상의 효력으로서 직권조사사항이나, 반사적 효력은 변론주의의 적용을 받으므로 당사자의 원용을 필요로 한다. (b) 기판력을 받는 자는 공동소송참가 내지 공동소송적 보조참가를 할 수 있으나, 반사적 효력을 받는 자는 보조참가를 할 수 있을 뿐이다. (c) 당사자 간의 소송이 사해

소송인 경우에 반사적 효력은 실체법상의 효과이므로 반사적 효력을 받는 자는 재심을 거치지 않고 무효를 주장할 수 있다. 그러나 기판력은 재심을 거쳐야 한다. (d) 기판력 확장의 경우는 집행력도 확장되나, 반사적 효력의 경우는 집행력은 확장되지 아니한다. (e) 기판력은 판결의 유리·불리를 불문하고 일정한 제3자에게 확장되지만, 반사적 효력은 실체법상의 의존관계의 태양에 따라 편면적으로 유리한 경우에만 미치는 경우가 있다. (f) 기판력은 판결주문에 발생하지만, 반사적 효력은 판결이유 중의 판단에서도 발생한다.

◆ 제4관 기판력

I. 의의 및 취지

기판력 또는 실체적(실질적) 확정력이란 판결이 형식적으로 확정되면 판결의 내용인 그 소송물에 관한 법률적 판단이 소송당사자 및 법원을 구속하고, 다시 동일한 사항이 문제되더라도 당사자는 이에 저촉되는 주장을 할 수 없고(불가쟁), 법원도 이에 반하는 판단을 할 수 없게 되는데(불가반), 이러한 확정판결의 판단에 부여되는 구속력을 말한다.

판례는 "판결이 확정되면 판결에 표시된 청구에 관한 판단은 이후 당사자 사이의 법률관계를 규율하는 규준이 되므로, 동일 사건이 재차 문제될 때 **당사자는 전소 판결의 판단 내용에 반하는 주장을 함으로써 그 판단을 다툴 수 없고 법원도 그 판단에 모순·저촉되는 판단을 할 수 없으며**, 확정판결의 판단에 주어진 이러한 통용성 내지 구속력을 기판력이라고 하는바, 기판력 제도가 인정되는 이유는 당사자 간의 분쟁에 대한 재판기관의 공권적 판단에 대하여 법적 안정성을 부여함으로써 사회질서를 유지하고 동일 분쟁의 반복을 금지함으로써 소송경제를 달성하려고 하는 요청과 함께, 소송당사자로서 절차상 이미 소송물인 권리관계의 존부에 관하여 변론을 하고 소송을 수행할 권능과 기회를 부여받았던 자가 판단의 결과를 다시 다투는 것은 공평의 관념 내지 신의칙에 반한다고 보기 때문이다."고 한다(1995. 4. 25. 94다17956).

II. 기판력의 본질

1. 학설의 대립

가. 실체법설과 소송법설

① 당사자 사이의 실체법상의 권리관계를 변경하는 효력이라고 보는 실체법설과, ② 후소를 재판하는 법관을 구속하는 효력이라고 보는 소송법설이 대립된다. 실체법설은 기판력이 원칙적으로 제3자에게 미치지 않는다는 점, 소송판결에도 기판력이 발생한다는 점을 설명할 수 없기 때문에, 소송법설이 타당하다.

판례도 "물건 점유자를 상대로 한 물건의 인도판결이 확정되면 점유자는 상대방에 대하여 소송에서 더 이상 물건에 대한 인도청구권의 존부를 다툴 수 없고 인도소송의 사실심 변론종결 시까지 주장할 수 있었던 정당한 점유권원을 내세워 물건의 인도를 거절할 수 없다. 그러나 **의무이행을 명하는 판결의 효력이 실체적 법률관계에 영향을 미치는 것은 아니므로, 점유자가 인도판결의 효력으로 상**

대방에게 물건을 인도해야 할 실체적 의무가 생긴다거나 정당한 점유권원이 소멸하여 그때부터 물건에 대한 점유가 위법하게 되는 것은 아니다. 나아가 물건을 점유하는 자를 상대로 물건의 인도를 명하는 판결이 확정되더라도 판결의 효력은 물건에 대한 인도청구권의 존부에만 미치고, **인도판결의 기판력이 물건에 대한 불법점유를 원인으로 한 손해배상청구 소송에 미치지 않는다.**"고 한다(2019. 10. 17. 2014다46778).

나. 모순금지설과 반복금지설

소송법설에서 모순금지설과 반복금지설이 대립된다. ① 모순금지설은 기판력을 **법원 사이의 판결의 통일이라는 요구에 근거한 소송법상의 효력으로서 후소법원에 대해 확정판결과 모순된 판단을 금지하는 효력**이라고 본다. 이에 의하면 전소에서 승소확정판결을 받은 원고가 동일한 후소를 제기한 경우 '권리보호이익의 흠결'을 이유로 소 각하 판결을 하나, 전소에서 패소확정판결을 받은 원고가 동일한 후소를 제기하면 권리보호이익은 있지만 '전소와 모순된 판단의 금지의 구속력' 때문에 청구기각 판결을 한다. ② 반복금지설은 **분쟁해결의 일회성을 내세워 기판력을 후소법원에 대해 다시 재판을 금지하는 구속력으로 이해하여 기판력의 존재를 소극적 소송요건**으로 본다. 이에 의하면 전소와 소송물이 동일한 후소는 전소의 판결이 승소판결이든 패소판결이든 관계 없이 부적법하므로 소 각하 판결을 한다.

2. 판례의 태도 : 모순금지설

판례는 "원고의 이 사건 청구 중 이 사건 소제기일 전까지의 기간에 해당하는 부분은 확정판결이 있었던 전소와 소송물이 동일하여 그 확정판결의 기판력이 미친다고 할 것이어서, 그 중 **전소의 확정판결에서 원고가 승소한 부분**(전소에서 원고의 청구가 인용된 금액에 해당하는 부분)**에 해당하는 부분은 권리보호의 이익이 없고, 이를 초과하는 부분은 전소의 확정판결의 기판력에 저촉되는 것이어서 받아들일 수 없는 것**이다."고 하고(2009. 12. 24. 2009다64215), "제1심 판결이 당사자 및 소송물이 동일한 전소송의 판결의 기판력에 저촉된다는 이유로 원고의 청구를 부당하다고 하여 기각하였다면 제1심 판결의 취지는 **전 소송에서 한 원고 청구기각판결의 기판력에 의하여 그 내용과 모순되는 판단을 하여서는 안되는 구속력** 때문에 전소판결의 판단을 채용하여 원고청구기각의 판결을 한다는 것으로서 이는 소송물의 존부에 대한 실체적 판단을 한 본안판결이다."고 하여(1989. 6. 27. 87다카2478), 모순금지설의 입장이다.

3. 결 론

반복금지설은 전소와 후소의 소송물이 모순된 반대관계이거나 전소의 소송물이 후소의 소송물의 선결관계에 있는 경우에는 전소와 후소의 소송물이 다르므로 반복이라고 할 수 없음에도 기판력이 작용하는 것에 대해 설명할 수 없으며, 판결원본의 멸실이나 시효중단의 필요 등이 있는 경우에는 신소의 제기가 가능한 이유도 설명할 수 없는 문제점이 있다. 한편 기판력의 취지는 전소에서 확정판결을 받았음에도 다시 동일한 소를 제기하는 경우 이미 판단된 확정판결과 모순·저촉되는 판단을 금지하는 데 있으므로 판례의 모순금지설이 타당하다.

Ⅲ. 기판력의 작용

1. 기판력이 작용하는 관계

가. 개 관

기판력은 전소에서 확정된 법률관계가 후소에서 다시 문제되는 때에 작용한다. 즉 후소가 확정된 전소의 판결주문과 저촉을 일으킬 우려가 있으면 기판력이 작용한다. 따라서 소송물이 동일한 경우와, 소송물이 상이한 경우라도 모순관계나 선결관계에 있는 때에 기판력이 작용한다.

판례도 "**전소와 후소의 소송물이 동일하지 않더라도, 전소의 소송물에 관한 판단이 후소의 선결문제가 되거나 후소의 소송물이 전소에서 확정된 법률관계와 모순관계**에 있다면 전소 판결의 기판력이 후소에 미치게 되어 후소에서 전소 판결의 판단과 다른 주장을 하는 것을 허용하지 않는 작용을 하는 것이지만, **확정판결의 기판력은 소송물로 주장된 법률관계의 존부에 관한 판단의 결론에만 미치고 그 전제가 되는 법률관계의 존부에까지 미치는 것이 아니므로**, 전소에서 확정된 법률관계란 확정판결의 기판력이 미치는 법률관계를 의미하는 것이지 그 전제가 되는 법률관계까지 의미하는 것은 아니다."고 한다(2009. 3. 12. 2008다36022).

또한 "甲 명의의 소유권보존등기가 乙 명의의 보존등기와 중복등기라는 이유로 乙의 상속인들이 甲 명의의 보존등기 및 이를 바탕으로 경료된 이전등기 등의 말소를 청구한 소송에서, 甲이 그 명의의 보존등기가 중복등기이기는 하지만 취득시효가 완성되었으므로 보존등기 및 이전등기는 모두 실체관계에 부합하는 유효한 등기이므로 말소를 구할 수 없다고 주장하였으나, 1부동산 1용지주의를 채택하고 있는 부동산등기법 아래서는 실체관계에 부합하는지와 상관없이 선등기 명의자가 뒤에 경료된 보존등기의 말소를 청구할 수 있다는 이유로 甲에 대한 패소판결이 선고된 후, 甲이 乙의 상속인들을 상대로 취득시효 완성을 원인으로 소유권이전등기청구소송을 제기한 경우, **전소의 소송물은 甲의 명의로 경료된 소유권보존등기가 중복등기라는 이유로 원래의 소유권보존등기 명의자의 상속인들이 행사하는 중복소유권보존등기 및 이에 바탕을 둔 소유권이전등기의 말소청구권의 존부이고, 후소에서 쟁점이 된 소송물은 취득시효완성을 원인으로 한 소유권이전등기청구권의 존부로서, 전소와 후소는 청구취지와 청구원인을 전혀 달리하는 소송으로서 소송물이 다르고 특별히 모순관계에 있거나 전소의 소송물이 후소의 선결문제에 해당하는 것도 아니므로 전소판결의 기판력이 후소에 미친다고 볼 수 없다.**"고 한다(1994. 11. 11. 94다30430).

나. 동일관계

1) 원 칙

전·후소의 소송물이 동일한 경우에는 전소의 기판력이 후소에 작용한다. 따라서 소송물이 동일하지 않으면 전소의 기판력이 후소에 작용하지 않는다. 판례도 "전소가 신탁계약종료를 원인으로 하고 후소가 전소의 사실심 변론종결후의 신탁해지를 원인으로 한 각 소유권이전등기청구의 소라면 위 두 원인 간에는 **등기청구권 발생 원인을 달리하고 있으니**, 신탁관계가 종료되지 아니하였다고 판단하여 원고의 청구를 기각한 전소의 기판력은 후소에 미치지 아니한다."고 하고(1975. 2. 10. 74다1689), "신탁자 명의로의 소유권이전등기가 원인무효라고 하여 말소하기로 한 제소전화해조서의 기판력은 그 후에 명의신탁을 적법히 해지하고 명의신탁해지를 원인으로 소유권이전등기절차의 이행을 소구하는 경우에 미치지 아니한다."고 한다(1978. 3. 28. 77다2311).

또한 "[1] 전소와 후소가 동일당사자 사이에서 동일 소송물인 소유권이전등기 말소청구에 관한 것으로 청구원인 사실이 전소에 있어서는 소외인의 무권대리행위를, 후소에 있어서는 무권대리로 인한 채권·채무관계의 부존재를 이유로 채권담보조의 소유권이전등기가 원인무효라고 주장하는 경우에 **대리권 흠결이나 채권·채무의 부존재라는 주장은 소유권이전등기가 원인무효라는 청구원인에 대한 공격방어방법에 불과하여 후소는 전소의 기판력에 저촉되는 것이다.** [2] 채권·채무의 존부에 관한 청구와 채권·채무관계를 원인으로 한 등기의 말소청구권의 존부는 별개의 소송물이므로, **채무부존재확인의 확정판결의 기판력은 채무부존재를 원인으로 하는 등기말소청구소송에 미칠 수 없다.**"고 한다(1980. 9. 9. 80다1020).

2) 예 외

기판력 있는 승소판결이 있어도 **판결원본이 멸실된 경우, 판결내용이 특정되지 않은 경우, 시효중단을 위해 필요한 경우**처럼 예외적으로 다시 승소판결을 얻어야 할 특별한 필요가 있는 경우에는 신소가 허용된다. 다만 이 경우에도 후소의 판결은 전소의 판결내용에 저촉되어서는 안 된다.

판례도 "**소송물이 동일한 경우라도 판결 내용이 특정되지 아니하여 집행을 할 수 없는 경우에는 다시 소송을 제기할 권리보호의 이익이 있다.**"고 하고(1998. 5. 15. 97다57658), "확정된 승소판결에는 기판력이 있으므로 당사자는 확정된 판결과 동일한 소송물에 기하여 신소를 제기할 수 없는 것이 원칙이나, **시효중단 등 특별한 사정이 있어 예외적으로 신소가 허용되는 경우라고 하더라도, 신소의 판결은 전소의 승소확정판결의 내용에 저촉되어서는 아니되므로, 후소 법원으로서는 확정된 권리를 주장할 수 있는 모든 요건이 구비되어 있는지 여부에 관하여 다시 심리할 수는 없다**고 보아야 할 것인바, 전소인 약속어음금 청구소송에서 원고의 피고에 대한 약속어음채권이 확정된 이상 확정된 채권의 소멸시효의 중단을 위하여 제기한 소송에서 원고의 약속어음의 소지 여부를 다시 심리할 수는 없고, 이러한 법리는 약속어음에 제시증권성 및 상환증권성이 있다고 하여 달리 취급할 것은 아니다."고 한다(1998. 6. 12. 98다1645).

같은 취지에서, "甲 유한회사가 乙 은행으로부터 채권을 양도받은 다음 채무자인 丙을 상대로 양수금 청구소송을 제기하여 승소판결을 받고 그 무렵 판결이 확정되었는데, 그 후 채권을 전전 양도받은 丁 주식회사가 소멸시효 완성을 차단하기 위해 丙을 상대로 양수금 청구소송을 제기한 사안에서, 전소에서 甲 회사의 丙에 대한 채권이 확정된 이상 확정된 채권의 소멸시효 중단을 위하여 제기된 후소에서는 乙 은행이 丙에 대하여 甲 회사에 채권을 양도한 사실을 통지하였는지 등 채권양도 대항요건의 구비 여부에 관하여 다시 심리할 수 없다."고 한다(2018. 4. 24. 2017다293858).

다만 판례는 "인낙조서에 의하여 확정된 소유권이전등기청구권의 시효중단을 위한 재소는 인낙조서의 기판력에도 불구하고 소의 이익이 있는 것이 원칙이나, **이러한 법리는 시효를 중단하여 소유권이전등기청구권을 유지시킬 실익이 있는 경우에 한하여 타당한 것이고**, 그것을 유지하는 것이 실익이 없는 경우에는 시효중단을 위한 재소는 소의 이익이 없어 허용되지 아니한다. 사찰재산의 양도계약에 기한 소유권등기이전청구권이 인낙조서에 의해 확정되었으나 **양도계약이 관할청의 허가를 받지 못해 무효가 되어 유효한 소유권이전등기를 경료할 수 없게 되었다면**, 인낙조서에 의해 확정된 소유권이전등기청구권의 시효중단을 위한 재소는 소의 이익이 없어 부적법하다."고 한다(2001. 2. 9. 99다26979).

3) 관련문제 : 소멸시효 중단을 위한 소제기의 가능성

가) 소멸시효의 중단을 위한 동일한 소의 제기 가능성 : 2018. 7. 19. 2018다22008

(ⅰ) 판례의 다수의견은 "확정된 승소판결에는 기판력이 있으므로, 승소확정판결을 받은 당사자가 상대방을 상대로 다시 승소확정판결의 전소(前訴)와 동일한 청구의 소를 제기하는 경우, 후소(後訴)는 권리보호의 이익이 없어 부적법하다. 하지만 **예외적으로 확정판결에 의한 채권의 소멸시효기간인 10년의 경과가 임박한 경우에는 시효중단을 위한 소는 소의 이익이 있다**. 이러한 경우에 후소의 판결이 전소의 승소 확정판결의 내용에 저촉되어서는 아니되므로, **후소 법원으로서는 확정된 권리를 주장할 수 있는 모든 요건이 구비되어 있는지 여부에 관하여 다시 심리할 수 없다**. 대법원은 종래 확정판결에 의한 채권의 소멸시효기간인 10년의 경과가 임박한 경우에는 그 시효중단을 위한 재소(再訴)는 소의 이익이 있다는 법리를 유지하여 왔다. 이러한 법리는 현재에도 여전히 타당하다. **다른 시효중단사유인 압류·가압류나 승인 등의 경우 이를 1회로 제한하고 있지 않음에도 유독 재판상 청구의 경우만 1회로 제한되어야 한다고 보아야 할 합리적인 근거가 없다**. 또한 확정판결에 의한 채무라 하더라도 채무자가 파산이나 회생제도를 통해 이로부터 전부 또는 일부 벗어날 수 있는 이상, 채권자에게는 시효중단을 위한 재소를 허용하는 것이 균형에 맞다."고 한다.

(ⅱ) 판례의 반대의견은 "다수의견은 판결로 확정된 채권이 변제 등으로 만족되지 않는 한 시효로 소멸되는 것은 막아야 한다는 것을 당연한 전제로 하고 있는데, 이는 **채권의 소멸과 소멸시효제도를 두고 있는 민법의 기본원칙과 확정판결의 기판력을 인정하는 민사소송의 원칙에 반하므로** 동의할 수 없고, 다수의견이 따르고 있는 종전 대법원판례는 변경되어야 한다."고 한다.

나) 후소의 형태 : 2018. 10. 18. 2015다232316[68)69)]

(ⅰ) 판례의 다수의견은 "종래 대법원은 시효중단사유로서 재판상의 청구에 관하여 반드시 권리 자체의 이행청구나 확인청구로 제한하지 않을 뿐만 아니라, 권리자가 재판상 그 권리를 주장하여 권리 위에 잠자는 것이 아님을 표명한 것으로 볼 수 있는 때에는 널리 시효중단사유로서 재판상의 청구에 해당하는 것으로 해석하여 왔다. 이와 같은 법리는 이미 승소 확정판결을 받은 채권자가 그 판결상 채권의 시효중단을 위해 후소를 제기하는 경우에도 동일하게 적용되므로, **채권자가 전소로 이행청구를 하여 승소 확정판결을 받은 후 그 채권의 시효중단을 위한 후소를 제기하는 경우, 후소의 형태로서 항상 전소와 동일한 이행청구만이 시효중단사유인 '재판상의 청구'에 해당한다고 볼 수는 없다.** 시효중단을 위한 이행소송은 다양한 문제를 야기한다. 그와 같은 문제들의 근본적인 원인은 시효중단을 위한 후소의 형태로 전소와 소송물이 동일한 이행소송이 제기되면서 채권자가 실제로 의도하지도 않은 청구권의 존부에 관한 실체 심리를 진행하는 데에 있다. 채무자는 그와 같은 후소에서 전소 판결에 대한 청구이의사유를 조기에 제출하도록 강요되고 법원은 불필요한 심리를 해야 한

---

68) [관련조문] 민사소송 등 인지규칙 제18조의3(시효중단을 위한 재판상 청구 확인소송) 판결로 확정된 채권의 소멸시효 중단을 위한 재판상의 청구가 있다는 점에 대하여만 확인을 구하는 소송을 제기한 경우 그 소가는 그 대상인 전소 판결에서 인정된 권리의 가액(이행소송으로 제기할 경우에 해당하는 소가)의 10분의 1로 한다. 다만, 그 권리의 가액이 3억 원을 초과하는 경우에는 이를 3억 원으로 본다. [본조신설 2019. 1. 29.]
69) [주문] 원고와 피고 A 사이에서, 원고와 피고 A 사이의 서울중앙지방법원 2014. 2. 8. 선고 2013가단2780 매매대금 사건의 판결에 기한 채권의 소멸시효 중단을 위하여 이 사건 소의 제기가 있었음을 확인한다. / 원고와 피고 A 사이의 서울중앙지방법원 2014. 2. 8. 선고 2013가단2780 매매대금 사건의 판결로 확정된 채권의 소멸시효 중단을 위한 재판상의 청구가 있었음을 확인한다.

다. 채무자는 이중집행의 위험에 노출되고, 실질적인 채권의 관리·보전비용을 추가로 부담하게 되며 그 금액도 매우 많은 편이다. 채권자 또한 자신이 제기한 후소의 적법성이 10년의 경과가 임박하였는지 여부라는 불명확한 기준에 의해 좌우되는 불안정한 지위에 놓이게 된다. 위와 같은 종래 실무의 문제점을 해결하기 위해서, **시효중단을 위한 후소로서 이행소송 외에 전소 판결로 확정된 채권의 시효를 중단시키기 위한 조치, 즉 '재판상의 청구'가 있다는 점에 대하여만 확인을 구하는 형태의 '새로운 방식의 확인소송'이 허용되고, 채권자는 두 가지 형태의 소송 중 자신의 상황과 필요에 보다 적합한 것을 선택하여 제기할 수 있다고 보아야 한다.**"고 한다.[70]

(ⅱ) 판례의 반대의견은 "시효중단을 위한 재소로서 이행소송 외에 '새로운 방식의 확인소송'도 허용되어야 한다는 입장은 받아들일 수 없다. 다수의견이 지적하는 것처럼 **이행소송을 허용하는 현재 실무의 폐해가 크다고 보기 어렵다.** 또한 새로운 방식의 확인소송에는 법리적으로 적지 않은 문제점이 있고, **이행소송 외에 굳이 이를 허용할 실익이나 필요도 크지 않아 보인다.** 시효중단을 위한 재소로서의 이행소송은 대법원판결을 통해 허용된 이래 30년 이상 실무로 정착되었고 그동안 큰 문제점이나 혼란도 없었다. 최근 대법원판결에서도 이러한 인식에 기초하여 이행소송이 허용됨을 재확인하였다. 이러한 상황에서 새삼스레 이행소송에 여러 문제가 있다고 주장하면서 굳이 새로운 방식의

---

70) [이유] 시효중단을 위한 후소로서 이행소송 외에 전소 판결로 확정된 채권의 시효를 중단시키기 위한 조치, 즉 '재판상의 청구'가 있다는 점에 대하여만 확인을 구하는 형태의 '새로운 방식의 확인소송'이 허용되고, 채권자는 두 가지 형태의 소송 중 자신의 상황과 필요에 보다 적합한 것을 선택하여 제기할 수 있다. 가) 이러한 새로운 방식의 확인소송은 소송물이 전소의 소송물과 다르다는 것이 핵심이다. 즉 전소의 소송물이 실체법상 구체적 청구권의 존부임에 반하여, 새로운 방식의 확인소송의 소송물은 청구권의 실체적 존부 및 범위는 배제된 채 판결이 확정된 구체적 청구권에 관하여 시효중단을 위한 재판상의 청구를 통한 시효중단의 법률관계에 한정된다. 그 판결은 전소 판결로 확정된 청구권의 시효중단 외에 다른 실체법상 효력을 가지지 않으므로 그 소송에서는 소멸시효 완성 등을 포함한 청구권의 존부 및 범위와 같은 실체적 법률관계에 관한 심리를 할 필요가 없다. 채권자는 청구원인으로 전소 판결이 확정되었다는 점과 청구권의 시효중단을 위해 후소가 제기되었다는 점만 주장하고 전소 판결의 사본과 확정증명서 등으로 이를 증명하면 되며 법원도 이 점만 심리하면 된다. 채무자는 설사 전소 판결의 변론종결 후에 발생한 청구이의사유가 있더라도 이를 주장할 필요가 없고, 법원은 채무자가 이를 주장하더라도 심리할 필요가 없다. 채무자 입장에서 굳이 시효중단을 위한 소제기가 있다는 점을 다툴 필요나 실익이 없으므로 후소 판결은 제1심에서 자백간주 등에 의한 무변론판결 등으로 종결되고 그대로 확정되는 경우가 대부분일 것이다. 법원은 청구원인으로 전소 판결이 확정된 사실과 그 시효중단을 위해 후소가 제기된 사실만 심리하여 인정하면 된다. 채권자는 전소 판결이 확정되고 적당한 시점에 이와 같은 후소를 제기할 수 있고, 그 시기에 관하여 판결이 확정된 청구권의 소멸시효기간인 10년의 경과가 임박할 것을 요하지도 않는다. 단지 불필요하게 단기간 내에 소제기를 반복하는 경우 소권 남용의 일반론에 따라 허용되지 않는 경우가 있을 것이다. 후소는 시효중단사유인 재판상의 청구로서 역할을 하므로, 후소 판결이 확정되는 경우 전소 판결에 의해 확정된 청구권의 소멸시효가 후소의 제기로 중단되었다가 후소 판결이 확정된 때로부터 새로이 진행한다. 채무자는 위와 같은 후소 판결의 확정 여부와 관계없이 언제라도 전소 판결의 변론종결 후에 발생한 사유에 기하여 청구이의의 소를 제기할 수 있으며, 청구이의사유의 존재 여부는 여기서 비로소 심리된다. 나) 새로운 방식의 확인소송에 의할 경우 시효중단을 위한 후소로 이행소송을 제기하는 데서 오는 불합리를 해결할 수 있다. 우선 전소 판결과 후소 판결의 소송물이 달라 이행판결(전소 판결)의 기판력의 표준시가 그대로 유지되므로, 후소에서 전소 판결의 변론종결 후에 발생한 청구이의사유에 대하여 심리할 필요가 없다. 이는 단지 판결이 확정된 청구권의 시효중단만을 의도한 채권자의 의사에 가장 부합하며, 채무자는 그 소송절차에서 청구이의사유를 제출하고 증명하도록 강요되지도 않는다. 법원도 많은 경우에 무익하고 불필요한 심리를 위한 노력을 들일 필요가 없게 된다. 전소와 소송물이 달라 동일한 청구권에 대해 집행권원이 추가로 발생하지 않으므로, 이중집행의 위험도 없다. 또한 소를 제기할 수 있는 시기적 제한이 없으므로, 소의 적법 여부가 소멸시효기간 경과의 '임박'이라는 불명확한 기준에 따라 달라지는 문제도 발생하지 않는다. 통상 채권자는 판결이 확정된 후 10년의 경과가 임박한 시점에 소를 제기하게 되겠지만, 예컨대 장기간 해외체류 후 귀국할 예정인 채권자는 그보다 앞서 새로운 방식의 확인소송을 제기해 둘 수도 있을 것이다. 채권자가 자신의 채권 보전을 위하여 소를 제기한 것이므로 소송비용은 원칙적으로 채권자가 부담하도록 실무를 운용함으로써 채무자가 상당한 정도의 액수에 달하는 채권자의 채권관리·보전 비용을 부담하는 문제를 해결할 수 있다. 다만 채무자(피고)의 무익한 주장·증명과 불복이 있는 경우에는 채무자로 하여금 그에 해당하는 비용을 부담시킬 여지는 얼마든지 있을 것이다. 새로운 방식의 확인소송은 단지 시효중단을 위한 재판상의 청구가 있었다는 확인을 구하는 극히 단순한 형태의 소송으로서, 별다른 다툼의 여지가 없다고 하는 소송의 실질을 감안하면, 이와 같은 형태의 소송에 대해 소송목적의 값을 특히 낮게 책정함으로써 비용을 최소화할 필요도 있다.

확인소송이라는 낯설고 설익은 소송형태를 추가하여, **법적 안정성을 해치고 당사자의 편리보다는 혼란만 가중시키는 결과를 초래하지 않을까 염려된다.**"고 한다.

(iii) 판례의 또다른 반대의견은 "**시효중단을 위한 재소(再訴)로서 이행소송과 함께 해석을 통하여 다른 형태의 소송을 허용하고자 한다면, '청구권 확인소송'으로 충분하다.** 새로운 방식의 확인소송은 입법을 통하여 받아들여야 할 사항이지 법률의 해석을 통하여 받아들일 수는 없다. 청구권 확인소송은 전소 판결의 소송물이자 전소 판결에 의하여 확정된 채권 그 자체를 대상으로 확인을 구하는 소송이다. 청구권 확인소송에 비하여 새로운 방식의 확인소송이 큰 이점이 있다고 보기는 어렵다. 법리적인 측면에서 본다면 청구권 확인소송을 허용하는 데 별다른 문제가 없는 반면, 새로운 방식의 확인소송에는 확인의 이익을 비롯하여 법리적으로 극복하기 어려운 문제가 적지 않다. 다수의견이 지적하는 정책적 측면까지 고려하더라도, 이론적으로 문제가 많은 새로운 방식의 확인소송을 굳이 무리하게 도입할 이유가 없다."고 한다.

다) 후소의 심리대상

판례는 "확정된 승소판결에는 기판력이 있으므로 승소 확정판결을 받은 당사자가 전소의 상대방을 상대로 다시 승소 확정판결의 전소와 동일한 청구의 소를 제기하는 경우, 특별한 사정이 없는 한 후소는 권리보호의 이익이 없어 부적법하다. 하지만 예외적으로 확정판결에 의한 채권의 소멸시효기간인 10년의 경과가 임박한 경우에는 시효중단을 위한 소는 소의 이익이 있다. 이는 **승소판결이 확정된 후 채권의 소멸시효기간인 10년의 경과가 임박하지 않은 상태에서 굳이 다시 동일한 소를 제기하는 것은 확정판결의 기판력에 비추어 권리보호의 이익을 인정할 수 없으나, 기간의 경과가 임박한 경우에는 시효중단을 위한 필요성이 있으므로 후소를 제기할 소의 이익을 인정하는 것**이다. 한편 시효중단을 위한 후소의 판결은 전소의 승소 확정판결의 내용에 저촉되어서는 아니 되므로, 후소 법원으로서는 확정된 권리를 주장할 수 있는 모든 요건이 구비되어 있는지에 관하여 다시 심리할 수 없으나, **후소 판결의 기판력은 후소의 변론종결시를 기준으로 발생하므로, 전소의 변론종결 후에 발생한 변제·상계·면제 등과 같은 채권소멸사유는 후소의 심리대상이 된다. 따라서 채무자인 피고는 후소 절차에서 위와 같은 사유를 들어 항변할 수 있고 심리 결과 그 주장이 인정되면 법원은 원고의 청구를 기각하여야 한다.** 이는 채권의 소멸사유 중 하나인 소멸시효 완성의 경우에도 마찬가지이다. 이처럼 판결이 확정된 채권의 소멸시효기간의 경과가 임박하였는지 여부에 따라 시효중단을 위한 후소의 권리보호이익을 달리 보는 취지와 채권의 소멸시효 완성이 갖는 효과 등을 고려해 보면, 시효중단을 위한 후소를 심리하는 법원으로서는 전소 판결이 확정된 후 소멸시효가 중단된 적이 있어 그 중단사유가 종료한 때로부터 새로이 진행된 소멸시효기간의 경과가 임박하지 않아 시효중단을 위한 재소(再訴)의 이익을 인정할 수 없다는 등의 특별한 사정이 없는 한, **후소가 전소 판결이 확정된 후 10년이 지나 제기되었다 하더라도 곧바로 소의 이익이 없다고 하여 소를 각하해서는 아니 되고, 채무자인 피고의 항변에 따라 원고의 채권이 소멸시효 완성으로 소멸하였는지에 관한 본안판단을 하여야 한다.**"고 한다(2019. 1. 17. 2018다24349).

또한 "기판력에 의하여 당사자는 확정판결과 동일한 소송물에 기하여 신소를 제기할 수 없는 것이 원칙이나, 시효중단 등 특별한 사정이 있는 경우에는 예외적으로 신소가 허용된다. 이러한 경우에도 신소 판결이 전소 승소확정판결의 내용에 저촉되어서는 안 되므로, 후소 법원으로서는 확정된 권리를 주장할 수 있는 모든 요건이 구비되어 있는지에 관하여 다시 심리할 수 없다. 다만 **전소의 변론종결**

후에 새로 발생한 변제·상계·면제 등과 같은 채권소멸사유는 후소의 심리대상이 되어 채무자인 피고는 후소 절차에서 위와 같은 사유를 들어 항변할 수 있으나, 법률이나 판례의 변경은 전소 변론종결 후에 발생한 새로운 사유에 해당한다고 할 수 없다."고 한다(2019. 8. 29. 2019다215272).

다. 선결관계

선결관계란 전소의 기판력 있는 법률관계가 후소의 선결적 법률관계(선결문제)가 되는 경우에 후소에서 전소의 기판력 있는 법률관계에 반하여 판단할 수 없는 것을 말한다. 다만 이 경우에는 전소의 판단에 구속되는 것이므로, 후소에 대하여 각하판결을 하는 것은 아니다.

판례는 "전소와 후소의 소송물이 동일하지 아니하여도, **전소의 기판력 있는 법률관계가 후소의 선결적 법률관계로 되는 때**에는 분쟁의 1회적 해결의 측면에서 **전소의 판결의 기판력이 후소에 미쳐 후소 법원은 전에 한 판단과 모순되는 판단을 할 수 없다.**"고 한다(1994. 12. 27. 93다34183).

또한 "확정된 전소의 기판력 있는 법률관계가 후소의 소송물 자체가 되지 아니하여도 후소의 선결문제가 되는 때에는 전소의 확정판결의 판단은 후소의 선결문제로서 기판력이 작용한다고 할 것이므로, **소유권확인청구에 대한 판결이 확정된 후 다시 동일 피고를 상대로 소유권에 기한 물권적 청구권을 청구원인으로 하는 소송을 제기한 경우**에는 전소의 확정판결에서의 소유권의 존부에 관한 판단에 구속되어 당사자는 이와 다른 주장을 할 수 없을 뿐만 아니라, 법원도 이와 다른 판단을 할 수 없다."고 한다(1994. 12. 27. 94다4684).

또한 "채권자가 제기한 배당이의의 소의 본안판결이 확정된 때에는 이의가 있었던 배당액에 관한 실체적 배당수령권의 존부의 판단에 기판력이 생긴다. 배당이의의 소에서 패소의 본안판결을 받은 당사자가 판결이 확정된 후 상대방에 대하여 본안판결에 의하여 확정된 배당액이 부당이득이라는 이유로 반환을 구하는 소송을 제기한 경우에는, **전소인 배당이의의 소의 본안판결에서 판단된 배당수령권의 존부가 부당이득반환청구권의 성립여부를 판단하는 데에 선결문제가 된다**고 할 것이므로, 당사자는 배당수령권의 존부에 관하여 배당이의의 소의 본안판결의 판단과 다른 주장을 할 수 없고, 법원도 이와 다른 판단을 할 수 없다."고 한다(2000. 1. 21. 99다3501).

라. 모순관계

1) 원 칙

가) 개 념

모순관계란 **후소가 전소에서 확정한 법률관계와 모순되는 반대관계에 있는 경우에 후소에서 전소 판결의 판단과 다른 주장을 하는 것을 허용하지 않는 것**을 말한다. 따라서 이 경우 후소에서 전소 판결의 판단과 다른 주장을 하는 것을 허용하지 않는다. 판례도 "전·후 양소의 소송물이 동일하지 않더라도, 후소의 소송물이 전소에서 확정된 법률관계와 모순되는 정반대의 사항을 소송물로 삼았다면 전소 판결의 기판력이 후소에 미친다."고 한다(2002. 12. 6. 2002다44014).

나) 모순관계를 긍정한 판례

ⓐ 사찰소유 임야에 관하여 주무관청의 허가가 없음에도 매매를 원인으로 한 소유권이전등기가 확정판결에 기하여 경료된 경우에 사찰이 허가가 없었음을 이유로 하는 이전등기말소청구는 확정판결의 기판력에 저촉된다(1981. 9. 8. 80다2442).

ⓑ **소유권이전등기절차를 명하는 확정판결에 의하여 소유권이전등기가 마쳐진 경우에, 다시 원인무효임을 내세워 말소등기절차의 이행을 청구함은 확정된 이전등기청구권을 부인하는 것이어서 기판력에 저촉된다.** 공유자 중 1인의 지분에 관하여 확정판결에 따라 타인 앞으로 소유권이전등기를 마친 경우, 공유자는 확정판결의 기판력에 의하여 말소청구를 할 수 없게 된 자신의 공유지분에 관한 한, 보존행위로서도 소유권이전등기의 말소를 구할 수 없다(1996. 2. 9. 94다61649).

ⓒ **甲이 乙을 대위하여 丙을 상대로 취득시효 완성을 원인으로 한 소유권이전등기 소송을 제기하였다가 乙을 대위할 피보전채권의 부존재를 이유로 소각하 판결을 선고받고 확정된 후, 丙이 제기한 토지인도소송에서 甲이 다시 위와 같은 권리가 있음을 항변사유로서 주장하는 것**은 기판력에 저촉되어 허용될 수 없다(2001. 1. 16. 2000다41349).

ⓓ 제3자가 명의수탁자 등을 상대로 한 승소확정판결에 의하여 소유권이전등기를 마친 경우, 다른 소유권이전등기청구권자가 명의수탁자나 기타 종전의 소유자를 대위하여 제3자 명의의 소유권이전등기가 원인무효임을 내세워 그 등기 및 그에 기초한 또 다른 등기의 말소를 구하는 것은 확정판결의 기판력에 저촉된다(2014. 3. 27. 2013다91146).

ⓔ 소유자에 대하여 소유권이전등기를 청구할 지위에 있지만 아직 소유권이전등기를 경료하지 않은 상태에서, **제3자가 소유자를 상대로 소유권이전등기절차 이행의 확정판결을 받아 소유권이전등기를 경료한 경우**에는, 소유권이전등기청구권을 가지는 자는 확정판결이 당연무효이거나 재심의 소에 의하여 취소되지 않는 한, 소유자에 대한 소유권이전등기청구권을 보전하기 위하여 소유자를 대위하여 제3자 명의의 소유권이전등기가 원인무효임을 내세워 등기의 말소를 구하는 것은 확정판결의 기판력에 저촉되고, 제3자 명의의 소유권이전등기 이후에 등기를 바탕으로 하여 경료된 또 다른 소유권이전등기의 말소를 구하는 것도 확정판결의 기판력에 저촉된다(1996. 6. 25. 96다8666).

ⓕ **소유 명의자에 대하여 소유권이전등기청구권 또는 소유권이전등기말소등기청구권을 가지는 자가 아직 등기를 경료하지 않고 있는 사이에 소유 명의자가 제3자와 소유권이전등기절차를 이행하기로 하는 제소전화해를 하고 화해조서에 의하여 제3자 앞으로 소유권이전등기가 경료된 경우**에는 화해조서가 당연무효이거나 준재심절차에 의하여 취소되지 않는 한 종전의 소유 명의자에 대하여 등기청구권을 가지는 자가 이를 보전하기 위하여 그를 대위하여 제3자 명의의 소유권이전등기가 원인무효임을 이유로 말소를 구하는 것은 화해조서의 기판력에 저촉되어 부적법하고, 제3자 명의의 소유권이전등기에 기하여 경료된 다른 등기의 말소를 구하는 것도 부적법하다(2000. 7. 6. 2000다11584).

ⓖ 제소전 화해조서는 확정판결과 같은 효력이 있어 기판력이 생기는 것이므로, 원고가 피고에게 토지에 관하여 신탁해지를 원인으로 한 소유권이전등기절차를 이행하기로 한 제소전 화해가 준재심에 의하여 취소되지 않은 이상, **제소전 화해에 기하여 마쳐진 소유권이전등기가 원인무효라고 주장하며 말소등기절차의 이행을 청구하는 것**은 제소전 화해에 의하여 확정된 소유권이전등기청구권을 부인하는 것이어서 기판력에 저촉된다(2002. 12. 6. 2002다44014).

다) 모순관계를 부정한 판례

ⓐ 기판력은 소송물로 주장된 법률관계의 존부에 관한 판단 자체에만 미치는 것이고 전소와 후소가 소송물이 동일한 경우에 작용하는 것이므로, 부동산에 관한 소유권이전등기가 원인무효라는 이유로 등기말소를 명하는 판결이 확정되었더라도 기판력은 소송물이었던 말소등기청구권의 존부에만

미치는 것이므로, **소송에서 패소한 당사자도 전소에서 문제된 것과는 전혀 다른 청구원인에 기하여 상대방에 대하여 소유권이전등기청구를 할 수 있다**(1995. 6. 13. 93다43491).[71]

ⓑ [1] 무자력상태의 채무자가 소송절차를 통해 수익자에게 자신의 책임재산을 이전하기로 하여, 수익자가 제기한 소송에서 자백하는 등의 방법으로 패소판결 또는 그와 같은 취지의 화해권고결정 등을 받아 확정시키고, 이에 따라 수익자 앞으로 책임재산에 대한 소유권이전등기 등이 마쳐졌다면, 이러한 일련의 행위의 실질적인 원인이 되는 채무자와 수익자 사이의 이전합의는 일반채권자의 이익을 해하는 사해행위가 될 수 있다. [2] 채권자가 사해행위의 취소와 함께 수익자 또는 전득자로부터 책임재산의 회복을 명하는 사해행위취소의 판결을 받은 경우 수익자 또는 전득자가 채권자에 대하여 사해행위의 취소로 인한 원상회복 의무를 부담하게 될 뿐, 채권자와 채무자 사이에서 취소로 인한 법률관계가 형성되는 것은 아니다. 따라서 **채무자와 수익자 사이의 소송절차에서 확정판결 등을 통해 마쳐진 소유권이전등기가 사해행위취소로 인한 원상회복으로써 말소된다고 하더라도, 그것이 확정판결 등의 효력에 반하거나 모순되는 것이라고는 할 수 없다**(2017. 4. 7. 2016다204783).

2) 전소의 선결적 법률관계와 후소의 소송물·선결적 법률관계가 모순관계인 경우

확정판결의 기판력은 소송물로 주장된 법률관계의 존부에 관한 판단의 결론에만 미치고 그 전제가 되는 법률관계의 존부에까지 미치는 것이 아니므로, **전소 소송물의 전제가 된 선결적 법률관계와 모순되는 사항을 후소의 소송물 또는 후소의 선결적 법률관계로 삼더라도 후소가 전소 확정판결의 기판력에 저촉되는 것은 아니다.**

판례도 "[1] 전에 제기된 소와 후에 제기된 소의 소송물이 동일하지 않더라도, **후에 제기된 소의 소송물이 전에 제기된 소에서 확정된 법률관계와 모순되는 정반대의 사항을 소송물로 삼았다면 이러한 경우에는 전번 판결의 기판력이 후에 제기된 소에 미치는 것**이지만, 확정판결의 기판력은 소송물로 주장된 법률관계의 존부에 관한 판단의 결론에만 미치고 전제가 되는 법률관계의 존부에까지 미치는 것이 아니므로, **전의 소송에서 확정된 법률관계란 확정판결의 기판력이 미치는 법률관계를 의미하는 것**이지 전제가 되는 법률관계까지 의미하는 것은 아니다. [2] **매매계약의 무효 또는 해제를 원인으로 한 매매대금반환청구에 대한 인낙조서의 기판력은 매매대금반환청구권의 존부에 관하여만 발생할 뿐, 그 전제가 되는 선결적 법률관계인 매매계약의 무효 또는 해제에까지 발생하는 것은 아니므로 소유권이전등기청구권의 존부를 소송물로 하는 후소는 전소에서 확정된 법률관계와 정반대의 모순되는 사항을 소송물로 하는 것이라 할 수 없으며,** 기판력이 발생하지 않는 전소와 후소의 소송물의 각 전제가 되는 법률관계가 매매계약의 유효 또는 무효로 서로 모순된다고 하여 전소에서의 인낙조서의 기판력이 후소에 미친다고 할 수 없다."고 한다(2005. 12. 23. 2004다55698).

---

71) [이유] 원심이 확정한 바에 의하면, 이 사건 토지에 관하여는 소외 1 명의로 소유권보존등기가 경료되었고, 그 후 소외 2를 거쳐 원고들의 피상속인인 망 소외 3 앞으로 소유권이전등기가 경료되어 있었는데, 피고가 등기 명의인들을 상대로 소외 1 명의의 소유권보존등기가 위조된 서류에 의하여 경료한 것이어서 원인무효이고, 이에 기한 소외 2, 소외 3 명의의 소유권이전등기도 원인무효라는 이유로 각 등기의 말소등기청구소송을 제기하자, 소외 3은 피고의 주장을 인정하고 피고로부터 계쟁 토지를 다시 매수하였는데, 다만, 한번도 변론기일에 출석하거나 피고의 주장을 다투지 아니하여 의제자백으로 피고 승소판결이 선고되고 그 무렵 이 판결이 확정되었으며, 그 후 소외 3이 사망하여 원고들이 상속등기를 경료하자 피고가 말소등기를 명한 확정판결에 의하여 원고들 명의의 소유권이전등기를 모두 말소하였다는 것이고, 원심은 원고들의 피고에 대한 매매를 원인으로 하는 이 사건 토지에 관한 소유권이전등기청구를 인용하고 있다. 사실관계가 원심이 확정한 바와 같다면, 전소에 있어서의 소송물은 이 사건 부동산에 대한 소외 3 명의의 소유권이전등기에 대한 말소등기청구권의 존부라고 할 것임에 반하여 후소인 이 사건에 있어서의 소송물은 비록 동일한 부동산에 관한 것이지만 매매로 인한 소유권이전등기절차이행청구권의 존부라고 할 것이므로, 원고들의 이 소 청구가 확정된 전소판결의 기판력에 저촉되지 아니하는 것으로 보아 이를 받아들인 원심의 판단은 옳다.

또한 "**가등기에 기한 소유권이전등기절차의 이행을 명한 전소 판결의 기판력**은 소송물인 소유권이전등기청구권의 존부에만 미치고 등기청구권의 원인이 되는 채권계약의 존부나 판결이유 중에 설시되었을 뿐인 가등기의 효력 유무에 관한 판단에는 미치지 아니하고, 따라서 만일 **후소로써 가등기에 기한 소유권이전등기의 말소를 청구한다면 이는 1물 1권주의의 원칙에 비추어 볼 때 전소에서 확정된 소유권이전등기청구권을 부인하고 그와 모순되는 정반대의 사항을 소송물로 삼은 경우에 해당하여 전소 판결의 기판력에 저촉된다**고 할 것이지만, 이와 달리 가등기만의 말소를 청구하는 것은, 전소에서 판단의 전제가 되었을 뿐이고 그로써 아직 확정되지는 아니한 법률관계를 다투는 것에 불과하여 전소 판결의 기판력에 저촉된다고 볼 수 없다."고 한다(1995. 3. 24. 93다52488).[72]

2. 기판력 작용의 모습

가. 기판력의 소극적 작용

기판력의 소극적 작용은 기판력이 있는 판결이 있으면 이를 다투기 위한 당사자의 주장이나 항변을 배척하는 것을 말한다(불가쟁). 모순금지설의 경우에는 동일관계에서 전소가 승소판결인 경우에 작용한다. 반복금지설의 경우에는 동일관계인 경우와 모순관계인 경우에 작용한다.

나. 기판력의 적극적 작용

기판력의 적극적 작용은 기판력이 있는 판결이 있으면 법원은 이에 구속되어 이를 전제로 후소를 심판하여야 하는 것을 말한다(불가반). 모순금지설의 경우에는 동일관계에서 전소가 패소판결인 경우, 선결관계인 경우, 모순관계인 경우에 작용한다. 반복금지설의 경우에는 선결관계인 경우에 작용한다.

3. 기판력의 양면성

기판력이 있는 판결이 있으면 승소자에게 유리하게 작용할 뿐만 아니라 불리하게도 작용한다. 예컨대 甲이 乙을 상대로 한 건물의 소유권확인청구소송에서 승소로 확정되었다면 그 뒤 乙이 건물철거와 토지인도를 청구한 경우에 甲은 그 건물이 자기소유가 아니라고 주장할 수가 없다.

4. 기판력의 효과

가. 직권조사사항

반복금지설에 의하면 기판력의 존재여부는 직권조사사항이며 동일소송물에 대해 기판력이 있는 판단이 없어야 한다는 것은 소극적 소송요건이 된다. 모순금지설에 의할 경우에는 승소확정판결에 기한 기판력의 존재가 소극적 소송요건이 된다.

판례는 "소송에서 다투어지고 있는 권리 또는 법률관계의 존부가 동일한 당사자 사이의 전소에서 이미 다루어져 확정판결이 있는 경우에 당사자는 이에 저촉되는 주장을 할 수 없고, 법원도 이에

---

[72] **[판례평석]** 이 판결은 기판력은 판결주문에만 생기는 것이 원칙이므로 가등기의 유·무효에는 기판력이 생기지 않는다는 취지일 뿐이다. 전소판결에서 판결이유 중에 가등기가 유효하다고 했으므로, 본안심리에 들어가서는 사실상 가등기권자의 승소가능성이 높을 것이다. 만에 하나 상대방이 승소하더라도, 그 가등기말소판결을 가지고서는 -이미 본등기가 경료되었다면- 가등기말소 집행을 할 수 없다(전원열, 제3판, 504면).

저촉되는 판단을 할 수 없음은 물론, **확정판결의 존부는 당사자의 주장이 없더라도 법원이 이를 직권으로 조사하여 판단하지 않으면 안되고**, 당사자가 확정판결의 존재를 사실심변론종결시까지 주장하지 아니하였더라도 상고심에서 새로이 주장·입증할 수 있다."고 하여(1989. 10. 10. 89누1308), 기판력의 존재는 직권조사사항이라고 본다. 특히 판례는 **전소에서 패소확정판결을 받은 자가 후소를 제기하여 후소가 청구기각이 되는 경우에도 확정판결의 존부는 직권조사사항**이라고 하였다(2006. 10. 13. 2004두10227).

또한 "후소가 전소의 기판력을 받는지 여부는 직권조사사항이고 이에 관한 당사자의 주장은 직권발동을 촉구하는 의미밖에 없으므로, **기판력 저촉의 본안전 항변에 대하여 명시적으로 판단하지 아니한 채 본안에 관하여만 판단하였더라도 항변이 이유가 없는 한 판단누락의 상고이유로 삼을 수 없다.**"고 한다(1994. 8. 12. 93다52808).

나. 기판력의 배제가능성

기판력에 의하여 확정된 권리관계를 합의에 의하여 변경하는 것은 가능하지만, 합의의 의하여 기판력을 부여하거나 소멸시킬 수는 없다. 판례도 "甲과 乙 사이에 제1화해가 성립한 후에 甲과 乙 사이에 다시 제1화해와 모순·저촉되는 제2화해가 성립하였다 하여도 제1화해가 조서에 기재되어 확정판결과 동일하게 기판력이 발생한 이상 **제2화해에 의하여 제1화해가 당연히 실효되거나 변경되고 나아가 제1화해조서의 집행으로 마쳐진 乙 명의의 소유권이전등기 등이 무효로 된다고 볼 수는 없다.**"고 한다(1994. 7. 29. 92다25137).

다. 기판력에 저촉되는 판결의 효력

전소판결의 기판력과 모순되는 판결은 당연 무효는 아니다. 따라서 판결이 확정되기 전에는 상소로 다툴 수 있으며, 판결이 확정이 되면 재심으로 다툴 수 있다(제451조 제1항 제10호). 판례도 "기판력 있는 전소판결과 저촉되는 후소판결이 확정된 경우에도 전소판결의 기판력이 실효되는 것이 아니고, 재심의 소에 의하여 후소판결이 취소될 때까지 전소판결과 후소판결은 저촉되는 상태 그대로 기판력을 갖는 것이고 또한 후소판결의 기판력이 전소판결의 기판력을 복멸시킬 수 있는 것도 아니어서, **기판력 있는 전소판결의 변론종결 후에 이와 저촉되는 후소판결이 확정되었다는 사정은 변론종결 후에 발생한 새로운 사유에 해당되지 않으므로, 그와 같은 사유를 들어 전소판결의 기판력이 미치는 자 사이에서 전소판결의 기판력이 미치지 않게 되었다고 할 수 없다.**"고 한다(1997. 1. 24. 96다32706).

Ⅳ. 기판력 있는 재판

1. 확정된 종국판결

가. 원 칙

종국판결이 확정되어야 기판력이 발생하므로, 종국판결이 아닌 중간판결 또는 종국판결이라도 판결정본의 송달이 무효인 경우와 같은 미확정판결은 기판력이 없다. 또한 종국판결이라도 무효인 판결은 기판력이 발생하지 아니한다.

판례도 "기판력은 판결의 형식적 확정을 전제로 하여 발생하는 것이므로, 공시송달의 방법에 의하여 송달된 것이 아니고 **허위로 표시한 주소로 송달하여 상대방 아닌 다른 사람이 소송서류를 받아**

자백간주의 형식으로 판결이 선고되고 다른 사람이 판결정본을 수령하였을 때에는 상대방은 아직도 판결정본을 받지 않은 상태에 있는 것으로서 사위판결은 확정판결이 아니어서 기판력이 없다."고 한다(1978. 5. 9. 75다634).

또한 "**구체적 사건의 어느 청구에 대하여 법원이 전혀 판단을 하지 않았다면 그 부분에 한하여서는 기판력이 생길 수 없는 것**이므로, 전 소송의 환송 후 항소심판결의 주문기재에서나 이유기재에서나 예비적 청구 기각의 판단이 명시되지 아니하였음에도 후 소송의 원심이 그 판결에 그 예비적 청구를 기각한 판단이 있었다고 보아 전 소송의 환송 후 항소심판결이 확정되어 그 청구에 관한 판단의 기판력이 생겼다고 전제한 다음, 그 판결의 기판력이 소송물을 같이 하는 후 소송에도 미치게 된다고 판단한 데에는 필요한 심리를 다하지 않았거나 기판력에 관한 위에서 본 법리를 오해한 잘못이 있다."고 한다(2002. 9. 4. 98다17145).

따라서 "**1필지 토지 전부에 대한 소유권이전등기청구소송에서 토지 일부의 매수사실은 인정되나 특정할 수 없다는 이유로 전부패소판결을 받아 확정된 후 매수부분을 특정하여 소유권이전등기를 구하는 경우** 전소에서는 그 부분을 매수하였는지 여부, 즉 권리관계의 존부에 대하여 실질적으로 판단이 되었다고 할 수 없으므로 전소는 매수부분에 관한 한 기판력이 생기지 아니한다."고 한다(1992. 11. 24. 91다28283).

나. 본안판결

본안판결이면 인용판결·기각판결·이행판결·확인판결·형성판결을 불문하고 기판력이 생긴다. 다만 형성판결에 대하여는 형성력이 발생하므로 기판력을 인정할 필요가 없다고 하는 견해가 있으나, 표준시에 있어서 형성권의 존재에 대하여 기판력이 발생하여야 판결에 의한 형성의 정당성을 다툴 수 없으므로 형성판결에도 기판력이 발생한다고 보는 것이 타당하다.

다. 소송판결

소송판결은 소송물인 권리관계의 존부에 대해서는 기판력이 생기지 아니하지만 **소송요건의 흠결로 소가 부적법하다는 판단에 기판력이 생긴다**. 기판력이 생기지 아니한다면 동일 당사자 간의 동일 청구에 관한 소송요건을 둘러싼 분쟁이 되풀이 되어서 법적 안정성을 해하기 때문이다. 따라서 원고가 소송요건을 보정하지 아니하고 다시 소를 제기하면 기판력에 저촉되어 각하되게 된다.

판례도 "**소송판결의 기판력은 판결에서 확정한 소송요건의 흠결에 관하여 미치는 것**이지만, 당사자가 소송요건의 흠결을 보완하여 다시 소를 제기한 경우에는 기판력의 제한을 받지 않는다."고 한다(2003. 4. 8. 2002다70181).

2. 결정과 명령

가압류·가처분 신청에 대한 인용결정이 확정되더라도 피보전권리를 종국적으로 확정하는 결정이 아니므로 피보전권리의 존재에 대하여 기판력이 발생하지는 않는다. 또한 소송지휘나 집행행위로서의 결정·명령(제222조)은 절차의 처리에 불과하므로 기판력이 없고, 비송사건에 관한 결정도 기판력이 없다.

그러나 소송비용액 확정결정(제110조·제114조), 간접강제의 수단으로 하는 배상금의 지급결정(민사집행법 제261조), 과태료 결정 등과 같이 실체관계를 종국적으로 해결하는 것은 기판력이 있다. 판례도

"기판력 있는 본안판결에서 소송비용 상환의무의 실체관계 판단이 확정된 후에 그에 근거하여 법원이 상환청구권자인 당사자가 신청한 수액에 따라 소송비용 확정결정을 하였다면 소송비용에 관한 결정은 본안판결의 소송비용 부담의 실체관계 판단을 계량적으로 구체화한 종국적 판단을 내용으로 하는 것이므로 기판력이 있다."고 한다(2002. 9. 23. 2000마5257).

3. 확정판결과 동일한 효력이 있는 것

청구의 포기조서・인낙조서, 화해조서(제220조), 확정된 조정에 갈음한 결정(민사조정법 제34조), 민사・가사조정조서(민사조정법 제29조・가사소송법 제59조), 확정된 화해권고결정(제231조), 중재판정(중재법 제12조), 확정파산채권에 관한 확정된 파산채권자표의 기재(채무자 회생 및 파산에 관한 법률 제460조) 등에는 기판력이 있다.

그러나 **이행권고결정**(소액사건심판법 제5조의7), **집행증서**(민사집행법 제56조 제4호)는 확정판결과 동일한 효력이 있으나 기판력은 인정되지 않는다. 또한 **확정된 지급명령**(제474조)은 확정판결과 같은 효력이 있다고 하였지만, 그 취지는 지급명령으로 확정된 채권의 소멸시효 기간을 민법 제165조 제2항에 따라 10년으로 하기 위한 것일 뿐이고 기판력이 인정되는 것은 아니다(민사집행법 제58조 제3항 참조). 판례도 "**지급명령에 기판력은 인정되지 아니한다.**"고 한다(2009. 7. 9. 2006다73966).

4. 외국법원의 확정판결

제217조(외국재판의 승인) ① 외국법원의 확정판결 또는 이와 동일한 효력이 인정되는 재판(이하 "확정재판 등"이라 한다)은 다음 각 호의 요건을 모두 갖추어야 승인된다.
1. 대한민국의 법령 또는 조약에 따른 국제재판관할의 원칙상 그 외국법원의 국제재판관할권이 인정될 것
2. 패소한 피고가 소장 또는 이에 준하는 서면 및 기일통지서나 명령을 적법한 방식에 따라 방어에 필요한 시간여유를 두고 송달받았거나(공시송달이나 이와 비슷한 송달에 의한 경우를 제외한다) 송달받지 아니하였더라도 소송에 응하였을 것
3. 그 확정재판 등의 내용 및 소송절차에 비추어 그 확정재판 등의 승인이 대한민국의 선량한 풍속이나 그 밖의 사회질서에 어긋나지 아니할 것
4. 상호보증이 있거나 대한민국과 그 외국법원이 속하는 국가에 있어 확정재판 등의 승인요건이 현저히 균형을 상실하지 아니하고 중요한 점에서 실질적으로 차이가 없을 것

② 법원은 제1항의 요건이 충족되었는지에 관하여 직권으로 조사하여야 한다.

제217조의2(손해배상에 관한 확정재판 등의 승인) ① 법원은 손해배상에 관한 확정재판 등이 대한민국의 법률 또는 대한민국이 체결한 국제조약의 기본질서에 현저히 반하는 결과를 초래할 경우에는 해당 확정재판 등의 전부 또는 일부를 승인할 수 없다.
② 법원은 제1항의 요건을 심리할 때에는 외국법원이 인정한 손해배상의 범위에 변호사보수를 비롯한 소송과 관련된 비용과 경비가 포함되는지와 그 범위를 고려하여야 한다.

(ⅰ) 외국법원의 확정판결 또는 이와 동일한 효력이 인정되는 재판은 제217조 제1항의 요건을 모두 갖춘 경우에 우리나라에서 승인이 되고 기판력이 발생한다. 다만 이러한 확정판결 등을 기초로 우리나라에서 강제집행을 하기 위해서는 우리나라 법원에서 집행판결을 받아야 한다(민사집행법 제26조).

(ⅱ) 과거 판례는 "제217조 제1항 제2호의 송달이란 **보충송달이나 우편송달이 아닌 통상의 송달방법에 의한 송달**을 의미하며, 송달은 적법한 것이라야 한다."고 하였다(1992. 7. 14. 92다2585). 그러나

최근 변경된 판례는 "제186조 제1항과 제2항에서 규정하는 **보충송달도 교부송달과 마찬가지로 외국법원의 확정재판 등을 국내에서 승인·집행하기 위한 요건을 규정한 제217조 제1항 제2호의 '적법한 송달'에 해당한다**고 해석하는 것이 타당하다. 보충송달은 제217조 제1항 제2호에서 외국법원의 확정재판 등을 승인·집행하기 위한 송달 요건에서 제외하고 있는 공시송달과 비슷한 송달에 의한 경우로 볼 수 없고, 외국재판 과정에서 보충송달 방식으로 송달이 이루어졌더라도 송달이 방어에 필요한 시간 여유를 두고 적법하게 이루어졌다면 적법한 송달로 보아야 한다. 이와 달리 보충송달이 제217조 제1항 제2호에서 요구하는 통상의 송달방법에 의한 송달이 아니라고 본 대법원 1992. 7. 14. 선고 92다2585 판결, 대법원 2009. 1. 30. 선고 2008다65815 판결을 비롯하여 그와 같은 취지의 판결들은 이 판결의 견해에 배치되는 범위에서 모두 변경한다."고 한다(2021. 12. 23. 2017다257746).

한편 "제217조 제1항 제2호에서 규정하는 '소장 또는 이에 준하는 서면 및 기일통지서나 명령의 송달'이라 함은 소장 및 소송개시에 필요한 소환장 등을 말하는 것으로서, **이러한 서류가 적법하게 송달된 이상 그 후의 소환 등의 절차가 우편송달이나 공시송달 등의 절차에 의하여 진행되었더라도 승인의 대상이 될 수 있다.**"고 한다(2003. 9. 26. 2003다29555).

또한 "제217조 제1항 제2호에서 패소한 피고가 소장 등을 적법한 방식에 따라 송달받았을 것 또는 적법한 방식에 따라 송달받지 아니하였더라도 소송에 응하였을 것을 요구하는 것은 소송에서 방어의 기회를 얻지 못하고 패소한 피고를 보호하려는 데 목적이 있다. 따라서 법정지인 재판국에서 피고에게 방어할 기회를 부여하기 위하여 규정한 송달에 관한 방식과 절차를 따르지 아니한 경우에도, **패소한 피고가 외국법원의 소송절차에서 실제로 자신의 이익을 방어할 기회를 가졌다고 볼 수 있는 때는 제217조 제1항 제2호에서 말하는 피고의 응소가 있는 것**으로 봄이 타당하다."고 한다(2016. 1. 28. 2015다207747).

(iii) 판례는 "제217조 제1항 제3호에서 확정재판 등을 승인한 결과가 대한민국의 선량한 풍속이나 그 밖의 사회질서에 어긋나는지는 **승인 여부를 판단하는 시점**에서 확정재판 등의 승인이 우리나라의 국내법 질서가 보호하려는 기본적인 도덕적 신념과 사회질서에 미치는 영향을 확정재판 등이 다룬 사안과 우리나라와의 관련성의 정도에 비추어 판단하여야 한다."고 한다(2016. 1. 28. 2015다207747).

한편 "동일 당사자 간의 동일 사건에 관하여 대한민국에서 판결이 확정된 후에 다시 외국에서 판결이 선고되어 확정되었다면 그 외국판결은 **대한민국 판결의 기판력에 저촉되는 것으로서 대한민국의 선량한 풍속 기타 사회질서에 위반**되어 제217조 제1항 제3호에 정해진 외국판결의 승인요건을 흠결한 경우에 해당하므로 대한민국에서는 효력이 없다."고 하고(1994. 5. 10. 93므1051), "외국판결의 성립절차가 **대한민국 국민인 피고의 방어권을 현저히 침해한 경우**에는 절차에 관한 선량한 풍속 기타 사회질서 위반으로 우리나라에서 승인 또는 집행될 수 없다."고 한다(1997. 9. 9. 96다47517).

또한 "**확정재판 등을 승인한 결과가 선량한 풍속이나 사회질서에 어긋나는지를 심리한다는 명목으로 실질적으로 확정재판 등의 옳고 그름을 전면적으로 재심사하는 것**은 "집행판결은 재판의 옳고 그름을 조사하지 아니하고 하여야 한다."라고 규정하고 있는 민사집행법 제27조 제1항에 반할 뿐만 아니라, 외국법원의 확정재판 등에 대하여 별도의 집행판결제도를 둔 취지에도 반하는 것이므로 허용되지 아니한다."고 한다(2015. 10. 15. 2015다1284).

(iv) 판례는 "**우리나라와 외국 사이에 동종판결의 승인요건이 현저히 균형을 상실하지 아니하고 외국에서 정한 요건이 우리나라에서 정한 그것보다 전체로서 과중하지 아니하며 중요한 점에서 실질**

적으로 거의 차이가 없는 정도라면 제217조 제1항 제4호에서 정하는 상호보증의 요건을 구비하였다고 봄이 상당하고, 또한 상호의 보증은 외국의 법령, 판례 및 관례 등에 의하여 승인요건을 비교하여 인정되면 충분하고 반드시 당사국과의 조약이 체결되어 있을 필요는 없으며, 당해 외국에서 구체적으로 우리나라의 동종 판결을 승인한 사례가 없더라도 실제로 승인할 것이라고 기대할 수 있는 상태이면 충분하고, **상호의 보증이 있다는 사실은 법원이 직권으로 조사하여야 하는 사항**이다."고 한다(2004. 10. 28. 2002다74213).

(ⅴ) 판례는 "제217조의2 제1항은 징벌적 손해배상과 같이 손해전보의 범위를 초과하는 배상액의 지급을 명한 외국법원의 확정재판 등의 승인을 적정범위로 제한하기 위하여 마련된 규정이다. 따라서 **외국법원의 확정재판 등이 당사자가 실제로 입은 손해를 전보하는 손해배상을 명하는 경우**에는 제217조의2 제1항을 근거로 승인을 제한할 수 없다."고 한다(2016. 1. 28. 2015다207747).

또한 "[1] **제217조의2 제1항은 제217조 제1항 제3호와 관련하여 손해전보의 범위를 초과하는 손해배상을 명한 외국재판의 내용이 대한민국의 법률 또는 대한민국이 체결한 국제조약에서 인정되는 손해배상제도의 근본원칙이나 이념, 체계 등에 비추어 도저히 허용할 수 없는 정도에 이른 경우 외국재판의 승인을 적정 범위로 제한하기 위하여 마련된 규정이다.** 또한 이러한 승인요건을 판단할 때에는 국내적인 사정뿐만 아니라 국제적 거래질서의 안정이나 예측가능성의 측면도 함께 고려하여야 하고, 우리나라 법제에 외국재판에서 적용된 법령과 동일한 내용을 규정하는 법령이 없다는 이유만으로 바로 외국재판의 승인을 거부할 것은 아니다. [2] 우리나라 손해배상제도의 근본이념은 피해자 등이 실제 입은 손해를 전보함으로써 손해가 발생하기 전 상태로 회복시키는 것이었다. 그러다가 2011년 처음으로 '하도급거래 공정화에 관한 법률'에서 원사업자의 부당한 행위로 발생한 손해의 배상과 관련하여 실제 손해의 3배를 한도로 하여 손해전보의 범위를 초과하는 손해배상을 도입하였다(제35조). 이어서 '독점규제 및 공정거래에 관한 법률'에서도 사업자의 부당한 공동행위 등에 대하여 실제 손해의 3배를 한도로 하여 손해전보의 범위를 초과하는 손해배상 규정을 도입하였고, 계속해서 개인정보, 근로관계, 지적재산권, 소비자보호 등의 분야에서 개별 법률의 개정을 통해 일정한 행위 유형에 대하여 3배 내지 5배를 한도로 하여 손해전보의 범위를 초과하는 손해배상을 허용하는 규정을 도입하였다. 이처럼 개별 법률에서 손해전보의 범위를 초과하는 손해배상을 허용하는 것은 그러한 배상을 통해 불법행위의 발생을 억제하고 피해자가 입은 손해를 실질적으로 배상하려는 것이다. **우리나라 손해배상제도가 손해전보를 원칙으로 하면서도 개별 법률을 통해 특정 영역에서 그에 해당하는 특수한 사정에 맞게 손해전보의 범위를 초과하는 손해배상을 허용하고 있는 점에 비추어 보면, 손해전보의 범위를 초과하는 손해배상을 명하는 외국재판이 손해배상의 원인으로 삼은 행위가 적어도 우리나라에서 손해전보의 범위를 초과하는 손해배상을 허용하는 개별 법률의 규율 영역에 속하는 경우에는 그 외국재판을 승인하는 것이 손해배상 관련 법률의 기본질서에 현저히 위배되어 허용될 수 없는 정도라고 보기 어렵다.** 이때 외국재판에 적용된 외국 법률이 실제 손해액의 일정 배수를 자동적으로 최종 손해배상액으로 정하는 내용이라도 그것만으로 그 외국재판의 승인을 거부할 수는 없고, 우리나라의 관련 법률에서 정한 손해배상액의 상한 등을 고려하여 외국재판의 승인 여부를 결정할 수 있다. 요컨대, 손해전보의 범위를 초과하는 손해배상을 명한 외국재판의 전부 또는 일부를 승인할 것인지는, 우리나라 손해배상제도의 근본원칙이나 이념, 체계를 전제로 하여 해당 외국재판과 그와 관련된 우리나라 법률과의 관계, 그 외국재판이 손해배상의 원인으로 삼은 행위가 우리나라에서 손해전보의 범위를 초과하는 손해배상을 허용하는 개별 법률의 영역에 속하는 것인지, 만일 속한다면 그 외국재판에서 인정된 손해배상이 그 법률에서 규정하는 내용, 특히 손해배상액의 상한 등과 비교하여 어느 정도 차이가 있는지 등을 종합적으로 고려하여 개별적으로 판단하여야 한다."고 한다(2022. 3. 11. 2018다231550).

V. 기판력의 주관적 범위

> 제218조(기판력의 주관적 범위) ① 확정판결은 당사자, 변론을 종결한 뒤의 승계인(변론없이 한 판결의 경우에는 판결을 선고한 뒤의 승계인) 또는 그를 위하여 청구의 목적물을 소지한 사람에 대하여 효력이 미친다.
> ② 제1항의 경우에 당사자가 변론을 종결할 때(변론없이 한 판결의 경우에는 판결을 선고할 때)까지 승계사실을 진술하지 아니한 때에는 변론을 종결한 뒤(변론없이 한 판결의 경우에는 판결을 선고한 뒤)에 승계한 것으로 추정한다.
> ③ 다른 사람을 위하여 원고나 피고가 된 사람에 대한 확정판결은 그 다른 사람에 대하여도 효력이 미친다.
> ④ 가집행의 선고에는 제1항 내지 제3항의 규정을 준용한다.

1. 당사자

가. 원 칙

기판력은 당사자 사이에만 미치고 제3자에게는 미치지 않는 것이 원칙이다. 판례도 "기판력이라 함은 확정판결의 주문에 포함된 법률적 판단의 내용은 이후 그 소송당사자의 관계를 규율하는 새로운 기준이 되는 것이므로, 동일한 사항이 소송상 문제가 되었을 때 당사자는 이에 저촉되는 주장을 할 수 없고 법원도 이에 저촉되는 판단을 할 수 없는 기속력을 의미하는 것이고, **적극당사자(원고)가 되어 주장하는 경우는 물론이고 소극당사자(피고)로서 항변하는 경우에도 기판력에 저촉되는 주장은 할 수 없다.**"고 한다(1987. 6. 9. 86다카2756).

소송에 관여할 기회가 없었던 제3자에게 소송의 결과를 강요하는 것은 제3자의 재판받을 권리를 침해하게 되어 부당하기 때문이다. 따라서 제3자는 물론 당해 소송의 법정대리인, 보조참가인, 공동소송인에게도 기판력이 미치지 않는다. 판례도 "사해행위취소의 효력은 상대적이기 때문에 소송당사자인 채권자와 수익자 또는 전득자 사이에만 발생할 뿐 **소송의 상대방 아닌 제3자에게는 효력을 미치지 아니한다.**"고 한다(2001. 5. 29. 99다9011).

또한 "피해자의 보험자에 대한 손해배상채권과 피해자의 피보험자에 대한 손해배상채권은 별개 독립의 것으로서 병존하고, **피해자와 피보험자 사이에 손해배상책임의 존부 내지 범위에 관한 판결이 선고되고 그 판결이 확정되었다고 하여도 그 판결의 당사자가 아닌 보험자에 대하여서까지 판결의 효력이 미치는 것은 아니므로**, 피해자가 보험자를 상대로 하여 손해배상금을 직접 청구하는 사건의 경우에 있어서는, 특별한 사정이 없는 한 피해자와 피보험자 사이의 전소판결과 관계없이 피해자의 보험자에 대한 손해배상청구권의 존부 내지 범위를 다시 따져보아야 하는 것이다."고 한다(2000. 6. 9. 98다54397).

또한 "**기판력이 미치는 주관적 범위는 신분관계소송이나 회사관계소송 등에서 제3자에게도 효력이 미치는 것으로 규정되어 있는 경우를 제외하고는 원칙적으로 당사자, 변론을 종결한 뒤의 승계인**

또는 그를 위하여 청구의 목적물을 소지한 사람과 다른 사람을 위하여 원고나 피고가 된 사람이 확정판결을 받은 경우의 그 다른 사람에 국한되고, 그 외의 제3자나 변론을 종결하기 전의 승계인에게는 **미치지 않는 것이며**(제218조 제1항·제3항), 한편 제52조에 의하여 대표자가 있는 법인 아닌 사단이 소송의 당사자가 되는 경우에도 그 법인 아닌 사단은 대표자나 구성원과는 별개의 주체이므로, **그 대표자나 구성원을 당사자로 한 판결의 기판력이 법인 아닌 사단에 미치지 아니함은 물론 그 법인 아닌 사단을 당사자로 한 판결의 기판력 또한 그 대표자나 구성원에게 미치지 아니하는 것이 당연하다.**"고 한다(2010. 12. 23. 2010다58889).

또한 "기판력은 법률에 따로 규정되어 있는 경우 외에는 판결에 표시된 당사자 사이에만 미치고(제218조 참조), 집행력의 범위도 원칙적으로 기판력의 범위에 준한다. 따라서 **지부·분회·지회 등 어떤 법인의 하부조직을 상대로 의무이행을 구하는 소를 제기하여 승소 확정판결을 받은 경우**, 판결의 집행력이 해당 지부·분회·지회 등을 넘어서 소송의 당사자도 아닌 법인에까지 미친다고 볼 수는 없으므로, 그 판결을 집행권원으로 하여 법인의 재산에 대해 강제집행을 할 수는 없고, 법인의 재산에 대한 강제집행을 위해서는 법인 자체에 대한 별도의 집행권원이 필요하다."고 한다(2018. 9. 13. 2018다231031).

나. 실질적 당사자에 대한 확장가능성

판례는 "승계집행문은 판결에 표시된 채무자의 포괄승계인이나, 판결에 기한 채무를 특정하여 승계한 자에 대한 집행을 위하여 부여하는 것인바, 강제집행절차에서는 권리관계의 공권적인 확정 및 신속·확실한 실현을 도모하기 위하여 절차의 명확·안정을 중시하여야 하므로, 기초되는 채무가 판결에 표시된 채무자 이외의 자가 실질적으로 부담하여야 하는 채무라거나 채무가 발생하는 기초적인 권리관계가 판결에 표시된 채무자 이외의 자에게 승계되었더라도, 판결에 표시된 채무자 이외의 자가 판결에 표시된 채무자의 포괄승계인이거나 판결상의 채무 자체를 특정하여 승계하지 아니한 한, 판결에 표시된 채무자 이외의 자에 대하여 새로이 채무의 이행을 소구하는 것은 별론으로 하고, **판결에 표시된 채무자에 대한 판결의 기판력 및 집행력의 범위를 채무자 이외의 자에게 확장하여 승계집행문을 부여할 수는 없다.**"고 한다(2002. 10. 11. 2002다43851).

2. 변론종결 뒤의 승계인

가. 의의 및 취지

변론종결 뒤의 승계인이란 **기판력의 표준시인 사실심의 변론종결시**(변론 없이 판결을 한 경우에는 판결선고 시) **이후에 당사자로부터 소송물인 권리관계에 관한 지위를 승계한 자**를 말한다. 변론종결 뒤의 승계인에게 기판력이 미치지 않는다면 패소 당사자가 소송물인 권리관계 또는 이에 대한 법적 지위를 제3자에게 처분함으로써 기판력 있는 판결을 무력화시킬 수 있기 때문에 변론종결 뒤의 승계인에게도 기판력이 미친다.

나. 기판력이 미치는 근거

1) 학설의 대립

① 승계인은 실체법상 권리·의무를 취득하였으므로 승계인에게 기판력이 확장되어도 권리침해가 없기 때문이라는 **실체적 의존관계설**, ② 소송물인 실체법상 권리·의무 자체를 승계한 경우뿐만

아니라 소송물에 관한 당사자적격을 승계한 경우도 포함된다는 **적격승계설**, ③ 소송물이 다른 경우에 소송당사자의 지위를 승계한 사람을 '당사자적격의 승계인'이라고 표현하는 것은 정확하지 않으므로, '분쟁주체인 지위의 승계인'을 가리킨다는 **분쟁주체지위승계설**, ④ 승계인은 전주의 권리를 취득하는 것이어서 전주보다 더 큰 권리를 갖지 못하므로 전주에 대해서 절차보장이 이루어졌다면 별도로 절차관여의 기회를 부여할 필요가 없다는 **절차보장설**이 대립된다.

2) 판례의 태도 : 적격승계설

판례는 "소송의 목적물인 권리관계의 승계라 함은 **소송물인 권리관계의 양도뿐만 아니라 당사자적격 이전의 원인이 되는 실체법상의 권리 이전을 널리 포함하는 것**이므로, 신주발행무효의 소 계속 중 원고적격의 근거가 되는 주식이 양도된 경우에 양수인은 제소기간 등의 요건이 충족된다면 새로운 주주의 지위에서 신소를 제기할 수 있을 뿐만 아니라, 양도인이 이미 제기한 기존의 소송을 적법하게 승계할 수도 있다."고 하여 적격승계설의 입장이다(2003. 2. 26. 2000다42786).

따라서, 판례는 "대금분할을 명한 공유물분할 확정판결의 당사자인 공유자가 공유물분할을 위한 경매를 신청하여 진행된 경매절차에서 공유물 전부에 관하여 매수인에 대한 매각허가결정이 확정되고 매각대금이 완납된 경우, 매수인은 공유물 전부에 대한 소유권을 취득하고, 이에 따라 각 공유자들은 지분소유권을 상실하게 된다. 그리고 **대금분할을 명한 공유물분할판결의 변론이 종결된 뒤**(변론 없이 한 판결의 경우에는 판결을 선고한 뒤) **공유자의 공유지분에 관하여 소유권이전청구권의 순위보전을 위한 가등기가 마쳐진 경우**, 대금분할을 명한 공유물분할 확정판결의 효력은 제218조 제1항이 정한 변론종결 후의 승계인에 해당하는 가등기권자에게 미치므로, 가등기상의 권리는 매수인이 매각대금을 완납함으로써 소멸한다."고 한다(2021. 3. 11. 2020다253836).[73]

3) 검 토

소송승계와 변론종결 뒤의 승계를 통일적으로 파악하는 적격승계설이 타당하다.

다. 승계의 모습과 시기

1) 승계의 모습

승계의 피승계인이 원고이든 피고이든, 승소자이든 패소자이든 불문한다. 승계의 모습이 상속·합병 등과 같은 일반승계이든, 계약 등과 같은 특정승계이든 불문한다. 승계의 원인이 매매 등의 임의처분이든, 전부명령 등의 강제처분이든, 법률상의 대위처럼 법률의 규정에 의한 것이든 불문한다.

2) 승계의 시기

(ⅰ) 판례는 "소유권이전등기말소청구소송을 제기당한 자가 소송계속 중 부동산의 소유권을 타인에게 이전한 경우에는, **부동산물권변동의 효력이 생기는 때인 소유권이전등기가 이루어진 시점을 기준으로** 승계가 변론종결 전의 것인지 변론종결 후의 것인지 여부를 판단한다."고 한다(2005. 11. 10. 2005다34667). 그러나 "확정판결의 피고 측의 **제1차 승계가 이미 변론종결 이전에 있었다**면 비록

---

[73] [판례평석] A, B, C의 공유부동산에 관해 A가 B, C를 피고로 대금분할을 구하여 제기한 공유물분할소송의 변론종결 후에, A가 D에게 가등기를 설정해 주었고, 위 소송의 확정판결에 따라 A가 신청한 경매절차가 마쳐진 사안에서, D는 변론종결 뒤 승계인이므로 경락인에게 대항할 수 없다고 했다(전원열, 제3판, 544면).

제2차 승계가 변론종결 이후에 있었다 할지라도 제2차 승계인은 변론종결 후의 승계인으로 볼 수 없다."고 한다(1967. 2. 23. 67마55).

(ⅱ) 가등기에 기한 본등기의 경우에 대하여, "부동산의 수탁자에 대한 신탁해제를 원인으로 하는 소유권이전등기 및 수탁자로부터 매수한 자에 대한 소유권이전등기의 말소등기를 명하는 확정판결의 효력은 **확정판결의 변론종결 전에 부동산에 대하여 가등기를 경료하였다가 본등기를 마친 자에게 미치지 않는다.**"고 하여(1970. 7. 28. 69다2227), 가등기가 이루어진 시점을 기준으로 한다는 판례와, "대지소유권에 기한 방해배제청구로서 지상건물의 철거를 구하여 승소확정판결을 얻은 경우 지상건물에 관하여 **확정판결의 변론종결 전에 경료된 소유권이전청구권가등기에 기하여 확정판결의 변론종결 후에 소유권이전등기를 경료한 자는 변론종결 후의 승계인**이어서 기판력이 미친다."고 하여 (1992. 10. 27. 92다10883), 본등기 시점을 기준으로 한다는 판례가 있다.[74]

(ⅲ) 판례는 "채권을 양수하였으나 양도인에 의한 통지 또는 채무자의 승낙이라는 대항요건을 갖추지 못하였다면 **채권양수인은 채무자와 사이에 아무런 법률관계가 없어** 채무자에 대하여 아무런 권리주장을 할 수 없고, 양도인이 채무자에게 채권양도통지를 하거나 채무자가 승낙하여야 채무자에게 채권양수를 주장할 수 있다. 채권양수인이 소송계속 중의 승계인이라고 주장하며 참가신청을 한 경우에, 채권자로서의 지위의 승계가 소송계속 중에 이루어진 것인지 여부는 채권양도의 합의가 이루어진 때가 아니라 **대항요건이 갖추어진 때를 기준으로 판단**하는 것과 마찬가지로, 채권양수인이 제218조 제1항에 따라 확정판결의 효력이 미치는 변론종결 후의 승계인에 해당하는지 여부 역시 채권양도의 합의가 이루어진 때가 아니라 대항요건이 갖추어진 때를 기준으로 판단하여야 한다."고 한다(2020. 9. 3. 2020다210747).[75]

라. 승계인의 범위

1) 소송물인 권리·의무자체의 승계인

(ⅰ) **변론종결 뒤에 당사자로부터 소송물인 권리·의무 자체를 승계한 경우를 말한다.** 소송물인 권리승계의 경우로는 소유권확인판결이 선고된 소유권의 양수인, 이행판결을 받은 채권의 양수인 등이 있고, 소송물인 의무승계의 경우로는 면책적 채무인수, 채무의 상속인 등이 있다.

(ⅱ) 판례는 "전소 변론종결 또는 판결선고 후에 채무자의 채무를 소멸시켜 당사자인 채무자의 지위를 승계하는 **면책적 채무인수를 한 자는 변론종결 후의 승계인**으로서 전소 확정판결의 기판력이

---

74) [판례평석] 전자의 판결은 원고의 소유권 자체가 가등기의 순위보전적 효력으로부터 영향을 받는 사안이고, 후자의 판결에서는 피고 측의 건물의 처분권자 지위가 언제 실제로 넘어갔는지가 중요하기 때문이다(전원열, 제3판, 541면).

75) [동지판례] [1] 채권양도 후 대항요건이 구비되기 전의 채권양도인은 채무자에 대한 관계에서는 여전히 채권자의 지위에 있으므로 채무자의 제3채무자에 대한 채권에 대하여 채권가압류 등의 보전조치를 할 수 있고, 이 경우 채권가압류에 기하여 채권양도인이 배당절차에서 배당을 받았다면 배당은 유효하다. [2] 채권을 양수하였으나 아직 양도인에 의한 통지 또는 채무자의 승낙이라는 대항요건을 갖추지 못하였다면 채권양수인은 채무자와 사이에 아무런 법률관계가 없어 채무자에 대하여 아무런 권리주장을 할 수 없고, 채권양수인으로서는 양도인이 채무자에게 채권양도통지를 하거나 채무자가 이를 승낙하여야 채무자에게 채권양수를 주장(대항)할 수 있다. [3] 갑 주식회사가 을 주식회사에 갑 회사의 병 주식회사에 대한 채권을 양도한 다음 채권양도의 대항요건이 갖추어지기 전에 병 회사의 정 주식회사에 대한 채권을 가압류하여 가압류에 기해 배당절차에서 배당을 받게 되자, 무 저축은행이 갑 회사를 상대로 배당이의 소를 제기하였는데, 소송 계속 중 채권양도의 대항요건을 갖춘 을 회사가 승계참가를 신청한 사안에서, 을 회사는 채권양도의 대항요건을 갖춘 이후에야 비로소 채권양수인으로서 배당이의 소송에 승계참가하여 채권양도인인 갑 회사의 승계인으로 배당받을 권리가 있음을 주장할 수 있으므로, 승계참가신청이 적법하다고 본 원심판단은 정당하다고 한 사례(2019. 5. 16. 2016다8589).

미치게 되므로, 원고는 특별한 사정이 없는 한 다시 본소를 제기할 이익이 없다."고 한다(2016. 9. 28. 2016다13482).

또한 "민사집행법 제31조 제1항에서 "집행문은 판결에 표시된 채권자의 승계인을 위하여 내어 주거나 판결에 표시된 채무자의 승계인에 대한 집행을 위하여 내어 줄 수 있다."라고 규정하고 있는데, 중첩적 채무인수는 당사자의 채무는 존속하며 별개의 채무를 부담하는 것에 불과하므로 **새로 채무의 이행을 소구하는 것**은 별론으로 하고 판결에 표시된 채무자에 대한 판결의 기판력 및 집행력의 범위를 채무자 이외의 자에게 확장하여 승계집행문을 부여할 수는 없으나, 채무자의 채무를 소멸시켜 당사자인 채무자의 지위를 승계하는 **면책적 채무인수는 승계인에 해당한다.**"고 한다(2016. 5. 27. 2015다21967).

또한 "주택임대차보호법 제3조 제4항에 따라 임차주택의 양수인은 임대인의 지위를 승계한 것으로 보므로 임대차보증금 반환채무도 부동산의 소유권과 결합하여 일체로서 임대인의 지위를 승계한 양수인에게 이전되고 양도인의 보증금반환채무는 소멸하는 것으로 해석되므로, **변론종결 후 임대부동산을 양수한 자는 제218조 제1항의 변론종결 후의 승계인에 해당한다**. 승계집행문은 승계가 법원에 명백한 사실이거나 증명서로 승계를 증명한 때에 한하여 내어 줄 수 있고(민사집행법 제31조 제1항), 승계를 증명할 수 없는 때에는 채권자가 승계집행문 부여의 소를 제기할 수 있다(제33조). 따라서 **임차인이 임대인을 상대로 보증금반환의 승소확정판결을 받았으나 이후 주택 양수인을 상대로 이를 반환받고자 할 경우 승계가 명확하지 않거나 임대인 지위의 승계를 증명할 수 없는 때에는 임차인이 양수인을 상대로 승계집행문 부여의 소를 제기하여 승계집행문을 부여받음이 원칙이나, 이미 임차인이 양수인을 상대로 임대차보증금의 반환을 구하는 소를 제기하여 양수인과 사이에 임대인 지위의 승계 여부에 대해 상당한 정도의 공격방어 및 법원의 심리가 진행됨으로써 사실상 승계집행문 부여의 소가 제기되었을 때와 큰 차이가 없다면**, 그럼에도 법원이 소의 이익이 없다는 이유로 후소를 각하하고 임차인으로 하여금 다시 승계집행문 부여의 소를 제기하도록 하는 것은 당사자들로 하여금 그동안의 노력과 시간을 무위로 돌리고 사실상 동일한 소송행위를 반복하도록 하는 것이어서 당사자들에게 가혹할 뿐만 아니라 신속한 분쟁해결이나 소송경제의 측면에서 타당하다고 보기 어려우므로 **이와 같은 경우 소의 이익이 없다고 섣불리 단정하여서는 안 된다.**"고 한다(2022. 3. 17. 2021다210720).

(iii) 그러나 "**확정판결의 변론종결 후 확정판결상의 채무자로부터 영업을 양수하여 양도인의 상호를 계속 사용하는 영업양수인**은 상법 제42조 제1항에 의하여 양도인의 영업으로 인한 채무를 변제할 책임이 있다 하여도, 확정판결상의 채무를 **면책적으로 인수하는 등 특별사정이 없는 한, 영업양수인을 변론종결후의 승계인에 해당된다고 할 수 없다.**"고 한다(1979. 3. 13. 78다2330).

2) 계쟁물에 관한 당사자적격의 승계인

가) 문제점

소송물인 권리·의무 자체를 승계한 자만이 승계인이 된다면 분쟁을 실효적으로 해결하지 못하게 되므로, 계쟁물에 관한 당사자적격을 승계한 자도 승계인이 된다. 다만 당사자적격은 소송법적으로 추상화된 개념이어서 승계인의 범위가 지나치게 확대될 가능성이 있으므로, 그 범위의 합리적 조절이 문제된다.

나) 신소송물이론

　신소송물이론에서는 ① 기판력은 소송법상의 효과이므로 실체법상 권리의 성질을 불문하고 승계인에게 기판력이 미친다는 견해와, ② 물권적 청구권과 채권적 청구권 중 특정물인도청구소송에서 배후에 물권적인 뒷받침이 있는 환수(환취)청구권(예 : 소유자의 임대차 종료에 의한 임대물 반환청구)의 경우에는 기판력이 미치나, 채권적 청구권 중 특정물인도청구소송에서 인도청구권이 오로지 채권에만 근거하고 배후에 물권적인 뒷받침이 없는 교부청구권(예 : 매매에 의한 목적물 인도청구)의 경우에는 승계인에게 기판력이 미치지 않는다는 견해가 대립된다.

다) 구소송물이론

　(ⅰ-1) 판례는 **피고 측 승계**에 대하여, 원칙적으로 전소의 소송물이 채권적 청구권인 경우에는 변론종결 뒤의 승계인에 해당하지 않지만, 전소의 소송물이 물권적 청구권인 경우에는 변론종결 뒤의 승계인에 해당한다는 입장이다.

　즉, 판례는 "**건물인도소송에서의 소송물인 청구가 물권적 청구 등과 같이 대세적인 효력을 가진 경우에는 기판력이나 집행력이 변론종결 후에 피고로부터 건물의 점유를 취득한 자에게도 미치나, 청구가 대인적인 효력밖에 없는 채권적 청구 만에 그친 때에는 위와 같은 점유승계인에게 효력이 미치지 아니한다.**"고 하고(1991. 1. 15. 90다9964), "**소유권이전등기를 명하는 확정판결의 변론종결 후에 청구목적물을 매수하여 등기를 한 제3자**는 변론종결 후의 승계인에 해당되지 아니한다."고 한다(1980. 11. 25. 80다2217).

　또한 "**원고가 피고 甲을 상대로 소유권에 기하여 건물철거 및 대지인도청구소송을 제기한 결과, 원고가 대지의 실질적인 소유자가 아니라는 이유로 청구기각 판결이 확정되었고 변론종결 이후에 피고 乙이 피고 甲으로부터 건물을 매수하였다면 피고 乙은 변론종결후의 승계인에 해당**하므로, 원고가 피고 乙을 상대로 소유권에 기하여 건물철거와 대지인도를 청구하는 소는 비록 그 사이에 원고가 피고 甲을 상대로 대지에 관한 소유권확인소송을 제기하여 승소판결을 받아 확정되었고, 패소 확정된 사건의 판결이 선고된 때로부터 10여년이 지났다고 하여 기판력을 배제하여야 할 만한 사정변경이 있다고 볼 수도 없으므로 패소 확정판결의 기판력에 저촉되어 기각되어야 할 것이다."고 한다(1991. 3. 27. 91다650).

　또한 "**재판상 화해에 의하여 소유권이전등기를 말소할 물권적 의무를 부담하는 자로부터 화해성립 후에 부동산에 관한 담보권인 근저당권설정을 받은 자**는 변론종결 뒤의 승계인에 해당하고 화해조서의 효력은 제220조 및 제218조에 의하여 화해조서의 존재를 알건 모르건간에 승계인에게 미친다."고 하고(1976. 6. 8. 72다1842), "소유권이전등기말소소송에서 재판상 화해에 의하여 피고가 금전지급 불이행을 조건으로 소유권이전등기를 말소할 의무를 부담하는 것은 **원고의 물권적 청구권에 터잡아 소유권의 방해배제를 구하는데 대한 것으로 이는 물권적인 소유권이전등기의 말소의무**이며, 따라서 화해성립 후에 동인으로부터 부동산에 관한 담보권인 근저당권설정을 받은 자는 변론종결 뒤의 승계인에 해당된다."고 하고(1977. 3. 22. 76다2778), "**재판상 화해에 의하여 소유권이전등기를 말소할 물권적 의무를 부담하는 자로부터 화해성립 후에 부동산에 관한 가등기를 경료받은 자**는 변론종결 뒤의 승계인에 해당한다."고 한다(1980. 5. 13. 79다1702).

　(ⅰ-2) 그러나 예외적으로 "[1] 소유권이전등기가 원인무효라는 이유로 말소등기청구를 인용한 판결이 확정되었어도 확정판결의 기판력은 소송물이었던 말소등기청구권의 존부에만 미치는 것이고,

그 기본인 부동산의 소유권 자체의 존부에 관하여는 미치지 아니한다. [2] **갑이 을을 상대로 공유지분에 관하여 소유권이전등기의 말소를 구하는 소송을 제기하여 이를 인용한 판결이 확정된 경우, 병이 판결의 변론종결일 이후에 을 명의의 공유지분에 관하여 명의신탁의 해지를 원인으로 한 소유권이전등기청구권 보전을 위한 처분금지가처분등기를 경료한 후 본안으로서 공유지분에 관하여 을을 상대로 소유권이전등기를 구하는 소송을 제기한 경우,** 병이 말소등기청구를 인용한 판결의 변론종결일 이후에 패소자인 을을 상대로 한 처분금지가처분등기를 경료하였더라도, 본안소송에서 승소하는 등으로 을 명의의 공유지분에 관하여 병 명의의 소유권이전등기를 마침으로써 지분소유권을 승계취득하는 경우, **병의 지분소유권의 존부에 관하여는 말소등기청구를 인용한 판결의 기판력이 미치지 아니하는 이상**, 병이 당연히 말소등기청구를 인용한 판결의 변론종결 후의 승계인에 해당한다고 할 수는 없다 할 것이므로, 병이 말소등기에 관한 법률상의 이해관계인이 아니라거나 갑에 대하여 가처분등기의 말소를 승낙할 의무를 부담한다고 할 수는 없다."고 한다(1998. 11. 27. 97다22904).

(ⅱ-1) 판례는 **원고 측 승계**에 대하여, 전소의 소송물이 채권적 청구권인 경우에는 변론종결 뒤의 승계인이 아니라고 하지만, 전소의 소송물이 물권적 청구권인 경우에도 변론종결 뒤의 승계인이 아니라고 한다.

즉, 채권적 청구권의 경우에 "재심대상 판결의 소송물은 취득시효 완성을 이유로 한 소유권이전등기청구권으로서 **채권적 청구권인 경우, 변론종결 후에 원고로부터 소유권이전등기를 경료 받은 승계인은 기판력이 미치는 변론종결 후의 제3자에 해당하지 아니하고**, 따라서 피고들은 재심대상판결의 기판력을 배제하기 위하여 승계인에 대하여도 재심의 소를 제기할 필요는 없으므로 승계인에 대한 재심의 소는 부적법하다."고 한다(1997. 5. 28. 96다41649).

또한 "전소판결의 소송물은 채권적 청구권인 부당이득반환청구권이므로 원고가 전소판결 소송 변론종결 뒤에 토지의 소유권을 취득하였다는 사정만으로는 변론을 종결한 뒤의 승계인에 해당할 수 없다. 나아가 **전소판결의 소송물인 부당이득반환청구권은 甲의 토지 소유를 요건으로 하므로 토지 소유권이 甲에서 다른 사람으로 이전된 이후에는 더 이상 발생하지 않고, 그에 대한 양도도 있을 수 없다.** 따라서 이 사건 소에서 자신이 **토지의 소유권을 취득한 이후의 부당이득반환을 구하는 원고**로서는 전소판결 소송의 소송물을 양수한 변론을 종결한 뒤의 승계인에도 해당하지 않는다."고 한다(2023. 6. 29. 2021다206349).[76]

(ⅱ-2) 물권적 청구권인 경우라도 판례는 "**토지소유권에 기한 물권적 청구권을 원인으로 하는 토지인도소송의 소송물은 토지소유권이 아니라 물권적 청구권인 토지인도청구권**이므로, 그 소송에서 청구기각된 확정판결의 기판력은 토지인도청구권의 존부 자체에만 미치는 것이고 소송물이 되지 아니한 토지소유권의 존부에 관하여는 미치지 아니한다 할 것이므로, **토지인도소송의 사실심 변론종결 후에 패소자인 토지소유자로부터 토지를 매수하고 소유권이전등기를 마침으로써 소유권을 승계한 제3자의 토지소유권의 존부에 관하여는 확정판결의 기판력이 미치지 않는다** 할 것이고, 이 경우 제3자가 가지게 되는 물권적 청구권인 토지인도청구권은 적법하게 승계한 토지소유권의 일반적 효력으

---

76) 한국전력공사가 설치한 송전선이 상공을 통과하는 토지의 소유자인 갑이 한국전력공사를 상대로 제기한 부당이득반환소송에서 한국전력공사에 송전선의 철거완료 시까지 정기금의 지급을 명하는 판결이 선고·확정되었는데, 그 후 토지의 소유권을 취득한 을이 한국전력공사를 상대로 부당이득반환을 구한 사안에서, 을은 전소판결의 기판력이 미치는 변론을 종결한 뒤의 승계인에 해당하지 않고, 전소판결 소송의 소송물을 양수한 변론을 종결한 뒤의 승계인에도 해당하지 않는다고 한 사례.

로서 발생된 것이고 토지인도소송의 소송물인 패소자의 토지인도청구권을 승계함으로써 가지게 된 것이라고는 할 수 없으므로, 제3자는 확정판결의 변론종결후의 승계인에 해당한다고 할 수도 없다."고 한다(1984. 9. 25. 84다카148).

　동일한 취지에서 **"건물 소유권에 기한 물권적 청구권을 원인으로 하는 건물명도소송의 소송물은 건물 소유권이 아니라 물권적 청구권인 건물명도청구권**이므로, 그 소송에서 청구기각된 확정판결의 기판력은 건물명도청구권의 존부 자체에만 미치는 것이고, 소송물이 되지 아니한 건물 소유권의 존부에 관하여는 미치지 아니하므로, **건물명도소송의 사실심 변론종결 후에 패소자인 건물 소유자로부터 건물을 매수하고 소유권이전등기를 마침으로써 소유권을 승계한 제3자의 건물소유권의 존부에 관하여는 확정판결의 기판력이 미치지 않으며**, 이 경우 제3자가 가지게 되는 물권적 청구권인 건물명도청구권은 적법하게 승계한 건물 소유권의 일반적 효력으로서 발생된 것이고, 건물명도소송의 소송물인 패소자의 건물명도청구권을 승계함으로써 가지게 된 것이라고는 할 수 없으므로, 제3자는 확정판결의 변론종결 후의 승계인에 해당한다고 할 수 없다."고 한다(1999. 10. 22. 98다6855).

　또한 "기판력은 확정판결의 주문에 포함된 법률적 판단과 동일한 사항이 소송상 문제가 되었을 때 당사자는 이에 저촉되는 주장을 할 수 없고 법원도 이에 저촉되는 판단을 할 수 없는 기속력을 의미하고, **확정판결의 내용대로 실체적 권리관계를 변경하는 실체법적 효력을 갖는 것은 아니다. 토지 소유권에 기한 물권적 청구권을 원인으로 하는 가등기말소청구소송**의 소송물은 가등기말소청구권이므로 그 소송에서 청구기각된 확정판결의 기판력은 **가등기말소청구권의 부존재 그 자체에만 미치고**, 소송물이 되지 않은 토지 소유권의 존부에 관하여는 미치지 않는다. 나아가 청구기각된 확정판결로 인하여 토지 소유자가 갖는 토지 소유권의 내용이나 토지 소유권에 기초한 물권적 청구권의 실체적인 내용이 변경·소멸되는 것은 아니다. **가등기말소청구소송의 사실심 변론종결 후에 토지 소유자로부터 근저당권을 취득한 제3자**는 적법하게 취득한 근저당권의 일반적 효력으로서 물권적 청구권을 갖게 되고, 가등기말소청구소송의 소송물인 패소자의 가등기말소청구권을 승계하여 갖는 것이 아니며, 자신이 적법하게 취득한 근저당권에 기한 물권적 청구권을 원인으로 소송상 청구를 하는 것이므로, 제3자는 제218조 제1항에서 정한 '변론을 종결한 뒤의 승계인'에 해당하지 않는다. 따라서 **토지 소유권에 기한 가등기말소청구소송에서 청구기각된 확정판결의 기판력은 위 소송의 변론종결 후 토지 소유자로부터 근저당권을 취득한 제3자가 근저당권에 기하여 같은 가등기에 대한 말소청구를 하는 경우에는 미치지 않는다.**"고 한다(2020. 5. 14. 2019다261381).[77][78][79]

---

77) [판례평석] 위 판결례는 의문이다. 토지소유권에 기한 토지인도청구소송의 확정 판결 후 피고로부터 토지점유자 지위를 양수한 사람이 변론종결 후 승계인에 해당한다는 점(91다650, 92다10883)과 대비하여 볼 때, 제218조 제1항의 해석에서 고려해야 할 이념(= 전소의 승소당사자의 지위 안정 VS. 승계인에 대한 절차보장)의 평가에서 그것과 차이나는 점이 없으므로, 소유권에 기한 인도청구소송의 '원고'로부터 소유권을 양수한 사람에 대해서도 기판력은 확장되는 것이 옳다. 84다카148의 전소 원고는 미등기상태에서, 98다6855의 전소 원고는 등기를 마친 상태에서 각 소제기 했다가 패소확정판결을 받은 다음에 (그리고 84다카148에서는 보존등기를 한 다음에) 후소 원고에게 목적물을 양도했다. 후소 원고들이 등기부상 명의자라는 점이 후소에서의 '기판력 적용 없다'는 판단의 고려요소 중 하나였던 것으로 짐작되나, 이것만으로는 – 다른 분쟁주체지위 승계 사안들과 비교하여 – 전소에서 승소한 피고의 지위를 무너뜨릴 수 없다고 보인다. 굳이 선해하여 보자면, 이들은 모두 전소원고가 패소확정판결을 받은 사안들인데, 전소원고의 '소유권등기를 신뢰'하여 이전적·설정적 승계인이 된 새로운 물권자에게는 최대한 절차보장을 해 주어야 한다는 입장에 선 것으로 볼 수도 있겠다(전원열, 제3판, 545면).

78) [판례평석] 여기에는 기판력의 주관적 범위를 그 객관적 범위와 연계시킨 문제점이 있으며, 그와 혼동하여 기판력의 주관적 범위를 축소시킨 문제점이 있다. global과는 거리도 있고 기판력을 쉽게 붕괴시키는 문제가 따를 것이다(이시윤, 제15판, 662면).

79) [판례평석] 원고로부터 등기를 받아 소유권을 취득한 자는 전소의 소송물(건물인도청구권)을 전래적으로 취득한 것이 아니

라) 검 토

채권적 청구권은 제3자에게 대항할 수 없고, 물권적 청구권은 제3자에게 대항할 수 있다. 따라서 기판력의 주관적 범위를 실체법상의 효과와 일치시키는 판례의 입장이 타당하다.

마. 승계인에 대한 기판력의 작용

1) 문제점

원고가 승소확정판결을 받은 경우에 패소한 피고로부터 변론종결 뒤에 권리를 취득한 제3자가 원고에게 대항할 실체법상 고유의 방어방법(예 : 동산의 선의취득)이 있는 경우에도 제3자에게 절차보장의 기회를 주지 않고 기판력을 확장하는 것은 재판청구권의 침해가 되므로, 자기고유의 이익을 주장할 기회를 주는 것이 필요한데 그 방법이 문제된다. 즉 승계인에게 자기고유의 방어방법이 있는 경우에도 변론종결 뒤의 승계인에 해당하는지가 문제된다.

2) 학설의 대립

① **형식설(제소책임전환설)은 변론종결 뒤의 승계인에게 기판력이 미치지만 승계인은 자기 고유의 권한을 주장하여 집행력을 배제할 수 있다는 견해이다.** 따라서 상대방은 승계사실만 명백하면 재판장의 명령에 의하여 승계집행문을 부여받을 수 있으며 승계인의 고유한 권리주장은 승계인이 승계집행문부여에 대한 이의의 소(민사집행법 제45조)를 제기하여야 하므로 형식설에 의하면 상대방이 보호된다.

② **실질설(권리확인설)은 고유의 방어방법을 갖고 있는 승계인은 실질적으로 당사자의 지위나 권리관계를 승계하였다고 할 수 없으므로 승계인에 해당되지 않는다는 견해이다.** 즉 승계인이 고유의 권한을 가지고 있는가를 실질적으로 심사하여 그러한 권한이 없는 경우에 한하여 기판력을 확장할 것이라는 견해이다. 따라서 상대방이 승계인을 상대로 강제집행을 하기 위해서는 승계집행문부여의 소(민사집행법 제33조)를 제기하여야 하므로 실질설에 의하면 승계인이 보호된다.

③ **구분불필요설은 실질설과 형식설의 구분은 필요하지 않으며 기판력의 작용이론을 통해 문제를 해결할 수 있다는 견해이다.** 즉 승계인이 고유의 항변권을 주장하는 경우 당연히 전소의 기판력이 작용하지 않는 것이므로, 고유의 항변권을 가진 승계인을 그렇지 않은 승계인과 구별하여 따로 논할 필요 없이 기판력의 작용이론으로 문제해결이 가능하다는 것이다.

3) 소송물이론과의 관계

(ⅰ) 구소송물이론에서는 실체법상 권리의 대항력을 기초로 하여 기판력의 주관적 범위를 정하므로, 청구권이 채권적 청구권에 기한 것인가 물권적 청구권에 기한 것인가에 따라 승계인에 해당하는지를 판단한다. 따라서 실질설의 입장을 취하게 된다. (ⅱ) 신소송물이론에서는 청구권이 채권적 청구권인지, 물권적 청구권인지 구별하지 않고 변론종결 뒤에 권리의 변동이 있는 경우에는 일단 승계인으로 보게 된다. 따라서 형식설의 입장을 취하게 된다.

고 자신이 새롭게 취득한 소유권에 기초한 건물인도청구권을 행사하는 것이므로 대법원의 판결이 타당하다(정영환, 개정신판, 1190면).

4) 판례의 태도

판례는 "소유권이전등기를 명하는 확정판결의 변론종결 후에 청구목적물을 매수하여 등기를 한 제3자는 변론종결 후의 승계인에 해당되지 아니한다."고 한다(1980. 11. 25. 80다2217). [80)][81)]

5) 검 토

형식설과 실질설은 집행과 관련된 소송을 누가 제기할 것인가에 차이가 있을 뿐, 자기의 고유의 방어방법이 있으면 강제집행을 받지 않고 보호를 받을 수 있으므로 실질적인 차이는 없다. 다만 실질설에 의하면 고유의 항변의 유무에 관한 실체적 판단이 이루어지기 전에는 승계인인지가 판명되지 않는다는 문제점이 있으므로 형식설이 타당하다(다수설).

바. 추정승계인

1) 의의 및 취지

당사자가 변론종결시(변론 없이 한 판결의 경우에는 판결선고시)**까지 소송승계의 사실을 진술하지 아니한 때에는 당사자가 변론종결 뒤에 승계한 것으로 추정한다**(제218조 제2항). 소송계속 중에 당사자 특히 피고의 지위가 승계되었음에도 이를 원고에게 알리지 아니하여 원고로 하여금 피고를 바꿀 기회를 제공하지 않았다면, 변론종결 후의 승계인으로 추정하여 승계인에게 기판력이나 집행력을 미치게 함으로써 승소한 원고를 보호하려는 취지이다.

2) 승계를 진술할 자

가) 학설의 대립

① 피승계인이 진술하지 않은 이유로 승계인에게 추정의 불이익을 입히는 것은 불합리하므로 승계인이 진술해야 한다는 견해(승계인설), ② 승계를 진술할 자로 당사자라고 규정되어 있고 소외인인 승계인이 소송행위인 진술을 하는 것은 문제가 있으므로 피승계인이 진술해야 한다는 견해(피승계인설)가, ③ 상대방이 승계사실을 알도록 하는 것이 중요하므로 승계사실의 진술은 승계인이 하든 피승계인이 하든 무관하다는 견해가 대립된다.

나) 판례의 태도 : 피승계인설

판례는 "제218조 제2항은 변론종결 전의 승계를 주장하는 자에게 입증책임이 있다는 뜻을 규정한 것이므로, 대위소송의 변론종결 이전에 대위의 원인이 된 토지에 관한 양도계약이 해약된 사실을 인정한 이상 변론종결시까지 **당사자들의 승계진술**이 없어도 당연히 변론종결 전의 권리의 승계의 경우에 해당한다."고 한다(1977. 7. 26. 77다92). 이러한 판례의 입장을 피승계인설로 이해하는 것이 다수의 견해이다.

---

80) [판례평석] 판례는 실질설의 입장이다(이시윤, 제15판, 664면 ; 한충수, 제3판, 635면).
81) [판례평석] 판례가 실질설을 취한다고 하면서 그 근거로 80다22178을 드는 책도 있으나(이시윤), 이 판례사안은 명의신탁 해지를 원인으로 한 소유권이전등기를 명하는 확정판결의 변론종결 후에 피고로부터 그 청구목적물을 매수하여 등기를 한 제3자(이 사람은 명의신탁관계에 대한 선의·악의를 불문하고 소유권을 유효하게 취득한다)는 변론종결 후의 승계인에 해당하지 않는다는 것으로서, 이것으로써는 판례가 실질설을 취했다고 말할 수 없다. 현재 판례의 입장은 불분명하지만, 실무에서는 대체로 형식설에 따라 처리하되 민사집행법상의 채무자심문절차를 활용하라고 권고되고 있다(전원열, 제3판, 543면).

다) 검 토

승계인설에 의하면 당사자가 아닌 승계인이 어떤 자격에서 변론에서 진술할 것인가 문제되고, 승계인이 재판 외에서 진술한다고 할 경우에도 재판기록에 반영되지 않아서 소송기록으로 진술의 여부를 가려 승계집행문을 부여하려는 제도의 취지에 반하므로 피승계인설이 타당하다.

3) 승계집행문을 구하는 방법

제218조 제2항에 의해 원고는 피고의 승계시기를 증명할 필요가 없고, 승계사실만 증명하면 승계집행문을 받을 수 있다(민사집행법 제31조·제33조). 승계인은 집행문부여에 대한 이의의 소(민사집행법 제45조)를 제기하여 변론종결 전에 승계하였다는 사실을 증명하여 집행력을 다툴 수 있다.

판례는 "제218조 제2항의 취지는 **변론종결 전의 승계를 주장하는 자에게 입증책임이 있다는 뜻을** 규정하여 변론종결 전의 승계사실이 입증되면 기판력이 승계인에게 미치지 아니한다는 것으로 해석되므로, **기판력의 배제를 원하는 당사자 일방이 변론종결 전에 당사자 지위의 승계가 이루어진 사실을 입증한다면, 종전소송에서 당사자가 승계에 관한 진술을 하였는지 여부와 상관없이, 승계인이 변론종결 후의 승계인이라는 제218조 제2항의 추정은 깨어진다**고 보아야 한다."고 한다(2005. 11. 10. 2005다34667).

3. 청구의 목적물을 소지한 사람

가. 의의 및 취지

청구가 특정물의 현실인도를 구하는 것일 때에 특정물의 소지에 관하여 자기고유의 이익을 갖지 않고 당사자 또는 변론종결 뒤의 승계인을 위하여 청구의 목적물을 소지하고 있는 자에게는 당사자가 받은 판결의 기판력이 확장된다(제218조 제1항). 이는 패소자의 강제집행 면탈을 방지하고 또한 이러한 소지자의 점유는 당사자를 위한 것이므로 당사자와 동일시하여도 소지자의 고유한 이익이나 절차권이 침해당하는 문제점은 없기 때문이다.

나. 청구의 목적물

청구의 목적물이란 특정물인도청구의 대상이 되는 특정물을 말한다. 따라서 목적물이 특정물이기만 하면 청구가 물권적 청구권이든 채권적 청구권이든 불문하고, 목적물이 동산이든 부동산이든 불문한다.

다. 소지자의 범위

소지자란 **수치인·창고업자·관리인·운송인 등과 같이 당사자 또는 변론종결 뒤의 승계인을 위하여 소지하는 자**를 의미한다. 따라서 임차인·질권자·전세권자·지상권자 등과 같이 자기의 고유한 이익을 위하여 목적물을 소지하는 자는 소지자에 포함되지 않는다. 한편 법정대리인 또는 법인의 대표자의 소지는 본인 또는 법인 자체의 소지이므로 소지자에 포함되지 않고, 당사자의 피용자나 동거가족의 소지도 당사자 자신이 직접 점유하고 있는 것과 같으므로(민법 제195조), 소지자에 포함되지 않는다.

판례는 "건물을 원시취득한 소외인의 동거가족들은 점유보조자에 불과하지만, 소외인이 건물을 매도하고 퇴거하였음에도 불구하고 동거가족인 피고들이 건물이 소외인의 소유가 아니라고 주장하면서 소외인의 의사에 반하여 건물부분을 점유하고 있다면 피고들은 소외인에 대한 관계에서 불법점유자이다."고 하고(1980. 7. 8. 79다1928), "피고가 아무런 권원 없이 계쟁건물을 점유하고 있는 이상 전소유자이고 거주자인 남편은 그대로 둔 채 그의 처인 피고만을 상대로 한 인도청구를 그대로 인용하였다고 하여 잘못이라 할 수 없다."고 한다(1991. 5. 14. 91다1356).

라. 소지의 시기

소지의 시기에 관하여는 변론종결 전·후를 불문하므로, 변론종결 전부터 소지하고 있는 자도 포함된다. 왜냐하면 이들을 당사자 자신과 같이 취급하여도 무방하기 때문이다.

마. 관련문제

1) 문제점

패소한 피고가 강제집행을 면할 수 있도록 목적물을 가장으로 양도받은 가장양수인이 청구의 목적물을 소지한 사람에 해당하는지가 문제된다.

2) 학설의 대립

① 패소한 피고가 강제집행을 면할 수 있도록 목적물을 가장양도 받은 사람에 대하여는 목적물을 소지한 사람에 준하여 기판력이나 집행력을 확장하여야 한다는 견해(다수설), ② 기판력의 주관적 범위는 집행력의 주관적 범위와 일치하는데(민사집행법 제25조 제1항), 기판력 내지 집행력이 미치는 권리관계의 확정 및 신속·확실한 실현과 절차의 명확·안정을 위하여 법률상 명문으로 정하는 기판력의 주관적 범위를 넘어서서 이를 유추적용하려는 입론은 바람직하지 않다는 견해(소수설)가 대립된다.

3) 검 토

가장양수인이라면 자기 고유의 이익을 위한 소지자가 아니라 당사자를 위한 소지자이므로, 기판력을 확장시켜도 상관없다. 따라서 다수설이 타당하다.

4. 제3자 소송담당

가. 제3자의 소송담당

타인의 권리관계에 관하여 당사자로서 소송수행권을 가진 자, 즉 소송담당자가 받은 판결의 기판력은 그 권리관계의 귀속주체인 본인에게 미친다(제218조 제3항). 예컨대 선정당사자(제53조)가 받은 판결은 선정자에게, 유언집행자(민법 제1101조)가 받은 판결은 상속인에게, 파산재단에 관한 소송에서 파산관재인이 받은 판결은 파산자에게 각각 그 효력이 미친다. 다만 이때 권리관계의 귀속주체는 소송담당자가 담당할 자격이 없음을 주장하여 기판력 또는 집행력이 미치는 것을 방지할 수 있다.

나. 채권자대위소송의 기판력

1) 채권자대위소송이 전소인 경우

가) 학설의 대립

① 제218조 제3항을 근거로 채무자에게 무제한적으로 미친다는 적극설, ② 기판력의 상대효의 입장

또는 독립한 대위권설의 입장에서 채무자에게 미치지 아니한다는 소극설, ③ 채무자가 채권자대위소송이 계속된 사실을 알게 되어 절차권이 보장된 경우에만 채무자에게 미친다는 절충설이 대립된다.

나) 판례의 태도

판례는 "채권자가 채권자대위권을 행사하는 방법으로 제3채무자를 상대로 소송을 제기하고 판단을 받은 경우에는 채권자가 채무자에 대하여 민법 제405조 제1항에 의한 보존행위 이외의 권리행사의 통지 또는 민사소송법 제84조에 의한 소송고지 혹은 비송사건절차법 제49조 제1항에 의한 재판상 대위의 허가를 고지하는 방법 등을 위시하여 **어떠한 사유로 인하였던 채권자대위권에 의한 소송이 제기된 사실을 채무자가 알았을 경우**에 판결의 효력이 채무자에게 미친다."고 한다(1988. 2. 23. 87다카1108).

다만 판례는 "채무자에게도 기판력이 미친다는 의미는 채권자대위소송의 소송물인 피대위채권의 존부에 관하여 채무자에게도 기판력이 인정된다는 것이고, 채권자대위소송의 소송요건인 피보전채권의 존부에 관하여 당해 소송의 당사자가 아닌 채무자에게 기판력이 인정된다는 것은 아니다. 따라서 **채권자가 채권자대위권을 행사하는 방법으로 제3채무자를 상대로 소송을 제기하였다가 채무자를 대위할 피보전채권이 인정되지 않는다는 이유로 소각하 판결을 받아 확정된 경우, 그 판결의 기판력이 채권자가 채무자를 상대로 피보전채권의 이행을 구하는 소송에 미치는 것은 아니다.**"고 한다(2014. 1. 23. 2011다108095).[82]

다) 검토

채무자에 대한 절차보장의 측면에서 다수설·판례의 입장인 절충설이 타당하다.

2) 채권자대위소송이 후소인 경우

가) 학설의 대립

① 기판력의 상대성의 원칙에 비추어 채권자에게 기판력이 미치는 것이 아니라 채권자와 채무자 사이의 실체법상의 의존관계에 의한 반사효가 미친다는 견해, ② 독립한 대위권설의 입장에서 채권자대위권의 요건을 구비하지 못한 것이므로 청구기각사유에 해당한다는 견해, ③ 채무자가 제기한 전소가 채권자대위소송인 후소에 선결관계로 기판력이 미친다는 견해가 대립된다.

나) 판례의 태도

판례는 "채권자가 채무자를 대위하여 제3자를 상대로 제기한 소송과 이미 판결확정이 되어 있는 채무자와 제3자 간의 기존 소송이 당사자만 다를 뿐 실질적으로 동일 내용의 소송이라면, **확정판결의 효력이 채권자대위권 행사에 의한 소송에 미친다.**"고 한다(1979. 3. 13. 76다688). 또한 "채권자대위권은 채무자가 제3채무자에 대한 권리를 행사하지 아니하는 경우에 한하여 채권자가 자기의 채권을 보전하기 위하여 행사할 수 있는 것이기 때문에, **채권자가 대위권을 행사할 당시 이미 채무자가 그**

---

[82] [판례평석] 소송담당자로서의 자격과 관련된 당사자적격의 흠결로 소각하 판결이 있었던 경우에는 그 판결은 '소송담당자'에 대한 확정판결이라고 볼 수 없어 권리귀속주체에게 기판력이 미칠 수 없다. 따라서 채권자를 소송담당자로 보고 채권자대위소송의 기판력이 채권자대위소송이 제기된 사실을 안 채무자에게는 미친다는 판례의 입장에 의하더라도 대상판결의 결론은 타당하다(이창민, 채권자대위소송에서 소각하 판결이 있었던 경우 그 판결의 기판력이 채무자에게 미치는지 여부, 민사판례연구 37, 867면).

권리를 재판상 행사하였을 때에는 설사 패소의 확정판결을 받았더라도 채권자는 채무자를 대위하여 채무자의 권리를 행사할 당사자적격이 없다."고 한다(1993. 3. 26. 92다32876).

다) 검 토

채무자가 제기한 전소와 후소인 채권자대위소송은 실질적으로 당사자가 동일한 소송이어서 기판력을 받는다. 또한 채무자가 전소를 제기하여 확정판결을 받았으므로, 후소인 채권자대위소송은 당사자적격(채무자의 권리불행사)이 흠결된 소송이 된다. 따라서 판례의 입장이 타당하다.

판례에 따르면, (ⅰ) **채무자의 전소판결이 채무자의 패소확정판결인 경우**에 후소인 채권자대위소송에 대하여 법원은 기판력에 저촉된다는 이유로 청구기각 판결을 할 것이 아니라, 당사자적격의 흠결을 이유로 소 각하 판결을 하여야 한다. (ⅱ) **채무자의 전소판결이 채무자의 승소확정판결인 경우**에 후소인 채권자대위소송에 대하여 법원은 기판력에 저촉된다는 이유 또는 당사자적격이 없다는 이유로 소 각하 판결을 할 수 있다.

3) 채권자대위소송이 경합된 경우

가) 학설의 대립

① 채권자가 받은 판결이 그 소제기 사실을 안 채무자를 통하여 다른 채권자에게 반사효가 미친다는 견해, ② 독립한 대위권설의 입장에서 효력이 미치지 않는다는 견해, ③ 채권자가 받은 확정판결의 기판력이 선결관계로 다른 채권자에게 미친다는 견해가 대립된다.

나) 판례의 태도

판례는 "어느 채권자가 채권자대위권을 행사하는 방법으로 제3채무자를 상대로 소송을 제기하여 판결을 받은 경우, **어떠한 사유로든 채무자가 채권자대위소송이 제기된 사실을 알았을 때**에는 그 판결의 효력이 채무자에게 미치므로, 이러한 경우에는 다른 채권자가 동일한 소송물에 대하여 채권자대위권에 기한 소를 제기하면 전소의 기판력을 받게 된다."고 한다(2008. 7. 24. 2008다25510).

다) 검 토

판결의 모순·저촉의 방지와 제3채무자 보호의 측면에서 판례가 타당하다.

4) 피보전채권에 대한 패소 확정판결 이후 채권자대위소송이 제기된 경우

판례는 "채권자가 채권자대위의 법리에 의하여 채무자에 대한 채권을 보전하기 위하여 채무자의 제3자에 대한 권리를 대위행사하기 위하여는 채무자에 대한 채권을 보전할 필요가 있어야 할 것이고, 보전의 필요가 인정되지 아니하는 경우에는 소가 부적법하므로 법원으로서는 이를 각하하여야 할 것인바, 만일 **채권자가 채무자를 상대로 소를 제기하였으나 패소의 확정판결을 받은 종전 소유권이전등기절차 이행소송의 청구원인이 채권자대위소송에 있어 피보전권리의 권원과 동일하다면** 채권자로서는 종전 확정판결의 기판력으로 말미암아 더 이상 채무자에 대하여 확정판결과 동일한 청구원인으로는 소유권이전등기청구를 할 수 없게 되었고, 가사 채권자가 채권자대위소송에서 승소하여 제3자 명의의 소유권이전등기가 말소된다 하여도 채권자가 채무자에 대하여 동일한 청구원인으로 다시 소유권이전등기절차의 이행을 구할 수 있는 것도 아니므로, **채권자로서는 채무자의 제3자에 대한 권리를 대위행사 함으로써 소유권이전등기청구권을 보전할 필요가 없게 되었다고 할 것이어**

서 채권자의 채권자대위소송은 부적법한 것으로서 각하되어야 한다."고 한다(2002. 5. 10. 2000다 55171).

5) 피보전채권에 대한 승소 확정판결 이후 채권자대위소송이 제기된 경우

판례는 "채권자가 채권자대위소송을 제기한 경우, 제3채무자는 **채무자가 채권자에 대하여 가지는 항변권이나 형성권 등과 같이 권리자에 의한 행사를 필요로 하는 사유**를 들어 채권자의 채무자에 대한 권리가 인정되는지 여부를 다툴 수 없지만, **채권자의 채무자에 대한 권리의 발생원인이 된 법률행위가 무효라거나 위 권리가 변제 등으로 소멸하였다는 등의 사실을 주장하여 채권자의 채무자에 대한 권리가 인정되는지 여부를 다투는 것은 가능**하고, 이 경우 법원은 제3채무자의 주장을 고려하여 채권자의 채무자에 대한 권리가 인정되는지 여부에 관하여 직권으로 심리·판단하여야 한다."고 한다(2015. 9. 10. 2013다55300).

따라서 판례는 "**채권자가 채무자를 상대로 보전되는 청구권에 기한 이행청구의 소를 제기하여 승소판결을 선고받고 판결이 확정**되었다면, 특별한 사정이 없는 한 청구권의 발생원인이 되는 사실관계가 제3채무자에 대한 관계에서도 증명되었다고 볼 수 있다. 그러나 **청구권의 취득이 채권자로 하여금 채무자를 대신하여 소송행위를 하게 하는 것을 주목적으로 이루어진 경우와 같이, 강행법규에 위반되어 무효라고 볼 수 있는 경우** 등에는 확정판결에도 불구하고 채권자대위소송의 제3채무자에 대한 관계에서는 피보전권리가 존재하지 아니한다고 보아야 한다. 이는 위 확정판결 또는 그와 같은 효력이 있는 재판상 화해조서 등이 재심이나 준재심으로 취소되지 아니하여 채권자와 채무자 사이에서는 그 판결이나 화해가 무효라는 주장을 할 수 없는 경우라 하더라도 마찬가지이다."고 한다(2019. 1. 31. 2017다228618).

5. 소송탈퇴자

제3자가 독립당사자참가·참가승계·인수승계에 의하여 당사자로서 소송에 가입한 경우에 종전 당사자의 일방은 그 소송에서 탈퇴할 수 있는데, 그 뒤 제3자와 상대방 당사자 간의 판결은 탈퇴자에게도 집행력을 포함하여 기판력이 미친다(제80조·제82조).

6. 채권자취소소송

판례는 "채권자취소권의 요건을 갖춘 각 채권자는 고유의 권리로서 채무자의 재산처분 행위를 취소하고 원상회복을 구할 수 있는 것이므로, **각 채권자가 동시 또는 이시에 채권자취소 및 원상회복소송을 제기한 경우 이들 소송이 중복제소에 해당하는 것이 아니다.** 어느 한 채권자가 동일한 사해행위에 관하여 채권자취소 및 원상회복청구를 하여 승소판결을 받아 판결이 확정되었다는 것만으로 그 후에 제기된 다른 채권자의 동일한 청구가 **권리보호의 이익이 없어지게 되는 것은 아니고, 그에 기하여 재산이나 가액의 회복을 마친 경우에 비로소 다른 채권자의 채권자취소 및 원상회복청구는 그와 중첩되는 범위 내에서 권리보호의 이익이 없게 된다.**"고 한다(2003. 7. 11. 2003다19558). 채권자취소소송은 채권자가 자신의 고유한 채권자취소권에 기초하여 행사하는 것이므로, 판례의 입장이 타당하다.

7. 제3자에 대한 확장

가. 의의

기판력은 당사자에게만 미치는 것이 원칙이지만, 신분관계·단체관계·공법상의 법률관계에서도 이를 관철하면 이해관계인의 법률생활을 혼란시킬 우려가 있으므로, 판결의 효력을 일정한 범위의 제3자에게까지 확장시켜 법률관계의 획일적 해결을 도모하고 있다.

나. 한정적 확장

파산채권확정소송의 판결이 파산채권자 전원에게(채무자 회생 및 파산에 관한 법률 제460조), 개인회생 채권확정소송의 판결이 개인회생 채권자자 전원에게(채무자 회생 및 파산에 관한 법률 제607조), 회생채권 또는 회생담보권확정소송의 판결은 회생채권자·회생담보권자·주주·지분권자 전원에게(채무자 회생 및 파산에 관한 법률 제168조), 추심의 소의 판결이 그 소에 공동소송인으로 참가하도록 명령을 받은 채권자에게(민사집행법 제249조 제4항), 증권관련집단소송의 판결의 효력이 제외신고를 하지 아니한 구성원에게(증권관련집단소송법 제37조) 미치는 경우 등을 들 수 있다.

다. 일반적 확장

1) 가사소송

가사소송에 있어서 가류·나류의 사건은 청구인용판결의 효력은 제3자에게 미치지만, 소각하 또는 청구기각의 판결은 제3자의 절차보장을 위하여 참가하지 못한 데에 정당한 이유가 있으면 미치지 아니하나, 정당한 사유가 없으면 확장되어 재소할 수 없도록 하였다(가사소송법 제21조).

2) 회사관계소송

피고를 회사로 하는 명문 규정을 두고 있는 회사관계소송의 청구인용의 확정판결은 제3자에게 미치나, 청구기각의 확정판결은 일반원칙에 의하여 당사자에게만 기판력이 미친다(상법 제190조). 다만 주주대표소송의 경우는 확정판결의 대세효가 인정되지 않는다.

3) 행정소송사건

행정소송에 있어서 항고소송의 청구인용의 확정판결은 대세적 효력이 있지만, 청구기각의 확정판결은 당사자에게만 그 효력이 미친다(행정소송법 제29조 제1항·제38조 제1항).

4) 확장에 따른 절차보장

제3자에게 기판력을 확장하는 경우에는 절차보장의 요청을 고려하여 특칙을 규정하고 있다. 즉 가장 충실하게 소송을 수행할 수 있는 자를 제소권자로 한정하고(상법 제376조), 당사자는 제3자의 이익도 대표하므로 처분권주의·변론주의를 배제하고 직권탐지주의를 규정하고 있으며(가사소송법 제12조·제17조, 행정소송법 제26조), 판결의 효력을 받는 제3자에게 소송계속의 사실을 알려 소송참가의 기회를 주고 있다(상법 제187조). 또한 원칙적으로 유리한 판결에 한하여 그 효력을 확장시키고(상법 제190조·가사소송법 제21조), 제3자는 사해판결을 이유로 재심의 소를 제기할 수 있다(상법 제406조·행정소송법 제31조).

Ⅵ. 기판력의 객관적 범위

> 제216조(기판력의 객관적 범위) ① 확정판결은 주문에 포함된 것에 한하여 기판력을 가진다.
> ② 상계를 주장한 청구가 성립되는지 아닌지의 판단은 상계하자고 대항한 액수에 한하여 기판력을 가진다.

1. 원 칙 : 주문에 포함된 것

가. 판결주문의 판단

확정판결의 기판력은 판결주문에 포함된 소송물에 관한 판단의 결론에 대해서만 발생한다(제216조 제1항). 판결주문이 소송목적에 대한 해결이고 당사자 간의 주된 관심사이므로, 이에 대한 판단에 기판력을 인정하는 것이 당사자의 의도에 합치하기 때문이다.

그런데 주문은 간결하기 때문에 기판력이 미치는 사항을 파악하기 위하여 주문의 해석이 필요하게 되는데, 주문에서 판단되는 소송물을 특정하기 위하여서는 판결이유를 참작하는 것이 불가피하다. 따라서 소송판결의 경우 판결이유를 참작하여 정해지는 소송요건의 흠결에 대한 판단에 기판력이 발생하며, 본안판결의 경우에는 판결이유를 참작하여 정해지는 소송물인 권리관계의 존부에 대한 판단에 기판력이 발생한다.

판례는 "**확정판결의 기판력은 판결의 주문에 포함된 것, 즉 소송물로 주장된 법률관계의 존부에 관한 판단의 결론 자체에만 생기고, 판결이유에 설시된 전제가 되는 법률관계의 존부에까지 미치는 것은 아니고**, 건물철거 및 토지인도청구권을 소송물로 하는 소송은 소유권 자체의 확정이 아니라 건물철거청구권 및 토지인도청구권의 존부만을 목적으로 할 따름이므로, 그 소송에서 부동산의 권리 귀속에 관한 판단이 있었다고 하더라도 **기판력은 판결주문에 표시된 건물철거청구권 및 토지인도청구권에 국한되고 판결이유 중의 부동산 권리귀속에 관한 판단 부분에까지 미치지는 아니한다.**"고 한다(2010. 12. 23. 2010다58889).

다만 "확정판결의 기판력의 범위는 판결주문의 문언의 형식에만 의하여 판단할 것이 아니고 **판결에 게재된 이유와 대조하여 인정하여야 한다.**"고 하고(1970. 7. 28. 70누66), "소송의 목적물이 특정되어 있지 아니하다는 이유로 원고의 청구를 기각한 판결과 같이 **판결이유에서 소송물인 권리관계의 존부에 관하여 실질적으로 판단하지 아니한 경우에는 그 권리관계의 존부에 관하여 기판력이 생기지 아니한다.**"고 한다(1983. 2. 22. 82다15).

나. 동일소송물의 범위

1) 개 관

기판력은 소송물인 권리관계의 존부에 대한 판단에 미치므로, 전소의 소송물과 동일한 소송물로 후소를 제기하면 전소의 기판력에 저촉된다. 따라서 전소와 후소가 동일한 소송물인가를 판단해야 할 필요가 있다.

판례도 "진정한 등기명의의 회복을 위한 소유권이전등기청구는 **이미 자기 앞으로 소유권을 표상하는 등기가 되어 있었거나 법률에 의하여 소유권을 취득한 자가 진정한 등기명의를 회복하기 위한 방법으로 현재의 등기명의인을 상대로 등기의 말소를 구하는 것에 갈음하여 허용되는 것**인데, 말소등기에 갈음하여 허용되는 진정명의회복을 원인으로 한 소유권이전등기청구권과 무효등기의 말소청구권은 어느 것이나 진정한 소유자의 등기명의를 회복하기 위한 것으로서 **실질적으로 목적이 동일하고, 두 청구권 모두 소유권에 기한 방해배제청구권으로서 법적 근거와 성질이 동일**하므로, 비록 전자는 이전등기, 후자는 말소등기의 형식을 취하고 있더라도 소송물은 실질상 동일한 것으로 보아야 하고, 소유권이전등기말소청구소송에서 패소확정판결을 받았다면 기판력은 진정명의회복을 원인으로 한 소유권이전등기청구소송에도 미친다."고 한다(2001. 9. 20. 99다37894).

따라서 "**소유권이전등기말소소송의 승소 확정판결에 기하여 소유권이전등기가 말소된 후 순차 제3자 명의로 소유권이전등기 및 근저당권설정등기 등이 마쳐졌는데 말소된 등기의 명의자가 현재의 등기명의인을 상대로 진정한 등기명의 회복을 위한 소유권이전등기청구와 근저당권자 등을 상대로 근저당권설정등기 등의 말소등기청구 등을 하는 경우** 현재의 등기명의인 및 근저당권자 등은 모두 확정된 전 소송의 사실심 변론종결 후의 승계인으로서 확정판결의 기판력은 그와 실질적으로 동일한 소송물인 진정한 등기명의의 회복을 위한 소유권이전등기청구 및 확정된 전소의 말소등기청구권의 존재여부를 선결문제로 하는 근저당권설정등기 등의 말소등기청구에 모두 미친다."고 한다(2003. 3. 28. 2000다24856).

또한 "[1] **소송물이 동일하거나 선결문제 또는 모순관계에 의하여 기판력이 미치는 객관적 범위에 해당하지 아니하는 경우**에는 전소 판결의 변론종결 후에 당사자로부터 계쟁물 등을 승계한 자가 후소를 제기하더라도 후소에 전소 판결의 기판력이 미치지 아니한다. [2] **甲 등이 乙을 상대로 건물 등에 관한 소유권이전등기의 말소등기절차 이행을 구하는 소를 제기하여 승소확정판결을 받았는데, 변론종결 후에 乙로부터 건물 등의 소유권을 이전받은 丙이 甲 등을 상대로 건물의 인도 및 차임 상당 부당이득의 반환을 구하는 소를 제기한 사안**에서, 전소 판결에서 소송물로 주장된 법률관계는 건물 등에 관한 말소등기청구권의 존부이고 건물 등의 소유권의 존부는 전제가 되는 법률관계에 불과하여 전소 판결의 기판력이 미치지 아니하고, 전소인 말소등기청구권에 대한 판단이 건물인도 등 청구의 소의 선결문제가 되거나 건물인도청구권 등의 존부가 전소의 소송물인 말소등기청구권의 존부와 모순관계에 있다고 볼 수 없어 전소의 기판력이 건물인도 등 청구의 소에 미친다고 할 수 없으며, 이는 丙이 전소 판결의 변론종결 후에 乙로부터 건물을 매수하여 소유권이전등기를 마쳤더라도 마찬가지이므로, **丙이 변론종결 후의 승계인이어서 전소 확정판결의 기판력이 미쳐 건물 등의 소유권을 취득할 수 없다고 본 원심판결에 법리오해 등의 위법이 있다.**"고 한다(2014. 10. 30. 2013다53939).
83)84)85)86)

---

83) [판례평석] 건물의 소유권이전등기 말소를 구하는 전소송에서 패소한 피고가 뒤에 원고를 상대로 건물의 인도와 차임 상당의 부당이득 반환을 구하는 경우는 모순된 반대관계가 아니므로 이 후소는 기판력에 저촉되지 않는다. 승계인에게 기판력이 미친다는 것은 후소 청구가 전소송 확정판결의 기판력을 받는 객관적 범위 안에 포함되는 것을 전제로 한다. 그렇지 않은 경우에는 어차피 승계인에게 기판력이 미치지 않는 것이다(호문혁, 제14판, 759면·774면).
84) [판례평석] 丙은 전소의 소송물과 달리 자신이 새롭게 취득한 소유권에 기초하여 건물인도청구를 행사하는 것이므로 판례의 태도는 타당하다(정영환, 개정신판, 1190면).
85) [판례평석] 계쟁물의 승계인을 기판력에서 배제시킨 점에서 문제가 있는데, 나아가 소송물이 물권적 청구권이면 승계인이 된다는 기존 판례와 저촉되는 것은 아닌지 의문도 있다(이시윤, 제15판, 663면).
86) [판례평석] 이 판례를 계쟁물 등의 승계인에 대해 기판력을 배제하는 하나의 예로 이해하는 견해가 있으나, 이는 甲이 전소판결에 기하여 승계집행문을 부여받아 丙에 대해 집행을 하지 않고 있는 상황에서 丙이 전소판결의 기판력이 미치는 등기말소청구와 전혀 관련 없는 건물인도 및 차임 청구를 하여 나타난 문제이므로, 이를 기판력이 미치는 승계인의 범위에서 계쟁물 승계인을 배제하는 의미로 볼 것은 아니다. 전소에서 패소한 乙이 후소에서 甲을 상대로 위 건물의 인도 및 차임상당 부당이득의 반환을 구하는 소를 제기해도 전소의 기판력에 저촉되지 않는 점에 비추어 보면 더욱 그러하다(정동윤·유병현·김경욱, 제8판, 822면).

2) 청구취지가 다른 경우

전소와 후소의 청구취지가 다르면 소송물이 다르므로, 전소의 소송물이 후소의 선결관계이거나 모순관계가 되는 경우를 제외하고는 전소의 기판력이 후소에 미치지 않는다. 판례도 "**대지의 불법점유로 인한 임료 상당의 손해배상청구소송은 대지의 임료에 상당하는 부당이득의 반환을 청구한 전소와는 청구원인이나 소송물이 다른 별개의 소로서** 전소의 기판력에 저촉된다고 볼 수 없다."고 하고 (1991. 3. 27. 91다650), "매매를 원인으로 한 소유권이전등기청구소송과 취득시효완성을 원인으로 한 소유권이전등기 청구소송은 이전등기청구권의 발생원인을 달리하는 별개의 소송물이므로 전소의 기판력은 후소에 미치지 아니한다."고 한다(1981. 1. 13. 80다204).

3) 특정 부분에 대한 청구와 특정 지분에 대한 청구의 관계

가) 문제점

토지의 특정부분에 대한 소유권이전등기청구를 기각한 확정판결의 기판력이 토지 전체에 대한 지분이전등기청구에 미치는지가 문제된다. 즉 토지의 특정부분에 대한 소유권이전등기청구와 토지 전체에 대한 지분이전등기청구가 동일 소송물인지가 문제된다.

나) 학설의 대립

① 특정부분을 매수하였다는 주장과 일부 지분을 매수하였다는 주장은 **청구취지와 전제사실이 다르기 때문에** 전소의 청구취지가 후소의 청구를 포함하는 것이라고 단정할 수 없다는 부정설과, ② 공유는 소유권의 분량적 일부이므로(양적 분할설), 토지 전체에 관한 지분이전등기청구권은 특정부분 한도 내에서 소송물이 동일하며, **전부청구와 일부청구의 관계**에 있다는 긍정설이 대립된다.

다) 판례의 태도 : 1995. 4. 25. 94다17956[87]

(ⅰ) 다수의견은 "甲이 乙로부터 **1필의 토지의 일부를 특정하여 매수하였다고 주장하면서 乙을 상대로 그 부분에 대한 소유권이전등기청구소송**을 제기하였으나, 목적물이 甲의 주장과 같은 부분으로 특정되었다고 볼 증거가 없다는 이유로 청구가 기각되었고, 甲의 항소·상고가 모두 기각됨으로써 판결이 확정되자, 다시 乙을 상대로 **전체 토지 중 일정 지분을 매수하였다고 주장하면서 지분에 대한 소유권이전등기를 구하는 소**를 제기한 경우, 전소와 후소는 **각 청구취지를 달리하여 소송물이 동일하다고 볼 수 없으므로, 전소의 기판력은 후소에 미칠 수 없다.**"고 한다.

(ⅱ) 반대의견은 "**어떤 토지의 특정부분 전부에 관한 지분권이전등기는 특정부분에 관한 소유권이전등기청구의 분량적 일부임이 분명하므로**, 당사자가 토지의 특정부분 전부에 관한 소유권이전등기청구에 승소하였다가 후에 특정부분을 포함한 토지 전부에 관한 지분이전등기를 청구하였다면 특정부분에 관한 한 본안에 관하여 나아가 판단할 필요 없이 권리보호의 이익이 없음을 이유로 각하하여야 하고, 거꾸로 특정부분 전부에 관한 소유권이전등기청구를 하였다가 기각되었음에도 불구하고

---

[87] [판례평석] 특정부분 자체에 대한 소유권이전등기청구와 특정부분에 해당하는 (토지 전체에 관한) 지분이전등기청구는 전체적으로 볼 때 어느 한 쪽이 다른 쪽 전부에 포함되는 분량적 일부의 관계, 즉 통상의 전부청구와 일부청구의 관계에 있다고 볼 수 없으므로, 양자는 청구취지가 다르다고 보아야 한다. 다만 원고가 전소에서 특정부분 자체에 대한 소유권이전등기를 구하는 경우 만일 그 청구가 전부 인용되지 않는다면 특정부분에 해당하는 지분에 관해서라도 (지분)소유권이전등기를 구하는 취지가 포함되어 있다고 보여지는 경우에는 그러하지 아니하다(73다1874, 90다카26355)(김홍엽, 제10판, 907면).

후에 특정부분을 포함한 토지 전부에 관한 지분이전등기를 구하는 경우에는 특정부분에 관한 한 기판력에 저촉되어 전소와 다른 판단을 할 수 없을 것이므로 청구가 기각되어야 한다."고 한다.

라) 검 토

1필의 토지의 특정부분에 대한 지분에 관한 소유권이전등기청구가 이론적으로는 전소 소송물의 일부를 구성하나, 이는 전소에 추상적으로 내포되어 있던 권리관계에 불과하여 전소에서 구체적으로 공격방어의 대상이 되거나 될 수 있었던 것이 아니므로, **전소의 변론과 판단에 지분에 대한 부분이 포함되었다고 볼 수 없고 또한 당사자가 전소에서 권리관계에 관한 적법한 절차보장, 즉 권리관계의 존부에 대한 변론과 법원의 판단을 받을 수 있었다고 볼 수 없다면 그것이 변론종결 전의 공격방어방법이라 탓하여 차단효를 인정할 수도 없는 것**이니 만큼, 이러한 경우에는 전소판결의 기판력이 특정부분에 대한 지분에 관하여 미치지 아니한다고 보아야 한다(전원합의체 판결의 별개의견).[88] 따라서 다수의견이 타당하다.

마) 관련판례

판례는 "부동산 지분을 매수하여 지분권이전등기를 하였으나 등기부가 멸실하자 전 소유자가 소유권보존등기를 한 후 제3자에게 매도하여 이전등기를 한 경우에 지분권자는 지분권 한도 내에서 제3자에게 지분말소를 청구할 수 있고, **지분권자가 특정매수부분의 소유권에 기하여 본래의 소유자에게 분할이전등기를 구하는 청구취지 중에는 지분권이전등기를 구하는 취지도 포함**되어 있다."고 하고 (1974. 9. 24. 73다1874), "**임야전체**에 대한 지분이전등기가 허용되지 않는다면 **매수한 특정부분**에 대한 지분이전등기를 구하는 취지가 원고의 청구에 포함되어 있다."고 하고(1990. 12. 7. 90다카26355), "부동산을 <U>단독으로 상속하기로 분할협의하였다는 이유로 부동산 전부가 자기 소유임의 확인을 구하는 청구</U>에는 그와 같은 사실이 인정되지 아니하는 경우 <U>상속받은 지분에 대한 소유권의 확인을 구하는 취지가 포함</U>되어 있다고 보아야 하므로, 이러한 경우 법원은 특단의 사정이 없는 한 청구의 전부를 기각할 것이 아니라 소유로 인정되는 지분에 관하여 일부 승소의 판결을 하여야 한다."고 한다 (1995. 9. 29. 95다22849).

4) 청구취지는 동일하나 청구원인의 실체법상 권리·법률관계가 다른 경우

① 신소송물이론은 실체법상 권리·법률관계를 공격방어방법으로 보기 때문에 이 경우에는 소송물이 동일하므로 전소의 기판력이 후소에 미치는 것으로 본다. ② 구소송물이론은 실체법상 권리·법률관계를 소송물의 요소로 보기 때문에 이 경우에는 소송물이 동일하지 않으므로 전소의 기판력이 후소에 미치지 않는 것으로 본다.

---

88) [판례평석] 반대의견이 이론적으로 명확하다고 생각한다. 통설과 판례는 대체로 공유의 법률적 성질에 관하여 1개의 소유권이 분량적으로 분할되어 수인에게 속하는 것으로 보는 양적 분할설을 취하고 있다. 즉 각 공유자는 물건의 전체에 대하여 소유권을 갖지만, 이것이 다른 공유자의 동일한 권리에 의하여 감축되는 데 불과하다. 그러므로 토지 전체에 관한 지분권이전등기청구권은 특정부분 한도 내에서 전소인 소유권이전등기청구권과 소송물이 동일하며, 전부청구와 일부청구의 관계에 있다고 할 수 있다. 대법원 1974. 9. 24. 선고 73다1874 판결도 특정매수 부분의 소유권에 기하여 그 부분의 분할소유권이전등기를 구하는 청구취지 중에는 지분권이전등기를 구하는 취지도 포함되어 있다고 한 것도 이러한 의미이다. 따라서 이 사건에서 특정부분 전부에 대한 소유권이전등기청구와 특정부분을 포함한 토지 전부에 관한 지분이전등기청구는 그 청구취지가 그 특정부분에 관한 한 다르다고 볼 수는 없기 때문에, 이 사건 소는 '그 특정부분에 관한 한' 전소인 소유권이전등기청구소송의 기판력에 저촉된다는 이유로 기각되어야 했을 것이다(김재형, 공유물에 대한 보존행위의 범위(민법론Ⅰ), 221면).

5) 청구취지는 동일하나 청구원인의 사실관계가 다른 경우

어음관계에 기해서 금전청구를 하여 패소로 확정된 뒤에 원인관계에 기한 금전청구를 한 경우 또는 그 반대의 경우에 대하여, ① 구소송물이론은 실체법상의 권리를 달리하여 소송물이 상이하므로 기판력에 저촉되지 않는다고 본다. ② 신소송물이론 중 이지설도 사실관계를 달리하여 소송물이 상이하므로 기판력에 저촉되지 않는다고 본다. ③ 신소송물이론 중 일지설을 관철하면 소송물은 동일하므로 전소의 기판력이 후소에 미치게 된다. 그러나 후소에 기판력이 미치게 되면 전소에서 제출한 것과는 별개의 사실관계에 대해 당사자의 예측을 넘어서 기판력이 미치게 하는 것이 되므로, 이러한 결과를 막기 위하여 후소가 전소의 사실관계와 무관하고 모순되지 않으면 기판력의 시적 한계를 넘어서는 것이므로 기판력에 저촉되지 않는다고 본다.

다. 일부청구

1) 학설의 대립

① **일부청구긍정설**은 일부청구 뒤의 잔부청구가 소송제도의 남용에 해당하는 경우를 제외하고 기판력은 일부에 대해서만 생기고 잔부청구에 대해서는 미치지 않기 때문에 새로 잔부청구가 가능하다는 입장이다. ② **일부청구부정설**은 채권액의 일부만 청구하여도 일부가 일정한 표준으로 특정되어 있어 일부임을 인식할 수 있는 경우를 제외하고는 채권 전체가 소송물이 된 것이므로 잔부청구는 기판력에 의해 차단된다는 견해이다. ③ **명시설**은 전소에서 원고가 일부임을 명시한 경우에는 전소에서 명시한 부분만 소송물이 되므로 잔부에는 기판력이 미치지 않으나, 전소에서 원고가 일부임을 명시하지 아니한 경우에는 소송물이 전부이므로 기판력이 전부에 미쳐 잔부를 청구하는 것은 허용될 수 없다는 입장이다.

2) 판례의 태도 : 명시설

판례는 "가분채권의 일부에 대한 이행청구의 소를 제기하면서 **나머지를 유보하고 일부만을 청구한다는 취지를 명시하지 아니한 이상 확정판결의 기판력은 청구하고 남은 잔부청구에까지 미치는 것이므로** 나머지 부분을 별도로 다시 청구할 수 없다. 전소의 사실심 변론종결 당시까지 **소유권이전을 소구할 수 있는 공유지분의 범위를 정확히 알 수 없어 결과적으로 전소에서 일부 공유지분에 관한 청구를 하지 못하게 되었다 할지라도** 이를 일부청구임을 명시한 경우와 마찬가지로 취급하여 전소의 확정판결의 기판력이 그 잔부청구에 미치지 않는다고 볼 수는 없다."고 한다(1993. 6. 25. 92다33008).

또한 "불법행위의 피해자가 일부청구임을 명시하여 손해의 일부만을 청구하는 경우 명시방법으로는 반드시 전체 손해액을 특정하여 그 중 일부만을 청구하고 나머지 손해액에 대한 청구를 유보하는 취지임을 밝혀야 할 필요는 없고 **일부청구하는 손해의 범위를 잔부청구와 구별하여 심리의 범위를 특정할 수 있는 정도의 표시를 하여 전체 손해의 일부로서 우선 청구하고 있는 것임을 밝히는 것**으로 족하다. **불법행위의 피해자가 일부청구임을 명시하여 손해의 일부만을 청구한 경우 그에 대한 판결의 기판력은 청구의 인용여부에 관계없이 청구의 범위에 한하여 미치고 잔부청구에는 미치지 않는다.**"고 한다(1989. 6. 27. 87다카2478).

또한 "가분채권의 일부에 대한 이행청구의 소를 제기하면서 일부를 유보하고 나머지만을 청구한다는 취지를 명시하지 아니한 이상 일부 청구에 대한 확정판결이나 조정조서의 기판력은 청구하고 남

은 잔부청구에까지 미치는 것이고, 이러한 법리는 수개의 금전채권을 일괄하여 청구함에 있어 총 금액의 일부를 청구하는 경우에도 마찬가지라 할 것이다."고 한다(2008. 12. 24. 2008다6083).

3) 검 토

일부청구긍정설의 장점인 처분권주의 내지 원고의 분할청구의 자유 및 소송비용 부담의 여유가 없는 원고의 보호와, 일부청구부정설의 장점인 분쟁의 일회적 해결의 요청을 조화시킬 필요가 있으므로, 명시설이 타당하다.

라. 후유증에 의한 손해배상청구와 일부청구이론

1) 문제점

불법행위에 의한 손해배상청구에서 예측하지 못하였던 후유증이 손해배상청구가 확정된 후 새로 발생하여 추가로 손해배상청구를 하는 경우, 형평의 원칙상 피해자를 보호하는 것이 필요하기 때문에 후발손해를 다시 청구할 수 있다는 점에서는 학설·판례에 다툼이 없다. 그러나 후소의 적법성을 어떻게 설명할 것인가에 대하여 견해가 대립된다.

2) 학설의 대립

① **명시적 일부청구설**은 전소의 청구를 후유증에 의한 것을 포함한 전체손해액 중 일부를 청구한 것으로 보고, 이 같은 경우는 일부임을 명시한 것으로 보아 전소판결의 기판력은 후소에 미치지 않으므로 추가청구의 별소가 허용된다고 주장한다. ② **시적 한계설**은 후유증 손해는 전소 당시에는 예측할 수 없었고 변론종결 뒤에 발생한 새로운 공격방법으로, 이러한 새로운 공격방법으로 전 손해배상청구를 다시 다투어도 기판력의 시적 차단효에 의해 차단되지 않아 허용된다고 한다. ③ **별개소송물설**은 일부청구이론은 전체로서 소구가 가능한 1개의 채권을 분할하여 소구를 할 수 있는가의 문제이고 후유증에 의한 손해배상청구는 전소의 표준시에 객관적으로 예측할 수 없었던 손해이기 때문에, 즉 소구할 수 없었던 것을 후소에서 소구할 수 있는가의 문제로서 양자는 국면을 달리하므로, 후유증에 의한 손해배상청구는 표준시 이후에 발생한 새로운 사유에 의한 손해로서 새로운 소송물을 구성한다는 견해이다.

3) 판례의 태도 : 별개소송물설

판례는 "불법행위로 인한 적극적 손해의 배상을 명한 전 소송의 변론종결 후에 새로운 적극적 손해가 발생한 경우에 소송의 변론종결 당시 손해의 발생을 예견할 수 없었고 또 그 부분 청구를 포기하였다고 볼 수 없는 등 특별한 사정이 있다면 전 소송에서 그 부분에 관한 청구가 유보되어 있지 않더라도 **이는 전소송의 소송물과는 별개의 소송물이므로 전소송의 기판력에 저촉되는 것이 아니다.** 따라서 식물인간 피해자의 여명이 종전의 예측에 비하여 수년 연장되어 그에 상응한 향후치료, 보조구 및 개호 등이 추가적으로 필요하게 된 것은 전소의 변론종결 당시에는 예견할 수 없었던 새로운 중한 손해로서 전소의 기판력에 저촉되지 않는다."고 하여 별개소송물설의 입장이다(2007. 4. 13. 2006다78640).

4) 검 토

명시적 일부청구설은 전소청구 당시에는 예측할 수 없는 후유증에 의한 손해를 잔부청구라고 하여 전소청구를 일부청구로 취급하는 점에서 문제가 있고, 시적 한계설은 후유증에 의한 후발손해는 전소와 소송물이 동일하다고 보기 어려우므로 문제가 있다. 따라서 후유증에 의한 후발손해의 추가청구는 전소청구의 잔부가 아니라 별개의 청구로서 전소판결의 기판력과는 무관하므로, 후소가 인정되는 것은 당연하다고 하는 별개소송물설이 타당하다.

2. 판결이유에서 판단된 사항

가. 원 칙

제216조 제1항의 반대해석상 판결이유에서 판단된 사항에 대하여는 원칙적으로 기판력이 발생하지 않는다. 판결이유 중의 판단에까지 기판력을 인정한다면 당사자에게 예상치 못한 불이익을 입히게 되어 부당하고, 오판시정의 기회도 적어지기 때문이다. 또한 기판력을 주문의 판단에 한정함으로써 당사자는 전제문제에 대해서는 청구의 당부판단에 필요한 한도 내에서 다투면 되고, 법원도 청구의 당부판단에 필요한 한도 내에서 판결 주문을 선고하기 쉬운 것부터 판단할 수 있어 신속하게 결론을 낼 수가 있기 때문이다.

판례도 "**확정판결은 주문에 포함한 것에 한하여 기판력이 있는 것이므로, 기판력은 소송물로 주장된 법률관계의 존부에 관한 판단의 결론 자체에만 미치고 전제가 되는 법률관계의 존부에까지 미치는 것은 아니라고 할 것**인바, 임대차보증금은 임대차 종료 후에 임차인이 임차목적물을 임대인에게 반환할 때 연체차임 등 모든 피담보채무를 공제한 잔액이 있을 것을 조건으로 하여 잔액에 대하여서만 임차인의 반환청구권이 발생하고, **임대차보증금의 지급을 명하는 판결이 확정되면 변론종결 전의 사유를 들어 임대차보증금의 수액 자체를 다투는 것은 허용되지 아니하더라도, 임대차보증금 반환청구권 행사의 전제가 되는 연체차임 등 피담보채무의 부존재에 대하여 기판력이 작용하는 것은 아니다.**"고 한다(2001. 2. 9. 2000다61398).

나. 선결적 법률관계

1) 원 칙

판례는 "확정판결의 기판력은 판결주문에 포함된 것, 즉 소송물로 주장된 법률관계의 존부에 관한 판단의 결론 그 자체에만 생기는 것이고, **판결이유에 설시된 그 전제가 되는 법률관계의 존부에까지 미치는 것은 아니므로**, 부동산소유권이전등기절차의 이행청구에 관한 확정판결의 기판력은 소송물이었던 이전등기청구권의 존부에만 미치고 목적부동산의 소유권 자체의 존부에까지 미치는 것은 아니다."고 한다(1990. 1. 12. 88다카24622).

또한 "기판력은 소송물로 주장된 법률관계의 존부에 관한 판단의 결론에만 미치고 전제가 되는 법률관계의 존부에까지 미치는 것은 아니므로, **피고 명의의 소유권이전등기가 원인무효라는 이유로 원고가 피고를 상대로 등기의 말소를 구하는 소송을 제기하였다가 청구기각의 판결을 선고받아 확정되었더라도, 기판력은 소송물로 주장된 말소등기청구권이나 이전등기청구권의 존부에만 미치는 것이지 기본이 된 소유권 자체의 존부에는 미치지 아니하고**, 따라서 원고가 비록 확정판결의 기판력으로 인하여 등기부상의 소유 명의를 회복할 방법은 없게 되었더라도 소유권이 원고에게 없음이 확정된 것은 아닐 뿐만 아니라, 등기부상 소유자로 등기되어 있지 않다고 하여 소유권을 행사하는 것이 전혀 불가능한 것도 아닌 이상, **원고는 그의 소유권을 부인하는 피고에 대하여 원고의 소유라는 확인**

을 구할 법률상 이익이 있으며, 법률상 이익이 있는 이상에는 소유권확인 청구의 소제기 자체가 신의칙에 반하는 것이라고 단정할 수 없다."고 한다(2002. 9. 24. 2002다11847).

또한 "조정조서는 재판상 화해조서와 같이 확정판결과 동일한 효력이 있고, 조정의 내용에 따라 권리의 취득과 소멸이라는 창설적 효력이 인정된다(민사조정법 제29조, 민사소송법 제220조, 민법 제732조). 당사자 사이에 조정이 성립하면 종전의 다툼 있는 법률관계를 바탕으로 한 권리·의무관계는 소멸하고 조정의 내용에 따른 새로운 권리·의무관계가 성립한다. 그러나 **조정조서에 인정되는 확정판결과 동일한 효력은 소송물인 법률관계에만 미치고 전제가 되는 법률관계에까지 미치지는 않는다**. 부동산소유권이전등기에 관한 조정조서의 기판력은 소송물이었던 이전등기청구권의 존부에만 미치고 부동산의 소유권 자체까지 미치지는 않는다. 따라서 소유자가 소유권이전등기에 관한 조정의 당사자로서 조정조서의 기판력으로 말미암아 등기부에 소유명의를 회복할 방법이 없어졌더라도 소유권이 그에게 없음이 확정된 것은 아니고, 등기부에 소유자로 등기되어 있지 않다고 하여 소유권을 행사하는 것이 전혀 불가능한 것도 아니다. 그러한 **소유자는 소유권을 부인하는 조정의 상대방을 비롯하여 제3자에 대하여 다툼의 대상이 된 부동산이 자기의 소유라는 확인을 구할 법률상 이익이 있다**."고 한다(2017. 12. 22. 2015다205086).

2) 선결적 법률관계에 관한 기판력 확장의 시도

가) 문제점

선결적 법률관계에 대해서는 기판력이 발생하지 아니하므로, 선결적 법률관계에 관하여 기판력 있는 판결을 받으려면 중간확인의 소나 별소를 제기할 수밖에 없다. 그런데 분쟁을 모순 없이 해결하고 분쟁해결의 일회성을 위하여 선결적 법률관계에 대해서도 기판력을 확장하려는 시도가 있다.

나) 학설의 대립

① 기판력은 주문에 한하여 미치나, 판결 이유 중의 판단이라 하여도 소송에 있어서 중요한 쟁점이 되어서 당사자가 주장·입증하고 법원도 실질적 심리를 한 경우에는 공평·금반언을 근거로 그 쟁점에 대한 법원의 판단에 구속력을 인정하자는 **쟁점효이론**, ② 전소의 판결이 목적에 비추어 후소에서 확정하려는 법률효과와 의미관련이 성립되면 전소에서 판단한 선결적 법률관계에 대해서도 기판력이 생긴다는 **의미관련론**, ③ 전소청구와 후소청구의 경제적 가치가 동일하다면 전소에서 판단한 선결적 법률관계에 대해서도 기판력이 인정된다는 **경제적 가치동일성설**, ④ 판결의 모순저촉을 방지하기 위해서는 신의칙의 파생원칙인 금반언의 원칙 또는 소권의 남용의 원칙에 저촉되어 후소에서 전소 판단과 반대의 주장을 하는 것은 신의칙상 허용될 수 없다는 **신의칙설**이 대립된다.

다) 판례의 태도

판례는 "농지개량조합이 원고가 되어 농지에 관한 적법한 양도담보권자라는 전제에서 농지인도청구 등을 인용한 전소의 확정판결과 전소의 피고가 원고가 되어 조합이 양도담보권자가 될 수 없다 하여 소유권이전등기의 말소를 청구한 후소와는 소송물이 상이하므로 기판력에 저촉하지 아니한다."고 하여 쟁점효이론을 부정한다(1979. 2. 13. 78다58).

한편 "민사재판에 있어서는 다른 민사사건 등의 판결에서 인정된 사실에 구속받는 것이 아니라 할지라도 **이미 확정된 관련 민사사건에서 인정된 사실은 특별한 사정이 없는 한 유력한 증거가 되므로, 합리적인 이유설시 없이 이를 배척할 수 없고**, 특히 전·후 두개의 민사소송이 당사자가 같고 분쟁의 기초가 된 사실도 같으나 소송물이 달라 기판력에 저촉되지 아니한 결과 새로운 청구를 할 수 있는 경우에 있어서는 더욱 그러하다."고 한다(1995. 6. 29. 94다47292).

다만 "민사재판에 있어서 이와 관련된 다른 민·형사사건 등의 확정판결에서 인정된 사실은 특별한 사정이 없는 한 유력한 증거자료가 되는 것이나, **당해 민사재판에서 제출된 다른 증거내용에 비추어 관련 민·형사사건의 확정판결에서의 사실판단을 그대로 채용하기 어렵다고 인정될 경우에는 이를 배척할 수 있고**, 이 경우에 배척하는 구체적인 이유를 일일이 설시할 필요는 없다."고 하고(2000. 2. 25. 99다55472), 이러한 법리는 "확정된 민사판결이 외국의 민사판결인 경우에도 마찬가지이다."고 한다(2007. 8. 23. 2005다72386).

라) 검 토

선결적 법률관계에 관해서 기판력을 얻으려면 중간확인의 소를 제기하면 된다는 점, 선결적 법률관계에 관해서도 기판력을 인정하면 오판을 시정할 기회가 축소된다는 점, 신의칙설은 당사자가 일관된 주장을 하는 경우를 해결하지 못한다는 점, 판례의 입장이 확정판결에 신뢰를 부여하면서도 구체적 상황에 따라 타당성 있는 결론을 도출할 수 있다는 점에서 판례가 타당하다.[89]

다. 항 변

1) 원 칙

판결이유 중 판단되는 피고의 항변에 대해서는 피고의 항변이 판결의 기초가 되었더라도 기판력이 생기지 않는다. 그러나 동시이행판결의 경우에는 동시이행의 관계에 있는 원고의 반대급부의무의 내용·액수 등에 대하여는 기판력이 발생하지 않지만, 확정된 판결이 원고의 동시이행의 조건이 붙어있는 조건부 판결이라는 점에 대하여는 기판력이 발생한다.

판례도 "제소전 화해의 내용이 채권자 등은 대여금 채권의 원본 및 이자의 지급과 상환으로 채무자에게 부동산에 관한 가등기의 말소등기절차를 이행할 것을 명하고, 채무자는 가등기담보 등에 관한 법률 소정의 청산금 지급과 상환으로 채권자 등에게 가등기에 기한 소유권이전의 본등기절차를 이행할 것과 부동산의 인도를 명하고 있는 경우, 그 제소전 화해는 가등기말소절차 이행이나 소유권이전의 본등기절차 이행을 대여금 또는 청산금의 지급을 조건으로 하고 있는 데 불과하여 **기판력은 가등기말소나 소유권이전의 본등기절차 이행을 명한 화해내용이 대여금 또는 청산금 지급의 상환이 조건으로 붙어 있다는 점에 미치는 데 불과하고, 상환이행을 명한 반대채권의 존부나 그 수액에 기판력이 미치는 것이 아니다.**"고 한다(1996. 7. 12. 96다19017).

또한 "**甲은 乙로부터 A부동산에 관하여 매매를 원인으로 하는 소유권이전등기절차를 이행 받음과 동시에 丙에게 B부동산에 관하여 같은 날 매매를 원인으로 하는 소유권이전등기절차를 이행하라는 확정판결**에 있어서, 乙이 반대의무의 이행을 하지 않더라도 甲은 丙에게 본건 B부동산에 대한 소유권이전등기를 이행할 의무가 있는 것이라고 하는 주장은 확정판결의 기판력에 저촉되는 것이다."고 한다(1975. 5. 27. 74다2074).

---

[89] [판례평석] 이러한 입장을 증명력설이라고 하여도 무방할 것이다. 우리 판례가 취하고 있는 증명력설이 우리 법체계에도 잘 어울리고 확정판결에 신뢰를 부여하면서도 구체적인 상황에 따라 타당성 있는 결론을 낼 수 있다는 점에서 타당하다고 생각된다. 아무리 확정판결의 이유에서 주요한 쟁점으로 판단한 사항이라 하더라도 후소송에서 상황이 변하면 달리 판단할 수 있어야 하기 때문이다(호문혁, 제14판, 763면).

2) 예외 : 상계항변

　　가) 의의 및 취지

　피고가 상계항변을 하면 자동채권의 존부에 대하여 판결 이유 중에서 판단하게 되지만 상계를 주장한 청구의 성립 또는 불성립의 판단은 상계하자고 대항한 액수에 한하여 기판력이 생긴다(제216조 제2항). 그 취지에 대하여, 판례는 "제216조 제2항에서 판결 이유 중의 판단임에도 상계 주장에 관한 법원의 판단에 기판력을 인정한 취지는 **만일 기판력을 인정하지 않는다면, 원고의 청구권의 존부에 대한 분쟁이 나중에 다른 소송으로 제기되는 반대채권의 존부에 대한 분쟁으로 변형됨으로써 상계 주장의 상대방은 상계를 주장한 자가 반대채권을 이중으로 행사하는 것에 의하여 불이익을 입을 수 있게 될 뿐만 아니라 상계 주장에 대한 판단을 전제로 이루어진 원고의 청구권의 존부에 대한 전소의 판결이 무의미하게 될 우려가 있게 되므로,** 이를 막기 위함이다."고 한다(2005. 7. 22. 2004다17207).

　다만 판례는 "여기서 말하는 상계는 **민법 제492조 이하에 규정된 단독행위로서의 상계**를 의미하는데, 상계하여 정산하기로 하는 내용의 합의를 하였다는 취지의 피고의 항변은 본래 의미의 상계를 주장하는 것이 아니므로, 이 부분 판단에 관하여는 기판력이 미치지 않는다."고 한다(2014. 4. 10. 2013다54390).

　　나) 기판력 발생의 요건

　(i) 일반적 요건 : 상계항변에 대한 기판력은 **자동채권의 존부에 관하여 실질적으로 판단을 한 경우**에 한하여 발생한다. 따라서 상계항변이 적시제출주의를 위반하여 각하된 경우(제149조), 성질상 상계가 허용되지 않는 경우(민법 제496조ㆍ제492조 제1항 단서), 상계부적상의 이유로 상계가 배척된 경우(민법 제492조 제1항 본문), 예비적으로 상계항변을 한 경우라도 주위적인 다른 항변이 인용된 경우에 상계항변에는 기판력이 생기지 않는다.

　판례도 "항변권이 부착되어 있는 채권을 자동채권으로 하여 타의 채무와의 상계는 일방의 의사표시에 의하여 상대방의 항변권 행사의 기회를 상실케 하는 결과가 되므로 성질상 허용할 수 없는 것이나, **상계항변에서 들고 나온 자동채권을 부정하여 그 항변을 배척하는 것과 자동채권의 성립은 인정되나 성질상 상계를 허용할 수 없다 하여 상계항변을 배척하는 것과는 그 형식면에서는 같을지라도 전자의 경우엔 기판력이 있다** 할 것이므로, 양자는 판결의 효력이 다른 것이다."고 한다(1975. 10. 21. 75다48).

　또한 "소송상 방어방법으로서의 상계항변은 통상 수동채권의 존재가 확정되는 것을 전제로 하여 행하여지는 일종의 예비적 항변으로서, 소송상 상계의 의사표시에 의해 확정적으로 효과가 발생하는 것이 아니라 **당해 소송에서 수동채권의 존재 등 상계에 관한 법원의 실질적 판단이 이루어지는 경우에 실체법상 상계의 효과가 발생**한다. 따라서 **원고의 소구채권 자체가 인정되지 않는 경우 피고의 상계항변의 당부를 따져볼 필요도 없이 원고 청구가 배척될 것이므로, '원고의 소구채권 그 자체를 부정하여 원고의 청구를 기각한 판결'과 '소구채권의 존재를 인정하면서도 상계항변을 받아들인 결과 원고의 청구를 기각한 판결'은 제216조에 따라 기판력의 범위를 서로 달리하고, 후자의 판결에 대하여 피고는 상소의 이익이 있다.**"고 한다(2018. 8. 30. 2016다46338).

　(ii) 수동채권의 요건 : 판례는 "상계 주장에 관한 판단에 기판력이 인정되는 경우는 **상계 주장의 대상이 된 수동채권이 소송물로서 심판되는 소구채권이거나 그와 실질적으로 동일하다고 보이는 경우**(가령 원고가 상계를 주장하면서 청구이의 소송을 제기하는 경우 등)**로서 상계를 주장한 반대채권과 수동채권을 기판력의 관점에서 동일하게 취급하여야 할 필요성이 인정되는 경우**를 말한다고 봄이 상당하므로, 만일 상계 주장의 대상이 된 수동채권이 동시이행항변에 행사된 채권일 경우에는 그러한 상계

주장에 대한 판단에는 기판력이 발생하지 않는다고 보아야 할 것인바, 위와 같이 해석하지 않을 경우 동시이행항변이 상대방의 상계의 재항변에 의하여 배척된 경우에 그 동시이행항변에 행사된 채권을 나중에 소송상 행사할 수 없게 되어 제216조가 예정하고 있는 것과 달리 동시이행항변에 행사된 채권의 존부나 범위에 관한 판결 이유 중의 판단에 기판력이 미치는 결과에 이르기 때문이다."고 한다 (2005. 7. 22. 2004다17207).

다) 기판력의 발생범위

(ⅰ) **자동채권의 부존재를 이유로 상계항변이 배척된 경우**에는 상계하자고 대항한 액수에 관하여 자동채권의 부존재에 기판력이 발생한다(구체적인 범위는 마) 부분 참조). 한편 (ⅱ) **상계항변이 채택되어 원고의 청구가 자동채권의 범위 내에서 기각된 경우**에 기판력이 발생하는 범위에 대하여, ① 원고의 수동채권과 피고의 자동채권이 모두 존재하고 그것이 상계로 소멸되었다는 판단에 기판력이 생긴다는 견해, ② 현재 자동채권이 존재하지 아니한다는 판단에 기판력이 생긴다는 견해가 대립된다. 제216조 제2항에서 '상계를 주장한 청구가 성립되는지 아니지의 판단'이라고 규정하였으므로, 법조문에 충실한 제①설이 타당하다.

라) 상계항변이 이유가 있는 경우에 판결이유의 기재방법

판례는 "상계를 주장하면 그것이 받아들여지든 아니든 상계하자고 대항한 액수에 대하여 기판력이 생긴다(제216조 제2항). 따라서 여러 개의 자동채권이 있는 경우에 법원으로서는 그중 어느 자동채권에 대하여 어느 범위에서 상계의 기판력이 미치는지 판결 이유 자체로 당사자가 분명하게 알 수 있을 정도까지는 밝혀 주어야 한다. 그러므로 **상계항변이 이유 있는 경우에는 상계에 의하여 소멸되는 채권의 금액을 일일이 계산할 것까지는 없더라도, 최소한 상계충당이 지정충당에 의하게 되는지 법정충당에 의하게 되는지 여부를 밝히고, 지정충당이 되는 경우라면 어느 자동채권이 우선 충당되는지를 특정하여야 할 것이며, 자동채권으로 이자나 지연손해금채권이 함께 주장되는 경우에는 그 기산일이나 이율 등도 구체적으로 특정해 주어야 할 것이다.**"고 한다(2013. 2. 28. 2012다94155).

또한 "상계항변이 이유 있고 일견하여 자동채권의 수액이 수동채권의 수액을 초과한 것이 명백해 보이는 경우라도, 상계적상의 시점 이전에 수동채권의 변제기가 이미 도래하여 지체가 발생한 상태라고 인정된다면, **법원으로서는 상계에 의하여 소멸되는 채권의 금액을 일일이 계산할 것까지는 없다고 하더라도, 최소한 상계적상의 시점 및 수동채권의 지연손해금 기산일과 이율 등을 구체적으로 특정해 줌으로써 자동채권에 대하여 어느 범위에서 상계의 기판력이 미치는지 판결 이유 자체로 당사자가 분명하게 알 수 있을 정도까지는 밝혀 주어야 한다.**"고 한다(2013. 11. 14. 2013다46023).

마) 상계항변이 배척된 경우에 기판력의 발생범위

판례는 "[1] 확정판결의 이유 부분의 논리구조상 법원이 소송물인 수동채권의 전부 또는 일부의 존재를 인정하는 판단을 한 다음 피고의 상계항변에 대한 판단으로 나아가 피고가 주장한 반대채권(자동채권)의 존재를 인정하지 않고 상계항변을 배척하는 판단을 한 경우에, **반대채권이 부존재한다는 판결이유 중의 판단의 기판력은 특별한 사정이 없는 한 '법원이 반대채권의 존재를 인정하였더라면 상계에 관한 실질적 판단으로 나아가 수동채권의 상계적상일까지의 원리금과 대등액에서 소멸하는 것으로 판단할 수 있었던 반대채권의 원리금 액수'의 범위에서 발생한다고 보아야 한다.** 이러한 법리는 피고가 상계항변으로 주장하는 반대채권의 액수가 소송물로서 심판되는 소구채권의 액수보다 더 큰 경우에도 마찬가지로 적용된다. [2] 피고가 상계항변으로 2개 이상의 반대채권(자동채권)을 주장하

였는데 법원이 어느 하나의 반대채권의 존재를 인정하여 수동채권의 일부와 대등액에서 상계하는 판단을 하고, 나머지 반대채권들은 부존재한다고 판단하여 그 부분 상계항변은 배척한 경우에, 수동채권 중 상계로 소멸하는 것으로 판단된 부분은 피고가 주장하는 반대채권들 중 존재가 인정되지 않은 채권들에 관한 분쟁이나 그에 관한 법원의 판단과는 관련이 없어 기판력의 관점에서 동일하게 취급할 수 없으므로, **반대채권들이 부존재한다는 판단에 대하여 기판력이 발생하는 전체 범위는 상계를 마친 후의 수동채권의 잔액을 초과할 수 없다**고 보아야 한다. 이러한 법리는 **피고가 주장하는 2개 이상의 반대채권의 원리금 액수의 합계가 법원이 인정하는 수동채권의 원리금 액수를 초과하는 경우**에도 마찬가지로 적용된다. 이때 '부존재한다고 판단된 반대채권'에 관하여 법원이 존재를 인정하여 수동채권 중 일부와 상계하는 것으로 판단하였을 경우를 가정하더라도, 그러한 상계에 의한 수동채권과 당해 반대채권의 차액 계산 또는 상계충당은 수동채권과 당해 반대채권의 상계적상의 시점을 기준으로 하였을 것이고, 그 이후에 발생하는 이자, 지연손해금 채권은 상계의 대상이 되지 않았을 것이므로, **가정적인 상계적상 시점이 '실제 법원이 상계항변을 받아들인 반대채권'에 관한 상계적상 시점보다 더 뒤라는 등의 특별한 사정이 없는 한, 기판력의 범위의 상한이 되는 '상계를 마친 후의 수동채권의 잔액'은 수동채권의 '원금'의 잔액만을 의미한다**고 보아야 한다."고 한다 (2018. 8. 30. 2016다46338).[90]

---

90) [이유] 가. 원심판결 이유와 적법하게 채택된 증거들을 종합하면 아래의 사실을 알 수 있다. 1) 원고(반소피고, 이하 '원고'라고만 한다)가 본소로써 구하는 대여금 또는 분배금 등 청구에 대하여 피고(반소원고, 이하 '피고'라고만 한다)는 본소에 관한 항변으로 '원고의 동업계약상의 주의의무 위반 또는 불법행위를 원인으로 한 5억 원의 손해배상채권' 및 2007. 5. 16.자 대여금과 2007. 9. 19.자 대여금을 반대채권으로 하여 원고의 위 소구채권(수동채권)과 상계를 주장함과 아울러, 위 반대채권의 합계액에 일정 금액을 공제한 나머지 금액을 반소로써 구하고 있다. 2) 그런데 이 사건 이전에 원고는 피고를 상대로 분배금 2,000만 원과 이에 대한 지연손해금의 지급을 구하는 소를 제기하였고(이하 '이 사건 전소'라 한다), 그 사건에서 피고는 '원고의 동업계약상의 주의의무 위반 또는 불법행위를 원인으로 한 5억 원의 손해배상채권' 등을 반대채권으로 하여 상계항변을 하였다. 3) 이 사건 전소의 항소심법원은 청구원인 단계에서 원고의 피고에 대한 위 분배금 채권이 존재한다고 판단한 후, 피고의 상계항변에 대한 판단으로 나아가 다음과 같이 판단하였다. ① 원고에 대한 소송비용액 확정금 채권을 반대채권으로 하는 상계항변을 받아들여, 피고가 원고를 상대로 2,805,627원의 소송비용액 확정금 채권을 가지고 있고, 그 변제기인 2014. 3. 19. 그 채권과 원고의 분배금 채권이 상계적상에 있었으므로, 원고의 분배금 채권이 이행지체에 빠진 소장 부본 송달 다음 날인 2012. 8. 4.부터 위 상계적상일까지의 지연손해금 채권 및 원금의 순서로 위 2,805,627원과 대등액에서 상계되어 소멸하였다고 판단하였다. ② 그러나 피고가 주장한 나머지 반대채권들은 모두 부존재한다고 판단하였다. 특히 원고가 동업계약상의 주의의무를 위반하였거나, 기망으로 인한 불법행위가 성립한다고 볼 수 없다는 이유로, 5억 원의 손해배상채권을 반대채권으로 하는 피고의 상계항변을 배척하였다. ③ 이에 따라 원고의 청구 중 위와 같이 상계로 소멸한 후의 분배금 원금 잔액 18,819,030원 및 이에 대하여 위 상계적상일의 다음 날인 2014. 3. 20.부터의 지연손해금 청구 부분을 인용하는 판결을 선고하였고(서울중앙지방법원 2014. 11. 13. 선고 2013나35961 판결), 위 항소심판결에 대한 상고가 기각되어 위 판결이 확정되었다. 나. 앞서 본 법리에 비추어 살펴보면, 이 사건 전소에서 법원이 원고의 분배금 채권 중 위와 같이 소송비용액 확정금 채권과 대등액에서 상계로 소멸하는 것으로 판단한 부분은 그 소송에서 피고가 주장한 위 손해배상채권을 포함한 나머지 반대채권들과 기판력의 관점에서 동일하게 취급할 수 없다. 나아가 이 사건 전소에서 법원이 피고가 주장한 위 손해배상채권을 포함한 나머지 반대채권들이 발생하였다고 보아 원고의 분배금 채권 중 일부와 상계하는 것으로 판단하였을 경우를 가정할 때, 그러한 가정적인 상계적상 시점들의 전부 또는 일부가 위와 같이 실제 상계 판단이 이루어진 소송비용액 확정금 채권에 관한 상계적상 시점인 2014. 3. 19.보다 더 뒤라는 사정도 보이지 않는다. 따라서 이 사건 전소 확정판결의 이유 중에서 피고가 상계항변의 반대채권으로 주장한 위 손해배상채권을 포함한 나머지 반대채권들이 부존재한다는 판단의 기판력이 발생하는 전체 범위는 위와 같이 상계로 소멸한 후의 분배금 원금 잔액 18,819,030원을 초과할 수 없다고 보아야 한다. 다. 그렇다면 이 사건 전소에서 상계항변으로 주장된 반대채권들 중 부존재한다고 판단된 위 손해배상채권의 전액(5억 원)에 대하여 그 부존재 판단에 기판력이 발생한다는 취지의 원고의 이 부분 상고이유 주장은 받아들일 수 없다. 그런데 원심은 이 사건에서 원고의 동업계약상의 주의의무 위반으로 인한 피고의 위 손해배상채권을 반대채권으로 하는 상계항변 및 위 채권을 청구채권으로 하는 반소청구 중 각 2,000만 원 부분이 이 사건 전소 판결의 기판력에 저촉되어 허용될 수 없다고 판단하였다. 이러한 원심의 판단에는 상계항변에 관한 판단의 기판력의 범위에 관한 법리를 오해한 잘못이 있으나, 원고만이 상고한 이 사건에서 불이익변경금지의 원칙상 원심판결을 파기하여 원고에게 더 불리한 판결을 선고할 수는 없으므로, 원심의 위와 같은 잘못은 판결 결과에 영향이 없다.

바) 항소심의 판단방법

판례는 "제1심은 원고의 구상금채권 자체를 인정하지 아니하여 원고의 청구를 기각하였음에 반하여, 원심은 원고의 구상금채권은 인정하면서도 피고의 상계항변을 받아들인 결과 원고의 청구를 기각한 제1심판결이 정당하다고 하여 원고의 항소를 기각하였다. 그러나 **소구채권 그 자체를 부정하여 원고의 청구를 기각한 제1심 판결과 소구채권은 인정하면서도 상계항변을 받아들인 결과 원고의 청구를 기각한 원심판결은 제216조에 따라 기판력의 범위를 서로 달리하므로**, 원심으로서는 그 결론이 같다고 하여 원고의 항소를 기각할 것이 아니라 제1심 판결을 취소하고 다시 원고의 청구를 기각하는 판결을 하여야 했다."고 한다(2013. 11. 14. 2013다46023).

Ⅶ. 기판력의 시적 범위

> 민사집행법 제44조(청구에 관한 이의의 소) ① 채무자가 판결에 따라 확정된 청구에 관하여 이의하려면 제1심 판결법원에 청구에 관한 이의의 소를 제기하여야 한다.
> ② 제1항의 이의는 그 이유가 변론이 종결된 뒤(변론 없이 한 판결의 경우에는 판결이 선고된 뒤)에 생긴 것이어야 한다.
> ③ 이의이유가 여러 가지인 때에는 동시에 주장하여야 한다.

1. 서 설

확정판결의 내용을 이루는 사법상의 권리관계는 시간의 경과에 따라 변동하기 때문에 기판력이 어느 시점에서의 권리관계의 존부에 관하여 발생한 것인가라는 기판력의 시적 범위가 문제된다. **종국판결은 사실심 변론종결시까지 제출된 주장사실 및 증거자료를 기초로 하므로, 기판력의 표준시는 사실심 변론종결시(무변론 판결의 경우에는 판결선고시)가 된다**(제218조 제1항·민사집행법 제44조 제2항 참조). 다만 기판력은 표준시의 권리관계의 존부의 판단에만 생기므로, 표준시 이전이나 표준시 이후의 권리관계를 확정하는 것은 아니다.

판례는 "판결이 확정되면 법원이나 당사자는 확정판결에 반하는 판단이나 주장을 할 수 없는 것이나, **확정판결의 효력은 표준시인 사실심 변론종결시를 기준으로 하여 발생하므로, 그 이후에 새로운 사유가 발생한 경우까지 전소의 확정판결의 기판력이 미치는 것은 아니며, 변론종결 이후에 발생한 새로운 사유는 원칙적으로 사실자료에 그치는 것으로, 법률의 변경, 판례의 변경 혹은 판결의 기초가 된 행정처분의 변경은 포함되지 아니한다.**"고 한다(1998. 7. 10. 98다7001).

2. 표준시 전에 존재하는 사유 : 실권효·차단효·배제효

가. 의 의

기판력은 표준시 당시의 권리관계의 존부에 관하여 발생한다. 따라서 당사자는 전소의 표준시 전에 존재하였으나 제출하지 않은 공격방어방법을 후소에 제출하여 전소에서 확정된 권리관계와 다른 판단을 구할 수 없을 뿐만 아니라, 후소법원도 그와 같은 사유로 재판을 할 수 없다. 이와 같은 기판력의 작용을 실권효·차단효·배제효라고 한다.

판례도 "기판력은 **변론종결 전에 당사자가 주장하였거나 또는 할 수 있었던 모든 공격 및 방어방법에 미치고**, 변론종결 후에 새로 발생한 사유가 있을 경우에만 기판력의 효력이 차단되는 것이다."고 한다(1992. 10. 27. 91다24847). 또한 "기판력은 소송물로 주장된 법률관계의 존부에 관한 판단에 미치므로 후소에서 전소 변론종결 이전에 존재하고 있던 공격방어방법을 주장하여 전소 확정판결에서 판단된 법률관계의 존부와 모순되는 판단을 구하는 것은 기판력에 반하고, **전소에서 당사자가 공격방어방법을 알고서 주장하지 못하였는지 또는 알지 못한 데에 과실이 있는지 여부는 묻지 아니한다.**"고 한다(2014. 3. 27. 2011다79968).[91] 즉, "기판력은 소송의 변론종결 전에 주장할 수 있었던 모든 공격방어방법에 미치므로, 그 당시 당사자가 알 수 있었거나 또는 알고서 이를 주장하지 않았던 사항에 한해서만 기판력이 미친다고 볼 수 없다."고 한다(2022. 7. 28. 2020다231928).

따라서 **소유권확인소송에서 소유권 취득의 원인으로 매매사실을 주장하여 패소한 원고가 후소에서 변론종결 전에 주장할 수 있었던 취득시효의 완성사실을 주장하는 것은** 확인소송의 소송물 판단에 대한 ① 다수설·판례에 의하면 기판력에 저촉된다. 그러나 ② 소수설에 의하면 기판력에 저촉되지 않는다.

또한 채무의 존재를 긍정하여 이행판결이 확정되었으면 패소한 피고가 후소에서 변론종결 전에 발생하였던 변제·면제·소멸시효의 완성 등 채무의 소멸사유를 주장하여 다투는 것은 기판력에 저촉된다. 이러한 점은 판결이 확정된 뒤에 새로운 증거를 발견한 경우라도 마찬가지이다.

다만 실권효는 기판력이 미치지 않는 기판력의 객관적 범위 밖의 청구에 관하여는 적용되지 않는다. 따라서 매매를 원인으로 한 소유권이전등기청구소송에서 패소한 당사자라도 동일 목적물에 대하여 전소의 변론종결 전에 생긴 사유인 취득시효 완성을 원인으로 하여 다시 소유권이전등기청구를 할 수가 있다.

나. 구체적인 범위

판례는 "**취득시효완성으로 인한 소유권이전등기청구소송에서, 전소에서 대물변제를 받았다는 주장과 후소에서 증여를 받았다는 주장은 모두 부동산을 소유의 의사로 점유한 것인지를 판단하는 기준이 되는 권원의 성질에 관한 주장으로서 공격방어방법의 차이에 불과하고**, 취득시효의 기산점은 법률효과의 판단에 관하여 직접 필요한 주요사실이 아니고 간접사실에 불과하여 법원으로서는 이에 관한 당사자의 주장에 구속되지 아니하고 소송자료에 의하여 진정한 점유의 시기를 인정하여야 하는 것이므로, **그러한 점유권원, 점유개시 시점과 그로 인한 취득시효 완성일을 달리 주장한다고 하더라도, 그러한 주장의 차이를 가지고 별개의 소송물을 구성한다고 할 수 없다.**"고 한다(1994. 4. 15. 93다60120).

또한 "[1] 부동산의 취득시효에서 점유기간의 산정기준이 되는 점유개시의 시기나 점유가 자주점유인지의 여부를 가리는 점유 권원과 같은 사실은 취득시효의 요건사실인 점유기간이나 자주점유를 추정하는 징표인 간접사실에 불과하여 법원으로서는 이에 관한 당사자의 주장에 구속되지 아니하고 소송자료에 의하여 인정하여야 하므로, **전소에서 취득시효완성을 원인으로 한 소유권이전등기청구를 하였다가 점유가 타주점유라는 이유로 패소판결을 받은 당사자가 전소의 청구원인을 이루고 있던**

---

91) 갑이 을과 토지거래허가구역 내 토지를 매수하는 계약을 체결한 후 을을 상대로 소유권이전등기청구 등의 소를 제기하여 토지거래허가신청절차 이행청구는 인용하고 소유권이전등기절차 이행청구는 기각한 판결이 확정되었는데, 변론종결 전에 위 토지가 토지거래허가구역에서 해제되었음에도 갑이 이를 주장하지 아니하여 전소 법원은 위 토지가 허가구역 내에 위치함을 전제로 판결하였고, 그 후 갑이 위 토지가 토지거래허가구역에서 해제되었음을 들어 을을 상대로 소유권이전등기절차의 이행을 구하는 소를 제기한 사안에서, 후소가 전소 확정판결의 기판력에 반한다고 한 사례.

전소 변론종결 전의 점유사실 중의 일부나 전부를 다시 후소의 청구원인으로 삼으면서 점유권원과 점유개시의 시기를 달리 주장하는 것은 전소의 변론종결 전에 존재하였으나 제출하지 않은 공격방법을 후소에 제출하여 전소와 다른 판단을 구하는 것에 해당하여, 전소판결의 기판력에 저촉되어 허용될 수 없다. [2] 동일한 부동산에 관하여 전소에서 귀속재산으로서의 점유를 주장하다가 후소에서 국유재산으로서의 점유를 주장하였다고 하더라도 이는 공격방법인 점유권원에 관한 주장을 달리한 것에 불과하다."고 한다(1995. 1. 24. 94다28017).

또한 "甲이 乙 종친회와 토지거래허가구역 내 토지를 매수하는 내용의 매매계약을 체결한 후 乙 종친회를 상대로 소유권이전등기청구 등의 소를 제기하여 소유권이전등기절차의 이행을 구하는 청구는 기각되고 토지거래허가신청절차의 이행을 구하는 청구는 인용한 판결이 선고되어 확정되었는데, 변론종결 전에 이미 위 토지가 토지거래허가구역에서 해제되었음에도 甲은 전소에서 그러한 사실을 주장하지 아니하였고 전소 법원은 위 토지가 토지거래허가구역 내에 위치하고 있음을 전제로 판결을 선고하였으며, 그 후 甲이 토지거래허가를 받은 다음 乙 종친회를 상대로 소유권이전등기절차의 이행을 구하는 소를 제기한 사안에서, **전소와 후소의 소송물이 모두 매매계약을 원인으로 하는 소유권이전등기청구권으로서 동일하므로 후소는 전소 확정판결의 기판력에 저촉되어 허용될 수 없고, 甲이 토지가 토지거래허가구역에서 해제되어 매매계약이 확정적으로 유효하게 되었다는 사정을 알지 못하여 전소에서 주장하지 못하였더라도 후소에서 이를 주장하여 전소 법률관계의 존부와 모순되는 판단을 구하는 것은 전소 확정판결의 기판력에 반한다.**"고 한다(2014. 3. 27. 2011다49981).

또한 "기판력 있는 판결 등이 있는데도 시효중단을 위하여 다시 제기된 소송에서 당사자는 기판력에 기속되어 그와 저촉·모순되는 주장을 할 수 없고, 전소의 변론종결 후에 생긴 새로운 사유가 있어야 기판력에 의하여 확정된 법률효과를 다툴 수 있는바, **피고가 전소에서 인낙조서 성립 전에도 구 불교재산관리법**(전통사찰보존법에 의하여 폐지)**에 의한 관할청의 허가가 없다는 사유를 들어 원고의 소유권이전등기청구를 거절할 수 있었고, 후소의 사실심 변론종결시까지도 허가를 받지 아니한 사정은 변함이 없다면, 허가를 받지 아니하였다는 것을 인낙조서 성립 후에 생긴 새로운 사유라고 볼 수 없다.**"고 한다(1998. 7. 28. 96다50025).

또한 "**부당이득반환청구에서 법률상 원인 없는 사유를 계약의 불성립·취소·무효·해제 등으로 주장하는 것은 공격방법에 지나지 않으므로**, 그중 어느 사유를 주장하여 패소한 경우에 다른 사유를 주장하여 청구하는 것은 기판력에 저촉되어 허용할 수 없다."고 한다(2022. 7. 28. 2020다231928).

3. 변론종결 뒤에 발생한 새로운 사유

가. 의 의

기판력에 의하여 확정된 법률효과는 변론종결 뒤에 변경이 될 수 있으므로, 변론종결 뒤에 발생한 새로운 사유는 실권되지 않는다. 따라서 변론종결 뒤에 발생한 새로운 사유로 기판력에 의하여 확정된 법률효과를 다툴 수 있다.

판례는 "**변론종결 이후에 발생한 새로운 사유는 원칙적으로 사실자료에 그치는 것으로, 법률의 변경, 판례의 변경 혹은 판결의 기초가 된 행정처분의 변경은 그에 포함되지 아니한다.**"고 하고(1998. 7. 10. 98다7001), "**판결확정 후에 판결의 전제가 된 법률에 관하여 헌법재판소의 위헌결정이 있었다고 하여 확정판결의 효력을 다툴 수 있게 되는 것은 아니다.**"고 한다(1995. 1. 24. 94다28017).

또한 "확정판결의 기판력은 전소의 변론종결 전에 당사자가 주장하였거나 주장할 수 있었던 모든 공격방어방법에 미치고, 변론종결 후에 새로 발생한 사유가 있어 전소 판결과 모순되는 사정 변경이 있는 경우에는 기판력의 효력이 차단된다. **변론종결 후에 발생한 새로운 사유란 새로운 사실관계를 말하는 것일 뿐 기존의 사실관계에 대한 새로운 증거자료가 있다거나 새로운 법적 평가 또는 그와 같은 법적 평가가 담긴 다른 판결이 존재한다는 등의 사정은 포함되지 아니한다.**"고 한다(2016. 8. 30. 2016다222149).

또한 "전소의 확정판결의 효력은 표준시인 사실심 변론종결시를 기준으로 하여 발생하므로, 그 이후에 새로운 사유가 발생한 경우까지 전소의 확정판결의 기판력이 미치는 것은 아니지만, 새로운 사유는 원칙적으로 사실관계 자체가 변론종결 이후에 새로이 발생한 경우에 한하고, **다른 사건의 판결 이유에서 전소 판결의 기초가 된 사실관계를 달리 인정하였다는 것은 변론종결 이후에 새로이 발생한 사유라고 볼 수 없다.**"고 한다(2012. 7. 12. 2010다42259).

나. 구체적인 범위

판례는 "**확정된 종국판결이 있으면 사실심 변론종결 이전에 발생하고 제출할 수 있었던 사유에 기인한 주장이나 항변은 기판력에 의하여 차단되므로 당사자가 그와 같은 사유를 원인으로 확정판결의 내용에 반하는 주장을 새로이 하는 것은 허용되지 아니하나, 사실심 변론종결 이후에 새로 발생한 사실을 주장하여 전 판결 내용과 반대되는 청구를 하는 것은 기판력에 저촉되지 아니하므로 허용된다.** 따라서 甲이 이 사건과 동일한 청구원인으로 乙을 상대로 소유권이전등기말소 등 청구의 소를 제기하였다가 위 등기에 앞서 경료된 丙 명의의 소유권이전등기의 원인이 된 제소전 화해가 유효하게 존속중이라는 이유로 패소판결을 선고받고 판결이 그대로 확정되자, 제소전 화해에 대한 준재심의 소를 제기하여 제소전 화해를 취소시킨 후 이 사건 소송을 제기하였다면 **제소전 화해가 취소되었다는 사유는 전소의 사실심변론종결 이후에 새로이 발생한 사실**이므로, 甲이나 그의 변론종결 후 승계인은 위와 같은 사유를 들어 재차 동일한 소를 제기할 수 있다."고 한다(1988. 9. 27. 88다3116).

또한 "공상을 입은 군인이 국가배상법에 의한 손해배상 청구소송을 제기하였으나 다른 법령에 의한 보상을 받을 수 있다는 이유로 패소판결이 확정된 후 실제로 구 국가유공자 예우 등에 관한 법률상의 보상을 받기 위한 신체검사에서 등외 판정을 받아 보훈수혜 대상자가 될 수 없음이 판명된 경우, **이는 종전의 확정판결이 있은 후에 그 판결에서 전제로 삼은 바와는 다르게 다른 법령에서 보상을 받을 수 없음이 객관적으로 판명되게 된 것이어서 판결 확정 후에 새로운 사유가 발생하여 사정변경이 있은 경우에 해당**한다고 할 수 있고, 이를 들어 법령이나 판례 혹은 판결의 기초가 된 행정처분의 변경이 있는 것과 마찬가지라고는 볼 수 없으므로, 종전의 확정판결과 동일한 청구원인으로 소를 제기하더라도 종전 확정판결의 기판력에 저촉된다고 할 수 없다."고 한다(1998. 7. 10. 98다7001).

또한 "민사집행법 제44조에서 청구에 관한 이의의 소를 규정한 것은 부당한 강제집행이 행하여지지 않도록 하려는 데 있는 것이고 한편 그 이의의 원인을 사실심 변론종결 이후의 사유로 한정한 것은 변론종결시를 기준으로 확정된 권리관계를 변론종결 이전의 사유를 들어 다투는 것은 확정판결의 기판력에 저촉되기 때문인바, **해고가 무효임을 이유로 복직시까지 정기적으로 발생하는 임금의 지급을 명하는 판결에 있어서 변론종결 이후 부분은 변론종결시를 기준으로 확정된 권리관계라고**

말할 수는 없고 이는 단지 장래의 권리관계를 예측한 것에 불과하므로, 그 부분의 집행배제를 구함에 있어서는 비록 종전 판결 변론종결 이전에 발생한 정년퇴직이라는 사유를 들고 있더라도 이를 가지고 확정판결의 기판력에 저촉된다고 볼 수는 없다."고 한다(1998. 5. 26. 98다9908).

또한 "확정판결에 대한 청구이의사유는 확정판결의 변론 종결 후에 생긴 것이어야 한다. 그러나 **확정판결의 변론종결 전에 이루어진 일부이행을 채권자가 변론종결 후 수령함으로써 변제의 효력이 발생한 경우**에는 청구이의사유가 될 수 있다."고 하고(2009. 10. 29. 2008다51359), "**전소에서 정지조건 미성취를 이유로 청구가 기각되었더라도 변론종결 후에 조건이 성취되었다면, 이는 변론종결 후의 취소권이나 해제권과 같은 형성권 행사의 경우와는 달리 동일한 청구에 대하여 다시 소를 제기할 수 있다.**"고 한다(2002. 5. 10. 2000다50909).

또한 "일반적으로 판결이 확정되면 법원이나 당사자는 확정판결에 반하는 판단이나 주장을 할 수 없는 것이나, 확정판결의 효력은 표준시인 사실심 변론종결 시를 기준으로 하여 발생하므로, 그 이후에 새로운 사유가 발생한 경우까지 전소의 확정판결의 기판력이 미치는 것은 아니다. 따라서 **전소에서 피담보채무의 변제로 양도담보권이 소멸하였음을 원인으로 한 소유권이전등기의 회복 청구가 기각되었더라도, 장래 잔존 피담보채무의 변제를 조건으로 소유권이전등기의 회복을 청구하는 것은 전소의 확정판결의 기판력에 저촉되지 아니한다.**"고 한다(2014. 1. 23. 2013다64793).

또한 "소유권확인청구의 소송물은 소유권 자체의 존부이므로, 전소에서 원고가 소유권을 주장하였다가 패소 판결이 확정되었더라도, 전소 변론종결 후에 소유권을 새로이 취득하였다면 전소의 기판력이 소유권확인을 구하는 후소에 미칠 수 없는데, 상속재산분할협의가 전소 변론종결 후에 이루어졌다면 상속재산분할의 효력이 상속이 개시된 때로 소급하더라도, **상속재산분할협의에 의한 소유권 취득은 전소 변론종결 후에 발생한 사유에 해당한다.** 따라서 전소에서 원고가 단독상속인이라고 주장하여 소유권확인을 구하였으나 공동상속인에 해당한다는 이유로 상속분에 해당하는 부분에 대해서만 원고의 청구를 인용하고 나머지 청구를 기각하는 판결이 선고되어 확정되었다면, 전소의 기판력은 전소 변론종결 후에 상속재산분할협의에 의해 원고가 소유권을 취득한 나머지 상속분에 관한 소유권확인을 구하는 후소에는 미치지 않는다."고 한다(2011. 6. 30. 2011다24340).

또한 "**사실심 변론종결 후에 상속재산분할협의가 이루어지거나 상속재산분할심판이 확정**되었다면, 상속재산분할의 효력이 상속이 개시된 때로 소급하더라도 상속재산분할협의나 상속재산분할심판에 의한 소유권의 취득은 변론종결 후에 발생한 사유에 해당한다."고 한다(2020. 7. 23. 2017다249295).[92]

4. 변론종결 뒤의 형성권의 행사

가. 문제점

변론종결 전에 발생한 취소권・해제권・상계권・건물매수청구권 등을 변론종결 뒤에 행사하여 청구이의의 소를 제기할 수 있는지가 문제된다.

---

92) 부동산 공유자인 갑 주식회사가 다른 공유자인 을 등을 상대로 제기한 공유물분할청구의 소의 원심판결 선고 이후 '위 부동산 중 병의 지분을 을의 단독 소유로 분할한다'는 내용의 상속재산분할심판이 확정된 사안에서, 이는 변론종결 후에 발생한 사유에 해당하므로, 을은 변론종결 후 승계인으로서 원심판결문에 승계집행문을 부여받아 집행할 수 있을 뿐이라고 한 사례.

나. 학설의 대립

① **비실권설**은 기판력의 표준시 이후에 형성권을 행사하면 그 때 법률관계가 변동되므로 이는 표준시 이후에 새로 발생한 사정이므로 실권되지 않는다는 견해이다. ② **상계권비실권설**은 다른 형성권은 실권되지만 상계권만은 예외적으로 변론종결 뒤에 행사하였으면 상계권의 존부를 알았던 몰랐던 변론종결 뒤의 사유로 실권되지 않는다는 견해이다. ③ **제한적 상계권 실권설**은 상계권을 제외한 형성권은 실권되며 또한 상계권도 그 존재를 알고 행사하지 않은 경우에는 실권되고 존재를 모른 경우에만 실권되지 않는다는 견해이다. ④ **실권설**은 형성원인이 존재하는 때를 실권여부의 판단기준시점으로 보아 변론종결 뒤에는 상계권을 포함하여 형성권은 그 존재를 알았든 몰랐든 모두 실권된다는 견해이다.

다. 판례의 태도

(i) 판례는 취소권·해제권·백지보충권 등은 실권된다는 입장이다. 즉 "확정된 법률관계에 있어 확정판결의 변론종결 전에 이미 발생하였던 취소권을 그 당시에 행사하지 않음으로 인하여 취소권자에게 불리하게 확정된 경우, **확정 후 취소권을 뒤늦게 행사함으로써 동 확정의 효력을 부인할 수 없다.**"고 하고(1979. 8. 14. 79다1105), "기판력은 후소와 동일한 내용의 전소의 변론종결 전에 주장할 수 있었던 모든 공격방어방법에 미치므로, **해제사유가 전소의 변론종결 전에 존재하였다면 변론종결 후에 해제의 의사표시를 하여도 이는 기판력에 저촉된다.**"고 한다(1981. 7. 7. 80다2751).

또한 "약속어음의 소지인이 어음요건의 일부를 흠결한 백지어음에 기하여 어음금 청구소송(전소)을 제기하였다가 어음요건의 흠결을 이유로 청구기각의 판결을 받고 판결이 확정된 후 백지 부분을 보충하여 완성한 어음에 기하여 다시 전소의 피고에 대하여 어음금 청구소송(후소)을 제기한 경우에는, 원고가 전소에서 어음요건의 일부를 오해하거나 흠결을 알지 못했더라도, 전소와 후소는 동일한 권리 또는 법률관계의 존부를 목적으로 하는 것이어서 소송물은 동일한 것이라고 보아야 한다. 그리고 확정판결의 기판력은 동일한 당사자 사이의 소송에 있어서 변론종결 전에 당사자가 주장하였거나 주장할 수 있었던 모든 공격 및 방어방법에 미치는 것이므로, **약속어음의 소지인이 전소의 사실심 변론종결일까지 백지보충권을 행사하여 어음금의 지급을 청구할 수 있었음에도 변론종결일까지 백지 부분을 보충하지 않아 이를 이유로 패소판결을 받고 판결이 확정된 후에 백지보충권을 행사하여 어음이 완성된 것을 이유로 전소 피고를 상대로 다시 동일한 어음금을 청구하는 경우에는, 백지보충권 행사의 주장은 특별한 사정이 없는 한 전소판결의 기판력에 의하여 차단되어 허용되지 않는다.**"고 한다(2008. 11. 27. 2008다59230).

(ii) 판례는 상계권·건물매수청구권은 실권되지 않는다는 입장이다. 즉 상계권에 대하여 "당사자 쌍방의 채무가 상계적상에 있더라도 그 자체만으로 상계로 인한 채무소멸의 효력이 생기는 것은 아니고, 상계의 의사표시를 기다려 상계로 인한 채무소멸의 효력이 생기는 것이므로, 채무자가 집행권원인 확정판결의 변론종결 전에 상대방에 대하여 상계적상에 있는 채권을 가지고 있었더라도 집행권원인 확정판결의 변론종결 후에 상계의 의사표시를 한 때에는 민사집행법 제44조 제2항이 규정하는 '이의원인이 변론종결 후에 생긴 때'에 해당하는 것으로서, **당사자가 집행권원인 확정판결의 변론종결 전에 자동채권의 존재를 알았는가 몰랐는가에 관계없이 적법한 청구이의사유**로 된다."고 한다 (1998. 11. 24. 98다25344).

또한 건물매수청구권에 대하여 "건물 소유를 목적으로 하는 토지 임대차에서, 임대차가 종료함에 따라 임차인이 임대인에 대하여 건물매수청구권을 행사할 수 있음에도 이를 행사하지 아니한 채 임대인이 임차인에 대하여 제기한 토지인도 및 건물철거청구소송에서 패소하여 패소판결이 확정되었더라도, **확정판결에 의하여 건물철거가 집행되지 아니한 이상 임차인으로서는 건물매수청구권을 행사하여 별소로써 임대인에 대하여 건물매매대금의 지급을 구할 수 있다.**"고 하고(1995. 12. 26. 95다42195), "원심은 피고가 원고로부터 건물 소유를 목적으로 토지를 임차하였으므로 건물에 대하여 건물매수청구권을 행사한다는 피고의 항변에 대하여, 원고가 건물철거를 구하는 본소를 제기하기에 앞서 피고를 상대로 토지 인도를 구하는 전소를 제기하여 승소판결을 받아 판결이 확정되었고, 전소 확정판결의 기판력은 전소 변론종결일 당시의 원고의 피고에 대한 토지인도청구권의 존재에 미치며, 피고 주장의 임차권은 변론종결일 전부터 존재하던 것으로서 토지인도청구권을 다투는 방법에 불과하므로, 피고가 임차권을 주장하는 것은 전소 확정판결의 기판력에 저촉되어 허용되지 않는다고 판단하였으나, **전소 확정판결의 기판력은 전소에서의 소송물인 토지인도청구권의 존부에 대한 판단에 대하여만 발생하고 토지의 임차권의 존부에 대하여까지 미친다고 할 수는 없으므로 원심판결에는 기판력에 관한 법리를 오해하고 심리를 다하지 아니한 위법이 있다.**"고 한다(1994. 9. 23. 93다37267).

라. 검 토

상계권은 소구채권에 부착된 권리가 아니라 자동채권의 실현수단이 되기 때문에 자동채권의 행사를 상계권자의 재량에 맡겨야 한다. 또한 건물매수청구권도 건물철거 및 대지인도청구권의 발생 원인에 내재하는 흠에 기한 것이 아니라 독립한 권리이기 때문에 건물매수청구권의 행사를 토지임차인의 재량에 맡겨야 한다. 따라서 상계권과 건물매수청구권은 실권되지 않는다는 판례가 타당하다.

5. 한정승인·상속포기와 제3자이의의 소·청구이의의 소

가. 집행권원에 한정승인의 취지가 반영된 경우

(ⅰ) 판례는 "한정승인은 채무의 존재를 한정하는 것이 아니라 책임의 범위를 한정하는 것에 불과하기 때문에, 한정승인이 인정되는 경우에도 상속채무가 존재하는 것으로 인정되는 이상 법원으로서는 상속재산이 없거나 상속재산이 상속채무의 변제에 부족하다고 하더라도 상속채무 전부에 대한 이행판결을 선고하여야 하고, 다만 그 채무가 상속인의 고유재산에 대해서는 강제집행을 할 수 없는 성질을 가지고 있으므로 **집행력을 제한하기 위하여 이행판결의 주문에 상속재산의 한도에서만 집행할 수 있다는 취지를 명시하여야 한다.**"고 한다(2003. 11. 14. 2003다30968).

이 경우 판결주문은 "원고에게, 피고 배○○은 금 9,424,697원, 피고 정○, 정○○은 각 금 6,283,131원 및 위 각 금원에 대하여 2000. 11. 18.부터 2000. 12. 17.까지는 연 14%, 그 다음날부터 다 갚는 날까지는 연 19%의 각 비율에 의한 금원을 **소외 망 정○○로부터 상속받은 재산의 한도에서 지급하라.**"가 된다.

또한 판례는 "**피상속인에 대한 채권에 관하여 채권자와 상속인 사이의 전소에서 상속인의 한정승인이 인정되어 상속재산의 한도에서 지급을 명하는 판결이 확정된 때에는 채권자가 상속인에 대하여 새로운 소에 의해 판결의 기초가 된 전소 사실심의 변론종결시 이전에 존재한 법정단순승인 등 한정승인과 양립할 수 없는 사실을 주장하여 채권에 대해 책임의 범위에 관한 유보가 없는 판결을 구하는 것은 허용되지 아니한다.** 전소의 소송물은 직접적으로는 채권(상속채무)의 존재 및 그 범위이지만 한정승인의 존재 및 효력도 이에 준하는 것으로서 심리·판단되었을 뿐만 아니라 한정승인이 인정된 때에는 주문에 책임의 범위에 관한 유보가 명시되므로 **한정승인의 존재 및 효력에 대한 전소의 판단에 기판력에 준하는 효력이 있다**고 해야 하기 때문이다. 이러한 법리는 채권자의 급부청구에 대하여 상속인으로부터의 한정승인의 주장이 받아들여져 상속재산의 한도 내에서 지급을 명하는 판결이 확정된 경우와 채권자 스스로 위와 같은 판결을 구하여 그에 따라 판결이 확정된 경우 모두에 마찬가지로 적용된다."고 한다(2012. 5. 9. 2012다3197).

(ⅱ) 이 경우에 채권자가 이러한 판결을 집행권원으로 하여 상속인의 고유재산에 대하여 강제집행을 신청한 경우에 상속인은 제3자이의의 소(민사집행법 제48조)를 제기할 수 있다. 즉 상속인의 고유재산에 관하여는 이러한 판결의 기판력·집행력이 미치지 않기 때문에 청구에 관한 이의의 소(민사집행법 제44조)를 제기할 수는 없다.

판례도 "상속채무의 이행을 구하는 소송에서 피고의 한정승인 항변이 받아들여져서 원고 승소판결인 집행권원 자체에 「상속재산의 범위 내에서만」 금전채무를 이행할 것을 명하는 유한책임의 취지가 명시되어 있음에도 상속인의 고유재산임이 명백한 임금채권 등에 대하여 위 집행권원에 기한 압류 및 전부명령이 발령되었을 경우에, **상속인인 피고로서는 책임재산이 될 수 없는 재산에 대하여 강제집행이 행하여졌음을 이유로 제3자이의의 소를 제기하거나 채권압류 및 전부명령 자체에 대한 즉시항고를 제기하여 불복하는 것은 별론으로 하고 청구에 관한 이의의 소에 의하여 불복할 수는 없다**고 보아야 하고, 만약 채권압류 및 전부명령이 이미 확정되어 강제집행절차가 종료된 후에는 집행채권자를 상대로 부당이득의 반환을 구하되 피전부채권 중 실제로 추심한 금전부분에 관하여는 그 상당액을 반환을 구하고 아직 추심하지 아니한 부분에 관하여는 채권 자체의 양도를 구하는 방법에 의할 수밖에 없다."고 한다(2005. 12. 19. 2005그128).

나. 집행권원에 한정승인의 취지가 반영되지 않은 경우

집행권원이 성립하기 전에 상속인이 한정승인을 하고도, 채권자가 제기한 소송에서 한정승인을 항변으로 주장하지 않아 책임재산의 유보 없는 판결이 확정된 경우에, 상속인은 고유재산에 대한 채권자의 집행에 대하여는 한정승인을 이유로 청구에 관한 이의의 소를 제기할 수 있다.

판례도 "채권자가 피상속인의 금전채무를 상속한 상속인을 상대로 상속채무의 이행을 구하여 제기한 소송에서 채무자가 한정승인 사실을 주장하지 않으면 **책임의 범위는 현실적인 심판대상으로 등장하지 아니하여 주문에서는 물론 이유에서도 판단되지 않으므로 그에 관하여 기판력이 미치지 않는다. 그러므로 채무자가 한정승인을 하고도 채권자가 제기한 소송의 사실심 변론종결시까지 그 사실을 주장하지 아니하여 책임의 범위에 관한 유보가 없는 판결이 선고되어 확정되었더라도, 채무자는 그 후 한정승인 사실을 내세워 청구에 관한 이의의 소를 제기할 수 있다.**"고 한다(2006. 10. 13. 2006다23138).

그 이유에 대하여 판례는 "채무자가 한정승인을 하였으나 채권자가 제기한 소송의 사실심 변론종결시까지 이를 주장하지 아니하는 바람에 책임의 범위에 관하여 아무런 유보 없는 판결이 선고·확정된 경우라 하더라도 채무자가 한정승인 사실을 내세워 청구에 관한 이의의 소를 제기하는 것이 허용되는 것은, **한정승인에 의한 책임의 제한은 상속채무의 존재 및 범위의 확정과는 관계없이 판결의 집행 대상을 상속재산의 한도로 한정함으로써 판결의 집행력을 제한할 뿐으로, 채권자가 피상속인의 금전채무를 상속한 상속인을 상대로 상속채무의 이행을 구하여 제기한 소송에서 채무자가 한정승인 사실을 주장하지 않으면 책임의 범위는 현실적인 심판대상으로 등장하지 아니하여 주문에서는**

물론 이유에서도 판단되지 않는 관계로 그에 관하여는 기판력이 미치지 않기 때문이다."고 한다 (2009. 5. 28. 2008다79876).

다. 상속포기의 경우

상속인이 한정승인을 한 경우와 달리 상속포기를 하였으나 채권자가 제기한 소송의 사실심 변론종결시까지 이를 주장하지 않았다면, 상속인은 채권자의 강제집행에 대하여 청구에 관한 이의의 소를 제기할 수 없다. 상속포기는 한정승인과 달리 채무의 소멸사유이므로, 채무의 존부를 다투는 전 소송에서 주장하지 않았다면 실권효가 발생하기 때문이다.

판례도 "위와 같은 기판력에 의한 실권효 제한의 법리는 채무의 상속에 따른 책임의 제한 여부만이 문제되는 한정승인과 달리 상속에 의한 채무의 존재 자체가 문제되어 그에 관한 확정판결의 주문에 당연히 기판력이 미치게 되는 상속포기의 경우에는 적용될 수 없다."고 한다(2009. 5. 28. 2008다79876). 다만 "상속을 포기할 때는 상속포기의 의사표시만으로는 상속포기의 효력이 발생하는 것이 아니고, 가정법원에 신고를 하여 가정법원의 심판을 받아야 하며, 그 심판은 당사자가 고지 받음으로써 효력이 발생하는 것이므로, **확정판결의 변론종결일 전에 가정법원에 상속포기 신고를 하였더라도, 변론종결일 후에 상속포기 심판을 송달받았다면 그 상속포기는 청구이의소송의 이의이유에 해당한다.**"고 한다(2004. 6. 25. 2004다20401).

6. 변론종결전의 법률관계와 권리관계

확정판결의 기판력은 사실심의 변론종결 당시의 권리관계를 확정한다. 따라서 변론종결 전의 권리관계에 관하여는 기판력이 생기지 않기 때문에, 권리관계가 존재하지 않는다는 기판력 있는 판결이 확정된 경우라도 **표준시 당일까지는 권리가 존재하였음을 주장**할 수가 있다.

판례도 "기판력은 사실심 변론종결 당시의 권리관계를 확정하는 것이므로, 원고의 청구 중 **확정판결의 사실심 변론종결시 후의 이행지연으로 인한 손해배상(이자) 청구부분**은 선결문제로서 확정판결에 저촉되는 금원에 대한 피고의 지급의무의 존재를 주장하게 되어 확정판결의 기판력의 효과를 받게 되는 것이나, **그 외의 부분(변론종결 당시까지의 분)의 청구는 확정판결의 기판력의 효과를 받지 않는다.** 확정판결의 기판력에 저촉되는 부분에 대하여도 확정판결과 모순 없는 판단을 함으로써 청구를 배척(기각)하는 것은 몰라도 그것이 권리보호의 필요가 없어서 부적법하다고 하여 소를 각하할 것은 아니다."고 한다(1976. 12. 14. 76다1488).[93][94][95]

---

93) [사법연수원 민사재판실무 사례연구] 예컨대, 甲은 2009. 4. 20. 乙에게 2억 원을 이자 연 12%, 변제기 2009. 10. 20.로 정하여 대여하였음을 이유로 2010. 2. 9. 乙을 상대로 대여금 원금의 지급을 구하는 소를 제기하였다. 법원은 2010. 6. 30. 변론을 종결하고, 2010. 7. 14. 대여사실이 인정되지 아니한다는 이유로 甲의 청구를 기각하는 판결을 선고하였고, 판결은 2010. 8. 17. 확정되었다. 그 후 甲은 乙을 상대로 위와 동일한 대여금 2억 원 및 이에 대하여 대여일인 2009. 4. 20.부터 다 갚는 날까지 연 12%의 비율에 의한 이자 또는 지연손해금 지급을 구하는 소를 제기하였다. 이 경우에 甲이 제기한 후소의 청구 중 대여금 원금 2억 원 및 이에 대한 전소의 〈변론종결 다음날〉인 2010. 7. 1.부터의 지연손해금청구 부분은 전소의 기판력에 저촉되나, 대여금 원금에 대한 대여일부터 전소의 〈변론종결일〉까지의 이자 또는 지연손해금청구 부분은 기판력에 저촉되지 않는다.
94) [판례평석] 판례는 '변론종결 당시까지의 부분에 대한 청구는 확정판결의 기판력의 효과를 받지 않는 것'으로 파악하여 변론종결 당일의 이자는 기판력의 저촉을 받지 않는다고 하고 있다(정동윤·유병현·김경욱, 제8판, 800면).
95) [판례평석] 판례는 원본채권이 변론종결 당시에 부존재하였음을 이유로 청구기각 되었을 경우라도, 변론종결 전에는 그 원본채권이 존재하였음을 전제로 그 종결 전날까지 생긴 이자청구가 가능하며 기판력을 받지 않는다고 하였다. 예를 들면 패소된 원금채권청구의 변론종결일이 1992. 10. 1.이라면, 원금채권의 존재를 전제로 한 1990. 1. 1.부터 1995.

7. 정기금판결에 대한 변경의 소

> 제252조(정기금판결과 변경의 소) ① 정기금의 지급을 명한 판결이 확정된 뒤에 그 액수산정의 기초가 된 사정이 현저하게 바뀜으로써 당사자 사이의 형평을 크게 침해할 특별한 사정이 생긴 때에는 그 판결의 당사자는 장차 지급할 정기금 액수를 바꾸어 달라는 소를 제기할 수 있다.
> ② 제1항의 소는 제1심 판결법원의 전속관할로 한다.

가. 의의 및 취지

정기금판결에 대한 변경의 소란 **정기금의 지급을 명한 판결이 확정된 뒤에 액수산정의 기초가 된 사정이 현저하게 바뀜으로써 당사자 사이의 형평을 크게 침해할 특별한 사정이 생긴 때에 판결의 당사자가 장차 지급할 정기금 액수를 바꾸어 달라고 청구하는 것**을 말한다.

정기금 판결의 선고 후의 사정변경의 문제에 대하여 판례(1993. 12. 21. 92다46226)의 다수견해인 '유보된 일부청구의제이론'이나 소수견해인 '기판력의 시적 범위이론' 등은 모두 이론구성에 무리가 있고 해석론의 한계를 벗어난다는 비판이 있었다. 따라서 정기금판결에 대한 변경의 소를 도입하였다.

나. 법적 성질

변경의 소는 이미 생긴 집행권원을 변경하여 **변경의 소 제기 후에 지급기한이 도래하는 정기금의 부분에 대하여 새로운 판결을 구하는 것**이므로 소송법상 형성의 소에 속한다. 또한 변경의 소는 정기금판결을 변경하라는 것과 그 변경된 내용에 따라 이행 또는 확인판결을 해달라는 것이므로 청구의 내용에 따라서는 이행의 소나 확인의 소의 성격도 동시에 가지게 될 수 있다.

다. 소송물

1) 학설의 대립

① 정기금판결의 기판력은 장래에 발생할 것으로 예측한 사실관계에 기초한 주문에 미치는 것이고, 변경의 소는 형평의 관념에서 이에 반하는 주장을 인정하는 것이므로, 전소의 소송물과 동일하다는 견해(동일설·형평설 ; 다수설), ② 변경의 소는 새로운 청구취지와 사실관계를 주장하는 것이고, 정기금판결의 기판력의 표준시 이후에 변경된 사실에 기초하여 장래를 향하여 변경하여 달라는 것이므로, 전소의 소송물과 다르다는 견해(별개설·변경설)가 대립된다.

2) 판례의 태도

판례는 "피고들의 점유부분이 전소의 변론종결 당시와 동일하다면, **원고의 청구 중 이 사건 소제기일 전까지의 기간에 해당하는 부분은 확정판결이 있었던 전소와 소송물이 동일하여 확정판결의 기판력이 미친다**고 할 것이어서, 전소의 확정판결에서 원고가 승소한 부분(전소에서 원고의 청구가 인용된 금액에 해당하는 부분)에 해당하는 부분은 권리보호의 이익이 없고, 이를 초과하는 부분은 전소의 확정판결의 기판력에 저촉되는 것이어서 받아들일 수 없고, **원고의 청구 중 이 사건 소제기일 이후의**

---

12. 31.까지의 이자만 다시 청구한 후소 중에서, 1992. 10. 1.부터 1995. 12. 31.까지의 이자분은 기판력을 받아 청구할 수 없지만, 1990. 1. 1.부터 1992. 9. 30.까지의 이자분 청구는 가능하다고 했다(이시윤, 제15판. 645면).

기간에 해당하는 부분은 정기금 판결의 변경을 구하는 취지라고 봄이 상당하다."고 한다(2009. 12. 24. 2009다64215).96)

또한 판례는 "확정판결은 주문에 포함한 것에 대하여 기판력이 있고, 변론종결시를 기준으로 하여 이행기가 장래에 도래하는 청구권이라도 미리 청구할 필요가 있는 경우에는 장래이행의 소를 제기할 수 있으므로, 이행판결의 주문에서 변론종결 이후 기간까지 급부의무의 이행을 명한 이상 확정판결의 기판력은 주문에 포함된 기간까지의 청구권의 존부에 대하여 미치는 것이 원칙이고, 다만 **장래 이행기 도래분까지의 정기금의 지급을 명하는 판결이 확정된 경우 그 소송의 사실심 변론종결 후에 액수 산정의 기초가 된 사정이 뚜렷하게 바뀜으로써 당사자 사이의 형평을 크게 해할 특별한 사정이 생긴 때에는 전소에서 명시적인 일부청구가 있었던 것과 동일하게 평가하여 전소판결의 기판력이 차액 부분에는 미치지 않는다.**"고 한다(2011. 10. 13. 2009다102452).97)

3) 검 토

변경의 소는 정기금판결 중 액수산정의 기초가 되는 사실이 현저하게 변경되어 당사자 사이의 형평을 현저히 침해하는 경우에 기존 판결을 변경하는 것이므로, 소송물이 동일하다고 보는 다수설이 타당하다.

라. 본안판결을 하기 위한 소송요건

1) 전소의 제1심 판결법원에 제소할 것

변경의 소는 제1심 판결법원을 전속관할로 한다. 정기금판결이 상소심 판결이더라도 같다. 이는 변경의 소에서는 변경된 상황에 대한 심리가 이루어져야 하므로 편의상 제1심 법원의 전속관할로 규정한 것으로 볼 수 있다.

2) 전소 확정판결의 기판력을 받는 당사자일 것

변경의 소는 기본적으로 같은 당사자 사이에서 사정변경으로 인한 불합리를 조정하는 것이므로 정기금판결을 받은 당사자와 변경의 소의 당사자는 동일한 것이 원칙이지만, 법률관계가 제3자에게 승계되고 제3자에게 기판력이 미치는 경우에는 제3자도 변경의 소를 제기할 수 있다.

판례는 "정기금판결에 대한 변경의 소는 정기금판결의 확정 뒤에 발생한 현저한 사정변경을 이유로 확정된 정기금판결의 기판력을 예외적으로 배제하는 것을 목적으로 하므로, **확정된 정기금판결의 당사자 또는 제218조 제1항에 의하여 확정판결의 기판력이 미치는 제3자만 정기금판결에 대한 변경의 소를 제기할 수 있다.** 한편 토지 소유자가 소유권에 기하여 토지 무단 점유자를 상대로 차임 상당

---

96) [판례평석] 판례는 정기금판결에 대한 변경의 소는 그 소제기 이후의 기간에 해당하는 부분의 변경을 구하는 소로서, 전소 소송물과는 동일하지 아니한 것으로 보고 있다(김홍엽, 제10판, 900면).
97) [판례평석] 판례는 인용액과 적정액이 현저하게 차이가 나는 시점부터 정기금판결에 대한 변경의 소제기 전까지의 부분에 대해서도, 확정판결의 사실심 변론종결 뒤에 액수 산정의 기초가 된 사정이 현저하게 바뀜으로써 당사자 사이의 형평을 크게 침해할 특별한 사정이 생긴 때에는 전소에서 명시적인 일부청구가 있었던 것과 동일하게 평가하여 별개의 소송물로서 전소 확정판결의 기판력이 미치지 않는 것으로 보아 비록 정기금판결에 대한 변경의 소의 대상은 아니지만 명시적 일부청구의 나머지 청구로서 이를 인정하고 있다. 판례는 이러한 특별한 사정이 생기지 아니한 때에는 소제기 전까지의 청구 부분은 전소 소송물과 동일하여 전소 확정판결의 기판력이 미치므로, 전소 확정판결에서 원고가 승소한 부분에 해당하는 부분은 소의 이익이 없어 소를 각하해야 하고, 이를 초과하는 부분은 전소 확정판결의 기판력에 저촉되는 것이어서 청구를 기각해야 한다는 입장이다(김홍엽, 제10판, 904면).

의 부당이득반환을 구하는 소송을 제기하여 무단 점유자가 점유 토지의 인도 시까지 매월 일정 금액의 차임상당 부당이득을 반환하라는 판결이 확정된 경우, 이러한 소송의 소송물은 채권적 청구권인 부당이득반환청구권이므로, 소송의 변론종결 후에 토지의 소유권을 취득한 사람은 제218조 제1항에 의하여 확정판결의 기판력이 미치는 변론을 종결한 뒤의 승계인에 해당한다고 볼 수 없다. 따라서 **토지의 전 소유자가 제기한 부당이득반환청구소송의 변론종결 후에 토지의 소유권을 취득한 사람에 대해서는 소송에서 내려진 정기금 지급을 명하는 확정판결의 기판력이 미치지 아니하므로, 토지의 새로운 소유자가 토지의 무단 점유자를 상대로 다시 부당이득반환청구의 소를 제기하지 아니하고, 토지의 전 소유자가 앞서 제기한 부당이득반환청구소송에서 내려진 정기금판결에 대하여 변경의 소를 제기하는 것은 부적법하다.**"고 한다(2016. 6. 28. 2014다31721).

3) 전소는 정기금의 지급을 명하는 판결일 것

정기금 배상판결에 한하지 않고 정기금 방식의 판결(예컨대 부양료, 임금판결 등)도 그 소송의 대상이 되고 또한 변론종결 전에 이미 발생한 손해에 대한 정기금판결에 한정되지 않고 장래에 계속적으로 발생할 손해에 대한 정기금판결도 변경의 소의 대상이 된다.

4) 정기금의 지급을 명하는 판결이 확정되었을 것

정기금 지급을 명하는 판결이 확정되어야 하기 때문에 가집행선고가 있을 뿐인 미확정판결에는 변경의 소가 허용될 수 없다. 또한 확정되기 전에 사정변경이 생겼을 경우에는 상소제기로 원판결을 취소·변경시키면 되기 때문에 변경의 소가 허용되지 않는다.

판례는 "정기금판결에 대한 변경의 소는 **판결 확정 뒤에 발생한 사정변경**을 요건으로 하므로, 단순히 종전 확정판결의 결론이 위법·부당하다는 등의 사정을 이유로 정기금의 액수를 바꾸어 달라고 하는 것은 허용될 수 없다."고 한다(2016. 3. 10. 2015다243996).[98]

---

98) [이유] 2. 원심판결 이유 및 채택된 증거들에 의하면 다음과 같은 사실을 알 수 있다. 가. 이 사건 토지는 원고들이 합계 2/3 지분, 피고가 1/3 지분을 소유하고 있는데, 피고는 2004. 6. 4.경부터 이 사건 토지 전부를 도로로 점유하여 오고 있다. 나. 원고들은 2007년경 피고를 상대로 이 사건 토지 중 2/3 지분에 관한 차임 상당의 부당이득반환 또는 손해배상을 구하는 소송(이하 '종전 소송'이라 한다)을 제기하였다. 제1심은 2009. 6. 12. 이 사건 토지가 '도로'임을 전제로 차임을 산정하는 것이 타당하다고 하여 2/3 지분에 대한 월차임 상당액을 1,902,800원으로 인정한 뒤, 피고가 원고들에게 ① 월 1,902,800원의 비율로 산정한 2007. 10. 2.까지의 차임 상당의 부당이득을 반환하고, ② 2007. 10. 3.부터 피고의 점유종료일 또는 원고들의 소유권 상실일까지 월 1,902,800원의 부당이득금을 정기금으로 지급하라는 취지의 판결을 선고하였다. 다. 원고들은 판결에 불복하여 항소를 제기하였는데, 정기금 지급을 명한 부분에 대해서는 항소취지를 누락하였다. 항소심 법원은 2010. 9. 15. 이 사건 토지가 '대지'임을 전제로 차임을 산정하는 것이 타당하다고 하여 2/3 지분에 대한 월차임 상당액을 5,708,400원(위 1,902,800원의 3배)으로 인정한 뒤, ① 피고가 원고들에게 월 5,708,400원의 비율로 산정한 2007. 10. 2.까지의 차임 상당의 부당이득을 반환하라는 취지의 판결을 선고하였으나, ② 정기금 청구 부분에 대해서는 원고들이 항소를 제기하지 않았다는 이유로 제1심판결을 취소 또는 변경하지 않았다. 원고들과 피고 모두 항소심 판결에 불복하여 상고를 제기하였으나, 2011. 1. 27. 쌍방의 상고가 모두 기각되었다. 라. 이 사건 토지가 '대지'임을 전제로 한 2/3 지분에 대한 월차임은 이 사건 소장부본이 피고에게 송달된 2012. 11. 14. 당시 월 5,626,000원이다. 3. 이러한 사실관계를 앞서 본 법리에 비추어 살펴본다. 종전소송에서 원고들이 항소취지를 누락하지 않았다면 항소심에서 정기금 청구 부분에 대해서도 월 5,708,400원을 지급하라는 취지의 판결이 선고되었을 가능성은 있다. 그러나 그러한 사정은 종전소송 판결 확정 전의 사정에 불과한 것이고, 판결 확정 이후의 사정이라고는 볼 수 없다. 또한 이 사건에서 판결 확정 뒤에 '그 액수산정의 기초가 된 사정이 현저하게 바뀜으로써 당사자 사이의 형평을 크게 침해할 특별한 사정'이 있다고 보이지도 않는다. 그런데도 원심은 판시와 같은 이유만으로 이와 달리 판단하여 정기금판결 부분의 변경을 구하는 원고들의 이 사건 주위적 청구를 일부 인용하고 말았으니, 원심판단에는 정기금판결 변경의 소에 관한 법리를 오해하여 판결에 영향을 미친 잘못이 있다.

5) 일반적인 소송요건을 갖출 것

정기금판결의 강제집행이 끝난 뒤에는 권리보호 이익이 없으며, 또한 당사자능력·중복된 소제기의 금지·기판력 등 일반적 소송요건을 갖추어야 한다.

마. 본안요건(변경청구권)

변경의 소에서 원고가 인용판결을 받으려면 변경청구권이 있어야 하고, 변경청구권이 인정되기 위해서는 현저한 사정변경이 있어야 한다. 현저한 사정변경이란 당사자의 형평을 해치고 정의에 어긋나는 것을 말한다. 또한 현저한 사정변경은 '판결이 확정된 뒤'라고 규정되어 있으나, **기판력의 표준시와 관련하여 판결의 변론종결 뒤로 해석하는 것이 타당**하다. 즉 정기금판결의 변론을 종결한 뒤에 생긴 사정변경이 있어야 한다. 한편 현저한 사정변경에 대한 증명책임은 사정변경이 있음을 주장하는 원고에게 있다.

판례는 "토지의 인도시까지 정기금의 지급을 명하는 판결이 확정된 뒤에 판결의 변경을 구하는 취지의 소가 제기된 사안에서, **전소의 변론종결일 후 후소의 원심변론종결 당시까지 점유토지의 공시지가가 2.2배 상승하고 ㎡당 연임료가 약 2.9배 상승한 것**만으로는, 전소의 확정판결 후에 액수 산정의 기초가 된 사정이 현저하게 바뀜으로써 당사자 사이의 형평을 크게 침해할 특별한 사정이 생겼다고 할 수 없으므로, 정기금의 증액 지급을 구할 수 없다."고 한다(2009. 12. 24. 2009다64215).

바. 재판과 집행정지

> 제500조 (재심 또는 상소의 추후보완신청으로 말미암은 집행정지) ① 재심 또는 제173조에 따른 상소의 추후보완신청이 있는 경우에 불복하는 이유로 내세운 사유가 법률상 정당한 이유가 있다고 인정되고, 사실에 대한 소명이 있는 때에는 법원은 당사자의 신청에 따라 담보를 제공하게 하거나 담보를 제공하지 아니하게 하고 강제집행을 일시정지하도록 명할 수 있으며, 담보를 제공하게 하고 강제집행을 실시하도록 명하거나 실시한 강제처분을 취소하도록 명할 수 있다.
> ② 담보없이 하는 강제집행의 정지는 그 집행으로 말미암아 보상할 수 없는 손해가 생기는 것을 소명한 때에만 한다.
> ③ 제1항 및 제2항의 재판은 변론없이 할 수 있으며, 이 재판에 대하여는 불복할 수 없다.
> ④ 상소의 추후보완신청의 경우에 소송기록이 원심법원에 있으면 그 법원이 제1항 및 제2항의 재판을 한다.
>
> 제501조(상소제기 또는 변경의 소제기로 말미암은 집행정지) 가집행의 선고가 붙은 판결에 대하여 상소를 한 경우 또는 정기금의 지급을 명한 확정판결에 대하여 제252조 제1항의 규정에 따른 소를 제기한 경우에는 제500조의 규정을 준용한다.

법원이 심리한 결과 현저한 사정변경이 인정되지 않으면 원고의 청구를 기각한다. 현저한 사정변경이 인정되어 원고의 청구를 인용하는 경우에는 전소 확정판결을 감액 또는 증액하는 변경판결을 한다. 또한 <u>소제기 시점을 기점으로 하여 장차 지급할 정기금 액수만이 변경판결의 대상</u>이 되므로 소급적으로 증감된 정기금의 지급을 명할 수는 없다.

한편 변경의 소를 제기한다고 하여 정기금판결의 집행력에 기한 강제집행이 정지되는 것은 아니다. 따라서 정기금판결의 집행정지를 위하여 재심·추후보완상소로 인한 집행정지의 규정(제500조)을 준용하고 있다(제501조).

♦ 제5관 **판결의 무효와 판결의 편취**

Ⅰ. 판결의 부존재

　판결의 부존재(비판결)란 법관이 아닌 자가 한 판결, 선고되지 않은 판결, 선고조서가 없는 판결, 선고조서에 기명날인이 없는 판결 등과 같이, **판결로서 성립하기 위하여 갖추어야 할 요건을 갖추지 아니하여 법원에 의하여 판결이 선고되었다고 볼 수 없어 판결로서의 존재 자체를 인정할 수 없는 경우**를 말한다. 판결의 부존재의 경우에는 판결의 효력이 전혀 발생하지 않으므로 사건은 당해 심급에 남아 있다. 따라서 당사자는 기일지정신청을 하여 재판절차를 진행하도록 할 수 있다.

　판례는 "경매법원이 경락허가결정을 하는 경우에는 선고를 하여야 하는 것인바 경매법원이 부동산에 관하여 경락허가결정을 하였더라도 **선고조서가 없는 경우에는 경락허가결정의 선고는 없었다고 볼 것이고, 선고되지 아니하여 효력이 발생하지 아니한 경락허가결정에 대한 항고는 부적합하다.**"고 한다(1967. 11. 17. 67마914).

Ⅱ. 판결의 무효

1. 의의 및 종류

　판결로서의 외관은 갖추고 있으나 내용에 중대한 흠이 있어서 내용상 효력이 발생하지 않는 판결을 당연무효의 판결이라고 한다. 무효의 판결에는 ㉠ 재판권이 없는 자에 대한 판결, ㉡ 존재하지 않거나 이미 사망한 자를 당사자로 한 판결, ㉢ 대세효가 인정되는 판결에서 당사자적격이 없는 자에 대한 판결[99], ㉣ 판결주문이 불명확하고 경정도 할 수 없어서 기판력의 범위를 정할 수 없는 판결, ㉤ 이미 이혼한 당사자에 대한 이혼판결과 같이 불가능한 사항을 명하는 판결, ㉥ 판결주문이 공서양속이나 국내법이 인정하지 않는 법률효과를 긍정한 판결, ㉦ 소제기가 없음에도 선고된 판결, ㉧ 소취하 이후에 이를 간과한 판결 등이 있다.

　판례도 "**이혼심판청구인의 사망사실을 간과한 채 이 사건 항소가 불변기간인 항소기간 도과후에 제기된 부적법한 것이라 하여 항소를 각하한 원심판결은 당연무효**이나, 민사소송은 두 당사자의 대립을 본질적 형태로 하는 것이므로 사망한 자를 상대로 상고를 제기할 수 없고 피청구인이 이미 사망한 청구인을 상대로 하여 한 상고는 부적법하고 흠결이 보정될 수 없는 것이어서 각하할 것이다."고 하고(1982. 10. 12. 81므53), "가압류신청이 사망자를 상대로 한 것이면 사망자 명의의 가압류결정은 무효이다."고 한다(1982. 10. 26. 82다카884).

　그러나 "판결서의 문자정정, 삽입 또는 삭제한 곳에 법관의 도장을 찍지 않았다 하여 그 판결을 무효라 할 수 없다."고 한다(1962. 11. 1. 62다567).

---

99) [판례평석] 단순히 당사자적격이 없는 자가 받은 판결 전부가 무효의 판결이라고 설명한 교과서도 있으나, 단순한 당사자적격 흠결은 이를 간과했다고 당연무효라고 할 수는 없다. 가령 재단법인(사찰)의 주지 지위확인소송에서 피고적격은 재단에만 있고 주지 개인에게는 없다고 하지만(2006다65774), 그렇다고 개인 상대로 받은 판결이 당연무효는 아니다. 또한 2005다10470은 선정당사자 자격요건을 갖추지 못한 사람이 피고 선정당사자로 선정되어 내려진 판결에는 재심사유가 없는 것이라고 판단함으로써 그 판결이 유효임을 전제로 하였다(전원열, 제3판, 559면).

2. 무효인 판결의 효력

가. 학설의 대립

① 상소와 재심이 모두 허용된다는 견해, ② 상소와 재심이 모두 허용되지 않는다는 견해, ③ 상소는 허용되지만 재심은 허용되지 않는다는 견해가 대립된다.

나. 판례의 태도

(ⅰ) 판례는 원칙적으로 무효인 판결에 대한 상소·재심은 불가능하다는 입장이다. 즉 "당사자가 소제기 이전에 이미 사망하여 주민등록이 말소된 사실을 간과한 채 본안 판단에 나아간 원심판결은 당연무효이나, 민사소송이 당사자의 대립을 본질적 형태로 하는 것임에 비추어 사망한 자를 상대로 한 상고는 허용될 수 없다 할 것이므로, **이미 사망한 자를 상대방으로 하여 제기한 상고는 부적법하다.**"고 하고(2000. 10. 27. 2000다33775), "재심의 소는 종국판결의 확정력을 제거함을 목적으로 하는 것으로 확정된 판결에 대하여서만 제기할 수 있는 것이므로, **소송수계 또는 당사자표시정정 등 절차를 밟지 아니하고 사망한 사람을 당사자로 하여 선고된 판결은 당연 무효로서 확정력이 없어 이에 대한 재심의 소는 부적법하다.**"고 한다(1994. 12. 9. 94다16564).

(ⅱ) 다만 판례는 "이미 사망한 자를 채무자로 한 처분금지가처분신청은 부적법하고 그 신청에 따른 처분금지가처분결정이 있었다고 하여도 결정은 당연무효로서 효력이 상속인에게 미치지 않는다고 할 것이므로, **채무자의 상속인은 일반승계인으로서 무효인 가처분결정에 의하여 생긴 외관을 제거하기 위한 방편으로 가처분결정에 대한 이의신청으로써 취소를 구할 수 있다.**"고 한다(2002. 4. 26. 2000다30578). 또한 "원고가 소장 접수 전 사망하였음이 명백하여 소가 사망한 자의 명의로 제기된 부적법한 것으로서 각하되어야 함에도 이를 간과한 원심판결을 파기함과 동시에 **제1심판결을 취소하고 소를 각하**한 사례"가 있다(1994. 6. 28. 94다17048).[100]

다. 검토

무효인 판결은 원칙적으로 상소가 허용되지 않지만, 예외적으로 이로 인하여 생길 등기와 같은 외관을 제거하기 위한 상소는 허용된다고 보아야 한다. 그러나 무효인 판결은 확정되더라도 기판력이 발생하는 것은 아니므로 재심의 소는 허용되지 않는다고 보아야 한다.

Ⅲ. 판결의 편취

1. 서 설

가. 의의 및 유형

당사자가 상대방이나 법원을 기망하여 부당한 내용의 판결을 받는 경우, 또는 당사자 쌍방이 통모하여 허위의 진술로 판결을 받는 경우를 판결의 편취라 하고, 이렇게 취득한 판결을 사위판결·편취판결이라 한다.

---

100) **[판례평석]** 소제기 전에 원고가 사망하여 판결이 무효인 사안이었는데, 대법원은 - 상고를 각하한 것이 아니라 - 제1, 2심판결을 각 파기 및 취소하고 소를 각하하였다. 이는 무효인 판결이 상소의 대상임을 전제한 판결이라고 해석될 수 있다(전원열, 제3판, 559면).

판결의 편취의 유형으로는 (ⅰ) 성명모용판결, (ⅱ) 소취하의 합의를 하고서도 소를 취하함이 없이 피고의 출석기회를 박탈한 상태에서 승소판결을 받는 경우, (ⅲ) 원고가 증거를 위조하여 유리한 판결을 얻는 경우, (ⅳ) 피고의 주소를 알면서도 소재불명으로 법원을 기망하여 공시송달명령을 받아 피고가 모르는 사이에 승소판결을 받는 경우, (ⅴ) 피고의 주소를 알면서도 허위주소를 적어 그 주소에 소장부본을 송달케 하여 원고와 통모한 제3자가 송달을 받게 하고 피고 자신이 송달받고도 답변서를 제출하지 아니한 것처럼 법원을 기망하여 자백간주로 승소판결을 받는 경우 등이 있다.

나. 문제점

편취된 판결은 재판권과 판결의 주체에 하자가 없을 뿐 아니라 판결의 형식과 내용에 있어 완전하다는 점에서 비판결이나 무효인 판결과는 구별된다. 그런데 법원이나 상대방을 기망하여 받은 판결은 부당하기 때문에 그에 대한 구제책이 문제된다. (ⅰ) 소송법상으로는 상소의 추후보완·재심에 의할 수 있는지, 또는 항소할 수 있는지 등이 문제된다. (ⅱ) 실체법상으로는 불법행위에 기한 손해배상청구권 또는 부당이득반환청구권이 인정되는지가 문제된다. (ⅲ) 집행법상으로는 청구이의의 소를 제기할 수 있는지가 문제된다.

2. 소송법상 구제수단

가. 편취판결의 효력

편취판결의 효력에 대하여 ① 피고가 재판받을 권리를 보장받지 못한 경우이므로 편취판결은 무효라는 견해가 있지만, ② 기판력의 제도적 취지가 법적 안정성이라는 점을 고려하고, (ⅳ)의 경우에 민사소송법상 당연 무효가 아님을 전제로 하여 재심사유로 규정하고 있고, 편취판결은 무효인 판결과는 구별되는 것이므로 **편취판결이라도 유효라는 견해**가 타당하다.

나. 유형별 검토

1) (ⅰ)·(ⅱ)·(ⅲ)·(ⅳ)의 경우

이 경우에는 상소의 추후보완이나 재심에 의하여 구제받을 수 있다. 재심사유에 있어서는 (ⅰ)·(ⅱ)는 제451조 제1항 제3호의 대리권 흠결 사유에 준해서, (ⅲ)은 제451조 제1항 제5호 내지 제7호에 기하여, (ⅳ)는 제451조 제1항 제11호에 해당하여 재심이 가능하다.

판례는 "제1심 판결정본이 **공시송달의 방법에 의하여 피고에게 송달되었다면** 비록 피고의 주소가 허위이거나 요건에 미비가 있다 할지라도 **송달은 유효한 것**이므로, 항소기간의 도과로 판결은 형식적으로 확정되어 기판력이 발생한다. 이 경우에 피고는 **항소기간 내에 항소를 제기할 수 없었던 것이 자신이 책임질 수 없었던 사유로 인한 것임을 주장하여 그 사유가 없어진 후로부터 2주일**(피고가 외국에 있을 때는 30일) **내에 추완항소를 제기**할 수 있으며, 그 사유가 없어진 때라 함은 피고가 사건기록의 열람을 하는 등의 방법으로 제1심판결 정본이 공시송달의 방법으로 송달된 사실을 안 때를 의미한다."고 한다(1994. 10. 21. 94다27922).

또한 "당사자가 상대방의 주소 또는 거소를 알고 있었음에도 소재불명 또는 허위의 주소나 거소로 하여 소를 제기한 탓으로 **공시송달의 방법에 의하여 판결(심판)정본의 송달된 때에는 제451조 제1항 제11에 의하여 재심을 제기할 수 있음은 물론이나 또한 제173조에 의한 소송행위 추완에 의하여도 상소를 제기할 수 있다.**"고 한다(1985. 8. 20. 85므21).

2) (ⅴ)의 경우

가) 학설의 대립

① **상소추후보완·재심설**은 제451조 제1항 제11호에 해당한다는 점을 논거로 하여 상소추후보완이나 재심으로 구제하여야 한다는 입장이다. ② **항소설**은 판결정본이 허위주소로 송달되어 그 송달이 무효이고 아직 판결정본이 피고에게 송달되지 않은 상태이므로, 항소기간이 아직 진행되지 않아 미확정의 판결이라고 보아 피고는 어느 때나 항소를 제기할 수 있다고 한다. ③ **재심·항소병용설**은 기록상으로는 판결이 확정된 듯한 외관을 갖추고 있으므로 재심이 가능하고, 실질적으로는 피고에 대하여 판결문의 송달이 없어서 판결이 확정되지 않았으므로 항소에 의한 구제도 가능하다는 견해이다.

나) 판례의 태도 : 항소설

판례는 "제소자가 상대방의 주소를 허위로 기재하여 소송서류 및 판결정본을 그 곳으로 송달케 한 **사위판결은 판결정본이 상대방에게 적법하게 송달되었다고 할 수 없으므로, 상소제기 기간은 진행할 수 없는 것이어서 형식적으로 확정될 수 없고 실질적으로 기판력도 발생할 수 없는 것이므로**, 이에 의하여 경료된 소유권이전등기는 실체적 권리관계에 부합되지 않는 한 말소되어야 한다. 위의 경우에 **상대방은 사위판결에 대하여 상소를 할 수도 있고 별소로써 위 판결에 의하여 경료된 소유권이전등기의 말소를 구할 수도 있다**."고 한다(1981. 3. 24. 80다2220).[101]

다) 검토

판결정본의 송달이 송달받을 사람에게 송달되지 아니하였다면 그 송달은 무효로서 항소기간이 진행되지 아니하여 판결은 확정되지 않으므로 판례의 입장인 항소설이 타당하다.

3. 실체법상 구제수단

가. 문제점

편취된 판결에 의한 강제집행 등으로 손해가 생긴 경우에 재심에 의해 판결을 취소함이 없이 직접 불법행위로 인한 손해배상청구 또는 부당이득반환청구가 가능한지가 문제된다. 즉 (ⅰ) 상대방의 손해는 유효한 판결에 의해 생긴 것이므로 재심에 의해 판결을 취소함이 없이 불법행위로 인한 손해배상을 청구할 수 있는지가 문제되고, (ⅱ) 판결을 편취한 자의 이득은 유효한 판결에 의한 것이어서 부당이득이 아니기 때문에 재심으로 판결을 취소하고 부당이득을 청구해야 하는지가 문제된다.

나. 불법행위로 인한 손해배상청구

1) 학설의 대립

① **재심필요설**은 판결이 당연무효가 아니기 때문에 기판력 제도와의 관계상 재심의 소에 의한 취

---

101) [판례평석] 이러한 판결이 유효하다는 것은 소장부본·기일통지서 등의 송달이 유효임을 전제로 할 때 가능한데, 판례가 판결정본의 송달과 소장부본 그 밖의 소송서류의 송달을 구별하여 판결정본의 송달만을 무효로 보는 것은 논리의 일관성을 결하는 것이라 아니할 수 없으나(이 점을 강조하여 결국 사위판결을 유효라고 보고 나아가 제451조 제1항 제11호의 명문규정이 있는 이상 그에 대한 구제도 실정법에 따라 재심의 소 방법에 의해야 한다는 견해로는 김능환, "판결의 하자와 그 구제에 관한 몇 가지 문제", 사법행정 7권 4호(1976. 4.), 63쪽 이하), 이러한 판결 자체가 유효한지의 문제를 일단 접어두는 전제에서 판결정본이 송달받을 사람에게 송달되지 아니하였다면 그 송달은 무효로서 항소기간이 진행되지 아니하여 판결은 확정되지 않으므로 결과적으로 판례가 취하는 항소설이 타당하다(김홍엽, 제10판, 953면).

소가 선결적이라고 한다. 다만 재심의 소를 제기하면서 이에 관련청구로 병합하면 두 번 연속하여 소송하는 번거로움과 비경제는 극복될 수 있다고 한다. ② **재심불요설**은 재심사유가 없거나 재심제기기간의 도과로 재심에 의한 구제가 불가능한 경우가 많고, 명백히 잘못된 것을 바로잡기 위하여 두 번의 소송을 강요하는 것은 불합리하므로 실체적 정의를 위하여 재심이 필요 없다고 한다. ③ **제한적 재심불요설**은 확정판결에 기한 강제집행이 불법행위로 되는 것은 당사자의 절차적 기본권이 근본적으로 침해된 상태에서 판결이 선고되었거나 확정판결에 재심사유가 존재하는 등 확정판결의 효력을 존중하는 것이 정의에 반함이 명백하여 묵과할 수 없는 경우로 한정된다는 견해이다.

2) 판례의 태도 : 제한적 재심불요설

판례는 "판결이 확정되면 기판력에 의하여 청구권의 존재가 확정되고 그 내용에 따라 집행력이 발생하므로, 그에 따른 집행이 불법행위를 구성하기 위하여는 **소송당사자가 상대방의 권리를 해할 의사로 상대방의 소송 관여를 방해하거나 허위의 주장으로 법원을 기망하는 등 부정한 방법으로 실체의 권리관계와 다른 내용의 확정판결을 취득하여 집행을 하는 것과 같은 특별한 사정**이 있어야 하고, 그와 같은 사정이 없이 확정판결의 내용이 단순히 실체적 권리관계에 배치되어 부당하고 또한 확정판결에 기한 집행채권자가 이를 알고 있었다는 것만으로는 집행행위가 불법행위를 구성한다고 할 수 없으며, 편취된 판결에 기한 강제집행이 불법행위로 되는 경우가 있더라도 당사자의 법적 안정성을 위해 확정판결에 기판력을 인정한 취지나 확정판결의 효력을 배제하기 위하여는 확정판결에 재심사유가 존재하는 경우에 재심의 소에 의하여 취소를 구하는 것이 원칙적인 방법인 점에 비추어 볼 때 불법행위의 성립을 쉽게 인정하여서는 아니되고, **확정판결에 기한 강제집행이 불법행위로 되는 것은 당사자의 절차적 기본권이 근본적으로 침해된 상태에서 판결이 선고되었거나 확정판결에 재심사유가 존재하는 등 확정판결의 효력을 존중하는 것이 정의에 반함이 명백하여 이를 묵과할 수 없는 경우로 한정하여야 하지만, 확정판결에 의한 권리라도 신의에 좇아 성실히 행사되어야 하고 그 판결에 기한 집행이 권리남용이 되는 경우에는 허용되지 않으므로 집행피고는 청구이의의 소에 의하여 집행의 배제**를 구할 수 있는바, 확정판결의 내용이 실체적 권리관계에 배치되는 경우 그 판결에 의하여 집행할 수 있는 것으로 확정된 권리의 성질과 내용, 판결의 성립 경위 및 판결 성립 후 집행에 이르기까지의 사정, 집행이 당사자에게 미치는 영향 등 제반 사정을 종합하여 볼 때, **확정판결에 기한 집행이 현저히 부당하고 상대방으로 하여금 집행을 수인하도록 하는 것이 정의에 반함이 명백하여 사회생활상 용인할 수 없다고 인정되는 경우에는 그 집행은 권리남용으로서 허용되지 않는다.**"고 한다(2007. 5. 31. 2006다85662).

또한 "**당사자가 단순히 실체적 권리관계에 반하는 허위주장을 하거나, 자신에게 유리한 증거를 제출하고 불리한 증거는 제출하지 아니하거나, 제출된 증거의 내용을 자기에게 유리하게 해석하는 등의 행위만으로는 확정판결의 위법한 편취에 해당하는 불법행위가 성립한다고 단정할 수 없다.**"고 하고(2010. 2. 11. 2009다82046), "확정판결의 내용이 실체적 권리관계에 배치될 여지가 있다는 사유만으로는 그 판결금 채권에 기초한 강제집행이나 권리행사가 당연히 권리남용에 해당한다고 보기 어렵다."고 하여(2014. 5. 29. 2013다82043), 제한적 재심불요설의 입장이다.

3) 검 토

법관이 자유심증에 의하여 확정한 모든 사실관계에 대하여 재심의 소에 의하지 않고 불법행위의 성립을 인정한다면 법적 안정성이 훼손될 수 있기 때문에 판례의 입장인 제한적 재심불요설이 타당하다.

다. 부당이득반환청구

1) 학설의 대립

① **재심필요설**은 손해배상청구와 달리 부당이득반환청구를 허용하는 것은 전소판결과 직접적으로 모순관계를 초래한다고 하여 재심으로 취소한 후에 부당이득반환청구가 가능하다고 한다. 다만 두 번 연속하여 소송하는 번거로움과 비경제는 극복하기 위해서는 재심의 소를 제기하면서 부당이득반환청구를 병합하여 제기하는 것을 허용하여야 한다고 한다. ② **절차기본권 침해설**은 손해배상청구의 경우와 같이 확정판결의 편취가 당사자의 절차기본권을 침해하여 이루어짐으로써 당연무효인 경우에는 재심에 의한 취소 없이 당연히 부당이득반환청구도 허용되어야 하며, 그 밖의 경우에는 손해배상청구의 경우와 동일하게 해석한다.

2) 판례의 태도 : 재심필요설

판례는 "대여금 중 일부를 변제받고도 이를 속이고 대여금 전액에 대하여 소송을 제기하여 승소 확정판결을 받은 후 강제집행에 의하여 금원을 수령한 채권자에 대하여, 채무자가 일부 변제금 상당액은 법률상 원인 없는 이득으로서 반환되어야 한다고 주장하면서 부당이득반환 청구를 하는 경우, 변제주장은 대여금반환청구소송의 확정판결 전의 사유로서 판결이 재심의 소 등으로 취소되지 아니하는 한 판결의 기판력에 저촉되어 이를 주장할 수 없으므로, **확정판결의 강제집행으로 교부받은 금원을 법률상 원인 없는 이득이라고 할 수 없다.**"고 한다(1995. 6. 29. 94다41430).

또한 "소송당사자가 허위 주장으로 법원을 기망하고 상대방의 권리를 해할 의사로 상대방의 소송관여를 방해하는 등 부정한 방법으로 실체의 권리관계와 다른 내용의 확정판결을 취득하여 판결에 기하여 강제집행을 하는 것은 정의에 반하고 사회생활상 용인될 수 없는 것이어서 권리남용에 해당한다고 할 것이지만, **확정판결에 대한 재심의 소가 각하되어 확정되는 등으로 확정판결이 취소되지 아니한 이상 확정판결에 기한 강제집행으로 취득한 채권을 법률상 원인 없는 이득이라고 하여 반환을 구하는 것은 확정판결의 기판력에 저촉되어 허용될 수 없다.**"고 하여(2001. 11. 13. 99다32905), 재심필요설의 입장이다.

3) 검 토

편취판결이 유효인 이상 재심에 의하여 판결이 취소되지 않는 이상 확정판결의 강제집행으로 교부받은 금원은 법률상 원인이 있는 이득이기 때문에 부당이득이 되지 아니하므로 부당이득반환청구를 하기 위해서는 재심을 제기하여 편취판결을 취소하는 것이 필요하다. 따라서 판례의 입장이 타당하다.

4. 청구에 관한 이의의 소의 가능성

가. 문제점

편취판결에 의하여 집행할 때 채무자가 청구에 관한 이의의 소(민사집행법 제44조)로서 집행을 저지할 수 있는지가 문제된다. 즉 청구에 관한 이의의 소는 그 판결이 전소확정판결의 기판력에 저촉되지 않도록 하기 위해서 전소 확정판결의 사실심 변론종결 이후에 이의 사유가 생긴 경우에 한하여 제기할 수 있는데, 판결의 편취는 전소 확정판결의 변론종결 이전에 있었던 것이어서 청구에 관한 이의의 소로 배제할 수 있는지가 문제된다.

나. 판례의 태도

판례는 강제집행이 권리남용이 된다면 이는 집행권원이 된 확정판결의 사실심 변론종결시 이후의 사유가 되므로, 청구에 관한 이의의 소의 사유가 된다는 입장이다. 즉 "**확정판결에 의한 권리라도 신의에 좇아 성실히 행사되어야 하고 판결에 기한 집행이 권리남용이 되는 경우에는 허용되지 않으므로 집행채무자는 청구이의의 소에 의하여 집행의 배제를 구할 수 있다.** 확정판결의 내용이 실체적 권리관계에 배치되는 경우 판결에 의하여 집행할 수 있는 것으로 확정된 권리의 성질과 내용, 판결의 성립 경위 및 판결 성립 후 집행에 이르기까지의 사정, 집행이 당사자에게 미치는 영향 등 제반 사정을 종합하여 볼 때, **확정판결에 기한 집행이 현저히 부당하고 상대방으로 하여금 집행을 수인하도록 하는 것이 정의에 반함이 명백하여 사회생활상 용인할 수 없다고 인정되는 경우**에 그 집행은 권리남용으로서 허용되지 않는다."고 한다(1997. 9. 12. 96다4862).

또한 "민사집행법 제44조에서 청구에 관한 이의의 소를 규정한 것은 부당한 강제집행이 행하여지지 않도록 하려는 데 있다 할 것이므로, 판결에 의하여 확정된 청구가 판결의 변론종결 후에 변경·소멸된 경우뿐만 아니라 **판결을 집행하는 자체가 불법한 경우에는 그 불법은 판결에 의하여 강제집행에 착수함으로써 외부에 나타나 비로소 이의의 원인이 된다고 보아야 하기 때문에 이 경우에도 이의의 소를 허용함이 상당하다.**"고 한다(2006. 7. 6. 2004다17436).

또한 "확정판결의 내용이 실체적 권리관계에 배치된다는 점은 확정판결에 기한 집행이 권리남용이라고 주장하며 집행 불허를 구하는 원고가 주장·증명하여야 한다."고 하고(2017. 9. 21. 2017다232105), "확정판결에 기한 집행이 권리남용에 해당하여 청구이의의 소에 의하여 집행의 배제를 구할 수 있는 정도의 경우라면 그러한 판결금 채권에 기초한 다른 권리의 행사, 예를 들어 **판결금 채권을 피보전채권으로 하여 채권자취소권을 행사하는 것 등도 허용될 수 없다.**"고 한다(2014. 2. 21. 2013다75717).

다. 검토

당사자의 절차적 기본권을 침해한 판결을 집행권원으로 하는 강제집행은 권리남용이 된다고 보아야 하기 때문에, 이를 확정판결의 사실심 변론종결 뒤에 생긴 사유로 보아서 청구이의의 소를 허용하는 판례가 타당하다.

◆ **제6관 종국판결의 부수적 재판**

Ⅰ. 소송비용의 재판

> 제98조(소송비용부담의 원칙) 소송비용은 패소한 당사자가 부담한다.
>
> 제99조(원칙에 대한 예외) 법원은 사정에 따라 승소한 당사자로 하여금 그 권리를 늘리거나 지키는 데 필요하지 아니한 행위로 말미암은 소송비용 또는 상대방의 권리를 늘리거나 지키는 데 필요한 행위로 말미암은 소송비용의 전부나 일부를 부담하게 할 수 있다.
>
> 제100조(원칙에 대한 예외) 당사자가 적당한 시기에 공격이나 방어의 방법을 제출하지 아니하였거나, 기일이나 기간의 준수를 게을리 하였거나, 그 밖에 당사자가 책임져야 할 사유로 소송이 지연된 때에는 법원은 지연됨으로 말미암은 소송비용의 전부나 일부를 승소한 당사자에게 부담하게 할 수 있다.

제101조(일부패소의 경우) 일부패소의 경우에 당사자들이 부담할 소송비용은 법원이 정한다. 다만, 사정에 따라 한 쪽 당사자에게 소송비용의 전부를 부담하게 할 수 있다.

제102조(공동소송의 경우) ① 공동소송인은 소송비용을 균등하게 부담한다. 다만, 법원은 사정에 따라 공동소송인에게 소송비용을 연대하여 부담하게 하거나 다른 방법으로 부담하게 할 수 있다.
② 제1항의 규정에 불구하고 법원은 권리를 늘리거나 지키는 데 필요하지 아니한 행위로 생긴 소송비용은 그 행위를 한 당사자에게 부담하게 할 수 있다.

제103조(참가소송의 경우) 참가소송비용에 대한 참가인과 상대방 사이의 부담과, 참가이의신청의 소송비용에 대한 참가인과 이의신청 당사자 사이의 부담에 대하여는 제98조 내지 제102조의 규정을 준용한다.

제104조(각 심급의 소송비용의 재판) 법원은 사건을 완결하는 재판에서 직권으로 그 심급의 소송비용 전부에 대하여 재판하여야 한다. 다만, 사정에 따라 사건의 일부나 중간의 다툼에 관한 재판에서 그 비용에 대한 재판을 할 수 있다.

제105조(소송의 총비용에 대한 재판) 상급법원이 본안의 재판을 바꾸는 경우 또는 사건을 환송받거나 이송받은 법원이 그 사건을 완결하는 재판을 하는 경우에는 소송의 총비용에 대하여 재판하여야 한다.

제106조(화해한 경우의 비용부담) 당사자가 법원에서 화해한 경우(제231조의 경우를 포함한다) 화해비용과 소송비용의 부담에 대하여 특별히 정한 바가 없으면 그 비용은 당사자들이 각자 부담한다.

제107조(제3자의 비용상환) ① 법정대리인·소송대리인·법원사무관 등이나 집행관이 고의 또는 중대한 과실로 쓸데없는 비용을 지급하게 한 경우에는 수소법원은 직권으로 또는 당사자의 신청에 따라 그에게 비용을 갚도록 명할 수 있다.
② 법정대리인 또는 소송대리인으로서 소송행위를 한 사람이 그 대리권 또는 소송행위에 필요한 권한을 받았음을 증명하지 못하거나, 추인을 받지 못한 경우에 그 소송행위로 말미암아 발생한 소송비용에 대하여는 제1항의 규정을 준용한다.
③ 제1항 및 제2항의 결정에 대하여는 즉시항고를 할 수 있다.

제108조(무권대리인의 비용부담) 제107조 제2항의 경우에 소가 각하된 경우에는 소송비용은 그 소송행위를 한 대리인이 부담한다.

제109조(변호사의 보수와 소송비용) ① 소송을 대리한 변호사에게 당사자가 지급하였거나 지급할 보수는 대법원규칙이 정하는 금액의 범위안에서 소송비용으로 인정한다.
② 제1항의 소송비용을 계산할 때에는 여러 변호사가 소송을 대리하였더라도 한 변호사가 대리한 것으로 본다.

제110조(소송비용액의 확정결정) ① 소송비용의 부담을 정하는 재판에서 그 액수가 정하여지지 아니한 경우에 제1심 법원은 그 재판이 확정되거나, 소송비용부담의 재판이 집행력을 갖게된 후에 당사자의 신청을 받아 결정으로 그 소송비용액을 확정한다.
② 제1항의 확정결정을 신청할 때에는 비용계산서, 그 등본과 비용액을 소명하는 데 필요한 서면을 제출하여야 한다.
③ 제1항의 결정에 대하여는 즉시항고를 할 수 있다.

제111조(상대방에 대한 최고) ① 법원은 소송비용액을 결정하기 전에 상대방에게 비용계산서의 등본을 교부하고, 이에 대한 진술을 할 것과 일정한 기간 이내에 비용계산서와 비용액을 소명하는 데 필요한 서면을 제출할 것을 최고하여야 한다.
② 상대방이 제1항의 서면을 기간 이내에 제출하지 아니한 때에는 법원은 신청인의 비용에 대하여서만 결정할 수 있다. 다만, 상대방도 제110조 제1항의 확정결정을 신청할 수 있다.

제112조(부담비용의 상계) 법원이 소송비용을 결정하는 경우에 당사자들이 부담할 비용은 대등한 금액에서 상계된 것으로 본다. 다만, 제111조 제2항의 경우에는 그러하지 아니하다.

제113조(화해한 경우의 비용액 확정) ① 제106조의 경우에 당사자가 소송비용부담의 원칙만을 정하고 그 액수를 정하지 아니한 때에는 법원은 당사자의 신청에 따라 결정으로 그 액수를 정하여야 한다.
② 제1항의 경우에는 제110조 제2항·제3항, 제111조 및 제112조의 규정을 준용한다.

제114조(소송이 재판에 의하지 아니하고 끝난 경우) ① 제113조의 경우 외에 소송이 재판에 의하지 아니하고 끝나거나 참가 또는 이에 대한 이의신청이 취하된 경우에는 법원은 당사자의 신청에 따라 결정으로 소송비용의 액수를 정하고, 이를 부담하도록 명하여야 한다.
② 제1항의 경우에는 제98조 내지 제103조, 제110조 제2항·제3항, 제111조 및 제112조의 규정을 준용한다.

제115조(법원사무관등에 의한 계산) 제110조 제1항의 신청이 있는 때에는 법원은 법원사무관등에게 소송비용액을 계산하게 하여야 한다.

제116조(비용의 예납) ① 비용을 필요로 하는 소송행위에 대하여 법원은 당사자에게 그 비용을 미리 내게 할 수 있다.
② 비용을 미리 내지 아니하는 때에는 법원은 그 소송행위를 하지 아니할 수 있다.

제117조(담보제공의무) ① 원고가 대한민국에 주소·사무소와 영업소를 두지 아니한 때 또는 소장·준비서면, 그 밖의 소송기록에 의하여 청구가 이유 없음이 명백한 때 등 소송비용에 대한 담보제공이 필요하다고 판단되는 경우에 피고의 신청이 있으면 법원은 원고에게 소송비용에 대한 담보를 제공하도록 명하여야 한다. 담보가 부족한 경우에도 또한 같다.
② 제1항의 경우에 법원은 직권으로 원고에게 소송비용에 대한 담보를 제공하도록 명할 수 있다.
③ 청구의 일부에 대하여 다툼이 없는 경우에는 그 액수가 담보로 충분하면 제1항의 규정을 적용하지 아니한다.

제118조(소송에 응함으로 말미암은 신청권의 상실) 담보를 제공할 사유가 있다는 것을 알고도 피고가 본안에 관하여 변론하거나 변론준비기일에서 진술한 경우에는 담보제공을 신청하지 못한다.

제119조(피고의 거부권) 담보제공을 신청한 피고는 원고가 담보를 제공할 때까지 소송에 응하지 아니할 수 있다.

제120조(담보제공결정) ① 법원은 담보를 제공하도록 명하는 결정에서 담보액과 담보제공의 기간을 정하여야 한다.
② 담보액은 피고가 각 심급에서 지출할 비용의 총액을 표준으로 하여 정하여야 한다.

제121조(불복신청) 담보제공신청에 관한 결정에 대하여는 즉시항고를 할 수 있다.

제122조(담보제공방식) 담보의 제공은 금전 또는 법원이 인정하는 유가증권을 공탁하거나, 대법원규칙이 정하는 바에 따라 지급을 보증하겠다는 위탁계약을 맺은 문서를 제출하는 방법으로 한다. 다만, 당사자들 사이에 특별한 약정이 있으면 그에 따른다.

제123조(담보물에 대한 피고의 권리) 피고는 소송비용에 관하여 제122조의 규정에 따른 담보물에 대하여 질권자와 동일한 권리를 가진다.

제124조(담보를 제공하지 아니한 효과) 담보를 제공하여야 할 기간 이내에 원고가 이를 제공하지 아니하는 때에는 법원은 변론없이 판결로 소를 각하할 수 있다. 다만, 판결하기 전에 담보를 제공한 때에는 그러하지 아니하다.

제125조(담보의 취소) ① 담보제공자가 담보하여야 할 사유가 소멸되었음을 증명하면서 취소신청을 하면, 법원은 담보취소결정을 하여야 한다.
② 담보제공자가 담보취소에 대한 담보권리자의 동의를 받았음을 증명한 때에도 제1항과 같다.
③ 소송이 완결된 뒤 담보제공자가 신청하면, 법원은 담보권리자에게 일정한 기간 이내에 그 권리를 행사하도록 최고하고, 담보권리자가 그 행사를 하지 아니하는 때에는 담보취소에 대하여 동의한 것으로 본다.
④ 제1항과 제2항의 규정에 따른 결정에 대하여는 즉시항고를 할 수 있다.

제126조(담보물변경) 법원은 담보제공자의 신청에 따라 결정으로 공탁한 담보물을 바꾸도록 명할 수 있다. 다만, 당사자가 계약에 의하여 공탁한 담보물을 다른 담보로 바꾸겠다고 신청한 때에는 그에 따른다.

제127조(준용규정) 다른 법률에 따른 소제기에 관하여 제공되는 담보에는 제119조, 제120조 제1항, 제121조 내지 제126조의 규정을 준용한다.

Ⅱ. 가집행선고

제213조(가집행의 선고) ① 재산권의 청구에 관한 판결은 가집행의 선고를 붙이지 아니할 상당한 이유가 없는 한 직권으로 담보를 제공하거나, 제공하지 아니하고 가집행을 할 수 있다는 것을 선고하여야 한다. 다만, 어음금·수표금 청구에 관한 판결에는 담보를 제공하게 하지 아니하고 가집행의 선고를 하여야 한다.
② 법원은 직권으로 또는 당사자의 신청에 따라 채권전액을 담보로 제공하고 가집행을 면제받을 수 있다는 것을 선고할 수 있다.
③ 제1항 및 제2항의 선고는 판결주문에 적어야 한다.

제214조(소송비용담보규정의 준용) 제213조의 담보에는 제122조·제123조·제125조 및 제126조의 규정을 준용한다.

제215조(가집행선고의 실효, 가집행의 원상회복과 손해배상) ① 가집행의 선고는 그 선고 또는 본안판결을 바꾸는 판결의 선고로 바뀌는 한도에서 그 효력을 잃는다.
② 본안판결을 바꾸는 경우에는 법원은 피고의 신청에 따라 그 판결에서 가집행의 선고에 따라 지급한 물건을 돌려 줄 것과, 가집행으로 말미암은 손해 또는 그 면제를 받기 위하여 입은 손해를 배상할 것을 원고에게 명하여야 한다.
③ 가집행의 선고를 바꾼 뒤 본안판결을 바꾸는 경우에는 제2항의 규정을 준용한다.

1. 의의 및 취지

가집행선고란 **미확정의 종국판결에 대하여 집행력을 부여하는 형성적 재판**을 말한다. 이는 피고가 가집행선고에 의한 집행을 피하기 위하여 제1심에서 모든 소송자료를 제출할 것이므로 심리의 제1심 집중효과를 거둘 수 있고, 판결의 확정 전에 집행할 수 있어서 승소자의 신속한 권리실현이 가능하고, 패소자가 강제집행의 지연만을 노려 상소하는 것을 억제하는 취지가 있다.

2. 가집행선고의 요건

가. 종국판결일 것

가집행선고는 종국판결에 한한다. 다만 종국판결이라도 **청구기각 판결·소 각하 판결**은 집행할 것이 없으므로 가집행선고를 할 수 없고, **가집행선고를 변경하는 판결, 가집행선고 있는 본안판결을 변경하는 판결**은 성질상 가집행선고를 할 수 없다. 또한 **중간판결**은 중간적 재판에 불과하기 때문에, **결정·명령**은 즉시집행력이 발생하기 때문에(민사집행법 제56조 제1호), **상고심판결**은 선고와 동시에 확정되어 본집행을 할 수 있기 때문에 가집행선고를 붙일 수 없다.

나. 집행할 수 있는 판결일 것

가집행선고를 붙일 수 있는 판결은 재산권의 청구에 관한 판결에 한한다(제213조 제1항 본문). 따라서 **신분권 기타 비재산권의 청구**에 관한 판결에는 가집행의 선고를 붙일 수 없다. 또한 가집행선고는 원칙적으로는 이행판결에 한하여 붙인다. 그리고 동시이행판결, 선이행판결, 대상청구판결에 대하여는 가집행선고를 할 수 있다.

다만 **이행기 도래가 판결확정 이후임이 명백한 판결**은 판결의 확정 전에 집행할 수 없기 때문에 가집행선고를 할 수 없다. 예컨대 사해행위취소의 청구는 형성의 소로서 성질상 가집행의 선고가 허용되지 않고, **가액배상의 청구**는 사해행위취소의 효과발생을 전제로 하는 이행청구로 이행기의 도래가 판결확정 이후임이 명백하여 확정 전에 집행할 수 없으므로 가집행선고를 붙이지 않는다.

판례도 "민법상 재산분할청구권은 이혼을 한 당사자 일방이 다른 일방에 대하여 재산분할을 청구할 수 있는 권리로서 이혼이 성립한 때에 그 법적 효과로서 발생하므로, **당사자가 이혼이 성립하기 전에 이혼소송과 병합하여 재산분할 청구를 하고, 법원이 이혼과 동시에 재산분할을 명하는 판결을 하는 경우에도 이혼판결은 확정되지 아니한 상태이므로, 그 시점에서 가집행을 허용할 수는 없다.**"고 한다(1998. 11. 13. 98므1193).

또한 **확인판결**은 집행력의 문제가 발생할 여지가 없으므로 가집행선고를 할 수 없고, **형성판결**도 판결이 확정되지 않으면 법률관계의 변동이 일어날 수가 없으므로 법률에 특별규정이 있거나 성질상 허용되는 경우 이외에는 가집행선고를 할 수 없다. 이행판결 이외의 판결에 가집행선고를 허용하는 경우로는 강제집행정지, 취소결정의 인가·변경판결(민사집행법 제47조 제2항·제48조 제3항)을 들 수 있다. 판례도 **명문의 규정이 없는 한 원칙적으로 확인판결이나 형성판결에 대하여는 가집행선고를 할 수 없다**고 한다(1966. 1. 25. 65다2347).

다. 재산권상의 청구에 관한 판결일 것

재산권상의 청구는 강제집행을 한 뒤에 상소심에서 그 판결이 취소·변경되더라도 원상회복이 용이하기 때문이다. 그러나 재산권상의 청구에 기한 판결이라도 **재산권에 관한 의사의 진술을 명한 판결**(등기절차를 명하는 판결)**과 같이 확정되어야만 집행이 가능하다는 규정**(민사집행법 제263조 제1항)**이 있는 경우**에는 가집행선고를 붙일 수 없다.

라. 가집행선고를 해서는 안 될 상당한 이유가 없을 것

재산권상의 청구에 관한 판결에는 상당한 이유가 없는 한 가집행선고를 하여야 하므로 가집행선고 여부는 법원의 기속재량임이 원칙이나 예외적으로 가집행선고를 해서는 안 될 상당한 이유가 있을 때에는 하지 않을 수 있다. 상당한 이유란 가집행이 패소한 피고에게 회복할 수 없는 손해를 줄 염려가 있는 경우를 의미한다.

3. 가집행선고의 절차

가. 직권선고

가집행선고는 법원의 직권으로 행하므로(제213조 제1항), 당사자의 신청은 법원의 직권발동을 촉구하는 의미밖에 없어, 당사자의 신청에 대한 허부의 판단을 하지 않더라도 판단누락의 상고이유가 되지 않으며 또한 추가판결을 구할 수도 없다. 불복신청이 없는 부분에 대한 상소법원의 가집행선고의 결정은 직권으로 할 수 없고 당사자에게만 신청권이 있다(제406조 제1항·제435조).

나. 가집행선고와 가집행면제(해방)선고

가집행선고를 하면서 원고에게 담보제공을 명할 것인가의 여부는 법원의 재량에 속하지만 원고승소판결이 상소심에서 변경될 가능성이 있는 경우에는 담보제공을 필요로 한다. 다만 어음 또는 수표금의 청구에 관한 판결은 권리의 신속한 해결을 필요로 하므로, 무담보부가집행선고를 하여야 한다(제213조 제1항 단서). 법원은 가집행선고를 하면서 동시에 피고를 위하여 피고가 채권 전액을 담보로 제공하면 가집행선고의 면제를 받을 수 있음을 선고할 수 있다(제213조 제2항).

다. 판결주문에 표시

가집행선고나 가집행면제선고는 판결주문 란에서 소송비용 재판 다음에 표시되어야 한다(제213조 제3항). 가집행선고는 인용판결 전부에 대해서 뿐만 아니라 일부에 한해서도 붙일 수 있다. 가집행선고의 재판에 대해서만 독립하여 상소할 수는 없다. 다만 결정으로 가집행선고를 하는 경우도 있다(제406조 제1항, 제435조).

4. 가집행선고의 효력

가. 집행력의 발생

가집행선고 있는 판결은 선고에 의하여 즉시 집행력이 발생한다. 별도로 신청에 의한 강제집행정지의 결정(제500조·제501조)을 받지 않는 한, 피고가 상소하여도 강제집행이 정지되지 않는다. 그리고 가집행선고만 별도로 독립하여 상소를 하지 못하며 본안판결과 함께 불복해야 한다(제391조·제425조).

나. 본집행과의 차이

가집행선고 있는 판결에 기한 강제집행은 가압류·가처분과 같은 집행보전에 그치는 것이 아니라, 종국적 권리의 만족에까지 이를 수 있는 점에서 본집행과 동일하다.

판례는 "가집행이 붙은 제1심 판결을 선고받은 채무자가 판결에 의한 그때까지의 원리금을 추심채권자에게 지급하였으나 항소를 제기하여 제1심에서 인용된 금액에 대하여 다투었다면, 채무자는 제1심 판결이 인용한 금액에 상당하는 채무가 있음을 인정하고 확정적 변제행위로 채권자에게 금원을 지급한 것이 아니라, 제1심 판결이 인용한 지연손해금의 확대를 방지하고 가집행 선고에 기한 강제집행을 면하기 위하여 금원을 지급한 것으로 봄이 상당하고, 가집행선고에 의하여 지급된 금원은 확정적으로 변제의 효과가 발생하는 것이 아니어서 채무자가 금원의 지급사실을 항소심에서 주장하더라도 항소심은 그러한 사유를 참작하지 않으므로, **금원 지급에 의한 채권 소멸의 효과는 판결이**

확정된 때에 발생한다고 할 것이며, 따라서 채무자가 금원을 지급하였다는 사유는 확정판결의 집행력을 배제하는 청구이의사유가 된다."고 한다(1995. 6. 30. 95다15827).

5. 가집행선고의 실효

상소심에서 가집행선고가 바뀌거나 가집행선고 있는 본안판결이 바뀌었을 때에는 바뀌는 한도에서 당연히 가집행선고는 장래를 향하여 효력을 잃는다(제215조 제1항). 판례는 "**가집행선고를 붙인 1심 본안판결이 항소심판결에서 취소되면 가집행선고의 효력은 상실되나 항소심판결이 상고심에서 파기되면 그 효력은 다시 복구된다.**"고 한다(1964. 3. 31. 63마78). 또한 "가집행선고 있는 판결에 기한 강제집행은 확정판결에 기한 경우와 같이 본집행이므로, 상소심 판결에 의하여 가집행선고의 효력이 소멸되거나 집행채권의 존재가 부정된다 하더라도 그에 앞서 **이미 완료된 집행절차나 이에 기한 경락인의 소유권 취득의 효력에는 아무런 영향을 미치지 아니한다** 할 것이고, 다만 강제경매가 반사회적 법률행위의 수단으로 이용된 경우에는 그러한 강제경매의 결과를 용인할 수 없다."고 한다(1993. 4. 23. 93다3165).

6. 원상회복 및 손해배상의무

피고는 원상회복 및 손해배상청구를 원고를 상대로 하여 별소로 제기할 수도 있지만, **상소심절차에서 본안판결의 변경을 구하는 절차에 병합하여 신청**할 수도 있다. 이러한 신청을 **가지급물 반환신청**이라 하는데, 이는 **부진정 예비적 반소**의 성질을 가진다(제215조 제2항). 다만, 상소심에서의 반소이기는 하지만 원고의 동의를 요하지 아니하므로 특수한 반소에 속한다.

판례는 "본안판결의 변경으로 가집행선고가 실효되었을 경우, 법원은 가집행선고로 인하여 지급된 물건의 반환은 물론 가집행으로 인한 손해의 배상까지를 명할 수 있는데, **배상의무는 공평원칙에 입각한 무과실책임**이라고 봄이 상당하다."고 하고(1979. 9. 11. 79다1123), "가지급물의 반환의무는 **성질상 부당이득의 반환채무**이므로, 가지급물의 반환을 명하는 판결은 소송촉진 등에 관한 특례법의 '금전채무의 전부 또는 일부의 이행을 명하는 판결'에 해당하므로 위 법률의 적용을 받는다."고 하고 (2005. 1. 14. 2001다81320), "가집행 채무자에게 가집행에 관하여 과실이 있는 때에는, 가집행 채권자의 손해배상 책임 및 금액을 정함에 있어서 참작하여야 한다."고 한다(1995. 9. 29. 94다23357).

또한 "가집행선고부 판결에 기한 집행의 효력은 확정적인 것이 아니고 상소심에서 본안판결 또는 가집행선고가 취소·변경될 것을 해제조건으로 하는 것이다. 즉 가집행선고에 의하여 집행을 하더라도 본안판결의 일부 또는 전부가 실효되면 가집행선고부 판결에 기하여는 집행을 할 수 없는 것으로 확정된다. 추후 상소심에서 본안판결이 바뀌게 되면 가집행채권자는 가집행의 선고에 따라 지급받은 물건을 돌려줄 것과 가집행으로 말미암은 손해 또는 면제를 받기 위하여 입은 손해를 배상할 의무를 부담한다. 원상회복 및 손해배상의무는 본래부터 가집행이 없었던 것과 같은 원상으로 회복시키려는 공평의 관념에서 나온 것으로서 가집행으로 인하여 지급된 것이 금전이라면 가집행채권자는 지급된 금원과 지급된 금원에 대하여 지급된 날 이후부터 법정이율에 의한 지연손해금을 지급하여야 한다. **가집행선고의 실효에 따른 원상회복의무는 상행위로 인한 채무 또는 그에 준하는 채무라고 할 수는 없으므로 지연손해금에 대하여는 민법이 정한 법정이율에 의하고 상법이 정한 법정이율을 적용할 것은 아니다.**"고 한다(2020. 5. 14. 2017다220058).

또한 "가집행선고에 의하여 집행을 하였더라도 본안판결의 일부 또는 전부가 실효되면 가집행선고부 판결에 기하여는 집행을 할 수 없는 것으로 확정이 되는 것이다. 따라서 가집행선고에 기하여 이미 지급받은 것이 있다면 법률상 원인이 없는 것이 되므로 부당이득으로서 반환하거나 그로 인한 손해 또는 면제를 받기 위한 손해를 배상하여야 한다. 가지급물 반환신청은 가집행에 의하여 집행을 당한 채무자로 하여금 별도의 소를 제기하는 비용, 시간 등을 절약하고 본안의 심리 절차를 이용하여 신청의 심리를 받을 수 있는 간이한 길을 터놓은 제도로서 그 성질은 **본안판결의 취소·변경을 조건으로 하는 예비적 반소**에 해당한다. 위와 같은 법리와 규정에 비추어 볼 때, **제1심에서 가집행선고부 승소판결을 받고 판결원리금을 지급받았다가 항소심에 이르러 당초의 소가 교환적으로 변경되어 취하된 것으로 되는 경우에는 항소심 절차에서 곧바로 가지급물의 반환 등을 구할 수 있다고 보아야 하고, 별소의 형식으로 청구하여야만 된다고 볼 것은 아니다.**"고 한다(2023. 4. 13. 2022다293272).

다만 "가집행선고로 인한 지급물 반환신청은 가집행에 의하여 집행을 당한 채무자로 하여금 본안 심리절차를 이용하여 신청의 심리를 받을 수 있는 간이한 길을 터놓아 반소 또는 차후 별소를 제기하는 비용, 시간 등을 절약할 수 있게 한 제도로서 집행을 당한 채무자가 본안에 대하여 불복을 제기함과 아울러 **본안을 심리하고 있는 상소심에서 변론종결 전에 신청**을 하여야 함이 원칙이고, 신청의 이유인 사실의 진술 및 당부의 판단을 위하여는 소송에 준하여 변론이 필요한 것인데, 법률심인 상고심으로서는 집행에 의하여 어떠한 지급이 이루어졌으며, 어느 범위의 손해가 있었는가 등의 사실관계를 심리·확정할 수 없기 때문에, **신청의 이유로서 주장하는 사실관계에 대하여 당사자 사이에 다툼이 없어 사실심리를 요하지 아니하는 경우를 제외하고는, 상고심에서는 가집행선고로 인한 지급물의 반환신청은 허용될 수 없다.**"고 한다(2000. 2. 25. 98다36474).

PART 05 병합소송

제1장 병합청구소송
제2장 다수당사자소송

CHAPTER 01 병합청구소송

제01절 청구의 병합

Ⅰ. 서 설

청구의 병합, 즉 소의 객관적 병합이란 원고가 하나의 소송절차에서 여러 개의 청구를 하는 경우를 말한다. 이는 공격방법의 복수와 구별된다. 따라서 ㉠ 소유권확인의 소에서 권리의 발생 원인으로 매매 또는 취득시효를 주장하는 경우(다수설에 의할 경우), ㉡ 손해배상을 청구하면서 법조경합 관계의 수 개의 법규, 예컨대 자동차손해배상보장법 제3조와 민법 제750조를 주장하는 경우, ㉢ 부당이득 반환을 청구하면서 법률상 원인이 없다는 이유로 계약의 불성립·무효·취소 등을 하는 경우 등은 청구의 병합이 아니다.

Ⅱ. 병합요건

1. 같은 종류의 소송절차에 의하여 심판될 수 있을 것

> 제253조(소의 객관적 병합) 여러 개의 청구는 같은 종류의 소송절차에 따르는 경우에만 하나의 소로 제기할 수 있다.

가. 일반론

청구의 병합은 같은 종류의 소송절차에 의하는 경우에만 허용된다(제253조). 판례도 "가사소송법 제2조 제1항의 나류 가사소송사건과 마류 가사비송사건은 통상의 민사사건과는 다른 종류의 소송절차에 따르는 것이므로, 원칙적으로 **가사사건에 관한 소송에서 통상의 민사사건에 속하는 청구를 병합할 수는 없다.**"고 하고(2006. 1. 13. 2004므1378),[102] "통상의 민사사건과 가처분에 대한 이의 사건은 다른 종류의 소송절차에 따르는 것이므로 변론을 병합할 수 없다."고 한다(2003. 8. 22. 2001다23225).

나. 재심의 소와 통상의 민사사건

1) 문제점

재심의 소에 통상의 민사사건을 병합할 수 있는지가 문제된다.

2) 학설의 대립

① 다수설은 분쟁의 일회적 해결과 병합하는 민사사건에 대한 심급의 이익을 위하여 상소심판결에

---

[102] [이유] 부부간의 명의신탁해지를 원인으로 한 소유권이전등기청구나 민법 제829조 제2항에 의한 부부재산약정의 목적물이 아닌 부부 공유재산의 분할청구는 모두 통상의 민사사건으로, 그 소송절차를 달리하는 나류 가사소송사건 또는 마류 가사비송사건인 이혼 및 재산분할청구와는 병합할 수 없다.

대한 재심청구가 아닌 한 허용된다고 한다. ② 소수설은 동종의 소송절차에 한하여 청구의 병합을 인정하는 청구의 병합의 제도적 취지상 허용될 수 없다고 한다.

3) 판례의 태도

(ⅰ) 판례는 원칙적으로 부정하는 입장이다. 즉 "피고들이 재심대상판결의 취소와 본소청구의 기각을 구하는 외에, 원고와 승계인을 상대로 재심대상판결에 의하여 경료된 원고 명의의 소유권이전등기와 그 후 승계인의 명의로 경료된 소유권이전등기의 각 말소를 구하는 청구를 병합하여 제기하고 있으나, **그와 같은 청구들은 별소로 제기하여야 할 것이고 재심의 소에 병합하여 제기할 수 없다.**"고 하고(1997. 5. 28. 96다41649), "원고가 피고의 주소를 알면서 허위주소로 제소하여 공시송달의 방법으로 승소확정판결을 받았다는 이유로 피고가 제기한 재심의 소에서는 피고는 확정판결의 취소를 구함과 동시에 본소 청구기각을 구하는 외에 원고에 대한 새로운 청구를 병합하는 것은 부적법하다."고 한다(1971. 3. 31. 71다8). 이 경우에 병합된 청구에 대하여 판례는 "재심의 소에 병합하여 새로운 청구를 제기하는 것은 허용될 수 없으므로, **이 부분 청구를 각하한 원심의 조치는 정당하다.**"고 한다 (2009. 9. 10. 2009다41977).[103]

(ⅱ) 그러나 판례는 재심의 소에서 재심대상소송의 청구를 교환적으로 변경하는 것과, 재심의 소에서 재심대상소송의 청구에 대한 선결관계에 있는 법률관계의 존부의 확인을 구하는 중간확인의 소(제264조)를 인정한다. 즉 "**재심의 소를 제기함에 있어서 재심청구가 인용될 것을 전제로 당초의 청구를 교환적으로 변경하는 경우,** 재심의 소가 부적법하다면 소의 교환적 변경에 대하여는 따로 판단할 필요가 없다."고 한다(1993. 4. 27. 92다24608).

또한 "**재심의 소송절차에서 중간확인의 소를 제기하는 것은 재심청구가 인용될 것을 전제로 하여 재심대상소송의 본안청구에 대하여 선결관계에 있는 법률관계의 존부의 확인을 구하는 것이므로**, 재심사유가 인정되지 않아서 재심청구를 기각하는 경우에는 중간확인의 소의 심판대상인 선결적 법률관계의 존부에 관하여 나아가 심리할 필요가 없으나, 한편 중간확인의 소는 단순한 공격방어방법이 아니라 독립된 소이므로 이에 대한 판단은 판결의 이유에 기재할 것이 아니라 종국판결의 주문에 기재하여야 할 것이므로 재심사유가 인정되지 않아서 재심청구를 기각하는 경우에는 중간확인의 소를 각하하고 이를 판결 주문에 기재하여야 한다."고 한다(2008. 11. 27. 2007다69834).

4) 검 토

재심의 소는 형성소송이므로 법률상 명문의 규정이 없는 한 형성판결의 확정으로 인하여 형성될 법률관계를 전제로 하는 이행소송을 병합하는 것은 장래이행의 소의 요건을 구비한 것으로 보기 어렵기 때문에 허용되지 않는다고 보아야 한다. 따라서 판례가 타당하다.

다. 제권판결에 대한 불복의 소와 통상의 민사사건

판례는 제권판결에 대한 불복의 소에 다른 민사상의 청구를 병합하는 것을 인정한 사안과 부정한 사안이 있다. 즉 "제권판결에 대한 불복의 소는 **확정판결의 취소를 구하는 형성의 소**로서 제소사유가 법정되

---

103) [판례평석] 판례의 취지는 재심은 소송법상 형성의 소로서 확정되어야 종전 판결이 취소되는 것이어서, 종전 판결 취소를 전제로 한 손해배상 등 일반민사사건은 심리의 단계가 재심판결의 다음이므로, 병합이 부적절하다는 것이다 (전원열, 제3판, 600면).

어 있고 제소기간의 제한이 있는 등 재심의 소와 유사한 점이 있으나, 통상의 판결절차로서 성립한 판결에 대한 것이 아니라 증권상실자의 일방적 관여로 이루어지는 판결에 대한 것이고 반대의 이해관계자에게 판결을 송달하지 않으므로, 그에 대하여 통상의 상소절차를 이용하게 하는 것이 불합리하기 때문에 별도로 불복방법을 마련하고 있는 것인 점에서, **재심의 소와는 성질상 차이가 있을 뿐만 아니라 소송경제를 도모하고 서로 관련있는 사건에 대한 판결의 모순 저촉을 피하기 위하여서도 다른 민사상의 청구를 병합하여 심리판단하게 하는 것이 타당하다.**"고 하여 긍정하였다(1989. 6. 13. 88다카7962).

그러나 "**제권판결 불복의 소와 같은 형성의 소는 그 판결이 확정됨으로써 권리변동의 효력이 발생하게 되므로 이에 의하여 형성되는 법률관계를 전제로 하는 이행소송 등을 병합하여 제기할 수 없는 것이 원칙이다.** 또한 제권판결에 대한 취소판결의 확정 여부가 불확실한 상황에서 그 확정을 조건으로 한 수표금 청구는 장래이행의 소의 요건을 갖추었다고 보기 어려울 뿐만 아니라, 제권판결 불복의 소의 결과에 따라서는 수표금 청구소송의 심리가 무위에 그칠 우려가 있고, 제권판결 불복의 소가 인용될 경우를 대비하여 방어하여야 하는 수표금 청구소송의 피고에게도 지나친 부담을 지우게 된다는 점에서 이를 쉽사리 허용할 수 없다."고 하여 부정하였다(2013. 9. 13. 2012다36661).

2. 수소법원에 공통의 관할권이 있을 것

병합된 청구 중 전속관할에 속하는 청구가 없는 한, 수소법원이 하나의 청구에 관하여 관할권이 있으면 관련재판적(제25조)에 의하여 다른 청구에 대해서도 관할권을 갖게 된다. 따라서 여러 개의 청구 중에서 하나의 청구에 대하여만 관할이 존재하면 된다.

3. 관련성의 필요성

(ⅰ) 단순병합의 경우에는 매매대금청구와 건물인도청구를 병합하는 경우와 같이 관련성이 전혀 없는 청구끼리도 병합이 가능하다.

(ⅱ) 선택적·예비적 병합의 경우는 병합된 청구사이에 관련성이 있어야 한다. 따라서 판례는 "**논리적으로 전혀 관계가 없어 단순병합으로 구하여야 할 수개의 청구를 선택적 또는 예비적 청구로 병합하여 청구하는 것은 부적법하여 허용되지 않는다**. 따라서 원고가 그와 같은 형태로 소를 제기한 경우 제1심 법원이 본안에 관하여 심리·판단하기 위해서는 소송지휘권을 행사하여 단순병합 청구로 보정하게 하는 등의 조치를 취하여야 하는바, 법원이 이러한 조치를 취함이 없이 본안판결을 하면서 하나의 청구에 대하여만 심리·판단하여 인용하고 나머지 청구에 대한 심리·판단을 모두 생략하는 내용의 판결을 하였더라도 그로 인하여 **병합 형태가 선택적 또는 예비적 병합 관계로 바뀔 수는 없으므로**, 이러한 판결에 대하여 피고만이 항소한 경우 제1심 법원이 심리·판단하여 인용한 청구만이 항소심으로 이심될 뿐, 나머지 심리·판단하지 않은 청구는 여전히 제1심에 남아 있게 된다."고 한다(2008. 12. 11. 2005다51495).[104]

---

104) [관련판례] 논리적으로 전혀 관계가 없어 순수하게 단순병합으로 구하여야 할 수 개의 청구를 예비적 청구로 병합하여 청구하는 것은 부적법하여 허용되지 않는다. 따라서, 원고가 주위적으로 이 사건 계약의 권리금 상당 손해배상을 구하고, 예비적으로 이 사건 계약의 임대차보증금 상당 손해배상을 구하는 내용으로 청구를 병합한 것을 제1심 법원이 단순병합 청구로 보정하게 하는 등의 조치를 취하지 아니하고 권리금 상당 손해배상청구 중 일부만을 인용하고 나머지 청구에 대한 심리·판단을 모두 생략하는 내용의 판결을 하였더라도 그로 인하여 청구의 병합 형태가 예비적 병합 관계로 바뀔 수는 없다. 그러므로, 이에 대하여 피고만이 항소한 이 사건에서 제1심법원이 심리·판단하지 않은 임대차보증금 상당 손해배상청구는 여전히 제1심에 남아 있게 된다(2009. 12. 24. 2009다10898).

Ⅲ. 병합의 형태

1. 단순병합

원고가 수 개의 청구에 대하여 병렬적으로 심판을 구하는 형태의 병합이다. 병합된 다른 청구가 이유가 있든 없든 간에 심판을 구하는 것이므로, 법원은 병합된 모든 청구에 대하여 심판을 해야 한다. 따라서 **양립할 수 없는 청구에 대하여는 단순병합을 할 수가 없다**. 판례도 "행정처분에 대한 무효확인과 취소청구는 양립할 수 없는 청구로서 주위적·예비적 청구로서만 병합이 가능하고 선택적 청구로서의 병합이나 단순병합은 허용되지 아니한다."고 한다(1999. 8. 20. 97누6889).

2. 선택적 병합

가. 의의

원고가 양립할 수 있는 수개의 청구 중 그 어느 하나가 택일적으로 인용될 것을 해제조건으로 하여 다른 청구에 대하여 심판을 신청하는 형태의 병합이다. 판례도 "선택적 병합은 **양립할 수 있는 여러 개의 청구권에 기초해서 같은 내용의 이행을 구하거나, 양립할 수 있는 여러 개의 형성권에 기하여 같은 형성적 효과를 구하는 경우**에, 어느 한 청구가 인용될 것을 해제조건으로 여러 개의 청구에 관한 심판을 구하는 병합 형태이다."고 한다(2018. 6. 15. 2016다229478). 선택적 병합은 보통 경제적으로 동일한 목적을 가진 양립이 가능한 복수의 청구를 병합한 경우에 발생한다.

나. 심판방법

원고는 병합된 수 개의 청구 가운데 어느 하나가 인용되면 소의 목적을 달성할 수 있기 때문에 다른 청구에 대해서는 심판을 바라지 않는 형태의 병합이다. 따라서 법원은 이유 있는 청구 어느 하나를 선택하여 원고 청구를 인용하면 된다. 다만 원고의 청구를 기각하는 경우에는 병합된 청구 전부에 대하여 배척하는 판단을 하여야 한다.[105]

판례도 "선택적 병합의 경우에는 여러 개의 청구가 하나의 소송절차에서 불가분적으로 결합되어 있기 때문에, **선택적 청구 중 하나만을 기각하고 다른 선택적 청구에 대하여 판단을 하지 않는 것은 위법하다**."고 한다(2018. 6. 15. 2016다229478).

한편, 판례는 "제1심판결 선고 전의 명예훼손행위에 관하여 손해배상청구를 하였으나 피고가 내용이 진실이라고 믿을 만한 상당한 이유가 있다는 이유로 청구를 기각당한 원고가 항소심에서 청구취지를 변경하지 아니한 채 피고가 제1심판결 선고 후 행한 새로운 명예훼손행위를 청구원인으로 추가하였다면 이는 다른 특별한 사정이 없는 한 **피고의 새로운 명예훼손행위를 원인으로 하는 손해배상청구를 선택적으로 병합하는 취지**라고 볼 것이다. 그러므로 항소심이 새로운 명예훼손행위를 원인으로 한 선택적 병합청구에 관하여 아무런 판단도 하지 아니한 채 원고의 청구를 기각하는 것은 판단누락에 해당한다."고 한다(2010. 5. 13. 2010다8365).

다. 선택적 병합인지가 문제되는 경우

1) 소송물이론과의 관계

선택적 병합은 ㉠ 구소송물이론에 의할 경우에 비록 소송물이 2개가 성립하더라도 하나의 급부

---

[105] [주문] 원고의 청구를 모두 기각한다.

밖에 줄 수 없는 경우에 이중의 이행판결을 피하기 위하여 구소송물이론이 주장한 이론이다. ⓒ 이분지설도 선택적 병합을 인정하지만, 매매에 의한 소유권이전등기청구와 취득시효 완성에 의한 소유권이전등기청구처럼 사실관계를 여러 개 주장한 경우에만 선택적 병합이 인정되므로 구소송물이론에 비하여 인정범위가 좁다. ⓒ 일분지설은 선택적 병합을 인정하지 않고, 공격방법 또는 법률적 관점의 경합으로 본다.

2) 양립하는 복수의 청구가 택일적 관계에 있을 경우

선택적 병합은 수개의 청구가 양립할 수 있는 경우에 인정된다. 따라서 구소송물이론에 의하면 동일 목적의 청구를 경합하는 수 개의 청구권·형성권에 기하여 청구하는 때에 한하여 선택적 병합이 인정된다. 다만, 청구권 경합의 경우에 신소송물이론은 이지설·일지설 모두 선택적 병합을 인정하지 않는다.

판례는 "**임대차계약의 해지를 주장하면서 임차인의 차임체불을 해지사유로 내세우고 그것이 이유 없다고 하더라도 기한의 정함이 없는 임대차로서 해지통지에 따라 해지되었다는 주장**은 서로 양립가능한 것으로서 이를 선택적 주장으로 볼 수 있으므로, 어느 하나의 해지사유를 인용하면 다른 주장에 관하여 심리·판단할 필요가 없다."고 한다(1989. 2. 28. 87다카823).

3) 논리적으로 양립할 수 없는 수 개의 청구

판례는 "선택적 병합이란 양립할 수 있는 수개의 경합적 청구권에 기하여 동일 취지의 급부를 구하거나 양립할 수 있는 수개의 형성권에 기하여 동일한 형성적 효과를 구하는 경우에 어느 한 청구가 인용될 것을 해제 조건으로 하여 수개의 청구에 관한 심판을 구하는 병합형태이므로, **논리적으로 양립할 수 없는 수개의 청구는 성질상 선택적 병합으로 동일 소송절차 내에서 동시에 심판될 수 없다.**"고 한다(1982. 7. 13. 81다카1120). 논리적으로 양립할 수 없는 수 개의 청구에 대한 선택을 법원에 맡긴다는 것은 처분권주의에 반하고, 성질을 달리하는 수 개의 청구 중 어느 것도 좋다는 신청이 되어 신청 자체가 특정되지 않은 것이 되기 때문이다.

4) 법조경합관계에 있는 수 개의 법규에 기한 청구, 선택채권에 기한 청구

이는 청구권 경합의 관계가 아니라 한 개의 실체법상의 권리만 성립하는 청구이므로, 소송물 판단에 대한 어떠한 입장에서도 선택적 병합이 되지 않는다.

3. 예비적 병합

가. 의의 및 취지

예비적 병합이란 <u>논리적으로 양립되지 않는 수 개의 청구를 하면서 그 순위를 붙여 제1차적 청구(주위적 청구)가 기각·각하될 때를 대비하여 제2차적 청구(예비적 청구)에 대하여 심판을 구하는 경우</u>이다. 따라서 제1차적 청구를 먼저 심리하여 인용되면 제2차적 청구에 대하여는 심판할 필요가 없고 제1차적 청구를 기각하면 제2차적 청구를 심판하여야 한다. 원고가 제1차적 청구에 대하여 증명이 어렵다든지 또는 법률적으로 확신이 서지 않는 경우에 만약 예비적 병합을 인정하지 않으면 제1차적 청구가 배척된 뒤에 또 다시 신소를 제기하여야 하므로 이는 소송경제에 반하고 분쟁의 일회적 해결에 반하기 때문에 예비적 병합이 인정된다.

나. 요 건

1) 양립할 수 없는 관계

예비적 청구는 주위적 청구와 양립되지 않는 모순관계 또는 배척관계에 있어야 한다. 판례도 "예비적 청구는 주위적 청구와 양립할 수 없는 관계에 있어야 하므로, 주위적 청구와 동일한 목적물에 관하여 동일한 청구원인을 내용으로 하면서 **주위적 청구를 양적이나 질적으로 일부 감축하여 하는 청구**는 주위적 청구에 흡수되는 것일 뿐 소송상의 예비적 청구라고 할 수 없다."고 한다(2017. 2. 21. 2016다225353). 즉 판례는 양립불가능성을 예비적 병합의 개념요소로 보고 있다.

따라서 "**같은 목적물에 관하여 같은 청구원인을 내용으로 하면서 주된 청구의 수량만을 감축하여 한 예비적 청구**는 소송상의 예비적 청구라고 볼 수 없으므로 따로 나누어 판단할 필요가 없다."고 하고(1972. 2. 29. 71다1313), "**주위적으로 무조건적인 소유권이전등기절차의 이행을 구하고, 예비적으로 금전지급과 상환으로 소유권이전등기절차의 이행을 구하는 경우**, 예비적 청구는 주위적 청구를 질적으로 일부 감축하여 하는 청구에 지나지 아니할 뿐, 목적물과 청구원인은 주위적 청구와 완전히 동일하므로 소송상의 예비적 청구라고는 볼 수 없다."고 한다(1999. 4. 23. 98다61463).

2) 심판의 순위성과 관련성

(ⅰ) 예비적 청구는 심판순서에 있어 주위적 청구보다 후순위일 것을 요한다. (ⅱ) 기초되는 사실관계는 관련성이 있어야 한다. 관련성이란 **병합된 청구들이 법률적·경제적으로 동일한 목적을 추구하는 관계**에 있는 것을 말한다. 관련성이 없는 청구를 예비적 병합으로 인정하면 원고는 주위적 청구가 인용된 뒤라도 예비적 청구에 대해서 또다시 소를 제기할 수 있으므로, 피고는 계속 분쟁에 휘말릴 수 있기 때문이다.

다. 관련문제 : 부진정 예비적 병합

1) 의의 및 인정취지

판례는 원칙적으로 "병합의 형태가 선택적 병합인지 예비적 병합인지는 **당사자의 의사가 아닌 병합청구의 성질을 기준으로 판단**하여야 한다."고 한다(2018. 2. 28. 2013다26425).[106] 그러나 다수설·판례는 **병합된 청구가 양립이 가능하여 객관적으로 선택적 병합인 청구에 대하여 심판의 순서를 붙여서 청구하는 부진정 예비적 병합**을 인정한다. 예컨대 주위적으로 어음금의 청구를 하고, 이에 대한 기각판결에 대비하여 예비적으로 원인채권의 청구를 하는 경우이다.

판례는 "예비적 병합은 논리적으로 양립할 수 없는 수 개의 청구에 관하여 주위적 청구의 인용을 해제조건으로 예비적 청구에 대하여 심판을 구하는 형태의 병합이다. 그러나 논리적으로 양립할 수 있는 수 개의 청구라도, **주위적으로 재산상 손해배상을 청구하면서 그 손해가 인정되지 않을 경우에 예비적으로 같은 액수의 정신적 손해배상을 청구하는 것과 같이, 수 개의 청구 사이에 논리적 관계가 밀접하고 심판순위를 붙여 청구를 할 합리적 필요성이 있다고 인정되는 경우**에는, 당사자가 붙인

---

106) [이유] 원심판결 이유 및 기록에 의하면, 원고는 원심에서 손해배상에 관한 청구를 교환적으로 변경하면서 채무불이행을 원인으로 한 청구를 주위적으로, 불법행위를 원인으로 한 청구를 예비적으로 각각 구하였고, 원심도 원고가 붙인 심판의 순위에 따라 판단하였다. 그러나 위 두 청구는 그 청구 모두가 동일한 목적을 달성하기 위한 것으로서 어느 하나의 채권이 변제로 소멸한다면 나머지 채권도 그 목적 달성을 이유로 동시에 소멸하는 관계에 있으므로 선택적 병합 관계에 있음을 지적하여 둔다.

순위에 따라서 당사자가 먼저 구하는 청구를 심리하여 이유가 없으면 다음 청구를 심리하는 부진정 예비적 병합 청구의 소도 허용된다."고 한다(2021. 5. 7. 2020다292411).

구체적 타당성과 분쟁의 일회적 해결의 측면에서 처분권주의와 변론주의를 반영하여 부진정 예비적 병합을 인정하는 다수설·판례가 타당하다.

2) 인정범위

매매계약무효확인청구와 매매가 무효인 경우 목적물의 반환을 구하는 청구와 같이 제1차적 청구가 인용될 것을 대비하여 제2차적 청구에 대해서도 심판을 구하는 경우를 부진정 예비적 병합으로 보는 견해도 있다. 그러나 이는 제1차적 청구가 이유 없으면 제2차적 청구에 대하여 심판을 하지 않아도 된다는 의미가 있을 뿐이므로, 단순병합의 형태로도 동일한 목적을 달성할 수 있다. 따라서 이를 부진정 예비적 병합으로 인정할 필요는 없다.

3) 부진정예비적 병합에 대한 법원의 판단방법

(ⅰ) 판례는 "예비적 병합은 논리적으로 양립할 수 없는 수 개의 청구에 관하여 주위적 청구의 인용을 해제조건으로 예비적 청구에 대하여 심판을 구하는 형태의 병합이지만, **논리적으로 양립할 수 있는 수 개의 청구라도 당사자가 심판의 순위를 붙여 청구를 할 합리적 필요성이 있는 경우**에는 당사자가 붙인 순위에 따라서 당사자가 먼저 구하는 청구를 심리하여 이유가 없으면, 다음 청구를 심리하여야 한다."고 한다(2002. 2. 8. 2001다17633).

또한 "원고가 제1심에서 선택적으로 구한 두 개의 청구 중 1개의 청구가 인용되고 피고가 항소한 후, 원고가 항소심에서 병합의 형태를 변경하여 **제1심에서 심판되지 않은 청구 부분을 주위적 청구로, 제1심에서 인용된 청구 부분을 예비적 청구**로 구함에 따라 항소심이 주위적 청구 부분을 먼저 심리하여 그 청구가 이유 있다고 인정하는 경우에는, 비록 결론이 제1심판결의 주문과 동일하더라도 피고의 항소를 기각하여서는 아니 되고 **새로이 청구를 인용하는 주문을 선고**하여야 한다."고 한다 (2020. 10. 15. 2018다229625).[107]

(ⅱ) 또한 "성질상 선택적 관계에 있는 청구를 주위적·예비적 청구 병합의 형태로 제소함에 의하여 소송심판의 순위와 범위를 한정하여 청구하는 부진정 예비적 병합 청구의 소도 허용되며, **주위적 청구가 전부 인용되지 않을 경우에는 주위적 청구에서 인용되지 아니한 수액 범위 내에서의 예비적 청구에 대해서도 판단하여 주기를 바라는 취지로 불가분적으로 결합시켜 제소**할 수도 있는 것인바, 사실심에서 원고가 그러한 내용의 예비적 청구를 병합 제소하였음에도, **법원이 주위적 청구를 일부만 인용하고서도 예비적 청구에 관하여 전혀 판단하지 아니한 경우**, 그 판단은 예비적 병합 청구의 성격에 반하여 위법한 것으로 되어 사건이 상소되면 예비적 청구부분도 재판의 누락이 됨이 없이

---

107) [이유] 원고는, 피고가 적정입원일수를 초과하여 입원한 기간에 관한 보험금 합계 38,090,000원을 수령하였다는 이유로, 제1심에서 피고를 상대로 불법행위를 원인으로 한 손해배상청구와 부당이득반환청구를 선택적으로 구하였다. 제1심은 불법행위를 원인으로 한 손해배상청구 부분을 인용하여 원고 승소판결을 선고하였다. 피고가 항소를 제기하여 원심에서 심리를 하던 중, 원고는 주위적으로 부당이득반환청구를, 예비적으로 불법행위를 원인으로 한 손해배상청구를 하는 것으로 병합의 형태를 달리하여 청구하였다. 원심은 제1심에서 심판되지 않은 부당이득반환청구 부분(원심에서 주위적 청구로 변경된 부분)을 심리하여 그 청구가 이유 있다고 인정하면서 결론이 제1심판결과 같다는 이유로 피고의 항소를 기각하는 내용의 판결을 선고하였다. 원심이 제1심판결과 그 결론이 같다는 이유로 항소기각 판결을 선고한 것은, 청구 병합형태의 변경에 따라 제1심에서 심판되지 않은 청구 부분의 인용 시 항소심법원의 처리 방법 등에 관한 법리를 오해한 잘못이 있다.

이심되어 당사자는 상소심에서 위법사유에 대한 시정판단을 받는 등 **진정한 예비적 청구 병합소송에서와 마찬가지로 규율**될 것이다."고 한다(2002. 9. 4. 98다17145).

따라서 "주위적 청구원인과 예비적 청구원인이 양립 가능한 경우에도 당사자가 **심판의 순위를 붙여 청구를 할 합리적인 필요성이 있는 경우**에는 심판순위를 붙여 청구할 수 있고, 이러한 경우 **주위적 청구가 전부 인용되지 않을 경우에는 주위적 청구에서 인용되지 아니한 수액 범위 내에서의 예비적 청구에 대해서도 판단하여 주기를 바라는 취지로 불가분적으로 결합시켜 제소할 수도 있는 것**이므로, 주위적 청구가 일부만 인용되는 경우에 예비적 청구를 심리할 것인지의 여부는 당사자의 의사해석에 달린 문제라 할 것이어서, 법원이 **주위적 청구원인에 기한 청구의 일부를 기각하고 예비적 청구취지보다 적은 금액만을 인용할 경우**에는, 원고에게 주위적 청구가 전부 인용되지 않을 경우에는 주위적 청구에서 인용되지 아니한 수액 범위 내에서의 예비적 청구에 대해서도 판단하여 주기를 바라는 취지인지 여부를 **석명하여 예비적 청구에 대한 판단 여부를 정하여야 할 것**이다."고 한다 (2002. 10. 25. 2002다23598).[108]

(ⅲ) 그러나 "병합의 형태가 선택적 병합인지 예비적 병합인지 여부는 당사자의 의사가 아닌 병합청구의 성질을 기준으로 판단하여야 하고, **항소심에서의 심판 범위도 병합청구의 성질을 기준으로 결정**하여야 한다. 따라서 실질적으로 선택적 병합 관계에 있는 두 청구에 관하여 당사자가 주위적·예비적으로 순위를 붙여 청구하였고, 그에 대하여 **제1심법원이 주위적 청구를 기각하고 예비적 청구만을 인용하는 판결을 선고하여 피고만이 항소를 제기한 경우에도, 항소심으로서는 두 청구 모두를 심판의 대상으로 삼아 판단**하여야 한다."고 한다(2014. 5. 29. 2013다96868).[109][110][111]

---

108) [이유] 기록에 의하면, 원고는 주위적으로 피고의 행위가 채무불이행 내지 불법행위에 해당함을 이유로 42,269$ 및 지연손해금의 배상을 구하고, 예비적으로 원고가 지출한 소송합의금 10,000$와 소송비용의 1/2에 해당하는 16,135$ 등 합계 26,135$를 지급하기로 피고가 약정한 바 있음을 이유로 위 금액 상당의 약정금 및 지연손해금의 지급을 구하였음을 알 수 있는데, 원심은 이 사건 화물의 송장상의 가격이 19,224.40$에 불과함을 이유로 예비적 청구취지 금액보다 적은 위 금액 및 지연손해금에 한정하여 주위적 청구를 일부 인용하였는바, 양 청구는 다른 청구의 인용 가능 여부와 관계없이 인용될 수 있는 것으로서 양립 가능한 청구이고, 다만 인정될 수 있는 금액이 수량적으로 달라서 예비적 병합 관계에 놓여 있는 것에 불과하므로, 원심으로서는 원고에게 주위적 청구가 전부 인용되지 않을 경우에는 주위적 청구에서 인용되지 아니한 수액 범위 내에서의 예비적 청구에 대해서도 판단하여 주기를 바라는 취지인지 여부를 석명하여 그 결과에 따라 예비적 청구에 대한 판단 여부를 정하였어야 할 것이다. 그럼에도, 원심은 주위적 청구 원인에 기하여 19,224.40$ 및 이에 대한 지연손해금만을 인용하고서도, 원고에게 위와 같은 취지인지 여부를 석명하지 아니한 채 26,135$ 및 이에 대한 지연손해금의 지급을 구하는 예비적 청구에 대하여 판단하지 아니하였는바, 이는 예비적 병합에 대한 법리를 오해하여 석명의무를 위반한 나머지 예비적 청구에 관한 판단을 누락한 잘못을 저지른 것이고, 이러한 잘못은 판결 결과에 영향을 미쳤음이 명백하며, 예비적 병합의 경우에는 수개의 청구가 하나의 소송절차에 불가분적으로 결합되어 있기 때문에 주위적 청구에 대하여만 판단하고 예비적 청구에 대하여 판단하지 아니한 경우에도 그 판결에 대하여 상소가 제기되면 판단이 누락된 예비적 청구 부분 역시 상소심으로 이심이 되는 것이므로, 원심판결 중 예비적 청구에 관한 부분 또한 파기를 면하지 못한다.

109) [이유] 가. 원심판결 이유 및 기록에 의하면, 원고의 청구는 피고에 대하여 1억 원 및 이에 대한 지연손해금의 지급을 청구하는 것인바, ① 원고는 피고에 대하여 청구원인으로 대여를 주장하며 지급을 청구하였다가 제1심 변론 과정에서 이를 주위적 청구로 변경하고, 예비적으로 불법행위(사기)를 원인으로 한 손해배상 청구를 추가한 사실, ② 제1심은 주위적 청구를 기각하는 한편, 예비적 청구를 인용하였고, 이에 대하여 피고만이 항소한 사실, ③ 원심은 피고만이 항소한 이상 심판대상은 예비적 청구 부분에 한정된다고 전제한 다음, 피고의 불법행위가 인정되지 않는다는 이유로 피고의 항소를 받아들여 예비적 청구마저 기각한 사실, ④ 주위적 청구인 대여금 청구는 '원고가 피고에게 1억 원을 대여하였다'는 취지이고, 예비적 청구인 손해배상 청구는 '원고가 피고한테 기망당하여 1억 원을 지급하였다'는 취지인 사실을 알 수 있다. 나. 위 법리 및 기록에 나타난 사실관계 등에 비추어 살펴보면, 주위적 청구와 예비적 청구는 명칭에도 불구하고 실질적으로는 선택적 병합 관계에 있다 할 것이므로, 원심으로서는 피고가 항소의 대상으로 삼은 예비적 청구만을 심판대상으로 삼을 것이 아니라 두 청구 모두를 심판의 대상으로 삼아 판단하였어야 하는바, 원심이 예비적 청구 부분만을 심판대상으로 삼아 청구를 기각한 것은 항소심의 심판대상에 관한 법리를 오해하여 심리를 다하지 아니한 것이다.

Ⅳ. 병합청구의 절차와 심판

1. 소송목적의 값의 산정

단순병합의 경우에는 병합된 청구의 가액을 합산함이 원칙이나, 선택적 병합·예비적 병합은 경제적 이익이 동일하거나 중복되므로 합산하지 않고 중복청구의 흡수의 법리에 따라 그 중 다액인 청구가액을 소가로 한다.

2. 병합요건의 조사

(ⅰ) 병합요건은 청구의 병합에 특유한 소송요건으로서 직권조사사항이다. 병합요건의 흠결시 변론을 분리하여 별소로 분리하여 심판하여야 하는 것이 원칙이나, 병합된 청구 중 어느 하나가 다른 법원의 전속관할에 속하는 때에는 결정으로 이송하여야 한다(제34조). (ⅱ) 병합요건이 갖추어졌으면 각 청구에 대한 소송요건을 조사하여야 하며, 흠결시 당해 청구에 관한 소를 판결로 각하하여야 한다(제219조).

3. 심리의 공통

병합된 수 개의 청구는 동일 절차에서 심판된다. 따라서 변론이나 증거조사는 동일 기일에 수 개의 청구에 대하여 공통으로 실시하며, 여기에서 나타난 사실자료와 증거자료는 모든 청구에 대한 판단자료가 된다. 한편 어느 하나의 청구에 대한 변론의 제한은 모든 병합의 형태에서 허용되지만, 변론의 분리는 단순병합에서만 허용된다. 다만 단순병합이라도 쟁점을 공통으로 하는 관련적 병합의 경우에는 재판의 모순·저촉을 피하기 위해 변론의 분리와 일부판결을 자제해야 할 필요가 있다.

4. 종국판결

가. 단순병합

1) 일부판결의 가능성

(ⅰ) 병합된 청구 중 어느 하나의 청구가 판단하기에 성숙하면 일부판결이 가능하다. 다만 관련적 병합이라면 일부판결이 적절하지는 않다. (ⅱ) 병합된 청구의 전부에 대하여 판결하기에 성숙하면 전부판결이 가능하다. 이때 모든 청구에 대하여 판단하여야 하므로, 재판의 누락이 있으면 원심이 추가판결로 정리한다(제212조).

2) 상소심의 판단

(ⅰ) 일부판결에 대하여 상소한 때에는 나머지 부분과 별도로 이심의 효력이 생긴다. 따라서 판단하지 않은 나머지 부분은 원심이 **잔부(결말)판결**로 정리한다. (ⅱ) 전부판결에 대하여 상소한 때에는 상소불가분의 원칙상 모든 청구에 대하여 확정차단 및 이심의 효력이 생긴다. 그러나 불이익변경금지의 원칙상 상소하지 아니한 부분은 심판대상은 되지 않는다(제415조).

---

110) [판례평석] 판례 가운데 ① 대여금청구를 주위적 청구로, 불법행위(사기)를 원인으로 한 손해배상청구를 예비적 청구로 심판순위를 붙인 경우(2013다96868), ② 채무불이행을 원인으로 한 손해배상청구를 주위적 청구로, 불법행위를 원인으로 한 손해배상청구를 예비적 청구로 심판순위를 붙인 경우(2013다26425) 등은 부진정예비적 병합에 해당하지 아니하는 듯한 판시를 한 판결도 있다(김홍엽, 제10판, 989면).

111) [판례평석] 부진정 예비적 병합이 '예비적 병합으로서' 유효하다고 보는 판례 입장과는 잘 맞지 않는다고 보인다(전원열, 제3판, 606면).

다만, 판례는 "인신사고로 인한 손해배상청구소송과 같이 소송물이 다른 재산적 손해와 위자료 등에 관한 청구가 하나의 판결로 선고되는 경우, **당사자 일방이 소송물의 범위를 특정하지 아니한 채 일정금액 부분에 대하여만 항소**하였다면, 불복하는 부분을 특정할 수 있는 등의 특별한 사정이 없는 한 불복범위에 해당하는 재산적 손해와 위자료에 관한 청구가 모두 항소심에 이심되어 항소심의 심판대상이 된다."고 한다(1996. 7. 18. 94다20051).

3) 단순병합을 예비적 병합으로 청구한 경우에 대한 판단방법

판례는 "논리적으로 전혀 관계가 없어 순수하게 단순병합으로 구하여야 할 수개의 청구를 주위적·예비적 청구로 병합하여 청구하는 것은 부적법하여 허용되지 않는바, 원고가 그와 같은 형태로 소를 제기한 경우 **원심법원이 모든 청구의 본안에 대하여 심리를 한 다음 하나의 청구만을 인용하고 나머지 청구를 기각하는 내용의 판결**을 하였다면, 이는 법원이 청구의 병합관계를 본래의 성질에 맞게 단순병합으로서 판단한 것이고, **피고만이 인용된 청구 부분에 대하여 상고를 제기한 때**에는 단순병합관계에 있는 모든 청구가 상고심으로 이심되나 **상고심의 심판 범위는 이심된 청구 중 피고가 불복한 청구에 한정**된다."고 한다(2015. 12. 10. 2015다207679).[112]

나. 선택적 병합

1) 판단방법

법원이 인용판결을 하는 경우에는 병합된 청구중에서 하나의 청구를 선택하여 판단하면 된다. 법원이 기각판결을 하는 경우에는 병합된 청구의 전부에 대하여 배척하는 판단을 해야 한다. 판례는 "**선택적으로 병합된 수개의 청구를 모두 기각하거나 소를 각하한 항소심 판결**에 대하여 원고가 상고한 경우, 상고법원이 선택적 청구 중 어느 하나의 청구에 관한 상고가 이유 있다고 인정할 때에는 원심판결을 전부 파기하여야 한다."고 한다(2021. 6. 10. 2019다226005).

2) 일부판결의 가능성

가) 학설의 대립

① 선택적으로 병합된 청구를 별소로 제기하여도 중복된 소제기가 되지 않는다는 점, 하나의 청구에 대하여 패소확정된 이후에도 다른 청구로 별소의 제기가 가능하다는 점을 근거로 일부판결이 가능하다는 견해와, ② 선택적 병합에서 일부판결을 허용하면 두 개의 판결이 생겨 선택적 병합의 취지가 몰각될 수 있다는 점을 근거로 일부판결이 불가능하다는 견해(다수설)가 대립된다.

나) 판례의 태도

판례는 "선택적 병합의 경우에는 수개의 청구가 하나의 소송절차에 불가분적으로 결합되어 있기

---

112) [이유] 기록에 의하면, 원고들은 본소 청구로 피고에 대하여 주위적으로는 이 사건 각 분양계약의 해제 또는 취소를 원인으로 원고들의 자부담 또는 대출금으로 이미 납부한 분양대금에서 피고가 대위변제한 대출금 및 그에 대한 이자를 제외한 나머지 대금의 지급을 구하고, 예비적으로는 피고의 허위·과장광고 행위 등으로 인한 불법행위에 따른 손해배상을 구하였는데, 이에 대하여 원심법원은 모든 청구에 대하여 심리한 다음 원고(반소피고) 2, 원고(반소피고) 10, 원고 12에 대한 주위적 본소 청구 중 일부만을 인용하고, 그 밖의 청구는 모두 기각하는 판결을 하였고, 그에 대하여 피고만이 주위적 본소 청구 중 피고 패소 부분에 대하여 상고하였음을 알 수 있는바, 각 청구는 논리적 관련성이 없어 주위적·예비적으로 병합할 수 없는 성질의 청구이므로, 상고심의 심판범위는 주위적 본소 청구 중 피고 패소 부분에 한정되고, 피고의 위 부분에 대한 상고가 이유 있으므로 위 부분만을 파기한다.

때문에 선택적 청구 중 하나만을 기각하는 일부판결은 선택적 병합의 성질에 반하는 것으로서 법률상 허용되지 않는다."고 한다(1998. 7. 24. 96다99).

다) 검 토

수 개의 청구가 하나의 소송절차에 불가분적으로 결합되어 있으므로, 변론이 분리되면 각 청구 사이의 관련성이 무의미해지기 때문에, 일부판결이 불가능하다는 다수설·판례가 타당하다. 따라서 일부판결을 하게 되면 판단의 누락이 된다. 다만 소수설에 의하면 재판의 누락이 된다.

3) 일부판결에 대한 구제방법

가) 학설의 대립

① 병합된 한 청구에 대한 재판누락임에는 틀림이 없지만 위법판결이므로 상소로 구제한다는 견해(위법재판설), ② 판단누락에 준하여 상소로 구제한다는 견해, ③ 법원의 잘못으로 소송물인 청구를 누락한 것이어서 재판누락이므로 추가판결을 통해 구제한다는 견해가 대립된다.

나) 판례의 태도[113]

판례는 "원고가 제1심에서 사기에 의한 의사표시 취소를 원인으로 한 근저당권설정등기의 말소청구와 함께 피담보채무의 부존재를 원인으로 한 근저당권설정등기의 말소청구를 하였다가 청구기각의 본안판결을 받은 후 항소심에서 기망을 원인으로 한 말소청구 부분만을 유지하고 피담보채무의 부존재를 원인으로 한 말소청구는 철회하여 취하한 후 다시 같은 청구를 추가한 경우, 위 청구들은 각 청구원인을 달리하는 별개의 독립된 소송물로서 선택적 병합관계에 있고 동일한 소송물로서 공격방법만을 달리하는 것은 아니므로, **피담보채무의 부존재를 원인으로 한 말소청구는 종국판결인 제1심판결의 선고 후 취하되었다가 다시 제기된 것이어서 재소금지의 원칙에 어긋나는 부적법한 소라 할 것이므로 주문에서 이 부분 소를 각하하는 판결을 하여야 한다.** 그렇다면 원심으로서는 주문에서 이 부분 소를 각하하는 판결을 하였어야 함에도 원심은 위 청구가 부적법한 소이어서 심판할 수 없다 하여 주문에서 아무런 언급을 하지 아니하였으므로, 결국 **이 부분에 대하여는 재판이 누락되어 아직 판결이 없는 상태라 할 것이고, 따라서 이 부분에 대한 원고의 상고는 그 대상이 없어 부적법하다.**"고 하여, 재판누락이므로 상소의 대상이 될 수 없다고 하였다(1986. 9. 23. 85다353).

그러나 "제1심법원이 원고의 선택적 청구 중 하나만을 판단하여 기각하고 나머지 청구에 대하여는 판단을 하지 아니한 조치는 위법한 것이고, **원고가 위법한 제1심 판결에 대하여 항소한 이상 원고의 선택적 청구 전부가 항소심으로 이심되었다**고 할 것이므로, 선택적 청구 중 판단되지 않은 청구 부분이 재판의 누락으로서 제1심 법원에 계속되어 있다고 볼 것은 아니다."고 하여, 재판누락이 아니므로, 상소의 대상이 된다고 한 판례도 있다(1998. 7. 24. 96다99).[114]

---

113) **[판례평석]** 판례는 선택적 병합의 경우에는 통일적인 견해를 취하고 있지 못했으나, 최근 96다99판결과 같이 심판되지 않은 선택적 병합 청구부분이 상소심으로 이심된다는 판시(2015다42599, 2016다2294789)를 여러 차례 한 바 있어 선택적 병합과 관련하여 위법재판설로 입장을 정리한 것으로 보인다(한충수, 제3판, 684면).

114) **[이유]** 원고는 증여해제를 원인으로 한 소유권이전등기를 구하는 외에 선택적으로, 양도합의를 원인으로 한 소유권이전등기를 구하고 있음이 분명한데도, 제1심은 증여해제를 원인으로 한 소유권이전등기청구에 대하여만 판단하여 기각하고 양도합의를 원인으로 한 소유권이전등기청구에 대하여는 판단을 하지 아니하였고, 원심은 이는 재판의 누락으로서 양도합의를 원인으로 한 소유권이전등기청구는 제1심법원에 계속되어 있다는 이유로 증여해제를 원인으로 한 소유권이전등기청구에 관하여만 판단하면서 이 부분에 관한 제1심판결을 취소하여 원고의 소를 각하하고 양도합의를 원인

다) 검 토

일부판결이 불가능하므로 추가판결의 대상으로 보는 것과, 청구에 대한 판결을 누락한 것을 판단누락에 준하여 취급하는 것은 타당하지 않다. 따라서 위법한 판결이므로 상소로 구제한다는 견해가 타당하다.

4) 하나의 청구를 일부 인용한 경우 나머지 청구에 대한 판단 필요성

가) 문제점

선택적으로 병합된 청구가 가분적이고 그 중 일부만 인용되는 경우, 법원이 어떠한 판단을 해야 하는지 문제된다.

나) 학설의 대립

① 양 청구간의 인용금액 차이가 큰 경우에 예비적 청구로 변경하도록 석명하고, 그렇지 않더라도 어느 하나에 대해 일부 인용을 하는 경우에는 다른 청구에 대해서도 판단을 해서 원고에게 가장 유리한 청구를 인용해 주어야 한다는 견해, ② 병합된 청구 중 반드시 가장 많이 인용되는 청구를 먼저 선택하여 판단하고 그러한 취지를 판결 이유에 기재하고 적게 인용되는 다른 청구들에 대하여는 심리·판단할 필요가 없다는 견해, ③ 원고가 청구취지에서 구하고 있는 급부 자체에 중점을 두고 법원은 가장 유리한 청구를 기초로 판결하도록 의무화하고, 그것으로써 나머지 병합청구에 대한 심리·판단이 함께 이루어졌다고 보는 것이 타당하고, 석명권행사를 통하여 예비적 청구로 변경하도록 하는 것도 필요하다는 견해가 대립된다.

다) 판례의 태도

판례는 "선택적 병합의 경우에는 여러 개의 청구가 하나의 소송절차에 불가분적으로 결합되어 있기 때문에, **선택적 청구 중 하나에 대하여 일부만 인용하고 다른 선택적 청구에 대하여 아무런 판단을 하지 아니한 것은 위법하다.**"고 한다(2016. 5. 19. 2009다66549).[115)116)]

으로 한 소유권이전등기청구에 대하여는 판단을 하지 아니하였다. 제1심법원이 원고의 선택적 청구 중 증여해제를 원인으로 한 소유권이전등기청구에 대하여만 판단하여 배척하고 양도합의를 원인으로 한 소유권이전등기청구에 대하여는 판단을 하지 아니한 조치는 위법한 것이고, 원고가 위법한 제1심판결에 대하여 항소한 이상 원고의 선택적 청구 전부가 항소심인 원심으로 이심되었다고 할 것이므로, 원심이 원고의 선택적 청구 중 양도합의를 원인으로 한 소유권이전등기청구는 재판의 누락으로서 제1심법원에 계속되어 있다고 판단한 것은 청구의 선택적 병합에 관한 법리를 오해한 것이다. 그러나 원고는 항소장을 제출하면서 항소취지로 증여해제를 원인으로 한 소유권이전등기청구만을 구하였고 원심의 변론종결에 이르기까지 양도합의를 원인으로 한 소유권이전등기청구에 관하여 제1심판결의 변경을 구하는 아무런 준비서면의 제출이나 구두진술도 하지 않았음을 알 수 있는바, 사정이 이와 같다면 제1심판결에 대한 원고의 불복 범위는 증여해제를 원인으로 한 소유권이전등기청구에 관한 부분에 한정되어 있다고 봄이 상당하고, 양도합의를 원인으로 한 소유권이전등기청구에 관한 부분은 원심에서의 심판의 범위에 포함되지 않는다. 그렇다면, 양도합의를 원인으로 한 소유권이전등기청구에 관한 부분에 대하여 판단을 하지 아니한 원심의 조치는 결과에 있어서 정당하고, 원심의 잘못은 판결 결과에 영향을 미치지 못한 것이다. **[판례평석]** 선택적 병합의 경우에 원고청구가 전부 기각되었는데 기각된 일부의 청구에 대해서만 원고만이 불복·항소하였다면, 항소하지 아니한 부분은 항소심으로 이심은 되나 심판의 대상은 되지 아니한다. 따라서 항소심법원은 불복하지 아니한 부분이 이유 있다고 판단되어도 원심판결을 취소할 수 없다(정동윤·유병현·김경욱, 제8판, 982면).

115) **[이유]** 원고는 '피고들이 이 사건 부지에 있는 이 사건 오염토양 등을 처리하여야 할 책임이 있음에도 원고가 이 사건 오염토양 등을 처리함으로써 법률상 원인 없이 그 정화비용 및 처리비용 상당의 이득을 얻고 원고로 하여금 그 금액 상당의 손해를 입게 하였으므로, 피고들은 원고에게 그 금액 상당을 부당이득으로 반환할 의무가 있다'는 취지의 부당이득반환청구를 피고들에 대한 앞에서 본 청구들과 선택적으로 청구하였다. 그럼에도 원심은 피고 세아베스틸에 대하여는 불법행위에 의한 손해배상청구 중 일부만을 인용하고, 피고 기아자동차에 대하여는 채무불이행에 의한 손해배상

라) 검 토

하나의 청구에 대한 일부 인용판결은 일부 패소판결이므로 다른 청구에 대한 심리가 수반되는 것이 당연하다. 또한 가분적인 청구 중 어느 한 청구의 일부만을 인용하면서 선택적으로 병합된 다른 청구에 대한 판단을 전혀 하지 않는다면 판결의 정당성은 담보되지 않는다. 따라서 판례가 타당하다.

5) 항소심의 심판대상

가) 청구인용 판결에 대한 피고의 항소

(ⅰ) 하나의 청구만을 받아들여 원고의 청구를 인용한 판결은 전부판결이므로, **피고가 항소한 경우에는 '상소불가분의 원칙'상 판단하지 않은 나머지 청구도 항소심으로 이심된다.**

(1) 나머지 청구 부분이 심판대상이 되는 지에 대하여, (2) 학설은 ① 이 부분을 항소심에서 심판하면 심급의 이익이 박탈된다는 이유로 부정하는 견해와, ② 사실자료가 공통되어서 실질상 제1심에서 심리를 거친 것으로 볼 수 있으므로 심급의 이익이 박탈되는 것은 아니라는 이유로 긍정하는 견해(다수설)가 대립된다. (3) 판례는 "수개의 청구가 제1심에서 선택적으로 병합되고 하나의 청구에 대한 인용판결이 선고되어 피고가 항소를 제기한 때에는 **제1심이 판단하지 아니한 청구도 항소심으로 이심되어 항소심의 심판 범위**가 되므로, 항소심이 **원고의 청구를 인용할 경우에는 선택적으로 병합된 수개의 청구 중 하나를 임의로 선택하여 심판**할 수 있으나, **원고의 청구를 모두 기각할 경우에는 원고의 선택적 청구 전부에 대하여 판단**하여야 한다."고 한다(2010. 5. 27. 2009다12580). (4) 항소심에서 청구의 변경에 의하여 선택적 병합으로 추가하는 것이 가능하므로, 심판대상이 된다는 다수설·판례가 타당하다.

(ⅱ) 항소심은 제1심에서 판단한 대상부터 먼저 심리하여 판단할 필요는 없고, 제1심에서 판단되지 아니한 청구라도 심리할 수 있다.

(1) 항소심의 심리 결과 **제1심에서 판단한 청구는 이유가 없고, 판단하지 않은 청구가 이유 있을 때** 어떤 판결을 하여야 하는지 문제된다. (2) 학설은 ① 선택적 병합에 의하여 달성하려는 목적이 이루어진 점에서 항소심 판결이 제1심 판결과 동일하므로, 제1심 판결을 유지하여야 한다는 **항소기각설**과, ② 주문이 같더라도 제1심에서 판단하지 아니한 청구를 인용하는 것이므로, 제1심 판결을 취소하고 청구인용의 판결을 하여야 한다는 **취소자판설**이 대립된다. (3) 판례는 "수개의 청구가 제1심에서 처음부터 선택적으로 병합되고 그중 한 개의 청구에 대한 인용판결이 선고되어 피고가 항소를 제기한 경우는 물론, 원고의 청구를 인용한 판결에 대하여 피고가 항소를 제기하여 항소심에 이심된 후 청구가 선택적으로 병합된 경우에도 항소심은 제1심에서 인용된 청구를 먼저 심리하여 판단할 필요는 없고, 선택적으로 병합된 수개의 청구 중 제1심에서 심판되지 아니한 청구를 임의로 선택하여 심판할 수 있다고 할 것이나, **심리한 결과 청구가 이유 있다고 인정되고 결론이 제1심판결의 주문**

청구 중 일부만을 인용하면서도, 피고들에 대한 위 부당이득반환청구에 대하여는 아무런 판단을 하지 아니한 채, 원고의 피고들에 대한 나머지 청구를 모두 기각하였다. 따라서 원심판결에는 선택적 병합에 관한 법리를 오해하여 원고의 피고들에 대한 위 부당이득반환청구에 관하여 판단을 누락한 위법이 있다.

116) [판례평석] 판례는 선택적으로 병합청구 된 각 청구권에 대하여 소송물로서의 독자성과 상호 경합을 인정하고 있다. 그 결과 법원이 원고에게 가장 유리한 어느 한 청구권을 선택하여 인용한다고 하더라도 그 인용된 급부가 원고의 청구 범위에 미치지 못할 때에는 나머지 병합청구 전부에 대하여 심리·판단할 것을 요구하고 있다. 이와 같은 결론은 선택적 병합제도의 본질적 특성과 제도적 장점을 훼손할 수 있다(권혁재, "선택적 병합 청구에 있어서의 일부 승소판결", 법조 최신판례 분석(2016. 8), 566면).

과 동일한 경우에도 피고의 항소를 기각하여서는 안되며 제1심판결을 취소한 다음 새로이 청구를 인용하는 주문을 선고하여야 할 것이다."고 하여 취소자판설의 입장이다(1992. 9. 14. 92다7023). (4) 항소심에서 판단한 청구는 제1심에서 판단한 청구와 소송물이 다르므로, 인용되는 권리를 명확하게 밝혀 준다는 의미에서 취소자판설이 타당하다.

나) 청구기각 판결에 대한 원고의 항소

(ⅰ) 제1심부터 선택적으로 병합된 청구에 대하여 청구가 모두 기각되고 원고가 항소한 경우에, **모든 청구가 항소심으로 이심되지만 원고가 불복하는 청구만 심판대상이 된다.** (a) 원고가 일부의 청구에 대하여만 항소하면, 항소하지 아니한 청구 부분도 이심은 되나 불이익변경금지의 원칙상 심판대상은 되지 않는다. 따라서 항소심 법원은 **불복하지 아니한 청구가 정당하더라도 이를 이유로 원심판결을 취소할 수 없다**(1998. 7. 24. 96다99 참조). (b) 원고가 모든 청구에 대하여 항소하면, 모든 청구가 이심이 되고 심판대상이 된다. 따라서 판례는 "선택적으로 병합된 수개의 청구를 모두 기각한 항소심판결에 대하여 원고가 상고한 경우에 상고심 법원이 **선택적 청구 중 어느 하나의 청구에 관한 상고가 이유 있다고 인정할 때에는 원심판결을 전부 파기**하여야 한다."고 한다(2018. 6. 15. 2016다229478). 그리고 "이러한 법리는 **성질상 선택적 관계에 있는 청구를 당사자가 심판의 순위를 붙여 청구한다는 취지에서 예비적으로 병합한 경우에도 마찬가지로 적용**된다."고 한다(2022. 3. 31. 2017다247145).

(ⅱ) 항소심에서 수 개의 청구가 선택적으로 병합된 경우의 심리방법과 항소심 판결의 주문에 대하여, 판례는 "제1심에서 원고의 청구가 기각되어 원고가 항소한 다음 항소심에서 청구를 선택적으로 병합한 경우 법원은 병합된 수 개의 청구 중 어느 하나의 청구를 선택하여 심리할 수 있고, **어느 한 개의 청구를 심리한 결과 그 청구가 이유 있다고 인정될 경우에는 원고의 청구를 기각한 제1심판결을 취소하고 이유 있다고 인정되는 청구를 인용하는 주문을 선고**하여야 한다."고 한다(2021. 7. 15. 2018다298744).

다. 예비적 병합

1) 판단방법

예비적 병합의 경우 법원은 주위적 청구를 먼저 심리하고, 주위적 청구가 인용되면 예비적 청구에 대해서는 심판할 필요가 없다. 그러나 주위적 청구를 기각·각하할 때는 반드시 예비적 청구에 대한 심판을 하여야 한다. 따라서 판례는 "주위적 청구 중 일부를 인용한 제1심 판결에 대하여 쌍방이 항소하자 항소심이 제1심 판결 중 피고 패소 부분을 취소하고 그에 해당하는 **주위적 청구를 기각하면서, 원고의 예비적 청구의 취하 여부에 대하여 석명을 구하지 아니한 채 그에 대한 판단을 하지 아니한 것은 위법하다.**"고 한다(2007. 10. 11. 2007다37790).

2) 일부판결에 대한 구제방법

가) 일부판결의 가능성

(ⅰ) 학설의 대립 : ① 예비적 병합에서 주위적 청구만을 배척하고 예비적 청구는 판단하지 않은 일부판결은 판단누락에 준하는 위법이 있다는 판단누락설, ② 예비적 병합에서 판단하지 않은 부분은 재판의 누락에 해당하며, 원심에서 추가판결의 대상이 된다는 재판누락설, ③ 청구에 대한 재판누락

을 판단누락으로 취급하는 것은 부당하므로 재판누락이지만, 예비적 병합의 특성상 위법한 일부판결이어서 상소의 대상이 된다는 절충설이 대립한다.

(ii) 판례의 입장 : 판례는 주위적 청구를 배척하면서 예비적 청구에 대하여 판단하지 아니하는 판결에 대한 상소가 제기되면 판단이 누락된 예비적 청구 부분도 상소심으로 이심이 되고, 그 부분이 재판의 누락에 해당하여 원심에 계속 중이라고 볼 것은 아니라고 하여 판단누락설의 입장이다.

즉 "[1] 예비적 병합이란 주위적 청구(제1차 청구)가 인용되지 않을 것에 대비하여 그 인용을 해제조건으로 예비적 청구(제2차 청구)에 관하여 심판을 구하는 병합형태로서, 원고가 붙인 순위에 따라 심판하여야 하며, **주위적 청구를 배척할 때에는 예비적 청구에 대하여 심판하여야 하나 주위적 청구를 인용할 때에는 예비적 청구에 대하여 심판할 필요가 없는 것이므로, 주위적 청구를 인용하는 판결은 전부판결로서 이러한 판결에 대하여 피고가 항소하면 제1심에서 심판을 받지 않은 예비적 청구도 이심되고 항소심이 제1심에서 인용되었던 주위적 청구를 배척할 때에는 예비적 청구에 관하여 심판**을 하여야 하는 것이다. [2] 예비적 병합의 경우에는 수개의 청구가 하나의 소송절차에 불가분적으로 결합되어 있기 때문에 주위적 청구를 먼저 판단하지 않고 예비적 청구만을 인용하거나 주위적 청구만을 배척하고 예비적 청구에 대하여 판단하지 않는 등의 **일부판결은 예비적 병합의 성질에 반하는 것으로서 법률상 허용되지 아니하며**, 주위적 청구를 배척하면서 예비적 청구에 대하여 판단하지 아니하는 판결을 한 경우에 그 판결에 대한 상소가 제기되면 **판단이 누락된 예비적 청구 부분도 상소심으로 이심**이 되고 그 부분이 재판의 누락에 해당하여 원심에 계속 중이라고 볼 것은 아니다."고 한다(2000. 11. 16. 98다22253). 또한 "이러한 법리는 **부진정 예비적 병합의 경우에도 달리 볼 이유가 없다.**"고 한다(2021. 5. 7. 2020다292411).117)

(iii) 검 토 : 예비적 병합은 하나의 소송절차에서 관련성 있는 청구가 불가분적으로 결합된 병합의 형태이므로 일부판결을 할 수 없고, 일부판결이 허용되지 않는 소송에서는 재판누락이 있을 수 없으므로 판단누락으로 보는 견해가 타당하다.

나) 항소심의 심판방법

(i) 문제점 : 위법한 일부판결에 대하여는 판단누락을 이유로 항소를 제기할 수 있다. 이 경우에 항소심의 심판방법이 문제된다.

(ii) 학설의 대립 : ① 판결이 선고된 청구부분에 한하여 항소심에 이심된 것으로 하되, 제1심에서 사건 전체를 다시 심판할 수 있도록 사건을 제1심에 환송하자는 **임의적 환송설**과, ② 전체 소송이 항소심에 이심된 것으로 보고 제1심 판결을 취소한 다음에 각 청구에 대하여 자판하여야 한다는 **취소자판설**(다수설)이 대립된다.

---

117) [이유] 원고는 제1심에서 재산상 손해배상만을 구하다가, 항소심에 이르러 2020. 3. 5.자 준비서면 등으로써 재산상 손해배상을 주위적 청구로, 정신적 손해배상을 예비적 청구로 변경하는 방법으로 예비적 청구를 추가한 사실을 알 수 있다. 그런데 원심은 판결서에 주위적 청구와 예비적 청구를 모두 배척하는 이유를 기재하면서도 "원고의 항소를 기각한다."라는 주문만 표시하고, 항소심에서 추가된 청구에 대하여 "원고의 청구를 기각한다."라는 주문을 표시하지 않았다. 이러한 사정을 위에서 본 법리에 비추어 살펴보면, 원심판결에는 청구의 예비적 병합에 대한 법리를 오해하거나 예비적 청구에 대한 판단을 누락하여 판결에 영향을 미친 잘못이 있다. → 원고가 제1심에서 재산상 손해배상 청구만을 하다가 청구가 기각되자, 항소심에서 재산상 손해배상이 인정되지 않을 경우 예비적으로 동액의 정신적 손해배상을 구한다고 청구를 추가하였는데, 항소심에서 주문 항소기각을 하고 예비적 청구에 대하여 이유에서 배척만 하고 주문 청구기각을 하지 않은 채 상고가 된 사건에서, 위와 같은 형태의 부진정 예비적 병합 청구도 인정되고, 이 경우 상소가 제기되면 누락된 예비적 청구도 상소심으로 이심된다고 본 사례.

(ⅲ) 판례의 태도 : 판례는 "예비적 병합의 경우에는 수개의 청구가 하나의 소송절차에 불가분적으로 결합되어 있기 때문에 주위적 청구에 대하여만 판단하고 예비적 청구에 대하여 판단하지 아니한 경우에도 그 판결에 대하여 상소가 제기되면 **판단이 누락된 예비적 청구 부분 역시 상소심으로 이심이 되는 것**이다."고 하여(2002. 10. 25. 2002다23598), 취소자판설의 입장이다.

(ⅳ) 검 토 : 항소심의 속심적 구조와 소송경제의 측면에서, 다수설·판례의 입장인 취소자판설이 타당하다.

다) 예비적 청구에 대한 청구인낙의 가능성

(ⅰ) 문제점 : 예비적 병합의 성질상 변론의 분리나 일부판결이 허용될 수 없다. 따라서 예비적 청구에 대한 청구인낙을 허용하게 되면, 주위적 청구가 인용되는 경우에는 재판의 모순이 발생할 수 있기 때문에 허용여부가 문제된다.

(ⅱ) 학설의 대립 : ① **무효설**은 예비적 청구는 주위적 청구의 당부를 먼저 판단하여 그 이유 없을 때에만 심리할 수 있고 그것만 먼저 분리하여 일부판결은 허용할 수 없으므로 예비적 청구에 대한 청구의 인낙은 무효로 보아야 한다고 주장하고, ② **제한부 인낙설**은 주위적 청구가 인용이 되면 무효로 되고, 배척이 되면 유효로 되는 제한부 인낙으로 봄이 타당하다고 주장한다.

(ⅲ) 판례의 태도 : 판례는 "추가된 청구가 주위적 청구가 인용될 것을 해제조건으로 하여 청구된 것임이 분명하다면, 주위적 청구의 당부를 먼저 판단하여 이유가 없을 때에만 추가된 예비적 청구에 관하여 심리판단 할 수 있고, 추가된 예비적 청구만을 분리하여 심리하거나 일부판결을 할 수 없으며, **피고도 추가된 예비적 청구에 관하여만 인낙을 할 수도 없고, 인낙을 한 취지가 조서에 기재되었다 하더라도 인낙의 효력이 발생하지 아니한다**."고 하여 무효설의 입장이다(1995. 7. 25. 94다62017).

(ⅳ) 검 토 : 예비적 청구는 주위적 청구가 이유 없을 때에만 판단의 대상이 된다. 따라서 이러한 피고의 인낙은 원고의 처분권을 침해하므로, 판례가 타당하다.

라) 주위적 청구가 일부 인용된 경우에 예비적 청구에 대한 판단 필요성

판례는 "주위적 청구와 예비적 청구가 분할 가능한 것이고 주위적 청구가 일부만 인용되는 경우에 예비적 청구를 심리할 것인지의 여부는 당사자 의사해석에 달린 문제이므로, **주위적 청구의 일부를 특정하여 그 부분이 인용될 것을 해제조건으로 하여 그 부분에 대해서만 하는 예비적 청구**도 소송절차의 안정을 해친다거나 예비적 청구의 성질에 반하는 것이 아닌 한 허용하지 아니할 이유가 없다."고 한다(1996. 2. 9. 94다50274).[118]

또한 "원고의 주위적 청구원인이 이유 있다고 인정한 다음에 피고의 일부 항변을 받아들여 그 부분에 대한 원고의 청구를 기각하는 경우, **원고가 주위적 청구의 일부를 특정하여 그 부분이 인용될**

---

118) [이유] 이 사건의 경우, 원고는 분할 가능한 주위적 청구의 일부를 특정하여 그 부분이 인용될 것을 해제조건으로 하여 그 부분에 대해서만 예비적 청구를 한 것이라고 볼 여지가 충분하고, 이러한 형태의 예비적 병합이 소송절차의 안정을 해친다거나 예비적 청구의 성질에 반한다고 보여지지도 아니하므로, 원심으로서는 석명권을 행사하여 예비적 청구에 관한 원고의 주장 내용을 좀 더 명확하게 밝혀 보고, 예비적 청구를 하는 원고의 주장 취지가 위와 같은 것이라면, 피고의 변제 항변을 받아들여 주위적 청구의 일부를 인용하지 아니한 이상, 나아가 예비적 청구의 당부에 관하여 판단하였어야 할 것임에도, 원고의 예비적 청구가 주위적 청구의 어느 일부라도 인용될 것을 해제조건으로 한 것이라고 보아 위와 같이 판단하고 말았음은 예비적 병합에 관한 법리를 오해하고 석명권 행사를 게을리하여 필요한 심리를 다하지 아니함으로써 판결에 영향을 미친 위법을 저지른 것이니, 이 점을 지적하는 상고이유의 주장은 이유 있다.

것을 해제조건으로 하여 그 부분에 대하여만 예비적 청구를 하였다는 등의 특별한 사정이 없는 한, 주위적 청구원인에 기한 청구의 일부가 기각될 운명에 처하였다고 하여 다시 그 부분에 대한 예비적 청구원인이 이유 있는지 여부에 관하여 판단할 필요는 없다."고 한다(2000. 4. 7. 99다53742).[119]

3) 별소제기의 가능성

위법한 일부판결에 대하여 상소가 가능함에도 상소를 제기하지 않고 확정시킨 후에 별소를 제기하면, 이러한 별소는 권리보호자격이 없어서 부적법하다.

판례도 "[1] 분쟁해결을 위하여 적정한 판단을 받을 수 있도록 마련된 보다 더 간편한 절차를 이용할 수 있었음에도 그 절차를 이용하지 않았다는 사정은 소송제기에 있어 소극적 권리보호요건인 직권조사사항이다. [2] 위법한 판결로 불이익을 받게 된 당사자는 별소를 제기할 필요가 없이 간편하게 소송절차 내에서 상소를 통하여 분쟁해결을 위한 적정한 판단을 구할 길이 열려져 있으며 또한 소송경제에 맞는 방법을 통하여서만 사실심인 하급심판결에 대하여 새로 올바른 판단을 받도록 마련되어 있는 것이기에, **하급심의 판결에 위법한 오류가 있음을 알게 된 당사자가 그를 시정하기 위한 상소절차를 이용할 수 있었음에도 그를 이용하지 아니하고 당연무효가 아닌 그 판결을 확정시켰다면 그 판결은 위법한 오류가 있는 그대로 확정됨과 동시에 당사자는 그 단계에서 주어진 보다 더 간편한 분쟁해결수단인 상소절차 이용권을 스스로 포기한 것이 되어, 그 후에는 상소로 다투었어야 할 그 분쟁을 별소로 다시 제기하는 것은 특별한 사정이 없는 한, 그의 권리보호를 위한 적법요건을 갖추지 못한 때문에 허용될 수 없다.** [3] 주위적 청구를 배척하면서 예비적 청구에 대하여 판단하지 아니한 판결은 예비적 병합의 제도취지에 반하여 위법하게 되고 상고에 의하여 주위적 청구와 예비적 청구가 함께 상고심에 이심되는 것이며 예비적 청구부분의 소송의 재판이 누락되는 것은 아니다. [4] **항소심판결이 예비적 청구 부분에 관하여 전혀 판단하지 아니하였다면 당사자는 그 판결에 대하여 불복 상고하여 그 위법 부분의 시정을 받아야 하며, 당사자가 상고하여 예비적 청구에 대한 항소심의 판단이 누락되었다는 위법사유를 지적하였음에도 법률심인 상고심에서도 법률관계상의 그 쟁점에 관한 판단을 빠뜨림으로써 그 오류가 시정되지 않은 채 상고심 판결이 확정되면 당사자는 재심사유를 주장·입증하여 그 상고심 판결에 대한 재심을 구하는 길만이 남게 된다.** [5] 항소심 판결 상 예비적 청구에 관하여 이루어져야 할 판단이 누락되었음을 알게 된 당사자로서는 상고를 통하여 오류의 시정을 구하였어야 함에도 **상고로 다툴 수 없는 특별한 사정이 없었음에도 상고로 다투지 아니하여 항소심 판결을 확정시켰다면 그 후에는 예비적 청구의 전부나 일부를 소송물로 하는 별도의 소송을 새로 제기함은 부적법한 소제기**이어서 허용되지 않는다."고 한다(2002. 9. 4. 98다17145).

4) 주위적 청구의 인용에 대한 피고의 항소

원고의 주위적 청구를 인용한 판결은 전부판결에 해당한다. 따라서 피고가 항소한 경우에, 상소불

---

[119] [이유] 원고는 주위적으로는 물품판매대금을 횡령한 소외인이 판매대금을 피고를 위하여 보관하던 중 횡령한 것이라는 전제하에 피고와의 물품공급계약에 따른 물품대금청구를 하는 한편, 예비적으로는 판매대금을 원고를 위하여 보관하던 중 횡령한 것이라는 전제하에 피고의 피용자들의 감독소홀 등 불법행위를 원인으로 한 손해배상청구를 하고 있고, 원심은 원고의 주위적 청구원인이 이유 있다고 하여 피고에게 물품대금지급의무가 있음을 인정한 다음에, 피고의 소멸시효항변을 받아들여 물품대금채권의 일부가 시효로 소멸되었다고 판단하여 그 부분에 대한 원고의 청구를 기각하고 있는바, 이와 같은 경우에 원심으로서는, 원고가 주위적 청구의 일부를 특정하여 그 부분이 인용될 것을 해제조건으로 하여 그 부분에 대하여만 예비적 청구를 하였다는 등의 특별한 사정이 없는 한, 주위적 청구원인에 기한 청구의 일부가 기각될 운명에 처하였다고 하여 다시 그 부분에 대한 예비적 청구원인이 이유 있는지의 여부에 관하여 나아가 판단할 필요는 없다.

가분의 원칙상 예비적 청구도 항소심으로 이심이 되고 심판대상이 된다. 항소심의 심리 결과 **주위적 청구는 이유가 없고 예비적 청구가 이유가 있을 때**에, 항소심 법원은 **제1심 판결을 취소하고 주위적 청구를 각하 또는 기각하고 예비적 청구를 인용**하는 재판을 할 수 있다.[120] 주위적 청구와 예비적 청구가 관련성이 있어서 제1심에서 실질적으로 심리가 모두 이루어진 것이므로, 상대방의 심급의 이익을 해하는 것이 아니기 때문이다.

판례도 "원고의 주위적 청구 중 일부를 인용하고 예비적 청구를 모두 기각한 제1심 판결에 대하여 피고가 불복 항소하자 항소심이 피고의 항소를 받아들여 제1심 판결을 취소하고 원고의 주위적 청구를 기각하는 경우, 항소심은 기각하는 주위적 청구 부분과 관련된 예비적 청구를 심판대상으로 삼아 판단하여야 한다."고 한다(2000. 11. 16. 98다22253).

V. 목적물의 인도청구와 대상청구의 병합

1. 특정물·종류물 인도청구와 변론종결 뒤의 이행불능(특정물)·집행불능(특정물·종류물)에 대비한 대상청구

가. 법적 성질

이 경우는 현재의 물건인도청구(현재이행의 소)와 장래의 대상청구(장래이행의 소)를 함께 구하는 단순병합이 된다. 판례는 "어느 물건의 집행불능에 대비하여 구하는 예비적 대상청구의 성질은 이행지체로 인한 전보배상을 구하는 것이고, "인도불능일 때" 또는 "인도하지 않을 때"라는 문언은 "**집행불능의 때**"의 의미로 보아야 한다."고 한다(1975. 5. 13. 75다308).

또한 "채권자가 본래적 급부청구에다가 이에 대신할 전보배상을 부가하여 대상청구를 병합하여 소구한 경우의 대상청구는 본래적 급부청구의 현존함을 전제로 이것이 판결확정 후에 이행불능 또는 집행불능이 된 경우에 대비하여 전보배상을 미리 청구하는 경우로서, 양자의 경합은 현재의 급부청구와 장래의 급부청구와의 단순병합에 속한다 할 것이고, **이 경우 대상금액의 산정시기는 사실심 변론 종결당시의 본래적 급부 가격을 기준으로 산정하여야 한다**."고 한다(1975. 7. 22. 75다450).

나. 판단방법

이 경우에 물건인도청구가 인용되는 경우에 법원은 대상청구도 판단하여 별도의 주문을 선고해야 한다. 그러나 물건인도청구가 이유가 없을 경우에 법원은 대상청구에 대하여 심리할 필요 없이 배척하면 된다. 판례도 "본위적 청구에 부가한 대상청구에 대하여는 **본위적 청구가 이유 없는 때에는 예비적 청구**(단순병합)**인 대상청구에 관하여는 심리할 필요 없이 배척**하여야 할 것이다."고 한다(1969. 10. 28. 68다158).

또한 "채권자가 본래적 급부청구에 이를 대신할 전보배상을 부가하여 대상청구를 병합하여 소구한 경우 대상청구는 본래적 급부청구권이 현존함을 전제로 하여 이것이 **판결확정 전에 이행불능되거나 또는 판결확정 후에 집행불능이 되는 경우**에 대비하여 전보배상을 미리 청구하는 경우로서, 양자의 병합은 현재 급부청구와 장래 급부청구의 단순병합에 속하는 것으로 허용된다. 이러한 대상청구를

---

120) [주문] 1. 제1심 판결을 취소한다. 2. 이 사건 소 중 주위적 청구 부분을 각하한다. / 원고의 주위적 청구를 기각한다. 3. 피고는 원고에게 ~를 이행하라.

본래의 급부청구에 예비적으로 병합한 경우에도 **본래의 급부청구가 인용된다는 이유만으로 예비적 청구에 대한 판단을 생략할 수는 없다.**"고 한다(2011. 8. 18. 2011다30666).

따라서 "甲이 乙을 상대로 주위적으로 근저당권설정등기의 회복등기절차 이행을 구하면서, 예비적으로 乙이 丙과 공모하여 등기를 불법말소한 데 대한 손해배상금과 지연손해금 지급을 구하였는데, 제1심법원이 주위적 청구를 인용하면서 예비적 청구를 기각하였고, 甲이 기각된 부분에 대하여 항소를 제기하자, 원심법원이 주위적 청구가 인용되어 전부 승소한 甲에게는 항소를 제기할 이익이 없다는 이유로 이 부분 항소를 각하한 사안에서, **예비적 청구는 주위적 청구인 근저당권설정등기 회복의무가 이행불능 또는 집행불능이 될 경우를 대비한 전보배상으로서 대상청구라고 보아야 하고, 이러한 주위적·예비적 병합은 현재 급부청구와 장래 급부청구의 단순병합**에 속하므로, 甲이 항소한 부분인 예비적 청구의 당부를 판단하여야 함에도 주위적 청구가 인용된 이상 예비적 청구는 판단할 필요가 없다고 보아 이 부분 항소를 각하한 원심판결에는 법리오해 등의 위법이 있다."고 하였다.

한편 "[1] 채권자가 **본래적 급부청구인 부동산소유권이전등기 청구에다가 이에 대신할 전보배상을 부가하여 대상청구를 병합하여 소구한 경우의 대상청구**는 본래적 급부청구권이 현존함을 전제로 이것이 **판결확정 전에 이행불능되거나 또는 판결확정 후에 집행불능이 되는 경우**에 대비하여 전보배상을 미리 청구하는 경우로서 그 중 후자의 양자의 병합은 현재의 급부청구와 장래의 급부청구와의 단순병합에 속하는 것으로 허용되고, 또 부동산소유권이전등기를 명하는 판결이 확정된 후 또는 판결확정과 동시에 집행이 불능한 것이 되어 별소로 전보배상을 구하는 것도 당연히 허용되며, 이는 부동산소유권이전등기 말소청구권의 경우에도 마찬가지이다. [2] 부동산소유권이전등기 말소등기의무가 이행불능이 됨으로 말미암아 권리자가 입는 손해액은 원칙적으로 이행불능이 될 당시의 목적물의 시가 상당액이고, 또 위와 같이 현재의 급부청구와 장래의 집행불능이 되는 경우에 대비한 대상청구가 병합된 경우가 아니라, **현재의 급부청구의 이행을 명하는 판결이 확정된 뒤에 또는 판결 확정과 동시에 급부의무가 집행불능이 되는 경우**의 전보배상액도 집행불능이 된 당시의 목적물의 시가 상당액으로 보아야 한다. [3] 갑이 을을 강박하여 그에 따른 하자있는 의사표시에 의하여 부동산에 관한 소유권이전등기를 마친 다음 타인에게 매도하고 소유권이전등기를 경료하여 준 경우, 그 부동산에 관한 을의 명의수탁자가 등기명의인을 상대로 제기한 소유권이전등기 말소청구소송 등이 패소 확정된 때에 갑의 부동산에 대한 소유권이전등기 말소등기의무가 집행불능에 이르렀다."고 한다(2006. 1. 27. 2005다39013).

또한 "**채권적 청구권에 기하여 물건의 인도를 구함과 동시에 집행불능에 대비하여 손해배상을 구하는 경우, 대상적 급부인 손해배상청구는 민법 제390조의 이행불능으로 인한 전보배상 또는 민법 제395조의 이행지체로 인한 전보배상을 구하는 것**으로서, 이러한 청구의 병합은 현재의 급부청구인 본래적 급부청구와 사실심 변론종결 후에 발생하는 장래의 급부청구인 대상적 급부청구의 단순병합에 해당한다. 대상적 급부로서 이행지체로 인한 전보배상을 구하여 본래적 급부의 이행과 함께 대상적 급부의 이행을 명한 판결이 선고되고, 그에 기초하여 본래적 급부에 대한 강제집행에 착수하였으나 그것이 집행불능이 되어 대상적 급부청구권이 발생하면, **채권자는 본래적 급부에 대한 수령을 거절할 수 있게 된다**(민법 제395조 참조). 따라서 그 후 채무자가 임의로 본래적 급부를 제공하더라도 **채권자가 이를 수령하는 등의 특별한 사정이 없는 한 그로써 바로 본래적 급부에 관한 의무 이행의 효력이 발생한다고 볼 수 없다**. 나아가 가집행선고부 판결의 집행력은 후일 본안판결 또는 가집행선고가 취소·변경될 것을 해제조건으로 선고 즉시 발생하므로, **본래적 급부의 이행과 함께 대상적 급부의 이행을 명한 판결이 확정되기 전에 가집행선고부 판결에 기하여 한 본래적 급부에 대한 강제집행이 집행불능에 이른 경우에도 이후 판결 또는 가집행선고가 취소·변경되지 않는 한 집행불능의 시점에 대상적 급부청구권이 발생한다."고 한다(2024. 7. 25. 2021다239905).

2. 특정물의 인도청구와 변론종결 전의 이행불능에 대비한 전보배상의 청구

가. 법적 성질

이는 특정물에 대한 물건인도청구가 변론종결시점에서 이행불능임을 이유로 기각될 것에 대비하여 전보배상을 청구하는 것이므로 예비적 병합이 된다. 종류물에 대하여는 이행불능의 문제가 발생하지 않으므로, 이러한 예비적 병합은 특정물의 경우에만 문제가 된다.

나. 판단방법

법원은 제1차적 청구를 심리하여 이행이 가능하다고 판단하면 제2차적 청구에 관하여는 판단할 필요가 없으나, 제1차적 청구가 변론종결 전에 이미 이행불능이라고 판단하면 제1차적 청구를 기각하고 제2차적 청구에 대하여 판단하여야 한다.

판례도 "청구자가 소송상 특정물의 인도와 인도할 수 없는 때는 그 가격에 상당하는 금액의 지급을 청구한 경우, 제2위의 청구는 제1위의 청구에 갈음할 손해배상의 청구라고 해석함이 타당하며, 이 경우 <u>제1위의 청구가 이유 없는 경우에 한하여 제2위의 청구를 하는 예비적인 병합의 경우와, 제1위의 청구와 제2위의 청구를 동시에 청구하여 제2위의 청구는 제1위의 청구의 보충적 청구인 임의적인 병합의 경우</u>가 있어, 최종변론종결 당시 제1위의 청구의 이행이 가능한 경우에는 위의 각 경우에 있어서 결론에 차이가 있으나 이행이 불능한 경우에는 어느 경우를 막론하고 제1위의 청구가 이유 없다고 하여 그것을 이유로 제2위의 청구를 배척할 수 없는 것이다."고 한다(1962. 6. 14. 62다172).

제02절 청구의 변경

> 제262조(청구의 변경) ① 원고는 청구의 기초가 바뀌지 아니하는 한도 안에서 변론을 종결할 때(변론 없이 한 판결의 경우에는 판결을 선고할 때)까지 청구의 취지 또는 원인을 바꿀 수 있다. 다만, 소송절차를 현저히 지연시키는 경우에는 그러하지 아니하다.
> ② 청구취지의 변경은 서면으로 신청하여야 한다.
> ③ 제2항의 서면은 상대방에게 송달하여야 한다.
>
> 제263조(청구의 변경의 불허가) 법원이 청구의 취지 또는 원인의 변경이 옳지 아니하다고 인정한 때에는 직권으로 또는 상대방의 신청에 따라 변경을 허가하지 아니하는 결정을 하여야 한다.

I. 서 설

1. 의의 및 취지

청구의 변경이란 소송계속 후에 법원과 당사자의 동일성을 유지하면서 원고가 동일 피고에 대한

본래의 청구(소송물)**를 변경하는 것**을 말한다. 소송 중에 청구를 변경하는 것은 절차를 불안정하게 하는 측면이 있지만, 소송 중에 상황이 변화된 경우에는 청구의 변경을 허용하여 종래의 심리결과를 이용하도록 하면서 새로운 청구에 대해서 심리하는 것이 소송경제의 측면에서 합당하기 때문에 청구의 변경이 인정된다.

2. 청구의 변경이 문제되는 경우

가. 청구취지의 변경

1) 원 칙

소의 종류를 달리하는 경우나 심판의 대상이나 내용을 바꾸는 경우는 피고에게 예기하지 않았던 판결을 받을 가능성이 생겼기 때문에 청구의 변경이 된다.

2) 심판의 범위를 변경하는 경우

가) 청구의 확장의 경우

상환이행청구에서 단순이행청구로 바꾸는 경우와 같은 질적 확장과, 금전채권 중 일부를 청구하다가 잔부까지 구하는 양적 확장이 있다. 청구의 확장은 피고의 방어권에 영향을 미치므로 청구의 변경으로 보아야 한다.

판례도 "매매 또는 취득시효 완성을 원인으로 하는 소유권이전등기청구소송에서 그 대상을 **1필지 토지의 일부에서 전부로 확장하는 것**은 청구의 양적 확장으로서 소의 추가적 변경에 해당하고, 동일 부동산에 대하여 **이전등기를 구하면서 등기청구권의 발생원인을 처음에는 매매로 하였다가 후에 취득시효의 완성을 선택적으로 추가하는 것**도 단순한 공격방법의 차이가 아니라 별개의 청구를 추가시킨 것이므로 소의 추가적 변경에 해당한다."고 한다(1997. 4. 11. 96다50520).

나) 청구의 감축의 경우

청구의 감축도 금전청구에서 양적으로 축소하는 양적 감축과, 단순이행청구에서 상환이행청구로 질적으로 축소하는 질적 감축이 있다. 청구의 감축은 피고의 방어를 고려할 필요가 없으므로 청구의 변경이 아니라는 것이 통설·판례의 입장이나, 감축된 한도에서 일부취하인가 일부포기인가가 문제된다.

원고의 의사가 불분명한 경우에 일부포기로 보게 되면 포기조서가 작성되고 감축된 부분에 기판력이 생길 것이기 때문에 원고에게 유리하게 소의 일부취하로 보는 것이 타당하다. 판례도 "**소송상 청구금액을 감축한다는 것은 소의 일부취하**를 뜻한다."고 한다(1993. 9. 14. 93누9460).

3) 청구취지의 보충·정정

청구취지를 보충·정정하는 것은 불분명한 청구취지를 명백히 하는 것이므로, 청구의 변경이 아니다. 판례도 "**청구취지 기재 자체만으로 보아서는 당사자가 주장하는 소송물인지 분명하지 아니하나 청구원인으로써 당사자가 소송물인 점을 주장하고 있다면, 법원은 청구취지가 청구원인 사실에서 주장하는 것과 같은 지를 해명하여야 할 것이고, 뒤에 청구취지를 청구원인 사실대로 변경하여 명확히 한때에는 새로운 청구라고 볼 수는 없다.**"고 한다(1982. 9. 28. 81누106). 또한 "**소장에서 심판을 구하는 대상이 불분명한 경우 이를 명확하게 하기 위하여 청구취지를 보충·정정하는 것**은 청구의 변경에 해당하지 아니한다."고 한다(2008. 2. 1. 2005다74863).

나. 청구원인의 변경

(ⅰ) 일반적인 청구에서 청구원인의 변경은 ㉠ 구소송물이론에 의하면 청구의 변경이 된다. ㉡ 신소송물이론 중 이분지설에 의하면 청구원인을 구성하는 사실관계를 바꾸는 경우에는 청구의 변경이 된다. ㉢ 신소송물이론 중 일분지설에 의하면 공격방법의 변경이 된다. (ⅱ) 금전지급이나 대체물인도청구에서 청구원인의 사실관계를 변경하는 경우는 신소송물이론·구소송물이론을 막론하고 청구의 변경으로 된다.

다. 공격방법의 변경

어느 소송물이론에 의하더라도 공격방법만을 변경하는 경우는 청구의 변경이 아니다. 판례는 "가등기에 기한 본등기청구를 하면서 등기원인을 매매예약 완결이라고 주장하는 한편 가등기의 피담보채권을 처음에는 대여금채권이라고 주장하였다가 나중에는 손해배상채권이라고 주장한 경우, **가등기에 기한 본등기청구의 등기원인은 주장의 변경에 관계없이 매매예약 완결이므로 등기원인에 변경이 없어 청구의 변경에 해당하지 아니하고**, 가등기로 담보되는 채권이 무엇인지는 공격방어방법에 불과하다."고 한다(1992. 6. 12. 92다11848).

또한 "채권자가 사해행위취소 및 원상회복청구를 하면서 **보전하고자 하는 채권을 추가하거나 교환하는 것은 사해행위취소권과 원상회복청구권을 이유 있게 하는 공격방법에 관한 주장을 변경**하는 것일 뿐이지 소송물 또는 청구 자체를 변경하는 것이 아니므로, 채권자가 보전하고자 하는 채권을 달리하여 동일한 법률행위의 취소 및 원상회복을 구하는 채권자취소의 소를 이중으로 제기하는 경우 전소와 후소는 소송물이 동일하다고 보아야 하고, 이는 전소나 후소 중 어느 하나가 승계참가신청에 의하여 이루어진 경우에도 마찬가지이다."고 한다(2012. 7. 5. 2010다80503).

Ⅱ. 청구의 변경의 형태

1. 교환적 변경

가. 의의 및 법적 성질

교환적 변경이란 구청구에 갈음하여 신청구를 제기하는 것을 말한다. (ⅰ) 교환적 변경의 법적 성질에 대하여, (ⅱ) 학설은 ① 제262조의 독자적인 제도로서 고유의 소 변경이라는 견해와, ② 신소의 제기와 구소의 취하의 결합으로 보는 결합설(다수설)이 대립된다. (ⅲ) 판례는 "교환적 변경은 **신청구의 추가적 병합과 구청구의 취하의 결합형태**로 볼 것이다."고 하여(1987. 6. 9. 86다카2600), 결합설의 입장이다. (ⅳ) 소수설은 구청구의 취하가 포함되었다고 볼 필요가 없다는 견해이므로, 구청구를 소멸시킨다는 당사자의 의사를 존중한다는 의미에서 결합설이 타당하다.

나. 피고의 동의가 필요한지 여부

1) 문제점

피고가 본안에 응소한 후에 원고가 교환적 변경을 하는 경우에 피고의 동의가 필요한지 문제된다.

2) 학설의 대립

① 구청구가 취하되는 것이므로 피고의 동의가 필요하고, 피고의 동의가 없는 경우에는 추가적 변경이 된다는 견해, ② 청구기초가 동일하여 피고의 방어권에 불이익이 없는 점을 근거로 피고의 동의가 필요하지 않다는 견해, ③ 청구의 변경을 독자적인 제도로 보는 입장에서 제262조에서 피고의 동의를 요구하지 않으므로 동의가 필요 없다는 견해가 대립된다.

3) 판례의 태도

판례는 "교환적인 청구의 변경에서도 변경 전·후의 청구의 기초사실의 동일성에 영향이 없으므로, **구 청구에 대하여 취하에 준하는 피고의 동의를 필요로 하지 않는다.**"고 한다(1962. 1. 31. 4294민상310).

4) 결 론

청구의 변경에는 청구기초의 동일성이 요구되어 피고의 방어권에 문제가 없다는 점, 제262조에서 피고의 동의를 요구하지 않는다는 점에서 판례가 타당하다.

2. 추가적 변경

추가적 변경이란 **구청구를 유지하면서 신청구를 추가로 제기하는 경우**이다. 이는 청구의 후발적 병합에 해당하므로 청구의 병합요건(제253조)을 필요로 한다. 단순병합·선택적 병합·예비적 병합의 형태로 추가적 병합이 행하여진다. 추가적 변경에 의하여 소가가 단독판사의 사물관할을 초과하는 때에는 변론관할이 생기지 않는 한 합의부로 이송을 하여야 한다.

판례는 "소의 추가적 변경이 있는 경우 추가된 소의 소송계속의 효력은 서면을 상대방에게 송달하거나 변론기일에 교부한 때에 생긴다."고 한다(2021. 5. 13. 2020다71690). 또한 "원고 패소의 제1심판결에 대하여 원고가 항소한 후 항소심에서 예비적 청구를 추가하면 항소심이 **주위적 청구에 대한 항소가 이유 없다고 판단한 경우에는 예비적 청구에 대하여 제1심으로 판단**하여야 한다."고 한다 (2017. 3. 30. 2016다253297).[121]

3. 변경형태가 불명한 경우

판례는 "소의 변경이 교환적인가 추가적인가 선택적인가의 여부는 당사자의 의사해석에 의할 것이므로, **당사자가 구 청구를 취하한다는 명백한 표시 없이 새로운 청구로 변경하는 등으로 변경형태가 불분명한 경우에는 사실심 법원으로서는 청구변경의 취지가 교환적인가 추가적인가 선택적인가의 점을 석명할 의무가 있다.**"고 한다(2009. 1. 15. 2007다51703). 또한 "**구청구를 취하한다는 명백한 표시가 없이 신청구를 한 경우에 신청구가 부적법하여 법원의 판단을 받을 수 없는 청구인 경우까지도 구청구가 취하되는 교환적 변경이라고 볼 수는 없다.**"고 한다(1975. 5. 13. 73다1449).

---

[121] [이유] 원고의 청구가 제1심에서 기각된 후 원고가 항소하면서 예비적 청구를 추가한 사실은 앞서 본 바와 같은바, 원심이 추가된 예비적 청구의 일부를 인용하는 경우에는 제1심판결 중 인용하는 금액에 해당하는 원고 패소 부분을 취소하고 그 인용금액의 지급을 명할 것이 아니라, 원고의 항소를 기각하고 새로이 추가된 예비적 청구에 따라 인용금액의 지급을 명하였어야 한다.

Ⅲ. 요건

1. 청구기초의 동일성이 있을 것

가. 청구기초 동일성의 판단기준

1) 학설의 대립

① 사실적인 분쟁이익 자체가 공통적인 때로 보는 **이익설**, ② 청구의 기본적 사실의 동일성으로 보는 **기본적 사실동일설**, ③ 신청구와 구청구의 사실자료 사이에 심리의 계속적 시행을 정당화하는 정도의 공통성이 있는 경우라는 **사실자료동일설**, ④ 신청구와 구청구의 재판자료 및 이익관계가 공통적인 경우로 보는 **병용설**이 대립된다.

2) 판례의 태도

판례는 "채권자의 각 청구가 **동일한 생활사실 또는 경제적 이익에 관한 분쟁에 있어서 해결방법에 차이가 있음에 불과하고 청구의 기초에 변경이 있는 것이 아닌 경우**에는 각 청구취지 및 청구원인의 변경을 인정할 수 있다."고 하여(1997. 4. 25. 96다32133),[122)] 기본적으로는 이익설의 입장이다.

3) 검토

사실적인 분쟁이익이 공통적인 경우에는 기본적 사실이나 소송자료가 동일할 것이므로, 이익설이 타당하다.

나. 청구기초 동일성의 법적 성질 : 사익적 규정

청구기초의 동일성 요건은 피고의 방어목표가 예상 밖으로 변경되어 입는 불이익을 방지하기 위한 것이므로, 사익적 규정이다. 따라서 이의권의 포기·상실 대상이 되므로, 피고가 청구의 변경에 동의하거나 이의 없이 변론하는 때에는 청구기초의 동일성 요건을 갖추지 아니하여도 청구의 변경이 허용된다.

판례도 "청구의 변경에 대하여 상대방이 지체 없이 이의하지 아니하고 변경된 청구에 관한 본안의 변론을 한 때에는 상대방은 더 이상 청구변경의 적법 여부에 대하여 다투지 못한다."고 하고(2011. 2. 24. 2009다33655), "청구기초가 변경되었지만 피고가 이의를 제기한 바 없이 청구변경이 받아들여져 제1심 및 제2심 판결이 선고된 이상, 피고는 이의권을 상실하여 더 이상 다툴 수 없다."고 한다 (1992. 12. 22. 92다33831).

다. 구체적 판례

1) 청구기초의 동일성을 긍정한 판례

ⓐ 광업권의 공유지분권의 확인청구나 광업권을 처분하였으므로 생긴 지분권에 대신할 손해배상청구는 모두 같은 광업권의 공유관계에서 발생한 권리관계로서 청구의 기초에 변경이 없다(1962. 1. 31. 4294민상310).

---

122) [이유] 원고는 소유권이전등기의 말소등기절차의 이행을 청구하였다가, 제1심에 제출된 청구취지 및 원인 변경신청서에 의하여, 대물변제를 원인으로 한 소유권이전등기절차의 이행을 구하는 것으로 청구취지를 변경하였고, 원심에 이르러 청구취지 및 청구원인 변경신청서에 의하여, 매매를 원인으로 한 소유권이전등기절차의 이행을 구하는 것으로 청구취지를 변경하였음을 알 수 있는바, 원고의 각 청구는 청구의 기초에 변경이 있는 것이 아니므로, 원심이 청구취지 및 청구원인의 변경을 받아들여 판단한 조치는 정당하다.

ⓑ 대지인도 및 지상물 철거청구에 있어 **대지표시는 제1심과 같고 대지상의 철거의 대상만을 달리하여 청구취지를 변경한 경우**에는 청구의 기초에 변경이 있는 것이라고는 할 수 없다(1962. 4. 18. 4294민상1145).

ⓒ **원래의 청구는 명의신탁해지를 원인으로 한 소유권이전등기청구**이고, 변경 후의 청구는 **피고의 소유권이전등기의무의 이행불능임을 전제로 한 손해배상청구**라도 청구의 기초에 변경이 없다(1969. 7. 22. 69다413).

ⓓ 동일한 **매매계약관계에 기하여 소유권이전등기의 이행**을 구하였다가 예비적으로 **매매계약 해제로 인한 계약금반환청구**를 추가한 경우에는 청구기초에 변경이 없다(1972. 6. 27. 72다546).

ⓔ [1] 보전처분의 피보전권리와 본안의 소송물인 권리는 엄격히 일치함을 요하지 않으며 청구의 기초의 동일성이 인정되는 한 그 보전처분에 의한 보전의 효력은 본안소송의 권리에 미치고, 동일한 생활 사실 또는 동일한 경제적 이익에 관한 분쟁에 있어서 그 해결 방법에 차이가 있음에 불과한 청구취지 및 청구원인의 변경은 청구의 기초에 변경이 없다고 할 것이다. [2] 가처분의 본안소송에서 그 청구취지와 청구원인을 **원래의 원인무효로 인한 말소등기청구에서 명의신탁해지로 인한 이전등기청구로 변경한 것은 동일한 생활 사실 또는 동일한 경제적 이익에 관한 분쟁에 관하여 그 해결 방법을 다르게 한 것일 뿐이어서 청구의 기초에 변경이 있다고 볼 수 없고**, 이와 같이 가처분의 본안소송에서 청구의 기초에 변경이 없는 범위 내에서 적법하게 청구의 변경이 이루어진 이상, 변경 전의 말소등기청구권을 피보전권리로 한 위 가처분의 효력은 후에 본안소송에서 청구변경된 이전등기청구권의 보전에도 미친다고 본 사례(2001. 3. 13. 99다11328).

ⓕ 채권자가 가처분의 피보전권리로 **매매를 원인으로 한 소유권이전등기청구권**을 주장하면서 신청원인으로 주장한 사실과 같은 사실을 본안소송에서 청구원인으로 주장하였고, 다만 **주위적 청구취지로 직접의 이전등기청구를 하고, 예비적으로 채권자대위권에 기하여 제3자에 대한 이전등기청구를 하여 예비적 청구에 대하여 승소확정판결을 받은** 사안에서, 가처분의 피보전권리와 본안소송의 소송물인 권리 사이에 청구의 기초의 동일성이 인정되므로 가처분에 의한 보전의 효력이 승소확정판결을 받은 본안소송의 권리에 미친다고 본 사례(2006. 11. 24. 2006다35223).

ⓖ 원고가 제2 내지 제4 부동산에 대하여 소유권보존등기의 말소 및 토지인도를 제1심에서 구하다가 항소심에 이르러 제1심에서 청구하지 아니하였던 제1부동산의 소유권보존등기의 말소 및 토지의 인도를 추가하여 청구하였다면 이는 제2 내지 제4 부동산에 대한 그것과 **동일원인에 기인하는 수량적 청구의 확장에 불과하여 청구의 기초에 변경이 있다고 볼 수 없고**, 소송경제상으로 보나 당사자 보호의 필요상으로 보아 항소심에서 청구의 변경을 허용한 원심의 조치는 타당하고 확장 부분의 청구원인에 대하여 실질적 심리를 마친 것이므로 심급의 이익을 박탈한 결과가 되는 것이 아니다(1984. 2. 14. 83다카514).

ⓗ 원고는 주위적 청구로서 **원고는 피고로부터 부동산을 매수하였다는 것을 이유로 원고에게 부동산에 관한 소유권이전등기를 이행하라는 청구**를 하였다가 예비적으로 **원고는 부동산을 소외 1로부터 매수하였고 소외인은 피고로부터 매수하였다는 것을 이유로 원고는 소외 1을 대위하여 피고는 소외 1에게 부동산의 소유권이전등기를 이행하라고 청구**하였음은 소론과 같으나, 청구원인사실은 피고가 등기의무를 부담하고 있는 부동산 소유권을 원고가 직접 취득한 것인가 또는 소외 1을 통하여 취득한 것인가의 차이가 있을 뿐이니 기초에 변경이 없다(1971. 10. 11. 71다1805).

ⓘ 원고는 청구원인을 **소비대차계약**에 인한 것으로 주장하였다가 **준소비대차계약**에 인한 것으로 변경하였음이 분명하므로 청구의 기초에 변경이 없다(1963. 5. 9. 63다131).

2) 청구기초의 동일성을 부정한 판례

ⓐ 국세징수법 제24조 제1항에 의한 체납처분인 압류처분과 동법 제50조·제53조에 의한 압류해제신청에 대한 보류처분은 처분의 상대방과 이유를 달리하는 별개의 독립의 처분이므로, **압류처분의 취소청구에서 압류해제신청에 대한 보류처분의 취소청구로 소변경을 하는 것**은 청구의 기초에 변경이 있어 허용될 수 없다(1979. 5. 22. 79누37).

ⓑ 원고는 제1심에서 **피고의 원고에 대한 미완성 건물에 관한 건축청부공사보상금채권의 부존재확인**을 구하고 항소심에서 **미완성건물의 원고소유권확인과 공사비초과지불금의 반환**을 구하였음이 명료한 바, 소송물인 법률관계의 기초가 되는 사실관계에 변경이 있는 것이다(1957. 9. 26. 4290민상230).

2. 소송절차를 현저히 지연시키지 않을 것

청구의 변경은 소송절차를 현저히 지연시키지 아니할 경우에 허용된다(제262조 제1항 단서). 이는 청구기초에 동일성이 있더라도, 구청구에 대한 심리가 마쳐지고 신청구에 대하여는 새로운 사실관계의 심리와 새로운 소송자료의 제출을 필요로 하는 경우는 별소를 제기해야 한다는 취지이다. 이 요건은 **공익적 요건**에 해당하기 때문에 피고의 이의가 없어도 법원이 직권으로 조사할 수 있다.

판례는 "청구의 변경은 소송절차를 현저히 지연시키는 경우가 아닌 한 청구의 기초가 바뀌지 아니하는 한도 안에서 **사실심 변론종결시까지 할 수 있고**, 동일한 생활사실 또는 동일한 경제적 이익에 관한 분쟁에 있어서 해결방법에 차이가 있음에 불과한 청구취지 및 청구원인의 변경은 청구의 기초에 변경이 없다고 할 것이며, **새로운 청구의 심리를 위하여 종전 소송자료를 대부분 이용할 수 있는 경우에는 소송절차를 지연케 함이 현저하다고 할 수 없다.**"고 한다(2009. 3. 12. 2007다56524).

또한 "제1조 제1항은 민사소송의 이상을 공정·신속·경제에 두고 있고, 신속·경제의 이념을 실현하기 위해서는 소송지연을 막을 필요가 있다. 원고는 청구의 기초가 바뀌지 않는 한도에서 변론을 종결할 때까지 청구의 취지 또는 원인을 바꿀 수 있지만, 소송절차를 현저히 지연시키는 경우에는 허용되지 않는다(제262조 제1항). **청구의 변경이 있는 경우에 법원은 새로운 청구를 심리하기 위하여 종전의 소송자료를 대부분 이용할 수 없고 별도의 증거제출과 심리로 소송절차를 현저히 지연시키는 경우에는 허용하지 않는 결정을 할 수 있다.**"고 한다(2017. 5. 30. 2017다211146).

3. 사실심에 계속되고 변론종결전일 것

가. 내 용

청구의 변경은 사실심 변론종결시까지 가능하고, 무변론 판결의 경우에는 판결을 선고할 때까지 할 수 있다(제262조 제1항 본문). 따라서 판례는 "법률심인 상고심에서의 청구취지의 정정이나 변경은 허용되지 아니한다."고 한다(1995. 5. 26. 94누7010). 이는 청구의 변경은 신소가 제기되는 것이기 때문이다.

나. 항소심에서의 청구의 변경

판례는 "당사자 사이에 항소취하의 합의가 있는데도 항소취하서가 제출되지 않는 경우 상대방은 이를 항변으로 주장할 수 있고, 항소심 법원은 항소의 이익이 없다고 보아 항소를 각하함이 원칙이다. 교환적 변경은 기존 청구의 소송계속을 소멸시키고 새로운 청구에 대하여 법원의 판단을 받고자 하는 소송법상 행위이다. **항소심의 소송절차에는 특별한 규정이 없으면 제1심의 소송절차에 관한 규정이 준용되므로**(제408조), **항소심에서도 교환적 변경을 할 수 있다.** 청구의 변경 신청이나 항소취하는 법원에 대한 소송행위로서, 청구취지의 변경은 서면으로 신청하여야 하고(제262조 제2항), 항소 취하는 서면으로 하는 것이 원칙이나 변론 또는 변론준비기일에서 말로 할 수도 있다(제393조 제2항, 제266조 제3항). **항소심에서 교환적 변경 신청이 있는 경우 그 시점에 항소취하서가 법원에 제출되지 않은 이상 법원은 특별한 사정이 없는 한 제262조에서 정한 청구변경의 요건을 갖추었는지에 따라 허가 여부를 결정하면 된다.** 항소심에서 교환적 변경이 적법하게 이루어지면, 교환적 변경에 따라 항소심의 심판대상이었던 제1심 판결이 실효되고 항소심의 심판대상은 새로운 청구로 바뀐다. 이러한 경우 **항소심은 제1심 판결이 있음을 전제로 한 항소각하 판결을 할 수 없고, 사실상 제1심으로서 새로운 청구의 당부를 판단하여야 한다.**"고 한다(2018. 5. 30. 2017다21411).

또한 "**피고의 항소로 인한 항소심에서 교환적 변경**이 적법하게 이루어졌다면, 제1심 판결은 교환적 변경에 의한 소취하로 실효되고 항소심의 심판대상은 새로운 소송으로 바뀌어지고 항소심이 사실상 제1심으로 재판하는 것이 되므로, **그 뒤에 피고가 항소를 취하하더라도 항소취하는 그 대상이 없어 아무런 효력을 발생할 수 없다.**"고 한다(1995. 1. 24. 93다25875).

또한 "민사항소심은 속심제로서 항소심에서도 교환적 변경이 가능하며 이 경우에는 구 청구의 취하의 효력이 발생할 때에 소송계속은 소멸되므로, **항소심에서는 구 청구에 대한 제1심 판결을 취소할 필요 없이 신청구에 대하여만 제1심으로서 판결을 하게 된다.**"고 한다(1989. 3. 28. 87다카2372).

또한 "항소심에서도 청구의 기초에 변경이 없는 한 **청구의 확장 변경**이 가능하다."고 한다(1969. 12. 26. 69다406).

4. 청구의 병합의 일반요건을 갖출 것

신·구청구가 동종의 소송절차에 의하여 심리될 수 있어야 한다(제253조). 또한 신청구가 구청구와는 다른 법원의 전속관할에 속하여서는 안 된다. 즉 수소법원에 공통의 관할이 있을 것이 요구된다.

Ⅳ. 절차 및 효과

1. 청구의 변경의 절차

청구의 변경은 처분권주의 원칙상 원고의 신청에 의하여야 한다. 즉 청구취지의 변경은 서면으로 신청하여야 한다(제262조 제2항). 다만 제262조 제2항의 반대해석상 청구원인의 변경은 구술로 해도 무방하다. 판례도 "항소법원에 대하여 여하한 판결을 구하느냐의 신청은 반드시 서면에 의할 필요가 없으므로, 항소장에 기재하지 아니한 예비적 청구도 구두로서 진술하면 불복항소의 범위에 포함되어 이심의 효력이 있다."고 한다(1965. 4. 6. 65다170).

한편 판례는 "청구취지의 변경은 서면으로 신청하여야 한다(제262조 제2항). 그러나 나아가 청구취지를 변경하기 위하여 반드시 '청구취지 변경신청서'라는 제목 내지 형식을 갖춘 서면이 필요한 것은 아니고, **준비서면의 형식에 따른 서면이라도 그 때까지 이루어진 소송의 경과 등에 비추어 그 내용이 청구취지를 변경하는 뜻을 포함하고 있다면 서면에 의한 청구취지의 변경이 있는 것으로 볼 수 있을 것이다.**"고 한다(2009. 5. 28. 2008다86232).

2. 청구의 변경의 효과

청구취지 변경신청의 서면은 신청구의 소장에 해당하므로, 지체 없이 상대방에게 송달하여야 한다

(제262조 제3항). 판례도 "소의 추가적 변경이 있는 경우 추가된 소의 소송계속의 효력은 그 서면을 상대방에게 송달하거나 변론기일에 교부한 때에 생긴다."고 한다(1992. 5. 22. 91다41187).

한편, 판례는 "**청구취지를 변경하여 구소가 취하되고 새로운 소가 제기된 것으로 변경되었을 때에 새로운 소에 대한 제소기간의 준수 등은 원칙적으로 소의 변경이 있은 때를 기준으로 하여야 한다.**"고 하고(2004. 11. 25. 2004두7023), "아파트입주자대표회의가 직접 하자보수에 갈음한 손해배상청구의 소를 제기하였다가 구분소유자들로부터 손해배상채권을 양도받아 양수금청구를 하는 것으로 청구원인을 변경한 사안에서, **소를 제기한 때가 아니라 청구원인을 변경하는 취지의 준비서면을 제출한 때에 소멸시효 중단의 효과가 발생한다.**"고 한다(2009. 2. 12. 2008다84229).

V. 심 판

1. 청구변경에 대한 조치

청구의 변경인지 여부는 법원의 직권조사사항이므로, 법원은 청구의 변경이 적법한 경우에 별도로 청구변경을 허가한다는 뜻의 재판을 하지 않고 신청구에 대하여 심리를 속행한다. 만일 상대방이 다툴 때에는 제263조를 준용하여 결정으로 청구변경의 적법성을 중간판결이나 종국판결의 이유에서 판단하면 된다.

2. 청구변경의 허가와 불허

(ⅰ) 청구변경의 허가조치에 관하여는 소송경제상 불복할 수 없고, 이 경우에 구청구의 소송자료는 신청구의 자료로 된다. (ⅱ) 청구변경의 요건을 갖추지 못하여 부적법하다고 인정할 때에 법원은 불허결정을 하여야 한다(제263조). 판례는 "청구취지변경을 불허한 결정에 대하여는 독립하여 항고할 수 없고 **종국판결에 대한 상소로써만 다툴 수 있다.**"고 한다(1992. 9. 25. 92누5096).

3. 청구변경의 간과

가. 교환적 변경을 간과하여 구 청구를 심판한 경우

교환적 변경이 있으면 구청구의 소송계속은 소멸하고 신청구의 당부만이 심판대상이 되는데 원심법원이 이를 간과하고 구청구를 심판한 경우에는 위법한 판결이 된다. 따라서 상급심에서는 원판결을 취소(또는 파기)하고, 구 청구에 대해서 소송종료선언을 하여야 하고, 누락된 신청구는 원심법원에 계속 중이므로 원심법원이 추가판결을 해야 한다.

판례도 "항소심에서 청구가 교환적으로 변경된 경우에는 구청구는 취하되고 신청구가 심판의 대상이 되는 것이다. 소의 교환적 변경으로 구청구는 취하되고 신청구가 심판대상이 되었음에도 **신청구에 대하여는 판단도 하지 아니한 채 구청구에 대하여 심리·판단한 원심판결을 파기하고 구청구에 대하여 소송종료선언을 한다.**"고 한다(2003. 1. 24. 2002다56987).

나. 추가적 변경을 간과하여 구 청구만 심판한 경우

(ⅰ) 추가적 변경에 의하여 신청구가 '단순병합'이 되었음에도 법원이 구청구만 심판하였다면, 상급심이 원 판결을 취소·환송할 여지는 없고, 원심법원이 누락된 신청구에 대하여 추가판결을 한다. (ⅱ) 추가적 변경에 의하여 신 청구가 '선택적·예비적 병합'이 되었음에도 법원이 구청구만 심판하

였다면, 이는 판단누락이므로 상급심은 원 판결을 파기해야 한다. '선택적·예비적 병합'의 경우에는 일부판결이 허용되지 않아서 추가판결이 불가능하기 때문이다.

4. 항소심에서의 청구의 변경과 판결주문의 기재방법

가. 교환적 변경의 경우

항소심은 변경된 신청구를 사실상 제1심으로 심판하는 것이므로, 구청구에 대한 제1심 판결을 대상으로 하는 항소인용 또는 항소기각의 판결을 할 수는 없다. 판례도 "제1심에서 패소한 원고의 불복으로 사건이 항소법원에 계속 중 원고가 소를 교환적으로 변경하였으며 **항소법원이 신청구를 배척하여야 할 경우에는 원고의 청구를 기각한다는 주문표시를 하여야 하며 주문의 표시가 제1심 법원의 그것과 일치한다 하여도 항소기각의 판결을 하여서는 안된다**."고 한다(1974. 5. 28. 73다1796).

또한 "항소심에서 청구의 교환적 변경이 이루어져 항소심이 판결의 청구취지로 변경된 청구를 기재하고 판결 이유에서 변경된 청구에 대하여 판단하였음에도 주문에서 '원고의 항소를 기각한다'고 기재한 경우, 이유의 결론 및 주문에서 원고의 항소를 기각한다고 기재한 것은 항소심에서 교환적으로 변경된 원고의 청구를 기각한다고 할 것을 잘못 표현한 것이 명백하므로, **항소심 법원은 판결의 주문과 이유의 결론 부분을 바로 잡는 판결경정 결정을 할 수 있다**."고 한다(1999. 10. 22. 98다21953).

나. 추가적 변경의 경우

판례는 "항소심에 이르러 새로운 청구가 추가된 경우, 항소심은 추가된 청구에 대하여는 실질상 제1심으로서 재판하여야 하므로, **제1심이 기존의 청구를 일부 인용한 데 대하여 쌍방이 항소하였고, 항소심이 기존의 청구에 관하여는 제1심에서 인용된 부분을 넘어 추가로 일부를 더 인용하고 항소심에서 추가된 청구는 배척할 경우** 단순히 제1심판결 중 항소심이 추가로 인용하는 부분에 해당하는 원고 패소 부분을 취소하고 원고의 나머지 항소와 피고의 항소를 각 기각한다는 주문표시만 하여서는 안 되고, 이와 함께 **항소심에서 추가된 청구에 대하여 "원고의 청구를 기각한다."는 주문 표시**를 하여야 한다."고 한다(2009. 5. 28. 2007다354).[123]

---

[123] [이유] 기록에 의하면, 원고는 금원지급청구 부분과 관련하여, 당초 저작재산권의 침해를 원인으로 하여 전재료 상당의 손해배상금 7억 원 및 지연손해금의 지급을 구하였는데, 제1심이 그 중 550,884원 및 이에 대한 일부 지연손해금의 지급청구만을 인용하고 나머지 청구는 기각하는 판결을 선고하자, 쌍방이 이에 불복하여 항소한 후 열린 원심 제1차 변론준비기일에 원고는 '이미 주장된 저작재산권의 침해를 주위적 청구원인으로 하면서, 주위적 손해배상청구에서 인용되지 아니한 수액 범위 내에서 예비적으로 성명표시권 또는 동일성유지권 등 저작인격권의 침해를 원인으로 한 손해배상청구를 추가한다'는 내용이 기재된 2006. 4. 3.자 준비서면을 진술함으로써 종전의 청구원인을 위와 같이 변경하는 취지의 청구원인변경신청을 하였는바, 원심은 청구원인변경신청을 받아들여, 판결이유에서 저작재산권 침해로 인한 손해배상청구에 관하여는 제1심이 인용한 금액보다 추가로 일부를 더 인용하고 항소심에서 추가된 저작인격권 침해로 인한 손해배상청구는 이유 없다고 설시하면서도, 주문에서는 단순히 제1심판결 중 항소심이 추가로 인용하는 부분에 해당하는 원고 패소 부분을 취소하고 원고의 나머지 항소와 피고의 항소를 각 기각한다는 주문표시만 하고, 항소심에서 추가된 저작인격권 침해로 인한 손해배상청구에 관하여는 아무런 판단을 하지 아니하였다. 그렇다면 위 법리에 비추어 볼 때, 원심에서 추가된 저작인격권 침해로 인한 손해배상청구는 기존의 청구였던 저작재산권 침해로 인한 손해배상청구와 논리적으로 관련성이 없어 그와 예비적으로 병합할 수 없는 청구이므로, 원심이 이와 같은 청구원인변경신청을 받아들였더라도 그로 인하여 청구의 병합 형태가 적법한 예비적 병합 관계로 바뀔 수는 없다 할 것인데, 이러한 경우 원심으로서는 추가된 저작인격권 침해로 인한 손해배상청구에 관하여 실질상 제1심으로서 재판을 하였어야 함에도 불구하고, 판결이유에서만 이에 관하여 설시하였을 뿐 주문에서 아무런 판단을 하지 아니한 이상, 이는 위 추가된 청구에 관한 재판을 누락한 경우에 해당하고, 따라서 그 부분 청구는 여전히 원심에 계속중이어서 적법한 상고의 대상이 되지 아니하므로, 이 부분에 대한 원고의 상고는 부적법하다.

제03절 중간확인의 소

> 제264조(중간확인의 소) ① 재판이 소송의 진행 중에 쟁점이 된 법률관계의 성립여부에 매인 때에 당사자는 따로 그 법률관계의 확인을 구하는 소를 제기할 수 있다. 다만, 이는 그 확인청구가 다른 법원의 관할에 전속되지 아니하는 때에 한한다.
> ② 제1항의 청구는 서면으로 하여야 한다.
> ③ 제2항의 서면은 상대방에게 송달하여야 한다.

Ⅰ. 서 설

1. 의의 및 취지

중간확인의 소란 **소송계속 중 청구의 판단에 대해 선결관계에 있는 법률관계의 존부확인을 위하여 추가적으로 제기하는 소**를 의미한다. 이는 선결적 법률관계에 관하여 기판력 있는 판단을 얻고자 하는데 제도적 취지가 있다. 이 경우 별소에 의할 수도 있으나, 종전의 소송절차를 이용하여 함께 판단을 받음으로써 소송경제와 재판의 통일을 이룰 수 있다. 또한 이는 선결적 법률관계에 대한 판단에도 기판력과 유사한 구속력을 인정하는 쟁점효 이론을 부정하는 제도가 된다.

2. 법적 성질

중간확인의 소를 원고가 제기하는 경우는 소의 추가적 변경에 해당하며, 피고가 제기하는 것은 일종의 중간확인의 반소라고 할 수 있다. 중간확인의 소는 단순한 공격방어방법이 아니라 소이므로, 이에 대한 판단은 중간판결(제201조)에 의하지 않고 종국판결의 주문에 기재한다. 다만 당사자가 중간확인의 소를 이용할 의무는 없으므로 별소에 의하여 선결적 법률관계에 대하여 제소하여도 된다.

Ⅱ. 요 건

1. 다툼 있는 선결적 법률관계의 확인을 구할 것

중간확인의 소는 (ⅰ) 당사자 사이에 다툼이 있는 법률관계이어야 한다(계쟁성). (ⅱ) 본래의 소송물인 청구의 전부 또는 일부와 선결적 관계에 있어야 한다(선결성). (ⅲ) 현재의 권리관계의 확인을 구하여야 한다(권리관계). 한편 확인의 이익은 선결적 법률관계에 대하여 소송상 다툼이 있으면 당연히 충족되고, 별도의 확인의 이익은 필요 없다.

2. 사실심에 계속되고 변론종결전일 것

중간확인의 소는 본래의 청구에 대한 선결적 법률관계에 대하여 제기하는 소이므로, 상대방의 심급의 이익을 침해하지 않는다. 따라서 항소심에서는 상대방의 동의가 없어도 중간확인의 소를 제기할 수 있으나, 상고심에서는 제기할 수 없다. 판례도 "**소유권이전등기나 말소등기절차이행청구의 소가 계속 중 당해 부동산에 대한 소유권 확인청구를 추가하는 소 변경을 제2심에서도 유효하게 할 수 있고**, 소유권 이전등기나 말소등기 이행청구에 관한 판결의 기판력은 소유권확인청구에는 미치지 아니한다."고 한다(1973. 9. 12. 72다1436).

3. 본래의 소와 동종의 소송절차에 의할 것

중간확인의 청구가 있게 되면 소의 객관적 병합이 된다. 따라서 중간확인의 소는 본래의 소와 동종의 소송절차에 의할 수 있어야 한다(제253조).

4. 다른 법원의 전속관할에 속하지 않을 것

중간확인의 청구에 대하여 본래청구의 수소법원이 법정관할을 갖지 못하여도 제264조 제1항 본문의 규정에 의하여 당연히 관할권을 갖게 된다. 그러나 중간확인의 청구가 다른 법원의 전속관할에 속하는 경우에는 그것이 독립한 소로 취급받을 수 있으면 이를 분리하여 관할권이 있는 법원으로 이송하여야 한다(제264조 제1항 단서).

Ⅲ. 절차 및 효과

중간확인의 소는 소송계속 중의 소이므로 소장에 준하는 서면을 제출하여야 하며, 제출된 서면은 지체 없이 상대방에게 송달되어야 한다(제264조 제2항·제3항). 서면의 제출 시에 시효중단의 효과가 발생하며 서면의 송달 시에 소송계속의 효과가 발생한다.

Ⅳ. 심 판

병합요건을 심사하여 병합요건에 흠결이 있으면 독립한 소로 취급할 수 있는가를 검토하고, 독립한 소로 취급할 수 없으면 이를 각하한다. 한편 병합요건을 구비하면 본래의 청구와 병합하여 심리한다. 이때의 병합형태는 단순병합이나, 중간확인의 소에 관하여 일부판결을 한다면 본소에 관한 잔부판결과 통일을 꾀할 수 없기 때문에 1개의 전부판결을 하여야 한다.

제04절 반 소

제269조(반소) ① 피고는 소송절차를 현저히 지연시키지 아니하는 경우에만 변론을 종결할 때까지 본소가 계속된 법원에 반소를 제기할 수 있다. 다만, 소송의 목적이 된 청구가 다른 법원의 관할에 전속되지 아니하고 본소의 청구 또는 방어의 방법과 서로 관련이 있어야 한다.
② 본소가 단독사건인 경우에 피고가 반소로 합의사건에 속하는 청구를 한 때에는 법원은 직권 또는 당사자의 신청에 따른 결정으로 본소와 반소를 합의부에 이송하여야 한다. 다만, 반소에 관하여 제30조의 규정에 따른 관할권이 있는 경우에는 그러하지 아니하다.

제270조(반소의 절차) 반소는 본소에 관한 규정을 따른다.

제271조(반소의 취하) 본소가 취하된 때에는 피고는 원고의 동의 없이 반소를 취하할 수 있다.

제412조(반소의 제기) ① 반소는 상대방의 심급의 이익을 해할 우려가 없는 경우 또는 상대방의 동의를 받은 경우에 제기할 수 있다.
② 상대방이 이의를 제기하지 아니하고 반소의 본안에 관하여 변론을 한 때에는 반소제기에 동의한 것으로 본다.

I. 서 설

1. 의의 및 취지

반소란 **소송계속 중에 피고가 그 소송절차를 이용하여 원고에 대하여 제기하는 소**를 말한다. 반소에 의하여 청구의 추가적 병합이 된다. 반소를 인정하는 것은 원고에게 청구의 변경을 인정한 것에 대응하여 피고에게도 소절차를 이용케 하는 것이 공평한 취급이고, 관련된 분쟁을 동일절차에서 심판하는 것이 소송경제에 부합하고 재판의 통일을 꾀할 수 있기 때문이다.

2. 성 질

반소는 독립의 소이고 방어방법이 아니므로, 공격방어방법에 관한 제149조·제285조의 규정이 적용되지 아니한다. 또한 반소는 **본소에 대한 청구기각 이상을 구하는 적극적 내용**이 내포되어 있어야 한다. 따라서 동일권리에 관하여 적극적 확인의 본소청구에 대하여 부존재 확인을 구하는 소극적 확인의 반소는 허용되지 않는다. 판례도 "반소청구에 본소청구의 기각을 구하는 것 이상의 적극적 내용이 포함되어 있지 않다면 반소청구로서의 이익이 없고, 어떤 채권에 기한 **이행의 소에 대하여 동일 채권에 관한 채무부존재확인의 반소를 제기하는 것**은 청구 내용이 실질적으로 본소청구의 기각을 구하는 데 그치는 것이므로 부적법하다."고 한다(2007. 4. 13. 2005다40709).

3. 채무부존재확인의 본소와 채무이행청구의 반소

1) 문제점

채무자의 채무부존재확인의 본소에 대하여 채권자가 채무이행청구의 반소를 제기한 경우에 채무자가 제기한 본소의 확인의 이익이 소멸하는지 문제된다.

2) 학설의 대립

① 소의 이익은 소송요건이고 소송요건의 존부는 사실심 변론종결 시를 기준으로 판단하여야 하는 바, 피고가 반소를 제기하여 채무이행을 구하고 있는 이상 본소의 목적은 반소청구에 대한 기각을 구하는 방어로써 달성할 수 있으므로 본소는 소의 이익이 없어 부적법하다고 보는 견해와, ② 소송요건을 구비하여 적법하게 제기된 본소가 반소로 인하여 소송요건에 흠결이 생겨 부적법하게 되는 것은 아니므로, 본소청구에 대한 확인의 이익이 소멸하여 본소가 부적법하게 된다고 볼 수는 없다는 견해가 대립된다.

3) 판례의 태도

판례는 "**소송요건을 구비하여 적법하게 제기된 본소가 상대방이 제기한 반소로 인하여 소송요건에 흠결이 생겨 부적법하게 되는 것은 아니므로**, 원고가 피고에 대하여 손해배상채무의 부존재확인을 구할 이익이 있어 본소로 확인을 구하였다면, 피고가 손해배상채무의 이행을 구하는 반소를 제기하였더라도 그러한 사정만으로 본소청구에 대한 확인의 이익이 소멸하여 본소가 부적법하게 된다고 볼 수는 없다."고 한다(1999. 6. 8. 99다17401).

4) 검 토

판례는 "제271조는 본소가 취하된 때에는 피고는 원고의 동의 없이 반소를 취하할 수 있다고 규정하고 있고, 이에 따라 원고가 반소가 제기되었다는 이유로 본소를 취하한 경우 피고가 일방적으로 반소를 취하함으로써 원고가 추구한 기판력을 취득할 수 없는 사태가 발생할 수 있는 점을 고려하면, **반소가 제기되었다는 사정만으로 본소청구에 대한 확인의 이익이 소멸한다고는 볼 수 없다.**"고 한다(2010. 7. 15. 2010다2428). 따라서 제②설이 타당하다.

II. 반소의 형태

1. 단순반소・예비적 반소・부진정 예비적 반소

(i) **단순반소**는 본소청구의 인용 또는 기각과 관계없이 반소청구에 대하여 심판을 구하는 경우이다. (ii) **예비적 반소**는 본소청구가 인용될 때를 대비하여 조건부로 반소청구에 대하여 심판을 구하는 경우이다. 즉 본소가 배척(각하・기각)될 것을 해제조건으로 반소를 제기하는 조건부 반소이다. (iii) **부진정예비적 반소**는 본소청구가 배척될 때를 대비하여 조건부로 반소청구에 대하여 심판을 구하는 경우이다. 항소심에서의 가지급물반환신청(제215조 제2항)은 본소청구가 배척될 것을 대비하여 제기하는 것이므로, 부진정예비적 반소가 된다. 판례도 "가지급물반환신청은 예비적 반소이다."고 한다(1996. 5. 10. 96다5001).

2. 재반소

재반소란 **피고의 반소에 대하여 원고가 다시 반소를 제기하는 것**을 말한다. 재반소를 허용할 것인가에 대하여, ① 소송절차를 복잡하게 한다는 이유로 부정하는 견해도 있지만, ② 견련관계 있는 소송을 한꺼번에 해결하려는 것이 반소의 취지이므로, **재반소가 반소로서의 요건을 충족하면 허용된다**고 보는 것이 타당하다. 따라서 원고는 소를 취하한 후에 취하한 본소를 재반소의 방식으로 부활시킬 수 있다. 다만 재소금지에 위반되지 않아야 한다는 제약은 있다.

판례는 "원고가 이혼청구에 병합하여 재산분할청구를 제기한 후 피고가 반소로서 이혼청구를 한 경우, 원고가 반대의사를 표시하였다는 등의 특별한 사정이 없는 한, 원고의 재산분할청구 중에는 본소의 이혼청구가 받아들여지지 않고 피고의 반소청구에 의하여 이혼이 명하여지는 경우에도 재산을 분할해 달라는 취지의 청구가 포함된 것으로 봄이 상당하므로(이때 원고의 재산분할청구는 피고의 반소청구에 대한 재반소로서의 실질을 가지게 된다), 사실심으로서는 원고의 본소 이혼청구를 기각하고 피고의 반소청구를 받아들여 원・피고의 이혼을 명하게 되었더라도, 원고의 재산분할청구에 대한 심리에 들어가 원・피고가 협력하여 이룩한 재산의 액수와 당사자 쌍방이 재산의 형성에 기여한 정도 등 일체의 사정을 참작하여 원고에게 재산분할을 할 액수와 방법을 정하여야 한다."고 한다(2001. 6. 15. 2001므626).

3. 제3자 반소

제3자 반소란 **피고 이외의 제3자가 원고에 대하여 또는 피고가 원고 이외의 제3자에 대하여 반소를 제기하는 경우**를 말한다. 현행법상 제3자 반소를 인정할 것인지에 대하여는 견해가 대립된다.

판례는 "피고가 원고 이외의 제3자를 추가하여 반소피고로 하는 반소는 원칙적으로 허용되지 아니하고, 다만 **피고가 제기하려는 반소가 필수적 공동소송이 될 때에는 제68조의 필수적 공동소송인 추가의 요건을 갖추면 허용될 수 있다.**"고 한다(2015. 5. 29. 2014다235042).

Ⅲ. 요 건

1. 본소의 청구·본소의 방어방법과 관련성이 있을 것

가. 본소청구와 관련성

반소청구가 **본소청구와 소송물 또는 대상·발생원인에서 법률상·사실상 공통성이 있는 경우**를 말한다. 즉, ㉠ 동일한 법률관계의 형성을 목적으로 하는 경우(원고의 이혼청구에 대한 피고의 이혼청구), ㉡ 청구원인이 법률상·사실상 공통성이 있는 경우(원고의 매매대금청구에 대한 피고의 소유권이전등기청구), ㉢ 청구원인이 일치하지 아니하여도 대상·발생 원인에서 주된 부분이 공통인 경우(대상 : 원고의 건물소유권에 기한 인도청구에 대한 피고의 건물임차권확인청구, 발생 원인 : 동일한 교통사고에 의한 손해배상청구)를 말한다.

나. 본소의 방어방법과 관련성

1) 내 용

반소청구가 **본소청구에 대한 항변사유와 대상·발생원인에서 법률상·사실상 공통성이 있는 경우**를 말한다. 즉, ㉠ 원고의 대여금청구에 대하여 피고가 상계항변을 하면서 수동채권을 초과하는 자동채권 부분의 지급을 구하는 반소, ㉡ 원고의 건물철거 및 대지인도 청구에 대하여 피고가 관습법상의 법정지상권을 주장하는 항변을 제출하고 법정지상권의 설정등기절차의 이행을 구하는 반소, ㉢ 원고의 가등기에 기한 본등기청구에 대하여 피고가 방어방법으로 가등기 채무의 변제항변을 하면서 가등기말소를 구하는 반소 등을 들 수 있다.

다만 본소의 방어방법과 견련된 반소는 **방어방법이 반소제기 당시에 현실적으로 적법하게 제출되어 법원의 심리의 대상**이 되어야 한다. 따라서 시기에 늦은 방어방법으로 각하된 항변을 전제로 한 반소는 부적법하다. 또한 상계금지채권에 대한 상계항변과 같이 실체법상 항변이 허용되지 아니하는 경우에 이를 근거로 하는 반소도 부적법하다.

한편 판례는 "사해행위취소소송은 형성의 소로서 판결이 확정됨으로써 권리변동의 효력이 발생하나, 민법 제406조 제1항은 채권자가 사해행위의 취소와 원상회복을 법원에 청구할 수 있다고 규정함으로써 **사해행위취소청구에는 취소판결이 미확정인 상태에서도 취소의 효력을 전제로 하는 원상회복청구를 병합하여 제기할 수 있도록 허용**하고 있다. 또한 원고가 매매계약 등 법률행위에 기하여 소유권을 취득하였음을 전제로 피고를 상대로 일정한 청구를 할 때, 피고는 원고의 소유권 취득의 원인이 된 법률행위가 사해행위로서 취소되어야 한다고 다투면서, 동시에 반소로써 소유권 취득의 원인이 된 법률행위가 사해행위임을 이유로 법률행위의 취소와 원상회복으로 원고의 소유권이전등기의 말소절차 등의 이행을 구하는 것도 가능하다. 위와 같이 **원고의 본소 청구에 대하여 피고가 본소 청구를 다투면서 사해행위의 취소 및 원상회복을 구하는 반소를 적법하게 제기한 경우, 사해행위의 취소 여부는 반소의 청구원인임과 동시에 본소 청구에 대한 방어방법이자, 본소 청구 인용 여부의 선결문제가 될 수 있다. 그 경우 법원이 반소 청구가 이유 있다고 판단하여, 사해행위의 취소 및 원상회복을 명하는 판결을 선고하는 경우, 비록 반소 청구에 대한 판결이 확정되지 않았더라도, 원고의 소유권 취득의 원인이 된 법률행위가 취소되었음을 전제로 원고의 본소 청구를 심리하여 판단할 수 있다고 봄이 타당하다. 그때에는 **반소 사해행위취소 판결의 확정을 기다리지 않고, 반소 사해행위취소 판결을 이유로 원고의 본소 청구를 기각할 수 있다.** 본소와 반소가 같은 소송절차 내에서 함께 심리·판단되는 이상, 반소 사해행위취소 판결의 확정 여부가 본소 청구 판단 시 불확실한 상황이라고 보기 어렵고, 그로 인해 원고에게 소송상 지나친 부담을 지운다거나, 원고의 소송상 지위가 불안정해진다고 볼 수도 없다. 오히려 이로써 반소 사해행위취소소송의 심리를 무위로 만들지 않고, 소송경제를 도모하며, 본소 청구에 대한 판결과 반소 청구에 대한 판결의 모순 저촉을 피할 수 있다."고 한다(2019. 3. 14. 2018다277785).

2) 관련문제

점유회복의 본소에 대하여 피고가 본권에 기한 반소를 제기할 수 있는지가 문제된다. **"점유권에 기인한 소는 본권에 관한 이유로 재판하지 못한다."**는 민법 제208조 제2항의 의미는 점유의 소에 대하여 본권을 방어방법으로 내세울 수 없다는 것이지, 본권에 기하여 반소를 제기하는 것까지 막는 것은 아니므로 반소를 제기할 수 있다.

판례도 **"점유침탈을 이유로 한 점유물반환청구권을 피보전권리로 하는 점유이전금지가처분 신청에 대하여는 민법 제208조에 따라 소유권 그 밖의 본권에 관한 이유로 피보전권리나 보전의 필요성을 부정할 수는 없다.** 그러나 가처분 신청에 따라 점유이전금지가처분결정을 받은 채권자가 채무자를 상대로 제기한 점유회수의 본소에 대하여, 채무자가 본소청구가 인용되어 채권자에게 점유가 회복될 경우를 대비하여 조건부로 소유권에 기한 인도청구를 구하는 반소를 제기하고, 본소청구와 반소청구가 모두 인용되어 확정된 경우에는, 본소 확정판결에 기한 점유회수의 집행은 무의미한 점유상태의 변경을 반복하는 결과를 초래할 뿐 아무런 실익이 없으므로, 점유이전금지가처분결정은 더 이상 유지할 필요가 없는 사정변경이 생겼다고 보아야 한다."고 한다(2013. 5. 31. 2013마198).

또한 "[1] 점유자가 점유 침탈을 당한 때에는 물건의 반환 등을 청구할 수 있고 이러한 점유회수의 청구에서는 점유를 침탈당하였다고 주장하는 당시에 점유하고 있었는지의 여부만을 살피면 된다(민법 제204조 제1항). 점유란 물건이 사회통념상 그 사람의 사실적 지배에 속한다고 보여지는 객관적 관계에 있는 것을 말하고 사실상 지배가 있다고 하기 위하여는 반드시 물건을 물리적, 현실적으로 지배하는 것만을 의미하는 것이 아니고 물건과 사람과의 시간적, 공간적 관계와 본권관계, 타인지배의 배제가능성 등을 고려하여 사회관념에 따라 합목적적으로 판단하여야 한다. 점유권에 기인한 소와 본권에 기인한 소는 서로 영향을 미치지 아니하고, 점유권에 기인한 소는 본권에 관한 이유로 재판하지 못하므로 점유회수의 청구에 대하여 점유침탈자가 점유물에 대한 본권이 있다는 주장으로 점유회수를 배척할 수 없다(민법 제208조). 그러므로 **점유권에 기한 본소에 대하여 본권자가 본소청구 인용에 대비하여 본권에 기한 예비적 반소를 제기하고 양 청구가 모두 이유 있는 경우, 법원은 점유권에 기한 본소와 본권에 기한 예비적 반소를 모두 인용해야 하고 점유권에 기한 본소를 본권에 관한 이유로 배척할 수 없다.** [2] **점유회수의 본소에 대하여 본권자가 소유권에 기한 인도를 구하는 반소를 제기하여 본소청구와 예비적 반소청구가 모두 인용되어 확정되면, 점유자가 본소 확정판결에 의하여 집행문을 부여받아 강제집행으로 물건의 점유를 회복할 수 있다.** 본권자의 소유권에 기한 반소청구는 본소의 의무 실현을 정지조건으로 하므로, 본권자는 본소 집행 후 집행문을 부여받아 반소

확정판결에 따른 강제집행으로 물건의 점유를 회복할 수 있다. 이러한 과정은 애당초 본권자가 허용되지 않는 자력구제로 점유를 회복한 데 따른 것으로 그 과정에서 본권자가 점유 침탈 중 설치한 장애물 등이 제거될 수 있다. 다만 점유자의 점유회수의 집행이 무의미한 점유상태의 변경을 반복하는 것에 불과할 뿐 아무런 실익이 없거나 본권자로 하여금 점유회수의 집행을 수인하도록 하는 것이 명백히 정의에 반하여 사회생활상 용인할 수 없다고 인정되는 경우, 또는 점유자가 점유권에 기한 본소 승소 확정판결을 장기간 강제집행하지 않음으로써 본권자의 예비적 반소 승소 확정판결까지 조건불성취로 강제집행에 나아갈 수 없게 되는 등 특별한 사정이 있다면 **본권자는 점유자가 제기하여 승소한 본소 확정판결에 대한 청구이의의 소를 통해서 점유권에 기한 강제집행을 저지**할 수 있다."고 한다(2021. 2. 4. 2019다202795).

또한 "점유권을 기초로 한 본소에 대하여 본권자가 본소청구의 인용에 대비하여 본권에 기초한 장래이행의 소로서 예비적 반소를 제기하고 양 청구가 모두 이유 있는 경우, 법원은 점유권에 기초한 본소와 본권에 기초한 예비적 반소를 모두 인용해야 하고 점유권에 기초한 본소를 본권에 관한 이유로 배척할 수 없다. 이러한 법리는 **점유를 침탈당한 자가 점유권에 기한 점유회수의 소를 제기하고, 본권자가 점유회수의 소가 인용될 것에 대비하여 본권에 기초한 장래이행의 소로서 별소를 제기한 경우**에도 마찬가지로 적용된다."고 한다(2021. 3. 25. 2019다208441).

다. 관련성 흠결의 효과

관련성을 요구하는 것은 원고의 방어권 행사를 어렵게 하지 않기 위한 **사익적 규정**이므로, 원고가 동의하거나 이의 없이 변론한 경우에는 이의권의 상실에 의해 관련성의 하자는 치유되어 반소는 적법한 것이 된다. 판례도 "피고의 반소청구에 대하여 원고는 1심 변론에서 이에 대한 이의를 제기함이 없이 변론을 하였음이 분명하므로, 원고는 반소청구의 적법여부에 대한 이의권을 포기한 것으로 보아야 할 것이다."고 한다(1968. 11. 26. 68다1886).

2. 본소절차를 현저히 지연시키지 아니할 것

반소는 본소절차를 현저히 지연시키지 않을 경우에만 허용된다(제269조 제1항 본문). 이는 반소가 본소의 지연책으로 남용되는 것을 방지하기 위한 것이다. 따라서 반소청구가 관련성이 있더라도, 그로 인해 본소절차가 현저하게 지연되어 별소에 의하는 것이 적절한 경우에는 법원은 반소를 허용하지 않을 수 있다. 이 요건은 **공익적 요건**이므로 이의권의 포기·상실의 대상이 될 수 없고 법원의 직권조사사항이 된다.

3. 본소가 사실심에 계속되고 변론종결 전일 것

가. 반소제기 후의 본소의 각하·취하

(ⅰ) 본소의 소송계속은 반소제기의 요건이고 존속요건은 아니므로, 반소제기 후에 본소가 각하·취하되어도 예비적 반소가 아닌 한 반소에 영향이 없다. 판례도 "**반소가 적법히 제기된 이상 본소가 취하되더라도 반소의 소송계속에는 아무런 영향이 없다**. 본소는 취하되고 반소만이 진행 중인 반소의 항소심 소송절차에 있어서도 청구의 기초에 변경이 없는 한 청구의 교환적 변경을 할 수 있고 제265조의 규정이 있다고 하여 청구의 변경에 있어서의 모든 절차상의 효력이 새로운 소제기와 같이 청구의 변경이 서면이 법원에 제출된 때로부터 발생하고 그 이전에는 미치지 아니한다고 볼 수 없

다."고 한다(1970. 9. 22. 69다446). 다만 "**피고가 본소에 대한 추완항소를 하면서 항소심에서 반소를 제기한 경우에 항소가 부적법 각하되면 반소도 소멸한다.**"고 한다(2003. 6. 13. 2003다16962).

(ⅱ) 본소가 취하된 경우에는 원고가 반소에 응소한 후에도 피고는 원고의 동의 없이 반소를 취하할 수 있다(제271조). 이에 대하여 판례는 "제271조의 규정은 원고가 반소의 제기를 유발한 본소는 스스로 취하해 놓고 그로 인하여 유발된 반소만의 유지를 상대방에게 강요한다는 것은 공평치 못하다는 이유에서, 원고가 본소를 취하한 때에는 피고도 원고의 동의없이 반소를 취하할 수 있도록 한 규정이므로, **본소가 원고의 의사와 관계없이 부적법하다 하여 각하됨으로써 종료된 경우에까지 유추적용할 수 없고, 원고의 동의가 있어야만 반소취하의 효력이 발생한다.**"고 한다(1984. 7. 10. 84다카298).

나. 항소심에서의 반소

1) 구법의 규정

구법은 항소심에서의 반소제기는 상대방의 동의를 받은 경우에 한하여 인정하였다(구법 제382조 제1항 참조). 이에 대하여 판례는 "항소심에서 피고가 반소를 제기하였는데 원고가 동의를 하지 아니하였고 반소의 본안에 관하여 변론한 흔적이 없는데도 원판결이 반소에 관하여 심리판단을 하였음은 위법이다."고 하였고(1974. 5. 28. 73다2031), "항소심에서의 반소제기에는 상대방의 동의를 얻어야 함이 원칙이나, **반소청구의 기초를 이루는 실질적인 쟁점에 관하여 제1심에서 본소의 청구원인 또는 방어방법과 관련하여 충분히 심리되어 항소심에서의 반소 제기를 상대방의 동의 없이 허용하더라도 상대방에게 제1심에서의 심급의 이익을 잃게 하거나 소송절차를 현저하게 지연시킬 염려가 없는 경우**에는 상대방의 동의 여부와 관계없이 항소심에서의 반소제기를 허용하여야 할 것이다."고 하였다(1999. 6. 25. 99다6708).

2) 현행법의 규정

현행법상 항소심에서의 반소는 (ⅰ) 상대방의 심급의 이익을 해할 우려가 없는 경우, (ⅱ) 상대방의 동의를 받은 경우에 제기할 수 있다(제412조 제1항).

(ⅰ) 상대방의 심급의 이익을 해할 우려가 없는 경우로는 **중간확인의 반소, 본소와 청구원인을 같이하는 반소, 제1심에서 충분히 심리한 항변과 관련된 반소, 제1심에서 반소를 제기한 당사자가 항소심에서 기존의 반소에 예비적 반소를 추가는 경우** 등을 들 수 있다. 판례도 "상대방의 심급의 이익을 해할 우려가 없는 경우라 함은 **반소청구의 기초를 이루는 실질적 쟁점이 제1심에서 본소의 청구원인 또는 방어방법과 관련하여 충분히 심리되어 상대방에게 제1심에서의 심급의 이익을 잃게 할 염려가 없는 경우**를 말한다."고 한다(2005. 11. 24. 2005다20064).

(ⅱ) 상대방이 이의를 제기하지 아니하고 반소의 본안에 관하여 변론을 한 때에는 반소제기에 동의한 것으로 본다(제412조 제2항). 그런데 판례는 "항소심에서 피고가 반소장을 진술한 데 대하여 **원고가 반소기각 답변을 한 것**만으로는 이의 없이 반소의 본안에 관하여 변론을 한 때에 해당한다고 볼 수 없다."고 한다(1991. 3. 27. 91다1783).

4. 본소와 동종의 소송절차에 의할 것

반소는 본소에 대한 청구의 후발적 병합이므로 청구병합의 요건을 갖추어야 한다. 따라서 반소청구와 본소청구는 동종의 소송절차에 의하는 경우이어야 한다(제253조).

5. 반소가 다른 법원의 전속관할에 속하지 아니할 것

반소청구가 다른 법원의 관할에 전속되지 않는 한(제269조 제1항 단서 전단), 반소요건을 충족하면 관련재판적이 생긴다. 본소가 단독사건인 경우 피고가 반소로 합의사건에 속하는 청구를 한 경우에는 직권 또는 당사자의 신청으로 본소와 반소를 합의부에 이송하여야 한다(제269조 제2항 본문). 다만 합의관할이나 변론관할이 생기면 이송하지 않는다(제269조 제2항 단서).

Ⅳ. 절차와 심판

1. 반소의 제기

(ⅰ) 반소는 피고가 원고를 상대로 제기하는 것이나, 독립당사자참가나 참가승계의 경우에 참가인과의 관계에서 피고의 지위에서는 종전의 원·피고도 참가인을 상대로 반소를 제기할 수 있다. 그러나 당사자가 아닌 보조참가인의 반소제기나 그에 대한 반소제기는 부적법하다. (ⅱ) 반소는 본소에 관한 규정에 의한다(제270조). 따라서 반소장을 제출하여야 한다.

2. 반소요건과 일반소송요건에 대한 직권조사

가. 직권조사의 순서

반소가 제기되면 법원은 반소요건과 일반소송요건을 직권으로 조사하여야 한다. 일반소송요건의 흠결이 있는 경우는 당사자가 이를 보정하지 않는 한 반소제기가 부적법한 것이므로, 법원은 판결로써 반소를 각하하여야 한다.

나. 반소요건의 흠결

1) 문제점

일반소송요건은 구비하였지만 반소요건의 흠결이 있을 때의 법원의 조치가 문제된다.

2) 학설의 대립

① 반소가 독립한 소로서의 요건을 갖춘 것이면 본소와 분리하여 심판할 것이라는 분리심판설(다수설)과, ② 제1심에서 제기한 반소에 대하여는 분리심판설이, 항소심에서 제기한 반소에 대하여는 상대방의 심급의 이익을 보호하기 위하여 각하설이 타당하다는 견해가 대립된다.

3) 판례의 태도

판례는 "항소심에서 상대방의 동의없이 제기한 반소는 반소자체가 부적법한 것이어서 단순한 관할법원을 잘못한 소제기와는 다른 것이므로, 이를 **각하하였음이 부당한 것이라 할 수 없다.**"고 하여 각하설의 입장이다(1965. 12. 7. 65다2034).

4) 검 토

반소원고의 재판을 받을 이익과 반소피고의 심급의 이익을 고려하는 제②설이 타당하다.

3. 본안에 대한 심판

본소와 반소는 심리의 중복이나 재판의 불통일을 피하기 위하여 병합심리를 해야 하는 것이 원칙이다. 다만 절차의 번잡·지연의 염려 등 특별한 사정이 있는 경우에는 변론의 분리나 일부판결을 할 수 있다(제200조 제2항). 판례는 "**제1심에서 적법하게 반소를 제기하였던 당사자가 항소심에서 반소를 교환적으로 변경하는 경우**에 변경된 청구와 종전 청구가 실질적인 쟁점이 동일하여 청구의 기초에 변경이 없으면 그와 같은 청구의 변경도 허용된다."고 한다(2012. 3. 29. 2010다28338).

4. 항소심의 심판방법

판례는 "판결에는 법원의 판단을 분명하게 하기 위하여 결론을 주문에 기재하도록 되어 있어 재판이 누락되었는지 여부는 주문의 기재에 의하여 판정하므로, **판결 이유에 청구가 이유 없다고 설시되어 있더라도 주문에 설시가 없으면 재판이 누락되었다**고 보아야 하며, 재판이 누락되면 그 부분 소송은 그 심급에 계속 중이므로 상소 대상이 되지 아니한다. 따라서 그 부분에 대한 상소는 부적법한 것이 된다."고 한다(2013. 6. 14. 2013다8830). 따라서 **제1심이 판결 이유에서 반소청구가 이유 없다는 취지로 설시하면서도 주문에서는 반소청구에 관하여 판단을 하지 아니하였는데, 원심이 제1심 판결 이유를 그대로 인용하면서 주문에서 '피고의 항소를 모두 기각한다'고 판결한 사안**에서, 반소청구에 관한 부분을 파기자판하면서 이 부분에 해당하는 원심판결을 취소하고, 이에 대한 피고의 항소를 각하하였다.

5. 관련문제 : 본소·예비적 반소 모두 각하된 제1심에 대한 항소심의 심판대상

가. 문제점

본소 및 예비적 반소를 모두 각하한 제1심 판결에 대하여 원고만이 항소를 한 경우에 예비적 반소가 항소심의 심판대상이 되는지가 문제된다.

나. 학설의 대립

① 피고가 재판결과에 승복하여 항소·부대항소를 하지 않은 것이므로 예비적 반소가 본소와 합일확정을 해야 할 관계가 아닌 한 예비적 반소를 심판하는 것은 처분권주의에 반한다는 견해와, ② 항소법원이 본소청구가 인용되는 경우 예비적 반소에 대하여 심판을 하는 것은 예비적 반소의 성질상 당연하다는 견해가 대립된다.

다. 판례의 태도

판례는 "피고의 예비적 반소는 본소청구가 인용될 것을 조건으로 심판을 구하는 것으로서, **제1심이 원고의 본소청구를 배척한 이상 피고의 예비적 반소는 제1심의 심판대상이 될 수 없는 것**이고, 심판대상이 될 수 없는 소에 대하여 제1심이 판단하였더라도 효력이 없다고 할 것이므로, 피고가 제1심에서 각하된 반소에 대하여 항소를 하지 아니하였다는 사유만으로 예비적 반소가 원심의 심판대상으로 될 수 없는 것은 아니고, 원심으로서는 **원고의 항소를 받아들여 원고의 본소청구를 인용한 이상 피고의 예비적 반소청구를 심판대상으로 삼아 판단하였어야 한다**."고 한다(2006. 6. 29. 2006다19061).

라. 검토

　예비적 반소는 본소청구 인용을 조건으로 하여 판단되는 것이고, 원고도 본소가 인용되는 경우 예비적 반소도 인용될 수 있다는 점을 예상하고 있었다. 따라서 예비적 반소를 심판대상으로 삼아도 원고에게 불이익한 변경으로 볼 수 없고, 본소와 예비적 반소가 합일확정의 필요성이 있는 경우에는 분리하여 판단하는 것이 바람직하지 않으므로 판례가 타당하다. 결국 본소청구와 예비적 반소청구 모두가 항소심의 심판대상이 된다.

CHAPTER 02 다수당사자소송

제01절 공동소송

◆ 제1관 총 설

I. 서 설

공동소송이란 1개의 소송절차에 원·피고의 쌍방 또는 일방에 여러 명이 관여하는 소송형태를 말한다. 이 경우의 원고 또는 피고 측에 서는 수인을 공동소송인이라고 한다. 공동소송을 소의 주관적 병합이라고도 하며, 여러 개의 청구가 병합된 소의 객관적 병합에 대응된다. 한편 다수인이 사단을 구성하고 사단이 당사자능력이 인정되는 경우, 1인의 당사자를 수인이 대리하는 경우, 수인이 1인을 당사자로 선정한 경우에는 법률상으로 당사자는 1인이므로 공동소송이 아니다.

II. 발생원인과 소멸원인

1. 발생원인

(ⅰ) 원시적인 병합은 처음부터 여러 명의 원고가, 또는 여러 명의 피고에 대하여 소를 제기하는 때에 생긴다. 이를 소의 고유의 주관적 병합이라고도 한다. (ⅱ) 후발적 발생원인은 단독소송이 제기되어 계속된 후에 후발적으로 발생하는 경우로서, 제1심에서의 필수적 공동소송인의 추가(제68조)와 예비적·선택적 공동소송인의 추가(제70조, 제68조), 참가승계(제81조), 인수승계(제82조), 공동소송참가(제83조, 상법 제404조 제1항), 변론의 병합(제141조·상법 제188조·제240조 등), 한 당사자의 지위를 수인이 당연승계를 하는 경우(제233조 이하) 등이 있다.

2. 소멸원인

공동소송인 일부의 소송관계가 일부판결에 의해서 종결되거나, 일부화해·포기·인낙 또는 일부 취하에 의하여 종료되는 때 또는 변론이 분리된 때(제141조)에는 공동소송은 소멸하고 단일소송으로 된다.

III. 공동소송의 일반요건

1. 주관적 요건

> 제65조(공동소송의 요건) 소송목적이 되는 권리나 의무가 여러 사람에게 공통되거나 사실상 또는 법률상 같은 원인으로 말미암아 생긴 경우에는 그 여러 사람이 공동소송인으로서 당사자가 될 수 있다. 소송목적이 되는 권리나 의무가 같은 종류의 것이고, 사실상 또는 법률상 같은 종류의 원인으로 말미암은 것인 경우에도 또한 같다.

가. 의 의

주관적 요건은 공동소송으로 병합심리하기에 적합하게 각 공동소송인의 청구 또는 이에 대한 청구가 상호공통성·관련성을 갖도록 하기 위한 요건인데, 주관적 요건은 피고의 이의를 기다려 조사하는 **항변사항**이다.

제65조 전문의 공동소송과 제65조 후문의 공동소송의 차이점은 ㉠ 전자에는 **관련재판적**이 준용되나(제25조 제2항) 후자에는 준용이 없고, ㉡ 전자에 대해서는 **선정당사자**를 세울 수 있지만 후자는 그러하지 아니하며, ㉢ 전자의 경우에는 **공동소송인 독립의 원칙의 수정논의**가 필요하지만 후자는 필요 없으며, ㉣ 전자에 대해서는 **이론상 합일확정소송을 인정할 것인지**가 논의되지만 후자의 경우에는 그러하지 아니하다는 점이다.

나. 권리·의무의 공통 : 제65조 전문 전단

실질적 견련관계가 큰 경우로서, ㉠ 공유자·합유자·총유자들의 소송, ㉡ 연대채권자·연대채무자들의 소송, ㉢ 불가분채권자·불가분채무자들의 소송, ㉣ 수인에 대한 동일 물건의 소유권확인청구 등을 예로 들 수 있다.

다. 권리·의무의 발생원인의 동일 : 제65조 전문 후단

청구권 자체는 독립적이지만 권리·의무 발생원인이 동일한 경우로서, ㉠ 동일사고에 의한 수인의 피해자의 손해배상청구 또는 수인의 가해자에 대한 손해배상청구, ㉡ **주채무자와 보증인을 공동피고로 하는 청구**, ㉢ 매수인과 전득자를 상대로 한 이전등기말소청구, ㉣ 원인무효를 이유로 한 순차 경료된 각 등기의 말소청구, ㉤ 한 통의 어음발행으로 인한 주채무자와 배서인을 피고로 하는 어음금청구 등을 예로 들 수 있다.

라. 권리·의무의 발생원인의 동종 : 제65조 후문

형식적 견련관계가 있는 경우로서, 청구권 상호간에 아무런 관련이 없으나 청구권의 성격 및 발생원인이 유사한 경우로서, ㉠ 여러 통의 어음발행인에 대한 각 별개의 어음청구, ㉡ 동종의 매매계약에 기해 여러 사람의 외상 매수인에 대한 대금지급청구, ㉢ 복수의 건물소유자가 각 건물의 임차인에 대한 각 인도청구와 각 차임청구 등을 예로 들 수 있다.

2. 객관적 요건

(ⅰ) 각 청구가 같은 종류의 소송절차에 의해 심판될 것(제253조), (ⅱ) 각 청구에 대하여 수소법원에 공통의 관할이 있을 것의 요건을 충족하여야 한다. 객관적 요건은 **직권조사사항**이다. 공통의 관할의 요건은 제25조에 의하여 관련재판적이 있으면 충족되는데, 제65조 후문의 공동소송에서는 관련재판적의 규정이 준용되지 아니하므로(제25조 제2항), 공통의 관할을 찾기 어려워 공동소송으로 제기할 수 없는 문제가 발생할 수 있다.

◆ 제2관 **통상의 공동소송**

I. 의 의

통상의 공동소송(보통공동소송)이란 공동소송인 사이에 합일확정의 필요가 없어, 공동소송인 사이에 승패가 일률적으로 될 필요가 없는 공동소송을 말한다. 개별적인 소의 제기 또는 응소가 인정됨에도 불구하고 공동소송의 관계가 된 것이다.

II. 공동소송인 독립의 원칙

> 제66조(통상공동소송인의 지위) 공동소송인 가운데 한 사람의 소송행위 또는 이에 대한 상대방의 소송행위와 공동소송인 가운데 한 사람에 관한 사항은 다른 공동소송인에게 영향을 미치지 아니한다.

1. 의 의

통상의 공동소송에 있어서 각 공동소송인은 다른 공동소송인에 의한 제한이나 간섭을 받지 않고 각자 독립하여 소송수행을 할 수 있는 권리를 갖고, 상호간에 연합관계나 협력관계가 없는데 이를 공동소송인 독립의 원칙이라 한다(제66조).

2. 내 용

가. 소송요건의 개별처리

소송요건의 존부는 각 공동소송인 별로 따로 심사하여야 한다. 그리하여 소송요건의 흠결이 있으면 흠결이 있는 공동소송인에 한하여서만 소를 각하하여야 한다.

나. 소송자료의 불통일

공동소송인의 1인의 소송행위는 유리·불리를 가리지 않고 원칙적으로 다른 공동소송인에게 영향을 미치지 않는다. 따라서 각 공동소송인은 각자 청구의 포기와 인낙, 재판상 자백, 재판상 화해, 소 또는 상소의 제기·취하를 할 수 있으며 그 행위를 한 자에 대하여서만 효력이 미치고, 주장을 서로 달리한다 하여도 법원은 석명할 필요가 없다. 문서의 형식적 증거력을 인정할 때도 마찬가지이다.

판례도 "**통상공동소송에 있어서 공동소송인의 1인의 상대방에 대한 소송행위는 다른 공동소송인에 대하여 효력이 생기지 않는다.**"고 한다(1968. 5. 14. 67다2787). 또한 "제150조에 의하면 당사자가 공시송달에 의하지 아니한 적법한 소환을 받고도 변론기일에 출석하지 아니하고 답변서 기타 준비서면마저 제출하지 아니하여 상대방이 주장한 사실을 명백히 다투지 아니한 때에는 그 사실을 자백한 것으로 간주하도록 되어 있으므로, 그 결과 **자백간주가 된 피고들과 원고의 주장을 다툰 피고들 사이에서 동일한 실체관계에 대하여 서로 배치되는 내용의 판단이 내려진다고 하더라도 이를 위법하다고 할 수 없다.**"고 한다(1997. 2. 28. 96다53789).

또한 "어느 부동산에 관하여 순차로 경료된 소유권이전등기의 말소를 구하는 소송에서 후순위 등기의 말소등기이행청구는 배척하면서도 그 전순위 등기의 말소등기이행청구는 인용할 경우가 있다.

그러나 그 이유는 이러한 소송은 필수적 공동소송이 아니라 **통상공동소송으로서 이른바 '주장공통의 원칙'이 적용되지 아니하기 때문에 공동소송인마다 공격방어방법을 달리함에 따라 위와 같이 모순된 결론도 생길 수 있고 이는 변론주의를 원칙으로 하는 소송제도에서는 부득이하다**는 데에 있다."고 한다(1991. 11. 8. 91다15829).

다. 소송진행의 불통일

공동소송인 1인에 관한 사항은 다른 공동소송인에게 영향이 없으므로 1인에 대해 생긴 중단·중지의 사유는 그 자의 소송관계에 대해서만 절차를 정지하게 되고, 기일이나 기간의 해태도 다른 공동소송인에게 그 효과가 미치지 않는다. 그리하여 기일을 해태한 공동소송인만이 자백간주, 취하간주의 불이익을 입게 된다. 상소기간도 개별적으로 진행한다.

라. 당사자지위의 독립성

각 공동소송인은 자신의 소송관계에 있어서만 당사자이므로 다른 공동소송인의 대리인 또는 보조참가인이 될 수 있고 그에게 소송고지를 할 수 있다. 또 다른 공동소송인의 소송관계에 증인능력이 있다.

마. 재판의 불통일

변론의 분리·일부판결을 할 수 있으며, 재판의 통일이 필요 없으며, 판결의 내용이 일치하지 않아도 상관없다. 판례도 "석명권은 당사자의 진술이 모순·흠결이 있거나 애매하여 진술취지를 알 수 없을 때 명백히 하기 위하여 하는 것이지, 피고 중 (갑)·(을)이 소송형태상 피고나 실질상으로는 원고와 이해관계를 같이 하고 있는 경우에 **공동피고 상호간에 주장이 일치하지 아니하고 다른 입장을 취하고 있다하여 재판장이 당사자에게 그에 대한 발문을 하고 진상을 규명하여야 할 의무는 없다**."고 한다(1982. 11. 23. 81다39).

한편 승소한 공동소송인들이 패소한 상대방에 대하여 소송비용의 상환을 구하는 경우에도 소송비용은 각 공동소송인별로 산정함이 원칙이다. 다만 공동소송인 간의 소송비용 부담에 특칙이 있다(제102조).

Ⅲ. 공동소송인 독립의 원칙의 수정

1. 수정의 필요성

공동소송인 독립의 원칙을 철저히 적용하면, 변론의 분리와 일부판결이 가능하게 되어 공동소송인 간에 재판의 통일이 보장되기 어렵게 되고, 특히 제65조 전문의 경우와 같이 실질적 견련관계에 있는 공동소송의 경우에는 재판의 모순·저촉이 재판에 대한 불신을 일으키는 등의 문제가 있을 수 있다. 따라서 이를 수정할 필요가 있다.

2. 주장공통의 원칙의 인정여부

가. 의의 및 문제점

주장공통의 원칙이란 주장책임을 지는 당사자가 주장한 사실이건 상대방이 주장한 사실이건 법원은 이를 재판의 기초로 삼을 수 있으므로, 후자의 경우에도 주장책임을 지는 자는 주장책임을 다한 것으로 보게 되는 원칙을 말한다. 따라서 공동소송인 중의 1인이 상대방의 주장사실을 다투며 항변하는 등 다른 공동소송인에게 유리한 행위를 할 때, 다른 공동소송인의 원용이 없어도 그에 대하여 효력이 미치는지가 문제된다.

나. 학설의 대립

① 변론주의를 근거로 부정하는 견해와, ② 공동소송인의 주장에 대하여 다른 공동소송인이 저촉되는 행위를 적극적으로 하지 않고, 다른 공동소송인에게 이익이 되는 경우에 긍정하는 견해(제한적 긍정설)와, ③ 공동소송인 사이에 보조참가의 이익이 있는 경우에는 공동소송인의 소송행위는 다른 공동소송인의 보조참가인으로 한 것으로 취급하려는 견해(보조참가의제설)가 대립된다.

다. 판례의 태도 : 부정설

판례는 "제66조의 명문 규정과 민사소송법이 취하고 있는 변론주의 소송구조 등에 비추어 볼 때, 통상의 공동소송에 있어서 주장공통의 원칙은 적용되지 아니한다."고 한다(1994. 5. 10. 93다47196). 따라서 "통상의 공동소송에 있어서 공동소송인 가운데 한 사람에 대한 상대방의 주장 사실은 다른 공동소송인에게 영향을 미치지 아니하는 것이다."고 한다(2009. 4. 23. 2009다1313).

라. 검 토

주장공통의 원칙을 인정하는 경우 공동소송으로 제기되었는지 여부에 따라 판결결과가 달라져 판결이 우연에 의하게 되는 불합리가 생기는 점, 판결의 모순·저촉의 문제는 석명권 행사로 해결할 수 있다는 점에서 판례가 타당하다.

3. 증거공통의 원칙의 인정여부

가. 의의 및 문제점

증거공통의 원칙이란 1인의 공동소송인이 제출한 증거는 다른 공동소송인이 그 제출에 반대하고 변론을 분리하지 않은 이상 다른 공동소송인의 원용이 없어도 그를 위한 유리한 증거로 사용될 수 있다는 원칙을 말한다. 대립당사자 사이에서는 증거공통의 원칙을 인정하는 것이 통설·판례이지만 공동소송인간에 이 원칙을 인정할 것인가에 대하여는 견해가 대립된다.

나. 학설의 대립

① 부정설은 증거공통의 원칙은 대립하는 당사자 사이에서 작용하는 것이고, 공동소송인간에서는 공동소송인 독립의 원칙상 원용이 없는 한 증거공통의 원칙을 부인하여야 한다고 한다. ② 긍정설(통설)은 통상의 공동소송에서 병합심리에 의하는 이상 증거조사의 결과 얻은 심증은 각 공동소송인에 대해 공통으로 되기 때문에, 1인의 공동소송인이 제출한 증거는 다른 공동소송인의 원용이 없이도 그를 위한 유리한 사실인정의 자료로 사용할 수 있다고 한다.

다만 긍정설에서도 ㉠ 공동소송인 간에 이해가 상반되는 경우에는 명시적인 원용을 요한다고 보며, ㉡ 공동소송인 중 1인이 자백(자백간주)한 경우는 자백한 공동소송인에 대해서는 자백대로 사실을 확정해야 한다고 한다. 다만 판례는 1인의 자백은 다른 공동소송인에 대해 변론 전체의 취지로 영향을 미칠 수 있다고 한다. 즉 "필수적 공동소송이 아닌 경우 공동피고가 한 자백은 다른 피고의 소송관계에 직접적으로 무슨 효력을 발생할 수 없고 다만 변론취지로서의 증거자료가 된다."고 한다(1976. 8. 24. 75다2152).

다. 판례의 태도

공동소송인 사이의 증거공통의 원칙에 대하여 판시한 판례는 없다(법원실무제요). 다만 현행법 시행 전에 판례는 "**공동소송에 있어서 증명 기타의 행위가 행위자를 구속할 뿐, 다른 당사자에게는 영향을 주지 않는 것이 원칙이다.**"고 한다(1959. 2. 19. 4291민항231).

라. 검 토

자유심증주의의 원칙상 하나의 사실에 대한 법관의 심증은 하나일 수 밖에 없으므로, 동일한 사실에 대하여 다른 결론이 도출되는 것을 방지할 수 있도록 증거공통의 원칙을 긍정하는 것이 타당하다.

◆ 제3관 필수적 공동소송

I. 의 의

필수적 공동소송이란 **공동소송인 사이에 합일확정이 필요한 공동소송**을 말한다. 이에는 ㉠ 공동소송이 법률상 강제되는 고유필수적 공동소송과, ㉡ 공동소송이 법률상 강제되지는 않지만 공동소송인 사이에 판결의 효력이 미치는 유사필수적 공동소송이 있다. 필수적 공동소송은 합일확정이 필요하다는 점에서 통상의 공동소송과 구별되고, 법률상 합일확정이 강제되는 점에서 이론상 합일확정 소송과 구별된다.

II. 고유필수적 공동소송

1. 판단기준

가. 학설의 대립

① 실체법상의 관리처분권, 즉 소송수행권이 공동으로 귀속되는지를 기준으로 하는 관리처분권설(실체법설)과, ② 분쟁의 통일적 해결의 필요라는 소송법상의 요소를 중시하는 소송정책설과, ③ 양자를 모두 고려해야 한다는 절충설이 대립된다.

나. 판례의 태도

판례가 관리처분권설의 입장이라는 견해와, 기본적으로 관리처분권설의 입장이지만 소송법적 요소를 고려한다는 점에서 절충설의 입장이라는 견해가 대립된다.

다. 검 토

공동소송의 범위를 판단하는 기준은 명확해야 하므로 다수설인 관리처분권설(실체법설)이 타당하다. 이에 의하면 고유필수적 공동소송이란 제소 단계에서부터 공동소송이 강제되고 합일확정의 필요가 있는 공동소송을 말한다. 즉 수인에게 소송수행권이 공동으로 귀속되어, 수인이 공동으로 원고 또는 피고가 되지 않으면 당사자적격을 잃어 부적법해지는 경우이다.

2. 형성권의 공동귀속

(ⅰ) 판례는 "공유물분할청구의 소는 분할을 청구하는 공유자가 원고가 되어 다른 공유자 전부를 공동피고로 하여야 하는 고유필수적 공동소송이다."고 하고(2014. 1. 29. 2013다78556), "토지의 경계는 토지소유권의 범위와 한계를 정하는 중요한 사항으로서, 경계와 관련되는 인접 토지의 소유자 전원 사이에서 합일적으로 확정될 필요가 있으므로, **인접하는 토지의 한편 또는 양편이 여러 사람의 공유에 속하는 경우에, 경계의 확정을 구하는 소송은 공유자 전원이 공동하여서만 제소하고 상대방도 공유자 전원이 공동으로서만 제소될 것을 요건으로 하는 고유필수적 공동소송**이라고 해석함이 상당하다."고 한다(2001. 6. 26. 2000다24207).

(ⅱ) 그러나 "공유자가 다른 공유자의 동의 없이 공유물을 처분할 수는 없으나 지분은 단독으로 처분할 수 있으므로, **복수의 권리자가 소유권이전청구권을 보존하기 위하여 가등기를 마쳐 둔 경우 특별한 사정이 없는 한 권리자 중 한 사람은 자신의 지분에 관하여 단독으로 가등기에 기한 본등기를 청구할 수 있고,** 이는 명의신탁해지에 따라 발생한 소유권이전청구권을 보존하기 위하여 복수의 권리자 명의로 가등기를 마쳐 둔 경우에도 마찬가지이며, 이 때 가등기 원인을 매매예약으로 하였다는 이유만으로 가등기 권리자 전원이 동시에 본등기절차의 이행을 청구하여야 한다고 볼 수 없다."고 한다(2002. 7. 9. 2001다43922).

또한 "수인의 채권자가 각기 채권을 담보하기 위하여 채무자와 채무자 소유의 부동산에 관하여 수인의 채권자를 공동매수인으로 하는 1개의 매매예약을 체결하고 그에 따라 수인의 채권자 공동명의로 부동산에 가등기를 마친 경우, **수인의 채권자가 공동으로 매매예약완결권을 가지는 관계인지 아니면 채권자 각자의 지분별로 별개의 독립적인 매매예약완결권을 가지는 관계인지는 매매예약의 내용에 따라야 하고,** 매매예약에서 그러한 내용을 명시적으로 정하지 않은 경우에는 수인의 채권자가 공동으로 매매예약을 체결하게 된 동기 및 경위, 매매예약에 의하여 달성하려는 담보의 목적, 담보 관련 권리를 공동 행사하려는 의사의 유무, 채권자별 구체적인 지분권의 표시 여부 및 지분권 비율과 피담보채권 비율의 일치 여부, 가등기담보권 설정의 관행 등을 종합적으로 고려하여 판단하여야 한다. **공동명의로 담보가등기를 마친 수인의 채권자가 각자의 지분별로 별개의 독립적인 매매예약완결권을 가지는 경우, 채권자 중 1인은 단독으로 자신의 지분에 관하여 가등기담보 등에 관한 법률이 정한 청산절차를 이행한 후 소유권이전의 본등기절차 이행청구를 할 수 있다.**"고 한다(2012. 2. 16. 2010다82530).

또한 "복수의 권리자가 소유권이전청구권을 보존하기 위하여 가등기를 마쳐 둔 경우 특별한 사정이 없는 한 그 가등기의 말소청구소송은 통상의 공동소송이다."고 한다(2003. 1. 10. 2000다26425).

3. 가사소송

판례는 "이해관계 있는 제3자가 친생자관계부존재확인을 구하는 심판청구에 있어서는 친·자 쌍방이 피심판청구인의 적격이 있다 할 것이므로, 친·자 쌍방이 다 생존하고 있는 경우에는 필수적 공동소송의 경우에 해당된다."고 한다(1983. 9. 15. 83즈2).

4. 공유관계소송

가. 개 관

판례는 공유는 소유권이 지분의 형식으로 공존할 뿐 관리처분권이 공유자들에게 공동으로 귀속하는 것이 아님을 근거로 하거나(민법 제263조 참조), 보존행위(민법 제265조 단서)를 근거로 하여, 공유관계 소송을 일반적으로 통상의 공동소송으로 보고 있다. 즉 판례는 "**공동상속재산의 지분에 관한 지분권 존재확인을 구하는 소송**은 통상의 공동소송이다."고 한다(2010. 2. 25. 2008다96963).

또한 "부동산의 공유자 중 한 사람은 공유물에 대한 보존행위로서 공유물에 관한 원인무효의 등기 전부의 말소를 구할 수 있고, 진정명의회복을 원인으로 한 소유권이전등기청구권과 무효등기의 말소청구권은 진정한 소유자의 등기명의를 회복하기 위한 것으로서 실질적으로 목적이 동일하고 두 청구권 모두 소유권에 기한 방해배제청구권으로서 법적 근거와 성질이 동일하므로, **공유자 중 한 사람은 공유물에 경료된 원인무효의 등기에 관하여 각 공유자에게 해당 지분별로 진정명의회복을 원인으로 한 소유권이전등기를 이행할 것을 단독으로 청구할 수 있다.**"고 한다(2005. 9. 29. 2003다40651).[124]

나. 능동소송의 경우

(ⅰ) 판례는 "**공동상속인이 다른 공동상속인을 상대로 어떤 재산이 상속재산임의 확인을 구하는 소는 고유필수적 공동소송**이고, 고유필수적 공동소송에서는 원고들 일부의 소 취하 또는 피고들 일부에 대한 소취하는 특별한 사정이 없는 한 효력이 생기지 않는다."고 한다(2007. 8. 24. 2006다40980). 또한 "공유자의 지분은 다른 공유자의 지분에 의하여 일정한 비율로 제한을 받는 것을 제외하고는 독립한 소유권과 같은 것으로, **공유자는 지분을 부인하는 제3자에 대하여 각자 지분권을 주장하여 지분의 확인을 소구하여야 하는 것**이고, 공유자 일부가 제3자를 상대로 다른 공유자의 지분의 확인을 구하는 것은 타인의 권리관계의 확인을 구하는 소에 해당한다고 보아야 할 것이므로 타인 간의 권리관계가 자기의 권리관계에 영향을 미치는 경우에 한하여 확인의 이익이 있다고 할 것이며, 공유물 전체에 대한 소유관계 확인도 이를 다투는 제3자를 상대로 공유자 전원이 하여야 하는 것이지 공유자 일부만이 그 관계를 대외적으로 주장할 수 있는 것이 아니므로, **특별한 사정이 없이 다른 공유자의 지분의 확인을 구하는 것은 확인의 이익이 없다.** 공유자가 다른 공유자의 지분권을 대외적으로 주장하는 것을 공유물의 멸실·훼손을 방지하고 공유물의 현상을 유지하는 사실적·법률적 행위인 공유물의 보존행위에 속한다고 할 수 없다."고 한다(1994. 11. 11. 94다35008).

(ⅱ) 한편 "공유물에 끼친 불법행위를 이유로 하는 손해배상청구권은 특별한 사유가 없는 한 각 공유자가 지분에 대응하는 비율의 한도 내에서만 행사할 수 있다."고 한다(1970. 4. 14. 70다171). 또한 "**원고가 피고에 대하여 피고 명의로 마쳐진 소유권보존등기의 말소를 구하려면 먼저 원고에게 말소를 청구할 수 있는 권원이 있음을 적극적으로 주장·증명하여야 하며, 만일 원고에게 권원이 있음이 인정되지 않는다면 피고 명의의 소유권보존등기가 말소되어야 할 무효의 등기라도 원고의 청구를 인용할 수 없다** 할 것인바, 부동산의 공유자의 1인은 당해 부동산에 관하여 제3자 명의로 원인무효의 소유권이전등기가 경료되어 있는 경우 공유물에 관한 보존행위로서 제3자에 대하여 등기 전부의 말소를 구할 수 있으나, **공유자가 다른 공유자의 지분권을 대외적으로 주장하는 것을 공유물의 멸실·훼손을 방지하고 공유물의 현상을 유지하는 사실적·법률적 행위인 공유물의 보존행위에 속한다고 할 수 없으므로, 자신의 소유지분을 침해하는 지분 범위를 초과하는 부분에 대하여 공유물에 관한 보존행위로서 무효라고 주장하면서 그 부분 등기의 말소를 구할 수는 없다.**"고 한다(2010. 1. 14. 2009다67429).

---

124) [**청구취지**] 피고는 원고 甲에게 1/5, 소외 乙에게 4/5의 각 지분 비율로 각 별지 목록 기재 부동산에 관하여 진정명의 회복을 원인으로 한 소유권이전등기절차를 이행하라.

다. 수동소송의 경우

판례는 공유자에 대한 공유건물의 철거청구·공동점유물의 인도청구·공유자에 대한 소유권이전등기청구도 각자에 대하여 지분권의 한도 내에서 인도·철거를 구하는 것이므로 통상의 공동소송이라고 한다. 즉 **"공동점유물의 인도를 청구하는 경우** 상반된 판결이 나는 때에는 사실상 인도청구의 목적을 달성할 수 없을 때가 있을 수 있으나, 사실상 필요가 있다는 것만으로 필수적 공동소송이라고는 할 수 없다."고 한다(1966. 3. 15. 65다2455).

또한 "건물의 공동상속인 전원을 피고로 하여서만 건물의 철거청구를 할 수 있는 것은 아니고 **공동상속인 중의 한 사람만을 상대로 상속분의 한도에서만 건물의 철거를 청구**할 수 있다."고 하고(1968. 7. 31. 68다1102), "타인 소유의 토지 위에 설치되어 있는 공작물을 철거할 의무가 있는 수인을 상대로 공작물의 철거를 청구하는 소송은 필수적 공동소송이 아니다."고 하고(1993. 2. 23. 92다49218), "공동상속인들의 건물철거의무는 **성질상 불가분채무**이고, 각자 지분의 한도 내에서 건물 전체에 대한 철거의무를 지는 것이다."고 한다(1980. 6. 24. 80다756).

또한 "토지를 수인이 공유하는 경우에 공유자들의 소유권이 지분형식으로 공존하는 것뿐이고, 처분권이 공동에 속하는 것은 아니므로, **공유토지의 일부에 대하여 취득시효 완성을 원인으로 공유자들을 상대로 시효취득 부분에 대한 소유권이전등기절차의 이행을 청구하는 소송**은 필수적 공동소송이라고 할 수 없다."고 한다(1994. 12. 27. 93다32880).

5. 합유관계소송

가. 개 관

합유물의 처분·변경과 지분의 처분에는 합유자 전원의 동의를 요하므로(민법 제272조·제273조), **이에 관한 소송은 고유필수적 공동소송이 된다.** 그러나 합유물에 관한 소송이라도 보존행위(민법 제272조 단서)에 근거한 소송과, 각 조합원의 개인적 책임에 기하여 조합채무의 이행을 구하는 수동소송은 필수적 공동소송이 아니다.

판례도 "합유물에 관한 소송은 보존행위가 아닌 한 원칙적으로 필수적 공동소송이다."고 하고(1991. 6. 25. 90누5184), "조합의 채무는 각 조합원의 채무로서 그 채무가 불가분 채무이거나 연대의 특약이 없는 한 **조합채권자는 각 조합원에 대하여 지분 비율에 따라 또는 균일적으로 변제의 청구를 할 수 있을 뿐이지 금원 전부나 연대의 지급을 구할 수는 없다.**"고 한다(1985. 11. 12. 85다카1499).

나. 고유필수적 공동소송이라고 한 판례

ⓐ **공동광업권자는 조합계약을 한 것으로 간주**하므로, 합유인 공동광업권을 소송목적물로 하는 소송에 있어서는 공동광업권자 전원을 상대로 하는 필수적 공동소송으로 하여야 할 것이고 이에 위배될 때에는 그 소를 부적법하다 하여 각하하여야 할 것이다(1966. 10. 4. 66다1079).

ⓑ 광업법에 의하면 광업권을 공유하는 자들 사이에는 조합계약을 한 것으로 본다고 규정하고 있으므로, 광업권자가 사망하여 상속인들이 광업권을 공동으로 상속하는 경우에도 상속인들 사이에 조합계약을 체결한 것으로 보아야 하므로, 합유인 공동광업권에 관한 소송은 합일확정을 요하는 필수적 공동소송이고, 따라서 **광업권자가 광업권에 관한 소송을 수행하던 중 사망한 경우에는 상속인 전원이 공동으로 수계신청을 하여야 한다**(1995. 5. 23. 94다23500).

ⓒ **합유로 소유권이전등기가 된 부동산에 관하여 명의신탁해지를 원인으로 한 소유권이전등기절차의 이행을 구하는 소송**은 합유물에 관한 소송으로서 고유필수적 공동소송에 해당하여 합유자 전원을 피고로 하여야 할 뿐 아니라 합유자 전원에 대하여 합일적으로 확정되어야 하므로, 합유자 중 일부의 청구인낙이나 합유자 중 일부에 대한 소의 취하는 허용되지 않는다(1996. 12. 10. 96다23238).

ⓓ **동업약정에 따라 동업자 공동으로 토지를 매수**하였다면 토지는 동업자들을 조합원으로 하는 동업체에서 토지를 매수한 것이므로, 동업자들은 토지에 대한 소유권이전등기청구권을 준합유하는 관계에 있고, 합유재산에 관한 소는 고유필수적 공동소송이므로, **매매계약에 기하여 소유권이전등기의 이행을 구하는 소를 제기하려면 동업자들이 공동으로 하지 않으면 안 된다**(1994. 10. 25. 93다54064).

ⓔ **민법상 조합에서 조합의 채권자가 조합재산에 대하여 강제집행을 하려면 조합원 전원에 대한 집행권원을 필요로 하고**, 조합재산에 대한 강제집행의 보전을 위한 가압류의 경우에도 마찬가지로 조합원 전원에 대한 가압류명령이 있어야 하므로, 조합원 중 1인만을 가압류채무자로 한 가압류명령으로써 조합재산에 가압류집행을 할 수는 없다(2015. 10. 29. 2012다21560).

ⓕ 민법상 조합계약은 2인 이상이 상호 출자하여 공동으로 사업을 경영할 것을 약정하는 계약으로서, 조합재산은 조합의 합유에 속하므로 **조합재산에 속하는 채권에 관한 소송은 합유물에 관한 소송으로서 특별한 사정이 없는 한 조합원들이 공동으로 제기하여야 하는 고유필수적 공동소송**에 해당한다(2012. 11. 29. 2012다44471).

ⓖ **아파트 신축사업을 동업하는 조합이 시공회사에 공사대금 명목으로 제공한 건물에 대하여 분양계약을 체결하거나 수분양권을 양수한 자가 조합원들을 상대로 조합재산인 건물에 관하여 매매를 원인으로 한 소유권이전등기절차의 이행을 구하는 소를 제기한 사안에서, 그 소는 합유물에 관한 소송으로서 조합원들 전부를 공동피고로 하여야 하는 고유필수적 공동소송에 해당한다고 한 사례**(2010. 4. 29. 2008다50691).

다. 고유필수적 공동소송이 아니라고 한 판례

ⓐ **합유물에 관하여 경료된 원인 무효의 소유권이전등기의 말소를 구하는 소송**은 합유물에 관한 보존행위로서 합유자 각자가 할 수 있다(1997. 9. 9. 96다16896).

ⓑ **합유재산이라도 현실적으로 점유하고 있는 합유자만을 상대로 인도청구를 할 수 있고** 합유자 전원을 상대로 할 필수적 공동소송이 아니다(1969. 12. 23. 69다1053).

ⓒ 조합의 채권자가 조합원에 대하여 조합재산에 의한 공동책임을 묻는 것이 아니라, **각 조합원의 개인적 책임에 기하여 당해 채권을 행사하는 경우**에는 조합원 각자를 상대로 하여 이행의 소를 제기할 수 있다(1991. 11. 22. 91다30705).

ⓓ 조합의 목적 달성으로 인하여 조합이 해산되었으나 조합의 잔무로서 처리할 일이 없고 다만 잔여재산의 분배만이 남아 있을 때에는 따로 청산절차를 밟을 필요가 없이 각 조합원은 자신의 잔여재산의 분배비율의 범위 내에서 분배비율을 초과하여 잔여재산을 보유하고 있는 조합원에 대하여 바로 잔여재산의 분배를 청구할 수 있고, **잔여재산 분배청구권은 조합원 상호간의 내부관계에서 발생하는 것으로서 각 조합원이 분배비율을 초과하여 잔여재산을 보유하고 있는 조합원을 상대로 개별적으로 행사하면 족한 것이지 반드시 조합원들이 공동으로 행사하거나 조합원 전원을 상대로 행사하여야 하는 것은 아니다**(2000. 4. 21. 99다35713).

라. 부동산 공동매수의 법률관계

판례는 "수인이 부동산을 공동으로 매수한 경우, 매수인들 사이의 법률관계는 공유관계로서 단순한 공동매수인에 불과할 수도 있고, 수인을 조합원으로 하는 동업체에서 매수한 것일 수도 있는바, **공동매수의 목적이 전매차익의 획득에 있을 경우 그것이 공동사업을 위해 동업체에서 매수한 것이 되려면, 적어도 공동매수인들 사이에서 매수한 토지를 공유가 아닌 동업체의 재산으로 귀속시키고 공동매수인 전원의 의사에 기해 전원의 계산으로 처분한 후 이익을 분배하기로 하는 명시적 또는 묵시적 의사의 합치가 있어야만 할 것**이고, 이와 달리 공동매수 후 매수인별로 토지에 관하여 공유에 기한 지분권을 가지고 각자 자유롭게 지분권을 처분하여 대가를 취득할 수 있도록 한 것이라면 이를 동업체에서 매수한 것으로 볼 수는 없다."고 한다(2007. 6. 14. 2005다5140).

마. 공동명의 예금의 법률관계

판례는 "은행에 대하여 공동명의로 예금을 하고 권리를 함께 행사하기로 한 경우에 만일 동업자금을 공동명의로 예금한 경우라면 채권의 준합유관계에 있다고 볼 것이나, **동업 이외의 특정 목적을 위하여 돈을 공동명의로 예치하여 둠으로써 목적이 달성되기 전에는 공동명의 예금채권자 중 1인이 단독으로 예금을 인출할 수 없도록 방지·감시하고자 하는 목적으로 공동명의로 예금을 개설한 경우**라면, 예금채권은 각 공동명의자가 출연한 만큼 분량적으로 분할되어 각자에게 공동으로 귀속되고, 각 공동명의 예금채권자가 예금채권에 대하여 가지는 각자의 지분에 대한 관리처분권은 각자에게 귀속된다 할 것이므로, 공동명의 예금채권자 중 1인에 대한 별개의 대출금채권을 가지는 은행으로서는 대출금채권을 자동채권으로 하여 그의 지분에 상응하는 예금반환채권에 대하여 상계할 수 있다."고 한다(2005. 9. 9. 2003다28).

이 경우에 "은행과 공동명의 예금채권자들 사이에 공동반환의 특약이 존재하는 경우 은행에 대한 지급 청구만을 공동명의 예금채권자들 모두가 공동으로 하여야 하는 부담이 남는다."고 한다(2008. 10. 9. 2005다72430).

또한 "[1] 은행에 공동명의로 예금을 하고 은행에 대하여 권리를 함께 행사하기로 한 경우에 공동명의 예금채권자들은 은행을 상대로 하여서는 공동으로 이행의 청구나 변제의 수령을 함이 원칙이라고 할 것이나, 그렇다고 하여 공동명의 예금채권자들의 은행에 대한 예금반환청구소송이 항상 필수적 공동소송으로서 예금채권자 전원이 당사자가 되어야만 한다고 할 수는 없을 것이다. 만일 동업자들이 동업자금을 공동명의로 예금한 경우라면 채권의 준합유관계에 있어 합유의 성질상 은행에 대한 예금반환청구가 필수적 공동소송에 해당한다고 볼 것이나, 공동명의 예금채권자들 중 1인이 전부를 출연하거나 또는 각자가 분담하여 출연한 돈을 동업 이외의 특정목적을 위하여 공동명의로 예치해 둠으로써 목적이 달성되기 전에는 공동명의 예금채권자가 자신의 예금에 대하여도 혼자서는 인출할 수 없도록 방지, 감시하고자 하는 목적으로 공동명의로 예금을 개설한 경우에는 예금에 관한 관리처분권까지 공동명의 예금채권자 전원에게 공동으로 귀속된다고 볼 수 없을 것이므로, 이러한 경우에는 은행에 대한 예금반환청구가 민사소송법상의 필수적 공동소송에 해당한다고 할 수 없다. [2] 위 [1]항의 뒤의 경우가 **소송법상으로는 필수적 공동소송에 해당하지 아니하더라도 공동명의 예금채권자는 예금을 개설할 때에는 은행과의 사이에 예금채권자들이 공동하여 예금반환청구를 하기로 한 약정에는 당연히 구속되는 것**이므로, 예금채권자 중 1인이 은행을 상대로 자신의 예금의 반환을 청구함에 있어서는 다른 공동명의 예금채권자와 공동으로 반환을 청구하는 절차를 밟아야만 은행으로부터 예금을 반환받을 수 있음은 물론인바, 이 경우 만일 **다른 공동명의 예금채권자가 공동반환청구절차에 협력하지 않을 때에는, 예금주는 먼저 그 사람을 상대로 제소하여 예금주 단독으로 하는 반환청구에 관하여 승낙의 의사표시를 하라는 등 공동반환절차에 협력하라는 취지의 판결을 얻은 다음 이 판결을 은행에 제시함으로써 예금을 반환받을 수 있고**, 이와 같은 방식에 의하여 약정에 의한 공동반환청구의 요건이 충족되었음에도 불구하고 은행이 정당한 이유 없이 예금의 반환을 거절하는 경우에는 그 예금주가 은행을 상대로 단독으로 예금의 반환을 소구할 수밖에 없을 것이고, 미리 청구할 필요가 있을 때에는 다른 공동명의 예금채권자와 은행을 공동피고로 하여 위와 같은 취지의 제소를 할 수도 있다."고 한다(1994. 4. 26. 93다31825).

6. 총유관계소송

판례는 "민법 제276조 제1항은 "총유물의 관리 및 처분은 사원총회의 결의에 의한다.", 같은 조 제2항은 "각 사원은 정관 기타의 규약에 좇아 총유물을 사용·수익할 수 있다."라고 규정하고 있을 뿐, 공유나 합유의 경우처럼 보존행위는 구성원 각자가 할 수 있다는 민법 제265조 단서 또는 민법 제272조 단서와 같은 규정을 두고 있지 아니한바, 이는 법인 아닌 사단의 소유형태인 총유가 공유나 합유에 비하여 단체성이 강하고 구성원 개인들의 총유재산에 대한 지분권이 인정되지 아니하는 데에서 나온 당연한 귀결이라고 할 것이므로, **총유재산에 관한 소송은 법인 아닌 사단이 그 명의로 사원총회의 결의를 거쳐 하거나 또는 구성원 전원이 당사자가 되어 필수적 공동소송의 형태로 할 수 있을 뿐, 사단의 구성원은 설령 그가 사단의 대표자라거나 사원총회의 결의를 거쳤다 하더라도 소송의 당사자가 될 수 없고, 이러한 법리는 총유재산의 보존행위로서 소를 제기하는 경우에도 마찬가지라 할 것이다.**"고 한다(2005. 9. 15. 2004다44971).

또한 "총유물의 보존에 있어서는 공유물의 보존에 관한 민법 제265조의 규정이 적용될 수 없고, 특별한 사정이 없는 한 민법 제276조 제1항의 규정에 따라 사원총회의 결의를 거쳐야 하므로, **법인 아닌 사단인 교회가 총유재산에 대한 보존행위로서 소송을 하는 경우에도 특별한 사정이 없는 한 교인 총회의 결의를 거쳐야 한다.** 이와 관련하여 "총회의 결의는 민법 또는 정관에 다른 규정이 없으면 사원 과반수의 출석과 출석사원의 의결권의 과반수로써 한다"는 민법 제75조 제1항의 규정은 법인 아닌 사단에 대하여도 유추적용될 수 있다."고 한다(2007. 12. 27. 2007다17062).

Ⅲ. 유사필수적 공동소송

1. 의 의

유사필수적 공동소송이란 **수인이 개별적으로 소송을 할 수 있지만, 일단 공동소송인으로 된 이상 합일확정이 요청되어 승패를 일률적으로 하여야 할 공동소송**을 말한다. 유사필수적 공동소송이 인정되는 경우는 **판결의 효력이 제3자에게 확장될 경우**인데, 판결의 효력이 제3자에게 확장되는 경우에는 합일확정의 필요성이 있기 때문이다. 따라서 이를 소송법상 이유에 의한 필수적 공동소송이라고도 한다.

2. 판결의 효력의 의미

판결의 효력이 제3자에게 확장되는 경우에 ① 판결의 본래적 효력(기판력·집행력·형성력)이 제3자에게 확장될 경우만을 뜻하는지, ② 반사효가 제3자에게 미치는 경우도 포함하는지가 문제가 되는

데, 다수설은 반사효가 미치는 경우도 포함하는 것으로 해석하고 있다. 다수설은 판례도 다수설과 동일하다고 평가하고 있다. 그러나 판례가 반사효를 인정하지는 않았다.

3. 수인의 채권자가 공동으로 제기하는 채권자대위소송

가. 학설의 대립

① 채권자대위소송을 법정소송담당으로 보고, 대위소송의 계속을 채무자가 알았을 경우에는 판결의 효력이 다른 채권자에게 미치므로 유사필수적 공동소송이 된다는 견해, ② 채권자대위소송을 법정소송담당으로 보지 않고, 채권자들 사이에 기판력이 미치지 않으므로 통상의 공동소송이라는 견해가 대립된다.

나. 판례의 태도

판례는 "[1] 채무자가 채권자대위권에 의한 소송이 제기된 것을 알았을 경우에는 확정판결의 효력은 채무자에게도 미친다. [2] 위 [1]항의 경우 **각 채권자대위권에 기하여 공동하여 채무자의 권리를 행사하는 다수의 채권자들은 유사필수적 공동소송관계에 있다.** [3] 제1심에서 유사필수적 공동소송관계에 있는 다수의 채권자들의 청구가 모두 기각되고, 그 중 1인만이 항소한 경우 제67조 제1항은 필수적 공동소송에 있어서 공동소송인 중 1인의 소송행위는 공동소송인 전원의 이익을 위하여서만 효력이 있다고 규정하고 있으므로 공동소송인 중 일부의 상소제기는 전원의 이익에 해당된다고 할 것이어서 다른 공동소송인에 대하여도 그 효력이 미칠 것이며, 사건은 필수적 공동소송인 전원에 대하여 확정이 차단되고 상소심에 이심된다."고 한다(1991. 12. 27. 91다23486).

이 경우에 판결의 효력은 기판력을 의미한다. 즉 판례는 "어느 채권자가 채권자대위권을 행사하는 방법으로 제3채무자를 상대로 소송을 제기하여 판결을 받은 경우, 어떠한 사유로든 채무자가 채권자대위소송이 제기된 사실을 알았을 경우에 한하여 판결의 효력이 채무자에게 미치므로, **이러한 경우에는 그 후 다른 채권자가 동일한 소송물에 대하여 채권자대위권에 기한 소를 제기하면 전소의 기판력을 받게 된다**고 할 것이지만, 채무자가 전소인 채권자대위소송이 제기된 사실을 알지 못하였을 경우에는 전소의 기판력이 다른 채권자가 제기한 후소인 채권자대위소송에 미치지 않는다."고 한다 (1994. 8. 12. 93다52808).

다. 검토

법정소송담당설이 타당하므로, 채무자가 대위소송의 계속을 알았을 경우에 대위소송의 기판력이 채무자에게 미치고, 다른 채권자에게도 기판력이 미치므로 유사필수적 공동소송으로 보는 판례가 타당하다.

Ⅳ. 필수적 공동소송의 심판

제67조(필수적 공동소송에 대한 특별규정) ① 소송목적이 공동소송인 모두에게 합일적으로 확정되어야 할 공동소송의 경우에 공동소송인 가운데 한 사람의 소송행위는 모두의 이익을 위하여서만 효력을 가진다.
② 제1항의 공동소송에서 공동소송인 가운데 한 사람에 대한 상대방의 소송행위는 공동소송인 모두에게 효력이 미친다.

③ 제1항의 공동소송에서 공동소송인 가운데 한 사람에게 소송절차를 중단 또는 중지하여야 할 이유가 있는 경우 그 중단 또는 중지는 모두에게 효력이 미친다.

제68조(필수적 공동소송인의 추가) ① 법원은 제67조 제1항의 규정에 따른 공동소송인 가운데 일부가 누락된 경우에는 제1심의 변론을 종결할 때까지 원고의 신청에 따라 결정으로 원고 또는 피고를 추가하도록 허가할 수 있다. 다만, 원고의 추가는 추가될 사람의 동의를 받은 경우에만 허가할 수 있다.
② 제1항의 허가결정을 한 때에는 허가결정의 정본을 당사자 모두에게 송달하여야 하며, 추가될 당사자에게는 소장부본도 송달하여야 한다.
③ 제1항의 규정에 따라 공동소송인이 추가된 경우에는 처음의 소가 제기된 때에 추가된 당사자와의 사이에 소가 제기된 것으로 본다.
④ 제1항의 허가결정에 대하여 이해관계인은 추가될 원고의 동의가 없었다는 것을 사유로 하는 경우에만 즉시항고를 할 수 있다.
⑤ 제4항의 즉시항고는 집행정지의 효력을 가지지 아니한다.
⑥ 제1항의 신청을 기각한 결정에 대하여는 즉시항고를 할 수 있다.

제69조(필수적 공동소송에 대한 특별규정) 제67조 제1항의 공동소송인 가운데 한 사람이 상소를 제기한 경우에 다른 공동소송인이 그 상소심에서 하는 소송행위에는 제56조 제1항의 규정을 준용한다.

1. 서 설

필수적 공동소송의 경우에는 공동소송인 상호간에 연합관계가 있어서 개별적인 판결이 허용되지 아니한다. 그리하여 판결의 합일확정을 위하여 이를 보장하는 범위에서 소송자료의 통일과 소송진행의 통일, 재판의 통일이 요구된다. 다만 소송행위를 언제나 공동으로 해야 하는 것은 아니므로, 각 공동소송인은 개별적으로 소송행위를 할 수 있고, 개별적으로 소송대리인을 선임할 수 있다.

2. 소송요건의 조사

가. 소송요건의 흠결

필수적 공동소송에서도 소송관계는 복수이므로 통상공동소송에서와 같이 소송요건은 각 공동소송인 별로 독립하여 조사한다. 고유필수적 공동소송에서는 공동소송인 전원이 당사자가 되어야 당사자적격이 있으므로 1인에 대해서 소송요건의 흠결이 있으면 전 소송을 각하하여야 하지만, 유사필수적 공동소송에서는 소송공동이 강제되지 않으므로 당해 공동소송인의 부분에 대해서만 각하하게 된다.

나. 고유필수적 공동소송에서 공동소송인으로 될 자를 누락시켰을 경우 보정방법

고유필수적 공동소송에 있어서는 소송공동이 강제되므로, 공동소송인 가운데 한 사람이라도 누락한 때에는 당사자적격의 흠으로 부적법하게 된다. 이러한 당사자적격의 흠을 보정하는 방법으로는 (ⅰ) **필수적 공동소송인의 추가**(제68조), (ⅱ) **공동소송참가**(제83조), (ⅲ) **별소의 제기와 변론의 병합**(제141조), (ⅳ) **소의 주관적 추가적 병합** 등이 있다.

3. 소송자료의 통일

가. 능동적 소송행위 : 제67조 제1항

공동소송인 중 1인의 소송행위 중 유리한 것(부인, 항변, 증거제출, 출석, 상소)은 전원에 대해 효력이 생긴다. 그러나 불리한 것(자백, 청구의 포기·인낙, 재판상 화해)은 전원이 함께 하지 않으면 효력이 생기지 않는다. 다만 변론 전체의 취지(제202조)로서 공동소송인 측에 불리하게 작용될 수 있다. 또한 고유필수적 공동소송에서 1인에 의한 소의 취하는 허용되지 않지만, **유사필수적 공동소송의 경우에는 공동소송이 강제가 되는 것이 아니므로 공동원고 중 1인의 소의 취하는 허용된다**. 즉 유사필수적 공동소송의 경우에는 소의 취하는 불리한 소송행위임에도 허용되기 때문에 제67조 제1항이 배제된다.

나. 수동적 소송행위 : 제67조 제2항

변론기일에 공동소송인의 일부가 결석하더라도 상대방이 소송행위를 할 수 있도록 하기 위하여 공동소송인 1인에 대한 상대방의 소송행위는 이익·불이익을 불문하고 다른 공동소송인 전원에 대해 효력이 있다. 그러므로 공동소송인중 1인이라도 출석하면 상대방은 준비서면으로 예고하지 않은 사실이라도 주장할 수 있다(제276조).

4. 소송진행의 통일

가. 기 일

판결을 합일적으로 하려면 소송이 통일적으로 진행되어야 한다. 따라서 변론, 증거조사, 판결은 같은 기일에 함께 하여야 하고 변론을 분리할 수 없다. 기일지정 및 통지, 송달도 전원에게 통일적으로 하여야 한다.

나. 소송절차의 중단·중지

소송 중에 공동소송인 중 1인에 대해서 중단·중지의 사유가 발생하면 전원에 대하여 중단·중지의 효력이 발생한다(제67조 제3항). 판례도 "고유필수적 공동소송에 있어서 공동소송인 중 1인에게 중단 또는 중지의 원인이 발생한 때에는 다른 공동소송인에 대하여도 중단 또는 중지의 효과가 미치므로 **공동소송인 전원에 대하여 소송절차의 진행이 정지**되고 그 정지기간 중에는 유효한 소송행위를 할 수 없다. 피고 중 1인이 사망 당시 소송대리인이 있어 소송중단의 효과가 발생하지 아니하였다고 하더라도 판결이 송달되면 그와 동시에 (고유필수적) 공동소송인 전원에 대하여 중단의 효과가 발생한다."고 한다(1983. 10. 25. 83다카850).

다. 판 결

판결은 공동소송인 전원에 대한 전부판결로 해야 한다. 일부판결은 허용되지 아니하며 만약 일부판결을 하였다고 하더라도 이는 전부판결로 보아야 하고 그 판결에 당사자로 표시되지 아니한 다른 공동소송인도 그 판결에 대하여 상소를 제기할 수 있다. 즉 이는 추가판결의 대상이 아니라 판단누락으로 인한 상소의 대상이 된다.

라. 상소

1) 상소기간의 판단

상소기간은 각 공동소송인에게 판결정본이 송달된 때로부터 개별적으로 진행되나 전원에 대해 상소기간이 만료되기까지는 확정되지 않는다. 상소는 유리한 행위이므로 공동소송인 중 1인이 상소를 제기하면 모든 공동소송인에게 효력이 있기 때문에, 필수적 공동소송인 전원에게 상소기간이 만료하는 것은 가장 늦게 판결정본을 송달받은 공동소송인의 상소기간이 만료하는 시점이 되기 때문이다. 다만 이미 상소기간이 도과된 당사자는 다른 공동소송인의 상소기간이 만료되기 전이라도 상소를 제기할 수 없다.

판례도 "공유물분할청구의 소는 분할을 청구하는 공유자가 원고가 되어 다른 공유자 전부를 공동피고로 하여야 하는 고유필수적 공동소송이고, 공동소송인과 상대방 사이에 판결의 합일확정을 필요로 하는 고유필수적 공동소송에서는 공동소송인 중 일부가 제기한 상소는 다른 공동소송인에게도 효력이 미치므로 공동소송인 전원에 대한 관계에서 판결의 확정이 차단되고 소송은 전체로서 상소심에 이심된다. 따라서 **공유물분할 판결은 공유자 전원에 대하여 상소기간이 만료되기 전에는 확정되지 않고, 일부 공유자에 대하여 상소기간이 만료되었더라도 그 공유자에 대한 판결 부분이 분리·확정되는 것은 아니다.**"고 한다(2017. 9. 21. 2017다233931).

2) 상소의 효력

공동소송인 1인이 상소를 제기하면 전원에 대하여 판결의 확정이 차단되고 전원에 대한 소송이 상급심으로 이심되게 된다. 판례도 "공동소송인과 상대방 사이에 판결의 합일확정을 필요로 하는 고유필수적 공동소송에서는 공동소송인 중 일부가 제기한 상소 또는 공동소송인 중 일부에 대한 상대방의 상소는 다른 공동소송인에게도 효력이 미치는 것이므로, **공동소송인 전원에 대한 관계에서 판결의 확정이 차단되고 소송은 전체로서 상소심에 이심되며, 상소심판결의 효력은 상소를 하지 아니한 공동소송인에게 미치므로 상소심으로서는 공동소송인 전원에 대하여 심리·판단하여야 한다.** 고유필수적 공동소송에 대하여 본안판결을 할 때에는 공동소송인 전원에 대한 하나의 종국판결을 선고하여야 하는 것이지, 공동소송인 일부에 대해서만 판결하거나 남은 공동소송인에 대해 추가판결을 하는 것은 허용될 수 없다."고 한다(2011. 6. 24. 2011다1323).

이 경우 다른 공동소송인의 상급심에서의 지위에 대해서는 ① 상소인으로 보는 상소인설, ② 묵시적으로 소송수행권을 상소인에게 수여한 것으로 보는 선정자설, ③ 단순한 상소심 당사자로 보는 상소심당사자설이 있는데, 판례는 "**필수적 공동소송에 있어서 당사자표시 중 상고하지 않은 피고를 단순히 피고라고만 표시하고 주문 중 상고비용을 상고한 피고에게만 부담시킨다.**"고 하여(1995. 1. 12. 94다33002), 상소심당사자설의 입장이다. 상소를 제기하지 아니한 공동소송인은 합일확정의 요청 때문에 상소심으로 이심되는 것이므로 판례의 입장이 타당하다. 따라서 실제로 상소를 한 상소인만이 상소심의 심판범위를 특정하고, 인지를 붙일 의무를 부담하고, 패소한 때에 상소비용을 부담한다.

5. 본안재판의 통일

필수적 공동소송인 사이에서는 판결 결과의 합일확정이 필요하므로, 본안에 관한 판결결과가 개별적으로 되는 것은 허용되지 아니한다. 한편 필수적 공동소송인측이 패소한 경우의 소송비용은 공동소송인이 연대하여 부담하여야 함이 타당하다(제102조 제1항 단서).

제02절 공동소송의 특수형태

I. 예비적·선택적 공동소송

> 제70조(예비적·선택적 공동소송에 대한 특별규정) ① 공동소송인 가운데 일부의 청구가 다른 공동소송인의 청구와 법률상 양립할 수 없거나 공동소송인 가운데 일부에 대한 청구가 다른 공동소송인에 대한 청구와 법률상 양립할 수 없는 경우에는 제67조 내지 제69조를 준용한다. 다만, 청구의 포기·인낙, 화해 및 소의 취하의 경우에는 그러하지 아니하다.
> ② 제1항의 소송에서는 모든 공동소송인에 관한 청구에 대하여 판결을 하여야 한다.

1. 의 의

예비적·선택적 공동소송(소의 주관적 예비적·선택적 병합)이란 수인의 원고가 제기하는 청구 또는 수인의 피고에 대한 청구가 실체법·소송법상 양립할 수 없는 관계에 있고, 어느 것이 인용될 것인가를 쉽게 판단할 수 없는 경우에, 각 청구에 순서를 정하여 또는 택일적으로 심판을 청구하는 공동소송의 형태를 말한다.

2. 도입과정

가. 구법의 태도

구법에서는 명문 규정이 없었으므로 인정여부에 대해서 학설의 대립이 있었다. ① 긍정설은 분쟁의 통일적 해결로 소송경제에 부합한다는 점, 객관적 예비적 병합이 허용되는 것과의 균형상 긍정하여야 한다는 점 등을 이유로 하였다. ② 부정설은 예비적 피고의 지위가 불안정하게 된다는 점, 상소로 인한 재판의 불통일 문제가 발생한다는 점 등을 이유로 하였다.

판례는 예비적 피고의 지위불안, 공동소송인 독립의 원칙상 예비적으로 병합된 부분을 분리하면 그 부분은 해제조건부 소송(원고의 승소를 해제조건으로 하는 조건부소송이 된다는 의미)이 되므로, 부적법하다는 것을 이유로 부정하였다(1996. 3. 22. 95누5509). 따라서 판례는 예비적 피고에 대한 소를 각하하였다(1997. 8. 26. 96다31079).

나. 도입 취지

분쟁의 1회적 해결과 당사자의 이익 보호를 위하여 긍정하는 것이 타당하다는 의견이 제시되어 예비적·선택적 공동소송을 신설하였다. 다만 부정설의 논거로 되었던 문제점을 해결하기 위하여 모든 공동소송인에 대하여 판결을 하도록 하였으며, 또한 필수적 공동소송의 특칙인 제67조 내지 제69조의 규정을 준용하여 절차의 통일적인 진행과 재판의 통일을 도모하고 모순·저촉을 방지하도록 하였다.

3. 공동소송의 형태

가. 원·피고 중 누가 공동소송인이 되는지에 의한 구분 : 능동형과 수동형

(ⅰ) 원고 공동소송인의 경우로는 채권양도의 효력여부가 불분명하여 1차적으로 채권의 양수인이

원고가 되어 채무자에게 양수금의 지급을 청구하고, 채권양도가 무효가 될 때를 대비하여 2차적으로 양도인이 원고가 되어 원 채권의 이행을 청구하는 경우 또는 순위를 정하지 않고 선택적으로 청구하는 경우 등이다. (ⅱ) 피고 공동소송인의 경우로는 공작물의 하자에 기한 손해배상에 관해 1차적으로 점유자에 대하여 구하고, 2차적으로 소유자에 대해 청구하는 경우 또는 순위를 정하지 않고 선택적으로 청구하는 경우 등이다.

나. 심판순서의 유무에 의한 구분 : 예비형과 선택형

(ⅰ) 예비적 공동소송이란 **공동소송인이 또는 공동소송인에 대하여 양립할 수 없는 청구를 하면서 심판의 순서를 붙여서 청구하는 것**, 예컨대 대리권의 수여 여부가 불분명하여 1차적으로 본인을 상대로 대리의 효과를 주장하고, 2차적으로 무권대리인을 상대로 무권대리인의 책임을 구하는 소를 제기하는 경우를 말한다. (ⅱ) 선택적 공동소송이란 **공동소송인이 또는 공동소송인에 대하여 양립할 수 없는 청구를 하면서 심판의 순서를 붙이지 아니하고 청구하는 것**을 말한다. 즉 객관적 선택적 병합의 경우와 달리 각 청구가 법률상 양립할 수 없는 관계에 있어야 한다. 원고의 청구에 순위를 정하지 않고 있는 점에서 예비적 공동소송과 차이점이 있다.

다. 후발적 예비적·선택적 공동소송 : 원시형과 후발형

예비적·선택적 공동소송은 필수적 공동소송인의 추가규정인 제68조를 준용한다(제70조 제1항). 따라서 원·피고 간의 단일소송이 계속 중인 때에도 새로운 당사자를 제1심의 변론종결시까지 예비적·선택적 당사자로 추가하여 병합할 수 있는 후발적인 형태의 예비적·선택적 공동소송이 가능하다. 따라서 이는 명문의 규정이 있는 소의 주관적·추가적 병합이 된다.

판례는 "공동소송인 가운데 일부에 대한 청구가 다른 공동소송인에 대한 청구와 법률상 양립할 수 없는 경우에는 필수적 공동소송에 관한 제67조 내지 제69조의 규정이 준용되는 결과(제70조 제1항), 주위적·예비적 공동소송인 가운데 일부가 누락된 경우에는 제1심의 변론을 종결할 때까지 원고의 신청에 따라 결정으로 피고를 추가하도록 허가할 수 있고(제68조 제1항 본문), 허가결정을 한 때에는 허가결정의 정본을 당사자 모두에게 송달하여야 하고, 추가될 당사자에게는 소장부본도 송달하여야 하며(같은 조 제2항), 추가된 당사자에 대한 관계에서는 처음의 소가 제기된 때에 소가 제기된 것으로 간주된다(같은 조 제3항). 한편, 주위적·예비적 공동소송에서는 모든 공동소송인에 관한 청구에 대하여 판결을 하여야 한다(제70조 제2항). 따라서 **원고가 어느 한 사람을 피고로 지정하여 소를 제기하였다가 다른 사람이 주위적 또는 예비적 피고의 지위에 있다고 주장하면서 그에 대한 청구를 아울러 하는 경우에, 그것이 주위적 또는 예비적 피고를 추가하는 취지라면 법원은 위에서 적시한 바와 같은 조치를 취하여야 할 것이다.**"고 한다(2008. 4. 10. 2007다86860).

4. 허용요건

가. 법률상 양립이 불가능 할 것

예비적·선택적 공동소송인들 사이의 모순된 법률관계를 1개의 판결로 판단하여야 하기 때문에 병합된 청구는 법률상 양립할 수 없는 경우이어야 한다. 따라서 어느 일방이 인용되는 경우에는 다른 일방은 기각될 관계에 있어야 한다. 즉 두 청구 모두 인용될 수 있는 경우이면 예비적·선택적 공동소송은 인정되지 아니한다.

판례는 "[1] 제70조 제1항에서 '법률상 양립할 수 없다'는 것은 **동일한 사실관계에 대한 법률적인 평가를 달리하여 두 청구 중 어느 한 쪽에 대한 법률효과가 인정되면 다른 쪽에 대한 법률효과가 부정됨으로써 두 청구가 모두 인용될 수는 없는 관계에 있는 경우나, 당사자들 사이의 사실관계 여하에 의하여 또는 청구원인을 구성하는 택일적 사실인정에 의하여 어느 일방의 법률효과를 긍정하거나 부정하고 이로써 다른 일방의 법률효과를 부정하거나 긍정하는 반대의 결과가 되는 경우**로서, 두 청구들 사이에서 한 쪽 청구에 대한 판단 이유가 다른 쪽 청구에 대한 판단 이유에 영향을 주어 각 청구에 대한 판단 과정이 필연적으로 상호 결합되어 있는 관계를 의미하며, 실체법적으로 서로 양립할 수 없는 경우뿐 아니라 **소송법상으로 서로 양립할 수 없는 경우를 포함하는 것**으로 봄이 상당하다. [2] **법인 또는 비법인 등 당사자능력이 있는 단체의 대표자 또는 구성원의 지위에 관한 확인소송에서 그 대표자 또는 구성원 개인뿐 아니라 그가 소속된 단체를 공동피고로 하여 소가 제기된 경우**에 있어서는, 누가 피고적격을 가지는지에 관한 법률적 평가에 따라 어느 한 쪽에 대한 청구는 부적법하고 다른 쪽의 청구만이 적법하게 될 수 있으므로 이는 제70조 제1항의 예비적·선택적 공동소송의 요건인 각 청구가 서로 법률상 양립할 수 없는 관계에 해당한다. [3] 아파트 입주자대표회의 구성원 개인을 피고로 삼아 제기한 동대표지위 부존재확인의 소의 계속 중에 아파트 입주자대표회의를 피고로 추가하는 주관적·예비적 추가가 허용된다."고 한다(2007. 6. 26. 2007마515).

한편 "[1] 부진정연대채무는 별개의 원인으로 발생한 독립된 채무라도 동일한 경제적 목적을 가지고 있고 서로 중첩되는 부분에 관하여 일방의 채무가 변제 등으로 소멸할 경우 타방의 채무도 소멸하는 관계에 있으면 성립할 수 있고, 양 채무의 발생원인, 채무의 액수 등이 서로 동일할 것을 요한다고 할 수는 없다. 그리고 **부진정연대채무의 관계에 있는 채무자들을 공동피고로 하여 이행의 소가 제기된 경우 그 공동피고에 대한 각 청구가 법률상 양립할 수 없는 것이 아니므로 그 소송을 제70조 제1항의 예비적·선택적 공동소송이라고 할 수 없다**. [2] 제70조 제1항 본문이 규정하는 '공동소송인 가운데 일부에 대한 청구'를 반드시 '공동소송인 가운데 일부에 대한 모든 청구'라고 해석할 근거는 없으므로, 주위적 피고에 대한 주위적·예비적 청구 중 주위적 청구 부분이 인용되지 아니할 경우 그와 법률상 양립할 수 없는 관계에 있는 예비적 피고에 대한 청구를 인용하여 달라는 취지로 결합하여 소를 제기하는 것도 가능하고, 이 경우 주위적 피고에 대한 예비적 청구와 예비적 피고에 대한 청구가 법률상 양립할 수 있는 관계에 있으면 양 청구를 병합하여 통상의 공동소송으로 보아 심리·판단할 수 있다."고 한다(2009. 3. 26. 2006다47677).

또한 "처음에는 주위적 피고에 대한 주위적·예비적 청구만을 하였다가 주위적 청구 부분이 받아들여지지 아니할 경우 그와 법률상 양립할 수 없는 관계에 있는 예비적 피고에 대한 청구를 받아들여 달라는 취지로 예비적 피고에 대한 청구를 결합하기 위하여 **예비적 피고를 추가하는 것**도 제70조 제1항 본문에 의하여 준용되는 제68조 제1항에 의하여 가능하다. 이 경우 주위적 피고에 대한 예비적 청구와 예비적 피고에 대한 청구가 법률상 양립할 수 있는 관계에 있으면 양 청구를 병합하여 통상의 공동소송으로 보아 심리·판단할 수 있다. 그리고 이러한 법리는 **원고가 주위적 피고에 대하여 실질적으로 선택적 병합 관계에 있는 두 청구를 주위적·예비적으로 순위를 붙여 청구한 경우**에도 적용된다."고 한다(2015. 6. 11. 2014다232913).

나. 공동소송의 요건을 갖출 것

예비적·선택적 공동소송도 공동소송의 일종이므로, 병합요건인 공동소송의 주관적 요건(제65조)

을 갖추어야 한다. 또한 고유필수적 공동소송을 제외하고 소의 주관적 병합에는 객관적 병합이 수반되기 때문에 동종절차에 의할 청구일 것(제253조), 공통의 관할권이 존재할 것, 법률상 병합이 금지되어 있지 아니할 것의 객관적 요건을 갖추어야 한다.

다. 항소심에서도 가능한지 여부

① 제1심까지 하도록 한 규정(제70조·제68조)의 취지는 당사자의 실질적인 변론 기회의 확보와 심급의 이익을 보장하기 위한 것이므로 항소심에서도 가능하다는 견해와, ② 항소심에서도 상대방의 동의가 있다면 가능하다는 견해가 있으나, ③ 이러한 견해들은 제70조·제68조의 명문규정에 반하므로 제1심 변론을 종결할 때까지만 가능하다는 견해가 타당하다.

5. 심판방법

가. 원 칙

현행법은 종래 부정설의 논거로 되었던 문제점을 해결하기 위하여 모든 공동소송인에 대하여 판결을 하도록 하였으며(제70조 제2항), 필수적 공동소송의 특칙인 제67조 내지 제69조의 규정을 준용하여 절차의 통일적 진행과 재판의 통일을 도모하고 모순·저촉을 방지하도록 하였다. 다만, 청구의 포기·인낙, 화해 및 소의 취하의 경우는 당사자에게 불리한 행위임에도 처분권주의의 원칙상 각 공동소송인이 할 수 있도록 하였다(제70조 제1항 단서).

나. 소송자료의 통일

1) 인정여부

가) 문제점

예비적 공동소송에는 필수적 공동소송에 관한 제67조 제1항이 준용된다(제70조 제1항 본문). 따라서 **소송진행의 통일**과 **본안재판의 통일**이 인정된다. 다만 제70조 제1항에서 제67조 제1항을 준용하고 있음에도, **소송자료의 통일도 인정되는지** 문제된다.

나) 학설의 대립

① 예비적 공동소송에 대한 분쟁을 모순 없이 해결하기 위하여 제67조를 준용하므로 소송자료의 통일도 인정된다는 긍정설, ② 예비적 공동소송은 공동소송인 사이에 승패가 정반대로 날 수 있고 제70조 제1항 단서의 취지를 고려하면 소송자료의 통일은 인정되지 않는다는 부정설이 대립된다.

다) 판례의 태도 : 긍정설

판례는 "예비적·선택적 공동소송에는 제67조 내지 제69조가 준용되어 **소송자료 및 소송진행의 통일이 요구**된다."고 하여 긍정설의 입장이다(2008. 7. 10. 2006다57872).

라) 검 토

제67조 제1항을 준용하는 명문규정의 취지상 긍정설이 타당하다.

2) 공동소송인 1인의 소송행위의 효력

(ⅰ) **공동소송인 1인의 소송행위 중 유리한 것은 전원에 대하여 효력이 생긴다**(제70조 제1항·제67조 제1항). 따라서 1차적 피고가 원고의 주장사실을 다투면 2차적 피고도 다툰 것이 되고, 또한 1차적 피고가 기일에 출석하여 변론을 하면 2차적 피고도 기일을 준수한 것이 되기 때문에 기일해태의 불이익을 입지 아니하며, 공동소송인의 1인이 기간을 지키면 기간해태의 효과가 발생하지 않는다. 또한 사람이 답변서를 제출하면 다른 공동소송인이 답변서를 제출하지 않아도 무변론판결(제257조)을 받지 않는다.

(ⅱ) **불리한 소송행위는 공동소송인 전원이 함께 해야 한다.** 다만 소의 취하, 청구의 포기·인낙, 화해 등의 소송물을 처분하는 행위는 불리한 소송행위이므로 제67조 제1항을 형식적으로 준용하면 공동소송인 전원이 함께 해야 한다. 그러나 이렇게 되면 각 공동소송인의 소송물에 대한 처분의 자유를 지나치게 제약하는 것이 된다는 이유로 소의 취하, 청구의 포기·인낙, 화해 등은 각 공동소송인이 개별적으로 행사할 수 있는 것으로 규정하였다(제70조 제1항 단서).

따라서 판례는 "민사소송법은 주관적·예비적 공동소송에 대하여 필수적 공동소송에 관한 규정인 제67조 내지 제69조를 준용하도록 하면서도 소의 취하의 경우에는 예외를 인정하고 있다(제70조 제1항 단서). 따라서 **공동소송인 중 일부가 소를 취하하거나 일부 공동소송인에 대한 소를 취하할 수 있고, 소를 취하하지 않은 나머지 공동소송인에 관한 청구 부분은 여전히 심판 대상이 된다.**"고 한다 (2018. 2. 13. 2015다242429).[125]

(ⅲ) (1) 재판상 자백의 경우에도 소송자료의 통일이 요구되는지 문제된다. (2) 학설은 ① 원칙적으로 공동소송인 모두가 같이 하지 않으면 효력이 없다는 견해, ② 자백이 다른 공동소송인에게 유리하면 유효하다는 견해, ③ 공동소송인 각자는 아무런 제한 없이 각자 자백을 할 수 있다는 견해가 대립된다. (3) **예비적 공동소송의 경우에도 소송자료의 통일을 인정하는 취지상, 공동소송인 모두가 자백해야 효력이 있다는 견해가 타당**하다.

3) 공동소송인 1인에 대한 상대방의 소송행위의 효력

공동소송인에 대한 상대방의 소송행위는 그 행위에 대한 공동소송인의 이익·불이익을 불문하고, 다른 공동소송인 전원에 대하여 효력이 발생한다(제70조 제1항·제67조 제2항).

다. 소송진행의 통일

1) 일반론

변론·증거조사·판결은 같은 기일에 함께 하여야 하므로, 변론의 분리(제141조)나 일부판결(제200조)을 할 수 없다(제70조 제1항·제67조 제3항). 또한 주위적 피고 또는 예비적 피고 중 1인에 대해 생긴 중단·중지의 사유는 공동소송인 전원에 대하여 중단·중지의 효과가 생겨 전 소송절차의 진행이 정지된다(제70조 제1항·제67조 제3항).

---

[125] [이유] 제1심법원은 주위적 피고인 소외 1에 대한 원고의 청구를 인용하면서 예비적 피고인 피고들에 대해서는 판결을 하지 않았다. 그러나 주위적 피고인 소외 1이 항소하였으므로, 피고들에 대한 청구 부분도 항소심인 원심으로 이심되어 항소심의 심판대상이 된다. 이후 원고가 원심에서 주위적 피고인 소외 1에 대한 소를 취하함으로써 주관적·예비적 공동소송관계가 해소되었더라도 피고들에 대한 청구 부분은 여전히 원심의 심판대상이 된다고 보아야 한다.

상소기간은 각 공동소송인에게 판결정본의 송달이 있은 때부터 개별적으로 진행되나, 공동소송인 전원에 대하여 상소기간이 만료되기까지는 판결은 확정되지 않는다. 또한 공동소송인 1인이 상소를 제기하면 전원에 대하여 판결의 확정이 차단되고 이심된다. 또한 불이익변경금지의 원칙이 적용되지 아니하므로 재판의 통일이 보장된다. 판례도 "주관적·예비적 공동소송에서 공동소송인 중 어느 한 사람이 상소를 제기하면 다른 공동소송인에 관한 청구 부분도 확정이 차단되고, 상소심에 이심되어 심판대상이 되며, **상소심의 심판대상은 주위적·예비적 공동소송인 및 상대방 당사자 사이의 결론의 합일확정의 필요성을 고려하여 심판의 범위를 판단하여야 한다.**"고 한다(2022. 4. 14. 2020다224975).

2) 예비적 공동소송에 대한 조정에 갈음하는 결정의 효력

가) 문제점

예비적 공동소송에서 민사조정법상의 조정에 갈음하는 결정이 있었고, 이에 대하여 일부 공동소송인만 이의신청을 하지 않은 경우에, 그 공동소송인에 대한 관계에서 조정에 갈음하는 결정이 확정되는지 문제된다.

나) 학설의 대립

① 조정에 갈음하는 결정은 민사조정법 제34조 제4항에 의하여 재판상 화해와 동일한 효력이 있으므로 제70조 제1항 단서가 적용된다고 보아 이의신청을 하지 않은 공동소송인에 대한 관계에서는 확정된다는 견해, ② 당사자의 의사에 의한 소취하, 청구의 포기·인낙, 재판상 화해와 달리 조정에 갈음하는 결정은 법원의 재판이므로 제70조 제1항 단서가 적용되지 않는다고 보아 모든 당사자에 대하여 확정되지 않는다는 견해가 대립된다.

다) 판례의 태도

판례는 "예비적·선택적 공동소송에는 제67조 내지 제69조가 준용되어 소송자료 및 소송진행의 통일이 요구되지만, 청구의 포기·인낙, 화해 및 소의 취하는 공동소송인 각자가 할 수 있는바, 이에 비추어 보면, **조정에 갈음하는 결정이 확정된 경우에는 재판상 화해와 동일한 효력이 있으므로 그 결정에 대하여 일부 공동소송인이 이의하지 않았다면 원칙적으로 그 공동소송인에 대한 관계에서는 조정에 갈음하는 결정이 확정될 수 있다.** 다만, 조정에 갈음하는 결정에서 분리 확정을 불허하고 있거나, 그렇지 않더라도 그 결정에서 정한 사항이 공동소송인들에게 공통되는 법률관계를 형성함을 전제로 하여 이해관계를 조절하는 경우 등과 같이 **결정 사항의 취지에 비추어 볼 때 분리 확정을 허용할 경우 형평에 반하고 또한 이해관계가 상반된 공동소송인들 사이에서의 소송진행 통일을 목적으로 하는 제70조 제1항 본문의 입법 취지에 반하는 결과가 초래되는 경우에는 분리 확정이 허용되지 않는다.**"고 한다(2008. 7. 10. 2006다57872).

또한 "이러한 법리는 이의신청 기간 내에 이의신청이 없으면 재판상 화해와 동일한 효력을 가지는 **화해권고결정의 경우에도 마찬가지**로 적용된다."고 한다(2015. 3. 20. 2014다75202). 또한 "이는 주관적·예비적 공동소송에서 화해권고결정에 대하여 **일부 공동소송인만이 이의신청을 한 후 그 공동소송인 전원이 분리 확정에 대하여는 이의가 없다는 취지로 진술하였더라도 마찬가지이다.**"고 한다(2022. 4. 14. 2020다224975).

라) 검 토

조정에 갈음하는 결정은 재판상 화해와 동일한 효력이 있으므로, 원칙적으로 제70조 제1항 단서를 적용하여 분리 확정을 허용하는 것이 타당하다. 다만 예외적으로 분리 확정이 불가능한 경우를 인정하는 것이 모순 없는 통일적인 재판을 구하는 예비적·선택적 공동소송의 입법취지에 부합한다. 따라서 예외를 인정하는 판례가 타당하다.

라. 본안재판의 통일

현행법은 예비적 피고의 지위의 불안정을 방지하기 위하여 모든 공동소송인에 관한 청구에 대하여 판결하여야 한다고 규정하였다(제70조 제2항). 따라서 예비적 공동소송에서는 1차적 피고에 대한 청구가 이유가 있으면 1차적 피고에 대한 인용판결과 함께 2차적 피고에 대한 기각판결의 주문을 내야하며, 선택적 공동소송에서는 어느 피고에 대해서 인용판결을 하면 나머지 피고에 대한 기각판결을 하여야 한다.

판례는 "제70조 제1항 및 그에 의하여 준용되는 제67조 제1항·제2항과 제70조 제2항에 의하면, 예비적 공동소송에서는 모든 공동소송인에 관한 청구에 대하여 판결하여야 하고, 공동소송인 가운데 한 사람의 소송행위는 모두의 이익을 위하여서만 효력을 가지고, 공동소송인 가운데 한 사람에 대한 상대방의 소송행위는 공동소송인 모두에게 효력이 미치므로, **주위적 공동소송인과 예비적 공동소송인 중 어느 한 사람에 대하여 상소가 제기되면 다른 공동소송인에 대한 청구 부분도 상소심에 이심되어 상소심의 심판대상이 된다.**"고 한다(2008. 3. 27. 2006두17765).

또한 "원고들의 제1예비적 청구는 예비적 공동소송에 해당하는 것으로 **예비적 공동소송인 중 어느 한 사람의 상고가 이유 있어 원심판결을 파기하는 경우에는 합일확정의 필요에 의하여 상고가 이유 없는 다른 한 사람의 청구 부분도 함께 파기**하여야 할 것이므로, 원심판결 중 원고들의 제1예비적 청구에 관한 패소부분 전부가 파기를 면할 수 없다."고 한다(2009. 4. 9. 2008다88207).

또한 "공탁이 무효임을 전제로 한 피고 갑에 대한 주위적 청구와 공탁이 유효임을 전제로 한 피고 을 및 제1심 공동피고들에 대한 예비적 청구가 공탁의 효력 유무에 따라 두 청구가 모두 인용될 수 없는 관계에 있거나 한쪽 청구에 대한 판단 이유가 다른 쪽 청구에 대한 판단 이유에 영향을 주어 각 청구에 대한 판단 과정이 필연적으로 상호 결합되어 있는 주관적·예비적 공동소송의 관계에서 모든 당사자들 사이에 결론의 합일확정을 기할 필요가 인정되므로, **피고 을만이 제1심판결에 대하여 적법한 항소를 제기하였더라도 피고 갑에 대한 주위적 청구 부분과 제1심 공동피고들에 대한 예비적 청구 부분도 함께 확정이 차단되고 원심에 이심되어 심판대상이 되었다**고 보아야 함에도, 심판대상을 예비적 청구 중 제1심이 인용한 부분에 한정된다고 전제하여 그 부분에 관하여만 판단한 원심판결을 직권으로 전부 파기한 사례"가 있다(2011. 2. 24. 2009다43355).

또한 "주관적·예비적 공동소송은 동일한 법률관계에 관하여 모든 공동소송인이 서로 간의 다툼을 하나의 소송절차로 한꺼번에 모순 없이 해결하는 소송형태로서 모든 공동소송인에 대한 청구에 관하여 판결을 하여야 하고(제70조 제2항), 일부 공동소송인에 대해서만 판결을 하거나 남겨진 당사자를 위하여 추가판결을 하는 것은 허용되지 않는다."고 한다(2018. 2. 13. 2015다242429). 이 경우에 "**일부 공동소송인에 대하여만 판결을 한 경우의 위법은 소송요건에 준하여 직권으로 조사하여야 할 사항에 해당한다.**"고 한다(2022. 4. 14. 2020다224975).

또한 "제70조 제2항은 예비적·선택적 공동소송에서는 모든 공동소송인에 관한 청구에 대하여 판결을 하도록 규정하고 있으므로, **이러한 공동소송에서 일부 공동소송인에 관한 청구에 대하여만 판**

결을 하는 경우 이는 일부판결이 아닌 흠이 있는 전부판결에 해당하여 상소로써 다투어야 하고, 그 판결에서 누락된 공동소송인은 판단누락을 시정하기 위하여 상소를 제기할 이익이 있다."고 한다(2008. 3. 27. 2005다49430).

Ⅱ. 추가적 공동소송

1. 의 의

추가적 공동소송(소의 주관적 추가적 병합)이란 소를 제기할 당시에는 공동소송의 형태로 제소되지 않고 있다가 소송계속 중에 제3자가 스스로 당사자로서 소송에 가입을 구하거나, 종래의 당사자가 제3자에 대한 소를 추가적으로 병합 제기함으로써 제3자가 새로 당사자로 추가되어 공동소송의 형태로 되는 경우를 말한다.

2. 명문의 규정이 있는 경우

법률상 추가적 공동소송이 인정되는 경우는 필수적 공동소송인의 추가(제68조), 예비적·선택적 공동소송인의 추가(제70조 제1항 본문, 제68조), 공동소송참가(제83조), 참가승계(제81조)·인수승계(제82조), 가사소송법상의 당사자의 추가(가사소송법 제15조 제1항 ; 사실심 변론종결시까지 가능), 추심의 소에서 다른 채권자의 참가(민사집행법 제249조 제2항·제3항), 제3자의 소송참가(행정소송법 제16조) 등이 있다.

3. 명문의 규정이 없는 경우

가. 인정여부

① 다수설은 소송경제와 분쟁의 일회적 해결을 위하여, 제3자의 심급의 이익을 침해하지 않는 경우에 허용하는 것이 타당하다고 한다. ② 판례는 "**필수적 공동소송이 아닌 사건에 있어 소송 도중에 피고를 추가하는 것은 그 경위가 어떻든 간에 허용될 수 없다.**"고 하고(1993. 9. 28. 93다32095), "**고유필수적 공동소송이 아닌 사건에서 소송 도중에 당사자를 추가하는 것은 허용될 수 없고**, 동일한 특허권에 관하여 2인 이상의 자가 공동으로 특허의 무효심판을 청구하여 승소한 경우에 특허권자가 제기할 심결취소소송은 심판청구인 전원을 상대로 제기하여야만 하는 **고유필수적 공동소송이라고 할 수 없으므로, 위 소송에서 당사자의 변경을 가져오는 당사자추가신청은 명목이 어떻든 간에 부적법하여 허용될 수 없다.**"고 한다(2009. 5. 28. 2007후1510).

나. 검 토

법률상 명문규정이 없음에도 추가적 공동소송을 허용할 경우, 허용요건의 불명확성으로 인하여 소송절차의 혼란과 복잡화에 따른 심리의 지연 등을 초래하여 소송경제 및 분쟁의 일회적 해결에 반하는 결과가 초래될 수 있으므로, 판례가 타당하다.

제03절 선정당사자

> **제53조(선정당사자)** ① 공동의 이해관계를 가진 여러 사람이 제52조의 규정에 해당되지 아니하는 경우에는, 이들은 그 가운데에서 모두를 위하여 당사자가 될 한 사람 또는 여러 사람을 선정하거나 이를 바꿀 수 있다.
> ② 소송이 법원에 계속된 뒤 제1항의 규정에 따라 당사자를 바꾼 때에는 그 전의 당사자는 당연히 소송에서 탈퇴한 것으로 본다.
> **제61조(선정당사자에 대한 준용)** 제53조의 규정에 따른 당사자가 소송행위를 하는 경우에는 제59조 및 제60조의 규정을 준용한다.

I. 의의 및 취지

선정당사자란 **공동의 이해관계에 있는 다수의 사람이 공동소송인이 되어 소송을 하여야 할 경우에, 전원을 위해 소송을 수행할 당사자로 선출된 자**를 말한다. 선정자란 선정당사자를 선출하는 자를 말한다. 이는 다수당사자소송을 단순화하여 소송촉진과 소송경제를 도모하는 제도이다. 다만 개별사건마다 선정해야 하므로 선정절차가 번거롭고, 선정당사자의 이용에 대해 법원이 강제할 수 없다는 문제점이 있다. 선정자와 선정당사자의 관계는 선정자의 소송수행권을 선정당사자에게 신탁시킨 신탁관계로서 법률에 명문의 규정이 있는 임의적 소송담당의 일종이다.

II. 요 건

1. 공동소송을 할 다수자가 있을 것

다수자는 2인 이상이면 원고 측에 한하지 아니하며, 피고 측이라도 무방하다. 다만 **다수자가 사단을 구성하고 있을 때에는 사단 자체가 당사자가 되므로 선정의 여지가 없다**(제52조). 한편 조합의 당사자능력을 부정하는 견해에 의하면 선정당사자제도는 조합의 간편한 소송수행방안으로서 활용될 수 있다.

2. 공동의 이해관계가 있을 것

가. 공동의 이해관계의 의미

(ⅰ) 통설은 '다수자 상호간에 공동소송인이 될 관계가 있어서 주요한 공격방어방법을 공통으로 하여, 상대방에 대하여 하나의 집단으로 대립하고 있다고 인정되는 경우'를 의미하는 것으로 본다. 따라서 제65조 전문의 경우에는 공동의 이해관계를 인정하나, 제65조 후문의 경우에는 공동의 이해관계를 부정한다. 제65조 후문의 경우에는 원칙적으로 공격방어방법이 공통되는 경우를 인정하기가 어려우므로, 선정당사자 제도의 목적을 달성할 수 없기 때문이다.

(ⅱ) 판례도 원칙적으로 "공동의 이해관계가 있는 다수자는 선정당사자를 선정할 수 있는 것인바, 공동의 이해관계란 **다수자 상호간에 공동소송인이 될 관계에 있고 또 주요한 공격방어방법을 공통으로 하는 것을 의미한다**고 할 것이므로, 다수자의 권리·의무가 동종이며 발생원인이 동종인 관계에 있는 것만으로는 공동의 이해관계가 있는 경우라고 할 수 없을 것이어서, 선정당사자의 선정을 허용할 것은 아니다."고 한다(1997. 7. 25. 97다362).

따라서 "이 사건은 원고 등이 각 그 해당 근저당권자를 상대로 한 근저당권설정등기말소청구사건을 병합한 것으로서 소송의 목적이 된 권리가 동종이고 발생원인이 동종인 것에 불과하여 다수자 상호간에 공동소송인이 될 관계에는 있다 할 것이나, **주요한 공격방어방법을 공통으로 하는 경우에는 해당하지 아니하여 공동의 이해관계가 있다고 볼 수는 없으므로, 선정당사자를 선정할 공동의 이해관계가 있다고 할 수 없을 것**인데도 원심이 원고 등이 공동의 이해관계가 있는 다수자임을 전제로 하여 선정당사자의 선정을 허용하고 이 사건 각 근저당권설정등기의 말소를 명한 것은 선정당사자에 관한 법리를 오해한 위법이 있다."고 판시하였다.

다만 판례는 **제65조 후문의 경우라도 주요한 공격방어방법을 공통으로 하는 경우에는** 선정당사자를 선정할 수 있다고 한다. 즉 "공동의 이해관계가 있는 다수자는 선정당사자를 선정할 수 있는 것인데, 공동의 이해관계란 다수자 상호간에 공동소송인이 될 관계에 있고, 또 주요한 공격방어방법을 공통으로 하는 것을 의미하므로, 다수자의 권리·의무가 동종이며 발생원인이 동종인 관계에 있는 것만으로는 공동의 이해관계가 있는 경우라고 할 수 없어 선정당사자의 선정을 허용할 것이 아니다. **임차인들이 甲을 임대차계약상의 임대인이라고 주장하면서 甲에게 그 각 보증금의 전부 내지 일부의 반환을 청구하는 경우, 사건의 쟁점은 甲이 임대차계약상의 임대인으로서 계약당사자인지 여부**에 있으므로, 임차인들은 상호간에 **공동소송인이 될 관계가 있을 뿐 아니라 주요한 공격방어방법을 공통으로 하는 경우**에 해당함이 분명하다고 할 것이어서, 공동의 이해관계가 있어 선정당사자를 선정할 수 있다."고 한다(1999. 8. 24. 99다15474).

나. 검토

제65조 후문의 경우에도 주요한 공격방어방법이 공통으로 되는 것이 예상된다면 선정당사자제도에 의하여 소송절차의 단순화가 도모될 것이고, 한편 소송의 승패에 의하여 받을 이해가 공통된 자 가운데서 당사자가 선정되므로 변호사 대리의 원칙(제87조)을 위반할 염려도 없다. 따라서 주요한 공격방어방법이 공통된다면 제65조 후문에 해당하는 경우에도 선정당사자제도를 이용할 수 있는 판례의 입장이 타당하다.

3. 공동의 이해관계 있는 자 중에서 선정할 것

공동의 이해관계를 가지지 않는 제3자도 선정당사자가 될 수 있다면 소송신탁 금지의 원칙(신탁법 제6조)과 변호사 대리의 원칙(제87조)을 위반할 수 있으므로, 공동이해관계인 이외의 자를 당사자로 선정하는 행위는 무효가 된다.

다만, 판례는 "다수자 사이에 공동소송인이 될 관계에 있지만 주요한 공격방어방법을 공통으로 하는 것이 아니어서 공동의 이해관계가 없는 자가 선정당사자로 선정되었음에도 법원이 선정당사자 자격의 흠을 간과하여 그를 당사자로 한 판결이 확정된 경우, **선정자가 스스로 공동소송인 중 1인인 선정당사자에게 소송수행권을 수여하는 선정행위를 하였다**면 선정자는 실질적인 소송행위를 할 기회 또는 적법하게 소송에 관여할 기회를 박탈당한 것이 아니므로, **비록 선정당사자와의 사이에 공동의 이해관계가 없었더라도 그러한 사정은 제451조 제1항 제3호가 정하는 재심사유에 해당하지 않는 것**으로 봄이 상당하고, 이러한 법리는 그 선정당사자에 대한 판결이 확정된 경우뿐만 아니라 그 선정당사자가 청구를 인낙하여 인낙조서가 확정된 경우에도 마찬가지이다."고 한다(2007. 7. 12. 2005다10470).

4. 특정의 소송에서 선정할 것

선정은 구체적인 특정의 소송에 대해서 이루어져야 한다. 따라서 하나의 집단에 관련된 모든 소송에 관하여 포괄적으로 소송수행권을 주는 선정은 허용되지 않는다. 판례는 "**가처분신청절차에서 이루어진 선정행위의 효력은 그에 기한 제소명령신청사건에는 미친다고 할 것이나, 가처분결정취소신청사건에서는 선정의 효력이 미치지 아니한다.**"고 한다(2001. 4. 10. 99다49170).

Ⅲ. 선정의 방법

1. 선정행위의 법적 성질

선정행위의 법적 성질에 대하여 ① 선정자가 소송수행권을 부여하는 합동행위라는 견해도 있으나, ② 선정은 다수자 전체의 의사를 형성하는 것이 아니라 자기의 개인적 이익을 각자의 의사에 따라 처리하는 것이므로, 선정자가 자기의 권리이익에 대해 소송수행권을 수여하는 대리권 수여에 유사한 단독소송행위이라는 것이 통설이다. 따라서 선정행위에는 소송능력이 필요하고, 소송무능력자는 법정대리인이 대리하여 선정행위를 하여야 한다.

2. 심급제한부 선정의 가능성

가. 문제점

선정행위도 소송행위이므로 조건을 붙이는 것은 허용되지 않는다. 다만 심급을 한정할 것을 조건으로 선정하는 것이 허용되는지가 문제된다.

나. 학설의 대립

① 긍정설은 항소심에서 선정하는 것도 가능하고 선정의 취소를 하는 것도 가능하므로 심급제한을 인정하여도 무방하다고 한다. ② 부정설은 선정당사자제도의 입법목적이 소송의 단순화에 의한 효율적인 처리에 있으므로 심급을 제한하면 소송을 복잡하게 하여 입법목적에 반한다고 한다.

다. 판례의 태도 : 긍정설

판례는 "공동의 이해관계가 있는 다수자가 당사자를 선정한 경우에는 선정된 당사자는 당해 소송의 종결에 이르기까지 총원을 위하여 소송을 수행할 수 있고, 상소와 같은 것도 역시 이러한 당사자로부터 제기되어야 하는 것이지만, **당사자 선정은 총원의 합의로써 장래를 향하여 이를 취소·변경할 수 있는 만큼 당초부터 특히 어떠한 심급을 한정하여 당사자인 자격을 보유하게끔 할 목적으로 선정을 하는 것도 역시 허용된다**고 할 것이나, 선정당사자의 선정행위시 심급의 제한에 관한 약정 등이 없는 한 선정의 효력은 소송이 종료에 이르기까지 계속되는 것이다."고 한다(2003. 11. 14. 2003다34038).

다만 "선정당사자의 제도가 소송절차를 간소화, 단순화하여 효율적인 진행을 도모하는 것을 목적으로 하고, 선정된 자가 당사자로서 소송의 종료에 이르기까지 소송을 수행하는 것이 본래의 취지임에 비추어 보면, **제1심에서 제출된 선정서에 사건명을 기재한 다음에 '제1심 소송절차에 관하여' 또는 '제1심 소송절차를 수행하게 한다'라는 문언이 기재되어 있는 경우라 하더라도, 특단의 사정이 없는**

한, 그 기재는 사건명 등과 더불어 선정당사자를 선정하는 사건을 특정하기 위한 것으로 보아야 하고, 따라서 그 선정의 효력은 제1심의 소송에 한정하는 것이 아니라 소송의 종료에 이르기까지 계속하는 것으로 해석함이 상당하다."고 한다(1995. 10. 5. 94마2452).

라. 검 토

심급을 한정하려는 선정자의 의사가 명확한 경우에 심급의 한정을 부정할 이유가 없고, 선정자는 언제든지 선정행위를 철회할 수 있으므로 판례의 입장인 긍정설이 타당하다.

3. 선정의 시기

소송계속의 전·후를 불문한다. 소송계속 후 선정하면 선정자는 당연히 소송에서 탈퇴하게 되고(제53조 제2항), 선정당사자가 그 지위를 수계하게 된다.

4. 개별적 선정과 선정행위의 서면증명

선정은 각 선정자가 개별적으로 하여야 하며 다수결에 의하여 선정할 수는 없다. 따라서 공동의 이해관계인 전원이 공동으로 동일한 사람을 선정할 필요는 없다. 한편 선정당사자의 자격은 대리인의 경우와 같이 서면증명을 필요로 하기 때문에, 선정서를 작성함이 보통이고 이를 소송기록에 첨부해야 한다(제58조).

Ⅳ. 선정의 효과

1. 선정당사자의 지위

가. 원 칙

선정당사자는 선정자의 소송대리인이 아니라 당사자 본인이므로, 소송수행에 있어 제90조 제2항과 같은 제한을 받지 않고 일체의 소송행위를 할 수 있으며, 소송수행에 필요한 모든 사법상의 행위를 할 수 있다. 또한 개개의 소송행위를 하는 경우에도 선정자의 개별적인 동의가 필요하지 않다. 그리고 선정자와의 사이에서 권한행사에 관한 제한계약을 맺었더라도 그러한 제한으로써 법원 또는 상대방에게 대항할 수 없다.

판례는 "**선정당사자는 선정자들로부터 소송수행을 위한 포괄적인 수권을 받은 것으로서 일체의 소송행위는 물론 소송수행에 필요한 사법상의 행위도 할 수 있고 개개의 소송행위를 함에 있어서 선정자의 개별적인 동의가 필요한 것은 아니므로**, 자신과 선정자들을 위한 공격이나 방어를 위하여 필요한 범위에서 특정한 법률관계에 실체법적 효과를 발생시키는 행위나 변제의 수령 등을 할 수 있지만, 변호사인 소송대리인과 사이에 체결하는 보수약정은 소송위임에 필수적으로 수반되어야 하는 것은 아니므로 선정당사자가 독자적인 권한으로 행할 수 있는 소송수행에 필요한 사법상의 행위라고 할 수 없다. 따라서 **선정당사자가 선정자로부터 별도의 수권 없이 변호사 보수에 관한 약정을 하였다면 선정자들이 이를 추인하는 등의 특별한 사정이 없는 한 선정자에 대하여 효력이 없다고 할 것이며, 보수약정을 하면서 향후 변호사 보수와 관련하여 다투지 않기로 부제소합의를 하거나 약정된 보수액이 과도함을 이유로 선정자들이 제기한 별도의 소송에서 소취하합의를 하더라도 이와**

관련하여 선정자들로부터 별도로 위임받은 바가 없다면 선정자에 대하여 역시 그 효력을 주장할 수 없다."고 한다(2010. 5. 13. 2009다105246).

나. 복수의 선정당사자가 선정된 경우

동일 선정자단에서 수인의 선정당사자가 선정된 경우에 수인의 선정당사자는 소송수행권을 합유하는 관계에 있으므로 소송관계는 고유필수적 공동소송이 된다. 별개의 선정자단에서 수인의 선정당사자가 각 선정된 경우에 소송관계는 원래의 소송관계가 필수적 공동소송관계가 아닌 한 통상의 공동소송이 된다. 선정자들에 의해 선출된 선정당사자와 스스로 당사자가 된 자와의 관계도 원래의 소송관계가 필수적 공동소송관계가 아닌 한 통상의 공동소송이 된다.

2. 선정자의 지위

가. 문제점

소송계속 중 선정당사자를 선정을 하여 당사자를 바꾼 때에는 선정자는 당연히 소송에서 탈퇴한다(제53조 제2항). 이 경우에 선정자가 소송에 관한 소송수행권, 즉 당사자적격을 상실하는지가 문제된다.

나. 학설의 대립

① **적격유지설**은 경정권(제94조)을 유추하여 선정당사자의 독주를 막을 수 있도록 선정자는 당사자적격을 유지한다는 견해이다. 따라서 선정자가 별소를 제기하면 중복소송이 되며, 선정자가 소송참가를 하면 선정자는 당사자적격이 있고 판결의 효력을 받는 자이므로 이론적으로는 공동소송참가가 가능할 것 같지만, 공동소송참가를 하게 되면 중복소송이 되므로 공동소송적 보조참가가 가능하다고 한다. ② **적격상실설**은 제도의 취지가 소송의 간이화이므로 선정자의 당사자적격은 상실된다고 보아야 하고, 선정자가 소송수행권을 상실한다 하더라도 선정의 취소에 의해 소송수행권을 회복하는 것이 가능하고, 선정당사자는 소송대리인이 아니므로 선정자에게 경정권을 인정하는 것은 타당하지 않다고 한다. 따라서 선정자가 별소를 제기하면 중복소송[126)]이 되며, 선정자가 소송참가를 하면 선정자는 당사자적격이 없고 판결의 효력을 받는 자이므로 공동소송적 보조참가가 가능하다고 한다.

다. 판례의 태도 : 적격상실설

판례는 "공동의 이해관계가 있는 여러 사람은 제53조에서 정한 바에 따라 그 가운데에서 모두를 위하여 당사자가 될 선정당사자를 선정할 수 있고, 선정당사자는 선정자들로부터 소송수행을 위한 포괄적인 수권을 받은 당사자로서 선정자들 모두를 위한 일체의 소송행위를 할 수 있으며, **선정자들은 소송수행권을 상실하고 소송관계에서 탈퇴하게 된다**."고 하여 적격상실설의 입장이다(2013. 1. 18. 2010그133).

라. 검 토

적격유지설에 의하든 적격상실설에 의하든 **선정자의 참가는 공동소송적 보조참가가 되고 선정자**

---

126) 적격상실설을 주장하는 견해(김홍엽, 제11판, 1038면)에서는 중복소송의 문제가 당사자적격의 문제보다 일반적 소송요건이어서 중복소송의 문제를 당사자적격의 문제보다 우선하여 판단한다고 주장한다. 따라서 적격상실설의 입장에서 선정자의 소제기가 중복소송이 된다고 하는 것이 논리적으로 문제가 없다고 한다.

가 별소를 제기하면 중복소송이 됨에는 차이가 없으나, 제53조가 당연탈퇴를 규정한 취지와 선정당사자제도의 법적 성질이 선정자가 선정당사자에게 소송수행권을 신탁적으로 수여하는 것이라는 점을 고려할 때 적격상실설이 타당하다.

마. 관련문제

판결문에는 선정자 목록을 별지로 첨부한다. 선정자 목록에 선정당사자가 포함되는지에 대하여 판례는 "선정당사자 자신도 공동의 이해관계를 가진 사람으로서 선정행위를 하였다면, 선정행위를 하였다는 의미에서 선정자로 표기하는 것이 허용되지 않는다고 할 수 없으므로, **선정당사자를 선정자로 표기하는 것이 위법하다고 볼 수 없다.**"고 한다(2011. 9. 8. 2011다17090). 공동의 이해관계인들이 선정자가 되고 그 중에서 선정당사자를 선정하는 것이므로, 판례의 입장이 타당하다.

3. 선정당사자가 받은 판결의 효력

선정당사자가 받은 판결의 효력은 선정자에 대하여도 미친다(제218조 제3항). 선정당사자가 청구를 포기 또는 인낙을 하거나 재판상의 화해를 한 경우도 역시 같다(제220조). 선정당사자가 이행판결을 받았으면 이에 의하여 선정자를 위해 또는 선정자에 대해 강제집행을 할 수 있는데, 선정자와의 관계에서는 승계집행문이 필요하다(제218조 제3항, 민사집행법 제25조·제31조).

4. 선정당사자의 자격상실

가. 상실원인

선정당사자의 자격은 선정당사자의 사망, 선정의 취소로 인하여 상실된다. **선정의 취소 또는 변경으로 인한 선정당사자 자격의 상실은 대리권의 소멸의 경우처럼 상대방에 통지하지 아니하면 그 효력이 발생하지 않는다**(제63조 제2항).

판례는 "당사자 선정은 언제든지 장래를 위하여 이를 취소·변경할 수 있으며, 선정을 철회한 경우에 선정자 또는 당사자가 상대방 또는 법원에 대하여 선정 철회 사실을 통지하지 아니하면 철회의 효력을 주장하지 못하지만(제63조 제2항·제1항), **선정의 철회는 반드시 명시적이어야만 하는 것은 아니고 묵시적으로도 가능하다고 보아야 한다.**"고 한다(2015. 10. 15. 2015다31513).

또한 선정당사자가 소를 취하하는 등으로 공동의 이해관계가 소멸하면 선정당사자의 자격상실의 원인이 된다. 판례도 "선정당사자는 공동의 이해관계를 가진 여러 사람 중에서 선정되어야 하므로, **선정당사자 본인에 대한 부분의 소가 취하되거나 판결이 확정되는 등으로 공동의 이해관계가 소멸하는 경우에는 선정당사자는 선정당사자의 자격을 당연히 상실한다.**"고 한다(2006. 9. 28. 2006다28775).

그러나 선정자의 사망, 능력상실, 공동의 이해관계의 소멸 등의 경우에는 선정당사자의 자격에 영향이 없다고 본다(제95조 제1호 유추). 이러한 경우에도 영향이 미친다면 소송관계의 단순화라는 목적을 달성할 수 없기 때문이다.

나. 소송절차의 중단

제54조(선정당사자 일부의 자격상실) 제53조의 규정에 따라 선정된 여러 당사자 가운데 죽거나 그 자격을 잃은 사람이 있는 경우에는 다른 당사자가 모두를 위하여 소송행위를 한다.

선정당사자 중 일부만 사망하거나 자격을 상실한 경우에 소송절차는 중단되지 않고 다른 선정당사자가 소송을 속행하나(제54조), 선정당사자 전원이 그 자격을 상실한 경우에는 선정자 전원 또는 새로운 선정당사자가 소송을 수계할 때까지 소송절차가 중단된다(제237조 제2항). 그러나 소송대리인이 있는 경우에는 중단되지 않는다(제238조).

V. 선정당사자의 자격흠결의 효과

1. 소송요건·직권조사사항

선정당사자의 자격은 당사자적격의 문제이므로 소송요건이고 직권조사사항이다. 따라서 선정행위에 하자가 있거나 서면에 의한 자격증명이 없는 때에 법원은 보정을 명할 수 있고, 보정하기까지 지연으로 인하여 손해발생의 염려가 있을 때에는 일시적으로 소송행위를 하게 할 수 있다(제61조·제59조).

또 무자격의 선정당사자나 자격증명이 없는 자의 소송행위일지라도 선정자가 직접 또는 적법한 선정당사자를 선임하여 그 선정당사자를 통하여 그 소송행위를 추인하거나, 그 후에 자격을 증명하면 유효하게 될 수 있다(제61조·제60조). 반면 보정이나 추인이 되지 않는 경우에 법원은 판결로써 소를 각하해야 한다.

2. 흠결을 간과하고 본안판결을 한 경우

당사자적격의 흠결의 경우와 동일하다. 따라서 판결의 확정 전에는 상소로 취소할 수 있으나, 판결의 확정 후에는 재심사유로는 되지 아니하며, 원래 정당한 당사자로 될 자인 선정자에게 그 효력이 미치지 아니한다는 점에서 무효인 판결이 된다.

제04절 제3자의 소송참가

◆ 제1관 보조참가

I. 서 설

> 제71조(보조참가) 소송결과에 이해관계가 있는 제3자는 한 쪽 당사자를 돕기 위하여 법원에 계속 중인 소송에 참가할 수 있다. 다만, 소송절차를 현저하게 지연시키는 경우에는 그러하지 아니하다.

보조참가란 타인간의 소송계속 중에 소송의 결과에 관하여 이해관계 있는 제3자가 당사자 일방의 승소를 보조해 주기 위하여 그 소송에 참가하는 것을 말한다(제71조). 보조참가를 하는 제3자를 보조참가인 또는 '종된 당사자'라고 하며, 보조를 받는 당사자를 피참가인 또는 '주된 당사자'라고 한다.

보조참가인은 자기이름으로 판결을 요구하는 자가 아니므로 진정한 의미의 당사자가 아니다. 또한 보조참가인은 자기의 이익의 옹호를 위하여 자기의 이름과 계산으로 소송을 수행하므로 본인의 이름으로 소송을 수행하는 대리인과도 다르다. 보조참가는 당사자의 한쪽을 승소시키기 위하여 소송에 관여함으로써 피참가인의 소송수행에 대하여 이해관계 있는 제3자의 이익을 지킬 기회를 부여하고자 하는 것이 주된 목적이다.

Ⅱ. 요 건

1. 타인간의 소송이 계속 중일 것

가. 타인간의 소송일 것

보조참가는 타인간의 소송에 한하여 허용되며 자기소송의 상대방에는 참가할 수 없다. 판례도 "소송당사자인 독립당사자참가인은 상대방 당사자인 원·피고의 어느 한 쪽을 위하여 보조참가를 할 수는 없는 것이므로, **보조참가인이 독립당사자참가를 하였다면 그와 동시에 보조참가는 종료된 것으로 보아야 할 것이고, 따라서 보조참가인의 입장에서는 상고할 수 없다.**"고 한다(1993. 4. 27. 93다5727).

법정대리인은 당사자에 준하기 때문에 본인의 소송에 보조참가를 할 수 없다. 그러나 통상의 공동소송에서 자기의 공동소송인이나 공동소송인의 상대방을 위하여 보조참가를 하는 것은 가능하다. 통상의 공동소송의 경우에는 수 개의 소송관계가 독자적으로 병존하고 공동소송인의 1인은 다른 공동소송인과의 관계에서 제3자로 볼 수 있기 때문이다.

나. 소송계속 중일 것

(ⅰ) 소송계속의 의미에 대하여 ① 소송계속은 판결절차를 전제로 하므로 판결절차 또는 판결절차로 이행될 절차를 의미한다는 견해와, ② 결정절차에서도 결정이 보조참가인의 권리에 법률상 영향을 줄 관계에 있으면 보조참가를 허용하여야 한다는 견해가 대립된다. 판례는 "**대립하는 당사자 구조를 갖지 못한 결정절차에 있어서는 보조참가를 할 수 없다.**"고 한다(1994. 1. 20. 93마1701).

(ⅱ) 참가신청은 상소의 제기와 동시에 할 수 있다(제72조 제3항). **상고심에서도 허용되지만, 상고심에서 참가하면 제76조 제1항에 의한 제약 때문에 사실상의 주장·증거의 제출이 허용되지 않는다는 제약이 있게 된다.** 또한 재심에서도 허용된다. 따라서 판결확정 후라도 재심의 소(제451조)와 동시에 참가신청을 할 수 있다(제72조 제3항).

2. 소송결과에 관하여 이해관계가 있을 것 (참가이유)

가. 개 관

보조참가는 보조참가인이 한쪽 당사자와 소송결과에 이해관계가 있는 경우에 허용된다(제71조 본문). 소송결과에 대한 이해관계란 **판결의 결과가 보조참가인의 법적 지위, 즉 권리·의무에 영향을 미칠 경우**이어야 한다는 의미이다. 한편 **판결의 효력이 보조참가인에게 미칠 경우**도 포함되지만, 이 경우는 공동소송적 보조참가가 된다.

나. 판결주문에 대한 이해관계

보조참가인의 법적 지위가 본소의 승패에 논리적으로 의존관계에 있는 경우로서, **판결주문에서 판단되는 소송물인 권리관계의 존부에 의하여 직접적으로 영향을 받는 관계에 있는 경우** 및 **피참가인의 승소에 의하여 유리한 영향을 받을 수 있는 경우**에 허용된다.

다. 판결이유에 대한 이해관계

1) 문제점

판결이유 중에 판단되는 중요쟁점에 의하여 영향을 받는 경우에도 보조참가의 참가이유를 인정할 것인지가 문제된다.

2) 학설의 대립

① **제한설**은 소송결과인 판결주문에 이해관계를 요하는 명문 규정을 근거로 판결이유 중의 판단에 대한 이해관계는 소송결과에 대한 이해관계로 볼 수 없다는 견해이다. 판결이유 중의 판단은 기판력이 생기지 않으므로 제3자에 대하여 이해관계를 인정할 필요가 없다는 것을 근거로 한다. ② **확대설**은 판결주문에서 판단되는 소송물인 권리관계의 존부에 의하여 직접적으로 영향을 받는 관계에 있는 경우뿐만 아니라 판결이유 중의 판단에 의한 영향을 받는 경우도 포함한다는 견해이다. 동일한 분쟁에 관련되는 이해관계인을 많이 소송에 참가하게 하여 분쟁의 일회적 해결을 도모하기 위해서는 참가의 범위를 넓힐 필요가 있다는 점을 근거로 한다.

3) 검토

확대설은 판결이유 중의 판단에 구속력을 인정하지 않는 현행법 체계와 균형이 맞지 않고 또한 소송결과, 즉 판결주문에 이해관계를 요구한 명문에 반하고, 참가인의 범위가 확대되어 불필요한 제3자의 소송관여를 배제할 수 없어 보조참가제도가 소송지연의 수단으로 악용될 위험이 있다. 따라서 제한설이 타당하다.

라. 법률상 이해관계

판례는 "보조참가를 하려면 소송의 결과에 대하여 이해관계가 있어야 할 것이고, 이해관계라 함은 **사실상·경제상 또는 감정상의 이해관계가 아니라 법률상 이해관계**를 말하는 것으로, 이는 **판결의 기판력이나 집행력을 당연히 받는 경우** 또는 판결의 효력이 직접 미치지는 아니하더라도 <u>적어도 그 판결을 전제로 하여 보조참가를 하려는 자의 법률상 지위가 결정되는 관계에 있는 경우</u>를 의미하는 것이다."고 한다(2007. 4. 26. 2005다19156).

한편 판례는 "**불법행위로 인한 손해배상책임을 지는 자는 피해자가 다른 공동불법행위자들을 상대로 제기한 손해배상청구소송의 결과에 대하여 법률상의 이해관계를 갖는다**고 할 것이므로, 위 소송에 **원고를 위하여 보조참가를 할 수가 있고**, 피해자인 원고가 패소판결에 대하여 상소를 하지 않더라도 원고의 상소기간 내라면 보조참가와 동시에 상소를 제기할 수도 있다."고 한다(1999. 7. 9. 99다12796).[127]

3. 소송절차를 현저히 지연시키지 않을 것

소송절차를 현저히 지연시키는 경우에는 보조참가가 허용되지 않는다(제71조 단서). 이는 보조참가

---

127) [사실관계] 甲(A보험자에 가입) 차량의 뒷바퀴의 충돌로 인해 고속도로에 떨어져 있던 철판이 튕기게 되어 뒤따라오던 乙(B보험자에 가입) 차량의 동승자 丙이 사망하였고, 丙의 유가족이 원고가 되어 한국도로공사, A보험자, B보험자를 상대로 손해배상청구를 하였다. 원심에서는 원고의 한국도로공사, A보험자에 대한 손해배상청구를 기각하였고, B보험자에 대하여 일부승소판결을 선고하였다. 이에 대하여 B보험자가 원고 측에 보조참가를 하면서, 원고의 A보험자에 대한 손해배상청구소송에 대하여 상고를 제기하였다.

가 변호사대리의 원칙을 위반하는 수단, 또는 소송지연의 수단으로 이용되는 것을 방지하기 위한 것이다. 한편 이 요건은 공익적 요건이므로 직권조사사항이 된다.

4. 소송행위로서의 유효요건을 갖출 것

참가신청에는 소송행위로서의 유효요건을 갖추어야 한다. 따라서 보조참가인은 당사자능력, 소송능력이 있어야 하며 대리인이 있는 경우에는 대리권이 존재하여야 한다. 이러한 요건은 참가이유와 달리 직권조사사항이다.

Ⅲ. 참가의 절차와 심판

> **제72조(참가신청의 방식)** ① 참가신청은 참가의 취지와 이유를 밝혀 참가하고자 하는 소송이 계속된 법원에 제기하여야 한다.
> ② 서면으로 참가를 신청한 경우에는 법원은 그 서면을 양쪽 당사자에게 송달하여야 한다.
> ③ 참가신청은 참가인으로서 할 수 있는 소송행위와 동시에 할 수 있다.
>
> **제73조(참가허가여부에 대한 재판)** ① 당사자가 참가에 대하여 이의를 신청한 때에는 참가인은 참가의 이유를 소명하여야 하며, 법원은 참가를 허가할 것인지 아닌지를 결정하여야 한다.
> ② 법원은 직권으로 참가인에게 참가의 이유를 소명하도록 명할 수 있으며, 참가의 이유가 있다고 인정되지 아니하는 때에는 참가를 허가하지 아니하는 결정을 하여야 한다.
> ③ 제1항 및 제2항의 결정에 대하여는 즉시항고를 할 수 있다.
>
> **제74조(이의신청권의 상실)** 당사자가 참가에 대하여 이의를 신청하지 아니한 채 변론하거나 변론준비기일에서 진술을 한 경우에는 이의를 신청할 권리를 잃는다.
>
> **제75조(참가인의 소송관여)** ① 참가인은 그의 참가에 대한 이의신청이 있는 경우라도 참가를 허가하지 아니하는 결정이 확정될 때까지 소송행위를 할 수 있다.
> ② 당사자가 참가인의 소송행위를 원용한 경우에는 참가를 허가하지 아니하는 결정이 확정되어도 그 소송행위는 효력을 가진다.

1. 참가의 신청

서면 또는 말(제161조)로 현재 소송이 계속된 법원에 참가의 취지와 이유를 명시하여 신청하여야 한다(제72조 제1항). 참가신청은 상소·재심의 제기, 상소의 추후보완처럼 참가인으로서 할 수 있는 소송행위와 동시에 할 수 있다(제72조 제3항). 다만, 피참가인의 상소기간 경과 후에는 상소제기를 할 수 없다. 참가신청서는 당사자 쌍방에게 송달하여야 한다(제72조 제2항). 한편 보조참가인이 소송상 다른 구제수단이 있어도 보조참가를 할 수 있다.

판례는 "[1] 당사자참가는 소송의 목적의 전부나 일부가 자기의 권리임을 주장하거나 소송의 결과에 의하여 권리의 침해를 받을 것을 주장하는 제3자가 독립된 당사자로서 원·피고 쌍방을 상대방으로 하여 소송에 참가하여 3당사자 사이에 서로 대립되는 권리 또는 법률관계를 하나의 판결로써 모순없이 일거에 해결하려는 제도이고, 보조참가는 원·피고 어느 일방의 승소를 보조하기 위하여 소송에 참가하는 것으로서, 이러한 제도의 본래의 취지에 비추어 볼 때, **당사자참가를 하면서 예비적으로 보조참가를 한다는 것은 허용될 수 없다**. [2] 비록 소송관계인의 소송행위가 분명하지 아니한 경우에 이를 합리적으로 해석하여 소송관계인에게 유리한 쪽으로 보아 줄 수 있는 경우가 있더라도, **당사자참가인들이 제1심에서부터 상고심에 이르기까지 당사자참가임을 명시하고 있는 경우에는, 상고이유서에 비로소 '예비적으로 원고의 보조참가인'이라는 표시를 덧붙였다 하여, 당사자참가인들의 소송행위를 원고를 위한 보조참가 소송행위로 보아 줄 수는 없다.** [3] 당사자참가가 부적법함에도 제1심이 각하하지 아니하고 본안에 들어가 당사자참가인들의 청구를 기각한 것은 잘못이나, 항소심이 이를 시정하지 아니하고 제1심판결에 대한 당사자참가인들의 항소를 기각하더라도 본안에 관하여 기판력이 생기는 것은 아니므로, 항소심이 재심청구와 본안에 관한 제1심판결 전부를 취소하여 다시 재판하지 아니하고(참가가 부적법한 당사자참가인들의 항소가 있다 하여 오로지 당사자참가를 각하하기 위하여 제1심판결을 반드시 취소할 것은 아니다), 당사자참가인들의 참가가 부적법한 것임을 밝히면서 항소를 기각한 조치는 상당한 것으로 수긍할 수 있다."고 한다(1994. 12. 27. 92다22473).

2. 참가의 허부에 대한 재판

가. 당사자의 이의신청

제3자가 보조참가 신청을 한 경우에 양 당사자는 **참가신청의 방식 또는 참가이유**에 관하여 이의를 신청할 수 있다. 이의신청이 있으면 참가인이 참가이유를 소명하여야 한다(제73조 제1항). 다만 당사자가 참가에 대하여 이의를 신청하지 아니한 채 변론하거나 변론준비기일에서 진술한 때에는 이의신청권을 상실한다(제74조).

판례는 "보조참가 신청에 대하여 당사자가 이의를 신청한 때에는 수소법원은 참가를 허가할 것인지 여부를 결정하여야 하지만, 당사자가 이의를 신청하지 아니한 채 변론하거나 변론준비기일에서 진술을 한 경우에는 이의를 신청할 권리를 잃게 되고(제73조 제1항, 제74조), **수소법원의 보조참가 허가 결정 없이도 계속 소송행위를 할 수 있다.**"고 한다(2017. 10. 12. 2015두36836).

나. 참가이유의 소명과 직권심사

구법에서는 참가이유의 유무 또는 참가의 방식에 대한 당사자의 이의가 있는 경우에 한하여 조사하고 이의가 있는 때에는 참가인은 참가이유를 소명하여야 하고 법원은 참가인의 소명을 들은 뒤 참가의 허부를 결정으로 재판한다고 규정하였다.

현행법은 당사자의 이의가 없는 경우라도 필요하면 법원은 직권으로 참가인에게 참가이유를 소명하도록 명할 수 있도록 하였고, 만약 참가이유가 인정되지 아니하는 때에는 참가를 허가하지 아니하는 결정을 하여야 한다고 규정한다(제73조 제2항). 이는 종래에 참가이유도 없이 사실상 소송대리의 목적으로 보조참가신청을 한 경우에도 상대방 당사자가 이의를 하지 못하여 보조참가 제도가 변호사 대리의 원칙을 위반하는 편법으로 이용되어온 것을 방지하고자 하는 것이다.

다. 이의신청에 대한 결정과 효과

참가의 허부는 법원이 결정으로 재판한다. 이 결정에 대하여는 당사자 또는 참가인이 즉시항고를 할 수 있다(제73조 제3항). 한편 판례는 "당사자가 보조참가에 대하여 이의를 신청한 때에는 법원은 참가를 허가할 것인지 아닌지를 결정하여야 하고, 다만 결정이 아닌 종국판결로써 심판하였더라도 위법한 것은 아니다."고 한다(2007. 11. 16. 2005두15700).

참가의 허부에 대한 재판이 확정되기까지는 본 소송의 절차는 정지되지 아니하므로(참가에 대해서 이의 신청이 있는 경우도 마찬가지이다), 참가불허의 결정이 있어도 확정될 때까지는 참가인으로 할 수 있는 일체의 소송행위를 할 수 있지만 불허결정이 확정되면 효력을 잃는다. 이 경우에도 소송경제상 당사자가 원용하면 그 효력이 있다(제75조).

3. 참가의 종료

가. 문제점

참가인은 어느 때나 피참가인이나 상대방의 동의 없이 보조참가 신청을 취하할 수 있다. 다만 이때 참가인이 한 소송행위도 효력을 상실하는지에 관하여 견해가 대립된다.

나. 학설의 대립

① 참가신청을 취하하여도 제77조의 참가적 효력을 면치 못함을 근거로, 참가인이 한 소송행위는 취하에도 불구하고 효력을 상실하지 않으며 당사자의 원용이 없어도 판결자료로 할 수 있다는 견해와, ② 참가인이 취하 전에 한 소송행위는 소급적으로 효력을 상실하는 것이 원칙이지만, 당사자가 원용하면 판결자료로 할 수 있다는 견해(제75조 제2항의 유추)가 대립된다.

다. 검토

소송참가를 하지 않아도 소송고지로 참가적 효력을 받게 되므로 제77조는 근거가 될 수 없고, 제75조 제2항과의 균형상 제②설이 타당하다.

Ⅳ. 참가인의 소송상의 지위

> 제76조(참가인의 소송행위) ① 참가인은 소송에 관하여 공격·방어·이의·상소, 그 밖의 모든 소송행위를 할 수 있다. 다만, 참가할 때의 소송의 진행정도에 따라 할 수 없는 소송행위는 그러하지 아니하다.
> ② 참가인의 소송행위가 피참가인의 소송행위에 어긋나는 경우에는 그 참가인의 소송행위는 효력을 가지지 아니한다.

1. 이중적 지위

보조참가인은 피참가인의 승소에 대한 보조가 목적이기 때문에 피참가인에 대하여서 종속적인 지위를 가질 뿐만 아니라, 보조참가인도 자기 이름으로 자기의 이익을 위하여 소송을 수행하므로 피참가인에 대하여 독립적인 지위도 가진다.

2. 보조참가인의 종속성

보조참가인은 피참가인의 승소보조자일 뿐이지 당사자가 아니므로 피참가인과의 관계에서는 그 지위가 종속적이다. 따라서 소송비용의 재판(제103조)을 제외하고 참가인의 이름으로 판결을 받지 아니하고, 제3자로서의 증인·감정인능력이 있으며, 참가인에게 사망 등의 중단사유가 생겨도 본 소송절차의 진행에는 영향이 없다.

3. 보조참가인의 독립성

참가인은 자기의 이익을 옹호하기 위하여 독자적 권한과 자기이름으로 소송에 관여하는 자이므로 참가인에 대해 기일의 소환, 소송서류의 송달, 고지 등을 하지 않으면 안 된다. 다만, **판결정본의 송달은 참가인에게 할 필요가 없다**. 참가인에 의한 상소는 피참가인의 상소기간 내에 한한다고 보는 것이 타당하기 때문에, 참가인에게는 판결정본의 송달이 불필요하기 때문이다. 그리고 피참가인이 기일에 결석하여도 참가인이 출석하면 피참가인을 위해 기일을 준수한 것이 되어 피참가인은 기일 해태의 불이익을 입지 않는다.

판례는 "참가신청한 보조참가인에게 변론의 기회를 부여함이 없이 판결을 선고함은 위법이다." 고 하고(1964. 10. 30. 64누34), "[1] **보조참가인의 소송수행권능은 피참가인으로부터 유래된 것이 아니라 독립의 권능이므로 피참가인과는 별도로 보조참가인에 대하여도 기일의 통지, 소송서류의 송달 등을 행하여야 하고, 보조참가인에게 기일통지서 또는 출석요구서를 송달하지 아니함으로써 변론의 기회를 부여하지 아니한 채 행하여진 기일의 진행은 적법한 것으로 볼 수 없다**. [2] 기일통지서를 송달받지 못한 보조참가인이 변론기일에 직접 출석하여 변론할 기회를 가졌고, 변론 당시 기일통지서를 송달받지 못한 점에 관하여 이의를 하지 아니하였다면, 기일통지를 하지 않은 절차진행상의 흠이 치유된다."고 한다(2007. 2. 22. 2006다75641).

4. 참가인이 할 수 있는 소송행위

참가인은 피참가인의 승소를 위하여 필요한 소송행위를 자기의 이름으로 할 수 있다. 따라서 참가인은 사실에 대한 주장은 물론 증거신청, 상소의 제기나 이의신청을 할 수 있다(제76조 제1항 본문). 이와 같은 참가인의 소송행위는 피참가인 자신이 행한 것과 같은 효과가 생긴다.

5. 참가인이 할 수 없는 소송행위

가. 참가 당시의 소송정도에 따라 피참가인도 할 수 없는 행위

자백의 취소, 적시제출주의에 위반한 공격방어방법의 제출, 상고심에서 새로운 사실·증거의 제출, 피참가인의 상고이유서 제출기간 경과 후의 상고이유서 제출, 피참가인의 상소기간 경과 후의 상소제기 등과 같이 참가 당시의 소송의 진행정도에 따라 피참가인도 할 수 없는 소송행위는 참가인도 할 수 없다(제76조 제1항 단서).

판례는 "피고 보조참가인은 참가할 때의 소송의 진행 정도에 따라 피참가인이 할 수 없는 소송행위를 할 수 없으므로, 피고 보조참가인이 상고장을 제출한 경우에 피고 보조참가인에 대하여 판결정본이 송달된 때로부터 기산한다면 상고기간 내의 상고라도 **이미 피참가인인 피고에 대한 관계에서 상고기간이 경과한 것이라면 피고 보조참가인의 상고 역시 상고기간 경과 후의 것이 되어 피고 보조참가인의 상고는 부적법하다**."고 한다(2007. 9. 6. 2007다41966).

나. 피참가인의 행위에 어긋나는 행위

참가인은 피참가인이 이미 행한 소송행위에 어긋나는 행위를 할 수 없다(제76조 제2항). 예컨대 피참가인의 자백을 참가인이 부인하거나 피참가인이 상소를 포기한 후 참가인이 상소할 수 없다. 한편 참가인의 행위와 상반되는 행위를 피참가인이 뒤에 한 경우에도 참가인의 행위는 무효로 된다. 따라서 판례는 "제76조 제2항은 참가인의 소송행위가 피참가인의 소송행위에 어긋나는 경우에는 참가인의 소송행위는 효력을 가지지 아니한다고 규정하고 있는데, 그 규정의 취지는 **피참가인들의 소송행위와 보조참가인들의 소송행위가 어긋나는 경우에는 피참가인의 의사가 우선하는 것을 뜻하므로 피참가인은 참가인의 행위에 어긋나는 행위를 할 수 있고, 따라서 보조참가인들이 제기한 항소를 포기 또는 취하할 수도 있다.**"고 한다(2010. 10. 14. 2010다38168).

그러나 피참가인의 명백하고도 적극적인 의사에 저촉되지 않으면 참가인의 행위가 무효로 되지 않는다. 따라서 판례는 "제76조 제2항이 규정하는 참가인의 소송행위가 피참가인의 소송행위에 어긋나는 경우라 함은 **참가인의 소송행위가 피참가인의 행위와 명백히 적극적으로 배치되는 경우**를 말하고 소극적으로만 피참가인의 행위와 불일치하는 때에는 이에 해당하지 않는 것인바, **피참가인인 피고가 원고가 주장하는 사실을 명백히 다투지 아니하여 제150조에 의하여 그 사실을 자백한 것으로 보게 될 경우라도 참가인이 보조참가를 신청하면서 그 사실에 대하여 다투는 것은 피참가인의 행위와 명백히 적극적으로 배치되는 경우라 할 수 없어 그 소송행위의 효력이 없다고 할 수 없다.**"고 한다(2007. 11. 29. 2007다53310).

다. 피참가인에게 불이익한 행위

보조참가인의 임무는 피참가인의 승소보조에 있기 때문에 피참가인에게 불리한 소의 취하, 청구의 포기·인낙, 화해, 상소의 포기·취하 등은 할 수 없다. 다만 보조참가인이 신청한 증거에 의하여 법원이 자유심증주의의 원칙상 피참가인에게 불이익한 사실을 인정할 수는 있다.

(1) **자백을 할 수 있는가**에 대하여, (2) ① 필수적 공동소송인도 허용되지 않는 점과 비교할 때 종속적 지위에 있는 참가인은 자백을 할 수 없다고 봄이 타당하다는 견해와, ② 자백이 불리한지는 전체적으로 보아 평가하기 때문에 전체적으로 보아 피참가인에게 유리한 경우에는 자백을 허용할 것이라는 견해가 대립된다. (3) 재판상 자백은 소송 결과에 직접적인 불이익은 초래하지 않지만 피참가인의 승소를 돕는 행위가 아님은 분명하고 패소를 초래할 가능성이 큰 행위이므로 허용되지 않는다는 견해가 타당하다. 물론 참가인이 자백한 경우에 피참가인이 그 사실에 관하여 명백하게 다투지 아니하면 자백간주가 성립될 것이다.

라. 청구를 변경하거나 확장하는 행위

보조참가인의 임무는 기존의 소송을 전제로 하여 피참가인의 승소를 보조하는 것이므로, 청구의 변경·반소·중간확인의 소 등을 제기할 수는 없다. 판례도 "보조참가인은 피참가인이 당사자로 되어 있는 기존의 소송을 전제로 피참가인을 승소시키기 위하여 참가하는 것이기 때문에 **소의 변경과 같이 기존의 소송형태를 변형시키는 행위는 할 수 없으므로, 보조참가인은 별개의 청구원인에 해당하는 재심사유를 주장하여 재심청구를 추가할 수 없다.**"고 한다(1992. 10. 9. 92므266).

마. 피참가인이 가지는 사법상 권리의 행사가능성

1) 문제점

피참가인이 재판 외에서 상계·취소·해제 등의 사법상 의사표시를 이미 한 경우에는 참가인이 그 사실을 소송상 주장할 수 있다. 또한 **법률에 의하여 제3자에게 그 권한의 행사가 인정된 경우**(민법 제404조·제418조·제434조)에는 참가인도 제3자로서 피참가인의 권리를 행사할 수 있다. 위의 경우 이외에 피참가인의 사법상의 권리행사를 참가인이 행사할 수 있는지 문제된다.

2) 학설의 대립

① **부정설**은 참가인은 소송대리인과 상이하므로 소송수행상 필요하더라도 피참가인의 사법상의 권리를 참가인이 대신 행사할 수는 없다고 한다. 사법상의 권리를 참가인이 행사하지 못한다고 하더라도 피참가인만이 행사할 수 있는 사법상의 권리를 피참가인이 게을리 한 경우에는 참가인에게는 참가적 효력이 배제되므로 부당하지 않다고 한다.

② **긍정설**은 참가가 인정되는 이상 참가인으로서는 모든 수단을 써서 피참가인의 승소를 꾀할 이익이 있으며, 다만 피참가인은 참가인의 주장을 철회하는 등 참가인의 행위와 저촉되는 행위를 함으로써 그 지위를 지킬 수 있으므로(제76조 제2항 참조), 이를 인정하더라도 부당하지 않다고 한다.

③ **절충설**은 참가인은 소송대리인과 상이하므로 당연히는 행사할 수 없으나 참가인이 본래 할 수 없는 피참가인의 권리를 행사한 경우 피참가인이 지체 없이 이에 대한 이의를 제기하지 아니하면 무권대리행위를 묵시적으로 추인한 경우와 동일하게 유효로 볼 수 있다고 한다.

3) 검토

보조참가인은 참가이유가 있는 한 피참가인의 의사에 반하여 소송에 참가할 수 있고, 또한 보조참가인의 이익은 피참가인의 이익과는 반드시 일치한다고 볼 수 없으므로 소송대리인과는 달라서 피참가인이 할 수 있는 사법상의 권리행사는 참가인 스스로 할 수 없다는 견해가 타당하다.

V. 판결의 보조참가인에 대한 효력

> **제77조(참가인에 대한 재판의 효력)** 재판은 다음 각호 가운데 어느 하나에 해당하지 아니하면 참가인에게도 그 효력이 미친다.
> 1. 제76조의 규정에 따라 참가인이 소송행위를 할 수 없거나, 그 소송행위가 효력을 가지지 아니하는 때
> 2. 피참가인이 참가인의 소송행위를 방해한 때
> 3. 피참가인이 참가인이 할 수 없는 소송행위를 고의나 과실로 하지 아니한 때

1. 효력의 법적 성질

가. 문제점

제77조는 보조참가인이 소송행위를 할 수 없거나 그 소송행위가 효력이 없는 경우, 피참가인이 참가인의 소송행위를 방해한 경우와 참가인이 할 수 없는 소송행위를 고의·과실로 인하여 하지 아니한 경우 이외에는 "재판은 참가인에 대하여도 그 효력이 있다."고 규정하고 있는 바, 효력의 법적 성질이 문제된다.

나. 학설의 대립

① **기판력설**은 기판력의 주관적 범위의 확장으로 보는 견해이다. 따라서 본소송의 당사자, 보조참가인 3자의 관계 모두에서 기판력이 발생한다고 한다. ② **참가적 효력설**은 보조참가인이 피참가인과 협동하여 소송을 수행한 이상 피참가인이 패소하고 나서 뒤에 피참가인이 보조참가인 상대의 소

송을 하는 경우에 보조참가인은 전소인 보조참가소송에서 확정된 사항과 모순된 주장을 할 수 없도록 하는 구속력으로 보는 견해이다. ③ **신기판력설**은 참가인과 피참가인 사이에는 참가적 효력이 생기지만, 판결기초의 공동형성이라는 견지에서 참가인과 피참가인의 상대방 사이에도 피참가인의 승·패에 불문하고 기판력 내지 쟁점효를 인정해야 한다는 견해이다.

다. 판례의 태도 : 참가적 효력설

판례는 "보조참가인이 피참가인을 보조하여 공동으로 소송을 수행하였으나, **피참가인이 소송에서 패소한 경우에는 형평의 원칙상 보조참가인이 피참가인에게 패소판결이 부당하다고 주장할 수 없도록 구속력을 미치게 하는 참가적 효력**이 있음에 불과하므로, 피참가인과 소송상대방 간의 판결의 기판력이 참가인과 피참가인의 상대방과의 사이에까지는 미치지 아니한다."고 하여 참가적 효력설의 입장이다(1988. 12. 13. 86다카2289).

라. 검토

'신기판력설'은 보조참가인이 공동소송적 보조참가인의 지위와 유사해지고, 참가인과 피참가인의 상대방 사이에 기판력을 인정하게 되면 보조참가와 독립당사자참가에 있어 판결의 효력에 차이가 없고, 소송고지의 경우에는 참가하지도 않은 피고지자에게 기판력 내지 쟁점효를 강요하기 힘들다는 점에서 타당하지 않다. '기판력설'은 민사집행법 제25조 제1항 단서에서 참가인에게 집행력을 배제시킨 점, 제77조에서 참가인에 대하여 재판의 효력이 배제되는 경우를 참가인과 피참가인 사이에 발생한 사유로 한정한 점, 소송고지만으로 제3자에게 기판력을 발생시킴은 부당하다는 점에서 타당하지 다. 따라서 참가적 효력설이 타당하다.

2. 참가적 효력의 발생요건

참가적 효력설에 의하여 본소의 판결이 참가적 효력을 발생시키려면 **피참가인의 패소판결**이 있어야 하고, **소송판결이 아닌 본안판결이어야 하며 또한 확정될 것**이 요구된다. 한편 판례는 "**일단 참가한 이상 참가신청을 취하하더라도 참가적 효력을 면치 못한다.**"고 한다(1974. 6. 4. 73다1030). 보조참가인은 소송당사자로부터 소송고지를 받은 자와 동일한 취급이 필요하기 때문이다.

3. 참가적 효력의 범위

가. 주관적 범위

'참가적 효력설'에 의하면 **참가인과 패소한 피참가인 사이**에만 참가적 효력이 미친다. 따라서 참가인은 패소한 피참가인에 대한 관계에서 이전의 판결의 내용이 부당하다고 다툴 수 없다. 참가인과 '피참가인의 상대방' 사이에서는 효력이 미치지 아니한다. 판례도 "참가적 효력은 참가인과 피참가인 사이에만 발생되고 참가인과 피참가인의 상대방 간에는 미치지 않는다."고 한다(1974. 6. 4. 73다1030).

나. 객관적 범위

참가적 효력은 **판결주문에 대해서 뿐만 아니라 판결이유 중 패소이유가 되었던 사실상·법률상의 판단으로서 참가인이 피참가인과 공동이익으로 주장할 수 있었던 사항**에 한하여 미친다. 참가적 효력의 객관적 범위를 판결이유의 판단까지 넓히지 않으면 참가인에게 참가적 효력이 미치는 실익이 없기 때문이다. 다만 부가적·보충적인 판단이나 방론에까지 참가적 효력이 미치는 것은 아니다.

판례도 "참가적 효력은 **전소 확정판결의 결론의 기초가 된 사실상 및 법률상의 판단으로서 보조참가인이 피참가인과 공동이익으로 주장하거나 다툴 수 있었던 사항**에 한하여 미치고, **전소 확정판결에 필수적인 요소가 아니어서 결론에 영향을 미칠 수 없는 부가적 또는 보충적인 판단이나 방론 등에까지 미치는 것은 아니다**."고 한다(1997. 9. 5. 95다42133).

한편 "전소가 확정판결이 아닌 **화해권고결정에 의하여 종료된 경우**에는 확정판결에서와 같은 법원의 사실상 및 법률상의 판단이 이루어졌다고 할 수 없으므로, 참가적 효력이 인정되지 아니한다."고 한다(2015. 5. 28. 2012다78184).

같은 취지에서 "소송고지제도는 소송의 결과에 대하여 이해관계를 가지는 제3자로 하여금 보조참가를 하여 이익을 옹호할 기회를 부여함과 아울러 고지자가 패소한 경우의 책임을 제3자에게 분담시켜 후일에 고지자와 피고지자 간의 소송에서 피고지자가 패소의 결과를 무시하고 전소 확정판결에서의 인정과 판단에 반하는 주장을 하지 못하게 하기 위해 둔 제도이므로, **피고지자가 후일의 소송에서 주장할 수 없는 것은 전소 확정판결의 결론의 기초가 된 사실상·법률상의 판단에 반하는 것으로서 피고지자가 보조참가를 하여 상대방에 대하여 고지자와의 공동이익으로 주장하거나 다툴 수 있었던 사항에 한한다**. 이러한 법리에 비추어 보면 **전소가 확정판결이 아닌 조정에 갈음하는 결정에 의하여 종료된 경우에는 확정판결에서와 같은 법원의 사실상, 법률상의 판단이 이루어졌다고 할 수 없으므로 참가적 효력이 인정되지 아니한다**."고 한다(2019. 6. 13. 2016다221085).

4. 기판력과의 차이

가. 제도의 취지

기판력은 국가의 재판기관이 당사자 간의 분쟁을 공권적으로 판단한 것에 기초한 법적 안정성에서 유래한 것이라면, 참가적 효력은 서로 협동하여 판결의 기초를 형성한 자기책임에 기초한 공평의 관념에서 유래된 것이다.

나. 법적 성질

기판력은 승패에 불구하고 인정되는 반면, 참가적 효력은 공평·금반언의 원칙상 피참가인이 패소한 경우에만 인정된다. 따라서 기판력은 직권조사사항이나, 참가적 효력은 당사자의 원용이 필요한 항변사항이다.

다. 주관적 범위

기판력은 당사자 및 이와 동일시 할 자 사이에서만 발생하나, 참가적 효력은 피참가인과 참가인 사이에서 또는 소송고지를 받은 피고지자에게 발생한다.

라. 객관적 범위

기판력은 판결주문 중의 판단에만 미치나, 참가적 효력은 주문뿐만 아니라 판결이유 중의 전제된 사실인정이나 법률판단에도 미친다. 이 점에서 기판력보다 참가적 효력의 범위가 넓다.

마. 당사자의 주관적 책임에 따른 배제가능성

기판력은 공권적 판단의 속성상 당사자의 주관적 책임과 관계없이 생기는 효력이나, 참가적 효력은 피참가인의 패소에 대해 피참가인의 단독책임으로 사정이 있을 때는 예외적으로 배제된다(제77조 제1호 ~ 제3호). 이 점에서 기판력보다 참가적 효력의 범위가 좁다.

5. 참가적 효력의 배제

가. 의 의

참가인은 다음 경우 가운데 어느 하나에 해당하면 참가적 효력을 면한다. 다만 **참가인은 다음 경우가 발생하지 아니하였으면 전소의 판결 결과가 피참가인의 패소가 아니라 승소로 달라졌을 것을 주장·증명**해야 한다.

나. 배제사유

1) 참가 당시의 소송정도로 보아 필요한 행위를 유효하게 할 수 없었을 경우 (제77조 제1호 전단)

참가인이 사실자료와 증거자료를 제출할 수 없는 상고심에 보조참가를 한 경우에는 참가인은 판결의 사실인정에 구속되지 아니하며, 또한 사실심에 참가하였으나 피참가인이 자백을 하여 참가인이 더 이상 다툴 수 없는 경우에도 마찬가지이다.

2) 참가인의 소송행위가 피참가인의 행위에 어긋나 효력을 잃은 경우 (제77조 제1호 후단)

참가인(주채무자)이 주채무의 존재를 다투었으나 피참가인(보증인)이 자백한 경우, 참가인이 그 사실을 부인하였음에도 불구하고 피참가인이 인낙한 경우이다. 판례도 "**참가인이 부인하고 있는 사실을 피참가인이 자백한 경우와 같이 피참가인이 참가인의 소송행위를 방해한 경우**에는 그 재판은 참가인에 대하여 효력이 없다."고 한다(1974. 6. 4. 73다1030).

3) 피참가인이 참가인의 행위를 방해한 경우 (제77조 제2호)

참가인이 제기한 상소를 피참가인이 취하한 경우, 참가인이 항변사실을 입증하기 위해 신청한 증인을 피참가인이 철회한 경우이다.

4) 참가인이 할 수 없는 행위를 피참가인이 고의·과실로 하지 아니한 경우 (제77조 제3호)

참가인은 알지 못하지만 피참가인이 알고 있는 사실에 관한 주장이나 증거의 제출을 피참가인이 태만히 하거나, 피참가인만이 행사할 수 있는 사법상의 권리의 행사를 하지 아니하는 경우이다.

◆ 제2관 **공동소송적 보조참가**

I. 서 설

제78조(공동소송적 보조참가) 재판의 효력이 참가인에게도 미치는 경우에는 그 참가인과 피참가인에 대하여 제67조 및 제69조를 준용한다.

1. 의의 및 취지

공동소송적 보조참가란 **계속 중인 타인간의 소송에 당사자적격이 없어 공동소송참가는 할 수 없지만 판결의 효력(기판력이나 형성력)이 제3자(참가인)에게 미치는 경우에 그 제3자가 보조참가를 하는 경우**를 말한다(제78조). 즉 공동소송적 보조참가의 방식은 보조참가의 방식과 동일하다.

과거에는 행정소송법 제16조의 규정을 제외하고 공동소송적 보조참가에 대해서 명문의 규정이 없었으나, 학설과 판례는 보조참가보다 강한 소송수행권을 부여하는 공동소송적 보조참가를 인정하고 있었다. 따라서 현행법에서 공동소송적 보조참가에 관한 규정을 신설하였다.

2. 보조참가와의 구별

보조참가와 공동소송적 보조참가의 구별은 **법원이 법령의 해석에 의하여 객관적으로 결정할 성질의 것**이지, 당사자의 참가신청 방식에 의하여 정하여지는 것이 아니다. 따라서 당사자가 보조참가신청을 하더라도 판결의 효력이 미치는 경우에는 공동소송적 보조참가가 된다.

판례도 "피고로부터 부동산을 매수한 참가인이 소유권이전등기를 미루고 있는 사이에 원고가 피고에 대한 채권이 있다 하여 피고 소유명의로 남아 있던 부동산에 대하여 가압류를 하고 본안소송을 제기하자 참가인이 피고보조참가를 한 사안에서, 원고가 승소하면 가압류에 기하여 부동산에 대한 강제집행에 나설 것이고 그렇게 되면 참가인은 그 후 소유권이전등기를 마친 부동산의 소유권을 상실하게 되는 손해를 입게 되며, **원고가 피고에게 구하는 채권이 허위채권으로 보여지는데도 피고가 원고의 주장사실을 자백하여 원고를 승소시키려 한다는 사유만으로는 참가인의 참가가 공동소송적 보조참가에 해당하여 참가인이 피참가인인 피고와 저촉되는 소송행위를 할 수 있는 지위에 있다고 할 수 없다.**"고 한다(2001. 1. 19. 2000다59333).

II. 공동소송적 보조참가가 성립되는 경우

1. 개 관

당사자적격이 없는 자에게 판결의 효력이 미치는 경우에 공동소송적 보조참가가 허용되는데, 이에는 참가인에게 **판결의 기판력이 미치는 경우**와, **판결의 형성력이 미치는 경우**로 나누어 볼 수가 있다. 기판력이 미치는 경우로는 제3자의 소송담당에서 권리귀속 주체의 보조참가를 들 수가 있고, 형성력이 미치는 경우로는 가사소송·행정소송·회사관계소송 등에서 제3자의 참가를 들 수 있다. 또한 형성소송은 제소기간의 제한을 두는 경우가 많은데(상법 제376조·행정소송법 제20조), 판결의 효력을 받는 제3자가 제소기간 내에는 당사자적격이 있으므로 공동소송참가를 할 수 있으나, **제소기간이 도과된 후에는 당사자적격이 없으므로 공동소송적 보조참가**를 할 수밖에 없다.

2. 제3자의 소송담당의 경우

가. 원 칙

제3자의 소송담당의 경우에는 소송담당자가 받는 판결의 효력은 권리귀속의 주체에게 미치므로(제218조 제3항), 권리귀속의 주체인 자가 보조참가하면 공동소송적 보조참가가 된다. 따라서 '갈음형'의 소송담당인 유언집행자의 소송, 정리회사 관리인의 소송, 파산관재인의 소송에 상속인의 참가, 정리회사의 참가, 파산자의 참가는 공동소송적 보조참가가 된다. 이 경우에 상속인·정리회사·파산자는 당사자적격은 없지만 판결의 효력을 받기 때문이다.

나. 선정당사자의 경우 : 선정당사자 부분 참조
다. 채권자대위소송의 경우

1) 문제점

채권자대위소송에 채무자가 참가하는 경우에 참가방법이 문제된다.

2) 학설의 대립

① 채권자대위소송은 병행형의 법정소송담당이어서 채무자에게 당사자적격이 인정되지만 공동소송참가는 중복소송이 되므로 공동소송적 보조참가를 한다는 견해, ② 채권자대위소송은 소송담당이 아니므로 보조참가를 한다는 견해, ③ 채무자가 채권자대위소송의 제기사실을 알고 있는 경우에는 채무자가 처분권한을 상실하여 갈음형의 법정소송담당이 되므로 공동소송적 보조참가를 한다는 견해가 대립된다.

3) 검 토

채무자의 참가로 인하여 판결의 모순·저촉이 발생하는 것은 아니므로, 중복소송에 해당한다는 견해는 타당하지 않다. 또한 채권자대위소송은 소송담당자로서 소송수행권을 행사하는 것으로 보아야 하므로, 소송담당이 아니라는 견해도 타당하지 않다. 따라서 민법 제405조 제2항의 취지에 부합하는 제③설이 타당하다.

라. 가사소송·회사관계소송·행정소송·선거소송 등 판결효가 제3자에게 확장되는 경우

가사소송·회사관계소송·행정소송·선거소송에서 판결의 형성력이 대세효에 의하여 제3자에게 미치므로, 이와 같은 소송에 당사자적격이 없는 제3자는 공동소송적 보조참가를 할 수 있다. 예컨대 주주총회결의취소의 소(상법 제376조)의 피고는 회사이고 주주는 원고가 될 수는 있어도 피고가 될 수 없다. 따라서 다른 주주가 주주총회결의취소의 소에서 원고 측에 참가하면 공동소송참가가 되고, 피고 회사 측에 참가하면 공동소송적 보조참가가 된다.

Ⅲ. 공동소송적 보조참가인의 지위

1. 필수적 공동소송인에 준하는 지위

가. 개 관

공동소송적 보조참가인은 본소 확정판결의 효력을 받기 때문에 보조참가인에 비하여 독립성이 강하다. 따라서 참가인과 피참가인에 대하여 필수적 공동소송에 대한 규정을 준용한다(제78조).

나. 소송행위에서의 독립성

1) 유리한 소송행위

참가인은 판결의 효력을 받는 자이므로, 참가인은 자기에게 유리한 소송행위에 관해서는 피참가인의 행위와 저촉되는 행위를 할 수 있다. 즉 제67조 제1항이 준용되기 때문에 보조참가의 경우에 적용되는 제76조 제2항의 제한은 배제된다.

따라서 판례는 "**공동소송적 보조참가인이 피참가인 패소의 행정소송판결에 대하여 상고한 경우에 피참가인의 상고취하나 상고권포기는 공동소송적 보조참가인에 대한 관계에 있어서는 효력이 없고 제76조 제2항의 규정은 적용이 배제된다**고 함이 당원판례이므로, **공동소송적 보조참가인이 제기한 재심의 소를 피참가인이 취하하는 경우에도 상고취하에 준하여 보조참가인에 대한 관계에 있어서는 취하의 효력이 없다**고 해석함이 상당하다."고 한다(1970. 7. 28. 70누35).

또한 "공동소송적 보조참가에는 필수적 공동소송에 관한 제67조 제1항이 준용되므로, 피참가인의 소송행위는 모두의 이익을 위하여서만 효력을 가지고, 공동소송적 보조참가인에게 불이익이 되는 것은 효력이 없으므로, **참가인이 상소를 할 경우에 피참가인이 상소취하나 상소포기를 할 수는 없다**."고 한다(2017. 10. 12. 2015두36836).

2) 불리한 소송행위

피참가인은 자백, 청구의 포기·인낙, 화해 등 참가인에게 불리한 소송행위는 할 수 없다(제78조·제67조 제1항). 그러나 **피참가인은 자신이 제기한 소를 스스로 취하하는 것은 가능하다**. 판례도 "공동소송적 보조참가에는 제67조 제1항이 준용되므로, 피참가인의 소송행위는 모두의 이익을 위하여서만 효력을 가지고, 공동소송적 보조참가인에게 불이익이 되는 것은 효력이 없다. 그런데 공동소송적 보조참가는 성질상 **유사필수적 공동소송에 준한다** 할 것인데 유사필수적 공동소송의 경우에는 원고들 중 일부가 소를 취하하는 데 다른 공동소송인의 동의를 받을 필요가 없다. 또한 소취하는 판결이 확정될 때까지 할 수 있고 취하된 부분에 대해서는 소가 처음부터 계속되지 아니한 것으로 간주되며(제267조), 본안에 관한 종국판결이 선고된 경우에도 그 판결 역시 처음부터 존재하지 아니한 것으로 간주되므로, 이는 재판의 효력과는 직접적인 관련이 없는 소송행위로서 공동소송적 보조참가인에게 불이익이 된다고 할 것도 아니다. 따라서 **피참가인이 공동소송적 보조참가인의 동의 없이 소를 취하하였더라도 유효하다**."고 한다(2013. 3. 28. 2012아43).

3) 관련문제 : 재심의 소에 대한 취하가능성

피참가인 또는 보조참가인이 제기한 재심의 소에 대하여 공동소송적 보조참가가 있은 후에, 피참가인이 재심의 소를 취하할 수 있는지에 대하여, 판례는 "재심의 소를 취하하는 것은 통상의 소를 취하하는 것과는 달리 확정된 종국판결에 대한 불복의 기회를 상실하게 하여 더 이상 확정판결의 효력을 배제할 수 없게 하는 행위이므로, 이는 재판의 효력과 직접적인 관련이 있는 소송행위로서 확정판결의 효력이 미치는 공동소송적 보조참가인에 대하여는 불리한 행위이다. 따라서 **재심의 소에 공동소송적 보조참가인이 참가한 후에는 피참가인이 재심의 소를 취하하더라도 공동소송적 보조참가인의 동의가 없는 한 효력이 없다**. 이는 재심의 소를 피참가인이 제기한 경우나 통상의 보조참가인이 제기한 경우에도 마찬가지이다. 특히 **통상의 보조참가인이 재심의 소를 제기한 경우에는 피참가인이 통상의 보조참가인에 대한 관계에서 재심의 소를 취하할 권능이 있더라도**, 이를 통하여 공동소송적 보조참가인에게 불리한 영향을 미칠 수는 없으므로 피참가인의 재심의 소 취하로 재심의 소 제기가 무효로 된다거나 부적법하게 된다고 볼 것도 아니다."고 한다(2015. 10. 29. 2014다13044).

다. 상소기간의 독립성

공동소송적 보조참가인의 상소기간은 피참가인과 관계 없이 참가인에 대한 판결정본 송달시로부터 독립하여 계산된다. 따라서 공동소송적 보조참가인에게도 판결정본을 송달하여야 할 것이다.

라. 소송절차 정지의 독립성

공동소송적 보조참가인에게 소송절차의 중단·중지사유가 발생하여 참가인을 제외한 본소송의 진행이 참가인의 이익을 해할 우려가 있는 경우에 소송절차는 정지된다(제78조·제67조 제3항 준용). 만약 무조건 본소송의 정지를 인정하는 강력한 지위를 참가인에게 부여하게 되면 제3자의 당사자적격을 부정한 취지가 몰각되기 때문이다.

2. 종속적 지위

공동소송적 보조참가인은 당사자가 아니므로, 위의 경우 이외에는 통상의 보조참가인과 동일한 종속적 지위를 갖는다. 따라서 판결에는 보조참가인으로 표시하고, 소의 변경, 소의 취하, 청구의 포기·인낙 등 처분행위는 할 수 없고, 참가 당시의 소송정도에 따라서 소송행위를 하여야 한다.

판례도 "통상의 보조참가인은 참가 당시의 소송상태를 전제로 하여 피참가인을 보조하기 위하여 참가하는 것이므로, 참가할 때의 소송의 진행 정도에 따라 피참가인이 할 수 없는 행위를 할 수 없다(제76조 제1항 단서 참조). **공동소송적 보조참가인 또한 판결의 효력을 받는 점에서 제78조·제67조에 따라 필수적 공동소송인에 준하는 지위를 부여받기는 하였지만 원래 당사자가 아니라 보조참가인의 성질을 가지므로 위와 같은 점에서는 통상의 보조참가인과 마찬가지이다.** 원고는 재심대상판결의 정본을 송달받음으로써 원고 보조참가인이 주장하는 판단누락의 재심사유를 알게 되었다고 할 것인데, 원고가 재심대상판결에 대하여 항소를 제기하지 아니하고 원고 보조참가인이 제기한 항소도 취하함에 따라 재심대상판결이 확정된 이상 원고는 판단누락을 재심사유로 하여서는 재심의 소를 제기할 수 없게 되었다. 나아가 **피참가인인 원고가 재심의 소를 제기할 수 없는 이상 원고 보조참가인도 판단누락을 재심사유로 하여 재심의 소를 제기할 수 없고, 이는 참가인이 재심의 소에 공동소송적보조참가를 하였더라도 마찬가지이다.** 결국 이 사건 재심의 소는 적법한 재심사유에 해당하지 아니하는 사유만을 재심사유로 주장한 것이어서 부적법하다."고 한다(2015. 10. 29. 2014다13044).

또한 "통상의 보조참가인은 참가 당시의 소송상태를 전제로 피참가인을 보조하기 위하여 참가하는 것이므로 참가할 때의 소송 진행정도에 따라 피참가인이 할 수 없는 행위는 할 수 없다(제76조 제1항 단서 참조). 공동소송적 보조참가인도 원래 당사자가 아니라 보조참가인이므로 위와 같은 점에서는 통상의 보조참가인과 마찬가지이다. 판결 확정 후 재심사유가 있을 때에는 보조참가인이 피참가인을 보조하기 위하여 보조참가신청과 함께 재심의 소를 제기할 수 있다. 그러나 **보조참가인의 재심청구 당시 피참가인인 재심청구인이 이미 사망하여 당사자능력이 없다면, 이를 허용하는 규정 등이 없는 한 보조참가인의 재심청구는 허용되지 않는다.** 이는 신분관계에 관한 소송에서 소송의 상대방이 될 자가 존재하지 않는 경우 이해관계인들의 이익을 위하여 공익의 대표자인 검사를 상대방으로 삼아 소송을 할 수 있도록 하는 경우(민법 제849조, 제864조, 제865조, 가사소송법 제24조 제3항, 제4항, 대법원 1992. 5. 26. 선고 90므1135 판결)와는 구별된다."고 한다(2018. 11. 29. 2018므14210).

또한 "**공동소송적 보조참가를 한 참가인은 상고를 제기하지 않은 채 피참가인이 상고를 제기한 부분에 대한 상고이유서를 제출할 수 있지만 상고이유서 제출기간을 준수하였는지는 피참가인을 기

준으로 판단하여야 한다. 따라서 상고하지 않은 참가인이 피참가인의 상고이유서 제출기간이 지난 후 상고이유서를 제출하였다면 적법한 기간 내에 제출한 것으로 볼 수 없다. 이러한 법리는 상고이유의 주장에 대해서도 마찬가지여서, **상고하지 않은 참가인이 적법하게 제출된 피참가인의 상고이유서에서 주장되지 않은 내용을 피참가인의 상고이유서 제출기간이 지난 후 제출한 서면에서 주장하였더라도 적법한 기간 내에 제출된 상고이유의 주장이라고 할 수 없다.** 공동소송적 보조참가를 한 참가인과 피참가인이 서로 원심에 대해 불복하는 부분을 달리하여 각각 상고하는 경우, '피참가인만이 불복한 부분'에 대하여 참가인은 '상고하지 않은 참가인'의 지위에 있게 된다. 따라서 **'피참가인만이 불복한 부분'에 대하여, 피참가인이 상고이유서에서 주장하지 않은 새로운 내용을 참가인이 피참가인의 상고이유서 제출기간이 지난 후에 주장한다면 적법한 기간 내에 제출된 상고이유의 주장이라고 할 수 없다.**"고 한다(2020. 10. 15. 2019두40611).

Ⅳ. 공동소송적 보조참가의 판결의 효력

소송의 승소·패소를 불문하고 상대방 당사자와의 관계에서 공동소송적 보조참가인에게도 판결의 효력(기판력·집행력·형성력)이 발생한다. 또한 피참가인의 패소시에는 공동소송적 보조참가인과 피참가인 사이에는 참가적 효력도 발생한다(참가적 효력설).

◆ 제3관 소송고지

> 제84조(소송고지의 요건) ① 소송이 법원에 계속된 때에는 당사자는 참가할 수 있는 제3자에게 소송고지를 할 수 있다.
> ② 소송고지를 받은 사람은 다시 소송고지를 할 수 있다.
>
> 제85조(소송고지의 방식) ① 소송고지를 위하여서는 그 이유와 소송의 진행정도를 적은 서면을 법원에 제출하여야 한다.
> ② 제1항의 서면은 상대방에게 송달하여야 한다.
>
> 제86조(소송고지의 효과) 소송고지를 받은 사람이 참가하지 아니한 경우라도 제77조의 규정을 적용할 때에는 참가할 수 있었을 때에 참가한 것으로 본다.

Ⅰ. 의의 및 취지

소송고지란 **소송계속 중에 당사자가 소송참가를 할 이해관계 있는 제3자에 대하여 일정한 방식에 따라서 소송계속의 사실을 통지하는 것**을 말한다. 소송고지는 피고지자에게 소송에 참가하여 이익을 옹호할 기회를 주고, 피고지자가 참가하지 않더라도 참가적 효력을 미치게 할 수 있다는 점에 실익이 있다. 판례도 "소송고지를 받은 사람이 참가하지 않은 경우라도 참가할 수 있었을 때에 참가한 것으로 보기 때문에(제86조, 제77조) 소송고지를 받은 사람에게도 참가적 효력이 미친다."고 한다(2020. 1. 30. 2019다268252).

Ⅱ. 요 건

1. 소송계속 중일 것

소송고지는 소송계속 중에 할 수 있다(제84조 제1항). 소송계속이란 판결절차·독촉절차·재심절차 등을 의미한다. 소송절차라면 상소심 계속 중이라도 상관없다. 다만 국내법원에 계속함을 의미한다. 제소전 화해절차·조정절차·강제집행절차는 소송계속에 해당하지 않는다.

2. 고지자

가. 의 의

고지할 수 있는 자는 계속 중인 소송의 당사자인 원·피고, 보조참가인 및 이들로부터 고지 받은 피고지자 등이다(제84조). 소송고지의 여부는 고지자의 자유이나 다음의 경우처럼 고지자의 의무인 경우도 있다.

나. 소송고지가 의무인 경우

1) 내 용

주주의 대표소송에서 회사에 대한 소송고지의무(상법 제404조 제2항), 회사관계소송에서 공고의무(상법 제187조), 채권자대위권행사의 통지의무(민법 제405조), 추심채권자가 제3채무자에 대하여 추심금청구의 소를 제기하는 경우의 소송고지의무(민사집행법 제238조) 등이 소송고지가 의무인 경우이다. 이는 피고지자인 이해관계인의 절차보장을 주된 목적으로 한다. 다만 판례는 "채무자에 대한 소송고지는 채권자의 추심의 소제기 자체에 대한 필요적 요건도 아니고 법원의 직권조사사항이라고도 볼 수 없다."고 한다(1976. 9. 28. 76다1145).

2) 고지의무 위반의 효과

(1) 고지의무를 위반한 경우의 효과에 대하여, (2) ① 고지의무가 있음에도 고지를 하지 아니한 경우에 소송에는 영향이 없고 손해배상의무를 부담할 뿐이라는 견해, ② 채권자대위소송에서 채권자가 채무자에게 고지를 하지 않으면 소를 각하해야 한다는 견해, ③ 소송에는 영향이 없지만 손해배상의무를 부담할 뿐만 아니라 판결의 효력(참가적 효력)도 피고지자에게 미치지 않는다는 견해 등이 대립한다. (3) 법률이 고지의무를 부과한 것은 참가의 기회를 보장하는데 있으므로, 단순히 손해배상에 그칠 것이 아니라 고지가 되지 않은 경우에는 피고지자에게 판결의 효력(참가적 효력)이 미치지 않는다는 견해가 타당하다.

3. 피고지자

피고지자는 당사자 이외에 그 소송에 참가할 수 있는 제3자이다. 참가적 효력을 미치게 하는 소송고지 제도의 취지상 주로 보조참가를 할 이해관계인이 피고지자가 된다. 이미 상대방으로부터 고지를 받고 있는 자라도 상관이 없으므로, 동일인이 당사자 쌍방으로부터 이중으로 소송고지를 받을 수 있다. 이 경우에 **피고지자가 어느 쪽에도 참가하지 않았다면 두 당사자 사이에서 패소자와의 사이에서 참가적 효력이 발생**한다.

Ⅲ. 소송고지의 방식

1. 소송고지서

소송고지를 하려는 당사자는 고지서라는 서면을 법원에 제출할 것을 요하는데 고지서에는 고지이유 및 소송정도를 기재하여야 한다(제85조 제1항). 고지이유에는 청구의 취지와 원인을 기재하여 계속중인 소송의 내용을 명시하고, 이 소송에 피고지자가 참가이익을 갖는 사유를 밝혀야 한다. 소송정도에는 소송의 현재의 진행단계를 명시하여야 한다. 고지방식의 하자는 피고지자가 소송에 참가한 후나 고지자와의 소송에서 지체 없이 이의를 진술하지 않으면 이의권의 상실로 치유된다(제151조).

2. 고지서의 송달

소송고지서는 피고지자만이 아니고 상대방 당사자에 대하여도 송달하지 않으면 안 된다(제85조). 소송고지의 효력은 소송고지서를 법원에 제출한 때가 아니라, 소송고지서가 피고지자에게 적법하게 송달된 때에 생긴다.

Ⅳ. 소송고지의 효과

1. 소송법상의 효과

가. 피고지자의 참가 여부

피고지자가 소송고지를 받은 후에 참가할 것인지의 여부는 피고지자의 자유이다. 피고지자가 참가신청을 한 경우에 고지자는 참가에 대하여 이의를 진술할 수 없으나, 상대방은 이의를 진술할 수 있다. 한편 피고지자가 고지를 받고도 소송에 참가하지 아니한 이상, 당사자가 아니고 또한 보조참가인도 아니다. 따라서 피고지자에게 변론기일을 통지할 필요가 없고, 판결서에도 피고지자의 이름을 표시할 필요가 없다.

나. 고지자가 참가적 효력을 원용할 수 있는 경우

고지자가 패소한 경우에는 피고지자가 고지자에게 보조참가를 할 이해관계가 있는 한, 피고지자가 참가하지 않거나 뒤늦게 참가한 경우에도 소송고지에 의하여 참가할 수 있었을 때, 즉 소송고지서가 피고지자에게 송달되었을 때에 참가한 것과 마찬가지로 참가적 효력을 받는다(제86조). 따라서 피고지자는 고지자와의 소송에서 본소판결의 결론의 기초가 된 사실상·법률상 판단과 상반되는 주장을 할 수 없다. 다만 주장할 수 없는 것은 <u>피고지자가 참가하였다면 고지자와 공동의 이익으로 주장할 수 있었던 사항</u>에 한하므로, 고지자와 피고지자 사이에서만 이해가 대립되는 사항에 대하여는 참가적 효력이 생기지 않는다.

판례도 "소송고지 제도는 소송의 결과에 대하여 이해관계를 가지는 제3자로 하여금 보조참가를 하여 이익을 옹호할 기회를 부여함과 아울러 고지자가 패소한 경우의 책임을 제3자에게 분담시켜 후일에 고지자와 피고지자간의 소송에서 피고지자가 패소의 결과를 무시하고 전소확정판결에서의 인정과 판단에 반하는 주장을 못하게 하기 위해 둔 제도이므로, 피고지자가 후일의 소송에서 주장할 수 없는 것은 <u>전소확정판결의 결론의 기초가 된 사실상·법률상의 판단에 반하는 것으로서 피고지자가 보조참가를 하여 상대방에 대하여 고지자와 공동이익으로 주장하거나 다툴 수 있었던 사항</u>에 한한다."고 한다(1986. 2. 25. 85다카2091).

다. 고지자가 참가적 효력을 원용할 수 없는 경우

고지자는 소송의 당사자이므로 패소의 방지를 위하여 성실하게 소송을 수행할 의무가 있다. 따라서 고지자가 피고지자의 협력 없이도 쉽게 승소할 수 있었음에도, 불성실한 소송수행으로 인하여 패소한 경우에는 신의칙 또는 패소책임의 공평한 분담이라는 소송고지 제도의 취지상 참가적 효력을 원용할 수 없다고 보는 것이 타당하다.

판례는 "소송고지제도는 소송의 결과에 이해관계를 가지는 제3자로 하여금 소송에 참가하여 이익을 옹호할 기회를 부여함과 아울러 고지자가 패소한 경우에는 형평의 견지에서 패소의 책임을 제3자에게 분담시키려는 제도로서 피고지자는 후일 고지자와의 소송에서 전소확정판결에서의 결론의 기초가 된 사실상 법률상의 판단에 반하는 것을 주장할 수 없다. <u>제3자가 고지자를 상대로 제기한 전부금청구소송에서 피고지자가 소송고지를 받고도 소송에 참가하지 아니하였지만 고지자가 소송에서 제3자로부터 채권압류 및 전부명령을 받기 전에 피고지자에게 채권이 양도되고 확정일자 있는 증서에 의하여 양도통지된 사실을 항변으로 제기하지 아니하여 수소법원이 채권압류 및 전부명령과 채권양도의 효력의 우열에 관하여 사실인정이나 법률판단을 하지 아니한 채 고지자에게 패소판결을 하였다면 피고지자는 판결결과에 구속받지 아니한다.</u>"고 한다(1991. 6. 25. 88다카6358).

라. 피고지자가 고지자의 상대방에게 참가한 경우의 참가적 효력

1) 문제점

피고지자가 고지자의 상대방에 보조참가를 하여 상대방이 승소한 경우에도 고지자의 패소판결의 효력이 피고지자에게 미치는지 여부가 문제된다.

2) 학설의 대립

① 미치지 않는다는 견해는 ⓐ 피고지자가 고지자 상대방 측에 참가한 경우에는 고지자와 피고지자 사이에 공동하여 소송을 수행한 일이 없으므로 참가적 효력이 생기지 않는다는 견해와, ⓑ 참가적 효력은 고지자가 피고지자에게 참가의 기회를 주어 원조를 기대할 수 있었는데 이를 저버린 신의칙 위반의 효과이기 때문에 피고지자가 상대방 측에 보조참가를 한 경우에는 신의칙에 반한 것이 아니므로 참가적 효력이 미치지 않는다는 견해가 있다.

② 미친다는 견해는 소송고지는 피고지자에게 소송에 참가할 기회를 부여하는 것에 의해 소송고지의 효과를 취득하는 것을 목적으로 하는 제도이고 후에 동일한 쟁점에 대해 다른 판단이 행해지지 않기 위한 것이므로, 소송고지에 의하여 참가의 기회를 부여받은 경우에 제86조의 문언상 소송고지의 효과가 미쳐 그 권리를 행사하지 않은 것에 의한 불이익을 받아도 형평에 반한다고는 할 수 없다는 견해이다.

3) 검 토

피고지자의 이익과 고지자의 이익이 대립하는 경우에 피고지자의 협력을 기대하는 것은 무리이고 또한 참가적 효력설의 근거가 참가적 효력은 피참가인이 패소한 경우에 책임을 공평하게 분배하여야 한다는 공평의 원칙에 입각하고 있다는 것을 고려할 때, 피고지자가 고지자에게 참가하지 않았다면 피고지자에 대하여 소송고지에 기한 판결의 효력이 미치지 않는다는 견해가 타당하다.

2. 실체법상의 효과

> **어음법 제80조(소송고지로 인한 시효중단)** ① 배서인의 다른 배서인과 발행인에 대한 환어음상과 약속어음상의 청구권의 소멸시효는 그 자가 제소된 경우에는 전자에 대한 소송고지를 함으로 인하여 중단한다.
> ② 전항의 규정에 의하여 중단된 시효는 재판이 확정된 때로부터 다시 진행을 개시한다.
>
> **수표법 제64조 (소송고지로 인한 시효중단)** ① 배서인의 다른 배서인과 발행인에 대한 수표상의 청구권의 소멸시효는 그 자가 제소된 경우에는 전자에 대한 소송고지를 함으로 인하여 중단한다.
> ② 전항의 규정에 의하여 중단된 시효는 재판이 확정된 때로부터 다시 진행을 개시한다.

현행법상 소송고지는 어음법·수표법상의 상환청구에 대한 시효중단의 효력이 인정된다(어음법 제80조·수표법 제64조). 한편 소송고지에 민법상의 최고로서의 시효중단의 효력을 인정하여야 한다는 것이 통설·판례이다. 즉, 판례는 "소송고지에 의한 최고는 보통의 최고와는 달리 법원의 행위를 통하여 이루어지므로, 법원이 소송고지서의 송달사무를 지체하는 바람에 소송고지서의 송달 전에 시효가 완성된다면 고지자가 예상치 못한 불이익을 입게 된다는 점 등을 고려하면, **소송고지에 의한 최고의 경우에는 제265조를 유추적용하여 당사자가 소송고지서를 법원에 제출한 때에 시효중단의 효력이 발생한다**."고 한다(2015. 5. 14. 2014다16494).

또한 "**소송고지의 요건이 갖추어진 경우에 소송고지서에 고지자가 피고지자에 대하여 채무의 이행을 청구하는 의사가 표명되어 있으면 민법 제174조에 정한 시효중단사유로서의 최고의 효력이 인정된다**. 시효중단제도의 취지에 비추어 볼 때 기산점이나 만료점은 원권리자를 위하여 너그럽게 해석하는 것이 상당한데, 소송고지로 인한 최고의 경우 보통의 최고와는 달리 법원의 행위를 통하여 이루어지는 것으로서, 소송에 참가할 수 있는 제3자를 상대로 소송고지를 한 경우에 피고지자는 그가 실제로 소송에 참가하였는지 여부와 관계없이 후일 고지자와의 소송에서 전소 확정판결에서의 결론의 기초가 된 사실상·법률상의 판단에 반하는 것을 주장할 수 없어 소송의 결과에 따라서는 피고지자에 대한 참가적 효력이라는 일정한 소송법상의 효력까지 발생함에 비추어 볼 때, 고지자로서는 소송고지를 통하여 당해 소송의 결과에 따라 피고지자에게 권리를 행사하겠다는 취지의 의사를 표명한 것으로 볼 것이므로, **당해 소송이 계속 중인 동안은 최고에 의하여 권리를 행사하고 있는 상태가 지속되는 것으로 보아 민법 제174조에 규정된 6월의 기간은 당해 소송이 종료된 때로부터 기산되는 것**으로 해석하여야 한다."고 한다(2009. 7. 9. 2009다14340).

◆ 제4관 공동소송참가

> **제83조(공동소송참가)** ① 소송목적이 한 쪽 당사자와 제3자에게 합일적으로 확정되어야 할 경우 그 제3자는 공동소송인으로 소송에 참가할 수 있다.
> ② 제1항의 경우에는 제72조의 규정을 준용한다.

Ⅰ. 의의 및 취지

공동소송참가란 **타인 간의 소송계속 중에 판결의 효력을 받는 제3자가 원고 또는 피고의 공동소송인으로서 소송에 참가하는 것**이다(제83조). 이는 주주가 주주총회결의취소의 소를 제기한 경우에 그 판결의 효력을 받는 다른 주주가 제소기간의 도과 전에 공동 원고로서 원고 측에 참가하는 경우와 같이, 소송의 목적이 당사자 일방과 제3자 사이에서 합일적으로 확정되어야 할 경우에 인정된다.

타인간의 소송의 판결의 효력을 받는 제3자로서는 별소를 제기하거나 공동소송적 보조참가를 하는 것보다는 계속 중인 소송에 당사자로 참가하여 소송을 수행하는 것이 소송경제와 참가인 자신의 이익옹호에 적합하다. 또한 고유필수적 공동소송에서 당사자의 일부가 누락되었을 경우에 누락된 자가 공동소송인으로서 참가함으로서 소가 각하되는 것을 면할 수 있다.

Ⅱ. 참가의 요건

1. 타인간의 소송이 계속 중일 것

(ⅰ) 소송계속 중이라면 항소심에서도 참가할 수 있다. 판례도 "공동소송참가는 **항소심에서도 할 수 있는 것**이고, 항소심절차에서 공동소송참가가 이루어진 이후에 피참가소가 소송요건의 흠결로 각하된다고 할지라도 소송의 목적이 당사자 일방과 제3자에 대하여 합일적으로 확정될 경우에 한하여 인정되는 공동소송참가의 특성에 비추어 볼 때, **심급이익 박탈의 문제는 발생하지 않는다.**"고 한다(2002. 3. 15. 2000다9086).

(ⅱ) 상고심에 계속 중인 경우에 공동소송참가를 할 수 있는지에 대하여, ① 다수설은 참가하지 않아도 판결의 효력이 미치므로 상고심에서도 참가를 허용해야 한다고 한다. ② 그러나 판례는 **법률심인 상고심에서는 불가능하다**고 한다(1961. 5. 2. 4292민상853). 공동소송참가는 신소제기의 실질이 있으므로, 판례가 타당하다.[128]

2. 당사자적격이 있을 것

가. 개 관

공동소송참가는 **판결의 효력을 받는 당사자로서 참가하는 것이므로 당사자적격**이 있어야 한다. 따라서 판결의 효력을 받더라도 당사자적격이 없거나, 당사자적격이 있어도 제소기간을 도과한 경우에는 공동소송적 보조참가를 할 수 밖에 없다.

나. 주주대표소송에 대한 회사의 참가방법

1) 학설의 대립

① 회사가 주주대표소송에 공동소송참가를 하게 되면 중복소송이 되므로 공동소송적 보조참가로 보아야 한다는 견해와, ② 병합심리가 되어서 합일확정을 이룰 수 있기 때문에 중복소송에 해당하지 않으므로 공동소송참가로 보아야 한다는 견해가 대립된다.

---

128) **[판례평석]** 주의하여야 할 것은 법상으로도 상고심에서의 공동소송참가는 허용하지 않고 있음이 분명하다는 점이다. 민사소송 등 인지법은 공동소송참가가 제1심 및 항소심에서만 허용되는 것을 전제로 제1심 및 항소심에서의 공동소송참가신청에 붙일 인지액에 대해서만 규정하고 있을 따름이다(동법 제6조 제1항)(김홍엽, 제10판, 1163면).

2) 판례의 태도 : 공동소송참가

주주대표소송에서 회사가 원고 측에 참가하는 방법과 관련하여, 판례는 "주주의 대표소송에서 원고 주주가 원고로서 제대로 소송수행을 하지 못하거나 상대방이 된 이사와 결탁함으로써 회사의 권리보호에 미흡하여 회사의 이익이 침해될 염려가 있는 경우 판결의 효력을 받는 권리귀속주체인 회사가 이를 막거나 자신의 권리를 보호하기 위하여 소송수행권한을 가진 정당한 당사자로서 소송에 참가할 필요가 있으며, **회사가 대표소송에 당사자로서 참가하는 경우 소송경제가 도모될 뿐만 아니라 판결의 모순·저촉을 유발할 가능성도 없다는 사정과, 상법 제404조 제1항에서 특별히 참가에 관한 규정을 두어 주주의 대표소송의 특성을 살려 회사의 권익을 보호하려는 입법 취지를 고려할 때, 상법 제404조 제1항에서 규정하는 회사의 참가는 공동소송참가를 의미하는 것**으로 해석함이 타당하고, 이러한 해석이 중복제소를 금지하고 있는 민사소송법 제259조에 반하는 것도 아니다. 비록 원고 주주들이 주주대표소송의 사실심 변론종결시까지 대표소송상의 원고 주주요건을 유지하지 못하여 종국적으로 소가 각하되는 운명에 있다고 할지라도 **회사인 원고 공동소송참가인의 참가시점에서는 원고 주주들이 적법한 원고적격을 가지고 있었다고 할 것이어서 회사인 원고 공동소송참가인의 참가는 적법**하고, 원고 주주들의 주주대표소송이 확정적으로 각하되기 전에는 소송계속 상태가 유지되고 있어서, 각하판결 선고 이전에 회사가 원고 공동소송참가를 신청하였다면 참가 당시 피참가소송의 계속이 없다거나 그로 인하여 참가가 부적법하게 된다고 볼 수는 없다."고 하여 공동소송참가가 가능하다는 입장이다(2002. 3. 15. 2000다9086).[129]

3) 검 토

주주대표소송에 회사가 참가하는 것은 주주대표소송이 회사의 권리를 해할 목적으로 악용되는 것을 막기 위한 것이므로, 회사가 주주대표소송에서 적극적으로 소송을 수행할 수 있도록 회사에게 소송수행권이 인정되어야 한다. 따라서 공동소송참가로 보는 판례가 타당하다.

3. 합일확정의 필요성이 있을 것

가. 개 관

판례는 "공동소송참가는 타인간의 소송의 목적이 당사자 일방과 제3자에 대하여 합일적으로 확정될 경우, 즉 타인간의 소송의 판결의 효력이 제3자에게도 미치게 되는 경우에 한하여 제3자에게 허용되는바, 학교법인의 이사회의 결의에 하자가 있는 경우에 관하여 법률에 규정이 없으므로 결의에 무효사유가 있는 경우에는 이해관계인은 언제든지 어떤 방법에 의하든지 무효를 주장할 수 있고, 무효주장의 방법으로서 이사회결의무효확인소송이 제기되어 승소확정판결이 난 경우, 판결의 효력은 당사자 사이에서만 발생하는 것이지 대세적 효력이 없으므로, **이사회결의무효확인의 소는 소송의 목적이 당사자 일방과 제3자에 대하여 합일적으로 확정될 경우가 아니어서 제3자는 공동소송참가를 할 수 없다.**"고 한다(2001. 7. 13. 2001다13013).

---

[129] [판례평석] 대표소송으로 다투는 이익의 실질적 주체가 회사이므로 회사의 이익을 보호할 필요가 있다는 점, 회사의 참가 후에 원고 주주의 소가 취하·각하되더라도 소송을 유지할 필요가 있다는 점 등을 고려하면, 주주대표소송이 제기되더라도 회사의 소송수행권이 상실되지 않는다고 봄이, 즉 회사의 참가는 공동소송참가로 봄이 타당하다(전원열, 제4판. 665면).

참가인과 피참가인 사이에는 판결의 효력이 미치므로 필수적 공동소송인의 관계가 된다. 즉 유사필수적 공동소송과 고유필수적 공동소송의 경우에 판결의 효력을 받는 자는 공동소송참가를 할 수 있다. 특히 고유필수적 공동소송에서 필수적 공동소송인의 추가는 제1심에서만 가능하므로(제68조), 항소심에서도 참가가 허용되는 공동소송참가를 인정할 실익이 있다.

나. 채권자대위소송에 대한 다른 채권자의 공동소송참가

판례는 "**채권자대위소송이 계속 중인 상황에서 다른 채권자가 동일한 채무자를 대위하여 채권자대위권을 행사하면서 공동소송참가신청을 할 경우, 양 청구의 소송물이 동일하다면 제83조 제1항이 요구하는 '소송목적이 한쪽 당사자와 제3자에게 합일적으로 확정되어야 할 경우'에 해당하므로 참가신청은 적법하다.** 이때 양 청구의 소송물이 동일한지는 채권자들이 각기 대위행사하는 피대위채권이 동일한지에 따라 결정되고, 채권자들이 각기 자신을 이행 상대방으로 하여 금전의 지급을 청구하였더라도 채권자들이 채무자를 대위하여 변제를 수령하게 될 뿐 자신의 채권에 대한 변제로서 수령하게 되는 것이 아니므로 이러한 채권자들의 청구가 서로 소송물이 다르다고 할 수 없다. 여기서 **원고가 일부청구임을 명시하여 피대위채권의 일부만을 청구한 것으로 볼 수 있는 경우에는 참가인의 청구금액이 원고의 청구금액을 초과하지 아니하는 한 참가인의 청구가 원고의 청구와 소송물이 동일하여 중복된다**고 할 수 있으므로 소송목적이 원고와 참가인에게 합일적으로 확정되어야 할 필요성을 인정할 수 있어 참가인의 공동소송참가신청을 적법한 것으로 보아야 한다."고 한다(2015. 7. 23. 2013다30301).

Ⅲ. 참가의 절차와 심판

참가신청의 방식에는 **보조참가의 신청방식이 준용**된다(제83조 제2항·제72조). 다만 참가신청은 원고 측에 참가하는 것은 소의 제기, 피고 측에 참가하는 것은 청구기각의 판결을 구하는 것이기 때문에 소액사건을 제외하고는 **소장 또는 답변서에 준하여 서면을 제출**해야 한다. 한편 공동소송참가의 신청은 일종의 소의 제기이므로, 기존의 당사자가 이의를 신청할 수 없다.

법원은 직권으로 참가의 적부를 심사하고 요건에 흠결이 있을 때에는 소각하 판결을 한다. 참가가 적법하면 피참가인과 참가인의 관계는 필수적 공동소송이 된다. 따라서 제67조가 적용되므로 판결은 합일확정이 되어야 한다. 또한 이들 사이에서는 승패를 같이하므로, 이해관계의 대립이 없어서 공동으로 소송대리인을 선임할 수도 있다.

◆ 제5관 **독립당사자참가**

Ⅰ. 서 설

> **제79조(독립당사자참가)** ① 소송목적의 전부나 일부가 자기의 권리라고 주장하거나, 소송결과에 따라 권리가 침해된다고 주장하는 제3자는 당사자의 양 쪽 또는 한 쪽을 상대방으로 하여 당사자로서 소송에 참가할 수 있다.
> ② 제1항의 경우에는 제67조 및 제72조의 규정을 준용한다.

독립당사자참가란 **타인간의 소송계속 중에 원·피고 쌍방 또는 일방을 상대방으로 하여 소송의 목적의 전부나 일부가 자기의 권리임을 주장하거나 또는 소송의 결과에 의하여 권리의 침해를 받을 것을 주장하는 제3자가 당사자로서 소송에 참가하여 원·피고간의 청구와 관련된 자기청구에 대하여 함께 심판을 구하기 위하여 그 소송절차에 참가하는 것**을 말한다.

이는 3당사자 간에 서로 대립되는 권리관계를 하나의 판결로써 모순 없이 해결함으로써 소송경제를 도모하고 판결의 모순·저촉을 방지하기 위하여 인정된다. 또한 본 소송의 목적과 관련이 있는 제3자에게 참가의 기회를 주어서 그 지위를 보호하기 위하여 인정된다.

판례는 "제79조 제1항 전단의 **권리주장참가를 하기 위해서는, 독립당사자참가인은 참가하려는 소송의 당사자 양쪽 또는 한쪽을 상대방으로 하여 원고의 본소 청구와 양립할 수 없는 청구를 하여야 하고 청구는 소의 이익을 갖추는 외에 주장 자체에 의하여 성립할 수 있음**을 요하며, 제79조 제1항 후단의 **사해방지참가는 본소의 원고와 피고가 소송을 통하여 독립당사자참가인을 해할 의사를 가지고 있다고 객관적으로 인정되고 소송의 결과 독립당사자참가인의 권리 또는 법률상 지위가 침해될 우려가 있다고 인정되는 경우**에 허용된다. 독립당사자참가인이 수 개의 청구를 병합하여 독립당사자참가를 하는 경우에는 **각 청구별로 독립당사자참가의 요건을 갖추어야 하고**, 편면적 독립당사자참가가 허용된다고 하여, 참가인이 독립당사자참가의 요건을 갖추지 못한 청구를 추가하는 것을 허용하는 것은 아니다."고 한다(2022. 10. 14. 2022다241608).

Ⅱ. 구조

1. 문제점

독립당사자참가의 구조에 대한 논의는 전통적인 2당사자 대립주의의 예외로 볼 것인가의 문제와, 독립당사자참가에서 필수적 공동소송의 심판에 관한 규정인 제67조를 준용하는 근거가 무엇인가의 문제이다.

2. 학설의 대립

① **공동소송설**은 참가인이 종전 당사자 일방의 필수적 공동소송인으로 되어 상대방과 소송하는 것으로 보는 입장이다. 따라서 당연히 제67조가 준용되는 것이라고 한다. ② **3개소송병합설**은 3개의 소송관계가 병합된 것으로 보는 입장이다. 3개소송이 병합심리 되는 것만으로는 제67조가 준용된다고 할 근거가 박약하다는 비판을 받지만, 제67조가 준용되는 것은 소송정책상 때문이라고 한다. 다만 편면참가의 경우에는 2개소송이 병합된 것으로 본다. ③ **3면소송설**은 3자 사이에 독립한 지위에서 대립되는 3면의 1개의 소송관계가 성립되며, 제67조가 준용되는 것은 당사자가 대립·견제의 관계에 있기 때문에 분쟁을 모순 없이 한 번에 해결하기 위한 것이라는 입장이다.

3. 판례의 태도 : 3면소송설

판례는 "**독립당사자참가소송에서 본소가 피고 및 당사자참가인의 동의를 얻어 적법하게 취하되면 그 경우 3면소송관계는 소멸하고**, 당사자참가인의 원·피고에 대한 소가 독립의 소로서 소송요건을 갖춘 이상 그 소송계속은 적법하며, 이 때 당사자참가인의 신청이 비록 참가신청 당시 당사자참가의 요건을 갖추지 못하였다고 하더라도 이미 본소가 소멸되어 3면소송관계가 해소된 이상 종래의 3면

소송 당시에 필요하였던 당사자참가요건의 구비 여부는 더 이상 가려볼 필요가 없는 것이다."고 하여 (2007. 2. 8. 2006다62188), 3면소송설의 입장이다.

4. 검 토

3면소송설에 의하면 본소 및 참가의 소의 취하·각하의 경우에 2개 소송으로 전환되는 근거를 설명하기 어렵지만, 이는 민사소송법상 본소 및 참가의 소의 취하·각하를 허용하고 있는 것에 의한 것이므로 독립당사자참가소송의 구조론과 관련이 있는 것으로 볼 수 없다. 따라서 제79조 제2항이 제67조를 준용하고 있는 이상 3면소송설이 타당하다.

Ⅲ. 참가요건

1. 타인간의 소송이 계속 중일 것

가. 타인간의 소송

참가할 소송은 '타인 간'의 소송일 것을 요하므로, 통상의 공동소송에서 공동소송인도 다른 공동소송인과 상대방과의 소송에 참가할 수 있다. 한편 '소송'이란 **판결절차 또는 이에 준하는 절차**를 의미하므로 강제집행절차, 증거보전절차, 제소전 화해절차, 중재절차 등에는 독립당사자참가를 할 수 없다. 그러나 독촉절차는 채무자의 이의신청 후에는 판결절차로 이행하므로(제472조 제2항), 이의제기 이후에는 참가할 수 있고, 보전처분의 경우에 보전처분 집행절차에는 참가할 수 없지만 보전처분 재판절차에는 참가할 수 있다.

나. 참가가 가능한 심급

1) 문제점

소송이 사실심에 계속 중이면 심급 여하에 관계없이 참가할 수 있지만, 사실심 변론종결 뒤에 독립당사자참가가 인정되는가가 문제된다. 사실심 변론종결 뒤 변론재개신청과 동시에 참가하는 것도 무방하지만, 변론재개의 여부는 사실심 법원의 직권과 재량에 속하는 사항이므로 변론을 재개하지 않는 한 참가신청은 부적법하게 된다. 한편 **상고심 계속 중이라도 독립당사자참가를 할 수 있는가가 문제된다.**

2) 학설의 대립

① 상고심에서 원판결이 파기되어 사실심으로 환송되면 그때 사실심리를 받을 기회가 있고, 또한 당사자 가운데 누구도 상고하지 않아 사해판결이 확정되는 것을 방지하기 위해서라도 허용하여야 한다는 적극설과, ② 독립당사자참가는 실질이 신소의 제기이므로 상고심 계속 중에는 참가할 수 없다는 소극설이 대립된다.

3) 판례의 태도 : 소극설

판례는 "독립당사자참가는 실질에 있어서 소송제기의 성질을 가지고 있으므로, **상고심에서는 독립당사자참가를 할 수 없다.**"고 하여(1994. 2. 22. 93다43682), 소극설의 입장이다.

4) 검 토

상고심은 법률심이므로 참가인이 상고심에 참가하더라도 원심판결을 파기시킬 방법은 없으므로 상고심 자체에서는 참가할 이익이 없다고 보아야 한다. 또한 참가인이 참가하려면 파기환송된 뒤에 참가하는 것이 타당하므로 소극설이 타당하다.

2. 참가이유 (참가형태)

가. 개 관

판례는 "독립당사자참가는 다른 사람 사이에 소송이 계속 중일 때 소송대상의 전부나 일부가 자기의 권리라고 주장하거나, 소송결과에 따라 권리가 침해된다고 주장하는 제3자가 당사자로서 소송에 참가하여 세 당사자 사이에 대립하는 권리 또는 법률관계를 하나의 판결로써 모순 없이 일시에 해결하려는 것이다. **권리주장참가는 원고의 본소청구와 참가인의 청구가 주장 자체에서 양립할 수 없는 관계라고 볼 수 있는 경우**에 허용될 수 있고, **사해방지참가는 본소의 원고와 피고가 소송을 통하여 참가인의 권리를 침해할 의사가 있다고 객관적으로 인정되고 소송의 결과 참가인의 권리 또는 법률상 지위가 침해될 우려가 있다고 인정되는 경우**에 허용될 수 있다."고 한다(2017. 4. 26. 2014다221777).

또한 "독립당사자참가 이유가 **참가인은 피고의 선대로부터 토지를 매수한 자로부터 토지를 매수하여 점유하고 있는데도 원고가 피고를 상대로 토지에 관하여 소유권이전등기절차의 이행을 구하는 본소를 제기하였으므로 본소에 참가한다는 것**이라면, 참가이유 속에는 원고와 피고 등은 참가인을 사해할 의사로 본소를 제기하기로 한 것이라는 주장이 포함되어 있다고 볼 여지가 있을 뿐만 아니라, 제1심에서 본소에 관하여 자백간주에 의한 원고의 승소판결이 선고된 점으로 미루어 볼 때 본소가 참가인을 사해할 의사로 제기되었을 가능성도 없지 않다 할 것인데, **참가인이 참가가 권리주장참가인지 또는 사해방지참가인지의 여부를 명백히 밝히고 있지 않다면, 원심으로서는 석명권의 행사를 통하여 참가가 권리주장참가인지 사해방지참가인지의 여부를 명백히 한 연후에 참가의 적법 여부를 심리하였어야 할 것임에도 불구하고, 이를 밝혀 보지도 아니한 채 참가인이 사해방지참가를 하는 것으로는 보이지 아니한다고 판단한 원심판결에는 석명권 불행사로 인한 심리미진의 위법이 있다.**"고 한다(1994. 11. 25. 94다12517).

나. 권리주장참가

1) 의 의

권리주장참가는 **제3자가 소송목적의 전부나 일부가 자기의 권리라고 주장하는 경우의 참가**이다(제79조 제1항 전단). 따라서 참가인이 원고의 본소청구와 양립되지 않는 권리 또는 그에 우선할 수 있는 권리를 주장해야 한다.

판례도 "독립당사자참가는 소송의 목적의 전부나 일부가 자기의 권리임을 주장하거나, 소송의 결과에 의하여 권리침해를 받을 것을 주장하는 제3자가 당사자로서 소송에 참가하여 3당사자 사이에 대립하는 권리 또는 법률관계를 하나의 판결로써 모순 없이 일시에 해결하려는 것이므로, **독립당사자참가인은 우선 참가하려는 소송의 당사자 양쪽 또는 한쪽을 상대방으로 하여 원고의 본소청구와 양립할 수 없는 청구를 하여야 하고, 그 청구는 소의 이익을 갖추는 외에 주장 자체에 의하여 성립할 수 있음을 요한다.**"고 한다(2007. 8. 23. 2005다43081).

2) 주장자체에서 양립할 수 없는 관계의 의미

권리주장참가에서 원고의 본소청구와 참가인의 청구는 양립할 수 없는 관계에 있어야 하는데, '양립할 수 없는 관계'에는 주장자체에서 양립하지 않는 경우도 포함된다. 즉 본소청구와 참가인의 청구가 **주장 자체에서 양립하지 않는 관계에 있고 이를 하나의 판결로써 모순 없이 해결할 수 있는 경우**이면 참가가 허용된다. 따라서 물권에 기한 청구로 권리주장참가를 하여야 하고, 주장자체로 양립가능한 채권에 기한 청구로는 권리주장참가를 할 수 없는 것이 원칙이다. 다만 **채권에 기한 청구의 경우에도 채권의 귀속주체에 대하여 다투는 것과 같이 주장 자체로 양립이 불가능한 경우에는 권리주장참가가 가능하다.**

판례는 "권리주장참가는 소송의 목적의 전부나 일부가 자기의 권리임을 주장하면 되는 것이므로, **참가하려는 소송에 수개의 청구가 병합된 경우 그 중 어느 하나의 청구라도 독립당사자참가인의 주장과 양립하지 않는 관계에 있으면 본소청구에 대한 참가가 허용된다**고 할 것이고, **양립할 수 없는 본소청구에 관하여 본안에 들어가 심리한 결과 이유가 없는 것으로 판단된다고 하더라도 참가신청이 부적법하게 되는 것은 아니다.**"고 한다(2007. 6. 15. 2006다80322).

또한 "**소유권확인을 구하는 원고들의 본소청구에 대하여 참가인은 피고에 대하여 토지에 대한 피고 명의의 소유권보존등기말소 및 그 토지가 참가인 및 선정자들의 소유권임의 확인을 구하고 원고들에 대하여도 위와 같은 소유권 확인을 구하고 있으므로**, 참가인은 피고에 대하여 일정한 청구를 하고 있음은 물론이고 원고들에 대하여도 일정한 청구를 하고 있으며, 원고들의 청구와 참가인의 청구는 서로 양립할 수 없는 관계에 있으므로 독립당사자참가는 적법하다."고 한다(1998. 7. 10. 98다5708).

또한 "**갑이 을 명의로 된 부동산의 실질적인 소유자라고 주장하면서 을에 대하여 명의신탁 해지로 인한 이전등기절차의 이행을 구하는 본소에 대하여, 병이 자신이 실질적인 소유자로서 을에게 명의신탁을 해 둔 것이라고 주장하면서 을에 대하여는 명의신탁 해지로 인한 이전등기절차의 이행을 구하고 갑에 대하여는 이전등기청구권의 존재 확인을 구하는 독립당사자참가를 한 경우**, 갑의 을에 대한 명의신탁 해지로 인한 이전등기청구권과 병의 을에 대한 명의신탁 해지로 인한 이전등기청구권은 어느 한 쪽의 청구권이 인정되면 다른 한 쪽의 청구권이 인정될 수 없는 것으로서 각 청구가 양립할 수 없는 관계에 있어 하나의 판결로써 모순 없이 일시에 해결할 수 있는 경우에 해당하고, 병은 갑에 의하여 자기의 권리 또는 법률상 지위를 부인당하고 있는 자로서 불안을 제거하기 위하여 을에 대한 이전등기청구권이 병에게 있다는 확인의 소를 제기하는 것이 유효적절한 수단이어서 병이 을에 대하여 이전등기절차의 이행을 구함과 동시에 갑에 대하여 이전등기청구권의 존재확인을 구하는 것은 확인의 이익이 있는 적법한 청구이므로, 병의 당사자참가가 적법하다."고 한다(1995. 6. 16. 95다5905).

또한 "**원고가 토지에 대한 점유취득시효가 완성되었음을 이유로 피고를 상대로 소유권이전등기를 구하는 본소에 대하여, 소유권의 귀속을 다투는 원고와 피고를 상대로 토지가 자신의 소유라는 확인을 구함과 아울러 원고에게 토지 중 원고가 점유하고 있는 부분의 인도를 구하는 독립당사자참가를 한 경우**, 원고의 본소 청구와 참가인의 청구는 주장 자체에서 서로 양립할 수 없는 관계에 있어 그들 사이의 분쟁을 1개의 판결로 모순 없이 일시에 해결할 경우에 해당하므로 독립당사자참가로서의 요건을 갖춘 적법한 것이다."고 한다(1997. 9. 12. 95다25886).

그러나 "재산상속인의 존재가 분명하지 아니한 상속재산에 관한 소송에서 정당한 피고는 법원에서 선임된 상속재산관리인이고 동인은 재산상속인이 있다면 추상적으로 재산상속인의 법정대리인으로서 재산상속인이라 주장하는 참가인을 위하여 소송수행권을 행사하고 있다 할 것이므로, **상속으로 인한 소유권확인을 구하는 참가인은 제3자의 지위에 있다 할 수 없을 뿐 아니라 원고 역시 망인의 상속재산이라는 전제에서 이건 소를 제기한 것이므로 참가인의 청구와 양립할 수 없는 것도 아니고 다만 참가인의 주장은 원고의 청구를 부인함에 불과하여 합일확정을 요하는 것도 아니어서**, 독립당사자참가인의 청구는 참가 요건을 구비하지 못한 부적법한 것이다."고 한다(1976. 12. 28. 76다797).

3) 부동산 이중매매와 권리주장참가의 가능성

가) 문제점

부동산의 이중매매의 경우에 제2매수인(원고)이 매도인(피고)을 상대로 제기한 본소청구에 제1매수인(참가인)이 권리주장참가를 할 수 있는지가 문제된다.

나) 학설의 대립

① 본소청구와의 양립불가능성은 참가인의 주장 자체에 의하여 인정되면 충분하므로 권리주장참가가 가능하다는 견해와, ② 매도인(피고)만을 상대로 소유권이전등기청구의 편면참가를 하는 권리주장참가가 가능하다는 견해와, ③ 참가인의 청구는 본소청구와 양립이 가능하므로 권리주장참가가 불가능하다는 견해가 대립된다.

다) 판례의 태도

판례는 참가인의 주장 자체로 매도인(피고)에 대해서는 권리를 주장할 수 있지만 다른 매수인(원고)에 대해서는 대항할 수 없으므로 본소청구와 참가인의 청구는 주장자체로 양립이 가능하다는 이유로, 즉 참가인은 자기 명의로 소유권이전등기를 마치지 못한 이상 제3자(원고)에게 소유권을 주장할 수 없어 피고에 대한 청구만이 성립될 수 있을 뿐이므로 참가가 부적법하다는 입장이다.

즉, 판례는 "**권리주장참가는 원고의 본소청구와 참가인의 청구가 주장 자체에서 양립할 수 없는 관계라고 볼 수 있는 경우에 허용될 수 있고, 사해방지참가도 원고와 피고가 당해 소송을 통하여 참가인을 해할 의사를 갖고 있다고 객관적으로 인정되고 소송의 결과 참가인의 권리 또는 법률상 지위가 침해될 우려가 있다고 인정되는 경우에 허용**될 수 있는데, **채권자가 채무자에 대하여 내세우는 소유권이전등기청구권과 소외 2가 채권자 등에 대하여 내세우는 소유권이전등기청구권은 양립할 수 없는 것이 아니므로 채권자에 의한 권리주장참가는 허용될 수 없고**, 기록에 비추어 살펴보면 소외 2와 채무자가 본안소송을 통하여 채권자를 해할 의사를 갖고 있다고 볼 만한 자료도 찾아보기 어려워 채권자에 의한 사해방지참가가 허용될 수 있는 것인지도 의문일 뿐만 아니라, 본안소송은 원심결정이 고지되기 전인 2005. 4. 20.경 이미 소 취하로 종결된 사실을 알 수 있으므로, 이 점에 관한 원심의 판단은 잘못된 것이다."고 한다(2005. 10. 17. 2005마814).

또한 "원고의 피고에 대한 본소청구인 **매매를 원인으로 한 소유권이전등기절차 이행청구**와 참가인의 피고에 대한 청구인 **취득시효완성을 원인으로 한 소유권이전등기절차 이행청구**는 합일확정을 필요로 하는 동일한 권리관계에 관한 것이 아니어서 서로 양립될 수 있으므로 독립당사자참가는 부적법하다."고 한다(1982. 12. 14. 80다1872).

라) 검토

부동산 이중매매의 경우에는 제2매수인의 본소청구와 제1매수인인 참가인의 참가청구는 모두 채권이어서, 참가인의 주장 자체에 의하더라도 양립이 가능하므로, 권리주장참가가 부적법하다는 견해가 타당하다. 또한 참가인의 주장이 제2매수인(원고)이 주장하는 본소청구의 청구권이 자기에게 속한다고 주장하는 것이 아니므로, 이를 피고에 대한 편면참가로서 적법하다고도 보기 어렵다. 다만 사해방지참가의 요건을 갖추면 사해방지참가는 가능하다.

마) 관련문제

제2매수인이 매도인의 배임행위에 적극 가담하여 매도인과 제2매수인의 매매계약이 무효가 되는 경우처럼, 제1매수인이 제2매매 행위의 무효를 주장하면서 진정한 이전등기청구권자는 원고가 아니라 참가인 만이라고 주장하며 참가한 경우에는, 주장자체로 양립이 불가능한 경우이므로 이러한 경우에는 권리주장참가가 가능하다.

판례도 "**갑(원고)은 을(피고)과의 사이에 체결된 매매계약의 매수당사자가 갑이라고 주장하면서 소유권이전등기절차이행을 구하고 있고 병(참가인)은 자기가 매수당사자라고 주장하는 경우**라면, 병은 갑에 의하여 자기의 권리 또는 법률상의 지위를 부인당하고 있는 한편 그 불안을 제거하기 위하여서는 매수인으로서의 권리·의무가 병에 있다는 확인의 소를 제기하는 것이 유효적절한 수단이라고 보여지므로, 결국 <u>병이 을에 대하여 소유권이전등기절차의 이행을 구함과 동시에 갑에 대하여 소유권이전등기청구권 등 부존재확인의 소를 구하는 것은 확인의 이익이 있는 적법한 것</u>이다."고 한다(1988. 3. 8. 86다148).

다. 사해방지참가

1) 의 의

사해방지참가란 **참가인이 본 소송의 결과에 의하여 권리가 침해된다고 주장하면서 하는 참가**를 말한다. 사해방지참가에서는 참가인의 청구와 원고의 본소 청구는 양립될 수 있어도 상관없다. 그리고 권리주장참가를 하여 각하된 뒤에 사해방지참가를 하여도 기판력을 받지 않는다. 다만, '권리의 침해'의 의미가 무엇인지 문제된다.

2) 학설의 대립

① **판결효설**(판결효력승인설)은 본 소송 판결의 효력이 참가인에 미치는 경우이거나 참가인이 반사적 효력을 받는 관계상 소송을 방치하면 판결의 효력에 의하여 참가인의 권리가 침해될 경우에 한하여 사해방지참가가 허용된다고 본다. ② **이해관계설**은 본 소송의 판결효를 받는 경우에 한정하지 않고 참가인의 권리 또는 법률상 지위가 본 소송의 소송물인 권리관계의 존부를 논리적 전제로 하고 있는 관계상 참가인이 본소송의 판결에 의해 사실상 영향을 받는 경우도 포함한다는 견해이다. ③ **사해의사설**은 사해방지참가의 입법취지가 사해소송의 방지에 있으므로 본 소송의 당사자가 소송을 통하여 참가인을 해할 사해의사를 갖고 있는 경우에 참가를 허용할 것이라는 견해이다.

3) 판례의 태도

판례는 "사해방지참가의 경우는 사해소송의 결과로 제3자의 권리나 법률상 지위가 침해될 염려가 있는 경우에 제3자가 사해소송의 결과로 선고 확정될 사해판결을 방지하기 위하여 사해소송에 참가할 수 있도록 한 것이므로, <u>원고와 피고가 소송을 통하여 제3자를 해할 의사를 갖고 있다고 객관적으</u>

로 인정되고, 소송의 결과 제3자의 권리 또는 법률상의 지위가 침해될 염려가 있다고 인정되는 경우에는 제3자인 참가인의 청구와 원고의 청구가 논리상 서로 양립할 수 있는 관계에 있더라도 사해방지참가를 할 수 있다. 자기의 권리 또는 법률상의 지위가 타인들 사이의 사해적 법률행위를 청구원인으로 한 사해소송의 결과로 인하여 침해를 받을 염려가 있는 경우에는 타인들을 상대로 사해소송의 청구원인이 된 법률행위에 대하여 무효임의 확인을 소구할 이익이 있다 할 것인 바, 그것은 무효확인청구야말로 사해판결이 선고확정되고 집행됨으로써 자기의 권리 또는 법률상 지위가 침해되는 것을 방지하기 위한 유효적절한 수단이 되기 때문이다."고 한다(1990. 4. 27. 88다카25274).

또한 "사해방지참가는 원고와 피고가 소송을 통하여 제3자를 해할 의사, 즉 사해의사를 갖고 있다고 객관적으로 인정되고 소송의 결과 제3자의 권리 또는 법률상의 지위가 침해될 염려가 있다고 인정되는 경우에 참가의 요건이 갖추어 진다. 근저당권설정등기의 불법말소를 이유로 회복등기를 구하는 본안소송에서 원고가 승소판결을 받더라도 후순위 근저당권자가 있는 경우에는 바로 회복등기를 할 수 있는 것은 아니고 **부동산등기법 제59조[130])에 의하여 이해관계 있는 제3자인 후순위 근저당권자의 승낙서 또는 이에 대항할 수 있는 재판의 등본을 첨부**하여야 하므로, 원고는 후순위 근저당권자를 상대로 승낙을 구하는 소송을 별도로 제기하여 승소판결을 받아야 하고, 따라서 본안소송에서 원고가 승소판결을 받더라도 기판력은 회복등기에 대한 승낙을 구하는 소송에는 미치지 아니하므로 후순위 근저당권자는 소송에서 근저당권이 불법으로 말소되었는지의 여부를 다툴 수 있지만, 말소회복등기소송에서의 사실인정관계가 승낙의사표시 청구소송에서도 유지되어 후순위 근저당권자는 선순위 근저당권을 수인하여야 할 것이기에 본안소송의 결과는 당연히 후순위 근저당권자를 상대로 승낙을 구하는 소에 사실상 영향을 미치게 됨으로써 후순위 근저당권자의 권리의 실현 또는 법률상의 지위가 침해될 염려가 있다. 따라서 **후순위 근저당권자에게는 원·피고들에 대한 근저당권부존재확인청구라는 참가소송을 통하여 후일 발생하게 될 이러한 불안 내지 염려를 사전에 차단할 필요가 있고, 이러한 참가소송은 사해판결로 인하여 초래될 이러한 장애를 방지하기 위한 유효적절한 수단이 된다.**"고 한다(2001. 8. 24. 2000다12785).

한편 판례는 "채권자가 사해행위의 취소와 함께 수익자 또는 전득자로부터 책임재산의 회복을 명하는 사해행위취소의 판결을 받은 경우, 취소의 효과는 채권자와 수익자 또는 전득자 사이에만 미치므로, 수익자 또는 전득자가 채권자에 대하여 사해행위의 취소로 인한 원상회복의무를 부담하게 될 뿐, 채권자와 채무자 사이에서 취소로 인한 법률관계가 형성되거나 취소의 효력이 소급하여 채무자의 책임재산으로 복구되는 것은 아니다. 이러한 사해행위취소의 상대적 효력에 의하면, **원고의 피고에 대한 청구의 원인행위가 사해행위라는 이유로 원고에 대하여 사해행위취소를 청구하면서 독립당사자참가신청을 하는 경우, 독립당사자참가인의 청구가 그대로 받아들여지더라도 원고와 피고 사이의 법률관계에는 아무런 영향이 없고, 따라서 그러한 참가신청은 사해방지참가의 목적을 달성할 수 없으므로 부적법하다.**"고 한다(2014. 6. 12. 2012다47548).

4) 검 토

'판결효설'은 참가가 허용되는 자의 범위를 지나치게 좁혔다는 점, '이해관계설'은 보조참가의 요건과의 구별이 불명확하다는 점에서, 입법연혁에 충실한 사해의사설이 타당하다.

---

130) **부동산등기법 제59조(말소등기의 회복)** 말소된 등기의 회복을 신청하는 경우에 등기상 이해관계 있는 제3자가 있을 때에는 그 제3자의 승낙이 있어야 한다.

3. 참가취지

가. 쌍면참가

독립당사자참가 제도의 취지가 원고·피고·참가인 사이의 분쟁을 한 번에 모순 없이 해결하려는 데 있기 때문에, 참가취지에서 참가인은 원·피고 쌍방에 대하여 각각 자기청구를 하는 것이 보통인데 이를 쌍면참가라고 한다.

나. 편면참가

구법상 판례는 편면참가는 부적법하다고 하였다. 그러나 소송의 실제에서는 쌍면참가의 요건을 모두 갖춘 독립당사자참가는 드물고 편면참가를 통하여 분쟁을 일거에 해결할 필요성이 있는 사건이 많기 때문에, 현행법에서는 편면참가를 허용하게 되었다. 한편 편면참가는 **권리주장참가만이 아니라 사해방지참가에서도 허용**된다. 또한 편면참가의 참가요건은 참가취지에서 한 쪽만을 상대로 청구를 한다는 점에서만 차이가 있을 뿐, 쌍면참가의 참가요건과 동일하다. 따라서 **권리주장참가에서는 편면참가의 경우에도 본소청구와 참가인의 청구가 양립이 불가능**해야 한다.

4. 소의 병합요건을 갖출 것

독립당사자참가는 실질적으로 신소의 제기에 해당하고 이에 의해 소의 객관적 병합이 이루어지므로 소의 병합요건이 필요하다. 따라서 참가인의 청구가 본소청구와 동종의 절차에 의하여 심판될 청구이어야 한다. 또한 참가인의 청구가 본소청구와 다른 법원의 전속관할에 속하여서는 안 된다(제253조).

5. 일반적 소송요건을 갖출 것

독립당사자참가신청은 실질적으로 신소의 제기에 해당하기 때문에 일반적 소송요건을 갖추어야 한다. 이와 관련하여 참가인이 참가에 의하여 주장하는 청구에 대하여 이미 본소의 당사자 쌍방 또는 일방을 상대로 별소를 제기하였을 때에 참가신청이 중복된 소제기에 해당하는지가 문제된다. 이를 허용하면 재판의 모순·저촉을 피할 수 없으며 이러한 참가는 일종의 소권의 남용으로 해석되므로 중복된 소제기로 보는 것이 타당하다.

Ⅳ. 참가절차

1. 참가신청

참가신청의 방식은 보조참가의 신청에 준한다(제79조 제2항·제72조). 따라서 참가신청서는 참가취지·참가이유와 더불어 자기청구에 대해 청구의 취지와 원인을 밝히지 않으면 안 된다. 독립당사자참가신청은 실질적으로 신소의 제기에 해당하기 때문에 소액사건을 제외하고는 서면에 의하여야 하고(제248조), 소제기의 효과 즉 시효중단 및 기간준수의 효력이 발생한다.

2. 중첩적 참가와 4면소송

판례는 "권리참가가 복수인 경우에는 권리참가자 상호간에는 소송관계가 성립하지 아니하므로 법원은 이에 대하여 판결할 수 없다."고 한다(1958. 11. 20. 4290민상308). 즉 독립당사자참가가 있은 뒤 제3자가 본소의 당사자를 상대로 참가하는 중첩적 독립참가신청은 허용되나, 제2참가인의 제1참가인에 대한 청구는 각하하여야 한다고 한다. 이는 3면소송의 복수는 가능하지만, 4면소송 이상은 허용할 수 없다는 취지이다.

V. 참가소송의 심판

1. 참가요건과 일반적 소송요건의 조사

가. 참가요건과 병합요건의 조사

참가신청이 있는 경우에는 참가요건의 구비여부와 병합요건의 구비여부를 직권으로 조사해야 한다. 참가요건에 흠이 있는 경우에 **참가신청인은 참가신청을 취하하고 보조참가로 전환**할 수 있다(1960. 5. 26. 4292민상524 참조).

참가요건에 흠이 있으나 독립한 소로서의 요건을 구비한 경우에, ① 독립의 소로서의 요건을 갖춘 경우에는 본소에 병합시켜 통상의 공동소송의 형식으로 심리하고, 병합이 불가능하면 독립한 소로서 분리하여 심판해야 한다(다수설). ② 그러나 판례는 "**참가요건을 갖추지 못한 부적법한 것이다.**"고 하여(1981. 12. 22. 80다2762), 각하를 해야 한다는 입장이다.

나. 부적법한 독립당사자참가를 보조참가로 볼 수 있는지 여부

1) 학설의 대립

① 소송참가인의 보호와 소송경제를 고려하여 독립당사자참가로서는 요건이 불비되었지만 참가신청의 일부 취하로 보조참가로서의 요건을 갖추었으면 보조참가로 전환할 수 있다는 긍정설과, ② 참가인이 독립적인 당사자의 지위에서 합일확정의 재판을 구하고 있음에도 어느 한쪽을 위한 보조참가로 취급한다는 것은 부당하다는 부정설이 대립된다.

2) 판례의 태도

ⓐ 당사자 참가인이 참가취지 중 피고에 대한 계쟁건물의 소유권 확인청구 부분을 취하하는 결과 참가인의 피고에 대한 청구가 없게 됨에 따라 참가는 당사자참가의 성질을 상실하고 참가인이 원고의 피고에 대한 청구의 기각을 구하는 참가취지 부분만이 잔존하는 경우 **참가인의 일부 취하후의 참가의 유지에 관한 진술은 피고를 위한 보조참가의 신청이었다고 해석할 것이다**(1960. 5. 26. 4292민상524).131)132)

---

131) [판례평석] 독립당사자참가에 있어서 편면참가를 허용하지 않았던 구법하의 판례 가운데에는, 참가인이 참가취지 중 피고에 대한 청구 부분을 취하한 결과 참가인의 피고에 대한 청구가 없게 됨에 따라 위 참가는 당초의 독립당사자참가의 성질을 상실하고 참가인의 원고에 대한 청구부분만이 잔존하게 되었다면 참가인의 이러한 일부 취하 후의 참가의 유지에 관한 진술은 이를 피고를 위한 보조참가의 신청이었다고 해석하여야 한다는 취지의 판결이 있었다. 그러나 위 판결은 독립당사자참가의 요건에 흠이 있는, 부적법하게 제기된 독립당사자참가신청을 보조참가신청으로 전환한 사례에 대한 것이 아님을 유의할 필요가 있다(김홍엽, 제10판, 1114면).

132) [판례평석] 참가인이 원고에 대하여 청구기각을 구하였기 때문에 부적법하지만, 피고에 대한 참가를 취하하였기 때문에 참가인의 원고에 대한 신청, 즉 원고의 청구를 기각하라는 신청만이 남아있게 된 사안이다(호문혁, 제14판, 989면).

ⓑ 소론은, 당사자참가신청이 부적법하더라도 신청이 종전 당사자들을 상대로 새로운 소를 제기하는 실질을 갖추고 있고, 당사자참가인이 본소와 함께 일거에 전면적으로 해결하려는 뜻을 강하게 표시하지 아니하는 한, 각하하기보다는 본소에 병합하여 통상공동소송의 형태로 심리함이 온당하고 소송경제를 위하여도 바람직하다 할 것임에도 **원심이 당사자참가신청을 각하한 데에는 당사자참가에 대한 법리를 오해한 위법이 있다는 것인바, 이는 독자적인 견해로서 받아들일 수 없다**(1993. 3. 12. 92다48789).

ⓒ 참가소가 있는 경우에 참가소를 각하하는 판결을 할 때는 원, 피고간의 본안 재판을 참가소의 귀결이 날 때까지 기다려야 한다 함은 독자적 견해로 취할 바 못되며 **참가인의 독립당사자 참가소를 보조참가로 보지 아니하였다 하여 허물할 바 아니므로 이점에 관한 소론의 논지 이유 없다**(1976. 12. 28. 76다797). [133]

3) 검 토

민법상 무효행위의 전환 규정을 소송행위에 유추적용할 수 없으므로, 보조참가로의 전환을 부정하는 견해가 타당하다.

다. 소송요건의 조사

참가인의 청구가 소송요건을 갖추었는지는 직권조사사항이므로, 소송요건에 흠이 있을 때에는 보정되지 않는 한 판결로서 참가신청을 각하하여야 한다. 판례도 "독립당사자참가인의 권리 또는 법률상의 지위가 원고로부터 부인당하거나 또는 그와 저촉되는 주장을 당함으로써 위협을 받거나 방해를 받는 경우에는 독립당사자참가인은 원고를 상대로 자기의 권리 또는 법률관계의 확인을 구하여야 할 것이고, **자기의 권리 또는 법률상의 지위를 부인하는 원고가 자기의 주장과는 양립할 수 없는 제3자에 대한 권리 또는 법률관계를 주장한다고 하여 원고 주장의 제3자에 대한 권리 또는 법률관계가 부존재한다는 것만의 확인을 구하는 것은** 설령 확인의 소에서 독립당사자참가인이 승소판결을 받더라도 그 판결로 원고에 대한 관계에서 자기의 권리가 확정되는 것도 아니고 그 판결의 효력이 제3자에게 미치는 것도 아니어서, 그와 같은 부존재확인의 소는 자기의 권리 또는 법률적 지위에 현존하는 불안·위험을 해소시키기 위한 유효적절한 수단이 될 수 없어서 확인의 이익이 없다."고 한다(2014. 11. 13. 2009다71312).

2. 본안에 대한 심판

가. 합일확정의 필요

독립당사자참가소송은 분쟁을 한 번에 모순 없이 해결하는 소송이므로, 제67조를 준용한다(제79조 제2항). 다만 필수적 공동소송의 경우처럼 연합관계가 아니라 상호 대립·견제관계에 있고, 소송의 공동이 강제되는 것이 아니므로 유사필수적 공동소송의 법리에 의하게 된다.

---

133) **[판례평석]** 판례는 참가인의 부적법한 독립당사자참가를 법원이 보조참가로 보지 아니하였다 하더라도 잘못이 없다고 한다(김홍엽, 제10판, 1113면). 판례도 독립당사자참가신청이 부적법한 경우 통상공동소송의 형태로의, 또는 보조참가의 형태로의 전환을 부정하고 있다. 통상공동소송의 형태로 취급하는 것을 부정한 것으로는 대법원 1993. 3. 12. 선고 92다48789 판결, 보조참가의 형태로 취급하는 것을 부정한 것으로는 대법원 1976. 12. 28. 76다797 판결(김홍엽, 제10판, 1153면).

판례는 "독립당사자참가소송은 동일한 권리관계에 관하여 원고, 피고와 독립당사자참가인이 서로 간의 다툼을 하나의 소송절차로 한꺼번에 모순 없이 해결하는 소송형태이다. 독립당사자참가가 적법하다고 인정되어 원고, 피고와 독립당사자참가인 간의 소송에 대하여 본안판결을 할 때에는 세 당사자를 판결의 명의인으로 하는 하나의 종국판결을 선고함으로써 **세 당사자들 사이에서 합일확정적인 결론**을 내려야 한다."고 한다(2024. 7. 11. 2021다216872).

나. 소송자료의 통일

3자 중 어느 1인의 유리한 소송행위는 나머지 1인에 대해서도 효력이 생기지만, 두 당사자 사이의 소송행위가 나머지 1인에게 불이익이 되는 한 두 당사자 간에도 효력이 발생하지 않는다(제79조 제2항 · 제67조 제1항). 따라서 원 · 피고간의 소송관계에 대하여 청구의 포기 · 인낙, 화해, 상소취하는 허용되지 않고, 자백도 다른 당사자가 다투는 한 효력이 없다.

판례도 "제79조에 의한 소송은 동일한 권리관계에 관하여 원고, 피고 및 참가인 상호간의 다툼을 하나의 소송절차로 한꺼번에 모순 없이 해결하려는 소송형태로서 **두 당사자 사이의 소송행위는 나머지 1인에게 불이익이 되는 한 두 당사자 간에도 효력이 발생하지 않는다고 할 것이므로, 원 · 피고 사이에만 재판상 화해를 하는 것은 3자 간의 합일확정의 목적에 반하기 때문에 허용되지 않는다.** 독립당사자참가인이 화해권고결정에 대하여 이의한 경우, 이의의 효력이 원 · 피고 사이에도 미친다."고 한다(2005. 5. 26. 2004다25901).

다. 소송진행의 통일

기일은 공통으로 정하여야 한다. 따라서 3자 중 어느 1인에 대해 중단 · 중지의 원인이 생긴 때에는 다른 2인에 대해서도 그 효력이 생기기 때문에(제79조 제2항 · 제67조 제3항), 모든 소송절차가 정지되게 된다. 다만 상소기간과 같은 소송행위를 위한 기간은 각각 개별적으로 진행한다.

판례는 "제79조에 의한 소송은 원고 · 피고 · 참가인 간의 소송절차는 **필수적 공동소송에서와 같이 기일을 함께 진행하여야 함은 물론 변론을 분리할 수 없고, 본안판결을 할 때에도 하나의 종국판결을 하여야 하는 것**이지 당사자 간의 일부에 관하여서만 판결을 하거나 추가판결을 하는 것은 허용되지 않는 것이므로, 제1심에서 원고 승소, 피고 및 참가인 패소의 판결이 선고된 데 대하여 피고와 참가인이 항소한 이상, 항소심인 원심으로서도 변론을 일체로 진행하여 원고 · 피고와 참가인 간의 청구를 모두 항소심의 심판대상으로 하여 1개의 판결을 하여야 한다. 독립당사자참가소송에서 참가인이 불출석한 기일에 원고와 피고가 모두 출석하여 변론하였음에도 그 이후의 변론기일에 참가인을 소환조차 하지 아니하고 원고와 피고만을 변론에 관여시킨 채로 원고의 청구에 대한 변론만을 진행하여 변론을 종결한 후 이에 대하여서만 판결을 한 원심에는 제79조의 적용을 그르친 위법이 있고, 이러한 원심의 잘못은 **직권조사사항**에 해당한다."고 한다(1995. 12. 8. 95다44191).

라. 본안재판의 통일

3자간에 모순 없는 해결을 위해 반드시 1개의 전부판결로써 본소청구와 참가인의 청구 모두에 대해 동시에 재판을 해야 한다. 따라서 변론의 분리나 일부판결은 허용되지 않으며, 일부판결을 하더라도 판단누락으로 보아 상소나 재심의 대상이 되는 것이지 재판의 누락으로 보아 추가판결의 대상이 되는 것은 아니다.

3. 판결에 대한 상소

가. 문제점

본안판결에 대하여 패소한 두 당사자 중 1인만이 상소를 제기한 경우에, 패소하고도 상소하지 않은 당사자에 대한 판결부분의 이심 여부와 그 자의 상소심에서의 지위, 상소심의 심판대상 등이 문제된다.

나. 이심 여부

1) 학설의 대립

① 독립당사자참가제도는 합일확정이 필요한 소송이므로 패소자에게도 상소의 효력이 미쳐 이심이 되는 것으로 보는 **이심설**, ② 처분권주의를 근거로 하여 상소하지 않은 당사자의 의사에 반하여 이심이 된다고 할 수 없으므로 상소하지 않은 당사자의 소송관계는 분리·확정된다는 **분리확정설**, ③ 패소하고서도 상소하지 아니한 자의 청구부분이 확정되면 상소인에게 불이익이 될 염려가 있는 경우에 한하여 제한적으로 이심이 된다는 **제한적 이심설**이 대립된다.

2) 판례의 태도 : 이심설

판례는 "제79조 제1항에 따라 원·피고, 독립당사자참가인 간의 소송에 대하여 본안판결을 할 때에는 3당사자를 판결의 명의인으로 하는 하나의 종국판결만을 내려야 하는 것이지 당사자의 일부에 관해서만 판결을 하는 것은 허용되지 않고, 같은 조 제2항에 의하여 제67조가 준용되는 결과, **독립당사자참가소송에서 원고승소의 판결이 내려지자 이에 대하여 참가인만이 상소를 한 경우에도 판결 전체의 확정이 차단되고 사건 전부에 관하여 이심의 효력**이 생긴다."고 하여 이심설의 입장이다(2007. 12. 14. 2007다37776).

3) 검토

독립당사자참가소송은 3당사자 간의 통일적인 합일확정을 목적으로 하는 것이다. 따라서 합일확정의 요청상 일부에 관한 가분적인 본안해결은 허용될 수 없으므로 이심설이 타당하다.

다. 상소하지 않은 자의 상소심에서의 지위

1) 학설의 대립

① 제79조 제2항에 의하여 제67조 제1항이 준용되므로 상소인으로 보자는 **상소인설**, ② 제79조 제2항에 의하여 제67조 제2항이 준용되므로 피상소인으로 보자는 **피상소인설**, ③ 승소자에 대하여는 상소인, 상소제기한 패소자에 대하여는 피상소인의 지위를 갖는다는 **상대적 이중지위설**, ④ 상소를 제기하지도 당하지도 않았지만 합일확정의 요청 때문에 불가피하게 상소심에 관여하여야 하는 자라는 **단순한 상소심당사자설**(통설)이 대립된다.

2) 판례의 태도

판례는 "독립당사자참가신청이 있으면 반드시 각 청구 전부에 대하여 1개의 판결로써 동시에 재판하지 않으면 아니되고, 일부판결이나 추가판결은 허용되지 않으며, **독립당사자참가인의 청구와 원고의 청구가 모두 기각되고 원고만이 항소한 경우에 제1심판결 전체의 확정이 차단되고 사건전부에 관하여 이심의 효력이 생기는 것이므로 독립당사자참가인도 항소심에서의 당사자라고 할 것이다."고 하여(1981. 12. 8. 80다577), 단순한 상소심당사자설의 입장이다.

3) 검 토

'상소인설'은 패소한 2당사자를 필수적 공동소송인으로 보나 이는 원심에서 양자가 서로 대립관계에 있었다는 점을 간과한 것이라는 점에 문제가 있고, '피상소인설'은 패소자이기 때문에 그를 상대로 상소할 상소의 이익이 없는 자가 피상소인이 된다는 점에 문제가 있고, '상대적 이중지위설'은 지나치게 기교적이라는 점에 문제가 있다. 따라서 합일확정의 요청 때문에 불가피하게 상소심에 관여해야만 하는 '단순한 상소심당사자설'이 타당하다.

라. 상소심에서의 지위

패소하고도 상소하지 않은 자는 상소인이 아니기 때문에 상소장에 인지를 붙일 의무가 없고, 상소의 취하권도 없으며, 상소인도 피상소인도 아니므로 상소비용을 부담하지 않는다. 또한 판결문에도 단순히 독립당사자참가인으로 표시한다.

판례는 "당사자참가소송에서 제1심 법원이 원고의 피고에 대한 청구를 인용하고 당사자참가인의 원·피고에 대한 청구를 전부 기각하는 판결을 하였는데 당사자참가인은 제1심 판결에 대하여 불복을 하지 아니하고 패소한 피고만이 항소를 제기하였으나 항소심에서 항소기각판결이 선고된 경우에 **당사자참가인은 항소심판결에 대하여는 불복하여 상고를 제기할 이익이 없다.**"고 한다(1975. 6. 24. 75다448).

마. 상소심의 심판대상

상소심의 심판대상은 **상소를 제기한 당사자의 상소취지에 나타난 불복범위에 한정**되는 것이 원칙이다. 판례도 "제1심에서 각각 1부씩 패소한 원고와 독립당사자참가인은 항소를 하지 않았고 원고와 참가인에 대하여 모두 패소한 피고만이 항소를 한 경우 항소장에 원고만을 피항소인으로 표시하고 항소취지에 "원판결을 취소한다. 원고의 청구를 기각한다. 소송비용은 1, 2심 모두 원고의 부담으로 한다."라고 기재되어 있다면, **피고의 항소는 원고가 제1심에서 승소한 부분에 관하여서만 불복을 신청한 것으로 보여지므로, 참가인의 승소부분은 피고의 불복범위 밖이고 또 원고도 제1심 판결의 변경을 구한 바 없으므로 참가인 승소부분은 항소심의 심판대상에서 제외된다.**"고 한다(1974. 2. 12. 73다820).

바. 불이익변경금지의 원칙의 배제

(ⅰ) 상소심은 3자간의 합일확정의 필요성을 고려하여 심판의 범위를 판단해야 한다. 따라서 패소하고서도 상소하지 않은 당사자의 판결부분도 합일확정의 요청 때문에 이익으로 변경될 수 있으므로, 불이익변경금지의 원칙(제415조)이 배제된다.

판례도 "독립당사자참가가 적법하다고 인정되어 본안판결을 할 때에는 세 당사자를 명의인으로 하는 하나의 종국판결을 선고함으로써 합일확정적인 결론을 내려야 하고, **일방이 항소한 경우에는 제1심판결 전체의 확정이 차단되고 사건 전부에 관하여 이심의 효력이 생긴다. 항소심의 심판대상은**

실제 항소를 제기한 자의 항소 취지에 나타난 불복범위에 한정하되 세 당사자 사이의 결론의 합일확정의 필요성을 고려하여 심판의 범위를 판단하여야 한다."고 한다(2014. 11. 13. 2009다71312).

또한 "항소심에서 심리·판단을 거쳐 결론을 내림에 있어 세 당사자 사이의 결론의 합일확정을 위하여 필요한 경우에는 그 한도 내에서 **항소 또는 부대항소를 제기한 바 없는 당사자에게 제1심 판결보다 유리한 내용으로 판결이 변경되는 것**도 배제할 수는 없다."고 한다(2007. 10. 26. 2006다86573).

또한 "제79조에 의한 소송은 동일한 권리관계에 관하여 원고·피고 및 참가인이 서로간의 다툼을 하나의 소송절차로 한꺼번에 모순없이 해결하는 소송형태로서 원·피고, 참가인간의 소송에 대하여 본안판결을 할 때에는 삼당사자를 판결의 명의인으로 하는 하나의 종국판결을 내려야만 하는 것이지 당사자의 일부에 관하여만 판결을 하거나 남겨진 자를 위한 추가판결을 하는 것들은 허용되지 않는 것이므로, **제1심에서 원고 및 참가인 패소, 피고 승소의 본안판결이 선고된 데 대하여 원고만이 항소한 경우 원고와 참가인 그리고 피고간의 세 개의 청구는 당연히 항소심의 심판대상이 되어야 하는 것이므로 항소심으로서는 참가인의 원·피고에 대한 청구에 대하여도 같은 판결로 판단을 하여야 한다**. 위의 경우 참가인의 본소청구에 대하여 판단을 하지 않은 원판결의 하자는 소송요건에 준하여 직권으로 조사할 사항에 해당한다."고 한다(1991. 3. 22. 90다19329).

(ii) 그러나 "독립당사자참가소송에서 원고승소판결에 대하여 참가인만이 상소를 했음에도 상소심에서 원고의 피고에 대한 청구인용 부분을 원고에게 불리하게 변경할 수 있는 것은 **참가인의 참가신청이 적법하고 합일확정의 요청상 필요한 경우**에 한한다. 따라서 **독립당사자참가소송에서 원고의 피고에 대한 청구를 인용하고 참가인의 참가신청을 각하한 제1심판결에 대하여 참가인만이 항소하였는데, 참가인의 항소를 기각하면서 제1심판결 중 피고가 항소하지도 않은 본소 부분을 취소하고 원고의 피고에 대한 청구를 기각한 것은 부적법하다**."고 한다(2007. 12. 14. 2007다37776).[134]

또한 "제1심 판결에서 참가인의 독립당사자참가신청을 각하하고 원고의 청구를 기각한 데 대하여 **참가인은 항소기간 내에 항소를 제기하지 아니하였고 원고만이 항소한 경우**, 독립당사자참가신청을 각하한 부분은 원고의 항소에도 불구하고 피고에 대한 본소청구와는 별도로 이미 확정되었다."고 한다(1992. 5. 26. 91다4669). 이러한 경우에는 독립당사자참가가 적법한 경우가 아니라서 합일확정이 필요하지 않기 때문이다.

(iii) 또한 "**판결 결론의 합일확정을 위하여 항소 또는 부대항소를 제기한 적이 없는 당사자의 청구에 대한 제1심판결을 취소하거나 변경할 필요가 없다면**, 항소 또는 부대항소를 제기한 적이 없는 당사자의 청구가 항소심의 심판대상이 되어 항소심이 그 청구에 관하여 심리·판단해야 하더라도 그 청구에 대한 당부를 반드시 판결 주문에서 선고할 필요가 있는 것은 아니다. 그리고 이와 같이 항소 또는 부대항소를 제기하지 않은 당사자의 청구에 관하여 **항소심에서 판결 주문이 선고되지 않고 독립당사자참가소송이 그대로 확정된다면, 취소되거나 변경되지 않은 제1심판결의 주문에 대하여 기판력이 발생한다**."고 한다(2022. 7. 28. 2020다231928).

---

134) [이유] 제1심판결 중 원고의 본소청구를 인용한 부분은 참가인의 참가신청이 부적법하다는 이유로 참가인의 항소를 기각한 원심판결에 대하여 참가인이 상고를 제기하지 않고 상고기간을 도과한 때에 확정되었다. 그러므로 원심판결 중 본소청구에 관한 부분을 파기하되, 이 부분은 이 법원이 직접 재판하기에 충분하므로 자판하기로 하는바, 이 부분에 관한 소송은 참가인이 상고를 제기하지 않고 상고기간을 도과함으로써 종료되었음을 선언하기로 한다.

Ⅵ. 단일소송 또는 공동소송으로 환원

1. 본소의 각하·취하

가. 개 관

(ⅰ) 법원은 참가 후라도 본소가 부적법하면 본소를 각하할 수가 있다. (ⅱ) 본소의 원고는 참가 후에도 본소를 취하할 수 있다. 이 경우에 피고의 동의(피고가 본안에 관하여 응소한 경우)와 참가인의 동의가 필요하다(제79조 제2항·제67조 제1항·제266조 제2항).

나. 독립당사자참가소송의 종료 여부

1) 쌍면참가의 경우

　가) 학설의 대립

① 본소가 각하 또는 취하되더라도 참가신청이 본소의 원고와 피고에 대한 독립의 소로서의 요건을 구비하고 있는 경우에는 독립한 소로 남아, 원·피고에 대한 청구가 원·피고 쌍방을 상대로 한 공동소송의 형태로 잔존한다는 **공동소송잔존설**과, ② 본소가 각하 또는 취하되면 3자간의 합일확정을 목적으로 하는 독립당사자참가의 소송목적이 상실되고 따라서 본소의 소송계속을 전제로 한 참가신청도 결국 소멸하여 3면소송도 종료된다는 **전소송종료설**이 대립된다.

　나) 판례의 태도

판례는 "독립당사자참가소송에서 **본소가 피고 및 당사자참가인의 동의를 얻어 적법하게 취하되면 3면소송관계는 소멸하고, 당사자참가인의 원·피고에 대한 소가 독립의 소로서 소송요건을 갖춘 이상 소송계속은 적법**하며, 이 때 당사자참가인의 신청이 비록 참가신청 당시 당사자참가의 요건을 갖추지 못하였더라도 이미 본소가 소멸되어 3면소송관계가 해소된 이상 종래의 3면소송 당시에 필요하였던 당사자참가요건의 구비 여부는 더 이상 가려볼 필요가 없다."고 한다(2007. 2. 8. 2006다62188).

　다) 검 토

본소의 소송계속을 조건으로 한 참가신청이라는 특별한 사정이 없는 한 공동소송으로 잔존한다는 것이 소송경제 및 참가신청인의 의사에 부합하므로 공동소송잔존설이 타당하다.

2) 편면참가의 경우

편면참가에서 본소가 각하되거나 취하되면 공동소송으로 잔존하는 것이 아니라 원·피고 일방과 참가인 사이의 단일소송으로 남게 된다.

2. 참가의 각하·취하

가. 개 관

독립당사자참가신청을 각하한 경우에 참가신청에 대한 각하판결이 확정될 때까지 본소에 대한 판결을 미루어야 하는지에 대하여, 판례는 "참가소가 있는 경우에 참가소를 각하하는 판결을 할 때는 원·피고간의 본안재판을 참가소의 귀결이 날 때까지 기다려야 한다 함은 독자적 견해로 취할 바 못된다."고 하여(1976. 12. 28. 76다797), 부정하는 입장이다.

독립당사자참가신청은 소제기에 해당하므로, 이를 취하하기 위하여는 본소의 원고나 피고가 본안에 관하여 응소한 경우에는 원·피고 쌍방의 동의를 필요로 한다(제79조 제2항·제67조 제1항·제266조 제2항). 판례도 "독립당사자참가신청의 성질은 소이므로, 그 취하에는 제266조 제2항이 적용되어 **상대방인 원·피고 쌍방의 동의를 요한다.**"고 한다(1981. 12. 8. 80다577).

쌍면참가에서 참가신청이 전부 각하가 되거나 전부 취하가 되면 원·피고간의 본소만 남는다. 다만 참가신청이 일부 각하가 되거나 일부 취하가 되면 편면참가가 된다. 한편 편면참가에서 참가신청이 각하 또는 취하가 되면 원고·피고간의 본소만 남게 된다.

나. 참가인이 제출한 증거방법에 대한 법원의 조치

참가가 각하·취하되어 본소로 환원된 경우에 참가인이 제출한 증거방법은 본소의 당사자가 원용하지 않는 한 법원이 이에 대하여 증거판단을 할 필요가 없다. 판례도 "독립당사자참가가 부적법하여 각하됨이 마땅한 이상, **참가인 제출의 증거에 대하여는 판단할 필요가 없다.**"고 한다(1966. 3. 29. 66다222). 다만 "증거를 제출한 참가인의 참가신청이 부적법 각하되어야 하여도 **법원이 이미 실시한 증거방법에 의하여 법원이 얻은 증거자료의 효력에는 아무런 영향이 없다.**"고 한다(1971. 3. 31. 71다309).

3. 소송탈퇴

> **제80조(독립당사자참가소송에서의 탈퇴)** 제79조의 규정에 따라 자기의 권리를 주장하기 위하여 소송에 참가한 사람이 있는 경우 그가 참가하기 전의 원고나 피고는 상대방의 승낙을 받아 소송에서 탈퇴할 수 있다. 다만, 판결은 탈퇴한 당사자에 대하여도 그 효력이 미친다.

가. 의의 및 취지

소송탈퇴란 **제3자가 참가함으로써 종전의 원고 또는 피고가 더 이상 소송을 계속할 필요가 없게 된 때 그 소송에서 나가는 것**을 말한다. 소송탈퇴는 본소의 당사자로서 더 이상 머물러 있을 이익이 없는 경우 그 소송에서 벗어날 수 있게 하여 소송관계를 간명하게 하려는 것이다.

나. 사해방지참가와 소송탈퇴의 가능성

1) 학설의 대립

① **긍정설**은 사해방지참가의 경우에도 피고가 소송수행의 의욕이 없고 소극적 태도로 일관해 온 때에는 제3자의 소송참가를 계기로 소송에서 탈퇴할 경우가 있으므로, 사해방지참가의 경우에도 소송탈퇴가 가능하다고 한다. ② **부정설**은 사해방지참가에서는 참가인의 참가취지로 보아서 사해소송의 당사자가 탈퇴하는 경우란 실제로 거의 없고, 제80조는 권리주장참가에 있어 소송탈퇴를 규정하고 있음을 들어 사해방지참가의 경우에는 소송탈퇴는 불가능하다고 한다.

2) 검 토

제82조의 인수승계의 경우에도 소송탈퇴가 가능하므로, 사해방지참가의 경우에도 소송탈퇴가 가능하다는 긍정설(다수설)이 타당하다.

다. 소송탈퇴의 법적 성질

1) 문제점

판결은 탈퇴한 당사자에 대하여도 그 효력이 미치는데(제80조 단서), 이때 탈퇴한 당사자에게 판결의 효력이 미치는 근거를 어떻게 볼 것인지가 문제된다.

2) 학설의 대립

① **조건부 청구포기·인낙설**은 탈퇴자가 상대방과 참가인 사이의 소송결과에 전면적으로 승복할 것을 조건으로 소송에서 물러나는 것을 말한다고 한다. 즉 원고탈퇴의 경우에는 피고의 승소를 조건으로 원고가 청구를 포기하는 것으로 보고, 피고탈퇴의 경우에는 원고의 승소를 조건으로 피고가 청구를 인낙하는 것으로 본다. ② **소송신탁설**(소송담당설, 청구잔존설)은 탈퇴자가 상대방과 참가인에게 소송수행권을 부여하는 임의적 소송담당이 있는 것으로 본다. 즉 소송수행권만 열의가 있는 두 당사자에게 맡겨 소송담당을 하게 하는 것일 뿐, 탈퇴자의 소송관계는 남는다고 한다. ③ **잠재적 당사자설**은 소송탈퇴의 의미를 당사자로서의 적극적인 행위를 하지 않겠다는 것으로 파악하여, 소송절차에서 잠재적 당사자로 계속 인정하여 본소송의 당사자 사이 및 참가인과 탈퇴자 사이의 청구가 잠재적으로 잔존하는 것으로 본다.

3) 판례의 태도

① 일부 견해[135]는 "판례(2011. 4. 28. 2010다103048)도 소송탈퇴하면 종전 당사자의 소송관계가 종료된다는 입장을 취하였다."고 하여 조건부 청구의 포기·인낙설로 평가한다. ② 그러나 "판례는 참가승계에서 피승계인이 승계사실을 다투지 아니하고 소송탈퇴를 하는 경우 소송탈퇴로 피승계인에 관한 소송관계는 종료된다는 것으로, 독립당사자참가에서의 소송탈퇴에 관한 판결이 아니다."는 견해[136]도 있다.

4) 검 토

조건부 청구포기·인낙설에 의하면 탈퇴자에게 판결이 유리하게 된 경우를 설명하지 못하는 문제점과, 참가인이 승소한 경우에는 패소자와 탈퇴자 사이에 어떠한 효과도 발생하지 않는 문제점이 있다. 따라서 간명하게 탈퇴자에 대한 판결의 효력을 설명하는 소송신탁설이 타당하다.[137]

라. 소송탈퇴의 요건

1) 본소송의 당사자일 것

소송탈퇴를 할 수 있는 자는 본 소송의 당사자인 원고 또는 피고이어야 하고, 법정대리인·소송대리인이 탈퇴하려면 특별수권이 있어야 한다(제56조 제2항·제90조 제2항 제2호).

---

[135] 이시윤, 제17판, 855면
[136] 김홍엽, 제12판, 1142면
[137] [참고] 피승계인이 제80조에 의하여 소송에서 탈퇴하더라도 피승계인을 여전히 기재하되(주소도 기재한다), "원고(탈퇴)" 또는 "피고(탈퇴)"의 방식으로 괄호 안에 탈퇴하였다는 표시를 병기한다.

2) 제3자의 참가신청이 적법·유효할 것

제3자의 참가신청이 적법·유효한 경우에만 소송탈퇴가 허용된다. 그렇지 않으면 소송탈퇴 후 참가가 부적법하다는 이유로 각하되면 아무런 해결도 없이 전체의 소송계속이 소멸되기 때문이다.

3) 상대방의 승낙을 얻을 것

탈퇴로 상대방의 권리·이익을 침해할 우려가 있기 때문에 당사자가 탈퇴하기 위해서는 **상대방의 승낙을 필요로 한다**(제80조). 한편 상대방의 승낙만을 요하도록 한 제80조의 규정상 참가인의 승낙은 필요 없다. 또한 제80조가 상대방의 승낙을 얻게 한 것은 탈퇴에 의하여 상대방이 불측의 손해를 입지 않게 하려는 것이므로, 그와 같은 **손해가 생길 염려가 없으면 상대방의 승낙도 필요 없다**.

마. 소송탈퇴의 절차

소송탈퇴는 서면에 의함이 원칙이나 기일에는 말에 의하여도 가능하다. 탈퇴에 대한 승낙도 마찬가지이다. 탈퇴에 대한 상대방의 동의에 있어서는 제266조 제6항과 같은 동의간주는 인정되지 않으며, 법정대리인·소송대리인이 탈퇴를 함에는 서면으로 증명한 특별수권이 있어야 한다.

바. 탈퇴자에 대한 판결의 효력

소송탈퇴의 경우에 탈퇴자에게 판결의 효력이 미친다(제80조 단서). 그 효력의 의미에 대하여 ① 참가적 효력설, ② 기판력설, ③ 집행력포함설 등이 대립된다. **민사집행법 제25조 제1항 단서[138]에서 제77조의 참가적 효력만을 제외한 점으로 보아 집행력포함설**(통설)이 타당하다. 따라서 탈퇴자는 남아 있는 양 당사자에게 일종의 소송담당을 시키고 탈퇴한 것이므로, 그러한 소송담당 관계의 반영으로 집행력도 탈퇴자에게 미치는 것으로 보는 것이 타당하다.

한편 이 경우에 참가인과 남아 있는 당사자의 소송에서 승소자의 탈퇴자에 대한 청구가 이행청구인 경우에는 판결의 주문에 탈퇴자에 대한 이행의무의 선고를 함으로써 이 판결이 탈퇴자에 대한 집행권원이 되도록 하여야 한다. 이러한 선고를 누락할 경우 ① 추가판결의 대상이 된다는 견해와, ② 판결의 경정의 대상이 된다는 견해가 대립된다. 독립당사자참가에서는 합일확정의 요청상 재판의 누락은 발생하지 않으므로 제②설이 타당하다.

---

[138] 민사집행법 제25조(집행력의 주관적 범위) ① 판결이 그 판결에 표시된 당사자 외의 사람에게 효력이 미치는 때에는 그 사람에 대하여 집행하거나 그 사람을 위하여 집행할 수 있다. 다만, 민사소송법 제71조의 규정에 따른 참가인에 대하여는 그러하지 아니하다.

제05절 당사자의 변경

◆ 제1관 **임의적 당사자의 변경**

Ⅰ. 서 설

1. 의의 및 종류

임의적 당사자의 변경이란 **소송계속 중에 당사자의 의사에 의하여 종전의 원고나 피고에 추가하여 제3자를 가입시키거나 종전의 원고나 피고에 갈음하여 제3자를 가입시키는 것**을 말한다. 이는 당사자의 동일성이 유지되지 못한다는 점에서 당사자표시정정과 구별되고, 당사자적격의 승계가 없는 점에서 소송승계와 구별된다. 따라서 이는 당사자적격의 누락 또는 혼동의 경우에 허용된다. 현행법상 임의적 당사자 변경이 허용되는 경우는 (a) 필수적 공동소송인의 추가(제68조), (b) 예비적·선택적 공동소송인의 추가(제70조 제1항·제68조), (c) 피고의 경정(제260조)이 있다.

2. 판례의 태도

(ⅰ) 판례는 임의적 당사자 변경은 명문의 규정이 있는 경우를 제외하고는 그 형태를 불문하고 원칙적으로 허용하지 않는다는 입장이다. 즉 판례는 "정보공개거부처분을 받은 개인이 자신의 명의로 취소소송을 제기하였다가 항소심에서 원고의 표시를 **개인에서 시민단체로 정정하면서 그 단체의 대표자로 자신의 이름을 기재**한 당사자표시정정신청이 임의적 당사자변경신청에 해당하여 허용될 수 없다."고 하고(2003. 3. 11. 2002두8459), "종중이 당사자인 소송에 있어서 **종중의 공동선조를 변경하거나 또는 원고의 주장이 이미 고유의 의미의 종중인 것으로 확정된 원고 종중의 성격을 종중원의 자격을 특정 지역 거주자로 제한하는 종중 유사의 단체로 변경하는 것**은 당사자를 임의로 변경하는 것에 해당하여 허용될 수 없다."고 한다(1999. 4. 13. 98다50722).

또한 "[1] 당사자능력의 문제는 법원의 직권조사사항에 속하므로 당사자능력 판단의 전제가 되는 사실에 관하여는 **법원이 당사자의 주장에 구속될 필요 없이 직권으로 조사하여야 할 것**이나, 그 사실에 기하여 당사자의 능력 유무를 판단함에 있어서는 당사자가 내세우는 단체의 목적, 조직, 구성원 등 단체를 사회적 실체로서 규정짓는 요소를 갖춘 단체가 실재하는지의 여부만을 가려 그와 같은 의미의 단체가 실재한다면 그로써 소송상 당사자능력은 충족되는 것이고, 그렇지 아니하다면 소를 부적법한 것으로서 각하하면 족한 것이며, **당사자의 주장과는 전혀 다른 단체의 실체를 인정하여 당사자능력을 인정하는 것은 소송상 무의미할 뿐 아니라 당사자를 변경하는 결과로 되어 허용될 수 없다.** [2] 원고가 자신을 고유의 의미의 종중이라고 하면서 그 실체에 관하여 주장하는 사실관계의 기본적 동일성이 유지되고 있다면 이는 당사자의 변경에 해당하지 아니하여 법원은 그 실체에 따라 종중의 법률적 성격을 달리 평가할 수 있으나, 원고가 자신을 고유의 의미의 종중이라고 하면서 구성원의 범위 등 그 실체에 관한 사실을 당초의 주장과 달리 변경하는 경우에는 당사자 변경의 결과를 가져오는 것으로서 허용될 수 없는 것이어서, 법원으로서도 원고가 당초에 주장한 바와 같은 종중이 실재하는지 여부를 판단하여, 만일 그와 같은 종중이 실재하지 아니하면 소는 부적법한 것으로서 각하하여야 하고, 변경된 주장에 따른 종중이 실재한다고 하여 이를 원고로 인정하여서는 아니 된다. [3] 종중의 특정은 그 종중에서 봉제사의 대상으로 삼고 있는 공동선조가 누구인지에 따라 이루어지고 이를 기준으로 하여 종중의 구성원의 범위도 확정될 수 있는 것이어서 공동선조를 달리하는 종중은 그 구성원도 달리하는 별개의 실체를 가지는 종중이므로 **원고가 주장하는 종중의 공동선조를 변경하는 것은 당사자 변경의 결과를 가져오는 것으로서 허용될 수 없다.**"고 한다(2002. 5. 10. 2002다4863).

(ⅱ) 판례는 사자를 상대로 제소하였다가 재산상속인으로 피고를 바꾸는 경우, 학교와 같이 당사자무능력자를 상대로 제소하였다가 당사자능력자로 바꾸는 경우, 종중의 명칭을 고치는 경우, 제소자의 의사에 비추어 오기임이 명백한 경우 등에서만 당사자표시정정을 인정한다. 즉 판례는 "**종중의 명칭을 변경하더라도 변경 전의 종중과 공동선조가 동일하고 실질적으로 동일한 단체를 가리키는 것으로 보이는 경우**에는 당사자표시의 정정에 불과하므로 그러한 변경은 허용된다."고 한다(1999. 4. 13. 98다50722).

또한 "비법인사단으로서의 당사자능력을 주장하는 단체가 원심에 이르러 제1심과 달리 구성원을 일부 추가하여 주장한 것이 임의적 당사자변경에 해당하지 않는다. 따라서 원고가 원심에 이르러 구성원에 관하여 제1심과 달리 자가주택의 세입자들을 추가로 포함하여 주장하더라도, **원고의 실체가 쓰레기매립장 설립에 따른 주민들의 권익보호를 위하여 안민동 및 천선동 주민들 중 일부로 결성되어 독자적인 활동을 하는 비법인사단이라고 하는 사실관계의 기본적 동일성까지 상실되게 한 것은 아니므로**, 원고의 주장이 임의적 당사자변경에 해당하여 허용되지 않는다고 볼 것도 아니다."고 한다(2008. 5. 29. 2007다63683).

3. 법적 성질

가. 학설의 대립

① **청구변경설**은 당사자의 변경은 청구의 변경의 일종으로 파악한다. ② **신소제기·구소취하설**(복합설)은 신당사자에 대해서는 신소제기, 구당사자에 대해서는 구소의 취하로 보아 복합적 소송행위에 의하여 당사자의 변경이 생긴다는 입장이다. ③ **특수행위설**은 당사자변경을 목적으로 하는 단일행위로 파악하면서 그 요건과 효과를 별도로 규율하여야 한다는 견해이다.

나. 검 토

현재 법률상 허용되고 있는 '피고의 경정'에 의하면 피고가 본안에 응소한 경우에는 그의 동의를 얻게 하는 한편 피고의 경정허가 결정이 된 때에는 종전의 피고에 대한 소는 취하된 것으로 보고 있고(제260조 제1항·제261조 제4항), '필수적 공동소송인의 추가'에 의하면 공동소송인의 추가는 신소의 제기로 되어 그 효과를 최초에 소를 제기한 때로 소급시키고 있어(제68조 제3항), 복합설이 입법화되었다고 할 수 있다.

Ⅱ. 필수적 공동소송인의 추가

> **제68조(필수적 공동소송인의 추가)** ① 법원은 제67조 제1항의 규정에 따른 공동소송인 가운데 일부가 누락된 경우에는 제1심의 변론을 종결할 때까지 원고의 신청에 따라 결정으로 원고 또는 피고를 추가하도록 허가할 수 있다. 다만, 원고의 추가는 추가될 사람의 동의를 받은 경우에만 허가할 수 있다.

② 제1항의 허가결정을 한 때에는 허가결정의 정본을 당사자 모두에게 송달하여야 하며, 추가될 당사자에게는 소장부본도 송달하여야 한다.
③ 제1항의 규정에 따라 공동소송인이 추가된 경우에는 처음의 소가 제기된 때에 추가된 당사자와의 사이에 소가 제기된 것으로 본다.
④ 제1항의 허가결정에 대하여 이해관계인은 추가될 원고의 동의가 없었다는 것을 사유로 하는 경우에만 즉시항고를 할 수 있다.
⑤ 제4항의 즉시항고는 집행정지의 효력을 가지지 아니한다.
⑥ 제1항의 신청을 기각한 결정에 대하여는 즉시항고를 할 수 있다.

1. 의의 및 취지

필수적 공동소송인의 추가란 **고유필수적 공동소송에서 공동소송인이 될 자를 일부 누락시킨 경우에 제1심의 변론종결시까지 원고의 신청에 따라 결정으로 공동소송인을 추가하는 것**을 말한다(제68조 제1항 본문). 고유필수적 공동소송에서 공동소송인이 될 일부 당사자를 누락시킨 경우에는 당사자적격의 흠이 있어 각하를 당하게 되고 이렇게 되면 원고는 누락된 당사자를 공동소송인으로 포함하여 다시 소를 제기하여야 하는 불편이 있다. 이러한 불편을 막기 위하여 1990년 개정법에서 필수적 공동소송인의 추가규정이 신설되었다.

2. 요건

가. 원고가 신청하고, 원고추가의 경우에는 신당사자의 동의가 있을 것

필수적 공동소송인의 추가신청은 원고만이 할 수 있다. 다만 추가되는 자는 원고 측·피고 측을 불문한다. 또한 원고로 추가될 신당사자의 절차보장을 위하여 원고를 추가할 경우에는 추가될 자의 동의가 있어야 한다(제68조 제1항 단서).

나. 제1심 계속 중이고 변론종결 전일 것

새로 가입하는 자의 심급이익의 보장을 위해서 제1심에서만 허용된다. 다만 실체적 진실이 우선시되는 가사소송에서는 사실심의 변론종결시까지 필수적 공동소송인의 추가를 인정한다(가사소송법 제15조 제1항).

다. 고유필수적 공동소송인 중 일부가 처음부터 누락된 경우일 것

고유필수적 공동소송에서 공동소송인이 처음부터 누락된 경우에 적용된다. 따라서 고유필수적 공동소송의 소송계속 중에 당사자적격이 승계된 경우에는 참가승계(제81조) 또는 인수승계(제82조)가 문제된다. 또한 고유필수적 공동소송의 경우에만 허용되고, 유사필수적 공동소송과 통상공동소송의 경우에는 공동소송인 일부를 빠트려도 당사자적격의 흠결의 문제가 생기지 아니하므로 허용될 수 없다.

라. 공동소송의 요건을 갖출 것

추가된 신당사자가 종전의 당사자와의 관계에서 공동소송관계가 형성되므로 공동소송의 요건을 갖추어야 한다.

3. 절 차

추가된 자에 대해서는 신소제기의 성질을 가지므로 원고의 서면 신청이 있어야 한다(민사소송규칙 제14조). 법원의 허가결정이 있는 때에는 그 허가결정의 정본을 당사자 전원에게 송달하여야 한다. 추가될 당사자에 대하여는 소장부본도 송달하여야 한다. 허가결정에 대하여는 추가될 원고의 동의가 없었음을 사유로 하는 경우에 한하여 이해관계인이 즉시항고를 할 수 있다. 추가신청을 기각한 결정에 대하여는 피고경정 신청의 기각결정과는 달리 즉시항고를 할 수 있다(제68조).

4. 효 과

공동소송인의 추가가 있는 때에는 처음의 소가 제기된 때에 추가된 당사자와의 사이에 소가 제기된 것으로 본다. 따라서 피고의 경정과 달리 시효의 중단 또는 법률상의 기간준수의 효력은 처음 제소한 때로 소급한다(제68조 제3항). 또한 종전의 당사자의 소송수행의 결과는 신당사자에게 유리한 한도 내에서 효력이 미친다.

5. 예비적·선택적 공동소송인의 추가에 준용

예비적·선택적 공동소송에 필수적 공동소송인의 추가규정인 제68조를 준용한다(제70조). 따라서 원·피고간의 단일소송이 계속 중인 때에도 새로운 당사자를 예비적·선택적 당사자로 추가하여 병합심리를 할 수 있어서 탄력적인 소송수행과 분쟁의 1회적 해결을 도모할 수 있다.

Ⅲ. 피고의 경정

> **제260조(피고의 경정)** ① 원고가 피고를 잘못 지정한 것이 분명한 경우에는 제1심 법원은 변론을 종결할 때까지 원고의 신청에 따라 결정으로 피고를 경정하도록 허가할 수 있다. 다만, 피고가 본안에 관하여 준비서면을 제출하거나, 변론준비기일에서 진술하거나 변론을 한 뒤에는 그의 동의를 받아야 한다.
> ② 피고의 경정은 서면으로 신청하여야 한다.
> ③ 제2항의 서면은 상대방에게 송달하여야 한다. 다만, 피고에게 소장의 부본을 송달하지 아니한 경우에는 그러하지 아니하다.
> ④ 피고가 제3항의 서면을 송달받은 날부터 2주 이내에 이의를 제기하지 아니하면 제1항 단서와 같은 동의를 한 것으로 본다.
>
> **제261조(경정신청에 관한 결정의 송달 등)** ① 제260조 제1항의 신청에 대한 결정은 피고에게 송달하여야 한다. 다만, 피고에게 소장의 부본을 송달하지 아니한 때에는 그러하지 아니하다.
> ② 신청을 허가하는 결정을 한 때에는 그 결정의 정본과 소장의 부본을 새로운 피고에게 송달하여야 한다.
> ③ 신청을 허가하는 결정에 대하여는 동의가 없었다는 사유로만 즉시항고를 할 수 있다.
> ④ 신청을 허가하는 결정을 한 때에는 종전의 피고에 대한 소는 취하된 것으로 본다.
>
> **가사소송법 제15조(당사자의 추가·경정)** ① 「민사소송법」 제68조 또는 제260조에 따라 필수적 공동소송인을 추가하거나 피고를 경정하는 것은 사실심의 변론종결 시까지 할 수 있다.
> ② 제1항에 따라 피고를 경정한 경우에는 신분에 관한 사항에 한정하여 처음의 소가 제기된 때에 경정된 피고와의 사이에 소가 제기된 것으로 본다.

> 행정소송법 제14조(피고경정) ① 원고가 피고를 잘못 지정한 때에는 법원은 원고의 신청에 의하여 결정으로써 피고의 경정을 허가할 수 있다.
> ② 법원은 제1항의 규정에 의한 결정의 정본을 새로운 피고에게 송달하여야 한다.
> ③ 제1항의 규정에 의한 신청을 각하하는 결정에 대하여는 즉시항고할 수 있다.
> ④ 제1항의 규정에 의한 결정이 있은 때에는 새로운 피고에 대한 소송은 처음에 소를 제기한 때에 제기된 것으로 본다.
> ⑤ 제1항의 규정에 의한 결정이 있은 때에는 종전의 피고에 대한 소송은 취하된 것으로 본다.
> ⑥ 취소소송이 제기된 후에 제13조 제1항 단서 또는 제13조 제2항에 해당하는 사유가 생긴 때에는 법원은 당사자의 신청 또는 직권에 의하여 피고를 경정한다. 이 경우에는 제4항 및 제5항의 규정을 준용한다.

1. 의의 및 취지

피고의 경정이란 **원고가 피고를 잘못 지정한 것이 분명한 경우에 제1심 법원이 변론을 종결할 때까지 원고의 신청에 따라 결정으로 피고를 바꾸는 것**을 말한다. 만약 이를 인정하지 아니하면 소의 취하 후에 다시 새로 소를 제기해야 하거나 또는 별소의 제기 후에 변론을 병합하는 등의 우회적 절차를 취해야 하므로, 피고의 경정을 통하여 소송경제를 도모하기 위함이다.

2. 요 건

가. 원고의 신청에 의할 것

민사소송법은 원고에게 주도권을 주어 원고의 신청에 의하여서만 피고를 경정하도록 하고 있다. 따라서 피고나 제3자의 신청권은 인정되지 않는다. 즉 원고의 경정은 현행법상 인정되지 않는다. 판례도 "당사자는 소장에 기재한 표시만에 의할 것이고 청구의 내용과 원인사실을 종합하여 확정하여야 하는 것이고, 당사자 정정신청을 하는 경우에도 실질적으로 당사자가 변경되는 것은 허용할 수 없는 것이므로, **원고 주식회사 전주백화점 대표자 소외인을 소외인으로 하는 정정신청은 당사자인 원고를 변경하는 것으로 허용될 수 없다.**"고 한다(1986. 9. 23. 85누953).

나. 제1심 계속 중이고 변론종결 전일 것

피고의 경정은 새로운 피고로 될 자에 대한 신소제기의 실질이 있기 때문에 새로운 피고의 심급의 익의 보호를 위하여 **제1심 변론종결 전까지만 가능**하다. 다만 가사소송의 경우에는 항소심에서도 피고의 경정이 가능하고(가사소송법 제15조 제1항), 행정소송의 경우에도 항소심의 변론종결시까지 피고의 경정이 가능하다(행정소송법 제14조 제1항).

다. 피고를 잘못 지정한 것이 분명한 경우일 것

판례는 "피고를 잘못 지정한 것이 명백한 때란 **청구취지나 청구원인의 기재 내용 자체로 보아 원고가 법률적 평가를 그르치는 등의 이유로 피고의 지정이 잘못된 것이 명백하거나 법인격의 유무에 관하여 착오를 일으킨 것이 명백한 경우** 등을 말하고, **피고로 되어야 할 자가 누구인지를 증거조사를 거쳐 사실을 인정하고 그 인정사실에 터잡아 법률판단을 해야 인정할 수 있는 경우는 이에 해당하지 않는다.**"고 한다(1997. 10. 17. 97마1632).

또한 "원고가 피고를 잘못 지정하였다면 법원으로서는 당연히 **석명권을 행사**하여 원고로 하여금 피고를 경정하게 하여 소송을 진행케 하였어야 할 것임에도 불구하고 이러한 조치를 취하지 아니한 채 피고의 지정이 잘못되었다는 이유로 소를 각하한 것이 위법하다."고 한다(2004. 7. 8. 2002두7852).

라. 교체의 전·후를 통하여 소송물이 동일할 것

피고경정의 제도는 피고만 변경하고 기존절차를 이용하기 위한 것이기 때문에 교체의 전·후를 통하여 소송물이 동일하여야 한다.

마. 종전 피고의 동의가 있을 것

피고의 경정은 종전의 피고에 대한 소의 취하의 효과가 있으므로, 종전의 피고가 본안에 관한 준비서면을 제출하거나 변론준비기일에서 진술하거나 변론기일에서 변론을 한 후에는 그의 동의를 얻어야 한다. **종전의 피고가 경정신청서의 송달을 받은 날부터 2주일 내에 이의를 하지 아니한 때에는 동의가 있는 것으로 본다**(제260조 제1항 단서·제4항). 물론 새로운 피고의 동의는 필요가 없다.

3. 절 차

가. 원고의 경정신청 및 법원의 결정

피고의 경정은 원고가 제1심 법원에 서면으로 신청한다. 경정신청의 서면은 종전의 피고에게 소장부본을 송달하지 아니한 경우를 제외하고는 종전의 피고에게 송달하여야 한다(제260조 제3항). 경정신청에 대한 법원의 허부결정은 종전의 피고에게 소장부본을 송달하지 아니한 경우를 제외하고는 종전의 피고에게 송달하여야 한다(제261조 제1항).

나. 경정허가의 결정

법원이 경정신청을 허가한 때에는 결정정본과 소장부본을 새로운 피고에게 송달하여야 한다(제261조 제2항). 경정허가결정에 대하여는 종전의 피고의 동의가 없었음을 사유로 하는 경우에 한하여 즉시항고를 할 수 있다(제261조 제3항).

판례는 "제260에 의하여 피고경정신청을 허가하는 제1심 법원의 결정에 대하여는 제261조 제3항에 의하여 종전 피고가 이에 대한 동의가 없었음을 사유로 하는 경우에 한하여 즉시항고를 할 수 있는 이외에는 달리 불복할 수 없다고 보아야 하고 더욱이 **피고경정신청을 한 원고가 허가결정의 부당함을 내세워 불복하는 것은 허용될 수 없다 할 것이므로, 이러한 허가결정의 당부는 제261조 제3항에 의한 즉시항고 외에는 불복할 수 없는 종국판결 전의 재판에 관한 것이어서 제392조 단서에 의하여 항소심 법원의 판단대상이 되지 아니한다.**"고 한다(1992. 10. 9. 92마25533).

또한 "피고경정허가결정은 새로운 피고에 대한 관계에서는 중간적 재판의 성질을 갖는 것으로서 **특별항고의 대상이 되는 불복을 신청할 수 없는 결정에는 해당하지 않는다.**"고 한다(1994. 6. 29. 93프3).

다. 경정기각의 결정

경정기각결정에 대해서 판례는 "피고경정신청을 기각하는 결정에 불복이 있는 원고는 **제439조의 통상항고**를 제기할 수 있으므로, 그 결정에 대하여 특별항고를 제기할 수는 없다."고 한다(1997. 3. 3. 97으1).

4. 효 과

가. 종전의 피고에 의한 소송수행의 효력

경정신청을 허가한 결정이 있는 때에는 종전의 피고에 대한 소는 취하된 것으로 본다(제261조 제4항). 따라서 종전의 피고의 소송수행의 결과는 새로운 피고의 원용이 없는 한 그에게 효력이 없으며, 법원은 새로운 피고에 대하여 변론절차를 열어야 함이 원칙이다.

그러나 새로운 피고가 경정에 동의할 경우, 새로운 피고가 실질상 구소송절차에 관여하여 왔고 종전의 피고의 소송수행이 새로운 피고의 소송수행과 동일시될 경우에는 새로운 피고의 원용이 없어도 소송수행의 결과는 새로운 피고에게 미친다.

나. 시효중단과 기간준수의 효력발생시기

피고의 경정도 새로운 피고에 대한 신소의 제기이므로, 시효의 중단 또는 법률상의 기간준수의 효력은 피고경정신청서를 법원에 제출한 때에 생긴다(제265조). 다만 가사소송(신분에 관한 사항)과 행정소송에서는 처음 소가 제기된 때에 생긴다(가사소송법 제15조 제2항, 행정소송법 제14조 제4항).

◆ 제2관 소송승계

I. 서 설

1. 의의 및 구별개념

소송승계란 **소송계속 중에 소송의 목적인 권리·의무의 승계로 인하여 새로운 승계인이 종전의 당사자에 갈음(또는 추가)하여 당사자가 되어 소송을 인계받는 것**을 말한다. 소송의 목적인 법률관계에 변동이 있는 경우에 별소를 제기면 소송경제에 반한다. 따라서 실체법적 법률관계에서 주체가 변동된 경우에 이를 소송에 반영하고 승계인을 보호하기 위하여 양도인에 의한 소송수행의 결과를 승계인이 유지할 필요가 있다.

소송승계는 당사자적격의 이전이므로, 당사자적격의 누락 또는 혼동의 경우에 허용되는 '임의적 당사자변경'과 구별되고, 소송계속 후 변론종결 전에 승계사실이 발생한 점에서, 변론이 종결된 뒤에 승계사실이 발생한 '변론종결 뒤의 승계'와 구별된다.

2. 종 류

(ⅰ) 소송계속 후 변론종결 전에 당사자의 사망 등의 실체법상 포괄승계 원인의 발생과 동시에 법률상 당연히 당사자도 변경된다고 보는 당연승계와, (ⅱ) 소송물의 양도 등 특정승계의 원인이 발생하여 당사자의 신청으로 당사자를 변경하는 특정승계가 있다. 특정승계에는 참가승계와 인수승계가 있다.

Ⅱ. 당연승계 (포괄승계)

1. 의 의

당연승계란 **소송계속 후 변론종결 전에 당사자의 사망 등의 실체법상 포괄승계 원인의 발생과 동시에 승계인이 법률상 당연히 당사자로 변경되는 것**을 말한다. 민사소송법에서는 이를 소송절차의 중단·수계의 문제로 규정하지만, 소송절차의 중단·수계제도는 소송수행상의 장애에 대한 대책이다. 한편 포괄승계와 소송절차의 중단은 반드시 일치하는 것이 아니다. 즉 당사자가 소송능력을 상실하면 소송절차는 중단되어도 포괄승계는 발생하지 않고, 소송대리인이 있는 경우에는 포괄승계가 있어도 소송절차는 중단되지 않는다(제235조·제238조).

2. 당연승계이론의 인정가능성 : 소송절차의 중단 부분 참조

3. 당연승계의 원인

당사자의 사망(제233조), 법인 등의 합병에 의한 소멸(제234조), 당사자인 수탁자의 임무종료(제236조), 일정한 자격에 기하여 당사자가 된 자의 자격상실(제237조 제1항), 선정당사자의 소송 중에 선정당사자 전원의 사망 또는 그 자격의 상실(제237조 제2항), 파산의 선고 또는 해지(제239조·제240조) 등이 있다.

4. 당연승계의 소송상 취급

가. 소송절차가 중단되는 경우

1) 수계신청

당연승계의 원인이 있다고 하여도 승계인이 곧바로 소송을 수행할 수 있는 것은 아니므로, 민사소송법은 소송절차를 중단시키고 수계절차를 밟도록 규정하고 있다. 소송절차의 수계신청은 승계인뿐만 아니라 상대방 당사자도 할 수 있다(제241조). 소송절차의 수계신청이 있으면 법원은 상대방에게 이를 통지하여야 한다(제242조). 또한 당사자 중 어느 누구도 수계신청을 하지 아니하여 사건이 중단된 상태로 오래 방치되었을 때에는 법원은 직권으로 속행을 명하는 결정을 할 수 있다(제244조).

2) 법원의 조치

가) 문제점

수계신청이 있으면 법원은 승계사유 및 승계인적격을 직권으로 조사한다. ㉠ **수계인적격이 없다고 인정한 경우**에는 결정으로 수계신청을 기각한다(제243조 제1항). 이 결정에 대해서는 통상항고를 할 수 있다(제439조). ㉡ **수계인적격이 있다고 인정한 경우**에는 별도의 결정을 할 필요 없이 수계인의 소송관여를 허용하여 소송행위를 진행한다. ㉢ **재판절차가 속행된 뒤에 수계인적격이 없음이 판명된 경우**에 참칭수계인을 배척하는 방법이 문제된다.

나) 학설의 대립

① 필요적 변론까지 거친 자를 물리치는 것이므로 판결로서 그 자의 또는 그 자에 대한 소를 각하하여야 한다는 **소각하설**, ② 수계재판을 취소하고 수계신청을 각하해야 한다는 **수계신청각하설**, ③ 수계신청을 기각하여야 한다는 **수계신청기각설**이 대립된다.

다) 판례의 태도

판례는 "**당사자의 사망으로 인한 소송수계 신청이 이유 있다고 하여 소송절차를 진행시켰으나 그 후에 신청인이 자격 없음이 판명된 경우에는 수계재판을 취소하고 신청을 각하하여야 한다**. 위의 경우에 법원이 수계재판을 취소하지 아니하고 수계인이 진정한 재산상속인이 아니어서 청구권이 없다는 이유로 본안에 관한 실체판결을 하였다면 진정수계인에 대한 관계에서는 소송은 중단상태에 있지만 참칭수계인에 대한 관계에서는 판결이 확정된 이상 기판력을 가진다."고 한다(1981. 3. 10. 80다1895).[139] 다수설은 판례가 수계신청각하설의 입장이라고 한다.

라) 검 토

소각하설은 소송승계가 하나의 절차의 연속이라는 점을 간과하고 있고 하나의 소송에 형식상 판결이 2개 나오게 되므로 부당하고, 수계신청각하설은 기각해야 한다는 제243조 제1항의 규정에 위배되므로, 수계허가결정을 취소하고 결정으로 수계신청을 기각하는 것이 타당하다.

마) 상소심에서 수계인적격이 없음이 밝혀진 경우

판례는 "**소송계속 중 당사자가 사망하고 상속인의 존부가 분명하지 않은 경우**, 민법 제1053조 제1항은 "상속인의 존부가 분명하지 아니한 때에는 법원은 제777조에 의한 피상속인의 친족 기타 이해관계인 또는 검사의 청구에 의하여 상속재산관리인을 선임하고 지체없이 이를 공고하여야 한다."고 규정하고, **상속재산관리인은 민사소송법에 따라 소송을 수계할 수 있는 것이므로, 법원으로서는 소송절차를 중단한 채 상속재산관리인의 선임을 기다려 그로 하여금 소송을 수계하도록 하였어야 한다**. 그럼에도 불구하고 소송수계신청인을 적법한 소송수계인으로 취급하여 소송절차를 속행한 다음 공정증서에 의한 유언이 무효라는 이유로 망 원고의 소송수계인 소송수계신청인의 청구를 기각한다고 하고 있는 제1심을 유지하여 소송수계신청인의 항소를 기각한 원심판결은 그 자체로서 이유가 모순되고 소송절차의 진행을 잘못한 위법이 있다 할 것이므로, 상고이유의 당부를 떠나 원심과 제1심은 파기 및 취소를 면할 수 없다. 그러므로 **원심판결을 파기하고, 제1심판결을 취소하며, 소송수계신청인의 소송수계신청을 기각하고, 이 사건 소이 중단된 채 제1심에 계속되어 있음을 명백히 하는 의미에서 사건을 제1심 법원에 환송**한다."고 한다(2002. 10. 25. 2000다21802).[140]

나. 소송절차가 중단되지 않는 경우

당연승계가 있어도 소송대리인이 있어 소송절차가 중단되지 않는 경우에는 소송절차의 진행에는 아무런 영향이 없다. 이때 기판력은 승계인에게 미치게 되나 그 판결에 기하여 승계인을 위하여 또는

---

[139] [**판례평석**] 그 판시상 '각하'는 법상 '기각'하도록 하고 있음을 간과하여 잘못 표현한 데 불과하다. 따라서 판례가 수계신청기각과 수계신청각하의 의미를 구별하여 수계신청각하의 입장을 취한 것이 아닌 만큼 마치 판례의 태도가 신청각하설의 입장을 취하고 있다고 소개하고 있는 견해들은 부적절하다(김홍엽, 제10판, 1183면). 이 판결이 "수계신청을 각하해야"한다고 판시했음을 이유로 신청각하설을 주장하는 견해도 있으나, 제243조에서 명문으로 "기각"이라고 한 이상, 위 판시는 오기라고 보아야 한다(전원열, 제3판, 683면).

[140] [**판례평석**] 종국판결 선고 뒤에 상소심에서 그 부적법함이 밝혀진 경우 정당한 수계적격자에 대한 소송은 원심법원에 중단 중에 있으므로, 상소법원은 이를 간과한 원심판결을 취소·파기하는 한편 원심법원이 (명시적으로) 수계허가결정을 한 경우에는 수계허가결정을 취소하고 수계신청을 기각한 다음, 원심법원으로 환송하여야 한다. 판례도 제1심판결과 원심판결 모두 수계신청이 부적법함에도 불구하고 적법한 것으로 보고 소송절차를 진행한 사례에서, 원심판결을 파기하고 수계신청을 기각한 다음 사건이 중단된 채 제1심법원에 계속 중임을 명백히 하는 취지에서 제1심법원으로 환송하였다(김홍엽, 제10판, 1184면).

승계인에 대하여 강제집행을 하기 위해서는 승계집행문을 부여받아야 한다(민사집행법 제31조). 다만 소송대리인이 있어도 심급대리의 원칙상 당해 심급의 판결정본이 송달되면 역시 중단사유가 발생한다. 그러나 소송대리인에게 상소에 관한 특별수권이 있으면 판결정본이 송달되어도 중단되지 않는다.

Ⅲ. 소송물의 양도에 의한 승계 (특정승계)

1. 의의 및 취지

소송물의 양도란 **소송계속 중에 소송물인 권리관계에 대한 당사자적격이 특정적으로 제3자에게 이전되는 경우**를 말한다. 양도의 형태에는 매매와 같은 임의처분, 금융위원회의 계약이전의 결정과 같은 행정처분, 전부명령과 같은 집행처분, 변제자의 법정대위와 같은 법률상의 당연이전 등이 포함된다. 또한 소송물인 권리관계의 전부양도·일부양도를 불문한다. 또한 양적 일부승계뿐만 아니라 저당권을 설정받는 경우와 같이 질적 일부승계도 포함한다.

소송의 목적인 권리관계의 변동이 있는 경우에 별소를 제기하게 한다면 소송경제에 반한다. 또한 승계인을 보호할 필요가 있으므로 특정승계가 인정된다. 한편 참가승계와 인수승계는 제3자 쪽에서 자발적으로 참가하는지(참가승계), 기존 당사자 쪽에서 제3자를 강제적으로 끌어들이는지(인수승계)의 차이만이 있다. 다만 승계의 원인이 있어도 별소에 의하느냐 소송승계의 절차를 밟느냐는 승계인(참가승계)이나 당사자(인수승계)의 자유로운 선택에 의한다.

2. 소송물의 양도에 관한 입법례

가. 양도허용주의와 소송승계주의

과거에는 소송계속 중에 권리관계의 변동으로 생기는 혼란을 피하기 위하여 소송물의 양도를 금지하였다(양도금지주의). 그러나 양도를 금지하는 것은 거래의 제한이기 때문에 현재에는 양도의 자유를 인정한다(양도허용주의). 양도허용주의는 당사자항정주의와 소송승계주의로 구분된다. (ⅰ) 당사자항정주의란 소송물의 양도가 있어도 종전의 당사자가 승계인을 위하여 소송수행권을 가지며, 판결의 효력을 승계인에게도 미치게 하는 입장이다. (ⅱ) 소송승계주의란 소송의 목적인 실체적인 권리관계의 변동을 소송에 반영시켜, 승계인을 새 당사자로 바꾸어 소송에 가입시키고 종전의 당사자의 소송상 지위를 승계시키는 입장이다.

나. 현행법의 태도

현행법은 소송승계주의를 채택하고 있다(제81조·제82조). 다만 소송승계주의는 원고가 실체관계 변동을 알지 못해 소송승계절차를 밟지 못한 경우에는 판결의 효력이 승계인에게 미치지 아니하여 승계인을 상대로 다시 소를 제기여야 하는 문제점이 있다. 현행법상 소송승계주의의 한계를 보완하기 위한 방법으로 **추정승계인제도**(제218조 제2항)와, **가처분제도**(민사집행법 제300조 제1항) 등이 있다.

3. 소송승계와 변론종결 뒤의 승계인의 관계

가. 문제점

변론종결 전의 승계인(소송승계인)과 변론종결 뒤의 승계인을 동일하게 판단해야 하는지 문제된다.

나. 학설의 대립

① 소송승계인의 범위는 변론종결 뒤의 승계인의 범위와 동일하다는 견해(동일설)와, ② 소송승계인의 범위를 변론종결 뒤의 승계인의 범위보다 넓게 보아야 한다는 견해(비동일설)가 대립된다.

다. 판례의 태도

판례는 "**소유권이전등기청구소송 계속 중 소유권이전등기가 제3자 앞으로 경료되었다 하여도**, 이는 제82조의 '소송의 목적이 된 채무를 승계한 때'에 해당한다고 할 수 없으므로, 제3자에 대하여 등기말소를 구하기 위한 소송의 인수는 허용되지 않는다."고 하여, 동일설의 입장이다(1983. 3. 22. 80마283).

라. 검 토

소송승계와 변론종결 뒤의 승계는 변론종결 전과 후에 승계가 있는 경우에 기판력이 미치는지의 문제이므로, 다수설·판례의 입장인 동일설이 타당하다.

4. 소송물의 양도의 개념

가. 승계인의 범위

1) 문제점

소송승계의 원인이 되는 소송의 목적물인 권리관계의 승계의 개념이 문제된다.

2) 학설의 대립

① 소송계속 중에 새로운 당사자가 '당사자적격'을 취득한다는 **적격승계설**과, ② 소송계속 중에 새로운 당사자가 '분쟁주체의 지위'를 취득한다는 **분쟁주체지위승계설**이 대립된다.

3) 판례의 태도 : 적격승계설

판례는 "[1] 제81조에서 규정하고 있는 **소송의 목적물인 권리관계의 승계라 함은 소송물인 권리관계의 양도뿐만 아니라 당사자적격 이전의 원인이 되는 실체법상의 권리 이전을 널리 포함하는 것**이므로, **신주발행무효의 소 계속 중 원고적격의 근거가 되는 주식이 양도된 경우**에 양수인은 제소기간 등의 요건이 충족된다면 새로운 주주의 지위에서 신소를 제기할 수 있을 뿐만 아니라, 양도인이 이미 제기한 기존 소송을 적법하게 승계할 수도 있다. [2] 승계참가가 인정되는 경우에는 참가시기에 불구하고 소가 제기된 당초에 소급하여 법률상 기간준수의 효력이 발생하므로, 신주발행무효의 소에 승계참가하는 경우에 제소기간의 준수 여부는 **승계참가시가 아닌 원래의 소 제기시를 기준으로 판단**하여야 한다. [3] 주식의 양수인이 이미 제기된 신주발행무효의 소에 승계참가하는 것을 피고 회사에 대항하기 위하여는 주주명부에 주주로서 명의개서를 하여야 하는바, 주식 양수인이 명의개서절차를 거치지 않은 채 승계참가를 신청하여 피고 회사에 대항할 수 없는 상태로 소송절차가 진행되었다고 할지라도, 승계참가가 허용되는 사실심 변론종결 이전에 주주명부에 명의개서를 마친 후 소송관계를 표명하고 증거조사의 결과에 대하여 변론을 함으로써 이전에 행하여진 승계참가상의 소송절차를 유지하고 있다면 명의개서 이전의 소송행위를 추인한 것으로 봄이 상당하여 이전에 행하여진 소송절차상의 하자는 치유되었다고 보아야 한다."고 한다(2003. 2. 26. 2000다42786).

4) 검토

소송승계와 변론종결 뒤의 승계를 통일적으로 파악하는 적격승계설이 타당하다.

나. 적격승계설의 구체적 내용

소송물의 양도에는 ㉠ 소송물인 권리관계 자체가 제3자에게 양도되는 경우, 채무 자체가 면책적으로 인수되는 경우, 계약당사자로서의 지위승계를 목적으로 하는 계약인수의 경우뿐만 아니라, ㉡ 소송물인 권리관계의 목적물인 계쟁물이 양도되는 경우가 포함된다. 따라서 소송물의 양도란 **소송계속 중에 소송물인 권리관계에 관한 당사자의 지위인 당사자적격이 특정적으로 제3자에게 이전되는 것**을 말하고, 이러한 입장을 적격승계설이라고 한다.

소송승계는 당사자적격의 이전이므로 변론종결 뒤의 승계인과 소송승계의 승계인을 통일적으로 이해해야 한다는 것인데, 전자는 완성된 기판력을 승계인에게 미치게 하는 것이고 후자는 생성중의 기판력을 승계인에게 미치게 하는 것으로 본다.

다. 소송목적인 권리·의무의 전부·일부의 승계

1) 소송물 자체의 승계

소유권확인소송의 계속 중에 소유권의 양수, 채권이행소송의 계속 중에 채권의 양수, 채권이행소송의 계속 중에 채무를 면책적으로 인수한 경우처럼 **소송물인 실체법상의 권리·의무를 승계한 자, 즉 소송물 자체를 승계한 자는 소송물의 성질이 채권적 청구권·물권적 청구권 여부를 불문하고 승계인**에 해당한다. 판례는 "단순히 **소송의 목적된 부동산에 대한 점유를 승계한 경우**만 가지고서는 제82조 제1항의 '그 소송의 목적된 채무를 승계한 때'에 해당한다고 볼 수 없다."고 한다(1970. 2. 11. 69마1286).

2) 계쟁물의 양도

소송물인 권리관계의 목적물인 계쟁물이 양도된 경우에 대하여 판례는 권리관계의 실체법적 성격에 따라 다음과 같이 구분한다. (ⅰ) 원고의 청구가 물권적 청구권에 의한 경우, **판례는 물권적 청구권에 기한 물건인도나 이전등기청구소송의 계속 중에 계쟁물을 양수한자는 승계인으로 본다.** 물권의 대세효로 인하여 목적물건이 양도되어도 양수인에게 대항할 수 있기 때문이다. (ⅱ) 원고의 청구가 채권적 청구권에 의한 경우, **판례는 채권적 청구권에 기한 소송 중에 계쟁물을 취득한 자는 승계인으로 보지 않는다.** 즉 판례는 "소유권이전등기청구 소송계속 중 부동산에 대한 이전등기이행채무 자체를 승계함이 없이 **단순히 소유권이전등기(또는 근저당설정등기)가 제3자 앞으로 경료되었다 하여도**, 이는 제82조의 "그 소송의 목적이 된 채무를 승계한 때"에 해당한다고 할 수 없으므로 제3자에 대하여 등기말소를 구하기 위한 소송의 인수는 허용되지 않는다."고 한다(1983. 3. 22. 80마283). 채권의 상대효로 인하여 제3자에게 대항할 수 없기 때문이다.

5. 참가승계

> 제81조(승계인의 소송참가) 소송이 법원에 계속되어 있는 동안에 제3자가 소송목적인 권리 또는 의무의 전부나 일부를 승계하였다고 주장하며 제79조의 규정에 따라 소송에 참가한 경우 그 참가는 소송이 법원에 처음 계속된 때에 소급하여 시효의 중단 또는 법률상 기간준수의 효력이 생긴다.

가. 의의 및 취지

참가승계란 **소송계속 중 소송의 목적인 권리·의무의 전부나 일부의 승계인이 독립당사자참가신청의 형식으로 스스로 참가하여 새로운 당사자가 되는 것**을 말한다. 승소가 예상되는 승계인을 보호하기 위하여 참가승계가 인정된다. 참가승계인은 주로 권리승계인이겠지만 의무승계인도 포함한다. 의무승계인도 승소의 가능성이 있으면 자발적으로 참가를 바랄 것이기 때문에 의무승계인도 참가신청을 할 수 있다.

나. 요 건

1) 타인간의 소송이 계속 중일 것

권리·의무의 승계가 소송계속 중에 있어야 한다. 다만 법률심인 상고심에서는 승계사실을 심리할 수 없기 때문에 상고심에서는 할 수 없다. 판례도 "승계참가인이 소송당사자로부터 계쟁 부동산에 대한 지분 중 일부를 양도받은 권리승계인이라 하여 상고심에 이르러 승계참가신청을 한 경우, **이러한 참가신청은 법률심인 상고심에서는 허용되지 아니한다.**"고 한다(2001. 3. 9. 98다51169).

한편 사실심 변론종결 뒤의 승계인은 제218조에 의하여 판결의 효력을 받으므로 승계집행문을 부여 받으면 된다. 따라서 변론을 재개하여 참가승계를 허용할 실익이 없다.

2) 소송목적인 권리·의무의 전부·일부의 승계가 있을 것 : 전술

판례는 "제81조의 권리승계참가는 소송의 목적이 된 권리를 승계한 경우뿐만 아니라 채무를 승계한 경우에도 할 수 있으나, 채무승계는 소송의 계속 중에 이루어진 것임을 요함은 법조의 규정상 명백하다. 그러므로 **청구이의의 소의 계속 중 그 소송에서 집행력 배제를 구하고 있는 집행권원에 표시된 청구권을 양수한 자는 소송의 목적이 된 채무를 승계한 것이므로 승계집행문을 부여받은 여부에 관계없이 청구이의의 소에 제81조에 의한 승계참가**를 할 수 있으나, 다만 위 소송이 제기되기 전에 집행권원에 표시된 청구권을 양수한 경우에는 특단의 사정이 없는 한 승계참가의 요건이 결여된 것으로서 그 참가인정은 부적법한 것이라고 볼 수밖에 없다."고 한다(1983. 9. 27. 83다카1027).

다. 절 차

1) 참가신청 및 형식

가) 문제점

참가승계 신청권자는 권리·의무의 승계인이며 참가방식은 독립당사자참가의 형식에 의하는데(제81조), 참가승계를 하는 경우에 전형적인 독립당사자참가와 마찬가지로 기존의 원고와 피고에게 각기 청구를 할 필요가 있는지가 문제된다.

나) 편면참가

참가방식은 독립당사자참가의 형식에 의하지만 원칙적으로 전주(피승계인)와 참가인간에는 이해가 대립되는 관계가 아니므로 전주가 승계사실을 다투지 않는 한 참가인은 편면참가를 할 수 있다. 즉 참가인이 전주에 대해서 아무런 청구를 아니하여도 무방하며 전주의 대리인이 참가인의 대리인을 겸하여도 쌍방대리 금지의 원칙에 저촉되지 않는다. 판례도 "권리승계인의 소송참가의 경우는 독립당사자참가의 경우와 같은 **3면소송관계가 성립되지 아니한다.**"고 한다(1969. 12. 9. 69다1578).

다) 쌍면참가

전주가 참가인의 승계사실을 다투는 경우에는 전주와 참가인 사이에 이해가 대립하여 독립당사자참가와 같은 소송구조가 되므로 승계인은 전주에 대하여도 일정한 청구(쌍면참가)를 하여야 하며 소송형태는 3면소송의 형태로 된다.

2) 법원의 재판

(ⅰ) 참가신청은 소제기에 해당하고, 참가요건은 소송요건에 해당하므로, 법원이 직권으로 조사한다. 이 경우에 승계인에 해당하는지 여부는 본소송의 청구와 참가인의 주장에 의하여 판단하면 된다.

(ⅱ) **참가요건에 흠이 있는 경우**에는 참가승계신청을 각하하는 판결을 한다. 판례도 "**승계참가신청은 소의 제기에 해당하고 참가요건은 소송요건에 해당하므로 참가요건에 흠이 있는 때에는 변론을 거쳐 판결로 각하하여야 한다.**"고 한다(2007. 8. 23. 2006마1171). 한편, 판례는 "사실심 변론종결 후에 변론재개신청을 함과 동시에 승계참가인의 승계참가신청이 있었던 경우, 사실심이 본래의 소송에 대하여 변론재개를 하지 않은 채 판결하는 한편, **참가신청에 대하여는 분리하여 각하하는 판결**을 하였더라도 위법은 아니다."고 한다(2005. 3. 11. 2004다26997). 즉 "승계참가인의 부적법한 참가신청을 각하하는 판결을 반드시 원래의 당사자 사이의 소송에 대한 판결과 함께 하여야 하는 것은 아니다."고 한다(2012. 4. 26. 2011다85789).

(ⅲ) **참가요건에 흠이 없는 경우**에는 본안청구에 대하여 심리한다. 본안청구에 대한 심리결과 승계사실이 인정되지 않는 경우에는 승계인의 청구 또는 승계인에 대한 청구를 기각하는 판결을 한다. 판례도 "제3자가 소송계속 중에 소송목적인 권리를 승계하였다고 주장하며 소송에 참가한 경우, 참가신청의 이유로 주장하는 사실관계 자체에서 승계적격의 흠이 명백하지 않는 한 승계인에 해당하는지 여부는 승계참가인의 청구의 당부와 관련하여 판단할 사항이므로, **심리 결과 승계사실이 인정되지 않으면 승계참가인의 청구를 기각하는 판결**을 하여야지 승계참가신청을 각하하는 판결을 할 것은 아니다."고 한다(2014. 10. 27. 2013다67105).

라. 효 과

참가신청을 하면 참가의 시기에 관계없이 당초의 소제기 시에 소급하여 시효중단, 기간준수의 효력이 발생한다(제81조). 또한 승계인은 전주의 소송상 지위를 승계하는 것이기 때문에 유리·불리를 불문하고 전주의 소송상 지위를 승계하고, 참가 시까지 전주가 한 소송수행의 결과에 구속된다.

6. 인수승계

> **제82조(승계인의 소송인수)** ① 소송이 법원에 계속되어 있는 동안에 제3자가 소송목적인 권리 또는 의무의 전부나 일부를 승계한 때에는 법원은 당사자의 신청에 따라 그 제3자로 하여금 소송을 인수하게 할 수 있다.
> ② 법원은 제1항의 규정에 따른 결정을 할 때에는 당사자와 제3자를 심문하여야 한다.
> ③ 제1항의 소송인수의 경우에는 제80조의 규정 가운데 탈퇴 및 판결의 효력에 관한 것과, 제81조의 규정 가운데 참가의 효력에 관한 것을 준용한다.

가. 의의 및 취지

인수승계란 **소송계속 중 소송의 목적인 권리·의무의 전부나 일부의 승계가 있는 경우에 종전 당사자의 인수신청에 의하여 승계인인 제3자를 새로운 당사자로 끌어 들이는 것**을 말한다. 인수승계는 제3자 소송인입이 명문으로 인정되는 경우이다. 이는 권리·의무의 승계인이 소송승계를 하지 않아서 소송수행의 효과가 없어지는 것을 방지하여, 승소가 예상되는 당사자를 보호하기 위한 제도이다. 한편 인수인은 의무승계인 뿐만 아니라 권리승계인도 포함한다. 권리승계인도 패소가능성이 있으면 참가를 하지 않을 것이므로 당사자의 신청에 의해서 인수될 수 있다.

나. 요 건 : 참가승계와 동일

판례는 "인수참가인이 인수참가 요건인 채무승계사실에 관한 상대방 당사자의 주장을 모두 인정하여 이를 자백하고 소송을 인수하여 수행하였다면, 자백이 진실에 반한 것으로서 착오에 의한 것이 아닌 한 인수참가인은 자백에 반하여 인수참가의 전제가 된 채무승계사실을 다툴 수는 없다."고 한다 (1987. 11. 10. 87다카473).

다. 인수승계의 형태

1) 교환적 인수

교환적 인수란 **당사자적격이 제3자에게 이전되는 경우에 인정되는 것**을 말한다. 예컨대 면책적 채무인수의 경우, 채권양도의 경우, 철거목적 부동산을 제3자가 양수한 경우 등에 교환적 인수를 신청할 수 있다.

2) 추가적 인수

가) 개 념

추가적 인수란 **분쟁이 제3자에게로 확대되어 이를 전제로 새로운 채무가 발생하고 제3자가 추가로 당사자적격을 취득한 경우**를 말한다. 예컨대 토지임대인이 임대차 종료를 이유로 토지임차인에 대하여 건물철거 및 토지인도청구소송을 제기하여 소송계속 중에 토지임차인이 건물의 일부를 제3자에게 임대한 경우, 원인무효를 이유로 소유권이전등기말소등기청구소송의 계속 중에 피고가 제3자에게 소유권이전등기를 마친 경우 등에 토지임대인과 원고는 건물의 임차인과 현재의 등기명의자에 대하여 추가적 인수를 신청할 수 있다.

나) 판례의 태도

(ⅰ) 판례는 원칙적으로 추가적 승계를 부정한다. 즉 "소송당사자가 제82조에 의하여 제3자로 하여금 소송을 인수하게 하기 위하여서는 **제3자가 소송계속 중 소송의 목적된 채무를 승계하였음을 전제로 하여 제3자에 대하여 인수한 소송의 목적된 채무이행을 구하는 경우**에 허용되고 소송의 목적된 채무와는 전혀 별개의 채무의 이행을 구하기 위한 경우에는 허용될 수 없다. 재항고인은 신청이유로서 상대방이 소송의 목적된 채무인 건물철거채무의 승계를 전제로 한 **건물철거채무와는 전혀 별개의 채무인 건물에 관한 상대방 명의로 경료된 등기의 말소채무의 이행을 구하기 위하여 신청**에 이르렀음이 뚜렷한 바이므로 본건 신청은 부적법하다 할 것인즉, 본건 신청을 각하한 원 결정은 정당하다."고 한다(1971. 7. 6. 자 71다726).

(ⅱ) 판례는 예외적으로 추가적 승계를 인정한다. 즉 "**공유물분할에 관한 소송계속 중 변론종결일 전에 공유자 중 1인인 甲의 공유지분의 일부가 乙 및 丙 주식회사 등에게 이전된 사안**에서, 변론종결 시까지 제81조에서 정한 승계참가나 제82조에서 정한 소송인수 등의 방식으로 일부 지분권을 이전받은 자가 소송의 당사자가 되었어야 함에도 그렇지 못하였으므로 소송 전부가 부적법하게 되었다."고 한다(2014. 1. 29. 2013다78556). 또한 "공유물분할청구소송은 분할을 청구하는 공유자가 원고가 되어 다른 공유자 전부를 공동피고로 삼아야 하는 고유필수적 공동소송이다. 따라서 **소송계속 중 변론종결일 전에 공유자의 지분이 이전된 경우**에는 변론종결 시까지 제81조에서 정한 승계참가나 제82조에서 정한 소송인수 등의 방식으로 일부 지분권을 이전받은 자가 소송당사자가 되어야 한다. 그렇지 못할 경우에는 **소송 전부가 부적법하게 된다.**"고 한다(2022. 6. 30. 2020다210686).

라. 절 차

1) 신청권자

종전 당사자가 인수승계를 신청해야 한다(제82조 제1항). 종전 당사자에는 피승계인의 상대방뿐만 아니라 피승계인 자신도 포함된다고 보아야 한다. 피승계인이 자기의 지위를 승계인에게 인수시켜 자신의 채무를 면하려고 할 수 있기 때문이다. 인수신청은 서면 또는 말로 할 수 있다(제161조 제1항). 한편 판례는 "소송계속 중 소송목적물에 대한 소유권명의가 이전된 경우에 법원은 당사자에게 채무승계인의 소송인수신청을 하도록 촉구하는 등 **석명권 행사의 의무까지 있는 것은 아니다.**"고 한다(1975. 9. 9. 75다689).

2) 신청에 대한 재판

인수신청이 있으면 법원은 당사자와 인수신청의 대상이 된 제3자를 심문하고 결정으로 허부를 재판한다(제82조 제2항). (ⅰ) **심문의 결과 승계요건에 흠이 있는 경우**에는 인수승계신청을 각하하는 결정을 한다. 이러한 인수신청각하결정에 대하여는 통상항고를 할 수 있다(제439조). (ⅱ) **심문의 결과 승계요건에 흠이 없는 경우**에는 인수승계를 명하는 인수승계결정을 한다. 판례는 "소송인수를 명하는 결정은 일응 승계인의 적격을 인정하여 이를 당사자로서 취급하는 취지의 중간적 재판에 지나지 아니하는 것이기 때문에, 이에 불복이 있으면 **본안에 대한 종국판결과 함께 상소할 수 있을 뿐이고 승계인이 독립하여 결정에 대하여 재항고할 수 없다.**"고 한다(1990. 9. 26. 90그30).

3) 인수승계에서 승계인이 아닌 경우에 대한 법원의 조치

가) 문제점

인수승계결정이 있은 후에 승계사실이 인정되지 않을 경우에 대한 법원의 조치가 문제된다.

나) 학설의 대립

① 승계인에 해당하는지 여부는 청구의 당부와 관련하여 판단할 사항이므로 **청구를 기각**하여야 한다는 견해, ② 인수승계는 당사자적격의 승계이므로 **소각하판결**을 하여야 한다는 견해, ③ 승계적격은 본안의 선결문제이므로 **인수결정을 취소하고 인수신청을 각하**하여야 한다는 견해가 대립된다.

다) 판례의 태도

판례는 "소송계속 중에 소송목적인 의무의 승계가 있다는 이유로 하는 소송인수신청이 있는 경우

신청의 이유로서 주장하는 사실관계 자체에서 승계적격의 흠결이 명백하지 않는 한 결정으로 신청을 인용하여야 하고, 승계인에 해당하는가의 여부는 피인수신청인에 대한 청구의 당부와 관련하여 판단할 사항으로, 심리한 결과 **승계사실이 인정되지 않으면 청구기각의 본안판결을 하면 되는 것이지 인수참가신청 자체가 부적법하게 되는 것은 아니다.**"고 한다(2005. 10. 27. 2003다66691).

라) 검 토

참가승계에 관한 제81조는 '제3자가 소송목적인 권리 또는 의무의 전부나 일부를 승계하였다고 주장하며 참가한 경우'라고 규정하고 있으므로, 승계적격은 주장 자체로 판단하고, 승계사실이 인정되지 않을 경우 청구기각 판결을 하는 판례가 타당하다.

마. 효 과

인수승계를 하면 인수의 시기에 관계없이 당초의 소제기 시에 소급하여 시효중단, 기간준수의 효력이 발생한다(제82조 제3항・제81조). 또한 승계인은 전주의 소송상 지위를 승계하는 것이기 때문에 유리・불리를 불문하고 전주의 소송상 지위를 승계하고, 인수 시까지 전주가 한 소송수행의 결과에 구속된다. 다만 추가적 인수승계의 경우에는 승계인의 이익을 고려하여 독자적인 소송행위를 인정할 필요가 있다.

판례는 "**소송목적인 권리를 양도한 원고는 법원이 소송인수 결정을 한 후 피고의 승낙을 받아 소송에서 탈퇴할 수 있는데**(제82조 제3항, 제80조), **그 후 법원이 인수참가인의 청구의 당부에 관하여 심리한 결과 인수참가인의 청구를 기각하거나 소를 각하하는 판결을 선고하여 판결이 확정된 경우에는 원고가 제기한 최초의 재판상 청구로 인한 시효중단의 효력은 소멸한다.** 다만 소송탈퇴는 소취하와는 성질이 다르며, 탈퇴 후 잔존하는 소송에서 내린 판결은 탈퇴자에 대하여도 효력이 미친다(제82조 제3항, 제80조 단서). 이에 비추어 보면 **인수참가인의 소송목적 양수 효력이 부정되어 인수참가인에 대한 청구기각 또는 소각하 판결이 확정된 날부터 6개월 내에 탈퇴한 원고가 다시 탈퇴 전과 같은 재판상의 청구 등을 한 때에는, 탈퇴 전에 원고가 제기한 재판상의 청구로 인하여 발생한 시효중단의 효력은 그대로 유지된다.**"고 한다(2017. 7. 18. 2016다35789).

7. 소송탈퇴와 승계후의 소송형태

가. 개 관

소송승계의 경우에 피승계인은 상대방의 승낙을 얻어 소송탈퇴를 할 수 있다(제81조・제82조 제3항・제80조). 한편 친권자를 제외한 법정대리인과 소송위임에 의한 소송대리인이 소송탈퇴를 하기 위하여는 특별한 권한의 수여가 있어야 한다(제56조 제2항・제90조 제2항 제2호).

판례는 "소송계속 중에 승계참가인에게 소송목적인 권리나 의무를 양도한 피참가인은 상대방의 승낙을 받아 소송에서 탈퇴할 수 있고, 탈퇴한 당사자에 대하여도 판결의 효력이 미치는바(제80조), **소송탈퇴는 승계참가가 적법한 경우에만 허용되므로, 승계참가가 부적법한 경우에는 피참가인의 소송탈퇴는 허용되지 않고 피참가인과 상대방 사이의 소송관계가 유효하게 존속한다.** 따라서 승계참가인의 참가신청이 부적법함에도 법원이 이를 간과하여 승계참가인의 참가신청과 피참가인의 소송탈퇴가 적법함을 전제로 승계참가인과 상대방 사이의 소송에 대해서만 판결을 하였는데 상소심에서 승계참가인의 참가신청이 부적법하다고 밝혀진 경우, **피참가인과 상대방 사이의 소송은 여전히 탈퇴**

당시의 심급에 계속되어 있으므로 상소심 법원은 탈퇴한 피참가인의 청구에 관하여 심리·판단할 수 없다."고 한다(2012. 4. 26. 2011다85789).

나. 피승계인이 탈퇴하는 경우

피승계인이 소송에서 탈퇴한 경우에 심판대상은 승계인의 청구 또는 승계인에 대한 청구가 된다. 즉 적법한 소송탈퇴로 인하여 피승계인과 상대방 사이의 소송은 종료된다. 따라서 판례는 "제1심에서 원고가 승소하였으나 항소심에서 원고에 대한 승계참가가 이루어졌음에도 **승계참가인의 청구에 대한 판단 없이 단순히 피고의 항소를 기각한 원심판결에는 직권파기사유**가 있다."고 한다(2004. 1. 27. 2000다63639). 한편 소송탈퇴가 적법한 경우에 판결의 효력은 탈퇴한 당사자에게 미친다(제81조·제82조 제3항·제80조).

다. 피승계인이 탈퇴하지 않는 경우

1) 문제점

피참가인이 승계의 효력을 다투지 않지만, 소송탈퇴·소취하를 하지 않거나 상대방이 피참가인의 탈퇴에 대하여 승낙·동의하지 않는 경우에 피참가인과 참가인의 소송관계가 문제된다.

2) 학설의 대립

① 피참가인이 승계사실을 다투지 않는 경우에는 통상공동소송이 성립한다는 견해(다수설)와, ② 참가승계는 예비적·선택적 공동소송이나 독립당사자참가의 형태일 뿐이므로 필수적 공동소송이 성립한다는 견해가 대립된다.

3) 판례의 태도

변경전 판례는 "원고가 소송의 목적인 손해배상채권을 승계참가인에게 양도하고 피고들에게 채권양도의 통지를 한 다음 승계참가인이 승계참가신청을 하자 탈퇴를 신청하였으나 피고들의 부동의로 탈퇴하지 못한 경우, **원고의 청구와 승계참가인의 청구는 통상의 공동소송으로서 모두 유효하게 존속하는 것**이므로 법원은 원고의 청구 및 승계참가인의 청구 양자에 대하여 판단을 하여야 한다."고 하였다(2004. 7. 9. 2002다16729).

변경된 판례는 "승계참가에 관한 민사소송법 규정과 2002년 민사소송법 개정에 따른 다른 다수당사자 소송제도와의 정합성, 원고 승계참가인(이하 '승계참가인'이라 한다)과 피참가인인 원고의 중첩된 청구를 모순 없이 합일적으로 확정할 필요성 등을 종합적으로 고려하면, **소송이 법원에 계속되어 있는 동안에 제3자가 소송목적인 권리의 전부나 일부를 승계하였다고 주장하며 제81조에 따라 소송에 참가한 경우, 원고가 승계참가인의 승계 여부에 대해 다투지 않으면서도 소송탈퇴, 소 취하 등을 하지 않거나 이에 대하여 피고가 부동의하여 원고가 소송에 남아 있다면 승계로 인해 중첩된 원고와 승계참가인의 청구 사이에는 필수적 공동소송에 관한 제67조가 적용된다.** 그러므로 2002년 민사소송법 개정 후 피참가인인 원고가 승계참가인의 승계 여부에 대하여 다투지 않고 소송절차에서 탈퇴하지도 않은 채 남아 있는 경우 원고의 청구와 승계참가인의 청구가 **통상공동소송 관계에 있다는** 취지로 판단한 판결들은 이 판결의 견해에 배치되는 범위 내에서 모두 변경하기로 한다."고 한다 (2019. 10. 23. 2012다46170).

4) 검 토

원고와 승계참가인의 법률상 양립할 수 없는 청구에 대한 모순 없는 판단을 위해 편면참가 및 예비적·선택적 공동소송을 명문으로 인정하고 또한 이를 필수적 공동소송관계로 규정하고 있는 현행법상 변경된 판례가 타당하다.

Ⅳ. 제3자의 소송인입이론

제3자의 소송인입이란 소송계속 중에 종전의 당사자가 일정한 제3자를 소송에 끌어들이는 것을 말한다. 명문으로 인정되는 경우로는 인수승계(제82조), 필수적 공동소송인의 추가(제68조), 당사자의 추가에 따른 예비적·선택적 공동소송(제70조), 피고의 경정(제260조·제261조), 추심의 소에 있어서 피고에 의한 다른 채권자인 제3자의 인입(민사집행법 제249조 제3항) 등이 있다.

PART 06 상소심 절차

제01절 총 설

Ⅰ. 상소의 의의 및 취지

상소란 당사자가 재판의 확정 전에 상급법원에 대하여 원심 재판의 취소 또는 변경을 구하는 불복신청을 말한다. 상소제도는 당사자의 구제와 법령에 대한 해석 및 적용의 통일성을 보장하기 위한 제도이다.

Ⅱ. 상소의 요건

1. 서 설

상소심의 소송요건인 상소의 요건이란 **상소가 적법한 것으로 취급되어 본안심판을 받기 위한 일반적인 요건**을 말한다. 상소제기 자체에 관한 요건(상소의 대상적격, 방식에 맞는 상소제기, 상소기간의 준수)은 상소제기 당시를 기준으로 상소요건의 구비여부를 판단한다. 다만 상소의 이익에 대해서는 견해가 대립된다(후술).

2. 적극적 상소요건

가. 상소의 대상적격

상소의 대상이 되는 재판은 종국적 재판이다. 항소심에서의 환송판결·이송판결도 종국판결이므로 상소의 대상이 된다. 또한 판례는 허위주소에 의한 피고의 자백간주로 판결이 편취된 경우에는 판결정본 송달이 무효이기 때문에 상소기간이 진행할 수 없어 상소를 제기할 수 있다고 한다.

그러나 중간판결, 그 밖의 중간적 재판은 종국판결과 함께 상소심의 심판을 받게 되므로(제392조 본문), 독립하여 상소를 할 수 없다. 무효인 판결에 대해서도 유효한 판결처럼 보이는 외관을 제거하기 위해서는 상소의 대상이 된다는 견해가 있으나, 판례는 부정하는 입장이다. 한편 판결의 경정사유(제211조)처럼 상소가 아닌 불복방법이 마련되어 있으면 그 방법으로 불복하여야 하므로, 그 재판은 상소의 대상이 되지 아니한다.

판례는 "**제1심에서의 원고 패소부분이 피고의 항소로 인하여 항소심에 이심은 되었더라도, 그에 대하여 원고가 불복신청을 한 바가 없다면, 항소심의 심판대상이 되지 않을 뿐만 아니라, 항소심이 판결을 한 바도 없고 그 부분은 상고되지도 아니하였다** 할 것이므로, 항소심 판결이유에서 그 부분에 대한 원고의 청구가 이유 없다고 판시하여도 이는 항소심의 심판대상이 아닌 부분에 대하여 한 불필요한 판단으로서 판결의 결과에는 아무런 영향이 없다."고 한다(1995. 5. 26. 94다1487).

또한 "**원고의 청구를 일부 기각하는 제1심판결에 대하여 피고는 항소하였으나 원고는 항소나 부대항소를 하지 아니한 경우**, 제1심판결의 원고 패소 부분은 피고의 항소로 인하여 항소심으로 이심되나, 항소심의 심판대상은 되지 않는다. 항소심이 피고의 항소를 일부 인용하여 제1심판결의 피고 패소 부분 중 일부를 취소하고 그 부분에 대한 원고의 청구를 기각하였다면, 이는 제1심에서의 피고 패소 부분에 한정된 것이며 제1심판결 중 원고 패소 부분에 대하여는 항소심이 판결을 하지 않아서 이 부분은 원고의 상고대상이 될 수 없다. 따라서 **원고의 상고 중 상고대상이 되지 아니한 부분에 대한 상고는 부적법하여 이를 각하하여야 한다**."고 한다(2017. 12. 28. 2014다229023).

또한 "[1] 제1심법원이 주위적 청구인 입양무효확인청구와 예비적 청구인 파양 및 위자료청구를 병합심리한 끝에 주위적 청구는 기각하고 예비적 청구만을 인용하는 판결을 선고한 데 대하여 피고만이 항소한 경우, **항소제기에 의한 이심의 효력은 당연히 사건 전체에 미쳐 주위적 청구에 관한 부분도 항소심에 이심되지만, 항소심의 심판범위는 피고가 불복신청한 범위, 즉 예비적 청구를 인용한 제1심판결의 당부에 한정되는 것이므로**, 원고의 부대항소가 없는 한 주위적 청구는 심판대상이 될 수 없고, 그 판결에 대한 상고심의 심판대상도 예비적 청구 부분에 한정된다. [2] 항소심이 심판의 대상이 아닌 주위적 청구인 입양무효확인청구에 대하여도 판단하여 이 부분을 배척하는 취지의 판결을 하였더라도, 원고가 그에 대하여 상고함으로써 입양무효확인청구 부분이 상고심의 심판대상이 되는 것은 아니므로, 이 부분에 관한 원고의 상고는 심판대상이 되지 않은 부분에 대한 상고로서 불복의 이익이 없어 부적법하다."고 한다(2002. 12. 26. 2002므852).

또한 "판결에는 법원의 판단을 분명하게 하기 위하여 결론을 주문에 기재하도록 하고 있으므로, **비록 판결 이유에서 그 당부를 판단하였더라도 주문에 설시가 없으면 그에 대한 재판은 누락된 것으로 보아야 하고**, 재판이 누락된 경우 그 부분 소송은 여전히 그 심급에 계속중이라 할 것이어서 상소의 대상이 되지 아니하므로 그 부분에 대한 상소는 부적법하다."고 한다(2007. 11. 16. 2005두15700).

나. 상소기간의 준수

제396조(항소기간) ① 항소는 판결서가 송달된 날부터 2주 이내에 하여야 한다. 다만, 판결서 송달전에도 할 수 있다.
② 제1항의 기간은 불변기간으로 한다.

통상항고 이외의 상소는 상소기간 내에 상소를 제기할 것을 요한다. 판례는 "상소기간의 준수 여부는 소송요건의 하나로서 **직권조사사항**이다."고 한다(2020. 6. 11. 2020다8586). 상소기간은 항소·상고의 경우에는 판결서가 송달된 날로부터 2주(제396조 제1항 본문·제425조), 즉시항고·특별항고의 경우에는 재판이 고지된 날로부터 1주(제444조·제449조 제2항)이므로, 이 기간이 경과되면 상소권은 소멸된다. 다만 **판결정본 송달이 무효인 경우에는 상소기간이 진행되지 않으므로, 상소권의 소멸문제는 생기지 아니한다**. 한편 판결 선고 후에는 판결서의 송달 전이라도 적법하게 상소를 제기할 수가 있다(제396조 제1항 단서·제425조).

다. 방식에 맞는 상소제기

제397조(항소의 방식, 항소장의 기재사항) ① 항소는 항소장을 제1심 법원에 제출함으로써 한다.
② 항소장에는 다음 각호의 사항을 적어야 한다.
  1. 당사자와 법정대리인
  2. 제1심 판결의 표시와 그 판결에 대한 항소의 취지

제398조(준비서면규정의 준용) 항소장에는 준비서면에 관한 규정을 준용한다.

상소의 제기는 상소장을 원심법원에 제출하여야 한다(제397조 제1항·제425조·제445조). 따라서 상소기간 준수여부는 원심법원에 제출한 때가 기준이 된다. 한편 판례는 "제397조 제2항은 항소장에 당사자와 법정대리인, 제1심판결의 표시와 그 판결에 대한 항소의 취지를 적도록 하고 있을 뿐이므로, **항소장에는 제1심판결의 변경을 구한다는 항소인의 의사가 나타나면 충분하고 항소의 범위나**

이유까지 기재되어야 하는 것은 아니다. 따라서 항소의 객관적·주관적 범위는 항소장에 기재된 항소취지만을 기준으로 판단할 것은 아니고, 항소취지와 함께 항소장에 기재된 사건명이나 사건번호, 당사자의 표시, 항소인이 취소를 구하는 제1심판결의 주문 내용 등을 종합적으로 고려해서 판단해야 한다."고 한다(2020. 1. 30. 2019마5599).

라. 상소의 이익

1) 서 설

상소의 이익은 **하급심의 종국판결에 대하여 불복신청을 함으로써 취소·변경을 구하는 것이 가능한 당사자의 법적 지위 또는 자격**을 말한다. 이는 무익한 상소권 행사의 견제를 위한 것으로 권리보호의 이익에 해당하는 개념이다.

상소이익의 존재는 언제를 기준으로 구비되어야 하는가에 대하여는 ① 상소제기시라는 견해와, ② 변론종결시라는 견해가 대립된다. 변론종결시설에 의하면 전부 승소한 당사자도 일응 항소를 제기할 수 있게 되고 또한 상소제기 후에 불복의 이익이 없어지면 상소가 부적법해지는 문제점이 있으므로, 상소제기시설이 타당하다. 따라서 전부승소한 자는 원칙적으로 상소이익이 없다.

2) 상소이익의 판단기준

가) 학설의 대립

① **형식적 불복설**은 신청과 주문을 비교하여 주문이 신청보다 불리한 경우 상소의 이익을 긍정하는 견해이다. ② **실질적 불복설**은 당사자가 상급심에서 원심재판보다 실체법상 유리한 판결을 받을 가능성이 있으면 상소의 이익을 긍정하는 견해이다. ③ **절충설**은 원고에 대해서는 형식적 불복설, 피고에 대해서는 실질적 불복설에 의하여 판단하는 견해이다. ④ **신실질적 불복설**은 원심판결이 확정되면 기판력을 포함한 판결의 효력에 의하여 불이익을 받게 되는 경우에 상소의 이익을 인정하자는 견해이다.

나) 판례의 태도

판례는 원칙적으로 "상소는 자기에게 불이익한 재판에 대하여 유리하게 취소·변경을 구하기 위하여 하는 것이므로 승소판결에 대한 불복상소는 허용할 수 없고, 재판이 상소인에게 불이익한 것인지의 여부는 원칙적으로 **재판의 주문을 표준**으로 하여 판단하여야 하는 것이어서, **청구가 인용된 바 있다면 판결이유에 불만이 있더라도 상소의 이익이 없다.**"고 하여 형식적 불복설의 입장이다(1992. 3. 27. 91다40696).[141]

---

141) [1] 원고가 갑에 대하여 을을 대위하여 소유권이전등기의 말소청구를 하면서 대위소송의 피보전권리의 발생원인을 원고와 을 사이의 매매계약으로 주장하였으나 원심이 이를 양도담보약정으로 인정하여 원고 승소판결을 선고한 경우 위 청구에 관한 소송에 있어서 직접 심판대상이 되고 판결의 기판력이 미치는 것은 을의 갑에 대한 소유권이전등기말소등기청구권의 존부이고, 원고의 청구가 인용되어 승소한 이상, 원심이 판결이유에서 을에 대한 원고의 피보전권리의 발생원인을 잘못 인정하였더라도 그 사유만으로는 상소의 이익이 없다고 한 사례. [2] 원고가 매매를 원인으로 한 소유권이전등기를 청구한 데 대하여 원심이 양도담보약정을 원인으로 한 소유권이전등기를 명하였다면 판결주문상으로는 원고가 전부 승소한 것으로 보이나, 매매를 원인으로 한 소유권이전등기청구와 양도담보약정을 원인으로 한 소유권이전등기청구와는 청구원인사실이 달라 동일한 청구라 할 수 없음에 비추어, 원심은 원고가 주장하지도 아니한 양도담보약정을 원인으로 한 소유권이전등기청구에 관하여 심판하였을 뿐, 원고가 주장한 매매를 원인으로 한 소유권이전등기청구에 관하여는 심판을 한 것으로 볼 수 없어 원고의 청구는 실질적으로 인용한 것이 아니어서 판결의 결과가 불이익하게 되었으므로 원심판결에 처분권주의를 위반한 위법이 있고 원고의 상소의 이익이 인정된다고 한 사례.

다만, 판례는 원심판결의 확정에 따른 기판력에 의하여 별소 제기가 금지됨으로써 원심판결보다 유리한 신청을 할 기회를 잃을 우려가 있는 경우에는 예외를 인정한다. 즉 "가분채권에 대한 이행청구의 소를 제기하면서 그것이 나머지 부분을 유보하고 일부만 청구하는 것이라는 취지를 명시하지 아니한 경우에는 확정판결의 기판력은 나머지 부분에까지 미치는 것이어서 별소로써 나머지 부분에 관하여 다시 청구할 수는 없으므로, **일부청구에 관하여 전부 승소한 채권자는 나머지 부분에 관하여 청구를 확장하기 위한 항소가 허용되지 아니한다면 나머지 부분을 소구할 기회를 상실하는 불이익을 입게 되고, 따라서 이러한 경우에는 예외적으로 전부 승소한 판결에 대해서도 나머지 부분에 관하여 청구를 확장하기 위한 항소의 이익을 인정함이 상당하다.**"고 한다(1997. 10. 24. 96다12276).

또한 "상소는 자기에게 불이익한 재판에 대하여 유리하게 취소변경을 구하기 위하여 하는 것이므로 전부 승소한 판결에 대하여는 항소가 허용되지 않는 것이 원칙이나, 하나의 소송물에 관하여 형식상 전부 승소한 당사자의 상소이익의 부정은 절대적인 것이라고 할 수도 없는바, **원고가 재산상 손해(소극적 손해)에 대하여는 형식상 전부 승소하였으나 위자료에 대하여는 일부 패소하였고, 원고가 원고 패소부분에 불복하는 형식으로 항소를 제기하여 사건 전부가 확정이 차단되고 소송물 전부가 항소심에 계속되게 된 경우**에는, 불법행위로 인한 손해배상에 있어 재산상 손해나 위자료는 단일한 원인에 근거한 것인데 편의상 별개의 소송물로 분류하고 있는 것에 지나지 아니한 것이므로 이를 실질적으로 파악하여, **항소심에서 위자료는 물론이고 재산상 손해(소극적 손해)에 관하여도 청구의 확장을 허용하는 것이 상당하다.**"고 한다(1994. 6. 28. 94다3063).

다) 검 토

'실질적 불복설'은 기준이 불명확하고 상소를 인정하는 범위가 넓어져 항소심을 복심구조로 할 우려가 있고, '절충설'은 당사자평등주의에 반하며, '신실질적 불복설'은 예외를 인정하는 형식적 불복설과 결론이 같으므로, 원칙적으로 '형식적 불복설'이 타당하다. 다만 원심판결의 확정에 따른 기판력에 의하여 별소의 제기가 금지됨으로써 원심판결보다 유리한 신청을 할 기회를 잃을 우려가 있는 경우에는 예외적으로 실질적 불복설에 의하여야 할 것이다(수정된 형식적 불복설).

3) 구체적 내용

가) 전부승소한 당사자

원칙적으로 전부 승소한 당사자는 상소의 이익이 없다. 따라서 전부승소한 원고가 소의 변경 또는 청구취지 확장을 위한 상소를 하거나 또는 전부승소한 피고가 반소제기를 위해 상소할 수는 없다. 그러나 판결의 확정에 따른 기판력에 의하여 별소의 제기가 금지됨으로써 원심판결보다 유리한 신청을 할 기회를 잃을 우려가 있는 경우 등에는 전부 승소한 당사자의 상소이익은 인정된다(위 96다12276, 94다3063 판결 참조).

나) 판결이유 중 판단에 대한 불복

기판력은 주문의 판단에 대해서만 생기기 때문에 어떠한 이유로 승소하여도 차이가 없다. 따라서 전부승소한 당사자는 판결이유 중의 판단에 불만이 있어도 원칙적으로 상소의 이익이 없다. 다만 판례는 "원고의 청구를 전부 기각한 판결에 대하여는 피고가 판결이유 중의 판단에 불복이 있더라도 **상계를 주장한 청구가 성립되어 원고의 청구가 기각된 때와 같이 예외적으로 기판력이 있는 경우를** 제외하고는 상소를 할 이익이 없다."고 한다(1993. 12. 28. 93다47189).

즉 판례는 "원심은 원고의 청구원인사실을 모두 인정한 다음 피고의 상계항변을 받아들여 상계 후 잔존하는 원고의 나머지 청구부분만을 일부 인용하였는데, **피고는 원심판결 이유 중 원고의 소구채권을 인정하는 전제에서 피고의 상계항변이 받아들여진 부분에 관하여도 상고를 제기할 수 있고**, 상고심에서 원고의 소구채권 자체가 인정되지 아니하는 경우 피고의 상계항변의 당부를 따져볼 필요도 없이 원고 청구가 배척될 것이므로, 결국 원심판결은 그 전부에 대하여 파기를 면치 못한다."고 한다(2002. 9. 6. 2002다34666).

다) 항소심 판결

판례는 "제1심에서 원고의 피고에 대한 청구가 일부 인용되자 패소 부분에 대하여 원고만 항소를 제기하고, 피고는 항소나 부대항소를 제기하지 않고 있다가 원고의 항소가 기각되자 피고가 상고한 경우 상고는 상소의 이익이 없어 부적법하다."고 하고(2004. 7. 9. 2003므2251), "원고의 청구를 일부인용한 제1심판결에 대하여 원고만이 패소부분에 대한 항소를 제기하고 피고는 항소나 부대항소를 제기하지 않은 경우, **제1심 판결 중 원고 승소부분은 항소심의 심판대상에서 제외됨으로써 항소심 판결의 선고와 동시에 확정되는 것**이고, 원고가 승소 확정된 부분에 대하여 상고를 제기하였다면 상고의 이익이 없어 부적법하다."고 하고(2008. 3. 14. 2006다2940), "본소에 관한 원고 일부 승소의 제1심판결에 대하여 불복을 제기하지 않은 피고는 원심이 변경판결을 한 경우에도 마찬가지로 제1심판결에서 본소에 관하여 원고가 승소한 부분에 관하여는 상고를 제기할 수 없다."고 한다(2006. 1. 27. 2005다16591).

라) 예비적 공동소송

예비적 공동소송에서 주위적 피고에 대한 청구가 기각되고 예비적 피고에 대한 청구가 인용된 경우에는 원고로서는 주위적 피고에 대한 청구가 배척된 것이 불이익하므로 원고는 상소의 이익이 있고 예비적 피고도 자기에 대한 청구가 인용된 것에 대하여 상소의 이익이 있다.

마) 예비적 병합

예비적 병합의 경우 주위적 청구가 기각되고 예비적 청구가 인용된 경우에, 원고는 주위적 청구가 기각된 것이 불리하므로 상소의 이익이 있고 피고도 예비적 청구가 인용된 것에 대하여 상소의 이익이 있다.

바) 일부승소판결과 소각하 판결

청구를 일부 인용한 판결에 대해서는 원·피고 모두 상소할 수 있다. 또한 소송요건의 흠결을 이유로 한 소 각하판결에 대하여 원고는 청구인용의 본안판결을 받지 못한 불이익이 있으므로 상소의 이익이 있고, 피고는 청구기각의 본안판결을 받지 못한 점에서 불이익이 있어 상소의 이익이 있다.

4) 상소이익의 불발생

가) 불상소의 합의 : 후술

나) 상소권의 포기·상실

항소의 이익은 항소권을 포기한 때(제394조)에 소멸한다. 포기는 법원에 서면을 제출함으로써 한다. 또 항소기간 내에 항소를 제기하지 아니하면 항소권을 상실하고(제396조) 항소의 이익도 소멸한다. 다만 이러한 경우에도 부대항소는 할 수 있다(제403조).

5) 부대항소에서의 항소의 이익

부대항소의 성질에 대해 비항소설에 의하면 부대항소는 항소가 아니기 때문에 항소의 이익을 필요로 하지 아니하므로, **제1심에서 전부 승소한 피항소인도 청구의 확장·변경 또는 반소제기를 위해 부대항소**를 할 수 있다. 또한 항소기간의 도과 이후에도 부대항소를 제기할 수 있다. 그리고 부대항소장을 제출하지 아니하고, **원고가 청구취지확장서를 제출하거나 피고가 반소장을 제출**해도 상대방에게 불리한 한도에서 부대항소를 한 것으로 본다.

6) 상소이익 흠결의 효과

상소이익은 상소가 적법한 것으로 취급되어 본안심판을 받기 위한 적극적 상소요건이므로 법원의 직권조사사항이며 그 흠이 있을 때에는 상소법원은 상소각하판결을 한다.

3. 소극적 상소요건

가. 상소권의 포기

1) 의 의

상소권의 포기란 **상소권자가 상소권을 일방적으로 소멸시키는 법원에 대한 소송행위**를 말한다(제394조). 통상의 공동소송에 있어서는 공동소송인 중 어느 한 사람의 또는 어느 한 사람에 대한 포기가 가능하다. 그러나 필수적 공동소송, 독립당사자참가, 예비적·선택적 공동소송에 있어서는 그와 같은 포기는 합일확정의 요청 때문에 효력이 없다. 또한 판결의 효력이 대세적 효력이 있는 경우에도 제3자의 당사자 참가(제83조)의 기회를 박탈하기 때문에 상소권을 포기할 수 없다.

2) 방 식

상소권의 포기는 법원에 대한 단독행위로서 상대방의 동의를 필요로 하지 않으며 상대방의 수령도 필요로 하지 않는다. 상소제기 전에는 원심법원에, 상소제기 후에는 소송기록이 있는 법원에 서면을 제출한다(제395조 제1항). 법원은 포기서면을 상대방에게 송달하여야 한다(제395조 제2항).

3) 시 기

상소권의 포기는 상소제기의 전·후에 관계없이 할 수 있다. 판결의 선고 전에 상소권의 포기가 가능한지가 문제되는데, ① 제395조 제1항에서 시기적 제한을 두고 있지 않으므로 판결 선고전이라도 포기할 수 있다는 견해가 있으나, ② 상소권은 판결의 선고에 의하여 구체적으로 발생한다는 점과 상소의 이익의 존부나 그 범위도 판결이 선고된 후에 알 수 있다는 점을 고려하면 판결 선고 후에만 포기할 수 있다는 견해가 타당하다.

4) 효 과

상소권의 포기에 의하여 포기한 당사자는 상소권이 상실되며 이미 제기한 상소와 포기 후에 제기한 상소는 부적법하게 된다. 포기는 법원에 대한 행위이므로 불상소 합의와는 달리 법원은 직권으로 조사하여 상소를 각하하여야 한다. 상소제기 후의 포기는 상소취하의 효력도 있다(제395조 제2항).

판례는 "항소권의 포기는 불이익한 판결에 대하여 심사 변경을 구할 이익이 있는 항소권자가 법원에 대하여 서면으로 권리를 포기하는 의사를 표시하는 단독행위이므로, **항소포기의 의사를 표시하는 서면이 법원에 제출되기 전에 그 약정을 해제하기로 다시 합의하고 항소를 제기하였다면 합의해제의 효력에 따라 항소는 적법하다.**"고 한다(1987. 6. 23. 86다카2728).

5) 상소권 포기계약

판결 선고 전에 소송 외에서 당사자 사이에 상소권 포기계약을 맺은 경우에는 소송계약의 일종이므로 포기계약이 있음에도 상소가 제기되면 부적법한 상소로 각하하여야 할 것이나 이것은 직권조사사항은 아니며 피상소인의 항변사항이다(항변권발생설).

나. 불상소의 합의

1) 의의 및 구별개념

불상소의 합의란 **미리 상소를 하지 아니하기로 하는 소송계약**으로서, 구체적인 사건의 심급을 제1심에 한정하기로 하는 당사자 쌍방의 합의를 말한다. 미리 합의를 한다는 것은 항소권이 발생하기 이전, 즉 **제1심 판결 선고 전**을 의미한다. 제1심 판결이 선고되어 항소권이 발생한 후에는 항소권을 포기할 수 있기 때문에, 불상소의 합의는 제1심 판결 선고 전이라도 할 수 있다.

불상소의 합의는 상고할 권리를 유보하고 항소만 하지 않기로 하는 불항소의 합의(비약상고의 합의, 제390조 제1항 단서)와 구별된다. 또한 불상소의 합의는 상소권 자체를 발생시키지 않는다는 점에서 이미 발생한 상소권을 포기하는 상소권의 포기와는 다르다.

2) 적법성

당사자가 임의로 처분할 수 있는 권리관계에 관한 사건에서는 중재계약도 허용되고 재판상의 화해에 의하여 소송을 종료시킬 수 있음에 비추어 원칙적으로 유효하다고 보아야 한다. 제390조 제1항 단서는 비약상고의 합의만을 규정하였지만, **불상소의 합의도 묵시적으로 전제하고 있는 것**이다.

3) 유효요건

불상소 합의는 심급관할의 합의라는 효력을 가지기 때문에, 그 요건은 관할의 합의에 준한다(제390조 제2항 참조). 따라서 서면에 의하여 하여야 하고(제29조 제2항 준용), 서면의 문언에 의하여 당사자 양쪽이 상소를 하지 아니한다는 취지가 명백하게 표현되어 있을 것을 요한다. 또한 구체적인 일정한 법률관계에 기인한 소송에 관한 합의여야 하고(제29조 제2항), 당사자가 임의로 처분할 수 있는 권리관계에 한하여 합의가 허용되므로 직권탐지주의 절차에는 허용될 수 없다.

쌍방이 모두 상소하지 않기로 하는 것이어야 하므로, 일방만의 불상소 합의는 공평에 반하여 무효이다. 당사자가 직접 합의할 경우에는 소송능력이 필요하며 소송대리인이 불상소의 합의를 하는 데에는 상소의 취하에 준하여 특별수권을 요한다(제90조 제2항 제3호 준용).

판례는 "구체적인 특정 법률관계에 관하여 당사자 쌍방이 제1심판결선고전에 미리 항소하지 아니하기로 합의하였다면, 제1심판결은 선고와 동시에 확정되므로 **판결선고 후에는 당사자의 합의에 의하더라도 불항소 합의를 해제하고 소송계속을 부활시킬 수 없다**. 불항소의 합의는 심급제도의 이용을 배제하여 간이신속하게 분쟁을 해결하고자 하는 당사자의 의사를 존중하여 인정되는 제도이므로 당사자 일방만이 항소를 하지 아니하기로 약정하는 합의는 공평에 어긋나 불항소 합의로서의 효력이 없다."고 한다(1987. 6. 23. 86다카2728).

또한 "[1] 구체적인 사건의 소송계속 중 당사자 쌍방이 판결선고 전에 미리 상소하지 아니하기로 합의하였다면 판결은 선고와 동시에 확정되므로, 이러한 합의는 상소권의 사전포기와 같은 중대한 소송법상의 효과가 발생하게 되는 것으로서 **반드시 서면에 의하여야 할 것이며, 서면의 문언에 의하여 당사자 쌍방이 상소를 하지 아니한다는 취지가 명백하게 표현되어 있을 것을 요한다.** [2] 당사자 쌍방이 소송계속 중 작성된 서면에 불상소 합의가 포함되어 있는가 여부의 해석을 둘러싸고 이견이 있어 서면에 나타난 당사자의 의사해석이 문제로 되는 경우, 불상소 합의와 같은 소송행위의 해석은 일반 실체법상의 법률행위와는 달리 내심의 의사가 아닌 철저한 표시주의와 외관주의에 따라 표시를 기준으로 하여야 하고 표시된 내용과 저촉되거나 모순되어서는 아니 될 것이며, 다만 당해 소송제도의 목적과 당사자의 권리구제의 필요성 등을 고려할 때 소송행위에 관한 당사자의 주장 전체를 고찰하고 소송행위를 하는 당사자의 의사를 참작하여 객관적이고 합리적으로 소송행위를 해석할 필요는 있고, 따라서 **불상소의 합의처럼 합의의 존부 판단에 따라 당사자들 사이에 이해관계가 극명하게 갈리게 되는 소송행위에 관한 당사자의 의사해석에서는**, 표시된 문언의 내용이 불분명하여 당사자의 의사해석에 관한 주장이 대립할 소지가 있고 나아가 당사자의 의사를 참작한 객관적·합리적 의사해석과 외부로 표시된 행위에 의하여 추단되는 당사자의 의사조차도 불분명하다면, 가급적 소극적 입장에서 그러한 합의의 존재를 부정할 수밖에 없다."고 한다(2002. 10. 11. 2000다17803).

4) 효 력

가) 제1심 판결 선고 전에 합의한 경우

당사자 쌍방이 제1심 판결 선고 전에 미리 상소하지 아니하기로 합의하였다면 처음부터 상소권이 발생하지 아니하므로 제1심 판결은 선고와 동시에 확정되며 이를 무시하고 항소를 하면 부적법하여 각하된다.

나) 제1심 판결 선고 후에 합의한 경우

제1심 선고 후에 불상소의 합의를 하였으면 그것은 실질적으로는 이미 발생한 항소권과 부대항소권에 대한 포기의 합의로서 합의의 성립과 동시에 판결은 확정된다.

4. 상소요건 흠결의 효과

상소요건은 직권조사사항이므로, 상소요건에 흠이 있을 때에는 상소는 각하된다. 다만 **상소기간을 준수하지 아니한 것이 분명한 경우**에는 상소장각하명령을 하여야 한다(제399조 제2항·제402조 제2항·제425조·제443조). 판례는 "제399조 제2항에 의하면 '항소기간을 넘긴 것이 분명한 때'에는 원심재판장이 명령으로 항소장을 각하하도록 규정하고 있는바, 규정취지에 비추어 볼 때 **항소권의 포기 등으로 제1심 판결이 확정된 후에 항소장이 제출되었음이 분명한 경우**도 이와 달리 볼 이유가 없으므로, 이 경우에도 원심재판장이 항소장각하명령을 할 수 있는 것으로 봄이 상당하다."고 한다(2006. 5. 2. 2005마933).

Ⅲ. 상소의 효력

1. 확정차단의 효력

상소가 제기되면 원심재판의 확정이 차단되고, 상소기간이 경과되어도 원심재판은 확정되지 않고 가집행선고가 붙어 있지 않는 한 집행력도 발생하지 않는다(제498조). 다만 통상항고의 경우에는 확정차단의 효력이 없으므로, 통상항고가 된 결정·명령에 대해 집행력을 저지하기 위해서는 별도로 집행정지의 조치를 취하여야 한다(제448조).

2. 이심의 효력

상소의 제기로 소송사건은 전체가 원심법원을 떠나 상소심 법원에 계속되며 소송기록이 상소심 법원으로 송부된다(제400조). 하급심에서 재판한 부분에 한해서 이심의 효력이 생기므로 일부 누락한 청구부분은 원심법원에 계속되며(제212조), 상소해도 이심의 효력은 없다. 즉 일부누락한 부분에 대해서는 원심법원이 추가판결로 정리하게 된다.

3. 상소불가분의 원칙

가. 의의 및 취지

상소의 제기에 의한 확정차단의 효력과 이심의 효력은 원칙적으로 상소인의 불복신청 범위에 관계 없이 원심판결의 전부에 대해 불가분적으로 발생한다. 따라서 전부판결의 일부가 상소된 경우라도 판결의 전부에 대해 확정차단·이심의 효력이 생긴다.

항소심의 변론종결시까지 또는 상고심의 상고이유서 제출기간 만료 시까지 상소인으로 하여금 불복신청의 범위를 확장할 수 있도록 하고, 피상소인도 부대항소(부대상고)를 할 수 있도록 하여 상소심의 대상이 되지 않았던 부분도 추가로 상소심의 심판대상으로 삼을 수 있도록 하기 위함이다.

나. 내 용

1) 객관적 병합의 경우

수개의 청구 중 일부에 대해서 원고가 패소하고 그 패소한 청구에 대해서만 원고가 상소를 한 경우라도 다른 청구에 대해서도 상소의 효력이 미친다. 다만 예외적으로 청구의 일부에 대하여 '불상소 합의'나 '당사자 쌍방에 의한 항소권 및 부대항소권의 포기'가 있는 경우에는 그 부분만이 가분적으로 확정된다.

2) 주관적 병합의 경우

가) 통상공동소송의 경우

공동소송인 독립의 원칙 때문에 공동소송인 중 한 사람 또는 한 사람에 대한 상소는 다른 공동소송인에 관한 청구에 상소의 효력이 미치지 않으므로 그 부분은 가분적으로 확정되고 상소한 당사자에 대해서만 상소의 효력이 미친다. 판례도 "통상공동소송에서는 공동당사자들 상호간의 공격방어방법의 차이에 따라 모순되는 결론이 발생할 수 있으므로, **통상공동소송에서 상소로 인한 확정차단의 효력은 상소인과 상대방에 대해서만 생기고, 다른 공동소송인에 대한 청구에 대하여는 미치지 아니한다.**"고 한다(2011. 9. 29. 2009다7076).

나) 필수적 공동소송·독립당사자참가·예비적 공동소송의 경우

필수적 공동소송·독립당사자참가에서 패소한 당사자 중 한사람이라도 상소하면 패소하고도 상소하지 않은 다른 당사자에 대해서도 상소의 효력이 미치고, 그에 관한 판결이 확정되지 않는다. 또한 예비적 공동소송에서 주위적 피고에 대해서는 기각되고 예비적 피고에 대해서 인용판결이 날 경우에 예비적 피고만이 항소한다고 하더라도 원고의 주위적 피고에 대한 청구부분도 상급심으로 이심되며 판결이 확정되지 않는다.

3) 항소취지의 확장·부대항소의 가능

상소불가분의 원칙에 의하여 상소의 효력은 원판결의 전부에 미친다. 따라서 항소심의 변론종결시까지, 상고심은 상고이유서 제출기간 만료 시까지 상소인은 상소취지를 확장할 수 있으며, 피상소인도 부대항소(부대상고)를 할 수 있다(제403조·제425조·제427조·제429조). 따라서 상소불가분의 원칙으로 인하여 상소인은 상소의 효력을 일부로 제한할 수 없고, 상소의 일부취하도 허용되지 않는다.

4. 심판의 범위

항소심의 심판범위는 불복을 신청한 범위에 한정되므로 불복을 신청하지 않은 부분은 이심은 되지만 심판의 대상은 될 수 없다. 즉 **이심의 범위와 심판의 범위가 일치하는 것은 아니다.** 따라서 수개의 청구 모두를 기각한 제1심 판결에 대하여 일부의 청구에 대해서만 항소를 제기한 경우에 항소하지 아니한 나머지 부분은 이심은 되지만 심판대상은 아니므로, 법원은 당사자가 항소하지 아니한 나머지 부분을 받아들이는 인용판결을 할 수 없다.

판례도 "수개의 청구 중 각 일부를 인용한 제1심판결에 대하여 적법한 항소의 제기가 있으면 그 청구 전부의 확정이 차단되어 항소심에 이심되고, 다만 불복하지 아니한 부분은 항소심의 심리판단의 대상이 될 수 없을 뿐이다."고 한다(2002. 4. 23. 2000다9048).

제02절 항 소

I. 항소의 의의

항소란 제1심 판결에 대한 상급심에의 상소를 말한다. 따라서 지방법원 단독판사 또는 지방법원 합의부가 제1심으로서 행한 종국판결이 항소의 대상이 된다(제390조 제1항 본문·법원조직법 제32조 제2항).

II. 항소심의 구조

제408조(제1심 소송절차의 준용) 항소심의 소송절차에는 특별한 규정이 없으면 제2편 제1장 내지 제3장의 규정을 준용한다.

1. 입법례

① 항소심의 심판대상을 제1심 판결의 당부가 아니라 청구의 당부로 보면서 제1심에서 수집된 소송자료를 이용하지 않고 처음부터 다시 소송자료를 수집하게 하는 복심제, ② 항소심의 심판대상을 제1심 판결의 당부로 보면서 제1심에서 수집된 소송자료에 추가하여 항소심에서 제출된 소송자료도 심리하는 속심제, ③ 항소심의 심판대상을 제1심 판결의 당부로 보면서 제1심에서 제출된 소송자료만 한정하여 심리하는 사후심제가 있다.

2. 판례의 태도 : 속심제

판례는 "**항소심은 속심으로서 제1심에서의 당사자의 주장이 그대로 유지되므로**, 항소심에서 항소이유로 특별히 지적하거나 그 후의 심리에서 다시 지적하지 않더라도 법원은 제1심에서의 주장을 받아들일 수 있음은 당연하고, 이를 들어 직접주의나 변론주의의 원칙에 어긋난다거나 불의타를 가한 것이라 할 수는 없다."고 한다(1996. 4. 9. 95다14572).

또한 "채권액이 외국통화로 지정된 금전채권인 외화채권을 채권자가 대용급부의 권리를 행사하여 우리나라 통화로 환산하여 청구하는 경우 법원이 채무자에게 이행을 명함에 있어서는 채무자가 현실로 이행할 때에 가장 가까운 사실심 변론종결 당시의 외국환시세를 우리나라 통화로 환산하는 기준시로 삼아야 하고, **제1심 이행판결에 대하여 채무자만이 불복·항소한 경우, 항소심은 속심이므로 채무자가 항소이유로 삼거나 심리 과정에서 내세운 주장이 이유 없더라도 법원으로서는 항소심 변론종결 당시의 외국환시세를 기준으로 채권액을 다시 환산해 본 후 불이익변경금지 원칙에 반하지 않는 한 채무자의 항소를 일부 인용하여야 한다**."고 한다(2007. 4. 12. 2006다72765).

3. 검토

복심제는 소송경제에 반하고 제1심 소송절차가 의미가 없어지므로 타당하지 않고, 사후심제는 항소심이 제1심 판결을 유지할 수 없다고 판단하는 경우에 새로운 결론을 내릴 판단자료를 확보하기 어려우므로 타당하지 않다. 따라서 속심제가 타당하다.

Ⅲ. 항소의 대상

> 제390조(항소의 대상) ① 항소는 제1심 법원이 선고한 종국판결에 대하여 할 수 있다. 다만, 종국판결 뒤에 양 쪽 당사자가 상고할 권리를 유보하고 항소를 하지 아니하기로 합의한 때에는 그러하지 아니하다. ② 제1항 단서의 합의에는 제29조 제2항의 규정을 준용한다.
>
> 제391조(독립한 항소가 금지되는 재판) 소송비용 및 가집행에 관한 재판에 대하여는 독립하여 항소를 하지 못한다.
>
> 제392조(항소심의 판단을 받는 재판) 종국판결 이전의 재판은 항소법원의 판단을 받는다. 다만, 불복할 수 없는 재판과 항고로 불복할 수 있는 재판은 그러하지 아니하다.

Ⅳ. 항소제기의 방식

> 제397조(항소의 방식, 항소장의 기재사항) ① 항소는 항소장을 제1심 법원에 제출함으로써 한다.
> ② 항소장에는 다음 각호의 사항을 적어야 한다.
>   1. 당사자와 법정대리인
>   2. 제1심 판결의 표시와 그 판결에 대한 항소의 취지

판례는 "제398조, 제274조 제1항은 항소장에는 당사자 또는 대리인이 기명날인 또는 서명하여야 한다고 규정하고 있으나, 항소장에 항소인의 기명날인 등이 누락되었더라도 기재에 의하여 항소인이 누구인지 알 수 있고, 그것이 항소인 의사에 기하여 제출된 것으로 인정되면 이를 무효라고 할 수 없다."고 한다(2011. 5. 13. 2010다84956).

Ⅴ. 재판장의 항소장심사권

> 제399조(원심재판장 등의 항소장심사권) ① 항소장이 제397조 제2항의 규정에 어긋난 경우와 항소장에 법률의 규정에 따른 인지를 붙이지 아니한 경우에는 원심재판장은 항소인에게 상당한 기간을 정하여 그 기간 이내에 흠을 보정하도록 명하여야 한다. 원심재판장은 법원사무관 등으로 하여금 위 보정명령을 하게 할 수 있다.
> ② 항소인이 제1항의 기간 이내에 흠을 보정하지 아니한 때와, 항소기간을 넘긴 것이 분명한 때에는 원심재판장은 명령으로 항소장을 각하하여야 한다.
> ③ 제2항의 명령에 대하여는 즉시항고를 할 수 있다.
>
> 제400조(항소기록의 송부) ① 항소장이 각하되지 아니한 때에 원심법원의 법원사무관등은 항소장이 제출된 날부터 2주 이내에 항소기록에 항소장을 붙여 항소법원으로 보내야 한다.
> ② 제399조 제1항의 규정에 의하여 원심재판장등이 흠을 보정하도록 명한 때에는 그 흠이 보정된 날부터 1주 이내에 항소기록을 보내야 한다.
> ③ 제1항 또는 제2항에 따라 항소기록을 송부받은 항소법원의 법원사무관등은 바로 그 사유를 당사자에게 통지하여야 한다.
>
> 제401조(항소장부본의 송달) 항소장의 부본은 피항소인에게 송달하여야 한다.
>
> 제402조(항소심재판장 등의 항소장심사권) ① 항소장이 제397조 제2항의 규정에 어긋나거나 항소장에 법률의 규정에 따른 인지를 붙이지 아니하였음에도 원심재판장 등이 제399조 제1항의 규정에 의한 명령을 하지 아니한 경우, 또는 항소장의 부본을 송달할 수 없는 경우에는 항소심재판장은 항소인에게 상당한 기간을 정하여 그 기간 이내에 흠을 보정하도록 명하여야 한다. 항소심재판장은 법원사무관 등으로 하여금 위 보정명령을 하게 할 수 있다.
> ② 항소인이 제1항의 기간 이내에 흠을 보정하지 아니한 때, 또는 제399조 제2항의 규정에 따라 원심재판장이 항소장을 각하하지 아니한 때에는 항소심재판장은 명령으로 항소장을 각하하여야 한다.
> ③ 제2항의 명령에 대하여는 즉시항고를 할 수 있다.

판례는 "제402조 제1항은 항소장 부본을 송달할 수 없는 경우 항소심 재판장은 항소인에게 상당한 기간을 정하여 기간 내에 흠을 보정하도록 명하여야 한다고 규정하고, 제2항은 항소인이 정해진 기간 내에 흠을 보정하지 않는 경우 명령으로 항소장을 각하하여야 한다고 규정하고 있는바, **항소장이나 판결문 등에 기재된 피항소인의 주소 외에 다른 주소가 소송기록에 있는 경우에는 그 다른 주소로**

송달을 시도해 본 다음 그곳으로도 송달되지 않는 경우에 항소인에게 주소보정을 명하여야 하고, 그러한 조치를 취하지 않은 채 항소장에 기재된 주소로 송달이 되지 않았다는 것만으로 곧바로 주소보정을 명하고 이에 응하지 않음을 이유로 항소장을 각하하는 것은 올바른 조치가 아니다."고 한다(2014. 4. 16. 2014마4026).

또한 "대법원은 항소심에서 항소장 부본을 송달할 수 없는 경우 항소심 재판장은 제402조 제1항·제2항에 따라 항소인에게 상당한 기간을 정하여 그 기간 이내에 피항소인의 주소를 보정하도록 명하여야 하고, 항소인이 그 기간 이내에 피항소인의 주소를 보정하지 아니한 때에는 명령으로 항소장을 각하하여야 한다는 법리를 선언하여 왔고, 항소장의 송달불능과 관련한 법원의 실무도 이러한 법리를 기초로 운용되어 왔다. 위와 같은 대법원 판례는 타당하므로 그대로 유지되어야 한다."고 한다(2021. 4. 22. 2017마6438).[142]

또한 "상소장에 법률 규정에 따른 인지를 붙이지 않은 경우 원심 재판장은 상당한 기간을 정하여 흠을 보정하도록 명해야 하고, 상소인이 기간 내에 흠을 보정하지 않은 때에는 원심 재판장은 명령으로 상소장을 각하해야 한다(제399조, 제425조). **상소인이 인지의 보정명령에 따라 인지액에 해당하는 현금을 수납은행에 납부하면서 잘못하여 인지로 납부하지 않고 송달료로 납부한 경우에는 인지가 납부되었다고 할 수 없어 인지 보정의 효과가 발생하지 않으나, 인지액에 해당하는 현금을 송달료로 잘못 납부한 상소인에게는 다시 인지를 보정할 수 있는 기회를 부여함이 타당하다. 원심 재판장은 인지 보정명령 이후 수납은행의 영수필확인서와 영수필통지서가 보정기간 내에 제출되지 않았다고 하더라도 곧바로 상소장을 각하해서는 안 된다. 인지액에 해당하는 현금이 송달료로 납부된 사실이 있는지를 관리은행 또는 수납은행에 전산 그 밖에 적당한 방법으로 확인하고 만일 그러한 사실이 확인되는 경우 상소인에게 인지를 보정하는 취지로 송달료를 납부한 것인지에 관하여 석명을 구하고 다시 인지를 보정할 수 있는 기회를 부여해야 한다.** 이러한 보정의 기회를 부여하지 않은 채 상소장을 각하하는 것은 석명의무를 다하지 않아 심리를 제대로 하지 않은 것으로 위법하다."고 한다(2021. 3. 11. 2020마7755).

Ⅵ. 항소의 취하

> **제393조(항소의 취하)** ① 항소는 항소심의 종국판결이 있기 전에 취하할 수 있다.
> ② 항소의 취하에는 제266조 제3항 내지 제5항 및 제267조 제1항의 규정을 준용한다.

---

[142] 그 이유는 다음과 같다. ① 현재 판례의 태도는 제402조 제1항, 제2항의 문언 해석에 부합하고, 입법연혁을 고려하면 더욱 그러하다. 제402조 제1항, 제2항의 문언에 의하면, 항소장 부본이 피항소인에게 송달되지 않는 경우 항소심재판장은 항소장 부본이 피항소인에게 송달될 수 있도록 항소인에게 항소장의 흠을 보정하도록 명하여야 한다. 여기서 '흠을 보정한다.'는 것은 항소장 부본의 송달불능 원인을 보정하여야 한다는 의미이므로, 송달불능 원인이 피항소인의 주소 때문이라면, 항소인은 피항소인이 항소장 부본을 송달받을 수 있는 주소를 보정하여야 한다는 의미로 해석할 수밖에 없다. 입법연혁에 비추어 보더라도, 소장부본이 송달불능에 이른 경우 재판장이 주소보정명령을 하고 원고가 이를 이행하지 아니한 때 소장각하명령을 하여야 하는 것과 마찬가지로 항소장 부본이 송달불능에 이른 경우에는 재판장이 주소보정명령을 하고 항소인이 이를 이행하지 아니한 때 항소장각하명령을 하여야 한다고 해석함이 타당하다. ② 현재의 판례는 항소인이 항소심재판 진행에 필요한 최소한의 요건을 갖추지 않는 데 대한 제재의 의미라고 이해할 수 있다. ③ 항소심재판장이 항소인에게 항소장 부본이 송달될 수 있는 피항소인의 주소를 보정하라고 명령하는 것은 항소인에게 수인하지 못할 정도의 과중한 부담을 부과한 것도 아니다. ④ 실무상 주소보정명령에서 항소장각하명령을 예고하고 있으므로, 항소장각하명령은 항소인이 충분히 예측할 수 있는 재판이다. ⑤ 현재의 판례는 제1심 재판을 충실화하고 항소심을 사후심에 가깝게 운영하기 위한 향후의 발전 방향에도 부합한다.

1. 의의 및 구별개념

항소의 취하란 **항소인이 일단 제기한 항소를 그 후에 철회하는 일방적 의사표시**이다. 항소의 취하는 항소법원에 대한 의사표시이므로 소송 외에서 당사자 간에 항소취하의 합의를 하여도 그것은 항소의 취하가 아니다. 항소취하를 하게 되면 항소를 제기하지 않았던 것으로 되고 제1심의 종국판결은 확정된다.

항소의 취하는 항소를 제기하지 않았던 것에 불과하므로 **소급하여 소송계속을 소멸케 하는 소의 취하와 구별**되며, 항소의 취하는 항소기간 내이면 다시 항소를 제기할 수 있다는 점에서 **항소할 권리를 소멸시키는 항소권의 포기**와도 구별된다.

2. 항소취하의 요건

가. 항소심의 종국판결 선고 전일 것

1) 문제점

소의 취하는 종국판결의 확정 전까지 가능하지만, **항소의 취하는 항소심의 종국판결 선고 전까지만 가능**하다(제393조 제1항). 항소심 종국판결 선고 이후에도 항소취하를 허용할 경우 항소인이 피항소인의 부대항소에 의해 제1심보다 불리한 판결을 선고받았을 때 항소를 취하하여 유리한 제1심 판결을 선택할 것이기 때문이다. 한편 **피항소인의 부대항소가 있어서 항소심의 판결이 제1심 판결보다 불리하게 나온 후에 부대항소를 한 피항소인이 상고하였는데 상고가 이유 있다고 하여 파기환송 되었다면 파기환송 후의 항소심에서 항소인이 주된 항소를 취하할 수 있는지**가 문제된다.

2) 학설의 대립

① 항소심 판결이 상고심에서 파기되면 항소심의 종국판결의 효력이 소멸하므로 항소취하가 가능하다는 긍정설과, ② 긍정설에 의하면 항소인이 파기환송 전의 원심판결보다 유리한 제1심판결을 확정시킬 수 있고, 부대항소인의 상고심에 대한 재판청구권을 박탈하고, 파기환송판결의 기속력에 반하므로 부당하다는 부정설이 대립된다.

3) 판례의 태도

판례는 파기환송 후의 항소심에서 항소인은 항소취하를 할 수 있다고 한다. 즉 "항소는 항소심의 종국판결이 있기 전에 취하할 수 있는 것으로서(제393조 제1항), 일단 항소심의 종국판결이 있은 후라도 그 종국판결이 상고심에서 파기되어 사건이 다시 항소심에 환송된 경우에는 먼저 있은 종국판결은 그 효력을 잃고 그 종국판결이 없었던 것과 같은 상태로 돌아가게 되므로 **새로운 종국판결이 있기까지는 항소인은 피항소인이 부대항소를 제기하였는지 여부에 관계없이 항소를 취하할 수 있고, 그 때문에 피항소인이 부대항소의 이익을 잃게 되어도 이는 그 이익이 본래 상대방의 항소에 의존한 은혜적인 것으로 주된 항소의 취하에 따라 소멸되는 것이어서 어쩔 수 없다** 할 것이므로, 이미 부대항소가 제기되어 있다 하더라도 주된 항소의 취하는 그대로 유효하다."고 한다(1995. 3. 10. 94다51543).

헌법재판소도 "제393조에 따라 환송 후 항소심에서 항소인이 항소를 취하하여 부대항소인이 항소심 판단을 다시 받지 못하게 되었더라도 **부대항소의 종속성에서 도출되는 당연한 결과이므로 이것 때문에 항소심의 재판을 받을 권리가 침해된 것으로 볼 수는 없다**. 제393조로 인하여 상고심재판이 결과적으로 효력을 상실하더라도 상고심재판을 받을 권리가 침해된 것으로 볼 수 없다."고 한다 (2005. 6. 30. 2003헌바117).

4) 검 토

이는 제393조 제2항에서 제266조 제2항을 준용하지 않아서 발생하는 문제인데, 현행 민사소송법에서는 부대항소인의 동의를 요한다고 해석할 근거가 없기 때문에 긍정설이 타당하다.

나. 항소의 일부취하

판례는 "**항소의 취하는 항소의 전부에 대하여 하여야 하고 항소의 일부취하는 효력이 없으므로**, 병합된 수개의 청구 전부에 대하여 불복한 항소에서 그 중 일부청구에 대한 불복신청을 철회하였더라도 그것은 단지 불복의 범위를 감축하여 심판의 대상을 변경하는 효과를 가져오는 것에 지나지 아니하고, 항소인이 항소심의 변론종결시까지 언제든지 서면 또는 구두진술에 의하여 불복범위를 다시 확장할 수 있는 이상 항소 자체의 효력에 아무런 영향이 없다."고 한다(2017. 1. 12. 2016다241249). 항소의 제기는 상소불가분의 원칙에 의하여 모든 청구에 미치기 때문에, 판례가 타당하다.

다. 항소취하를 할 수 있는 자

㉠ 통상공동소송의 경우, 공동소송인 1인의 또는 1인에 대한 항소취하가 인정된다. ㉡ 필수적 공동소송의 경우, 공동소송인 전원의 또는 전원에 대한 항소취하만이 인정된다. ㉢ 보조참가의 경우, 보조참가인은 피참가인이 제기한 항소를 취하할 수 없으나, 보조참가인이 제기한 항소를 취하하는 것에 대해서 피참가인의 동의가 있으면 보조참가인도 항소취하를 할 수 있다. 보조참가인이 제기한 항소는 피참가인이 취하를 할 수 있다. 다만, 공동소송적 보조참가인이 상소를 한 경우, 피참가인이 상소를 취하하여도 상소의 효력은 지속된다. ㉣ 독립당사자참가의 경우, 패소한 두 당사자 중 한 당사자만이 항소를 제기한 경우에, 패소한 당사자로서 항소하지 않은 자의 지위에 대해 '단순한 상소심 당사자설'에 의할 경우 항소한 당사자는 다른 패소자의 동의 없이 항소 취하가 가능하다. 그러나 패소한 두 당사자 모두가 항소한 경우에는 그 중 1인이 항소를 취하하여도 취하하지 아니한 당사자의 항소는 유효하므로 취하한 당사자는 항소심의 단순한 당사자가 되고 3개의 청구가 항소심의 심판대상이 된다.

라. 법원에 대한 소송행위

항소의 취하는 항소인의 의사표시만으로 되는 법원에 대한 단독적 소송행위이므로 소의 취하와 달리 어느 때나 상대방의 동의가 필요 없다. 제393조 제2항에서 제266조 제2항을 준용하지 않기 때문이다.

마. 소송행위의 유효요건을 갖출 것

항소취하는 소송행위이므로 조건을 붙일 수 없으며 그 의사표시가 형사상 처벌을 받을 타인의 행위에 의하여 항소가 취하된 경우가 아닌 이상 착오·사기·강박 등 의사의 하자를 이유로 그 행위의 무효·취소를 주장할 수 없다(하자불고려설). 또한 의사무능력자가 한 항소의 취하는 무효이다.

3. 항소취하의 방식

항소취하의 방식은 소의 취하의 규정이 준용된다. 따라서 항소취하서의 제출 또는 변론 중에 말로 할 수 있다. 판례는 **"적법한 항소취하서가 제출되면 그때에 취하의 효력이 발생하는 것**이고, 제393조 제2항에서 제266조 제4항을 준용하여 항소취하서를 상대방에게 송달하도록 한 취지는 항소취하를 알려주라는 뜻이지 그 통지를 항소취하의 요건 내지 효력으로 한다는 취지는 아니다."고 한다(1980. 8. 26. 80다76).

또한 "상고인 자신이 상고취하서에 인장을 날인하여 소외인에게 교부하였다면, **상고취하서가 제출에 관하여 소외인과의 사이에 이루어진 약속이 이행되지 않은 채 제출**되었다 하더라도, 이를 상고인의 의사에 반하여 제출된 것이라고는 할 수 없다."고 한다(1970. 10. 23. 69다2046).

4. 항소취하의 효과

판례는 "항소의 취하가 있으면 소송은 처음부터 항소심에 계속되지 아니한 것으로 보게 되나(제393조 제2항, 제267조 제1항), 항소취하는 소의 취하나 항소권의 포기와 달리 제1심 종국판결이 유효하게 존재하므로, 항소기간 경과 후에 항소취하가 있는 경우에는 항소기간 만료 시로 소급하여 제1심 판결이 확정되나, **항소기간 경과 전에 항소취하가 있는 경우에는 판결은 확정되지 아니하고 항소기간 내라면 항소인은 다시 항소의 제기가 가능하다.**"고 한다(2016. 1. 14. 2015므3455). 다만 항소권을 포기하였다면 항소기간이 경과되기 전이라도 다시 항소를 제기할 수 없다.

5. 항소취하의 간주 : 쌍불취하

당사자 쌍방이 2회에 걸쳐 항소심의 변론기일에 출석하지 아니한 후, 1개월 내에 기일지정신청이 없거나 기일지정신청에 의하여 정한 기일 또는 그 후의 기일에 당사자 쌍방이 출석하지 아니한 때에는 항소취하가 있는 것으로 본다(제268조 제4항). 즉 항소심에서의 기일의 해태로 인하여 항소취하 간주의 효과가 발생한다.

6. 항소취하의 합의

당사자가 재판 외에서 항소를 취하하기로 합의하는 것은 소취하 합의와 마찬가지로 소송계약으로서 유효하다. 피항소인의 항소취하 계약의 존재에 대한 주장·입증이 있으면, 항소법원은 항소인의 항소가 항소의 이익이 없다고 하여 항소를 각하하여야 한다(항변권발생설).

Ⅶ. 부대항소

1. 의의 및 취지

> 제403조(부대항소) 피항소인은 항소권이 소멸된 뒤에도 변론이 종결될 때까지 부대항소를 할 수 있다.

부대항소란 **피항소인이 항소인의 항소에 의하여 개시된 항소심 절차에 부대해서, 원 판결에 대한 불복을 신청하여 항소심의 심판범위를 자기에게 유리하게 확장시키는 신청**을 말한다. 부대항소가 인정되는 이유는 항소인의 항소범위의 확장에 대응하여 항소권이 소멸된 피항소인에게도 부대항소를 허용함이 공평의 원칙에 부합하고, 부대항소로서 항소인에 의하여 불복하지 않은 부분도 심판범위에 포함시킬 수 있고, 제1심 판결사항이 아니었던 것까지도 항소심의 심판범위에 포함시킬 수 있게 하여 소송경제를 도모하기 위함이다.

2. 법적 성질

가. 문제점

부대항소의 경우에 항소의 이익이 필요한지 여부와, 전부 승소한 피항소인이 원고인 경우 청구의 확장이나, 피고인 경우 반소의 제기를 할 수 있는지에 논의의 실익이 있다.

나. 학설의 대립

① **항소설**은 부대항소도 항소로 보아 항소의 이익이 없으면 부적법하다고 한다. 따라서 제1심에서 전부승소한 당사자가 항소심에서 청구를 확장·변경하거나 반소의 제기를 위하여 부대항소를 하는 것은 허용되지 않는다고 한다. ② **비항소설**은 부대항소는 항소가 아니기 때문에 항소의 이익을 필요로 하지 않는다고 한다. 따라서 제1심에서 전부승소한 당사자가 항소심에서 청구를 확장·변경하거나 반소의 제기를 위하여 부대항소를 하는 것은 허용된다고 한다.

다. 판례의 태도 : 비항소설

판례는 "제1심에서 <u>원고가 전부 승소</u>하여 피고만이 항소한 경우에 원고는 항소심에서도 청구취지를 확장할 수 있고 이는 부대항소를 한 것으로 의제된다."고 하여(1992. 12. 8. 91다43015), 비항소설의 입장이다.

라. 검 토

부대항소는 상대방의 항소에 의하여 이심된 상태를 이용하여 편승하는 것으로서 이에 의하여 항소심 절차가 개시되는 것이 아니므로 비항소설이 타당하다. 따라서 항소기간이 경과한 경우, 항소권의 포기 등으로 항소권이 소멸한 경우, 전부 승소한 경우에도 부대항소가 가능하다.

3. 요 건

가. 주된 항소의 적법한 계속이 있을 것

부대항소를 제기할 수 있기 위하여서는 상대방과의 사이에 주된 항소가 적법하게 계속되어 있어야 한다. 따라서 재심개시결정에 따른 항소가 계속된 경우에도 허용된다. 그러나 주된 항소가 취하 또는 각하되면 부대항소를 제기할 수 없다.

나. 부대항소의 대상

부대항소의 대상은 주된 항소에 의하여 불복을 신청한 종국판결에 한한다. 따라서 제1심 판결이 당사자 일방에 대하여 일부패소를 선고한 때에, 그 부분에 대한 주된 항소가 있으면 사건 전부에 대하여 이심의 효력이 발생하므로, 항소인의 승소부분에 대하여 피항소인이 부대항소를 할 수 있다.

판례는 "부대항소란 피항소인의 항소권이 소멸하여 독립하여 항소를 할 수 없게 된 후에도 상대방이 제기한 항소의 존재를 전제로 이에 부대하여 원판결을 자기에게 유리하게 변경을 구하는 제도로서, **피항소인이 부대항소를 할 수 있는 범위는 항소인이 주된 항소에 의하여 불복을 제기한 범위에 의하여 제한을 받지 아니한다.**"고 한다(2003. 9. 26. 2001다68914).

다. 부대항소의 당사자

1) 당사자적격

주된 항소의 피항소인 또는 그 보조참가인이 항소인을 상대로 제기하여야 한다(제403조). 따라서 당사자 쌍방이 모두 주된 항소를 제기한 경우에는 그 일방은 상대방의 항소에 부대항소를 할 수 없다. 이러한 경우에는 부대항소의 필요성도 없다.

판례는 "통상의 공동소송에 있어 공동당사자 일부만이 항소를 제기한 때에는 피항소인은 항소인인 공동소송인 이외의 다른 공동소송인을 상대방으로 하거나 상대방으로 보태어 부대항소를 제기할 수는 없다."고 한다(2015. 4. 23. 2014다89287).[143]

2) 소송대리인의 부대항소를 위한 특별수권의 필요성

가) 문제점

항소인의 소송대리인은 상대방의 부대항소에 응소할 수 있다. 그런데 **피항소인의 소송대리인이 항소심에서의 소송대리권은 있지만, 상소의 특별수권이 없는 경우**에 부대항소를 제기할 수 있는지 문제된다.

나) 학설의 대립

① 부대항소에는 항소에 관한 규정이 적용되므로(제405조), 특별수권이 있어야 된다는 견해와, ② 부대항소는 항소에 편승하여 심판범위를 유리하게 확장시키는 신청에 불과하므로 특별수권이 없어도 된다는 견해와, ③ 원고 측의 소송대리인의 경우에는 특별수권이 없어도 되나, 피고 측의 소송대리인의 경우에는 특별수권이 있어야 된다는 견해가 대립된다.

다) 검 토

원고 측의 소송대리인이 제기하는 부대항소는 청구취지의 확장과 동일하므로 특별수권이 없어도 되지만, 피고 측의 소송대리인이 제기하는 부대항소는 반소(제90조 제2항 제1호)와 동일하므로 특별수권이 있어야 된다. 따라서 제③설이 타당하다.

라. 부대항소의 가능 시기

부대항소는 항소기간의 제한을 받지 않으며 주된 항소심의 변론종결 전이면 부대항소의 제기가 가능하다(제403조). 따라서 부대항소를 취하하였더라도 주된 항소심의 변론종결 전이면 다시 부대항소를 제기할 수 있다. 한편 변론종결 뒤에는 부대항소를 제기하지 못하지만 종결된 변론이 재개되는 경우나 상고심에서 파기환송되어 다시 항소심에 계속 중인 경우에는 부대항소를 할 수 있다.

---

143) [**판례평석**] 이러한 부대항소는 부적법하므로 각하해야 한다. 공동소송인 독립의 원칙상 해당 판결부분은 분리확정된다 (김홍엽, 제10판, 1226면).

마. 부대항소권의 포기가 없었을 것

피항소인은 부대항소권 자체를 포기한 것이 아닌 한 자기의 항소권을 포기하거나 항소기간의 도과로 항소권이 소멸된 경우에도 부대항소를 제기할 수 있다.

4. 방 식

가. 항소에 관한 규정 적용

제405조(부대항소의 방식) 부대항소에는 항소에 관한 규정을 적용한다.

부대항소의 방식은 항소에 관한 규정에 의한다. 즉 부대항소장에는 제397조 제2항에 준한 사항을 기재하여야 하고, 항소장에 준하는 인지를 붙여야 한다. 따라서 원칙적으로 부대항소장을 제출하여야 하지만, 변론에서 말로 진술하여도 상대방이 이의권을 포기하면 적법한 제기로 볼 수 있다.

판례는 "청구취지변경신청서 및 준비서면에 부대항소한다는 취지가 명기되지 않았더라도 **기재 내용으로 보아 부대항소를 제기한 것으로 본 사례**"가 있다(1993. 4. 27. 92다47878). 또한 "**피고가 원심에서 변제 항변을 한 것**은 제1심판결에서 지급을 명한 손해배상금이 변제되어 소멸되었다는 취지이므로, 이는 **제1심판결에 대해 부대항소를 한 취지라고 볼 여지가 많다.**"고 한다(2021. 10. 28. 2021다253376).

또한 "부대항소란 피항소인이 제기한 불복신청으로 항소심의 심판 범위가 항소인의 불복 범위에 한정되지 않도록 함으로써 자기에게 유리하게 제1심판결을 변경하기 위한 것이므로, 피항소인은 항소권이 소멸된 뒤에도 변론이 종결될 때까지 부대항소를 제기할 수 있으나(제403조), 항소에 관한 규정이 준용됨에 따라 제397조 제2항에서 정한대로 부대항소 취지가 기재된 '부대항소장'을 제출하는 방식으로 하여야 함이 원칙이다(제405조). 그러나 **피항소인이 항소기간이 지난 뒤에 단순히 항소기각을 구하는 방어적 신청에 그치지 아니하고 제1심판결보다 자신에게 유리한 판결을 구하는 적극적·공격적 신청의 의미가 객관적으로 명백히 기재된 서면을 제출하고, 상대방인 항소인에게 공격방어의 기회 등 절차적 권리가 보장된 경우에는 비록 서면에 '부대항소장'이나 '부대항소취지'라는 표현이 사용되지 않았더라도 부대항소로 볼 수 있다.** 이는 피항소인이 항소기간이 지난 뒤에 실질적으로 제1심판결 중 자신이 패소한 부분에 대하여 불복하는 취지의 내용이 담긴 항소장을 제출한 경우라고 하여 달리 볼 것은 아니다."고 한다(2022. 10. 14. 2022다252387).

나. 부대항소의 취하

부대항소도 취하할 수 있고 그 취하에는 상대방의 동의를 필요로 하지 않는다.

5. 효 력

가. 항소심의 심판범위의 확장

부대항소에 의하여 항소심 법원의 심판범위가 확장되면 피항소인의 불복의 당부도 심판대상이 된다. 따라서 불이익변경금지의 원칙이 배제되어 항소인에게 제1심보다 더 불이익한 판결을 할 수 있다. 판례도 "**피고만이 항소한 항소심에서 원고가 청구취지를 확장 변경한 경우에는 그에 의하여 피고에게 불리하게 되는 한도에서 부대항소를 한 취지라고 볼 것이므로,** 항소심이 1심 판결의 인용금액을 초과하여 원고 청구를 인용하더라도 불이익변경금지의 원칙에 위배되는 것이 아니다."고 한다 (2000. 2. 25. 97다30066).

또한 "원고의 청구가 모두 인용된 제1심 판결에 대하여 피고가 지연손해금 부분에 대하여만 항소를 제기하고, 원금 부분에 대하여는 항소를 제기하지 아니하였더라도 **제1심에서 전부 승소한 원고가 항소심 계속 중 부대항소로서 청구취지를 확장할 수 있는 것**이므로, 항소심이 원고의 부대항소를 받아들여 제1심 판결의 인용금액을 초과하여 원고 청구를 인용하였더라도 불이익변경금지의 원칙이나 항소심의 심판범위에 관한 법리오해의 위법이 없다."고 한다(2003. 9. 26. 2001다68914).

나. 부대항소의 종속성

> **제404조(부대항소의 종속성)** 부대항소는 항소가 취하되거나 부적법하여 각하된 때에는 그 효력을 잃는다. 다만, 항소기간 이내에 한 부대항소는 독립된 항소로 본다.

부대항소는 상대방의 항소에 의존하는 것이기 때문에 주된 항소가 취하되거나 부적법하여 각하된 때에는 그 효력을 잃는다. 다만, 부대항소가 제기된 후에 주된 항소가 취하되거나 부적법 각하되더라도 부대항소가 독립하여 항소할 수 있는 기간 내에 제기되었으면 독립된 항소로 보아 항소의 취하·각하에 의하여 그 영향을 받지 않는다(제404조). 이를 **독립부대항소**라 한다. 다만 독립부대항소는 항소의 일반요건을 구비하여야 한다.

Ⅷ. 항소심의 심리

> **제406조(가집행의 선고)** ① 항소법원은 제1심 판결 중에 불복신청이 없는 부분에 대하여는 당사자의 신청에 따라 결정으로 가집행의 선고를 할 수 있다.
> ② 제1항의 신청을 기각한 결정에 대하여는 즉시항고를 할 수 있다.
>
> **제407조(변론의 범위)** ① 변론은 당사자가 제1심 판결의 변경을 청구하는 한도 안에서 한다.
> ② 당사자는 제1심 변론의 결과를 진술하여야 한다.

판례는 "원고의 1개의 청구의 일부를 기각하는 제1심 판결에 대하여 피고만이 항소를 하였더라도 제1심 판결의 심판대상이었던 청구 전부가 불가분적으로 항소심에 이심되나, **항소심의 심판범위는 이심된 부분 가운데 피고가 불복 신청한 한도로 제한되고, 나머지 부분에 관하여는 원고가 불복한 바가 없어 항소심의 심판대상이 되지 아니하므로 항소심으로서는 원고의 1개의 청구 중 불복하지 아니한 부분을 인용할 수 없다.** 이 사건 본소청구 가운데 채무불이행으로 인한 손해배상청구 중 제1심이 인용한 79만 원 부분을 초과하는 부분은 원고가 불복한 바 없어 원심의 심판대상이 되지 아니하므로 원심으로서는 이 부분을 다시 인용할 수 없다고 할 것임에도, 원심이 79만 원 부분보다 26만 원을 초과하여 105만 원 부분을 인용한 것은 항소심의 심판범위에 관한 법리를 오해하여 판결 결과에 영향을 미친 위법이 있다고 할 것이므로, 이 점을 지적하는 부대상고이유에서의 주장은 이유 있다. 나아가 이와 같이 **항소심의 심판대상이 되지 아니하는 26만 원 부분에 관하여는 원심판결의 선고와 동시에 확정되어 소송이 종료되었다.**"고 한다(2004. 6. 10. 2004다2151).

IX. 항소심의 종국적 재판

1. 항소장각하명령

항소장이 방식위배, **항소기간 도과후의 제출**(2011. 9. 29. 2011마1335), 송달불능인 경우에는 재판장의 명령으로 항소장을 각하한다. 다만 이러한 경우에도 **항소장부본이 피항소인에게 송달된 뒤에는 법원이 판결로 항소를 각하**하여야 한다(1981. 6. 23. 80다2315).

2. 항소각하결정

> **제402조의2(항소이유서의 제출)** ① 항소장에 항소이유를 적지 아니한 항소인은 제400조 제3항의 통지를 받은 날부터 40일 이내에 항소이유서를 항소법원에 제출하여야 한다.
> ② 항소법원은 항소인의 신청에 따른 결정으로 제1항에 따른 제출기간을 1회에 한하여 1개월 연장할 수 있다.
>
> **제402조의3(항소이유서 미제출에 따른 항소각하 결정)** ① 항소인이 제402조의2 제1항에 따른 제출기간(같은 조 제2항에 따라 제출기간이 연장된 경우에는 그 연장된 기간을 말한다) 내에 항소이유서를 제출하지 아니한 때에는 항소법원은 결정으로 항소를 각하하여야 한다. 다만, 직권으로 조사하여야 할 사유가 있거나 항소장에 항소이유가 기재되어 있는 때에는 그러하지 아니하다.
> ② 제1항 본문의 결정에 대하여는 즉시항고를 할 수 있다.

3. 항소각하판결

> **제413조(변론없이 하는 항소각하)** 부적법한 항소로서 흠을 보정할 수 없으면 변론 없이 판결로 항소를 각하할 수 있다.

4. 항소기각판결

> **제414조(항소기각)** ① 항소법원은 제1심 판결을 정당하다고 인정한 때에는 항소를 기각하여야 한다.
> ② 제1심 판결의 이유가 정당하지 아니한 경우에도 다른 이유에 따라 그 판결이 정당하다고 인정되는 때에는 항소를 기각하여야 한다.

항소심 법원은 항소인의 항소가 이유 없다고 판단하는 경우에 제1심 판결을 유지하는 항소기각판결을 한다. 따라서 항소법원은 **제1심 판결이 정당하다고 인정하는 경우**(제414조 제1항)와, **제1심 판결의 이유가 정당하지 아니한 경우에도 다른 이유로 판결이 정당하다고 인정하는 경우**(제414조 제2항 ; 판결 이유 중의 판단에는 기판력이 발생하지 않기 때문임)에 항소기각판결을 한다.

그러나 상계항변에 의하여 청구기각의 승소판결을 받은 피고가 항소하였는데 항소심에서 변제 등과 같은 사유로 청구기각의 승소판결을 받을 수 있는 경우에, 법원은 제1심 판결을 취소하고 청구기각의 판결을 선고하여야 한다. 상계항변에는 기판력이 발생하기 때문이다(제216조 제2항).

판례는 "항소심에 이르러 소가 교환적으로 변경된 경우에는 구 청구는 취하되어 그에 해당하는 제1심판결은 실효되고 신 청구만이 항소심의 심판대상이 되므로, **제1심이 원고의 청구를 일부 인용한 데 대하여 쌍방이 항소하였고 항소심이 제1심이 인용한 금액보다 추가로 인용하는 경우, 항소심**

은 제1심 판결 중 항소심이 추가로 인용하는 부분에 해당하는 원고 패소부분을 취소한다거나 피고의 항소를 기각한다는 주문 표시를 하여서는 아니 된다."고 한다(2009. 2. 26. 2007다83908).

또한 항소심에 이르러 새로운 청구가 추가된 경우, **항소심이 기존의 청구와 추가된 청구를 모두 배척할 때의 주문 표시 방법**에 대하여, "항소심에 이르러 새로운 청구가 추가된 경우 항소심은 추가된 청구에 대해서는 실질상 제1심으로서 재판하여야 한다. **제1심이 기존의 청구를 기각한 데 대하여 원고가 항소하였고 항소심이 기존 청구와 항소심에서 추가된 청구를 모두 배척할 경우 단순히 "원고의 항소를 기각한다."라는 주문 표시만 해서는 안 되고, 이와 함께 항소심에서 추가된 청구에 대하여 "원고의 청구를 기각한다."라는 주문 표시**를 해야 한다."고 한다(2021. 5. 7. 2020다292411).

5. 항소인용판결

제416조(제1심 판결의 취소) 항소법원은 제1심 판결을 정당하지 아니하다고 인정한 때에는 취소하여야 한다.

제417조(판결절차의 위법으로 말미암은 취소) 제1심 판결의 절차가 법률에 어긋날 때에 항소법원은 제1심 판결을 취소하여야 한다.

제418조(필수적 환송) 소가 부적법하다고 각하한 제1심 판결을 취소하는 경우에는 항소법원은 사건을 제1심 법원에 환송하여야 한다. 다만, 제1심에서 본안판결을 할 수 있을 정도로 심리가 된 경우, 또는 당사자의 동의가 있는 경우에는 항소법원은 스스로 본안판결을 할 수 있다.

제419조(관할위반으로 말미암은 이송) 관할위반을 이유로 제1심 판결을 취소한 때에는 항소법원은 판결로 사건을 관할법원에 이송하여야 한다.

가. 항소의 인용

항소가 이유 있을 때, 즉 제1심 판결이 정당하지 아니한 때에는 제1심 판결을 취소한다(제416조). 항소가 이유 있을 때란 (a) **원심판결이 부당하다고 인정할 때**(제416조)와, (b) **원심판결의 절차가 법률에 어긋날 때**(제417조)144)를 말한다.

나. 자판 또는 필수적 환송

1) 필수적 환송과 자판

제1심 판결이 **소각하 판결인 경우**에는 원고의 심급의 이익을 보장하기 위하여 사건을 원심법원으로 환송해야 한다(제418조 본문, 필수적 환송). 그러나 항소심은 사실심이므로 다른 법원으로 환송 또는 이송하는 것은 예외적이고, 스스로 재판(자판)을 하는 것이 원칙이다. 즉 제1심 법원이 소각하판결을

---

144) 제1심법원은 피고에게 소장 부본만을 송달하였을 뿐 최초의 변론기일소환장은 물론 제8차에 걸친 변론기일소환장 전부를 전혀 적법하게 송달하지 아니한 셈이 되는데, 변론기일소환장을 피고에게 제대로 송달하지 않고 피고가 출석하지도 아니한 상태에서 변론기일을 진행하였으므로 적법하게 변론을 진행한 것이라고 볼 수 없고, 부적법하게 진행된 변론기일에 변론을 종결하고 판결선고기일을 지정·고지한 만큼 지정·고지의 효력이 피고에게 미친다고 할 수도 없으며, 판결선고기일소환장은 아예 송달하지도 아니하였으므로, 제1심의 중대한 소송절차가 법률에 어긋난 경우에 해당하여 제1심판결은 부당하다고 아니할 수 없고, 제1심의 판결절차(판결의 선고절차) 역시 법률에 어긋난 것으로 보지 않을 수 없다. 따라서 원심은 제416조, 제417조에 의하여 제1심판결 전부를 일단 취소하고 소장의 진술을 비롯하여 소송서류의 송달과 증거의 제출 등 모든 변론절차를 새로 진행한 다음 본안에 대하여 다시 판단하였어야 함에도 불구하고, 제1심판결 중 지연손해금에 관한 피고 패소 부분의 일부만을 취소하고 피고의 나머지 항소를 기각하고 말았으니, 원심판결에는 중대한 소송절차 및 판결절차가 법률에 어긋날 때에 관한 법리를 오해한 위법이 있다(2004. 10. 15. 2004다11988).

선고하였고 항소심이 제1심 판결을 취소하는 경우에도, **제1심에서 본안판결을 할 수 있을 정도로 본안심리가 된 경우, 당사자의 동의가 있는 경우** 등에는 자판할 수 있다(제418조 단서).

2) 임의적 환송의 인정가능성

가) 문제점

제418조 본문의 요건을 갖추지 못한 경우에도 항소심 법원이 재량으로 제1심으로 환송, 즉 임의적 환송을 할 수 있는지 문제된다.

나) 견해의 대립

① 명문의 규정이 없더라도 임의적 환송을 금지한 취지라고 단정하기 어려우므로 경우에 따라 임의적 환송을 할 수 있다는 긍정설, ② 구법상의 임의적 환송제도를 없앤 현행 민사소송법의 취지상 임의적 환송을 할 수 없다는 부정설(다수설)이 대립된다.

다) 판례의 태도

판례는 "**항소심은 판결절차에 위법이 있어 제1심 판결을 취소하는 경우 환송하지 않고 자판할 수 있다.**"고 한다(1971. 10. 11. 71다1805). 또한 "민사소송법이 항소심의 구조에 관하여 기본적으로 사후심제가 아닌 속심제를 채택하고 있는 만큼, 심급제도의 유지나 소송절차의 적법성의 보장이라는 이념이 재판의 신속과 경제라는 민사소송제도의 또 다른 이념에 항상 우선한다고 볼 수는 없을 뿐만 아니라, **현행 민사소송법은 소송의 지연을 방지하기 위하여 항소심이 재량에 의하여 임의로 사건을 제1심 법원에 환송할 수 있는 임의적 환송에 관한 규정을 두지 않고**, 제418조가 항소법원은 소가 부적법하다고 각하한 제1심 판결을 취소하는 경우에만 사건을 제1심 법원에 필요적으로 환송하도록 규정하면서 그 경우에도 제1심에서 본안판결을 할 수 있을 정도로 심리가 된 경우 또는 당사자의 동의가 있는 경우에는 항소법원은 본안판결을 할 수 있도록 규정함으로써, **재판의 신속과 경제를 위하여 심급제도의 유지와 소송절차의 적법성의 보장이라는 이념을 제한할 수 있는 예외적인 경우를 인정**하고 있는 점 등에 비추어 볼 때, **항소법원이 제1심 판결을 취소하는 경우 반드시 사건을 제1심 법원에 환송하여야 하는 것은 아니다.**"고 한다(2013. 8. 23. 2013다28971).[145]

라) 검 토

소송지연을 방지하고, 항소심이 속심이라는 점을 고려하면 부정설이 타당하다.

다. 이 송

(a) 전속관할의 위반을 이유로 취소할 때에는 제1심 관할법원으로 이송하여야 한다(제419조). 전속관할은 공익성이 강하기 때문이다. 그러나 (b) 임의관할을 위반한 경우에는 취소사유가 되지 않는다(제411조). 제1심에서 관할위반의 항변을 하지 않았으면 변론관할(제30조)이 생기고, 관할위반을 이유로 이송신청을 하였는데 법원이 기각한 경우에는 즉시항고(제29조)로 불복할 수 있기 때문이다.

---

145) [판례평석] 판례는 예외적으로 이를 인정할 여지를 두고 있다(정영환. 개정신판. 1287면). 판례는 항소법원이 제1심판결을 취소한 경우 반드시 사건을 제1심법원에 환송하여야 하는 것은 아니라는 입장(환송하지 않고 직접 다시 판결을 할 수 있다는 입장)으로, 필요한 경우 재량에 의한 임의적 환송을 인정하는 태도인 것으로 이해된다(김홍엽. 제10판. 1236면).

6. 소각하판결

항소심에서 원고의 소가 소송요건이 흠결되어 부적법하다는 것이 밝혀지면 흠결이 보정되지 않는 한 항소심은 소각하판결을 해야 한다. 소송요건은 본안재판의 전제요건이므로, 소송요건이 흠결된 청구에 대하여 본안재판을 할 수 없기 때문이다.

X. 불이익변경금지의 원칙

1. 의의 및 취지

> 제415조(항소를 받아들이는 범위) 제1심 판결은 그 불복의 한도 안에서 바꿀 수 있다. 다만, 상계에 관한 주장을 인정한 때에는 그러하지 아니하다.

불이익변경금지의 원칙이란 **상급심은 당사자가 하급심판결에 대해서 불복을 신청한 범위 내에서 원판결을 변경할 수 있다는 원칙**을 말한다. 상소의 제기에 의하여 사건은 전부 이심되지만(상소불가분의 원칙), 상소심 법원이 하급심 판결의 당부에 대해 심판할 수 있는 것은 항소한 당사자의 불복범위로 한정된다. 따라서 그 한도를 넘어서서 하급심 판결을 불이익 또는 이익으로 변경할 수 없음을 의미하므로, 이 원칙은 이익변경금지를 포함한다.

불이익변경금지의 원칙이 인정되는 근거는 처분권주의가 항소심에서는 불이익변경금지의 원칙으로 발현되었기 때문이다. 따라서 항소인용의 범위와 관련하여 불이익변경금지의 원칙이 규정되어 있으며, 이는 상고심(제425조)과 항고심(제443조)에도 준용된다. 이 원칙에 의하여 당사자는 상소권을 보장받게 되는 기능을 한다.

2. 이익변경의 금지

상소인은 판결을 자기에게 유리하게 변경할 것을 구하는 것이므로, 상급심은 상소가 이유 있으면 상소인에게 유리하게 판결을 변경할 수 있다. 그러나 변경의 범위도 불복의 범위 내에 있어야 하므로, 상소인의 불복신청의 범위를 넘어서 원 판결보다 유리한 재판을 할 수는 없다.

3. 불이익변경의 금지

가. 개 관

상대방의 항소나 부대항소가 없는 한 항소인에게 제1심 판결보다 더 불리하게 변경할 수 없다. 판례는 "항소심은 당사자의 불복신청 범위 내에서 제1심 판결의 당부를 판단할 수 있을 뿐이므로, 제1심 판결이 부당하다고 인정되는 경우라도 판결을 불복당사자의 불이익으로 변경하는 것은 당사자가 신청한 불복의 한도를 넘어 제1심 판결의 당부를 판단하는 것이 되어 허용될 수 없다 할 것인바, 원고만이 항소한 경우에 항소심으로서는 제1심보다 원고에게 불리한 판결을 할 수는 없고, 불이익하게 변경된 것인지 여부는 **기판력의 범위를 기준**으로 하나 공동소송의 경우 원·피고별로 각각 판단하여야 하고, **동시이행의 판결에서는 원고가 반대급부를 제공하지 아니하고는 판결에 따른 집행을 할 수 없어 피고의 반대급부이행청구에 관하여 기판력이 생기지 아니하더라도 반대급부의 내용이 원고에게 불리하게 변경된 경우에는 불이익변경금지 원칙에 반하게 된다.**"고 한다(2005. 8. 19. 2004다8197).

또한 "일방 당사자의 금전채권에 기한 동시이행 주장을 받아들인 판결의 경우 반대 당사자는 금전채권에 관한 이행을 제공하지 아니하고는 자신의 채권을 집행할 수 없으므로, **동시이행 주장을 한 당사자만 항소하였음에도 항소심이 제1심판결에서 인정된 금전채권에 기한 동시이행 주장을 공제 또는 상계 주장으로 바꾸어 인정하면서 금전채권의 내용을 항소인에게 불리하게 변경하는 것은** 불이익변경금지 원칙에 반한다."고 한다(2022. 8. 25. 2022다211928).

나. 소각하 판결에 대한 항소심의 판단이 청구기각인 경우

1) 문제점

소 각하 판결에 대하여 원고만이 항소를 하였는데, 항소심 법원이 소 자체는 적법하지만 이유가 없음이 명백하여 청구기각 사유가 있다고 판단한 경우에, 어떠한 판결을 해야 하는지 문제된다.

2) 학설의 대립

① **항소기각설**은 항소심이 청구기각 판결을 하면 불이익변경금지의 원칙에 위배되므로, 원심판결을 유지하는 취지에서 항소를 기각하여야 한다는 견해이다. ② **필수적 환송설**은 제418조 본문을 적용하여, 제1심 판결을 취소하고 제1심 법원으로 필수적으로 환송하여 3심제를 유지하여야 한다는 견해이다. ③ **청구기각설**은 원고의 항소는 본안판결을 구하는 취지이고 항소심에서 소송요건의 구비를 인정하고 청구기각이 명백하다고 인정될 경우 청구기각 판결을 하더라도 원고의 신청범위를 넘어 원고의 불이익으로 변경하는 것은 아니므로, 제1심 판결을 취소하고 청구기각 판결을 함이 타당하다는 견해이다. ④ **절충설**은 불이익변경금지의 예외일지라도 제418조 단서의 요건, 즉 제1심에서 본안심리가 이루어졌거나 당사자의 동의가 있는 경우에 해당하면 제1심 판결을 취소하고 청구기각을 하고, 그렇지 않으면 제418조 본문에 따라 환송하는 것이 옳다는 견해이다.

3) 판례의 태도 : 항소기각설

판례는 "소의 이익이 있는데도 이익이 없다고 한 원심판단은 잘못이나, 청구가 이유 없는 경우라면, **원고만이 상소한 사건에서 소각하 판결을 파기하여 청구를 기각함은 원고에게 불이익한 결과가 되므로 원심판결을 유지하여야 할 것이다.**"고 하고(1983. 12. 27. 82누491), "소를 각하한 원심판결을 파기하더라도 확정판결의 기판력에 저촉되어 청구가 기각될 운명에 있다면, 불이익변경금지의 원칙을 적용하여 **상고를 기각하여야 한다.**"고 하여(1995. 7. 11. 95다9945), 항소기각설의 입장이다.

4) 검토

불이익변경금지의 원칙상 항소인은 항소가 기각될 뿐이고 그 이상의 위험이 있어서는 안 된다는 취지에서, 항소기각을 하여야 한다는 판례가 타당하다.

다. 상계항변에 대한 판결이유 판단의 변경

1) 문제점

판결이유의 변경은 원칙적으로 주문에 영향이 없으므로 당사자에게 불이익하게 변경이 되어도 상관이 없다. 기판력이 발생하는 사항에 관하여 이익·불이익 문제되는 것이므로, 원칙적으로 주문이 판단기준이 되기 때문이다. 그러나 **상계를 주장한 청구의 성립 또는 불성립의 판단은 상계하자고**

대항한 액수에 한하여 기판력이 있기 때문에(제216조 제2항), 상계항변의 경우에는 불이익 변경의 문제가 발생한다. 따라서 피고의 상계항변을 받아들여 원고의 청구를 기각한 제1심 판결에 대하여 원고 또는 피고가 항소한 경우에 불이익변경금지의 원칙과 관련하여 다음의 문제가 있다.

2) 원고만 항소한 경우

원고만이 항소한 경우에 원고 주장의 소구채권이 존재하지 않는다(또는 피고가 변제하였다)는 이유로 항소를 기각하는 것은 허용되지 않는다. 소구채권의 부존재(또는 피고의 변제)를 이유로 항소기각을 하면 원고는 상계에 제공된 반대채권의 소멸이익을 잃게 되어 제1심 판결보다 불리해지기 때문이다. 또한 제1심 판결을 취소하고 청구기각 판결을 하는 것은 불이익변경금지의 원칙에 위반된다. 따라서 제1심 판결과 동일한 이유로 항소기각 판결을 하여야 한다.

판례도 "항소심은 당사자의 불복신청범위 내에서 제1심 판결의 당부를 판단할 수 있을 뿐이므로, 제1심 판결이 부당하다고 인정되는 경우라도 판결을 불복당사자의 불이익으로 변경하는 것은 당사자가 신청한 불복의 한도를 넘어 제1심판결의 당부를 판단하는 것이 되어 허용될 수 없는바, **제1심판결이 원고가 청구한 채권의 발생을 인정한 후 피고가 한 상계항변을 받아들여 원고의 청구를 기각하고 원고만이 항소한 경우에 항소심이 제1심과는 다르게 원고가 청구한 채권의 발생이 인정되지 않는다는 이유로 원고의 청구를 기각하는 것은 항소인인 원고에게 불이익하게 제1심 판결을 변경하는 것이 되어 허용되지 아니한다.**"고 한다(2010. 12. 23. 2010다67258).

3) 피고만 항소한 경우

피고는 전부 승소하였지만 원고의 소구채권의 부존재를 이유로 승소한 것보다는 불이익이 되기 때문에 피고의 상소의 이익은 인정된다. 이때 피고만이 항소한 경우에 **피고 주장의 반대채권이 부존재한다고 인정되어도 상계항변을 배척하고 제1심 판결을 취소하여 피고의 반대채권이 존재하지 아니 한다는 취지의 청구인용 판결을 하는 것은 불이익변경금지의 원칙에 반하기 때문에 안 되고, 또한 피고주장의 반대채권이 존재하지 아니 한다는 이유로 항소를 기각하는 것도 안 된다.** 따라서 제1심 판결과 동일한 이유로 항소기각의 판결을 하여야 한다.

판례도 "피고의 상계항변을 인용한 제1심 판결에 대하여 피고만이 항소하고 원고는 항소를 제기하지 아니하였는데, 항소심이 피고의 상계항변을 판단함에 있어 제1심이 자동채권으로 인정하였던 부분을 인정하지 아니하고 그 부분에 관하여 피고의 상계항변을 배척하였다면, **항소심이 제1심과는 다르게 자동채권에 관하여 피고의 상계항변을 배척한 것은 항소인인 피고에게 불이익하게 제1심 판결을 변경한 것에 해당한다.**"고 한다(1995. 9. 29. 94다18911).

라. 예비적 병합의 경우

1) 문제점

제1심에서 **주위적 청구는 기각, 예비적 청구는 인용한 전부판결**에 대하여 원고만 또는 피고만 항소한 경우에 이심의 범위와 심판의 범위가 문제된다.

2) 이심의 범위

상소불가분의 원칙상 주위적 청구와 예비적 청구 모두 이심된다. 따라서 판례는 "제1심 법원이 주위적 청구는 기각하고 예비적 청구만을 인용하는 판결을 선고한 데 대하여 피고만 항소를 하더라도, **이심의 효력은 피고의 불복신청의 범위와는 관계없이 사건 전부에 미쳐 주위적 청구에 관한 부분도 항소심에 이심되므로, 피고가 항소심에서 주위적 청구를 인낙하여 인낙이 조서에 기재되면 그 조서는 확정판결과 동일한 효력이 있는 것이고,** 인낙으로 인하여 주위적 청구의 인용을 해제조건으로 병합심판을 구한 예비적 청구에 관하여는 심판할 필요가 없어 사건이 종결되는 것이다."고 한다(1992. 6. 9. 92다12032).

청구의 인낙은 판결의 확정 전에 할 수 있고, 주위적 청구부분이 이심되므로 심판의 대상이 되지 않을 지라도 청구의 인낙을 인정하는 것이 분쟁의 자주적 해결의 기회를 넓히는 것이 되고, 피고가 자기에게 불리한 주위적 청구를 인낙하는 것이어서 불이익변경금지의 원칙도 문제가 되지 않으므로 판례가 타당하다.

3) 원고만 항소한 경우

항소심의 심리 결과 **예비적 청구도 이유 없다**는 심증이 형성되더라도, 불이익변경금지의 원칙상 **항소기각의 판결**을 선고하여야 하고 예비적 청구를 기각할 수는 없다.

4) 피고만 항소한 경우

가) 문제점

항소심의 심리 결과 **주위적 청구가 이유 있고 예비적 청구가 이유 없을 때**에, 항소심의 심판대상이 문제된다.

나) 학설의 대립

① 항소심의 심판대상은 불복신청의 범위에 국한되므로 항소심은 원고의 항소·부대항소가 없는 한 주위적 청구에 대한 제1심 판단의 당부를 심사의 대상으로 삼을 수 없다는 **소극설**(주위적청구비심판설), ② 제1심에서 인용된 예비적 청구와 모순관계에 있는 주위적 청구기각 부분은 예외적으로 항소심의 심판대상에 포함되는 것으로 보고, 항소심에서 결론이 달라질 경우 원심판결 중 예비적 청구가 인용되었던 부분을 한도로 하여 원고의 항소·부대항소 없이 주위적 청구를 인용하더라도 불이익변경금지의 원칙에 어긋나지 않는다는 **적극설**(주위적청구심판설)이 대립된다.

다) 판례의 태도 : 주위적청구비심판설

판례는 "제1심 법원이 주위적 청구는 기각하고 예비적 청구만 인용하는 판결을 선고한 데 대하여 피고만 항소한 경우, 항소제기에 의한 이심의 효력은 사건 전체에 미쳐 주위적 청구에 관한 부분도 항소심에 이심되지만, **항소심의 심판범위는 피고의 불복신청의 범위에 한하는 것으로서 예비적 청구를 인용한 제1심 판결의 당부에 그치고 원고의 부대항소가 없는 한 주위적 청구는 심판대상이 될 수 없다.**"고 한다(1995. 2. 10. 94다31624).

또한 "주위적 청구를 기각하면서 예비적 청구를 일부인용한 환송 전 항소심 판결에 대하여 피고만이 상고하고 원고는 상고도 부대상고도 하지 않은 경우에, **주위적 청구에 대한 항소심 판단의 적부는 상고심의 조사대상으로 되지 아니하고, 환송 전 항소심 판결의 예비적 청구 중 피고 패소 부분만이 상고심의 심판대상**이 되므로, **피고의 상고에 이유가 있는 때에는 상고심은 환송 전 항소심 판결 중**

예비적 청구에 관한 피고 패소부분만 파기하여야 하고, 파기환송의 대상이 되지 아니한 주위적 청구부분은 예비적 청구에 관한 파기환송판결의 선고와 동시에 확정되며 환송 후 원심에서의 심판범위는 예비적 청구 중 피고 패소 부분에 한정된다."고 한다(2001. 12. 24. 2001다62213).

라) 검 토

적극설은 피고의 방어권·변론권을 침해하고 처분권주의(불이익변경금지의 원칙)에 위배되기 때문에, 소극설이 타당하다. 따라서 항소심은 **제1심 판결을 취소하고, 원고의 예비적 청구에 대하여 기각판결을 선고**해야 한다.146) 이 경우에 원고가 주위적 청구에 대하여 상고를 제기할 수 있는지 문제된다.

마) 상고의 대상

판결이 형식적으로 확정되었다는 의미는 당해 절차에서 더 이상 불복할 수 없다는 것을 의미하므로, 항소·부대항소에 의하여 불복이 가능한 최종시점의 도과로 판결은 확정된다. 즉 더 이상 변론이 재개될 수 없는 시점(제142조)인 항소심 판결선고시에 확정된다. 따라서 상고심은 **원고의 주위적 청구에 대한 상고는 상고대상이 될 수 없다는 이유로 각하하고, 주위적 청구에 대한 소송은 항소심 판결선고시에 확정되어 종료되었음을 확인하는 소송종료선언**(민사소송규칙 제67조)을 해야 한다.

판례도 "청구를 모두 기각한 제1심 판결에 대하여 원고가 일부에 대하여만 항소를 제기한 경우, 항소되지 않았던 나머지 부분도 항소로 인하여 확정이 차단되고 항소심에 이심은 되나, 원고가 변론종결시까지 항소취지를 확장하지 아니하는 한 나머지 부분에 관하여는 원고가 불복한 바가 없어 항소심의 심판대상이 되지 아니하므로, 항소심으로서는 원고의 청구 중 항소하지 아니한 부분을 다시 인용할 수는 없다. **원고가 청구를 전부 기각한 제1심판결의 일부에 관하여만 항소하였을 뿐 항소심 변론종결시까지 항소취지를 확장한 바 없는 경우, 원고가 항소하지 아니한 나머지 부분에 관하여는 항소심 판결의 선고와 동시에 확정되어 소송이 종료되었음**을 선언한다."고 한다(2001. 4. 27. 99다30312).147)

또한 "주위적 청구를 기각하고 예비적 청구를 인용한 판결에 대하여 피고만이 항소한 때에, 이심의 효력은 사건 전체에 미치더라도 **원고로부터 부대항소가 없는 한 항소심의 심판대상은 예비적 청구에 국한되는 것**임에도, 원심은 심판대상으로 되지 않은 주위적 청구에 대하여도 제1심과 마찬가지로 원고의 청구를 기각하는 판결을 하였으나, 원심이 무의미한 판결을 하였다고 하여 원고가 그에 대하여 상고함으로써 주위적 청구부분이 상고심의 심판대상으로 되는 것은 아니므로, **원고의 주위적 청구부분에 관한 상고는 심판대상이 되지 않은 부분에 대한 상고로서 불복의 이익이 없어 부적법**하다."고 한다(1995. 1. 24. 94다29065).

주위적 청구에 관해서 심판을 허용하면 불이익변경금지의 원칙에 저촉된다. 또한 원고는 부대항소에 의해서 주위적 청구에 관하여 심판을 구할 수 있었으므로, 원고에게 부당한 것도 아니다. 따라서 주위적 청구부분이 상고의 대상이 될 수 없다는 판례의 입장이 타당하다.

---

146) [주문] 1. 제1심 판결 중 예비적 청구에 관한 부분을 취소한다. 2. 원고의 예비적 청구를 기각한다.
147) [주문] 원심판결의 지연손해금에 관한 부분 중 1997. 5. 20.부터 1998. 8. 26.까지는 연 6푼, 그 다음날부터 완제일까지는 연 2할 5푼의 각 비율에 의한 금원을 초과하여 지급을 명한 부분을 파기한다. 위 부분에 관한 소송은 1999. 4. 29. 원심판결이 선고됨으로써 종료되었다. 피고의 나머지 상고를 기각한다. 상고비용은 피고의 부담으로 한다.

4. 부대상소와 불이익변경금지의 원칙

부대상소가 있으면 사실상 불복의 범위가 확장된 것이므로, 불이익변경금지가 배제되어 상소인에게 불이익한 판결을 할 수 있게 된다.

5. 불이익변경금지의 원칙의 예외

가. 직권탐지주의와 직권조사사항

불이익변경금지의 원칙은 직권탐지주의에 의하는 절차나 부수절차(소송비용의 재판과 가집행선고)에는 적용되지 않는다. 또한 직권조사사항인 소송요건의 흠결을 이유로 소를 각하하는 소송판결에도 원칙적으로 적용되지 않는다. 따라서 청구를 일부 인용한 제1심 판결에 대하여 원고가 항소한 경우에 소의 전부가 부적법하다고 하여 각하할 수 있는지에 대하여, 판례는 직권조사사항에는 불이익변경금지의 원칙이 적용되지 아니하므로 항소심에서 제1심 판결을 취소하고 소각하라는 불이익변경이 가능하다고 한다.

즉 "원고의 수 개의 청구 중 하나의 청구를 인용하고 나머지 청구를 기각한 제1심판결에 대하여 원고만이 항소를 제기하였더라도 원고 승소부분은 원고의 항소로 항소심에 이심되고, **제1심 판결의 변경은 불복신청의 한도에서 할 수 있다는 제415조의 규정은 법원이 당사자의 신청과는 관계없이 직권으로 조사하여야 할 사항에는 적용이 없는 것**이므로, 항소심이 원고들이 불복하지 않은 청구에 대하여도 확인의 이익의 유무를 조사하여 원고들의 청구를 각하한 조치는 정당하고, 불이익변경금지의 원칙에 반하지 않는다."고 한다(1995. 7. 25. 95다14817).

한편 판례는 "가집행선고는 재산권의 청구에 관한 판결의 경우 상당한 이유가 없는 한 당사자의 신청 유무와 관계없이 선고하게 되어 있는 것으로 법원의 직권판단사항이어서 처분권주의를 근거로 하는 제415조의 적용을 받지 않는 것이므로, **가집행선고가 붙지 않은 제1심판결에 대하여 피고만이 항소한 항소심에서 법원이 항소를 기각하면서 가집행선고를 붙였다 하여 제1심 판결을 피고가 신청한 불복의 한도를 넘어 불이익하게 변경한 것이라 할 수 없다.**"고 한다(1991. 11. 8. 90다17804).

나. 판결절차를 위반한 판결에 대한 상소

판결의 성립절차에 법령위배가 있고 그것이 당사자가 포기할 수 없는 성질인 경우에는 항소심은 항소인의 이익·불이익과 관계없이 제1심 판결을 취소할 수 있다(제417조). 예컨대 판결의 기본이 되는 변론에 관여하지 않은 판사가 관여하거나(제424조 제1항 제2호), 판결이 선고기일이 아닌 때에 선고된 경우(제207조 제1항), 판결원본에 기하지 않고 선고한 때(제206조) 등에는 원고의 일부승소판결에 대하여 원고만이 항소하더라도 항소심은 제1심 판결 전부를 취소할 수 있다. 이와 같은 경우는 원래 판결이 있다고 할 수 없으므로, 항소인에게 불이익하더라도 판결을 변경하여야 하기 때문이다.

다. 형식적 형성소송

경계확정소송, 공유물분할청구소송 등 실질이 비송사건인 형식적 형성소송에서는 항소법원은 재량에 따라 합목적적으로 판단하면 되므로, 불이익변경금지의 원칙은 적용되지 아니한다.

라. 예비적·선택적 공동소송

예비적·선택적 공동소송에는 제67조가 준용되는 결과 불이익변경금지의 원칙은 적용되지 아니한다.

마. 독립당사자참가소송

독립당사자참가소송에서 패소하였으나 상소하지 아니한 당사자의 판결부분에 대하여도 불이익변경금지의 원칙이 배제되며, 합일확정을 위해 필요한 한도에서는 패소하였으나 상소하지 아니한 당사자에게 더 유리하게 변경될 수 있다.

바. 항소심에서 상계항변

항소심에서 상계에 관한 주장이 인정된 때에도 불이익변경금지의 원칙의 예외가 된다(제415조 단서). 예컨대 **대여금 청구에서 피고가 전부 변제했다는 항변을 하였는데 제1심은 피고의 변제항변을 일부 인정하여 원고 청구의 일부를 인용**하였다.

(ⅰ) 이에 대해 **원고만 항소하였고 피고는 상계항변**을 하였다. 항소심은 **변제항변은 전부 이유가 없지만 상계항변이 전부 이유가 있는 것으로 인정**하였다. 이 경우에 항소심은 **원고 승소부분까지도 취소하여 원고의 청구를 모두 기각**할 수 있다. 항소심에서 상계항변을 받아들이면 피고는 상계에 제공된 자동채권이 소멸되는 불이익을 입는 반면, 원고는 자동채권의 채무가 소멸되는 이익을 보게 되어, 내용적으로 원고가 전부 승소한 것이므로 실질적으로 원고에게 불리하지 않기 때문이다. 또한 이 경우에 불이익변경금지의 원칙에 따라 원고의 항소를 기각하면 제1심 판결이 유지되는 반면, 피고는 항소심에서 상계로 주장한 자동채권까지 상실하게 되어 부당하기 때문이다.

(ⅱ) 이에 대해 **피고만 항소하고 상계항변**을 하였다. 항소심은 **변제항변은 전부 이유가 없지만 상계항변이 전부 이유가 있는 것으로 인정**하였다. 이 경우에 항소심은 **피고의 패소부분만 취소하고 그 부분의 원고 청구를 기각**할 수만 있다. 피고가 승소한 부분은 불이익변경금지의 원칙상 심판 대상이 될 수 없기 때문이다.

사. 부적법한 일부판결의 경우

일부판결을 할 수 없는 경우에 제1심이 일부판결을 하였을 때에는, 추가판결로서 정리할 수 없고 성질상 이를 전부판결로 보아 이에 대한 항소를 해야 하고, 항소에 의하여 청구는 일체로서 항소심에 이심하며 항소심은 전부에 대하여 심리하게 되는 결과, 항소심 판결이 항소한 당사자에게 불리한 판결을 하는 것이 가능하다.

아. 파기환송 판결 후 법원의 판단

판례는 "**피고만이 상고하여 원심판결 중 피고패소 부분이 파기환송된 경우 원심에 환송되는 사건의 심판 범위는 패소 부분을 넘을 수 없고 이 한도를 초과하여 피고에게 불이익한 판결을 할 수는 없다**. 환송 후 항소심의 소송절차는 환송 전 항소심의 속행이므로 당사자는 원칙적으로 새로운 사실과 증거를 제출할 수 있음은 물론, 소의 변경·부대항소의 제기 이외에 청구의 확장 등 그 심급에서 허용되는 모든 소송행위를 할 수 있고, 또한 민사소송법에는 형사소송법 제368조[148]와 같은 불이익 변경의 금지 규정도 없는 이상, **환송전의 판결보다 상고인에게 불리한 결과가 생기는 것은 불가피하다**."고 한다(1991. 11. 22. 91다18132). 따라서 **피고만의 상고로 피고패소 부분이 파기환송된 후 원고가 청구취지를 확장함으로써 환송 전의 원심보다 환송 후의 원심에서 청구금액이 더 많이 인용**되었다.

---

148) 제368조(불이익변경의 금지) 피고인이 항소한 사건과 피고인을 위하여 항소한 사건에 대해서는 원심판결의 형보다 무거운 형을 선고할 수 없다.

6. 항소심에서 소의 변경 및 반소와 불이익변경금지의 원칙과의 관계

피항소인의 항소 또는 부대항소가 없더라도 **항소심에서 소의 변경·반소가 허용**되어 항소인은 원심판결보다 유리 또는 불리한 판결을 받을 수 있는데, 이는 불이익변경금지의 원칙과 별개의 문제이다.

7. 불이익변경금지의 원칙의 위반의 효과

불이익변경금지의 원칙을 위반하면 **처분권주의를 위반한 것**이므로, 이는 법령위반으로 인한 상고이유가 된다.

제03절 상 고

> 제422조(상고의 대상) ① 상고는 고등법원이 선고한 종국판결과 지방법원 합의부가 제2심으로서 선고한 종국판결에 대하여 할 수 있다.
> ② 제390조 제1항 단서의 경우에는 제1심의 종국판결에 대하여 상고할 수 있다.
> 제425조(항소심절차의 준용) 상고와 상고심의 소송절차에는 특별한 규정이 없으면 제1장의 규정을 준용한다.
> 제426조(소송기록 접수의 통지) 상고법원의 법원사무관등은 원심법원의 법원사무관등으로부터 소송기록을 받은 때에는 바로 그 사유를 당사자에게 통지하여야 한다.
> 제432조(사실심의 전권) 원심판결이 적법하게 확정한 사실은 상고법원을 기속한다.

Ⅰ. 상고의 의의

상고란 항소심 판결에 대하여 상고심에 불복신청을 하는 것을 말한다. 상고심은 사후심으로서 원심판결의 당부를 법률적 측면에서만 심리한다. 즉, 원심판결이 적법하게 확정한 사실은 상고심 법원을 기속한다(제432조).

판례는 "확정판결의 존부는 직권조사사항이어서 법원이 직권으로 조사하여 판단하지 않으면 아니되고, **당사자는 확정판결의 존재를 사실심 변론종결시까지 주장하지 아니하였더라도 상고심에서 주장·입증할 수 있다.**"고 한다(2006. 10. 13. 2004두10227).

Ⅱ. 상고이유

1. 일반적 상고이유

> 제423조(상고이유) 상고는 판결에 영향을 미친 헌법·법률·명령 또는 규칙의 위반이 있다는 것을 이유로 드는 때에만 할 수 있다.

일반적 상고이유는 판결에 영향을 미친 위반사유가 있어야 한다. 따라서 판례는 "당사자의 주장에 대한 판단누락의 위법이 있더라도 그 주장이 배척될 경우임이 명백한 때에는 판결결과에 영향이 없다."고 한다(2002. 12. 26. 2002다56116).

또한 원심판결이 적법하게 확정한 사실은 상고법원을 기속한다(제432조). 따라서 사실문제는 상고이유가 될 수 없다. 그런데 판례는 "의사표시와 관련하여, **당사자에 의하여 무엇이 표시되었는가 하는 점과 의도하려는 목적을 확정하는 것은 사실인정의 문제이고, 인정된 사실을 토대로 그것이 가지는 법률적 의미를 탐구 확정하는 것은 의사표시의 해석으로서, 이는 사실인정과는 구별되는 법률적 판단의 영역에 속하는 것**이다. 그리고 어떤 목적을 위하여 한 당사자의 일련의 행위가 법률적으로 다듬어지지 아니한 탓으로 그것이 가지는 법률적 의미가 명확하지 아니한 경우에는 그것을 법률적인 관점에서 음미, 평가하여 그 법률적 의미가 무엇인가를 밝히는 것 역시 의사표시의 해석에 속한다."고 한다(2001. 3. 15. 99다48948).

2. 절대적 상고이유

> **제424조(절대적 상고이유)** ① 판결에 다음 각호 가운데 어느 하나의 사유가 있는 때에는 상고에 정당한 이유가 있는 것으로 한다.
> 1. 법률에 따라 판결법원을 구성하지 아니한 때
> 2. 법률에 따라 판결에 관여할 수 없는 판사가 판결에 관여한 때
> 3. 전속관할에 관한 규정에 어긋난 때
> 4. 법정대리권·소송대리권 또는 대리인의 소송행위에 대한 특별한 권한의 수여에 흠이 있는 때
> 5. 변론을 공개하는 규정에 어긋난 때
> 6. 판결의 이유를 밝히지 아니하거나 이유에 모순이 있는 때
> ② 제60조 또는 제97조의 규정에 따라 추인한 때에는 제1항 제4호의 규정을 적용하지 아니한다.

판례는 "제424조 제1항 제6호의 절대적 상고이유인 **판결에 이유를 명시하지 아니한 경우라 함은 이유를 전혀 기재하지 아니하거나 이유의 일부를 빠뜨리는 경우 또는 이유의 어느 부분이 명확하지 아니하여 법원이 어떻게 사실을 인정하고 법규를 해석·적용하여 주문에 이르렀는지가 불명확한 경우를 일컫는 것이므로**, 판결이유에 주문에 이르게 된 경위가 명확히 표시되어 있는 이상 당사자의 주장을 판단하지 아니하였다는 사정만으로 판결에 이유를 명시하지 아니한 위법이 있다고 할 수 없고, 또한 당사자의 주장이나 항변에 대한 판단은 반드시 명시적으로만 하여야 하는 것이 아니고 묵시적 방법이나 간접적인 방법으로도 할 수 있다."고 한다(1995. 3. 3. 92다55770).

또한 "판결에 이유를 기재하도록 하는 취지는 법원이 증거에 의하여 인정한 구체적 사실에 법규를 적용하여 결론을 도출하는 방식으로 이루어진 판단과정이 불합리하거나 주관적이 아니라는 것을 보장하기 위하여 그 재판과정에서 이루어진 사실인정과 법규의 선정, 적용 및 추론의 합리성과 객관성을 검증하려고 하는 것이므로, **판결의 이유는 그와 같은 과정이 합리적·객관적이라는 것을 밝힐 수 있도록 결론에 이르게 된 과정에 필요한 판단을 빠짐없이 기재하여야 하고, 그와 같은 기재가 누락되거나 불명확한 경우에는 제424조 제1항 제6호의 절대적 상고이유가 된다.** 판결에 이유를 밝히지 아니한 위법이 이유의 일부를 빠뜨리거나 이유의 어느 부분을 명확하게 하지 아니한 정도가 아니라, **판결에 이유를 전혀 기재하지 아니한 것과 같은 정도**가 되어 당사자가 상고이유로 내세우는 법령위반 등의 주장의 당부를 판단할 수도 없게 되었다면 그와 같은 사유는 당사자의 주장이 없더라도 **법원이 직권으로 조사하여 판단**할 수 있다."고 한다(2005. 1. 28. 2004다38624).

3. 그 밖의 상고이유 : 재심사유

재심사유도 상소에 의하여 주장할 수 있기 때문에(제451조 제1항 단서), 절대적 상고이유에 규정되어 있지 않더라도 법령위반이 되므로 상고이유가 된다. 판례는 "제451조 제1항 각 호의 재심사유를 상고이유로 삼을 수 있다고 할 것이나, **재심사유는 당해 사건에 대한 것이어야 하고, 당해 사건과 관련한 다른 사건에 재심사유가 존재한다는 점을 들어 당해 사건의 상고이유로 삼을 수는 없다.**"고 한다 (2001. 1. 16. 2000다41349).

Ⅲ. 상고심의 절차

1. 상고의 제기

상고의 제기는 상고기간 내에 상고장을 원심법원에 제출하는 것을 말한다(제425·제396·제397조). 상고장이 제출되면 원심법원은 원심재판장의 상고장 심사 후에 소송기록을 송부한다(제425·제400조). 상고심으로 소송기록이 송부되고 상고심 재판장 등의 상고장 심사 후(제425조, 제402조 제1항·제2항), 적법하면 상고장부본을 피상고인에게 송달한다(제425조·제401조). 상고법원의 법원사무관 등이 원심법원으로부터 소송기록의 송부를 받은 때에는 바로 그 사유를 적은 서면을 당사자에게 송달하는 방법으로 통지하여야 한다(제426조).

2. 상고이유서의 제출

> **제427조(상고이유서 제출)** 상고장에 상고이유를 적지 아니한 때에 상고인은 제426조의 통지를 받은 날부터 20일 이내에 상고이유서를 제출하여야 한다.

가. 상고이유서 제출기간

판례는 "상고이유서 제출기간은 불변기간이 아니므로 추완신청의 대상이 될 수 없다."고 한다(1981. 1. 28. 81사2). 또한 "상고법원이 상고이유서 제출기간 내에 제출된 상고이유서 기재의 상고이유에 한하여 조사·판단하여야 함은 제429조·제431조의 규정에서 보아 명백하고, **상고이유서 제출기간이 지난 후에 제출된 상고이유보충서 기재의 상고이유**는 그것이 기간 내에 제출된 상고이유서에서 이미 개진된 상고이유를 보충한 것이거나 직권조사사항에 관한 것이 아닌 **새로운 주장을 포함하고 있을 때에는 새로운 주장은 적법한 상고이유로 삼을 수 없다.**"고 한다(2006. 12. 8. 2005재다20).

나. 상고이유서의 기재방법

판례는 "상고법원은 상고이유에 따라 불복신청의 한도 안에서 심리한다(제431조). 따라서 상고이유서에는 상고이유를 특정하여 원심판결의 어떤 점이 법령에 어떻게 위반되었는지를 구체적이고도 명시적인 이유로 기재하여야 하고, **상고인이 제출한 상고이유서에 구체적이고도 명시적인 이유를 기재하지 않은 때에는 상고이유서를 제출하지 않은 것으로 취급**할 수밖에 없다."고 한다(2024. 5. 17. 2018다262103).

따라서 "상고이유는 상고장에 기재하거나 상고이유서라는 독립된 서면으로 하여야 하고 **다른 서면의 기재 내용을 원용할 수 없는 것**이며, 상고법원은 상고이유에 의하여 불복 신청한 한도 내에서만 조사·판단할 수 있으므로, 상고이유서에는 상고이유를 특정하여 원심판결의 어떤 점이 법령에 어떻게 위반되었는지에 관하여 구체적·명시적인 이유설시가 있어야 한다."고 하고(2008. 1. 24. 2007두23187), **"원심에서의 준비서면의 기재 내용을 단순히 원용할 수는 없다."**고 한다(2008. 2. 28. 2007다52287).

3. 부대상고

가. 의 의

피상고인은 상고에 부대하여 원심판결을 자기에게 유리하게 변경할 것을 신청할 수 있다(제425조·제403조·제404조). 다만, 법률심인 상고심에서는 청구의 변경이나 반소가 허용되지 아니하므로, 부대항소와 달리 전부승소자는 부대상고를 할 수 없다.

나. 부대상고의 제기방식

부대상고의 제기와 부대상고이유서의 제출은 항소심에서의 변론종결시에 대응하는 상고이유서 제출기간 내에 제출하여야 한다. 판례도 "부대상고를 제기할 수 있는 시한은 항소심에서의 변론종결시에 대응하는 **상고이유서 제출기간 만료 시까지이다.**"고 한다(2007. 4. 12. 2006다10439).

따라서 상고이유서 제출기간 내에 부대상고를 제기하지 아니한 경우에 부대상고는 부적법한 것으로서 흠결을 보정할 수 없으므로 부대상고를 각하하고, 상고이유서 제출기간 내에 부대상고를 제기하였으나 부대상고장에 부대상고 이유를 기재하지 아니하고 부대상고이유서를 제출하지도 아니한 경우에는 부대상고를 기각한다.

판례도 "피상고인은 상고권이 소멸된 후에도 부대상고를 할 수 있지만, 상고이유서 제출기간 내에 부대상고를 제기하고 부대상고이유서를 제출하여야 하는바, **피고는 부대상고장에 부대상고 이유를 기재하지 아니하였고 상고이유서 제출기간 내에 부대상고이유서를 제출하지도 않았으므로, 피고의 부대상고는 기각을 면할 수 없다.**"고 한다(2006. 10. 13. 2006다39720).

4. 상고이유서의 송달과 답변서의 제출

> 제428조(상고이유서, 답변서의 송달 등) ① 상고이유서를 제출받은 상고법원은 바로 그 부본이나 등본을 상대방에게 송달하여야 한다.
> ② 상대방은 제1항의 서면을 송달받은 날부터 10일 이내에 답변서를 제출할 수 있다.
> ③ 상고법원은 제2항의 답변서의 부본이나 등본을 상고인에게 송달하여야 한다.

5. 비약상고

> 제390조(항소의 대상) ① 항소는 제1심 법원이 선고한 종국판결에 대하여 할 수 있다. 다만, 종국판결 뒤에 양 쪽 당사자가 상고할 권리를 유보하고 항소를 하지 아니하기로 합의한 때에는 그러하지 아니하다.
> ② 제1항 단서의 합의에는 제29조 제2항의 규정을 준용한다.
>
> 제422조(상고의 대상) ① 상고는 고등법원이 선고한 종국판결과 지방법원 합의부가 제2심으로서 선고한 종국판결에 대하여 할 수 있다.
> ② 제390조 제1항 단서의 경우에는 제1심의 종국판결에 대하여 상고할 수 있다.

가. 의의 및 판단방법

비약상고란 **제1심의 종국판결 뒤 양 쪽 당사자가 상고할 권리를 유보하고 항소를 하지 아니하기로 하는 합의**(불항소 합의)**에 의하여 항소를 생략하고 대법원에 직접 상고하는 경우**를 말한다(제390조 제1항 단서, 제422조 제2항). 이는 당사자 사이에 사실관계에 다툼이 없고, 법률문제에 다툼이 있는 경우에 이용된다. 판례는 "불항소 합의의 유무는 항소의 적법요건에 관한 것으로서, 법원의 **직권조사사항**이다."고 한다(1980. 1. 29. 79다2066).

나. 요 건

비약상고의 합의는 **반드시 서면**에 의하여야 한다(제390조 제2항, 제29조 제2항). 또한 **제1심 종국판결 선고 후**이어야 하고, **특정사건과 관련한 합의**이어야 한다.

판례는 "상고는 고등법원이 선고한 종국판결과 지방법원 본원 합의부가 제2심으로서 선고한 종국판결에 대하여 할 수 있는 것이고, **제1심 종국판결에 대하여는 종국판결 후 당사자 쌍방이 상고할 권리를 유보하고 항소를 하지 아니하기로 합의한 때에 한하여 비약적 상고**를 할 수 있을 뿐이며, 이 경우 그 합의는 반드시 서면으로 하도록 되어 있으므로, 제1심 판결에 대하여 상고를 하면서 제390조 제1항 단서의 합의에 관한 서면을 제출한 바 없다면 상고는 부적법한 것으로서 흠결을 보정할 수 없는 경우라고 할 것이다."고 한다(1995. 4. 28. 95다7680).

또한 "제422조 제2항·제390조 제1항 단서에 의하면, 제1심 법원이 선고한 종국판결에 대하여는 종국판결 뒤에 양쪽 당사자가 상고할 권리를 유보하고 항소를 하지 아니하기로 합의한 때에 한하여 비약적 상고를 할 수 있다. 위 합의에는 **제390조 제2항에 의하여 제29조 제2항의 규정이 준용되는 결과 합의는 반드시 서면**으로 하도록 되어 있다."고 한다(2017. 5. 11. 2017두33145).

Ⅳ. 심리불속행제도 (심리속행사유의 심사)

상고이유에 해당하지 아니하면서도 마치 이에 해당하는 것처럼 무익한 상고 내지 남상고를 하는 것을 본안심리에 앞서 사전에 추려내어 대법원으로 하여금 법률심으로서의 기능을 강화하기 위하여 '상고심 절차에 관한 특례법'은 심리불속행제도를 규정하였다.

판례는 "상고심 절차에 관한 특례법 제4조 제1항 제3호·제4호·제5호에 해당하는 사건을 심리불속행으로 상고기각 하였다는 사유는 적법한 재심사유가 되지 아니하고, 재심대상판결이 상고이유에 관한 주장이 상고심 절차에 관한 특례법이 정하는 심리불속행사유에 해당한다고 보아 더 나아가 심리를 하지 아니하고 상고를 기각한 이상, 재심대상판결이 상고이유에 대한 판단을 누락하였다거나 종전의 당원 판결에 위반된다고 할 여지가 없다."고 한다(2009. 2. 12. 2008재다502).

Ⅴ. 상고심의 본안심리

1. 심리의 범위

> 제431조(심리의 범위) 상고법원은 상고이유에 따라 불복신청의 한도 안에서 심리한다.
>
> 제434조(직권조사사항에 대한 예외) 법원이 직권으로 조사하여야 할 사항에 대하여는 제431조 내지 제433조의 규정을 적용하지 아니한다.

판례는 "상고법원은 상고이유에 따라 불복신청의 한도 안에서 심리한다(제431조). 따라서 상고이유서에는 상고이유를 특정하여 원심판결의 어떤 점이 법령에 어떻게 위반되었는지를 구체적이고도 명시적인 이유로 기재하여야 하고, **상고인이 제출한 상고이유서에 구체적이고도 명시적인 이유를 기재하지 않은 때에는 상고이유서를 제출하지 않은 것**으로 취급할 수밖에 없다."고 한다(2024. 1. 25. 2023다283913).

2. 심리의 방법

> 제430조(상고심의 심리절차) ① 상고법원은 상고장・상고이유서・답변서, 그 밖의 소송기록에 의하여 변론없이 판결할 수 있다.
> ② 상고법원은 소송관계를 분명하게 하기 위하여 필요한 경우에는 특정한 사항에 관하여 변론을 열어 참고인의 진술을 들을 수 있다.

Ⅵ. 상고심의 종국적 재판

1. 상고장각하명령 및 상고각하판결

상고심 재판장은 상고장에 불비가 있고 그 흠이 보정되지 아니한 때 또는 상고기간을 넘겨 상고를 제기한 때에는 상고장각하명령을 한다(제425조・제402조). 상고요건의 흠이 있는 경우에는 상고법원은 상고각하판결을 한다(제425・제413조).

2. 상고기각판결

원심판결이 정당하다고 인정될 경우에는 상고기각판결을 한다(제425조・제414조 제1항). 한편 상고이유가 인정되어 원심판결이 정당하지 아니한 경우라도 다른 이유에 따라 판결이 정당하다고 인정되는 때에는 상고를 기각하여야 한다(제425조・제414조 제2항).

3. 상고인용판결

가. 환송・이송・자판

> 제436조(파기환송, 이송) ① 상고법원은 상고에 정당한 이유가 있다고 인정할 때에는 원심판결을 파기하고 사건을 원심법원에 환송하거나, 동등한 다른 법원에 이송하여야 한다.
> ② 사건을 환송받거나 이송받은 법원은 다시 변론을 거쳐 재판하여야 한다. 이 경우에는 상고법원이 파기의 이유로 삼은 사실상 및 법률상 판단에 기속된다.
> ③ 원심판결에 관여한 판사는 제2항의 재판에 관여하지 못한다.

> 제437조(파기자판) 다음 각호 가운데 어느 하나에 해당하면 상고법원은 사건에 대하여 종국판결을 하여야 한다.
> 1. 확정된 사실에 대하여 법령적용이 어긋난다 하여 판결을 파기하는 경우에 사건이 그 사실을 바탕으로 재판하기 충분한 때
> 2. 사건이 법원의 권한에 속하지 아니한다 하여 판결을 파기하는 때

판례는 "제436조 제3항의 원심판결에 관여한 판사라 함은 **파기된 원심판결 자체**만을 가리키는 것이고, 그 이전에 파기된 원심판결까지 포함하는 취지는 아니다."고 한다(1973. 11. 27. 73다763).

나. 환송 후의 심리절차

환송 후 항소심의 변론은 환송 전의 변론을 재개하여 계속 진행하는 것이다. 그러나 환송 후의 항소심은 새로 재판부를 구성해야 하므로(제436조 제3항), 반드시 변론의 갱신절차(제204조 제2항)를 거쳐야 한다.

판례는 "**환송 후 원심의 소송절차는 환송 전 항소심의 속행**이므로 당사자는 원칙적으로 새로운 사실과 증거를 제출할 수 있음은 물론, 소의 변경·부대항소의 제기뿐만 아니라 청구의 확장 등 <u>그 심급에서 허용되는 모든 소송행위를 할 수 있고</u>, 이때 소를 교환적으로 변경하면 제1심 판결은 소취하로 실효되고 항소심의 심판대상은 교환된 청구에 대한 새로운 소송으로 바뀌어 항소심은 사실상 제1심으로 재판하는 것이 된다."고 한다(2013. 2. 28. 2011다31706).

다. 환송판결의 기속력

1) 서 설

환송판결의 기속력이란 **환송을 받은 법원이 다시 심판을 하는 경우 환송 후의 심리과정에서 새로운 주장이나 입증이 제출되어 기속적 판단의 기초가 된 사실관계에 변동이 생기지 아니하는 한, 상고법원이 파기이유로 한 법률상·사실상의 판단에 대하여 기속되는 것**을 말한다(제436조 제2항 후문). 판례는 상소심의 환송판결의 성질을 중간판결로 본적이 있으나, 현재는 종국판결의 의미를 당해심급에서의 소송절차를 완결시키는 것이라 하여 상소심의 환송판결은 종국판결이라고 한다.

제436조 제2항 단서는 **상고심의 환송판결**에 대해서만 기속력이 있다고 규정하지만, 법원조직법 제8조는 "**상급법원 재판에서의 판단은 해당 사건에 관하여 하급심을 기속**한다."고 규정하고 있으므로, 항소법원의 환송판결에도 기속력이 인정된다. 다만, 항소심은 취소자판이 원칙이므로 환송판결의 기속력은 주로 상고심의 환송판결에서 문제된다.

2) 기속력의 근거

환송받은 법원이 동일 견해를 유지하게 되면 상고법원과의 사이에 사건이 왕복하게 되어 분쟁의 종국적 해결을 바랄 수 없고 심급자체가 무의미하게 될 뿐 아니라 법적 안정성이 저해되고 소송경제에도 반하므로 심급제도의 본질에서 기속력의 근거를 구하는 것이 통설이다.

3) 기속력의 성질

가) 학설의 대립

① **중간판결효설**은 환송받은 하급심의 절차는 상급심절차의 계속으로서 양자가 일체라고 하는 관점에서, 환송판결은 중간판결이며 그 기속력이 하급심을 기속한다고 한다. ② **기판력설**은 기판력 개념을 확장하여 상소는 원판결의 취소를 목적으로 하는 소송내의 부가적 형성소송으로서 원판결의 위법·부당이 소송물을 이루는 것이므로, 원판결의 파기환송판결이 확정되면 원판결의 위법·부당의 점에 관하여 기판력이 생기고 그것이 하급심 및 환송법원 그리고 상고법원을 구속한다고 한다. ③ **특수효력설**은 심급제도의 유지를 위해 상급심의 판결이 하급심을 구속하는 특수효력으로 본다.

나) 판례의 태도 : 특수효력설

판례는 "환송판결도 동일절차 내에서는 철회·취소될 수 없다는 의미에서 기속력이 인정됨은 물론 법원조직법 제8조·민사소송법 제436조 제2항 후문에 의하여 하급심에 대한 특수한 기속력은 인정되지만, 소송물에 관하여 직접적으로 재판하지 아니하고 원심의 재판을 파기하여 다시 심리·판단하여 보라는 종국적 판단을 유보한 재판의 성질상, 직접적으로 **기판력이나 실체법상 형성력·집행력이 생기지 아니한다.**"고 하여, 특수효력설의 입장이다(1995. 2. 14. 93재다27).

　　　다) 검 토

　환송판결의 성질을 종국판결로 보게 되면 중간판결효설은 타당하지 않고, 파기환송판결의 기속력이 판결이유 중의 판단에 생기는 점에서 보게 되면 기판력설은 타당하지 않으므로, 특수효력설이 타당하다.

　4) 기속력의 범위

　(ⅰ) 객관적 범위의 경우에는 판결이유 중의 판단에도 미치나 당해사건에 한한다. (ⅱ) 주관적 범위의 경우에는 당해 사건에 관한 한 환송받은 법원 및 그 하급심에도 미친다. 그리고 제1차 환송판결과 제2차 환송판결이 저촉되는 경우라도 환송받은 원심으로서는 제2차 환송판결의 법률상의 판단에 기속된다. 다만, 당해사건이 다시 상고된 때에는 재상고심을 심판하는 대법원 전원합의체는 환송판결에 기속되지 않는다.

　판례는 "상고법원이 파기이유로 한 법률상의 판단은 항소심뿐만 아니라 상고법원도 기속하므로 당해 사건에 관하여 상고법원도 그와 다른 견해를 취할 수 없고, 이 경우 종전의 대법원 판례와 배치되는 내용의 파기환송판결이 전원합의체가 아닌 소부에서 행해졌다고 하더라도 **파기이유로 한 법률상의 판단은 하급심 및 상고심을 모두 기속한다.** 대법원의 제1차 환송판결과 제2차 환송판결이 서로 저촉되는 경우라고 하더라도 제2차 환송판결에 의하여 환송받은 원심으로서는 제436조 제2항의 규정에 의하여 제2차 환송판결의 법률상의 판단에 기속된다."고 한다(1995. 8. 22. 94다43078).

　또한 "**상고심으로부터 환송받은 법원은 사건을 재판함에 있어서 상고법원이 파기이유로 한 사실상 및 법률상의 판단에 대하여, 환송 후의 심리과정에서 새로운 주장이나 입증이 제출되어 기속적 판단의 기초가 된 사실관계에 변동이 생기지 아니하는 한 기속을 받는다.** 따라서 환송 후 원심판결이 환송 전후를 통하여 사실관계에 변동이 없음에도 환송판결이 파기이유로 한 법률상 판단에 반하는 판단을 한 것은 일응 환송판결의 기속력에 관한 법리를 오해한 위법을 저지른 것이라고 아니할 수 없다. 그런데 제436조 제2항이 환송받은 법원은 상고법원이 파기이유로 한 법률상 판단 등에 기속을 받는다고 규정하고 있는 취지는 사건을 환송받은 법원이 자신의 견해가 상고법원과 다르다는 이유로 다른 견해를 취하는 것을 허용한다면 법령의 해석적용의 통일이라는 상고법원의 임무가 유명무실하게 되고, 사건이 하급심법원과 상고법원 사이를 왕복할 수밖에 없게 되어 분쟁의 종국적 해결이 지연되거나 불가능하게 되며, 심급제도 자체가 무의미하게 되는 결과를 초래하게 될 것이므로, 이를 방지함으로써 법령의 해석적용의 통일을 기하고 심급제도를 유지하며 당사자의 법률관계의 안정과 소송경제를 도모하고자 하는 데 있다. 따라서 **환송판결의 하급심법원에 대한 기속력을 절차적으로 담보하고 취지를 관철하기 위하여서는 원칙적으로 하급심법원뿐만 아니라 상고법원도 재상고심에서 환송판결의 법률상 판단에 기속된다.** 그러나 한편, 대법원은 법령의 정당한 해석적용과 통일을 주된 임무로 하는 최고법원이고, 대법원의 전원합의체는 종전에 대법원에서 판시한 법령의 해석적용에 관한 의견을 변경할 수 있는 것인바(법원조직법 제7조 제1항 제3호), 환송판결이 파기이유로 한 법률상 판단도 '대법원에서 판시한 법령의 해석적용에 관한 의견'에 포함되므로, **대법원의 전원합의체가 종전의 환송판결의 법률상 판단을 변경할 필요가 있다고 인정하는 경우에는, 그에 기속되지 아니하고 통상적인 법령의 해석적용에 관한 의견의 변경절차에 따라 변경할 수 있다.** 환송판결이 한 법률상 판단을 변경할 필요가 있음에도 대법원의 전원합의체까지 기속되어야 한다면, 전원합의체의 권능행사를 통하여 법령의 올바른 해석적용과 통일을 기하고 무엇이 정당한 법인가를 선언함으로써 사법적 정의를 실현하여야 할 임무가 있는 대법원이 책무를 스스로 포기하는 셈이 될 것이고, 하급심법원을 비롯한 사법전체가 심각한 혼란과 불안정에 빠질 수도 있을 것이며 소송경제에도 반하게 될 것임이 분명하다. 그리고 환송판결의 자기기속력의 부정은 법령의 해석적용에 관한 의견변경의 권능을 가진 대법원의 전원합의체에게만 권한이 주어지는 것이므로 사건이 대법원과 원심법원을 왕복함으로써 사건의 종국적 해결이 지연될 위험도 없다."고 한다(2001. 3. 15. 98두15597).

5) 기속력의 내용

가) 사실상의 판단

사실상의 판단이란 상고심이 사실심이 아니므로 상고심으로서 사실의 확정이 가능한 것, 즉 직권조사사항에 대하여 한 사실상의 판단, 절차법규를 판단함에 있어서 인정한 사실, 재심사유에 관한 사실상의 판단에만 국한되고, 본안에 관한 사실판단은 포함되지 않는다. 따라서 환송 받은 법원은 본안에 관하여서는 새로운 증거에 기하여 새로운 사실을 인정할 수 있다. 이 경우에는 환송 전과 동일한 결론을 내리는 것도 가능하다.

판례는 "파기이유로 삼은 사실상의 판단이란 **상고법원이 절차상의 직권조사사항에 관하여 한 사실상의 판단**을 말하고 본안에 관한 사실판단을 말하는 것이 아니며, 환송판결에서 파기이유로 하지 않은 부분에서 부수적으로 지적한 사항에 미치지도 아니하고, 또한 환송을 받은 법원은 변론을 거쳐 새로운 증거나 보강된 증거에 의하여 본안의 쟁점에 관하여 새로운 사실인정을 할 수 있는 것이므로, 심리과정에서 당사자의 주장·입증이 새로이 제출되거나 또는 보강되어 상고법원의 기속적 판단의 기초가 된 사실관계에 변동이 생긴 때에는 환송판결의 기속력은 미치지 않는 것이다. 위와 같은 법리에 비추어 보면, 이 사건에서 **환송 후의 원심판결이 새로운 사실심리를 거쳐 환송 전 원심판결이나 대법원 파기환송판결의 설시 중 일부 내용과 다소 다르게 사실 인정하였다고 해서 환송판결의 기속력에 위반된 것이라고 할 수 없다.**"고 한다(2008. 2. 28. 2005다11954).

나) 법률상의 판단

법률상의 판단이란 법령의 해석·적용상의 견해를 말한다. 이에는 사실에 대한 법률적 평가나 판단, 예컨대 경험칙의 유무 및 효력 또는 의사표시·서증의 취지에 대한 해석 등도 포함된다.

판례도 "제436조 제2항에 의하여 환송받은 법원이 기속되는 '상고법원이 파기이유로 한 법률상 판단'에는 **상고법원이 명시적으로 설시한 법률상 판단**뿐 아니라, 명시적으로 설시하지 아니하였더라도 **파기이유로 한 부분과 논리적·필연적 관계가 있어서 상고법원이 파기이유의 전제로서 당연히 판단하였다고 볼 수 있는 법률상 판단**도 포함되는 것으로 보아야 한다."고 한다(2012. 3. 29. 2011다106136).

따라서 환송 전 원심이 갑이 을 등에게 부동산을 명의신탁하였고, 그 후 병이 부동산을 증여받았음을 원인으로 하여 구 임야소유권 이전등기에 관한 특별조치법(이하 '구 특조법'이라 한다)에 따라 소유권이전등기를 마친 사실 등을 인정한 다음, 증여에 대하여는 구 특조법이 적용되지 않음을 전제로 병 명의 등기의 추정력이 깨어졌으므로 갑은 을 등에 대한 명의신탁을 해지하고 을 등 또는 상속인을 대위하여 부동산에 경료된 등기의 말소를 청구할 수 있다는 취지로 판단하였고, 이에 대하여 환송판결이 병이 등기원인으로 내세웠던 사실에 대하여도 구 특조법이 적용된다는 이유로 환송 전 원심판결을 파기환송하였는데, 환송 후 원심이 갑이 부동산을 을 등에게 명의신탁하였음을 인정할 증거가 없다는 이유로 갑의 소를 각하한 사안에서, "채권자대위소송에서 대위에 의하여 보전될 채권자의 채무자에 대한 권리(피보전채권)가 존재하는지는 소송요건으로서 직권조사사항이므로, **환송판결이 구 특조법에 의하여 경료된 등기의 추정력이 번복되는 경우인지에 관해서만 판단하였더라도, 그 판단은 갑이 을 등 또는 상속인에 대하여 명의신탁 해지에 따른 이전등기청구권을 가지고 이를 피보전채권으로 하여 을 등 또는 상속인을 대위할 수 있어 소송요건을 구비하였다는 판단을 당연한 논리적 전제로 하고 있으므로, 환송판결의 기속력은 갑의 청구가 소송요건을 구비한 적법한 것이라는 판단에 대하여도 미침**에도, 환송 후 원심이 갑의 청구가 소송요건을 구비하지 못한 부적법한 소라고 본 것은 환송판결의 기속력에 반하여 위법하다."고 한다.

다만, 판례는 "**환송판결의 기속력은 파기이유와 논리적 · 필연적 관계가 없는 부분에 대하여도 미치는 것은 아니므로**, 환송 후 원심이 환송판결에서 파기이유로 하지 않은 부분에서 부수적으로 지적한 시효이익의 포기의 점에 대하여 더 심리를 하지 않고, 환송 전 원심판결과 같은 판단을 하였더라도 위법하다고 할 수는 없다."고 한다(1997. 4. 25. 97다904).

다) 기속력과 원심판결의 결론

기속력 때문에 반드시 원심판결의 결론을 바꾸어야 하는 제약은 없다. 판례도 "환송판결의 하급심에 대한 법률상 판단의 기속력은 파기이유로서 원심판결의 판단이 정당치 못하다는 소극적인 면에서만 발생하는 것이고, 하급심은 **파기이유로 된 잘못된 견해만 피하면** 당사자가 새로이 주장 · 입증한 바에 따른 다른 가능한 견해에 의하여 환송 전의 판결과 동일한 결론을 가져온다고 하여도 환송판결의 기속을 받지 아니한 위법을 범한 것이라고 할 수 없다."고 한다(1995. 10. 13. 95다33047).

6) 기속력의 소멸

가) 환송판결의 법률상의 견해가 판례의 변경으로 바뀌는 경우

① 환송판결에 나타난 법률상의 견해가 뒤에 판례변경으로 바뀌었을 때 기속력이 소멸된다는 견해와, ② 판례의 변경은 법률의 변경과 달리 법원에 대한 일반적인 구속력이 없기 때문에 영향이 없다는 견해가 있으나, 상고심의 판례가 두 개로 분열될 우려가 있음을 생각할 때 기속력이 소멸한다는 견해가 타당하다.

나) 새로운 주장 · 입증이나 보강으로 전제된 사실관계가 변동된 경우

판례는 "환송을 받은 법원은 상고법원이 파기이유로 한 사실상 · 법률상 판단에 기속되는 것이지만, 사실상 판단에 기속받는다 함은 상고법원이 직권조사사항에 대하여 한 사실상의 판단만에 기속받는다는 취지이므로, **환송을 받은 원심법원이 변론을 거쳐 새로운 증거나 보강된 증거에 의하여 본안의 쟁점에 관하여 새로운 사실인정을 할 수 없다는 것은 아니다**. 환송받아 심리하는 과정에서 당사자의 주장 · 입증이 새로 제출되거나 또는 보강되어 상고법원의 기속적 판단의 기초가 된 사실관계에 변동이 생긴 때에는 상고법원이 파기이유로 한 법률적 판단의 기속력은 미치지 않는 것이다."고

한다(1992. 9. 14. 92다4192). 따라서 "환송 후 원심이 새로이 제출된 공격방어방법이나 증거 없이 환송판결이 인정한 사실과 다른 사실을 인정하거나 법률해석 적용에 관하여 다른 판단을 할 수 없다."고 한다(1983. 6. 14. 82누480).

다) 법령이 변경된 경우

법령의 변경이 생겼을 때도 기속력이 소멸된다. 따라서 이 경우에는 환송 전의 판결과 동일한 결론이더라도 위법이 아니다.

라) 헌법재판소의 위헌 선언이 있는 경우

판례는 "상고심법원이 환송 전 원심판결을 파기하는 이유로 삼은 사실상 및 법률상의 판단은 사건의 환송을 받은 원심은 물론 상고심법원도 기속한다. 그러나 **환송판결 선고 이후 헌법재판소가 환송판결의 기속적 판단의 기초가 된 법률 조항을 위헌으로 선언하여 법률 조항의 효력이 상실된 때에는 환송판결의 기속력은 미치지 않고**, 환송 후 원심이나 그에 대한 상고심에서 위헌결정으로 효력이 상실된 법률 조항을 적용할 수 없어 환송판결과 다른 결론에 이른다고 하더라도 환송판결의 기속력에 관한 법원조직법 제8조에 저촉되지 않는다."고 한다(2020. 11. 26. 2019다2049).

7) 기속력 위반의 효과

하급법원이 환송판결의 기속력을 무시하고 판결을 한 경우 그 판결은 법률위반으로서 항소이유 또는 상고이유가 된다.

제04절 항고

I. 의의

항고란 결정·명령에 대한 독립한 상소를 말한다. 결정·명령의 절차는 심판절차가 판결절차에 비해 간이하기 때문에, 그에 대한 다툼도 간이한 절차로 처리하기 위하여 항고제도가 있다.

II. 항고의 종류

1. 통상항고·즉시항고

> 제444조(즉시항고) ① 즉시항고는 재판이 고지된 날부터 1주 이내에 하여야 한다.
> ② 제1항의 기간은 불변기간으로 한다.
> 제447조(즉시항고의 효력) 즉시항고는 집행을 정지시키는 효력을 가진다.

통상항고는 항고기간의 제한이 없는 항고로서, 항고의 이익이 있는 한 어느 때나 제기할 수 있다. 판례는 "원래의 가압류결정에 기한 가압류등기가 이미 말소되었더라도, **가압류취소결정을 취소하는 항고법원의 결정을 집행하는 것이 불가능한 경우가 아니라면 항고의 이익이 있다**."고 한다(2022. 4. 28. 2021마7088).

즉시항고는 신속한 해결을 위하여 고지된 날로부터 1주의 불변기간 내에 제기해야 한다. 통상항고가 원칙이고, 즉시항고는 원칙적으로 법률에 '즉시항고 할 수 있다'는 명문의 규정이 있는 경우에 예외적으로 허용된다.

2. 최초의 항고·재항고

> 제443조(항소 및 상고의 절차규정준용) ① 항고법원의 소송절차에는 제1장의 규정을 준용한다.
> ② 재항고와 이에 관한 소송절차에는 제2장의 규정을 준용한다.

최초의 항고는 결정·명령에 대하여 처음으로 하는 항고이며, 재항고는 최초의 항고에 대한 항고법원의 결정 그리고 고등법원 또는 항소법원의 결정·명령에 대한 항고이다(제442조). 최초의 항고에는 항소의 규정이 준용되며, 재항고에는 상고의 규정이 준용된다(제443조).

Ⅲ. 적용범위

1. 항고로써 불복할 수 있는 결정·명령

> 제439조(항고의 대상) 소송절차에 관한 신청을 기각한 결정이나 명령에 대하여 불복하면 항고할 수 있다.
> 제440조(형식에 어긋나는 결정·명령에 대한 항고) 결정이나 명령으로 재판할 수 없는 사항에 대하여 결정 또는 명령을 한 때에는 항고할 수 있다.

2. 항고할 수 없는 결정·명령

판례는 "**청구취지 변경을 불허한 결정**에 대하여는 독립하여 항고할 수 없고, 종국판결에 대한 상소로써만 다툴 수 있다."고 한다(1992. 9. 25. 92누5096).

3. 소송절차에 관한 신청을 배척한 결정·명령에 대한 항고

변론재개의 신청, 변론의 분리 또는 병합의 신청과 같이 소송절차에 관한 신청이 있더라도 당사자에게 신청권이 없고 법원의 재량에 의하여 재판할 사항에 대하여는 항고를 할 수 없다. 소송절차에 관한 신청을 인용한 재판에 대해서는 법률에 항고를 인정하는 특별한 규정이 없다면 항고를 할 수 없다.

Ⅳ. 절차

1. 항고의 제기

> 제445조(항고제기의 방식) 항고는 항고장을 원심법원에 제출함으로써 한다.

종전에 판례는 결정이 고지되기 전에 한 항고는 적법하지 않고(1983. 10. 25. 83다515), 그 후에 결정이 고지되었더라도 항고가 적법하게 되는 것은 아니라고 하였다(1998. 3. 9. 98마12). 그러나 그 후 **결정·명령이 고지되기 전이라도 항고할 수 있는 것**으로 변경하였다.

즉, 판례는 "판결과 달리 선고가 필요하지 않은 결정이나 명령(이하 '결정'이라고만 한다)과 같은 재판은 원본이 법원사무관 등에게 교부되었을 때 성립한 것으로 보아야 하고, 일단 성립한 결정은 취소·변경을 허용하는 규정이 있는 등의 특별한 사정이 없는 한 결정법원이라도 취소·변경할 수 없다. 또한 결정법원은 즉시항고가 제기되었는지와 관계없이 일단 성립한 결정을 당사자에게 고지하여야 하고 고지는 상당한 방법으로 가능하며(제221조 제1항), 재판기록이 항고심으로 송부된 이후에는 항고심에서의 고지도 가능하므로 결정의 고지에 의한 효력 발생이 당연히 예정되어 있다. 일단 결정이 성립하면 당사자가 법원으로부터 결정서를 송달받는 등의 방법으로 결정을 직접 고지받지 못한 경우라도 결정을 고지받은 다른 당사자로부터 전해 듣거나 기타 방법에 의하여 결론을 아는 것이 가능하여 본인에 대해 결정이 고지되기 전에 불복 여부를 결정할 수 있다. 그럼에도 이미 성립한 결정에 불복하여 제기한 즉시항고가 항고인에 대한 결정의 고지 전에 이루어졌다는 이유만으로 부적법하다고 한다면, 항고인에게 결정의 고지 후에 동일한 즉시항고를 다시 제기하도록 하는 부담을 지우는 것이 될 뿐만 아니라 이미 즉시항고를 한 당사자는 그 후 법원으로부터 결정서를 송달받아도 다시 항고할 필요가 없다고 생각하는 것이 통상의 경우이므로, 다시 즉시항고를 제기하여야 한다는 것을 알게 되는 시점에서는 이미 즉시항고기간이 경과하여 회복할 수 없는 불이익을 입게 된다. 이와 같은 사정을 고려하면, **이미 성립한 결정에 대하여는 결정이 고지되어 효력을 발생하기 전에도 결정에 불복하여 항고할 수 있다.**"고 한다(2014. 10. 8. 2014마667).

2. 항고제기의 효력

가. 재도의 고안

제446조(항고의 처리) 원심법원이 항고에 정당한 이유가 있다고 인정하는 때에는 그 재판을 경정하여야 한다.

재도의 고안이란 **항고가 제기되면 판결의 경우와 달리 원심재판에 대한 기속력이 배제되어 원심법원이 스스로 항고의 타당성을 심사할 수 있는 것**을 말한다. 원심법원이 심사한 결과 적법한 항고가 이유가 있다고 인정하는 때에는 원심법원이 그 재판을 경정(취소·변경)하여야 한다.

판례는 "제446조에 따라 제1심법원이 항소장 각하명령에 관한 항고에 정당한 이유가 있다고 인정하여 재판을 경정한 경우, 그로 인해 불이익을 받는 상대방 당사자는 경정재판에 대하여 다시 즉시항고로 불복할 수 있다.[149]"고 한다(2023. 7. 14. 2023그585).

---

[149] 그 이유는 다음과 같다. ① 제399조 제3항에서 보정명령에서 정한 기간 이내에 흠을 보정하지 아니하였음을 이유로 한 원심재판장의 항소장 각하명령에 대하여 즉시항고를 제기할 수 있는 것으로 규정하고 있고, 제446조는 "원심법원이 항고에 정당한 이유가 있다고 인정하는 때에는 그 재판을 경정하여야 한다."라고 규정하고 있다. 또한 제224조 제1항에서는 성질에 어긋나지 아니하는 한, 결정과 명령에는 판결에 관한 규정을 준용하고 있으며, 제211조 제3항은 판결의 경정결정에 대하여는 즉시항고를 할 수 있는 것으로 규정하고 있다. 이러한 관련 규정의 체계와 문언에 비추어 살펴보면, 제1심법원이 항고에 정당한 이유가 있다고 인정하여 항고대상인 재판을 경정한 때에는 그로 인해 불이익을 받는 상대방 당사자도 제211조 제3항을 준용 또는 유추적용하여 즉시항고로 불복할 수 있다고 해석하는 것이 타당하다. ② 이와 달리 제1심법원의 명령 또는 결정에 대한 항고가 이유 있다고 보아 그 재판을 취소 또는 변경하는 경정결정을 한 경우 그로 인해 불이익을 받는 상대방 당사자에게 즉시항고를 허용하지 않고 특별항고로만 불복하도록 하는 것은, 특별항고가 제449조 제1항에 따라 재판에 영향을 미친 헌법 위반이 있는 경우 등에 한하여 허용되는 점에 비추어 상대방 당사자의 정당한 권원에 따른 불복 권한을 사실상 박탈하거나 심급의 이익을 해하는 것이어서 헌법상 재판청구권을 침해하는 결과가 된다. 또한 일방 당사자에게 법원의 명령 또는 결정에 대한 즉시항고를 제기할 권원이 인정된다면, 즉시항고가 정당하다고 보아 원래의 명령 또는 결정이 제446조에 따라 경정되는 경우 다른 당사자에게도 역시 즉시항고를 제기할 권원을 인정하여 그 경정재판에 관하여 동일한 형태의 불복방법을 인정하는 것이 공평의 관점에서도 타당하다.

나. 이심과 집행정지

> **제448조(원심재판의 집행정지)** 항고법원 또는 원심법원이나 판사는 항고에 대한 결정이 있을 때까지 원심재판의 집행을 정지하거나 그 밖에 필요한 처분을 명할 수 있다.

항고제기에 의하여 사건은 항고심으로 이심된다. 그러나 결정·명령은 원칙적으로 즉시 집행력이 발생한다. 따라서 원심재판의 집행력을 정지시킬 필요가 있다. 즉시항고가 제기되면 집행력이 정지된다(제447조). 그러나 과태료·감치결정에 대한 즉시항고(제311조 제8항 단서)와 민사집행법상의 즉시항고(동법 제15조 제6항 본문)에는 집행정지의 효력이 없다. 한편 통상항고가 제기되더라도 집행력이 정지되지 않으므로 항고법원 또는 원심법원은 항고에 대한 결정이 있을 때까지 원심재판의 집행정지 등의 처분을 명할 수 있다(제448조).

3. 항고심의 재판

항고심의 절차는 성질에 반하지 않는 한 항소심에 관한 규정을 준용한다(제443조 제1항, 민사소송규칙 제137조 제1항). 다만 판례는 "항고법원이 항고사건을 심리할 때 변론을 열거나 이해관계인을 심문할 것인지 여부를 결정하는 것은 항고법원의 자유재량에 속하므로(제134조), **특별한 사정이 없는 한 항고법원이 변론을 열거나 이해관계인을 심문하지 않은 채 서면심리만으로 결정에 이르렀다고 하여 이를 위법하다고 할 수 없다.**"고 한다(2020. 6. 11. 2020마5263).

V. 재항고

> **제442조(재항고)** 항고법원·고등법원 또는 항소법원의 결정 및 명령에 대하여는 재판에 영향을 미친 헌법·법률·명령 또는 규칙의 위반을 이유로 드는 때에만 재항고할 수 있다.

재항고도 통상항고와 즉시항고로 구분된다. 그 구분은 원래의 항고의 성질에 따르는 것이 아니라, 재항고의 대상이 되는 재판의 내용에 따른다. 판례도 "기피신청에 관한 각하 또는 기각 결정에 대하여는 즉시항고를 할 수 있고(제47조 제2항), 재항고도 항고와 마찬가지로 통상항고와 즉시항고로 나누어지나 그 구분은 원래의 항고 자체가 통상항고인가 즉시항고인가에 의하는 것이 아니라 **재항고의 대상이 되는 재판의 내용**에 따르게 되므로 **위와 같은 즉시항고를 항고심이 각하·기각하였으면 그에 대한 재항고는 즉시항고**로서의 성격을 가진다."고 한다(2007. 7. 2. 2006마409).

VI. 특별항고

> **제449조(특별항고)** ① 불복할 수 없는 결정이나 명령에 대하여는 재판에 영향을 미친 헌법위반이 있거나, 재판의 전제가 된 명령·규칙·처분의 헌법 또는 법률의 위반여부에 대한 판단이 부당하다는 것을 이유로 하는 때에만 대법원에 특별항고를 할 수 있다.
> ② 제1항의 항고는 재판이 고지된 날부터 1주 이내에 하여야 한다.
> ③ 제2항의 기간은 불변기간으로 한다.
>
> **제450조(준용규정)** 특별항고와 그 소송절차에는 제448조와 상고에 관한 규정을 준용한다.

특별항고는 불복신청을 할 수 없는 결정·명령에 대하여 비상구제수단으로 대법원에 하는 항고를 말한다. 결정·명령에 대하여 불복할 수 있는지 여부는 원칙적으로 명문 규정에 따른다. 판례는 "특별항고는 법률상 불복할 수 없는 결정·명령에 재판에 영향을 미친 헌법 위반이 있거나, 재판의 전제가 된 명령·규칙·처분의 헌법 또는 법률의 위반 여부에 대한 판단이 부당하다는 것을 이유로 하는 때에 한하여 허용되므로(제449조 제1항), **결정이 법률을 위반하였다는 사유만으로는 재판에 영향을 미친 헌법 위반이 있다고 할 수 없어 특별항고 사유가 되지 못한다.**"고 한다(2008. 1. 24. 2007그18).

PART 07 재심절차

Ⅰ. 재심의 개념 및 취지

재심이란 확정된 종국판결에 재심사유에 해당하는 중대한 흠이 있는 경우에 그 판결을 취소하고 재심판을 구하는 구제절차를 말한다. 따라서 확정된 종국판결의 효력(기판력·형성력·집행력)을 배제시키는 제도이다.

판례는 "재심은 확정된 종국판결에 대하여 판결의 효력을 인정할 수 없는 중대한 하자가 있는 경우 예외적으로 **판결의 확정에 따른 법적 안정성을 후퇴시켜 하자를 시정함으로써 구체적 정의를 실현**하고자 마련된 것이다."고 하고(2019. 10. 17. 2018다300470), "민사소송제도가 재심의 방법에 의하여 기판력을 해소시키는 제도를 마련하여 두고 있는 것은 판결에 이르는 과정에서 묵과할 수 없는 큰 위법이 있었음이 밝혀진 경우에까지 기판력만을 존중하여 판결의 효력을 유지하는 것이 당사자의 이익을 지나치게 해치게 된다는 것을 고려한 결과이다."고 한다(1992. 5. 26. 90므1135).

Ⅱ. 재심의 소송물

1. 재심소송의 소송물

가. 학설의 대립

재심의 소의 소송물은 ① 구소송의 소송물로 구성된다는 **일원론**(본안소송설)과, ② 확정판결의 취소 요구와 구소송의 소송물로 구성된다는 **이원론**(소송상의 형성소송설 : 다수설·판례)이 대립된다.

나. 판례의 태도 : 이원론

판례는 "재심의 소는 **확정된 판결의 취소와 본안사건에 관하여 확정된 판결에 갈음한 판결**을 구하는 복합적 목적을 가진 것으로서, 이론상으로는 **재심의 허부와 재심이 허용됨을 전제로 한 본안심판의 두 단계로 구성되는 것**이고, 재심소송이 가지는 복합적·단계적인 성질에 비추어 볼 때, 제3자가 타인 간의 재심소송에 제79조에 의하여 당사자참가를 하였다면, 제3자는 재심대상판결에 재심사유 있음이 인정되어 본안사건이 부활되기 전에는 원·피고를 상대방으로 하여 소송의 목적의 전부나 일부가 자기의 권리임을 주장하거나 소송의 결과에 의하여 권리의 침해를 받을 것을 주장할 여지가 없고, 재심사유 있음이 인정되어 본안사건이 부활된 다음에 위와 같은 주장을 할 수 있는 것이므로, **제3자는 재심대상판결에 재심사유가 있음이 인정되어 본안소송이 부활되는 단계를 위하여 당사자참가를 하는 것**이다."고 한다(1994. 12. 27. 92다22473).

다. 검 토

일원론은 재심의 소에서 확정판결의 취소는 소송물을 구성하는 요소가 될 수 없고, 재심사유가 있는 경우에 본안의 소송물에 대하여 재판을 받기 위한 전제조건(재심의 적법요건)에 불과하다는 견해이다. 따라서 이 견해에 의하면 재심은 상소와 유사하게 된다. 그러나 재심의 소는 확정판결의 취소에 중점을 두는 형성소송이라고 보아야 하므로, 이원론이 타당하다.

2. 재심사유와 소송물

가. 학설의 대립

① 구소송물이론에 의하면 재심사유마다 근거 조항이 다르므로 소송물이 다르다고 한다. ② 신소송물이론 중 이분지설에 의하면 재심사유마다 사실관계가 다르므로 소송물이 다르다고 한다. ③ 신소송물이론 중 일분지설에 의하면 재심사유마다 공격방법의 차이에 불과하므로 소송물이 다르지 않다고 한다.

나. 판례의 태도 : 구소송물이론

판례는 "**재심사유는 하나하나의 사유가 별개의 청구원인을 이루는 것**이므로, 여러 개의 유죄판결이 재심대상판결의 기초가 되었는데 이후 각 유죄판결이 재심을 통하여 효력을 잃고 무죄판결이 확정된 경우, **어느 한 유죄판결이 효력을 잃고 무죄판결이 확정되었다는 사정은 특별한 사정이 없는 한 별개의 독립된 재심사유**라고 보아야 한다. 재심대상판결의 기초가 된 각 유죄판결에 대하여 형사재심에서 인정된 재심사유가 공통된다거나 무죄판결의 이유가 동일하다고 하더라도 달리 볼 수 없다."고 한다(2019. 10. 17. 2018다300470).[150]

다. 검 토

민사소송법에 규정된 재심사유는 서로 다른 사실관계를 기초로 규정되어 있기 때문에, 재심사유마다 청구원인이 다르다고 보는 구소송물이론이 타당하다.

Ⅲ. 재심의 적법요건

> 제458조(재심소장의 필수적 기재사항) 재심소장에는 다음 각호의 사항을 적어야 한다.
> 1. 당사자와 법정대리인
> 2. 재심할 판결의 표시와 그 판결에 대하여 재심을 청구하는 취지
> 3. 재심의 이유

---

150) [이유] 원심은 망 소외 2 등에 대하여 형사재심의 결과 무죄판결이 확정된 사정은 소외 4에 대한 형사재심의 결과와 별개로 독립하여 제451조 제1항 제8호에서 정한 재심사유가 된다고 판단하였다. 그 이유로 망 소외 2 등에 대한 유죄판결 또한 이 사건 재심대상판결의 기초가 되었고, 망 소외 2 등에 대한 유죄판결의 변경은 이 사건 재심대상판결의 사실인정에 충분히 영향을 미칠 수 있었으므로, 그로 인한 흠결이 소외 4에 대한 유죄판결로 인하여 발생한 흠결과 동일하다거나 그에 당연히 흡수된다고 볼 수 없고 이는 별도로 시정되어야 할 필요성이 있다는 점을 들었다. 원심판단은 위 법리에 따른 것으로 정당하다. [보충] 수분배자가 국가를 상대로 제기한 소유권이전등기청구소송에서 수분배자 승소판결이 확정되었으나, 수사기관이 위법행위로 수집한 허위증거에 기초하여 공무원들(A, B, C, D)을 위증죄, 사기죄로 처벌하는 형사판결이 확정되었고, 형사판결을 기초로 수분배자 승소판결을 취소하고 청구를 기각하는 민사재심판결이 확정되었다. 그 후 수분배자의 상속인들이 A에 대하여 형사재심 무죄판결이 있었던 것을 근거로 민사재심판결에 대해 제451조 제1항 제8호의 재심사유를 주장하면서 재심을 청구하였다가 재심제기기간 도과를 이유로 각하판결을 받았는데, B, C, D에 대한 형사재심 무죄판결이 있었음을 근거로 다시 제8호의 재심사유를 주장하며 재심을 청구하였다. 대법원은 B, C, D에 대하여 형사재심의 결과 무죄판결이 확정된 사정은 A에 대한 형사재심의 결과와 별개로 독립하여 제8호의 재심사유가 되고, 이는 재심대상판결의 기초가 된 각 유죄판결에 대하여 형사재심에서 인정된 재심사유가 공통되거나 무죄판결의 이유가 동일하더라도 달리 볼 수 없다고 하였다. 이는 재심대상판결이 판결의 기초로 삼은 유죄 확정판결이 여러 건 있고, 유죄 확정판결들이 공통되는 사유로 재심을 거쳐 무죄판결로 변경된 경우에 무죄 재심판결마다 별개의 재심사유가 된다는 의미이다.

1. 재심의 당사자

판례는 "재심원고는 확정판결의 효력을 받는 자로서 취소를 구할 이익이 있는 자라야 할 것이므로, **전부승소한 당사자는 재심의 소를 제기할 이익이 없다.**"고 하고(1993. 4. 27. 92다24608), "재심피고는 원칙적으로 확정판결의 승소당사자 및 변론종결 후의 승계인과 승소당사자가 타인을 위해 원고 또는 피고가 된 경우 확정판결의 효력을 받는 타인(선정자) 등이다."고 한다(1987. 12. 8. 87재다24).

또한 "**재심대상 판결의 소송물은 취득시효 완성을 이유로 한 소유권이전등기청구권으로서 채권적 청구권인 경우**, 변론종결 후에 원고로부터 소유권이전등기를 경료받은 승계인은 기판력이 미치는 변론종결 후의 제3자에 해당하지 아니하고, 따라서 피고들은 재심대상 판결의 기판력을 배제하기 위하여 승계인에 대하여도 재심의 소를 제기할 필요는 없으므로, 승계인에 대한 재심의 소는 부적법하다."고 한다(1997. 5. 28. 96다41649).

2. 재심의 대상적격

가. 대상적격이 부정되는 사안

판례는 "재심의 소는 종국판결의 확정력을 제거함을 목적으로 하는 것으로 확정된 판결에 대하여서만 제기할 수 있는 것이므로, **소송수계 또는 당사자표시정정 등 절차를 밟지 아니하고 사망한 사람을 당사자로 하여 선고된 판결**은 당연무효로서 확정력이 없어 이에 대한 재심의 소는 부적법하다."고 한다(1994. 12. 9. 94다16564).

또한 "**환송판결**은 확정된 종국판결에는 해당하지 아니하는 것이어서, 환송판결을 대상으로 하여 제기한 재심의 소는 부적법하므로 각하하여야 한다."고 하고(1995. 2. 14. 93재다27), "재심은 확정된 종국판결에 대하여 제기할 수 있는 것이므로, **확정되지 아니한 판결**에 대한 재심의 소는 부적법하고, 판결 확정 전에 제기한 재심의 소가 부적법하다는 이유로 각하되지 아니하고 있는 동안에 판결이 확정되었더라도, 재심의 소는 적법한 것으로 되는 것이 아니다."고 한다(2016. 12. 27. 2016다35123).

나. 대상적격이 인정되는 사안

판례는 "**재심의 소에서 확정된 종국판결**도 확정된 종국판결에 해당하므로, 확정된 재심판결에 대하여 재심의 소를 제기할 수 있다."고 한다(2016. 1. 28. 2013다51933). 또한 "확정된 재심판결에 대한 재심의 소에서 재심판결에 재심사유가 있다고 인정하여 본안에 관하여 심리한다는 것은 재심판결 이전의 상태로 돌아가 전 소송인 **종전 재심청구에 관한 변론을 재개하여 속행**하는 것을 말한다. 따라서 원래의 확정판결을 취소한 재심판결에 대한 재심의 소에서 원래의 확정판결에 대하여 재심사유를 인정한 종전 재심법원의 판단에 재심사유가 있어 종전 재심청구에 관하여 다시 심리한 결과 **원래의 확정판결에 재심사유가 인정되지 아니할 경우에는 재심판결을 취소하고 종전 재심청구를 기각**하여야 하며, 재심사유가 없는 원래의 확정판결 사건의 본안에 관하여 다시 심리와 재판을 할 수는 없다."고 한다(2016. 1. 14. 2013다40070).

3. 재심기간

제456조(재심제기의 기간) ① 재심의 소는 당사자가 판결이 확정된 뒤 재심의 사유를 안 날부터 30일 이내에 제기하여야 한다.

> ② 제1항의 기간은 불변기간으로 한다.
> ③ 판결이 확정된 뒤 5년이 지난 때에는 재심의 소를 제기하지 못한다.
> ④ 재심의 사유가 판결이 확정된 뒤에 생긴 때에는 제3항의 기간은 그 사유가 발생한 날부터 계산한다.
>
> **제457조**(재심제기의 기간) 대리권의 흠 또는 제451조 제1항 제10호에 규정한 사항을 이유로 들어 제기하는 재심의 소에는 제456조의 규정을 적용하지 아니한다.

가. 개 관

재심사유 중에서 **대리권의 흠**(제3호), **기판력의 저촉**(제10호)의 재심사유를 제외한 경우에는 제소기간의 제한이 있다(제456조·제457조). 다만 판례는 "제457조의 대리권의 흠결이라고 함은 **대리권이 전혀 없는 경우**를 의미하므로, 대리권은 있지만 소송행위를 함에 필요한 특별수권의 흠결이 있는 경우에는 제457조가 적용되지 않는다."고 한다(1994. 6. 24. 94다4967).

따라서 "**비법인사단의 대표자**가 총유물의 처분에 관한 소송행위를 하려면 특별한 사정이 없는 한 민법 제276조 제1항에 의하여 사원총회의 결의가 있어야 하지만, **결의 없이 소송행위**를 하였더라도 이는 소송행위를 함에 필요한 특별수권을 받지 아니한 경우로서, 제451조 제1항 제3호의 재심사유에 해당하되, **전연 대리권을 갖지 아니한 자가 소송행위를 한 대리권 흠결의 경우와 달라서 제457조는 적용되지 아니한다.**"고 한다(1999. 10. 22. 98다46600).

또한 "**주식회사의 대표이사**가 금원을 차용함에 있어 **주주총회의 특별결의 없이** 제소전화해를 하였다면 이는 소송행위를 함에 있어서 필요한 특별수권을 얻지 않고 한 셈이 되어 제451조 제1항 제3호의 재심사유에 해당되지만 전연 대리권을 갖지 아니한 자가 소송대리를 한 대리권 흠결의 경우와는 달라서 제457조가 적용되지 아니한다."고 한다(1980. 12. 9. 80다584).

나. 재심사유를 안 날로부터 30일

(ⅰ) 재심원고는 원칙적으로 재심 대상인 판결이 확정된 후에 재심사유를 안 날로부터 불변기간인 30일 이내에 재심의 소를 제기하여야 한다(제456조 제1항).

(ⅱ) 판례는 "**제456조 제1항의 출소기간은 제3항 제척기간과는 별개의 재심제기기간**으로서, 출소기간이 경과한 이상 재심대상판결의 확정일로부터 진행하는 제척기간이 경과하였는지 여부와는 관계없이 재심의 소를 제기할 수 없다."고 한다(1996. 5. 31. 95다33993).

한편 "**재심사유는 하나 하나의 사유가 별개의 재심청구를 형성한다** 할 것이므로, 재심의 소가 불변기간 내에 제기된 것인가의 여부도 재심사유마다 주장된 시기를 표준으로 하여 가려져야 할 것이다."고 한다(1982. 12. 28. 82무2). 따라서 "**재심의 소를 재심제기기간 내에 제기하였더라도 재심의 소제기기간 경과 후에 주장한 재심사유부분에 관한 재심의 소는 각하될 수밖에 없는 것이어서 위 재심사유에 관한 판단누락은 판결결과에 영향이 없다.**"고 한다(1990. 12. 26. 90재다19).

또한 "판결정본이 소송대리인에게 송달되면 소송대리인은 판결정본을 송달받았을 때에 판결이 판단을 누락하였는지의 여부를 알게 되었다고 보아야 할 것이고, **소송대리인이 판결이 판단을 누락하였는지의 여부를 안 경우에는 소송당사자도 그 점을 알게 되었다**고 보아야 할 것이다. 재심대상판결의 정본이 소송대리인에게 송달된 후 소송당사자가 상고를 제기하지 아니한 채 상고기간이 경과함으로써 재심대상판결이 확정되었다면, 30일의 재심제기 기간은 재심대상판결이 확정된 날로부터 기산하여야 되는 것이라고 해석함이 상당하다."고 한다(1991. 11. 12. 91다29057).

(iii) 형사상 가벌적 행위(제4호 내지 제7호)를 재심사유로 하는 경우에는 **유죄판결 등이 확정되었음을 안 때로부터 진행**한다. 판례도 "증인의 허위진술이 판결의 증거로 된 때를 재심사유로 하는 경우에 판결의 증거로 된 증인의 증언이 위증이라는 유죄판결이 확정된 사실을 알았다면 재심사유를 알았다고 보아야 할 것이고, 그 때부터 제456조 제1항의 재심제기기간이 진행한다."고 한다(1996. 5. 31. 95다33993).

다만, **공소권 없음의 불기소결정, 면소판결 등과 같이 증거부족 이외의 이유로 유죄확정판결 등을 할 수 없을 경우**에는 이를 알았을 때부터 진행한다. 판례도 "재심대상판결의 증거로 된 문서가 위조되었다 하여 재심원고가 위조한 사람을 고소하여 검사가 수사한 결과 위조사실이 인정되는지 여부에 관하여는 판단하지 아니한 채 공소시효 완성으로 인하여 공소권이 없다는 이유로 불기소처분을 한 경우, 제456조 제1항의 재심의 제소기간은 **문서위조 등 고소사실에 관하여 증거흠결 이외의 이유로 유죄의 확정판결을 할 수 없다는 사실을 안 날, 즉 공소시효의 완성으로 인한 검사의 불기소처분이 내려진 것을 안 날**부터 진행한다."고 한다(2006. 10. 12. 2005다72508).

또한 "재심대상이 된 확정판결에 제451조 제1항 제5호·제6호의 사유가 있다고 하여 고소를 제기하였으나 검사가 공소시효가 완성되어 공소권이 없다는 이유로 불기소처분을 하고 당사자가 불기소처분에 불복하여 검찰청법상의 항고절차나 형사소송법상의 재정신청절차를 거친 경우에는 **항고나 재정신청에 대한 결정이 있었던 것을 안 날 즉, 결정의 통지를 받은 날**에 재심사유를 알았다고 본다."고 한다(1997. 4. 11. 97다6599).

다. 판결확정일 등으로부터 5년

재심사유를 알지 못하였더라도 판결이 확정되어 5년의 제척기간이 경과하였다면 재심의 소를 제기할 수 없다(제456조 제3항). 판례는 "당사자가 상대방의 주소 또는 거소를 알고 있었음에도 소재불명이라 하여 공시송달로 소송을 진행하여 판결이 확정되고 상대방 당사자가 책임질 수 없는 사유로 상소를 제기하지 못한 경우에는 선택에 따라 추완상소를 하거나 제451조 제1항 제11호의 재심사유가 있음을 이유로 재심의 소를 제기할 수 있더라도, **재심의 소를 선택하여 제기하는 이상 제456조 제3·4항의 제척기간 내에 제기하여야 하고 위 제척기간은 불변기간이 아니어서 그 기간을 지난 후에는 당사자가 책임질 수 없는 사유로 기간을 준수하지 못하였더라도 재심의 소제기가 추완될 수 없다.**"고 한다(1992. 5. 26. 92다4079).

5년의 제척기간은 재심사유가 판결확정 전에 생긴 경우에는 판결확정일로부터 기산하고, 판결확정 후에 생긴 경우에는 그 사유가 발생한 때부터 기산한다(제456조 제4항). 재심사유가 판결이 확정된 뒤에 생긴 때란 판결이 확정된 뒤에 가벌적 행위에 대한 유죄의 확정판결 등이 존재하거나, 판결의 기초가 된 재판 또는 행정처분이 바뀐 경우(제451조 제1항 제8호)를 의미한다.

Ⅳ. 재심사유

제451조(재심사유) ① 다음 각호 가운데 어느 하나에 해당하면 확정된 종국판결에 대하여 재심의 소를 제기할 수 있다. 다만, 당사자가 상소에 의하여 그 사유를 주장하였거나, 이를 알고도 주장하지 아니한 때에는 그러하지 아니하다.
   1. 법률에 따라 판결법원을 구성하지 아니한 때
   2. 법률상 그 재판에 관여할 수 없는 법관이 관여한 때

> 3. 법정대리권·소송대리권 또는 대리인이 소송행위를 하는 데에 필요한 권한의 수여에 흠이 있는 때. 다만, 제60조 또는 제97조의 규정에 따라 추인한 때에는 그러하지 아니하다.
> 4. 재판에 관여한 법관이 그 사건에 관하여 직무에 관한 죄를 범한 때
> 5. 형사상 처벌을 받을 다른 사람의 행위로 말미암아 자백을 하였거나 판결에 영향을 미칠 공격 또는 방어방법의 제출에 방해를 받은 때
> 6. 판결의 증거가 된 문서, 그 밖의 물건이 위조되거나 변조된 것인 때
> 7. 증인·감정인·통역인의 거짓진술 또는 당사자신문에 따른 당사자나 법정대리인의 거짓진술이 판결의 증거가 된 때
> 8. 판결의 기초가 된 민사나 형사의 판결, 그 밖의 재판 또는 행정처분이 다른 재판이나 행정처분에 따라 바뀐 때
> 9. 판결에 영향을 미칠 중요한 사항에 관하여 판단을 누락한 때
> 10. 재심을 제기할 판결이 전에 선고한 확정판결에 어긋나는 때
> 11. 당사자가 상대방의 주소 또는 거소를 알고 있었음에도 있는 곳을 잘 모른다고 하거나 주소나 거소를 거짓으로 하여 소를 제기한 때
>
> ② 제1항 제4호 내지 제7호의 경우에는 처벌받을 행위에 대하여 유죄의 판결이나 과태료부과의 재판이 확정된 때 또는 증거부족 외의 이유로 유죄의 확정판결이나 과태료부과의 확정재판을 할 수 없을 때에만 재심의 소를 제기할 수 있다.
> ③ 항소심에서 사건에 대하여 본안판결을 하였을 때에는 제1심 판결에 대하여 재심의 소를 제기하지 못한다.
>
> **제452조(기본이 되는 재판의 재심사유)** 판결의 기본이 되는 재판에 제451조에 정한 사유가 있을 때에는 그 재판에 대하여 독립된 불복방법이 있는 경우라도 그 사유를 재심의 이유로 삼을 수 있다.

1. 의 의

재심의 소는 제451조 제1항에 열거된 사유를 주장하는 경우에만 제기할 수 있다. 이러한 재심사유는 **재심의 적법요건**이 된다. 따라서 판례는 "재심의 소는 제451조의 사유가 있는 때에 한하여 허용되므로, 재심원고가 주장하는 재심피고의 성명의 한자기재가 잘못되었고, 위조된 약속어음에 기하여 청구가 인용되었다는 사유로 제기한 재심의 소는 부적법하므로 각하할 것이다."고 한다(1984. 3. 27. 83사22).

또한 "재심의 소가 **적법한 법정의 재심사유에 해당하지 않는 사유를 재심사유로 주장**하였거나 **재심제기기간이 경과된 후에 주장된 재심사유를 바탕으로 하여 제기**된 경우, 재심의 소는 부적법하므로 각하되어야 한다."고 한다(1996. 10. 25. 96다31307). 다만 "재심원고가 주장하는 재심사유가 적법한 재심사유가 아니라면 원심으로서는 재심의 소를 각하하여야 할 것임에도 이를 기각하였음은 부당하지만, 재심의 소를 배척하였다는 점에 있어서 원판결은 결과적으로 정당하다."고 한다(1980. 11. 11. 80다2126).

2. 보충성

당사자가 재심사유를 상소로써 주장하였으나 기각된 경우, 이를 알고도 상소심에서 주장하지 아니한 경우에는 동일한 사유로 재심의 소를 제기할 수 없다(제451조 제1항 단서). 즉 이러한 경우에는 적법한 재심사유가 될 수 없으므로, 법원은 재심의 소를 각하하여야 한다. 이를 재심의 소의 보충성이라고 한다.

재심의 소의 보충성의 취지에 대하여, 판례는 "제451조 제1항 단서 조항은 재심의 보충성에 관한 규정으로서, **당사자가 상소를 제기할 수 있는 시기에 재심사유의 존재를 안 경우에는 상소에 의하여 이를 주장하게 하고 상소로 주장할 수 없었던 경우에 한하여 재심의 소에 의한 비상구제를 인정하려는 취지**이다."고 한다(2011. 12. 22. 2011다73540).

판례는 "제451조 제1항 단서에서 "이를 알고 주장하지 아니한 때"라고 함은 **재심사유가 있는 것을 알았음에도 상소를 제기하고도 상소심에서 주장하지 아니한 경우뿐만 아니라, 상소를 제기하지 아니하여 판결이 확정된 경우까지도 포함하는 것**이라고 해석하여야 할 것이다."고 한다(1991. 11. 12. 91다29057).

한편 "제451조 제1항 단서에 따라 당사자가 상소에 의하여 재심사유를 주장하였다고 하기 위하여는 단지 증거인 문서가 위조되었다는 등 **제451조 제1항 각 호의 사실만 주장하는 것으로는 부족하고 재심의 대상이 되는 상태, 즉 유죄판결이 확정되었다거나 증거부족 외의 이유로 유죄판결을 할 수 없다는 등 같은 조 제2항의 사실도 아울러 주장**하였어야 한다."고 한다(2006. 10. 12. 2005다72508).

또한 "상고이유에서 주장하여 상고심판결의 판단을 받은 사유로써는 확정된 원판결에 대하여 재심의 사유로 삼을 수 없다. 상고이유에서 원판결의 판단누락을 주장한 바 없다면 특별한 사정이 없는 한 같은 사유로서는 원판결에 대하여 재심의 소를 제기할 수 없다."고 한다(1971. 3. 30. 70다2688).

3. 개별적 재심사유

가. 개 관

판례는 "각 재심사유는 개개의 재심사유가 독립된 것으로서 어느 한 가지 사유를 들어 재심의 소를 제기하였다가 패소판결이 확정되었더라도 다른 재심사유가 있는 경우에는 그 재심사유로써 다시 재심의 소를 제기할 수 있다."고 한다(1970. 1. 27. 69다1888).

또한 "재심사유가 있는 자의 상대방 측에서도 그러한 사유를 주장함으로써 이익을 받을 수 있는 경우에는 이를 재심사유로 삼을 수 있다."고 한다(1990. 11. 13. 88다카26987). 또한 "제451조 제1항은 재심의 소를 제기할 수 있는 사유를 열거한 것이지 예시한 것이라고 할 수 없으며, **재심을 제기하는 당사자가 재심대상판결에서 패소하게 된 것이 당해 당사자에게 과실이 없는 경우라도 재심사유가 될 수 없다**."고 한다(1990. 3. 13. 89누6464).

또한 "재심원고가 재심청구원인으로서 제451조 제1항 제8호의 사유를 주장하면서도 지적하는 법조항을 제451조 제1항 제10호로 잘못 표시한 경우에는 법원은 당사자가 내세우는 법조문에 착오가 있는지의 여부를 심리하고 재심사유로 주장하는 내용이 재심사유에 해당하는지 여부를 판단하여야 한다."고 한다(1980. 7. 22. 80누161).

또한 "**재심대상판결의 원심판결**에 원고종중 대표자인 소외 (갑)에게 대표권의 흠결이 있더라도 그 판결을 재심대상으로 하여 그 판결법원에 재심의 소를 제기하지 아니하고 **그 상고심판결을 재심대상으로 하는 이 사건 재심의 소에서는 이를 재심사유로 삼을 수 없는 것**이며, 그것이 재심대상 판결에서 직권조사사항에 대한 판단누락의 재심사유에 해당한다는 취지로 본다 하더라도 위 사건의 상고심에서 상고이유서나 그 이전의 전 소송절차에서 대표권의 흠결에 관하여 **어떠한 주장을 하였거나 그 조사를 촉구한 흔적도 없으니 판단누락의 사유에도 해당한다 할 수 없다**."고 한다(1983. 2. 8. 80사50).

나. 가별적 행위를 재심사유로 하는 경우

1) 증거확실성의 원칙

(ⅰ) 제4호 내지 제7호는 판결에 영향을 미친 범죄 그 밖의 위법행위, 즉 가별적 행위를 규정하고 있다. 이 경우에 가별적 행위만으로 충분하지 않고 **유죄확정판결 등이 있거나, 증거부족 이외의 이유로 유죄확정판결 등을 할 수 없을 때**에 한하여 재심의 소를 제기할 수 있다(제451조 제2항). 이를 증거확실성의 원칙이라고 한다.

(ⅱ) 유죄확정판결 등의 경우에는 재심의 소에 대한 판결이 있을 때까지 유죄확정판결 등이 있으면 된다. 판례도 "제7호의 증인의 허위진술이 확정판결의 증거가 된 때임을 재심사유로 하는 경우에는 원칙적으로 위증의 유죄확정판결이 있어야 할 것이나, **확정판결을 기다리지 않고 재심의 소가 제기되어도 재심의 소의 판결이 있을 때 까지에 유죄의 확정판결이 있으면 재심의 소는 적법하다.**"고 한다(1983. 12. 27. 82다146).

(ⅲ) 증거부족 이외의 이유로 유죄확정판결 등을 할 수 없는 경우란 **범인의 사망, 심신장애, 사면, 기소유예처분, 공소시효의 완성 등의 사유로 유죄확정판결 등을 받지 못하게 되는 경우**를 말한다. 따라서 소재불명으로 기소중지결정을 한 경우, 혐의 없음의 불기소처분을 한 경우는 이에 포함되지 않는다.

판례도 "제451조 제2항의 '증거흠결 이외의 이유로 유죄의 확정판결이나 과태료의 확정재판을 할 수 없을 때'라 함은 **증거흠결 이외의 사유, 즉 범인의 사망·사면·공소시효의 완성·심신상실의 경우 등이 없었더라면 유죄판결을 받을 수 있었을 경우**를 말한다."고 한다(1999. 5. 25. 99두2475). 또한 "판결의 증거가 된 문서가 위조된 것이 분명하고 **공소시효의 완성**으로 문서의 위조행위의 범인에 대하여 유죄판결을 할 수 없게 되었다면, **위조행위의 범인이 구체적으로 특정되지 않았더라도** 제451조 제2항의 '증거부족 외의 이유로 유죄의 확정판결을 할 수 없을 때'에 해당한다."고 한다(2006. 10. 12. 2005다72508).

따라서 "**피의자의 소재불명을 이유로 기소중지결정을 한 경우**는 기소유예처분의 경우와는 달리 제451조 제2항의 요건에 해당하지 않는다."고 한다(1989. 10. 24. 88다카29658). 또한 "**범죄혐의가 없다고 불기소처분 한 것**은 제451조 제1항 제6호·제2항에서 말하는 증거흠결 이외의 이유로 유죄의 확정판결이나 과태료의 확정판결을 받을 수 있는 경우에 해당한다고 볼 수 없다."고 한다(1975. 5. 27. 74다1144).

한편 "판결의 증거가 된 문서가 위조나 변조되었음을 재심사유로 삼을 때 그 행위에 대하여 유죄의 확정판결이 없는 경우에는 **증거부족 외의 이유인 공소시효의 완성 등으로 인하여 유죄의 확정판결을 할 수 없다는 사실**뿐만 아니라, **그 사유만 없었다면 위조나 변조의 유죄 확정판결을 할 수 있었다는 점을 재심청구인이 증명**하여야 한다."고 한다(2016. 1. 14. 2013다40070).

2) 가별적 행위와 유죄확정 판결 등의 관계

가) 학설의 대립

① 가별적 행위만이 재심사유가 될 뿐이고, 유죄확정판결 등이 존재하여야 하는 요건은 재심의 소의 적법요건이므로, 유죄확정판결 등이 없을 때에는 재심의 소를 각하하는 판결을 하여야 한다는 **적법요건설**과, ② 가별적 행위와 유죄확정판결 등이 합쳐져 재심사유가 된다는 **합체설**이 대립된다.

나) 판례의 태도

판례는 "제451조 제1항 제6호의 증거된 문서 기타 물건의 "위조나 변조"에는 형사상 처벌될 수 있는 허위공문서작성을 포함하는 것이고, 이 경우에 같은 조 제2항에 의하여 **유죄의 판결이 확정된 때 또는 증거흠결 이외의 이유로 유죄의 확정판결을 할 수 없을 때에 한하여 재심사유가 된다.**"고 하여 (1982. 9. 28. 81다557), 합체설의 입장인 듯한 것도 있지만, 주류적 판례는 적법요건설의 입장이다. 즉 "제451조 제1항 제4호 내지 제7호의 재심사유에 관하여 같은 조 **제2항의 요건이 불비되어 있는 때에는 재심의 소 자체가 부적법한 것이 되므로 재심사유 자체에 대하여 유무의 판단에 나아갈 것도 없이 각하되어야 하는 것**이고, 반면에 제2항의 요건에 해당하는 사실이 존재하는 경우에는 당해 요건사실, 즉 그 판결들이나 처분 등에 관한 판단내용 자체에 대해서는 그 당부를 따질 것 없이 재심의 소는 적법요건을 갖춘 것으로 보아야 하나, 나아가 4호 내지 7호의 재심사유의 존부에 대해서는 위에서 본 판결이나 처분내용에 밝혀진 판단에 구애받음이 없이 독자적으로 심리판단을 할 수 있는 것이고, **제2항의 적법요건 해당사실**은 제1항 제4호 내지 7호의 재심의 소를 제기한 당사자가 증명해야 한다."고 한다(1989. 10. 24. 88다카29658).

다) 검 토

유죄확정판결 등이 없는 경우에 합체설에 의하면 재심청구를 기각하고, 적법요건설에 의하면 재심의 소를 각하한다. 유죄의 확정판결 등을 재심사유로 보아 유죄확정판결이 인정되지 않을 때 청구기각판결을 하는 것은 판결의 부당성이 분명할 때 재심을 인정하려는 제451조 제2항의 취지에 반하므로 적법요건설이 타당하다.

다. 재심사유

1) 법률에 따라 판결법원을 구성하지 아니한 때 (1호)

ⓐ 대법원의 판례가 법률해석의 일반적인 기준을 제시한 경우에 유사한 사건을 재판하는 하급심법원의 법관은 판례의 견해를 존중하여 재판하여야 하는 것이나, 판례가 사안이 다른 사건을 재판하는 하급심법원을 직접 기속하는 효력이 있는 것은 아니므로, **하급심법원이 판례와 다른 견해를 취하여 재판한 경우에 상고를 제기하여 구제받을 수 있음을 별론으로 하고 제451조 제1항 제1호의 재심사유인 법률에 의하여 판결법원을 구성하지 아니한 때에 해당한다고 할 수 없다**(1996. 10. 25. 96다31307).

2) 법률상 재판에 관여할 수 없는 법관이 관여한 때 (2호)

ⓐ 재심사건에서 재심의 대상으로 삼고 있는 원재판은 제41조 제5호의 '전심재판'에 해당한다고 할 수 없고, 따라서 재심대상 재판에 관여한 법관이 당해 재심사건의 재판에 관여하였더라도 이는 제451조 제1항 제2호의 "법률상 그 재판에 관여하지 못할 법관이 관여한 때"에 해당한다고 할 수 없다(2000. 8. 18. 2000재다87).

3) 대리권의 흠이 있는 경우 (3호)

ⓐ 제451조 제1항 제3호의 재심사유는 무권대리인이 대리인으로서 본인을 위하여 실질적인 소송행위를 하였을 경우뿐만 아니라 대리권의 흠결로 인하여 본인이나 소송대리인이 실질적인 소송행위

를 할 수 없었던 경우에도 이에 해당한다. **참칭대표자를 대표자로 표시하여 소송을 제기한 결과 그 앞으로 소장부본 및 변론기일소환장이 송달되어 변론기일에 참칭대표자의 불출석으로 자백간주 판결이 선고된 경우**, 이는 적법한 대표자가 변론기일소환장을 송달받지 못하였기 때문에 실질적인 소송행위를 하지 못한 관계로 위 자백간주 판결이 선고된 것이므로, 제451조 제1항 제3호의 재심사유에 해당한다(1999. 2. 26. 98다47290).

ⓑ 재심대상판결에는 소송에 관여할 지위에 있는 피고를 배제한 절차상의 위법이 있고, 이는 법정대리권, 소송대리권 또는 대리인의 소송행위를 함에 필요한 수권의 흠결이 있는 경우로서 제451조 제1항 제3호의 재심사유에 해당한다(1997. 8. 29. 95재누91).

ⓒ 총유재산에 관한 소송은 비법인사단이 그 명의로 사원총회의 결의를 거쳐 하거나 또는 구성원 전원이 당사자가 되어 필수적 공동소송의 형태로 할 수 있을 뿐이며, **비법인사단이 사원총회의 결의 없이 제기한 소송은 소제기에 관한 특별수권을 결하여 부적법하다**(2007. 7. 26. 2006다64573).

ⓓ 민사소송법에서 법정대리권 등의 흠결을 재심사유로 규정한 취지는 원래 그러한 대표권의 흠결이 있는 당사자 측을 보호하려는 데에 있으므로, 그 상대방이 이를 재심사유로 삼기 위하여는 그러한 사유를 주장함으로써 이익을 받을 수 있는 경우에 한하고, 여기서 이익을 받을 수 있는 경우란 위와 같은 **대표권 흠결 이외의 사유로도 종전의 판결이 종국적으로 상대방의 이익으로 변경될 수 있는 경우**를 가리킨다(2000. 12. 22. 2000재다513).

ⓔ 제451조 제1항 제3호의 소송대리권 또는 대리인이 소송행위를 함에 필요한 수권의 흠결을 재심사유로 주장하려면 무권대리인이 소송대리인으로서 본인을 위하여 실질적인 소송행위를 하였거나 소송대리권의 흠결로 인하여 본인이나 소송대리인이 실질적인 소송행위를 할 수 없었던 경우가 아니면 안된다고 봄이 상당하므로, **본인에게 송달되어야 할 소송서류 등이 본인이나 소송대리인에게 송달되지 아니하고 무권대리인에게 송달된 채 판결이 확정되었더라도 그로 말미암아 본인이나 소송대리인이 공격 또는 방어방법을 제출하는 등의 실질적인 소송행위를 할 기회가 박탈되지 아니하였다면 그 사유를 재심사유로 주장할 수 없다**(1992. 12. 22. 92다259).

ⓕ **재심대상 판결의 소송절차(항소심)에서 피고 본인이 변론기일에 출석하여 소송관계를 표명하고 증거조사의 결과를 진술**하였다면 피고는 제1심 소송절차에서 이루어진 공격방어방법과 증거조사의 결과를 항소심에서 원용한 것이라고 볼 것이므로, 본건 재심대상 판결의 제1심 소송절차에서 피고를 대리하여 소송행위를 한 변호사가 적법한 소송대리인이 아니었더라도 그러한 소송절차상의 하자는 모두 치유되었다고 보아야 할 것이다(1980. 7. 22. 79다2148).

4) 재판에 관여한 법관이 그 사건에 관하여 직무에 관한 죄를 범한 때 (4호)

ⓐ 재심의 소는 확정판결에 관하여 제451조의 재심사유가 있음을 주장하여 취소와 확정판결에 의하여 종결된 재심대상 본안사건의 재심판을 구하는 소이므로, **법원은 재심대상 본안사건의 기록을 검토하지 않고서도 재심소장의 기재만으로 주장의 재심사유가 존재하는지 여부를 심리하여 재심사유의 존재가 인정되지 아니할 때에는 재심의 소를 배척할 수 있는 것**이어서, 재심대상 판결이 재심대상 본안사건의 기록을 검토함이 없이 재심청구를 기각하였다고 하더라도 이는 제451조 제1항 제4호의 "재판에 관여한 법관이 그 사건에 관하여 직무에 관한 죄를 범한 때"에 해당한다고 할 수 없다 (2000. 8. 18. 2000재다87).

5) 형사상 처벌을 받을 다른 사람의 행위로 자백을 하였거나 판결에 영향을 미칠 공격방어방법의 제출에 방해를 받은 때 (5호)

ⓐ 제451조 제1항 제11호의 재심사유인 상대방의 주소가 분명함에도 재산을 편취할 목적으로 고의로 소재불명이라 하여 법원을 속이고 공시송달의 허가를 받아 상대방의 불출석을 기화로 승소판결을 받은 경우, 그 소송의 준비단계에서부터 판결확정시까지 **문서위조 등 형사상 처벌을 받을 어떤 다른 위법사유가 전혀 개재되지 않았기 때문에 오로지 소송사기로밖에 처벌할 수 없는 경우**라도, 형사상 처벌을 받을 타인의 행위로 인하여 공격 또는 방어방법의 제출이 방해되었음을 부정할 수 없으므로, 이러한 경우 제451조 제1항 제5호의 재심사유도 제11호의 재심사유와 병존하여 있다고 보아야 한다 (1997. 5. 28. 96다41649).

ⓑ 제451조 제1항 제5호의 형사상 처벌받을 타인의 행위로 인한 사유가 청구의 인낙에 대한 준재심사유가 되기 위하여는 **그것이 당사자가 인낙의 의사표시를 하게 된 직접적인 원인이 된 경우**만이라고 할 것이고, 그렇지 않고 형사상 처벌받을 타인의 행위가 인낙에 이르게 된 간접적인 원인밖에 되지 않았다고 보이는 경우까지 준재심사유가 된다고 볼 수는 없다 (1995. 4. 28. 95다3077).

ⓒ 재심대상사건에 관한 공격방어방법이 담긴 합의견서를 동 소송계속 중 제3자가 반환을 거부하였다면 반환을 거부한 소위는 공격방어방법의 제출을 방해한 것이라고 못 볼 바 아니고 반환거부로 인하여 동인이 횡령의 유죄확정판결을 받았다면 이는 제5호의 재심사유에 해당한다 (1985. 1. 29. 84다카1430).

6) 판결의 증거가 된 문서 등이 위조되거나 변조된 것인 때 (6호)

ⓐ 제451조 제1항 제6호의 **문서의 위조에는 형사상 처벌될 수 있는 허위공문서작성도 포함된다** (1999. 5. 25. 99두2475).

ⓑ 소송종료를 선언한 재심대상판결에서 소송이 종료되었다는 사실인정의 자료가 된 소취하서가 형사판결에서 위조된 것이 판명된 때에는 이는 제451조 제1항 제6호의 재심사유에 해당된다 (1982. 2. 23. 81누216).

ⓒ 제451조 제1항 제6호가 규정하는 재심사유인 "판결의 증거로 된 문서가 위조 또는 변조된 것인 때"라 함은 **위조나 변조된 문서가 판결주문을 유지하는 근거가 된 사실인정의 증거로 채택된 경우**를 말하고, 위조 또는 변조된 문서 자체가 재심대상판결의 사실인정의 증거로 채용되지 아니한 이상 문서가 변조되었다는 유죄의 확정판결이 있었다 하여도 재심사유에 해당한다 할 수 없다 (1992. 11. 10. 91다27495).

ⓓ 제451조 제1항 제6호의 '판결의 증거로 된 문서 기타 물건이 위조된 것인 때' 또는 제451조 제1항 제7호의 '증인의 허위 진술 등이 판결의 증거로 된 때'라 함은 위조문서 또는 허위진술이 판결주문을 유지하는 근거가 된 사실을 인정하는 자료로서 증거로 채택되어 판결서에 구체적으로 기재되어 있는 경우를 말하고, **법관의 심증에 영향을 주었을 것이라고 추측되는 자료가 된다 하여도 그것이 증거로 채택되어 사실인정의 직접적·간접적인 자료가 된 바 없는 것이라면 이는 재심사유가 될 수 없다** (1997. 9. 26. 96다50506).

7) 증인 등의 거짓 진술이 판결의 증거가 된 때 (7호)

ⓐ 증인의 허위진술이 판결의 증거가 된 경우라도 증인의 허위진술에 의한 인정이 주문의 판단에 영향이 없는 경우나 증인의 증언이 허위라도 증언이 판결이유에 가정적 또는 부가적으로 인용된 때 혹은 위증의 증언이 쟁점의 인정에 전연 관계가 없다던가, 위증의 증언을 제외하여도 쟁점을 인정할 수 있는 경우에는 재심사유가 되지 않는다. 재심법원은 위증죄의 확정판결에 구속을 받는 것이 아니고, 유죄판결의 내용과 같은 사실의 존부에 관한 실질적 판단을 자유로이 할 수 있고 그 결과 재심대상 판결을 정당하다고 인정할 때에는 새로운 증거의 제출이 없더라도 재심청구를 배척할 수 있다(1983. 12. 27. 82다146).

ⓑ [1] 제451조 제1항 제7호의 재심사유인 '증인의 허위 진술이 판결의 증거가 된 때'라 함은, **증인의 허위 진술이 판결 주문에 영향을 미치는 사실인정의 자료가 된 경우를 의미하고, 판결 주문에 영향을 미친다는 것은 만약 허위 진술이 없었더라면 판결 주문이 달라질 수도 있었을 것이라는 개연성이 있는 경우를 말하고 변경의 확실성을 요구하는 것은 아니며**, 사실인정의 자료로 제공되었다 함은 허위 진술이 직접적인 증거가 된 때뿐만 아니라 대비증거로 사용되어 간접적으로 영향을 준 경우도 포함되지만, **허위 진술을 제외한 나머지 증거들만에 의하여도 판결 주문에 아무런 영향도 미치지 아니하는 경우에는 허위 진술이 위증으로 유죄의 확정판결을 받았더라도 재심사유에는 해당되지 않는다.** [2] 증인의 허위 진술이 확정판결의 결과에 영향이 없는지의 여부를 판단하려면 **재심 전 증거들과 함께 재심소송에서 조사된 각 증거들까지도 종합**하여 판단 자료로 삼아야 한다(1997. 12. 26. 97다42922).

ⓒ 제7호의 "증인의 허위진술이 판결의 증거로 된 때"라 함은 **증인이 직접 재심의 대상이 된 소송사건을 심리하는 법정에서 허위로 진술하고, 허위진술이 판결주문의 이유가 된 사실인정의 자료가 된 경우**를 가리키는 것이지, 증인이 재심대상이 된 소송사건 이외의 다른 민·형사 관련사건에서 증인으로서 허위진술을 하고 그 진술을 기재한 조서가 재심대상판결에서 서증으로 제출되어 이것이 채용된 경우는 제7호의 재심사유에 포함될 수 없다(1992. 6. 12. 91다33179).

ⓓ 현황과 일치하지 않은 감정 결과에 터잡아 판결이 선고된 경우에는 제7호의 재심사유에 해당한다고 할 수 없다(1998. 5. 15. 97다57658).

ⓔ 서로 관련된 두 사건을 같은 법원에서 병행 심리 도중 두 사건에 대한 증인으로 한 사람을 채택하여 증인이 두 사건에 관하여 동시에 같은 내용의 증언을 하고 두 사건 중의 하나의 사건에 관한 증언이 위증으로 확정된 경우에는 **증인의 위증은 그 사건에 관한 재심사유가 될 뿐이고 동시 진행된 다른 사건의 재심사유는 될 수 없다**(1998. 3. 24. 97다32833).

ⓕ 상고심 판결에 대하여 재심의 소를 제기하려면 상고심의 소송절차 또는 판결에 제451조 제1항 각호에 정한 사유가 있어야 한다. 상고심은 직권조사사항이 아닌 이상 사실인정의 직책은 없고, 다만 사실심인 제2심법원이 한 증거의 판단과 사실인정의 적법 여부를 판단할 뿐이며, 사실심에서 적법하게 확정한 사실은 상고심을 기속한다. 따라서 **제451조 제1항 제7호의 증인·감정인·통역인·당사자본인신문에 따른 당사자나 법정대리인의 거짓 진술에 관한 것과 같이 사실인정 자체에 관한 사유는 직권조사사항에 관한 것이 아닌 한 사실심 판결에 대한 재심사유는 될지언정 상고심 판결에 대한 재심사유로 삼을 수 없다**(2021. 5. 7. 2020재두5145).

8) 판결의 기초된 재판 또는 행정처분이 뒤에 변경된 경우 (8호)

ⓐ 제8호에 정하여진 재심사유인 '판결의 기초로 된 민사나 형사의 판결 기타의 재판 또는 행정처분이 다른 재판이나 행정처분에 의하여 변경된 때'라고 함은 **확정판결에 법률적으로 구속력을 미치거나 또는 확정판결에서 사실인정의 자료가 된 재판이나 행정처분이 다른 재판이나 행정처분에 의하여 확정적이고 소급적으로 변경된 경우**를 말하고, 사실인정의 자료가 되었다고 하는 것은 **재판이나 행정처분이 확정판결의 사실인정에 있어서 증거자료로 채택되었고 재판이나 행정처분의 변경이 확정판결의 사실인정에 영향을 미칠 가능성이 있는 경우**를 말한다. 원심판결의 기초로 된 행정처분이 법원의 확정판결에 의하여 취소되었다면 이는 제451조 제1항 제8호의 재심사유인 '판결의 기초로 된 행정처분이 재판에 의하여 변경된 때'에 해당하는 것이고, 같은 항 단서의 규정내용에 비추어 원심판결에 위와 같은 사유가 있다는 것은 상고사유가 된다(2001. 12. 14. 2000다12679).

ⓑ 확정판결에서 사실인정의 자료가 된 재판 또는 행정처분이 변경되었다는 사정은 원칙적으로 **사실심 판결에 대한 재심사유**는 될지언정 상고심 판결에 대한 재심사유는 되지 않는다(2007. 11. 15. 2007재마26).

ⓒ 제8호에서 말하는 재심사유인 "판결의 기초로 된 민사나 형사의 판결 기타의 재판이 다른 재판에 의하여 변경된 때"라 함은 **확정판결에 법률적으로 구속력을 미치거나 또는 확정판결에서 사실인정의 자료가 된 재판이 그 후 다른 재판에 의하여 변경된 경우**를 말하고, "확정판결에서 사실인정의 자료가 된 재판"인 여부의 인정에 있어서는 그 재판이 확정판결에서 증거로 인용되어 거시되었는가 하는 형식적인 점만으로 판단할 것이 아니고, 그 재판이 확정판결의 사실인정에 영향을 미치는 것인지를 따져서 판단하여야 한다. 재심대상판결의 증거로 채용된 약식명령이 항소심에서 변경되었으나 위 약식명령을 제외한 나머지 증거들만으로도 재심대상판결의 사실인정을 충분히 할 수 있고, 또 위 약식명령이 항소심에서 변경된 이유가 법률적 판단의 차이에 불과한 것 때문이었다면 이를 가리켜 재심대상판결의 사실인정의 기초가 된 재판이 다른 재판에 의하여 변경된 것이라고 볼 수 없어 위의 재심사유에 해당하지 않는다(1991. 7. 26. 91다13694).

ⓓ 제8호의 재심사유인 '판결의 기초로 된 민사나 형사의 판결 기타의 재판 또는 행정처분이 다른 재판이나 행정처분에 의하여 변경된 때'라 함은 확정판결에 법률적으로 구속력을 미치거나 또는 확정판결에서 사실인정의 자료가 된 재판이나 행정처분이 그 후 다른 재판이나 행정처분에 의하여 확정적이고 또한 소급적으로 변경된 경우를 말하는 것으로, 사실인정의 자료가 되었다고 하는 것은 재판 등이 확정판결의 사실인정에서 증거자료로 채택되었고 재판 등의 변경이 확정판결의 사실인정에 영향을 미칠 가능성이 있는 경우를 말하지만, **재심대상판결의 증거로 채용된 형사판결 등이 재심대상판결 선고 후에 변경되었더라도 그 형사판결 등을 제외한 나머지 증거들만으로도 재심대상판결의 사실인정을 충분히 할 수 있는 경우에는, 이를 가리켜 재심대상판결의 기초가 된 재판이 다른 재판에 의하여 변경된 때에 해당하는 것으로 보기 어렵다**(2007. 11. 30. 2005다53019).

ⓔ 제8호는 판결의 기초로 된 민사나 형사의 판결 기타의 재판 또는 행정처분이 다른 재판이나 행정처분에 의하여 변경된 때를 재심사유로 규정하고 있는바, 재판이 판결의 기초로 되었다고 함은 **재판이 확정판결에 법률적으로 구속력을 미치는 경우 또는 재판내용이 확정판결에서 사실인정의 자료가 되었고, 그 재판의 변경이 확정판결의 사실인정에 영향을 미칠 가능성이 있는 경우**를 말한다. 또한, 재판내용이 확정판결에서 사실인정의 자료가 되었고 그 재판의 변경이 확정판결의 사실인정에 영향을 미칠 가능성이 있는 이상 재심사유는 있는 것이고, 재판내용이 담겨진 문서가 확정판결이

선고된 소송절차에서 반드시 증거방법으로 제출되어 그 문서의 기재 내용이 증거자료로 채택된 경우에 한정되는 것은 아니다(2005. 6. 24. 2003다55936).

ⓕ **판결의 전제로 된 행정처분의 적법여부에 관한 법원의 해석이나 판단이 그 후 다른 사건에서의 판례변경으로 그와 상반된 해석을 내렸다는 것만으로는 이에 해당하지 아니한다**(1987. 12. 8. 87다카2088).

ⓖ 제8호는 **판결의 기초가 된 재판이나 행정처분이 그 후의 다른 재판이나 행정처분에 따라 확정적이고 또한 소급적으로 변경된 경우**를 말한다. 재판이 판결의 기초가 되었다고 함은 **재판이 확정판결에 법률적으로 구속력을 미치는 경우** 또는 **재판내용이 확정판결에서 사실인정의 자료가 되었고 그 재판의 변경이 확정판결의 사실인정에 영향을 미칠 가능성이 있는 경우**를 말한다(2019. 10. 17. 2018다300470).

9) 판단누락의 경우 (9호)

ⓐ 제9호의 '판결에 영향을 미칠 중요한 사항에 관하여 판단을 누락한 때'라고 함은 **당사자가 소송상 제출한 공격방어방법으로서 판결에 영향이 있는 것에 대하여 판결 이유 중에 판단을 명시하지 아니한 경우**를 말한다. 판단이 있는 이상 판단에 이르는 이유가 소상하게 설시되어 있지 아니하거나 당사자의 주장을 배척하는 근거를 일일이 개별적으로 설명하지 아니하더라도 판단누락이 아니다(2008. 11. 27. 2007다69834).

ⓑ 제9호의 "판결에 영향을 미칠 중대한 사항에 관하여 판단을 누락한 때"라 함은 그것이 직권조사사항에 속하는 것이냐의 여부를 불문하고 판단여하에 따라 판결결과에 영향을 미치는 것으로 당사자가 이를 주장하거나 또는 직권조사를 촉구하여 판단을 구하였음에도 불구하고 이에 대한 판단을 누락한 때를 말하는 것으로, **당사자가 주장하지 아니하거나 조사를 촉구하지 아니한 사항은 이에 해당하지 아니하고 더구나 법률의 일반적 규정이나 관련이 있다고 보여지는 판례 등에 대하여 반드시 판단을 하여야 하는 것도 아니다**(1985. 8. 27. 85사43).

ⓒ 판결의 판단에 잘못이 있다거나 판단에 이르는 이유나 근거 등을 일일이 또는 개별적으로 설시하지 아니하였다고 하여 제9호의 재심사유인 "판결에 영향을 미칠 중요사항에 관하여 판단을 누락한 때"에 해당하는 것이라고 할 수 없다(1990. 9. 25. 90재다26).

ⓓ 항소심판결에 대하여 상고를 하고 재심사유와 똑같은 사유를 상고이유로 주장하였으나 대법원이 위 상고이유에 관하여 판단을 누락한 경우에는 제9호의 재심사유가 있음을 주장하여 대법원 판결에 대하여 재심의 소를 제기하는 것은 별론으로 하고 항소심 판결에 대하여는 재심의 소를 제기할 수 없다(1992. 2. 11. 91다43503).

ⓔ 법원의 판결에 당사자가 주장한 사항에 대한 구체적·직접적인 판단이 표시되어 있지 않더라도 판결 이유의 전반적인 취지에 비추어 주장을 인용하거나 배척하였음을 알 수 있는 정도라면 판단누락이라고 할 수 없다. 설령 **판결에서 실제로 판단을 하지 않았더라도 주장이 배척될 것이 분명하다면 판결 결과에 영향이 없어 판단누락의 잘못이 있다고 할 수 없다**(2024. 6. 27. 2023다275530).

10) 전에 선고한 확정판결에 어긋난 때 (10호)

ⓐ 제10호의 재심사유는 기판력이 충돌되는 것을 해결하기 위한 규정으로서 "재심을 제기할 판결이 전에 선고한 확정판결과 저촉되는 때"란 **재심의 대상으로 삼는 판결의 기판력이 그 전에**

확정되어 있는 판결의 기판력과 모순·저촉되는 경우를 가리키는 것이므로 재심대상판결이 확정된 후에 이와 다른 판단을 한 민사판결이 확정되었다고 하여도, 더구나 재심대상판결이 당사자도 다르고 행정소송사건인 이 사건의 경우 재심사유가 될 여지는 없는 것이다(1990. 3. 13. 89누6464).

ⓑ 제451조 제1항 제10호의 재심사유는 재심대상판결의 기판력과 전에 선고한 확정판결의 기판력과의 충돌을 조정하기 위하여 마련된 것이므로 그 규정의 '재심을 제기할 판결이 전에 선고한 확정판결과 저촉되는 때'란, **전에 선고한 확정판결의 효력이 재심대상판결 당사자에게 미치는 경우로서 양 판결이 저촉되는 때를 말하고, 전에 선고한 확정판결이 재심대상판결과 내용이 유사한 사건에 관한 것이라고 하여도 당사자들을 달리하여 판결의 기판력이 재심대상판결의 당사자에게 미치지 아니하는 때에는 위 규정의 재심사유에 해당하는 것으로 볼 수 없다**(2011. 7. 21. 2011재다199).

11) 상대방의 주소를 소재불명 또는 거짓으로 하여 소 제기한 경우 (11호)

ⓐ 제451조 제1항 제11호의 재심사유는 **사기판결을 얻어내기 위하여 상대방의 주소를 알고 있음에도 소재불명 또는 허위의 주소나 거소로 하여 소를 제기하고 이로 인하여 소의 제기사실을 전혀 알 수 없었던 상대방을 구제하기 위한 것**으로서, 상대방이 위 소송 진행 중 그 소송계속사실을 알고 있었고, 그럼에도 아무런 조치를 취하지 아니하여 판결이 선고되고 확정에 이르렀다면 특별한 사정이 없는 한 그 판결에 위 재심사유가 있다고 할 수 없다(1992. 10. 9. 92다12131).

ⓑ 청구인이 피청구인의 주거지를 알면서도 청구인의 본적지를 피청구인의 주소로 표시하여 이혼심판청구의 소를 제기하고 송달불능 되자 **공시송달의 방법**으로 심판절차가 진행되어 그 판결이 선고되었다면 이는 제451조 제1항 제11호의 재심사유에 해당한다(1985. 7. 9. 85므12).

ⓒ 소송당사자인 법인에 대한 송달을 공시송달에 의하려면 대표자에 대하여 제194조 제1항의 요건을 갖춘 때, 즉 법인 대표자의 주소·거소·기타 송달할 장소를 알 수 없을 때라야 하므로, **법인 대표자의 주소를 알면서도 법인의 사무소 소재지를 알 수 없다는 이유만으로 바로 공시송달을 신청하고 이에 기하여 판결이 선고·확정**되었다면, 상대방의 주소 또는 거소를 알고 있음에도 불구하고 소재불명으로 하여 소를 제기한 경우에 준한다고 볼 수 있어 제451조 제1항 제11호의 재심사유에 해당한다(1997. 6. 13. 96재가합21).

V. 재심의 절차

1. 재심의 관할법원

> 제453조(재심관할법원) ① 재심은 재심을 제기할 판결을 한 법원의 전속관할로 한다.
> ② 심급을 달리하는 법원이 같은 사건에 대하여 내린 판결에 대한 재심의 소는 상급법원이 관할한다. 다만, 항소심판결과 상고심판결에 각각 독립된 재심사유가 있는 때에는 그러하지 아니하다.

가. 재심대상판결을 한 법원

재심의 소는 소송목적의 값이나 심급과 무관하게 **재심의 대상이 되는 판결을 선고한 법원의 전속관할**로 한다(제453조 제1항). 따라서 심급을 달리하는 법원이 선고한 각 판결마다 재심사유가 있으면 재심원고는 재심의 소를 병합하여 동시에 제기하지 않고 각 법원에 별개의 재심의 소를 제기할 수 있다.

나. 재심원고가 병합하여 재심의 소를 제기한 경우

재심원고가 같은 사건에 대하여 심급을 달리하는 법원이 선고한 각 판결에 대하여 **재심의 소를 병합하여 제기한 경우**에 재심의 소는 상급법원이 관할한다(제453조 제2항 본문). 즉 재심원고가 재심의 소를 병합하여 제기한 경우에는 재판의 모순·저촉을 피하고, 당사자의 편의를 위하여 상급법원이 관할한다. 따라서 이 경우에 하급심 법원은 재심의 소를 상급심 법원으로 이송을 해야 한다.

다만 심급을 달리하는 법원이 **항소심 법원과 상고심 법원이고, 각 판결에 독립된 재심사유가 있는 경우**에는 항소심 법원과 상고심 법원이 각 재심관할법원이 된다(제453조 제2항 단서). 원칙적으로 상고심 법원은 사실문제에 대하여 심리하지 않기 때문이다. 다만 **상고심 법원이 상고를 인용하여 항소심 판결을 파기하는 경우**에는 항소심 판결이 실효되므로, 이 경우에는 **사실인정에 관한 사항을 재심사유로 하는 경우**가 아니라면 상고심 판결에 대하여만 재심의 소를 제기할 수 있다.

다. 재심사유가 사실인정에 관한 것인 경우

서증의 위조·변조, 증인 등의 거짓진술 등 **사실인정에 관한 사항**(제451조 제1항 제6호, 제7호)을 재심사유로 하는 경우에는 상고심 법원이 본안판단을 하여 **상고를 기각하였더라도 항소심 법원의 판결에 대하여 재심의 소를 제기**하여야 한다. 이 경우에는 상고심 법원이 직접 사실인정을 한 것이 아니기 때문이다.

판례도 "사실심이 사실인정의 자료로 채택한 증언내용이 위증임이 판명되어 유죄판결을 받은 경우에도 그 사유는 사실심의 판결에 대한 재심사유는 될지언정 **상고심판결에 대하여서는 재심사유로 삼을 수 없다**."고 한다(1967. 11. 21. 67사74).

또한 "[1] 상고심에는 직권조사사항이 아닌 이상 사실인정의 직책이 없으므로 재심대상판결인 상고심판결에 증거취사를 잘못한 채증법칙 위배의 위법이 있다는 사유는 제451조의 어느 재심사유에도 해당한다고 볼 수 없다. [2] 민사사건의 1, 2, 3심 판결의 기초가 된 형사 제1심의 유죄판결이 제2, 3심에서 **무죄로 변경되었다는 사유는 증거판단의 적부에 관한 사항이므로 사실심의 판결에 대한 재심사유**는 될지언정 상고심 판결에 대한 재심사유는 되지 않는다."고 한다(1983. 4. 26. 83사2).

또한 "[1] **위조나 변조된 문서 기타 물건이 항소심판결의 사실인정에 자료가 되고 상고심이 항소심의 증거취사선택에 위법이 없다는 이유로 상고를 기각한 경우**에 문서 기타 물건의 위조나 변조에 대하여 유죄의 판결이나 과태료의 재판이 확정되었거나 또는 증거흠결 이외의 이유로 유죄의 확정판결이나 과태료의 재판을 받을 수 없다는 것을 이유로 하는 재심은 본안판결을 한 항소심의 전속관할에 속한다. [2] **원고가 항소심판결에서 증거로 원용된 소유권증명이 위조된 것이라고 주장하면서 상소기각판결을 재심대상판결로 기재하여 재심의 소를 제기한 경우**에는 재심사유가 항소심판결에 관한 것임이 주장자체나 소송자료에 의하여 분명하니 재심원고의 의사는 항소심판결을 대상으로 한 것으로서 다만 재심소장에 재심을 할 판결의 표시를 잘못 기재하여 제출하였다 할 것이므로 재심관할 법원인 항소심법원에 이송함이 상당하다."고 한다(1984. 4. 16. 84사4).

또한 "상고심의 판결에 대하여 재심의 소를 제기하려면, 상고심의 소송절차 또는 판결에 제451조의 사유가 있는 경우에 한하는 것인바, 상고심에는 직권조사사항이 아닌 이상 사실인정의 직책은 없고, 사실심인 제2심법원이 한 증거의 판단과 사실인정의 적법 여부를 판단할 뿐이고, 사실심에서 적법하게 확정한 사실은 상고심을 기속하므로, **재심사유 가운데 사실인정 자체에 관한 것, 예컨대**

제451조 제1항 제6호의 서증의 위조·변조에 관한 것이나 제7호의 허위진술에 관한 것 등에 대하여는 사실심의 판결에 대한 재심사유는 될지언정 상고심 판결에 대하여서는 재심사유로 삼을 수 없다."고 한다(2000. 4. 11. 99재다746).

라. 항소심에서 항소기각의 본안판결을 선고한 경우

항소심에서 항소기각의 본안판결을 한 경우에는 제1심 판결에 대하여 재심의 소를 제기하지 못한다(제451조 제3항). 이 경우에 재심원고가 제1심법원에 재심의 소를 제기하면 제1심법원은 항소심법원으로 이송하여야 한다(제34조 제1항). 상급심이 하급심 판결을 취소 또는 파기를 한 경우(제416조, 제436조)에도 하급심 판결은 재심의 대상이 될 수 없다.

판례도 "[1] 항소심에서 본안판결을 한 경우에는 제1심판결에 대하여 재심의 소를 제기하지 못하므로, 제1심 판결에 대하여 제1심법원에 제기된 재심의 소는 재심대상이 아닌 판결을 대상으로 한 것으로서 재심의 소송요건을 결여한 부적합한 소송이며 단순히 재심의 관할을 위반한 소송이라고 볼 수는 없으나, 항소심에서 본안판결을 한 사건에 관하여 제기된 재심의 소가 제1심판결을 대상으로 한 것인가 또는 항소심판결을 대상으로 한 것인가의 여부는 재심소장에 기재된 재심을 할 판결의 표시만 가지고 판단할 것이 아니라 재심의 이유에 기재된 주장내용(재심사유가 항소심 판결에 관한 것인지 여부)을 살펴보고 재심을 제기한 당사자의 의사를 참작하여 판단할 것이다. [2] 재심의 소가 재심제기기간내에 제1심법원에 제기되었으나 재심사유 등에 비추어 항소심판결을 대상으로 한 것이라 인정되어 소를 항소심법원에 이송한 경우에 재심제기기간의 준수여부는 제40조 제1항의 규정에 비추어 제1심법원에 제기된 때를 기준으로 할 것이지 항소법원에 이송된 때를 기준으로 할 것은 아니다."고 한다(1984. 2. 28. 83다카1981).

또한 "항소심에서 본안판결을 한 때에는 제1심판결에 대하여 재심의 소를 제기하지 못하므로, 제1심판결에 대하여 제1심법원에 제기된 재심의 소는 재심대상이 아닌 판결을 대상으로 한 것으로서 재심의 소송요건을 결여한 부적법한 소송이며 단순히 재심의 관할을 위반한 소송이라고 볼 수는 없으나, 재심 소장에 재심을 할 판결로 제1심판결을 표시하고 있더라도 재심의 이유에서 주장하고 있는 재심사유가 항소심판결에 관한 것이라고 인정되는 경우(항소심 판결과 제1심판결에 공통되는 재심사유인 경우도 같다)에는 재심의 소는 항소심판결을 대상으로 한 것으로서 재심을 할 판결의 표시는 잘못 기재된 것으로 보는 것이 타당하므로, 재심소장을 접수한 제1심법원은 재심의 소를 부적법하다 하여 각하할 것이 아니라 재심 관할법원인 항소심법원에 이송하여야 할 것이다."고 한다(1995. 6. 19. 94마2513).

또한 "항소심에서 본안판결을 한 사건에 관하여 항소심판결에서 채용한 증거가 위조된 것이라고 주장하면서 상고기각판결을 재심대상판결로 기재하여 대법원에 재심의 소를 제기한 경우, 재심사유가 항소심판결에 관한 것임이 주장자체나 소송기록에 의하여 분명하다면 재심원고의 의사는 항소심판결을 대상으로 한 것으로서 다만 재심소장에 재심을 할 판결의 표시를 잘못 기재하여 제출하였다 할 것이므로 재심관할법원인 항소심법원에 이송함이 상당하다."고 한다(1994. 10. 15. 94재다413).

한편 "항소심법원이 본안판결을 한 경우에는 재심의 소는 항소심판결에 대해서만 제기할 수 있는 것이므로, 비록 재심 소장에 재심대상 판결이 제1심 판결로 기재되어 있더라도 재심 이유에서 주장하고 있는 재심사유가 항소심판결에 관한 것임이 주장자체나 소송자료에 의하여 분명한 경우에는 재심소장을 제출받은 제1심 법원은 관할법원인 항소심 법원으로 이송하여야 할 것이나, 제1심법원이 이와 같은 조치를 취하지 않고 본안에 대하여 심리한 후 재심의 소를 기각하는 판결을 하고 이에 대하여 재심원고의 항소로 사건이 항소심에 적법하게 계속된 때에는 항소심 법원으로서는 **제1심판결을 전속관할 위반을 이유로 취소하고 제1심 법원으로부터 이송받은 경우와 마찬가지로 재심사건을 심리판단**하여야 한다."고 한다(1989. 10. 27. 88다카33442).

2. 재심소송에서의 준용절차

> 제455조(재심의 소송절차) 재심의 소송절차에는 각 심급의 소송절차에 관한 규정을 준용한다.

판례는 "재심사유가 있는 것으로 인정되어 재심의 대상이 된 확정판결 사건의 본안에 대하여 다시 변론을 한다는 것은 **전 소송의 변론이 재개되어 재심 이전의 상태에 돌아가 속행되는 것**을 말하며, 따라서 **재심법원이 사실심이라면 새로운 공격방어방법을 제출할 수도 있다.**"고 한다(2001. 6. 15. 2000두2952).

한편 "재심의 소의 방식이 통상적 소의 방식과 다를 뿐 아니라 재심의 소는 확정된 종국판결이 있음을 전제로 하고 법률이 정하는 재심사유가 있는 경우에 한하여 법정기간 내에 제소됨을 요하는 것으로서 통상적 소와는 성질을 달리하므로, **재심의 소를 통상적 소로 변경하거나 통상적 소를 재심의 소로 변경할 수는 없다고 해석함이 타당하다.**"고 한다(1959. 9. 24. 4291민상318).

3. 중간판결제도

> 제454조(재심사유에 관한 중간판결) ① 법원은 재심의 소가 적법한지 여부와 재심사유가 있는지 여부에 관한 심리 및 재판을 본안에 관한 심리 및 재판과 분리하여 먼저 시행할 수 있다.
> ② 제1항의 경우에 법원은 재심사유가 있다고 인정한 때에는 그 취지의 중간판결을 한 뒤 본안에 관하여 심리·재판한다.

가. 개 관

재심의 소에 대한 소송절차에서는 **적법요건과 재심사유의 존부에 관한 심리 및 재판을 본안에 관한 심리 및 재판**과 분리하여 먼저 할 수 있다(제454조 제1항). 이 경우에 재심의 소가 적법하지 않은 경우에는 재심의 소를 각하하고, 재심사유가 존재하지 않는 경우에는 재심의 청구를 기각한다.

한편 재심의 소가 적법하고 재심사유가 인정되면 그 취지의 중간판결을 한 뒤 본안에 관하여 심리 및 재판을 한다(제454조 제2항). 다만 반드시 분리하여 심리 및 재판하여야 한다면 심리의 효율성을 떨어뜨릴 수 있기 때문에, 중간판결을 위한 선행심리는 법원의 재량사항이다.

나. 적법요건에 관한 심리 및 재판

법원은 재심의 소의 적법요건을 심리한다. 재심의 소의 적법요건에 흠이 있는 경우에 재심원고가 보정을 하지 않거나 보정할 수 없는 경우에는 판결로 재심의 소를 각하한다(제455조·제219조·제413조 참조). 즉 재심원고가 주장하는 사유가 민사소송법상의 재심사유에 해당하지 않는 경우에 법원은 재심의 소를 각하하여야 한다. 판례도 "**재심대상 판결에 사실오인 내지 법리오해의 위법이 있음을 이유로 제기한 재심의 소는 부적법하다.**"고 한다(1987. 12. 8. 87재다24).

또한, 제451조 제1항 제4호 내지 제7호의 가벌적 행위를 주장하면서 동조 제2항의 유죄확정판결 등이나 증거부족 이외의 사유로 유죄확정판결 등을 받지 아니한 사유의 존재를 주장·증명하지 아니한 때에도 법원은 재심의 소를 각하하여야 한다(적법요건설). 또한, 당사자가 재심사유를 상소로써 주장하였으나 기각된 경우, 이를 알고도 상소심에서 주장하지 아니한 경우에는 동일한 사유로 재심의 소를 제기할 수 없다(제451조 제1항 단서). 따라서 이러한 경우에도 법원은 재심의 소를 각하하여야 한다.

다. 재심사유의 존부에 관한 심리 및 재판

(ⅰ) 판례는 "재심의 소는 확정판결에 대하여 판결의 효력을 인정할 수 없는 흠결이 있는 경우에 구체적 정의를 위하여 법적 안정성을 희생시키면서 확정판결의 취소를 허용하는 비상수단으로서, 소송제도의 기본목적인 분쟁해결의 실효성과 정의실현과의 조화를 도모하여야 하는 것이므로, **재심사유의 존부에 관하여는 당사자의 처분권을 인정할 수 없고, 재심법원은 직권으로 당사자가 주장하는 재심사유 해당사실의 존부에 관한 자료를 탐지하여 판단할 필요가 있고, 따라서 재심사유에 대하여는 당사자의 자백이 허용되지 아니하며 자백간주에 관한 제150조 제1항은 적용되지 아니한다.**"고 한다(1992. 7. 24. 91다45691).

한편, 재심의 소에서 확정판결의 취소는 당사자가 임의로 처분할 수 있는 사항이 아니므로, 이에 대하여는 청구의 포기와 인낙 및 재판상 화해는 허용되지 않는다. 판례도 "조정이나 재판상 화해의 대상인 권리관계는 사적 이익에 관한 것으로서 당사자가 자유롭게 처분할 수 있는 것이어야 하므로, **성질상 당사자가 임의로 처분할 수 없는 사항을 대상으로 한 조정이나 재판상 화해는 허용될 수 없고, 설령 조정이나 재판상 화해가 성립하였더라도 효력이 없어 당연무효이다.**"고 한다(2012. 9. 13. 2010다97846). 따라서 '재심대상판결 및 제1심판결을 각 취소한다'는 조정조항은 법원의 형성재판 대상으로서 자유롭게 처분할 수 있는 권리에 관한 것이 아니어서 당연무효이고, 확정된 재심대상판결과 제1심판결이 당연무효인 조정조항에 의하여 취소되었다고 할 수 없다고 판시하였다.

(ⅱ) 법원은 재심원고가 주장하는 재심사유에 대하여만 심리·판단한다. 그 결과 재심사유가 없는 경우에 법원은 재심청구를 기각한다. 판례도 "재심의 소가 제기되면 법원은 먼저 재심원고가 주장하는 재심사유가 있는지를 조사·심리한 다음, 재심사유가 있는 것으로 인정되는 경우에만 본안에 관한 심리에 들어가므로, **재심원고가 주장하는 재심사유가 없는 것으로 판명될 때에는 본안에 관하여는 심리할 필요도 없이 종국판결로 재심청구를 기각**하여야 되는 것이다."고 한다(1990. 12. 7. 90다카21886).

4. 본안에 관한 심리 및 재판

> 제459조(변론과 재판의 범위) ① 본안의 변론과 재판은 재심청구이유의 범위 안에서 하여야 한다.
> ② 재심의 이유는 바꿀 수 있다.
>
> 제460조(결과가 정당한 경우의 재심기각) 재심의 사유가 있는 경우라도 판결이 정당하다고 인정한 때에는 법원은 재심의 청구를 기각하여야 한다.

(ⅰ) 재심사유가 있다고 인정할 경우에 법원은 원판결에 의하여 완결된 소송의 본안에 대하여 다시 심리를 한다. 이 경우에 새로 심리를 개시하는 것이 아니라, 재심 전 소송의 변론종결 전의 상태로

돌아가서 심리를 추가로 진행한다. 즉 변론은 재심 전 소송에서 진행한 변론의 속행절차가 된다. 따라서 **재심절차에서 당사자가 제출한 서증의 번호는 재심 전 소송의 서증의 번호에 연속하여 매긴다**(민사소송규칙 제140조 제1항).

(ⅱ) 본안의 변론과 재판은 원판결에 대한 불복신청의 범위(재심청구 이유의 범위) 안에서 하여야 한다(제459조 제1항). 이 경우에도 불이익변경 금지의 원칙이 적용된다. 판례도 "재심은 상소와 유사한 성질을 갖는 것으로서 **부대재심이 제기되지 않는 한 재심원고에 대하여 원래의 확정판결보다 불이익한 판결을 할 수 없다.**"고 한다(2003. 7. 22. 2001다76298).

한편 심리의 결과 원판결이 부당한 경우에는 법원은 원판결을 취소하고 새로운 판결을 선고한다. 그러나 재심사유가 있는 경우라도 다른 사유로 인하여 결과적으로 원판결이 정당한 경우에는 법원은 재심청구를 기각하여야 한다(제460조). 판례도 "재심대상심판에 재심사유가 있더라도 **결론은 결과적으로 정당하다고 하여 재심청구를 기각**한 사례"가 있다(1991. 12. 24. 91므528).

(ⅲ) 원판결이 재심대상 판결의 표준시(변론종결시) 이전의 사유로 보면 부당하지만, 표준시 이후에 새로이 발생한 사유로 인하여 정당하게 된 경우에도 법원은 재심청구를 기각하여야 한다. 이와 관련하여 **재심사건에서 재심대상판결의 변론종결 뒤의 사유를 이유로 재심청구를 기각한 경우 기판력의 표준시**에 대하여, 판례는 "재심사건에서 법원이 재심사유는 있다고 인정하면서도 **재심대상 판결의 변론종결 후의 사유를 이유로 재심청구를 기각한 경우에는 기판력의 표준시는 재심대상 판결의 변론종결시가 아니라 재심판결의 변론종결시이다.**"고 한다(2003. 5. 13. 2002다64148).

Ⅵ. 준재심

> **제461조(준재심)** 제220조의 조서 또는 즉시항고로 불복할 수 있는 결정이나 명령이 확정된 경우에 제451조 제1항에 규정된 사유가 있는 때에는 확정판결에 대한 제451조 내지 제460조의 규정에 준하여 재심을 제기할 수 있다.

1. 의 의

준재심이란 **확정판결과 같은 효력을 가지는 조서 또는 즉시항고로 불복할 수 있는 결정·명령이 확정된 경우에, 그것에 재심사유가 있을 때에는 재심의 소에 준하여 재심을 제기하는 것**을 말한다(제461조).

2. 조서에 대한 준재심 : 준재심의 소의 제기

(ⅰ) 준재심의 소의 대상이 되는 제220조의 조서에는 (소송상·제소전) 화해조서, 청구의 포기·인낙조서 이외에 재판상 화해와 동일한 효력을 가지는 조정조서(민사조정법 제28조, 제29조)가 포함된다. 또한 화해권고결정(제231조)이나 조정에 갈음하는 결정(민사조정법 제34조 제4항)이 확정된 경우에도 재판상 화해와 동일한 효력이 있으므로, 이에 포함된다. 즉 기판력이 인정되는 조서는 준재심의 대상이 된다. 이에 대한 준재심의 제기는 소 제기의 방식으로, 그에 대한 재판은 판결의 방식으로 한다. 조서에 대한 준재심에는 확정판결에 대한 재심의 소의 절차가 준용되기 때문이다(제461조).

판례는 "제소전 화해에서는 종결될 본안 소송이 계속되었던 것이 아니고 종결된 것은 제소전 화해절차뿐이므로, 제소전 화해절차의 특성상 제461조에도 불구하고 **제소전 화해조서를 대상으로 한 준**

재심의 소에서는 제460조가 적용될 여지는 없고, 재심사유가 인정되는 이상 화해의 내용 되는 법률관계의 실체 관계의 부합 여부를 따질 수도 없어 화해조서를 취소할 수밖에 없다."고 한다(1998. 10. 9. 96다44051).151)

또한 "[1] 재심사유가 있어 준재심의 소에 의하여 **제소전화해를 취소하는 준재심 판결이 확정된다 하여도 부활될 소송이 없음은 물론, 화해절차는 화해가 성립되지 아니한 것으로 귀착되어 제소전화해에 의하여 생긴 법률관계가 처음부터 없었던 것과 같이 되는 것**뿐이다. [2] 준재심 확정판결에 의해 실효된 제소전화해에 따라 이루어진 소유권이전등기 또는 이에 터잡아 경료된 소유권이전등기의 말소등기절차 이행을 구하는 소송에서, 피고는 소유권이전등기가 실체관계에 부합하는 유효한 등기라는 주장을 할 수 있고, 그와 같은 주장이 준재심 확정판결의 기판력에 저촉되어 허용할 수 없는 것은 아니다."고 한다(1996. 3. 22. 95다14275).

또한 "수소법원이 사건을 조정에 회부하였는데 조정기일에 합의가 성립되지 않아 법원이 직권으로 조정에 갈음하는 결정을 한 경우 이는 수소법원의 사실인정과 판단에 기초하여 이루어진 것으로서 만약 **관련된 재판내용이 조정에 갈음하는 결정에서 사실인정의 자료가 되었고 재판의 변경이 조정에 갈음하는 결정에 영향을 미칠 가능성이 있다면 당사자는 재판의 변경을 이유로 확정된 조정에 갈음하는 결정조서에 대하여 제461조, 제451조 제1항 제8호의 준재심청구를 할 수 있으므로**, 그 청구는 적법하다. 다만, 조정에 갈음하는 결정은 수소법원이 당해 사건의 사실인정과 판단 외에도 여러 사정들을 모두 참작하여 하는 것으로서 조정에 갈음하는 결정조서에 이유가 기재되어 있지 않은 경우 결정조서에 대한 준재심사유가 있는지 여부는 판결에 대한 재심에 비하여 엄격하게 판단하여야 한다."고 한다(2005. 6. 24. 2003다55936).

(ⅱ) 그러나, 확정된 이행권고결정(소액사건심판법 제5조의7)은 기판력이 없기 때문에 준재심의 소를 제기할 수는 없다. 판례도 "소액사건심판법 제5조의7 제1항은 이행권고결정에 관하여 피고가 일정한 기간 내 이의신청을 하지 아니하거나 이의신청에 대한 각하결정이 확정된 때 또는 이의신청이 취하된 때에는 이행권고결정은 확정판결과 같은 효력을 가진다고 규정하고 있다. 그러나 확정판결에 대한 청구이의 이유를 변론이 종결된 뒤(변론 없이 한 판결의 경우에는 판결이 선고된 뒤)에 생긴 것으로 한정하고 있는 민사집행법 제44조 제2항과는 달리, 소액사건심판법 제5조의8 제3항은 이행권고결정에 대한 청구에 관한 이의의 주장에 관하여는 민사집행법 규정에 의한 제한을 받지 아니한다고 규정하고 있으므로, **확정된 이행권고결정에 관하여는 결정전에 생긴 사유도 청구이의의 소에서 주장할 수 있다. 이에 비추어 보면 소액사건심판법 규정들의 취지는 확정된 이행권고결정에 확정판결이 가지는 효력 중 기판력을 제외한 나머지 효력인 집행력 및 법률요건적 효력 등의 부수적 효력을 인정하는 것이고, 기판력까지 인정하는 것은 아니다.** 민사소송법 제461조에 의하여 준용되는 같은 법 제451조의 재심은 확정된 종국판결에 재심사유에 해당하는 중대한 하자가 있는 경우에 판결의 취소와 이미 종결된 소송을 부활시켜 재심판을 구하는 비상의 불복신청방법으로서 확정된 종국판결이 갖는 기판력, 형성력, 집행력 등 판결의 효력의 배제를 주된 목적으로 하는 것이다. 그러므로 **기판력을 가지지**

---

151) [**판례평석**] 재심사유가 있더라도 재심대상판결이 정당하면, 재심청구를 기각해야 한다는 규정(제460조)은 준재심의 소에 준용되지 않는다는 것이 통설·판례이다. 대상이 확정판결이면 그것을 남겨둔다는 것이 위 규정의 의미이지만, 준재심에서는 준재심대상 조서에 재심사유의 흠이 있는데도 그대로 둘 수는 없고, 조서로써 종료되었던 소송이 다시 부활한다고 봄이 합당하기 때문이다. 준재심법원은 다시 부활한 소송에서 판결을 내려 주어야 한다. 다만 제소전화해 조서의 경우에는 조서를 취소하는 것만으로 법원의 조치가 끝난다(전원열, 제3판, 790면). → 제소전화해는 소가 제기되기 전에 하는 것이므로 부활할 소송이 없기 때문이다.

아니하는 확정된 이행권고결정에 재심사유에 해당하는 하자가 있더라도 이를 이유로 민사소송법 제461조가 정한 준재심의 소를 제기할 수는 없고, 청구이의의 소를 제기하거나 또는 강제집행이 이미 완료된 경우에는 부당이득반환청구의 소 등을 제기할 수 있을 뿐이다."고 한다(2009. 5. 14. 2006다34190).

3. 결정·명령에 대한 준재심 : 준재심의 신청

준재심 신청의 대상이 되는 '즉시항고로 불복할 수 있는 결정·명령'에는 소장각하명령, 상소장각하명령, 소송비용에 관한 결정(제110조, 제113조, 제114조), 과태료 결정(제363조, 제370조), 매각허가결정(민사집행법 제128조), 추심명령·전부명령(민사집행법 제229조 제6항) 등이 포함된다. 이에 대한 준재심의 제기는 신청의 방식으로, 그에 대한 재판은 결정의 방식으로 한다.

판례는 "재항고이유서 제출기간 내에 제출된 재항고이유서에 사건번호가 잘못 기재되어 있었던 관계로 재항고이유서가 사건의 기록에 편철되지 아니하여, **준재심대상결정이 재항고장에 재항고이유의 기재가 없고 재항고이유서 제출기간 내에 재항고이유서를 제출하지 아니하였다는 이유로 재항고이유에 관하여 판단하지 않고 재항고를 기각한 경우**, 준재심대상결정은 결정에 영향을 미칠 중요한 사항에 관하여 판단을 누락하였으므로 이는 제461조, 제451조 제1항 제9호에 해당하는 준재심사유가 된다."고 한다(2000. 1. 7. 99재마4).[152]

한편 "제461조에서 준재심의 대상을 '즉시항고로 불복할 수 있는 결정이나 명령'으로 한정하고 있으나, 이는 대표적인 사례를 든 것에 불과하고, 따라서 **종국적 재판의 성질을 가진 결정이나 명령 또는 종국적 재판과 관계없이 독립하여 확정되는 결정이나 명령에 해당하는 경우**라면 독립하여 준재심을 신청할 수 있지만, 담보권실행을 위한 경매개시결정에 대하여는 즉시항고를 할 수 있다는 취지의 규정도 없고, 경매개시결정에 대하여는 즉시항고에 의하여 상급심의 판단을 받지 아니하더라도 매각허가결정에 대한 즉시항고로써 다툴 수 있는 것이므로, 이와 같은 **경매개시결정은 종국적 재판의 성질을 가진 결정이나 명령 또는 종국적 재판과 관계없이 독립하여 확정되는 결정이나 명령에 해당하지 아니하므로 준재심의 대상에 해당하지 아니한다.**"고 한다(2004. 9. 13. 2004마660).

4. 준재심의 제기기간

판례는 "소송절차 내에서 법인 또는 법인이 아닌 사단(이하 '법인 등'이라고 한다)이 당사자로서 청구의 포기·인낙 또는 화해를 하여 변론조서나 변론준비기일조서에 적은 경우에, **법인 등의 대표자가 청구의 포기·인낙 또는 화해를 하는 데에 필요한 권한의 수여에 흠이 있는 때**에는 법인 등은 변론조서나 변론준비기일조서에 대하여 준재심의 소를 제기할 수 있고, 준재심의 소는 법인 등이 청구를 포기·인낙 또는 화해를 한 뒤 준재심의 사유를 안 날부터 30일 이내에 제기하여야 한다(제461조, 제220조, 제451조 제1항 제3호, 제456조, 제64조, 제52조). 이때 '법인 등이 준재심의 사유를 안 날'은 특별한 사정이 없는 한 **법인 등의 대표자가 준재심의 사유를 안 날**로서 그때부터 준재심 제기 기간이 진행되는 것이 원칙이다. 그렇지만 **법인 등의 대표자가 준재심의 사유인 청구의 포기·인낙 또는 화해를 하는 데에 필요한 권한을 수여받지 아니한 것에서 더 나아가 자기 또는 제3자의 이익을 도모할 목적으로 권한

---

[152] [판례평석] 재항고이유서가 기간 내에 제출되었음을 대법원이 간과하고 재항고를 기각하는 결정을 내린 경우에 - 그 재항고기각결정은 즉시항고로 불복을 신청할 수 있는 것이 아님에도 불구하고 - 그 결정이 준재심 신청의 대상이라고 보았다(전원열, 제3판, 790면).

을 남용하여 법인 등의 이익에 배치되는 청구의 포기·인낙 또는 화해를 하였고 또한 상대방 당사자가 대표자의 진의를 알았거나 알 수 있었을 경우에는, 일반적으로 법인 등에 대하여 대표권의 효력이 부인될 수 있는 사유에 해당할 뿐 아니라 준재심의 사유가 된 대표권 행사에 관하여 법인 등과 대표자의 이익이 상반되어 법인 등의 대표자가 준재심 제기 권한을 행사하리라고 기대하기 어려움에 비추어 보면, **단지 대표자가 준재심의 사유를 아는 것만으로는 부족하고 적어도 법인 등의 이익을 정당하게 보전할 권한을 가진 다른 임원 등이 준재심의 사유를 안 때에 준재심 제기기간이 진행된다.**"고 한다(2016. 10. 13. 2014다12348).

PART 08 간이소송절차

제1장　독촉절차
제2장　공시최고절차
제3장　소액사건심판절차 :
　　　　소액사건심판법

CHAPTER 01 독촉절차

Ⅰ. 의의 및 취지

독촉절차란 **금전, 그 밖에 대체물이나 유가증권의 일정한 수량의 지급을 목적으로 하는 청구에 대하여 채권자에게 간이·신속한 방법으로 집행권원을 얻을 수 있도록 하는 간이소송절차**를 말한다(제462조). 채무자가 채무의 존재를 다투지 않을 것이 예상되는 경우에 채권자는 독촉절차를 통하여 서면심사만으로 신속하게 집행권원을 얻을 수 있다.

Ⅱ. 지급명령의 신청

1. 관할법원

> 제463조(관할법원) 독촉절차는 채무자의 보통재판적이 있는 곳의 지방법원이나 제7조 내지 제9조, 제12조 또는 제18조의 규정에 의한 관할법원의 전속관할로 한다.
>
> 법원조직법 제34조(시·군법원의 관할) ① 시·군법원은 다음 각 호의 사건을 관할한다.
> 1. 「소액사건심판법」을 적용받는 민사사건
> 2. 화해·독촉 및 조정(調停)에 관한 사건

2. 요건 및 절차

> 제462조(적용의 요건) 금전, 그 밖에 대체물이나 유가증권의 일정한 수량의 지급을 목적으로 하는 청구에 대하여 법원은 채권자의 신청에 따라 지급명령을 할 수 있다. 다만, 대한민국에서 공시송달 외의 방법으로 송달할 수 있는 경우에 한한다.
>
> 제464조(지급명령의 신청) 지급명령의 신청에는 그 성질에 어긋나지 아니하면 소에 관한 규정을 준용한다.
>
> 제466조(지급명령을 하지 아니하는 경우) ① 채권자는 법원으로부터 채무자의 주소를 보정하라는 명령을 받은 경우에 소제기신청을 할 수 있다.
> ② 지급명령을 공시송달에 의하지 아니하고는 송달할 수 없거나 외국으로 송달하여야 할 때에는 법원은 직권에 의한 결정으로 사건을 소송절차에 부칠 수 있다.
> ③ 제2항의 결정에 대하여는 불복할 수 없다.

판례는 "법원은 금전 등 대체물이나 유가증권의 일정한 수량의 지급을 목적으로 하는 청구에 대하여 채권자의 신청에 따라 지급명령을 할 수 있고(제462조), 반대급부의 이행과 동시에 금전 등 대체물이나 일정한 수량의 유가증권의 지급을 명하는 지급명령도 허용된다. 이때 **반대급부는 지급명령신청의 대상이 아니어서 제462조에서 정한 '금전 등 대체물이나 유가증권의 일정한 수량의 지급을 목적으로 하는 청구'라는 제한을 받지 아니하고, 반대급부를 이행하여야 하는 자도 '지급명령의 신청인'에 한정되는 것은 아니다.**"고 한다(2022. 6. 21. 2021그753).

Ⅲ. 지급명령신청에 대한 재판

1. 신청각하

> 제465조(신청의 각하) ① 지급명령의 신청이 제462조 본문 또는 제463조의 규정에 어긋나거나, 신청의 취지로 보아 청구에 정당한 이유가 없는 것이 명백한 때에는 그 신청을 각하하여야 한다. 청구의 일부에 대하여 지급명령을 할 수 없는 때에 그 일부에 대하여도 또한 같다.
> ② 신청을 각하하는 결정에 대하여는 불복할 수 없다.

2. 지급명령

> 제467조(일방적 심문) 지급명령은 채무자를 심문하지 아니하고 한다.
>
> 제468조(지급명령의 기재사항) 지급명령에는 당사자, 법정대리인, 청구의 취지와 원인을 적고, 채무자가 지급명령이 송달된 날부터 2주 이내에 이의신청을 할 수 있다는 것을 덧붙여 적어야 한다.
>
> 제469조(지급명령의 송달) ① 지급명령은 당사자에게 송달하여야 한다.
> ② 채무자는 지급명령에 대하여 이의신청을 할 수 있다.

판례는 "채무자가 복수인 경우 지급명령의 송달은 송달받을 사람을 수령 명의인으로 하여 송달받을 사람 각자에게 개별적으로 하여야 한다."고 한다(2024. 6. 7. 2024마5496).

Ⅳ. 채무자의 이의신청 및 소송으로의 이행

> 제470조(이의신청의 효력) ① 채무자가 지급명령을 송달받은 날부터 2주 이내에 이의신청을 한 때에는 지급명령은 그 범위 안에서 효력을 잃는다.
> ② 제1항의 기간은 불변기간으로 한다.
>
> 제471조(이의신청의 각하) ① 법원은 이의신청이 부적법하다고 인정한 때에는 결정으로 이를 각하하여야 한다.
> ② 제1항의 결정에 대하여는 즉시항고를 할 수 있다.
>
> 제472조(소송으로의 이행) ① 채권자가 제466조 제1항의 규정에 따라 소제기신청을 한 경우, 또는 법원이 제466조 제2항의 규정에 따라 지급명령신청사건을 소송절차에 부치는 결정을 한 경우에는 지급명령을 신청한 때에 소가 제기된 것으로 본다.
> ② 채무자가 지급명령에 대하여 적법한 이의신청을 한 경우에는 지급명령을 신청한 때에 이의신청된 청구목적의 값에 관하여 소가 제기된 것으로 본다.
>
> 제473조(소송으로의 이행에 따른 처리) ① 제472조의 규정에 따라 소가 제기된 것으로 보는 경우, 지급명령을 발령한 법원은 채권자에게 상당한 기간을 정하여, 소를 제기하는 경우 소장에 붙여야 할 인지액에서 소제기신청 또는 지급명령신청시에 붙인 인지액을 뺀 액수의 인지를 보정하도록 명하여야 한다.
> ② 채권자가 제1항의 기간 이내에 인지를 보정하지 아니한 때에는 위 법원은 결정으로 지급명령신청서를 각하하여야 한다. 이 결정에 대하여는 즉시항고를 할 수 있다.
> ③ 제1항에 규정된 인지가 보정되면 법원사무관 등은 바로 소송기록을 관할법원에 보내야 한다. 이 경우 사건이 합의부의 관할에 해당되면 법원사무관등은 바로 소송기록을 관할법원 합의부에 보내야 한다.
> ④ 제472조의 경우 독촉절차의 비용은 소송비용의 일부로 한다.

판례는 "지급명령이 발령되었더라도 채무자에게 송달되기 전에 한 채무자의 이의신청은 부적법하지만 그 후에 채무자에게 지급명령이 적법하게 송달되면 하자는 치유된다."고 한다(2024. 6. 7. 2024마5496).

V. 지급명령의 확정과 효력

> 제474조(지급명령의 효력) 지급명령에 대하여 이의신청이 없거나, 이의신청을 취하하거나, 각하결정이 확정된 때에는 지급명령은 확정판결과 같은 효력이 있다.

판례는 "**지급명령은 기판력이 생기지 않아서 그에 대한 청구이의의 소에는 기판력의 시간적 한계에 따른 제한은 적용되지 않으므로**(민사집행법 제44조 제2항), **청구이의의 소송심리에서는 지급명령에 기재된 모든 청구원인 주장에 관하여 심리·판단되어야 하고**, 청구원인 주장을 특정함에는 서면에 의한 일방 심문으로 이루어지는 독촉절차의 특성과 소송경제의 이념을 고려하면서 구체적 사안에 적응하여 지급명령 신청서상의 청구원인 기재를 합리적으로 선해할 수 있다."고 한다(2002. 2. 22. 2001다73480).

또한 "지급명령에는 기판력이 인정되지 아니하므로 지급명령에 대한 집행력 배제를 목적으로 제기된 청구이의의 소에서 지급명령 발령 전에 발생한 청구권의 일부 불성립이나 소멸 등의 사유로 청구이의가 일부 받아들여지는 경우에는, 지급명령 이전부터 청구이의의 사실심판결 선고시까지 그 청구권에 관한 이행의무의 존부나 범위에 관하여 항쟁함이 상당한 경우에 해당한다고 할 것이어서 위 기간 범위 안에서는 소송촉진 등에 관한 특례법 제3조 제1항의 이율을 적용할 수 없다. 또한, 수개의 청구가 병합된 지급명령에 관한 청구이의의 소에 있어서는 지급명령에서 병합된 각 소송물마다 위와 같은 법리가 적용되어야 하므로 이행의무의 존부나 범위에 대하여 항쟁함이 상당한지 여부는 각 청구별로 따로 판단한다."고 한다(2009. 7. 9. 2006다73966).

또한 "민사소송법 제474조, 민법 제165조 제2항에 의하면 **지급명령에서 확정된 채권은 단기의 소멸시효에 해당하는 것이라도 소멸시효기간이 10년으로 연장된다**."고 한다(2009. 9. 24. 2009다39530).

CHAPTER 02 공시최고절차

Ⅰ. 공시최고의 의의 및 허용범위

> **제475조(공시최고의 적용범위)** 공시최고(公示催告)는 권리 또는 청구의 신고를 하지 아니하면 그 권리를 잃게 될 것을 법률로 정한 경우에만 할 수 있다.
>
> **제495조(신고최고, 실권경고)** 공시최고에는 공시최고기일까지 권리 또는 청구의 신고를 하고 그 증서를 제출하도록 최고하고, 이를 게을리 하면 권리를 잃게 되어 증서의 무효가 선고된다는 것을 경고하여야 한다.

공시최고란 법원이 당사자의 신청에 따라 특정되지 않은 또는 분명하지 않은 이해관계인에게 권리 또는 청구의 신고를 하지 않으면 그 권리를 잃게 되는 효력이 발생한다는 경고와 권리 또는 청구의 신고를 하고 그 증서를 제출할 것을 재판에 의하여 최고를 하는 절차를 말한다(제475조, 제495조).

공시최고는 법률상 공시최고가 인정되는 경우에만 할 수 있다(제475조). 따라서 (a) 실종선고를 위한 공시최고(민법 제27조), (b) 등기·등록의 말소를 위한 공시최고(부동산등기법 제56조 등), (c) 증권·증서의 무효선고를 위한 공시최고(민법 제521조, 상법 제65조·제360조 등)의 경우에 할 수 있다.

Ⅱ. 공시최고의 절차

> **제476조(공시최고절차를 관할하는 법원)** ① 공시최고는 법률에 다른 규정이 있는 경우를 제외하고는 권리자의 보통재판적이 있는 곳의 지방법원이 관할한다. 다만, 등기 또는 등록을 말소하기 위한 공시최고는 그 등기 또는 등록을 한 공공기관이 있는 곳의 지방법원에 신청할 수 있다.
> ② 제492조의 경우에는 증권이나 증서에 표시된 이행지의 지방법원이 관할한다. 다만, 증권이나 증서에 이행지의 표시가 없는 때에는 발행인의 보통재판적이 있는 곳의 지방법원이, 그 법원이 없는 때에는 발행 당시에 발행인의 보통재판적이 있었던 곳의 지방법원이 각각 관할한다.
> ③ 제1항 및 제2항의 관할은 전속관할로 한다.
>
> **제477조(공시최고의 신청)** ① 공시최고의 신청에는 그 신청의 이유와 제권판결(除權判決)을 청구하는 취지를 밝혀야 한다.
> ② 제1항의 신청은 서면으로 하여야 한다.
> ③ 법원은 여러 개의 공시최고를 병합하도록 명할 수 있다.
>
> **제478조(공시최고의 허가여부)** ① 공시최고의 허가여부에 대한 재판은 결정으로 한다. 허가하지 아니하는 결정에 대하여는 즉시항고를 할 수 있다.
> ② 제1항의 경우에는 신청인을 심문할 수 있다.
>
> **제479조(공시최고의 기재사항)** ① 공시최고의 신청을 허가한 때에는 법원은 공시최고를 하여야 한다.
> ② 공시최고에는 다음 각호의 사항을 적어야 한다.
>   1. 신청인의 표시
>   2. 공시최고기일까지 권리 또는 청구의 신고를 하여야 한다는 최고
>   3. 신고를 하지 아니하면 권리를 잃게 될 사항
>   4. 공시최고기일

> 제480조(공고방법) 공시최고는 대법원규칙이 정하는 바에 따라 공고하여야 한다.
>
> 제481조(공시최고기간) 공시최고의 기간은 공고가 끝난 날부터 3월 뒤로 정하여야 한다.
>
> 제482조(제권판결전의 신고) 공시최고기일이 끝난 뒤에도 제권판결에 앞서 권리 또는 청구의 신고가 있는 때에는 그 권리를 잃지 아니한다.
>
> 제483조(신청인의 불출석과 새 기일의 지정) ① 신청인이 공시최고기일에 출석하지 아니하거나, 기일변경신청을 하는 때에는 법원은 1회에 한하여 새 기일을 정하여 주어야 한다.
> ② 제1항의 새 기일은 공시최고기일부터 2월을 넘기지 아니하여야 하며, 공고는 필요로 하지 아니한다.
>
> 제484조(취하간주) 신청인이 제483조의 새 기일에 출석하지 아니한 때에는 공시최고신청을 취하한 것으로 본다.
>
> 제485조(신고가 있는 경우) 신청이유로 내세운 권리 또는 청구를 다투는 신고가 있는 때에는 법원은 그 권리에 대한 재판이 확정될 때까지 공시최고절차를 중지하거나, 신고한 권리를 유보하고 제권판결을 하여야 한다.

Ⅲ. 제권판결

1. 의의 및 인정범위

제권판결은 공시최고절차에서 공시최고신청인의 신청에 의하여 공시최고의 대상인 권리 또는 청구에 관하여 실권선언을 하는 법원의 판결을 말한다. 제권판결은 (a) 등기·등록의무자가 행방불명인 때에 등기·등록의 말소를 위한 경우, (b) 증권·증서가 분실·도난·멸실된 경우 증권·증서의 무효선고를 위한 경우에 할 수 있다.

2. 절 차

> 제486조(신청인의 진술의무) 공시최고의 신청인은 공시최고기일에 출석하여 그 신청을 하게 된 이유와 제권판결을 청구하는 취지를 진술하여야 한다.
>
> 제487조(제권판결) ① 법원은 신청인이 진술을 한 뒤에 제권판결신청에 정당한 이유가 없다고 인정할 때에는 결정으로 신청을 각하하여야 하며, 이유가 있다고 인정할 때에는 제권판결을 선고하여야 한다.
> ② 법원은 제1항의 재판에 앞서 직권으로 사실을 탐지할 수 있다.
>
> 제488조(불복신청) 제권판결의 신청을 각하한 결정이나, 제권판결에 덧붙인 제한 또는 유보에 대하여는 즉시항고를 할 수 있다.
>
> 제489조(제권판결의 공고) 법원은 제권판결의 요지를 대법원규칙이 정하는 바에 따라 공고할 수 있다.

3. 제권판결에 대한 불복의 소

> 제490조(제권판결에 대한 불복소송) ① 제권판결에 대하여는 상소를 하지 못한다.
> ② 제권판결에 대하여는 다음 각호 가운데 어느 하나에 해당하면 신청인에 대한 소로써 최고법원에 불복할 수 있다.
>   1. 법률상 공시최고절차를 허가하지 아니할 경우일 때

2. 공시최고의 공고를 하지 아니하였거나, 법령이 정한 방법으로 공고를 하지 아니한 때
3. 공시최고기간을 지키지 아니한 때
4. 판결을 한 판사가 법률에 따라 직무집행에서 제척된 때
5. 전속관할에 관한 규정에 어긋난 때
6. 권리 또는 청구의 신고가 있음에도 법률에 어긋나는 판결을 한 때
7. 거짓 또는 부정한 방법으로 제권판결을 받은 때
8. 제451조 제1항 제4호 내지 제8호의 재심사유가 있는 때

제491조(소제기기간) ① 제490조 제2항의 소는 1월 이내에 제기하여야 한다.
② 제1항의 기간은 불변기간으로 한다.
③ 제1항의 기간은 원고가 제권판결이 있다는 것을 안 날부터 계산한다. 다만, 제490조 제2항 제4호·제7호 및 제8호의 사유를 들어 소를 제기하는 경우에는 원고가 이러한 사유가 있음을 안 날부터 계산한다.
④ 이 소는 제권판결이 선고된 날부터 3년이 지나면 제기하지 못한다.

Ⅳ. 증권 등의 무효선언을 위한 특칙

제492조(증권의 무효선고를 위한 공시최고) ① 도난·분실되거나 없어진 증권, 그 밖에 상법에서 무효로 할 수 있다고 규정한 증서의 무효선고를 청구하는 공시최고절차에는 제493조 내지 제497조의 규정을 적용한다.
② 법률상 공시최고를 할 수 있는 그 밖의 증서에 관하여 그 법률에 특별한 규정이 없으면 제1항의 규정을 적용한다.

제493조(증서에 관한 공시최고신청권자) 무기명증권 또는 배서(背書)로 이전할 수 있거나 약식배서(略式背書)가 있는 증권 또는 증서에 관하여는 최종소지인이 공시최고절차를 신청할 수 있으며, 그 밖의 증서에 관하여는 그 증서에 따라서 권리를 주장할 수 있는 사람이 공시최고절차를 신청할 수 있다.

제494조(신청사유의 소명) ① 신청인은 증서의 등본을 제출하거나 또는 증서의 존재 및 그 중요한 취지를 충분히 알리기에 필요한 사항을 제시하여야 한다.
② 신청인은 증서가 도난·분실되거나 없어진 사실과, 그 밖에 공시최고절차를 신청할 수 있는 이유가 되는 사실 등을 소명하여야 한다.

제496조(제권판결의 선고) 제권판결에서는 증권 또는 증서의 무효를 선고하여야 한다.

제497조(제권판결의 효력) 제권판결이 내려진 때에는 신청인은 증권 또는 증서에 따라 의무를 지는 사람에게 증권 또는 증서에 따른 권리를 주장할 수 있다.

CHAPTER 03 소액사건심판절차 : 소액사건심판법

I. 의의 및 적용범위

제1조(목적) 이 법은 지방법원 및 지방법원지원에서 소액의 민사사건을 간이한 절차에 따라 신속히 처리하기 위하여 민사소송법에 대한 특례를 규정함을 목적으로 한다.

제2조(적용범위 등) ① 이 법은 지방법원 및 지방법원지원의 관할사건중 대법원규칙으로 정하는 민사사건(이하 "소액사건"이라 한다)에 적용한다.
② 제1항의 사건에 대하여는 이 법에 특별한 규정이 있는 경우를 제외하고는 민사소송법의 규정을 적용한다.

소액사건심판규칙 제1조의2(소액사건의 범위) 법 제2조 제1항의 규정에 의한 소액사건은 제소한 때의 소송목적의 값이 3,000만원을 초과하지 아니하는 금전 기타 대체물이나 유가증권의 일정한 수량의 지급을 목적으로 하는 제1심의 민사사건으로 한다. 다만, 다음 각호에 해당하는 사건은 이를 제외한다.
1. 소의 변경으로 본문의 경우에 해당하지 아니하게 된 사건
2. 당사자참가, 중간확인의 소 또는 반소의 제기 및 변론의 병합으로 인하여 본문의 경우에 해당하지 않는 사건과 병합심리하게 된 사건

법원조직법 제34조(시·군법원의 관할) ① 시·군법원은 다음 각 호의 사건을 관할한다.
1. 「소액사건심판법」을 적용받는 민사사건
2. 화해·독촉 및 조정(調停)에 관한 사건

판례는 "소액사건심판법에 따라 처리되는 사건은 고유의 사물관할이 있는 것이 아니고 민사단독사건중에서 소가에 따라 특례로 처리하는 것뿐이므로, **사안의 성질로 보아 간이한 절차로 빠르게 처리될 수 없는 사건은 통상절차에 따라 처리하여도 무방하며 따라서 단독판사가 지방법원 및 지원의 합의부에 이송할 수 있다.**"고 한다(1974. 7. 23. 74마71).

II. 이행권고제도

제5조의3(결정에 의한 이행권고) ① 법원은 소가 제기된 경우에 결정으로 소장부본이나 제소조서등본을 첨부하여 피고에게 청구취지대로 이행할 것을 권고할 수 있다. 다만, 다음 각호 가운데 어느 하나에 해당하는 때에는 그러하지 아니하다.
1. 독촉절차 또는 조정절차에서 소송절차로 이행된 때
2. 청구취지나 청구원인이 불명한 때
3. 그 밖에 이행권고를 하기에 적절하지 아니하다고 인정하는 때
② 이행권고결정에는 당사자, 법정대리인, 청구의 취지와 원인, 이행조항을 기재하고, 피고가 이의신청을 할 수 있음과 이행권고결정의 효력의 취지를 부기하여야 한다.
③ 법원사무관등은 이행권고결정서의 등본을 피고에게 송달하여야 한다. 다만, 그 송달은 민사소송법 제187조, 제194조 내지 제196조에 규정한 방법으로는 이를 할 수 없다.
④ 법원은 민사소송법 제187조, 제194조 내지 제196조에 규정된 방법에 의하지 아니하고는 피고에게 이행권고결정서의 등본을 송달할 수 없는 때에는 지체없이 변론기일을 지정하여야 한다.

제5조의4(이행권고결정에 대한 이의신청) ① 피고는 이행권고결정서의 등본을 송달받은 날부터 2주일내에 서면으로 이의신청을 할 수 있다. 다만, 그 등본이 송달되기 전에도 이의신청을 할 수 있다.
② 제1항의 기간은 불변기간으로 한다.
③ 법원은 제1항의 이의신청이 있는 때에는 지체없이 변론기일을 지정하여야 한다.
④ 이의신청을 한 피고는 제1심 판결이 선고되기 전까지 이의신청을 취하할 수 있다.
⑤ 피고가 이의신청을 한 때에는 원고가 주장한 사실을 다툰 것으로 본다.

제5조의5(이의신청의 각하) ① 법원은 이의신청이 적법하지 아니하다고 인정되는 경우에는 그 흠을 보정할 수 없으면 결정으로 이를 각하하여야 한다.
② 제1항의 결정에 대하여는 즉시항고를 할 수 있다.

제5조의6(이의신청의 추후보완) ① 피고는 부득이한 사유로 제5조의4 제1항의 기간내에 이의신청을 할 수 없었던 경우에는 그 사유가 없어진 후 2주일 내에 이의신청을 추후보완할 수 있다. 다만, 그 사유가 없어질 당시 외국에 있는 피고에 대하여는 그 기간을 30일로 한다.
② 피고는 이의신청과 동시에 서면으로 그 추후보완사유를 소명하여야 한다.
③ 법원은 추후보완사유가 이유 없다고 인정되는 때에는 결정으로 이의신청을 각하하여야 한다.
④ 제3항의 결정에 대하여는 즉시항고를 할 수 있다.
⑤ 이의신청의 추후보완이 있는 때에는 민사소송법 제500조를 준용한다.

제5조의7(이행권고결정의 효력) ① 이행권고결정은 다음 각호 가운데 어느 하나에 해당하면 확정판결과 같은 효력을 가진다.
　1. 피고가 제5조의4 제1항의 기간내에 이의신청을 하지 아니한 때
　2. 이의신청에 대한 각하결정이 확정된 때
　3. 이의신청이 취하된 때
② 법원사무관등은 이행권고결정이 확정판결과 같은 효력을 가지게 된 때에는 이행권고결정서의 정본을 원고에게 송달하여야 한다.
③ 제1항에 해당하지 아니하는 이행권고결정은 제1심 법원에서 판결이 선고된 때에는 그 효력을 잃는다.

제5조의8(이행권고결정에 기한 강제집행의 특례) ① 이행권고결정에 기한 강제집행은 집행문을 부여받을 필요 없이 제5조의7 제2항의 결정서의 정본에 의하여 행한다. 다만, 다음 각호 가운데 어느 하나에 해당하는 경우에는 그러하지 아니하다.
　1. 이행권고결정의 집행에 조건을 붙인 경우
　2. 당사자의 승계인을 위하여 강제집행을 하는 경우
　3. 당사자의 승계인에 대하여 강제집행을 하는 경우
② 원고가 여러 통의 이행권고결정서의 정본을 신청하거나, 전에 내어준 이행권고결정서 정본을 돌려주지 아니하고 다시 이행권고결정서 정본을 신청한 때에는 법원사무관등이 이를 부여한다. 이 경우 그 사유를 원본과 정본에 적어야 한다.
③ 청구에 관한 이의의 주장에 관하여는 민사집행법 제44조 제2항의 규정에 의한 제한을 받지 아니한다.

Ⅲ. 소액사건의 절차상 특칙

제4조(구술에 의한 소의 제기) ① 소는 구술로써 이를 제기할 수 있다.
② 구술로써 소를 제기하는 때에는 법원서기관·법원사무관·법원주사 또는 법원주사보(이하 "법원사무관등"이라 한다)의 면전에서 진술하여야 한다.
③ 제2항의 경우에 법원사무관등은 제소조서를 작성하고 이에 기명날인하여야 한다.

제5조(임의출석에 의한 소의 제기) ① 당사자쌍방은 임의로 법원에 출석하여 소송에 관하여 변론할 수 있다.
② 제1항의 경우에 소의 제기는 구술에 의한 진술로써 행한다.

제5조의2(일부청구의 제한) ① 금전 기타 대체물이나 유가증권의 일정한 수량의 지급을 목적으로 하는 청구에 있어서 채권자는 소액사건심판법의 적용을 받을 목적으로 청구를 분할하여 그 일부만을 청구할 수 없다.
② 제1항의 규정에 위반한 소는 판결로 이를 각하하여야 한다.

제6조(소장의 송달) 소장부본이나 제소조서등본은 지체없이 피고에게 송달하여야 한다. 다만, 피고에게 이행권고결정서의 등본이 송달된 때에는 소장부본이나 제소조서등본이 송달된 것으로 본다.

제7조(기일지정 등) ① 소의 제기가 있는 경우에 판사는 민사소송법 제256조 내지 제258조의 규정에 불구하고 바로 변론기일을 정할 수 있다.
② 제1항의 경우에 판사는 되도록 1회의 변론기일로 심리를 마치도록 하여야 한다.
③ 제2항의 목적을 달성하기 위하여 판사는 변론기일전이라도 당사자로 하여금 증거신청을 하게 하는 등 필요한 조치를 취할 수 있다.

제7조의2(공휴일, 야간의 개정) 판사는 필요한 경우 근무시간외 또는 공휴일에도 개정할 수 있다.

제8조(소송대리에 관한 특칙) ① 당사자의 배우자·직계혈족 또는 형제자매는 법원의 허가없이 소송대리인이 될 수 있다.
② 제1항의 소송대리인은 당사자와의 신분관계 및 수권관계를 서면으로 증명하여야 한다. 그러나 수권관계에 대하여는 당사자가 판사의 면전에서 구술로 제1항의 소송대리인을 선임하고 법원사무관등이 조서에 이를 기재한 때에는 그러하지 아니하다.

제9조(심리절차상의 특칙) ① 법원은 소장·준비서면 기타 소송기록에 의하여 청구가 이유없음이 명백한 때에는 변론없이 청구를 기각할 수 있다.
② 판사의 경질이 있는 경우라도 변론의 갱신없이 판결할 수 있다.

제10조(증거조사에 관한 특칙) ① 판사는 필요하다고 인정한 때에는 직권으로 증거조사를 할 수 있다. 그러나 그 증거조사의 결과에 관하여는 당사자의 의견을 들어야 한다.
② 증인은 판사가 신문한다. 그러나 당사자는 판사에게 고하고 신문할 수 있다.
③ 판사는 상당하다고 인정한 때에는 증인 또는 감정인의 신문에 갈음하여 서면을 제출하게 할 수 있다.

제11조(조서의 기재생략) ① 조서는 당사자의 이의가 있는 경우를 제외하고 판사의 허가가 있는 때에는 이에 기재할 사항을 생략할 수 있다.
② 제1항의 규정은 변론의 방식에 관한 규정의 준수와 화해·인낙·포기·취하 및 자백에 대하여는 이를 적용하지 아니한다.

제11조의2(판결에 관한 특례) ① 판결의 선고는 변론종결후 즉시 할 수 있다.
② 판결을 선고함에는 주문을 낭독하고 주문이 정당함을 인정할 수 있는 범위 안에서 그 이유의 요지를 구술로 설명하여야 한다.
③ 판결서에는 민사소송법 제208조의 규정에 불구하고 이유를 기재하지 아니할 수 있다.

Ⅳ. 상고 및 재항고의 제한

> 제3조(상고 및 재항고) 소액사건에 대한 지방법원 본원 합의부의 제2심판결이나 결정·명령에 대하여는 다음 각호의 1에 해당하는 경우에 한하여 대법원에 상고 또는 재항고를 할 수 있다.
> 1. 법률·명령·규칙 또는 처분의 헌법위반여부와 명령·규칙 또는 처분의 법률위반여부에 대한 판단이 부당한 때
> 2. 대법원의 판례에 상반되는 판단을 한 때

판례는 "소액사건에 대하여는 소액사건심판법 제3조에 의하여 법률·명령·규칙 또는 처분의 헌법위반 여부와 명령·규칙 또는 처분의 법률위반 여부에 대한 판단이 부당한 때나 대법원의 판례에 상반되는 판단을 한 때에만 상고할 수 있는데, 당해 사건에 적용될 법령조항의 전부 또는 일부에 관한 정의적 해석을 한 판례의 판단과 반대되는 해석을 하거나 반대되는 해석을 전제로 당해 사건에 법령조항의 적용 여부를 판단한 경우는 이에 해당하지만, **소액사건심판법 제3조는 민사소송법 제423조 중 헌법·법률·명령 또는 규칙의 위반 부분에 대한 특칙을 규정한 것에 불과하므로 판결에 영향을 미친 경우에 한하여 적법한 상고이유가 된다고 한 민사소송법 규정은 소액사건 심판의 경우에도 당연히 적용된다.**"고 한다(2009. 6. 11. 2009다11556).

또한 "소액사건에서 구체적 사건에 적용할 법령 해석에 관한 대법원 판례가 없는 상황에서 같은 법령의 해석이 쟁점으로 되어 있는 다수의 소액사건들이 하급심에 계속되어 있을 뿐 아니라 재판부에 따라 엇갈리는 판단을 하는 사례가 있는 경우에는, 소액사건이라는 이유로 대법원이 법령의 해석에 관하여 판단하지 않고 사건을 종결한다면 법적 안전성을 해칠 것이 우려된다. 따라서 이와 같은 특별한 사정이 있는 경우에는 소액사건에 관하여 상고이유로 할 수 있는 '대법원의 판례에 상반되는 판단을 한 때'의 요건을 갖추지 않았더라도 법령해석의 통일이라는 대법원의 본질적 기능을 수행하는 차원에서 실체법 해석·적용의 잘못에 관하여 직권으로 판단할 수 있다."고 한다(2019. 5. 16. 2017다226629).

PART 09 판례색인

CIVIL PROCEDURE LAW

1957. 3. 14. 4289민상439	421
1957. 9. 26. 4290민상230	555
1958. 11. 20. 4290민상308	632
1959. 7. 30. 4291민상551	348
1959. 9. 24. 4291민상318	725
1960. 5. 26. 4292민상524	276, 632
1960. 8. 12. 4293민재항200	430
1961. 5. 2. 4292민상853	621
1962. 1. 31. 4294민상310	552, 553
1962. 2. 15. 4294민상914	425, 431
1962. 4. 4. 4294민상1122	245
1962. 4. 18. 4294민상1145	554
1962. 6. 14. 62다172	549
1962. 6. 14. 62마6	408, 423
1962. 7. 12. 62다225	24
1962. 7. 26. 62다315	243
1962. 9. 20. 62다380	293
1962. 11. 1. 62다567	515
1962. 12. 16. 67다1525	214
1963. 5. 9. 63다127	447
1963. 5. 9. 63다131	554
1963. 5. 15. 63다111	46
1963. 6. 20. 63다166	290
1963. 7. 25. 63다241	161
1963. 12. 12. 63다449	57
1964. 3. 31. 63다656	69
1964. 3. 31. 63마78	527
1964. 4. 28. 63다735	227
1964. 10. 30. 64누34	606
1964. 11. 17. 64다328	69
1965. 3. 2. 64다1514	427
1965. 4. 6. 65다170	556
1965. 8. 31. 65마636	316
1965. 12. 7. 65다2034	567
1966. 1. 25. 65다2347	525
1966. 1. 31. 65다2296	283
1966. 2. 15. 65다2371	189
1966. 3. 15. 65다2455	578
1966. 3. 29. 66다222	639
1966. 4. 26. 66마167	26
1966. 5. 31. 66다564	267
1966. 5. 31. 66마337	59
1966. 9. 27. 66다1133	363
1966. 9. 28. 66마322	278
1966. 10. 4. 66다1079	578
1967. 2. 23. 67마55	477
1967. 3. 21. 65다828	380
1967. 3. 21. 66다2154	159
1967. 3. 21. 67다67	331, 388
1967. 3. 28. 67마155	91
1967. 7. 18. 67다1042	418
1967. 8. 29. 67다1216	343
1967. 10. 31. 67다204	272
1967. 11. 17. 67마914	515
1967. 11. 21. 67사74	723
1968. 1. 23. 67다2494	418
1968. 1. 31. 67다2628	244
1968. 4. 23. 68다217	412
1968. 5. 14. 67다2787	572
1968. 7. 31. 68다1102	578
1968. 9. 3. 68다1147	288
1968. 11. 8. 68마1303	275
1968. 11. 26. 68다1886	565
1968. 12. 24. 68다2021	306
1969. 1. 21. 68다2188	351
1969. 3. 25. 68다2024	422
1969. 4. 22. 68다1722	419
1969. 5. 27. 69다130	412
1969. 7. 22. 69다413	554
1969. 7. 22. 69다684	347
1969. 8. 2. 69마469	38
1969. 9. 30. 69다1326	224
1969. 10. 28. 68다158	547
1969. 11. 4. 69그17	23
1969. 11. 25. 69다1592	213
1969. 12. 8. 69마703	178
1969. 12. 9. 69다1232	23
1969. 12. 9. 69다1578	654
1969. 12. 23. 69다1053	579
1969. 12. 26. 69다406	556
1969. 12. 29. 68다2425	148
1969. 12. 30. 69다1604	399
1970. 1. 27. 69다1888	714
1970. 2. 11. 69마1286	653
1970. 3. 24. 69다929	72
1970. 4. 14. 70다171	577
1970. 4. 28. 70다322	447
1970. 6. 5. 70마325	306

1970.6.30. 70다579 ································ 127	1975.4.22. 74다1184 ································ 146
1970.7.28. 69다2227 ······························ 477	1975.5.13. 73다1449 ······························ 552
1970.7.28. 70누35 ·································· 614	1975.5.13. 74다1664 ································ 94
1970.7.28. 70누66 ·································· 490	1975.5.13. 75다308 ································ 547
1970.9.22. 69다446 ································ 566	1975.5.23. 74마281 ·································· 21
1970.10.23. 69다2046 ···························· 677	1975.5.27. 74누233 ································ 236
1970.11.24. 70다1893 ···················· 277, 293	1975.5.27. 74다1144 ······························ 715
1970.11.24. 70다2130 ···························· 399	1975.5.27. 74다2074 ······························ 498
1970.12.22. 70누123 ································ 279	1975.6.24. 75다448 ································ 636
1970.12.22. 70다2297 ······························ 98	1975.7.22. 75다450 ································ 547
1971.2.23. 70다44 ···································· 83	1975.9.9. 75다689 ································ 657
1971.2.25. 70누125 ································ 279	1975.10.21. 75다48 ································ 499
1971.3.23. 70다2639 ································ 94	1975.11.11. 74다634 ······························ 427
1971.3.23. 70다3013 ······························ 378	1976.4.27. 73다1306 ······························ 153
1971.3.30. 70다2688 ······························ 714	1976.5.11. 73다616 ································ 362
1971.3.31. 71다309 ································ 639	1976.6.8. 72다1842 ································ 479
1971.3.31. 71다8 ···································· 531	1976.7.13. 76다983 ································ 336
1971.3.31. 71마82 ···································· 38	1976.7.27. 76다1394 ······························ 367
1971.4.20. 71다278 ································ 216	1976.8.24. 75다2152 ······························ 575
1971.4.30. 71다452 ································ 357	1976.9.28. 76다1145 ······························ 617
1971.5.31. 71다674 ································ 151	1976.12.14. 76다1488 ···························· 510
1971.7.6. 71다726 ································ 656	1976.12.28. 76다797 ············ 628, 633, 638
1971.7.27. 71다1195 ······························ 351	1977.3.22. 76다2778 ······························ 479
1971.10.11. 71다1805 ···················· 554, 684	1977.7.26. 77다92 ································ 483
1971.11.15. 71다2070 ···························· 336	1977.9.13. 77다832 ································ 219
1972.2.29. 71다1313 ······························ 535	1977.10.11. 77다1316 ···························· 356
1972.2.29. 71다2770 ······························ 283	1977.11.9. 77마284 ································ 45
1972.5.9. 72다379 ································ 248	1978.2.14. 77다2310 ································ 12
1972.6.27. 72다546 ································ 554	1978.3.28. 77다2311 ······························ 460
1973.7.24. 69다60 ································ 119	1978.5.9. 75다634 ································ 470
1973.9.12. 72다1436 ······························ 559	1978.7.11. 78므7 ································ 152
1973.10.26. 73마641 ······························ 176	1978.8.22. 78다1205 ································ 66
1973.11.27. 73다763 ······························ 697	1978.9.12. 76다2400 ······························ 302
1973.12.11. 73다711 ······························ 351	1978.9.12. 78다879 ································ 342
1974.2.12. 73다820 ································ 636	1978.10.31. 78다1242 ································ 28
1974.5.28. 73다1796 ······························ 558	1978.12.26. 77다1362 ···························· 250
1974.5.28. 73다2031 ······························ 566	1978.12.26. 78다1417 ···························· 222
1974.6.4. 73다1030 ························ 609, 611	1979.1.30. 78다2269 ······························ 311
1974.7.16. 73다1190 ································ 72	1979.2.13. 78다1117 ······························ 154
1974.7.23. 74마71 ·························· 59, 738	1979.2.13. 78다58 ································ 497
1974.9.24. 73다1874 ························ 492, 493	1979.2.27. 78다913 ································ 134
1974.11.26. 74다246 ······························ 399	1979.3.13. 76다688 ································ 486
1975.1.28. 74다1721 ······························ 251	1979.3.13. 78다2330 ······························ 478
1975.2.10. 74다1689 ······························ 460	1979.5.15. 78다1094 ······························ 429

1979.5.22. 79누37	555
1979.6.12. 78다1992	339
1979.6.26. 79다741	397
1979.7.24. 79다345	86
1979.7.24. 79다879	217
1979.8.10. 79마232	456
1979.8.14. 78다1283	331
1979.8.14. 79다1105	507
1979.9.11. 79다1123	527
1979.9.25. 78다2448	318
1979.9.25. 79다505	302
1979.10.10. 79다1508	213
1979.12.22. 79마392	59
1980.1.29. 79다2066	268, 696
1980.2.26. 80다56	213
1980.3.25. 80다16	148
1980.4.22. 80다308	98
1980.5.13. 79다1702	479
1980.6.12. 80마158	39
1980.6.23. 80마242	59
1980.6.24. 80다756	578
1980.7.8. 79다1928	485
1980.7.22. 79다2148	717
1980.7.22. 80누161	714
1980.7.22. 80마208	38
1980.8.26. 80다76	272, 677
1980.9.9. 79다1281	362
1980.9.9. 80다1020	461
1980.9.26. 80마403	49, 287
1980.10.14. 80다1795	276
1980.10.14. 80다623	321, 327
1980.11.11. 80다2065	285
1980.11.11. 80다2126	713
1980.11.25. 80다2217	479, 483
1980.11.25. 80마445	56
1980.12.9. 79다634	166
1980.12.9. 80다1479	295
1980.12.9. 80다2432	224
1980.12.9. 80다584	711
1981.1.13. 80다204	492
1981.1.27. 80다51	384
1981.1.28. 81사2	295, 694
1981.2.10. 80다2189	237
1981.2.26. 81마14	27
1981.3.10. 80다1895	650
1981.3.24. 80다1888	128
1981.3.24. 80다2220	518
1981.6.9. 79다62	260
1981.6.9. 80누391	207
1981.6.23. 80다2315	301, 682
1981.6.23. 81다124	239
1981.7.7. 80다1424	345
1981.7.7. 80다2751	185, 507
1981.7.14. 81다64	415
1981.8.25. 80다2831	70
1981.9.8. 80다2442	465
1981.9.8. 80다2904	171
1981.9.8. 80다3271	442
1981.10.13. 81누230	55
1981.11.26. 81마275	176
1981.12.8. 80다577	636, 639
1981.12.22. 78다2278	426, 429
1981.12.22. 80다1548	163
1981.12.22. 80다2762	632
1982.2.9. 80다2424	88
1982.2.9. 81다534	222
1982.2.23. 81누216	718
1982.3.9. 80다3290	343
1982.4.27. 80다851	339
1982.5.11. 80다916	264
1982.6.8. 81다636	149
1982.6.8. 81다817	283
1982.6.22. 81다791	284
1982.6.22. 81다911	278
1982.7.13. 81다카1120	534
1982.8.24. 81누270	384
1982.8.24. 82다카317	388
1982.9.14. 80다2425	88
1982.9.14. 81다카864	311
1982.9.28. 81누106	550
1982.9.28. 81다557	716
1982.10.12. 81다94	289, 291
1982.10.12. 81므53	64, 515
1982.10.26. 81다108	149
1982.10.26. 82다카884	515
1982.11.5. 82마637	26
1982.11.23. 81다39	573
1982.11.23. 81다393	144

1982.12.14. 80다1872 ·········· 135, 628	1984.5.15. 83다카2009 ·············· 23
1982.12.14. 82다카148 ·············· 163	1984.5.29. 82다카963 ········ 272, 273
1982.12.28. 80다731 ················· 154	1984.5.29. 84다122 ················· 338
1982.12.28. 82무2 ···················· 711	1984.6.12. 83다카1409 ············ 328
1983.2.8. 80다1764 ·················· 222	1984.6.14. 84다카744 ······· 114, 296
1983.2.8. 80사50 ····················· 714	1984.6.26. 82다카1758 ············ 121
1983.2.8. 81누420 ···················· 132	1984.7.10. 84다카298 ··············· 566
1983.2.22. 82다15 ···················· 490	1984.9.25. 80다1501 ················ 415
1983.2.22. 82사18 ···················· 319	1984.9.25. 84다카148 ··············· 481
1983.3.8. 82다카1203 ··············· 163	1984.10.5. 84마카42 ··················· 2
1983.3.22. 80마283 ············ 652, 653	1984.10.23. 84다카855 ············· 136
1983.3.22. 82다카1810 ·············· 168	1985.1.29. 84다카1430 ············· 718
1983.4.12. 80다3251 ················ 272	1985.4.9. 84다552 ··················· 187
1983.4.26. 80다580 ····················· 7	1985.5.6. 85두1 ······················· 23
1983.4.26. 83사2 ····················· 723	1985.5.14. 84누786 ················· 365
1983.5.10. 81다548 ·················· 145	1985.7.9. 85므12 ···················· 722
1983.5.24. 82다카1919 ················ 5	1985.8.20. 85므21 ··················· 517
1983.6.14. 82누480 ·················· 702	1985.8.27. 85사43 ··················· 721
1983.6.14. 83다카37 ··········· 212, 213	1985.9.10. 85므27 ··················· 408
1983.6.14. 83다카95 ················· 383	1985.9.24. 82다카312 ······· 272, 273
1983.6.21. 83마214 ···················· 32	1985.10.8. 85므40 ···················· 70
1983.6.28. 83다191 ·················· 218	1985.11.12. 85다카1499 ············ 578
1983.7.12. 83다카437 ··············· 228	1985.11.26. 84다카1880 ············ 426
1983.9.13. 83다카971 ··············· 388	1985.11.26. 85므8 ··················· 237
1983.9.27. 83다카1027 ·············· 654	1986.2.25. 85다카2091 ············· 618
1983.10.25. 83다515 ················ 703	1986.9.23. 85누953 ················· 646
1983.10.25. 83다카850 ·············· 584	1986.9.23. 85다353 ··········· 164, 540
1983.12.13. 83누492 ················ 350	1987.1.20. 85므70 ··················· 426
1983.12.13. 83다카1489 ······· 216, 218	1987.3.10. 84다카2132 ·············· 167
1983.12.27. 80다1302 ··············· 250	1987.4.14. 84다카1969 ··············· 64
1983.12.27. 82누491 ················ 686	1987.4.14. 86다카981 ················ 144
1983.12.27. 82다146 ····· 65, 71, 715, 719	1987.5.26. 86다카1876 ········ 200, 201
1983.12.30. 83모53 ·················· 311	1987.6.9. 86다카2600 ········ 418, 551
1984.2.14. 83다카1815 ················ 82	1987.6.9. 86다카2756 ··············· 474
1984.2.14. 83다카514 ··············· 554	1987.6.23. 86다카2728 ······· 668, 669
1984.2.28. 82므67 ··················· 151	1987.6.23. 87다카400 ··············· 362
1984.2.28. 83다카1981 ····· 55, 276, 724	1987.6.23. 87도706 ·················· 278
1984.2.28. 84누4 ···················· 112	1987.9.8. 87다카982 ················ 224
1984.3.13. 82므40 ············· 112, 412	1987.9.22. 86다카2151 ·············· 147
1984.3.15. 84마20 ·················· 316	1987.9.22. 87므8 ···················· 297
1984.3.27. 83다323 ·················· 211	1987.10.21. 87두10 ··················· 26
1984.3.27. 83사22 ··················· 713	1987.11.10. 87누620 ················ 389
1984.4.16. 84사4 ···················· 723	1987.11.10. 87다카1761 ············· 136
1984.4.24. 82므14 ············ 249, 293	1987.11.10. 87다카473 ·············· 656

1987.12.8. 87다카2088 ·················· 721	1990.3.13. 89누6464 ··············· 714, 722
1987.12.8. 87재다24 ············ 710, 725	1990.3.17. 90그3 ················· 407, 429
1987.12.22. 85다카2453 ················· 231	1990.3.27. 88다카181 ··················· 218
1987.12.22. 87다카707 ··················· 367	1990.4.27. 88다카25274 ······ 182, 190, 630
1988.1.19. 85다카1792 ··················· 430	1990.6.12. 90누1090 ···················· 347
1988.2.23. 87다카1108 ··················· 486	1990.6.26. 88다카31095 ················· 365
1988.2.23. 87다카961 ···················· 346	1990.6.26. 89다카15359 ················· 217
1988.3.8. 86다148 ······················· 629	1990.8.14. 90누2024 ···················· 198
1988.3.8. 87다카1354 ···················· 218	1990.9.10. 90마446 ····················· 301
1988.3.8. 87다카1801 ···················· 220	1990.9.25. 90재다26 ···················· 721
1988.4.12. 87다카2641 ··················· 155	1990.9.26. 90그30 ······················ 657
1988.4.27. 87다카623 ···················· 363	1990.11.13. 88다카26987 ················ 714
1988.5.10. 87다카1979 ···················· 24	1990.11.23. 90다카21589 ··········· 130, 151
1988.5.10. 88므92 ······················· 147	1990.11.27. 90다카20548 ················ 343
1988.8.9. 88다카2332 ···················· 427	1990.11.27. 90다카25222 ················ 262
1988.9.27. 88다3116 ····················· 505	1990.11.27. 90다카28559 ················ 316
1988.10.24. 87다카804 ··················· 343	1990.12.7. 90다카21886 ················· 726
1988.10.25. 87다카1728 ················ 39, 47	1990.12.7. 90다카26355 ············ 492, 493
1988.12.13. 86다카2289 ·················· 609	1990.12.7. 90마674 ······················· 3
1989.2.28. 87다카823 ···················· 534	1990.12.11. 88다카4727 ················· 132
1989.3.14. 87다카1574 ··················· 238	1990.12.11. 90다7104 ··················· 340
1989.3.28. 87다카2372 ··················· 556	1990.12.11. 90다카21206 ··········· 297, 300
1989.3.28. 88다1936 ····················· 161	1990.12.26. 90재다19 ··················· 711
1989.4.11. 87다카3155 ·············· 183, 185	1991.1.11. 90누6408 ···················· 367
1989.6.13. 88다카7962 ··················· 532	1991.1.15. 88다카19002 ················· 164
1989.6.27. 87다카2478 ········ 446, 459, 494	1991.1.15. 90다9964 ···················· 479
1989.6.27. 88다카14076 ·················· 361	1991.1.15. 90다카25970 ················· 416
1989.7.11. 87다카2406 ··················· 419	1991.1.25. 90다6491 ···················· 211
1989.7.25. 89다카4045 ·············· 230, 288	1991.3.22. 90다19329 ··················· 637
1989.9.7. 89마694 ················· 282, 351	1991.3.27. 90마970 ····················· 114
1989.9.12. 89다카678 ······················ 5	1991.3.27. 91다1783 ················ 49, 566
1989.9.26. 87므13 ························ 74	1991.3.27. 91다650 ··········· 479, 481, 492
1989.10.10. 88다카18023 ················· 417	1991.4.12. 90다9872 ···················· 427
1989.10.10. 89누1308 ··············· 241, 469	1991.4.15. 91마162 ····················· 313
1989.10.13. 88다카19415 ················· 447	1991.4.23. 90다14997 ··················· 454
1989.10.13. 88다카28051 ················· 388	1991.4.23. 91다6009 ···················· 214
1989.10.24. 87다카1322 ·················· 240	1991.5.14. 91다1356 ···················· 485
1989.10.24. 88다카29658 ············ 715, 716	1991.5.24. 90다18036 ··················· 408
1989.10.27. 88다카33442 ················· 725	1991.5.28. 90다20480 ··················· 296
1989.11.10. 89다카1596 ·················· 363	1991.5.28. 91다10206 ··················· 118
1989.11.24. 88다카25038 ················· 139	1991.5.28. 91다5730 ···················· 416
1989.12.26. 88다카3991 ··················· 12	1991.6.14. 90두21 ······················· 27
1990.1.12. 88다카24622 ·················· 496	1991.6.14. 91다8333 ····················· 66
1990.2.23. 89다카19191 ·················· 284	1991.6.25. 88다카6358 ·············· 81, 619

1991.6.25. 90누5184	578
1991.7.26. 91다13694	720
1991.9.10. 90누5153	282, 409
1991.10.8. 91다17139	147
1991.10.22. 91다9985	315
1991.11.8. 90다17804	238, 690
1991.11.8. 91다15775	287
1991.11.8. 91다15829	573
1991.11.12. 91다29057	711, 714
1991.11.12. 91다30712	365
1991.11.22. 91다18132	691
1991.11.22. 91다30705	579
1991.11.26. 91다31661	77
1991.12.10. 91다14420	153
1991.12.10. 91다15317	158, 159
1991.12.13. 90다카1158	5
1991.12.13. 91다34509	296
1991.12.24. 91누1974	149
1991.12.24. 91므528	727
1991.12.27. 91다23486	582
1991.12.27. 91다3208	342
1991.12.27. 91마631	24
1992.1.21. 91다30118	6
1992.1.21. 91다35175	144
1992.2.11. 91누5877	311
1992.2.11. 91다43503	721
1992.2.14. 91다29347	134
1992.2.14. 91다31494	260
1992.2.25. 91다490	244
1992.3.10. 91다36550	227
1992.3.10. 92다589	270
1992.3.27. 91다40696	165, 664
1992.3.31. 91다21398	231
1992.3.31. 91다32053	196
1992.3.31. 91다39184	141
1992.4.10. 91다43695	194
1992.4.14. 91다24755	363
1992.4.14. 92다3441	289
1992.4.15. 92마146	55
1992.4.21. 92마175	290, 295
1992.4.24. 92다6983	192
1992.4.28. 91다29972	390
1992.4.28. 92다3847	134
1992.5.22. 91다41187	162, 184, 557
1992.5.26. 90므1135	92, 615, 708
1992.5.26. 91다4669	637
1992.5.26. 92다4079	712
1992.6.9. 92다11473	296
1992.6.9. 92다12032	688
1992.6.12. 91다33179	719
1992.6.12. 92다11848	551
1992.6.23. 92다4130	335
1992.7.10. 92다2431	80
1992.7.14. 92다2455	78
1992.7.14. 92다2585	471, 472
1992.7.24. 91다43176	33
1992.7.24. 91다45691	726
1992.7.24. 92다10135	335
1992.7.24. 92다2202	157
1992.7.28. 91다41897	15, 334
1992.7.28. 92다7726	6
1992.8.14. 91다29811	5
1992.8.18. 90다9452	143
1992.9.8. 92다18184	119
1992.9.14. 92다4192	702
1992.9.14. 92다7023	543
1992.9.22. 91다44001	269
1992.9.25. 92누5096	349, 557, 703
1992.9.28. 92두25	26
1992.10.9. 92다12131	316, 722
1992.10.9. 92다23087	79
1992.10.9. 92다25533	647
1992.10.9. 92므266	607
1992.10.27. 91다24847	503
1992.10.27. 92다10883	477, 481
1992.10.27. 92다18597	85, 221
1992.10.27. 92다19033	437
1992.10.27. 92다23780	448
1992.10.27. 92다28921	245
1992.10.27. 92다32463	383
1992.11.5. 91마342	324, 325
1992.11.10. 91다27495	718
1992.11.10. 92다22107	331
1992.11.10. 92다30016	185
1992.11.10. 92다32258	229
1992.11.10. 92다4680	137, 138
1992.11.24. 91다28283	470
1992.11.24. 91다29026	160

1992.11.27. 92다8521 ······················ 437	1993.9.14. 93다28379 ······················ 217
1992.12.8. 91다43015 ······················ 678	1993.9.28. 93다32095 ······················ 593
1992.12.8. 92다23872 ······················ 149	1993.9.28. 93므324 ························· 299
1992.12.8. 92다29924 ······················ 194	1993.10.8. 92다44503 ····················· 127
1992.12.22. 91다35540 ····················· 372	1993.10.12. 92다21692 ···················· 150
1992.12.22. 92다33831 ····················· 553	1993.10.26. 93다7358 ······················ 219
1992.12.22. 92재다259 ······················ 717	1993.11.9. 92다43128 ······················ 145
1992.12.30. 92마783 ·························· 26	1993.11.23. 93다41792 ···················· 127
1993.1.12. 91다8142 ······················· 283	1993.12.6. 93마524 ················ 49, 58, 179
1993.1.15. 92누8712 ······················· 130	1993.12.21. 92다46226 ··············· 148, 511
1993.2.12. 92다29801 ······················ 327	1993.12.28. 93다30471 ···················· 231
1993.2.23. 92다49218 ······················ 578	1993.12.28. 93다47189 ···················· 665
1993.3.9. 92다54517 ······················· 223	1993.12.28. 93다777 ······················· 222
1993.3.12. 92다48789 ······················ 633	1994.1.11. 92다47632 ························ 70
1993.3.26. 92다32876 ······················ 487	1994.1.11. 93누9606 ·························· 72
1993.4.13. 92다12070 ······················ 363	1994.1.11. 93다28706 ······················ 119
1993.4.23. 93다3165 ························ 527	1994.1.20. 93마1701 ······················· 601
1993.4.27. 92다24608 ················· 531, 710	1994.1.25. 93누18655 ························ 43
1993.4.27. 92다47878 ······················ 680	1994.1.25. 93다9422 ······················· 212
1993.4.27. 92다5249 ························ 213	1994.2.21. 92스26 ···························· 15
1993.4.27. 92다56087 ······················ 162	1994.2.22. 93다42047 ······················ 121
1993.4.27. 93다1688 ························ 222	1994.2.22. 93다43682 ······················ 625
1993.4.27. 93다5727 ························ 601	1994.2.25. 93다39225 ························ 86
1993.5.14. 92다21760 ··················· 4, 267	1994.3.25. 93다43644 ······················ 214
1993.5.27. 92누14908 ······················ 422	1994.4.12. 93다30648 ······················ 335
1993.5.27. 92므143 ························· 320	1994.4.15. 93다60120 ······················ 503
1993.6.17. 92마1030 ······················· 300	1994.4.26. 92다34100 ······················ 166
1993.6.18. 93마434 ························· 375	1994.4.26. 93누13360 ······················ 305
1993.6.22. 93재누97 ···················· 25, 26	1994.4.26. 93다31825 ······················ 581
1993.6.25. 92다20330 ······················ 227	1994.5.10. 93다47196 ······················ 574
1993.6.25. 92다33008 ······················ 494	1994.5.10. 93다53955 ······················ 240
1993.6.25. 93다9200 ························ 289	1994.5.10. 93므1051 ······················· 472
1993.6.29. 93다11050 ······················ 163	1994.5.13. 92스21 ······························ 4
1993.7.13. 92다23230 ······················ 286	1994.5.24. 92다50232 ················· 66, 80
1993.7.13. 92다48857 ······················ 132	1994.5.26. 94마536 ··························· 47
1993.7.13. 93다19962 ······················ 222	1994.6.10. 93다24810 ······················ 141
1993.7.13. 93다20955 ······················ 136	1994.6.10. 94다10955 ······················ 361
1993.8.19. 93주21 ···························· 26	1994.6.10. 94다8761 ······················· 233
1993.8.24. 93다4151 ················· 366, 368	1994.6.14. 93다36967 ······················ 134
1993.8.27. 93다17829 ······················ 398	1994.6.14. 94다14797 ························ 85
1993.9.14. 92다1353 ························ 163	1994.6.24. 94다4967 ······················· 711
1993.9.14. 92다24899 ······················ 340	1994.6.28. 94다17048 ······················ 516
1993.9.14. 92다35462 ······················ 159	1994.6.28. 94다3063 ················· 165, 665
1993.9.14. 93누9460 ························ 550	1994.7.29. 92다25137 ······················ 469

1994.8.9. 94재누94 ·················· 24	1995.2.28. 94다18577 ·················· 220
1994.8.12. 93다52808 ··········· 469, 582	1995.2.28. 94다19341 ·················· 221
1994.8.26. 94누2718 ·················· 360	1995.2.28. 94다49311 ·················· 116
1994.8.31. 94마1390 ·················· 36	1995.3.3. 92다55770 ·················· 693
1994.9.23. 93다37267 ·················· 508	1995.3.10. 94다51543 ·················· 675
1994.9.27. 94다22897 ·················· 343	1995.3.24. 93다52488 ·················· 468
1994.9.30. 94다16700 ·················· 232	1995.3.24. 94다47728 ·················· 201
1994.9.30. 94다32085 ·················· 146	1995.3.28. 94므1447 ·················· 152
1994.10.11. 94다17710 ·················· 211	1995.3.28. 94므1584 ·················· 3
1994.10.11. 94다24626 ·················· 218	1995.4.25. 94다17956 ··········· 458, 492
1994.10.14. 94다10153 ·················· 418	1995.4.28. 94다16083 ·················· 223
1994.10.14. 94다11590 ·················· 370	1995.4.28. 95다3077 ··········· 423, 718
1994.10.14. 94다22231 ·················· 335	1995.4.28. 95다7680 ·················· 696
1994.10.15. 94재다413 ·················· 724	1995.5.3. 95마337 ·················· 176
1994.10.21. 94다27922 ·················· 517	1995.5.3. 95마415 ·················· 378
1994.10.25. 93다54064 ·················· 579	1995.5.9. 94다41010 ·················· 70
1994.10.25. 94다29027 ·················· 221	1995.5.12. 93다44531 ·················· 76
1994.10.28. 94므246 ·················· 320	1995.5.12. 94다25216 ·················· 429
1994.11.8. 94다31549 ··········· 117, 240	1995.5.15. 94마1059 ·················· 62
1994.11.11. 94다30430 ·················· 460	1995.5.23. 94다23500 ·················· 578
1994.11.11. 94다35008 ·················· 577	1995.5.23. 94다28444 ··········· 321, 330
1994.11.11. 94다36278 ·················· 313	1995.5.26. 94누7010 ·················· 555
1994.11.25. 94다12517 ·················· 626	1995.5.26. 94다1487 ·················· 662
1994.11.25. 94므826 ·················· 220	1995.6.9. 94다13480 ·················· 158
1994.12.9. 94다16564 ··········· 516, 710	1995.6.13. 93다43491 ·················· 467
1994.12.9. 94다17680 ·················· 437	1995.6.14. 95모14 ·················· 307
1994.12.13. 94다24299 ·················· 298	1995.6.16. 95다5905 ··········· 328, 627
1994.12.22. 94다45449 ·················· 295	1995.6.19. 94마2513 ·················· 724
1994.12.27. 92다22473 ··········· 604, 708	1995.6.29. 94다41430 ·················· 520
1994.12.27. 93다32880 ·················· 578	1995.6.29. 94다47292 ·················· 498
1994.12.27. 93다34183 ·················· 465	1995.6.30. 94다39086 ·················· 175
1994.12.27. 94다38366 ·················· 440	1995.6.30. 94다41324 ·················· 368
1994.12.27. 94다4684 ·················· 465	1995.6.30. 94다55118 ·················· 447
1995.1.12. 94다33002 ·················· 585	1995.6.30. 95다15827 ·················· 527
1995.1.12. 94도2687 ·················· 307	1995.7.11. 94다34265 ·················· 227
1995.1.20. 94마1961 ·················· 56	1995.7.11. 95다9945 ·················· 686
1995.1.24. 93다25875 ·················· 556	1995.7.12. 95마531 ·················· 452
1995.1.24. 94다28017 ·················· 504	1995.7.25. 94다62017 ·················· 545
1995.1.24. 94다29065 ·················· 689	1995.7.25. 95다14817 ·················· 690
1995.2.3. 94다51178 ·················· 213	1995.7.28. 94다44903 ·················· 120
1995.2.10. 94다31624 ·················· 688	1995.7.28. 95다18406 ·················· 69
1995.2.14. 93재다27 ··········· 442, 699, 710	1995.8.22. 94다43078 ·················· 699
1995.2.17. 94다56234 ·················· 202	1995.8.25. 94다35886 ·················· 218
1995.2.28. 93다53887 ·················· 221	1995.9.29. 94다18911 ·················· 687

1995.9.29. 94다23357	527		1996.7.12. 96다19017	498
1995.9.29. 95다22849	493		1996.7.18. 94다20051	348, 539
1995.10.5. 94마2452	597		1996.7.26. 95다19072	268
1995.10.12. 95다26131	156		1996.7.30. 94다51840	6
1995.10.13. 95다33047	191, 701		1996.8.23. 94다20730	165
1995.11.10. 95다4674	366		1996.8.23. 94다49922	164
1995.11.14. 95프694	152		1996.9.20. 93다20177	415
1995.11.21. 93다39607	16		1996.9.20. 96다25371	198
1995.12.5. 94다59028	190, 427, 429		1996.10.11. 96다3852	66, 83
1995.12.8. 95다44191	634		1996.10.15. 96다11785	141
1995.12.22. 94다21078	221		1996.10.25. 96다29700	335
1995.12.22. 94다42129	7		1996.10.25. 96다31307	713, 716
1995.12.22. 95다5622	148		1996.10.25. 96마1590	55
1995.12.26. 95다24609	113		1996.10.29. 95다56910	157
1995.12.26. 95다42195	508		1996.11.15. 94다35343	427
1996.1.12. 95그59	58		1996.11.22. 96다34009	149
1996.1.12. 95두61	177		1996.11.22. 96다37176	160
1996.1.23. 94누5526	27		1996.12.10. 96다23238	579
1996.2.9. 94다50274	545		1996.12.20. 95다26773	68
1996.2.9. 94다61649	466		1996.12.20. 95다37988	342
1996.2.9. 95다27998	217, 220		1996.12.23. 95다22436	110
1996.2.23. 95다51960	201		1996.12.23. 95다40038	222
1996.2.23. 95다9310	145, 213		1997.1.24. 95프1413	451
1996.3.8. 95다22795	136		1997.1.24. 96다32706	190, 469
1996.3.8. 95다48667	372		1997.2.11. 96다1733	361
1996.3.12. 94다56999	83		1997.2.28. 96다26190	196
1996.3.22. 94다61243	66		1997.2.28. 96다53789	219, 572
1996.3.22. 95누5509	586		1997.3.3. 97으1	56
1996.3.22. 95다14275	728		1997.3.25. 96다42130	262
1996.4.4. 96마148	114		1997.3.25. 96다47951	222
1996.4.9. 95다14572	672		1997.4.11. 96다50520	363, 371, 550
1996.4.12. 95다45125	389		1997.4.11. 97다6599	712
1996.4.23. 95다23835	403		1997.4.22. 95다10204	344
1996.4.23. 95다54761	127		1997.4.25. 96다32133	164, 553
1996.5.10. 94다35565	150		1997.4.25. 96다46484	224
1996.5.10. 96다5001	562		1997.4.25. 97다904	701
1996.5.28. 96누2699	291		1997.5.19. 97마600	306
1996.5.28. 96다7120	227		1997.5.28. 96다41649	480, 531, 710, 718
1996.5.31. 94다55774	296		1997.5.30. 95다21365	298
1996.5.31. 95다33993	711, 712		1997.5.30. 97다10345	69
1996.6.11. 94다55545	221		1997.6.13. 96다56115	24
1996.6.14. 94다53006	223		1997.6.13. 96재다462	367
1996.6.14. 95다3350	135		1997.6.27. 97누5725	67
1996.6.25. 96다8666	466		1997.6.27. 97다6124	413

1997.6.27. 97후235 ·············· 130	1998.6.12. 96다26961 ·············· 199
1997.7.8. 96다36517 ·············· 127	1998.6.12. 97다38510 ·············· 350
1997.7.11. 96므1380 ·············· 284	1998.6.12. 98다1645 ·············· 461
1997.7.25. 96다39301 ········ 118, 395	1998.6.26. 97다48937 ·············· 134
1997.7.25. 97다362 ·············· 594	1998.6.29. 98마863 ·············· 44
1997.8.26. 96다31079 ·············· 586	1998.7.10. 98다5708 ·············· 627
1997.8.29. 95재누91 ·············· 717	1998.7.10. 98다6763 ·············· 340
1997.9.5. 95다42133 ·············· 610	1998.7.10. 98다7001 ······ 502, 504, 505
1997.9.5. 96후1743 ·············· 268	1998.7.24. 96다27988 ·············· 144
1997.9.9. 96다16896 ·············· 579	1998.7.24. 96다99 ·········· 540, 543
1997.9.9. 96다47517 ·············· 472	1998.7.28. 96다50025 ·············· 504
1997.9.9. 97다18219 ·············· 125	1998.8.14. 98마1301 ·············· 59
1997.9.12. 95다25886 ·············· 627	1998.8.21. 96다29564 ·············· 137
1997.9.12. 96다4862 ·············· 521	1998.8.21. 98다8974 ·············· 397
1997.9.26. 96다50506 ·············· 718	1998.9.22. 98다23393 ·············· 136
1997.10.10. 96다35484 ·············· 272	1998.9.22. 98다29568 ·············· 398
1997.10.17. 97마1632 ·············· 646	1998.10.9. 96다44051 ·············· 728
1997.10.24. 96다12276 ·············· 665	1998.11.13. 98므1193 ·············· 525
1997.10.27. 97마2269 ·············· 124	1998.11.24. 98다25344 ·············· 507
1997.10.28. 97다33089 ·············· 392	1998.11.27. 97다22904 ·············· 480
1997.11.11. 95누4902 ·············· 143	1998.12.17. 97다39216 ·············· 13
1997.11.11. 96다28196 ·············· 195	1999.2.9. 98다42615 ·············· 138
1997.12.9. 94다41249 ·············· 83	1999.2.24. 97다38930 ·········· 117, 238
1997.12.9. 97다18547 ·········· 79, 84	1999.2.26. 98다47290 ·············· 717
1997.12.9. 97다31267 ·············· 309	1999.2.26. 98다50999 ·············· 164
1997.12.12. 95다38240 ·············· 365	1999.2.26. 98다52469 ·············· 244
1997.12.26. 97다42922 ·············· 719	1999.3.12. 98다18124 ·············· 192
1998.1.23. 96다41496 ·············· 67	1999.3.26. 98다63988 ·········· 135, 269
1998.1.23. 97다38305 ·············· 343	1999.4.9. 98다57198 ·············· 361
1998.2.13. 95다15667 ·············· 305	1999.4.13. 98다50722 ·········· 642, 643
1998.2.27. 97다38442 ·············· 230	1999.4.23. 98다61463 ·············· 535
1998.2.27. 97다45532 ········ 138, 183	1999.4.23. 99다4504 ·············· 81
1998.3.9. 98마12 ·············· 703	1999.4.27. 99다3150 ······ 65, 297, 302
1998.3.13. 95다48599 ·········· 414, 415	1999.5.25. 99다1789 ·············· 384
1998.3.13. 97다45259 ·········· 396, 402	1999.5.25. 99두2475 ·········· 715, 718
1998.3.24. 97다32833 ·············· 719	1999.5.28. 98재다275 ·············· 7
1998.3.27. 97다49732 ·············· 135	1999.5.28. 99다2188 ·············· 158
1998.5.12. 96다47913 ·············· 231	1999.6.8. 99다17401 ·········· 133, 561
1998.5.12. 97다34037 ·············· 219	1999.6.11. 98다22963 ·············· 140
1998.5.15. 96다24668 ·············· 340	1999.6.11. 98다60903 ·············· 135
1998.5.15. 97다57658 ······ 136, 461, 719	1999.6.11. 99다9622 ·············· 295
1998.5.26. 98다9908 ·············· 506	1999.6.25. 99다6708 ·············· 566
1998.5.29. 96다51110 ·············· 222	1999.7.9. 99다12796 ·············· 602
1998.5.30. 98그7 ·············· 330	1999.8.20. 97누6889 ·············· 533

1999. 8. 24. 99다15474 ········· 595	2000. 12. 22. 2000재다513 ········· 717
1999. 10. 22. 98다21953 ········· 558	2001. 1. 16. 2000다41349 ········· 466, 694
1999. 10. 22. 98다46600 ········· 711	2001. 1. 16. 2000다45020 ········· 124
1999. 10. 22. 98다6855 ········· 481	2001. 1. 19. 2000다59333 ········· 612
1999. 11. 26. 97다42250 ········· 56	2001. 2. 9. 2000다61398 ········· 496
1999. 11. 26. 97다57733 ········· 90	2001. 2. 9. 99다26979 ········· 461
1999. 11. 26. 98다19950 ········· 65, 83	2001. 2. 23. 2000다19069 ········· 298
1999. 11. 26. 99므1596 ········· 3, 236	2001. 2. 23. 2000다68924 ········· 82
1999. 12. 7. 99다41886 ········· 348	2001. 3. 9. 2000다58668 ········· 407
2000. 1. 21. 99다3501 ········· 465	2001. 3. 9. 98다51169 ········· 654
2000. 1. 28. 99다50712 ········· 199	2001. 3. 13. 99다11328 ········· 554
2000. 1. 31. 99마6205 ········· 112, 113	2001. 3. 13. 99다17142 ········· 128
2000. 2. 11. 99다10424 ········· 167	2001. 3. 15. 98두15597 ········· 700
2000. 2. 25. 97다30066 ········· 161, 681	2001. 3. 15. 99다48948 ········· 693
2000. 2. 25. 98다15934 ········· 401	2001. 3. 27. 2000다26920 ········· 91
2000. 2. 25. 98다36474 ········· 528	2001. 4. 10. 99다49170 ········· 596
2000. 2. 25. 99다55472 ········· 370, 498	2001. 4. 13. 2001다6367 ········· 283
2000. 3. 10. 99다67703 ········· 425, 430	2001. 4. 24. 2001다5654 ········· 340, 364
2000. 3. 24. 99다27149 ········· 135	2001. 4. 24. 2001다6718 ········· 369
2000. 4. 7. 99다53742 ········· 546	2001. 4. 27. 2000다4050 ········· 187
2000. 4. 11. 2000다5640 ········· 86, 154	2001. 4. 27. 99다17319 ········· 430
2000. 4. 11. 99다23888 ········· 139	2001. 4. 27. 99다30312 ········· 689
2000. 4. 11. 99재다746 ········· 724	2001. 5. 8. 2000다35955 ········· 379
2000. 4. 15. 2000그20 ········· 27	2001. 5. 8. 99다69341 ········· 64
2000. 4. 21. 99다35713 ········· 579	2001. 5. 29. 99다9011 ········· 474
2000. 5. 12. 2000다5978 ········· 166	2001. 6. 15. 2000두2952 ········· 725
2000. 5. 12. 99다68577 ········· 135	2001. 6. 15. 2001므626 ········· 562
2000. 5. 18. 95재다199 ········· 150	2001. 6. 26. 2000다24207 ········· 576
2000. 5. 24. 99그82 ········· 450	2001. 6. 29. 2001다21991 ········· 77
2000. 6. 9. 98다35037 ········· 16, 337	2001. 7. 13. 2001다13013 ········· 622
2000. 6. 9. 98다54397 ········· 474	2001. 7. 24. 2001다22246 ········· 190
2000. 7. 6. 2000다11584 ········· 466	2001. 7. 27. 2001다27784 ········· 139
2000. 8. 18. 2000재다87 ········· 716, 717	2001. 8. 24. 2000다12785 ········· 630
2000. 8. 22. 2000다25576 ········· 142	2001. 8. 24. 2001다31592 ········· 313
2000. 8. 22. 2000모42 ········· 305	2001. 8. 31. 2001마3790 ········· 310
2000. 9. 5. 2000므87 ········· 297	2001. 9. 20. 99다37894 ········· 491
2000. 9. 5. 99므1886 ········· 168	2001. 9. 25. 2001므725 ········· 203
2000. 10. 10. 2000다19526 ········· 86, 343	2001. 9. 28. 99다72521 ········· 193
2000. 10. 13. 2000다38602 ········· 366	2001. 11. 13. 99다32905 ········· 520
2000. 10. 13. 99다18725 ········· 240	2001. 11. 13. 99두2017 ········· 65, 83, 229
2000. 10. 18. 2000마2999 ········· 102	2001. 12. 4. 2001그112 ········· 450
2000. 10. 27. 2000다33775 ········· 516	2001. 12. 14. 2000다12679 ········· 720
2000. 11. 16. 98다22253 ········· 544, 547	2001. 12. 14. 2001다53714 ········· 159
2000. 12. 22. 2000다46399 ········· 417	2001. 12. 24. 2001다62213 ········· 689

2002.2.5. 2001다72029 ················· 367	2002.12.26. 2002므852 ················· 663
2002.2.8. 2001다17633 ················· 536	2003.1.10. 2000다26425 ················· 576
2002.2.22. 2001다73480 ················· 734	2003.1.10. 2002다41435 ················· 230
2002.2.22. 2001다78768 ················· 369	2003.1.10. 2002다57904 ················· 141
2002.2.26. 2000다48265 ················· 220	2003.1.24. 2002다56987 ········· 409, 557
2002.3.15. 2000다9086 ············ 621, 622	2003.1.24. 2002다64377 ················· 336
2002.3.29. 2001다41353 ················· 233	2003.2.11. 2002다59122 ················· 366
2002.3.29. 2001다83258 ··················· 83	2003.2.26. 2000다42786 ········· 476, 652
2002.4.23. 2000다9048 ··················· 671	2003.3.11. 2002두8459 ················· 642
2002.4.26. 2000다30578 ················· 516	2003.3.28. 2000다24856 ················· 491
2002.4.26. 2001다59033 ················· 140	2003.3.31. 2003마324 ··················· 112
2002.4.26. 2001다8097 ··················· 198	2003.4.8. 2001다29254 ················· 364
2002.5.10. 2000다50909 ················· 506	2003.4.8. 2002다70181 ················· 470
2002.5.10. 2000다55171 ················· 488	2003.4.11. 2001다11406 ················· 369
2002.5.10. 2002다4863 ················· 643	2003.4.11. 2002다59337 ················· 309
2002.5.10. 2002마1156 ···················· 38	2003.4.25. 2002다72514 ················· 291
2002.5.14. 2000다42908 ················· 238	2003.5.13. 2002다64148 ················· 727
2002.5.14. 2001다73572 ················· 445	2003.5.27. 2001다13532 ················· 168
2002.5.24. 2000다72572 ················· 371	2003.5.30. 2003다15556 ················· 120
2002.5.31. 2001다42080 ················· 224	2003.6.13. 2003다16962 ················· 566
2002.6.14. 2000다37517 ················· 147	2003.7.11. 2001다45584 ················· 168
2002.6.14. 2001므1537 ················· 400	2003.7.11. 2003다19558 ················· 488
2002.6.28. 2000다62254 ················· 223	2003.7.22. 2001다76298 ····· 202, 203, 727
2002.6.28. 2001다27777 ················· 360	2003.8.22. 2001다23225 ················· 530
2002.7.9. 2001다43922 ················· 576	2003.9.26. 2001다68914 ········· 679, 681
2002.7.26. 2001다60491 ················· 290	2003.9.26. 2003다29555 ················· 472
2002.7.26. 2001다73138 ················· 239	2003.10.24. 2003다13260 ················· 134
2002.8.23. 2000다66133 ·········· 216, 372	2003.11.14. 2003다30968 ················· 508
2002.9.4. 98다17145 ········· 470, 537, 546	2003.11.14. 2003다34038 ········· 327, 596
2002.9.6. 2002다34666 ················· 666	2003.12.12. 2002다33601 ················· 158
2002.9.10. 2002다34581 ·········· 165, 210	2004.1.27. 2000다63639 ················· 659
2002.9.23. 2000마5257 ················· 471	2004.2.13. 2002다7213 ················· 197
2002.9.24. 2000다49374 ················· 330	2004.3.12. 2003다49092 ················· 157
2002.9.24. 2002다11847 ················· 497	2004.3.25. 2002다20742 ················· 153
2002.9.24. 2002다26252 ················· 398	2004.3.26. 2003다21834 ················· 229
2002.10.11. 2000다17803 ················· 669	2004.4.27. 2003다64381 ················· 320
2002.10.11. 2002다39807 ················· 204	2004.5.14. 2003다61054 ················· 117
2002.10.11. 2002다43851 ················· 475	2004.6.10. 2004다2151 ················· 681
2002.10.25. 2000다21802 ·········· 326, 650	2004.6.11. 2004다13533 ········· 344, 388
2002.10.25. 2002다23598 ·········· 537, 545	2004.6.24. 2004므405 ····················· 7
2002.10.25. 2002다39371 ················· 140	2004.6.25. 2004다20401 ················· 510
2002.10.25. 2002다43370 ················· 203	2004.7.8. 2002두7852 ················· 647
2002.12.6. 2002다44014 ····· 437, 465, 466	2004.7.9. 2002다16729 ················· 659
2002.12.26. 2002다56116 ················· 692	2004.7.9. 2003다46758 ·········· 272, 410

2004.7.9. 2003프2251	666
2004.7.14. 2004무20	53
2004.8.30. 2004다24083	445
2004.9.13. 2004마660	729
2004.9.23. 2002헌바46	350
2004.9.23. 2004다32848	154
2004.9.24. 2004다21305	346
2004.9.24. 2004다28047	422
2004.10.14. 2004다30583	210
2004.10.15. 2004다11988	683
2004.10.28. 2002다74213	473
2004.11.12. 2002다66892	76
2004.11.24. 2004무54	171, 174
2004.11.25. 2004두7023	557
2004.11.26. 2003다2123	400
2004.11.26. 2003다58959	309
2004.12.9. 2004다51054	244
2005.1.14. 2001다81320	527
2005.1.27. 2002다59788	16
2005.1.28. 2004다38624	693
2005.2.25. 2003다40668	89
2005.3.11. 2002다60207	230
2005.3.11. 2004다26997	655
2005.3.25. 2004다10985	168
2005.5.13. 2004다67264	370
2005.5.26. 2004다25901	426, 434, 634
2005.6.10. 2002다15412	86
2005.6.10. 2005다14861	267
2005.6.24. 2003다55936	721, 728
2005.6.30. 2003헌바117	676
2005.7.14. 2003다18661	153
2005.7.14. 2005다19477	412
2005.7.15. 2003다61689	393
2005.7.22. 2004다17207	499, 500
2005.8.19. 2004다8197	685
2005.9.9. 2003다28	580
2005.9.15. 2004다44971	80, 581
2005.9.29. 2003다40651	577
2005.9.30. 2004다52576	400
2005.10.7. 2003다44387	244
2005.10.17. 2005마814	628
2005.10.27. 2003다66691	658
2005.10.28. 2005다25779	312
2005.11.10. 2005다27195	297
2005.11.10. 2005다34667	476, 484
2005.11.24. 2005다20064	566
2005.11.25. 2002다59528	341
2005.11.25. 2005다51457	186
2005.12.5. 2005마1039	312
2005.12.19. 2005그128	509
2005.12.23. 2004다55698	467
2005.12.23. 2005다59383	196
2006.1.9. 2005마1042	314
2006.1.13. 2004프1378	530
2006.1.26. 2005다37185	233
2006.1.27. 2005다16591	666
2006.1.27. 2005다39013	548
2006.3.2. 2005마902	47
2006.3.10. 2005다55411	148
2006.3.24. 2006다2803	121
2006.4.13. 2005다34643	370
2006.4.27. 2005다5485	340
2006.5.2. 2005마933	454, 669
2006.5.11. 2003다8503	238
2006.5.25. 2005다77848	332, 361
2006.5.26. 2005프884	16
2006.6.2. 2004다70789	340
2006.6.2. 2005다70144	212
2006.6.15. 2006다16055	365
2006.6.16. 2005다39211	138
2006.6.29. 2006다19061	568
2006.7.4. 2005마425	71
2006.7.6. 2004다17436	521
2006.9.28. 2006다28775	599
2006.9.28. 2006두8334	447
2006.10.12. 2005다72508	712, 714, 715
2006.10.13. 2004다16280	333
2006.10.13. 2004두10227	469, 692
2006.10.13. 2006다23138	509
2006.10.13. 2006다39720	695
2006.10.27. 2004다69581	258
2006.11.10. 2005다35516	221
2006.11.23. 2006재다171	322
2006.11.24. 2006다35223	554
2006.12.8. 2005재다20	694
2007.1.25. 2004후3508	315
2007.2.8. 2006다62188	625, 638
2007.2.22. 2006다75641	606

2007.2.22. 2006다81653 ·············· 113, 275	2007.11.29. 2007다53310 ·············· 607
2007.3.15. 2006다73072 ·············· 221	2007.11.29. 2007다63362 ·············· 131
2007.3.29. 2006다74273 ·············· 239	2007.11.30. 2005다53019 ·············· 720
2007.3.30. 2007마80 ·············· 175	2007.11.30. 2007다54610 ·············· 63
2007.4.12. 2006다10439 ·············· 695	2007.12.13. 2007다53464 ·············· 93
2007.4.12. 2006다72765 ·············· 672	2007.12.13. 2007다57459 ·············· 140
2007.4.13. 2005다40709 ·············· 561	2007.12.14. 2007다37776 ······ 408, 635, 637
2007.4.13. 2006다78640 ·············· 495	2007.12.14. 2007다52997 ·············· 74
2007.4.26. 2005다19156 ·············· 602	2007.12.14. 2007다54009 ·············· 298
2007.4.26. 2005다53866 ·············· 278	2007.12.27. 2007다17062 ·············· 581
2007.5.10. 2007다7256 ·············· 107	2008.1.24. 2007그18 ·············· 706
2007.5.10. 2007카기35 ·············· 451	2008.1.24. 2007두23187 ·············· 695
2007.5.11. 2004마801 ·············· 313	2008.2.1. 2005다42880 ·············· 430, 432
2007.5.11. 2005후1202 ·············· 269, 411	2008.2.1. 2005다74863 ·············· 550
2007.5.11. 2006다6836 ·············· 339	2008.2.1. 2007다8914 ·············· 227, 247
2007.5.31. 2006다85662 ·············· 519	2008.2.1. 2007다9009 ·············· 8, 247
2007.6.14. 2005다29290 ·············· 159	2008.2.14. 2006다37892 ·············· 231
2007.6.14. 2005다5140 ·············· 580	2008.2.14. 2007다57619 ·············· 390
2007.6.15. 2006다80322 ·············· 627	2008.2.15. 2006다26243 ·············· 349
2007.6.26. 2007마515 ·············· 588	2008.2.28. 2005다11954 ·············· 700
2007.6.28. 2005다55879 ·············· 91	2008.2.28. 2005다60369 ·············· 380
2007.6.28. 2007다16113 ·············· 239	2008.2.28. 2005헌마872 ·············· 276
2007.6.28. 2007다26424 ·············· 341	2008.2.28. 2007다41560 ·············· 301, 302
2007.7.2. 2006마409 ·············· 705	2008.2.28. 2007다52287 ·············· 695
2007.7.12. 2005다10470 ·············· 515, 595	2008.2.29. 2007다49960 ·············· 166
2007.7.26. 2005두15748 ·············· 320	2008.3.13. 2006다68209 ·············· 46, 47
2007.7.26. 2006다64573 ·············· 717	2008.3.14. 2006다2940 ·············· 666
2007.7.26. 2006므2757 ·············· 426	2008.3.27. 2005다49430 ·············· 593
2007.7.26. 2007다19006 ·············· 223	2008.3.27. 2006다70929 ·············· 219
2007.8.23. 2005다43081 ·············· 626	2008.3.27. 2006두17765 ·············· 592
2007.8.23. 2005다72386 ·············· 370, 498	2008.3.27. 2007다87061 ·············· 260
2007.8.23. 2006마1171 ·············· 655	2008.3.27. 2008다1576 ·············· 165
2007.8.24. 2006다40980 ·············· 577	2008.4.10. 2007다28598 ·············· 323
2007.9.6. 2007다40000 ·············· 168	2008.4.10. 2007다86860 ·············· 587
2007.9.6. 2007다41966 ·············· 606	2008.4.14. 2007마725 ·············· 373
2007.9.20. 2007다25865 ·············· 161	2008.5.2. 2008마427 ·············· 26
2007.9.21. 2006다9446 ·············· 380	2008.5.8. 2008다2890 ·············· 286
2007.10.11. 2007다37790 ·············· 543	2008.5.15. 2006다8481 ·············· 139
2007.10.25. 2005다62235 ·············· 237, 337	2008.5.22. 2008그90 ·············· 55
2007.10.25. 2007다34876 ·············· 289	2008.5.26. 2008마368 ·············· 279
2007.10.26. 2006다86573 ·············· 637	2008.5.29. 2006다71908 ·············· 17
2007.11.15. 2007도3061 ·············· 333	2008.5.29. 2007다63683 ·············· 79, 643
2007.11.16. 2005두15700 ·············· 604, 663	2008.6.12. 2006무82 ·············· 375
2007.11.29. 2007다52317 ·············· 277	2008.6.12. 2008다11276 ·············· 67

2008.6.26. 2007다11057 ·················· 320	2009.6.11. 2009다11556 ·················· 741
2008.7.10. 2005다74733 ·················· 371	2009.6.11. 2009다12399 ············ 165, 210
2008.7.10. 2006다57872 ············ 589, 591	2009.6.23. 2007다26165 ·················· 220
2008.7.10. 2006재다218 ·················· 448	2009.6.25. 2009다22037 ············ 416, 417
2008.7.11. 2008마520 ····················· 84	2009.7.9. 2006다73966 ············· 471, 734
2008.7.11. 2008마615 ····················· 87	2009.7.9. 2009다14340 ··················· 620
2008.7.24. 2008다25510 ·················· 487	2009.9.10. 2009다37138 ·················· 333
2008.8.21. 2007다79480 ············ 116, 119	2009.9.10. 2009다40219 ·················· 125
2008.9.11. 2007후4649 ··················· 294	2009.9.10. 2009다41977 ·················· 531
2008.9.25. 2007다60417 ··················· 94	2009.9.24. 2009다37831 ·················· 398
2008.9.26. 2007마672 ··············· 378, 379	2009.9.24. 2009다39530 ·················· 734
2008.10.9. 2005다72430 ·················· 580	2009.10.15. 2006다43903 ··················· 86
2008.10.21. 2008카기172 ················· 451	2009.10.15. 2009다42321 ·················· 198
2008.11.13. 2007다82158 ················· 367	2009.10.15. 2009다48633 ·················· 158
2008.11.27. 2007다69834 ··········· 531, 721	2009.10.15. 2009다49964 ··················· 71
2008.11.27. 2008다59230 ················· 507	2009.10.29. 2008다37247 ······ 117, 119, 240
2008.12.11. 2005다51495 ················· 532	2009.10.29. 2008다51359 ·················· 506
2008.12.11. 2006다5550 ·················· 211	2009.10.29. 2009마1029 ·················· 313
2008.12.24. 2008다51649 ················· 211	2009.11.12. 2007다53785 ·················· 170
2008.12.24. 2008다6083 ·················· 495	2009.11.12. 2009다42765 ·················· 233
2008.12.24. 2008두17806 ················· 365	2009.11.12. 2009다48879 ··················· 90
2009.1.15. 2007다51703 ············ 229, 552	2009.12.10. 2008다78279 ·················· 432
2009.1.15. 2007다61618 ·················· 203	2009.12.10. 2009다22846 ·················· 117
2009.1.15. 2008다74130 ·················· 154	2009.12.24. 2009다10898 ·················· 532
2009.1.30. 2008다65815 ·················· 472	2009.12.24. 2009다64215 ······ 459, 512, 514
2009.1.30. 2008마1540 ··················· 311	2010.1.14. 2009다41199 ·················· 198
2009.2.12. 2008다84229 ·················· 557	2010.1.14. 2009다55808 ···················· 93
2009.2.12. 2008재다502 ·················· 696	2010.1.14. 2009다67429 ·················· 577
2009.2.26. 2007다83908 ·················· 683	2010.1.14. 2009다69531 ············ 347, 348
2009.3.12. 2007다56524 ············ 372, 555	2010.1.19. 2008마546 ···················· 376
2009.3.12. 2008다36022 ·················· 460	2010.2.11. 2009다78467 ···················· 28
2009.3.26. 2006다47677 ·················· 588	2010.2.11. 2009다82046 ·················· 519
2009.4.9. 2006다30921 ··················· 162	2010.2.25. 2007다85980 ············ 364, 388
2009.4.9. 2008다88207 ··················· 592	2010.2.25. 2008다96963 ·················· 577
2009.4.23. 2008다95151 ·················· 413	2010.2.25. 2009다96403 ·················· 372
2009.4.23. 2009다1313 ··················· 574	2010.3.11. 2007다51505 ·················· 169
2009.4.23. 2009다3234 ············· 89, 239	2010.3.22. 2010마215 ····················· 59
2009.4.28. 2009무12 ····················· 379	2010.3.25. 2009다88617 ·················· 231
2009.5.14. 2006다34190 ·················· 729	2010.3.25. 2009다95387 ············· 79, 80
2009.5.14. 2009다7762 ··················· 368	2010.4.15. 2010다57 ····················· 303
2009.5.28. 2007다354 ···················· 558	2010.4.29. 2008다50691 ·················· 579
2009.5.28. 2007후1510 ··················· 593	2010.4.29. 2008두5568 ··················· 370
2009.5.28. 2008다79876 ·················· 510	2010.4.29. 2009다38049 ·················· 367
2009.5.28. 2008다86232 ·················· 556	2010.4.29. 2010다1166 ··················· 241

2010.5.13. 2007도1397 · 357	2011.4.28. 2009다19093 · 46
2010.5.13. 2009다102254 · 23	2011.4.28. 2010다103048 · 409, 640
2010.5.13. 2009다105246 · 598	2011.4.28. 2010다98948 · 349
2010.5.13. 2009다92487 · 371	2011.5.13. 2010다84956 · 673
2010.5.13. 2010다8365 · 533	2011.6.24. 2009다35033 · 135
2010.5.27. 2009다12580 · 542	2011.6.24. 2009다8345 · 91
2010.6.10. 2010다5373 · 108	2011.6.24. 2011다1323 · 585
2010.6.24. 2010다17284 · 195	2011.6.30. 2011다24340 · 168, 506
2010.7.8. 2007다55866 · 392	2011.7.14. 2011그65 · 33, 40
2010.7.8. 2010다21696 · 202	2011.7.14. 2011다19737 · 197
2010.7.8. 2010다21757 · 157	2011.7.14. 2011다23323 · 209
2010.7.14. 2009마2105 · 373	2011.7.21. 2011재다199 · 722
2010.7.15. 2009다50308 · 270	2011.7.28. 2009다86918 · 108
2010.7.15. 2010다18355 · 17	2011.7.28. 2009도14928 · 357
2010.7.15. 2010다2428 · 562	2011.7.28. 2010다97044 · 66, 132
2010.7.22. 2009므1861 · 48	2011.8.18. 2009다60077 · 139
2010.8.26. 2008다42416 · 196	2011.8.18. 2011다30666 · 548
2010.8.26. 2010다28185 · 46	2011.9.8. 2011다17090 · 599
2010.8.26. 2010마818 · 143	2011.9.29. 2009다7076 · 670
2010.9.30. 2009다71121 · 233	2011.9.29. 2010다65818 · 441
2010.9.30. 2010다50922 · 201	2011.9.29. 2011마1335 · 306, 682
2010.10.14. 2010다36407 · 152	2011.9.29. 2011마62 · 42
2010.10.14. 2010다38168 · 607	2011.10.13. 2009다102452 · 512
2010.10.14. 2010다48455 · 311	2011.10.27. 2011마1154 · 299
2010.10.28. 2008다6755 · 390	2011.11.2. 2011카합7776 · 137
2010.10.28. 2009다20840 · 91	2011.11.10. 2011다54686 · 192
2010.10.28. 2010다20532 · 279	2011.11.24. 2011다74550 · 248
2010.10.28. 2010다30676 · 87	2011.12.13. 2009다16766 · 13
2010.10.28. 2010다53754 · 409	2011.12.22. 2011다73540 · 303, 714
2010.11.11. 2010다56616 · 383	2012.2.16. 2010다82530 · 576
2010.11.25. 2010다64877 · 90	2012.3.20. 2012그21 · 379
2010.12.9. 2010다77583 · 118	2012.3.29. 2010다28338 · 568
2010.12.23. 2007다22859 · 325	2012.3.29. 2011다106136 · 700
2010.12.23. 2010다58889 · 475, 490	2012.4.26. 2011다85789 · 655, 659
2010.12.23. 2010다67258 · 687	2012.5.9. 2012다3197 · 509
2011.1.27. 2008다27615 · 68	2012.5.10. 2010다10658 · 232
2011.1.27. 2010마1491 · 35	2012.5.10. 2010다2558 · 434
2011.2.10. 2006다65774 · 515	2012.5.10. 2010다87474 · 93
2011.2.24. 2009다33655 · 553	2012.5.17. 2010다28604 · 209
2011.2.24. 2009다43355 · 592	2012.5.24. 2009다22549 · 17
2011.3.10. 2010다87641 · 129	2012.6.14. 2010다105310 · 72
2011.3.10. 2010다99040 · 67	2012.6.14. 2010다86112 · 272, 274
2011.3.24. 2010후3509 · 216	2012.7.5. 2010다80503 · 183, 186, 551
2011.4.14. 2010다5694 · 433	2012.7.12. 2010다42259 · 505

2012. 9. 13. 2010다97846	726
2012. 10. 11. 2012다44730	295, 311
2012. 11. 15. 2010두15469	193
2012. 11. 15. 2012다65058	160
2012. 11. 29. 2012다44471	579
2013. 1. 10. 2010다75044	302
2013. 1. 10. 2011다64607	130
2013. 1. 18. 2010그133	598
2013. 2. 15. 2012다68217	162
2013. 2. 28. 2011다21556	261
2013. 2. 28. 2011다31706	698
2013. 2. 28. 2012다94155	500
2013. 3. 28. 2011다3329	265
2013. 3. 28. 2012다100746	323
2013. 3. 28. 2012아43	614
2013. 4. 11. 2012다111340	316
2013. 4. 25. 2012다98423	311
2013. 5. 9. 2011다61646	219
2013. 5. 9. 2011다75232	141
2013. 5. 31. 2013마198	564
2013. 6. 14. 2013다8830	568
2013. 6. 28. 2011다83110	202
2013. 7. 12. 2006다17539	17
2013. 7. 12. 2013다19571	269
2013. 7. 31. 2013마670	178
2013. 8. 22. 2011다100923	369
2013. 8. 22. 2012다94728	387
2013. 8. 23. 2012다17585	150
2013. 8. 23. 2013다28971	684
2013. 9. 9. 2013마1273	174
2013. 9. 13. 2012다36661	532
2013. 11. 14. 2013다46023	500, 502
2013. 11. 21. 2011두1917	425, 429
2013. 11. 28. 2011다80449	268, 270
2013. 11. 28. 2013다50367	57
2013. 12. 18. 2013다202120	188
2014. 1. 23. 2011다108095	486
2014. 1. 23. 2013다64793	506
2014. 1. 29. 2013다78556	576, 657
2014. 2. 8. 2013가단2780	462
2014. 2. 13. 2012다112299	80
2014. 2. 19. 2013마2316	89
2014. 2. 21. 2013다75717	521
2014. 2. 27. 2013다94312	193
2014. 3. 13. 2011다111459	170
2014. 3. 27. 2011다49981	504
2014. 3. 27. 2011다79968	503
2014. 3. 27. 2013다91146	466
2014. 4. 10. 2012다29557	434
2014. 4. 10. 2012다7571	21
2014. 4. 10. 2013다54390	499
2014. 4. 16. 2014마4026	674
2014. 4. 24. 2012다105314	193
2014. 5. 16. 2013다101104	170
2014. 5. 16. 2013도16404	332
2014. 5. 29. 2013다82043	519
2014. 5. 29. 2013다96868	537, 538
2014. 6. 12. 2012다47548	630
2014. 6. 12. 2013다95964	263, 265
2014. 7. 10. 2012다89832	214
2014. 7. 16. 2011다76402	162
2014. 8. 20. 2013다41578	126
2014. 9. 4. 2014다36771	90
2014. 10. 8. 2014마667	704
2014. 10. 15. 2013다25781	454
2014. 10. 27. 2013다25217	228
2014. 10. 27. 2013다67105	655
2014. 10. 30. 2013다53939	491
2014. 10. 30. 2014다211886	300
2014. 10. 30. 2014다43076	308
2014. 11. 13. 2009다71312	633, 637
2014. 11. 13. 2013나35961	501
2014. 12. 22. 2014다229016	449
2015. 1. 15. 2012다4763	17
2015. 1. 29. 2014다34041	73
2015. 2. 12. 2012다21737	18
2015. 2. 12. 2014다228440	192
2015. 2. 12. 2014다229870	286, 342
2015. 3. 3. 2014그352	175
2015. 3. 20. 2012다107662	263
2015. 3. 20. 2014다75202	591
2015. 4. 23. 2014다89287	679
2015. 5. 14. 2014다16494	620
2015. 5. 28. 2012다78184	610
2015. 5. 29. 2014다235042	563
2015. 6. 11. 2014다232913	588
2015. 7. 23. 2013다30301	623
2015. 7. 23. 2014다228099	457

2015.8.13. 2015다209002 ·················· 72	2017.3.9. 2016두55933 ·················· 394
2015.9.10. 2013다55300 ·················· 488	2017.3.15. 2014다208255 ·················· 153
2015.10.15. 2015다1284 ·················· 472	2017.3.30. 2016다253297 ············ 201, 552
2015.10.15. 2015다31513 ·················· 599	2017.4.7. 2016다204783 ·················· 467
2015.10.29. 2012다21560 ·············· 81, 579	2017.4.7. 2016다251727 ·················· 430
2015.10.29. 2014다13044 ············ 614, 615	2017.4.26. 2014다221777 ·················· 626
2015.10.29. 2015다32585 ·················· 112	2017.4.26. 2017다201033 ·················· 181
2015.11.12. 2014다228587 ·················· 322	2017.5.11. 2017두33145 ·················· 696
2015.11.17. 2014다81542 ·················· 380	2017.5.17. 2016다274188 ·················· 73
2015.11.26. 2014다45317 ·················· 364	2017.5.17. 2017다1097 ·················· 243
2015.12.10. 2012다16063 ·················· 309	2017.5.30. 2017다211146 ·················· 555
2015.12.10. 2015다207679 ·················· 539	2017.6.29. 2014다30803 ·················· 155
2015.12.21. 2015마4174 ············ 376, 377	2017.6.29. 2017다8388 ·················· 267
2016.1.14. 2013다40070 ············ 710, 715	2017.7.11. 2017다216271 ·················· 155
2016.1.14. 2015므3455 ·················· 677	2017.7.18. 2016다35789 ·················· 658
2016.1.28. 2013다51933 ·················· 710	2017.9.12. 2017다865 ·················· 224
2016.1.28. 2015다207747 ············ 472, 473	2017.9.21. 2017다232105 ·················· 521
2016.3.10. 2013다99409 ············ 396, 402	2017.9.21. 2017다233931 ············ 454, 585
2016.3.10. 2015다243996 ·················· 513	2017.10.12. 2015두36836 ············ 604, 614
2016.4.2. 2014다210449 ········ 113, 323, 329	2017.10.26. 2015다42599 ·················· 540
2016.4.15. 2015다201510 ·················· 318	2017.11.14. 2017다23066 ·················· 184
2016.4.29. 2014다210449 ·············· 73, 74	2017.12.5. 2017다237339 ·················· 142
2016.4.29. 2015다77595 ·················· 200	2017.12.22. 2015다205086 ·················· 497
2016.5.19. 2009다66549 ·················· 541	2017.12.28. 2014다229023 ·················· 662
2016.5.24. 2012다87898 ·················· 156	2017.12.28. 2015무423 ·················· 374
2016.5.27. 2015다21967 ·················· 478	2018.1.19. 2017마1332 ·················· 58
2016.6.9. 2014다64752 ·················· 341	2018.2.13. 2015다242429 ············ 590, 592
2016.6.21. 2016마5082 ·················· 54	2018.2.28. 2013다26425 ············ 535, 538
2016.6.28. 2014다31721 ·················· 513	2018.4.12. 2017다292244 ·················· 366
2016.7.1. 2014마2239 ············ 377, 379	2018.4.24. 2017다287587 ·················· 322
2016.7.7. 2013다76871 ·················· 78	2018.4.24. 2017다293858 ·················· 461
2016.7.7. 2014다1447 ·················· 114	2018.5.4. 2018무513 ·················· 310
2016.7.27. 2013다96165 ·················· 167	2018.5.30. 2014다963 ·················· 151
2016.8.30. 2015다255265 ·················· 136	2018.5.30. 2017다21411 ·················· 556
2016.8.30. 2016다222149 ·················· 505	2018.6.15. 2016다229478 ······ 533, 540, 543
2016.9.8. 2015다39357 ·················· 324	2018.6.15. 2017다289828 ·················· 73
2016.9.28. 2016다13482 ·················· 478	2018.6.28. 2018다210775 ·················· 402
2016.10.13. 2014다12348 ·················· 730	2018.7.12. 2015다36167 ·················· 288
2016.10.27. 2016다25140 ·················· 197	2018.7.19. 2018다22008 ·················· 462
2016.11.10. 2014다54366 ·················· 311	2018.7.26. 2018다227551 ·················· 146
2016.12.27. 2016다35123 ·················· 710	2018.8.1. 2018다227865 ·················· 79
2016.12.27. 2016두50440 ·················· 72	2018.8.1. 2018다229564 ·················· 341
2017.1.12. 2016다241249 ·················· 676	2018.8.30. 2016다46338 ············ 499, 501
2017.2.21. 2016다225353 ·················· 535	2018.9.13. 2018다231031 ·················· 475

판례색인 **761**

2018.10.4. 2016다41869 ········· 340	2020.6.11. 2020마5263 ········· 705
2018.10.18. 2015다232316 ········· 462	2020.6.25. 2019다246399 ········· 118
2018.11.9. 2015다75308 ········· 227	2020.6.25. 2019다292026 ········· 113
2018.11.21. 2018그636 ········· 451	2020.7.17. 2020카확522 ········· 414
2018.11.29. 2018므14210 ········· 615	2020.7.23. 2017다249295 ········· 506
2018.12.13. 2016다210849 ········· 108	2020.8.20. 2018다241410 ········· 126
2019.1.4. 2018스563 ········· 26	2020.8.20. 2018다249148 ········· 151
2019.1.17. 2018다24349 ········· 464	2020.8.20. 2019다14110 ········· 202
2019.1.31. 2017다228618 ········· 488	2020.9.3. 2020다210747 ········· 477
2019.2.14. 2015다244432 ········· 147	2020.10.15. 2018다229625 ········· 536
2019.2.21. 2018다248909 ········· 337	2020.10.15. 2019두40611 ········· 616
2019.3.14. 2017다233849 ········· 170	2020.10.15. 2020다222382 ········· 56
2019.3.14. 2018다277785 ········· 564	2020.10.15. 2020다227523 ········· 269
2019.3.14. 2018두56435 ········· 196	2020.10.15. 2020다232846 ········· 78
2019.3.25. 2016마5908 ········· 77	2020.10.29. 2016다35390 ········· 433
2019.4.10. 2017마6337 ········· 41	2020.11.5. 2017다23776 ········· 77
2019.5.16. 2016다8589 ········· 477	2020.11.26. 2019다2049 ········· 202, 702
2019.5.16. 2017다226629 ········· 741	2020.12.10. 2020다255085 ········· 180
2019.5.16. 2018다242246 ········· 157	2021.1.14. 2018다273981 ········· 198
2019.5.30. 2015다8902 ········· 361	2021.2.4. 2017므12552 ········· 19
2019.6.13. 2016다221085 ········· 610	2021.2.4. 2019다202795 ········· 565
2019.6.13. 2016다33752 ········· 19	2021.2.4. 2020다259506 ········· 448
2019.7.25. 2019다212945 ········· 195	2021.3.11. 2020다253836 ········· 476
2019.8.9. 2019다222140 ········· 348	2021.3.11. 2020마7755 ········· 674
2019.8.14. 2017다217151 ········· 270	2021.3.11. 2020므11658 ········· 310
2019.8.29. 2019다215272 ········· 465	2021.3.25. 2018다230588 ········· 20
2019.8.30. 2018다259541 ········· 291	2021.3.25. 2019다208441 ········· 565
2019.10.17. 2014다46778 ········· 459	2021.3.25. 2020다289989 ········· 219
2019.10.17. 2018다300470 ······ 708, 709, 721	2021.3.25. 2020다46601 ········· 300
2019.10.23. 2012다46170 ········· 659	2021.4.22. 2017마6438 ········· 674
2019.12.24. 2016다222712 ········· 240	2021.4.29. 2017다228007 ········· 228
2020.1.16. 2019다247385 ········· 155	2021.5.7. 2018다259213 ········· 417
2020.1.16. 2019다264700 ········· 56	2021.5.7. 2020다292411 ········ 536, 544, 683
2020.1.30. 2015다49422 ········· 208	2021.5.7. 2021다201320 ········· 153
2020.1.30. 2019다268252 ········· 616	2021.5.13. 2020다282889 ········· 80
2020.1.30. 2019마5599 ········· 177, 664	2021.5.13. 2020다71690 ········· 552
2020.2.6. 2019다223723 ········· 194	2021.5.27. 2017다230963 ········· 390
2020.3.16. 2020그507 ········· 452	2021.5.27. 2018다264420 ········· 228
2020.3.26. 2018다221867 ········· 197, 455	2021.6.3. 2018다276768 ········· 204
2020.4.24. 2019마6918 ········· 125	2021.6.10. 2018다44114 ········· 194
2020.4.29. 2016후2317 ········· 184	2021.6.10. 2019다226005 ········· 539
2020.5.14. 2017다220058 ········· 527	2021.6.17. 2018다257958 ········· 154
2020.5.14. 2019다261381 ········· 481	2021.6.24. 2016다210474 ········· 162
2020.6.11. 2020다8586 ········· 97, 663	2021.6.24. 2019다278433 ········ 65, 79, 94

2021.6.30. 2017다249219	390
2021.7.15. 2018다298744	543
2021.7.21. 2020다300893	89
2021.7.21. 2021다219116	371
2021.7.29. 2018다230229	419
2021.7.29. 2018다267900	342
2021.8.19. 2018다207830	127
2021.8.19. 2021다228745	299
2021.8.19. 2021다53	307
2021.9.9. 2017두45933	395
2021.9.15. 2020다297843	131
2021.10.28. 2021다253376	680
2021.11.25. 2018다27393	407, 412
2021.12.10. 2021후10855	328
2021.12.16. 2021다257255	93
2021.12.23. 2017다257746	472
2022.1.13. 2019다220618	307
2022.1.27. 2019다299058	437
2022.1.27. 2020다39719	321
2022.1.27. 2021다219161	56
2022.2.17. 2021다275741	187, 414
2022.3.11. 2018다231550	474
2022.3.17. 2020다216462	313
2022.3.17. 2021다210720	478
2022.3.31. 2017다247145	543
2022.3.31. 2020다271919	421
2022.4.14. 2020다224975	591, 592
2022.4.14. 2021다280781	345
2022.4.14. 2021다305796	301
2022.4.28. 2019다200843	233
2022.4.28. 2021마7088	702
2022.5.3. 2021마6868	38
2022.6.7. 2022그534	424
2022.6.21. 2021그753	732
2022.6.30. 2020다210686	657
2022.7.28. 2020다231928	503, 504, 637
2022.8.11. 2022다227688	78
2022.8.25. 2022다211928	686
2022.10.14. 2022다241608	624
2022.10.14. 2022다252387	680
2022.12.1. 2022그18	450
2022.12.15. 2022다247750	137
2023.2.23. 2022다207547	151
2023.3.13. 2022다286786	143
2023.3.16. 2022두58599	417
2023.4.13. 2021다271725	226
2023.4.13. 2022다293272	528
2023.4.27. 2019다247903	14
2023.4.27. 2022다303216	361
2023.6.1. 2020다211238	87
2023.6.15. 2023그590	452
2023.6.29. 2021다206349	480
2023.6.29. 2021다277525	156
2023.7.14. 2023그585	704
2023.7.17. 2018스34	373
2023.8.18. 2022그779	326
2023.8.31. 2021다243355	62
2023.9.14. 2020다238622	57
2023.9.21. 2023므10861	327
2023.10.31. 2023스643	228
2023.11.16. 2023다266390	145
2023.12.14. 2023마6934	100
2024.1.4. 2023다225580	120
2024.1.4. 2023다244499	87
2024.1.11. 2023마7122	113
2024.1.25. 2023다283913	697
2024.2.15. 2023마7226	108
2024.4.12. 2023다313241	109
2024.5.9. 2024도3298	308
2024.5.9. 2024마5321	315
2024.5.17. 2018다262103	694
2024.5.23. 2020므15896	150
2024.6.7. 2024마5496	733, 734
2024.6.13. 2024다213157	209
2024.6.27. 2023다275530	721
2024.7.11. 2021다216872	634
2024.7.11. 2023다301941	103
2024.7.25. 2021다239905	549
2024.8.1. 2024다227699	447
2024.8.29. 2024무677	375

essential

에센셜
민사소송법

편저자 김 남 훈

● 약 력
- 강릉고등학교, 건국대학교 법학과 졸업
- 제47회 사법시험 합격, 제37기 사법연수원 수료
- 국제세무법인 소속변호사
- 윌비스한림법학원 민사법 강사
- 건국대학교 법학전문대학원 겸임교수

● 주요저서

[변호사 시험 대비]

Ⅰ. 민사법 이론서
- Essential 민법
- Essential 상법
- Essential 민사소송법
- Essential 최근 3개년 민사법 판례정리

Ⅱ. 민사법 실무서
- Practice 민사집행법
- Practice 민사기록형 암기장

Ⅲ. 민사법 암기장
- Essential 민법 핵심암기장
- Essential 상법 핵심암기장
- Essential 민사소송법 핵심암기장
- Essential 민사법 키워드암기장

Ⅳ. 민사법 선택형 기출문제집
- Fouette 민법 선택형 기출지문총정리
- Fouette 상법 선택형 기출지문총정리
- Fouette 민사소송법 선택형 기출지문총정리
- Fouette 민사법 선택형 기출지문총정리 정지문 핸드북

Ⅴ. 민사법 선택형 예상문제집
- Fouette 민법 선택형 진도별 모의고사
- Fouette 상법 선택형 진도별 모의고사
- Fouette 민사소송법 선택형 진도별 모의고사
- Fouette 민사법 선택형 예상지문총정리 정지문 핸드북

Ⅵ. 민사법 사례형·기록형 기출문제집
- Fouette 민사법 변시 사례형 기출
- Fouette 민사법 법전협 사례형 기출
- Fouette 민사법 변시 기록형 기출
- Fouette 민사법 법전협 기록형 기출

[법무사 시험 대비]

Ⅰ. 1차 민법
- Essential 동차 민법
- Fouette 법무사 1차 민법 핵심지문총정리
- Fouette 법무사 1차 민법 핵심지문총정리 정지문 핸드북

Ⅱ. 2차 민법
- Essential 동차 민법
- Fouette 법무사 민법사례연습
- Essential 법무사 2차 민사법 키워드 암기장

Ⅲ. 2차 민사소송법
- Essential 민사소송법
- Fouette 법무사 민사소송법사례연습
- Essential 법무사 2차 민사법 키워드 암기장

Ⅳ. 2차 민사사건관련서류의 작성
- Essential 법무사 민사서류작성법
- Fouette 법무사 민사서류작성연습

Essential 민사소송법 (제6판)

초 판 발행 2016년 05월 19일
전면개정판 발행 2020년 04월 19일
전정3판 발행 2024년 02월 05일

제2판 발행 2028년 04월 27일
전정2판 발행 2022년 03월 14일

제6판 인쇄 2024년 11월 19일
제6판 발행 2024년 11월 25일

편저자 김 남 훈
발행인 송 주 호
발행처 ㈜윌비스
등 록 119-85-23089
주 소 서울시 관악구 신림로 129-1
전 화 02)883-0202 / Fax 02)883-0208

저자와의 협의에 의해 인지를 생략합니다.

ISBN 979-11-6618-846-6 / 13360   **정가** 47,000원

이 책은 도서출판 윌비스가 저작권자와의 계약에 따라 발행하였습니다.
저작권법에 의해 보호를 받는 저작물이므로 본사의 허락 없는 무단 전재와 무단 복제를 금합니다.

essential

에센셜
민사소송법